Heinz Hübner

Allgemeiner
Teil des
Bürgerlichen
Gesetzbuches

Allgemeiner Teil des Bürgerlichen Gesetzbuches

von

Heinz Hübner

2., neubearbeitete Auflage

Walter de Gruyter · Berlin · New York 1996

Dieses Werk führt, nunmehr in 2. Auflage, das seinerzeit in der Reihe „Lehrbücher und Grundrisse des Rechts" als Band 1 zuletzt in der 16. Auflage (1966) erschienene Buch von Heinrich *Lehmann*, Heinz *Hübner* fort.

Dr. iur. *Heinz Hübner*,
em. o. Professor an der Universität zu Köln

Die Deutsche Bibliothek – CIP-Einheitsaufnahme

> **Hübner, Heinz:** Allgemeiner Teil des Bürgerlichen Gesetzbuches / von Heinz Hübner. 2., neubearb. Aufl. – Berlin, New York: de Gruyter, 1996
> ISBN 3-11-014891-9

© Copyright 1995 by Walter de Gruyter & Co., 10785 Berlin.

Dieses Werk einschließlich aller seiner Teile ist urheberrechtlich geschützt. Jede Verwertung außerhalb der engen Grenzen des Urheberrechtsgesetzes ist ohne Zustimmung des Verlages unzulässig und strafbar. Das gilt insbesondere für Vervielfältigungen, Übersetzungen, Mikroverfilmungen und die Einspeicherung und Verarbeitung in elektronischen Systemen.

Printed in Germany.

Satz: Dörlemann Satz GmbH, 49448 Lemförde – Druck und Bindung: Kösel GmbH & Co., 87435 Kempten – Umschlagentwurf: Thomas Bonnie, 20249 Hamburg.

Vorwort

Der Allgemeine Teil des BGB ist nicht nur die Zusammenfassung der allgemeinen Ordnungsbegriffe und Institutionen, sondern im Wege wissenschaftlicher Abstraktion zugleich Ergebnis juristischer Systematik. Das hat zur Folge, daß eine an der Funktion der Rechtsvorschriften orientierte Didaktik am Anfang des Studiums von der näheren Interpretation der Vorschriften des ersten Buches zunehmend Abstand nimmt und die konkreten Rechtsverhältnisse in den Vordergrund stellt. Um die Wissenschaftlichkeit der Jurisprudenz zu erhalten und um der Rechtssicherheit zu dienen, die in mannigfacher Hinsicht vom System der Vorschriften gewährleistet wird, erscheint es gleichwohl geboten, den Normengehalt des Gesetzes im Zusammenhang zu erfassen und damit das Spannungsfeld zwischen Fallgerechtigkeit und System zu verdeutlichen.

Diese Aufgabe setzt freilich voraus, daß die Darstellung der Prinzipien in einem Lehrbuch nicht nur beispielhaft auf ihre Funktionalität Bezug nimmt, sondern auch anhand zunehmender Abweichungen die Problematik jeglicher Abstraktion bewußt macht. Unter diesem Aspekt hatte schon bisher das Haftungssystem und die Struktur des Vertrauensschutzes Aufnahme gefunden. Der Rechtsentwicklung folgend wurde nunmehr der Durchbrechung der überkommenen liberalen Rechtsgeschäftslehre im Wege des Verbraucherschutzes ein besonderer Abschnitt gewidmet. Der direkten Stellvertretung ist die mittelbare Stellvertretung an die Seite gestellt. Weiter erscheint es in einer Zeit, in der risikobedachte Unternehmer den Schutz der Ein-Mann-GmbH suchen, unerläßlich, neben der natürlichen Person die Grundprinzipien der juristischen Person über das Vereinsrecht hinaus anzusprechen. Schließlich gebietet die moderne Kreditwirtschaft, im Rahmen der Bedingungslehre die Sicherungsform der Anwartschaft und unter dem Begriff der Treuhand die Sicherungsübereignung und Sicherungszession aufzunehmen.

Ich meine, daß ein den aktuellen Stand der Rechtsentwicklung in kritischer Sicht einbeziehender Allgemeiner Teil nicht nur am Anfang des Studiums ein Bild von den gesellschaftlichen Rahmenbedingungen vermittelt, sondern darüber hinaus im Fortschreiten des Studiums die notwendige Einbindung der Einzelmaterien in den Systemzusammenhang sichert. So hoffe ich, daß das Buch – wie bisher – ein verläßlicher Begleiter des heranwachsenden Juristen sein kann.

An der Gestaltung der Neuauflage haben in ständigem Gespräch durch Vorschläge und Kritik die Herren Rechtsanwalt Dr. Reinhard Voppel, Referendar Dr. Karl Klöpper, Referendar Markus Weber und Frau stud. iur. Sabine Remy wesentlich mitgewirkt; ich habe ihnen herzlich zu danken.

Köln, im September 1995   Heinz Hübner

Inhaltsverzeichnis

Vorwort V
Verzeichnis der Abkürzungen XXIII

Einleitung: Das deutsche bürgerliche Recht

§ 1 Privatrecht und öffentliches Recht 1
   I. Das bürgerliche Recht als Privatrecht 1
      1. Die Bedeutung der Unterscheidung
         zwischen öffentlichem Recht und Privatrecht 1
      2. Theorien zur Abgrenzung 2
   II. Das bürgerliche Recht im engeren Sinne 4

§ 2 Die Vorgeschichte des Bürgerlichen Gesetzbuchs,
seine Entstehung und Weiterentwicklung 4
   I. Vorgeschichte 5
      1. Die Rezeption und die Entwicklung
         bis zum Kodifikationszeitalter 5
      2. Die großen landesrechtlichen Kodifikationen 5
      3. Die Bestrebungen zur Rechtsvereinheitlichung 6
      4. Die Gesetzgebung des Norddeutschen Bundes
         und des Reichs bis zum BGB 7
   II. Die Entstehung des Bürgerlichen Gesetzbuchs 7
   III. Die weitere Entwicklung des bürgerlichen Rechts 9
      1. Die Entwicklung bis zum Grundgesetz 9
      2. Die Entwicklung in der Bundesrepublik 10
      3. Die Problematik einer Gesamtkodifikation des Privatrechts 13

§ 3 Die Quellen und Erscheinungsformen
des deutschen bürgerlichen Rechts 14
   I. Der Begriff des Rechtsquelle 14
   II. Gesetztes Recht 16
      1. Gesetz als staatliche Rechtsprechung 16
         a) Gesetz im formellen und materiellen Sinn 16
         b) Gesetz im – nur – materiellen Sinn 19
         c) Verkündung der Gesetze 20
      2. Gemeinschaftsrecht 20
      3. Völkerrecht 20
      4. Vereinbarung 21

	III. Gewohnheitsrecht und Observanz	21
	IV. Gerichtsgebrauch und Wissenschaft	22
	V. Verkehrssitte und Handelsbrauch	24
	VI. Allgemeine Geschäftsbedingungen	25

§ 4 Der Geltungsbereich des deutschen bürgerlichen Rechts 26
    I. Zeitliche Geltung von Rechtsvorschriften 26
        1. Zulässigkeit der Rückwirkung 26
        2. Außerkrafttreten von Rechtsvorschriften 27
    II. Verhältnis des BGB zum Landesrecht 28
    III. Recht der Europäischen Gemeinschaften 29
    IV. Verhältnis des deutschen bürgerlichen Rechts
        zu anderen Privatrechtsordnungen –
        Internationales und Interlokales Privatrecht 31
        1. Aufgabe und Begriff 31
        2. Geschichtliche Entwicklung 33
        3. Internationale Abkommen 36
        4. Das deutsche internationale Privatrecht 37
        5. Interlokales Privatrecht 45
    V. Rechtszustand in der DDR und den neuen Bundesländern .. 45

§ 5 System, Charakter und Normarten des BGB 47
    I. Das System des BGB 47
    II. Der Charakter des BGB 49
    III. Normarten 51

§ 6 Anwendung des bürgerlichen Rechts 54
    I. Die Technik der Rechtsanwendung 55
    II. Die Grundsätze der Rechtsanwendung 57
    III. Auslegung 59
    IV. Ausfüllung von Gesetzeslücken und teleologische Reduktion 61
    V. Richterliche Rechtsfortbildung 63
    VI. Drittwirkung der Grundrechte – Richterliches Prüfungsrecht 65
        1. Wirkung der Grundrechte auf das Zivilrecht 65
        2. Richterliches Prüfungsrecht 68

§ 7 Schrifttum zum bürgerlichen Recht 69

Inhaltsverzeichnis

Erster Teil: Personen

§ 8 Grundbegriffe 77
    I. Rechtsfähigkeit 77
    II. Handlungsfähigkeit 78
    III. Subjektlose Rechte 78

Erster Abschnitt: Natürliche Personen

§ 9 Beginn und Ende des Rechtsfähigkeit 79
    I. Beginn der Rechtsfähigkeit 79
    II. Ende der Rechtsfähigkeit 80
    III. Die rechtliche Stellung der Leibesfrucht 80
    IV. Die Beweislast für Geburt, Leben und Tod 82
    V. Verschollenheit 82
        1. Gesetzliche Vermutungen 83
        2. Todeserklärung 83
            a) Voraussetzungen 83
            b) Verfahren 84
            c) Wirkungen 85

§ 10 Rechtlich erhebliche Eigenschaften und Zustände 86
    I. Geschlecht 86
    II. Staatsangehörigkeit 86
    III. Stand 86
    IV. Religion 87
    V. Ehre 88
    VI. Lebensalter 88
    VII. Gesundheit 90
        1. Körperliche Gebrechen 90
        2. Geistige Gebrechen 90
        3. Betreuung 90
            a) Voraussetzungen 91
            b) Verfahren 91
            c) Wirkungen 92
    VIII. Wohnsitz 92

§ 11 Namensrecht 93
    I. Erwerb des Namens 94
    II. Namensänderungen 95
    III. Namensführungspflicht 95

	IV. Schutz	96
	V. Ausdehnung des Namensschutzes	98
§ 12	Das allgemeine Persönlichkeitsrecht	100
	I. Die Rechtsnatur des allgemeinen Persönlichkeitsrechts	101
	II. Gesetzlich anerkannte Einzelrechte	102
	III. Konkretisierung durch die Rechtsprechung	105
	IV. Rechtswidrigkeit	108
	V. Rechtsfolgen	108

Zweiter Abschnitt: Juristische Personen

§ 13	Grundlagen	110
	I. Übersicht über Personenverbindungen	111
	1. Schlichte Rechtsgemeinschaft	111
	2. Gesamthandsgemeinschaft	111
	3. Juristische Person	112
	II. Theorien zur juristischen Person	114
	III. Die Arten der juristischen Personen	115
	IV. Die Rechts- und Handlungsfähigkeit der juristischen Person	116
	1. Die Rechtsfähigkeit	116
	2. Die Handlungsfähigkeit	117
§ 14	Vereine	117
	I. Grundbegriffe	118
	II. Staat und Vereinigungsfreiheit	119
	III. Wirtschaftliche Vereine	120
	IV. Die Gründung des Idealvereins	122
	1. Rechtsnatur des Gründungsvorgangs	122
	2. Erstellung der Satzung	122
	3. Anmeldung und Eintragung	123
	4. Wirkungen der Eintragung	124
	5. Der Vorverein	125
	V. Die Verfassung des Vereins, Organe und Haftungen	127
	1. Verfassung	127
	2. Organe	128
	3. Haftung des Vereins	133
	4. Haftung der juristischen Personen des öffentlichen Rechts	134
	VI. Mitgliedschaft	136
	1. Erwerb	136
	2. Rechte und Pflichten	137
	3. Ende	139

Inhaltsverzeichnis

    VII. Ausschluß und Vereinsstrafe 140
   VIII. Ende des Vereins und Liquidation 144
        1. Auflösung 144
        2. Andere Beendigungsgründe 144
        3. Liquidation 145
    IX. Der nichtrechtsfähige Verein 147
        1. Struktur 147
        2. Errichtung 148
        3. Verfassung 148
        4. Mitgliedschaft 150
        5. Vermögen 150
        6. Parteifähigkeit 151
        7. Haftung 152
        8. Beendigung 153

§ 15 Die Stiftung 154
     I. Begriff und Abgrenzung 155
    II. Unternehmensträgerstiftung 156
   III. Entstehung der Stiftung 157
        1. Stiftungsgeschäft 157
        2. Genehmigung 158
   IV. Verfassung 159
    V. Beendigung 160

Zweiter Teil: Rechtsgegenstände

§ 16 Gegenstand und Sache 163
     I. Gegenstände 163
    II. Der Sachbegriff 164
   III. Die Funktion des Sachbegriffs 168

§ 17 Arten der Sachen 169
     I. Grundstücke und bewegliche Sachen 169
    II. Vertretbare und nicht vertretbare Sachen 170
   III. Verbrauchbare und unverbrauchbare Sachen 171
   IV. Teilbare und unteilbare Sachen 171
    V. Öffentliche Sachen 171
        1. Begriff und Funktion 172
        2. Die Arten der öffentlichen Sachen 173

3. Zuordnung zu den Vermögensmassen
   der öffentlichen Hand 174
4. Öffentlich-rechtliche Nutzungsbeschränkungen 175

§ 18 Sache und Sachbestandteil 175
   I. Sache und Sachteil 175
   II. Bestandteile 176
      1. Wesentliche Bestandteile 176
      2. Scheinbestandteile 179
      3. Unwesentliche Bestandteile 180

§ 19 Zubehör 181
   I. Der Zubehörbegriff 181
   II. Die rechtliche Bedeutung des Zubehörbegriffs 184
   III. Die Erweiterung der Zubehörregelung 185

§ 20 Nutzungen und Früchte 185
   I. Nutzungen als Oberbegriff 186
   II. Früchte 186
   III. Gebrauchsvorteile 188
   IV. Die rechtliche Bedeutung der Regelungen über Nutzungen .. 188

Dritter Teil: Die Rechte der Person

§ 21 Rechtsverhältnis und Rechte der Person 191

§ 22 Die Arten der subjektiven Rechte 192
   I. Absolute Rechte 193
   II. Relative Rechte 196
   III. Gestaltungsrechte 198

§ 23 Erwerb, Übergang und Verlust von Rechten 200
   I. Erwerb 200
   II. Wille und Rechtserwerb 201
   III. Derivativer und originärer Erwerb 201
   IV. Rechtsnachfolge 203
   V. Verfügung 203
   VI. Verfügungsbefugnis 204
   VII. Rechtsverlust 207

Inhaltsverzeichnis

§ 24	Schranken der Rechte	208
	I. Grenzen des subjektiven Rechts	208
	II. Schranken im BGB	209
	1. Schikaneverbot	210
	2. Das Verbot sittenwidriger Schädigung	210
	3. Einschränkungen durch den Grundsatz von Treu und Glauben	211
§ 25	Anspruch und Einrede	212
	I. Subjektives Recht und Anspruch	213
	II. Mehrheit von Anspruchsgrundlagen	216
	III. Einrede	219
§ 26	Die Verwirklichung des Rechtsschutzes und das Haftungssystem	223
	A. Die Erfüllung und die Verletzung subjektiver Rechte	224
	B. Das Haftungssystem	225
	I. Tatbestandliche Voraussetzungen der Haftung	226
	II. Rechtswidrigkeit und ihr Ausschluß	226
	1. Rechtswidrigkeit als objektiver Verstoß gegen die Rechtsordnung	226
	2. Rechtswidrigkeitstheorien	227
	3. Rechtswidrigkeit bei Unterlassen	231
	4. Rechtswidrigkeit bei „offenen Tatbeständen"	231
	5. Rechtswidrigkeit bei mittelbaren Verletzungshandlungen	233
	6. Ausschluß der Rechtswidrigkeit	233
	III. Verantwortlichkeit	235
	1. Verschulden	235
	a) Verschuldensfähigkeit	235
	b) Vorsatz	236
	c) Fahrlässigkeit	238
	d) Beweislast	241
	2. Verantwortlichkeit für das Verhalten Dritter	242
	3. Haftung ohne Verschulden	244
	4. Gefährdungshaftung	245
	IV. Haftungsfolgen	248
	1. Unterlassungs- und Beseitigungsanspruch	249
	a) Unterlassungsanspruch	249
	b) Beseitigungsanspruch	250
	2. Schadensersatz	251

§ 27 Eigenmächtige Durchsetzung der Rechte 256
    I. Notwehr 257
        1. Voraussetzungen 257
            a) Die Notwehrlage 257
            b) Die Notwehrhandlung 259
        2. Rechtsfolgen 260
        3. Notwehr gegen Hoheitsakte 260
    II. Notstand 261
        1. Voraussetzungen 261
        2. Rechtsfolgen 262
    III. Selbsthilfe 263
        1. Voraussetzungen 263
        2. Rechtsfolgen 265
    IV. Anhang: Sicherheitsleistung 265

Vierter Teil: Die Lehre vom Rechtsgeschäft

Erster Abschnitt: Rechtshandlung und Rechtsgeschäft

§ 28 Die Rechtshandlung im Allgemeinen 267

§ 29 Rechtswirksames Verhalten 269
    I. Relevanz des rechtswirksamen Verhaltens 270
    II. Institutionalisierung des Vertrauens- und Verkehrsschutzes .. 271
        1. Vertrauenstatbestand 272
        2. Verantwortlichkeit des Betroffenen 272
        3. Schutzwürdigkeit des Begünstigten 274
        4. Umfang des Vertrauensschutzes 275

Zweiter Abschnitt: Das Rechtsgeschäft

§ 30 Rechtsgeschäft und Privatautonomie 276
    I. Vertragsfreiheit 277
    II. Schranken der Vertragsfreiheit 277

§ 31 Der Tatbestand und die Arten des Rechtsgeschäfts 279
    A. Der Tatbestand des Rechtsgeschäfts 279
    B. Die Arten der Rechtsgeschäfte 280
        I. Einteilung nach den beteiligten Personen 280
        II. Einteilung nach dem Gegenstand des Rechtsgeschäfts 283

Inhaltsverzeichnis

III. Einteilung nach den Rechtsfolgen	284
IV. Kausale und abstrakte Rechtsgeschäfte	286
1. Zuwendungsgeschäfte	287
a) Zuwendung und Rechtsgrund	287
b) Kausale und abstrakte Zuwendungsgeschäfte	289
c) Auswirkungen des Abstraktionsprinzips	291
d) Zur Kritik des Abstraktionsprinzips	294
e) Konstruktive Einschränkungen des Abstraktionsprinzips	296
2. Erteilung von Handlungsmacht	297

Dritter Abschnitt: Die Willenserklärung

§ 32 Tatbestand der Willenserklärung	298
I. Übersicht über die einzelnen Tatbestandselemente	299
1. Der äußere Tatbestand	299
2. Der innere Tatbestand	299
3. Die automatisierte Willenserklärung	300
II. Die normativen Anforderungen an den Tatbestand	301
1. Die Erklärung	301
a) Ausdrückliche Erklärung	301
b) Erklärung durch schlüssiges Verhalten	302
c) Gesetzliche Interpretation des Schweigens	302
2. Der Wille	303
a) Erklärungsbewußtsein	304
b) Geschäftswille	305
III. Abgrenzung des rechtlich relevanten Verhaltens zur Willenserklärung	306
1. Verhalten ohne Erklärungsbewußtsein	306
2. Schweigen ohne Erklärungsbewußtsein	307
a) Kaufmännisches Bestätigungsschreiben	308
b) Einbeziehung Allgemeiner Geschäftsbedingungen	309
3. Sozialtypisches Verhalten	309
IV. Gefälligkeitsverhältnisse	310
V. Abgrenzung der Willenserklärung zu sogenannten geschäftsähnlichen Handlungen und zu Realakten	311
§ 33 Geschäftsfähigkeit	312
I. Die Geschäftsunfähigkeit	313
II. Die beschränkte Geschäftsfähigkeit	314
III. Sondertatbestände (§§ 110, 112, 113)	318

  1. Der „Taschengeldparagraph" 319
  2. Erweiterte Geschäftsfähigkeit 320

§ 34 Abgabe und Zugang der Willenserklärung 322
 I. Die nicht empfangsbedürftige Willenserklärung 323
 II. Die empfangsbedürftige Willenserklärung 323
  1. Die empfangsbedürftige Willenserklärung
   unter Abwesenden 323
  2. Die empfangsbedürftige Willenserklärung
   unter Anwesenden 325
  3. Einzelfragen des Zugangs 326

§ 35 Auslegung der Willenserklärung 328
 I. Auslegung nach dem äußeren Tatbestand 329
 II. Berücksichtigung aller Umstände 330
 III. Auslegung formgebundener Erklärungen 332
 IV. Verwahrung (protestatio) 333

§ 36 Willensmängel 334
 A. Bewußtes Abweichen von Wille und Erklärung 335
  I. Geheimer Vorbehalt (Mentalreservation) 335
  II. Das Scheingeschäft 336
  III. Die nicht ernstlich gemeinte Erklärung 338
 B. Unbewußte Nichtübereinstimmung von Wille und Erklärung –
 Irrtum 339
  I. Irrtumsfälle 341
   1. Irrtum im Erklärungsakt (Erklärungsirrtum) 341
   2. Irrtum über den Erklärungsinhalt (Inhaltsirrtum) 341
    a) Fallgruppen 342
    b) Abgrenzungsfragen 343
   3. Irrtum über wesentliche Eigenschaften
    (Eigenschaftsirrtum) 344
   4. Unrichtige Botenübermittlung 348
  II. Einzelfragen 349
   1. Unterzeichnen einer nichtgelesenen Urkunde 349
   2. Abredewidrige Ausfüllung einer Blanketterklärung 350
   3. Irrtum und AGB 350
   4. Doppelseitiger Irrtum 350
  III. Rechtsfolgen des Irrtums 352
   1. Anfechtbarkeit 352
   2. Voraussetzungen der Anfechtung 352

Inhaltsverzeichnis

   3. Ersatz des Vertauensschadens 353
   4. Sonderregelungen für Irrtumsfolgen 354
 C. Willensbeeinflussung durch arglistige Täuschung und Drohung . . 354
  I. Arglistige Täuschung 355
   1. Täuschung 355
   2. Kausalität 356
   3. Arglist 357
   4. Täuschung durch Dritte 358
  II. Drohung 359
  III. Rechtsfolgen der arglistigen Täuschung und Drohung 363

Vierter Abschnitt: Form und zulässiger Inhalt des Rechtsgeschäfts

§ 37 Formerfordernisse und Formverstöße 366
 I. Grundsatz der Formfreiheit 367
 II. Zwecke der Form 367
 III. Arten der Form 368
  1. Gesetzliche Form 368
   a) Schriftform 368
   b) Öffentliche Beglaubigung 370
   c) Notarielle Beurkundung 371
   d) Sonderfälle 371
  2. Gewillkürte Form 371
 IV. Rechtsfolgen von Formverstößen 372
  1. Nichtbeachtung der gesetzlichen Formerfordernisse 372
  2. Nichtbeachtung der rechtsgeschäftlich vereinbarten Form 374
  3. Nichtbeachtung des Umfangs von Formerfordernissen . . . 375

§ 38 Zulässiger Inhalt der Rechtsgeschäfte 376
 A. Gesetzliche Verbote 377
 B. Das Verbot sittenwidriger Geschäfte 380
  I. Zum Begriff der guten Sitten 381
  II. Tatbestandliche Voraussetzungen des Sittenverstoßes 382
  III. Fallgruppen 383
   1. Sittenverstoß gegen einen Vertragspartner 384
   2. Sittenverstoß beider Parteien gegen Dritte
    oder die Allgemeinheit 385
   3. Sonderfälle 386
  IV. Das wucherische Rechtsgeschäft 386
  V. Rechtsfolgen des sittenwidrigen Geschäfts 388
  VI. Verhältnis des § 138 zu anderen Vorschriften 390

Fünfter Abschnitt: Das System der Rechtsfolgen fehlerhafter Rechtsgeschäfte

§ 39 Arten der Unwirksamkeit 392
    I. Nichtigkeit 393
        1. Wirkung der Nichtigkeit 393
        2. Teilnichtigkeit 395
        3. Umdeutung (Konversion) 397
        4. Vernichtbarkeit durch Nichtigkeitsklage 398
    II. Anfechtbarkeit 399
        1. Anfechtung als Gestaltungsrecht 399
        2. Gegenstand der Anfechtung 399
        3. Geltendmachung des Anfechtungsrechts 400
        4. Rechtsfolgen der Anfechtung 402
        5. Einschränkung der Anfechtbarkeit bzw. ihrer Folgen im Interesse des Verkehrsschutzes 403
        6. Bestätigung 405
        7. Anfechtung nichtiger Rechtsgeschäfte (sog. Doppelwirkungen) 405
        8. Sonderfälle 406
    III. Relative Unwirksamkeit 407
        1. Gerichtliche und behördliche Veräußerungsverbote 408
        2. Gerichtliche Erwerbsverbote 410
    IV. Rechtsgeschäftliche Veräußerungsverbote 411
    V. Schwebende Unwirksamkeit 412

Sechster Abschnitt: Die Lehre vom Vertrag

§ 40 Der Vertrag 413
  A. Einleitung 413
  B. Der Vertragsschluß 415
    I. Allgemeines 416
        1. Konsens 416
        2. Verpflichtung zum Abschluß eines Vertrages 417
    II. Der Antrag 419
    III. Die Annahme 423
    IV. Dissens 428
  C. Vertragsauslegung 431
    I. Grundsätze 431
    II. Anwendungsbereich 432
    III. Richterliche Vertragsgestaltung 434

Inhaltsverzeichnis

§ 41 Vertragsfreiheit und Verbraucherschutz	434
A. Einleitung	434
B. Vertragsschluß unter Einbeziehung Allgemeiner Geschäftsbedingungen	436
C. Verbraucherkreditgesetz	442
D. Haustürwiderrufsgesetz	445
E. Weitere verbraucherschützende Regelungen	447
§ 42 Sonderprobleme des Vertragsrechts	451
A. Die Lehre vom „faktischen Vertrag"	451
B. Culpa in contrahendo	452
C. Nachvertragliche Pflichten	458
D. Fehlen und Wegfall der Geschäftsgrundlage	458
I. Entwicklung der Lehre von der Geschäftsgrundlage	460
II. Vorrang vertraglicher Regelungen	461
III. Vorrang gesetzlicher Regelungen	462
IV. Die Voraussetzungen für das Eingreifen der Regelung über die Geschäftsgrundlage	464
V. Folgen des Fehlens oder Wegfalls der Geschäftsgrundlage	468

Siebenter Abschnitt: Bedingungen und Zeitbestimmung

§ 43 Die Bedingung	469
I. Inhalt und Abgrenzung	470
II. Arten der Bedingung	471
1. Gewillkürte und zufällige Bedingung	471
2. Aufschiebende und auflösende Bedingung	473
III. Zulässigkeit der Bedingung	474
IV. Wirkungen	475
1. Schwebezustand	475
2. Eintritt und Ausfall der Bedingung	475
3. Keine Rückwirkung	476
4. Treuwidriges Einwirken auf den Bedingungseintritt	477
5. Der Schutz des bedingt Berechtigten während des Schwebezustandes	478
a) Schadensersatzansprüche des bedingt Berechtigten	478
b) Schutz des bedingt Berechtigten vor Zwischenverfügungen	479
V. Die Anwartschaft	480
1. Dogmatische Einordnung	480
2. Übertragung des Anwartschaftsrechts	481

	3. Schutz	483
	4. Pfändung	483
	5. Konkurs	483
VI.	Abgrenzung zwischen Bedingung und Auflage	484

§ 44 Die Befristung ... 484

Achter Abschnitt: Stellvertretung

§ 45 Funktion und Abgrenzung ... 486
   A. Interessenlage ... 487
   B. Abgrenzungen ... 488
      I. Der Bote ... 488
      II. Vertretung in der Erklärung ... 489
      III. Vertreter und Verwalter ... 490
      IV. Vertreter und Organe ... 491
      V. Geschäfte zur Deckung des ehelichen Lebensbedarfs ... 491
      VI. Surrogation ... 491

§ 46 Indirekte Stellvertretung ... 492
   A. Interessenlage und Rechtsfolgen ... 492
   B. Abgrenzungen ... 496
      I. Treuhandverhältnisse ... 496
         1. Allgemeine Merkmale ... 496
         2. Fremdnützige Treuhand ... 497
         3. Eigennützige Treuhand ... 498
            a) Die Sicherungsübereignung ... 498
            b) Die Sicherungszession ... 501
      II. Der Strohmann ... 502

§ 47 Die direkte Stellvertretung ... 503
   A. Erscheinungsformen ... 503
   B. Anwendungsbereich der Stellvertretungsvorschriften ... 504
   C. Der Tatbestand der wirksamen Vertretung ... 506
      I. Voraussetzungen in der Person des Vertreters ... 506
      II. Handeln im Namen des Vertretenen ... 507
         1. Offenkundigkeitsprinzip ... 507
         2. Vertretungswille ... 508
         3. Handeln unter fremdem Namen ... 508
      III. Vertretungsmacht ... 509

Inhaltsverzeichnis

D. Rechtsfolgen	509
I. Wirkung des Vertreterhandelns	509
II. Willensmängel und Kennen oder Kennenmüssen	510
III. Eigenhaftung des Vertreters	513

§ 48 Die Vertretungsmacht 514
  A. Die Vollmacht 514
     I. Vollmacht und Innenverhältnis 515
     II. Arten der Vollmacht 516
     III. Die Erteilung der Vollmacht 517
       1. Wirksamkeitsvoraussetzungen 517
       2. Willensmängel 518
       3. Untervollmacht 519
     IV. Form der Vollmacht 521
     V. Erlöschen der Vollmacht 523
       1. Erlöschensgründe nach Maßgabe der Vollmachtserteilung 523
       2. Erlöschensgründe nach Maßgabe des Grundverhältnisses 523
       3. Erlöschensgründe aus Umständen in der Person 524
       4. Widerruf der Vollmacht 527
       5. Verzicht auf die Vollmacht 529
     VI. Folgen des Erlöschens 529
     VII. Vollmacht kraft Rechtsscheins 531
       1. Duldungsvollmacht 531
       2. Anscheinsvollmacht 532
       3. Voraussetzungen 532
       4. Rechtsfolgen 533
  B. Der Umfang der Vertretungsmacht 535
  C. Mißbrauch der Vertretungsmacht 536

§ 49 Vertretung ohne Vertretungsmacht 539
     I. Rechtsverhältnis zwischen Vertretenem und Geschäftsgegner 540
     II. Rechtsverhältnis zwischen Vertreter und Geschäftsgegner 542
     III. Rechtsverhältnis zwischen Vertretenem und Vertreter 545

§ 50 Das Insichgeschäft 546
     I. Schutzzweck 546
     II. Anwendungsbereich 549
     III. Gesetzliche Ausnahmen 550
     IV. Rechtsfolgen 551

Neunter Abschnitt: Zustimmungsbedürftige Rechtsgeschäfte

§ 51 Die Zustimmung 551
    I. Begriff und Funktion 552
    II. Die Zustimmungserklärung 553
    III. Die Einwilligung 555
    IV. Die Genehmigung 556
    V. Verfügung eines Nichtberechtigten 558
    VI. Die Ermächtigung 560

Zehnter Abschnitt: Die Zeit

§ 52 Auslegung und Berechnung der Zeitbestimmung 563
    I. Fristen und Termine 563
    II. Die Berechnung der Fristen und Termine 564

§ 53 Die Anspruchsverjährung 566
    I. Zweck und Voraussetzungen 566
    II. Voraussetzungen der Verjährung im einzelnen 568
        1. Verjährbarkeit des Anspruchs 568
        2. Verjährungsbeginn 569
        3. Ablauf der Verjährungsfrist 570
    III. Wirkung der Verjährung 573

§ 54 Die Verwirkung 577

Stichwortverzeichnis 581

Verzeichnis der Abkürzungen

und der abgekürzt zitierten Literatur

Aufl.	Auflage
a. A.	anderer Auffassung
aaO	am angegebenen Ort
ABGB	Allgemeines Bürgerliches Gesetzbuch (für Österreich) von 1811
abl.	ablehnend(e)
Abt.	Abteilung
abw.	abweichend(e)
AbzG	Abzahlungsgesetz v. 16. 5. 1894
AcP	Archiv für civilistische Praxis
ADHGB	Allgemeines Deutsches Handelsgesetzbuch von 1861
ADSp	Allgemeine Deutsche Spediteurbedingungen
a. E.	am Ende
a. F.	alte Fassung
AG	Aktiengesellschaft
AGB	Allgemeine Geschäftsbedingungen
AGBG	Gesetz zur Regelung des Rechts der Allgemeinen Geschäftsbedingungen v. 9. 12. 1976
AKG	Allgemeines Kriegsfolgengesetz v. 5. 11. 1957
AktG	Aktiengesetz v. 6. 9. 1965
allg.	allgemein(e)
ALR	Allgemeines Landrecht für die Preußischen Staaten von 1794
Alt.	Alternative
AMG	Arzneimittelgesetz v. 16. 8. 1986
a. M.	anderer Meinung
amtl.	amtliche
AnfG	Anfechtungsgesetz i.d.F. v. 20. 5. 1898
Anh.	Anhang
Anm.	Anmerkung
Ann. Univ. Sarav.	Annales Universitatis Saraviensis
AO	Abgabenordnung v. 16. 3. 1976
AöR	Archiv für öffentliches Recht
AP	Arbeitsrechtliche Praxis (Nachschlagewerk des Bundesarbeitsgerichts)
ArbzeitG	Arbeitszeitrechtsgesetz v. 6. 6. 1994
ArbG	Arbeitsgericht
ArchBürgR	Archiv für Bürgerliches Recht
ARSP	Archiv für Rechts- und Sozialphilosophie
Art.	Artikel
ARWP	Archiv für Rechts- und Wirtschaftsphilosophie
AT	Allgemeiner Teil
AtomG	Atomgesetz i.d.F. v. 15. 7. 1985
AuR	Arbeit und Recht (Zeitschrift)

Badisches LR	Badisches Landrecht von 1809
BAG	Bundesarbeitsgericht
BAGE	Entscheidungen des Bundesarbeitsgerichts
BauGB	Baugesetzbuch i.d.F. v. 8. 12. 1986
BAUMBACH/DUDEN/ HOPT	Handelsgesetzbuch, Kommentar, 28. Aufl. 1989
BAUMBACH/HEFERMEHL	Wechselgesetz und Scheckgesetz, Kommentar, 19. Aufl. 1995
BAUMBACH/HEFERMEHL	Wettbewerbsrecht, Kommentar, 17. Aufl. 1993
BAUMBACH/LAUTERBACH/ALBERS/HARTMANN	Zivilprozeßordnung, Kommentar, 53. Aufl. 1995
BAUR/STÜRNER	Lehrbuch des Sachenrechts, 16. Aufl. 1992
BAUR/STÜRNER	Zwangsvollstreckungs-, Konkurs- und Vergleichsrecht, 11. Aufl. 1983, Bd. 2 Insolvenzrecht 1990
BayObLG	Bayerisches Oberstes Landesgericht
BayObLGZ	Entscheidungen des BayObLG in Zivilsachen
BayVBl	Bayerische Verwaltungsblätter
BayVGH	Bayerischer Verwaltungsgerichtshof
BB	Der Betriebs-Berater (Zeitschrift)
BBiG	Berufsbildungsgesetz v. 14. 8. 1969
Bd.	Band
Bde.	Bände
BDSG	Bundesdatenschutzgesetz v. 20. 12. 1990
Bearb.	Bearbeitung, Bearbeiter
Beil.	Beilage
BergG	Preußisches Allgemeines Berggesetz v. 24. 6. 1865
betr.	betreffend
BetrAV	Betriebliche Altersversorgung (Zeitschrift)
BetrVG	Betriebsverfassungsgesetz v. 23. 12. 1988
BeurkG	Beurkundungsgesetz v. 28. 8. 1969
BGB	Bürgerliches Gesetzbuch v. 18. 8. 1896
BGBl	Bundesgesetzblatt
BGH	Bundesgerichtshof
BGHSt	Entscheidungen des Bundesgerichtshofs in Strafsachen
BGHZ	Entscheidungen des Bundesgerichtshofs in Zivilsachen
BImSchG	Bundes-Immissionsschutzgesetz v. 14. 5. 1990
BJagdG	Bundesjagdgesetz i.d.F. v. 29. 9. 1976
BJM	Bundesjustizministerium
BLOMEYER, A.	Zivilprozeßrecht, Erkenntnisverfahren, 2. Aufl. 1985
BLOMEYER, A.	Zivilprozeßrecht, Vollstreckungsverfahren, 1975
BNotO	Bundesnotarordnung v. 24. 2. 1961
BRAO	Bundesrechtsanwaltsordnung v. 1. 8. 1959
BROX AT	Allgemeiner Teil des Bürgerlichen Gesetzbuches, 18. Aufl. 1994
BROX SchR I	Allgemeines Schuldrecht, 21. Aufl. 1993
BROX SchR II	Besonderes Schuldrecht, 19. Aufl. 1993
BT	Besonderer Teil, Bundestag
BT-Drs.	Bundestagsdrucksache

Abkürzungs- und Literaturverzeichnis

BUrlG	Bundesurlaubsgesetz v. 8. 1. 1963
Buschs Arch.	Archiv für Theorie und Praxis des Allgemeinen Deutschen Handelsrechts, hrsg. von Busch
BVerfG	Bundesverfassungsgericht
BVerfGE	Entscheidungen des Bundesverfassungsgerichts
BVerfGG	Gesetz über das Bundesverfassungsgericht i.d.F. v. 11. 8. 1993
BVerwG	Bundesverwaltungsgericht
BVerwGE	Entscheidungen des Bundesverwaltungsgerichts
BVFG	Bundesvertriebenengesetz i.d.F. v. 2. 6. 1993
BWaldG	Bundeswaldgesetz v. 2. 5. 1975
bzgl.	bezüglich
bzw.	beziehungsweise
CAPELLE/CANARIS	Handelsrecht, 21. Aufl. 1989
CISG	United Nations Convention on Contracts for the International Sale of Goods = Übereinkommen der Vereinten Nationen über Verträge über den internationalen Warenkauf v. 11. 4. 1980
CC	Code Civil von 1804
cic	culpa in contrahendo
D	Digesten
DB	Der Betrieb (Zeitschrift)
DDR	Deutsche Demokratische Republik
DepotG	Depotgesetz v. 4. 2. 1937
ders.	derselbe
DGVZ	Deutsche Gerichtsvollzieherzeitschrift
d. h.	das heißt
dies.	dieselbe(n)
DJT	Deutscher Juristentag
DJZ	Deutsche Juristenzeitung
DNotZ	Deutsche Notar-Zeitschrift
DÖV	Die Öffentliche Verwaltung (Zeitschrift)
DR	Deutsches Recht (Zeitschrift)
DRiZ	Deutsche Richterzeitung
DRZ	Deutsche Rechts-Zeitschrift
DV	Deutsche Verwaltung (Zeitschrift)
DVBl	Deutsches Verwaltungsblatt
DZWir	Deutsche Zeitschrift für Wirtschaftsrecht
EAG	Europäische Atom-Gemeinschaft
EAG	Einheitliches Gesetz über den Abschluß von Kaufverträgen über bewegliche Sachen v. 17. 7. 1973
ebda.	ebenda
EFZG	Entgeltfortzahlungsgesetz v. 26. 5. 1994
EG	Europäische Gemeinschaften, Einführungsgesetz
EGBGB	Einführungsgesetz zum Bürgerlichen Gesetzbuch i.d.F. v. 21. 9. 1994
EGKS	Europäische Gemeinschaft für Kohle und Stahl

EheG	Ehegesetz v. 20. 2. 1946
1. EheRG	Erstes Gesetz zur Reform des Ehe- und Familienrechts v. 14. 6. 1976
EKG	Einheitliches Gesetz über den internationalen Kauf beweglicher Sachen v. 17. 7. 1973
EnergG	Energiewirtschaftsgesetz v. 13. 12. 1935
ENN./LEHMANN	Enneccerus/Lehmann, Recht der Schuldverhältnisse, 15. Aufl. 1958
ENN./NIPPERDEY	Enneccerus/Nipperdey, Allgemeiner Teil des Bürgerlichen Rechts, 15. Aufl. 1959/1960
entspr.	entsprechend
ErbbauVO	Verordnung über das Erbbaurecht v. 15. 1. 1919
ERMAN	Handkommentar zum Bürgerlichen Gesetzbuch, 9. Aufl. 1993
ESSER SchR	Schuldrecht, Band I Allgemeiner Teil, 4. Aufl. 1970
ESSER/SCHMIDT SchR I	Schuldrecht, Band I Allgemeiner Teil, Teilbd. 1 7. Aufl. 1992, Teilbd. 2 7. Aufl. 1993
ESSER/WEYERS SchR II	Schuldrecht, Band II Besonderer Teil, 7. Aufl. 1991
etc.	et cetera
EU	Europäische Union
EuGH	Europäischer Gerichtshof
EVO	Eisenbahn-Verkehrsordnung v. 8. 9. 1938
evtl.	eventuell
EWGV	Vertrag zur Gründung der Europäischen Wirtschaftsgemeinschaft v. 25. 3. 1957
EYERMANN/FRÖHLER/ KORMANN	Verwaltungsgerichtsordnung, 9. Aufl. 1988
f	folgende, folgender
ff	(mehrere) folgende, fortfolgende
1. FamRÄndG	Erstes Familienrechtsänderungsgesetz v. 11. 8. 1961
FGG	Gesetz über die Angelegenheiten der freiwilligen Gerichtsbarkeit i.d.F. v. 20. 5. 1898
FIKENTSCHER	Schuldrecht, 8. Aufl. 1992
FLUME	Allgemeiner Teil des Bürgerlichen Rechts, Bd. I/1 Die Personengesellschaft, 1977, Bd. I/2 Die juristische Person, 1983, Bd. II Das Rechtsgeschäft, 3. Aufl. 1979
FORSTHOFF	Lehrbuch des Verwaltungsrechts I, 10. Aufl. 1973
FStrG	Bundesfernstraßengesetz i.d.F. v. 19. 4. 1994
Fn.	Fußnote
G	Gesetz
GBl	Gesetzesblatt (Verkündungsblatt der DDR)
GBO	Grundbuchordnung i.d.F. v. 5. 8. 1935
GebrMG	Gebrauchsmustergesetz i.d.F. v. 28. 8. 1986
gem.	gemäß
GenG	Gesetz betreffend die Erwerbs- und Wirtschaftsgenossenschaften v. 1. 5. 1889
GenTG	Gentechnikgesetz i.d.F. v. 16. 12. 1993

Abkürzungs- und Literaturverzeichnis

GERNHUBER/COESTER-WALTJEN	Lehrbuch des Familienrechts, 4. Aufl. 1994
GewArch	Gewerbearchiv (Zeitschrift)
GG	Grundgesetz für die Bundesrepublik Deutschland v. 23. 5. 1949
ggf.	gegebenenfalls
GIERKE/SANDROCK	Handels- und Wirtschaftsrecht, 9. Aufl. 1975
v. GIERKE, O.	Deutsches Privatrecht, Bd. I, 1895
GleichberG	Gleichberechtigungsgesetz v. 18. 6. 1957
GmbH	Gesellschaft mit beschränkter Haftung
GmbHG	Gesetz betreffend die Gesellschaften mit beschränkter Haftung i.d.F. v. 20. 5. 1898
GmbHRdsch	GmbH-Rundschau (Zeitschrift)
GO NW	Gemeindeordnung für das Land Nordrhein-Westfalen i.d.F. v. 14. 7. 1994
grds.	grundsätzlich
GrdstVG	Grundstückverkehrsgesetz v. 28. 7. 1961
Gruchot	Beiträge zur Erläuterung des Deutschen Rechts, begründet von Gruchot
GRUR	Gewerblicher Rechtsschutz und Urheberrecht (Zeitschrift)
GüKG	Güterkraftverkehrsgesetz i.d.F. v. 3. 11. 1993
GVBl NW	Gesetz- und Verordnungsblatt für das Land Nordrhein-Westfalen
GVG	Gerichtsverfassungsgesetz i.d.F. v. 9. 5. 1975
GWB	Gesetz gegen Wettbewerbsbeschränkungen i.d.F. v. 20. 2. 1990
HambWegeG	Hamburgisches Wegegesetz i.d.F. v. 22. 1. 1974
HaustürWG	Haustürwiderrufsgesetz i.d.F. v. 16. 1. 1986
HdwbRw	Handwörterbuch der Rechtswissenschaft, hrsg. von Stier-Somlo und Elster, 8 Bde. 1926–1937
HECK	Grundriß des Sachenrechts, 1930
HGB	Handelsgesetzbuch v. 10. 5. 1897
HGB-RGRK	Handelsgesetzbuch Großkommentar, 3. Aufl. 1967–1982/ 4. Aufl. 1983 ff
HKG	Heimkehrergesetz v. 19. 6. 1950
h. L.	herrschende Lehre
h. M.	herrschende Meinung
HpflG	Haftpflichtgesetz i.d.F. v. 4. 1. 1978
HRR	Höchstrichterliche Rechtsprechung
Hrsg.	Herausgeber
hrsg.	herausgegeben
Hs.	Halbsatz
HUECK, G.	Gesellschaftsrecht, 19. Aufl. 1991
HUECK/CANARIS	Recht der Wertpapiere, 12. Aufl. 1986
HUECK/NIPPERDEY	Arbeitsrecht, Bd. I, 7. Aufl. 1963, Bd. II/1, 7. Aufl. 1967
i.d.F.	in der Fassung
i.d.R.	in der Regel

i.e.S.	im engeren Sinne
insbes.	insbesondere
InsO	Insolvenzordnung v. 5. 10. 1994
Intern.	Internationales
IPR	Internationales Privatrecht
i.S.d.	im Sinne des
i.V.m.	in Verbindung mit
i.w.S.	im weiteren Sinne
JA	Juristische Arbeitsblätter
Jaeger/Henckel	Konkursordnung, Kommentar, 9. Aufl. 1977 ff
Jauernig	Zivilprozeßrecht, 24. Aufl. 1993
JFG	Jahrbuch für Entscheidungen in Angelegenheiten der freiwilligen Gerichtsbarkeit und des Grundbuchrechts
JGG	Jugendgerichtsgesetz i.d.F. v. 11. 12. 1974
JherJb.	Jherings Jahrbücher für die Dogmatik des bürgerlichen Rechts
JMBl NW	Justizministerialblatt für das Land Nordrhein-Westfalen
JR	Juristische Rundschau (Zeitschrift)
JurA	Juristische Analysen (Zeitschrift)
JurBüro	Das juristische Büro (Zeitschrift)
JuS	Juristische Schulung (Zeitschrift)
JW	Juristische Wochenschrift
JZ	Juristenzeitung
KG	Kommanditgesellschaft bei Entscheidungszitaten: Kammergericht
KGJ	Jahrbuch für Entscheidungen des Kammergerichts
Kilger/K. Schmidt	Konkursordnung, 16. Aufl. 1993
Kipp/Coing	Erbrecht, 14. Aufl. 1990
KO	Konkursordnung i.d.F. v. 20. 5. 1898
Koch/Stübing	Kommentar zum AGBG, 1977
Köhler	BGB Allgemeiner Teil, 22. Aufl. 1994
Krüger, H.	Allgemeine Staatslehre, 2. Aufl. 1966
KSchG	Kündigungsschutzgesetz i.d.F. v. 25. 8. 1969
KStG	Körperschaftsteuergesetz
KTS	Konkurs-, Treuhand- und Schiedsgerichtswesen (Zeitschrift)
KUG	Kunsturhebergesetz v. 9. 1. 1907
KWG	Kreditwesengesetz i.d.F. v. 30. 6. 1993
LAG	Landesarbeitsgericht
Lange/Köhler	BGB Allgemeiner Teil, 17. Aufl. 1980
Lange/Kuchinke	Lehrbuch des Erbrechts, 3. Aufl. 1989
Larenz AT	Allgemeiner Teil des Deutschen Bürgerlichen Rechts, 7. Aufl. 1989
Larenz Methodenlehre	Methodenlehre der Rechtswissenschaft, 6. Aufl. 1991
Larenz SchR II	Lehrbuch des Schuldrechts Besonderer Teil, 1. Halbbd. 13. Aufl. 1986, 2. Halbbd. 13. Aufl. 1994
Lehmann/Hübner	Allgemeiner Teil des Bürgerlichen Gesetzbuches, 16. Aufl. 1966

Abkürzungs- und Literaturverzeichnis

LFoG NW	Landesforstgesetz für Nordrhein-Westfalen i.d.F. v. 24. 4. 1980
LG	Landgericht
LG NW	Landschaftsgesetz für das Land Nordrhein-Westfalen v. 26. 6. 1980
LM	Nachschlagewerk des BGH in Zivilsachen, hrsg. von Lindenmaier und Möhring
LÖWE/v. WESTPHALEN/ TRINKNER	Kommentar zum AGBG, 1977, Bd. II 2. Aufl. 1983, Bd. III 2. Aufl. 1985
LÖWISCH	Das Rechtsgeschäft, 4. Aufl. 1982
LuftVG	Luftverkehrsgesetz i.d.F. v. 14. 1. 1981
LZ	Leipziger Zeitschrift für Deutsches Recht
MarkenG	Gesetz über den Schutz von Marken und sonstigen Kennzeichen v. 25. 10. 1994
MAUNZ/DÜRIG/ HERZOG/SCHOLZ	Grundgesetz, Kommentar, Stand der 31. Lieferung 1994
MDR	Monatsschrift für Deutsches Recht
MEDICUS AT	Allgemeiner Teil des BGB, 6. Aufl. 1994
MEDICUS BR	Bürgerliches Recht, 16. Aufl. 1993
MEDICUS SchR	Schuldrecht Allgemeiner Teil, 7. Aufl. 1993
MENTZEL/KUHN/ UHLENBRUCK	Konkursordnung, Kommentar, 9. Aufl. 1979
MEYER-CORDING	Wertpapierrecht, 2. Aufl. 1990
Mot.	Motive zum BGB
MRK	Menschenrechtskonvention v. 4. 11. 1950
MünchKomm	Münchener Kommentar zum Bürgerlichen Gesetzbuch, hrsg. von Rebmann und Säcker, 2. Aufl. 1984–1990, 3. Aufl. seit 1993
MuFG	Milch- und Fettgesetz i.d.F. v. 10. 12. 1952
MuSchG	Mutterschutzgesetz i.d.F. v. 18. 4. 1968
m.w.N.	mit weiteren Nachweisen
NamÄndG	Gesetz über die Änderung von Familiennamen und Vornamen v. 5. 1. 1938
NEhelG	Gesetz über die rechtliche Stellung der nichtehelichen Kinder v. 19. 8. 1969
n. F.	neue Fassung
NIKISCH	Arbeitsrecht, Bd. II, 2. Aufl. 1959
NJW	Neue Juristische Wochenschrift
Nr.	Nummer
o. a.	oben angeführt
OBG NW	Ordnungsbehördengesetz für das Land Nordrhein-Westfalen i.d.F. v. 13. 5. 1980
ÖJZ	Österreichische Juristenzeitung
OGH	Oberster Gerichtshof für die britische Zone
OGHZ	Entscheidungen des Obersten Gerichtshofes für die britische Zone in Zivilsachen
OHG	Offene Handelsgesellschaft

OLG	Oberlandesgericht
OLGE	Entscheidungen der Oberlandesgerichte in Zivilsachen (Serie 1900–1928)
OLGZ	Entscheidungen der Oberlandesgerichte in Zivilsachen (Serie ab 1945)
OVG	Oberverwaltungsgericht
OWiG	Gesetz über Ordnungswidrigkeiten i.d.F. v. 19. 2. 1987
PALANDT	Bürgerliches Gesetzbuch, Kommentar, 54. Aufl. 1995
ParteiG	Parteiengesetz i.d.F. v. 31. 1. 1994
PartGG	Partnerschaftsgesellschaftsgesetz i.d.F. v. 25. 7. 1994
PatG	Patentgesetz i.d.F. v. 16. 12. 1980
PBefG	Personenbeförderungsgesetz i.d.F. v. 8. 8. 1990
PflVG	Pflichtversicherungsgesetz v. 5. 4. 1965
PLANCK	Kommentar zum BGB, Bd. II/1 Recht der Schuldverhältnisse (Allgemeiner Teil), 4. Aufl. 1914
PolG NW	Polizeigesetz für das Land Nordrhein-Westfalen v. 24. 2. 1990
PostG	Gesetz über das Postwesen v. 3. 7. 1989
ProdhaftG	Produkthaftungsgesetz i.d.F. v. 15. 12. 1989
Prot.	Protokolle zum BGB
PStG	Personenstandsgesetz i.d.F. v. 8. 8. 1957
pVV	positive Vertragsverletzung
RabelsZ	Zeitschrift für ausländisches und internationales Privatrecht, begründet von Ernst Rabel
RabG	Rabattgesetz v. 25. 11. 1933
RBerG	Rechtsberatungsgesetz v. 13. 12. 1935
RdA	Recht der Arbeit (Zeitschrift)
RdJ	Recht der Jugend (Zeitschrift)
Recht	Das Recht (Zeitschrift)
RelKErzG	Gesetz über die religiöse Kindererziehung v. 15. 7. 1921
RG	Reichsgericht
RGBl.	Reichsgesetzblatt
RGSt	Entscheidungen des Reichsgerichts in Strafsachen
RGZ	Entscheidungen des Reichsgerichts in Zivilsachen
RGRK	Das Bürgerliche Gesetzbuch mit besonderer Berücksichtigung der Rechtsprechung des Reichsgerichts und des Bundesgerichtshofes, Kommentar, hrsg. von Mitgliedern des Bundesgerichtshofes, 12. Aufl. 1974 ff
REINHARDT/SCHULTZ	Gesellschaftsrecht, 2. Aufl. 1981
Rdn.	Randnummer(n)
ROSENBERG/SCHWAB/GOTTWALD	Zivilprozeßrecht, 15. Aufl. 1993
Rspr.	Rechtsprechung
RV	Verfassung des Deutschen Reiches v. 16. 4. 1871
RVO	Reichsversicherungsordnung i.d.F. v. 15. 12. 1924
S.	Seite
s. a.	siehe auch

Abkürzungs- und Literaturverzeichnis

Sächs. Arch.	Sächsisches Archiv für Rechtspflege
SavZ RomAbt.	Zeitschrift der Savigny-Stiftung für Rechtsgeschichte, Romanistische Abteilung
SCHAUB	Arbeitsrechtshandbuch, 7. Aufl. 1992
ScheckG	Scheckgesetz v. 14. 8. 1933
SCHLEGELBERGER	Handelsgesetzbuch, Kommentar, 5. Aufl. 1973 ff
SchlHA	Schleswig-Holsteinische Anzeigen
SchlHOLG	Schleswig-Holsteinisches Oberlandesgericht
SCHMIDT-SALZER	Allgemeine Geschäftsbedingungen, 2. Aufl. 1977
SchR	Schuldrecht
SchRG	Gesetz über Rechte an eingetragenen Schiffen und Schiffsbauwerken v. 15. 11. 1940
SERICK	Eigentumsvorbehalt und Sicherungsübertragung, Bde. I–VI 1963–1986
SeuffArch.	Seufferts Archiv für Entscheidungen der obersten Gerichte in den deutschen Staaten
SeuffBl.	Seufferts Blätter für Rechtsanwendung
SG	Soldatengesetz i.d.F. v. 19. 8. 1975
SGB	Sozialgesetzbuch, Teil I v. 11. 12. 1975, Teil IV v. 23. 12. 1976, Teil VIII (KJHG) i.d.F. v. 3. 5. 1993, Teil X v. 18. 8. 1980
SJZ	Süddeutsche Juristenzeitung
s. o.	siehe oben
SÖLLNER	Grundriß des Arbeitsrechts, 11. Aufl. 1994
SOERGEL	Bürgerliches Gesetzbuch, Kommentar, 11. Aufl. 1978–1986, 12. Aufl. seit 1987
sog.	sogenannt, sogenannte, sogenannter
SR	Sachenrecht
STAUDINGER	Kommentar zum Bürgerlichen Gesetzbuch, 12. Aufl. 1978 ff, 13. Bearb. seit 1993
STEIN/JONAS	Kommentar zur Zivilprozeßordnung, 20. Aufl. 1977–1991, 21. Aufl. seit 1993
StGB	Strafgesetzbuch i.d.F. v. 10. 3. 1987
StPO	Strafprozeßordnung i.d.F. v. 7. 4. 1987
str.	streitig
st. Rspr.	ständige Rechtsprechung
StVG	Straßenverkehrsgesetz v. 19. 12. 1952
StVO	Straßenverkehrsordnung v. 16. 11. 1970
StVollzG	Strafvollzugsgesetz v. 16. 3. 1976
s. u.	siehe unten
v. TUHR	Der Allgemeine Teil des Deutschen Bürgerlichen Rechts, Bde. I, II/1, II/2 1910–1918
TVG	Tarifvertragsgesetz i.d.F. v. 25. 8. 1969
u. a.	unter anderem
u. ä.	und ähnlich
ULMER/BRANDNER/HENSEN	AGB-Gesetz, Kommentar, 7. Aufl. 1993

Ulp.	Ulpianus
UmwelthaftG	Umwelthaftungsgesetz i.d.F. v. 10. 12. 1990
UrhG	Urheberrechtsgesetz v. 9. 9. 1965
u.s.w.	und so weiter
u. U.	unter Umständen
UWG	Gesetz gegen den unlauteren Wettbewerb v. 7. 6. 1909
v.	vom, von
VAG	Versicherungsaufsichtsgesetz i.d.F. v. 17. 12. 1992
VerbrKrG	Verbraucherkreditgesetz i.d.F. v. 17. 12. 1990
VereinsG	Vereinsgesetz v. 5. 8. 1964
Verh.	Verhandlungen
VerschG	Verschollenheitsgesetz i.d.F. v. 15. 1. 1951
VersR	Versicherungsrecht (Zeitschrift)
VerwArch.	Verwaltungsarchiv
VGH	Verwaltungsgerichtshof
vgl.	vergleiche
VHG	Vertragshilfegesetz v. 26. 3. 1952
VO	Verordnung
VVDStRL	Veröffentlichungen der Vereinigung der Deutschen Staatsrechtslehrer
VVG	Gesetz über den Versicherungsvertrag v. 30. 5. 1908
VwGO	Verwaltungsgerichtsordnung v. 19. 3. 1991
VwVfG	Verwaltungsverfahrensgesetz v. 25. 5. 1976
WährG	Währungsgesetz v. 20. 6. 1948
WarnRspr.	Warneyer, Die Rechtsprechung des Reichsgerichts auf dem Gebiete des Zivilrechts bzw. Rechtsprechung des Bundesgerichtshofs in Zivilsachen
WEG	Wohnungseigentumsgesetz v. 15. 3. 1951
WESENBERG/WESENER	Neuere Deutsche Privatrechtsgeschichte, 4. Aufl. 1985
WESTERMANN, H.	Sachenrecht, Bd. I 6. Aufl. 1990, Bd. II 6. Aufl. 1988
WG	Wechselgesetz v. 21. 6. 1933
WHG	Wasserhaushaltsgesetz i.d.F. v. 23. 9. 1986
WIEACKER	Privatrechtsgeschichte der Neuzeit, 2. Aufl. 1967
WIEDEMANN	Gesellschaftsrecht, Bd. I 1980
WINDSCHEID/KIPP	Lehrbuch der Pandekten, 9. Aufl. 1906
WM	Wertpapier-Mitteilungen Teil IV
II. WoBauG	Zweites Wohnungsbaugesetz i.d.F. v. 19. 8. 1994
WOLF, E. AT	Allgemeiner Teil des bürgerlichen Rechts, 3. Aufl. 1982
WOLFF/BACHOF	Verwaltungsrecht I, 10. Aufl. 1994
WOLFF/RAISER	Sachenrecht, 10. Aufl. 1957
WRP	Wettbewerb in Recht und Praxis (Zeitschrift)
WRV	Verfassung des Deutschen Reichs v. 11. 8. 1919 (Weimarer Reichsverfassung)
WStG	Wehrstrafgesetz i.d.F. v. 24. 5. 1974
ZAkdR	Zeitschrift der Akademie für deutsches Recht
z. B.	zum Beispiel

Abkürzungs- und Literaturverzeichnis

ZeitG	Zeitgesetz v. 25. 7. 1978
ZEuP	Zeitschrift für Europäisches Privatrecht
ZfA	Zeitschrift für Arbeitsrecht
ZGB	Schweizerisches Zivilgesetzbuch von 1907
ZGR	Zeitschrift für Unternehmens- und Gesellschaftsrecht
ZHR	Zeitschrift für das gesamte Handelsrecht und Wirtschaftsrecht
ZHW	Zeitschrift für das gesamte Handels- und Wirtschaftsrecht
Ziff.	Ziffer
ZöffR	Zeitschrift für öffentliches Recht
ZPO	Zivilprozeßordnung i.d.F. v. 12. 9. 1950
ZRP	Zeitschrift für Rechtspolitik
z. T.	zum Teil
ZVG	Zwangsversteigerungsgesetz v. 20. 5. 1898
z. Z.	zur Zeit
ZZP	Zeitschrift für Zivilprozeß

EINLEITUNG

Das deutsche bürgerliche Recht

§ 1
Privatrecht und öffentliches Recht

BOEHMER Grundlagen der Bürgerlichen Rechtsordnung, I. Buch 1950, § 7; BULLINGER Öffentliches Recht und Privatrecht, 1968; ERICHSEN (Hrsg.) Allgemeines Verwaltungsrecht, 10. Auflage 1995; FORSTHOFF VerwR, 10. Auflage 1973, § 6, 2; MAURER Allgemeines Verwaltungsrecht, 9. Auflage 1994; MOLITOR Über öffentliches Recht und Privatrecht, 1949; OSTERLOH Steuerrecht und Privatrecht, JuS 1994, 993 ff; D. SCHMIDT Die Unterscheidung von privatem und öffentlichem Recht, 1985; H. J. WOLFF Der Unterschied zwischen öffentlichem und privatem Recht, AöR 76, 205 ff; WOLFF/BACHOF VerwR, 9. Auflage 1974, § 22.

I. Das bürgerliche Recht als Privatrecht

1. Die Bedeutung der Unterscheidung zwischen öffentlichem Recht und Privatrecht

Die Rechtsnormen, die das gesellschaftliche Zusammenleben der Menschen 1 regeln, werden herkömmlicherweise in öffentliches Recht und in Privatrecht („Bürgerliches Recht" oder „Zivilrecht") eingeteilt.

Das *öffentliche Recht* regelt die Beziehungen des einzelnen zu Staat und öffentlichen Verbänden und die Beziehungen dieser Verbände untereinander; es regelt sie weitgehend unter dem Gesichtspunkt der Über- und Unterordnung.

Das *Privatrecht* dagegen regelt die Verhältnisse der einzelnen Rechtspersonen untereinander unter dem Gesichtspunkt grundsätzlicher Gleichberechtigung. Gleichberechtigte Partner sind im Fiskalbereich auch die Subjekte des öffentlichen Rechts.

Die *Abgrenzung* zwischen privatem und öffentlichem Recht ist notwendig, weil 2 davon im Streitfall der *Rechtsweg* und materiell-rechtlich die *anzuwendenden Rechtsnormen* abhängen. § 13 GVG teilt den ordentlichen Gerichten die bürgerlichen Rechtsstreitigkeiten zu, für die nicht die Zuständigkeit von Verwaltungsgerichten oder anderen Gerichten begründet ist; ihm entspricht § 40 VwGO, der öffentlich-rechtliche Streitigkeiten nichtverfassungsrechtlicher Art den Verwaltungsgerichten zuweist. Die Zuständigkeit richtet sich jedoch nicht ausschließlich nach der materiellen Qualifikation des Rechtsverhältnisses; § 40 II VwGO weist bestimmte öffentlich-rechtliche Streitigkeiten (Enteignung, Amtspflichtverletzung) den ordentlichen Gerichten zu (bürgerlich-rechtliche Streitigkeiten kraft Zuweisung).

Im Hinblick auf die zunehmende Verflechtung des Privatrechts mit öffentlich-rechtlichen Aspekten ist der Unterschied zwischen privatem und öffentlichem Recht schlechthin geleugnet worden, so insbesondere von KELSEN Allgemeine Staatslehre, 1925, § 17, der das Recht ausschließlich als formale Ordnung begreift; nach ihm ist jeder Rechtssatz öffentlich-rechtlicher Natur.

Auch unter der Herrschaft des Nationalsozialismus wurde der Unterschied zwischen Privatrecht und öffentlichem Recht vielfach mit der Begründung verneint, alles Recht habe nur dem Gemeinwohl zu dienen.

Die herkömmliche Unterscheidung zwischen privatem und öffentlichem Recht hat O. V. GIERKE I § 4 dahingehend zu *modifizieren* gesucht, daß er einen Zwischenbereich als *Sozialrecht* bezeichnet. Hierunter ordnet er die Rechtsverhältnisse ein, die die Besonderheiten der sozialen Verbände, zu denen auch die Familie gehört, berücksichtigen. Das so verstandene Sozial- und Verbandsrecht überschneidet sich sowohl mit dem öffentlichen Recht als auch mit dem Privatrecht (O. V. GIERKE aaO, so noch heute PAWLOWSKI, Rdn. 17).

2. Theorien zur Abgrenzung

3 Die Abgrenzung zwischen den Bereichen privates und öffentliches Recht bereitet Schwierigkeiten; allgemein gültige Kriterien haben sich bisher nicht finden lassen. Von den hierzu entwickelten Theorien sind insbesondere die Interessen-, die Subjektions- und die neuere Subjektstheorie von Bedeutung. Sie schließen sich nicht gegenseitig aus, sondern können je nach Sachlage Anwendung finden (BVerwGE 13, 47; BULL, Allgemeines Verwaltungsrecht, 3. Auflage 1991, S. 48 Rdn. 114).

4 a) Die **Interessentheorie**, die auf die Unterscheidung Ulpians zwischen öffentlichem und privatem Recht zurückgeht (*Publicum ius est quod ad statum rei Romanae spectat, privatum quod ad singulorum utilitatem* – D 1, 1, 1, 2), stellt darauf ab, ob Interessen der Allgemeinheit oder Individualinteressen betroffen sind. Sie kann für sich allein deswegen nicht zu einer klaren Abgrenzung führen, weil der Staat häufig die Wahl hat, vom öffentlichen Interesse getragene Staatsaufgaben entweder privatrechtlich oder öffentlich-rechtlich zu regeln. Sofern solche Verwaltungshandlungen in den Formen des Privatrechts vorgenommen werden, unterliegen sie zumindest grundsätzlich dem Privatrecht. Davon ist weiterhin das rein fiskalische Handeln der öffentlichen Hand (z. B. Einkauf von Büromaterial, erwerbswirtschaftliche Tätigkeit im Wettbewerb) zu unterscheiden, für das ohne weiteres das bürgerliche Recht zuständig ist. Schließlich erwähnt der Gesetzgeber selbst das öffentliche Interesse bei sonst als privatrechtlich angesehenen Pflichten (vgl. z. B. §§ 525 II, 679, 2194). Auf der anderen Seite dient letztlich alles Recht, auch das Privatrecht, der Ordnung menschlichen Zusammenlebens und damit dem öffentlichen Interesse (vgl. WOLFF/BACHOF § 22 IIa 6). Zudem führt das *Sozialstaatsprinzip* zur Umformung rein privatrechtlicher Verhältnisse unter dem Gesichtspunkt des Gemeininteresses. So wird für das Privateigentum in Art. 14 II GG betont, daß es auch dem Gemeinwohl zu dienen habe. Dementsprechend sind im Grundstücksrecht eine Anzahl neuer Bindungen entstanden, die zum Teil öffentlich-rechtlichen Charakter haben.

b) Mit der **Subjektions- oder Subordinationstheorie**, die das entscheidende Kriterium zwischen öffentlichem und privatem Recht in dem Verhältnis der *Über- und Unterordnung* (FORSTHOFF § 6, 2) sieht, lassen sich zutreffende Ergebnisse nur im Bereich der Eingriffsverwaltung erzielen. Hingegen ist die Subjektionstheorie sowohl hinsichtlich der Rechtsbeziehungen gleichgeordneter Hoheitsträger untereinander als auch auf dem Gebiet der schlichten Hoheitsverwaltung Einwendungen ausgesetzt, da auch bei letzterer von einer Über- und Unterordnung nicht schlechthin ausgegangen werden kann. Von schlichter Hoheitsverwaltung wird gesprochen, wenn Subjekte der öffentlichen Verwaltung zwar auf Grund öffentlichen Rechtes, aber nicht obrigkeitlich tätig werden; z. B. durch Errichtung und Unterhaltung von Einrichtungen der Daseinsvorsorge (vgl. FORSTHOFF Vor § 20).

Mit den Kriterien der Über- und Unterordnung ist auch das Institut des *öffentlich-rechtlichen Vertrages* gemäß §§ 54 ff VwVfG nicht vereinbar, da sich hier die Vertragsparteien gleichgeordnet gegenüberstehen (vgl. FORSTHOFF § 14, 1; zum öffentlich-rechtlichen Vertrag insb.: BULLINGER Vertrag und Verwaltungsakt, 1962; GÖTZ Hauptprobleme des verwaltungsrechtlichen Vertrages, JuS 1970, 1 ff; SALZWEDEL Die Grenzen der Zulässigkeit des öffentlich-rechtlichen Vertrages, 1958; STERN Zur Grundlegung einer Lehre des öffentlich-rechtlichen Vertrages, VerwArch. 49, 106 ff). Dabei kann dahingestellt bleiben, ob die vertragliche Regelung auf freier Entschließung der Beteiligten (z. B. Bildung eines Zweckverbandes durch zwei Gemeinden) oder nur zur Durchführung einer hoheitlich begründeten Maßnahme dient (z. B. Gewährung von Subventionen); im letzteren Fall wird zum Teil angenommen, daß sich an den begründenden Verwaltungsakt ein privatrechtlicher Vorgang anschließen kann, sog. *Zweistufenlehre* (vgl. dazu H.-P. IPSEN, Öffentliche Subventionierung Privater, DVBl. 1956, 602 ff; WOLFF/BACHOF § 154 VI).

Die Subjektionstheorie ist daher gehalten, auf die Interessenlage zurückzugreifen und die Frage aus der „Gesamtheit der obwaltenden Rechtsverhältnisse" zu entscheiden (FORSTHOFF § 6, 2).

c) Die herrschende **modifizierte Subjektstheorie** stellt darauf ab, daß ein Teil der Rechtsnormen notwendig einen Träger hoheitlicher Gewalt berechtigt oder verpflichtet. Beteiligt sich eine Rechtsperson in dieser Eigenschaft an einem Rechtsverhältnis, so ist dieses dem öffentlichen Recht zuzuordnen (vgl. MOLITOR aaO,

S. 30 f; WOLFF AöR 76, 205 ff; WOLFF/BACHOF § 22 II c; BGHZ 41, 264, 266 ff; BGHZ (GemSen) 102, 280, 283; 97, 312, 313 f). Es bedarf daher im jeweiligen Fall der Feststellung, in welcher Eigenschaft der Hoheitsträger sich am Rechtsverkehr beteiligen will (BGHZ 4, 266, 267 ff).

Dies kann sich aus der formalen Gestaltung (Satzung oder AGB bei einem Benutzungsverhältnis), aus dem Sachzusammenhang (bei tatsächlichem Handeln, z. B. Immissionen) ergeben.

II. Das bürgerliche Recht im engeren Sinne

7 Das *bürgerliche Recht* im Sinne dieser Darstellung umfaßt nicht das ganze geltende deutsche Privatrecht, sondern nur einen *Ausschnitt* daraus, nämlich das für *jedermann* geltende Privatrecht, das auf dem Bürgerlichen Gesetzbuch und seinen Ergänzungsgesetzen beruht.

Davon sind zu unterscheiden:

a) die privatrechtlichen Sätze, die für *besondere Lebenskreise* gelten, wie das *Handelsrecht*, das im wesentlichen Kaufmannsrecht ist, das *Gewerberecht*, soweit es die privatrechtlichen Interessen der gewerblichen Unternehmungen regelt, das *Arbeitsrecht*, das das Arbeitsverhältnis der abhängigen Arbeitnehmer normiert usw.

b) die privatrechtlichen Sätze, die für *besondere Güterkreise* in Sondergesetzen niedergelegt sind, wie das *Urheberrecht, Patentrecht, Verlagsrecht* usw., die gewissen Erzeugnissen der schöpferischen Tätigkeit Rechtsschutz verleihen.

§ 2

Die Vorgeschichte des Bürgerlichen Gesetzbuchs, seine Entstehung und Weiterentwicklung

BLAUROCK Europäisches Privatrecht, JZ 1994, 270 ff; BOEHMER Grundlagen der Bürgerlichen Rechtsordnung, II. Buch, 1. Abt., 1951; v. CAEMMERER Wandlungen des Deliktsrechts, Hundert Jahre Deutsches Rechtsleben, II, 1960, 49 ff; COING Bemerkungen zum überkommenen Zivilrechtssystem, Festschrift Dölle, 1963, 25 ff; ders., Europäisches Privatrecht Bd. 1, 2, 1985, 1989; GÖTZ Auf dem Weg zur Rechtseinheit in Europa, JZ 1990, 265 ff; HATTENHAUER Die geistesgeschichtlichen Grundlagen des deutschen Rechts, 3. Aufl., 1983; ders., Grundbegriffe des Bürgerlichen Rechts, Historisch-dogmatische Einführung, 1982; ISELE Ein halbes Jahrhundert deutsches Bürgerliches Gesetzbuch, AcP 150, 1 ff; LAUFS Rechtsentwicklungen in Deutschland, 4. Aufl. 1991; LÜDERITZ, Kodifikation des bürgerlichen Rechts in Deutschland 1873 bis 1977, Festschrift „Vom Reichsjustizamt zum Bundesministerium der Justiz", 1977, 213 ff; ders., Die Überarbeitung des deutschen Schuldrechts im Lichte internationaler Erfahrungen, insbesondere in den Niederlanden, Festschrift H. Hübner, 1984, 593 ff; MITTEIS/LIEBERICH Deutsches Privatrecht, 9. Aufl. 1981; RAISER Die Zukunft des Privatrechts, 1971; H. SCHLOSSER, Grundzüge der neueren Privatrechtsgeschichte, 7. Aufl. 1993; WESENBERG/WESENER Neuere Deutsche Privatrechtsgeschichte, 4. Aufl. 1985;

WIEACKER Privatrechtsgeschichte der Neuzeit, 2. Aufl. 1967; ders., Das Sozialmodell der klassischen Privatrechtsgesetzbücher und die Entwicklung der modernen Gesellschaft, 1953.

I. Vorgeschichte

1. Die Rezeption und die Entwicklung bis zum Kodifikationszeitalter

Seit dem 13. Jahrhundert wurde das von den *Glossatoren* und *Kommentatoren* **8** bearbeitete *römische Recht* – daneben auch das *kanonische Recht* – als geltendes Recht in Deutschland aufgenommen. Das geschah allmählich durch die Übung der Gerichte, bei denen die an den oberitalienischen Rechtsschulen und den in Mitteleuropa entstehenden juristischen Fakultäten ausgebildeten gelehrten Richter die volkstümlichen Laienrichter ersetzten. Das *einheimische Recht* war mangels einer wissenschaftlich-dogmatischen Ausformung dem römischen Recht unterlegen. Eine wirkliche Rechtseinheit brachte diese *Rezeption*, die etwa im 16. Jahrhundert zum Abschluß kam, gleichwohl nicht. Denn nach der Reichskammergerichtsordnung von 1495 ging das Recht des engeren Lebens- und Rechtskreises dem des weiteren vor: „Stadtrecht bricht Landrecht, Landrecht bricht Reichsrecht." Das römische Recht hatte subsidiäre Geltung.

Durch den *Humanismus* erhielt das römische Recht – nicht zuletzt auf der Basis didaktischer Erwägungen – neue systematische Impulse. In dieser Richtung wirkte vor allem auch das *Naturrecht*, dessen Vertreter fast ausschließlich von dem von ihnen beherrschten römischen Rechtsstoff ausgingen, auf das Privatrecht ein. Diese Strömung dominierte jedoch lediglich im wissenschaftlich-akademischen Bereich, während die naturgemäß stark kasuistisch orientierte Praxis des *Usus modernus* mit einem großen Beharrungsvermögen auch systematisch weiterhin auf dem römischen Recht basierte, das sie unter Einbeziehung auch einheimischer Quellen und Traditionen zunehmend den zeitgenössischen Verhältnissen anpaßte.

Im Bereich des Privatrechts hielt sich die Reichsgesetzgebung zurück. In den *Partikularrechten* (Stadt- und Landrechten) verbanden sich deutsch-rechtliche und römisch-rechtliche Institutionen. In weiten Sachbereichen, die von den Stadt- und Landrechten nicht erfaßt wurden, herrschte das sog. *gemeine Recht*.

2. Die großen landesrechtlichen Kodifikationen

Mit dem Niedergang des Heiligen Römischen Reichs Deutscher Nation ging die **9** Gesetzgebungsgewalt auf die landesherrliche Gewalt über. Unter dem Einfluß des späten Vernunftrechts und aus den Impulsen des aufgeklärten Absolutismus entstand der Wille zur *Kodifikation*, d. h. einer gesetzlichen Neugestaltung des Landesrechts als eines Ganzen. Man war bestrebt, in einem in deutscher Sprache verfaßten Gesetzbuch die brauchbaren Teile des gemeinen Rechts mit den lebenskräftigen Gedanken und Einrichtungen des deutschen Rechts zu verschmelzen und so Sicherheit und Einheitlichkeit des Rechtszustands zu begründen. Das Reich war zu einer derartigen gesetzgeberischen Tat nicht mehr in der Lage, dagegen hatte in den Einzelstaaten der Kodifikationsgedanke Erfolg. Es handelt sich insbesondere um folgende Kodifikationen:

   a) den 1756 für Bayern erlassenen *Codex Maximilianeus Bavaricus Civilis*
   b) das *Allgemeine Landrecht für die Preußischen Staaten,* in Kraft seit 1. 6. 1794;
   c) das *Allgemeine bürgerliche Gesetzbuch für die gesamten Erbländer der österreichischen Monarchie* vom 1. 6. 1811;
   d) Bedeutung in Deutschland gewann auch der *Code Civil* oder *Code Napoleon* (unter seiner Mitwirkung entstanden) vom 20. 3. 1804; er galt für größere Bereiche des *Rheinlands*; das *Badische Landrecht* von 1809 stellt eine Übersetzung des *Code Civil* ins Deutsche dar.

Durch die landesrechtlichen Kodifikationen wurde zwar für ihr Geltungsgebiet ein einheitliches Privatrecht geschaffen, für Deutschland dagegen die durch die Rezeption gewonnene teilweise Rechtseinheit wieder zerstört. Den Ländern des kodifizierten Rechts standen die Gebiete gegenüber, in denen das gemeine Recht seine Hilfsgeltung behielt. In Deutschland waren fünf große Rechtsgebiete zu unterscheiden: Das des bayerischen Rechts, des preußischen Landrechts, des österreichischen und des französischen Rechts und schließlich das des gemeinen Rechts; hinzu kam 1865 das Königreich Sachsen mit seinem bürgerlichen Gesetzbuch. Preußen zerfiel sogar in drei Privatrechtsgebiete: In der Rheinprovinz galt der Code Civil, in den östlichen Provinzen und Westfalen das Allgemeine Landrecht und in den 1866 erworbenen Landesteilen das gemeine Recht. Gegen diese Zersplitterung konnte nur eine über die Einzelstaaten hinausgreifende Neuordnung helfen.

3. Die Bestrebungen zur Rechtsvereinheitlichung

10 Dem Deutschen Bund (1815–1866) fehlte die Gesetzgebungsgewalt; er war nur ein Staatenbund. Er konnte aber Gesetzesentwürfe beraten lassen und ihre Annahme den einzelnen Staaten empfehlen. Gesetzeskraft vermochten diese Entwürfe nur durch Erlaß als einzelstaatliche Gesetze zu erlangen. So entstanden zwei Gesetze, die Deutsche *Wechselordnung* (1848) und das *Allgemeine deutsche Handelsgesetzbuch* (1861). Sie schufen freilich kein gemeines (d. h. aus einer gemeinsamen Quelle geflossenes), sondern nur allgemeines (d. h. tatsächlich übereinstimmendes) Recht. Neben dem sich aus wirtschaftlichen Gründen ergebenden Zwang zur Vereinheitlichung (vgl. den Zollverein von 1833) sind diese beiden Gesetzeswerke auch das Ergebnis der zugleich mit den Freiheitskriegen einsetzenden Bestrebungen nach einem einheitlichen und deutschen Recht.

Bereits 1814 forderte der Heidelberger Rechtslehrer A. F. J. THIBAUT ein gemeinsames Gesetzbuch in einer Flugschrift „Über die Notwendigkeit eines allgemeinen bürgerlichen Rechts für Deutschland". Gegen ihn wandte sich noch in demselben Jahre v. SAVIGNY in seinem, das Programm der historischen Rechtsschule enthaltenden Buch „Vom Beruf unserer Zeit für Gesetzgebung und Rechtswissenschaft". Er bekämpfte den Vorschlag THIBAUTS mit dem Argument, daß Preußen und Österreich doch nicht auf ihre eben geschaffenen Gesetzbücher verzichten würden; überdies mangele es noch an einer brauchbaren Rechtssprache, vor allem aber fehle der Zeit die Fähigkeit, ein gutes Gesetzbuch hervorzubringen; die Rechtsfortbildung beruhe überhaupt nicht auf den Gesetzgebungsakten, sondern auf einer organisch fortschreitenden Rechtswissenschaft (vgl. HATTENHAUER Thibaut und Savigny. Ihre programmatischen Schriften, 1973). Die Auffassung SAVIGNYS trug damals den Sieg davon.

Erst die deutsche Nationalversammlung 1849 gab dem Verlangen nach einem einheitlichen bürgerlichen Recht wieder kräftigeren Ausdruck. Über den Erlaß der Wechselordnung und des Handelsgesetzbuches hinaus kam es zur Arbeit an einem Entwurf eines gemeinsamen Obligationenrechts. Dieser wurde unmittelbar vor Auflösung des Bundes 1866 fertiggestellt (*Dresdner Entwurf*).

4. Die Gesetzgebung des Norddeutschen Bundes und des Reichs bis zum BGB

Nach der Verfassung des Norddeutschen Bundes vom 17. April 1867 war dieser ein Bundesstaat mit einer einheitlichen Zentralgewalt und dem Recht unmittelbarer Gesetzgebung für das Bundesgebiet. Diese Kompetenz kam jedoch wegen der Gründung des Deutschen Reichs 1871 nicht zur Auswirkung. Art. 4 Nr. 13 der Reichsverfassung vom 16. April 1871 beschränkte freilich die Gesetzgebung – was das Privatrecht anging – auf das Obligationen-, Handels- und Wechselrecht. Erst ein fünfmal wiederholter Antrag der Abgeordneten MIQUEL und LASKER brachte durch das Gesetz vom 20. Dezember 1873 die Ausdehnung der Zuständigkeit zur Gesetzgebung auf das gesamte bürgerliche Recht. Damit war die Grundlage zum einheitlichen Neubau des Privatrechts für das ganze Reich gelegt. Partikularen Bestrebungen war durch Art. 2 RV von 1871 vorgebeugt, wonach die Reichsgesetze den Landesgesetzen vorgingen.

II. Die Entstehung des Bürgerlichen Gesetzbuchs

1874 wurde eine *Vorkommission* eingesetzt, die über Plan und Arbeitsweise Vorschläge machen sollte. Nach ihrem Gutachten beschloß der Bundesrat 1874 die Einsetzung einer **Kommission** zur Ausarbeitung des Entwurfs. Diese bestand aus elf Mitgliedern unter Vorsitz des Reichsoberhandelsgerichtspräsidenten PAPE.

Zwei Mitglieder waren Theoretiker (WINDSCHEID, ROTH), die übrigen neun Praktiker (unter ihnen herausragend PLANCK). Zuerst erstellten fünf Redaktoren für die fünf Bücher Entwürfe (vgl. Die Vorlagen der Redaktoren, herausgegeben von W. Schubert seit 1981). 1881 begannen die gemeinsamen Beratungen (vgl. Die Beratung des Bürgerlichen Gesetzbuchs, herausgegeben von H. H. Jacobs und W. Schubert seit 1978). 1887 wurde der fertiggestellte Entwurf mit *Motiven*, die von Hilfsarbeitern ohne Verantwortung der Kommission verfaßt waren, dem Reichskanzler übergeben.

> Der sog. 1. Entwurf (E 1) wurde samt den Motiven 1888 veröffentlicht und erfuhr mehr Widerspruch als Zustimmung. Man warf ihm eine romanistische, doktrinäre, undeutsche, unsoziale Haltung und eine schwerfällige, unverständliche Ausdrucksweise vor. Als scharfe Kritiker traten namentlich hervor GIERKE, BÄHR (der einen vollständigen Gegenentwurf vorlegte), MENGER (Das bürgerliche Recht und die besitzlosen Klassen, 1890), sowie eine Reihe von Verfassern in den von BEKKER und FISCHER herausgegebenen *Beiträgen zur Erläuterung und Beurteilung des Entwurfs eines BGB*. Sachlich war der Entwurf der Ausdruck der Pandektenwissenschaft; er war konstruktiv-begrifflich konzipiert und stellte nicht hinreichend auf die Lösung der konkreten Interessenkonflikte ab. Er berücksichtigte insbesondere nur unzureichend soziale Probleme. Auch der Form nach erschwerte das Juristendeutsch und die große Zahl der Verweisungen das Verständnis.

13 1890 betraute der Bundesrat eine **zweite Kommission** mit der Umarbeitung. Zu ihr wurden neben Fachleuten nun auch Vertreter aus *Wirtschaftskreisen* sowie den größten *Reichstagsparteien* zugezogen.

PLANCK wurde zum Generalreferenten bestellt. 1895 war die Umarbeitung vollendet. Aber schon vorher veröffentlichte man wöchentlich die Beschlüsse der Kommission im Reichsanzeiger, gleichfalls jedes Buch nach seiner Fertigstellung (sog. Teilentwürfe II. Lesung). Nach einer Schlußredaktion wurde die Arbeit Ende Oktober 1895 dem Bundesrat als Ganzes vorgelegt (*Bundesratsvorlage*, 2. Entwurf E II). Im Anschluß daran beriet man den Entwurf des Einführungsgesetzes.

> 1898 ist der E II im Druck erschienen, ebenso erschienen die *Protokolle* der II. Kommission 1897–1899. Der Entwurf hatte in dieser Fassung 6 Bücher; das 6. Buch enthielt die Vorschriften zum Internationalen Privatrecht.

14 Der *Bundesrat* nahm den Entwurf 1896 mit den von seinem Justizausschuß beantragten unerheblichen Änderungen an. Das Internationale Privatrecht wurde in ein Einführungsgesetz verwiesen. Der Reichskanzler legte den Entwurf 1896 dem Reichstag mit einer im Reichsjustizamt ausgearbeiteten Denkschrift vor.

Der *Reichstag* verwies nach der 1. Lesung den Entwurf an eine Kommission von 21 Mitgliedern. Nach der Beratung in zwei Lesungen (dazu Kommissionsberichte) erfolgte die zweite und dritte Lesung im Parlament. Am 1. Juli 1896 wurden BGB und EGBGB in namentlicher Abstimmung angenommen.

Die vom Reichstag beschlossenen Änderungen sind gleichfalls nicht sehr erheblich. Das eigenhändige Testament des französischen Rechts verdankt seine

Aufnahme ins Gesetz dem Reichstag; abgeändert wurden ferner Ehe- und Vereinsrecht.

Der Bundesrat trat am 14. Juli 1896 den Reichstagsbeschlüssen bei. Am 18. August 1896 wurde das Gesetz vom Kaiser ausgefertigt, als Tag des Inkrafttretens wurde der 1. Januar 1900 bestimmt.

Zur Ergänzung des BGB, namentlich im Hinblick auf das Verfahren, traten gleichzeitig drei Gesetze in Kraft (*sog. Nebengesetze*), nämlich die Grundbuchordnung, das Gesetz über die Zwangsversteigerung und Zwangsverwaltung und das Gesetz über die Angelegenheiten der freiwilligen Gerichtsbarkeit.

Änderungen erfuhren auch einige ältere Reichsgesetze, die dem neuen bürgerlichen Recht *angepaßt* wurden; so das Handelsgesetzbuch, das Gerichtsverfassungsgesetz, die Zivilprozeßordnung, die Konkursordnung, das Strafgesetzbuch, die Strafprozeßordnung, die Gewerbeordnung, das Gesetz über die Beurkundung des Personenstandes und die Eheschließung. Darüber hinaus hat die Neugestaltung des Privatrechts in sämtlichen Einzelstaaten landesrechtliche Vorschriften zur Ausführung des BGB, sog. *Ausführungsgesetze* nötig gemacht.

Zu den Materialien vgl. die Schrifttumsnachweise in § 7 IV.

III. Die weitere Entwicklung des bürgerlichen Rechts

1. Die Entwicklung bis zum Grundgesetz

Während bis 1914 nur weniges am Gesetz geändert wurde, haben der *1. Weltkrieg* und die *Revolution von 1918* auf die Weiterentwicklung des Privatrechts großen Einfluß gehabt, der allerdings weniger in gesetzgeberischen Eingriffen zutage trat als in einer durch das Vordringen der sozialen Ideen bewirkten Umformung des Denkens und damit der Rechtsprechung. Sie suchte eine soziale Ausgestaltung des Gemeinschaftslebens rechtlich zu verwirklichen, die den Schutz des wirtschaftlich Schwächeren und darüber hinaus die Wohlfahrt aller erstrebt.

Die Weimarer Reichsverfassung vom 11. August 1919 beließ es bei der bisherigen Wirtschaftsorganisation, die auf dem Privateigentum (Art. 153 WRV), der Vertragsfreiheit und der freien gewerblichen Betätigung des Einzelnen überhaupt (Art. 152, 151 WRV) beruhte. Ebenso gewährleistete sie das Erbrecht nach Maßgabe des bürgerlichen Rechts (Art. 154 WRV). Die Anerkennung der alten Grundlagen der Privatrechtsordnung erfolgte unter deutlicher Absage an den Geist des schrankenlosen Individualismus. Die bisher übliche Auffassung des subjektiven Privatrechts als eines vorwiegend eigennützigen Machtverhältnisses wurde preisgegeben. Überall in der Verfassung wurde der Pflichtengehalt, der den Privatrechten im Hinblick auf die Allgemeinheit innewohnt, betont; am eindrucksvollsten beim Eigentum (Art. 153 III WRV: Eigentum verpflichtet. Sein Gebrauch soll zugleich Dienst sein für das Gemeine Beste).

17 Der *Nationalsozialismus*, der Staat und Recht auf der Grundlage einer „Volksgemeinschaft" aufbauen zu können meinte, übersteigerte den Gemeinschaftsgedanken.

Das führte zu einer weitgehenden Mißachtung der freien Einzelpersönlichkeit und ihrer natürlichen Grundrechte sowie zu einer die Menschlichkeit und Gerechtigkeit verletzenden Unterdrückung von Bevölkerungsteilen.

> Die unmittelbaren Eingriffe in das BGB hielten sich trotz der Versuche, sein System aufzulösen und ein „Volksgesetzbuch" zu schaffen, auch jetzt in Grenzen. Die Rechtsumgestaltung vollzog sich vornehmlich durch Beeinflussung des Rechtsdenkens und der Rechtsprechung. An privatrechtlichen Änderungsgesetzen auf dem Gebiete des bürgerlichen Rechts sind das EheG vom 6. 7. 1938 und das ErbhofG vom 29. 9. 1933 hervorzuheben (vgl. insgesamt RÜTHERS Die unbegrenzte Auslegung. Zum Wandel der Privatrechtsordnung im Nationalsozialismus, 1968; STOLLEIS Gemeinwohlformeln im nationalsozialistischen Recht, 1974).

18 Nach Beseitigung der Gewaltherrschaft gehörte die Aufhebung des nationalsozialistischen Rechts zu einer der ersten Maßnahmen der *Militärregierung*. Durch Gesetz Nr. 1 der Militärregierung wurden u. a. das BlutschutzG vom 15. 9. 1935 und das ReichsbürgerG vom 16. 9. 1935 aufgehoben. Das EheG wurde, von nationalsozialistischen Gedanken bereinigt, neu publiziert durch das KontrollratsG Nr. 16 vom 20. 2. 1946.

2. Die Entwicklung in der Bundesrepublik

19 Das **Grundgesetz** vom 23. 5. 1949 hat erhebliche Bedeutung für die Weiterentwicklung des bürgerlichen Rechts gewonnen. Es bekennt sich zu einer freiheitlichen, demokratischen und sozialen Grundordnung, deren wesentliche Elemente in Art. 19 II, 79 III GG für unantastbar erklärt werden.

a) Als Grundlage der gesamten Rechtsordnung gewährleistet es die Unantastbarkeit der *Menschenwürde* in Art. 1 GG. Aus dem sittlichen Eigenwert des Menschen als Glied der Gemeinschaft werden **Grundrechte** abgeleitet und anerkannt, die nicht bloße Programmsätze darstellen, sondern die Gesetzgebung, Verwaltung und Rechtsprechung als unmittelbar geltendes Recht binden (so Art. 1 III GG; vgl. aber zur sog. *Drittwirkung* der Grundrechte unten Rdn. 117 ff).

b) Die Freiheitsrechte und institutionellen Garantien (vgl. Art. 6, 14 GG) begründen jedoch keinen schrankenlosen Individualismus; der Freiheitsraum des einzelnen ist durch die Rechte Dritter, die verfassungsmäßige Ordnung und das Sittengesetz begrenzt (Art. 2 I 2. Hs. GG); desgleichen werden mit den Institutsgarantien auch Pflichten begründet, die die Privatrechte im Hinblick auf die Allgemeinheit enthalten.

Die Grenzen der Freiheitsrechte des einzelnen sind aus der verfassungsmäßigen Festlegung der Bundesrepublik als eines sozialen Rechtsstaats (Art. 20, 28 GG) zu

Vorgeschichte, Entstehung und Weiterentwicklung　　　　　　　　　§ 2 III 2

entwickeln. Das Sozialstaatsprinzip bringt Freiheit und Zwang in ein ausgeglichenes Wertverhältnis zueinander und gewährleistet nur den angemessenen Gebrauch dieser Freiheit. So ergibt sich auf der einen Seite Recht und Verpflichtung des Staates, den sozial und wirtschaftlich Schwächeren zu schützen, aber auf der anderen Seite auch eine Beschränkung der staatlichen Eingriffe.

c) Das bürgerliche Recht als das zwischen Einzelpersonen geltende Recht konnte **20** von dieser Wandlung nicht unberührt bleiben.
aa) Unmittelbar in Durchführung des Grundgesetzes vollzog der Gesetzgeber die bedeutsamsten Weiterbildungen des Privatrechts auf dem Gebiet des Familienrechts. Art. 3 II i.V.m. 117 I GG zwang zum Erlaß des *Gleichberechtigungsgesetzes* vom 18. 6. 1957. Die Anpassung an das Gleichberechtigungsprinzip erfolgte nicht zum festgesetzten Termin am 31. 3. 1953 (Art. 117 I GG), so daß Art. 3 II GG von den Gerichten unmittelbar angewendet werden mußte (vgl. unten Rdn. 113). Aber auch die gesetzliche Regelung war unvollkommen. So entschied das BVerfG (BVerfGE 10, 59), daß die §§ 1628, 1629 I, die bei Meinungsverschiedenheiten der Eltern über die Ausübung der elterlichen Gewalt dem Vater das Letztentscheidungsrecht und das Vertretungsrecht geben wollten, verfassungswidrig und nichtig sind.

Weiter hat Art. 6 V GG dem Gesetzgeber aufgegeben, die nichtehelichen den ehelichen Kindern gleichzustellen; dies geschah durch das *Gesetz über die Stellung der nichtehelichen Kinder* vom 19. 8. 1969.

bb) Zahlreicher sind die mittelbaren Auswirkungen, die das Grundgesetz auf die **21** Zivilrechtsgesetzgebung zeitigte. Der Gesetzgeber versuchte auf vielen Gebieten, seiner Verpflichtung zur Verwirklichung des sozialen Rechtsstaats nachzukommen. Die Fortentwicklung ist demnach gekennzeichnet durch Abkehr vom ausgeprägten Individualdenken und durch eine wachsende Durchdringung mit sozialrechtlichen Bindungen. Eingriffe in das BGB geschahen vornehmlich dort, wo sich durch die äußeren Verhältnisse akute Mißstände ergaben. Rechtstechnisch erfolgte die Neuordnung zum Teil durch Änderungen des BGB selbst, zum Teil durch Einzelgesetze.

Am bedeutsamsten ist dies im Vertragsrecht hervorgetreten (vgl. zur Privatautonomie unten § 30). Insbesondere sind hier zu nennen das *Gesetz zur Regelung des Rechts der Allgemeinen Geschäftsbedingungen* vom 9. 12. 1976 (hierzu näher unten Rdn. 45 f und 1042 ff), die Änderungen des *Abzahlungsgesetzes* vom 1. 9. 1969 und 15. 5. 1974 sowie auf dem Gebiet des Mieterschutzes das *2. Wohnraumkündigungsschutzgesetz* vom 18. 12. 1974.

Darüber hinaus sind als bedeutende Änderungen zu nennen die mit dem 1. 1. 1975 in Kraft getretene Herabsetzung des *Volljährigkeitsalters*, das *Erste Gesetz zur Reform des Ehe- und Familienrechts* (1. EheRG) vom 14. 6. 1976, die Neufassung des *Adoptionsrechts* vom 2. 7. 1976 und das *Reisevertragsgesetz* vom 4. 5. 1979.

Das 1. EheRG brachte bedeutende Änderungen des Familienrechts, insbesondere durch Einführung des Namenswahlprinzips bei Eheschließung, Beseitigung des gesetzlichen Leitbildes der Hausfrauenehe, ferner durch die Umstellung des Ehescheidungsrechts vom Schuld- auf das Zerrüttungsprinzip und die Einführung des Versorgungsausgleichs. Dabei erfuhr auch das Verfahrensrecht einschneidende Änderungen. An den Amtsgerichten wurden Abteilungen für Familiensachen (Familiengerichte) gebildet, die für Ehesachen ausschließlich zuständig sind. Über die Ehescheidung selbst und über Folgesachen (z. B. Fragen der Unterhaltspflicht, des Versorgungsausgleichs und die Regelung der Rechtsverhältnisse an der Ehewohnung und am Hausrat) wird grundsätzlich gleichzeitig verhandelt und – sofern dem Scheidungsantrag stattgegeben wird – auch gleichzeitig entschieden.

Das Reisevertragsgesetz regelt die Rechtsbeziehungen zwischen Reisenden und dem Reiseveranstalter, der eine Gesamtheit von Reiseleistungen erbringt. Die durch das Gesetz neu eingefügten §§ 651 a–k BGB erfassen abschließend die Gewährleistungsrechte und deren Fristen zur Geltendmachung. Daneben werden die zulässigen Haftungsbeschränkungen des Reiseveranstalters sowie ein Kündigungs- und Rücktrittsrecht des Reisenden geregelt.

Das Betreuungsgesetz vom 9. 12. 1990 brachte eine durchgreifende Neukonzeption des Rechts volljähriger beschränkt Geschäftsfähiger.

Das Staatshaftungsgesetz vom 26. 6. 1981 wurde durch das Urteil des Bundesverfassungsgerichts vom 19. 10. 1982 wegen fehlender Gesetzgebungskompetenzen des Bundes für nichtig erklärt.

22 In jüngerer Zeit sind aufgrund von EG-Richtlinien (dazu Rdn. 54) mehrere Gesetze erlassen worden, die das bürgerliche Recht betreffen. Zu nennen sind insbesondere das *Gesetz über den Widerruf von Haustürgeschäften und ähnlichen Geschäften* (HaustürWG) vom 16. 1. 1986, das *Produkthaftungsgesetz* (ProdHaftG) vom 15. 12. 1989, das *Umwelthaftungsgesetz* (UmweltHG) vom 10. 12. 1990 sowie das *Verbraucherkreditgesetz* (VerbrKrG) vom 17. 12. 1990, das den AbzG ersetzt.

Das HaustürWG verfolgt den Schutz des Verbrauchers vor Überrumpelung bei Vertragsabschlüssen. Das ProdHaftG regelt über §§ 459 ff hinausgehend und in Ergänzung zu § 823 die unmittelbare verschuldensunabhängige Herstellerhaftung gegenüber dem Enderwerber. Das UmweltHG begründet eine ebenfalls verschuldensunabhängige Haftung des Betreibers von Anlagen, die schädliche Umwelteinwirkungen verursachen. In den beiden zuletzt genannten Gesetzen wird die Haftung durch Haftungshöchstgrenzen beschränkt. Im VerbrKrG hat – über die bereits im AbzG erfaßten Regelungen hinaus – insbesondere der Einwendungsdurchgriff bei verbundenen Geschäften (§§ 9 f) eine Normierung erfahren. Auch in diesen auf europarechtlicher Grundlage beruhenden Gesetzen sind also starke verbraucherschützende Tendenzen verwirklicht worden.

23 Seit dem Ende der 70er Jahre gibt es beim Bundesminister der Justiz Bestrebungen zu einer *Reform des Schuldrechts*, mit der einerseits der durch Rechtsprechung und Wissenschaft erfolgten Weiterbildung Rechnung getragen, andererseits der zunehmenden Zersplitterung des Schuldrechts in Einzelgesetzen entgegengewirkt und insgesamt eine Modernisierung und Vereinheitlichung der Materie erfolgen soll (vgl. grundsätzlich SCHWARK, JZ 1980, 741 ff; A. WOLF, AcP 182 [1982], 80 ff). Dazu sind in drei Bänden Gutachten zu Einzelthemen vorgelegt worden (Gutachten und Vorschläge zur Überarbeitung des Schuldrechts, hrsg. vom Bundesminister der Justiz, Köln 1981 und 1983), die zum Teil (etwa im Bereich der Leistungsstörungen und der Sachmängelhaftung) erhebliche, vom bestehenden System völlig abweichende Änderungen vorschlagen. Seit Mitte der 80er Jahre waren die Bestrebungen in der Diskussion zurückgetreten; vgl. jedoch neuerdings den Abschlußbericht der Kommission zur Überarbeitung des Schuldrechts, 1992; ERNST Zum Kommissionsentwurf für eine Schuldrechtsreform, NJW 1994, 2177 ff.

In neuerer Zeit gibt es zunehmend Tendenzen, im europäischen Rahmen auf eine Rechtsangleichung hinzuwirken (vgl. BLAUROCK aaO, GÖTZ, aaO), z. T. konkret gesteuert durch Vorgaben der EU.

3. Die Problematik einer Gesamtkodifikation des Privatrechts

Im Zuge der Entwicklung konnte der den Schöpfern des BGB vorschwebende **24** Gedanke einer einzigen Kodifikation des Zivilrechts, dem das Handelsrecht mit seinen Nebengesetzen zur Seite gestellt wurde, allerdings nicht aufrechterhalten werden (vgl. WIEACKER, Privatrechtsgeschichte, S. 543 ff). Zwar wurden – etwa durch das Gesetz zur Wiederherstellung der Gesetzeseinheit auf dem Gebiet des bürgerlichen Rechts vom 5. 3. 1953 – während der nationalsozialistischen Herrschaft ausgegliederte Teile wieder in das BGB aufgenommen, vornehmlich das Testamentsrecht. Der Bundesgesetzgeber ist auch weiterhin bemüht, die *Einheit des bürgerlichen Rechts* zu wahren (vgl. etwa die Novellierung des Mietrechts in §§ 537–570 a sowie die Wiederaufnahme des Rechts der Scheidung und der Scheidungsfolgen in die §§ 1564 ff). Andere regelungsbedürftige Teilgebiete wurden hingegen in Sondergesetzen geregelt, weil im Rahmen des BGB Novellierungsschwierigkeiten bestanden (so die Verordnung über das Erbbaurecht, ErbbauVO, vom 15. 1. 1919). Außerhalb der Systematik des Sachenrechts wurde aus wohnungspolitischen Gründen das Gesetz über das Wohnungseigentum und das Dauerwohnrecht, WEG, vom 15. 3. 1951 geschaffen.

Diesen lediglich die formale Einheit der Kodifikation des Privatrechts berührenden gesetzgeberischen Maßnahmen stehen die wesentlich bedeutungsvolleren Einbruchstellen des Arbeitsrechts gegenüber. Das *Arbeitsrecht* ist im Zuge der sozialrechtlichen Entwicklung nahezu vollkommen aus dem BGB ausgegliedert worden. Der Dienstvertrag des BGB (§§ 611 ff) hat für die Bereiche der sozial eingeordneten Dienstleistungen weitgehend nurmehr den Charakter einer

Einleitung. Das deutsche bürgerliche Recht §3 I

Grundmaterie. Eine Vielzahl von arbeits-(sozial-)rechtlichen Gesetzen zum Schutz der Arbeitnehmer (vgl. etwa KSchG; BUrlG; MuSchG; EFZG; ArbeitszeitrechtsG u. a.) sowie tarifvertragliche Bestimmungen überlagern die §§ 611 ff. Die geplante Schaffung eines Arbeitsgesetzbuches ist bislang nicht zum Abschluß gekommen; nach Art. 30 des Einigungsvertrages soll das Arbeitsvertragsrecht kodifiziert werden.

Insgesamt läßt sich jedoch die Tendenz feststellen, den bisher vom BGB erfaßten Rechtsstoff möglichst in einem Gesetzbuch zusammenzuhalten.

§ 3
Die Quellen und Erscheinungsformen des deutschen bürgerlichen Rechts

BÜHLER Rechtsquellenlehre, Bd. I 1977, Bd. II 1980, Bd. III 1985; P. LIVER Der Begriff der Rechtsquelle, Rechtsquellenprobleme im Schweiz. Recht. Berner Festgabe Schweiz. Juristenverein, 1955, 1 ff; D. MERTEN Das System der Rechtsquellen, Jura 1981, 169 ff, 236 ff; MEYER-CORDING Die Rechtsnormen, 1971; ROSS Theorie der Rechtsquellen, 1929.

I. Der Begriff der Rechtsquelle

25 *a)* Unter Rechtsquelle versteht man die Grundlage anwendbaren Rechts. Als Rechtsquelle im formellen Sinne kommen Gesetzesrecht und Gewohnheitsrecht in Betracht. Darüber hinaus müssen die der Rechtsordnung zugrundeliegenden allgemeinen Rechtsgedanken als Rechtsquelle berücksichtigt werden.

Während Gesetzesrecht von oben her, d. h. von der Zentralgewalt einer Gemeinschaft, vorgeschrieben wird (Gesetz, Satzung), bildet sich Gewohnheitsrecht von unten her durch freiwillige tatsächliche Übung und Anerkennung.

Von seinen *Ursprüngen* her ist Recht *Gewohnheitsrecht*. Soziale Spannungen und das Bedürfnis nach Rechtssicherheit führen zum Gesetzesrecht, sei es, daß ein bestehender Rechtszustand in Gesetzesrecht umgesetzt wird, sei es, daß rechtspolitische Ziele durch Gesetz realisiert werden.

Die *Tendenz zur Rechtsetzung* ist in den einzelnen Rechtskreisen und -kulturen unterschiedlich ausgeprägt. Während das *anglo-amerikanische Recht* bislang – wie auch schon das *klassische römische Recht* – eine geringe Neigung zur Gesetzgebung zeigt, herrscht sie im kontinentalen Rechtskreis vor.

26 *b)* Die Rechtsquelle als Norm stellt eine generelle und abstrakte Regelung dar; sie will nicht auf den Einzelfall, sondern auf eine unbestimmte Vielzahl von Fällen und Personen Anwendung finden.

Quellen und Erscheinungsformen **§ 3 I**

Davon abzugrenzen ist das *Maßnahmegesetz*. Hier werden vor allem im Bereich des öffentlichen Rechts konkrete Maßnahmen der Organisation, Planung und Lenkung getroffen (zur verfassungsrechtlichen Bedenklichkeit beim sog. Einzelfallgesetz vgl. LEIBHOLZ/RINK Grundgesetz, Art. 19 Rdn. 31 m.w.N.)

Im Gegensatz zu früheren Rechtsordnungen, die in den vertraglichen Bindungen eine lex (*lex contractus, lex privata*) gesehen haben, kann nach heutiger Auffassung der Vertrag nicht als Rechtsquelle qualifiziert werden.

Über die *Befugnis zur Rechtsetzung* werden verschiedene Auffassungen vertreten: **27**
Eine Richtung führt alles Recht auf den *Staat* zurück und spricht ihm ein *Rechtsetzungsmonopol* zu (vgl. H. KRÜGER Allgemeine Staatslehre, 2. Auflage 1966, S. 491 ff; MEYER-CORDING aaO, S. 36). Nach ihr gehören zum objektiven Recht nur die vom Staat selbst durch seine Organe erlassenen Rechtssätze und die mit staatlicher Zulassung von einem im Staate bestehenden engeren autonomen Verband erzeugten Verhaltensnormen.

Im Gegensatz dazu erkennt die *genossenschaftliche Rechtstheorie*, wie sie insbesondere O. V. GIERKE I § 15 vertreten hat, an, daß auch *organisierte Gemeinschaften* wie Religionsgemeinschaften, Berufsverbände usw. zur Erzeugung von objektivem Recht befähigt sind.

Der Gegensatz wird deutlich bei den sogenannten *Gesamtvereinbarungen des Arbeitsrechts*, den *Tarifverträgen* (vgl. dazu Tarifvertragsgesetz i.d.F. v. 25. 8. 1969) und den *Betriebsvereinbarungen* (vgl. dazu Betriebsverfassungsgesetz v. 15. 1. 1972).

Auch soweit § 1 I TVG den Tarifvertrag ausdrücklich als Rechtsnorm bezeichnet, sind die Meinungen über die Legitimation der Rechtsetzungsbefugnis der Tarifparteien geteilt. Die herrschende Ansicht (Delegationstheorie) sieht hierin eine „staatliche Privilegierung" zur privaten vertraglichen Normsetzung; HUECK/NIPPERDEY II/1 § 18 III („Normenverträge"); NIKISCH II § 60 I 2 u. § 69 II 4; BÖTTICHER Die gemeinsamen Einrichtungen der Tarifvertragsparteien, 1966, 53 ff; HANAU/ADOMEIT Arbeitsrecht, 10. Auflage 1992, S. 78; WIEDEMANN/STUMPF TVG, 5. Auflage 1977, § 1 Rdn. 21 ff; JARASS/PIEROTH Grundgesetz, 2. Auflage 1992, Art. 9 Rdn. 30 m.w.N.; ZÖLLNER/LORITZ Arbeitsrecht, 4. Auflage 1992, § 7 III; BAG AP Nr. 1 zu Art. 9 GG; Nr. 4, 6, 7, 16, 17, 18 zu Art. 3 GG. Diese Legitimation wird zum Teil unmittelbar Art. 9 III GG entnommen (vgl. BIEDENKOPF Grenzen der Tarifautonomie, 1964, 103 ff). Dagegen wird vertreten, die *Rechtsetzungsbefugnis* sei „originär" gewachsen und keineswegs vom Staat delegiert, da sie diesem gerade abgetrotzt worden sei (vgl. MEYER-CORDING aaO, S. 38; ZÖLLNER Die Rechtsnatur der Tarifnormen nach deutschem Recht, 1966, 12 ff, 24 ff; RICHARDI Kollektivgewalt und Individualwille bei der Gestaltung des Arbeitsverhältnisses, 1968, 149 f).

Für die Tarifverträge regelt das TVG die Frage i. S. einer Normativwirkung für die Mitglieder der vertragschließenden Verbände (§ 1 TVG), für die übrigen Betroffenen ist die Möglichkeit einer Allgemeinverbindlicherklärung (§ 5 TVG) vorgesehen. Auch der Betriebsvereinbarung im Sinne des BetrVG wird Normcharakter zugebilligt (vgl. SÖLLNER Arbeitsrecht, 10. Auflage 1991, § 22 m.w.N.).

Auch für die rechtliche Kennzeichnung der *Satzung des Vereins*, die dieser nach dem Willen der Mehrheit seiner Mitglieder gestalten kann, spielt es eine Rolle, ob der Verein seinen Mitgliedern gegenüber eine Art gesetzgeberischer Gewalt, Autonomie, hat, oder ob die „Vereinsautonomie" nichts anderes ist als ein ungenauer Ausdruck für die auf

Einleitung. Das deutsche bürgerliche Recht § 3 II 1

rechtsgeschäftlicher Unterwerfung beruhende Befugnis, die Rechtsbeziehungen der Mitglieder in gewisser Weise zu gestalten. Nach BGHZ 21, 370, 373 ff; 47, 172 hat die Satzung den Charakter einer vertraglichen Vereinbarung nur solange, bis der Verein ins Leben getreten ist; sobald das aber geschehen ist, gilt sie als die von der Persönlichkeit seiner Mitglieder losgelöste Verfassung seines Eigenlebens. Die Ermächtigung hierzu wird auf §§ 25, 32 f, 40 zurückgeführt (vgl. RGZ 49, 150, 155; ausführlich und mit weiteren Nachweisen unten § 13).

II. Gesetztes Recht

1. Gesetz als staatliche Rechtsprechung

28 Gesetz im materiellen Sinne ist jede *staatliche Rechtsetzung*, also auch die nicht in der Form des „Gesetzes" ergangene rechtsverbindliche Anordnung eines Rechtssatzes.

Ein Gesetz im materiellen Sinne kommt zustande auf dem in der Verfassung vorgesehenen, regelmäßigen Wege der Gesetzgebung, aber auch durch Erlaß eines Regierungsorgans ohne Mitwirkung der Volksvertretung (z. B. *Rechtsverordnung*). Das bedeutet aber nicht, daß jedes **Gesetz im formellen Sinn**, also ein Gesetz, das unter Mitwirkung des Parlamentes zustande gekommen ist, auch gleichzeitig Gesetz im materiellen Sinn ist. So ist das *Haushaltsgesetz* im Sinne von Art. 110 II GG kein Gesetz im materiellen Sinn.

a) Gesetz im formellen und materiellen Sinn

29 Die Gesetzgebung setzt die Gesetzgebungszuständigkeit voraus, die im Grundgesetz im Hinblick auf das Bundesstaatsprinzip eine differenzierte Regelung erfahren hat.

> Nach der *Reichsverfassung von 1871* waren die zur Gesetzgebung berufenen Organe im Reich *Bundesrat und Reichstag*; dem Kaiser stand nur die Ausfertigung und Verkündung der Reichsgesetze zu. In Preußen waren die gesetzgebenden Organe der König und die beiden Häuser des Landtags.
> Unter der Geltung der *Weimarer Verfassung* wurden die Reichsgesetze vom Reichstag beschlossen. Ausnahmsweise war ein Volksentscheid (Referendum) vorgesehen. Außerdem gab Art. 48 II WRV dem Reichspräsidenten ein Notverordnungsrecht, wenn im Deutschen Reich die öffentliche Sicherheit und Ordnung erheblich gestört oder gefährdet war.
> Unter der Herrschaft des *Nationalsozialismus* erteilte das Gesetz zur Behebung der Not von Volk und Reich vom 24. 3. 1933 – das sog. *Ermächtigungsgesetz* – der Reichsregierung eine umfassende Vollmacht. Nach Art. I Ermächtigungsgesetz konnten Reichsgesetze außer dem in der Reichsverfassung vorgesehenen Verfahren (Art. 68 II WRV) auch durch die Reichsregierung beschlossen werden. Nach dem Gesetz über die Volksabstimmung v. 14. 7. 1933 konnte die Reichsregierung das Volk befragen, ob es einer von der Regierung beabsichtigten Maßnahme zustimme oder nicht. Schließlich konnten durch „Führererlaß" oder Anordnung Rechtsvorschriften gesetzt werden, wovon in den letzten Jahren der nationalsozialistischen Herrschaft immer mehr Gebrauch gemacht wurde.

Beim *Zusammenbruch Deutschlands* und seiner Besetzung durch die alliierten Streitkräfte ging die gesetzgebende Gewalt auf den obersten Militärbefehlshaber über. Er übernahm die oberste Regierungsgewalt durch die Proklamation Nr. 1.

Durch Beschluß v. 5. 6. 1945 übernahmen sodann die Regierungen Englands, Frankreichs, Rußlands und der Vereinigten Staaten diese Regierungsgewalt und übertrugen sie dem *Kontrollrat* in Berlin. Seitdem wurden die Rechts- und Verwaltungsvorschriften für ganz Deutschland ausschließlich vom Kontrollrat erlassen, während die für die einzelnen Besatzungszonen vorgesehenen Vorschriften von den Oberbefehlshabern der Zonen oder den von diesen bestimmten Stellen erlassen wurden.

Die Potsdamer Übereinkunft zwischen Großbritannien, den USA und der Sowjetunion vom 2. 8. 1945 hatte die Schaffung gemeinsamer Verwaltungseinrichtungen für die wichtigsten Wirtschaftsgebiete in Aussicht genommen. Da es nicht gelang, eine Übereinstimmung zwischen den alliierten Besatzungsmächten zu erzielen, wurde im Juli 1947 für die amerikanische und britische Zone eine gemeinsame Verwaltung für die Gebiete der Ernährung, Wirtschaft, Finanzen, Post und des Verkehrs gebildet. Es wurden bizonale Räte eingerichtet mit der Befugnis, im Rahmen ihrer Zuständigkeit auch Vorlagen von Gesetzen zu beschließen, die von den Ländern erlassen werden sollten.

Es waren also die ursprüngliche Gesetzgebungsbefugnis des Kontrollrats, die teils ursprüngliche, teils abgeleitete der Zonenregierung und die stets abgeleitete deutscher Behörden zu unterscheiden. Die Gesetze des Kontrollrats enthielten grundsätzlich nur Richtlinien, deren Ausführung den Zonenregierungen überlassen blieb. Neben den Vorschriften des Kontrollrats galten in den drei westlichen Zonen auch noch die Proklamationen, Gesetze, Verordnungen und sonstigen Bestimmungen der Militärregierung Deutschland.

Bei allem Besatzungsrecht war davon auszugehen, daß die Siegermächte bei ihrer Rechtsetzung kraft Völkerrechts eine eigenständige Autorität ausübten, die ihren Rechtsgrund lediglich im Okkupationsverhältnis fand und ihrem Inhalt nach aus diesem zu bestimmen war (überwiegende Meinung vgl. STÖDTER Deutschlands Rechtslage, 1948, 198; E. KAUFMANN Deutschlands Rechtslage unter der Besatzung, 1949, 27; JAHRREISS Die Rechtspflicht der Bundesrepublik Deutschland zur Entschädigung für Reparations- und Demilitarisierungseingriffe der Kriegsgegner des Reiches in Privatvermögen, 1950, 8).

Nachdem der Kontrollrat infolge der politischen Verhältnisse funktionsunfähig geworden war, verstärkte sich das Bestreben, die von den westlichen Alliierten besetzten Gebiete zu einer Einheit zusammenzufassen. Durch inhaltlich übereinstimmende Landesgesetze wurde im Herbst 1948 mit Zustimmung der westlichen Besatzungsmächte der *Parlamentarische Rat* ins Leben gerufen und mit der Ausarbeitung eines Grundgesetzes für das Gebiet der westlichen Besatzungszonen beauftragt.

Das *Grundgesetz* vom 23. 5. 1949 faßte die westdeutschen Länder zur Bundesrepublik Deutschland zusammen und stellte ihr staatliches Leben auf eine neue Grundlage. Allerdings sollte es im Hinblick auf die zu erstrebende Wiedervereinigung Gesamtdeutschlands nur Übergangscharakter haben (vgl. die Präambel a. F. und Art. 146 a. F. GG).

Die Schaffung des Grundgesetzes war jedoch nicht bereits gleichbedeutend mit der Erlangung der völligen Souveränität durch die Bundesrepublik. Das am 21. 9. 1949 in Kraft getretene Besatzungsstatut enthielt die Sonderbefugnisse, die die drei westlichen Besatzungsmächte in Ausübung der bei ihnen verbliebenen obersten Gewalt für sich in Anspruch nahmen. Hier war vor allem der Vorlegungszwang von Gesetzen vor der Verkündung und die Einspruchsmöglichkeit der Besatzungsbehörden gegen Gesetze zu erwähnen.

Einleitung. Das deutsche bürgerliche Recht   § 3 II 1

Die Verhandlungen über die Beseitigung des Besatzungsstatuts führten dann zum *Deutschlandvertrag* vom 26. 5. 1952 in der Fassung des *Pariser Protokolls* vom 23. 10. 1954 (BGBl 1955 II, S. 405); dadurch erhielt die Bundesrepublik im wesentlichen die volle Souveränität; jedoch waren vor allem politisch bedeutsame Einwirkungen des Bundes auf die Berliner Landesgewalt verboten. Darüber hinaus gab es noch punktuell fortgeltendes Besatzungsrecht.

Durch den Beitritt der Deutschen Demokratischen Republik nach Art. 23 S. 2 GG a. F. fand die Teilung Deutschlands am 3. 10. 1990 ihr Ende. Von den Vereinbarungen vor dem Beitritt sind der *Staatsvertrag* vom 18. 5. 1990 (BGBl II, S. 518) und vor allem der *Einigungsvertrag* vom 31. 8. 1990 (BGBl II, S. 889) von Bedeutung (vgl. BUSSE Das vertragliche Werk der deutschen Einheit und die Änderung von Verfassungsrecht, DÖV 1991, 345 ff). Durch den Vertrag über die abschließende Regelung in Bezug auf Deutschland vom 11. 9. 1990 (BGBl II, S. 1318), sogenannter *Zwei-Plus-Vier-Vertrag*, in Kraft seit 15. März 1991, wurde vor allem die Beendigung der Rechte und Verantwortlichkeiten der Vier Mächte in Bezug auf Berlin und auf Deutschland als Ganzes erreicht (vergleiche auch Erklärung der vier Mächte vom 1. bzw. 2. 10. 1990, BGBl II, S. 1331).

30 Nach *Art. 70 GG* obliegt die *Gesetzgebung* grundsätzlich den *Ländern*. Die *Zuständigkeit des Bundes* ist nur im Falle der *Zuweisung durch das Grundgesetz* gegeben. Das bürgerliche Recht ist dem Bund durch Art. 74 Nr. 1 GG als Gegenstand der **konkurrierenden Gesetzgebung** zugewiesen. Danach haben die Länder nach Art. 72 GG die Befugnis zur Gesetzgebung auf dem Gebiete des bürgerlichen Rechts, solange und soweit der Bund von seinem Gesetzgebungsrecht keinen Gebrauch macht (zur Fortgeltung des BGB als Bundesrecht vgl. Art. 123, 125 GG).

Die Bundesgesetze werden vom Bundestag unter Beteiligung des Bundesrates (Zustimmungsbedürftigkeit bzw. Einspruchrecht, Art. 77 GG) beschlossen. Die daneben bestehenden außerordentlichen Gesetzgebungsverfahren gem. Art. 81 GG (Gesetzgebungsnotstand) und gem. Art. 115 d, k GG (Verteidigungsfall) sind an strenge Voraussetzungen gebunden.

Die Gesetzesinitiative liegt bei der Bundesregierung, beim Bundesrat oder bei den Mitgliedern des Bundestages (Art. 76 I GG). Seitens der Bundesregierung gehen die Gesetzesentwürfe im Regelfall von Referentenentwürfen der zuständigen Ministerien aus, die über das Kabinett als Regierungsvorlage zunächst dem Bundesrat und von diesem zur Erörterung und Beschlußfassung dem Bundestag zugeleitet werden, vgl. Art. 76 II GG.

Die dabei – insbesondere auch durch die Beratung der Ausschüsse – entstehenden Berichte und Protokolle gehören zu den Gesetzesmaterialien, die für die Interpretation der Normen beigezogen werden können, jedoch für die Auslegung nicht verbindlich sind (vgl. zur Auslegung des Gesetzes unten § 6).

Neben der Gesetzgebung durch die Volksvertretung ist zu beachten, daß den Entscheidungen des Bundesverfassungsgerichts in einem bestimmten Rahmen Gesetzeskraft beigelegt ist (§ 31 BVerfGG; vgl. allgemein hierzu MAUNZ/ SCHMIDT-BLEIBTREU/KLEIN/ULSAMER, BVerfGG, § 31 Rdn. 28 ff und die Entscheidung über die Nichtigkeit der §§ 1628, 1629, BVerfGE 10, 59 f, sowie zum Namensrecht BVerfG NJW 1991, 1602).

b) Gesetz im – nur – materiellen Sinn

aa) Rechtsverordnungen

STERN Staatsrecht I, § 20 IV 4c; B. WOLFF Die Ermächtigung zum Erlaß von Rechtsverordnungen nach dem Grundgesetz, AöR 78, 194 ff.

Vom Gesetz im formellen Sinn unterscheidet sich die Rechtsverordnung. Sie wird **31** nicht durch die Volksvertretung, sondern durch ein Exekutivorgan (z. B. Bundesregierung, -minister) aufgrund besonderer gesetzlicher **Ermächtigung** erlassen; bestimmte Rechtsverordnungen bedürfen der Zustimmung des Bundesrates (Art. 80 II GG).

Die Rechtsverordnung ermöglicht zwar eine schnellere und anpassungsfähigere Regelung, sie stellt andererseits aber eine Gefahr dar, da die verfassungsmäßigen Garantien für die Gesetzgebung umgangen werden können. Um dem zu begegnen, müssen Inhalt, Zweck und Ausmaß der Ermächtigung im Gesetz bestimmt sein (Art. 80 GG).

Zu den Rechtsverordnungen gehören insbesondere *Durchführungs- und Ausführungsverordnungen*, die die Bestimmungen eines Gesetzes ergänzen oder die von ihnen gelassenen Lücken ausfüllen (z. B. die vom Kaiser mit Zustimmung des Bundesrates erlassene Verordnung vom 27. März 1899, betr. die Hauptmängel und Gewährfristen beim Viehkauf; die StVO auf der Grundlage der Ermächtigung des § 6 StVG; die Regelunterhaltsverordnung aufgrund § 1615 f II sowie die Verordnungen aufgrund von § 1612 a zur Dynamisierung des Unterhalts). Auch die Verordnungen der Polizei- bzw. Ordnungsbehörden sind mit Rücksicht auf die jeweilige gesetzliche Ermächtigung (z. B. §§ 25 ff OBG NW) Rechtsverordnungen; es handelt sich um eine für eine unbestimmte Anzahl von Fällen an eine unbestimmte Anzahl von Personen gerichtete allgemeine Anordnung zur Abwehr von Gefahren für die öffentliche Sicherheit bzw. öffentliche Sicherheit oder Ordnung. Davon ist die an den einzelnen oder an einen bestimmten Adressatenkreis gerichtete Polizei- bzw. Ordnungsverfügung abzugrenzen.

Keinen Gesetzescharakter haben die *Verwaltungsverordnungen*. Sie enthalten nur die Einrichtung und Tätigkeit betreffenden Anweisungen der vorgesetzten an die nachgeordneten Behörden (Anordnungen, Dienstvorschriften, Anweisungen, Richtlinien etc. – vgl. OSSENBÜHL Verwaltungsvorschriften und Grundgesetz, 1968; MEYER-CORDING aaO, S. 115 ff, 146 ff).

bb) Autonome Satzungen

Die *autonome Satzung* ist eine *Rechtsvorschrift*, die von einem vom Staat mit **32** *Rechtsetzungsbefugnis (Satzungsautonomie) ausgestatteten*, in ihm bestehenden *engeren Verband* erlassen ist. Gewisse örtliche Verbände (z. B. Kreise, Gemeinden), aber auch personelle Verbände (z. B. Universitäten, Handwerkskammern) haben ein Satzungsrecht für ihre eigenen Angelegenheiten.

Von der Satzungsautonomie ist die rechtsgeschäftliche Privatautonomie zu unterscheiden, kraft deren die einzelnen Rechtsgenossen ihre Beziehungen durch Rechtsgeschäft beliebig gestalten können (siehe darüber unten § 30).

c) Verkündung der Gesetze

33 Gesetze bedürfen der Verkündung.

Die Publikation vollendet den Gesetzgebungsakt und schließt, indem dem Bürger die Möglichkeit zur Kenntnisnahme gegeben wird, die Einwendung aus, der Betroffene habe sein Verhalten nicht entsprechend einrichten können.

Früher wurden die Reichsgesetze im Reichsgesetzblatt, die Rechtsverordnungen im Deutschen Reichsanzeiger bzw. im Reichsministerialblatt verkündet. Die Militärregierungsgesetze wurden in besonderen Amtsblättern der Militärregierung verkündet, für die britische Zone z. B. im „Amtsblatt der Militärregierung Deutschland, Britisches Kontrollgebiet".

Bundesgesetze werden im Bundesgesetzblatt verkündet (Art. 82 I GG), Rechtsverordnungen im Bundesgesetzblatt oder im Bundesanzeiger (Gesetz über die Verkündung von Rechtsverordnungen vom 30. 1. 1950). Bundesgesetze und Rechtsverordnungen sollen den Tag ihres Inkrafttretens enthalten; fehlt eine solche Bestimmung, so treten sie 14 Tage nach Ausgabe des betreffenden Bundesgesetzblattes bzw. Bundesanzeigers in Kraft (Art. 82 II GG).

Für die autonome Satzung gilt entsprechendes.

2. Gemeinschaftsrecht

34 Das *supranationale europäische Gemeinschaftsrecht* ist *unmittelbare Rechtsquelle* des Privatrechts. Den Staatengemeinschaften sind von den Mitgliedsstaaten für den Bereich ihrer vertraglich bestimmten Zuständigkeit Hoheitsrechte übertragen (vgl. Art. 24 GG). Die Verordnungen der EG aufgrund Art. 189 II EWGV etwa gelten unmittelbar wie staatliches Recht. Richtlinien sind zwar für den jeweiligen Mitgliedstaat verbindlich, überlassen jedoch den innerstaatlichen Stellen die Wahl der Form und der Mittel (Art. 189 III; vgl. OPPERMANN Europarecht, 1991). Der EuGH hat festgestellt, daß Richtlinien ohne die fristgerechte erforderliche Umsetzung durch den Mitgliedstaat im Einzelfall unmittelbare Verbindlichkeit erlangen können (so auch BVerfGE 75, 223, 237 ff m.w.N.).

3. Völkerrecht

35 a) Auch die *allgemeinen Regeln des Völkerrechts* sind *Bestandteile des Bundesrechts*; sie gehen den Gesetzen vor und erzeugen unmittelbar Rechte und Pflichten für die Bürger der Bundesrepublik (Art. 25 GG).

b) Darüber hinaus verpflichten *völkerrechtliche Verträge* nur die vertragschließenden Staaten. Damit sie innerstaatliche Bindungswirkung erzeugen, müssen sie –

soweit nicht der Fall des Art. 25 GG vorliegt – als staatliche Anordnung verkündet werden (Transformation). Dies geschieht, soweit sie sich auf Gegenstände der Bundesgesetzgebung beziehen, in der Form eines Bundesgesetzes (Art. 59 II GG). Widerspricht der völkerrechtliche Vertrag formell oder materiell dem Grundgesetz, so bleibt er innerstaatlich ohne Wirkung bei grundsätzlich weiterbestehender völkerrechtlicher Verpflichtung (vgl. SEIDL-HOHENVELDERN Völkerrecht, 7. Auflage 1992, Rdn. 245 ff und 553).

4. Vereinbarung

Als Entstehungstatbestand eigener Art eines Rechtssatzes hat sich in der Literatur der Begriff der rechtsetzenden Vereinbarung gebildet. **36**

Dagegen haben im sonstigen Privatrecht sowie im öffentlichen Recht Vereinbarungen keine unmittelbar rechtsetzende Wirkung; sie bedürfen einer Umsetzung (etwa Staatsverträge im Bereich des Kultur- und Rundfunkwesens).

Dies gilt (wie oben I ausgeführt) für die *Gesamtvereinbarungen des Arbeitsrechts*. In neuerer Zeit hat die Bedeutung der arbeitsrechtlichen Gesamtvereinbarungen zugenommen; der Gesetzgeber läßt vielfach Spielraum für solche Vereinbarungen, da sich durch sie sachgerechtere Lösungen erzielen lassen, als sie durch eine generelle gesetzliche Regelung erzielt werden könnten (vgl. z. B. § 12 a TVG für den Bereich der sog. „freien Mitarbeiter").

III. Gewohnheitsrecht und Observanz

GRÖPPER Gewohnheitsrecht, Observanz und unvordenkliche Verjährung, DVBl. 1969, 945; LARENZ Methoden der Rechtswissenschaft, 6. Auflage 1991; MEYER-CORDING Die Rechtsnormen, 1971, 70 ff; METZGER Der Begriff der Rechtsquelle, Festgabe Heck, Rümelin, Schmidt, 1931, 19, 32 ff; MOKRE Zur Theorie des Gewohnheitsrechts, ZöffR 12, 273, 386 ff; D. NÖRR Zur Entstehung der gewohnheitsrechtlichen Theorie, Festschrift W. Felgentraeger, 1969, 353 ff; RAISCH Zur Abgrenzung von Gewohnheitsrecht und Richterrecht im Zivil- und Handelsrecht, ZHR 1986, 117; REHFELDT Die Wurzeln des Rechts, 1951; REHFELDT/REHBINDER Einführung in die Rechtswissenschaft, 7. Auflage 1991; M. RÜMELIN Die bindende Kraft des Gewohnheitsrechts und ihre Begründung, 1929; SCHUPPE Gewohnheitsrecht, 1890.

Gewohnheitsrecht ist die nicht durch Satzung, sondern durch tatsächliche Übung **37** innerhalb einer Gemeinschaft erzeugte Rechtsregel. Erforderlich ist (BVerfGE 114, 121; vgl. Larenz, aaO. S. 356 f):
a) eine *tatsächliche, nicht bloß vorübergehende gleichmäßige Übung* innerhalb einer Gemeinschaft (usus).
b) eine derartige Übung im Sinne einer auch für die Zukunft maßgebenden Verhaltensnorm (*Geltungswille*; opinio iuris).

Die ältere *Übungstheorie* begnügte sich mit der Übung, was zur Vermischung mit dem Sittengesetz führt, bei dem der Wille, eine bindende Regel zu verwirklichen, fehlt. Grundsätzlich kann jedoch der bloßen Tatsache der Übung verbindliche Kraft nicht zukommen. Maßgebend ist der in der Übung zutage tretende *Geltungswille, daß etwas als Rechtssatz gelten soll.*

Praktisch spielt das Gewohnheitsrecht im ursprünglichen Sinn so gut wie keine Rolle mehr. Es entsteht heute vornehmlich durch richterliche Rechtsfortbildung, durch einen Gerichtsgebrauch, der sich allgemein durchsetzt (vgl. auch Rdn. 38 und § 6). Beispiele sind die Entwicklung der culpa in contrahendo und der positiven Vertragsverletzung (vgl. etwa SOERGEL/WIEDEMANN Vor § 275 Rdn. 101 ff, 350 ff).

Observanz ist das *Gewohnheitsrecht* eines mit *Autonomie* ausgestatteten *Verbandes*. Sie ist grundsätzlich in denselben Grenzen zulässig wie die Normsetzungskompetenz des Verbandes.

IV. Gerichtsgebrauch und Wissenschaft

BOEHMER Grundlagen der Bürgerlichen Rechtsordnung, II/2, 1951; BÜLOW Gesetz und Richteramt, 1885; BYDLINSKI Hauptpositionen zum Richterrecht, JZ 1985, 149 ff; ESSER, Grundsatz und Norm in der richterlichen Fortbildung des Privatrechts, 1956; ders., Richterrecht, Gerichtsgebrauch und Gewohnheitsrecht, FS F. v. Hippel 1967, 95 ff; ders., Vorverständnis und Methodenwahl in der Rechtsfindung, 3. Auflage 1972, 184 ff; FIKENTSCHER Methoden des Rechts, III, 1976, 728 ff; R. FISCHER Die Weiterbildung des Rechts durch die Rechtsprechung, 1971; GERMANN Präjudizien als Rechtsquelle, 1960; HEUSSNER Die Rechtsprechung des Bundesverfassungsgerichts zum Richterrecht, FS Hilger-Stumpf 1983, 317 ff; H. HÜBNER Kodifikation und Entscheidungsfreiheit des Richters in der Geschichte des Privatrechts, 1980; J. IPSEN Richterrecht und Verfassung, 1975; LARENZ Methoden der Rechtswissenschaft, 6. Aufl. 1991, 366 ff; MEIER-HAYOZ Der Richter als Gesetzgeber, 1951; PICKER Richterrecht und Richterrechtsetzung, JZ 1984, 153 ff; WANK Grenzen richterlicher Rechtsfortbildung, 1978; WIEACKER Gesetz und Richterkunst, 1958.

38 1. Es fragt sich, ob der **Gerichtsgebrauch**, d. h. eine feste, gleichförmige Rechtsprechung, Recht ist.

Schon BÜLOW (aaO) hat nachgewiesen, daß Rechtsprechung kein bloß logischer Vorgang ist, daß dem Richter auch im Zeitalter der Kodifikationen ein weiter Bereich selbständiger, nicht schon von der Gesetzgebung voraus geregelter Rechtsfindung und Rechtsschöpfung offen geblieben ist. La loi n'est pas le droit (GÉNY Méthode d'interprétation et des sources en droit privé positif, 2. Auflage 1954). Das Gesetz hat *Lücken*, sei es, daß sich der Gesetzgeber absichtlich der Regelung enthalten hat, um Wissenschaft und Rechtsprechung nicht vorzugreifen, sei es, daß er die Normierung eines Tatbestandes übersehen hat oder daß sich neue Tatbestände entwickelt haben. Vielfach knüpft das Gesetz auch die Rechtsfolgen nicht an einen nach seinen tatsächlichen Merkmalen genau bestimmten Tatbestand als solchen, sondern an ein *Werturteil des Richters,* so bei den Wert- oder Ausfüllungsbegriffen (Sittenwidrigkeit, Treu und Glauben usw.).

Nicht selten ist endlich eine Weiterbildung oder Einschränkung des gesetzgeberischen Gedankens zur gerechten, zweckmäßigen Entscheidung eines Interessengegensatzes geboten. Der Richter ist in vielen Fällen zur unmittelbaren Anwendung des Gesetzesrechtes außerstande; er muß den abstrakten Rechtsbefehl erst zur Anwendung auf den Fall konkretisieren und dabei *schöpferisch* vorgehen (vgl. zur Rechtsanwendung und richterlichen Rechtsfortbildung unten § 6).

Der Richterspruch schafft jedoch nur Recht für den einzelnen Fall. Die dabei **39** gefundenen richterlichen Entscheidungsgrundlagen haben nur für dieses eine Mal bindende Kraft, da ihre Aufgabe in der Konkretisierung und Ausgestaltung des Gesetzesrechtes liegt. Andere Richter sind daran nicht gebunden (einzige Ausnahme: Urteile des BVerfG nach § 31 BVerfGG – vgl. oben Rdn. 30 a.E.). Selbst wenn ein solcher Ergänzungssatz freiwillig von anderen Gerichten angewandt wird, sich ein **Gerichtsgebrauch** bildet, ist damit allein noch **keine objektive Rechtsregel**, kein allgemein verbindlicher Rechtssatz geschaffen. Hinzukommen muß, daß aus einer derartigen gleichförmigen Praxis entnommen wird, daß diese Übung als Rechtssatz gelten solle. Der Gerichtsgebrauch gibt daher wohl den *Anstoß zur Bildung von Gewohnheitsrecht*, darf aber nicht als selbständige Rechtsquelle im förmlichen Sinne neben die Gewohnheit gestellt werden. Wo das Gericht die schon vollzogene Bildung von Gewohnheitsrecht feststellt, macht es zwar die Rechtsnatur der Übung gewiß, vollendet dadurch aber höchstens tatsächlich, nicht rechtlich den Entstehungsvorgang des Rechtssatzes.

Tatsächlich ist die Bedeutung der *gleichförmigen Praxis*, namentlich der ober- **40** sten Gerichte, für die Urteilsbildung außerordentlich groß. Das wird im Interesse der Rechtseinheit und Rechtssicherheit begrüßt, zumal die Übernahme von Entscheidungsgrundsätzen nur nach kritischer Prüfung erfolgt und nicht zum bloßen *Präjudizienkult* erstarrt.

Die von manchen geforderte *gesetzliche Bindung* des höchsten Gerichts an seine eigenen Präjudizien ist im Interesse der Fortbildung des Rechts nicht zweckmäßig. Vielmehr ist Vorsorge getroffen, daß der Bundesgerichtshof im Interesse der Rechtsfortbildung von seiner eigenen Rechtsprechung abweichen kann. Im Interesse der Rechtssicherheit ist dies jedoch dadurch erschwert, daß eine gewisse Bindung des Bundesgerichtshofs an die eigenen Prinzipien dadurch erreicht wird, daß beim Abweichen von der Rechtsprechung eines anderen Senats bzw. des großen Senats der entscheidende Senat den großen Senat anzurufen hat (§ 132 GVG).

2. Die **Wissenschaft** ist *keine Rechtsquelle*, ihre Lehre hat keine bindende Kraft, **41** kann aber Ausgangspunkt für die Rechtsbildung sein (man denke etwa an STAUB Die positiven Vertragsverletzungen, 2. Aufl. 1913, oder an JHERING Culpa in contrahendo oder Schadensersatz bei nichtigen oder nicht zur Perfection gelang-

ten Verträgen, JherJb. 4 (1861), 1 ff). Vor allen Dingen obliegt es der Wissenschaft, die Entscheidungen der Gerichte kritisch zu würdigen, sie in das Rechtssystem einzuordnen und die Strukturelemente zu erfassen. Da die Rechtsvorschriften des Zivilrechts auch aus dem systematischen Zusammenhang zu interpretieren sind, hat die Jurisprudenz eine wesentliche Bedeutung für die Rechtsanwendung (vgl. unten Rdn. 78 f, 99).

V. Verkehrssitte und Handelsbrauch

BÄRMANN Zur Vorgeschichte des § 346 HGB, FS Krause, 1975, 225 ff; CANARIS Die Vertrauenshaftung im deutschen Privatrecht, 1971, 217 ff; HGB-RGRK/BRÜGGEMANN Allgemeine Einleitung Anm. 20; LIMBACH Die Feststellung von Handelsbräuchen, FS E. Hirsch, 1968, 77 ff; OERTMANN Rechtsordnung und Verkehrssitte, 1914; RUMMEL Vertragsauslegung nach der Verkehrssitte, 1972; SONNENBERGER Verkehrssitten im Schuldvertrag, 1970.

42 Auch die *Verkehrssitte* ist *keine Rechtsquelle* im formellen Sinn. Bei ihr handelt es sich nur um eine tatsächliche Übung (vgl. BGH LM Nr. 1 zu § 157 [B]). Es fehlt der Geltungswille (opinio iuris bzw. necessitatis). Sie ist indessen oft die *Vorstufe des Gewohnheitsrechts*, wie überhaupt die Grenzen zu ihm sich schwierig ziehen lassen. Das BGB verweist auf die Verkehrssitte in §§ 157, 242. Nach § 157 soll die Verkehrssitte zur Auslegung von Verträgen herangezogen werden; nach § 242 soll mit Rücksicht auf die Verkehrssitte bestimmt werden, wie der Schuldner zu leisten hat. Für den Verkehr unter Kaufleuten ist nach § 346 HGB auf die im Handelsverkehr geltenden Gewohnheiten und Gebräuche *(Handelsbräuche)* – also auf die kaufmännische Verkehrssitte – Rücksicht zu nehmen.

43 Soweit das Gesetz den Richter anweist, auf die Verkehrssitte Rücksicht zu nehmen, verwendet es sie als rechtlichen Hilfsbegriff. Damit werden die aus der Verkehrsübung entnommenen Sätze aber noch nicht „gesetzlich sanktionierte Gewohnheitsrechtssätze" (so DANZ Die Auslegung der Rechtsgeschäfte, 3. Aufl. 1911, 128). Zwingende Bestimmungen des Gesetzes können durch sie nicht abgeändert werden, wohl aber soll die Verkehrssitte dem nachgiebigen Recht grundsätzlich vorgehen (vgl. SOERGEL/WOLF § 157 Rdn. 75). Richtigerweise wird differenziert danach zu fragen sein, ob die nachgiebige gesetzliche Bestimmung nicht ihrerseits als kodifizierte Verkehrssitte den Vorrang beansprucht. Das ist dann anzunehmen, wenn durch Anerkennung einer nicht kodifizierten Verkehrssitte wesentliche Schutz- und Ordnungsgedanken einer Gesetzesvorschrift ausgeschaltet würden (vgl. RGZ 135, 339, 345; BGH NJW 1966, 502, 503; BGHZ 16, 4, 12). Auch das dispositive Recht enthält nicht nur unverbindliche Regeln, sondern hat innerhalb der Rechtsordnung eine Ordnungsfunktion; dies zeigt z. B. § 9 II AGBG.

Die Maßgeblichkeit der Verkehrssitte hängt nicht von der Kenntnis der Parteien **44**
ab (BGH LM Nr. 1 zu § 157 [B]; OLG Frankfurt/M NJW-RR 1986, 911, 912);
ihre Geltung beruht nicht auf rechtsgeschäftlicher Übereinkunft. Gleichwohl wird
herkömmlich eine Anfechtung wegen Irrtums über eine Verkehrssitte zugelassen
(OERTMANN aaO, 77 f; LARENZ AT § 19 II b; LEHMANN/HÜBNER § 30 VI 4 a;
STAUDINGER/DILCHER §§ 133, 157 Rdn. 37). Eine Anfechtung wegen Irrtums
wird grundsätzlich zulässig sein, wenn nicht das Bedürfnis nach Verkehrssicherheit, z. B. im Handelsrecht, überwiegt (vgl. auch ERMAN/HEFERMEHL § 157
Rdn. 8). Jedoch kann die Maßgeblichkeit der Verkehrssitte durch *Parteivereinbarung* außer Kraft gesetzt werden (RGZ 69, 125, 127).

Die Frage, ob eine Verkehrssitte besteht, ist als rein tatsächliche der Nachprüfung in der
Revisionsinstanz entzogen, § 549 I ZPO (BGH LM Nr. 1 zu § 284 BGB; LM Nr. 1 zu
§ 346 [F] HGB; NJW 1966, 502 f). Dagegen gehören die Feststellung ihres Sinnes und
die Wertung des festgestellten Erklärungstatbestandes zur Rechtsanwendung und sind
mithin revisibel (vgl. RGZ 118, 288, 292; 126, 324, 327).

VI. Allgemeine Geschäftsbedingungen

Allgemeine Geschäftsbedingungen, die in der heutigen Zeit des Massenverkehrs **45**
die individuelle rechtsgeschäftliche Vertragsgestaltung weitgehend ersetzen, haben *nicht den Charakter einer Rechtsnorm*. Der Begriff eines „selbstgeschaffenen
Rechts der Wirtschaft" ist überholt. Es gilt das Gesetz zur Regelung des Rechts
der Allgemeinen Geschäftsbedingungen vom 9. 12. 1976 (AGBG). Allgemeine
Geschäftsbedingungen sind zum *Inhalt einer vertraglichen Vereinbarung* zu machen. Darüber hinaus hat das Gesetz der Wirksamkeit solcher Bedingungen
zwingende Schranken gesetzt. Vgl. zu den Einzelheiten unten Rdn. 1042 ff.

Ausnahmsweise ist der *Normcharakter* dann anzunehmen, wenn die Bedingun- **46**
gen für *allgemein verbindlich erklärt* worden sind. Für eine solche Allgemein-Verbindlichkeitserklärung bedarf es jedoch einer *gesetzlichen Ermächtigung*, wie
sie z. B. in §§ 458, 460 HGB für die Eisenbahnverkehrsordnung, in § 21 Güterkraftverkehrsgesetz, § 4 I 5 Pflichtversicherungsgesetz oder in § 7 Energiewirtschaftsgesetz enthalten sind (so BGHZ 23, 175, 179, der die für allgemeinverbindlich erklärten Elektrizitätsversorgungsbedingungen als Rechtsverordnung
qualifiziert).

Hingegen lag eine gesetzliche Ermächtigung zur Allgemein-Verbindlichkeitserklärung
der Allgemeinen Deutschen Spediteurbedingungen (ADSp) für den Reichsverkehrsminister nicht vor. Obwohl im Stadium der Vorbereitung die zuständigen Behörden und
die Organisationen der betroffenen Interessenkreise eingeschaltet waren, hat der BGH
den Normcharakter der ADSp abgelehnt (BGHZ 17, 1 f).

§ 4
Der Geltungsbereich des deutschen bürgerlichen Rechts

I. Zeitliche Geltung von Rechtsvorschriften

Zum Übergangsrecht nach Inkrafttreten des BGB: AFFOLTER System des deutschen bürgerlichen Übergangsrechts, 1903; HABICHT Die Einwirkung des BGB auf zuvor entstandene Rechtsverhältnisse (FISCHER Abhandlungen zum Bürgerlichen Gesetzbuch Bd. 1), 3. Auflage 1901. Zur Rückwirkung von Gesetzen MAUNZ/DÜRIG/HERZOG/SCHOLZ Art. 2 Rdn. 47.

1. Zulässigkeit der Rückwirkung

47 Grundsätzlich wollen die Gesetze in die *Zukunft* wirken und nur die neu unter ihrer Herrschaft begründeten Rechtsverhältnisse erfassen. Vorher begründete Rechtsverhältnisse legen das Recht ihrer Zeit zugrunde. Ein allgemeines *Verbot rückwirkender Gesetze* auf dem Gebiet des Privatrechts läßt sich aus dem Grundgesetz jedoch nicht entnehmen. Eine Analogie zu Art. 103 II GG wird außerhalb des Strafrechts abgelehnt (BVerfGE 7, 89, 95). Aus dem Rechtsstaatsprinzip mit den Teilgeboten der Rechtssicherheit und des Vertrauensschutzes läßt sich jedoch ein *Verbot rückwirkender Überraschungsgesetze* herleiten, die belastend in verfassungsmäßig verbürgte Rechtspositionen eingreifen (BVerfGE 7, 89, 93; 13, 261, 271; 30, 367, 385). Der Bürger kann die Verletzung des Rückwirkungsgebotes über Art. 2 Abs. 1 GG geltend machen (BVerfGE 72, 175, 196). Ob einem Gesetz rückwirkende Kraft beigelegt ist, ist durch *Auslegung* zu bestimmen. Im Zweifel wird man davon ausgehen dürfen, daß eine im Gesetz angeordnete Rückwirkung nicht weiter reichen soll, als notwendig. Demnach ist die Begründung eines Rechtsverhältnisses nach dem zu ihrer Zeit geltenden alten Recht zu beurteilen; entsprechendes gilt für seine Wirkung bis zum Augenblick des Inkrafttretens der neuen Bestimmung, so daß also der Inhalt erst von diesem Zeitpunkt an vom neuen Recht beherrscht werden soll.

Für rückwirkende Gesetze besteht in Ausnahmefällen ein Bedürfnis. Bei *Dauerverhältnissen* geht es schlecht an, ihre Wirkungen ausnahmslos und andauernd nach dem Recht ihrer Entstehungszeit zu beurteilen (z. B. nach dem Rechtszustand im Zeitpunkt der Eheschließung gegenüber dem durch Gesetzesänderungen insbesondere im Bereich der Gleichberechtigung der Ehegatten bedingten neuen Rechtszustand).

48 Bei der Bestimmung der Grenzen einer zulässigen Rückwirkung von Gesetzen wurde herkömmlich zwischen *echter* und *unechter Rückwirkung* unterschieden.

Eine *echte* Rückwirkung liegt vor, wenn ein Gesetz nachträglich ändernd in abgewickelte, der Vergangenheit angehörende Tatbestände eingreift (BVerfGE 57, 361, 391; 68, 287, 306). Diese Form wird neuerdings vom 2. Senat des BVerfG als *Rückwirkung von Rechtsfolgen* bezeichnet. Sie bedarf einer besonderen Rechtfertigung und ist zulässig, wenn zwingende Gründe des gemeinen Wohls oder ein nicht – oder nicht mehr – vorhandenes schutzwürdiges Vertrauen des einzelnen eine Durchbrechung gestatten (BVerfGE 72, 200, 258).

Die *unechte* Rückwirkung oder *tatbestandliche Rückanknüpfung* liegt vor, wenn eine Norm auf gegenwärtige, noch nicht abgeschlossene Sachverhalte für die Zukunft ein-

Geltungsbereich § 4 I 2

wirkt und damit die betroffene Rechtsposition nachträglich entwertet. Sie ist in der Regel zulässig, es sei denn, der Vertrauensschutz des einzelnen wiegt schwerer als die mit dem Gesetz verfolgten Anliegen (BVerfGE 68, 287, 307).

Unter Umständen muß der Gesetzgeber angemessene *Übergangsregelungen* treffen (BVerfGE 43, 242, 288; 67, 1, 15).

Das **Einführungsgesetz zum Bürgerlichen Gesetzbuch** (EGBGB) hat die Frage der Rückwirkung für die meisten Verhältnisse im IV. Abschnitt (Art. 153 ff) ausdrücklich entschieden. Neben der Überleitung für das Eigentum (Art. 181) hat es insbesondere im Bereich des Familien- und Erbrechts Regelungen getroffen: Für die bei Inkrafttreten des BGB bestehenden Güterstände blieben die bisherigen Gesetze maßgebend (Art. 200), soweit nicht der Landesgesetzgeber eine Angleichung vornahm (vgl. die Ermächtigung in Art. 218). Bereits bestehende Geschäftsfähigkeit und Testierfähigkeit wurden von Änderungen nicht betroffen (Art. 153, 215). Die Gültigkeit eines zuvor errichteten Testaments wurde nach den bisherigen Gesetzen beurteilt (Art. 214). Allgemein blieben für erbrechtliche Verhältnisse, sofern der Erblasser vor Inkrafttreten des BGB verstorben war, die bisherigen Vorschriften maßgebend (Art. 213).

Den Grundsatz, keine Rückwirkung anzuordnen, hat der Gesetzgeber im Gegensatz zu den persönlichen Ehewirkungen für die vertraglich vereinbarten Güterstände – mit einigen Modifizierungen – auch im Gleichberechtigungsgesetz (Art. 8 I GleichberG) aufrechterhalten. Das Familienrechtsänderungsgesetz von 1961 (Art. 9 II Nr. 1 FamRÄndG) wiederum hat im Falle der Anfechtung der Ehelichkeit rückwirkende Anwendung zugelassen. Die Rückwirkung ist begrenzt worden durch Art. 12 § 10 NEhelG von 1969 für das Nichtehelichenerbrecht, indem es nur für nichteheliche Kinder gilt, die nach dem 1. 7. 1949 geboren sind. Rückwirkende Anwendung hat auch das EGBGB dort vorgesehen, wo das spätere Recht ein Rechtsverhältnis im Gegensatz zum früheren Recht aufrechterhielt, so für die Gültigkeit der Ehe (Art. 198 II).

Zum Übergangsrecht betreffend die deutsche Wiedervereinigung s. Rdn. 76.

2. Außerkrafttreten von Rechtsvorschriften

a) Eine Rechtsvorschrift tritt außer Kraft, wenn sich eine mit ihr unvereinbare **50** neue Rechtsregel bildet *(lex posterior derogat legi priori)*. Das jeweils jüngere Gesetz hebt das ältere auf, soweit es sich dabei nicht um höherrangige Rechtsnormen (z. B. EG-Recht) handelt. Wenn das Außerkrafttreten älterer Vorschriften nicht, wie dies heute die Regel ist, durch Übergangsvorschriften des jüngeren Gesetzes ausdrücklich geregelt wird, ist es Auslegungsfrage, ob bei teilweisem Widerspruch die frühere Vorschrift nur abgeändert oder ganz beseitigt wird; ebenso, ob bei Ersatz einer allgemeinen Vorschrift durch einen neuen Rechtssatz auch die Ausnahmen von der früheren Vorschrift beseitigt werden. Das ist nicht ohne weiteres anzunehmen (lex posterior non derogat legi priori speciali). Grundsätzlich kann das neue Recht auch ein Satz des Gewohnheitsrechts sein, da dieses in seiner (derogierenden) Kraft dem gesetzten Recht gleichsteht (vgl. oben Rdn. 37; BGHZ 37, 219, 224; ENN/NIPPERDEY § 40 IV 1).

b) Auch ohne Aufhebung durch eine widersprechende neue Regel tritt eine **51** Rechtsvorschrift außer Kraft:

aa) wenn sie nur für beschränkte *Zeit* oder die Dauer eines bestimmten *Zustandes* (Krieg, wirtschaftliche Not) erlassen war, mit dem Ablauf dieser Zeit oder Wegfall des Zustandes *(Zeitgesetze);*
bb) wenn die *Verhältnisse,* für die sie gelten will, für immer *weggefallen* sind, nicht aber schon ohne weiteres, wenn diese Verhältnisse sich geändert haben und damit der gesetzgeberische Grund zur fraglichen Regelung weggefallen ist. Der Satz *cessante ratione legis, cessat lex ipsa* ist deshalb irreführend (ENN./NIPPERDEY § 45 Anm. 10; BGHZ 1, 369, 375). Aber es steckt ein richtiger Kern in ihm; eine Rechtsanwendung, die die am Sinngehalt orientierte Entscheidung über eine wortgetreue stellt, wird die Anwendung eines Rechtssatzes, dessen Zweck nicht mehr erreichbar ist, zu vermeiden wissen oder ihn so umdeuten, daß zweckwidrige Ergebnisse verhütet werden (vgl. LARENZ Methodenlehre, 350 f; allgemein LÖWER Cessante ratione legis cessat ipsa lex – Wandlung einer gemeinrechtlichen Auslegungsregel zum Verfassungsgebot, 1989). Zur Rechtsanwendung und verfassungskonformen Auslegung siehe unten § 6.

II. Verhältnis des BGB zum Landesrecht

Vgl. auch die Literatur zu § 7 V 7.

52 Nach Art. 2 RV von 1871, Art. 13 WRV und Art. 31 GG gehen – anders als im Mittelalter und in der frühen Neuzeit – die Reichs- bzw. Bundesgesetze den Landesgesetzen vor. *Reichs- bzw. Bundesrecht bricht Landesrecht.* Zwar gehört nach Art. 74 Nr. 1 GG das *bürgerliche Recht* zum Bereich der *konkurrierenden Gesetzgebung;* da das BGB jedoch als Bundesrecht fortgilt, bleibt den Ländern auf diesem Gebiet für die Ausübung eigener Gesetzgebungsbefugnis nur im Rahmen der Vorbehalte des EGBGB Raum.

Das *Einführungsgesetz* setzt im Verhältnis zum Landesrecht den ausschließenden Kodifikationsanspruch durch. Grundsätzlich wurde alles Landesprivatrecht ohne Rücksicht auf seine Vereinbarkeit mit dem BGB aufgehoben und seine Neubildung ausgeschlossen, Art. 55 EGBGB. Daher traten die privatrechtlichen Vorschriften des Landesrechts außer Kraft, soweit nicht Ausnahmen getroffen wurden.

Im Rahmen der sog. **Vorbehalte** (Art. 56–152 EGBGB) blieb das geltende Landesprivatrecht in Kraft, es kann sogar neues geschaffen werden (Art. 1 II EGBGB). Vorbehalten sind z. B. Rechtsvorschriften, die das Berg- (Art. 67 EGBGB), Wasser- (Art. 65 EGBGB) und Fischereirecht (Art. 69 EGBGB) betreffen. Nach Art. 124 EGBGB bleiben auch die landesrechtlichen Vorschriften, welche das Eigentum an Grundstücken zugunsten der Nachbarn noch anderen als den im BGB bestimmten Beschränkungen unterwerfen, aufrechterhalten (vgl. hierzu die Nachbarrechtsgesetze der Länder, dazu MEISSNER/STERN/HODES Nachbarrecht, 6. Aufl. 1981).

III. Recht der Europäischen Gemeinschaften

BLECKMANN Europarecht, 5. Aufl. 1990; H. P. IPSEN Europäisches Gemeinschaftsrecht, 1972; MÜLLER-GRAFF Europäisches Gemeinschaftsrecht und Privatrecht, NJW 1993, 13 ff; OPPERMANN Europarecht 1991; SCHWEITZER Staatsrecht, Völkerrecht, Europarecht, 4. Aufl. 1992; STREINZ Europarecht, 1992; P. ULMER Vom deutschen zum europäischen Privatrecht?, JZ 1992, 1 ff; VEELKEN Die Bedeutung des EG-Rechts für die nationale Rechtsanwendung, JuS 1993, 265 ff.

Das deutsche Privatrecht wird zum Teil bereits vom Gemeinschaftsrecht bestimmt (vgl. Rdn. 34). Dies geschieht in unterschiedlichen Formen und im unterschiedlichen Verhältnis zum nationalen Recht. **53**

Primäres Gemeinschaftsrecht sind die Gründungsverträge über die Europäische Gemeinschaft für Kohle und Stahl (EGKS), die Europäische Wirtschaftsgemeinschaft (EWG) und die Europäische Atomgemeinschaft (EAG) einschließlich Anlagen, Protokollen sowie deren spätere Ergänzungen und Änderungen. Daneben existiert auch ungeschriebenes primäres Gemeinschaftsrecht, vor allem im Bereich des allgemeinen Verwaltungsrechtes der EG und die gemeinschaftsrechtlichen Grundrechte. Nach überwiegender Meinung hat das primäre Gemeinschaftsrecht nicht mehr den Charakter völkerrechtlicher Verträge, sondern es stellt wegen der rechtlichen Struktur eine eigene Gemeinschaftsordnung dar, die gegenüber dem nationalen Recht zwar keinen Geltungsvorrang im Sinne einer Verdrängung der nationalen Normen, wohl aber Anwendungsvorrang besitzt (a. A. SCHWEITZER Staatsrecht III, 3. Auflage 1992, Rdn. 36 ff und 251 ff m.w.N.). Die nationale Norm wird also nicht gänzlich verdrängt, aber in der Anwendung durch das Gemeinschaftsrecht gehindert.

Sekundäres Gemeinschaftsrecht ist das von den Organen der EG nach Maßgabe der Gründungsverträge erlassene Recht *(Prinzip der begrenzten Ermächtigung).* **54**

Dieses ist weder Bestandteil der nationalen Rechtsordnung noch Völkerrecht; es bildet ein eigenständiges Recht aus einer autonomen Rechtsordnung heraus (BVerfGE 37, 271, 277 f). Formen des sekundären Gemeinschaftsrechts sind Verordnungen (Art. 189 II EWGV, Art. 161 II EAGV bzw. allgemeine Entscheidung nach Art. 14 II EGKS), Richtlinien (Art. 189 III EWGV, Art. 161 III EAGV bzw. Empfehlungen nach Art. 14 III EGKS), (individuelle) Entscheidungen (Art. 189 IV EWGV, Art. 161 IV EAGV, Art. 14 II i.V.m. 15 II EGKS), ungekennzeichnete Rechtshandlungen und organgeschaffenes Recht nur mit interner Wirkung (Verfahrensordnungen usw.).

Verordnungen haben allgemeine und unmittelbare Geltung in jedem Mitgliedstaat. Die Verordnung über die Europäische wirtschaftliche Interessenvereinigung (EWIV, Verordnung Nr. 2137/85 vom 25. 7. 1985, in Kraft seit 1. 7. 1989) beispielsweise schuf eine auf Gemeinschaftsrecht basierende juristische Person, die getrennten Unternehmen aus verschiedenen Mitgliedstaaten die Durchführung gemeinsamer grenzüberschreitender Tätigkeiten erleichtern soll, ohne daß ein formeller Zusammenschluß oder die Gründung einer Tochtergesellschaft notwendig ist.

Richtlinien sind nur hinsichtlich der zu erreichenden Ziele verbindlich und müssen grundsätzlich vom Mitgliedstaat in geeigneter Form in innerstaatlichen Rechtsformen verwirklicht werden. Eine unmittelbare Wirkung kann jedoch eintreten, wenn die in der Richtlinie genannte Frist zur Zielverwirklichung abgelaufen ist, ohne daß die Richtlinie umgesetzt wurde, die Richtlinie den einzelnen begünstigt und hinreichend genau formuliert ist (vergleiche hierzu und zu einzelnen Umsetzungen Rdn. 22 und SCHWEITZER Staatsrecht III Rdn. 266 f).

(Individuelle) *Entscheidungen* richten sich an Einzelne und sind für diese verbindlich, also mit einem Verwaltungsakt vergleichbar.

Empfehlungen und Stellungnahmen sind unverbindlich.

Außerdem kann die Gemeinschaft *völkerrechtliche Verträge* abschließen.

55 Der Rat ist nach EWGV und EAGV das Hauptrechtsetzungsorgan für sekundäres Gemeinschaftsrecht, aber er kann die Kommission im Rahmen einer Delegation zur Setzung von Rechtsakten ermächtigen. Zudem besitzt die Kommission ein Initiativmonopol. Das Europäische Parlament wird im Rahmen einer sogenannten Zusammenarbeit nach Art. 149 II EWGV oder Anhörung nach Art. 75 I, 99, 100 II EWGV an der Setzung sekundären Gemeinschaftsrechts beteiligt, hat aber gegenüber dem Rat bislang nur im Einzelfall eine gleichberechtigte Mitwirkungsbefugnis. Zudem gibt es Anhörungsrechte des Wirtschafts- und Sozialausschusses der EWG und EAG bzw. des Beratenden Ausschusses der EGKS.

56 Neben diesem streng dem Gemeinschaftsrecht zuzuordnenden Recht gibt es sogenanntes begleitendes Gemeinschaftsrecht, also Normen, die, ohne selbst Gemeinschaftsrecht zu sein, in völkerrechtlichen Verträgen enthalten sind und der Förderung der Ziele der Gemeinschaft dienen (etwa gestützt auf Art. 220 EWGV das Übereinkommen über die gegenseitige Anerkennung von Gesellschaften und juristischen Personen vom 29. 2. 1968, BGBl 1972 II, S. 370 ff, mangels allgemeiner Ratifizierung noch nicht in Kraft).

Bei der Auslegung des Gemeinschaftsrechtes durch deutsche Gerichte ist zu beachten, daß nach Art. 177 EWGV eine Vorlage an den EuGH möglich und unter Umständen sogar notwendig ist, wenn eine Frage des Gemeinschaftsrechtes entscheidungserheblich ist, sog. *Vorabentscheidungsverfahren*. Dabei kann es sich um die Auslegung primären oder sekundären Gemeinschaftsrechtes handeln.

Staatsangehörige von EG-Staaten sollten nach Ziff. 11 des Kommuniques der Konferenz der Regierungschefs vom 9./10. 12. 1974 besondere Rechte innerhalb der EG erhalten. Unter dem Schlagwort „Europa der Bürger" wurde angestrebt, verschiedene Maßnahmen mit besonderer Bedeutung im Alltagsleben derselben zu fördern (vgl. Schweitzer/Hummer, Europarecht, 3. Auflage 1990, S. 221 f). Daneben ist die Freiheit des Personenverkehrs durch die Freizügigkeit der Arbeitnehmer (Art. 48 ff EWGV), die Niederlassungsfreiheit (Art. 52 EWGV) sowie die Freiheit des Dienstleistungsverkehrs (Art. 59 ff EWGV) gewährleistet. Begünstigte sind dabei grundsätzlich nur Staatsangehörige von Mitgliedstaaten (vgl. näher Schweitzer/Hummer, Europarecht, S. 293 ff).

IV. Verhältnis des deutschen bürgerlichen Rechts zu anderen Privatrechtsordnungen – Internationales und Interlokales Privatrecht

Die Kommentierungen zu Art. 7–31 EGBGB; CHR. V. BAR Internationales Privatrecht, Bd. I 1987, Bd. II 1991; K. L. V. BAR Theorie und Praxis des Internationalen Privatrechts, 2 Bde., 1889; BÜLOW/BÖCKSTIEGEL Internationaler Rechtsverkehr, Loseblatt-Sammlung, 2. Aufl. 1973 ff; DÖLLE Internationales Privatrecht, 2. Aufl. 1972; EHRENZWEIG Conflict of Laws, 1963; FERID Internationales Privatrecht, 3. Aufl. 1986; FIRSCHING Einführung in das Internationale Privatrecht, 3. Aufl. 1987; FERID/KEGEL/ZWEIGERT Gutachten zum internationalen und ausländischen Privatrecht; KEGEL Internationales Privatrecht, 7. Aufl. 1994; ders., Zum heutigen Stand des IPR: Stoffbewältigung, Festschrift H. Hübner, 1984, 505 ff; LEWALD Das deutsche internationale Privatrecht auf Grundlage der Rechtsprechung, 1931; LÜDERITZ Internationales Privatrecht, 2. Aufl. 1992; NEUHAUS Die Grundbegriffe des Internationalen Privatrechts, 2. Aufl. 1976; NUSSBAUM Deutsches Internationales Privatrecht, 1932; RAAPE Internationales Privatrecht, 5. Aufl. 1961; RAAPE/STURM Internationales Privatrecht Bd. 1, 6. Aufl. 1977; RABEL The Conflict of Laws I, 2. Aufl. 1958; II, 2. Aufl. 1960; III, 2. Aufl. 1964; IV, 1958; REITHMANN Internationales Vertragsrecht, 3. Aufl. 1980; SANDROCK Handbuch der Internationalen Vertragsgestaltung, 2 Bde., 1980; v. SAVIGNY System des heutigen römischen Rechts, VIII, 1849; M. WOLFF Das Internationale Privatrecht Deutschlands, 3. Aufl. 1954; ZITELMANN Internationales Privatrecht I, 1897; II, 1912.

1. Aufgabe und Begriff

Die einzelnen Kulturstaaten haben verschiedene Rechtsordnungen, die nebeneinander gelten, jede für das Gebiet und die Angehörigen ihres Staates. Wenn nun Sachverhalte zu entscheiden sind, die Beziehungen zu verschiedenen Staaten haben, taucht die Frage auf, welche der verschiedenen Rechtsordnungen maßgebend sein soll.

Hat ein Franzose in Deutschland ein nach französischem Recht gültiges, aber nach deutschem Recht ungültiges privatschriftliches Testament errichtet, so fragt sich: soll die persönliche Beziehung der Staatsangehörigkeit den Ausschlag geben oder die örtliche Beziehung der Errichtung auf deutschem Staatsgebiet, oder soll stets die Rechtsordnung des Staates maßgebend sein, dessen Gerichte den Fall zu entscheiden haben?

Die Antwort auf diese Fragen gibt das **internationale Privatrecht**. Es enthält die Grundsätze über die Anwendbarkeit der verschiedenen nebeneinander geltenden Privatrechtsordnungen auf einen Sachverhalt mit Beziehungen zu anderen Rechtsordnungen (Auslandsberührung); es will den Geltungsbereich mehrerer nebeneinander bestehender Rechtsordnungen gegeneinander abgrenzen. Die Vorschriften, die eine solche Abgrenzung des Geltungsbereichs der materiellen Privatrechtsnorm vornehmen, heißen Grenz- oder **Kollisionsnormen**.

Das Höchstziel wäre erreicht, wenn ein bestimmtes Rechtsverhältnis stets nach demselben materiellen Recht beurteilt würde, einerlei, ob das Urteil von den Gerichten dieses oder jenes Staates zu fällen wäre. Kollisionsnormen wären überflüssig, wenn es ein Weltprivatrecht gäbe. – In Ermangelung eines einheitlichen materiellen Rechts wäre es wünschenswert, wenn zumindest alle Rechtsordnungen einheitliche Kollisionsnormen besäßen. Aber auch im Hinblick auf die Kollisionsnormen denken die einzelnen Staaten keineswegs gleich über die Gesichtspunkte, nach denen man die einzelnen Rechtsverhältnisse dem Herrschaftsbereich der einen oder anderen Rechtsordnung zuweisen kann. *Jeder Staat hat daher sein eigenes internationales Privatrecht*. Trotz seiner Bezeichnung handelt es sich um innerstaatliches Recht. Von allen Staaten wird zwar anerkannt, daß die Zufälligkeit des angerufenen Gerichts (lex fori) nicht entscheidend sein darf; das wäre der Tod des Rechtsverkehrs. Alle Staaten erkennen ferner an, daß sie um der internationalen Verkehrs- und Kulturgemeinschaft willen dem Geltungsbereich ihrer Privatrechtsordnungen Grenzen ziehen müssen und in gewissem Umfang vor ihren Gerichten auch fremdes Recht anwenden lassen müssen und daß grundsätzlich die Rechtsordnung des Staates maßgebend sein muß, zu dessen persönlichem oder räumlichem Herrschaftsbereich der zu beurteilende Sachverhalt die stärksten Beziehungen hat.

Gesucht wird das Recht, das zu dem zu beurteilenden Sachverhalt die größte Nähe aufweist, indem ein Anknüpfungsgrund gesucht wird. Daher kann es keinen allgemeinen Anknüpfungsgrund geben, sondern es wird nach der Art des Rechtsverhältnisses differenziert.

Als Anknüpfungsgründe kommen, soweit die beteiligten Personen im Vordergrund stehen (persönliche Anknüpfung), die Staatsangehörigkeit, der Wohnsitz und der (gewöhnliche) Aufenthalt (für juristische Personen statt all dieser Kriterien der Sitz) in Betracht; im übrigen gibt es eine territoriale Anknüpfung über den Handlungs- oder Erfüllungsort, den Tatort und hinsichtlich dinglicher Rechtsverhältnisse über den Lageort. Schließlich kommt der Parteiwille als Anknüpfungsgrund in Betracht.

Welche Beziehung im Einzelfall den Ausschlag geben soll, wird von den Kollisionsnormen der einzelnen Staaten insbesondere im Rahmen der persönlichen Anknüpfung sehr verschieden beurteilt. So herrscht etwa im anglo-amerikanischen Rechtskreis, aber auch in Nordeuropa und Teilen Südamerikas das Wohn-

Geltungsbereich §4 IV 2

sitzprinzip (domicile), in zahlreichen anderen europäischen Staaten einschließlich der Bundesrepublik Deutschland sowie im islamischen Rechtskreis grundsätzlich das Staatsangehörigkeitsprinzip, in der Schweiz und zum Teil in Frankreich, den Niederlanden und Belgien ein Mischprinzip.

2. Geschichtliche Entwicklung

Die Geschichte des internationalen Privatrechts ist die Geschichte der Bemühungen um die beste Anknüpfung. **58**

a) Bei den Völkern des Altertums war der Fremde grundsätzlich rechtlos, das Recht war streng national – ein Prinzip, das freilich durch Freundschafts- oder Bündnisverträge vielfach durchbrochen wurde. In Rom war durch die Einrichtung des Praetor peregrinus, der für Prozesse zwischen Römern und Fremden das ius gentium zugrunde legte, ein Ausweg geschaffen, jedoch stand die spätere Entwicklung des römischen Rechts zum Weltrecht der Ausbildung eines internationalen Privatrechts, das das Nebeneinandergelten grundsätzlich gleichberechtigter Rechtsordnungen begrifflich voraussetzt, im Wege.

b) Im altgermanischen Recht galt das Personalitätsprinzip, der Grundsatz der Stammesrechte, jeder lebte nach dem Rechte seines Stammes. Dem Personalitätsprinzip folgte auch das Recht der aus der Völkerwanderung hervorgegangenen Germanenreiche. Im späteren Verlauf der Entwicklung ging das Bewußtsein der Stammeszugehörigkeit verloren, das Stammesrecht lokalisierte sich, wurde zum Ortsrecht (Territorialitätsprinzip).

c) Die Glossatoren und Kommentatoren bildeten in Oberitalien die *Statutentheorie* aus, die ausgeht vom Gedanken der freiwilligen Unterwerfung unter ein bestimmtes Ortsrecht (statutum), so genannt im Gegensatz zum dahinter geltenden gemeinen Recht. Durch Erwählung eines Domizils unterwirft sich jemand
  – hinsichtlich der für die Person geltenden Rechtssätze (statuta personalia) dem am Ort des Wohnsitzes geltenden Recht (lex domicilii);
  – hinsichtlich des Immobiliarrechts (statuta realia) dem Recht des Gebiets, worin die Sache liegt (lex rei sitae);
  – hinsichtlich der Handlungen, insbesondere der schuldrechtlichen Verhältnisse (statuta mixta) dem Recht des Ortes, wo sie vorgenommen werden (locus regit actum).

Die beweglichen Sachen, die man als Zubehör der Person behandelte, unterstellte man den statuta personalia (mobilia ossibus inhaerent, mobilia personam sequuntur). Die Statutentheorie verbreitete sich in Frankreich, den Niederlanden und Deutschland und wurde noch Ende des 18. und Anfang des 19. Jahrhunderts grundsätzlich von den damals entstandenen Gesetzgebungswerken (preuß. ALR, franz. Code Civil, österreich. ABGB) angenommen.

d) Ihre Unhaltbarkeit (namentlich der Idee von der freiwilligen Unterwerfung) wies WÄCHTER nach (AcP 24 (1841), 230 ff; 25 (1842), 1 ff, 161 ff, 361 ff; vgl. dazu insbesondere SANDMANN Grundlagen und Einfluß der internationalprivatrechtlichen Lehre Carl Georg v. Wächters, 1979). Er zog die Folgerung aus dem inzwischen zur Herrschaft gelangten Gedanken der vollen Staatssouveränität, der Zurückführung allen Rechts auf den Staat und der Ausbildung des staatlichen Richteramts. WÄCHTER stellte drei Regeln auf:

– Zunächst muß der Richter die ausdrücklichen Normen des internationalen Privatrechts seines Landes anwenden. Wenn diese die Anwendung fremden Rechtes befehlen, hat er dem nachzukommen.

– Hilfsweise muß er die Entscheidung im Sinne und Geiste der in seinem Lande geltenden Gesetze suchen.

– Falls auch Sinn und Geist der staatlichen Rechtsvorschriften nicht zu einem klaren Ergebnis führen, hat der Richter im Zweifel das Recht seines Staates anzuwenden.

Da diese Lehre praktisch zu einer Ignorierung des Völkerrechts und der sich aus ihm für das internationale Privatrecht ergebenden Anforderungen führte, fand sie in ihrem positiven Teil nur beschränkte Anerkennung.

59 *e)* Grundlegend für die weitere Entwicklung wurden SAVIGNYS Darlegungen in seinem „System des heutigen römischen Rechts". Auch er verkennt nicht, daß der Richter an die Gesetze seines Staates gebunden ist; er geht aber bei Ermittlung der in der einzelstaatlichen Rechtsordnung enthaltenen Grenznormen nicht vom Boden der einzelstaatlichen Rechtsordnung aus, sondern von einer internationalen Verkehrs- und Rechtsgemeinschaft der Staaten. Diese Rechtsgemeinschaft führt die einzelnen Staaten in gegenseitiger Anerkennung ihrer Souveränität nicht zu einer Überspannung der Territorialsouveränität, sondern zu einer auf der Natur der Sache ruhenden Anerkennung der fremden Gesetzgebung in bezug auf die Rechtsverhältnisse, die ihrer Natur nach einer fremden Rechtsordnung angehören. Maßgebend ist danach das Recht des Gebietes, wo das *Rechtsverhältnis seinen Sitz hat*. Er liegt im Domizil bei den personenrechtlichen Verhältnissen (Handlungsfähigkeit, Rechtsfähigkeit, persönliche Stellung, Familienrecht, Erbrecht). Er liegt im Ort der belegenen Sache bei sachenrechtlichen Verhältnissen und im Erfüllungsort bei schuldrechtlichen Verhältnissen. SAVIGNYS Formel vom Sitz des Rechtsverhältnisses löst freilich genau gesehen die Frage nicht, sondern gibt nur ein Bild, das auch als solches dem Problem nicht einmal gerecht wird, weil alles auf die Maßgeblichkeit räumlicher Beziehungen abgestellt ist. Die starre Orientierung an den räumlichen Beziehungen wurde von O. v. GIERKE dadurch modifiziert, daß er auf den *Schwerpunkt* des Rechtsverhältnisses abstellen wollte.

Von diesen verschiedenen Ausgangspunkten hatten sich in Deutschland zwei gegensätzliche Richtungen in der Auffassung und Konstruktion des internationa-

Geltungsbereich § 4 IV 2

len Privatrechts entwickelt. Die nationalistische oder positivistische Richtung, die eine Fortbildung der Gedanken Wächters ist, und die internationalistische Orientierung, die sich in den Bahnen Savignys bewegt. In der nationalen Tendenz bewegten sich u. a. BÖHM, NIEMEYER, KAHN, V. GIERKE, NEUBECKER, während die internationalistische Richtung von BRINZ, ZITELMANN u. a. vertreten wurde. Die Gegensätze haben sich bis zu einem gewissen Grade ausgeglichen.

f) Auch in den anderen Staaten lassen sich entsprechende Grundauffassungen **60** unterscheiden. Die englisch-amerikanische Jurisprudenz und Rechtsprechung folgt einer zuerst in Holland (Ende des 17. Jahrhunderts) entwickelten Anschauung, wonach in jedem Territorium dessen Recht maßgebend sei und die Anwendung fremden Rechts nur ausnahmsweise kraft fremdnachbarlichen Entgegenkommens (comitas gentium) zulässig sei. Das führt zur Vorherrschaft des Ortsrechts, als Recht des Orts der belegenen Sache (lex rei sitae), des Orts des Vertragsschlusses, des Wohnsitzes usw. (vgl. dazu U. HÜBNER Die methodische Entwicklung des internationalen Wirtschaftsrechts, 1980, insbesondere S. 23 ff).

Auf der anderen Seite entwickelte man in Italien, Frankreich, Belgien, Spanien, Südamerika im Anschluß an eine Rede des Italieners Mancini (1851) die Lehre, daß jeder das Recht seiner Nation mit sich trage und diesem im Ausland grundsätzlich unterworfen bleibe, daß dessen Anwendung nur beschränkt werde durch das territoriale Recht der öffentlichen Ordnung, des ordre public. Das führt zur Vorherrschaft des Rechts der Staatsangehörigkeit, des Heimatrechts.

Auch im Einführungsgesetz zum BGB ist das Heimatrecht weitgehend zur Anerkennung gelangt. In neuerer Zeit läßt sich besonders in Mittel- und Südamerika eine rückläufige Bewegung zugunsten des Wohnsitzrechts feststellen.

g) Das **deutsche internationale Privatrecht** war im EGBGB nur sehr lückenhaft **61** geregelt. Der Grund hierfür liegt vor allem in der Intervention von Bismarck und dem Auswärtigen Amt, die die Ansicht vertraten, das internationale Privatrecht sei Völkerrecht und die Anwendung ausländischen Rechts solle durch Staatsverträge geregelt werden, in denen als Gegenleistung die Anwendung deutschen Rechts im Ausland eingehandelt werden sollte. Ein von den Hansestädten Hamburg und Lübeck erarbeiteter Kompromiß führte dazu, daß schließlich im EGBGB nur die Anwendung deutschen Rechts geregelt wurde (vgl. zu den Einzelheiten HARTWIEG und KORKISCH Die geheimen Materialien zur Kodifikation des deutschen Internationalen Privatrechts, 1973).

In Deutschland ging ZITELMANN (aaO) von der völkerrechtlichen Auffassung aus, indem er den Versuch unternahm, das internationale Privatrecht auf überstaatlicher Grundlage zur errichten. Er wollte die Kollisionsnormen gewinnen, indem er die völkerrechtlichen Normen, die eine allgemeine völkerrechtliche Herrschaftsbegrenzung bedeuten, zu Schlußfolgerungen für die Abgrenzung der privatrechtlichen Befehlsgewalt verwandte. Auf diesem Wege gelangte er zu einer

Überbewertung der Personalhoheit, des Heimatrechts. Die Thesen ZITELMANNS haben sich nicht durchsetzen können; insbesondere haben Lehre und Rechtsprechung im Gegensatz zu ihnen daran festgehalten, die Vertragsobligation nach dem Recht des Erfüllungsortes und nicht nach dem Heimatrecht des Schuldners zu beurteilen. Auch FRANKENSTEIN (aaO) versuchte auf den Grundlagen der Staatsangehörigkeit und der Gebietshoheit im Sinne apriorisch geltender Sätze aufzubauen. Ein wirklicher Fortschritt wird sich indessen nur mittels der induktiven, rechtsvergleichenden Methode erzielen lassen, wie sie auch den Haager Privatrechtskonferenzen zugrunde liegt. Dieser Methode folgen die neueren Werke (vgl. namentlich RABEL, RAAPE und KEGEL aaO).

1986 ist das deutsche IPR novelliert worden; vgl. dazu Rdn. 63.

3. Internationale Abkommen

62 Bei der verschiedenen Stellung der Kulturstaaten ist das Ziel einer gleichmäßigen Abgrenzung in absehbarer Zeit nur durch internationale Vereinbarungen oder supranationales Recht zu erreichen (vgl. den Überblick bei KEGEL aaO, § 4 II). Internationale Abkommen enthalten überwiegend Kollisionsrecht, aber auch Sachnormen.

a) Ein bedeutsamer Anfang ist gemacht worden durch die *Haager Konferenzen und Abkommen* über das internationale Privatrecht, zuerst am 12. Juni 1902 (betr. Eheschließung, Ehescheidung und Vormundschaft; das Abkommen gilt nur noch zwischen der Bundesrepublik Deutschland und Italien; das Nachfolgeabkommen von 1976 ist noch nicht in Kraft getreten) und 17. Juli 1905 (über die Wirkungen der Ehe und Entmündigung sowie zivilprozessuale Fragen), die freilich nur zwischen einem Teil der Staaten geschlossen worden sind (z. B. nicht mit Großbritannien und den USA).

Die 7. Haager Konferenz (1951) beschloß eine Neufassung des Zivilprozeßabkommens. Der Bundestag hat dem Abkommen durch Gesetz vom 18. 12. 1958 zugestimmt.

Auf der 8. Haager Konferenz (1956) beschloß man ein Abkommen über die Zuständigkeit des vertraglich vereinbarten Gerichts bei internationalen Käufen beweglicher Sachen, außerdem ein Abkommen über das auf Unterhaltspflichten gegenüber Kindern anwendbare Recht (inzwischen weitgehend ersetzt durch ein entsprechendes Haager Abkommen von 1973, das in Art. 18 EGBGB übernommen wurde) und endlich ein Abkommen über die Anerkennung und Vollstreckung von Entscheidungen auf dem Gebiete der Unterhaltspflicht gegenüber Kindern.

Auf der 9. Haager Konferenz (1960) wurden folgende Abkommen beschlossen: Ein Abkommen, um das Erfordernis abzuschaffen, ausländische, öffentliche Urkunden zu legalisieren (für die Bundesrepublik in Kraft seit dem 13. 2. 1966, BGBl II, 106); ein weiteres über das internationale Privatrecht der Form testamentarischer Verfügungen (in Kraft seit 1. 1. 1966, BGBl II, 11; inzwischen materiell in Art. 26 EGBGB übernommen) und ein solches über die Zuständigkeit der Behörden und das anwendbare Recht bezüglich des Schutzes der Minderjährigen (in Kraft seit 17. 9. 1971, BGBl II, 1150). Außerdem ist am 20. 6. 1956 in New York ein Übereinkommen über die Geltendmachung von Unterhaltsansprüchen im Ausland beschlossen worden, dem der Bundestag durch Gesetz vom 26. 2. 1959 zugestimmt hat.

Die 10. Haager Konferenz (1964) beschloß insbesondere ein Abkommen über die Zustellung im Ausland von gerichtlichen und außergerichtlichen Schriftstücken in Zivil- und Handelssachen (für die Bundesrepublik nicht in Kraft) sowie ein noch nicht in Kraft getretenes Abkommen über einheitliche Regeln über die Gültigkeit und die Wirkung der Gerichtsstandvereinbarung.

Bedeutsam für die Entwicklung des *Kaufrechts* sind die Haager Übereinkommen vom 1. 7. 1964 mit dem *Einheitlichen Gesetz über den internationalen Kauf beweglicher Sachen* (EKG) und dem Einheitlichen Gesetz über den Abschluß von Kaufverträgen über bewegliche Sachen (EAG). Mit diesem Gesetz wurde ein einheitliches materielles Kaufrecht geschaffen, das allerdings nur dispositives Recht enthält (Art. 1 EAG; Art. 3 EKG). Beide Übereinkommen sind inzwischen (für die Bundesrepublik Deutschland seit dem 1. 1. 1991) durch das sog. Wiener UN-Kaufrecht (CISG) abgelöst worden. Es handelt sich weitgehend um dispositives Recht (Art. 6 CISG), das für internationale Kaufverträge deren Abschluß und die sich daraus ergebenden Rechte und Pflichten der Parteien regelt (Art. 4 CISG). Für andere Bereiche (insbesondere die Gültigkeit des Vertrages oder die Frage des Eigentumsübergangs) ist dagegen das maßgebliche materielle Recht nach den Regeln des Kollisionsrechts zu bestimmen.

b) Weiter sind zu beachten das Genfer Abkommen über die Rechtsstellung der Flüchtlinge vom 28. 6. 1951, sowie das New Yorker Abkommen über die Rechtsstellung der Staatenlosen vom 28. 9. 1954; die Konvention der Vereinten Nationen über die Todeserklärung Verschollener vom 6. 4. 1950; das Genfer Abkommen über die Anerkennung von Rechten an Luftfahrzeugen vom 19. 6. 1948; das in New York beschlossene Übereinkommen über die Anerkennung und Vollstreckung ausländischer Schiedssprüche vom 10. 6. 1958.

c) Erhebliche Bedeutung haben auch die zwischen den EG-Staaten getroffenen Abkommen, am wichtigsten das *Übereinkommen über die gerichtliche Zuständigkeit und Vollstreckung* gerichtlicher Entscheidungen vom 27. 9. 1968 (EuGVÜ, in Kraft seit 1. 2. 1973, BGBl II, 60; I, 26 – vgl. näher BAUMBACH/LAUTERBACH/ALBERS/HARTMANN Schlußanhang V). Wichtig ist auch das EG-Schuldvertragsübereinkommen vom 19. 6. 1980, das in Art. 27–37 EGBGB Eingang gefunden hat (vgl. Rdn. 67).

4. Das deutsche internationale Privatrecht

a) Durch das Gesetz zur Neuregelung des Internationalen Privatrechts vom 25. 7. **63** 1986 ist das deutsche IPR wesentlichen Teilen neu kodifiziert worden. Die Neuregelung war zum einen Reaktion darauf, daß mehrere Normen durch das BVerfG wegen Verstoßes gegen Art. 3 II GG für nichtig erklärt worden waren, zum anderen wurden internationale Abkommen in das deutsche Recht inkorporiert, um für die Praxis nach Möglichkeit eine einheitliche Rechtsquelle zu schaffen. Dabei handelt es sich um das Haager Testamentsformübereinkommen von 1961 (Art. 26 I–III EGBGB), das Haager Unterhaltsübereinkommen von 1973 (Art. 18 EGBGB) und vor allem das EG-Schuldvertragsübereinkommen von 1980 (Art. 27–37 EGBGB).

Die – mit gewissen textlichen Veränderungen verbundene – Inkorporierung staatsvertraglicher Regelungen, die ein eigenes deutsches IPR ausschließen, in das EGBGB birgt Probleme der Rechtsanwendung. Nach Art. 3 II EGBGB gehen innerstaatlich verbindliche völkerrechtliche Vereinbarungen dem EGBGB vor. Trotz der Übernahme in das EGBGB sind daher im Zweifel die Staatsverträge maßgebend; soweit jedoch die eingearbeiteten Normen inhaltlich mit den zugrundeliegenden Verträgen übereinstimmen, kann für die Rechtsanwendung auf das EGBGB zurückgegriffen werden (vgl. BGH NJW 1991, 2213). Diese Artikel sind jedoch unter Berücksichtigung ihrer staatsvertraglichen Herkunft auszulegen (so ausdrücklich Art. 36 EGBGB hinsichtlich des Schuldvertragsübereinkommens).

64 Im Gegensatz zu Art. 7 ff a. F., die nur die Anwendung deutschen Rechts regeln, beinhaltet die Neufassung **allseitige Kollisionsnormen,** die – ausgehend von der grundsätzlichen Gleichwertigkeit der verschiedenen einzelstaatlichen Privatrechtsordnungen – unmittelbar auch auf die Anwendung ausländischer Rechtsordnungen verweisen.

65 *b)* Für das Gebiet der **Lücken** – wo eine gesetzliche Anweisung fehlt und auch eine analoge Anwendung der Vorschriften des Einführungsgesetzes nicht zum Ziel führt – wird die Grundauffassung des Kollisionsrechts bedeutsam. Folgt man von den oben (Rdn. 58 ff) zur Entwicklungsgeschichte bereits dargestellten Auffassungen denjenigen, die das Zwischenprivatrecht lediglich als innerstaatliches Recht ansehen, so kann der Richter – da er immer das Recht seines Staates anzuwenden hat – nur dann fremdes Recht anwenden, wenn er hierzu ausdrücklich angewiesen wird. Anderseits muß die Auffassung, die das Kollisionsrecht als Völkerrecht ansieht, den Richter für verpflichtet halten, das Recht des Staates anzuwenden, der nach den Regeln der völkerrechtlichen Herrschaftsabgrenzung für das Rechtsverhältnis zuständig ist.

Auszugehen ist davon, daß das Kollisionsrecht innerstaatliches Recht ist, soweit es sich als Teil der einzelstaatlichen Rechtsordnung an den Richter wendet. Dieser hat sich nur an die Gesetze seines Landes zu halten. Auf der anderen Seite läßt sich nicht verkennen, daß sich richtige Grundsätze für die Abgrenzung des Geltungsbereichs der einzelnen Privatrechtsordnungen nur aus überstaatlichen Gesichtspunkten gewinnen lassen, daß darüber hinaus einige dieser Grundsätze heute bereits völkerrechtlich anerkannt sind (Haager Verträge, gewohnheitsrechtlich die lex rei sitae für das Immobiliarsachenrecht). Daraus ergibt sich, daß das Schweigen des kollisionsrechtlichen Gesetzgebers nicht in dem Sinne ausgelegt werden darf, daß der Staat seine Rechtsordnung schrankenlos ausdehnen wolle; dies muß vielmehr dahin gedeutet werden, daß der einzelne Staat es bei den Anforderungen belassen will, die ein geordneter Verkehr unter Staaten, die ihre Hoheitsrechte gegenseitig anerkennen, erfordert. Es sollen die Rechtsnormen angewendet werden, deren Maßgeblichkeit sich aus den Grundsätzen des Völkerrechts und den Bedürfnissen der Sicherheit des Rechtsverkehrs ergibt.

Man darf und muß also die Forderungen der internationalen Verkehrssicherheit auf dem Gebiete der Lücken in das innerstaatliche Recht hineinlesen und zu dessen Bestandteil machen. Der Richter hat das Recht des Staates anzuwenden, zu dessen persönlichem oder räumlichem Herrschaftsbereich der zu entscheidende Sachverhalt gehört. Wo ihn die völkerrechtliche Herrschaftsabgrenzung im Stich läßt, hat er die stärkste Beziehung eines Sachverhalts zu einer Rechtsordnung nach den Bedürfnissen der Sicherheit des zwischenstaatlichen Rechtsverkehrs zu bestimmen. Die Richtigkeit dieser Auffassung bestätigt der Grundgedanke des Art. 25 GG. Danach sind schon die allgemeinen Regeln des Völkerrechts Bestandteil des Bundesrechts; nach dem ausdrücklichen Wortlaut des Art. 25 GG gehen diese Regeln den innerstaatlichen Gesetzen vor und erzeugen Rechte und Pflichten unmittelbar für die Bewohner des Bundesgebiets.

c) Die **Form** *des Rechtsgeschäftes* bestimmt sich nach den Gesetzen, die maßgebend sind für das den Gegenstand des Rechtsgeschäfts bildende Rechtsverhältnis, doch genügt im allgemeinen die Wahrung der am Errichtungsort vorgeschriebenen Form (Art. 11 II EGBGB). **66**

Verfügungsgeschäfte über *Rechte an Sachen* unterliegen gem. Art. 11 V EGBGB dem Statut, nach dem auch die Rechtsverhältnisse der Sache selbst zu beurteilen sind, also grundsätzlich der *lex rei sitae* (vgl. Rdn. 69); Ortsform genügt insoweit nicht. Für Rechtsgeschäfte, die ein dingliches Recht oder ein Nutzungsrecht an einem *Grundstück* zum Gegenstand haben, gilt dies gem. Art. 11 IV EGBGB nur, wenn das Grundstücksstatut seine Geltung insoweit auch auf im Ausland abgeschlossene Geschäfte ausdehnt. Für das deutsche Recht ist das nicht der Fall (RG 121, 154; BayObLG DNotZ 1978, 58), so daß trotz § 313 im Ausland ein deutsches Grundstück formlos verkauft werden kann, wenn das Ortsstatut dies zuläßt.

Die Form einer im Inland geschlossenen *Ehe* bestimmt sich grundsätzlich nach deutschem Recht; jedoch kann, wenn keiner der Verlobten Deutscher ist, die Ehe auch vor einer vom Heimatstaat eines der Verlobten ermächtigten Person nach der Form dieses Staates stattfinden (Art. 13 III EGBGB).

Für die Form *letztwilliger Verfügungen* bietet Art. 26 I EGBGB zugunsten der umfassenden Berücksichtigung des Erblasserwillens, d. h. in dem Bestreben, möglichst zur Formwirksamkeit zu kommen, eine ganze Reihe von Anknüpfungen, von denen grundsätzlich die Beachtung der Vorschriften einer der berufenen Rechtsordnung genügt.

Für **rechtsgeschäftliche Schuldverhältnisse** gilt gem. Art. 27 EGBGB der Grundsatz der *Parteiautonomie*, d. h. die Parteien können das anwendbare Recht vereinbaren. Diese Rechtswahl kann sowohl ausdrücklich als auch stillschweigend erfolgen. Soweit eine solche Rechtswahl nicht getroffen worden ist, ist nach Art. 28 I EGBGB das Recht des Staates anzuwenden, zu dem der Vertrag die engste Verbindung aufweist. In Art. 28 II–IV EGBGB wird der Sachverhalt der „engsten Bindung" durch Vermutungen konkretisiert, soweit diese nicht ihrer- **67** seits durch eine positiv festgestellte anderweitige engere Verbindung zum Recht eines Staates entkräftet werden (Art. 28 V EGBGB).

Die wichtigste Vermutung führt zur Anwendung des Rechtes desjenigen Staates, in dem die Partei ihren gewöhnlichen Aufenthalt bzw. ihren Sitz oder bei beruflicher oder gewerblicher Tätigkeit ihre Hauptniederlassung hat, die die für den Vertrag *charakteristische Leistung* zu erbringen hat (Art. 28 II EGBGB).

> Die charakteristische Leistung bei einem Dienstvertrag erbringt etwa der Dienstverpflichtete, bei einem Darlehensvertrag der Darlehensgeber. Für einen Miet- oder Pachtvertrag über bewegliche Sachen liegt die charakteristische Leistung beim Vermieter/Verpächter; bei unbeweglichen Sachen greift Art. 28 III EGBGB ein, der die *lex rei sitae* beruft.

Das Recht des Warenkaufs unterliegt grundsätzlich nicht Art. 27 ff EGBGB, sondern dem UN-Übereinkommen über den internationalen Warenkauf von 1980 (CISG), soweit die Parteien dessen Anwendung nicht gem. Art. 6 CISG ausgeschlossen haben.

Art. 29 II EGBGB legt für sog. *Verbraucherverträge* mangels Rechtswahl das Recht zugrunde, das am gewöhnlichen Aufenthalt des Verbrauchers gilt.

Die Möglichkeit freier Rechtswahl – ohne daß irgendein Bezug zu überhaupt einem oder gerade diesem gewählten ausländischen Recht bestehen muß – birgt die Gefahr in sich, daß zu Lasten eines Vertragspartners gesetzliche *Schutzbestimmungen* ausgeschaltet werden. Dem begegnen Art. 27 ff EGBGB auf verschiedene Weise. So dürfen nach Art. 27 III EGBGB zwingende Bestimmungen eines Staates auch durch die Rechtswahl der Parteien nicht berührt werden, wenn der Vertrag an sich (ohne Berücksichtigung der Rechtswahl) nur mit dem Recht dieses Staates verbunden ist. Weiter werden Verbraucherverträge und Arbeitsverträge der freien Rechtswahl insoweit entzogen, als dadurch die Schutzvorschriften des Staates, in denen der Verbraucher/Arbeitnehmer seinen gewöhnlichen Aufenthalt hat bzw. gewöhnlich seine Arbeit verrichtet (Art. 29 f EGBGB). Schließlich werden zwingende Vorschriften des deutschen Rechts gem. Art. 34 EGBGB nicht berührt, soweit sie unabhängig von dem auf den Vertrag anzuwendenden Recht gelten. Das ist etwa für das Wohnraummietrecht der Fall.

68 Das **Deliktsrecht** ist auch im neugefaßten EGBGB bislang nur lückenhaft geregelt. In Art. 38 EGBGB ist lediglich Vorsorge getroffen, daß aus einer im Ausland begangenen unerlaubten Handlung gegen einen Deutschen keine weitergehenden Schadensersatzansprüche geltend gemacht werden können, als sie auch nach deutschen Gesetzen gegeben wären.

Im übrigen werden Schadensersatzansprüche aus unerlaubter Handlung in der Regel (wenn keine näherliegende Anknüpfung besteht) nach dem Recht des Tatortes beurteilt (BGHZ 87, 95, 98), wobei Tatort sowohl der Ort, an dem der Verletzer gehandelt hat, als auch der Ort sein kann, an dem der Verletzungserfolg eingetreten ist. Der Geschädigte kann dann das ihm günstigere Recht wählen (BGH NJW 1964, 2012; 1981, 1606; KEGEL aaO § 18 IV).

Eine Ausnahme gilt nach überwiegender Ansicht gemäß der VO vom 7. 12. 1942 (RGBl. I S. 706), wenn bei einer im Ausland begangenen unerlaubten Handlung (oder sonstigen, außervertragliche Ersatzansprüche begründenden Handlung) sowohl Täter als auch Verletzter Deutsche sind; für sie gilt dann deutsches Recht, sofern nicht im Einzelfall nähere Beziehungen zumindest eines Beteiligten zum Tatortrecht bestehen (BGHZ 87, 95, 101). Allgemein kann – wichtig vor allem für Verkehrsunfälle im Ausland – die Regel formuliert werden, daß bei gemeinsamem gewöhnlichem Aufenthalt von Schädiger und Geschädigtem das Recht des Aufenthaltsorts das Tatortrecht verdrängt (insbesondere wenn der Aufenthalt im Tatortland ein vorübergehender ist, sodaß die Beziehung dorthin zufällig erscheint, vgl. BGHZ 90, 294, 299; 93, 214, 220), außerdem aber auch ein ggf. gleiches Heimatrecht bei gleicher Staatsangehörigkeit. Demnach kommt für in Deutschland lebende Gastarbeiter aus demselben Herkunftsland bei einem Unfall im Ausland deutsches Recht zur Anwendung (BGHZ 90, 294, 299; 119, 137; z.T. wird dabei zusätzlich auf Zulassung oder Versicherung des Fahrzeugs im Aufenthaltsstaat und ähnliche Kriterien abgestellt; vgl. insgesamt zur Entwicklung KEGEL § 18 IV 1 b).

69 Das **Sachenrecht** ist bislang – bis auf die Formfragen – im deutschen Internationalen Privatrecht überhaupt nicht geregelt. Nach der deutschen Rechtsprechung werden die Rechtsverhältnisse sowohl der unbeweglichen (BGHZ 52, 239; OLG München NJW-RR 1989, 664) als auch der beweglichen Sachen (BGHZ 39, 173; 100, 321, 324; 108, 353, 356 [für Wertpapiere]) dem Recht des Lageortes *(lex rei sitae)* unterworfen (vgl. auch FIRSCHING aaO § 36 I; KEGEL aaO § 19 I; LÜDERITZ aaO. Rdn. 317 ff).

> Lücken bestehen insbesondere im Recht der außervertraglichen Haftung (außer Art. 38 EGBGB) und im Sachenrecht, für die es bisher keine Kollisionsnormen gibt. Es ist vorgesehen, diese Lücken durch ein Ergänzungsgesetz zu schließen. Vgl. zum Stand der Vorarbeiten PALANDT/HELDRICH Einl. v. Art. 3 EGBGB Rdn. 17.

70 Für die **Rechtsverhältnisse der Personen** – *Rechts- und Geschäftsfähigkeit* (Art. 7 EGBGB), *Todeserklärung* (Art. 9 EGBGB), *Recht des Namens* (Art. 10 EGBGB) –, für das *Familienrecht* (Art. 13 ff EGBGB) und das *Erbrecht* (Art. 25 EGBGB) ist grundsätzlich die Staatsangehörigkeit maßgebend, da die Person mit ihrem Heimatrecht in der Regel eine enge Verbindung hat und zudem die Staatsangehörigkeit ein dauerhaftes, leicht festzustellendes Element darstellt.

Für das *Unterhaltsstatut* (Art. 18 I EGBGB) sowie für das Rechtsverhältnis zwischen den Eltern und einem nichtehelichen Kind (Art. 20 II EGBGB) knüpft das deutsche IPR an den gewöhnlichen Aufenthalt an. Diese Anknüpfung wird hinsichtlich des Unterhaltsrechts durch das Günstigkeitsprinzip modifiziert, das an Stelle des gewöhnlichen Aufenthalts das Recht des Staates, dem die Beteiligten angehören (Art. 18 I 2 EGBGB) und hilfsweise deutsches Recht (Art. 18 II EGBGB) treten läßt.

Für die allgemeinen Ehewirkungen und alle darauf verweisenden Kollisionsnormen (Art. 15–17, 19, 21 EGBGB) stellt Art. 14 I EGBGB neben das Recht des Staates, dem beide Ehegatten (bzw. anderen Beteiligten) angehören oder zuletzt angehörten, Hilfsanknüpfungen nach dem gemeinsamen gewöhnlichen Aufenthalt und nach dem Recht des Staates, mit dem die Beteiligten in anderer Weise gemeinsam am engsten verbunden sind. Das Gesetz folgt damit einer von KEGEL (aaO § 20 V 1a) entwickelten Anknüpfung in Stufen (sog. *Kegelsche Leiter*).

> Schließlich gibt es in einzelnen Fällen – insbesondere wenn einer der Beteiligten Deutscher ist – noch eine Hilfsverweisung auf deutsches Recht, wenn anderenfalls der erwünschte Erfolg nicht herbeigeführt werden könnte (etwa Art. 13 II EGBGB für die Eheschließungsvoraussetzungen; Art. 17 I 2 EGBGB für die Ehescheidung).

In gewissen Grenzen ist eine Rechtswahl möglich, so im Namensrecht für Ehegatten (Art. 10 II EGBGB), hinsichtlich des Ehewirkungs- (Art. 14 III EGBGB) und des Güterstandsstatus (Art. 15 II EGBGB) sowie für unbewegliches Vermögen bei Verfügungen von Todes wegen (Art. 25 II EGBGB).

71 d) **Qualifikation.** Der Gesetzgeber muß sich auf dem Gebiet des internationalen Privatrechts, um bestimmte Sachverhalte aufgrund bestimmter Anknüpfbeziehungen dem Herrschaftsbereich einer bestimmten Rechtsordnung zuzuweisen, rechtlicher Begriffe bedienen; er muß die Kennzeichnung nach Rechtsbereichen vornehmen. Da aber die Rechtsordnungen unter den gleichen Rechtsbegriffen sehr oft etwas Verschiedenes verstehen, entsteht die Frage, welchem Rechtssystem die Kollisionsnorm ihre Begriffe entnommen wissen will, der eigenen Rechtsordnung, der die Kollisionsnorm angehört (lex fori) oder der fremden Rechtsordnung, auf die sie verweist (lex causae). Diese Frage, die man als das Qualifikationsproblem bezeichnet, ist eine der schwierigsten und umstrittensten des internationalen Privatrechts.

> Ist die verminderte Geschäftsfähigkeit der Ehefrau, die viele romanische Rechte kannten, als eine Folge der Eheschließung anzusehen, gehört sie also zu den persönlichen Rechtsbeziehungen der Ehegatten (Art. 14 EGBGB) oder ist sie eine Folge des ehelichen Güterrechts (Art. 15 EGBGB) oder handelt es sich um eine Frage der Geschäftsfähigkeit (Art. 7 EGBGB)?
> Dieselbe Problematik ergibt sich, wenn nach deutschem IPR ein Rechtsinstitut beurteilt werden muß, das dem deutschen Recht unbekannt ist (z. B. die Morgengabe islamischer Rechte).

Die deutsche Lehre und Praxis nimmt die *Qualifikation* grundsätzlich *nach der lex fori* vor (RGZ 136, 363; 138, 245; BGHZ 29, 139; JZ 1966, 178; RAAPE aaO,

Geltungsbereich §4 IV 4

§ 15), eine Gegenmeinung will nach der lex causae qualifizieren (vgl. WOLFF aaO, S. 54 ff). RABEL (RabelsZ 5, 241 ff; ihm zustimmend DÖLLE aaO, S. 98 ff) will eine eigene Begriffswelt der Kollisionsnormen auf rechtsvergleichender Grundlage entwickeln (kritisch hierzu: KEGEL aaO, § 7 III 2).

Keine dieser Theorien kann mechanisch durchgeführt werden. Da es sich um ein Auslegungsproblem der Kollisionsnormen handelt, ist grundsätzlich von der lex fori auszugehen, weil der Gesetzgeber seine Begriffe im Zweifel in Anlehnung an seine Rechtsordnung gebildet hat. „Handelt es sich aber um eine dem deutschen Recht fremde Vorschrift des ausländischen Rechts, so müssen ihr Sinn und ihre Bedeutung unter Würdigung ihres Zwecks und ihrer Wirkung vom Standpunkt des ausländischen Rechts aus untersucht und daraufhin ihre Einordnung in die Begriffe und Abgrenzungen des deutschen zwischenstaatlichen Privatrechts vorgenommen werden" (so RGZ 163, 367, 375; vgl. auch SOERGEL/KEGEL. Vor Art. 7 EGBGB Rdn. 39 ff m.w.N.). Bei dieser Prüfung wird vielfach die von RABEL (aaO) empfohlene rechtsvergleichende Methode zu befolgen sein. Das muß auch für die Qualifikation unter Staatsverträgen gelten, die nicht allein nach der *lex fori* erfolgen kann. Die letzte Entscheidung muß stets im Hinblick auf den Zweck der anzuwendenden Kollisionsnorm und die ihr zugrunde liegende Interessenabwägung erfolgen (vgl. dazu KEGEL Begriffs- und Interessenjurisprudenz im internationalen Privatrecht, Festschrift Lewald, 1953, 259 ff).

e) Die Verweisung auf das Recht eines anderen Staates betrifft grundsätzlich nicht **72** nur dessen Sachrecht, sondern auch dessen Internationales Privatrecht (Grundsatz der Gesamtverweisung, Art. 4 EGBGB). Dabei kann die Situation auftreten, daß das Kollisionsrecht des Staates, dessen Rechtsordnung nach dem deutschen Kollisionsrecht zur Anwendung kommt, seinerseits auf das deutsche Recht zurück- oder auf das Recht eines dritten Staates weiterverweist. Um eine endlose Verweisungskette zu vermeiden, ordnet Art. 4 I 1 EGBGB an, daß im Falle der **Rückverweisung** *(renvoi)* stets deutsches Recht zur Anwendung kommt, auch wenn die ausländische Kollisionsnorm ihrerseits eine Gesamtverweisung darstellt. Die Verweisungskette wird beim deutschen Recht abgebrochen (sog. Heimwärtsstreben), zumal sich aus dem ausländischen Kollisionsrecht ergibt, daß dieser Staat nicht die Entscheidungsbefugnis für sein Recht beansprucht. Eine **Weiterverweisung** auf die Rechtsordnung eines dritten Staates (ggf. einschließlich dessen Kollisionsrecht) ist grundsätzlich zu beachten. Führt eine Verweisungskette wieder zum deutschen Recht oder zum Recht eines Staates, das schon einmal in der Verweisungskette berufen war, wird sie dort abgebrochen.

Der Grundsatz der Gesamtverweisung wird in mehreren Fällen durchbrochen. Soweit das deutsche IPR auf deutsches Recht verweist (z. B. Art. 9 S. 2, 10 II Nr. 2, V Nr. 2, 13 II, III, 17 I 2, III 2, 24 I 2 EGBGB), ist ohne kollisionsrechtliche Prüfung ausschließlich das Sachrecht anzuwenden. Dasselbe gilt gem. Art. 4 I 1 HS 2 EGBGB, wenn eine

Gesamtverweisung dem Sinn der Verweisungsnorm widerspricht (etwa bei Rechtswahl durch die Beteiligten). Ausdrückliche Verweisungen auf ausländisches *Sach*recht (z. B. Art. 11, 18, 35 EGBGB) beziehen sich nach Art. 3 I 2 EGBGB nicht auf das Kollisionsrecht dieses Staates.

Beispiel für Rückverweisung: Zwei nordamerikanische Staatsbürger haben in Chicago geheiratet und wollen an ihrem Wohnort Hamburg geschieden werden. Da das nordamerikanische Scheidungsrecht vom Domizilprinzip beherrscht wird, also auf das deutsche Wohnsitzrecht zurückverweist, ist dieses anzuwenden (vgl. RGZ 136, 361, 363; vgl. auch BGHZ 24, 352, 355). – Beispiel für Weiterverweisung: Ein belgischer Erblasser hatte seinen letzten Wohnsitz in Petersburg, wo auch zur Erbmasse gehörende Grundstücke lagen. Das angerufene deutsche Gericht hatte nach Art. 25 EGBGB belgisches Recht anzuwenden, das aber seinerseits für das unbewegliche Vermögen auf die lex rei sitae weiter verwies, so daß das deutsche Gericht das damalige russische Recht anwenden mußte (RGZ 91, 139 ff).

73 *f)* Das von den maßgeblichen Kollisionsnormen berufene ausländische Recht findet nach der Vorbehaltsklausel des Art. 6 EGBGB (**ordre public**) keine Berücksichtigung, wenn seine Anwendung mit wesentlichen Grundsätzen des deutschen Rechts (der öffentlichen Ordnung) offensichtlich im Widerspruch steht. Da die Grundrechte einen wesentlichen Teil der öffentlichen Ordnung ausmachen, finden sie insbesondere über Art. 6 EGBGB im Internationalen Privatrecht Anwendung, wie dort nunmehr ausdrücklich klargestellt ist. Danach sind nicht nur die deutschen Kollisionsnormen, sondern auch das durch sie berufene ausländische Recht jedenfalls bei starker Inlandsbeziehung an den Grundrechten zu messen.

Durch das Eingreifen des Art. 6 EGBGB wird nur der jeweils gegen die deutsche öffentliche Ordnung verstoßende Rechtssatz von der Anwendung ausgeschlossen, nicht das berufene ausländische Recht schlechthin. Die entstehende Lücke ist in erster Linie durch Anwendung des ausländischen Rechts, hilfsweise durch deutsches Recht zu schließen.

Art. 6 EGBGB ist zurückhaltend anzuwenden; der deutsche Richter soll nicht „Sittenrichter über fremdes Recht" sein (PALANDT/HELDRICH Art. 6 EGBGB Rdn. 6). Insbesondere setzt Art. 6 EGBGB voraus, daß deutsche Gerichte nicht nur international zuständig sind, sondern der zu entscheidende Fall auch eine hinreichende Inlandsbeziehung aufweist. Ein Verstoß gegen den *ordre public* ist etwa bejaht worden hinsichtlich einer Vertragsstrafe bei Scheitern der Ehe (LG Bochum FamRZ 1990, 882, 883), bei einer entschädigungslosen Enteignung (BGHZ 104, 240, 244) oder der Nichtzulassung des Einwandes des Rechtsmißbrauchs durch das ausländische Recht (LG Frankfurt/Main NJW 1981, 56).

Weggefallen ist bei der Reform Art. 31 EGBGB a. F., der eine Ermächtigung zur Anwendung eines Vergeltungsrechts gegen ausländische Staaten und ihre Angehörigen vorsah, die aber kaum praktisch geworden ist. In abgeschwächter Form kennen §§ 328 I Nr. 5, 723 II S. 2 ZPO und 28 UWG das Prinzip der Gegenseitigkeit (Retorsion).

Geltungsbereich §4 V 1

5. Interlokales Privatrecht

Dasselbe Problem wie zwischen den verschiedenen Rechtsordnungen mehrerer **74** Staaten kann sich auch ergeben, wenn in ein und demselben Lande mehrere Privatrechtssätze für verschiedene Gebiete nebeneinander gelten (z. B. in den Einzelstaaten der USA). Nach welchem Recht soll hier der Richter urteilen? Die Antwort gibt das **interlokale Privatrecht**. Hier greifen ähnliche Fragestellungen und Gesichtspunkte Platz wie beim internationalen Privatrecht, nur versagt die Beziehung der Staatsangehörigkeit, es ist an örtlichen Beziehungen anzuknüpfen.

Verweist Kollisionsrecht ohne weitere Konkretisierung auf das Recht eines Staates mit mehreren Teilrechtsordnungen, so bestimmt sich die anwendbare Teilrechtsordnung grundsätzlich nach dem Recht dieses Staates, hilfsweise danach, zu welcher Teilrechtsordnung der Sachverhalt die engste Verbindung aufweist (Art. 4 III EGBGB).

Zur Problematik des Verhältnisses zum Privatrecht der DDR vgl. HELDRICH Innerdeutsches Kollisionsrecht und Staatsangehörigkeitsfrage, NJW 1978, 2169 ff; FERID, aaO 2–39; FIRSCHING, aaO § 13; KEGEL[6], aaO § 2 V. Soweit gem. Art. 231 ff EGBGB Recht der DDR fortgilt, bleibt insoweit Kollisionsrecht von Bedeutung.

V. Rechtszustand in der DDR und den neuen Bundesländern **75**

BRUNNER Einführung in das Recht der DDR, 2. Aufl. 1979; HORN Das Zivil- und Wirtschaftsrecht im neuen Bundesgebiet, 2. Aufl. 1993; MAGNUS Deutsche Rechtseinheit im Zivilrecht – die Übergangsregelungen, JuS 1992, 456 ff; WESIEN (Hrsg.) Das neue Zivilrecht der DDR, 1977; BRD – DDR Systemvergleich 2: Recht, hrsg. vom Bundesminister für innerdeutsche Beziehungen, 1972.

1. In der DDR hatte bis 1975 grundsätzlich das BGB gegolten, war aber in seiner Bedeutung immer weiter zurückgedrängt worden. Insbesondere wurde es – soweit es noch in Geltung war – vor dem Hintergrund der sog. sozialistischen Gesetzlichkeit und Parteilichkeit im Geist der erstrebten neuen Rechtsordnung ausgelegt.

a) Bereits durch das **Vertragsgesetz** (VG) vom 25. 2. 1965 wurden die wechselseitigen Beziehungen zwischen den Betrieben im Rahmen der sozialistischen Planwirtschaft aus dem allgemeinen Zivilrecht ausgegliedert. Der Vertrag war Instrument zur Erfüllung der volkswirtschaftlichen Planaufgaben (§ 3 VG); Abwicklung und Durchführung der Verträge bestimmten sich allein nach planwirtschaftlichen Interessen (§§ 20 ff VG). Rechtsstreitigkeiten in diesem Rahmen entschied das dem Ministerrat unterstellte staatliche Vertragsgericht.

b) Durch das **Familiengesetzbuch** (FGB) vom 20. 12. 1965 erfuhren Ehe und Ehescheidung, das Verhältnis zwischen Eltern und Kindern sowie die sonstigen verwandtschaftlichen Beziehungen eine neue Regelung.

c) Schließlich stellte das **Zivilgesetzbuch** (ZGB) vom 19. 6. 1975 die verbliebenen Reste des „Privatrechts" auf eine neue Grundlage. Es regelte die Beziehungen der Bürger untereinander und zu den Betrieben und enthielt – systematisch nicht klar getrennt – Sachen- und Schuldrecht sowie das Erbrecht.

76 2. Seit dem 3. 10. 1990 gilt im Gebiet der ehemaligen DDR wieder das BGB (vgl. Art. 230 EGBGB). Art. 231–236 EGBGB regeln Einzelheiten insbesondere zu Fragen des Übergangsrechts. Betroffen sind nur Sachverhalte, auf die vor dem 3. 10. 1990 Recht der DDR anwendbar war. Das ist in entsprechender Anwendung der Art. 3 ff EGBGB zu ermitteln. Soweit nach Art. 232 ff EGBGB Recht der DDR als partielles Bundesrecht fortgilt, ist es nunmehr unter Beachtung der Wertentscheidungen des GG nach den Maßstäben des sozialen Rechtsstaats auszulegen (PALANDT/HEINRICHS Art. 230 EGBGB Rdn. 4).

In weitem Umfang regeln die genannten Übergangsvorschriften nur die Modalitäten, unter denen das Recht des BGB Anwendung findet. Dauerrechtsverhältnisse, die unter DDR-Recht begründet worden sind, werden in vergleichbare Rechtsinstitute nach dem BGB übergeleitet. In bestimmten Fällen verbleibt es jedoch bei den Regelungen des alten Rechts. Das gilt insbesondere für die Frage der Verjährung, bei der nur – mit Modifikationen – die Fristen des BGB grundsätzlich maßgeblich werden (Art. 231 § 6 EGBGB), für Nutzungsverhältnisse nach §§ 312–315 ZGB (Nutzung von Bodenflächen zur Erholung), die weiter nach diesen Vorschriften zu beurteilen sind (Art. 232 § 4 EGBGB), für unerlaubte Handlungen, die vor dem 3. 10. 1990 begangen worden sind, da der Handelnde sein Verhalten nicht auf die noch gar nicht geltenden Normen einstellen konnte (Art. 232 § 10 EGBGB). Auch im Familienrecht sind bestimmte Sachverhalte nach altem Recht zu beurteilen, etwa ein vor dem 3. 10. 1990 eingegangenes Verlöbnis (Art. 234 § 2 EGBGB) und der Anspruch auf Nachscheidungsunterhalt und Versorgungsausgleich aus einer vor diesem Zeitpunkt geschiedenen Ehe (Art. 234 §§ 5, 6 EGBGB). Schließlich sind die erbrechtlichen Verhältnisse eines vor dem 3. 10. 1990 verstorbenen Erblassers sowie ein vor diesem Zeitpunkt errichtetes Testament nach dem Recht der DDR zu beurteilen (Art. 235 §§ 1, 2 EGBGB).

Umfangreichere Modifikationen bei der Überleitung gibt es im Sachenrecht, da zum einen die gerade insoweit völlig anders strukturierte Rechtsordnung Schwierigkeiten aufgibt und zum anderen ein Ausgleich zwischen den derzeitigen Besitzern oder sonst Berechtigten und den enteigneten ehemaligen Eigentümern gefunden werden soll. Dazu sind auch mehrere eigenständige Gesetze (Gesetz zur Regelung offener Vermögensfragen, Gesetz über besondere Investitionen, beide Bestandteil des Einigungsvertrages; Grundstücksverkehrsordnung). Wegen der Einzelheiten ist auf die Kommentierungen zu verweisen, vgl. allgemein, auch zu praktischen Problemen, ALBRECHT Der Einigungsvertrag in der Praxis des Grundstücksrechts, 1991.

§ 5
System, Charakter und Normarten des BGB

I. Das System des BGB

1. Das BGB ist in **5 Bücher eingeteilt:** 77

a) Der *Allgemeine Teil* – I. Buch – enthält die gemeinsamen Grundsätze und Begriffsbestimmungen für die Rechtsverhältnisse, insbesondere die Rechtsgeschäftslehre, während die konkrete Ausgestaltung der einzelnen Rechtsbeziehungen den folgenden Büchern vorbehalten bleibt.

b) Das *Recht der Schuldverhältnisse* – II. Buch – regelt die Sonderverbindungen zwischen den einzelnen Teilnehmern am Rechtsverkehr, nach denen der Gläubiger vom Schuldner zur Befriedigung eines schutzwürdigen Interesses ein bestimmtes Verhalten verlangen kann. Es ermöglicht dem einzelnen die grundsätzlich freie Gestaltung seiner Lebensverhältnisse durch Abschluß von Rechtsgeschäften. Es enthält außerdem Vorschriften zum Ausgleich bei ungerechtfertigter Bereicherung und unerlaubter Handlung.

c) Das *Sachenrecht* – III. Buch – weist dem einzelnen einen bestimmten Anteil an den Lebensgütern zu. Diese Zuordnung der Objekte zu einer Person wird grundsätzlich gegenüber jedem Dritten geschützt. Mit Rücksicht darauf ist die freie Gestaltung dieser Rechtsbeziehungen nicht möglich, die Beteiligten haben sich der gesetzlichen Typisierung zu bedienen (Typenzwang).

d) Das *Familienrecht* – IV. Buch – ordnet die personenrechtlichen und die besonderen vermögensrechtlichen Beziehungen, die durch Ehe und Abstammung entstehen. Außerdem wird Fürsorge und Vertretung schutzbedürftiger Personen durch den Abschnitt über Vormundschaft und Betreuung geregelt.

e) Das *Erbrecht* – V. Buch – regelt die Auswirkungen der Familienbeziehungen auf das Schicksal des Vermögens der Privatperson nach ihrem Tod und sichert ihr die Möglichkeit, diese Schicksale über den Tod hinaus in gewissem Rahmen zu bestimmen.

f) Das sich daran anschließende *Einführungsgesetz* (EGBGB) ist in 6 Abschnitte geteilt: I. Allgemeine Bestimmungen (u. a. solche des Internationalen Privatrechts). II. Verhältnis des BGB zu den Reichsgesetzen. III. Verhältnis zu den Landesgesetzen. IV. Übergangsvorschriften. V. Übergangsrecht aus Anlaß jüngerer Änderungen, VI. Inkrafttreten und Übergangsrecht in dem in Artikel 3 des Einigungsvertrages genannten Gebiet.

78 2. Das **System** des BGB stellt sich als Ergebnis einer hochrationalisierten rechtswissenschaftlichen Methodik dar.

In jedem Recht entsteht angesichts der Fülle einzelner Fallentscheidungen das Bedürfnis nach einer Ordnung des Stoffes, das sich oft mit dem didaktischen Bemühen um die Erleichterung des Zugangs durch eine übersichtliche Aufgliederung verbindet. So entstanden im Laufe der Rechtsentwicklung unterschiedliche Systeme.

Ein von der Didaktik bestimmtes System ist das *Institutionssystem des GAIUS*, das den Rechtsstoff unter den Gesichtspunkten „*personae, res, actiones*" gliedert. Dieses System hatte sich im spätrömischen Recht durchgesetzt und wurde in den *Institutionen JUSTINIANS* sanktioniert. Hingegen entbehrten die für die juristische Praxis maßgebenden *Digesten* einer übersichtlichen Systematik. Bei der Übernahme und Weiterentwicklung des römischen Rechts durch *Glossatoren* und *Kommentatoren* sowie im Wege der Rezeption blieb die kasuistische Orientierung der Digesten vorherrschend. Im Zuge der rationalistischen Orientierung des *Humanismus* und des *frühen Naturrechts* kam es – häufig in Anlehnung an das Institutionenschema – zu intensiveren Bemühungen um eine überschaubare Gliederung des Rechtsstoffes (vgl. H. HÜBNER Jurisprudenz als Wissenschaft im Zeitalter des Humanismus, Festschrift Larenz, 1973, 41 ff), denen jedoch die Praxis nach wie vor zurückhaltend gegenüberstand. Erst das *spätere Naturrecht* (vgl. die in dieser Zeit entstandenen Kodifikationen) konnte sich mit seinen Systembestrebungen durchsetzen und insofern die *Pandektistik* des 19. Jahrhunderts beeinflussen.

Während die Aufgliederung in vermögensrechtliche, familien- und erbrechtliche Stoffbereiche nahelag, war eine *mathematisch-rationalistische Denkweise* bestrebt, grundsätzliche Regeln aus den Stoffbereichen auszuklammern und als allgemeingeltend voranzustellen. Diese Tendenz, die sich bei PUFENDORF und CHR. WOLFF zeigte, wurde von den Wolff-Schülern weiterverfolgt; sie führte schließlich bei G. A. HEISE im wesentlichen zur heutigen deutschen zivilrechtlichen Systematik (Grundriß eines Systems des gemeinen Civilrechts zum Behuf von Pandecten – Vorlesungen, 1807). Einzelfragen, etwa ob das Sachenrecht vor das Schuldrecht zu stellen sei, blieben in der Erörterung. Bei der Ausarbeitung des BGB wurde dieser Stand der Entwicklung in den Entwurf übernommen (vgl. dazu A. B. SCHWARZ Zur Entstehung des modernen Pandektensystems, SavZ RomAbt. 42, 578 ff).

Das Gesetz kennt neben dem „Allgemeinen Teil" auch allgemeine Vorschriften des Schuldrechts. Diese sind vornehmlich dadurch geboten, daß das Schuldrecht keinen abschließenden Typenkatalog kennt und daher für die freie Gestaltung Grundregeln aufstellen muß.

79 Während die Aufgliederung als sachgerechte Ordnung angesehen wird, richtet sich die **Kritik gegen den „Allgemeinen Teil"** des Gesetzbuches mit seinem Bezugssystem auf alle Stoffbereiche. Äußerlich wird die „Blutleere" der im 1. Buch vorgenommenen Begriffsbestimmungen kritisiert. Das trifft z. B. die Definitionen in §§ 90 ff, deren Funktion nur über andere gesetzliche Bestimmungen erschlossen werden kann (vgl. § 93 und §§ 946 f).

> Für die Systematisierungstendenz am Ende des 19. Jh. ist bezeichnend, daß die Bestimmungen der derzeitigen §§ 90 ff, die von der 1. Kommission an den Anfang des Sachenrechts gestellt waren (§§ 778 ff E I), konsequent in den „Allgemeinen Teil" versetzt wurden.

Die Bedenken sind jedoch auch prinzipieller Natur: Auch eine abstrakte Begriffsbildung bleibt der konkreten Situation, von der aus der allgemeine Begriff entwickelt wird, verhaftet, so daß die Anwendung auf nicht kongruente Sachverhalte möglicherweise zu Fehlentscheidungen führt. So ist etwa der Vertragsbegriff und darüber hinaus die Rechtsgeschäftslehre am do-ut-des-Prinzip des Kaufes mit der Begrenzung auf inter-partes-Konsequenzen orientiert, während etwa ein Gesellschaftsvertrag völlig andere Willensrichtungen und Außenbeziehungen zu berücksichtigen hat. Daher muß die Dogmatik im Hinblick auf die vom BGB-System vorgesehenen Konsequenzen bei Nichtigkeits- und Willensmängeln differenzieren. Dies gilt etwa im Bereich der sozialanfälligen Dauerschuldverhältnisse; auch in ganz anderem Zusammenhang muß die Rechtsgeschäftslehre im Hinblick auf die Eheschließung Einschränkungen unterworfen werden.

Solche Erwägungen haben dazu geführt, daß in einige neuere Kodifikationen ein „Allgemeiner Teil" nicht mehr aufgenommen worden ist. So verzichtet das schweizerische ZGB ebenso auf ihn wie der italienische Codice civile von 1942, das ZGB der DDR, oder das Bürgerliche Gesetzbuch der Niederlande. In Ländern unter unmittelbarem Einfluß der deutschen Pandektistik wie in Griechenland oder des deutschen BGB wie in Japan und China wurde hingegen ein Allgemeiner Teil in die Kodifikation aufgenommen (vgl. WESENBERG/WESENER S. 194 ff; WIEACKER Privatrechtsgeschichte S. 486 ff).

Für die Rechtsanwendung ist zu beachten, daß die aus den systemgebundenen Begriffen und Denkmodellen gewonnene Einzelentscheidung der Kontrolle dahingehend bedarf, ob ihr Richtigkeitsgehalt nicht aus konkreten Gründen in Frage zu stellen ist (zur Rechtsanwendung vgl. unten Rdn. 92 ff).

II. Der Charakter des BGB

Das BGB ist jedoch nicht nur methodisch von den Vorstellungen des 19. Jahrhunderts geprägt, sondern auch sachlich von dessen Maximen. **80**

Sein **Charakter** war im Ausgangspunkt *individualistisch*; es wollte den Freiheitsraum des einzelnen sichern, wobei die zur Zeit seiner Entstehung herrschende *liberale Wirtschaftsauffassung* ihren rechtlichen Ausdruck gefunden hat.

Grundlagen hierzu waren die Denkform des *subjektiven Rechts* in seiner absoluten Ausprägung und die *Vertragsfreiheit*. Die Väter des Gesetzes ließen sich in letzterer Hinsicht von der Vorstellung leiten, daß für die Teilnahme am Rechtsverkehr die Machtposition der Beteiligten grundsätzlich gleich einzuschätzen sei und daher aus dem Widerstreit der Interessen ein ausgewogenes Ergebnis zu erwarten sei. Nur wenige Einschränkungen und Korrekturmöglichkeiten waren vorgesehen (so etwa §§ 226, 138 u. 242).

81 Nachdem schon O. v. GIERKE mit seiner Schrift „Die soziale Aufgabe des Privatrechts" (1889) auf diese Fehlorientierung hingewiesen hatte, erwies insbesondere die wirtschaftliche und soziale Situation nach dem ersten Weltkrieg, daß die dem 19. Jahrhundert verhaftete Ausgangsbasis in weiten Bereichen aufgegeben werden mußte. Neben der Entwicklung des Arbeitsrechts erfuhr das Mietrecht eine soziale Ausgestaltung. Die Aufwertungsgesetzgebung versuchte die Leistungsverhältnisse der durch die Inflation grundlegend veränderten Situation anzupassen. Die zunehmende und sich verfeinernde Ausformung und wechselseitige Begrenzung von Schutzprinzipien läßt sich darüber hinaus in mannigfachen Bereichen verfolgen. Gestaltungsfreiheit erfordert mit dem Nachlassen moralischer und ständischer Bindungen gesetzliche Schranken: die Vereinigungsfreiheit zwingt schließlich zur Einschränkung von Konzernmacht und Kartellabreden; das Bedürfnis, den schwachen Vertragspartner zu schützen, macht eine Kontrolle der Geschäftsbedingungen wirtschaftlich überlegener Vertragspartner erforderlich; vor allem aber verlangt die Achtung vor der menschlichen Existenz die Sicherung eines sozialen Minimums im Sinne der Unpfändbarkeitsvorschriften (§§ 811 ff, 850 ff ZPO), Regelungen, die sich auch im materiellen Recht bei der Abtretung und Aufrechnung auswirken (§§ 394, 400). Schließlich bedingt das Prinzip des Vertrauensschutzes über die im Gesetz geregelten Fälle hinaus Einschränkungen der vom Subjektivismus beherrschten Rechtsgeschäftslehre.

82 Für das aus dem gemeinen Recht des 19. Jahrhunderts herausgewachsene BGB stand das Vermögensrecht im Zentrum des Rechtssystems. Zunehmend wurde jedoch der Mensch als *eigene Persönlichkeit* wieder als Mittelpunkt im gesellschaftlichen Wertesystem angesehen. Als Ergebnis dieser Bemühungen hat sich der Begriff des *Persönlichkeitsrechtes* entwickelt. Er will den Menschen als Subjekt im Verhältnis zu den Rechtsgegenständen, den Objekten, begreifen (vgl. HUBMANN Das Persönlichkeitsrecht, 2. Aufl. 1967, 116 ff mit Nachweisen). Im „Wertsystem" steht neben dem Recht auf freie Entfaltung der Persönlichkeit und den ihr dienenden „Freiheitsrechten" das Recht auf Leben und körperliche Unversehrtheit als elementares Rechtsgut im Vordergrund. Freilich bleibt offen, ob der allgemein gefaßte Begriff des „Persönlichkeitsrechtes" in den mannigfachen Relationen der Rechtsordnung eine greifbare, praktikable Basis abgeben kann. Die

Generalidee bedarf daher im privatrechtlichen Anwendungsbereich der Konkretisierung (vgl. zur Normierung einzelner Schutzbereiche der Persönlichkeit durch den Gesetzgeber sowie zur Literatur insbesondere unten § 11).

83 Das Instrument der Rechtsordnung, die Herrschaftsposition des Individuums zu realisieren, war der *Begriff des „subjektiven Rechts"*, wie es etwa für das Eigentum § 903 umschreibt. Hier wurde vor allem in der Definition die *Pflichtbindung* vermißt. Gleichwohl ist auch im Gesetz die Sozialpflichtigkeit vielfach zum Ausdruck gelangt (vgl. z. B. für das Eigentum §§ 904, 906); sie ist in das Privatrecht keineswegs erst durch Verfassungsgrundsätze eingeführt worden; schon die 12 Tafeln stellten z. B. für das „Prozeßrechtsverhältnis" als Verpflichtung gegenüber dem Gegner den Grundsatz auf: „Si morbus aevitasve vitium escit, iumentum dato" (BRUNS/MOMMSEN/GRADENWITZ Fontes, tab. I 3). Indessen haben insbesondere die Verfassungsnormen der Art. 153 WRV bzw. Art. 14 GG die Sozialbindung des subjektiven Rechts der Privatrechtsdogmatik stärker bewußt gemacht.

84 Der wesentliche Ansatzpunkt für ein dem Menschen verpflichtetes ius aequum und ein an diesem orientiertes „bewegliches System des Privatrechts" (so WILBURG Entwicklung eines beweglichen Systems im bürgerlichen Recht, 1950) ergab und ergibt sich aus den *Generalklauseln*, die die rechtliche Ausnutzung einer formalen Position dort versagen, wo der Schutz höherwertiger Interessen geboten ist. Zum Teil haben sich aus dem allgemeinen Grundsatz des § 242 neue institutionelle Ausformungen entwickelt, so insbesondere der Grundsatz *venire contra factum proprium* mit seinen vielfachen Auswirkungen (z. B. Verwirkung, Einschränkung der Formnichtigkeit, Vertrauensschutz). Zur Ausfüllung der den Generalklauseln (vgl. §§ 138, 157, 242) zugrunde liegenden Wertvorstellungen muß dabei auf allgemeine Verhaltensmaßstäbe zurückgegriffen werden – so, wenn die Orientierung des Begriffs der guten Sitten am Anstandsgefühl aller gerecht und billig Denkenden erfolgt; d. h. die Individualität hat der allgemeinen Auffassung zu weichen. Andererseits besteht vom Rechtsbegriff der guten Sitten zur Sittlichkeit im Sinne von Ethik und Religion wiederum ein Abstand. Jedenfalls haben die Generalklauseln in ihrer steigenden Bedeutung das vom Gesetzgeber zugrunde gelegte Leitbild im Sinne einer Sozialethik fortentwickelt (zur Rechtsfortbildung vgl. unten Rdn. 112 ff).

III. Normarten

85 1. Die Vorschriften des BGB gelten grundsätzlich für jedermann. Für **bestimmte Personenkreise** kann **Sonderrecht** eingreifen, teils erfordern auch bestimmte Materien besondere Regelungen (z. B. Patentgesetz, Warenzeichengesetz). Die Spezialregelung kann in einem verstärkten Schutzbedürfnis begründet sein (Arbeitsrecht); sie kann aber auch allgemeine Schutzvorschriften abbauen, um den Rechtsverkehr zu beschleunigen und zu erleichtern (Handelsrecht, Wertpapierrecht). Das führt zur Modifizierung allgemeiner zivilrechtlicher Regeln (im Arbeitsrecht etwa in Einschränkung von § 276 zur Haftungsbeschränkung; im Handelsrecht etwa zur Einführung der Rügepflicht beim Handelskauf, §§ 377, 378 HGB, und zum Abbau von Formerfordernissen, § 350 HGB im Gegensatz zu §§ 766, 780, 781). Dabei hat das Sonderrecht oft nur ergänzenden Charakter. Für das Arbeitsrecht bleiben die §§ 611 ff die Grundmaterie; im Handelsrecht bleiben z. B. die §§ 433 ff Basis für den Handelskauf (§§ 373 ff HGB) oder §§ 705 ff für die Personengesellschaften des HGB (so § 105 II HGB).

2. Unabhängig hiervon lassen sich privatrechtliche Normen im Hinblick auf ihre **Funktion** im wesentlichen wie folgt **einteilen:**

86 *a)* **Anspruchsnormen** sind die Basis der Fallentscheidung; daher ist bei der Lösung von Streitfällen methodisch fast immer von einer Anspruchsgrundlage auszugehen (z. B. für das Herausgabebegehren des Eigentümers § 985; für die Kaufpreisforderung § 433 II). Dem Anspruch können *Einwendungen* und *Einreden* entgegenstehen, die in **Gegennormen** zum Ausdruck kommen (z. B. kann dem Anspruch aus § 985 ein Recht zum Besitz im Sinne des § 986 entgegenstehen; dem Kaufpreisbegehren kann etwa die Einrede des nichterfüllten Vertrages, § 320, grundsätzlich jedem Anspruch die Verjährung, §§ 194 ff, entgegengehalten werden).

Anspruchs- und Gegennormen sind nicht denkbar ohne eine Fülle von *Normen*, die Voraussetzungen für die *Entstehung von Rechten* regeln, *Gestaltungsbefugnisse* gewähren, *Definitionen* und *Verweisungen* enthalten.

87 *b)* Beim **strengen Recht** *(ius strictum)* ist der Richter an die Anwendung einer gesetzlichen Regel gebunden, während er beim **Billigkeitsrecht** *(ius aequum)* die Umstände des Einzelfalls in die Wertung einbeziehen kann (vgl. z. B. §§ 343, 829, so auch im AGBG die Unterscheidung von Klauselverboten mit und ohne Wertungsmöglichkeiten, § 10 gegenüber § 11 AGBG). Die vom Gesetz statuierten Nichtigkeitsfolgen (vgl. z. B. §§ 125, 138) sind grundsätzlich *ius strictum.* Jedoch wird das Prinzip in Ausnahmefällen aus Billigkeitsgründen durchbrochen (vgl. unten Rdn. 870 ff).

88 *c)* Während die Abgrenzung von strengem und billigem Recht die richterliche Beurteilung betrifft, bezieht sich die Unterscheidung zwischen **zwingendem** *(ius cogens)* und **nachgiebigem** *(ius dispositivum)* Recht auf die privatautonome Gestaltungsfreiheit.

Das *zwingende* Recht schränkt die Privatautonomie ein; es setzt unverzichtbare Grundsätze des Rechts durch und will selbst gegen den erklärten Parteiwillen

Anwendung finden (vgl. z. B. § 276 II). Das *nachgiebige* Recht gibt der Privatautonomie Raum; es beansprucht nur Geltung, soweit die Parteien nichts anderes bestimmt haben.

Trotz ihrer Abdingbarkeit dürfen die nachgiebigen Vorschriften nicht unterbewertet werden. Ihre Bedeutung liegt heute zunehmend darin, daß sie einen *Gerechtigkeitsgehalt* verkörpern, an dem sich die Parteivereinbarung zu orientieren hat (vgl. BGHZ 41, 151, 154; BGHZ 89, 206, 211; Ordnungs- und Leitbildfunktion, PALANDT/HEINRICHS, § 9 AGBG Rdn. 18). So kann z. B. der nach dem Grundsatz der Privatautonomie an sich zulässige völlige Ausschluß der Gewährleistung beim Kauf gegen den Richtigkeitsgehalt der §§ 459 ff verstoßen und deswegen Einschränkungen unterliegen (so: BGHZ 22, 90, 95 ff für den Kauf fabrikneuer Möbel und nunmehr § 11 Nr. 10b AGBG).

d) Das Gesetz enthält Vorschriften, die im Grunde prozessuale Beweisfragen **89** betreffen. Der allgemeine prozessuale Grundsatz geht dahin, daß jede Partei die Tatsachen, auf die sie sich für die Begründung einer sie begünstigenden Norm stützt, zu beweisen hat, das heißt der Kläger i.d.R. die anspruchsbegründenden Tatsachen, der Beklagte die Tatsachen, auf die er Gegenrechte (Einreden und Einwendungen des materiellen Rechts) stützt. Aus dieser Verpflichtung entspringt, wenn die Beweisführung mißlingt, der Nachteil, daß das Vorbringen insoweit bei der Entscheidung nicht berücksichtigt wird. Man spricht daher von **Beweislast**.

Auf eine von dem genannten Grundsatz abweichende Beweislastverteilung wird verschiedentlich durch die Formulierung des Gesetzes ein Hinweis gegeben.

In einigen Fällen sagt das BGB ausdrücklich, wer die Beweislast trägt (etwa in §§ 282, 363), in anderen Fällen werden durch die Wortfassung gewisse Tatbestände als vom Gegner zu beweisende Ausnahmen gekennzeichnet. So läßt sich etwa aus § 932 II „Der Erwerber ist nicht in gutem Glauben, wenn ..." entnehmen, daß die Gegenseite die Bösgläubigkeit zu beweisen hat. In §§ 831 I 1, 832 I 1 wird die Ausnahme in einem besonderen Satz der Regel gegenübergestellt, in §§ 145, 932 I durch einen mit der Wendung „es sei denn, daß" eingeleiteten Nebensatz zum Ausdruck gebracht. Damit wird die Beweislast *umgekehrt*.

Das Instrument der Beweislastumkehr wird zunehmend – auf Richterrecht beruhend – genutzt, um materielle Entscheidungsgerechtigkeit zu erzielen. Ein Fall ist die richterlich entwickelte Beweislastumkehr in Fällen des sogenannten Organisationsverschuldens; ausgehend von der Verantwortlichkeit für die Fehlerfreiheit des Produktionsvorgangs wird dem Produzenten im Rahmen des § 823 I der Beweis für die Kontrolle eines sachgerechten Produktionsablaufes auferlegt, da der klagende Geschädigte die Interna nicht übersehen kann (Durch das ProdHaftG in den meisten Fällen überholt).

90 In anderen Fällen hat der Gesetzgeber im Ergebnis eine Umkehr der Beweislast dadurch erreicht, daß er im materiellen Recht **Vermutungen** aufgestellt hat. Dennoch hat der Gesetzgeber, wenn er eine Umkehr der Beweislast erreichen wollte, die Fragen im materiellen Recht in Form von **Vermutungen** geregelt. Die Vermutung begünstigt eine Partei, indem sie der Gegenseite die Beweislast zuschiebt. So wird z. B. in § 1006 vermutet, daß der Besitzer einer beweglichen Sache deren Eigentümer sei.

Wenn das Gesetz den Gegenbeweis generell ausschließen will, bedient es sich der **unwiderleglichen Vermutung**. Bleibt bei der faktischen Fortsetzung des Mietgebrauchs offen, ob der Vermieter oder Mieter den Vertrag verlängern wollen, so wird mangels entgegenstehender Äußerung nach einer Frist von 2 Wochen nach § 568 unwiderleglich vermutet, daß das Mietverhältnis auf unbestimmte Zeit verlängert ist. Es handelt sich hierbei um eine *Vermutung* (keine Fiktion), da der Wille der Parteien durchaus auf die Verlängerung des Vertragsverhältnisses gerichtet sein *kann*.

91 e) Wenn hingegen im Gesetz etwas unterstellt wird, was der Wirklichkeit *nicht* entsprechen *kann*, handelt es sich um eine **Fiktion** (vgl. grundlegend ESSER Wert und Bedeutung der Rechtsfiktionen, 1940). Sie ist ein gesetzestechnisches Hilfsmittel, um die Wirkungen eines Tatbestandes A in einfacher und abgekürzter Form auf den Tatbestand B zu übertragen. Der Gesetzgeber bedient sich bei der Fiktion des Wortes „gilt" (vgl. §§ 162, 1923 II). Doch kann der Ausdruck auch für eine (unwiderlegliche) Vermutung (z. B. § 568) sprechen oder eine bloße Verweisung oder Definition beinhalten (vgl. z. B. § 92 II, wonach als verbrauchbare Sachen im Sinne der Definition des § 92 I auch bewegliche Sachen gelten, die zu einem Sachinbegriff gehören).

§ 6
Anwendung des bürgerlichen Rechts

ALEXY Theorie der juristischen Argumentation, 2. Aufl. 1991; BARTHOLOMEYCZIK Die Kunst der Gesetzesauslegung, 4. Aufl. 1967; BETTI Teoria generale della Interpretazione, 1955 (Deutsche Ausgabe unter dem Titel: Allgemeine Auslegungslehre als Methodik der Geisteswissenschaften; 1967); BIERLING Juristische Prinzipienlehre, Bd. I, 1894; II, 1898; III, 1905; IV, 1911; V, 1917 (Gesamtneudruck 1961): BYDLINSKI Juristische Methodenlehre und Rechtsbegriff, 2. Aufl. 1991; CANARIS Die Feststellung von Lücken im Gesetz, 2. Aufl. 1983; ders., Systemdenken und Systembegriff in der Jurisprudenz, 1969; COING Juristische Methodenlehre, 1972; DIEDERICHSEN Zur Begriffstechnik richterlicher Rechtsfortbildung im Zivilrecht, Festschrift Franz Wieakker, 1978, 325; EHRLICH Freie Rechtsfindung und freie Rechtswissenschaft, 1903; ESSER Vorverständnis und Methodenwahl in der Rechtsfindung, 1970; ders., Grundsatz und Norm in der richterlichen Fortbildung des Privatrechts, 4. Aufl. 1990; FIKENTscher Methoden des Rechts in vergleichender Darstellung, Teil III 1976; FLUME Richter und Recht, 46. DJT 1966, Teil II, K 1 ff; E. FUCHS Gerechtigkeitswissenschaft, 1965; ders., Die Gemeinschädlichkeit der konstruktiven Jurisprudenz, 1909; ders., Schreibjustiz und Richterkönigtum, 1907; GENY Méthode d'interprétation et sources en droit privé positif, 2 Bde., 2. Aufl. 1919; ders., Science et technique en droit privé positif, 4 Bde., 1922–1924; GERMANN Probleme und Methoden der Rechtsfindung, 1965; HECK Das Problem der Rechtsgewinnung, 2. Aufl. 1932; ders., Gesetzesauslegung und Interessenjurisprudenz, 1914; ders., Begriffsbildung und Interessenjurisprudenz, 1932; HEDEMANN Die Flucht in die Generalklauseln, 1933; HENCKEL Rückwirkungen richterlicher Rechtsfortbildung auf bestehende Verträge, VersR 1975, 773; HERZBERG Kritik der teleologischen Gesetzesauslegung, NJW 1990, 2525 ff; HEUSINGER Rechtsfindung und Rechtsfortbildung im Spiegel richterlicher Erfahrung, 1975; H. HUBMANN Wertung und Abwägung im Recht, 1977; H. HÜBNER Kodifikationen und Entscheidungsfreiheit des Richters in der Geschichte des Privatrechts, 1980; ISAY Rechtsnorm und Entscheidung, 1929; KANTOROWICZ (Pseudonym: Gnaeus Flavius) Der Kampf um die Rechtswissenschaft, 1906; ders., Rechtswissenschaft und Soziologie. Ausgewählte Schriften zur Wissenschaftslehre, hrsg. v. Thomas Würtemberger 1962; KRIELE Theorie der Rechtsgewinnung, 2. Aufl. 1976; KRONSTEIN Rechtsauslegung im wertgebundenen Recht, 1957; LARENZ Methodenlehre der Rechtswissenschaft, 6. Aufl. 1992; ders., Kennzeichen geglückter richterlicher Rechtsfortbildungen, 1965; MEIER-HAYOZ Zur Frage nach den Grenzen richterlicher Rechtssetzung, JZ 1981, 417 ff; F. MÜLLER Juristische Methodik, 4. Aufl. 1990; MÜLLER-ERZBACH Wohin führt die Interessenjurisprudenz? 1932; ders., Die Rechtswissenschaft im Umbau, 1950; OERTMANN Interesse und Begriff in der Rechtswissenschaft, 1931; PAWLOWSKI Methodenlehre für Juristen, Theorie der Norm und des Gesetzes, 2. Aufl. 1991; REICHEL Gesetz und Richterspruch, 1915; G. RÜMELIN Werturteile und Willensentscheidungen, 1891; M. RÜMELIN Erlebte Wandlungen in Wissenschaft und Lehre, 1930; ders., Rechtsgefühl und Rechtsbewußtsein, 1925; v. SAVIGNY Juristische Methodenlehre, hrsg. v. Wesenberg, 1951; ders., System des heutigen Römischen Rechts, Bd. I, 1840; SIEBERT Die Methode der Gesetzesauslegung, 1958; STAMMLER Theorie der Rechtswissenschaft, 2. Aufl. 1923; ders., Die Lehre vom richtigen Recht, 2. Aufl. 1926; STAMPE Unsere Rechts- und Begriffsbildung, 1907; ders., Die Freirechtsbewegung, 1911; H. STOLL Begriff und Konstruktion in der Lehre der Interessenjurisprudenz, Festgabe Heck, Rümelin und Schmidt, 1931, 60 ff; VIEHWEG Topik und Jurisprudenz, 5. Aufl. 1974; WANK Grenzen der richterlichen Rechtsfortbildung, 1978; WEINKAUFF Richtertum und Rechtsfindung in Deutschland, 1952; H. WESTERMANN Wesen und Grenzen der richterlichen Streitentscheidung im Zivilrecht, 1955; WIEACKER Gesetz und Richterkunst, 1958; ders., Zur rechtstheoretischen Präzisierung des § 242 BGB, 1956; WÜSTENDÖRFER Die deutsche Rechtsprechung am Wendepunkt, 1913 (auch AcP 110 [1913], 219 ff); ZIPPELIUS Einführung in die juristische Methodenlehre, 5. Aufl. 1990; ZITELMANN Lücken im Recht, 1903; vgl. auch die Literaturangaben zu § 3 IV.

I. Die Technik der Rechtsanwendung

1. Einen Rechtssatz anwenden heißt, ihn der Beurteilung eines Rechtsfalles zugrunde legen. Im Rechtsstreit wird dem Richter ein meist auch in tatsächlicher Hinsicht streitiger *Lebenssachverhalt* unterbreitet mit dem Antrag, auf seiner Grundlage für diese oder jene Partei eine günstige Rechtswirkung festzustellen.

Die Rechtsvorschriften knüpfen ihre Folgen an bestimmte Voraussetzungen, den *Tatbestand*. Der gesetzliche Tatbestand ist aber nicht nach konkreten, sondern nach typischen, *abstrakten* Merkmalen bestimmt.

Der Richter kann also die Wirkung nur feststellen, wenn sich der von einer rechtssuchenden Partei behauptete Lebenssachverhalt unter den abstrakten Tatbestand eines Rechtssatzes, der die gewünschte Rechtsfolge ausspricht, einordnen läßt (**Subsumtion**).

Danach vollzieht sich die Rechtsanwendung in Form eines *dreistufigen Schlusses im Wege der Deduktion*. Den Obersatz bildet die Rechtsregel, den Untersatz der zu subsumierende Sachverhalt; der Schlußsatz ergibt das im einzelnen Fall maßgebende Recht.

Obersatz: § 607: Wer Geld oder andere vertretbare Sachen als Darlehen empfangen hat, ist verpflichtet, dem Darlehensgeber das Empfangene in Sachen von gleicher Art, Güte und Menge zurückzuerstatten.

Untersatz: A hat dem B auf sein Bitten am 1. Mai 1993 einen Hundertmarkschein gegeben und gesagt, er müsse sein Geld spätestens am 15. Mai wieder zurückbekommen.

Dieser Lebensvorgang verwirklicht alle Begriffsmerkmale des gesetzlichen Tatbestandes; daher läßt sich der Sachverhalt unter den Obersatz subsumieren.

Schlußsatz: Folglich muß B dem A einen Geldbetrag von 100 DM zurückerstatten.

93 2. In vielen Fällen führt dieser einfache Subsumtions- und Deduktionsvorgang zum Ziel. Die Rechtsanwendung wäre sehr einfach, wenn die begrifflichen Formeln, in denen das Gesetz seine Tatbestände und Rechtsfolgen festlegt, immer eindeutig wären und wenn es für jeden Lebenssachverhalt einen passenden Gesetzestatbestand mit bestimmten und angemessenen Rechtsfolgen bereitgestellt hätte.

Das ist jedoch oft nicht der Fall. Der Wortlaut kann *mehrdeutig* sein; das Gesetz hat *Lücken*; seine Vorschriften erfassen nicht alle regelungsbedürftigen Sachverhalte oder enthalten doch nicht immer eine passende, angemessene Regelung für sie. Die Fülle des Lebens läßt sich nicht im voraus in Normen bannen.

So bestehen die Hauptaufgaben der Rechtsanwendung:

a) in der *Feststellung des Sachverhalts*; das ist in der Regel für den Prozeß in den Tatsacheninstanzen die wichtigste Aufgabe; die Grundsätze der Sachverhaltsfeststellung enthält das Prozeßrecht;

b) in der zutreffenden *Deutung des Sinnes der Rechtsvorschriften* sowohl nach der Seite des Tatbestandes als auch nach der Seite der Rechtsfolgen hin;

c) für die Fälle, in denen das Gesetz keine oder eine nicht passende Formel bereitgestellt hat, in der richtigen Findung des Rechts; denn eine *Antwort* muß der Richter auf jede auftauchende Rechtsfrage geben; er darf sich dieser Antwort nicht entziehen, weil ihm eine Rechtsvorschrift für die Entscheidung fehlt. Das ist ein in Art. 4 Code Civil ausdrücklich ausgesprochener, heute allgemein anerkannter Grundsatz des neuzeitlichen Rechtsstaates.

II. Die Grundsätze der Rechtsanwendung

Die Subsumtion verleitete dazu, die Lebenssachverhalte bisweilen gewaltsam **94** unter die Begriffe des Gesetzes einzuordnen und die Rechtsfolgen daraus abzuleiten, wobei Lücken durch die Konstruktion von Ordnungsbegriffen ergänzt wurden (vgl. LARENZ Methodenlehre, S. 19 ff). Richterliche Tätigkeit wäre danach rechtstechnische Ausführung, der Richter befände sich in der Rolle eines „Subsumtionsautomaten" (vgl. IHERING Scherz und Ernst in der Jurisprudenz, 9. Aufl. 1904, S. 7; KANTOROWICZ [Gnaeus Flavius] S. 7). Dieses methodische Vorgehen wurde als „**Begriffsjurisprudenz**" allgemein abgelehnt.

Eine extreme Gegenposition zu dieser Beschränkung des Richters auf bloße Subsumtionstätigkeit bezog die „**Freirechtslehre**" (vgl. KANTOROWICZ aaO; FUCHS aaO). Sie wollte dem Richter die Befugnis zur selbständigen Rechtsfindung einräumen; sogar zur Gebotsänderung sollte er berechtigt sein. Diese Lehre ist ebenfalls zu Recht auf Widerstand gestoßen, da jede kodifizierte Rechtsordnung voraussetzt, daß sich der Richter am kodifizierten Recht orientiert und grundsätzlich daran gebunden ist.

In der Praxis der Gerichte hat sich die begriffsjuristische Methode niemals durchgesetzt. ESSER hat darauf hingewiesen, daß eine solche Konstruktion häufig nur benutzt wurde, um die nach dem Rechts- und Sachverständnis angemessenste Entscheidung *lege artis* zu begründen (Vorverständnis und Methodenwahl, S. 7; Möglichkeiten und Grenzen des dogmatischen Denkens im modernen Zivilrecht, AcP 172 [1972] 97, 104). Auf diese Weise wurde erreicht, daß aus dem Gesamtzusammenhang Einzelfallgerechtigkeit und dogmatische Gesichtspunkte sich gegenseitig kontrollierten (vgl. WIEACKER Zur praktischen Leistung der Rechtsdogmatik, Festschrift Gadamer, II, 1970, 311 ff).

Schon bald nach Inkrafttreten des BGB hat sich die Erkenntnis verstärkt, daß **95** der Anwendung des Rechts eine Interessen- und Zweckforschung vorausgehen müsse. Soweit die Methode im einzelnen freilich streitig geblieben ist, handelt es sich zum großen Teil um verschiedene Benennungen desselben geistigen Prozesses.

Den Ansatz zu dieser Methode bildete die sogenannte **Interessenjurisprudenz**, deren ursprüngliche Hauptvertreter PHILIPP HECK (aaO), MAX RÜMELIN (aaO) und mit Modifizierungen RUDOLF MÜLLER-ERZBACH (aaO) waren. Sie gingen davon aus, daß jeder gesetzlichen Regelung Interessengegensätze zugrundeliegen; der Gesetzgeber habe mit der Regelung eine Bewertung der Interessen vorgenommen, wobei unter „Interessen" in diesem Sinn jedoch keinesfalls lediglich wirtschaftliche Belange verstanden werden dürfen. Der Richter könne eine Norm nur dann richtig auslegen, wenn er diese dem Gesetz zugrundeliegende Interessenwertung erkenne und danach entscheide. Eine solche (modifizierte) Interessenjurisprudenz vertritt H. WESTERMANN (aaO); vgl. hierzu insgesamt

LARENZ Methodenlehre, S. 49 ff; FIKENTSCHER aaO, S. 373 ff; ELLSCHEID/HASSEMER (Hrsg.) Interessenjurisprudenz [Wege der Forschung, Bd. 345], 1974.

96 Entsprechend dem Grundgedanken der sog. Interessenjurisprudenz hat sich eine allgemein als **Wertungsjurisprudenz** bezeichnete Methode der Rechtsanwendung durchgesetzt (vgl. näher: LARENZ Methodenlehre, S. 119 ff; FIKENTSCHER aaO, S. 405 ff auch zu den vielfältigen Differenzierungen). Sie geht davon aus, daß sowohl der Gesetzgeber als auch der Richter wertend tätig wird. Diese Wertungsbefugnis des Richters ist letztlich bereits im BGB begründet, soweit es ausfüllungsbedürftige Generalklauseln etwa in §§ 242, 157 enthält und insofern den Richter zu einer Wertung zwingt (so auch § 10 AGBG). Die Wertung muß die vom Gesetz vorgesehene Konfliktlösung zugrunde legen. Falls diese im Gesetz nicht zum Ausdruck gekommen ist, muß der Richter sich auf Konkretisierungen der Wertentscheidung stützen, die Rechtsprechung und Wissenschaft bereits erarbeitet haben.

97 Daneben hat sich ein Wissenschaftszweig herausgebildet, der vorbereitende Tatsachen- und Zweckforschung als soziologische bezeichnet. Soziologie wird verstanden als die Wissenschaft von den gesellschaftlichen Beziehungen und Zusammenhängen. **Rechtssoziologie** ist die gesellschaftliche Betrachtung, die das soziale Leben auf seine Beziehungen zu den Rechtsnormen untersucht, also sich zum einen mit den gesellschaftlichen Bedingtheiten der Rechtsnormen beschäftigt, zum anderen mit den gesellschaftlichen Wirkungen der Rechtsvorschriften. Sie betont zu Recht die Notwendigkeit, der Rechtssetzung und Rechtsanwendung eine Lebensforschung vorausgehen zu lassen, weil das Recht Form des sozialen Lebens ist und deshalb losgelöst von seiner Materie nicht sachgerecht sein kann. Festzuhalten bleibt, indessen, daß soziologische Voraussetzungen bzw. Konsequenzen nicht ohne weiteres den normativen Gehalt des Rechts zu bestimmen vermögen. Jedenfalls ist die in überwundenen Vorstellungen von der Rechtsanwendung begründete Auffassung, daß das „lebendige" Recht das „Paragraphen- und Papierrecht" verdrängen müsse (so EHRLICH Recht und Leben, Gesammelte Schriften, hrsg. v. M. Rehbinder, 1967), abzulehnen.

Literatur zur Rechtssoziologie und zur Rechtstatsachenforschung:
EHRLICH Die Tatsachen des Gewohnheitsrechts, 1907; ders., Grundlegungen der Soziologie des Rechts, 1913; FECHNER Rechtsphilosophie, 3. Aufl. Nachdruck 1967; GEIGER Vorstudien zu einer Soziologie des Rechts, 1964; GURVITCH Grundzüge der Soziologie des Rechts, 1960; HABERMAS/LUHMANN Theorie der Gesellschaft oder Sozialtechnologie, 1971; HELDRICH Die Bedeutung der Rechtssoziologie für das Zivilrecht, AcP 186 (1986), 74 ff; E. E. HIRSCH Das Recht im sozialen Ordnungsgefüge, 1966; KANTOROWICZ Rechtswissenschaft und Soziologie, hrsg. 1962; LAUTMANN Soziologie vor den Toren der Jurisprudenz, 1971; LUHMANN Rechtssoziologie, 1972; ders., Das Recht der Gesellschaft, 1993; NUSSBAUM Die Rechtstatsachenforschung, 1914; TH. RAISER Rechtssoziologie, 1987; REHBINDER Rechtssoziologie, 3. Aufl. 1993; RÖHL Rechtssoziologie, 1987; ROTTLEUTHER Einführung in die Rechtssoziologie, 1987; RYFFEL Rechtssoziologie, 1974; M. WEBER Rechtssoziologie, 2. Aufl. 1967.

III. Auslegung

Da das Gesetz abstrakt gefaßt ist, ist es bisweilen interpretationsbedürftig und bedarf insoweit der Auslegung. Die Auslegung einer Vorschrift kann nach verschiedenen Methoden, die gegebenenfalls auch nebeneinander Anwendung finden können, vorgenommen werden. **98**

1. Auszugehen ist zunächst vom **Wortlaut** (grammatikalische Auslegung), wobei zu beachten ist, daß sich der *juristische Sprachgebrauch* vom *allgemeinen* unterscheiden kann (z. B. Besitz-Eigentum). Es kann sich jedoch herausstellen, daß die Vorstellungen und Werturteile des Gesetzgebers keinen ganz eindeutigen Ausdruck gefunden haben.

2. Auslegungshilfe kann auch der **Systemzusammenhang** bieten. Es ist zu prüfen, welchen Standort die Norm und ihre Begriffe im Gesetzesgefüge einnehmen (vgl. z. B. die Sonderstellung des Eigentümer-Besitzer-Verhältnisses, §§ 987 ff, außerhalb des Schuldrechts). **99**

3. Endgültig läßt sich der Anwendungsbereich einer Vorschrift erst aus ihrem **Sinn und Zweck** heraus feststellen. Da jede Rechtsvorschrift einen vorgestellten typischen Interessengegensatz aufgrund einer sozialen Bewertung der widerstreitenden Bedürfnisse schlichten will, kann man ihren Sinn ermitteln, indem man den Bewertungsvorgang nachvollzieht, der den Gesetzgeber zu seiner Lösung geführt hat. Das geschieht durch Klarlegen der in Betracht kommenden (gattungsmäßigen) Interessengegensätze und durch Ermitteln der *Werturteile*, die der in diesem Rechtssatz getroffenen Lösung zugrundeliegen, d. h. durch Offenlegung des Gesetzeszwecks. **100**

a) Hier liegt es nahe, auf den *Willen des Gesetzgebers* zurückzugreifen, **historische Auslegung** (subjektive Theorie). Es ist jedoch zu beachten, daß Gesetze durch Mehrheitsbeschlüsse von Gesetzgebungskörperschaften zustandekommen, die von verschiedenen Vorstellungen beherrscht werden und sich, oft nur als Kompromiß, auf den Gesetzeswortlaut einigen. Unter dem Willen des Gesetzgebers hat man deshalb den in diesem Zusammenwirken zum Ausdruck gelangten Willen der Gesamtheit und die durch ihn anerkannten Interessen und Zwecke zu verstehen. Insofern ist die *Entstehungsgeschichte* der Vorschrift bedeutsam, die aus den *Gesetzesmaterialien* (Begründung der Entwürfe; Parlamentsprotokolle) erschlossen werden kann. **101**

b) Dieser Auffassung steht das Argument entgegen, daß aus dem Gesetz die *gegenwärtigen Interessen* beurteilt werden müssen und daher die gesetzliche Regelung auf die gegenwärtige Interessenlage abstellen muß, **teleologische Auslegung** (objektive Theorie). Sie löst daher den Gesetzeswortlaut von den Vorstellungen der am Gesetzeserlaß Beteiligten. **102**

103 *c)* Keine der beiden Theorien kann alleinige Geltung in Anspruch nehmen. Jede muß Zugeständnisse an den Grundgedanken der anderen machen (vgl. zum Streitstand allgemein: BARTHOLOMEYCZIK aaO, S. 42 ff; LARENZ Methodenlehre, S. 316 ff; FIKENTSCHER aaO, S. 662 ff):

Das alleinige Abstellen auf die historische Auslegung hindert die Rechtsfortbildung.

Die teleologische Auslegung unterliegt Bedenken, weil sie den Rückgriff auf den Willen des Gesetzgebers nicht vornimmt und deshalb zu leicht die geschichtsbedingte Entwicklung des Rechts verkennen kann. Sie läuft Gefahr, daß eigene, zeitbedingte Werturteile durchgesetzt werden.

Grundsätzlich werden daher beide Kriterien für die Auslegung heranzuziehen sein. Wenn auch die Fallentscheidung objektiv die hinter den Interessen bestehenden Wertungen unter Berücksichtigung der derzeitigen Normsituation würdigt, so kann es doch von Bedeutung sein, welche Interessenkonflikte der Gesetzgeber bei Gesetzeserlaß ins Auge gefaßt hatte (in diesem Sinne wohl auch H. WESTERMANN aaO, S. 23 f; ENN./NIPPERDEY § 53). Demgemäß hat auch die Rechtsprechung, obwohl sie das Gesetz vorwiegend objektiv-teleologisch auslegt (vgl. BVerfGE 1, 299, 312; 10, 234, 244; 11, 126, 130 f; BGHZ 19, 227, 230 f; 36, 370, 377; 37, 58, 60; 44, 46, 48), immer wieder auch auf den Willen des historischen Gesetzgebers abgestellt (vgl. z. B. BGHZ 3, 82, 84; 3, 162, 166; 3, 308, 311; 17, 266, 271 f; 28, 144, 149 f; 46, 74, 80).

104 4. Da die *Wertvorstellungen* sich in vielfacher Hinsicht *in den Grundrechten* niedergeschlagen haben, werden die oben genannten Auslegungskriterien durch das Prinzip der **verfassungskonformen Auslegung** ergänzt. Da die Bestimmungen des Grundgesetzes Vorrang vor einfachen Gesetzen haben, darf das Ergebnis einer Auslegung dem Grundgesetz nicht zuwiderlaufen. Ist die Verfassungskonformität jedoch mit Mitteln der Auslegung nicht zu erreichen – insbesondere wenn der klare Wortlaut der Vorschrift entgegensteht –, muß die Norm als verfassungswidrig angesehen werden. Das führt im Rahmen des richterlichen Prüfungsrechts zur Vorlage beim BVerfG gemäß Art. 100 GG (vgl. unten Rdn. 122).

105 5. Die Ermittlung des Gesetzeszwecks kann dazu führen, daß der Wortlaut einer Vorschrift eng (**restriktiv**) oder weit (**extensiv**) ausgelegt wird. Das Begriffspaar beschreibt jedoch nur eine *Auslegungstechnik* und setzt eine Entscheidung nach den dargestellten Auslegungsgrundsätzen voraus. Ein Beispiel dafür ist die Wandlung der Rechtsprechung zu § 7 StVG: Das RG (RGZ 122, 270, 271 ff; 126, 333, 335 ff; 132, 262, 263 ff) hatte das Merkmal „bei dem Betriebe" eines Kraftfahrzeuges eng ausgelegt und darunter nur die Fortbewegung aufgrund Motorkraft erfassen wollen. Der BGH (BGHZ 29, 163, 166 ff; 71, 214 ff) bejaht das Merkmal in erweiternder Auslegung auch für haltende oder geparkte Kfz, weil es sonst der Steigerung des Verkehrs und der dadurch gewachsenen Gefahren nicht mehr gerecht werde.

IV. Ausfüllung von Gesetzeslücken und teleologische Reduktion

1. Da der Richter einerseits gehalten ist, in einem ihm vorgelegten Fall eine Entscheidung zu treffen, andererseits sich durch Auslegung des Gesetzes nicht immer eine Entscheidungsgrundlage gewinnen läßt, muß er **Gesetzeslücken** selbständig ausfüllen. Der Gesetzgeber kann eine Lücke *absichtlich* zur Ausfüllung durch den Richter gelassen haben (z. B. durch Verweisung auf Verkehrssitte, Treu und Glauben, §§ 157, 242), oder er kann den regelungsbedürftigen Sachverhalt übersehen oder noch nicht gekannt haben (*unbeabsichtigte Lücke*). Dem Verfahren zur Ausfüllung von Lücken ist die *gleiche Zweckforschung* zugrundezulegen *wie bei der Auslegung*. Der Richter ist dabei an das Gesetz und die in ihm enthaltenen Werturteile gebunden. Interessen, die das Gesetz erkennbar hinter anderen zurückgesetzt hat, darf er nicht im Widerspruch zu ihm zur Geltung verhelfen.

Wenn den Richter das Gesetz im Stich läßt, also eine Bewertung der fraglichen Interessenlage überhaupt nicht enthält, muß er sich die grundsätzliche Tragweite seines Werturteils bewußt machen, indem er sich in die Rolle des Gesetzgebers hineindenkt; er muß – wie es *Art. 1 II Schweiz. ZGB* zum Ausdruck gebracht hat – *nach der Regel entscheiden, die er als Gesetzgeber aufstellen würde*.

a) Bei einer derartigen Prüfung kann sich ergeben, daß die Schließung der Lücke und sachgemäße Entscheidung eines Sachverhalts möglich wird, indem man eine bereits gegebene Regel auf einen anderen Sachverhalt erstreckt. Ein solches Erstrecken einer Regel auf Fälle, die von ihr nach dem Wortsinn ihres Tatbestandes nicht mitumfaßt werden, nennt man **Analogie**. Sie bringt einen hinter einem Rechtssatz stehenden gesetzgeberischen Grundgedanken, den das Gesetz nur in seiner Anwendung auf eine bestimmte Fallgestaltung ausgesprochen hat, darüber hinaus in einem anderen Fall zur Geltung. Die Analogie ist an sich ein formallogisches Schlußverfahren. Ob sie angewandt werden kann, erfordert eine *Wertung*, nämlich die Feststellung, daß die gattungsmäßige Interessenlage des zu entscheidenden Falles, der von der zu erstreckenden Regel nicht erfaßt wird, mit dem geregelten Tatbestand gerade die Ähnlichkeit aufweist, die nach den Zweckvorstellungen des Gesetzes für die Anknüpfung der Wertungen wesentlich ist.

> Man unterscheidet Gesetzes- und Rechtsanalogie, je nachdem ob der zur Anwendung gelangende Leitgedanke einem einzelnen Rechtssatz oder dem in einer Mehrheit von Rechtssätzen zum Ausdruck gelangenden allgemeinen Grundsatz entnommen wird.

§ 6 IV 1   Einleitung. Das deutsche bürgerliche Recht

Fall der *Gesetzesanalogie:* Nach § 56 HGB hat der in einem Laden oder offenem Warenlager Angestellte eine Vollmacht von gesetzlich vermutetem Umfang. Wegen Gleichheit der Interessenlage erstreckt man diese Norm auf im Laden kaufmännisch tätige Familienmitglieder, auch wenn sie nicht Angestellte sind.

Fall der *Rechtsanalogie:* Nach §§ 280, 286, 325, 326 macht die zu vertretende Nichterfüllung der Leistungspflicht bei Unmöglichkeit und Verzug ersatzpflichtig. Eine generelle Haftung für zu vertretende Schlechterfüllung sieht das Gesetz nicht vor. Im Wege der Rechtsanalogie wurde der Satz entwickelt: Jede zu vertretende Nichterfüllung oder Schlechterfüllung des Forderungsrechts macht ersatzpflichtig, soweit nicht etwas anderes bestimmt ist (vgl. RGZ 54, 98, 100 f; BGHZ 11, 80, 83; grundlegend STAUB Die positiven Vertragsverletzungen, 2. Auflage 1913).

108 *b)* Der Analogie ähnlich ist das **argumentum a fortiori** und das **argumentum a maiore**. Diese Argumentationsfigur trifft den Fall, daß die für einen weiteren Sachverhalt vorgesehene Regelung *erst recht* für einen engeren Sachverhalt angemessen ist. Auch hierbei kann das Ergebnis nicht aufgrund eines formallogischen Schlusses, sondern aufgrund einer *Wertung* gewonnen werden.

Wirkt jemand auf das Eigentum eines anderen ein, weil er irrtümlich die Voraussetzungen des § 904 annimmt, so handelt er rechtswidrig, möglicherweise aber nicht schuldhaft. Schuldloses Handeln unterstellt, entfielen Ansprüche aus §§ 823 ff. Es kann jedoch ein Ersatzanspruch aus § 904 S. 2 eingreifen: Zwar liegt der Tatbestand nicht vor, da er einen rechtmäßigen Eingriff voraussetzt; es wird jedoch gefolgert, daß – wenn dort bereits aufgrund eines rechtmäßigen Eingriffs gehaftet wird – dies erst recht bei einem rechtswidrigen, wenn auch schuldlosen Eingriff gelten muß.

109 *c)* Eine Prüfung nach Interessenlage und Gesetzeszweck kann freilich auch zu dem Ergebnis führen, daß das Gesetz eine Regelung absichtlich begrenzt hat, um die von ihr nicht getroffenen Fälle von einer entsprechenden Behandlung auszuschließen. Dann ist ein sogenannter **Umkehrschluß (argumentum e contrario)** geboten (vgl. CANARIS Feststellung von Lücken, S. 44 ff; im Ergebnis entsprechend ENN./NIPPERDEY § 241 V).

§ 306 läßt nach seinem Wortlaut die Auslegung zu, daß er sowohl objektive als auch subjektive Unmöglichkeit erfaßt. § 275 II zeigt, daß der Gesetzgeber zwischen objektiver und subjektiver Unmöglichkeit (Unvermögen) unterscheiden will und nur bei nachträglichem Eintreten beide gleichstellt. Es wäre daher denkbar, diese Gleichsetzung im Wege der Analogie auch auf § 306 mit der Folge der Nichtigkeit zu erstrecken. Da das Schuldrecht im Vertrag ein „Garantieversprechen" des Schuldners für seine Leistungsfähigkeit sieht, kann die Begünstigung durch die Regelungen der §§ 306, 307 (Nichtigkeit des Vertrags, Begrenzung auf Ersatz des Vertrauensinteresses) nur dann dem Schuldner zugute kommen, wenn die Leistung von Anfang an objektiv unmöglich war. Daher lehnt man die entsprechende Anwendung der in § 275 II ausgesprochenen Gleichstellung auf § 306 ab und zieht vielmehr einen Umkehrschluß dahin, daß der Vertrag nicht nichtig ist (vgl. RGZ 69, 355, 357; BGHZ 11, 16, 22).

110 *d) Zusammenfassend* ergibt sich, daß Analogie, argumentum a maiore und argumentum e contrario *nur technisch deskriptive Begriffe* sind; ihre Anwendbarkeit hängt von der Ermittlung der **ratio legis** ab.

Anwendung des bürgerlichen Rechts §6 V

2. Die Prüfung der Interessenlage kann endlich auch die Erkenntnis bringen, daß **111** der Lebenssachverhalt vom gesetzlichen Tatbestand einer Vorschrift umfaßt wird, die eine als unangemessen empfundene rechtliche Behandlung zur Folge hat. Hier taucht dann die Frage auf, ob der Richter über die Interpretation des Wortlauts hinaus (vgl. Rdn. 105) den Gebotsinhalt auch enger auffassen darf, so daß der zu entscheidende Sachverhalt von dieser Vorschrift nicht erfaßt wird. Eine solche *Gebotseinschränkung* oder *Gebotsberichtigung* (**teleologische Reduktion**; vgl. LARENZ Methodenlehre, S. 391 ff) ist dann zulässig und geboten, wenn eine vom Gesetzgeber bei Erlaß der Vorschrift nicht erfaßte Interessenlage zu der Annahme berechtigt, der Gesetzgeber hätte sie, wenn er zur Bewertung gekommen wäre, vernünftigerweise nicht so, sondern anders geordnet. Die zweckgetreue Gebotseinschränkung ist ebenso zulässig und geboten wie die Analogie; denn sie tut nichts anderes, als den Gesetzeswillen sinngemäß nach der besonderen Fallgestaltung zu berichtigen, die bei Erlaß der Vorschrift für den Regelfall nicht erwogen worden ist.

Dies ist z. B. der Fall, wenn die Rechtsprechung bei § 38 S. 1 die Übertragung von vermögensrechtlichen Ansprüchen gestattet (Rdn. 239); einen weiteren Fall bildet die Reduktion des § 181 für solche Insichgeschäfte des gesetzlichen Vertreters, die dem Vertretenen lediglich einen rechtlichen Vorteil bringen (BGHZ 59, 236, 239 ff; vgl. unten Rdn. 1325).

V. Richterliche Rechtsfortbildung

Erst wenn eine erweiterte Anwendung der im Gesetz enthaltenen Werturteile **112** ausgeschlossen ist, darf der Richter zu selbständiger Wertung übergehen, um eine vom Gesetz unterlassene Regelung zu finden („Gesetzesübersteigende Rechtsfortbildung" – LARENZ Methodenlehre, S. 413 ff).

Nach dem auf Montesquieu zurückgeführten Gewaltenteilungsprinzips obliegt die Normschöpfung grundsätzlich einer besonderen gesetzgebenden Gewalt. Mit dieser Auffassung kann eine richterliche Rechtsfortbildung in Konflikt geraten. Es gibt daher Meinungen, die die Unzulässigkeit solcher richterlichen Rechtsschöpfung betonen (FLUME aaO; H. J. HIRSCH Richterrecht und Gesetzesrecht, JR 1966, 334 ff). Demgegenüber wird vom BGH die Unzulänglichkeit eines schematischen Gewaltenteilungsprinzips hervorgehoben. „Der Grundsatz der Gewaltenteilung schließt die Bildung von Richterrecht dann nicht aus, wenn der Richter durch die Entfaltung allgemeiner, ihm durch den Gesetzgeber, die Rechtsordnung oder die allgemeine Wertordnung vorgegebener und vollziehbarer Rechtssätze Recht findet … Dadurch verlagert sich die Staatsmacht noch nicht in einer mit der Gewaltenteilung unvereinbaren Weise einseitig und übermäßig auf die Rechtsprechung" (BGHZ 11, Anhang S. 34, 35, 51).

Eingehend hat sich das BVerfG anläßlich des gesetzlosen Zustandes nach **113** Außerkrafttreten des Art. 3 Abs. 2 GG widersprechenden Rechts am 1. 4. 1953 (vgl. Art. 117 Abs. 1 GG) zur Möglichkeit richterlicher Rechtfortbildung geäußert und diese im Grundsatz gebilligt (BVerfGE 3, 225, insbes. 243 ff). Auch die Staatsrechtslehre ordnet die richterliche Rechtsfortbildung billigend in das System der Gewaltenteilung ein (vgl. STERN Staatsrecht II, § 37 II 2 e, S. 584 ff; J. IPSEN Richterrecht und Verfassung, 1975; MAUNZ/ZIPPELIUS Deutsches Staatsrecht, § 12 III 4). Richterliche Rechtsfortbildung unterliegt dabei wie jedes Gesetz der vollen verfassungsgerichtlichen Kontrolle mit dem Prüfungsmaßstab der Privatautonomie des Art. 2 I GG.

> Im Gegensatz dazu überprüft das BVerfG die Auslegung und Anwendung der Vorschriften des Privatrechts nur daraufhin, ob die Ausstrahlungswirkung der Grundrechte hinreichend beachtet ist und ob eine unrichtige Auffassung von der Reichweite und Wirkkraft der Grundrechte zugrunde liegt (BVerfG JZ 1987, S. 873 f).

114 Beispiele einer solchen richterlichen Rechtsfortbildung sind aus zurückliegender Zeit insbesondere etwa die *Aufwertungsrechtsprechung* des Reichsgerichts, wenn es mit Rücksicht auf die Entwertung des nominellen Geldwerts unter Heranziehung des § 242 dem Gläubiger einen Anspruch auf Anpassung zubilligte und damit den Anstoß zur Aufwertungsgesetzgebung gab. Die Rechtsprechung setzte das Institut der *Sicherungsübereignung* durch und stattete das *Anwartschaftsrecht* mit Funktionen des dinglichen Rechts aus. Ein hervorstechendes Beispiel richterlicher Rechtsfortbildung in neuerer Zeit ist die Institutionalisierung des *Persönlichkeitsrechts*. Das Bundesverfassungsgericht hat bestätigt, daß diese Rechtsprechung Grundgedanken der von der Verfassung geprägten Rechtsordnung mit systemimmanenten Mitteln weiterentwickelt hat (BVerfGE 34, 269 ff).

115 Es erhebt sich die Frage, **nach welchen Grundsätzen** der Richter seine Entscheidung ausrichten soll. Schon immer – insbesondere in Rechtssystemen, die positives Zivilrecht kaum kannten – bedurfte es des Rückgriffs auf die für die zwischenmenschlichen Beziehungen maßgebenden sittlichen Grundsätze im Sinne der *aequitas*. Diese Grundsätze des „Nächstenrechts" sind – was gewissen soziologischen Auffassungen entgegenzuhalten ist – im Kern unveränderlich und vermögen auch in sich verändernden sozialen Verhältnissen Maßstäbe zu gewährleisten. In der Vergangenheit war man bestrebt, die sittlichen Grundsätze zu einem Rechtssystem des Naturrechts zu verfestigen. Dieses historische Naturrecht hat zur Entwicklung des neuzeitlichen Zivilrechts einen wesentlichen Beitrag geleistet (z. B. GROTIUS, PUFENDORF, CHR. WOLFF und seine Schule).

Heute bedarf es des Rückgriffs auf *Naturrechtssätze* im Sinne von unwandelbaren Normen für die Entscheidung zivilrechtlicher Streitfälle kaum mehr. Der Richter ist über die Generalklauseln des BGB weitgehend in der Lage, vorpositive Gerechtigkeitsvorstellungen zur Korrektur formaler Lösungen, aber auch zur Neugewinnung von Rechtssätzen heranzuziehen. Eine Stütze erfährt dieses Vorgehen dadurch, daß das *Grundgesetz* von schlechthin verbindlichen, überpositiven Grundnormen ausgeht, die sich aus dem sittlichen Eigenwert der menschlichen Persönlichkeit ergeben und aus denen allgemeine, unverletzliche und unveräußerliche Menschenrechte abzuleiten sind. Die richterliche Rechtsfortbildung zieht daher zunehmend die Prinzipien des Grundgesetzes zur Legitimierung ihres Vorgehens heran.

Damit hat das **Grundgesetz** erhebliche Bedeutung für die Weiterentwicklung **116** des bürgerlichen Rechts gewonnen.

Als Grundlage der gesamten Rechtsordnung wird die Unantastbarkeit der Menschenwürde (Art. 1 GG) gewährleistet. Aus dem sittlichen Eigenwert des Menschen werden gewisse Grundrechte abgeleitet, so ein allgemeines Persönlichkeitsrecht auf freie Entfaltung der Persönlichkeit (Art. 2 GG), die Rechtsgleichheit (Art. 3 GG), das Recht der freien Meinungsäußerung (Art. 5 GG). In gleicher Weise werden Ehe-, Familie und das Elternrecht unter den Schutz der Verfassung gestellt (Art. 6 GG), Vereins- und Koalitionsfreiheit (Art. 9 GG), Berufs- und Gewerbefreiheit (Art. 12 GG) gewährleistet. Aus Art. 2 GG ergeben sich weiter die Wettbewerbsfreiheit und die Vertragsfreiheit. Art. 14 GG gewährleistet Privateigentum und Erbrecht. Das Zivilrecht muß diese Prinzipien, soweit der Gesetzgeber nicht Regelungen traf, selbständig in die Praxis umsetzen.

VI. Drittwirkung der Grundrechte – Richterliches Prüfungsrecht

1. Wirkung der Grundrechte auf das Zivilrecht

Das Verhältnis der Grundrechte zum Zivilrecht wirft die Frage auf, inwieweit die **117** Grundrechtssätze neben ihrer Schutzfunktion in der Beziehung zwischen Staatsbürger und Staat auch im Verhältnis der einzelnen Bürger zueinander unmittelbar, d. h. ohne Bezugnahme auf eine nähere gesetzgeberische Ausgestaltung, wirksam sind.

a) Die eine Auffassung (insbesondere vertreten von NIPPERDEY in Bettermann/Nipperdey, Die Grundrechte, 1962, Bd. IV 2, S. 747 ff; ENN./NIPPERDEY § 15 II 4) bejaht eine *unmittelbare Wirkung*; die verfassungsrechtlichen Grundentscheidungen sollen als normative Regelung der gesamten Rechtsordnung, als „Grundsatznormen" für alle Bereiche des Rechtes gelten. Keine bürgerlich-rechtliche Vorschrift und keine privatautonome Gestaltung der Rechtsverhältnisse darf im Widerspruch zu diesem Wertsystem stehen.

Nach dieser sog. unmittelbaren *Drittwirkung* der Grundrechte wären Vereinbarungen, die gegen sie verstoßen, nach § 134 nichtig; die Grundrechte würden ferner als Schutzgesetze gem. § 823 II erfaßt werden können; soweit aus einem Grundrecht ein subjektives Privatrecht abzuleiten ist, würde es als „sonstiges Recht" den Schutz des § 823 I genießen.

> Der Auffassung NIPPERDEYS folgen insbesondere LAUFKE Vertragsfreiheit und Grundgesetz, Festschrift Lehmann, I, 1956, 145 ff; LEISNER Grundrechte und Privatrecht, 1960, insbesondere 356 ff; RAMM Die Freiheit der Willensbildung, 1960, 50 ff. In der *Rechtsprechung* ist sie insbesondere vom BAG (BAGE 1, 185, 193; 4, 240, 243 f; 274, 276; 13, 168, 174 f) anerkannt worden; auch der BGH (BGHZ 6, 360, 366; 13, 334, 338; 24, 72, 76; 33, 145, 149 f; 38, 317, 319 f; 45, 296, 307 ff) hat sich ihr angeschlossen.

118 *b)* Gegenüber dieser Lehre von der unmittelbaren Drittwirkung setzte sich in der Folge die Auffassung durch, daß Grundrechten im Privatrecht lediglich eine *mittelbare* Wirkung zukommt (vgl. BVerfGE 7, 198 ff – Lüth –). Im Ausgangspunkt sieht diese Lehre ebenso in den Grundrechten eine in alle Bereiche des gesellschaftlichen Lebens einfließende Wertordnung begründet. Sie müsse daher auch im privatrechtlichen Bereich gelten. Gleichwohl sei Normverpflichteter der Grundrechte nur der Staat. Im Bereich privater Rechtsbeziehungen scheide eine unmittelbare Wirkung daher aus. Deshalb entfalte sich das grundrechtliche Wertsystem im Privatrecht nur durch das Medium der dieses Rechtsgebiet beherrschenden Vorschriften. Diese Auffassung geht insbesondere auf die Auffassung DÜRIGS zurück, daß die Grundrechte im Privatrecht über die „wertausfüllungsfähigen und wertausfüllungsbedürftigen Begriffe und Generalklauseln" zur Geltung kämen (Grundrechte und Zivilrechtsprechung, Festschrift Nawiasky, 1956, 157, 172 ff, und in MAUNZ/DÜRIG Art. 1 III GG, Rdn. 127 ff).

> Einen ähnlichen Standpunkt wie DÜRIG vertreten u. a. BACHOF in Bettermann/Nipperdey/Scheuner, Die Grundrechte, Bd. III 1, 2. Auflage 1972, 172 ff; BOSCH/HABSCHEID Vertragspflicht und Gewissenskonflikt, JZ 1954, 213, 214 ff, und JZ 1956, 297, 298 ff; FLUME Rechtsgeschäft und Privatautonomie, Hundert Jahre Deutsches Rechtsleben, Bd. I, 1960, 135 ff, 140; GEIGER Die Grundrechte in der Privatrechtsordnung, 1960, 13 und 37; PIEROTH/SCHLINK Grundrechte, Staatsrecht II, § 5 II 2, Rdn. 202 ff; LARENZ AT § 4 III; RAISER Grundgesetz und Privatrechtsordnung, 46, DJT, Bd. II Teil B, 27 ff; SCHMIDT-SALZER Vertragsfreiheit und Verfassungsrecht, NJW 1970, 8 ff; WOLFF/ BACHOF § 33 V. – Besonders entschieden hat sich auch v. MANGOLDT/KLEIN (Das Bonner Grundgesetz, 2. Aufl. 1957, Vorbem. A II 4 d) gegen die sog. Drittwirkung mit der Begründung gewandt, daß aus einem den Grundrechtsnormen entspringenden subjektiv-öffentlichen Recht ein subjektiv-privates Recht nicht abgeleitet werden kann.

c) Nach der Ansicht SCHWABES (Die sogenannte Drittwirkung der Grundrechte, 1971) stellt die Drittwirkung lediglich ein Scheinproblem dar. Das Privatrecht und der durch dieses gewährleistete Freiheitsraum seien dem Staat zuzurechnen. Freiheitsbeschränkungen durch privatrechtliche Vereinbarungen würden vom Staat geduldet und gegebenenfalls auch durchgesetzt. Daher müßten die Grundrechte unmittelbar wirken und Gesetzgeber sowie Richter binden.

Anwendung des bürgerlichen Rechts § 6 VI 1

d) In neuerer Zeit wird eine *Schutzfunktion* der Grundrechte auch für den privatrechtlichen Bereich in Betracht gezogen (grundlegend: CANARIS, Grundrechte und Privatrecht, AcP 184 (1984), 201, 225 ff). Die Lehre knüpft an die Rechtsprechung des Bundesverfassungsgerichts an, die ab Mitte der 70er Jahre zunehmend die Schutzfunktion der Grundrechte betont. Danach sei es dem Staat zwar grundsätzlich verwehrt, in Bereiche privater Lebensgestaltung einzudringen; jedoch sei es ihm geboten, sich schützend und fördernd vor Rechtsgüter Privater zu stellen, wenn diese bedroht seien (Art. 1 I 2 GG; grundlegende Ausführungen: BVerfGE 39, 1, 42 ff; vgl. weiter BVerfGE 81, 242 ff.; BVerfG ZIP 1993, 1775 ff). Für den privatrechtlichen Bereich ergebe sich aus der Schutzfunktion die Aufforderung an den Gesetzgeber und den Richter, auf die Privatrechtsordnung grundrechtsadäquat einzuwirken. Diese Schutzfunktion der Grundrechte wird insbesondere neueren Entscheidungen des Bundesverfassungsgerichts zur Inhaltskontrolle privatrechtlicher Verträge zugrunde gelegt (BVerfGE 81, 242 ff; vgl. dazu Anm. HILLGRUBER AcP 191 (1991), 69 ff; BVerfG ZIP 1993, 1775 ff; vgl. auch BGHZ 120, 272 ff). **119**

> Diesem Ansatz haben sich in der Literatur u. a. angeschlossen: STERN Staatsrecht III/1, § 76 IV, 1563 ff; BLECKMANN Neue Aspekte der Drittwirkung der Grundrechte, DVBl 1988, 938, 940 ff; HAGER Grundrechte im Privatrecht, JZ 1994, 373 ff; HÖFLING Vertragsfreiheit, 1991, 57 f.

e) Eine unmittelbare Geltung der Grundrechte im Privatrecht kann nicht angenommen werden (ausgenommen Art. 9 III GG). Die *Eigenständigkeit des Privatrechts* und demzufolge ein gewisser *Dualismus* ist dadurch geboten, daß diese Rechtsmaterie vom Prinzip der Güter- und Interessenabwägung beherrscht wird und im Einzelfall eine konkretisierte Differenzierung der Rechtsfolgen vorzunehmen hat. Die hierbei zur Auswirkung gelangende Wertordnung findet über die *Generalklauseln* (insbesondere §§ 138, 242, 826) Beachtung. Es muß berücksichtigt werden, daß durch sie die Zivilrechtsordnung von alters her vorpositive Wertvorstellungen realisiert hat. Das setzt allerdings voraus, daß Wertvorstellungen in der Gesellschaft existent sind. Angesichts eines zu beobachtenden Schwindens bietet möglicherweise die Grundrechtsordnung einen Ersatz. Unabhängig von der grundrechtstheoretischen Begründung (objektive Wertordnung, Schutzpflicht) sollten die Generalklauseln die Schwelle sein, über die die Wertvorstellungen des Grundgesetzes in die Zivilrechtsordnung einfließen. **120**

f) In sachlicher Hinsicht hat etwa das Wertsystem des Grundgesetzes dazu beigetragen, den Begriff des subjektiven Rechts einzugrenzen. Für §§ 138, 242 verfestigt das Grundgesetz die Begriffe „gute Sitten" und „Treu und Glauben"; Art. 14 III GG ist wesentlich für die Einschränkung der Herrschaftsmacht in § 903. Allerdings können Grundrechte in der Anwendung kollidieren. Eine besondere Problematik entsteht für Unterlassungs- und Schadensersatzansprüche **121** im Recht der unerlaubten Handlungen. So ist es notwendig, die Freiheitsrechte des Art. 5 GG gegenüber der freien Entfaltung der Persönlichkeit nach Art. 2 I GG (BGHZ 36, 77, 81; 45, 296, 307 ff; BVerfG NJW 1976, 1677) oder sogar der Menschenwürde (Art. 1 GG) einzuschränken (BVerfGE 30, 173 ff). Hier stellt sich die Abgrenzung als Prüfung der Rechtswidrigkeit dar (vgl. Rdn. 184).

2. Richterliches Prüfungsrecht

H. P. IPSEN Grundgesetz und richterliche Prüfungszuständigkeit, DV 1949, 486 ff; H. R. LANGE Das Bundesverfassungsgericht und die „Willensaufnahme durch den Gesetzgeber", NJW 1962, 893 ff; MAUNZ/DÜRIG/HERZOG/SCHOLZ Art. 100; WOLFF/BACHOF § 28 II.

122 Der Richter ist zwar dem Gesetz unterworfen, aber schon immer tauchten Zweifel auf, ob eine positive, gesetzliche Regelung mit den sittlichen, möglicherweise naturrechtlich verfestigten Grundsätzen vereinbar war. So entstand schon früher der Begriff eines richterlichen Prüfungsrechts (vgl. insbesondere RGZ 111, 32, 322 f; MAURER Das richterliche Prüfungsrecht zur Zeit der Weimarer Verfassung, DÖV 1963, 683 ff).

Das Grundgesetz hat für den Fragenkomplex feste Regeln geschaffen: Art. 20 III GG hat den Richter an Gesetz und Recht gebunden. Dabei soll Recht als Korrektiv des Gesetzes verstanden sein und dem Richter die Handhabe geben, Bedenken gegen die Verfassungsmäßigkeit eines Gesetzes geltend zu machen (MAUNZ/DÜRIG/HERZOG/SCHOLZ Art. 100 Rdn. 2 a. E.).

Insgesamt umfaßt das sich aus Art. 20 III GG (vgl. auch Art. 1 III GG) ergebende richterliche Prüfungsrecht, das zugleich auch eine Prüfungspflicht enthält, einerseits die Prüfung, ob die formellen Voraussetzungen für ein verfassungsmäßiges Zustandekommen des Gesetzes gegeben sind, andererseits, ob der Gesetzesinhalt materiell mit einer Rechtsnorm höheren Ranges in Einklang steht.

Im Rahmen eines anhängigen Rechtsstreits besteht für alle Gerichte bei allen *förmlichen* Gesetzen, die nach Inkrafttreten des Grundgesetzes erlassen wurden (sog. *nachkonstitutionelle Gesetze*), ein Prüfungsrecht. Sieht der Richter ein Gesetz als verfassungsmäßig an, so kann er die Entscheidung des Streitfalles auf dieses Gesetz stützen. Ist er dagegen von der Verfassungswidrigkeit des Gesetzes überzeugt, so hat er das Verfahren auszusetzen und die Entscheidung des Bundesverfassungsgerichts einzuholen. Insoweit ist das Entscheidungsrecht („*Verwerfungskompetenz*") bei den Verfassungsgerichten monopolisiert. Die Prüfung ist als sog. **konkrete Normenkontrolle** in Art. 100 GG und in §§ 13 Nr. 11–13, 80 ff BVerfGG geregelt.

Die Monopolisierung der Verwerfungskompetenz beim Bundesverfassungsgericht will das Ansehen des nachkonstitutionellen Gesetzgebers schützen. Auf *vorkonstitutionelle* Gesetze erstreckt sich dieser Schutz nicht; daher steht bei diesen grundsätzlich auch jedem Richter die Verwerfungskompetenz zu (vgl. BVerfGE 2, 124, 128; 10, 124, 127 ff). Das gilt auch für nachkonstitutionelle *Rechtsverordnungen* (BVerfGE 1, 184, 197 ff; BGHZ 9, 390, 399).

Ausgenommen sind solche *vorkonstitutionellen Gesetze*, die der Bundesgesetzgeber etwa im Zuge einer Änderung des Gesetzes nicht nur hingenommen, sondern mit „konkretem Bestätigungswillen" *als geltendes Recht aufgenommen* hat (vgl. BVerfGE 6, 55, 64 ff; 11, 126, 129 ff; 25, 25, 27 f; auch LANGE aaO; kritisch MAUNZ/DÜRIG/HERZOG/SCHOLZ Art. 100 Rdn. 14). Dies gilt auch für das Bürgerliche Gesetzbuch, so daß der Richter, falls er zu der Auffassung gelangt, ein Rechtssatz des BGB sei verfassungswidrig, grundsätzlich zur Vorlage an das Bundesverfassungsgericht verpflichtet ist (einschränkend BVerfG NJW 1972, 571 f).

Soweit Landesgesetze betroffen sind (vgl. z. B. Art. 124 EGBGB), ist auch der Rechtsweg zu einem Landesverfassungsgericht eröffnet.

Dabei ist nach dem sogenannten „Solange II"-Beschluß des BVerfG (BVerfGE 73, 339) eine konkrete Normenkontrolle wegen eines Verstoßes von abgeleitetem EG-Recht gegen Grundrechte des Grundgesetzes nicht zulässig, solange die Europäischen Gemeinschaften, insbesondere der EuGH, einen wirksamen Schutz der Grundrechte generell gewährleisten, der dem vom Grundgesetz als unabdingbar gebotenen Grundrechtsschutz im wesentlichen gleichzuachten ist. Als materielle verfassungsrechtliche Grenzen werden insoweit nur die konstituierenden Strukturen des Grundgesetzes (i.S.d. Art. 79 III GG) angesehen.

§ 7
Schrifttum zum bürgerlichen Recht

I. Zum Gemeinen Recht

BRINZ Lehrbuch der Pandekten, I–IV, 2. Aufl. 1873–1892;
DERNBURG Pandekten, 3 Bde., 7. Aufl. 1902–1903;
v. SAVIGNY System des heutigen römischen Rechts, 8 Bde., 1840–1851; Obligationenrecht, 2 Bde., 1851–1853;
WINDSCHEID/KIPP Lehrbuch der Pandekten, 9. Aufl., 1906.

II. Zum Deutschen Privatrecht

GERBER/COSAK System des deutschen Privatrechts, 17. Aufl. 1895;
O. v. GIERKE Deutsches Privatrecht, 3 Bde., 1895–1917 (Nachdruck des 1. Bandes 1936);
HEUSLER Institutionen des Deutschen Privatrechts (Bindung, Systematisches Handbuch der Deutschen Rechtswissenschaft II. 2. 1 und 2), 2 Bde., 1885–1886;

R. Hübner Grundzüge des deutschen Privatrechts, 5. Aufl. 1930;
Mitteis/Lieberich Deutsches Privatrecht, 9. Aufl. 1981;
Planitz Grundzüge des deutschen Privatrechts (Enzyklopädie der Rechts- und Staatswissenschaften), 3. Aufl. 1949;
Stobbe Deutsches Privatrecht, 5 Bde., 1885–1900.

III. Zur Privatrechtsgeschichte der Neuzeit

Coing Europäisches Privatrecht, I 1985, II 1989;
Hattenhauer Grundbegriffe des Bürgerlichen Rechts, 1982;
Laufs Rechtsentwicklung in Deutschland, 4. Aufl. 1991;
H. Schlosser Grundzüge der neueren Privatrechtsgeschichte, 6. Aufl. 1988;
Wesenberg/Wesener Neuere deutsche Privatrechtsgeschichte, 4. Aufl. 1985;
Wieacker Privatrechtsgeschichte der Neuzeit, 2. Aufl., 1967.

IV. Materialien

Vorlagen der Redaktoren für die erste Kommission, herausgegeben von W. Schubert, seit 1981;
Entwürfe eines bürgerlichen Gesetzbuches (E I und E II sowie sog. Reichstagsvorlage), 1888–1896;
Motive, Bde. I–V, Amtl. Ausgabe, 1888;
Protokolle der Kommission für die 2. Lesung, Bde. I–IV, 1897–1899;
1., 2. und 3. Beratung des Entwurfs eines BGB im Reichstag, stenographische Berichte, 1896;
Die Materialien zum BGB sind zusammen veröffentlicht in Mugdan, Die gesamten Materialien zum BGB, 5 Bde., 1899;
Die Beratung des Bürgerlichen Gesetzbuches in systematischer Darstellung der unveröffentlichten Quellen, herausgegeben von H. H. Jakobs und W. Schubert seit 1978;
Beachte auch die umfangreiche Kritik am Entwurf des BGB, insbesondere die „Zusammenstellung der gutachterlichen Äußerungen zu dem Entwurf eines Bürgerlichen Gesetzbuches gefertigt im Reichsjustizamt" (1890–1891), sowie die „Beiträge zur Erläuterung und Beurteilung des Entwurfs", herausgegeben von Bekker und Fischer, seit 1888.

V. Lehrbücher und sonstige Darstellungen

1. Allgemeines Schrifttum und Gesamtdarstellungen zum BGB

Boehmer Einführung in das bürgerliche Recht, 2. Aufl. 1965;
Crome System des deutschen Bürgerlichen Rechts, 5 Bde., 1900–1912;
Cosak/Mitteis Lehrbuch des Bürgerlichen Rechts, 2 Bde., 7./8. Aufl. 1924–1927;
Dernburg Das Bürgerliche Recht des Deutschen Reiches und Preussens, 6 Bde., 3./4. Aufl. 1906–1915 (seit 1909 bearbeitet von Engelmann und Raape);
Endemann Lehrbuch des Bürgerlichen Rechts, 3 Bde., 8./9. Aufl. 1903–1920;
Gernhuber Bürgerliches Recht, 3. Aufl. 1991;
Kohler Lehrbuch des Bürgerlichen Rechts, 3 Bde., 1904–1919 (3. Bd. unvollendet);

Krückmann Institutionen, 5. Aufl. 1929;
Leonhard Bürgerliches Recht, 4. Aufl. 1918;
Medicus Bürgerliches Recht, 15. Aufl. 1991;
Schapp Grundlagen des bürgerlichen Rechts, 1991;
Schwab Einführung in das Zivilrecht, 11. Aufl. 1993;
H. Westermann/H. P. Westermann Grundbegriffe des BGB, 13. Aufl. 1991.

2. Literatur zum Allgemeinen Teil

Biermann Bürgerliches Recht. Allgemeine Lehren und Personenrecht, 1908;
Brehm Allgemeiner Teil des BGB, 1991;
Brox Allgemeiner Teil des Bürgerlichen Gesetzbuches, 16. Aufl. 1992;
Enneccerus/Nipperdey Allgemeiner Teil des Bürgerlichen Rechts, 2 Bde., 15. Aufl. 1959–1960;
Flume Allgemeiner Teil des Bürgerlichen Rechts. 1. Bd., 1. Teil Die Personengesellschaft, 1977, 2. Teil Die juristische Person, 1983, 2. Bd. Das Rechtsgeschäft, 3. Aufl. 1979;
Giesen BGB Allgemeiner Teil: Rechtsgeschäftslehre, 2. Aufl. 1995;
Köhler Allgemeiner Teil, 22. Aufl. 1994;
Lange/Köhler Allgemeiner Teil, 17. Aufl. 1980;
Larenz Allgemeiner Teil des deutschen Bürgerlichen Rechts, 7. Aufl. 1989;
Lehmann/Hübner Allgemeiner Teil des Bürgerlichen Gesetzbuches, 16. Aufl. 1966;
Löwisch Allgemeiner Teil des BGB, 5. Aufl. 1991;
Medicus Allgemeiner Teil des BGB, 6. Aufl. 1994;
Pawlowski Allgemeiner Teil des BGB, 3. Aufl. 1987;
Peters BGB Allgemeiner Teil, 1991;
Ramm Einführung in das Privatrecht, Allgemeiner Teil des BGB, 3 Bde., 2. Aufl. 1974;
Rüthers Allgemeiner Teil des BGB, 9. Aufl. 1993;
Schack/Westermann BGB Allgemeiner Teil (Schwerpunkte), 6. Aufl. 1991;
Scherner BGB Allgemeiner Teil, 1995;
v. Tuhr Der Allgemeine Teil des Deutschen Bürgerlichen Rechts, 3 Bde., 2. Aufl. 1910–1918;
E. Wolf Allgemeiner Teil des bürgerlichen Rechts, 3. Aufl. 1982.

3. Literatur zum Schuldrecht

Blomeyer Allgemeines Schuldrecht, 4. Aufl. 1969;
Brox Allgemeines Schuldrecht, 22. Aufl. 1995, Besonderes Schuldrecht, 20. Aufl. 1995;
E. Deutsch Haftungsrecht, 1. Bd. Allgemeine Lehren, 1976; Unerlaubte Handlungen, Schadenersatz, Schmerzensgeld, 2. Aufl. 1993;
Dilcher Schuldrecht, Besonderer Teil in programmierter Form, 2. Aufl. 1982;
Emmerich BGB-Schuldrecht, Besonderer Teil (Schwerpunkte), 7. Aufl. 1994;
Enneccerus/Lehmann Recht der Schuldverhältnisse, 15. Aufl. 1958;
Esser/Schmidt Schuldrecht, Bd. I Allgemeiner Teil, Teilbd. 1, 7. Aufl. 1992, Teilbd. 2, 7. Aufl. 1993;
Esser/Weyers Schuldrecht, Bd. II Besonderer Teil, 7. Aufl. 1991;
Fikentscher Lehrbuch des Schuldrechts, 8. Aufl. 1992;
Gernhuber (Hrsg.) Handbuch des Schuldrechts, Bd. 1 H. Lange Schadensersatz, 2. Aufl. 1990; Bd. 2 Nörr/Scheyhing Sukzessionen, 1983; Bd. 3 Gernhuber Erfüllung und ihre Surrogate, 1983; Bd. 4 Reuter/Martinek Ungerechtfertigte Bereicherung, 1983; Bd. 5 Selb Mehrheiten von Gläubigern und Schuldnern, 1984;

Bd. 6 WALTER Kaufrecht, 1987; Bd. 7 GITTER Gebrauchsüberlassungsverträge, 1988; Bd. 8 GERNHUBER Schuldverhältnis, 1989;
HECK Grundriß des Schuldrechts, 1929;
HEDEMANN Schuldrecht des Bürgerlichen Gesetzbuches, 3. Aufl. 1949;
KÖTZ Deliktsrecht, 6. Aufl. 1994;
KRESS Schuldrecht, Allgemeiner Teil, 1929, Besonderer Teil, 1934;
LARENZ Schuldrecht, 1. Bd. Allgemeiner Teil, 14. Aufl. 1987, 2. Bd. Besonderer Teil, 1. Hbd., 13. Aufl. 1986;
LARENZ/CANARIS Schuldrecht 2. Bd. Besonderer Teil, 2. Hbd. 13. Aufl. 1994;
LEONHARD Schuldrecht des BGB, Allgemeiner Teil, 1929, Besonderer Teil, 1931;
MEDICUS Schuldrecht, Allgemeiner Teil, 8. Aufl. 1995; Besonderer Teil, 6. Aufl. 1993;
TITZE Recht der Schuldverhältnisse, 4. Aufl. 1932 (Nachdruck 1948);
H. P. WESTERMANN BGB-Schuldrecht, Allgemeiner Teil (Schwerpunkte), 3. Aufl. 1981;
E. WOLF Lehrbuch des Schuldrechts, Bd. 1, Allgemeiner Teil, 1978, Bd. 2, Besonderer Teil, 1978.

Gutachten und Vorschläge zur Überarbeitung des Schuldrechts, 3 Bde., 1981–1983, Abschlußbericht 1992 (hrsg. vom Bundesministerium der Justiz).

4. Literatur zum Sachenrecht

BAUR/STÜRNER Sachenrecht, 16. Aufl. 1992;
BIERMANN Sachenrecht, 3. Aufl. 1914;
DILCHER Sachenrecht in programmierter Form, 5. Aufl. 1990;
J. v. GIERKE Das Sachenrecht des bürgerlichen Rechts, 4. Aufl. 1960;
HECK Grundriß des Sachenrechts, 1930 (Nachdruck 1960);
HEIDEMANN, Sachenrecht des Bürgerlichen Gesetzbuches, 3. Aufl. 1960;
H. LANGE Sachenrecht des BGB, 1967;
SCHWAB/PRÜTTING Sachenrecht, 25. Aufl. 1994;
SERICK Eigentumsvorbehalt und Sicherungsübereignung, 6 Bde., 1963–1986, Neuere Rechtsentwicklung, 2. Aufl. 1993;
WEBER Kreditsicherheiten, 4. Aufl. 1994;
H. WESTERMANN (Begr.) Sachenrecht, Bd. 1 H. P. WESTERMANN/GURSKY/PINGER Grundlagen und Recht der beweglichen Sachen, 6. Aufl. 1990; Bd. 2 EICKMANN/PINGER Immobiliarsachenrecht, 6. Aufl. 1988;
H. P. WESTERMANN BGB-Sachenrecht (Schwerpunkte), 9. Aufl. 1994;
J. WILHELM Sachenrecht, 1993;
E. WOLF Lehrbuch des Sachenrechts, 2. Aufl. 1979;
M. WOLF Sachenrecht, 12. Aufl. 1994;
WOLFF/RAISER Sachenrecht, 10. Aufl. 1957.

5. Literatur zum Familienrecht

BEITZKE/LÜDERITZ Familienrecht, 26. Aufl. 1992;
DÖLLE Familienrecht, 2 Bde., 1964–1965;
GERNHUBER/COESTER-WALTJEN Lehrbuch des Familienrechts, 4. Aufl. 1994;
HENRICH Familienrecht, 5. Aufl. 1995;
KIPP/WOLFF Familienrecht, 7. Aufl. 1932;
RAMM Familienrecht, 1985;

SCHLÜTER BGB-Familienrecht (Schwerpunkte), 6. Aufl. 1993;
D. SCHWAB Familienrecht, 8. Aufl. 1995.

6. Literatur zum Erbrecht

BROX Erbrecht, 14. Aufl. 1993;
EBENROTH Erbrecht, 1992;
KIPP/COING Erbrecht, 14. Aufl. 1990;
KRETSCHMAR Das Erbrecht des BGB, 2. Aufl. 1913;
LANGE/KUCHINKE Lehrbuch des Erbrechts, 3. Aufl. 1989;
LEIPOLD Grundzüge des Erbrechts, 9. Aufl. 1991;
v. LÜBTOW Erbrecht, 2 Bde., 1971;
SCHLÜTER Erbrecht, 12. Aufl. 1986;
SIBER Erbrecht, 1928;
STROHAL Das deutsche Erbrecht, 2 Bde., 3. Aufl. 1903–1904.

7. Zum Landesrecht

Die Landesrechte sind in Ergänzungsbänden zu Dernburgs Lehrbuch dargestellt:
BÖCKEL Thüringisches Landesprivatrecht, 1912;
BUCHKA Mecklenburgisches Landesprivatrecht, 1905;
DORNER/SAENG Badisches Landesprivatrecht, 1906;
KISCH Elsaß-Lothringisches Landesprivatrecht, 1905;
KLOSS Sächsisches Landesprivatrecht, 1908;
NÖLDEKE Hamburgisches Landesprivatrecht, 1907;
OERTMANN Bayerisches Landesprivatrecht, 1903;
WOLF Hessisches Landesprivatrecht, 1903;
LANDÉ/HERMES Das Allgemeine Landrecht für die Preußischen Staaten in dem seit Einführung des BGB gültigen Umfang. 4. A. 1902–1905.

VI. Kommentare

1. Großkommentare

Münchener Kommentar zum BGB, 2. Aufl. 1984–1990, 3. Aufl. seit 1993;
OERTMANN Kommentar zum BGB, 3. Aufl. 1927;
PLANCK Kommentar zum BGB, 4. Aufl. 1913–1930;
Kommentar der Reichsgerichtsräte zum bürgerlichen Gesetzbuch, hrsg. von Mitgliedern des Bundesgerichtshofes, 12. Aufl. seit 1974;
SOERGEL Bürgerliches Gesetzbuch, 11. Aufl. 1978–1986, 12. Aufl. seit 1987;
STAUDINGER Kommentar zum BGB, 12. Aufl. seit 1978, 13. Bearbeitung seit 1993;
WASSERMANN (Hrsg.) Kommentar zum Bürgerlichen Gesetzbuch, Reihe Alternativkommentare, seit 1979.

2. Handkommentare

ERMAN Handkommentar zum Bürgerlichen Gesetzbuch, 9. Aufl. 1993;
JAUERNIG Bürgerliches Gesetzbuch mit Erläuterungen, 7. Aufl. 1994;

PALANDT Bürgerliches Gesetzbuch, 54. Aufl. 1995;
BAUMGÄRTEL Handbuch der Beweislast im Privatrecht, 1. Aufl. 1981–1993; 2. Aufl. seit 1991.

VII. Fallorientierte Darstellungen

1. Fälle und Lösungen nach höchstrichterlichen Entscheidungen

ESSER BGB-Schuldrecht, 6. Aufl. 1987;
GERHARDT Mobiliarsachenrecht, 3. Aufl. 1992, Immobiliarsachenrecht, 2. Aufl. 1989;
GURSKY BGB-Sachenrecht, 7. Aufl. 1991;
HELDRICH BGB-Erbrecht, 3. Aufl. 1989;
HENRICH BGB-Familienrecht, 4. Aufl. 1991;
HÜFFER Gesellschaftsrecht, 3. Aufl. 1991;
KORNBLUM Fälle zum Allgemeinen Schuldrecht, 2. Aufl. 1990;
LINDACHER Fälle zum Allgemeinen Teil des BGB, 2. Aufl. 1994;
LÖWISCH Schuldrecht Allgemeiner Teil, 2. Aufl. 1982, Vertragliche Schuldverhältnisse, 2. Aufl. 1988;
MARBURGER BGB-Allgemeiner Teil, 7. Aufl. 1991.

2. Juristischer Studienkurs, hrsg. von Beuthien u. a.,
mit den Autoren TEICHMANN, BEUTHIEN/WEBER, BUCHNER/ROTH, RIMMELSPACHER, JOHN.

VIII. Entscheidungssammlungen

bis 1945:
- Entscheidungen in Angelegenheiten der freiwilligen Gerichtsbarkeit und des Grundbuchrechts, zusammengestellt im Reichsjustizamt 1900. 1922 (RJA) weitergeführt (zugleich als Fortsetzung von KGJ) ab 1924 in Jahrbuch der Entscheidungen in Angelegenheiten der freiwilligen Gerichtsbarkeit und des Grundbuchrechts (JFG), herausgegeben von Ring, später Ehm, erschienen bis 1943;
- Entscheidungen des Reichsgerichts in Zivilsachen (RG oder RGZ) seit 1880, Bd. 1–Bd. 172;
- Entscheidungen des Reichsoberhandelsgerichts (ROHG), 1871–1880;
- Höchstrichterliche Rechtsprechung, entstanden aus Beilage zur Juristischen Rundschau und Fortsetzung von OLGE (HRR), seit 1925;
- Jahrbuch für Entscheidungen des Kammergerichts in Sachen der freiwilligen Gerichtsbarkeit (KGJ), 1881–1922;
- Mugdan und Falkmann, Rechtsprechung der Oberlandesgerichte auf dem Gebiete des Zivilrechts (OLGE oder Rspr OLG), seit 1900;
- Seufferts Archiv für Entscheidungen der obersten Gerichte (SeuffA oder SeuffArch.) seit 1847;
- Soergels Rechtsprechung, später Jahrbuch des Zivilrechts (Soergels Rspr), seit 1902;
- Warneyer, Jahrbuch der Entscheidungen zum BGB (WarnJb), seit 1903;
- Warneyer, Die Rechtsprechung des Reichsgerichts auf dem Gebiete des Zivilrechts (WarnRspr), Ergänzungsbände zu WarnJb, seit 1908.

nach 1945:
Bundesgerichte:
- Entscheidungen des Bundesverfassungsgerichts (BVerfGE), seit 1951;
- Rechtsprechung in Zivilsachen (BGHR), seit 1986;
- Entscheidungen des Bundesgerichtshofs in Zivilsachen (BGHZ), seit 1951;
- Entscheidungen des Bundesarbeitsgerichts (BAGE), seit 1954;
- Lindenmaier/Möhring, Nachschlagewerk des Bundesgerichtshofs in Zivilsachen (LM), seit 1951;
- Arbeitsrechtliche Praxis, Nachschlagewerk des Bundesarbeitsgerichts (AP), seit 1954;
- Warneyer, Rechtsprechung des Bundesgerichtshofes in Zivilsachen (WarnRspr), seit 1963;

Sonstige Gerichte:
- Entscheidungen des Bayerischen Obersten Landesgerichtes in Zivilsachen (BayObLGZ), fortgeführt seit 1872;
- Entscheidungen der Oberlandesgerichte (OLGZ), seit 1965;
- Entscheidungen des Obersten Gerichtshofes für die britische Zone in Zivilsachen (OGHZ), 1949–1950;
- Höchstrichterliche Entscheidungen in Zivilsachen (HEZ), 1948–1950.

IX. Zeitschriften

Es erscheinen nicht mehr:
- Archiv für Bürgerliches Recht (ArchBürgR oder BürgA), 1888–1919;
- Blätter für Rechtsanwendung, anschl. Seufferts Blätter für Rechtsanwendung, 1836–1913;
- Das Recht (Recht), 1897–1944, begründet von Soergel;
- Deutsche Juristenzeitung (DJZ), 1896–1936, herausgegeben von Liebermann;
- Deutsche Rechtszeitschrift (DRZ), 1946/47–1950; vereinigt mit JZ;
- (Gruchots) Beiträge zur Erläuterung des deutschen Rechts (Gruchot Beitr. oder Gruchot), 1857–1933;
- (Grünhuts) Zeitschrift für das Privat- und öffentliche Recht (GrünhutsZ oder Grünhut) 1874–1916;
- Juristische Analysen (JurA), 1969–1971;
- Juristische Wochenschrift (JW), 1872–1939, Zeitschrift des Anwaltvereins;
- (Jherings) Jahrbücher für die Dogmatik des bürgerlichen Rechts (JherJb oder DogmJ), begründet von Jhering, 1857–1942;
- Leipziger Zeitschrift für Deutsches Recht (LZ), 1907–1933;
- Sächsisches Archiv für Rechtspflege (SächsArch), herausgegeben von Degen und Warneyer, 1906–1923;
- Süddeutsche Juristenzeitung (SJZ), 1946–1950; vereinigt mit JZ;
- Zeitschrift für Rechtspflege in Bayern, 1905–1934.

Aus der Zeit des Nationalsozialismus:
- Deutsche Justiz (DJ), mit Monatsbeilage „Recht" (Organ des Reichsjustizministeriums, 1933–1945);
- Deutsches Recht (DR), Zentralorgan des NSRB, 1931–1945, vereinigt ab 1933 als Ausgabe A mit JW;
- Zeitschrift der Akademie für deutsches Recht (ZAkdR), 1934–1944.

Gegenwärtig erscheinende Zeitschriften:
- Arbeit und Recht (AuR), seit 1953;
- Archiv für die civilistische Praxis (ArchZivPr oder AcP), seit 1818;
- Der Betrieb (DB oder Betr), seit 1948;
- Der Betriebsberater (BB), seit 1946;
- Deutsch-Deutsche Rechtszeitschrift (DtZ), seit 1990;
- Deutsche Notarzeitschrift (DNotZ), 1933–1944, vorher Zeitschrift des deutschen Notarvereins, 1901–1933, erscheint wieder seit 1950;
- Der Deutsche Rechtspfleger (Rpfleger), seit 1948/49, (vorher Zeitschrift des Bundes Deutscher Justizamtmänner bzw. Deutsche Rechtspflege von 1931–1944);
- Deutsche Richterzeitung (DRiZ), 1909–1935, erscheint wieder seit 1950;
- Deutsche Zeitschrift für Wirtschaftsrecht (DZWir), seit 1991;
- Familie und Recht (FuR), seit 1990;
- Gewerblicher Rechtsschutz und Urheberrecht (GRuR), seit 1896;
- GmbH-Rundschau (GmbH-Rdsch), seit 1963;
- Jura, seit 1979;
- Juristenzeitung (JZ), seit 1951, vereinigte SJZ und DRZ;
- Juristische Arbeitsblätter (JA), seit 1969;
- Juristische Rundschau (JR), 1925–1935, erscheint wieder seit 1947;
- Juristische Schulung (JuS), seit 1961;
- Das juristische Büro (JurBüro), seit 1956, vorher: Das Büro, seit 1950;
- Monatschrift für Deutsches Recht (MDR), seit 1947;
- Niedersächsische Rechtspflege (NdsRpfl), seit 1947, herausgegeben vom Niedersächsischen Ministerium der Justiz;
- Neue Juristische Wochenschrift (NJW), seit 1947/48 mit Rechtsprechungs-Report (NJW-RR), seit 1986;
- Neue Zeitschrift für Arbeits- und Sozialrecht (NZA), seit 1984;
- Rabels Zeitschrift für ausländisches und internationales Privatrecht (RabelsZ), seit 1927;
- Recht der Arbeit (RdA), seit 1948;
- Schleswig-Holsteinische Anzeigen (SchlHA), 1837–1941, erscheint wieder seit 1946, herausgegeben jetzt vom Justizministerium des Landes Schleswig-Holstein;
- Versicherungsrecht, Juristische Rundschau für die Individualversicherung, (VersR), seit 1950;
- Wertpapier-Mitteilungen (WM), seit 1947;
- Zeitschrift für Arbeitsrecht (ZfA), seit 1970;
- Zeitschrift für das gesamte Familienrecht (FamRZ), seit 1962, vorher Ehe und Familie im privaten und öffentlichen Recht, 1954–1962;
- Zeitschrift für das gesamte Handelsrecht und Wirtschaftsrecht (ZHR), 1858–1944, 1948 ff, von 1907–1961 auch für Konkursrecht;
- Zeitschrift für Erbrecht und Vermögensnachfolge (ZEV), seit 1994;
- Zeitschrift für Europäisches Privatrecht (ZEuP), seit 1993;
- Zeitschrift für Rechtspolitik (ZRP), seit 1968;
- Zeitschrift für Unternehmens- und Gesellschaftsrecht (ZGR), seit 1972;
- Zeitschrift für Wirtschaftsrecht und Insolvenzpraxis (ZIP), seit 1980;
- Zeitschrift für Zivilprozeß (ZZP), 1879–1943, erscheint wieder seit 1950/51.

ERSTER TEIL

Personen

§ 8
Grundbegriffe

I. Rechtsfähigkeit

Rechtsfähigkeit ist die Fähigkeit, als **Rechtssubjekt** auf der aktiven oder passiven Seite des Rechtsverhältnisses zu stehen, d. h. *Träger von Rechten und Pflichten* zu sein.   **123**

Davon ist die Fähigkeit zu unterscheiden, Rechtsmacht auszuüben und den Rechtspflichten nachzukommen. Mangelt es an dieser Fähigkeit, so wird die Rechtsmacht durch einen gesetzlichen Vertreter ausgeübt (Eltern, Vormund; Betreuer). Stets treten die *Rechtswirkungen* jedoch bei dem Rechtsträger ein. Wegen des dadurch bedingten Risikos schützt bei gesetzlicher Vertretung das Gesetz den Geschäftsunfähigen bzw. den beschränkt Geschäftsfähigen durch das Erfordernis der vormundschaftsgerichtlichen Genehmigung (§§ 1643, 1821, 1822; §§ 1904 ff, 1908i). Auf der Pflichtenseite verantwortet das Rechtssubjekt das Verschulden des gesetzlichen Vertreters (§ 278).

Rechtsfähigkeit steht nach deutschem bürgerlichem Recht *jedem Menschen zu*. Das ist ein nach den heutigen Anschauungen selbstverständlicher Grundsatz, der sich mittelbar aus § 1 ergibt.

> Andererseits ist nur der Mensch rechtsfähig; daher ist die Erbeinsetzung eines Tieres nicht möglich; allenfalls kann der Erblasserwille als Auflage für den Erben gedeutet werden.

Die Rechtsfähigkeit steht ferner bestimmten Organisationen zur Erreichung allgemein menschlicher Zwecke, den *juristischen Personen*, zu. Zwei Gruppen kommen hier in Betracht: mit Rechtsfähigkeit ausgestattete *Personenverbände* (z. B. Vereine) und *Zweckvermögen* (z. B. Stiftungen).

Eine natürliche Person kann nicht auf ihre Rechtsfähigkeit verzichten oder sie durch Rechtsgeschäft beschränken. Eine Einschränkung der Rechtsfähigkeit kennt das BGB nur im Bereich der juristischen Personen; so ist z. B. der Verein im Zustand der Liquidation nur noch im Rahmen des Abwicklungszweckes rechtsfähig (§ 49 II).

Der Rechtsfähigkeit entspricht im Zivilprozeßrecht die Parteifähigkeit (§ 50 ZPO).

II. Handlungsfähigkeit

Von der Rechtsfähigkeit ist die Fähigkeit des Rechtssubjektes zu unterscheiden, durch eigenes Handeln Rechtswirkungen hervorzurufen.

124 Hierzu unterscheidet das Gesetz die **Geschäftsfähigkeit**, d. h. die Fähigkeit, durch Rechtsgeschäfte Rechtswirkungen herbeizuführen, und die **Deliktsfähigkeit**, d. h., die Fähigkeit, für sein Verhalten Verantwortung zu tragen.

Darüber hinaus kennt das Gesetz einen Bereich, der weder den Rechtsgeschäften noch den Delikten zuzurechnen ist. In diesem Bereich gibt es sog. geschäftsähnliche Handlungen, auf die die Vorschriften über die Geschäftsfähigkeit entsprechend angewandt werden; hingegen sind Realakte rein tatsächliche Handlungen oder Vorgänge (vgl. Rdn. 696 ff).

III. Subjektlose Rechte

125 Grundsätzlich ist jedes Recht einem Rechtssubjekt als Rechtsträger zugeordnet.

Die Frage, ob es Rechte ohne Subjekt geben kann, ist umstritten. Das Problem würde sich bei einem Nachlaß stellen, wenn – wie im römischen Recht (vgl. D 38,9,1) – die Zuordnung des Nachlasses von der Annahme durch den Erben abhängig gemacht wäre und in der Zwischenzeit eine herrenlose Vermögensmasse existierte *(hereditas iacens)*. Das BGB hat durch die Regelung der §§ 1922, 1942 das Entstehen einer Zwischenphase ausgeschlossen. Trotzdem bleiben Fälle übrig, etwa wenn ein Verein nach Abschluß der Liquidation nicht mehr besteht, sich nachträglich aber noch Vermögen findet. Handelt es sich um eine Aktiengesellschaft, so sind auf Antrag erneut Liquidatoren einzusetzen (§ 273 IV AktG). Denkbar ist auch, daß ein Eigentümer, weil er die Lasten nicht mehr tragen will, das Eigentum an einem Grundstück, das seinerseits herrschendes Grundstück einer Grunddienstbarkeit (§ 96) ist, aufgibt (§ 928). In diesem Fall steht die Grunddienstbarkeit mangels eines Eigentümers des herrschenden Grundstücks keinem Rechtssubjekt zu. Es entsteht ein *„objektiver Rechtsbestand"* (so v. Tuhr I § 2 VII), an dem zur Zeit ein subjektives Recht mangels eines Berechtigten nicht existiert. Die Zwischenphase der Subjektlosigkeit bleibt bestehen, auch wenn man ausgehend vom Begriff des subjektiven Rechts (dazu unten Rdn. 354) auf die Gebundenheit für die Zwecke des künftig Berechtigten abstellt (anders Enn./Nipperdey § 75 III und Lehmann/Hübner § 11 IV; für die Annahme eines subjektlosen Rechts: Lange/Köhler § 13 I 2; Wolff/Raiser § 63 I; vgl. KG NJW 1989, 42; weitere Nachweise bei Hohner Subjektlose Rechte, 1969, S. 64 Anm. 1).

ERSTER ABSCHNITT

Natürliche Personen

§ 9
Beginn und Ende der Rechtsfähigkeit

BOSCH Todeserklärung – Todeszeitfeststellung – irrige Totmeldung, FS Mikat, 1989, 793 ff; EICHLER System des Personenrechts 1989; FABRICIUS Relativität der Rechtsfähigkeit, 1963; GEILEN Das Leben des Menschen in den Grenzen des Rechts, FamRZ 1968, 121 ff; HATTENHAUER „Person" – Zur Geschichte eines Begriffs, JuS 1982, 405 ff; HELDRICH Der Deliktsschutz des Ungeborenen, JZ 1965, 593 ff; HÖLDER Natürliche und juristische Personen, 1905; HUSSERL Rechtssubjekt und Rechtsperson, AcP 127 (1927), 129 ff; LAUFS Haftung für Nachkommenschaftsschäden nach § 823 BGB, NJW 1965, 1053 ff; MEDICUS Zivilrecht und werdendes Leben, 1985; SAERBECK Beginn und Ende des Lebens als Rechtsbegriffe, 1974; R. SCHMIDT Der Schutz der Leibesfrucht, JZ 1952, 167 ff; P. SCHWERDTNER Beginn und Ende des Lebens, Jura 1987, 440 ff; SELB Schädigung des Menschen vor der Geburt – ein Problem der Rechtsfähigkeit? AcP 166 (1966), 76 ff; STOLL Zur Deliktshaftung für vorgeburtliche Gesundheitsschäden, Festschrift Nipperdey, I, 1965, 739 ff; STRÄTZ Zivilrechtliche Aspekte der Rechtsstellung des Toten unter besonderer Berücksichtigung der Transplantation, 1971; WOLF/NAUJOKS Anfang und Ende der Rechtsfähigkeit des Menschen, 1955.

I. Beginn der Rechtsfähigkeit

Die Rechtsfähigkeit beginnt mit der *Vollendung* der Geburt (§ 1). **126**
 Das setzt voraus:
 – *völliges Ausscheiden* aus dem Mutterleib (Durchtrennen der Nabelschnur ist unnötig).
 – *Leben*, wenn auch nur für einen Augenblick. Die medizinische Wissenschaft legt auf den Beginn der Atmungstätigkeit entscheidendes Gewicht (sog. Lungenprobe); die Fähigkeit, das Leben fortzusetzen, ist nicht erforderlich.
 – Geburt eines *Menschen*. Menschliche Gestalt ist anders als nach früheren Rechtsordnungen nicht Erfordernis (vgl. Mot I 28 f). Die Abstammung entscheidet. – Mißgeburten, die von Menschen abstammen, gelten danach als rechtsfähig, mögen sie sich vom Durchschnitt auch noch so sehr unterscheiden. Es fehlt auch an Sonderbestimmungen über Zwitter und Hermaphroditen; das Gesetz kennt nur männliches und weibliches Geschlecht, das überwiegende Geschlecht entscheidet.

Unabhängig davon ist die *strafrechtliche* Beurteilung. Hier wird für die Abgrenzung zwischen §§ 211 ff StGB und §§ 218 ff StGB auf den *Beginn* der Geburt abgestellt (BGH NJW 1983, 2097; SCHÖNKE-SCHRÖDER/ESER, StGB, vor §§ 211 ff Rdn. 13).

II. Ende der Rechtsfähigkeit

127 Die Rechtsfähigkeit endet mit dem *Tode*. Das Gesetz hat in § 1922 nur für die vermögensrechtlichen Folgen eine Regelung getroffen. Postmortale Wirkungen kommen im Rahmen des Persönlichkeitsrechts in Betracht (vgl. unten Rdn. 181).

Der Zeitpunkt des Todes ist insbesondere im *Erbrecht* von Bedeutung. Das zeigt sich in Fällen, wenn Mutter und Kind im Zusammenhang mit der Geburt versterben. Verstirbt die *Mutter zuerst*, so erbt das Kind, welches die Rechtsfähigkeit erlangt hat, nach § 1924 und der Ehemann nach § 1931. Verstirbt alsdann das Kind, so erbt dessen Vermögen nach § 1925 der Vater. Verstirbt das *Kind zuerst*, so würde dessen Vermögen nach § 1925 an Mutter und Vater fallen; beim anschließenden Versterben der Mutter würde der Ehemann nur einen Teil erhalten (§ 1931) und der andere Teil gem. §§ 1924 ff an die anderen Erben der Mutter fallen.

> Läßt sich nicht beweisen, wer von mehreren Gestorbenen oder für tot Erklärten früher verstorben ist oder wer den anderen überlebt hat, wird nach § 11 VerschG vermutet, daß sie gleichzeitig verstorben sind (Vermutung der Kommorienz).
>
> Der Todeszeitpunkt ist für *höchstpersönliche Rechtsverhältnisse* von Bedeutung (vgl. §§ 613, 1061).

Der Zeitpunkt ist nach den *Lehren der medizinischen Wissenschaft* zu bestimmen. Ausgangspunkt ist der irreversible Funktionsverlust des Gehirns (Hirntod) (OLG Köln FamRZ 1992, 860, 862). Durch die neueren Möglichkeiten der Medizin, Lebensfunktionen zu verlängern, ist jedoch die Bestimmung des Todeszeitpunktes problematisch geworden. Eine Klarstellung ist abgesehen vom Strafrecht auch für das Zivilrecht wegen der möglichen haftungs- und erbrechtlichen Folgen geboten.

> Vgl. die „Entscheidungshilfen des Wissenschaftlichen Beirates der Bundesärztekammer zur Feststellung des Hirntodes"; abgedruckt bei LAUFS Arztrecht, 5. Aufl. 1993, Rdn. 278.

III. Die rechtliche Stellung der Leibesfrucht

128 Die Leibesfrucht (der Embryo) entbehrt nach § 1 der Rechtsfähigkeit. Die ausnahmslose Durchführung dieses Grundsatzes würde zu unbilligen Ergebnissen führen. Das zur Zeit des Erbfalles schon erzeugte, aber noch nicht geborene Kind würde z. B. nicht miterben. Deshalb hat schon das römische Recht dem *nasciturus* den Anteil an der Erbschaft vorbehalten und den Embryo insoweit als Rechtsträger behandelt, aber nur für den Fall seiner Geburt (*nasciturus pro iam nato habetur, quoties de commodis eius agitur*). Auch heute genießt die Leibesfrucht besonderen Schutz:

Der Schwangerschaftsabbruch (§§ 218 ff StGB) muß aus verfassungsrechtlichen **129** Gründen für die ganze Dauer der Schwangerschaft grundsätzlich als Unrecht angesehen, demgemäß rechtlich verboten und vom *Strafrecht* sanktioniert sein. Dies hindert den Gesetzgeber nicht, den Abbruch innerhalb der Frühphase der Schwangerschaft (die ersten zwölf Wochen) unter bestimmten Voraussetzungen (Beratung) straffrei zu lassen. Rechtmäßig ist der Schwangerschaftsabbruch nur bei bestimmten Indikationen, eventuell auch über die ersten zwölf Schwangerschaftswochen hinaus, vergleiche insgesamt BVerfG in NJW 1993, S. 1751 ff.

Privatrechtlich werden die Interessen der Leibesfrucht durch eine Reihe von **130** Sondervorschriften berücksichtigt:

Gewisse Rechte werden ihr vorbehalten und entstehen im Fall späterer Geburt. Bis dahin liegt eine rechtliche Gebundenheit vor, die zum vollen Recht wird, wenn das Kind zur Welt kommt. Namentlich fallen der Leibesfrucht *Erbschaft, Nacherbschaft, Vermächtnis* an, sie gilt, wenn sie hinterher als Rechtsträger geboren wird, als vor dem Erbfall geboren (§ 1923 II, § 2108 und § 2178). Der *Unterhalt* eines nichtehelichen Kindes kann schon vor der Geburt sichergestellt werden (§ 1615o). Vgl. ferner § 2043 (Aufschub der Erbauseinandersetzung), § 844 II, § 32 VII GenTG (Ersatzanspruch aus der schuldhaften Tötung des Unterhaltspflichtigen).

Vermächtnisse und Nacherbeneinsetzungen können sogar zugunsten eines im Zeitpunkte des Erbfalls *noch nicht Erzeugten* angeordnet werden (§ 2101, § 2162 II, § 2178, vgl. auch § 2176). Ein Versprechen kann auch zugunsten eines noch nicht erzeugten Dritten gültig abgegeben werden (§ 331 II).

Besondere Fragen ergeben sich im Rahmen der **Deliktshaftung für vorgeburt-** **131** **liche Gesundheitsschäden**. Hier ist zu unterscheiden zwischen der Einwirkung auf die reifende Frucht nach der Erzeugung und der Schädigung der Mutter, die sich auf das später erzeugte Kind auswirkt (BGHZ 8, 243 ff). In beiden Fällen wird nunmehr im Wege der adäquaten Kausalität auf die Schädigung der mit der Geburt entstehenden Rechtspersönlichkeit abgestellt (BGHZ 58, 48 ff.; 93, 351 ff. vgl. zum Schrifttum: STOLL aaO; SELB aaO; HELDRICH aaO, EMMERICH JuS 1985, 727 f; SCHLUND JR 1985, 462 ff). Nach § 555a RVO wird die Leibesfrucht, die durch einen Arbeitsunfall der Mutter während der Schwangerschaft geschädigt worden ist, wie ein Versicherter behandelt, der einen Arbeitsunfall erlitten hat.

Zur Wahrung der künftigen Rechte der Leibesfrucht oder eines noch nicht Erzeugten kann ein *Pfleger*, namentlich ein Nachlaßpfleger, bestellt werden (§§ 1912, 1913).

Vom Anspruch des Kindes ist der Anspruch der Eltern auf Ersatz von Vermögensaufwendungen für ein behindertes Kind zu unterscheiden (BGHZ 86, 240 ff).

IV. Die Beweislast für Geburt, Leben und Tod

132 „Die Beweislast für Geburt, Leben und Tod" einer Person in einem bestimmten Zeitpunkt hat der, welcher daraus Rechte für sich ableitet. Den Beweis erleichtern die von den Standesbeamten geführten *Personenstandsbücher*, worin Geburten, Heiraten und Todesfälle – namentlich auch deren Zeitpunkt – eingetragen werden. Man unterscheidet das *Geburtenbuch* (§§ 16 ff PStG), das *Heiratsbuch* (§§ 9, 11 PStG), das *Familienbuch* (§§ 12 ff PStG) und das *Sterbebuch* (§§ 32 ff PStG).

Die Geburt eines Kindes ist innerhalb einer Woche anzuzeigen. Dazu sind in folgender Reihenfolge verpflichtet: 1. der Vater, 2. die Hebamme, 3. der Arzt, 4. wer aus eigener Wissenschaft unterrichtet ist, 5. die Mutter, sobald sie dazu in der Lage ist (§ 17 PStG). Bei Geburten in Entbindungsanstalten trifft die Anzeigepflicht die Anstalt (§§ 18 f PStG). Der Tod ist spätestens am nächsten Werktag anzuzeigen. Anzeigepflichtig sind: 1. das Familienhaupt, 2. der Inhaber der Wohnung, worin der Tod erfolgt ist, 3. jede aus eigener Wissenschaft unterrichtete Person (§ 33 PStG). Bei Todesfällen in Krankenanstalten trifft die Anzeigepflicht die Anstalt (§ 34 PStG).

Die Bücher und deren Auszüge beweisen die beurkundeten Tatsachen, zu deren Beurkundung sie bestimmt sind, bis zum Nachweis der Fälschung oder unrichtigen Eintragung oder Unrichtigkeit der zugrunde liegenden Anzeigen und Feststellungen (§§ 60, 66 PStG).

Lehnt der Standesbeamte die Vornahme einer Amtshandlung ab, kann er auf Antrag der Beteiligten oder der Aufsichtsbehörde zur Vornahme angehalten werden. Der Standesbeamte kann auch seinerseits in Zweifelsfällen die Entscheidung des Amtsgerichts herbeiführen (§ 45 PStG).

Die Einsichtnahme in die Personenstandsbücher ist begrenzt. Personen, die nicht Ehegatten, Vorfahren und Abkömmlinge sind, müssen ein berechtigtes Interesse glaubhaft machen (§ 61 PStG).

Die Register haben sich im Anschluß an die Kirchenbücher entwickelt. In Frankreich traten an deren Stelle 1792 die von Staatsbeamten *(maires)* geführten Zivilstandsregister, die im Gebiet des französischen Rechts in Geltung blieben. Während des Kulturkampfes wurde die Beurkundung für das ganze Reich eingeführt durch das PStG vom 6. 2. 1875; es gilt jetzt in der Fassung vom 8. 8. 1957.

V. Verschollenheit

ARNOLD Kommentar zum Verschollenheitsrecht, 1951; HABSCHEID Freiwillige Gerichtsbarkeit, 418 ff; STAUDINGER/COING-HABERMANN Verschollenheitsgesetz; STREBEL Die Verschollenheit als Rechtsproblem, 1954; VOGEL Verschollenheitsrecht, 1949 mit Nachtrag 1951; VÖLKER Das neue Verschollenheitsrecht, 1951.

Natürliche Personen: Beginn und Ende der Rechtsfähigkeit § 9 V 2

In Fällen, in denen das Ende der Rechtspersönlichkeit nicht feststeht, greift das **133** *Verschollenheitsgesetz* vom 15. 1. 1951 ein, das an die Stelle der §§ 13 bis 20 BGB getreten ist.

1. Gesetzliche Vermutungen

Das Gesetz stellt folgende Vermutungen auf:

a) Eine *Todesvermutung*, nur bei Verschollenheit und nur auf Grund einer Todeserklärung, die selbst wieder ein vorhergegangenes Aufgebotsverfahren voraussetzt. Die Todeserklärung begründet die Todesvermutung für den festgestellten Todeszeitpunkt (§ 9 VerschG).

b) Eine *Lebensvermutung*, ebenfalls nur für Verschollene. Sie greift für Verschollene Platz, wenn es zur Todeserklärung kommt. Da der die Todeserklärung aussprechende Beschluß den Zeitpunkt des Todes feststellt, folgt daraus die Vermutung, daß der Verschollene bis dahin gelebt habe (*abhängige* Lebensvermutung).

Sie greift für Verschollene aber auch ganz *unabhängig* von einem eingeleiteten Todeserklärungsverfahren ein und gilt bis zu dem Zeitpunkt, der im Falle der Todeserklärung als Todeszeitpunkt festzustellen wäre (§ 10 VerschG). Von da ab fehlt jede Vermutung; Leben oder Tod nach diesem Zeitpunkt müssen bewiesen werden; zur Feststellung des Todes müssen die Beteiligten dann das Todeserklärungsverfahren einleiten.

c) Die *Vermutung gleichzeitigen Todes* (sog. Kommorienz), wenn nicht bewiesen werden kann, daß von mehreren gestorbenen oder für tot erklärten Menschen der eine den anderen überlebt hat (§ 11 VerschG).

2. Todeserklärung

a) Voraussetzungen

Verschollen ist, wessen Aufenthalt während längerer Zeit unbekannt ist, ohne daß **134** Nachrichten darüber vorliegen, ob er in dieser Zeit noch gelebt hat oder gestorben ist, sofern nach den Umständen hierdurch ernstliche Zweifel an seinem Fortleben begründet werden (§ 1 I VerschG). Verschollenheit darf nicht mit Abwesenheit gleichgesetzt werden, auch nicht mit Nachrichtenlosigkeit. Sie ist vielmehr ein Zustand des Vermißtwerdens.

Ablauf einer bestimmten *Verschollenheitsfrist*: Das Gesetz unterscheidet hier zwei Arten der Verschollenheit mit verschiedenen Fristen:

Gewöhnliche Verschollenheit (§ 3 VerschG). Die Frist beträgt 10 Jahre und beginnt mit dem Schluß des Jahres, in dem der Verschollene nach den vorhandenen Nachrichten zuletzt gelebt hat. Die Frist verkürzt sich auf 5 Jahre für Personen, die zur Zeit der Todeserklärung das achtzigste Lebensjahr vollendet hätten. Vor dem Ende des Jahres, in dem der Verschollene das fünfundzwanzigste Lebensjahr vollendet hätte, darf er auf Grund der allgemeinen Verschollenheit des § 3 I VerschG nicht für tot erklärt werden (§ 3 II VerschG).

Gefahrverschollenheit. Da die Verschollenheit mit einem bestimmten lebensgefährdenden Ereignis begonnen hat und dadurch die Wahrscheinlichkeit des Todes erhöht ist, sind die *Fristen abgekürzt:*

aa) Bei der *Kriegsverschollenheit* (§ 4 VerschG) für die Angehörigen irgendeiner bewaffneten Macht, die als Teilnehmer am Krieg oder einem kriegsähnlichen Unternehmen während dessen Dauer im Gefahrengebiet vermißt worden und seitdem verschollen geblieben sind. Gleichgestellt sind Personen, die sich bei der bewaffneten Macht in Erfüllung einer besonderen Aufgabe, also nicht bloß zufällig, aufhalten, wie z. B. Krankenpfleger, Pressevertreter. – Frist: 1 Jahr seit Friedensschluß oder seit Schluß des letzten Kriegsjahres (§ 4 VerschG).

> Das Gesetz zur Änderung von Vorschriften des Verschollenheitsrechts vom 15. 1. 1951 (BGBl I, 59) trat für die Fälle des letzten Krieges an die Stelle der §§ 4 bis 8 VerschG. Nach Art. 2 § 1 kann jeder, der vor dem 1. 7. 1948 im Zusammenhang mit Ereignissen oder Zuständen des letzten Krieges vermißt worden und seitdem unter Umständen, die ernstliche Zweifel an seinem Fortleben begründen, verschollen ist, für tot erklärt werden.

bb) Bei der *Seeverschollenheit* für Personen, die bei einer Fahrt auf See, insbesondere infolge Untergang des Schiffes, verschollen sind. – Frist: 6 Monate seit dem Schiffsuntergang oder dem die Verschollenheit begründenden Ereignis (§ 5 VerschG).

cc) Bei der *Luftverschollenheit* für Personen, die bei einem Fluge, insbesondere infolge Zerstörung des Flugzeugs, verschollen sind. – Frist: 3 Monate (§ 6 VerschG).

dd) Bei der *sonstigen Gefahrverschollenheit* für Beteiligte an einer sonstigen Lebensgefahr, wie Theaterbränden, Hochgebirgswanderungen usw. – Frist: 1 Jahr seit dem Ende oder mutmaßlichen Ende der Lebensgefahr (§ 7 VerschG).

135 b) Das **Verfahren** ist ein solches der **freiwilligen Gerichtsbarkeit** und unterliegt den Vorschriften des FGG sowie der §§ 14–38 VerschG.

> Zuständig ist das Amtsgericht des Wohnsitzes des Verschollenen, bei Seeverschollenheit infolge Schiffsuntergang das AG des Heimathafens (§ 15 VerschG), hilfsweise das AG Berlin-Schöneberg (§ 15b VerschG). Das Verfahren wird auf Antrag eingeleitet. Antragsberechtigt sind der Staatsanwalt, der gesetzliche Vertreter, der Ehegatte, die ehelichen oder gleichgestellten Abkömmlinge, die Eltern des Verschollenen sowie jeder andere, der ein rechtliches Interesse an der Todeserklärung hat, z. B. Erbe oder Gläubiger (§ 16 VerschG). Das Gericht erläßt ein Aufgebot mit einer Frist von mindestens 6 Wochen und regelmäßig nicht mehr als einem Jahr (§§ 19–21 VerschG). In dem Beschluß, durch den der Verschollene für tot erklärt wird, ist der Todeszeitpunkt festzustellen, und zwar der Zeitpunkt, der nach den gesamten Umständen der wahr-

scheinlichste ist (§ 9 II VerschG). Nur, wenn sich ein solcher nicht angeben läßt, ist ein vom Gesetz bestimmter mutmaßlicher Zeitpunkt festzustellen (vgl. zu den Einzelheiten: § 9 III VerschG).

c) Wirkungen

Die Todeserklärung begründet nur die Vermutung des Todes in dem im Beschluß **136** festgestellten Zeitpunkt. Sie wirkt sofort für und gegen alle, kann aber durch jeden Interessenten und jedes Beweismittel entkräftet werden. Die Todeserklärung führt namentlich zur Eröffnung der *Erbfolge* in den Nachlaß des Verschollenen.

Während es im allgemeinen den Beteiligten überlassen ist, den der Vermutung entsprechenden Rechtszustand herzustellen, wirkt darüber hinaus die Todeserklärung im *Familienrecht* unmittelbar wie der Tod selbst. Wird das Mündel oder der Abwesende für tot erklärt, so endet das Amt des Vormunds, des Betreuers oder Pflegers (§§ 1884 II, 1921 III). Ebenso enden die Ämter des Vormunds, Gegenvormunds, Betreuers, Pflegers usw. (analog zu § 1884 II, da § 1885 II durch FamRÄandG von 1961 aufgehoben) im Falle von deren Todeserklärung, sofern nicht das Vormundschaftsgericht bereits aus Anlaß der Verschollenheit den Vormund usw. gem. § 1886 entlassen hatte. Mit dem festgestellten Todeszeitpunkt erlöschen (Wiederherstellung zulässig!) die elterliche Gewalt des für tot Erklärten (§ 1677) und die Gütergemeinschaft (§ 1494 II). Die Ehe des fälschlich für tot Erklärten bleibt zunächst bestehen, wird aber durch eine neue Heirat aufgelöst, es sei denn, daß beide Gatten der neuen Ehe wissen, daß der für tot Erklärte die Todeserklärung überlebt hat, § 38 EheG. Jedoch hat der wiederverheiratete Ehegatte – nicht der fälschlich für tot Erklärte – unter den Voraussetzungen des § 39 EheG die Möglichkeit, die Aufhebung der neuen Ehe zu begehren.

Der *Gegenbeweis gegen die Richtigkeit der Todesvermutung* ist selbstverständlich dadurch geführt, daß der Verschollene zurückkehrt. Dann kann er sein Vermögen durch eine der Erbschaftsklage entsprechende Klage vom Besitzer herausverlangen (§ 2031, vgl. aber zugunsten gutgläubiger Dritter § 2370 mit §§ 2366, 2367). Der Gegenbeweis kann aber auch von jedem anderen Interessenten, z. B. dem Lebensversicherer im Prozeß mit der vermeintlichen Witwe geführt werden. Der Gegenbeweis kann nicht bloß dahin geführt werden, daß der Verschollene noch lebt, sondern auch dahin, daß er in einem anderen Zeitpunkt verstorben ist, als im Beschluß angenommen wurde.

3. Auch in den Fällen, in denen von einer Verschollenheit nicht gesprochen **137** werden kann, da der Tod nach den Umständen nicht zweifelhaft ist (§ 1 II VerschG), ist es bedeutsam, den *Zeitpunkt des Todes* festzustellen. Daher sehen §§ 39 ff VerschG ein besonderes Verfahren vor. Der Feststellungsbeschluß begründet die jederzeit widerlegbare Vermutung, daß der Tod in dem festgestellten Zeitpunkt eingetreten ist (§ 44 II VerschG).

§ 10
Rechtlich erhebliche Eigenschaften und Zustände

I. Geschlecht

138 Entsprechend dem Grundsatz in Art. 3 II GG hatte zunächst das Gleichberechtigungsgesetz die wesentlichen vor dem GG nicht zu rechtfertigenden Unterschiede in der Behandlung von Mann und Frau beseitigt (vgl. oben Rdn. 20). Darüber hinaus hat das 1. EheRG vom 14. 6. 1976 die Gleichberechtigung durch Änderung der §§ 1355, 1356, 1357, 1360, 1360 a, 1361 durchgeführt. Dem Grundsatz dienen auch §§ 611 a und b.

Eine Feststellung der Geschlechtszugehörigkeit sowie eine damit zusammenhängende Änderung des Vornamens ermöglicht in besonderen Fällen das TranssexuellenG vom 10. 9. 1980 (vgl. BVerfG NJW 1982, 2061).

II. Staatsangehörigkeit

139 1. Die Staatsangehörigkeit hat in erster Linie für das *öffentliche Recht* Bedeutung. Für die Bundesrepublik Deutschland gilt das Reichs- und Staatsangehörigkeitsgesetz von 1913; maßgebend ist daneben insbesondere Art. 116 GG mit Staatsangehörigkeitsregelungsgesetzen.

2. Die Staatsangehörigkeit ist neben dem gewöhnlichen Aufenthalt (Rdn. 152) ein besonders wichtiger Anknüpfungspunkt für das *deutsche internationale Privatrecht* (vgl. Art. 5 I, 7, 9, 10, 13–25 I EGBGB § 12 VerschG); s. oben Rdn. 70.

3. Für das *materielle Privatrecht* wird grundsätzlich kein Unterschied zwischen In- und Ausländern gemacht (RGZ 111, 375, 378).

Ausnahmsweise wird ein Ausländer privatrechtlich nicht gleichgestellt:

a) Nach Art. 88 EGBGB kann das Landesrecht den Grundstückserwerb von staatlicher Genehmigung abhängig machen. Dies gilt jedoch nicht für Angehörige der EG-Staaten (Gesetz vom 2. 4. 1964, BGBl I, 248).

b) Ausländer sollen eine Ehe nicht eingehen, bevor sie ein Ehefähigkeitszeugnis ihrer ausländischen Behörde beigebracht haben (§ 10 EheG).

III. Stand

140 Die historischen Standesvorrechte des *Adels* waren bereits unter der Weimarer Reichsverfassung aufgehoben worden. Lediglich der Vorbehalt für die Familienfideikommisse in Art. 59 EGBGB blieb noch wirksam, gilt jedoch nach dem Gesetz vom 28. 12. 1968 (BGBl I, 1451) als aufgehoben. (Zur Problematik der Familienstiftungen, die in ihren Funktionen Familienfideikommissen nahekommen, vgl. DÄUBLER Zur aktuellen Bedeutung des Fideikommißverbots, JZ 1969, 499 ff).

Die Zugehörigkeit zu einem bestimmten *Berufsstand* kann Sonderrechte bedingen, so insbesondere im HGB für Kaufleute; aber auch das BGB berücksichtigt in einzelnen Fällen die Zugehörigkeit zu einem bestimmten Beruf, so für Militärpersonen, Beamte, Geistliche und Lehrer (z. B. in §§ 411, 570, vgl. ferner §§ 9 und 839).

IV. Religion

141 Aus der Zugehörigkeit oder Nichtzugehörigkeit zu einem religiösen Bekenntnis darf keinem ein Nachteil erwachsen (Art. 3 III, 4 I, 33 III GG). Dadurch wird die Rücksichtnahme auf das religiöse Bekenntnis auf dem Gebiet des Erziehungsrechts nicht ausgeschlossen (vgl. §§ 1779, 1801).

Über die *religiöse Erziehung* bestimmt nach § 1 des Gesetzes über die religiöse Kindererziehung von 1921 (RelKErzG) die freie Einigung der Eltern, soweit ihnen Recht und Pflicht zustehen, für die Person des Kindes zu sorgen. Die Einigung ist jederzeit widerruflich und wird durch den Tod eines Ehegatten gelöst. Besteht eine solche Einigung nicht oder nicht mehr, so gelten auch für die religiöse Erziehung die Vorschriften des BGB über das Recht und die Pflicht, für die Person des Kindes zu sorgen (§§ 1626 ff). Es kann jedoch während bestehender Ehe von keinem Elternteil ohne die Zustimmung des anderen bestimmt werden, daß das Kind in einem anderen als dem zur Zeit der Eheschließung gemeinsamen Bekenntnis oder in einem anderen Bekenntnis als bisher erzogen, oder daß ein Kind vom Religionsunterricht abgemeldet werden soll. Wird die Zustimmung nicht erteilt, so kann die Vermittlung oder Entscheidung des Vormundschaftsgerichts beantragt werden. Für die Entscheidung sind, auch soweit ein Mißbrauch im Sinne des § 1666 nicht vorliegt, die Zwecke der Erziehung maßgebend. Vorher zu hören sind die Eltern, erforderlichenfalls Verwandte sowie das Kind, das das 10. Lebensjahr vollendet hat. Nach der Vollendung des 14. Lebensjahres steht dem Kind die Entscheidung darüber zu, zu welchem religiösen Bekenntnis es sich halten will. Hat das Kind das 12. Lebensjahr vollendet, so kann es nicht gegen seinen Willen in einem anderen Bekenntnis als bisher erzogen werden.

Die Ablegung der *Klostergelübde*, die nach kanonischem Recht Unfähigkeit zu Vermögensrechten und nach Preußischem Allgemeinen Landrecht den bürgerlichen Tod zur Folge hatte, zieht keine Minderung der Rechtsfähigkeit nach sich; ebensowenig eine solche der Handlungsfähigkeit (RGZ 97, 122, 124). Die im Arbeits- und Dienstverhältnis entwickelten Grundsätze für die Verpflichtung zur Übertragung von Nutzungsrechten können im urheberrechtlichen Bereich auf das

Verhältnis von Ordensangehörigen zum Orden in besonderem Maße entsprechende Anwendung finden (vgl. BGH LM Nr. 1 zu § 43 UrhG – „Hummelentscheidung").

V. Ehre

142 Da es eine rechtliche Ehrenminderung im Sinne des Verlustes der bürgerlichen Ehrenrechte nicht mehr gibt, sind auch ihre privatrechtlichen Folgen entfallen. Das BGB stellt jedoch noch auf den ehrlosen Lebenswandel ab, der nach § 2333 Nr. 5 Anlaß sein kann, einem Abkömmling den Pflichtteil zu entziehen. Über den Schutz der Ehre vgl. unten § 12.

VI. Lebensalter

143 Das Recht muß auf die geistige und willensmäßige Entwicklung des Menschen Rücksicht nehmen. Hierbei läßt es die Rechtssicherheit nicht zu, die Entscheidung auf die Prüfung des einzelnen Falles abzustellen, sondern muß nach Möglichkeit an äußerlich erkennbare Tatsachen anknüpfen. Hier bieten sich die Stufen des Lebensalters an. Maßgeblich ist hierbei der Schutz des Kindes bzw. des Minderjährigen.

144 *1. Das BGB unterscheidet hinsichtlich Geschäfts- und Deliktsfähigkeit drei Altersstufen:* das Kindesalter bis zum vollendeten 7. Lebensjahre (§§ 104 Nr. 1, 828 I); die Minderjährigkeit bis zum vollendeten 18. Lebensjahr. Von da ab tritt die Volljährigkeit ein (§ 2).

2. Die rechtliche Bedeutung

a) Das Kind und der Minderjährige stehen unter *elterlicher Sorge* (§ 1626) oder erhalten einen *Vormund* (§ 1773).

b) Die *Geschäftsfähigkeit* fehlt Kindern völlig, sie sind geschäftsunfähig (§ 104 Nr. 1). Minderjährige über 7 Jahre sind beschränkt geschäftsfähig (§§ 106, 107).

c) Die *Deliktsfähigkeit* fehlt völlig den Kindern unter 7 Jahren. Vom 18. Lebensjahr an besteht sie grundsätzlich. Zwischen dem 7. und 18. Lebensjahr muß im einzelnen Fall untersucht werden, ob der Täter die zur Erkenntnis der Verantwortlichkeit erforderliche Einsicht hatte (§ 828).

d) Sonstige bedeutsame Altersstufen:

145 – *Fünftes Lebensjahr*
Die Änderung des Familiennamens der Mutter des nichtehelichen Kindes erstreckt sich auf dessen Geburtsnamen nur noch dann, wenn es sich der Namensänderung anschließt (§ 1617 II).

Natürliche Personen: Rechtlich erhebliche Eigenschaften und Zustände   **§ 10** VI 2

– *Zehntes Lebensjahr*
Bei einer Änderung des religiösen Bekenntnisses ist das Kind anzuhören (§§ 2 f RelKErzG).

– *Zwölftes Lebensjahr*
Eine Konfessionsänderung kann nicht mehr gegen den Willen des Kindes erfolgen (§ 5 S. 2 RelKErzG).

– *Vierzehntes Lebensjahr*
Der Minderjährige kann strafrechtlich zur Verantwortung gezogen werden (§ 19 StGB). Das Jugendgerichtsgesetz behandelt ihn bis zum 18. Lebensjahr als Jugendlichen, bis zum 21. Lebensjahr als Heranwachsenden (§§ 1, 3, 105 JGG).

Der nichteheliche Minderjährige kann die Erklärung, daß sich die Änderung des Familiennamens seiner Mutter auch auf den eigenen Geburtsnamen erstrecken soll, nur noch selbst abgeben; er bedarf jedoch hierzu der Zustimmung seines gesetzlichen Vertreters (§ 1617 II 2).

Der Minderjährige muß selbst mit Zustimmung seines gesetzlichen Vertreters in eine Adoption einwilligen (§ 1746 I). Bis zum Ausspruch der Adoption kann der Minderjährige seine Einwilligung auch ohne Zustimmung des gesetzlichen Vertreters widerrufen (§ 1746 II).

Bei der Legitimation erstreckt sich der von den Eltern zu führende Ehename auf den Geburtsnamen eines minderjährigen Abkömmlings nur, wenn er sich der Namensänderung durch Erklärung anschließt (§ 1720).

Vor der Entscheidung über die Regelung der Personen- und Vermögenssorge hat das Vormundschaftsgericht das minderjährige Mündel anzuhören (§ 50 b II FGG).

Das Mündel kann Antrag auf Entlassung des Vormunds stellen (§ 1887 II).

In seine Ehelichkeitserklärung kann der Minderjährige nur noch selbst einwilligen; er bedarf jedoch hierzu der Zustimmung seines gesetzlichen Vertreters (§ 1729 I 2).

Der Minderjährige kann das religiöse Bekenntnis wechseln (§ 5 RelKErzG).

Ein minderjähriges nichteheliches Kind kann die Einwilligung in seine Einbenennung nur selbst erteilen, jedoch bedarf es der Zustimmung seines gesetzlichen Vertreters (§ 1618 II).

– *Sechzehntes Lebensjahr*
Der Minderjährige ist testierfähig (§ 2229 I), kann aber kein eigenhändiges Testament errichten (§ 2247 IV).

Ein Minderjähriger kann auf Antrag ehemündig werden, sofern sein Ehepartner volljährig ist (§ 1 II EheG).

– *Achtzehntes Lebensjahr*
Es wird die Fähigkeit erworben, zum Vormund bestellt zu werden (§ 1781 Nr. 1).

Die Regelunterhaltspflicht des unehelichen Vaters endet mit dem 18. Lebensjahr des Kindes (§ 1615 f I).

– *Einundzwanzigstes Lebensjahr*
Ein nichteheliches Kind ist berechtigt, von seinem Vater den vorzeitigen Erbausgleich zu verlangen. Der Anspruch endet mit Vollendung des 27. Lebensjahres (§ 1934 d I).

– *Fünfundzwanzigstes Lebensjahr*
Eine Todeserklärung aufgrund des allgemeinen Verschollenheitstatbestandes ist möglich (§ 3 II VerschG).

Bei der Annahme an Kindes statt durch ein Ehepaar muß ein Ehegatte das 25. Lebensjahr, der andere Ehegatte das 21. Lebensjahr vollendet haben (§ 1743 I). Wer ein Kind allein annehmen will, muß das 25. Lebensjahr vollendet haben (§ 1743 II). Bei der Adoption seines nichtehelichen Kindes oder des Kindes seines Ehegatten muß der Annehmende das 21. Lebensjahr vollendet haben (§ 1743 III).

– *Sechzigstes Lebensjahr*
Man darf die Übernahme der Vormundschaft bzw. der Pflegschaft ausschlagen (§§ 1786 I Nr. 2, 1915).

– *Achtzigstes Lebensjahr*
Die allgemeine Verschollenheitsfrist verkürzt sich auf 5 Jahre (§ 3 I VerschG).

VII. Gesundheit

1. Körperliche Gebrechen

146 Körperliche Gebrechen (Stummheit, Taubheit, Blindheit usw.) haben keine Beschränkung der Rechts- und Geschäftsfähigkeit zur Folge. Sie können aber ein tatsächliches Hindernis für die Vornahme gewisser Geschäfte bilden. Mit Rücksicht darauf kann dem Gebrechlichen für alle oder einzelne Angelegenheiten ein Betreuer bestellt werden – aber nur auf Antrag des zu Betreuenden und ohne, daß dessen Handlungsfähigkeit im Rechtssinn dadurch geschmälert würde (§ 1896). Auch die Deliktsfähigkeit wird durch körperliche Gebrechen nicht aufgehoben, ausgenommen für Taubstumme, die wie Minderjährige von 7 bis 18 Jahren behandelt werden (§ 828 II 2). Gebrechlichkeit ist ein Grund zur Ablehnung der Vormundschaft (§ 1786 Nr. 4). Außerdem nimmt das Beurkundungsgesetz Rücksicht bei der Beteiligung von behinderten Personen (§§ 22 ff BeurKG).

2. Geistige Gebrechen

147 Geistige Gebrechen haben größere Bedeutung wegen ihres stärkeren Einflusses auf Denk- und Willensvermögen.

Bei *krankhafter Störung der Geistestätigkeit* ist die Willenserklärung unter der Voraussetzung des § 104 Nr. 2 nichtig, vgl. § 105, wobei auf den krankhaften Zustand gerade im Augenblick der Abgabe der Willenserklärung abzustellen ist. Eine konkrete Beurteilung ist auch im Deliktsrecht vorzunehmen (§ 827).

Nach Durchführung der Entmündigung galt für den *rechtsgeschäftlichen Bereich* eine *generelle Regelung*, wobei das Gesetz zwischen Geisteskrankheit und Geistesschwäche unterschied (vgl. §§ 104 Nr. 3 aF.; 105 einerseits und § 114 aF. andererseits).

3. Betreuung

D. SCHWAB, FamRZ 1990, 681 ff; TAUPITZ, JuS 1992, 9 ff; W. ZIMMERMANN/ DAMRAU, NJW 1991, 538 ff.

Natürliche Personen: Rechtlich erhebliche Eigenschaften und Zustände § 10 VII 3

Seit dem 1. 1. 1992 ist an die Stelle von Vormundschaft und Pflegschaft für **148**
Volljährige das Institut der Betreuung (§§ 1896 ff) getreten. Bestehende Vormundschaften und Pflegschaften wurden in Betreuungsverhältnisse umgewandelt.

a) Voraussetzungen

Eine Betreuung kommt – ggf. nur auf Antrag des Betroffenen – in folgenden Fällen in Betracht (§ 1896):
aa) bei körperlicher Behinderung;
bb) bei psychischer Krankheit sowie geistiger oder seelischer Behinderung. Als psychische Erkrankung kommen neben Psychosen und Neurosen insbesondere auch Alkohol- und Drogenabhängigkeit in Betracht (vgl. früher § 6 Abs. 1 Nr. 3). Ein bestimmter Schweregrad der Behinderung oder Erkrankung wird nicht vorausgesetzt.

Weitere Voraussetzung ist, daß der Betroffene aufgrund seiner Krankheit oder Behinderung außerstande ist, seine Angelegenheiten selbst zu besorgen. Die Betreuung ist darüber hinaus subsidiär und darf daher nur angeordnet werden, wenn die Angelegenheiten des Betroffenen nicht durch einen Bevollmächtigten oder durch andere Hilfen (Verwandte, Nachbarn, soziale Dienste) ebenso gut besorgt werden können.

b) Verfahren

Die Bestellung eines Betreuers erfolgt durch Beschluß des Amtsgerichts (Vor- **149**
mundschaftsgerichts). Das Verfahren (§§ 65 ff FGG) unterliegt als Verfahren der freiwilligen Gerichtsbarkeit der Offizialmaxime (§ 12 FGG). Der Betroffene ist in diesem Verfahren ohne Rücksicht auf seine Geschäftsfähigkeit verfahrensfähig (§ 66 FGG). Vor der Entscheidung hat das Gericht gem. § 68 FGG den Betroffenen persönlich anzuhören und sich – evtl. in seiner üblichen Umgebung – einen unmittelbaren Eindruck von ihm zu verschaffen. Nach § 68 b FGG darf die Bestellung erst erfolgen, wenn ein Sachverständigengutachten über die Notwendigkeit der Betreuung vorliegt. In besonderen Fällen (§ 69 f FGG) kann ein vorläufiger Betreuer durch einstweilige Anordnung bestellt werden. Neben dem Betroffenen (§ 20 FGG) steht der zuständigen Behörde sowie dem Ehegatten und einem abgegrenzten Verwandtenkreis (§ 69 g FGG) das Rechtsmittel der Beschwerde zu.

Zum Betreuer können eine oder mehrere natürliche Personen (§§ 1897 ff), aber auch ein anerkannter Betreuungsverein oder eine Behörde (§ 1900) bestellt werden. Der Verein überträgt die Betreuung einzelnen Personen.

c) Wirkungen

150 Die Bestellung eines Betreuers allein hat – anders als nach früherem Recht die Entmündigung, §§ 104 Nr. 3, 114 a. F. – keine Auswirkungen auf die Geschäftsfähigkeit des Betreuten. Unabhängig davon vertritt nach § 1902 der Betreuer innerhalb seines Aufgabenkreises den Betreuten gerichtlich und außergerichtlich. Sofern der Betreute geschäftsfähig ist, kann es daher zu einander widersprechenden Rechtsgeschäften von Betreutem und Betreuer kommen. § 1901, der gewisse Einschränkungen der Befugnisse des Betreuers enthält, gilt nur im Innenverhältnis.

Durch Anordnung eines Einwilligungsvorbehaltes (§ 1903) kann das Vormundschaftsgericht die Beteiligung des Betreuten am Rechtsverkehr für bestimmte Bereiche oder allgemein beschränken. Der Betreute steht insoweit einem beschränkt Geschäftsfähigen gleich. Für bestimmte Fälle, §§ 1904 ff, besteht ein Genehmigungsvorbehalt des Vormundschaftsgerichts. Darüber hinaus ist der Betreuer gem. §§ 1908 i, 1821 ff für verschiedene Geschäfte auf die Genehmigung des Vormundschaftsgerichts angewiesen.

VIII. Wohnsitz

151 1. Der Wohnsitz ist der räumliche Schwerpunkt der Lebensverhältnisse einer Person (vgl. § 7 I); er kann an mehreren Orten bestehen (§ 7 II). Das Gesetz knüpft an ihn eine Reihe von **Rechtsfolgen** an:

Er ist Leistungsort für das Schuldverhältnis (§§ 269 f). Nach ihm bestimmen sich der allgemeine Gerichtsstand (§§ 13 ff ZPO) und die Zuständigkeit des Konkurs- und Vergleichsgerichts (§ 71 KO) sowie die Zuständigkeit im Bereich der freiwilligen Gerichtsbarkeit (z. B. §§ 36 ff, 43 b, 73 FGG) und die Zuständigkeit des Standesbeamten für die Eheschließung.

Das öffentliche Recht geht vom Wohnsitzbegriff des BGB aus, jedoch gelten im Steuerrecht Besonderheiten.

Dem Wohnsitz der natürlichen Person entspricht der Sitz der juristischen Person (§ 24, § 5 AKtG).

2. Der Wohnsitz ist *entweder* ein *freigewählter* (Ort der ständigen Niederlassung) oder ein vom Gesetz (ohne Rücksicht auf den Willen) bestimmter, sog. *gesetzlicher Wohnsitz*.

152 a) Der **gewillkürte Wohnsitz** wird durch die ständige Niederlassung an einem Ort begründet (§ 7 I). Die *tatsächliche Niederlassung* reicht nicht aus; dazu muß der *Wille* kommen, den Ort zum Schwerpunkt der Lebensinteressen zu machen. Dadurch grenzt sich der Wohnsitz von dem Aufenthaltsort ab. Ein Wille zur Niederlassung kann insbesondere bei Ausbildungs- und Arbeitsverhältnissen fehlen.

Der (gewöhnliche) Aufenthalt spielt im internationalen Privatrecht – zum Teil subsidiär nach der Staatsangehörigkeit – eine große Rolle für die Bestimmung des maßgeblichen materiellen Rechts, vgl. Art. 5 II, 8, 14 I Nr. 2, 18 EGBGB.
  Ihm kommt auch Bedeutung für die Bestimmung des Gerichtsstandes zu, vgl. §§ 16, 20 ZPO, 65 FGG.

Auch die *Aufgabe* des Wohnsitzes erfordert neben der Aufhebung der Niederlassung einen entsprechenden Aufgabewillen; die Auflösung des Haushaltes allein genügt nicht (§ 7 III).

Begründung und Aufgabe sind *Rechtshandlungen*, keine Rechtsgeschäfte, da die Rechtsfolgen eintreten, auch wenn der Wille zur Niederlassung sie nicht mitumfaßt. Gleichwohl erfordern Begründung und Aufgabe *unbeschränkte Geschäftsfähigkeit*, sog. geschäftsähnliche Handlung. Wegen der weittragenden Rechtsfolgen bestimmt das Gesetz, daß Geschäftsunfähige oder beschränkt Geschäftsfähige ohne den Willen des gesetzlichen Vertreters einen Wohnsitz weder begründen noch aufheben können (§ 8 I). Jedoch kann ein Minderjähriger, der verheiratet ist oder war, selbst einen Wohnsitz begründen oder aufheben (§ 8 II).

b) Ein **gesetzlicher Wohnsitz** wird vom Gesetz ohne Rücksicht auf ständige **153** Niederlassung zugewiesen:

Soldaten haben ihren Wohnsitz am Standort (§ 9). Das gilt aber nicht für Soldaten, die nur aufgrund der Wehrpflicht Wehrdienst leisten oder selbständig einen Wohnsitz nicht begründen können.

Beamten ist kein gesetzlicher Wohnsitz zugewiesen, sie haben ihren Wohnsitz so zu nehmen, daß der Dienst nicht beeinträchtigt wird (vgl. § 74 BBG). *Notaren* wird ein bestimmter Ort als Amtssitz zugewiesen, an dem er seine Wohnung zu nehmen hat (§ 10 BNotO).

c) Ein **Kind** teilt den Wohnsitz der Eltern (§ 11). Haben diese getrennte Wohnsitze, **154** so hat das Kind – ggf. bis zu einer Entscheidung nach §§ 1671, 1672 – einen doppelten Wohnsitz (BGHZ 48, 228, 233 f). Steht jedoch einem Elternteil das Recht zur Personensorge nicht zu, so hat das Kind nur den Wohnsitz des anderen Elternteils (§ 11 S. 1, 2. Hs.). Steht keinem Elternteil das Recht zu, dann teilt das Kind kraft Gesetzes den Wohnsitz derjenigen Person, der dieses Recht zusteht (§ 11 S. 2). Das Kind behält den Wohnsitz, bis es ihn rechtsgültig aufhebt (§ 11 S. 3).

§ 11
Namensrecht

J. BAUER Zum Namensschutz im deutschen internationalen Privatrecht unter besonderer Berücksichtigung des Schutzes der Handelsnamen, AcP 167 (1967), 535 ff; v. BUCH Name, Ehename und Kennzeichen, JZ 1974, 445 ff; DIEDERICHSEN Das Recht der Vornamensgebung, NJW 1981, 705 ff; FABRICIUS Extensive Anwendung des § 12

BGB? JR 1972, 15 ff; FICKER Das Recht des bürgerlichen Namens, 1950; FORKEL Zur Zulässigkeit beschränkter Übertragungen des Namensrechtes, NJW 1993, 3181 ff; KLIPPEL Der zivilrechtliche Schutz des Namens, 1985; KRÜGER-NIELAND Anwendungsbereich und Rechtsnatur des Namensrechts, Festschrift R. Fischer, 1979, 339 ff; LINDENMAIER Namens- und Firmenschutz im Geschäftsverkehr, BB 1953, 629 ff.

155 Das Namensrecht ist ein **Persönlichkeitsrecht**. Es will das Interesse der einzelnen Persönlichkeit an einer individuellen Bezeichnung schützen, die ermöglicht, ihre sozialen Lebensäußerungen von denen anderer zu unterscheiden. In der Form eines absoluten Rechts gewährleistet es dem Namensträger jedermann gegenüber das Recht, den ihm zustehenden Namen zu gebrauchen und andere am unberechtigten Gebrauch zu hindern, § 12.

Den zustehenden Namen bei Namensungewißheit feststellen zu lassen, ermöglicht das Gesetz über die Änderung von Familiennamen und Vornamen vom 5. 1. 1938 nebst Durchführungsverordnung vom 7. 1. 1938 sowie das Änderungs- und Ergänzungsgesetz vom 29. 8. 1961 mit Allgemeiner Verwaltungsvorschrift vom 8. 5. 1963, indem es in § 8 dem Innenminister die Befugnis überträgt, bei Namensungewißheit den Familiennamen eines deutschen Staatsangehörigen (oder auch eines Staatenlosen, der seinen Wohnsitz oder gewöhnlichen Aufenthalt im Deutschen Reich hat) auf Antrag eines Beteiligten mit allgemeinverbindlicher Wirkung festzustellen.

I. Erwerb des Namens

156 Der Erwerb des Namensrechts fällt zusammen mit dem des Namens. Für die herkömmlichen Namensbestandteile, Nachnamen und Vornamen gilt verschiedenes.

1. Der **Nachname** wird erworben entweder nach bürgerlichem Recht oder Verwaltungsrecht.

Nach *bürgerlichem Recht* erwirbt man den Namen:

Durch *Abstammung* (§§ 1616 ff), *Einbenennung* (§ 1618), *Legitimation* (§ 1719), *Ehelichkeitserklärung* (§§ 1737).

Durch *Heirat*. Nach § 1355 sollen die Ehegatten einen gemeinsamen Familiennamen (Ehenamen) führen. Zum Ehenamen können die Verlobten den Geburtsnamen des Mannes *oder* den der Frau wählen. Der Ehegatte, dessen Geburtsname nicht Ehename geworden ist, kann durch Erklärung gegenüber dem Standesbeamten dem Ehenamen seinen Geburtsnamen oder den zur Zeit der Eheschließung geführten Namen beifügen. Der verwitwete oder geschiedene Ehegatte behält grundsätzlich den Ehenamen, er kann aber seinen früheren Namen wieder annehmen.

Die Verlobten können sich auch dazu entschließen, daß jeder seinen bisherigen Namen weiterführt. Es wird dann kein Ehename gebildet. Etwaige Kinder erhalten den Familiennamen des Elternteils, auf den sich die Eltern einigen; mangels

Einigung überträgt das Vormundschaftsgericht einem der Eltern das Recht, den Namen zu bestimmen (§ 1616 II, III).

§ 1355 beruht in seiner gegenwärtigen Fassung auf dem Gesetz zur Neuordnung des Familiennamensrechts vom 16. 12. 1993 (BGBl. I, 2054). Damit reagierte der Gesetzgeber auf das Urteil des Bundesverfassungsgerichts (BGBl.1991 I, 807; vgl. NJW 1991, 1602), das die Regelung des § 1355 II 2 a. F., wonach mangels Bestimmung durch die Ehegatten der Mannesname Ehename wurde, für verfassungswidrig erklärt hatte.

Bei der *Annahme als Kind* erhält der Adoptierte den Namen des Adoptierenden (§ 1757 I). Vom Gericht kann dem neuen Namen der alte Name des Angenommenen *zugefügt* werden (§ 1757 II). Eine Zufügung ist – wie erwähnt – auch dann möglich, wenn der Ehegatte, dessen Name nicht Ehename wird, seinen Namen dem Ehenamen beifügt. Darüber hinaus ist eine Zufügung von Namen unzulässig. Doch kann die Annahme eines Doppelnamens im Wege obrigkeitlicher Namensänderung da gestattet werden, wo wirtschaftliche Interessen, Familienbeziehungen oder ähnlich wichtige Gründe dies angezeigt erscheinen lassen (§ 3 I NamÄndG).

Nach dem *Personenstandsgesetz* bestimmt die zuständige *Verwaltungsbehörde* bei Findelkindern und nicht feststellbarem Personenstand den Familien- und den Vornamen (§§ 25 II, 26 PStG).

2. Den *Vornamen* legt bei, wer für die Person des Kindes zu sorgen hat (Vater, Mutter, Vormund); dies folgt aus §§ 1626, 1705, 1793.

II. Namensänderungen

Willkürliche Änderungen sind unstatthaft; auch die Vornamen können nach der Eintragung ins Geburtsregister nicht beliebig geändert werden. Nach dem NamensänderungsG vom 5. 1. 1938, §§ 3, 6, kann die höhere Verwaltungsbehörde die Änderung des Familiennamens zulassen, wenn ein wichtiger Grund vorliegt. Die Änderung des im Geburtenbuch eingetragenen Vornamens unterliegt der Genehmigung der unteren Verwaltungsbehörde (§ 11 NamÄndG). Die Änderung des Familiennamens erstreckt sich auch auf die unter elterlicher Gewalt stehenden Kinder, bei Frauen auch auf die nichtehelichen Kinder (§ 4 NamÄndG).

Eine Änderung des Vornamens ermöglicht in besonderen Fällen auch § 1 TranssexuellenG.

III. Namensführungspflicht

Streitig ist, ob und inwieweit eine Namensführungspflicht besteht. Hinsichtlich des bürgerlichen Namens folgt sie aus den Vorschriften des öffentlichen Rechts, den Bestimmungen des PStG und des NamÄndG; hinsichtlich der Firma aus

§§ 18, 29 HGB, hinsichtlich des Namens und der Firma §§ 15 a, b GewO. Als Ordnungswidrigkeit wird nur die falsche Namensangabe gegenüber einer zuständigen Behörde oder einem zuständigen Beamten geahndet (§ 111 OWiG). Ein privatrechtlicher Anspruch von Privatpersonen gegenüber anderen Privatpersonen auf Führung eines bestimmten Namens ist nur in Ausnahmefällen anzuerkennen; ggf. kann ein Ehegatte von dem anderen mit der Herstellungsklage die Führung des Ehenamens verlangen (§§ 1353, 1355).

IV. Schutz

Das Namensrecht kann nach § 12 in zwei Fällen **klageweise geltend gemacht werden:**

159 1. Zum Schutz des *Eigengebrauchs*, wenn dem Berechtigten das Recht zum Gebrauch bestritten wird (Namensleugnung). Das kann wörtlich oder tatsächlich geschehen, z. B. durch Abreißen des Türschilds; auch wenn der Mann seiner zur Führung des Ehenamens berechtigten geschiedenen Ehefrau stets unter ihrem Mädchennamen schreibt.

160 2. Zum Schutz gegen *Fremdgebrauch*, aber nur gegen den, der den gleichen Namen **unbefugt gebraucht** und dadurch das Interesse des Berechtigten verletzt (Namensanmaßung). Eine Verwechslungsgefahr ist nicht erforderlich (BGHZ 15, 107, 111).

Nach der Rechtsprechung ist der Gebrauch eines fremden Namens nicht bloß dann unbefugt, wenn jemand diesen Namen als seinen eigenen gebraucht, sondern auch dann, wenn er ihn *zur Bezeichnung seines Geschäfts oder seiner Ware verwendet* (RGZ 74, 308, 310; BGH LM Nr. 21 zu § 12; BGHZ 8, 318, 321 f). Der Name kann jedoch seine individuelle Kennzeichnungsfunktion verlieren, wenn er Gattungsbezeichnung geworden ist (RGZ 69, 310 f; vgl. aber RGZ 100, 182 ff).

Nach der Rechtsprechung des RG sollte ein unbefugter Namensgebrauch auch in der Verwendung eines fremden Namens zur Bezeichnung eines Tieres oder einer in *literarischen oder bildnerischen Erzeugnissen* dargestellten Figur liegen (RGZ 74, 308 ff; 101, 226, 231; 114, 90, 93). Erforderlich sollte sein, daß die Verwendung in schutzwürdige Interessen verletzender Weise geschieht; vgl. KG JW 1921, 1551 f; RG DJZ 1906, 543 (Professor „Biedermann"); RG JW 1939, 153 f, wo die Verwendung eines Namens zur Bezeichnung einer Romanfigur als unzulässig bezeichnet wird, wenn bei der Mehrzahl der Leser der Eindruck erweckt wird, ein bestimmter Namensträger habe der Romanfigur zum Vorbild gedient. Ausscheiden sollten die Fälle, bei denen es sich um eine zeitgeschichtliche Darstellung handelt (LG Berlin JW 1929, 45 f). Der Rückgriff auf das Namensrecht war erforderlich, weil ein allgemeines Persönlichkeitsrecht noch nicht anerkannt war. Eine Namensanmaßung liegt in diesen Fällen jedoch nicht vor; bei

Natürliche Personen: Namensrecht   § 11 IV 2

freier Erfindung einer Romanfigur fehlt der Bezug zu einem bestimmten Namensträger; läßt andererseits die Figur einen solchen Bezug erkennen, wird der richtige Name verwandt. Darin kann jedoch – etwa bei entstellender Darstellung – eine Verletzung des allgemeinen Persönlichkeitsrechts liegen, vgl. BGHZ 30, 7; MünchKomm/SCHWERDTNER § 12 Rdn. 110.

Nach RGZ 108, 230 soll § 12 gegenüber dem, der einem Dritten, nicht sich, einen anderen Namen beilegt, regelmäßig unanwendbar sein; ein Ehemann hatte seine Geliebte, mit der er in einem Gasthof abgestiegen war, unter dem Namen seiner Ehefrau ins Gästebuch eingetragen (anders die überwiegende Meinung; vgl. MünchKomm/SCHWERDTNER § 12 Rdn. 100; SOERGEL/HEINRICH § 12 Rdn. 175 m.w.N.). In einem widerspruchslosen Dulden der Benennung kann andererseits ein Gebrauch des fremden Namens durch den Benannten gefunden werden (RG JW 1930, 1722, 1723).

Dagegen ist aus § 12 kein Anspruch des Namensträgers herzuleiten, daß der **161** den gleichen Familiennamen Führende sich zur Vermeidung von Verwechslungen dieses Namens nur in Verbindung mit seinem Vornamen oder einem Unterscheidungsmerkmal bediene (RG JW 1911, 572). Anderes gilt im Firmenrecht, wo bei gleichlautenden Firmennamen im Ortsbereich zur Unterscheidung Zusätze beigefügt werden müssen (§ 30 HGB). Weitergehende Ansprüche können sich aus § 15 MarkenG ergeben, der den Namensschutz des § 12 ergänzt und bezüglich des Gebrauchs eines Namens, einer Firma usw. einen Unterlassungsanspruch gewährt, wenn dadurch eine **Verwechslungsgefahr** hervorgerufen wird. Es ist zu unterscheiden, ob die Aufnahme des diese Gefahr begründenden Familiennamens in die jüngere Firma nach den Vorschriften des Firmenrechts vermieden werden kann (so nach § 24 HGB, § 4 AktG, § 4 GmbHG), oder ob sie notwendig ist (so bei Neugründung einer Einzelfirma § 18 HGB). Der ältere Firmeninhaber kann also z. B. die Beseitigung des bürgerlichen Namens in der Firma des jüngeren Wettbewerbers verlangen, wenn dieser seinen bürgerlichen Namen in die Firma einer GmbH aufnimmt (RGZ 110, 234 ff „Malzmann"). Das ist nicht der Fall, wenn dieser eine Einzelfirma gründet, in die er nach § 18 HGB seinen Familiennamen mit mindestens einem ausgeschriebenen Vornamen aufnehmen muß (RGZ 116, 209 ff „Stollwerck"). Das Interesse des alten Namensträgers an der Zurechnung der eigenen Leistung und andererseits des Publikums am Schutz vor Irreführung kann grundsätzlich nicht dazu führen, daß sich der neue Namensträger seines ihm zustehenden bürgerlichen Namens nicht bedienen darf (BGHZ 4, 96, 104 f). Es kann jedoch verlangt werden, daß er, wenn er sich seines Namens bedient, die Verwechslungsgefahr durch besonders **deutliche Unterscheidungszusätze** – soweit zumutbar – ausschließt (BGHZ 14, 155 ff „Farina", wo ausdrücklich festgestellt wird, daß die Benutzung des Familiennamens ohne einen die Verwechslungsgefahr ausschließenden wörtlichen Unterscheidungszusatz die Unterlassungsklage nach § 12 BGB und § 15 IV MarkenG rechtfertigt; vgl. auch BGH JZ 1951, 513 f).

Der Verwendung des Namens in der Firma des Einzelkaufmanns entspricht die Verwendung des Namens des einzigen persönlich haftenden Gesellschafters einer Kommanditgesellschaft nach § 19 II HGB; auch hier kann die Aufnahme des Namens nicht untersagt, jedoch müssen Unterscheidungszusätze verlangt werden (RGZ 165, 271, 280 ff).

Die Aufnahme des Namens in eine Firma bedeutet keinen Verzicht des Kaufmanns auf sein am Namen bestehendes Persönlichkeitsrecht. Der Namensträger muß daher in jedem Falle in die Verwendung seines Namens bei Fortführung der Firma bzw. Weiterbenutzung eines den Namen enthaltenden Warenzeichens einwilligen (BGHZ 32, 103 ff).

162 3. Der **Schutz** des Namensrechts geht auf **Beseitigung der Beeinträchtigung** (durch Löschung des Warenzeichens, RGZ 54, 42, 44; Entfernung des Namens auf dem Ladenschild, Berichtigung, öffentliche Anerkennung bei Bestreiten usw.) und, wenn weitere Beeinträchtigungen zu erwarten sind, auf **Unterlassung**. Der Unterlassungsanspruch setzt nur Rechtswidrigkeit des Eingriffs, nicht aber Verschulden voraus.

Der Unterlassungsanspruch nach § 12 ist zusammen mit § 1004 das **Modell** für den allgemeinen Unterlassungsanspruch zum Schutz absoluter Rechte (vgl. zum allgemeinen Unterlassungsanspruch unten Rdn. 524 ff). Hinsichtlich der Firma gibt § 37 II HGB einen Unterlassungsanspruch.

Schadensersatzansprüche können nach § 823 I gegeben sein, da das Namensrecht als *absolutes Recht* angesehen wird. Der Schadensersatzanspruch setzt jedoch *Verschulden* des Verletzers voraus. Neben § 823 I, der die Verletzung des § 12 voraussetzt, kann sich ein Schadensersatzanspruch aus § 826 ergeben (BGH BB 1953, 369, 370). Einen Schadensersatzanspruch gewährt auch § 15 V MarkenG.

Erlangt der Verletzer durch den Eingriff in das Namensrecht Vermögensvorteile, so steht dem Berechtigten ein Bereicherungsanspruch gem. § 812 I 1 2. Alt. (Eingriffskondiktion) zu (BGHZ 81, 75).

V. Ausdehnung des Namensschutzes

163 1. Obwohl § 12 systematisch für natürliche Personen vorgesehen ist, findet er auch auf **juristische Personen** entsprechende Anwendung (RGZ 74, 114, 115 f; 109, 213, 214; 115, 401, 406; BGHZ 11, 214, 215; BGH BB 1953, 369 f). Das gilt insbesondere für den rechtsfähigen (BGH NJW 1970, 1270), aber auch für den nichtrechtsfähigen Verein (RGZ 78, 101, 102 f; OLG München JW 1925, 2150).

Natürliche Personen: Namensrecht § 11 V 6

§ 12 gilt auch für *juristische Personen des öffentlichen Rechts*. So kann der unbefugte Gebrauch des Namens einer Stadtgemeinde in der Bezeichnung eines Theaters als Stadttheater oder einer Apotheke als Stadtapotheke liegen (RGZ 101, 169, 171 f; RG JW 1927, 117 f). Eine Universität ist berechtigt, Namen und Embleme selbst gewerblich zu verwerten und Abwehransprüche gegenüber Dritten aus § 12 geltend zu machen (OLG Karlsruhe NJW 1991, 1487). Zur Benutzung von Gemeindenamen in Werbetexten vgl. BGH NJW 1963, 2267 ff.

2. Auch die **Firmenbezeichnung** kann neben §§ 30, 37 HGB bzw. § 15 i.V.m. § 5 **164** MarkenG den Schutz des § 12 genießen, da § 12 über den in diesen Vorschriften erfaßten Bereich hinausgeht (vgl. für die Firma des Einzelkaufmanns: OLG Hamburg HRR 1928 Nr. 1550; KG JW 1928, 367; für die OHG: RGZ 114, 90, 93; für die GmbH: BGH LM Nr. 16 zu § 12).

3. Ebenso ist die rechtsähnliche Ausdehnung zum Schutz von *Wappen* zulässig; so wenn das Ortswappen einer Stadtgemeine auf der Ausstattung eines gewerblichen Erzeugnisses angebracht wird (RGZ 71, 262, 264; RG JW 1924, 1711 f; SchlHOLG SchlHA 1972, 168). Auch das Wahrzeichen „Rotes Kreuz" wird gemäß § 12 BGB geschützt (BGH JuS 1995, 167 m. Anm. EMMERICH).

4. Auch die sog. *„Telegrammadresse"* erfährt analogen Rechtsschutz, RGZ 102, 89 („Eka-Werk"); ebenso *Abkürzungen* und *Schlagworte*, RGZ 109, 213, 214 f („Kwatta"); 117, 215, 218 f („Eskimo"); BGHZ 11, 214; 15, 107, 110 f („Koma"). Es soll jede Unternehmenskennzeichnung geschützt werden, die im Verkehr Namensfunktion hat (BGHZ 34, 91, 94 f).

5. Die entsprechende Anwendung auf das **Pseudonym**, d. h. den **Decknamen**, der **165** zur Kennzeichnung (Individualisierung) gewisser Lebensäußerungen (schriftstellerischer, künstlerischer Betätigung) bestimmt ist, wird bejaht, wenn der Deckname in weiteren Kreisen als Bezeichnung eines bestimmten Künstlers oder Schriftstellers gilt. Bereits das RG hat ausdrücklich anerkannt (RGZ 101, 226, 230; zustimmend BGHZ 30, 7, 10), daß die Decknamen von Künstlern und Schriftstellern den Schutz des § 12 genießen, da für ihre Führung dasselbe Schutzbedürfnis bestehe, und daß das Recht auf den Künstlernamen dem Namensträger auch verbleibt, wenn er die künstlerische Tätigkeit nicht mehr ausübt, da sich an den Decknamen der gute Ruf knüpfe.

> Auf die *Gültigkeit eines Rechtsgeschäfts* oder die *Zulässigkeit der Klage* ist es ohne Einfluß, daß die Partei mit einem von ihrem bürgerlichen Namen abweichenden Decknamen bezeichnet ist (vgl. BAUMBACH/LAUTERBACH/HARTMANN Grundz § 50 Anm. 2A).

6. Auch zugunsten *historischer Grundstücks- und Gebäudebezeichnungen* wird man **166** dem Eigentümer den Namensschutz des § 12 analog zusprechen dürfen („Richmodishaus" in Köln; vgl. H. LEHMANN Markenschutz und Wettbewerb XXXI, 353 f). Entsprechendes wird für eingebürgerte Hofnamen anzunehmen sein (ENN./NIPPERDEY § 100 V 2e).

7. In neuerer Zeit erhält das *Merchandising* eine immer größere Bedeutung. Es handelt sich dabei um die Vermarktung und den Verkauf von Gegenständen, die mit dem Namen eines Künstlers oder einer Einrichtung versehen werden. Auch diese gewerbliche Nutzung unterliegt dem Schutz des § 12.

§ 12
Das allgemeine Persönlichkeitsrecht

ADLER Die Persönlichkeitsrechte im ABGB, Festschrift zur Jahrhundertfeier des ABGB, 1911, Bd. 2, 163 ff; v. BAR Schmerzensgeld und gesellschaftliche Stellung des Opfers bei Verletzungen des allgemeinen Persönlichkeitsrechtes. NJW 1980, 1724 ff; BÖTTICHER Zur Ausrichtung der Sanktion nach dem Schutzzweck der verletzten Privatrechtsnorm, AcP 158 (1959/60), 385, 394 ff; ders., Die Einschränkung des Ersatzes immateriellen Schadens und der Genugtuungsanspruch wegen Persönlichkeitsminderung, MDR 1963, 353 ff; ders., Empfiehlt sich eine Neuregelung der Verpflichtung zum Geldersatz für immateriellen Schaden? Referat, Verhandlungen des 45. DJT, Bd. II, Teil C, 7 ff; v. CAEMMERER Der privatrechtliche Persönlichkeitsschutz nach deutschem Recht, Festschrift F. v. Hippel, 1967, 27 ff; COING Ehrenschutz und Presserecht, Schriftenreihe der juristischen Studiengesellschaft Karlsruhe, Heft 43, 1960; COING/LAWSON/GRÖNFORS Das subjektive Recht und der Rechtsschutz der Persönlichkeit, 1959; DEGENHARDT Das allgemeine Persönlichkeitsrecht, Art. 2 I mit Art. 1 I GG, JuS 1992, 361 ff; DÖLLE Gutachten des Max-Planck-Instituts, Der zivilrechtliche Persönlichkeits- und Ehrenschutz, 1960; ELSÄSSER Die persönliche Intimsphäre, 1969; FORKEL Zur systematischen Erfassung und Abgrenzung des Persönlichkeitsrechts auf Individualität, FS Hubmann 1985, 93 ff; ders., Allgemeines Persönlichkeitsrecht und „Wirtschaftliches Persönlichkeitsrecht" FS Neumeyer 1986, 229 ff; v. GAMM Persönlichkeits- und Ehrverletzungen durch Massenmedien, 1969; GEIS Der Kernbereich des Persönlichkeitsrechts, JZ 1991, 112 ff; O. v. GIERKE, I, §§ 81 ff und § 52, GROSSFELD Die Privatstrafe, 1961; HABSCHEID Das Persönlichkeitsrecht als Schranke der Wahrheitsfindung im Prozeßrecht, Gedächtnisschrift H. Peters, 1967, 840 ff; HARTMANN Persönlichkeitsrecht und Schmerzensgeld, NJW 1962, 12 ff und NJW 1964, 793 ff; HELLE Der Schutz der Persönlichkeit, der Ehre und des wirtschaftlichen Rufes im Privatrecht, 2. Aufl. 1969; ders., Besondere Persönlichkeitsrechte im Privatrecht, 1991; HERRMANN Der Schutz der Persönlichkeit in der Rechtslehre des 16. bis 18. Jh., 1968; HUBMANN Das Persönlichkeitsrecht, 2. Aufl. 1967; JARASS Das allgemeine Persönlichkeitsrecht im Grundgesetz, NJW 1989, 857 ff; H. KAUFMANN Allgemeines Persönlichkeitsrecht und Schmerzensgeld, JuS 1963, 373 ff; KLIPPEL Der zivilrechtliche Persönlichkeitsschutz von Verbänden, JZ 1988, 625 ff; KRÜGER-NIELAND Empfiehlt sich eine Neuregelung der Verpflichtung zum Geldersatz für immateriellen Schaden? Referat, Verhandlungen des 45. DJT, Bd. II, Teil C, 31 ff; G. KÜCHENHOFF Persönlichkeitsschutz kraft Menschenwürde, Festschrift Geiger, 1974, 45 ff; LARENZ Das „allgemeine Persönlichkeitsrecht" im Recht der unerlaubten Handlungen, NJW 1955, 521 ff; ders., Verhandlungen zum 42. DJT, 1959, Bd. I, D, 25 ff; LESSMANN Persönlichkeitsschutz juristischer Personen, AcP 170 (1970), 266 ff; NEUMANN/DUESBERG Das gesprochene Wort im Urheber- und Persönlichkeitsrecht, 1949; ders., Abgrenzbarkeit des allgemeinen Persönlichkeitsrechts und sein Schutz nach § 823 Abs. 1 BGB, NJW 1957,

1341 ff; NIPPERDEY Die Würde des Menschen, in: Neumann/Nipperdey/Scheuner Die Grundrechte II, 1954, 1 ff; ders., (mit WIESE) Freie Entfaltung der Persönlichkeit, in Bettermann-Nipperdey, Die Grundrechte IV/2, 1962, 741 ff; ders., in: Verhandlungen des 42. DJT, 1959, Bd. I, D, 3 ff; D. NÖRR Zum Ersatz des immateriellen Schadens nach geltendem Recht, AcP 158 (1959/60), 1 ff; PRINZ Der Schutz der Persönlichkeitsrechte vor Verletzung durch die Medien, NJW 1995, 817 ff; REINHARDT Das Problem des allgemeinen Persönlichkeitsrechts, AcP 153 (1954), 548 ff; ders., Der Streit um den Persönlichkeitsschutz nach dem Referentenentwurf des BJM, JZ 1959, 41 ff; ders., Persönlichkeitsschutz und Meinungsfreiheit, RuSt, Heft 233, 1961; REMÉ Die Aufgaben des Schmerzensgeldes im Persönlichkeitsschutz, 1962; RÖTELMANN Nichtvermögensschaden und Persönlichkeitsrechte nach schweizerischem Recht, AcP 160 (1961), 366 ff; SCHLECHTRIEM Inhalt und systematischer Standort des allgemeinen Persönlichkeitsrechts, DRiZ 1975, 65 ff; ders., Bereicherung aus fremdem Persönlichkeitsrecht, Festschrift W. Hefermehl, 1976, 445 ff; SCHÜLE/HUBER Persönlichkeitsschutz und Pressefreiheit, 1961; SCHULZ/SCHAEFER Das subjektive Recht im Gebiet der unerlaubten Handlung, 1915; SCHWERDTNER Das Persönlichkeitsrecht in der deutschen Zivilrechtsordnung, 1977; SIEBERT Zur allgemeinen Problematik des Persönlichkeitsrechts, NJW 1958, 1369 ff; J. SIMON Das allgemeine Persönlichkeitsrecht und seine gewerblichen Erscheinungsformen, 1981; H. STOLL Empfiehlt sich eine Neuregelung der Verpflichtung zum Geldersatz für immateriellen Schaden? Gutachten, Verhandlungen des 45. DJT, Bd. 1, Teil 1, 1964; ders., Der Persönlichkeitsschutz in der neuesten Entwicklung der verfassungsgerichtlichen Rechtsprechung, Jura 1981, 135 ff; SÜSS Geheimsphäre und moderne Technik, Festschrift H. Lehmann, I, 1956, 189 ff; TESKE Personaldatenverarbeitung und Persönlichkeitsschutz, ZIP 1987, 960 ff; H. WESTERMANN Person und Persönlichkeit als Wert im Zivilrecht, Arbeitsgemeinschaft für Forschung des Landes NRW, Heft 47, 1957; WIESE Der Ersatz des immateriellen Schadens, RuSt Heft 294/295, 1964; ders., Der Persönlichkeitsschutz des Arbeitnehmers gegenüber dem Arbeitgeber, ZfA 1971, 273 ff.

I. Die Rechtsnatur des allgemeinen Persönlichkeitsrechts

167 Ein allgemeines Persönlichkeitsrecht hat das BGB nicht aufgenommen, vielmehr im Rahmen des Rechts der unerlaubten Handlungen enumerativ einzelne Persönlichkeitsrechte als Rechtsgüter anerkannt. Die Motive (II, 728) betonten, daß die Aufzählung dieser Rechtsgüter im heutigen § 823 I notwendig sei, weil sonst bezweifelt werden müsse, ob diesen „höheren Gütern" der Schutz der Privatrechtsordnung zuteil werde.

Damit stellte sich der Gesetzgeber in Gegensatz zu den in der wissenschaftlichen Diskussion sich äußernden Bestrebungen (vgl. insbes. O. v. GIERKE aaO I § 52, §§ 81 ff; GAREIS zuerst in: Das juristische Wesen der Autorrechte, sowie des Firmen- und Markenschutzes, Buschs Arch., 35, 185 ff; vgl. auch Moderne Bewegungen in der Wissenschaft des deutschen Privatrechts, 1912; und KOHLER vornehmlich in: Das Autorrecht, JherJb. 18 (1880), 129 ff, 257 ff; ders., Das Recht an Briefen, ArchBürgR 7, 94 ff). Zur Darstellung der geschichtlichen Entwicklung vgl. M. HERRMANN aaO; HELLE 1969 aaO, HUBMANN 1967 aaO; H. KAUFMANN aaO; SCHEYHING AcP 158 (1959/60), 503 ff; LEUZE Die Entwicklung des Persönlichkeitsrechts im 19. Jahrhundert, 1962).

168 Nachdem in der ersten Hälfte des 20. Jahrhunderts die Rechtspraxis (bei geteilter Auffassung im Schrifttum) am Prinzip des Gesetzgebers festgehalten hatte, wird heute das *„allgemeine Persönlichkeitsrecht" als Rechtsposition* bejaht. Zur Begründung nimmt man Bezug auf den allgemeinen Grundsatz des Art. 1 I GG, der die Würde des Menschen zur Maxime aller staatlichen Tätigkeit erhebt, und das demgemäß in Art. 2 I GG verfassungsmäßig garantierte Grundrecht auf freie Entfaltung der Persönlichkeit (BGHZ 13, 334, 338). Das BVerfG hat die dahingehende Rechtsprechung des BGH ausdrücklich gebilligt (BVerfGE 34, 269, 279 ff; 35, 202, 219 ff).

169 Allerdings besteht keine einhellige Meinung darüber, ob das „Persönlichkeitsrecht" *unmittelbar im Sinne eines sonstigen Rechts nach § 823 I* zur Anwendung kommen soll (so der BGH in ständiger Rechtsprechung, vgl. BGHZ 24, 72, 77; 26, 349, 354; 27, 284, 286; 30, 7, 11; 35, 363, 365; dem BGH zustimmend insbes. Nipperdey aaO), oder ob es zur praktischen Anwendung einer *„Aufspaltung" in einzelne Individualrechte* bedarf (so schon Kohler JherJb. 18 (1880), 258; vgl. heute Larenz/Canaris SchR II/2 § 80 I 3; Esser/Weyers SchR II § 55 I 1b; Reinhardt AcP 153 (1954), 548; Neumann/Duesberg NJW 1957, 1341). Das wesentliche Argument für die letztgenannte Auffassung ist, daß eine unmittelbare Anwendung im Rahmen des § 823 I zur Auflösung der Grundtatbestände des Deliktsrechts und damit zu einer Gefährdung der Rechtssicherheit führt (vgl. insbes. Larenz NJW 1955, 521 f und SchR II, 10. Aufl, § 72 III a; zurückhaltender seit der 11. Auflage). Dem System des BGB entspricht es mehr, aus dem verfassungsrechtlichen Grundsatz festumrissene Einzelrechte abzuleiten und diese in den Kreis der „sonstigen Rechte" des § 823 I einzugliedern, deren Ausbau mit Recht Larenz (NJW 1955, 521 ff) als grundsätzlich möglich und wünschenswert ansieht. Damit würde die Rechtspraxis dem Gesetzgeber, aber auch gewohnheitsrechtlich verfestigten Institutionen folgen. Es mag bezeichnend sein, wenn BGHZ 39, 124, 129 (vgl. auch BGH NJW 1963, 904; MDR 1964, 136) nunmehr statt vom allgemeinen Persönlichkeitsrecht von „der Ehre" und dem „geschützten privaten Bereich" als Rechtsgut im Sinne von § 823 I spricht (vgl. dazu unten Rdn. 178 f). Soweit *gesetzliche Teilregelungen* bestehen, sind sie maßgebend; auf das allgemeine Persönlichkeitsrecht, das freilich auch bei ihnen die Grundlage bildet, braucht dann grundsätzlich nicht zurückgegangen zu werden (BGHZ 30, 7, 11).

II. Gesetzlich anerkannte Einzelrechte

170 Seit längerem sind gewisse Einzelrechte, die dem Schutz von Persönlichkeitsgütern dienen, gesetzlich anerkannt.

1. Hierzu gehört zunächst das *Namensrecht* (vgl. oben § 11).

Natürliche Personen: Das allgemeine Persönlichkeitsrecht § 12 II 6

2. In § 37 HGB ist das *Firmenrecht* entsprechend dem Namensrecht anerkannt und geregelt. Nach § 37 II HGB kann, wer in „seinen Rechten" dadurch verletzt wird, daß ein anderer eine Firma unbefugt gebraucht, von diesem die Unterlassung des Gebrauchs der Firma verlangen. Ein nach sonstigen Vorschriften begründeter Anspruch auf Schadensersatz bleibt unberührt. Dabei überschneidet sich der Schutz des Firmenrechtes mit dem des Namensrechtes (vgl. auch oben Rdn. 163 f).

3. Durch § 15 i.V.m. § 5 MarkenG werden Name und Firma gegen den *unbefugten Gebrauch im geschäftlichen Verkehr* geschützt, wenn der Gebrauch geeignet ist Verwechslungen hervorzurufen. Durch § 15 III MarkenG werden zudem im Inland bekannte geschäftliche Bezeichnungen gegen eine Benutzung durch Dritte auch dann geschützt, wenn zwar keine Verwechslungsgefahr besteht, aber die Unterscheidungskraft oder Wertschätzung der Bezeichnung in unlauterer Weise ausgenutzt oder beeinträchtigt wird. Daraus läßt sich ein *ausschließliches Recht an der Warenbezeichnung und sonstigen gewerblichen Bezeichnungsmitteln* ableiten (Kaufhaus des Westens, Hotel Esplanade, AEG, gekreuzte Schlüssel für eine Wach- und Schließgesellschaft).

171 4. Gesetzliche Regelungen des *Persönlichkeitsschutzes im Rahmen wirtschaftlicher Betätigung* sind weiterhin das *Patentgesetz*, insbesondere § 47 PatG, das *Geschmacksmustergesetz*, das den Schutz gewerblicher Muster und Modelle bezweckt (insbes. §§ 5 und 14 GeschmMG), und das *Gebrauchsmustergesetz* zum Schutz der Neugestaltung von Arbeitsgerätschaften und Gebrauchsgegenständen (insbes. §§ 15 ff GebrMG).

172 5. Die schöpferische Persönlichkeit im *künstlerischen und wissenschaftlichen Bereich* schützt das *Gesetz über Urheberrecht und verwandte Schutzrechte* (UrhG). Dabei werden persönliche geistige Schöpfungen, die auch in Computerprogrammen, Lichtbild- und Filmwerken sowie in pantomimischen Werken bestehen können, erfaßt (§ 2 UrhG). Das Urheberrecht schützt im Sinne eines grundsätzlich nicht übertragbaren Persönlichkeitsrechtes den Urheber in seiner *geistigen und persönlichen Beziehung zum Werk* und in der *Nutzung* des Werkes (§ 11 UrhG). Der Urheber hat das Recht zu bestimmen, ob und wie sein Werk zu veröffentlichen ist (§ 12 I UrhG); er hat das ausschließliche Recht, sein Werk zu verwerten, insbesondere das Vervielfältigungs-, das Verbreitungs- und Ausstellungsrecht (§§ 15 ff UrhG). Gegen Rechtsverletzungen schützen Ansprüche auf Unterlassung und Schadensersatz (§§ 97 ff UrhG) sowie strafrechtliche Vorschriften bei vorsätzlicher Verletzung (§§ 106 ff UrhG).

173 6. Das Urheberrechtsgesetz hat die Schutzbestimmungen des Kunsturhebergesetzes von 1907 (KUG), die den *Schutz von Bildnissen* betreffen, nicht aufgehoben (§ 141 Nr. 5 UrhG). Damit bleiben insbesondere die §§ 22–24 KUG, die das *Recht* *am eigenen Bilde* anerkennen, bestehen; sie gehen von der ausschließlichen Befugnis des Menschen aus, über die Verbreitung und öffentliche Schaustellung seines Bildnisses zu verfügen. Sie erfassen bildliche Darstellungen der Person jeder Art, auch durch den Film und das Fernsehen (vgl. KG JW 1928, 363 in Sachen Wilhelm II. gegen Piscator; hier erstreckte das Kammergericht das Recht am eigenen Bild auch auf die Darstellung einer Persönlichkeit auf der Bühne. Erst recht wird man das Recht am eigenen Bilde gegenüber einer Filmdarstellung anzuerkennen haben; vgl. BGHZ 26, 52 ff).

Zur Verbreitung und Schaustellung von Bildnissen ist die *Einwilligung* des Abgebildeten (nach seinem Tode noch 10 Jahre lang die Einwilligung des Ehegatten, der Kinder oder Eltern) erforderlich (§ 22 KUG). Wer als Zuschauer eine Fernsehsendung besucht, gibt damit das Einverständnis zur Verbreitung seines Bildes.

Ohne Einwilligung ist die Veröffentlichung gestattet:
(1) wenn der Abgebildete zum Bereich der *Zeitgeschichte* gehört (§ 23 I Nr. 1 KUG), z. B. Politiker, Sportler, Künstler. Aber auch Personen der Zeitgeschichte brauchen es nicht zu dulden, daß Bilder aus ihrer Privatsphäre veröffentlicht werden (BGHZ 24, 200) oder ihr Bildnis zu Werbezwecken gebraucht wird (BGHZ 20, 345 f);
(2) wenn der Abgebildete nur *Beiwerk* neben einer Landschaft oder Örtlichkeit (§ 23 I Nr. 2 KUG) oder nur *Teil einer größeren Personenmenge* bei Versammlungen, Aufzügen oder ähnlichen Vorgängen ist (§ 23 I Nr. 3 KUG);
(3) wenn ein *höheres Kunstinteresse* die Verbreitung oder Schaustellung rechtfertigt (§ 23 I Nr. 4 KUG).
(4) Die Einwilligung gilt im Zweifel als erteilt, wenn der Abgebildete für die Gestattung der Abbildung *entlohnt* wurde (§ 22 S. 2 KUG).
(5) Ohne Einwilligung ist die Veröffentlichung weiter gestattet, wenn die *Rechtspflege* oder die *öffentliche Sicherheit* es erfordern (Steckbrief, Verbrecheralbum, § 24 KUG; vgl. auch § 81b StPO).

In den Fällen 1–3 erstreckt sich aber die Befugnis nicht auf eine Verbreitung und Schaustellung, durch die ein *berechtigtes Interesse* des Abgebildeten oder, falls er verstorben ist, seiner Angehörigen *verletzt* wird (§ 23 II KUG; vgl. BGH NJW 1962, 1004, 1005; BGHZ 24, 200 f).

Die Rechtsprechung hat neben den Sondervorschriften des KUG den tatbestandlich umfassenderen Schutz des allgemeinen Persönlichkeitsrechts gewährt und *weitergehende Ansprüche* als in der Sonderregelung zugebilligt (vgl. BGHZ 24, 200; 30, 7; BGH WarnRspr. 1974 Nr. 182).

174 7. Die modernen technischen Mittel zur Datensammlung gefährden das Recht der Persönlichkeit auf Schutz der Privatsphäre. Dieser Gefährdung sollen das *Bundesdatenschutzgesetz* vom 20. 12. 1990 und entsprechende Landesgesetze entgegen wirken. Aufgabe des **Datenschutzes** ist es, den Einzelnen davor zu schützen, daß er durch den Umgang mit seinen personenbezogenen Daten in seinem Persönlichkeitsrecht beeinträchtigt wird, § 1 I BDSG.

Natürliche Personen: Das allgemeine Persönlichkeitsrecht § 12 III 4

Gemäß § 4 ist die Verarbeitung personenbezogener Daten unzulässig, soweit nicht das BDSG oder eine andere Rechtsvorschrift sie erlaubt, oder der Betroffene eingewilligt hat. Jedermann hat ein Recht auf Auskunft über die zu seiner Person gespeicherten Daten, sowie ggf. auf deren Berichtigung, Sperrung oder Löschung (§§ 19 f, 34 f BDSG).

III. Konkretisierungen durch die Rechtsprechung

Über die gesetzlichen Regelungen hinaus haben sich aus dem allgemeinen Persönlichkeitsrecht nach der Rechtsprechung des BGH unter Billigung durch die Lehre nachstehende *Konkretisierungen verfestigt:*

1. Jeder hat ein Recht darauf, daß sein **gesprochenes Wort** nicht ohne seine **175** Zustimmung festgehalten und in irgendeiner Weise verwandt wird; daher stellt eine heimliche Tonbandaufnahme in der Regel eine Verletzung des allgemeinen Persönlichkeitsrechts dar (BGHZ 27, 284 ff; BVerfGE 34, 238, 246 f). Die Verbreitung eines ungenehmigten Tonbandmitschnitts verletzt das Persönlichkeitsrecht der Gesprächsteilnehmer, weil die persönliche Eigensphäre nicht gegen den Willen der Betroffenen auf diese Weise festgehalten und verfügbar gemacht werden darf (BGHZ 73, 120, 123; 80, 25, 42). Dies gilt auch, wenn die Aufnahme zu Beweiszwecken vor Gericht abgespielt werden soll, BGH NJW 1988, 1016; BVerfG NJW 1992, 815.

Im Rahmen des § 823 II ist § 201 StGB (Verletzung der Vertraulichkeit des Wortes) als Schutzgesetz anzusehen.

2. Geschützt wird weiterhin das **Recht an Briefen und vertraulichen Aufzeich-** **176** **nungen** (vgl. BGHZ 13, 334, 337 f; vgl. auch 15, 249, 257 f). Der Schutz des allgemeinen Persönlichkeitsrechts geht über § 823 II i.V.m. den Schutzgesetzen der §§ 201 ff StGB hinaus.

3. Hinsichtlich des **Rechts am eigenen Bilde** ist die Rechtsprechung über § 22 **177** KUG, der nicht die Aufnahme als solche, sondern nur die Verbreitung und die öffentliche Zurschaustellung verbietet, hinausgegangen und hat bereits die unbefugte Anfertigung eines Bildes („Bildniserschleichung") als Eingriff im Sinne des § 823 I angesehen, sofern die Anfertigung nicht durch ranghöhere Interessen gerechtfertigt wird (BGHZ 24, 200, 206 f; OLG Hamm JZ 1988, 308).

4. Allgemein wird über 1.–3. hinaus aus dem allgemeinen Persönlichkeitsrecht **178** ein **Recht auf Achtung der Intimsphäre** abgeleitet; es trifft dies insbesondere die Berichterstattung in den Massenmedien (vgl. z. B. BGHZ 39, 124, 128 f), aber auch die nicht genehmigte Weitergabe ärztlicher Zeugnisse (BGHZ 24, 72, 81), Abtretung von ärztlichen Honorarforderungen ohne Einwilligung (BERGER NJW 1995, 1584 ff) und die Einrichtung von Beobachtungsanlagen oder das Bespit-

zeln. Es ergibt sich dabei z. T. eine Überschneidung mit dem Ehrenschutz (vgl. Rdn. 179), jedoch besteht das Bedürfnis, den engeren Bereich der Persönlichkeit (die Unantastbarkeit der Privatsphäre) auch ohne die Tatbestandsmerkmale der Ehrverletzung unter Schutz zu stellen. Bei gewerblicher Betätigung kann sich dabei eine Abschwächung des Schutzes ergeben (vgl. BGHZ 36, 77 für den Fall der Beteiligung eines Bankhauses am Waffenhandel). Ein Verstoß gegen den Schutz der Privatsphäre kann auch im Einwurf von Werbematerial gegen den erkennbaren Willen des Empfängers liegen (BGHZ 106, 229, 233 f; OLG Stuttgart NJW 1991, 2912).

179 5. Entgegen der Auffassung des RG, lediglich über § 823 II i.V.m. §§ 185 ff StGB zivilrechtlichen **Ehrenschutz** zu gewähren (vgl. zuletzt RGZ 166, 150, 156), ist auch im Rahmen des § 823 I ein Schutzbedürfnis anzuerkennen. Da die Persönlichkeit durch einen Angriff auf ihre Ehre in ihrer sittlichen Existenz getroffen wird, wäre es unbefriedigend, dem Persönlichkeitsgut Ehre den Rechtscharakter zu versagen, während er zugunsten der Sachgüter zweifelsfrei anerkannt wird. Der BGH hatte zunächst den Begriff der Ehre nicht selbständig benutzt, obwohl er sich z. B. aus der Persönlichkeitsbeeinträchtigung in Werbeanzeigen (wegen der Gefahr, an allgemeiner Wertschätzung zu verlieren) folgern ließ (vgl. BGHZ 26, 349, 354; 30, 7, 12). In einigen Entscheidungen hat der BGH ausdrücklich den Begriff der Ehre als „Unterfall" des Persönlichkeitsrechtes bezeichnet (BGH MDR 1964, 136; vgl. auch BGHZ 39, 124, 129; BGH NJW 1963, 904).

180 6. Das verfassungsrechtlich gewährleistete allgemeine Persönlichkeitsrecht schützt auch dagegen, daß jemandem **Äußerungen in den Mund gelegt** werden, die er nicht getan hat und die seinen, von ihm selbst definierten sozialen Geltungsanspruch beeinträchtigen (BVerfGE 54, 148; OLG Hamburg NJW 1987, 1416; vgl. auch zum Unterschieben nicht getaner Äußerungen BVerfGE 34, 269, 282 ff); ebenso kann sich der Betroffene bei einer unrichtigen, verfälschten oder entstellten Wiedergabe seiner Äußerungen auf das allgemeine Persönlichkeitsrecht berufen (BVerfGE 54, 208, 217).

181 7. Es kann Fälle geben, in denen es geboten erscheint, den Schutz des allgemeinen Persönlichkeitsrechtes über den Tod hinaus zu gewähren. Ansatzpunkte ergeben sich im Bereich des Urheberpersönlichkeitsrechtes in § 29 S. 1 UrhG und im Hinblick auf das Recht am eigenen Bild in § 22 S. 3 KUG. Einer Anwendung des in diesen Vorschriften zum Ausdruck kommenden Grundgedankens zum Schutz des allgemeinen Persönlichkeitsrechtes steht keine Vorschrift des BGB entgegen; § 1922 betrifft nur die vermögensrechtlichen Auswirkungen des Todes. Allgemein werden unbeschadet des Vermögensüberganges einem vom Verstorbenen zu seinen Lebzeiten legitimierten Vertreterhandeln postmortale Wirkungen zugesprochen; BGH LM Nr. 10 zu § 138 (Ab).

Der BGH hat den **postmortalen Persönlichkeitsschutz** auf das allgemeine Persönlichkeitsrecht gestützt (BGHZ 15, 249, 259; 50, 133, 136 „Mephisto"), wohingegen das BVerfG allgemein auf den Schutz der Menschenwürde abstellt, da es eine Fortwirkung des Persönlichkeitsrechtes nach dem Tode verneint (BVerfGE 30, 173, 194 „Mephisto").

Die dogmatische Begründung ist umstritten (vgl. dazu HELDRICH Der Persönlichkeitsschutz Verstorbener, Festschrift H. Lange, 1970, 163 ff; BUSCHMANN Zur Fortwirkung des Persönlichkeitsrechts nach dem Tode, NJW 1970, 2081 ff). Abzulehnen ist die Auffassung, als Bezugssubjekte lediglich die Angehörigen des Verstorbenen zu sehen (so H. P. WESTERMANN Das allgemeine Persönlichkeitsrecht nach dem Tode seines Trägers, FamRZ 1969, 561 ff). Nicht allgemein festzulegen ist die Zeitdauer des postmortalen Schutzes (vgl. etwa BGHZ 107, 384, 389 f; ERMAN-EHMANN Anh. zu § 12, Rdn. 96).

8. Elemente des Persönlichkeitsrechts finden sich schließlich im **Recht des Unternehmers am „eingerichteten und ausgeübten Gewerbebetrieb"**, das von der Rechtspraxis für schutzwürdig erachtet wird (so das RG; ihm folgend BGHZ 3, 270, 279 f; 8, 142, 144; 24, 200, 205; 29, 65, 69, bestätigt durch BGH NJW 1976, 1740; BAG NJW 1955, 1373); die gewohnheitsrechtlich verfestigte Rechtsprechung wurde jedoch von der Lehre nicht uneingeschränkt geteilt (Nachweise bei LARENZ/CANARIS SchR I/2 § 81 II). Durch die Aufstellung besonderer Erfordernisse – *Unmittelbarkeit* bzw. *Betriebsbezogenheit* des Eingriffs (vgl. BGHZ 7, 30, 36; 29, 65, 70 ff; 41, 123, 127; 86, 152, 156), *Güterabwägung* durch Prüfung der *Erforderlichkeit des Eingriffs* (BGHZ 3, 270, 280 f; 8, 142, 145) und *Abwägung der gegensätzlichen Interessen* (BGHZ 59, 30, 35 f) – sind Abgrenzungsfaktoren geschaffen worden. Grundsätzlich gilt das **Subsidiaritätsprinzip**. Die Haftung wegen eines Eingriffs in den Gewerbebetrieb tritt wegen ihres subsidiären Charakters nur ein, wenn eine andere Rechtsgrundlage nicht gegeben ist und der Zusammenhang der in dem jeweiligen Rechtsgebiet geltenden Normen ergibt, daß eine Lücke besteht, die mit Hilfe des § 823 I geschlossen werden darf (BGHZ 38, 200, 204 unter Bezugnahme auf die grundlegenden Ausführungen von v. CAEMMERER Festschrift DJT II 1960, 49, 90 ff; BGHZ 45, 296, 307).

182

Wenn in dieser Rechtsprechung ein Anwendungsbereich des Persönlichkeitsschutzes gesehen wird, muß man auch den *nichtgewerblichen Berufen* einen entsprechenden Schutz zuteil werden lassen. Für eine Anwendung der Grundsätze des Persönlichkeitsschutzes spricht die Erwägung, daß es sich im Falle des eingerichteten und ausgeübten Gewerbebetriebes nicht lediglich um einen Sachgüterschutz im Sinne der „Einrichtung" handelt, sondern um die **schöpferische unternehmerische Leistung**. Diese sollte im freien Beruf ebenso geschützt sein wie im gewerblichen Bereich. Die Frage, ob auch nichtgewerbliche Berufstätigkeit schutzwürdig ist, hat bereits LARENZ/CANARIS (SchR II/2 § 81 I c) aufgeworfen;

183

für einen Schutz der freien Berufe OLG München NJW 1977, 1106 f; HUBMANN Das Persönlichkeitsrecht, 198 ff; SOERGEL/ZEUNER, 10. Aufl., § 823 Rdn. 90; PUTTFARCKEN GRUR 1962, 500 ff. Der Schutz einer solchen Betätigung ist daher weniger dem Bereich des Art. 14 GG als dem des Art. 12 GG zuzuordnen (ZEUNER Historische Linien in der Entwicklung des Rechts am Gewerbebetrieb, in: 25 Jahre Karlsruher Forum 1983 – Beilage VersR, S. 196 ff).

IV. Rechtswidrigkeit

184 Die Widerrechtlichkeit des Eingriffs bedarf einer besonderen Prüfung; sie ist unter dem Gesichtspunkt der *Güter- und Interessenabwägung* und der Berücksichtigung der *sozialen Adäquanz* zu beurteilen (vgl. insbes. BGHZ 24, 72; 24, 200; 31, 308, 313; JZ 1994, 413). Insbesondere ist zwischen Werturteilen und Tatsachenbehauptungen zu unterscheiden. Werturteile können durch Art. 5 GG gedeckt sein, soweit sie nicht eine unangemessene Herabsetzung enthalten (BVerfG NJW 1993, 1462). Dagegen genießt die unwahre Tatsachenbehauptung diesen Schutz nicht (st. Rspr., vgl. BVerfGE 54, 208, 219). Zur Problematik der Widerrechtlichkeit bei *sogenannten offenen Tatbeständen* („Rahmenrechten") vgl. unten Rdn. 469 ff. Hierbei ist besonders die *Wahrnehmung berechtigter Interessen durch die Presse* (Art. 5 I GG; vgl. BGHZ 39, 124, 132; BVerfGE 34, 269, 282 ff „Soraya") von Belang; andererseits wird ihr die Verpflichtung aufzuerlegen sein, Informationen sorgfältig auf Zuverlässigkeit zu prüfen (BGHZ 31, 308, 313; BGH NJW 1963, 904). Immerhin kann bei einem vertretbaren Verhältnis zwischen Veröffentlichungszweck und Beeinträchtigung die Widerrechtlichkeit zu verneinen sein (BGHZ 36, 77; 73, 120, 124 ff); andererseits kommt dies bei Formalbeleidigungen und „Klatsch" keinesfalls in Betracht (vgl. BGHZ 39, 124, 127 f). Neben der Wahrnehmung berechtigter Interessen durch die Presse ist für die Güterabwägung auch die *Kunstfreiheit* des Art. 5 III GG zu berücksichtigen (vgl. dazu BGHZ 50, 133, 144 ff; BVerfGE 30, 173, 188 ff).

V. Rechtsfolgen

185 Der **Schutz** der oben genannten Persönlichkeitsrechte entspricht den vom Deliktsrecht allgemein gewährten Ansprüchen; im einzelnen stehen demnach *Unterlassungs- bzw. Beseitigungsansprüche* (Widerruf bei Ehrverletzungen) und *Schadenersatzansprüche* zur Verfügung.

Eine besondere Funktion erfüllt in diesem Rahmen der **Schmerzensgeldanspruch** des § 847. Der BGH hat erstmals im „Herrenreiterfall" (BGHZ 26, 349) für die Fälle der Verletzung des allgemeinen Persönlichkeitsrechts ein solches „Schmerzensgeld" zuerkannt. Zur Begründung hat er sich auf eine Analogie zu § 847 (Freiheitsentziehung) gestützt; hingegen hat die überwiegende Meinung eine solche Begründung abgelehnt. In der Tat verstößt eine derartige Ausweitung gegen § 253. Daher begründet BGHZ 35, 363 – entsprechend BGHZ 39, 124, 131 f – die Zuerkennung des Schmerzensgeldes selbständig unter Bezugnahme auf Art. 1 und 2 GG; die unmittelbar aus dem Grundgesetz abgeleitete Befugnis zum Außerachtlassen des § 253 hat z. T. Zustimmung gefunden (so u. a. WIESE Der Ersatz des immateriellen Schadens; H. KAUFMANN aaO; kritisch LARENZ/CANARIS SchR II/2, § 80 I 4). Das BVerfG hat diese Rechtsprechung gebilligt (BVerfGE 34, 269).

Mit dem Gedanken an einen Ausgleich für die erlittene Beeinträchtigung verbindet sich die *Genugtuungsfunktion* (BGHZ 35, 363, 369; vgl. hierzu grundsätzlich BGHZ 18, 149 ff), die auf die Handlungsweise des Verletzers abstellt und den Ersatzanspruch in die Nähe einer „Privatstrafe" rückt. Auch hier wird in den Erörterungen betont, daß kein Grund ersichtlich sei, warum das Privatrecht nicht Abschreckungswirkungen ausüben sollte (NIPPERDEY/WIESE Grundrechte IV 2, 855). Greift ein solcher Präventivgedanke auch zu weit, so ist grundsätzlich trotz der Bedenken, daß hier in die Aufgaben anderer Bereiche der Rechtsordnung eingegriffen wird, die Notwendigkeit anzuerkennen, eine zivilrechtliche Genugtuungsmöglichkeit, die zugleich dem Ausgleich dient (so WIESE aaO, S. 56), zu schaffen.

Allerdings hat der BGH die Zubilligung insofern **eingeschränkt**, als er zur Voraussetzung erhebt, daß *nur* über Schmerzensgeld eine dem Eingriff angemessene Wiedergutmachung des ideellen Schadens zu erreichen ist und nicht auf andere Weise (z. B. durch Gegendarstellung) dem Verletzten Genugtuung zuteil werden kann; vgl. BGH NJW 1965, 685; 1971, 698; 1985, 1617, 1619. So hat der BGH in vermögensrechtlicher Sicht versucht, Eingriffen in das Persönlichkeitsrecht über Bereicherungsansprüche zu begegnen (BGHZ 20, 345, 353 ff „Paul Dahlke"). Darüber hinaus ist die *Schwere des Eingriffs* in den Eigenwert der Persönlichkeit, die aufgrund der gesamten Umstände des Einzelfalles zu beurteilen ist, maßgebend. Hierbei sind insbesondere die Art sowie die Schwere der zugefügten Beeinträchtigung und der *Grad des Verschuldens*, auch *Anlaß und Beweggrund des Handelns* zu berücksichtigen (BGH NJW 1971, 698; 1985, 1617, 1619, st. Rspr.); allerdings braucht ein schweres Verschulden nicht in einer vorsätzlichen Rechtsverletzung zu bestehen (BGH NJW 1963, 905). Dabei wird offensichtlich von der Auffassung ausgegangen, daß die Schwere des Eingriffs nicht allgemeines Tatbestandserfordernis für den Persönlichkeitsschutz sein solle, sondern nur für den Schmerzensgeldanspruch als Voraussetzung zu gelten habe. In den Fällen *postmortalen Persönlichkeitsschutzes* hat der BGH konsequenterweise einen Schmerzensgeldanspruch nicht gewährt, weil dieser nur dem Verstorbenen – falls dieser allein betroffen ist – als unmittelbar Verletztem zukomme (BGH NJW 1974, 1371).

186

ZWEITER ABSCHNITT
Juristische Personen

§ 13
Grundlagen

ASCHEUER Der Anteil des Gesamthänders am Gesamthandsvermögen, 1992; BETHGE Grundrechtsträgerschaft juristischer Personen – zur Rechtsprechung des BVerfG, AöR 104 (1979), 54 ff; BINDER Das Problem der juristischen Persönlichkeit, 1907; BOESEBECK Die „kapitalistische" Kommanditgesellschaft, 1938; BRECHER Das Unternehmen als Rechtsgegenstand, 1953; ders., Subjekt und Verband, Festschrift Alfred Hueck, 1959, 233 ff; BUCHDA Geschichte und Kritik der modernen Gesamthandslehre, 1936; COING Die Vertretungsordnung juristischer Personen und deren Haftung gemäß § 31 BGB, Festschrift Robert Fischer, 1979, 65 ff; FLUME Die werdende juristische Person, Festschrift E. Gessler, 1971, 3 ff; ders., Gesamthandsgesellschaft und juristische Person, Festschrift Raiser, 1974, 27 ff; ders., Savigny und die Lehre von der juristischen Person, Festschrift Wieacker, 1978, 340 ff; ders., Unternehmen und juristische Person, Festschrift Beitzke, 1979, 43 ff; O. v. GIERKE Das Deutsche Genossenschaftsrecht, 1868–1913, 4 Bde.; ders., Die Genossenschaftstheorie und die deutsche Rechtsprechung, 1887, Neudruck 1963; ders., Das Wesen der menschlichen Verbände, 1902; GROSSFELD Die Anerkennung der Rechtsfähigkeit juristischer Personen, RabelsZ 1967, 1 ff; HAFF Grundlagen einer Körperschaftslehre, 1915; ders., Die Institution der Persönlichkeitslehre und des Körperschaftsrechts, 1918; HÖLDER Natürliche und juristische Personen, 1905; JOHN Die organisierte Rechtsperson, 1977; IMMENGA Personalistische Kapitalgesellschaft, 1970; KRONSTEIN Die abhängige juristische Person, 1931; LUTTER Die zivilrechtliche Haftung in der Unternehmensgruppe, ZGR 1982, 244 ff; MÜLLER-ERZBACH Das private Recht der Mitgliedschaft als Prüfstein eines kausalen Rechtsdenkens, 1948; MUMMENHOFF Gründungssysteme und Rechtsfähigkeit, 1979; NASS Person, Persönlichkeit und juristische Person, 1964; NITSCHKE Die körperschaftlich strukturierte Personengesellschaft, 1970; RHODE Juristische Person und Treuhand, 1932; RITTNER Die werdende juristische Person, 1973; K. SCHMIDT Einhundert Jahre Verbandstheorie im Privatrecht, 1987; ders., Die freiberufliche Partnerschaft, NJW 1995, 1 ff; SCHNORR V. CAROLSFELD Geschichte der juristischen Person, Bd. 1, 1933; W. SCHULTE Rechtsprechungsübersicht zum Trennungsprinzip bei juristischen Personen, WM 1979, Sonderbeilage 1, 1 ff; SERICK Rechtsform und Realität juristischer Personen, 2. Aufl. 1980; VORMBAUM Die Rechtsfähigkeit der Vereine im 19. Jahrhundert, 1976; W. WEBER Die Körperschaften, Anstalten und Stiftungen des öffentlichen Rechts, 2. Aufl. 1943; WIEACKER Zur Theorie der Juristischen Person des Privatrechts, Festschrift E. R. Huber, 1973, 339 ff; WIEDEMANN Juristische Person und Gesamthand als Sondervermögen, WM 1975, Sonderbeilage 4,1 ff; J. WILHELM Rechtsform und Haftung bei der juristischen Person, 1981; H. J. WOLFF Organschaft und juristische Person, 2 Bde., 1933–1934; ZITELMANN Begriff und Wesen der sogenannten juristischen Personen, 1873.

Vgl. auch die Lehrbücher zum Gesellschaftsrecht: EISENHARDT Gesellschaftsrecht, 5. Aufl. 1992; EMMERICH/SONNENSCHEIN Konzernrecht, 5. Aufl. 1993; FLUME

Allgemeiner Teil des Bürgerlichen Rechts I/1, Die Personengesellschaft, 1977; G. HUECK Gesellschaftsrecht, 19. Aufl. 1991; HÜFFER Gesellschaftsrecht, 3. Aufl. 1991; KRAFT/KREUTZ Gesellschaftsrecht, 9. Aufl. 1992; KÜBLER Gesellschaftsrecht 4. Aufl. 1994; RAISCH Unternehmensrecht, 2 Bde. 1973 u. 1974; RASCH Deutsches Konzernrecht, 5. Aufl. 1974; REINHARD/SCHULTZ Gesellschaftsrecht, 2. Aufl. 1981; ROTH Handels- und Gesellschaftsrecht, 1980; K. SCHMIDT Gesellschaftsrecht, 2. Aufl. 1991; WIEDEMANN Gesellschaftsrecht, Bd. 1 Grundlagen, 1980; WÜRDINGER Aktienrecht und Recht der verbundenen Unternehmen, 4. Aufl. 1981.

I. Übersicht über Personenverbindungen

Menschliche Zusammenschlüsse geben die Möglichkeit, die Kräfte der einzelnen zur Erreichung ideeller oder wirtschaftlicher Ziele zusammenzufassen. Dies kann in verschiedenen Formen erfolgen, die den Zweck, die Anzahl der Beteiligten sowie die Art und die Intensität ihres Einsatzes berücksichtigen.

1. Schlichte Rechtsgemeinschaft

Es ist denkbar, daß Anteile an einem Gegenstand mehreren Personen zustehen, ohne daß sie sich zur Erreichung eines gemeinsamen Zweckes verbinden. Das Gesetz erfaßt diese sogenannte **schlichte Rechtsgemeinschaft** (*communio incidens*) unter dem Begriff der *Gemeinschaft* (§§ 741 ff). Ein wichtiger Anwendungsfall ist das *Miteigentum* (§§ 1008 ff). Mangels eines gemeinsamen Zwecks fehlt es an der inneren Verbundenheit der Beteiligten; jeder erhält einen festen Bruchteil zugewiesen (*Bruchteilsgemeinschaft*). Die bruchteilsmäßige Aufteilung kommt insbesondere in § 747 zum Ausdruck, der die jederzeitige Verfügung über den Anteil gestattet (Ausnahme: Dereliktion, vgl. BGH NJW 1991, 2488). Allerdings bietet das Gesetz die Möglichkeit, die Gemeinschaft dauerhaft zu gestalten, indem es in den §§ 744 ff Verwaltungsregelungen ermöglicht, die auch einen Sondernachfolger (vgl. § 747) binden (§ 746). Dadurch steigert sich die praktische Anwendbarkeit der Rechtsform, die sich auch durch vertragliche Vereinbarung herbeiführen läßt; z. B. können Ehegatten, die keine Gütergemeinschaft eingehen, Bruchteilseigentum an einem Grundstück begründen. Bruchteilseigentum ist auch der Miteigentumsanteil beim Wohnungseigentum.

187

2. Gesamthandsgemeinschaft

Im Gegensatz dazu stehen die Zusammenschlüsse, bei denen die Erreichung eines gemeinsamen Zwecks im Vordergrund steht. Da sie handlungs- und erfolgsorientiert sind, setzen sie eine engere persönliche Bindung voraus, die mittelbar in § 719 zum Ausdruck gelangt, der dem Gesellschafter grundsätzlich eine Verfügung über seinen Anteil am Gesellschaftsvermögen verbietet. Es entsteht eine **Gemeinschaft**

188

zur gesamten Hand, die sich einerseits im *Gesamthandseigentum,* andererseits in der *gesamtschuldnerischen Haftung* niederschlägt.

189 Formen dieser „Personengesellschaft" sind die *BGB-Gesellschaft* (§§ 705 ff), die Partnerschaftsgesellschaft nach dem PartGG sowie die *offene Handelsgesellschaft* (§§ 105 ff HGB) mit ihrer Nebenform, der *Kommanditgesellschaft* (§§ 161 ff HGB). Gemeinschaften zur gesamten Hand sind auch die *Gütergemeinschaft* des Familienrechts (§§ 1415 ff) und die *Erbengemeinschaft* (§§ 2032 ff), obwohl bei letzterer über den Anteil verfügt werden kann. In der Personengesellschaft (BGB-Gesellschaft, PartG, OHG, KG) sind die Gesellschafter in ihrer Verbundenheit Träger der Rechte und Pflichten. Daraus ergibt sich eine starke Abhängigkeit des einzelnen von den Mitgesellschaftern, die sich insbesondere in der gesamtschuldnerischen Haftung äußert (vgl. § 128 HGB, § 8 I PartGG). Die Rechtsform der BGB-Gesellschaft und der OHG ist daher als Zusammenschluß für eine größere Zahl von Beteiligten ungeeignet; hingegen hat die Rechtsform der Kommanditgesellschaft vielfach dazu gedient, eine größere Zahl von Kapitalbeteiligungen organisatorisch zusammenzuführen (sogenannte kapitalistische KG, Publikums-KG). Auch die OHG bzw. die KG und PartG bleiben, obwohl sie unter ihrer Firma bzw. ihrem Namen Rechte erwerben und Verbindlichkeiten eingehen können sowie für Prozeß, Vollstreckung und freiwillige Gerichtsbarkeit wie ein Rechtssubjekt behandelt werden (§ 124 HGB; § 7 I PartGG i.V.m. § 124 HGB), nach h. M. Personengesellschaften.

> Die Partnerschaftsgesellschaft soll freiberuflichen Zusammenschlüssen gegenüber dem alten Rechtszustand bessere Instrumentarien bieten. Insbesondere können nach § 8 II PartGG die Partner ihre gesamtschuldnerische Haftung für Ansprüche aus Schäden wegen fehlerhafter Berufsausübung auch unter Verwendung vorformulierter Vertragsbedingungen auf den von ihnen beschränken, der innerhalb der Partnerschaft die berufliche Leistung zu erbringen oder verantwortlich zu leiten und zu überwachen hat. Zudem kann durch Gesetz eine Beschränkung auf einen bestimmten Höchstbetrag zugelassen werden, wenn zugleich eine Pflicht zum Abschluß einer Berufshaftpflichtversicherung besteht.

3. Juristische Person

190 Weitergehend gibt die Rechtsordnung die Möglichkeit, Zusammenschlüsse so zu gestalten, daß sie als selbständige Rechtssubjekte anerkannt werden; hier erfassen Rechte und Verbindlichkeiten nicht mehr die einzelnen Mitglieder, sondern betreffen grundsätzlich allein die sogenannte **juristische Person**. Da deren Vermögen allein haftet, muß bei wirtschaftlicher Betätigung Vorsorge für ein hinreichendes Haftungskapital getroffen werden.

Bei juristischen Personen ist zu unterscheiden, ob die *personenrechtlichen Interessen* der Mitglieder im Vordergrund stehen (*Idealverein* und *Genossenschaft*) oder die *kapitalmäßige Beteiligung* – bis zur Anonymität der Inhaberaktie –

Natürliche Personen: Grundlagen   § 13 I 3

ausschlaggebend ist (*Aktiengesellschaft, Gesellschaft mit beschränkter Haftung*). Schließlich gibt es in der Form der *Stiftung* ein verselbständigtes Zweckvermögen.

Da die juristische Person Träger von Rechten und Verbindlichkeiten ist, muß sie im Rechtssinne handeln können. Hierzu stellt die Rechtsordnung ihr natürliche Personen als *Organe* zur Verfügung, deren Handlungen als solche der juristischen Person gelten, wenn sie in ihrem Namen und im Kompetenzbereich der Organe vorgenommen werden. So haben die juristischen Personen einen Vorstand, dessen Tätigwerden Rechte und Pflichten der juristischen Person, nicht jedoch des handelnden Organs erzeugt.

Die Figur der juristischen Person hat im Zuge der Entwicklung dazu geführt, daß sich eine natürliche Person des wirtschaftlichen Schutzes einer vorgeschobenen juristischen Person bedienen kann (sogenannte *Einmanngesellschaft*), womit ohne Zweifel der handelsrechtliche Ausgangspunkt, daß dem Kaufmann im Verhältnis zu seinen Gläubigern eine Trennung seines Privatvermögens von dem Geschäftsvermögen nicht gestattet ist, verlassen wird. Die GmbH-Novelle vom 4. 7. 1980 hat gleichwohl die Gründung einer Einmann-GmbH zugelassen (§ 1 GmbHG).

Der Spielraum der gesetzlichen Typen ist dazu benutzt worden, auch im Bereich der Personengesellschaften, insbesondere die Haftung des Komplementärs der KG dadurch zu begrenzen, daß eine GmbH als persönlich haftender Gesellschafter auftritt und lediglich deren Vermögen als Haftungskapital zur Verfügung steht (GmbH & Co KG).

Weil die **juristische Person** als Haftungsschirm dient, drängt sich im Interesse **191** des Gläubigers die Frage nach der Möglichkeit eines **Haftungsdurchgriffs** auf. Obwohl trotz formaler Trennung („*Trennungsprinzip*") die juristische Person und ihre Mitglieder als wirtschaftliche Einheit erscheinen, kann über die vom Gesetz statuierte Selbständigkeit der juristischen Person nicht „leichtfertig und schrankenlos" hinweggegangen werden (BGHZ 20, 4, 11; 54, 222, 224; 61, 380, 383; 78, 318, 333).

Dogmatisch problemlos ist die Haftung des Gesellschafters, wenn gegen ihn eine *eigene Anspruchsgrundlage*, z. B. § 826, gegeben ist (vgl. RG JW 1938, 862); dies ist z. B. der Fall, wenn eine GmbH durch ihre Gesellschafter planmäßig zum Schaden der Gläubiger wirtschaftlich ausgehöhlt wird (BGH WM 1979, 229), aber auch, wenn der Alleingesellschafter den Eindruck persönlicher Haftung hervorruft (BGHZ 22, 226, 230).

Zur Begründung der Durchgriffshaftung haben sich eine *objektive* und eine *subjektive Theorie* entwickelt. Nach ersterer soll für den Durchgriff die norm- und funktionswidrige Verwendung der Rechtsfigur der juristischen Person ausreichen, nach der subjektiven Theorie muß darüber hinaus den in Anspruch zu nehmenden Mitgliedern der Vorwurf des bewußten Mißbrauchs der Rechtsfigur zu machen sein. Die Unterscheidung ist zugunsten einer Einzelfallbewertung nach dem Zweck der jeweils anzuwendenden Norm zurückgetreten, *Normanwendungstheorie* (SOERGEL/HADDING vor § 21 Rdn. 38 ff; STAUDINGER/COING Einl. zu §§ 21–89, Rdn. 42 f; MÜLLER-FREIENFELS Zur Lehre vom sogenannten „Durchgriff" bei juristischen Personen im Privatrecht, AcP 156 (1957), 522 ff; SERICK Rechtsreform und Realität juristischer Personen, 1955).

Eine Mithaftung des Gesellschafters neben der juristischen Person kommt darüber hinaus in Betracht, wenn die Verwendung der Rechtsfigur der juristischen Person dem Zweck der Rechtsordnung widerspricht, z. B. wenn der Schein der rechtlichen Selbständigkeit trotz Abhängigkeit von einem anderen Unternehmen erweckt wird (BGHZ 22, 226, 234). Hier kann von einem *Mißbrauch der Rechtsfigur* gesprochen werden, da Gestaltungsmöglichkeiten formal korrekt zu Zielen benutzt werden, die objektiv mit Treu und Glauben nicht in Einklang stehen (BGHZ 54, 222, 224 f; vgl. WIEDEMANN I § 4 III 1 d).

Als Mißbrauch kann u. U. die *Unterkapitalisierung* gewertet werden. Es handelt sich um den Fall, daß die juristische Person nicht mit einem dem Geschäftszweck und dem Geschäftsumfang entsprechenden Eigenkapital ausgestattet wird. Hier können sich u. U. die Gesellschafter nicht auf die formale Trennung berufen (vgl. BGHZ 31, 258, 268; OLG Hamburg BB 1973, 1231; einschränkend BGHZ 68, 312, 315 ff).

Für die Kapitalhingabe der Gesellschafter an die GmbH in Gestalt von Gesellschafterdarlehen haben § 32a und § 32b GmbHG eine Sonderregelung geschaffen (vgl. auch §§ 129a, 172a HGB).

Zur Möglichkeit, daß der Gläubiger Ansprüche der juristischen Person auf Bereitstellung von Kapital gegen ihre Mitglieder pfändet (sog. Differenzhaftung) vgl. unten Rdn. 211 f) „Vorgesellschaft".

II. Theorien zur juristischen Person

192 Die in der Lehre vertretenen Auffassungen über die Rechtsnatur der juristischen Personen gehen auseinander.

Es sind zu unterscheiden:
1. Die *Fiktionstheorie* (SAVIGNY System II, § 85, 236; WINDSCHEID/KIPP Pandekten I, § 57). Sie geht davon aus, daß es nur ein Rechtssubjekt gebe, den Menschen, und die juristische Person nur fingiert werde, um als Subjekt von Rechten und Verbindlichkeiten behandelt zu werden.
2. Die *Genießertheorie*, die die beteiligten natürlichen Personen als wirkliche Rechtsträger bezeichnet. Nach JHERING gehört das der juristischen Person zugeschriebene Vermögen den zu seinem Genuß berufenen einzelnen (beim Verein: den Mitgliedern; bei der Stiftung: den Destinatären), also einer Vielheit, die nur aus praktischen Gründen durch einen Denkbehelf zu einer Einheit zusammengefaßt wird (vgl. Geist des röm. Rechts, 8. Aufl., 2. Buch, 2. Abschn., § 61).

3. Die *Amtstheorie* (HÖLDER aaO), wonach bei der Stiftung und den „altruistischen" Vereinen das Vermögen dem zu seiner Verwaltung berufenen Vorstand kraft Amtsrechts gehört (ähnlich BINDER aaO).

4. Die *Zweckvermögenstheorie*, die Theorie der subjektlosen Rechte. Nach BRINZ (Pandekten I, (2) 1873, §§ 50 ff) gehören die Rechte bei der juristischen Person in Wahrheit niemandem; sie sind nur für einen Zweck bestimmt. Es handelt sich um Zweckgebundenheiten, Zweckvermögen.

5. Herrschend war bis in die jüngste Zeit die *Theorie der realen Verbandspersönlichkeit*, wie sei von den Germanisten BESELER (System des gemeinen deutschen Privatrechts I, 4. Aufl. 1885, §§ 66 ff) und OTTO von GIERKE I § 59 entwickelt und von vielen Vertretern des bürgerlichen Rechts angenommen worden ist. Ihre Anhänger betonen die Wirklichkeit der juristischen Personen, sehen in ihnen Gemeinschaftsgebilde, die sich von den natürlichen Einzelpersönlichkeiten ihrer Mitglieder abheben und die Quelle einheitlicher Willensäußerungen bilden. Da es sich um Personengemeinschaften handelt, muß die Mitwirkung ihrer Mitglieder bei der Willensbildung gesichert sein; folgerichtig ist die Mitgliederversammlung beim Verein oberstes Organ.

Wenn die Rechtsordnung die Rechtsfähigkeit der juristischen Personen anerkennt, fingiert sie keine natürlichen Menschen, sondern erkennt neben diesen gewisse soziale Einrichtungen als Rechtsträger an und schreibt ihre Behandlung als Rechts- und Willenssubjekte vor. Die **Theorie der realen Verbandspersönlichkeit** hat indessen den *personenrechtlichen Typus* der juristischen Person im Auge und trifft daher in erster Linie den Verein und die Genossenschaft, aber auch die Körperschaften des öffentlichen Rechts. Für den *kapitalistischen Typ* der juristischen Person sowie für die Stiftung stehen jedoch nicht die Mitglieder im Mittelpunkt, sondern die Bildung eines Zweckvermögens, das rechtstechnisch verselbständigt wird (vgl. die AG, bei der die Willensbildung den „Mitgliedern" zugunsten des Vorstandes weitgehend entzogen ist). Es erscheint daher sachgerecht, von der Theorie der realen Verbandspersönlichkeit für letztere die **Theorie der Zweckpersonifizierung** zu differenzieren (ENN./NIPPERDEY § 103 Fn. 2, 6).

III. Die Arten der juristischen Personen

Die Rechtsordnung unterscheidet juristische Personen des Privatrechts und des öffentlichen Rechts.

Die juristische Person des *öffentlichen Rechts* ist eine Körperschaft, Anstalt oder Stiftung, die ihre *Entstehung einem Hoheitsakt*, insbesondere einem Gesetz verdankt.

Die juristischen Personen des *Privatrechts* entstehen durch *privatautonome Gründungsakte* (Gründungsvertrag – vgl. unten Rdn. 205 f –, Stiftungsgeschäft). Charakteristisch für die Zugehörigkeit zu einer juristischen Person des Privatrechts ist die auf einem privatrechtlichen Willensakt beruhende Mitgliedschaft, während die Zugehörigkeit zu einer Körperschaft des öffentlichen Rechts in der Regel keinen Willensakt erfordert.

Das BGB trifft Regelungen für die juristischen Personen des Privatrechts. Es findet jedoch Anwendung, wenn sich juristische Personen des öffentlichen Rechts privatrechtlich betätigen (sogenanntes *fiskalisches Handeln*). Das gilt für den rechtsgeschäftlichen Verkehr außerhalb des hoheitlichen Bereichs, aber auch für die Haftung, für die insbesondere § 89 die Anwendung des § 31 zwingend vorschreibt.

IV. Die Rechts- und Handlungsfähigkeit der juristischen Person

1. Die Rechtsfähigkeit

195 Das wesentliche Merkmal der juristischen Person ist deren Rechtsfähigkeit, die Fähigkeit selbständiger Träger von Rechten und Pflichten zu sein (zur Erlangung der Rechtsfähigkeit vgl. unten Rdn. 200). Dabei darf jedoch nicht übersehen werden, daß zwischen der Rechtsfähigkeit einer juristischen und einer natürlichen Person ein wesensbedingter Unterschied besteht, der es verbietet, Rechte, für deren Ausübung die individuelle Persönlichkeit eines Menschen von wesentlicher Bedeutung ist, auf die juristische Person anzuwenden.

> Dies ist evident bei Rechtsnormen, die notwendig eine natürliche Person voraussetzen, wie bei den meisten Vorschriften des Familienrechts und die auf den Erbfall Bezug nehmenden Bestimmungen des Erbrechts (eine juristische Person ist nicht fähig, beerbt zu werden – § 1922 setzt den Tod einer Person voraus –, wohl aber ist sie erbfähig, § 1936; vgl. auch § 2101 II). Eine juristische Person kann auch nicht zum Aufsichtsratsmitglied, vgl. § 100 I AktG, oder Prokuristen bestellt werden, wohl aber zum Vermögensverwalter, Liquidator oder Wirtschaftsprüfer (Treuhand AG).

196 Die Grundrechtsfähigkeit der juristischen Person ist in Art. 19 III GG festgelegt. Danach gelten die Grundrechte auch für inländische juristische Personen, soweit sie ihrem Wesen nach auf diese anwendbar sind. So wird der juristischen Person ein allgemeines Persönlichkeitsrecht nicht zuzuerkennen sein (vgl. WIEDEMANN I § 4 II 2b). Gleichwohl werden ihr gewisse besondere Persönlichkeitsrechte, wie Namens- und Firmenrecht sowie das Recht auf Ehrenschutz zugebilligt (vgl. BGH NJW 1975, 1882).

Die Rechtsfähigkeit der juristischen Person zeigt sich auch in der Fähigkeit, als Partei im Prozeß aufzutreten; zum Konkurs einer juristischen Person vgl. §§ 207, 213 KO.

Der juristischen Person fehlt eine eigene Staatsangehörigkeit. Für die Lösung der Frage, welcher Rechtsordnung eine juristische Person untersteht, hält die h. M. nicht den Staat, in dem die juristische Person gegründet wurde, für maßgebend, sondern denjenigen, in dem die Hauptverwaltung geführt wird (vgl. BGHZ 53, 181, 183).

2. Die Handlungsfähigkeit

Die herrschende Lehre denkt sich die juristische Person als *selbsthandelnd* durch **197**
ihre *Organe*; deren Handlungen gelten innerhalb ihres Wirkungskreises als Handlungen der juristischen Person (*Organtheorie*).

Denkbar ist aber auch, der juristischen Person nur die Rechtsfähigkeit zuzuschreiben, sie aber als *handlungsunfähig* anzusehen und ihr einen *Vertreter* zu geben, wie einem unmündigen Kind (*Vertretertheorie*).

Der Unterschied zeigt sich in folgendem: Wäre die juristische Person, wie die Vertretertheorie meint, handlungsunfähig, so könnte sie nur in den Grenzen der Stellvertretung vertreten werden, also bloß bei Rechtsgeschäften; im Haftungsbereich richtete sich ihre Verantwortlichkeit nach §§ 278 und 831. Sie wäre dann für die unerlaubten Handlungen ihrer Vertreter nur im Sinne von § 831 verantwortlich. Wäre dagegen die juristische Person als durch ihre Organe handlungsfähig anzusehen, so wäre das Verhalten ihrer Organe als das der juristischen Person zu behandeln; die juristische Person wäre deliktsfähig.

Das BGB hat sich in den §§ 31, 86, 89 für die *Deliktsfähigkeit* der juristischen Person entschieden und ist damit im Ergebnis der Organtheorie gefolgt. Die Organschaftshaftung ist durch die Rechtsprechung noch verschärft worden, indem sie die juristische Person auch für *Organisationsmängel* haften läßt. Ein solcher kann darin gefunden werden, daß für den fraglichen Geschäftsbereich kein satzungsmäßiger Vertreter bestellt worden ist (vgl. hierzu unten Rdn. 230 ff).

Strafrechtlich ist die juristische Person mangels natürlicher Handlungsfähigkeit *nicht verantwortlich*. Sie kann jedoch zu einer *Geldbuße* herangezogen werden, wenn ein Organ eine Straftat oder eine Ordnungswidrigkeit begangen hat (§ 30 OWiG und § 444 StPO; vgl. auch § 401 AO 1977).

§ 14

Vereine

BALLERSTEDT Mitgliedschaft und Vermögen beim rechtsfähigen Verein, Festschrift A. Knur, 1972, 1 ff; BEITZKE Konzessionssystem, Normativbestimmungen und freie Körperschaftsbildung, ZHR 108, 32 ff; ders., Mitgliedlose Vereine, Festschrift Wilburg, 1965, 19 ff; BEUTHIEN Mehrheitsprinzip und Minderheitenschutz im Vereinsrecht, BB 1987, 6 ff; BIRK Der Aufnahmezwang bei Vereinen und Verbänden, JZ 1972, 343 ff; BOEHMER Grundlagen der bürgerlichen Rechtsordnung, Bd. II/2, 1952, 167 ff; DÜTZ Tendenzaufsicht im Vereinsrecht, Festschrift Herschel, 1982, 55 ff; FLUME Die Vereinsautonomie und ihre Wahrnehmung durch die Mitglieder hinsichtlich der Selbstverwaltung der Vereinsangelegenheiten und der Satzungsautonomie, Festschrift Coing, Bd. 2, 1982, 97 ff; H. GÖTZ/J. GÖTZ Die Haftung des Vereins gegenüber dem Mitglied – BGHZ 110, 323, JuS 1995, 106 ff; GRUNEWALD Vereinsaufnahme und Kontrahierungszwang, AcP 18 (1982), 181 ff; dies. Vereinsordnungen, ZHR 152 (1988), 242 ff; Hemmerich Möglichkeiten und Grenzen wirtschaftlicher Betätigung von Idealvereinen. Vereinsinterne und vereinsexterne Organisation ihrer Geschäftsbetriebe, 1982; dies. Die Ausgliederung bei Idealvereinen, BB 1983, 26 ff; Hornung Der wirtschaftliche Verein nach § 22 BGB, 1972; Mittenzwei Zur Vertretung eines mehrgliedrigen Vereinsvorstandes im Verhinderungsfall, MDR 1991, 492 ff; Nicklisch Inhaltskontrolle und Verbandsnormen, 1982; Reichert/Dannecke/Kühr Handbuch des Vereins- und Verbandsrechts, 5. Aufl. 1993; Reinhardt Die Abgrenzungen zwischen Vereinigungen mit oder ohne „wirtschaftlichen Geschäftsbetrieb", Festschrift H. Panlick, 1973, 3 ff; Reuter Probleme der Mitgliedschaft beim Idealverein, ZHR 1981, 273 ff; Sack Der „vollkaufmännische Idealverein", ZGR 1974, 179 ff; Sauter/Schweyer Der eingetragene Verein, 15. Aufl. 1994; K. Schmidt Der bürgerlich-rechtliche Verein mit wirtschaftlicher Tätigkeit, AcP 182 (1982), 1 ff; ders., Systemfragen des Vereinsrechts, ZHR 147 (1983), 43 ff; ders., Verbandszweck und Rechtsfähigkeit im Vereinsrecht, 1984; ders., Die Vereinsmitgliedschaft als Grundlage von Schadensersatzansprüchen, JZ 1991, 157 ff; Schockenhoff Vereinsautonomie und Autonomie kirchlicher Vereine, NJW 1992, 1013 ff; Stöber Vereinsrecht, 6. Aufl. 1992.

Vgl. im übrigen die Literatur zu § 13.

I. Grundbegriffe

198 *Der Verein ist eine zur Erreichung eines gemeinsamen Zweckes gegründete freiwillige Personenvereinigung, die auf Dauer angelegt, vom Wechsel der Mitglieder unabhängig und mit einer körperschaftlichen Verfassung versehen ist sowie einen Gesamtnamen führt* (vgl. RGZ 60, 94, 99; 76, 25, 27). Kennzeichnend sind danach folgende Merkmale:

1. Der *Zweck* muß die Einzelpersönlichkeit der Mitglieder überdauern. Die Vereinigung muß vom Mitgliederwechsel unabhängig sein.

2. Die Vereinigung muß nach innen und außen als ein einheitliches Ganzes (körperschaftlich) ausgestaltet sein, d. h. sie muß eine Satzung haben, wonach die Mehrheitsbeschlüsse die Minderheit binden, sie muß ferner einen Vorstand haben, der für die Gesamtheit handelt, und sie muß endlich einen Gesamtnamen führen, also im Verkehr als ein von den einzelnen Mitgliedern zu unterscheidender Rechtsträger auftreten.

Dadurch unterscheidet sich der Verein von der Personengesellschaft, deren Mitglieder in ihrer Verbundenheit Träger der gemeinschaftlichen Rechte und Pflichten derart sind, daß der Bestand der Gesellschaft grundsätzlich von ihrer Einzelpersönlichkeit abhängig ist und die Geschäftsführung ihnen grundsätzlich gemeinschaftlich zusteht.

3. Nicht jede Vereinigung, die diesen Erfordernissen entspricht, ist damit schon ein rechtsfähiger Verein, eine juristische Person. Das BGB kennt *rechtsfähige* und *nichtrechtsfähige* Vereine; auf die nichtrechtsfähigen Vereine will das Gesetz die

Vorschriften über die Gesellschaft angewendet wissen (§ 54). Ihrer Struktur nach unterscheiden sich jedoch auch der nichtrechtsfähige Verein und die Gesellschaft (vgl. im einzelnen unten Rdn. 262 ff).

4. Als *ausländische Vereine* werden solche bezeichnet, die ihren Sitz nicht innerhalb der Bundesrepublik Deutschland haben. *Rechtsfähige* ausländische Vereine gelten auch im Inland als rechtsfähig (RGZ 83, 367; 159, 33, 46). *Nichtrechtsfähige* ausländische Vereine erlangen die Rechtsfähigkeit durch Hoheitsakt; zuständig ist laut Entscheidung der Bundesregierung (BGBl I, 1953, 43) der Bundesminister des Inneren.

II. Staat und Vereinigungsfreiheit

1. Gem. Art. 9 I GG haben alle Staatsbürger das Recht, Vereine und Gesellschaften zu bilden (**Vereinigungsfreiheit** im Gegensatz zur *Koalitionsfreiheit*, Art. 9 III GG). **199**

Nach Art. 9 II GG sind jedoch Vereinigungen, deren Zwecke oder deren Tätigkeit den Strafgesetzen zuwiderlaufen oder die sich gegen die verfassungsmäßige Ordnung oder gegen den Gedanken der Völkerverständigung richten, zu verbieten. Vorschriften über das Verbot von Vereinen enthält das Gesetz zur Regelung des öffentlichen Vereinsrechts (VereinsG) vom 5. 8. 1964.

> Das Grundgesetz garantiert zugleich die sog. *negative Vereinigungsfreiheit*; niemand kann gezwungen werden, einem privatrechtlichen Verein beizutreten (vgl. MAUNZ/DÜRIG/HERZOG/SCHOLZ Art. 9 Rdn. 89).

2. Auch wo die Vereinigungsfreiheit gilt, kann das Privatrecht auf eine *Mitwirkung des Staates* bei der Vereinsgründung nicht völlig verzichten, da es auf den *Verkehrsschutz* Wert legen muß. Der Außenstehende kennt vielfach nicht die Verfassung einer solchen Vereinigung. Das spricht dafür, die Anerkennung der Rechtsfähigkeit wenigstens von bestimmten Merkmalen abhängig zu machen, die nach außen klar hervortreten. **200**

Für die Entstehung der juristischen Person hatten sich im Laufe der Rechtsentwicklung verschiedene Systeme herausgebildet:

a) Das *System der freien Körperschaftsbildung*. Ihm genügt die Vereinigung mehrerer Personen zur Erreichung eines Dauerzwecks unter körperschaftlicher Verfassung; die Mitwirkung des Staates entfällt.

> Dieses System erleichtert die Bildung rechtsfähiger Vereine, läßt aber die im Interesse der Allgemeinheit gebotenen Voraussetzungen einer rechtsfähigen Körperschaft unberücksichtigt und beeinträchtigt so die Verkehrssicherheit.

b) Das *Konzessionssystem*. Danach erlangt ein neugebildeter Verein die Rechtsfähigkeit erst durch besondere *staatliche Verleihung*.

Dieses System steht dem verfassungsrechtlichen Grundsatz der Vereinigungsfreiheit entgegen. Es kann nur in Ausnahmefällen Anwendung finden (vgl. §§ 22, 23).

c) Das *System der Normativbestimmungen*. Der Verein erlangt die Rechtsfähigkeit nur, wenn er *bestimmte gesetzliche Erfordernisse* erfüllt und dies durch eine *behördliche Handlung* (meist die Eintragung in ein bestimmtes Register) bekundet wird.

> Dieses System entspricht den Erfordernissen des Verkehrsschutzes, ohne die Vereinsbildung zu hemmen (vgl. BEITZKE ZHR 108, 32 f).

201 3. Körperschaften, insbesondere Vereine, mit bestimmten, in §§ 51 ff AO aufgeführten gemeinnützigen, mildtätigen oder kirchlichen Zwecken werden durch *steuerliche Begünstigung* gefördert.

III. Wirtschaftliche Vereine

202 Das Gesetz unterscheidet hinsichtlich der Gründungsvoraussetzungen **Idealvereine** und **wirtschaftliche Vereine**. Letztere sind Vereine, „deren Zweck auf einen wirtschaftlichen Geschäftsbetrieb gerichtet ist" (§ 22).

Die Fassung des § 22 ist als mißglückt zu bezeichnen. Entscheidend ist nicht der wirtschaftliche Geschäftsbetrieb als solcher, sondern, daß *mittels eines Geschäftsbetriebes wirtschaftlicher Gewinn erzielt werden* soll. Dies ist dann der Fall, wenn der Verein durch fortlaufenden Abschluß vermögensrechtlicher Geschäfte mit Dritten für sich (d. h. für den Verein) oder seine Mitglieder *wirtschaftliche Vorteile* erzielen will und die Erzielung dieser Vorteile den *Hauptzweck* des Vereins bildet.

> Teilweise wird die Ansicht vertreten, daß in erster Linie auf eine unternehmerische Tätigkeit als solche und nicht auf die Gewinnerzielungsabsicht abzustellen sei (K. SCHMIDT aaO S. 32 ff; MünchKomm/REUTER §§ 21, 22 Rdn. 7, 21 ff).

Für den Idealverein ist es unschädlich, wenn sich die wirtschaftliche Betätigung dem ideellen Zweck unterordnet (sog. *Nebenzweckprivileg*; einschränkend jedoch bei wirtschaftlicher Betätigung von Sekten OLG Düsseldorf OLGZ 1983, 408 ff). Ziehen die Mitglieder wirtschaftliche Vorteile, so begründet dies noch nicht den wirtschaftlichen Charakter des Vereins; erforderlich ist vielmehr, daß die Vorteile den Mitgliedern unmittelbar zufließen. Jedoch kann es für einen wirtschaftlichen Zweck genügen, daß der Verein mit einem kaufmännisch organisierten Betrieb Hilfsgeschäfte für die gewerblichen Unternehmungen der Mitglieder ausführt und hierbei dauernd und planmäßig in rechtsgeschäftlich verbindlicher Weise am Rechtsverkehr mit Dritten teilnimmt (BGHZ 45, 395 „Funktaxizentrale").

203 Auch sofern der Idealverein ein *selbständiges Unternehmen ausgliedert*, z. B. eine Aktiengesellschaft betreibt, ist diese unternehmerische Tätigkeit dem Verein nicht als eigener wirtschaftlicher Geschäftsbetrieb zuzurechnen, wenn die wirtschaftliche Betätigung mit dem ideellen Zweck in Zusammenhang steht (BGHZ 85, 84).

> Keine wirtschaftlichen Vereine sind z. B. Vereine zur Errichtung von Sozialeinrichtungen, weil sie keinen wirtschaftlichen Nutzen erstreben, oder gesellige Vereinigungen, selbst wenn sie einen Wirtschaftsbetrieb unterhalten, der nur Nebenzweck ist. Verbindet sich jedoch mit den ideellen Zielen eine wirtschaftliche Betätigung als gleichwertiger Zweck, so kann der Verein den Charakter eines wirtschaftlichen Vereins annehmen (vgl. die Problematik der großen Fußballvereine). Als wirtschaftliche Vereine sind angesehen worden z. B. Gewinn-Sparvereine, Vereine zur Errichtung einer Spar- und Darlehenskasse, Sterbekassenvereine, Konsumvereine und Versicherungsvereine auf Gegenseitigkeit.

204 Wirtschaftliche Vereine unterliegen dem **Konzessionssystem**. Sie erlangen Rechtsfähigkeit durch staatliche Verleihung. Die Rechtsordnung verläßt hier das System der Normativbestimmungen, da angesichts der wirtschaftlichen Betätigung ein *verstärkter Schutz der Außenstehenden* geboten ist. Dem für den Idealverein geltenden Vereinsrecht des BGB fehlen Bestimmungen über das zu fordernde Haftungskapital und über die Typisierung der Vertretungsmacht der Organe. Der Gesetzgeber geht daher davon aus, daß die Gründer solcher Unternehmungen sich grundsätzlich der vom Handelsrecht oder vom Genossenschaftsrecht vorgesehenen Typen bedienen sollen, die durch strengere Normativbestimmungen und erweiterte Publizität den Bedürfnissen des Verkehrsschutzes Rechnung tragen. Wird bei der Gründung der Typ des wirtschaftlichen Vereins gewählt, so muß der Staat die Möglichkeit haben, im Wege von Konzessionsbedingungen die Erfordernisse des Verkehrsschutzes durchzusetzen. Ein genereller Anspruch auf Verleihung besteht nicht, allerdings hat die entscheidende Behörde ihr *Ermessen fehlerfrei* auszuüben, insbesondere zu prüfen, ob nach der Struktur des Zusammenschlusses und nach der Art des Auftretens im Rechtsverkehr eine Verweisung auf die handelsrechtlichen Typen zugemutet werden kann (vgl. BVerwG NJW 1979, 2261 ff. Grundsätzlich zur Problematik des wirtschaftlichen Vereins: K. Schmidt aaO).

Zuständig für die staatliche Verleihung ist das *Land*, in dessen Gebiet der Verein seinen Sitz hat (§ 22).

Die Entscheidung ergeht durch Verwaltungsakt; es finden die Rechtsbehelfe des Verwaltungsrechts Anwendung.

Stellt ein Idealverein seinen Zweck auf wirtschaftliche Betätigung um, so ist dem Verein die Rechtsfähigkeit zu entziehen (§ 43 II). Zuständig sind die von den Ländern bestimmten Verwaltungsbehörden, § 44.

Für die *Versicherungsvereine auf Gegenseitigkeit* sieht § 15 VersAufsG vor, daß diese die Rechtsfähigkeit mit der Genehmigung durch das Bundesaufsichtsamt für das Versicherungswesen erlangen.

IV. Die Gründung des Idealvereins

1. Rechtsnatur des Gründungsvorgangs

205 Die Rechtsnatur des Gründungsvorgangs ist umstritten. O. v. GIERKE bezeichnet ihn als einen sozialrechtlichen Konstitutivakt (I § 63 I 2) oder als *Gesamtakt* (Die Genossenschaftstheorie und die deutsche Rechtsprechung, S. 133), der nicht unter den Begriff des Rechtsgeschäfts fällt. Hingegen läßt sich die Einigung der Gründer unter den *Vertragsbegriff* subsumieren, wenn man nicht ausschließlich auf das Synallagma des Austauschvertrages abstellt. Es handelt sich um ein *mehrseitiges Rechtsgeschäft*, bei dem die Willenserklärungen nicht auf Leistungsaustausch, sondern auf die Erreichung eines gemeinsamen Zieles gerichtet sind. Das hat zur Folge, daß fehlerhafte Willenserklärungen den Bestand des Gründungsvertrages nicht in Frage stellen können und für den Fall, daß vereinbarte Leistungen eines Beteiligten nicht erbracht werden, den übrigen Beteiligten ein Leistungsverweigerungsrecht nicht zusteht. Die Einigung der Gründer läßt sich als *Organisationsvertrag* bezeichnen.

206 Das Problem trifft nicht nur den Verein, sondern auch die Organisationsverträge der Personengesellschaften und der Kapitalgesellschaften. Hier ist es den Beteiligten verwehrt, die Willenserklärung wegen Irrtums nach § 119 oder § 123 anzufechten, wenn die Gründungsgesellschaft ins Leben getreten ist. Es bleibt lediglich die Möglichkeit der Kündigung bzw. des Austritts. Bei werbenden Gesellschaften ist hierbei der Verkehrsschutz gegenüber Dritten maßgebend (Problem der sog. fehlerhaften Gesellschaft).

Für den Idealverein wird eine differenzierende Auffassung vertreten (vgl. zum folgenden STAUDINGER/COING § 21 Rdn. 19). Zum Teil wird die Anfechtung zugelassen, aber ihre Rückwirkung ausgeschlossen. Jedoch will man einem arglistig getäuschten Mitglied die Anfechtung nach § 123 auch mit der Folge der Rückgewähr nach §§ 812, 142 zubilligen (LARENZ AT § 10 I a 1). Einigkeit besteht darüber, daß durch die Anfechtung eines einzelnen Mitgliedes der Gründungsvorgang als solcher und die inzwischen ergangenen Beschlüsse in ihrer Wirksamkeit nicht betroffen werden. Eine differenzierende Lösung kann freilich nur bei solchen Idealvereinen in Betracht kommen, bei denen der Drittschutz mangels wirtschaftlicher Betätigung nicht ins Gewicht fällt. In allen Fällen, in denen durch rückwirkende Anfechtung dem Verein Vermögenssubstanz in dem Umfang entzogen würde, daß Drittinteressen gefährdet wären, muß diese Möglichkeit zumindest insoweit ausgeschlossen bleiben; dies muß um so mehr gelten als gerade das Vereinsrecht Vorschriften über ein Haftungskapital nicht enthält (vgl. unten Rdn. 210).

2. Erstellung der Satzung

207 Ein wesentlicher Bestandteil des Gründungsvorgangs ist die Erstellung einer Satzung (zur Rechtsnatur der Satzung vgl. unten Rdn. 214). Für den Inhalt sind *zwingende Angaben* vorgeschrieben. Sie muß den Zweck, den Namen und den Sitz des Vereins enthalten und ergeben, daß der Verein eingetragen werden soll

(§ 57 I). Eine Eintragung ist *unwirksam*, wenn gegen *diese* Vorschrift verstoßen wurde. Darüber hinaus *soll* die Satzung Bestimmungen über den Ein- und Austritt der Mitglieder, die Mitgliederbeiträge, die Bildung des Vorstandes, die Voraussetzungen und die Form der Berufung der Mitgliederversammlung und die Beurkundung ihrer Beschlüsse (§ 58) enthalten.

Zum Gründungsvorgang gehört ferner die **Bestellung des Vorstandes** (§§ 26, 27; zur Funktion des Vorstandes vgl. unten Rdn. 222 ff).

3. Anmeldung und Eintragung

Zur Eintragung ist der Verein vom Vorstand bei dem Amtsgericht, in dessen **208** Bezirk er seinen Sitz hat (§ 55), anzumelden, und zwar durch sämtliche Vorstandsmitglieder in öffentlich beglaubigter Erklärung; beizufügen ist die von mindestens sieben Mitgliedern unterzeichnete, mit Orts- und Zeitangabe versehene Satzung in Ur- und Abschrift samt Abschrift der Urkunden über die Bestellung des Vorstandes (§§ 59, 77).

Das Amtsgericht prüft, ob den Erfordernissen der §§ 56 bis 59 genügt ist. Ist dies nicht der Fall, so ist die Anmeldung unter Angabe der Gründe zurückzuweisen (§ 60). Dagegen ist nach § 11 I RPflG die Erinnerung zulässig, die als sofortige Beschwerde gilt, wenn der Richter nicht abhilft (vgl. §§ 11 II RPflG, 160a FGG). Fehlen lediglich nachholbare Erfordernisse, so ist eine *Zwischenverfügung* zweckmäßig (insbesondere zur Wahrung der Priorität, vgl. BayObLGZ 1969, 33, 35 f).

Wird die Anmeldung zugelassen, so erfolgt **Mitteilung an die** nach den Landesgesetzen zuständige **Verwaltungsbehörde**. Diese kann gegen die Eintragung Einspruch erheben, wenn der Verein nach dem öffentlichen Vereinsrecht unerlaubt ist oder verboten werden kann (§ 61 II). Den Einspruch hat das Amtsgericht dem Vorstand mitzuteilen, der ihn im Verwaltungsstreitverfahren anfechten kann; hierfür ist der Verein parteifähig (§ 61 VwGO). Nach Erschöpfung des Verwaltungsrechtswegs kann wegen Verletzung des Grundrechts der Vereinigungsfreiheit (Art. 9 GG) Verfassungsbeschwerde an das BVerfG in Betracht kommen (§ 90 BVerfGG).

> Will die Verwaltungsbehörde keinen Einspruch erheben, so wird sie es dem Amtsgericht mitteilen. Die Eintragung darf erst vorgenommen werden, wenn diese Mitteilung gemacht ist oder sechs Wochen ohne Erhebung des Einspruchs verstrichen sind oder der Einspruch endgültig aufgehoben ist (§ 63 I).
> Der Einspruch wird unwirksam, wenn die nach den Bestimmungen des Vereinsgesetzes zuständige Behörde nicht binnen eines Monats nach Einspruchserhebung ein Verbot des Vereins ausgesprochen hat oder wenn das rechtzeitig ausgesprochene Verbot zurückgenommen oder unanfechtbar aufgehoben worden ist (§ 63 II).

Die Eintragung soll im Register angeben: Namen und Sitz des Vereins, den Tag der Errichtung der Satzung, die Vorstandsmitglieder sowie beschränkende Bestimmungen über den Umfang der Vertretungsmacht des Vorstandes oder eine vom Gesetz (§ 28 I) abweichende Regelung seiner Beschlußfassung (§ 64).

Im Anschluß an die Eintragung ist die *Veröffentlichung* im amtlichen Nachrichtenblatt vorgeschrieben (§ 66 I). Die Satzungsurschrift wird mit einer Bescheinigung der Eintragung an den Vorstand zurückgegeben; die beglaubigte Abschrift bleibt bei den Eintragungsakten (§ 66 II).

Entsprechend der ersten Eintragung sind auch *alle späteren Änderungen* einzutragen, so die Änderungen des Vorstandes (§ 67), der Satzung (§ 71), die Auflösung des Vereins und die Entziehung der Rechtsfähigkeit (§ 74), die Eröffnung des Konkurses (§ 75), der Liquidatoren (§ 76); dies erfolgt zum Teil auf Grund vorgeschriebener Anmeldung (§ 77), zum Teil von Amts wegen.

4. Wirkungen der Eintragung

209 Durch die Eintragung erlangt der Verein die **Rechtsfähigkeit**; sein Name erhält den Zusatz: *eingetragener Verein* (§ 65). Die Eintragung hat **konstitutive** Wirkung.

> Die Eintragung hat auch in den Fällen eines wesentlichen Mangels der Vereinsentstehung (§§ 57, 21) konstitutive Kraft; der Verein wird mit Rücksicht auf die Verkehrssicherheit solange als rechtsfähig behandelt, bis seine Löschung im Register nach §§ 159, 142 FGG erfolgt ist (RGZ 81, 206, 208; BGH NJW 1983, 993 und die herrschende Lehre).

Hierbei taucht die Frage auf, welchen Wert Registereintragungen für den Rechtsverkehr mit Dritten haben. Es ist denkbar, daß sich ein Dritter, soweit er nicht durch Kenntnis, bisweilen auch durch fahrlässige Unkenntnis, schutzunwürdig ist, auf die durch die Eintragung kundgemachte Tatsache berufen kann.

> Einen starken Schutz bietet das Grundbuch nach § 892 und das Handelsregister nach § 15 III HGB und weitergehendem Richterrecht, (vgl. CAPELLE/CANARIS Handelsrecht, § 6 I 1). Andere Vorschriften bieten einen schwächeren Schutz insofern, als lediglich darauf vertraut werden kann, daß Abweichungen von einer gesetzlich vorgesehenen Regelung gegen Dritte nur wirksam sind, wenn sie eingetragen sind (*negative Publizität:* „Dem Schweigen des Registers darf man trauen"; vgl. z. B. § 1412 für das Güterrechtsregister zum vertragsmäßigen Ehegüterrecht und § 15 I, II HGB).

Im Gegensatz zur konstitutiven Kraft der Eintragung des Vereins als solchem und der Satzungsänderung gem. § 71 genießen die sonstigen Eintragungen ins Vereinsregister keinen öffentlichen Glauben wie etwa Grundbucheintragungen. Das Vereinsregister genießt jedoch insofern **negative Publizität**, als bei *Änderung des Vorstandes* oder bei *Beschränkung seiner Vertretungsmacht* sowie bei einer *Regelung der Beschlußfassung* des Vorstandes abweichend von § 28 I ein Dritter diese Änderung oder Beschränkung nicht gegen sich gelten zu lassen braucht, wenn sie nicht eingetragen war, es sei denn, er hatte Kenntnis von ihr. Andererseits muß der Dritte, falls die Änderung oder Beschränkung eingetragen ist, sie gegen sich gelten

Natürliche Personen: Vereine § 14 IV 5

lassen, es sei denn, daß sie ihm nicht bekannt war und seine Unkenntnis auch nicht auf Fahrlässigkeit beruht (§§ 68, 70). Alle *übrigen* Eintragungen haben lediglich *deklaratorischen Charakter* und begründen keinen Vertrauensschutz.

Das Register ist öffentlich; jedermann kann es einsehen (§ 79).

5. Der Vorverein

a) Die Eintragung in das Vereinsregister ist der letzte Akt im Entstehungsprozeß, **210** den die werdende juristische Person durchläuft. Allerdings muß berücksichtigt werden, daß schon vor der Eintragung, d. h. der Entstehung der juristischen Person, der sog. Gründerverein tätig wird.

Bis zur Erlangung der Rechtsfähigkeit eines **Idealvereins** besteht ein sogenannter Vorverein. Auf diesen der Rechtsfähigkeit entbehrenden Gründerverein ist grundsätzlich § 54 anwendbar (zur Strukturproblematik des nichtrechtsfähigen Vereins vgl. unten Rdn. 262). Erlangt der Gründerverein später die Rechtsfähigkeit, so entsteht zwar ein neues Rechtssubjekt, aber dieses setzt das vorher entstandene Rechtsgebilde fort. Aufgrund dieser **Identität** ergeben sich zwei Folgerungen: Einmal stehen die *für den Vorverein begründeten Rechte* nunmehr dem rechtsfähigen Verein zu, ohne daß es einer Übertragung bedarf (keine Auflassung, sondern Grundbuchberichtigung); zum anderen haftet der rechtsfähige Verein für die Verbindlichkeiten des Vorvereins.

> Fraglich ist, ob mit der Erlangung der Rechtsfähigkeit die in § 54 S. 2 geregelte persönliche Haftung desjenigen, der im Namen des Vorvereins gehandelt hat, entfällt. Die von BGHZ 80, 182 entwickelten Grundsätze, wonach die Haftung eines im Namen einer künftigen GmbH Handelnden (vgl. § 11 II GmbHG) nach deren Eintragung entfällt, sind auf den Idealverein nicht ohne weiteres anwendbar, da grundsätzlich bei ihm für die Mitglieder keine Verpflichtung besteht, Einlagen für ein Haftungskapital zu leisten (a. M. MEDICUS AT Rdn. 1113; PALANDT/HEINRICHS § 54 Rdn. 13; OLG Celle NJW 1976, 806).

Mit der Erlangung der Rechtsfähigkeit wird auch ein schwebender Prozeß durch den nunmehr rechtsfähigen Verein ohne Klageänderung fortgesetzt (RGZ 85, 256, 259). Das gilt auch, wenn ein zunächst nicht zur Eintragung vorgesehener nichtrechtsfähiger Verein später beschließt, die Eintragung zu beantragen.

b) Besondere Probleme ergeben sich, wenn **im Namen einer künftigen Kapital-** **211** **gesellschaft oder Genossenschaft** gehandelt wird.

Es handelt sich um eine sogenannte *Vorgesellschaft*, die mit dem Abschluß des Gesellschaftsvertrages (Satzungsfeststellung) entsteht. Daß es sich hierbei schon um ein Gesellschaftsverhältnis handelt, wird daraus geschlossen, daß bei der Gründung von Kapitalgesellschaften die übernommenen Einlagen schon teilweise erbracht werden müssen (§§ 36 II AktG, 7 II GmbHG). Es besteht also ein Vermögen, das als solches eines personellen Trägers bedarf. Die Vorgesellschaft kann BGB-Gesellschaft bzw., wenn die Voraussetzungen des § 1 II HGB vorliegen, eine OHG sein.

Die Identitätstheorie gilt auch hier für die Übertragung des gesamten Aktivvermögens auf die juristische Person uneingeschränkt; mit der Entstehung der Rechtsfähigkeit geht dieses daher automatisch auf die juristische Person über.

> Nach früherer Rechtsprechung sollte im Interesse Dritter das Haftungskapital der juristischen Person von vor der Eintragung begründeten Verbindlichkeiten – mit Ausnahme der Gründungskosten – freigehalten werden – sog. Vorbelastungsverbot (BGHZ 17, 385, 391; 53, 210, 212; 80, 129, 133 f). Diese Ansicht erweist sich insbesondere als unpraktikabel, wenn ein schon bestehendes Unternehmen in eine künftige AG oder GmbH eingebracht werden soll, da das einzubringende Unternehmen regelmäßig in vollem Umfang weitergeführt werden muß.

212 Nach der neueren Rechtsprechung soll der Schutz der Gläubiger der Vorgesellschaft dadurch erreicht werden, daß die Gründer gegenüber der Körperschaft für den Wert des Gesellschaftsvermögens im Augenblick der Registereintragung anteilig einzustehen haben (BGHZ 80, 129 ff). Es handelt sich um eine sog. „Differenzhaftung". Da somit im Wege der Gesamtrechtsnachfolge auch die Verbindlichkeiten auf die juristische Person übergehen, können sich die Gläubiger an das Vermögen der juristischen Person halten, zu dem auch die Forderung auf die Differenzbegleichung gehört; diese Forderung unterliegt dann auch der Zwangsvollstreckung gem. §§ 829, 835 ZPO. Im Ergebnis hat der BGH damit ein Vorbelastungsverbot abgelehnt, dies allerdings mit der Maßgabe, daß bei der Anmeldung eine vom Registergericht zu überprüfende Versicherung darüber abzugeben ist, inwieweit das Anfangsvermögen bereits durch Schulden vorbelastet ist. Mit der Eintragung entfällt die Haftung der Gründer aus Verbindlichkeiten der Vorgesellschaft (BGHZ 80, 129, 130). Dies gilt jedoch *nicht* für Verbindlichkeiten, die vorweg für eine noch zu gründende Gesellschaft, d. h. vor Abschluß eines notariellen Gründungsvertrages (Vorgründungsgesellschaft), eingegangen worden sind (BGH BB 1983, 1433 f; vgl. auch BGH BB 1982, 69 f).

213 Neben den Gründern haftet im Gründungsstadium – soweit im Namen der künftigen juristischen Person gehandelt wurde – nach §§ 41 I 2 AktG, 11 II GmbHG der Handelnde persönlich. Die juristische Person kann jedoch die Verbindlichkeit nach den allgemeinen Regeln des Schuldrechts (§§ 414, 415) unter Beachtung der Sondervorschrift des § 41 II, III AktG übernehmen. Nach BGHZ 80, 182 entfällt auch die Handelndenhaftung mit der Eintragung der GmbH.

> Vgl. in der Literatur: FLUME Zur Enträtselung der Vorgesellschaft, NJW 1981, 1753 ff; KRAFT/KREUTZ GesR, C I 5; K. SCHMIDT GesR, §§ 27 II, 34 III; D. SCHULTZ Rechtsfragen der Vor-GmbH im Lichte der jüngsten höchstrichterlichen Rechtsprechung, JuS 1982, 732 ff; ULMER Abschied vom Vorbelastungsverbot im Gründungsstadium der GmbH, ZGR 1981, 593 ff.

V. Die Verfassung des Vereins, Organe und Haftung

1. Verfassung

Die Verfassung enthält die das Vereinsleben bestimmenden *Grundentscheidungen* **214** (BGHZ 47, 172, 177). Sie ist der Inbegriff der Regeln, die sich auf den Zweck des Vereins, seinen Namen und Sitz, seinen inneren Aufbau und seine Betätigung nach außen, die Mitgliedschaft, seine Auflösung und das Schicksal seines Vermögens beziehen.

Die **Satzung** und die *ergänzenden Vorschriften* des BGB bilden die Verfassung (§ 25). Maßgebend ist die Satzung, soweit nicht zwingende Vorschriften des BGB eingreifen (z. B. §§ 26, 27 II); eine diesen entgegenstehende Satzungsbestimmung ist nichtig. Zum Teil sind die Vorschriften des BGB nachgiebiger Art; sie gelten nur insoweit, als die Satzung nichts Abweichendes bestimmt (§ 40).

Die Satzung wird in der Regel *schriftlich* niedergelegt. Wenn der Verein eingetragen werden soll, muß die Schriftform eingehalten werden. Obwohl das Gesetz die Einreichung der Satzung in Urschrift und Abschrift vorsieht (§ 59), hätte die Nichtbeachtung der Vorschrift nicht die Ungültigkeit der Eintragung zur Folge.

Die Satzung ist *abänderbar*. Fehlen satzungsmäßige Bestimmungen darüber, so greift § 33 I ein; eine Änderung erfordert die Zustimmung einer Mehrheit von $3/4$ der erschienenen Mitglieder. Zur Änderung des Vereinszwecks ist Einstimmigkeit nötig; die Zustimmung der nicht erschienenen Mitglieder muß schriftlich erfolgen (§ 33 I 2).

In der *Satzung* stellt der Verein Rechtssätze auf, die für das Leben des Vereins **215** und die Mitglieder verbindlich sind. Darum wird dem Verein das Recht der **Autonomie** (*Satzungsgewalt*) zugeschrieben und der Satzung die Eigenschaft einer *objektiven Rechtsnorm* (eines *Vereinsgesetzes*) für den Bereich der Körperschaft beigelegt.

Im Gegensatz zu der früher umstrittenen *Rechtsnatur* (vgl. zur Gegenmeinung STAUDINGER/COING Vorbem. zu §§ 21–54 Rdn. 35; ENN./NIPPERDEY § 108 II) hat die Rechtsprechung diesen Charakter der Vereinssatzung eindeutig zugrunde gelegt. Wenn auch die Satzung zunächst auf einen von den Gründern geschlossenen Vertrag zurückgeht, so löst sie sich mit der Entstehung des Vereins völlig von der Person der Gründer. Sie erlangt ein unabhängiges rechtliches Eigenleben, wird zur körperschaftlichen Verfassung des Vereins und objektiviert fortan das rechtliche Wollen des Vereins als der Zusammenfassung seiner Mitglieder (BGHZ 47, 172, 179; vgl. auch RGZ 165, 140, 143; BGHZ 21, 370, 374). Der Eintritt in den Verein bedeutet daher nicht eine vertragliche Anerkennung der Satzung, sondern ist schlechthin eine *Unterwerfung* unter die Vereinsgewalt.

Der *Normcharakter* bedingt, daß die Satzung lediglich aus ihrem Inhalt heraus ausgelegt werden kann und hierzu die Willensäußerung oder Interessen der

Gründer oder sonstige Vorgänge aus der Entstehungsgeschichte nicht verwertet werden dürfen (BGHZ 47, 172, 180 unter Bezugnahme auf RG HRR 1932 Nr. 1287; BGHZ 96, 245, 250; 106, 67, 71). Etwaige Willensmängel der Gründer können die Satzung in ihrem Bestand nicht mehr beeinträchtigen (BGHZ 47, 172, 180).

2. Organe

216 Der Verein wird durch seine **Organe**, die nach der Verfassung berufen sind, tätig. Organe des Vereins sind die Mitgliederversammlung, der Vorstand und besondere gesetzliche Vertreter.

a) Die **Mitgliederversammlung** ist das oberste Organ des Vereins; sie wird gebildet durch die Gesamtheit der Mitglieder (§ 32). Ihre Kompetenz umfaßt alle Vereinsangelegenheiten, die nicht durch Satzung oder Gesetz einem anderen Vereinsorgan zugewiesen sind. Namentlich bestellt sie den Vorstand und beruft ihn ab (§ 27), sie bestellt auch die Liquidatoren (§ 48 I); sie ist zuständig für Satzungsänderungen (§ 33 I) und den Auflösungsbeschluß (§ 41). Ihre Beschlüsse sind durch den Vorstand auszuführen, dem die Vertretung nach außen zusteht.

Die Beschlüsse der Mitglieder werden grundsätzlich in einer Mitgliederversammlung gefaßt. Ein Beschluß ohne Versammlung ist nur dann gültig, wenn alle Mitglieder schriftlich zustimmen. Das Gesetz setzt für die Willensbildung die Erörterung unter Anwesenden voraus (§ 32).

Die Mitgliederversammlung wird in der Regel durch den Vorstand einberufen. Sie muß stattfinden in den durch die Satzung bestimmten Fällen sowie wenn das Interesse des Vereins es erfordert (§ 36), ferner wenn der durch die Satzung bestimmte Teil der Mitglieder oder – bei Schweigen der Satzung – der zehnte Teil es unter Angabe des Zwecks und der Gründe verlangt; lehnt der Vorstand ab, so kann das Amtsgericht die Mitglieder zur Einberufung ermächtigen (§ 37).

217 Bei der **Beschlußfassung** sind unterschiedliche Mehrheitsverhältnisse erforderlich („*Quorum*"). Im allgemeinen entscheidet die *Mehrheit der erschienenen Mitglieder* (§ 32 I 3); für Satzungsänderungen und den Auflösungsbeschluß ist ¾-Mehrheit, für Zweckänderungen Einstimmigkeit vorgeschrieben (§§ 33, 41).

Jedes Mitglied hat eine Stimme. Nur die Erschienenen kommen in Betracht. Es entscheidet deren absolute Mehrheit, falls besondere Bestimmungen in der Satzung oder im Gesetz fehlen. Bei der Berechnung der Mehrheit sollte nach RGZ 80, 189, 192 f die Zahl der Anwesenden, nicht die der abgegebenen Stimmen entscheiden. Danach würde Stimmenthaltung Ablehnung bedeuten. Es darf indessen angenommen werden, daß das Gesetz die Abstimmung der Erschienenen voraussetzt und nur die abgegebenen Stimmen gezählt werden, da die Enthaltung der Stimmberechtigten gerade zum Ausdruck bringen soll, daß sie nicht in die Entscheidung miteinbezogen werden wollen (h. M.; BGHZ 83, 35,

37; 106, 179, 182 ff; vgl. SOERGEL/HADDING § 32 Rdn. 31 ff; K. SCHMIDT Gesellschaftsrecht, § 24 III 3c; ZÖLLNER Die Schranken mitgliedsschaftlicher Stimmrechtsmacht bei den privatrechtlichen Personenverbänden, 1963, § 31 Fn. 5; in diesem Sinne auch ausdrücklich § 133 AktG).

Abstimmungsvereinbarungen eines Mitglieds mit dem Verein oder einem anderen Mitglied sind grundsätzlich wirksam, soweit sie nicht gegen das Gesetz oder die guten Sitten verstoßen. Das erkennt RGZ 112, 273, 279 an, lehnt aber die Erfüllungsklage ab und will nur Schadensersatzansprüche zugestehen (vgl. auch RGZ 119, 386, 388 f; 133, 90, 95). Demgegenüber bejaht BGHZ 48, 163, 169 auch die Vollstreckung nach § 894 ZPO für die GmbH, da der Vollstreckungszwang sich nicht gegen die Gesellschaft, sondern gegen den aus der Abstimmungsvereinbarung verpflichteten Gesellschafter richte. Allerdings kann ein einmal gefaßter Gesellschaftsbeschluß nur dann wieder aufgehoben werden, wenn nicht Rechte Dritter berührt sind.

Ein besonderes Problem ergibt sich bei *Stimmrechtsbindungsverträgen zwischen einem Mitglied und einem körperschaftsfremden Dritten*. Läßt man dies grundsätzlich zu, so ist die Verletzung der Treuepflicht des Mitgliedes gegenüber dem Verein besonders zu prüfen, da die Befolgung von Weisungen nur möglich ist, wenn sie im Interesse des Vereins liegt oder interessenneutral ist (vgl. A. HUECK Stimmbindungsverträge bei Personenhandelsgesellschaften, Festschrift Nipperdey, I, 1965, 401, 416 ff; SOERGEL/HADDING § 32 Rdn. 23).

Umstritten ist ferner, ob eine *uneinheitliche Ausübung mehrerer Stimmen durch einen Stimmberechtigten* möglich ist. Gründet sich die Stimmberechtigung auf eigenes Recht, können die Stimmen wegen grundsätzlicher Unteilbarkeit nur einheitlich abgegeben werden (RGZ 118, 67, 69 f; MünchKomm/REUTER § 32 Rdn. 22; SOERGEL/HADDING § 32 Rdn. 24). Hingegen unterliegt eine uneinheitliche Stimmabgabe keinen Bedenken, wenn die Satzung die Teilübertragung des Mitgliedschafts- und Stimmrechts bzw. die Beteiligung anderer Personen daran gestattet und zur Wahrnehmung berechtigter Interessen die geteilte Stimmabgabe erforderlich ist (so im Grunde bereits RGZ 157, 52, 57 ff; vgl. STAUDINGER/COING § 32 Rdn. 20; MünchKomm/REUTER § 32 Rdn. 22; SOERGEL/HADDING § 32 Rdn. 24; vgl. auch die Regelung für das Depotstimmrecht in § 135 AktG).

218 Ein Mitglied ist **nicht stimmberechtigt**, wenn die Beschlußfassung die Vornahme eines Rechtsgeschäfts mit ihm selbst oder die Einleitung oder Erledigung eines Rechtsstreites zwischen ihm und dem Verein betrifft (§ 34). Die Vorschrift hat grundsätzliche Bedeutung zur *Vermeidung von Interessenkonflikten*. Für die Handelsgesellschaften gelten entsprechende Normen (vgl. § 136 AktG, § 47 IV GmbHG; vgl. auch § 43 VI GenG).

Kein Rechtsgeschäft im Sinne des § 34 ist die Vornahme einer Wahl, bei der alle Mitglieder zur Mitwirkung berufen sind (RGZ 60, 172, 173), ebensowenig der Widerruf der Bestellung (RGZ 81, 37, 39 f; 104, 182, 186); problematisch ist wegen des Richtens in eigener Sache die Teilnahme an der Abstimmung über den eigenen Ausschluß (für Stimmrecht OLG Köln NJW 1968, 992; dagegen BGHZ 9, 157, 178 für die GmbH; SOERGEL/HADDING § 34 Rdn. 7; K. SCHMIDT Gesellschaftsrecht, § 21 II 2a). Wohl aber fällt unter § 34 die Entlastung, die von der bloßen Feststellung der Bilanz zu unterscheiden ist (RGZ 49, 142, 146); so jetzt ausdrücklich die o. a. Vorschriften für die Kapitalgesellschaften und die Genossenschaft. Streitig ist, ob ein Stimmrecht bei der Festsetzung der Bezüge des Gewählten gewährt werden kann (so RGZ 74, 276 ff unter Hinweis auf den einheitlichen Vorgang bei der Wahl; BGHZ 18, 205, 210; dagegen STAUDINGER/COING § 34 Rdn. 14; vgl. zu diesen Fragen insbesondere ZÖLLNER aaO).

Eine Verletzung des § 34 kann einen gefaßten *Beschluß* nur beeinträchtigen, wenn die fehlerhafte Stimmabgabe für den Beschluß entscheidend war. Ist sie auf das Ergebnis ohne Einfluß, so bleibt der Beschluß bestehen (BGHZ 14, 264, 267 f).

219 Von der Nichtigkeit wegen Verletzung zwingender Vorschriften ist die **Anfechtung** *der Einzelstimmabgabe wegen eines Willensmangels* zu unterscheiden. Sie ist grundsätzlich zulässig, kann jedoch nur erheblich sein, wenn durch die Anfechtung die erforderliche Mehrheit zerstört oder der Beschluß hinfällig gemacht werden kann (vgl. zu den Einzelheiten BARTHOLOMEYCZIK Die Anfechtung der Stimmabgabe zum Körperschaftsbeschluß, AcP 144 (1938), 287 ff).

220 Die Nichtigkeit der einzelnen Stimmabgabe ist von der **Nichtigkeit des Beschlusses** selbst zu unterscheiden. Ist ein Beschluß wegen der Verletzung zwingender Vorschriften nichtig, etwa weil er sittenwidrig ist oder weil nicht alle Mitglieder in der von der Satzung vorgesehenen Weise eingeladen worden sind (BGHZ 59, 369, 373), so muß der Richter die Nichtigkeit, wenn der sie begründende Tatbestand vorgetragen ist, feststellen. Auch ein Dritter kann die Nichtigkeit durch Feststellungsklage gem. § 256 ZPO geltend machen. Das Vereinsrecht hat im Gegensatz zu §§ 241 ff AktG und § 51 GenG die Geltendmachung der Nichtigkeit durch eine Anfechtungsklage eines Mitglieds nicht vorgesehen. Eine entsprechende Anwendung auf Vereine auch bei stärkerer wirtschaftlicher Verflechtung hat der BGH abgelehnt (BGHZ 59, 369, 371; BGH NJW 1975, 2101; a. A. K. SCHMIDT Gesellschaftsrecht, § 24 III 3 f; MünchKomm/REUTER § 32 Rdn. 33).

221 Von der Frage nach dem Bestand des Beschlusses ist die nach der *Wirksamkeit eines zu seiner Ausführung* vom Vorstand *vorgenommenen Rechtsgeschäfts mit Dritten* zu trennen; z. B. bleibt das im Rahmen der Vertretungsmacht des Vorstandes vorgenommene Rechtsgeschäft, das durch den fehlerhaften Beschluß nur intern vorbereitet wurde, grundsätzlich wirksam. Das Außengeschäft ist jedoch

Natürliche Personen: Vereine § 14 V 2

wegen §§ 26 II 2, 68, 70 unwirksam, wenn die Satzung den Beschluß zur Wirksamkeitsvoraussetzung erhebt (vgl. ERMAN/WESTERMANN § 26 Rdn. 4; SOERGEL/HADDING § 26 Rdn. 21 f).

222 b) Der Verein muß einen **Vorstand** haben (§ 26 I). Der Vorstand wird *bestellt* durch einen (nach außen stets widerruflichen, § 27 II) *Beschluß der Mitgliederversammlung*, falls die Satzung nichts anderes bestimmt (§§ 27 I, 40). Vereinsmitgliedschaft ist zur Bestellung als Vorstandsmitglied nicht erforderlich (vgl. STAUDINGER/COING § 27 Rdn. 7; SOERGEL/HADDING § 27 Rdn. 3).

Die Bestellung ist ein *einseitiger körperschaftlicher Akt*, der zur Wirksamkeit des angetragenen Amtes der *Annahme* durch den Berufenen bedarf. Die Bestellung macht den Berufenen zum Organ und begründet die sich daraus ergebenden Rechte und Pflichten. Davon ist der *Anstellungsvertrag* gem. §§ 611, 675, 665 zu trennen.

Auch *mehrere* Personen können als Vorstand bestellt werden (§ 26 I 2). Soweit die erforderlichen Vorstandsmitglieder fehlen, hat in dringenden Fällen auf Antrag eines Beteiligten bis zur Behebung des Mangels das Amtsgericht *Ersatzmitglieder* zu bestellen (§ 29). Im Interesse der Rechtsklarheit ist jedoch eine *alternative* oder *hilfsweise* Bestellung *unzulässig* (vgl. OLG Celle NJW 1969, 326; BayObLG NJW 1969, 1966).

Besteht der Vorstand aus mehreren Mitgliedern, so erfolgt die *Beschlußfassung* nach dem *Mehrheitsgrundsatz* (§ 28 I), und zwar nach den für die Mitgliederversammlung geltenden Vorschriften.

223 Von der internen Beschlußfassung ist die *Durchführung der Beschlüsse nach außen* zu unterscheiden. Besteht der Vorstand aus mehreren Mitgliedern, so ist davon auszugehen, daß zur **Vertretung** die *Mitwirkung aller* geboten ist. In diesem Fall ist bei einem Mehrheitsbeschluß die Minderheit zur Mitwirkung beim Vollzug nach außen verpflichtet. Es kann in der Satzung festgelegt werden, daß jedes Vorstandsmitglied *Einzelvertretungsmacht* hat oder daß nur mehrere gemeinschaftlich vertreten können (*Gesamtvertretung*).

Bei der Gesamtvertretung kann jedoch ein Vorstandsmitglied den Verein allein wirksam vertreten, wenn er von dem mitwirkungsberechtigten Vorstandsmitglied hierzu ermächtigt wird; auch eine nachträgliche Genehmigung ist wirksam (vgl. § 125 II 2 HGB und RGZ 81, 325 ff für die OHG; § 78 IV AktG für die AG).

224 Für die Abgabe von Willenserklärungen gegenüber dem Vorstand (*Passivvertretung*) genügt jedoch die Abgabe an *ein* Vorstandsmitglied (§ 28 II). Die Rechtsprechung hat § 28 II auf *Wissenszustände aller Art* ausgedehnt, so daß bereits Kenntnis, Bösgläubigkeit, Arglist oder Verschulden im vertraglichen und deliktischen Bereich eines Vorstandsmitgliedes dem Verein zuzurechnen ist (BGHZ 41, 282, 287; BGH NJW 1988, 1199, 1200).

225 Der Vorstand vertritt den Verein *gerichtlich* und *außergerichtlich*. Er hat die Stellung eines *gesetzlichen Vertreters* (§ 26 II 1).

> Die herrschende Lehre (die *Organtheorie*) meint, daß durch den Wortlaut des § 26 II der rechtlichen Konstruktion nicht vorgegriffen werden solle; sie betont, daß der Vorstand kein Vertreter im eigentlichen Sinne, sondern Organ sei. Da das Gesetz die volle Verantwortlichkeit des Vereins für das Verhalten des verfassungsmäßigen Vertreters ausdrücklich bejaht hat (§ 31), ist der Streit praktisch gegenstandslos.

226 Die **Vertretungsmacht** des Vorstandes ist durch die Satzung *beschränkbar* (§ 26 II 2), mit Ausnahme der Befugnis zur Entgegennahme von Willenserklärungen (§ 28 II i.V.m. § 40). Insoweit unterscheidet sich das Vereinsrecht von den Handelsgesellschaften, bei denen die Vertretungsmacht im Interesse der Verkehrssicherheit zwingend typisiert ist (vgl. § 126 II HGB; § 82 AktG).

Wird die Vertretungsmacht *nicht durch die Satzung beschränkt,* so ist sie doch nicht völlig unbeschränkt, sondern umfaßt nur Geschäfte, die sachlich ihrer allgemeinen Eigenart nach in den Rahmen des Vereinszwecks fallen (h. M.; vgl. RGZ 85, 256, 261; BGH JZ 1953, 474, 475; ERMAN/WESTERMANN § 26 Rdn. 4; a. A. SOERGEL/HADDING § 26 Rdn. 20; K. SCHMIDT, Gesellschaftsrecht, § 10 II 2). Der Vorstand kann z. B. keine Schenkungen machen, wenn sie völlig aus diesem Rahmen fallen.

Im übrigen wirkt gegen Außenstehende nur die Beschränkung der Vertretungsmacht, die in der Satzung enthalten ist. Bloße beschränkende Beschlüsse wirken nur als Anweisungen im Innenverhältnis. Daher sind Beschränkungen der Vertretungsmacht, abweichende Bestimmungen über die Beschlußfassung und Änderungen des Vorstandes ins *Vereinsregister einzutragen*. Ist das unterblieben, so können sie Außenstehenden gegenüber nur geltend gemacht werden, wenn deren Kenntnis bewiesen werden kann; und selbst wenn die Eintragung erfolgt ist, steht Dritten der Nachweis offen, daß sie die Änderung ohne Fahrlässigkeit nicht gekannt haben (§§ 68, 70). Ein unter Überschreitung der Vertretungsmacht vorgenommenes Rechtsgeschäft ist für den Verein nicht verbindlich; die an dem Rechtsgeschäft beteiligten Mitglieder des Vorstandes haften entsprechend § 179.

227 Im **Innenverhältnis** zum Verein sind für die Geschäftsführung des Vorstandes die *Auftragsregeln* entsprechend anwendbar (§ 27 III). Es gilt insbesondere § 665, der dem Vorstand einen gewissen Ermessensspielraum gegenüber Beschlüssen der Mitgliederversammlung gewährt. Soweit eine Vergütung vereinbart ist, ist das *Dienstvertragsrecht* heranzuziehen. Aus der Nichterfüllung seiner Pflichten *haftet* der Vorstand dem Verein. Den *Vereinsgläubigern* haftet er nur im Falle des § 42 II 2 (Verzögerung des Antrags auf Eröffnung des Konkurs- oder gerichtlichen Vergleichsverfahrens); darüber hinaus, wenn der Tatbestand einer unerlaubten Handlung durch ihn erfüllt ist (vgl. auch die subsidiäre Haftung der Vorstandsmitglieder einer AG, § 93 V AktG).

c) Für gewisse Geschäftszweige können, wenn es die Satzung gestattet, neben **228** dem Vorstand **besondere Vertreter** bestellt werden (§ 30), z. B. Kassenwart, Schriftführer, Zweigstellenleiter usw. Sie müssen aber, wenn sie auch Weisungen unterworfen sind, nach außen eine gewisse Selbständigkeit haben (RGZ 157, 228, 236; vgl. BGH NJW 1977, 2259, 2260). Ihre *Vertretungsmacht* erstreckt sich im Zweifel auf alle Rechtsgeschäfte, die der ihnen *zugewiesene Geschäftskreis gewöhnlich mit sich bringt*. Eine darüber hinausgehende Beschränkung im Innenverhältnis wirkt nach außen nur, wenn sie der Dritte kannte oder kennen mußte (RGZ 94, 318, 320).

Die Bestellung dieser Sondervertreter erfolgt wie die der Vorstandsmitglieder. Sie ist von einer rechtsgeschäftlichen Bevollmächtigung zu unterscheiden. Besondere Vertreter sind Vereinsorgane und haben als solche die Stellung eines gesetzlichen Vertreters im Sinne des § 26. Der Verein ist nach § 31 für ihre schadenstiftenden Handlungen verantwortlich, während er für gewöhnliche Vertreter nur nach §§ 278, 831 haftet (RGZ 53, 276, 279).

Im Hinblick auf die als unangemessen angesehene Entlastungsmöglichkeit **229** nach § 831 hat die Rechtsprechung den Begriff des „*verfassungsmäßig berufenen Vertreters*" zunehmend weiter ausgedehnt. Hielten es RGZ 53, 276, 277 und 74, 21, 23 noch für erforderlich, daß die Bestellung durch Satzung oder eine gleichwertige organisatorische Bestimmung vorgesehen sein muß, so verzichtet der BGH (BGHZ 49, 19, 21) auf dieses Erfordernis. Der Vertreter im Sinne des § 31 braucht weder mit rechtsgeschäftlicher Vertretungsmacht ausgestattet zu sein, noch muß seine Tätigkeit einen Aufgabenbereich innerhalb der geschäftsführenden Verwaltungstätigkeit der juristischen Person ausfüllen. Ausreichend ist vielmehr, daß ihm durch die allgemeine Betriebsregelung und Handhabung bedeutsame, wesensmäßige Funktionen der juristischen Person zur selbständigen, eigenverantwortlichen Erfüllung zugewiesen sind, er also die juristische Person durch seine Tätigkeit repräsentiert (BGHZ 49, 19, 21; BGH NJW 1977, 2259, 2260; 1985, 1392; Soergel/Hadding § 31 Rdn. 10; § 30 Rdn. 9–12 m.w.N.).

3. Haftung des Vereins

Zur Haftung des Vereins ist zwischen *Organen* und *verfassungsmäßig berufenen* **230** *Vertretern* einerseits und *sonstigen Hilfspersonen* zu unterscheiden. Für letztere haftet der Verein nach allgemeinen Grundsätzen (§§ 278, 831); im rechtsgeschäftlichen Verkehr finden die §§ 164 ff Anwendung.

Für schadensersatzpflichtig machende Handlungen, die seine *Organe* oder *verfassungsmäßig berufenen Vertreter* in Ausführung der ihnen zustehenden Verrichtung begangen haben, haftet der Verein nach zwingendem Recht wie *für eigene Handlungen ohne Entlastungsmöglichkeit* (§ 31). Er haftet auch für Schädigungen, die zum Ersatz verpflichten, ohne rechtswidrig (§§ 228, 904) oder schuldhaft zu sein (§ 231). Bei Gesamtvertretung genügt die schadensstiftende Handlung eines Vorstandsmitgliedes.

Der Verein haftet dem *geschädigten Dritten*; das kann auch ein *Vereinsmitglied* sein.

Die Handlungen müssen *in Ausführung* der dem Organ oder verfassungsmäßig berufenen Vertreter *zustehenden Verrichtung*, nicht bloß bei Gelegenheit dieser Verrichtung erfolgen. Es muß ein *enger objektiver Zusammenhang* mit letzterer bestehen. Eine Überschreitung des Auftrages, ein Mißbrauch der Vollmacht schließen die Haftung nicht aus. Auch eine vorsätzliche unerlaubte Handlung kann noch in einem engen objektiven Zusammenhang mit der zugewiesenen Verrichtung stehen (vgl. BGHZ 49, 19, 23 m.w.N.).

231 In den Fällen, in denen sich durch die Ausweitung des Begriffes des verfassungsmäßig berufenen Vertreters (vgl. oben Rdn. 228 f) die Haftung nach § 31 nicht erreichen läßt, bleibt der **Haftungsgrund des Organisationsmangels** zu prüfen. Ein Organisationsmangel ist darin zu sehen, daß der Verein keinen verfassungsmäßig berufenen Vertreter für den fraglichen Geschäftsbereich bestellt hat, obwohl dessen Bestellung angezeigt gewesen wäre, andererseits auch keiner der tätigen Personen die Eigenschaft des verfassungsmäßig berufenen Vertreters beigelegt werden kann (z. B. wenn in einer Redaktion nicht durch entsprechende Anweisungen an Sachbearbeiter sichergestellt ist, daß Persönlichkeitsverletzungen vermieden werden; so BGHZ 59, 76, 82; vgl. auch BGHZ 24, 200, 213; 39, 124, 130; BGH NJW 1980, 2810, 2811). Für den Organisationsmangel ist in jedem Fall der Vorstand und damit gem. § 31 der Verein verantwortlich. Über die erörterten Fälle hinaus kann ein solcher darin liegen, daß ein Verein es unterlassen hat, Vorsorge im Bereich der *Verkehrssicherung* zu treffen (vgl. RGZ 163, 21, 29). Ob man einem Verein in den Fällen des Organisationsmangels auch den *Entlastungsbeweis* auferlegen sollte, wie dies bei einer komplizierten betrieblichen Organisation der Fall ist (vgl. BGHZ 51, 91, 99 zur Produzentenhaftung), wird sich nur unter Berücksichtigung der konkreten Situation entscheiden lassen.

232 Durch die Haftung des Vereins wird die *persönliche Haftung* des Organs nicht ausgeschlossen, wenn insoweit ein eigener Haftungsgrund gegeben ist. Ein schuldiges Organ und der Verein haften als *Gesamtschuldner* (§ 840).

4. Haftung der juristischen Personen des öffentlichen Rechts

233 *a)* Die Haftung des § 31 gilt auch für die juristischen Personen des öffentlichen Rechts (§ 89 I), aber nur soweit sich ihre Organe **privatrechtlich** betätigen.

In Betracht kommt zunächst die *fiskalische Betätigung* der öffentlichen Hand; hier gilt § 31 uneingeschränkt. Auf Handlungen, die ein Beamter oder Vertreter in Ausübung der ihm anvertrauten öffentlichen Gewalt vorgenommen hat, ist § 31 nicht anwendbar. Das folgt daraus, daß § 89 auf § 31 verweist, der nur die privatrechtliche Vertretungsmacht im Auge haben kann.

In den Fällen, in denen sich der Hoheitsträger des Privatrechts als eines Mittels zur öffentlichen Verwaltung bedient, ist zu differenzieren: So kann die Behandlung in einer Klinik öffentlich-rechtlicher Natur sein, wenn sie unter hoheitlichem Zwang steht. Grundsätzlich ist jedoch in öffentlichen Krankenhäusern, obwohl sie dem Allgemeinwohl und ggf. Forschung und Lehre dienen, selbst wenn die Einweisung als Maßnahme der Sozialhilfe öffentlich-rechtlicher Natur ist (BGHZ 4, 138, 152) ein privatrechtliches Verhältnis anzunehmen (BGHZ 9, 145). Vom Bundesgerichtshof wird weniger auf die Zielsetzung der Tätigkeit als auf die *organisatorische Gestaltung* abgestellt; z. B. hat BGHZ 20, 57, 59 den Betrieb einer Schleuse durch den Staat ohne einen äußeren öffentlichen Organisationsakt als privatrechtlich betrachtet. Die Tätigkeit der Bundespost wurde früher als hoheitlich angesehen (RGZ 158, 83, 87; 164, 273, 276; BGHZ 16, 111, 112; vgl. jetzt aber § 7 PostG), die der Bundesbahn jedoch schon immer als privatrechtlich (RGZ 161, 348; 162, 365; BGHZ 2, 37, 41; 6, 304, 309). Ebenfalls hoheitlich ist die Unterrichtstätigkeit der Lehrer an öffentlichen Schulen (BGHZ 13, 25; 28, 297) sowie der Professoren an Universitäten (RG WarnRspr. 1927 Nr. 117). Weiterhin werden die Bau- und Erhaltungspflichten (einschließlich der Pflicht zur Anbringung von Zeichen für die Verkehrsregelung) im Straßen- und Wegerecht heute kraft landesgesetzlicher Regelung als hoheitliche Aufgabe angesehen. Zu trennen ist davon die allgemeine Verkehrssicherungspflicht, die entweder öffentlich-rechtlich oder privatrechtlich ausgestaltet sein kann. Maßgebend ist dabei die Landesgesetzgebung, die weitgehend auch diesen Pflichtenkreis als hoheitliche Aufgabe ansieht (BGHZ 60, 54 ff m.w.N.).

234 Für die Haftung der juristischen Person nach §§ 89, 31 ist es unbeschadet des Vorliegens eines Organisationsverschuldens bedeutsam, wer als *verfassungsmäßig berufener Vertreter* zu gelten hat. Hierbei ist auf die *verwaltungsorganisatorischen Bestimmungen* abzustellen, jedoch müssen die in BGHZ 49, 19, 21 zum Ausdruck gelangten Grundsätze auch im Fiskalbereich gelten. Schon RG DR 1944, 287 Nr. 9 hat den Leiter eines Krankenhauses unbeschadet seiner satzungsmäßigen Stellung als verfassungsmäßig berufenen Vertreter anerkannt. Das kann auch für einen Assistenzarzt gelten, dem die selbständige Wahrnehmung der Ambulanz wegen anderweitiger Überlastung des Direktors einer Universitätsklinik anvertraut ist. Sieht die Satzung für diesen Fall die Bestellung eines besonderen Vertreters nicht vor, so liegt ein Organisationsmangel vor, der in jedem Fall zur Haftung führt.

235 *b)* Die Haftung der juristischen Person im privatrechtlichen Bereich ergibt sich also aus §§ 89, 31. Hingegen haftet im **hoheitlichen Bereich** der Staat bzw. die Körperschaft nach § 839 in Verbindung mit Art. 34 GG. Hier ist zunächst die

Verantwortlichkeit des im hoheitlichen Bereich Handelnden (vgl. BGHZ 11, 192, 197) unter den in § 839 gegebenen besonderen Voraussetzungen zu prüfen. Dabei genügt die Verletzung einer Amtspflicht; andererseits besteht bei Fahrlässigkeit nur eine subsidiäre Haftung (§ 839 I 2); der Geschädigte verliert seinen Anspruch, wenn er es vorsätzlich oder fahrlässig unterläßt, den Schaden durch Einlegung eines Rechtsmittels abzuwenden (§ 839 III). § 839 ist lex specialis zu den übrigen Tatbeständen des Deliktsrechts; dies gilt auch für den fiskalischen Bereich (BGHZ 34, 99, 104). Weil der Handelnde als öffentlich-rechtlicher Vertreter des Staates auftritt und die Staatsgewalt verkörpert, muß jedoch der Staat für seine Verfehlungen aufkommen. Er tritt nach Art. 34 GG an seine Stelle mit der Wirkung, daß der Bedienstete dem Geschädigten gegenüber freigestellt wird (BGHZ 29, 38, 43); allerdings ist in Fällen von Vorsatz und grober Fahrlässigkeit der Rückgriff vorbehalten.

> Das Staatshaftungsgesetz vom 26. 6. 1981, das insbesondere der durch die Regelung des § 839 bedingten Verkürzung der Schadensersatzansprüche entgegentreten wollte, ist durch das Urteil des Bundesverfassungsgerichts vom 19. 10. 1982 (BVerfGE 61, 149 ff) für nichtig erklärt worden.

236 c) Neben der Haftung der Körperschaft kommt im fiskalischen Bereich auch ein unmittelbarer **Anspruch des Geschädigten gegen den Handelnden** in Betracht. Hier ist zu unterscheiden:

War der Handelnde *Beamter* (für die Eigenhaftung gilt im Gegensatz zu Art. 34 GG der engere Begriff der Beamtengesetze), so unterliegt der Anspruch den besonderen Bestimmungen des § 839 (vgl. oben Rdn. 235).

War der Handelnde *nicht Beamter*, so bemißt sich seine Haftung nach den allgemeinen Vorschriften der unerlaubten Handlungen. Er genießt demnach nicht die Vorzugsstellung des § 839 I 2. Gleichwohl muß ihm nach arbeitsrechtlichen Grundsätzen ein *Freistellungsanspruch* zugute kommen (vgl. BGHZ 16, 111 ff; GAMILLSCHEG/HANAU Die Haftung des Arbeitnehmers, 2. Aufl. 1974).

Soweit einen *Beamten* trotz der Begünstigung des § 839 I 2 eine Haftung trifft, müßten angesichts der *besonderen Fürsorgepflicht* des Dienstherrn für seine Beamten hier zumindest die arbeitsrechtlichen Grundsätze der schadensgeneigten Arbeit entsprechende Anwendung finden (i.d.S. BENDER Staatshaftungsrecht, 2. Aufl. 1974, Rdn. 281 ff m.w.N.). Bestrebungen, auch für die Fiskalhaftung Art. 34 GG anzuwenden, haben sich nicht durchgesetzt.

VI. Mitgliedschaft

1. Erwerb

237 Die Mitgliedschaft wird durch Teilnahme an der Vereinsgründung oder Beitritt erworben. Der Verein des bürgerlichen Rechts kennt keine Zwangsmitgliedschaft.

Andererseits kann sich zur Wahrung existentieller Interessen des Bewerbers ein Aufnahmezwang für den Verein ergeben, wenn der Verein eine Monopolstellung innehat (BGHZ 21, 1 ff; 63, 282 ff; vgl. BIRK Der Aufnahmezwang bei Vereinen und Verbänden, JZ 1972, 343 ff; NICKLISCH Der verbandsrechtliche Aufnahmezwang und die Inhaltskontrolle satzungsmäßiger Aufnahmevoraussetzungen, JZ 1976, 105 ff).

Für den Beitritt sind die Bestimmungen der Satzung maßgebend. Es kann die einseitige an den Verein gerichtete Beitrittserklärung genügen. Mangels Satzungsbestimmung ist von einer Aufnahme auszugehen, über die im Zweifel die Mitgliederversammlung beschließt. Sie kann auch in die Zuständigkeit des Vorstandes fallen. Auch juristische Personen können Mitglieder eines Vereins sein; hierbei werden jedoch die Mitglieder der beigetretenen juristischen Person nicht Mitglieder des Vereins (vgl. BGHZ 28, 131, 134).

238 Durch Abtretung und Erbgang kann die Mitgliedschaft grundsätzlich nicht erworben werden (§ 38); jedoch kann die Satzung Ausnahmen zulassen (§ 40). Dies gilt für den Idealverein. Bei Vereinen und Verbänden, die wirtschaftliche Interessen vertreten, wird man jedoch die Übertragung der Mitgliedschaft grundsätzlich zulassen können (vgl. SERNETZ Die Rechtsnachfolge in der Verbandsmitgliedschaft insbesondere beim Unternehmerwechsel, 1973; WIEDEMANN Die Übertragung und Vererbung von Mitgliedschaftsrechten bei Handelsgesellschaften, 1965).

2. Rechte und Pflichten

239 *a)* Die Mitgliedschaft *begründet* gegenüber dem Verein Rechte und Pflichten. Sie ist im Gegensatz zu den wirtschaftlichen Vereinen und zu den handelsrechtlichen Gesellschaften in erster Linie ein *personenrechtliches Verhältnis*, das je nach dem Zweck des Vereins ein mehr oder weniger enges *Treueverhältnis* begründet (RG HRR 1928 Nr. 1551; weitergehend ERMAN/WESTERMANN § 38 Rdn. 1 m.w.N.). Daraus ergibt sich nicht nur der Grundsatz der *Nichtübertragbarkeit* und *Nichtvererblichkeit*, sondern auch der Grundsatz, daß die *Ausübung* der Mitgliedschaftsrechte *nicht einem anderen überlassen* werden kann (§ 38 S. 2, jedoch nicht zwingend vgl. § 40). Dies gilt jedoch nicht für *vermögensrechtliche Ansprüche* (Ansprüche auf Gewinnanteil und Auseinandersetzungsguthaben), die als *übertragbar* und daher auch als *pfändbar* angesehen werden.

aa) Aus der Mitgliedschaft ergeben sich:
– sog. *Organschaftsrechte*, das sind die Rechte auf Teilnahme an der Gestaltung und Verwaltung der Vereinsgeschäfte, vor allem das Stimmrecht in der Mitgliederversammlung (§ 32), das passive Wahlrecht für Vereinsämter und das Recht, die Einberufung der Mitgliederversammlung zu verlangen (§ 37).
– sog. *Nutzungsrechte*, das sind Rechte auf Benutzung der Gegenstände und Einrichtungen.

240 Aus der Natur des Vereins ergibt sich die *grundsätzliche Gleichberechtigung* aller Mitglieder, soweit nicht in der Satzung Abweichungen enthalten sind und ein sachgerechter Grund, der vor dem Willkürverbot Bestand hat, die Abweichung rechtfertigt. Dieses Recht auf gleichmäßige Behandlung kann auch durch nachträgliche Satzungsänderung nicht ohne Zustimmung der Benachteiligten, also regelmäßig nur durch einstimmigen Beschluß, beeinträchtigt werden (RGZ 112, 119, 124; vgl. auch RG JW 1938, 1329; BGH NJW 1954, 953; KG NJW 1962, 1917; BGHZ 47, 381, 386; 55, 381, 385).

241 Mitgliedern können jedoch *Sonderrechte* eingeräumt werden. Als derartige Sonderrechte sind die Rechte zu bezeichnen, die dem Mitglied wesentlich nur um seiner selbst willen, nicht im Interesse des Vereins, als von den Rechten der anderen Mitglieder verschiedene Rechte eingeräumt werden (RGZ 104, 253, 255); z. B. das Recht auf einen erhöhten Gewinnanteil, auf besondere Teilnahme an der Verwaltung durch Zubilligung eines erhöhten Stimmrechts oder dauernde Zugehörigkeit zum Vorstand, auf Zustimmung zu bestimmten Verwaltungshandlungen usw. (vgl. RG HRR 1932 Nr. 1287; BGH WM 1989, 250, 252 f). Erforderlich ist, daß ein solches Sonderrecht in der Satzung klar zum Ausdruck gebracht ist (RGZ 165, 129, 133; BGH MDR 1970, 913); daraus allein, daß die einen Verein gründende Gesellschaft sich bestimmte Stellen im Vorstand vorbehalten hatte, darf nicht ohne weiteres geschlossen werden, daß es sich um ein Vorzugsrecht handelte, das durch spätere Satzungsänderung nicht entzogen werden konnte (RG JW 1911, 747 f). Vgl. zum Begriff der Sonderrechte GADOW Das Problem der Sonderrechte der Körperschaftsmitglieder, 1910; ders., Die Sonderrechte der Körperschaftsmitglieder, Gruchot 66, 514 ff; SCHULTZE Organschaftsrechte als Sonderrechte, JherJb. 75 (1925), 455 ff; G. HUECK Der Grundsatz der gleichmäßigen Behandlung im Privatrecht, 1958.

Die Sonderrechte eines Mitglieds können nicht ohne dessen Zustimmung durch Beschluß der Mitgliederversammlung beeinträchtigt werden (§ 35). Allerdings kann ein Sonderrecht auf Widerruf, abänderbar durch Vereinsbeschluß oder Satzungsänderung, verliehen werden und ist dann auf diesem Wege entziehbar.

242 bb) Den allgemeinen Mitgliedschaftsrechten entsprechen die *allgemeinen Mitgliedschaftspflichten*, insbesondere die Pflicht zu *Beiträgen*. Sie beruhen auf der Satzung und können durch Satzungsänderung verschärft werden.

Die Auferlegung von *Sonderpflichten* ist in Rechtsähnlichkeit zu § 35 nur mit Zustimmung der einzelnen benachteiligten Mitglieder zulässig; z. B. dürfen die Beiträge nicht in ungleichem Verhältnis erhöht werden.

243 Soweit ein Vereinsmitglied bei ehrenamtlicher Tätigkeit für den Verein Dritten gegenüber schadensersatzpflichtig wird, kann ihm in entsprechender Anwendung der im Arbeitsrecht entwickelten Grundsätze über die Haftungsbeschränkung gegen den Verein ein Freistellungsanspruch zustehen (BGH NJW 1984, 789 ff).

Natürliche Personen: Vereine　　　　　　　　　　　　　　　　§ 14 VI 3

b) Die Mitgliedschaft im Verein hindert nicht, daß das Mitglied in *selbständige* **244** *Rechtsbeziehungen* zum Verein tritt (z. B. durch Miete, Kaufvertrag oder Darlehen). Für sie gelten grundsätzlich die allgemeinen Regeln des Privatrechts. Das Gesetz will bei der Beschlußfassung eine *Interessenkollision* ausschließen, in dem es die Stimmberechtigung des Mitglieds versagt (§ 34, vgl. oben Rdn. 218). Darüber hinaus kann die Frage auftauchen, ob für das Vereinsmitglied bei Ausübung der Rechte aus dem Rechtsverhältnis nicht in besonderem Maße eine Verpflichtung zur Rücksichtnahme besteht.

c) Eine **Haftung** *der Vereinsmitglieder* gegenüber den Gläubigern der juristischen **245** Person besteht grundsätzlich nicht. Falls die Vereinssatzung den Mitgliedern eine *Nachschußpflicht* auferlegt, entsteht für die Gläubiger des Vereins kein unmittelbarer Anspruch. Jedoch besteht die Möglichkeit, den Anspruch des Vereins gegen das Mitglied auf Zahlung des Nachschusses im Wege der Forderungspfändung gem. § 829 ZPO zu pfänden.

In besonders gelagerten Fällen kann jedoch auch ein **Durchgriff des Gläubigers** gegen die Mitglieder des Vereins in Betracht kommen (vgl. allgemein zur Durchgriffshaftung bei juristischen Personen oben Rdn. 191). Wenn die Mitglieder von der Unfähigkeit des Vereins, seine Schulden zu bezahlen, Kenntnis hatten und treuwidrig sich ihrer Verpflichtung entzogen, Vorsorge zu treffen, daß der Verein seinen Verpflichtungen nachkommen kann, kann die Rechtsfigur der juristischen Person sich als Mißbrauch zum Schaden der Gläubiger darstellen.

3. Ende

Die Mitgliedschaft endet grundsätzlich mit dem *Tod* des Mitgliedes sowie durch **246** *Austritt* oder *Ausschließung*.

Der *Austritt* aus dem Verein steht jedem frei (§ 39, zwingend). Die Satzung kann aber bestimmen, daß der Austritt erst am Schluß eines Geschäftsjahres zulässig ist oder erst nach dem Ablauf einer höchstens zweijährigen Kündigungsfrist (§ 39 II).

Aus *wichtigem Grunde* kann aber der Austritt auch *ohne Einhaltung der satzungsmäßigen Kündigungsfrist* zulässig sein, RGZ 130, 375, 378: Es ist „als leitender Gedanke des bürgerlichen und des Handelsrechts anzuerkennen, daß ein in die Lebensbetätigung der Beteiligten stark eingreifendes Verhältnis dann vor Ablauf der festgesetzten Zeit gelöst werden kann, wenn ein wichtiger Grund das erfordert. Dieser Gedanke hat auch für das Vereinsrecht und für die Frage des fristlosen Austritts Gültigkeit. Entscheidend ist, ob bei Berücksichtigung der gesamten Umstände des Einzelfalles ein Verbleiben im Verein bis zum Ablauf der satzungsmäßigen Kündigungsfrist eine unerträgliche Belastung bedeutet, die dem Mitglied nicht zugemutet werden kann." Dies muß selbst für den Fall gelten, daß die Satzung ausdrücklich nur ein Austrittsrecht unter Einhaltung einer Kündigungsfrist vorsieht (i.d.S. auch BGH LM Nr. 2 zu § 39).

247 Durch den Austritt kann sich das Mitglied *aller Pflichten für die Zukunft entledigen*; es wird dadurch der Aufsichtsgewalt des Vereins entzogen und kann nicht mehr wegen früherer Vorkommnisse verantwortlich gemacht werden; während des Laufes der Kündigungsfrist ist das noch zulässig (RGZ 143, 1, 4 f). Nach dem wirksam gewordenen Austritt kann der Verein auch nicht mehr beschließen, daß er den Ausschluß ausgesprochen hätte, wenn das Mitglied nicht bereits selbst seinen Austritt erklärt hätte; auch darin liegt eine unzulässige Anmaßung der erloschenen Vereinsgewalt, gegen die Feststellungsklage auf Rechtsunwirksamkeit des Beschlusses zulässig ist (RGZ 122, 266 ff). Mit Wirksamwerden des Austritts *entfällt die Beitragspflicht* auch für Beiträge, die zwar bereits festgesetzt, aber erst zu einem Zeitpunkt nach dem Ausscheiden fällig gestellt worden sind (BGHZ 48, 207). Dagegen bleibt der Austretende den Bestimmungen der Satzung über die Zuständigkeit eines Vereinsschiedsgerichts – sofern es sich um streitige wirtschaftliche Verhältnisse aus der Zeit vor dem Austritt handelt – unterworfen (RGZ 113, 321, 322 f). Der Ausgeschiedene hat *keinen Anspruch auf Auseinandersetzung*, sofern nicht die Satzung etwas anderes bestimmt.

Eine Satzungsbestimmung, die ein freiwilliges Ausscheiden aus dem Verein ausschließt, sobald gegen das Mitglied ein Verfahren vor dem Vereinsehrengericht schwebe, verstößt gegen § 39 II und ist nichtig (RGZ 108, 160, 162).

VII. Ausschluß und Vereinsstrafe

BEUTHIEN Die richterliche Kontrolle von Vereinsstrafen und Vertragsstrafen, BB 1968 Beil. 12; BÖTTICHER Wesen und Arten der Vertragsstrafe sowie deren Kontrolle, ZfA 1970, 3 ff; FLUME Die Vereinsstrafe, Festschrift Bötticher, 1969, 101 ff; GRUNEWALD Der Ausschluß aus Gesellschaft und Verein, 1988; HEINSHEIMER Mitgliedschaft und Ausschließung in der Praxis des Reichsgerichts, 1913; KIRBERGER Die Vereinsstrafe gegenüber Mitgliedern aufgrund vereinswidrigen Verhaltens Dritter, NJW 1973, 1732 ff; LARENZ Zur Rechtmäßigkeit einer „Vereinsstrafe", Gedächtnisschrift Dietz, 1973, 45 ff; LEIPOLD Richterliche Kontrolle vereinsrechtlicher Disziplinarmaßnahmen, ZGR 1985, 113 ff; LUKES Die Erstreckung der Vereinsgewalt auf Nichtmitglieder durch Rechtsgeschäft, Festschrift Harry Westermann, 1974, 325 ff; MEYER-CORDING Die Vereinsstrafe, 1957; REUTER Der Ausschluß aus dem Verein, NJW 1987, 2401 ff; SCHLOSSER Vereins- und Verbandsgerichtsbarkeit, 1972; ders., Prozessuale Fragen um den privatrechtlichen Vereinsverwaltungsakt, MDR 1967, 884 ff, 961 ff; WEITNAUER Vereinsstrafe, Vertragsstrafe und Betriebsstrafe, Festschrift Reinhardt, 1972, 179 ff; H. P. WESTERMANN Die Verbandsstrafgewalt und das allgemeine Recht, 1972; ders., Zur Legitimität der Verbandsgerichtsbarkeit, JZ 1972, 537 ff; WIEDEMANN Richterliche Kontrolle privater Vereinsmacht, JZ 1968, 219 ff.

248 1. a) Der **Ausschluß** eines Mitgliedes ist aufgrund einer ihn *zulassenden Satzungsbestimmung* möglich, die jedoch nicht gesetz- oder sittenwidrig oder sonst offenbar unbillig sein darf (BGHZ 21, 370). Auch *ohne Satzungsbestimmung* muß aber dem Verein die *Ausschließungsbefugnis aus wichtigem Grunde* zugebilligt werden, obwohl das Gesetz schweigt (RGZ 130, 375, 378; 169, 330, 334; BGHZ 9, 157 für die GmbH). Die Ausschließung wird mangels einer besonderen Satzungsbestimmung durch einen *Mehrheitsbeschluß der Mitgliederversammlung* herbeigeführt, der dem ausgeschlossenen Mitglied mitgeteilt werden muß. Wenn der Vorstand zuständig ist, kann er nicht eines seiner Mitglieder ausschließen (BGHZ 90, 92).

> Für die *Genossenschaft* enthält § 68 GenG einen gesetzlichen Ausschließungsgrund. Das Statut kann jedoch weitere Ausschließungsgründe vorsehen. Das Gesetz läßt im übrigen den Genossenschaften freie Hand, welches Organ für den Ausschluß zuständig sein soll. In Ermangelung einer solchen Bestimmung ist es der Vorstand (RGZ 129, 45, 46 f). Bei der *GmbH* hält BGHZ 9, 157 die *Ausschließungsklage* für erforderlich. Bei den *Parteien* ist der Ausschluß nur möglich, wenn das Mitglied vorsätzlich gegen die Satzung oder erheblich gegen Grundsätze oder die Ordnung der Partei verstößt und ihr damit schweren Schaden zufügt (§ 10 IV PartG); es entscheidet das nach der Schiedsgerichtsordnung zuständige Schiedsgericht (§ 10 V 1 PartG).

b) Das ausgeschlossene Mitglied kann ein Interesse haben, den Ausschließungsbeschluß **richterlich nachprüfen** zu lassen. Die *Grenzen* der Nachprüfbarkeit ergeben sich aus der *Vereinsautonomie*, die nach früherer Auffassung die Prüfung der materiellen Ausschließungsgründe verhinderte und die Prüfung lediglich auf die **Ordnungsmäßigkeit** des Ausschlußverfahrens begrenzte. Obwohl mit Rücksicht auf die Vereinsautonomie nach wie vor die **sachliche Berechtigung** des Ausschlusses von den Gerichten nur **beschränkt** nachgeprüft wird (BGHZ 13, 5, 11; 87, 337, 343 ff; 102, 265, 276 f; NJW 1991, 485), muß doch *neben der Gesetz- und Sittenwidrigkeit* geprüft werden, ob der Ausschluß **offenbar unbillig** ist, da durch ihn lebenswichtige Interessen des Ausgeschlossenen berührt werden können und insoweit die auf freiwillige Unterwerfung beruhende Vereinsautonomie ihre Grenzen finden muß (vgl. FISCHER Anm. zu BGH LM Nr. 1 zu § 25; MEDICUS AT Rdn. 1124). Wichtige Lebensinteressen brauchen jedoch nicht auf sozial bedeutsame Lebensbereiche beschränkt zu sein (BGHZ 47, 381, 384 ff).

249

Zunächst ist zu prüfen, ob die *Ordnungsmäßigkeit des Verfahrens* gewahrt ist. Als Mängel des Ausschlußverfahrens sind z. B. die *Versagung des rechtlichen Gehörs* (RG JW 1925, 49; HRR 1942 Nr. 779; BGHZ 29, 352, 355) und eine *nicht ausreichende Mitteilung der Gründe* für den Ausschließungsbeschluß, sofern die Satzung den Ausschluß an sachliche Voraussetzungen knüpft (RGZ 147, 13; OLG Hamburg Recht 1936 Nr. 4191), angesehen worden. Dazu gehört auch die Ordnungsmäßigkeit der *Tatsachenermittlung* (BGHZ 87, 337, 343 ff). Eine Satzungsbestimmung, die für die formelle Nachprüfung den Rechtsweg ausschließt, ist unwirksam (RGZ 80, 189, 191; BGHZ 29, 352, 354); zulässig bleibt jedoch die Ausschließung im Wege einer Schiedsgerichtsbestimmung (§§ 1025 ff, 1048 ZPO). Andererseits muß ein *in der Satzung vorgesehener Instanzenzug* (Berufung an die Mitgliederversammlung oder an eine andere Vereinsstelle) vor Anrufung des Gerichtes *ausgeschöpft* werden (RGZ 85, 355, 357), es sei denn, daß dies dem Betroffenen nach Treu und Glauben nicht zugemutet werden kann (OGHZ 1, 370; vgl. auch BGHZ 47, 172, 174). Unzulässig ist insbeson-

250

dere auch die rückwirkende Anwendung von Satzungsbestimmungen, die eine Bestrafung vorsehen (RGZ 125, 338, 340).

251   Die *sachliche Berechtigung* ist in den Fällen einer gesetzwidrigen, sittenwidrigen und offenbar unbilligen Maßnahme nachprüfbar. *Gesetzwidrig* könnte der Ausschluß wegen Verstoßes gegen Art. 92 GG sein, wenn sich der Verein öffentliche Strafgewalt anmaßt (BGHZ 21, 370, 374). Dies kann jedoch nur unter außergewöhnlichen Umständen angenommen werden; z. B. hat der BGH in der Verhängung eines Reugeldes keine diskriminierende Strafe, sondern lediglich eine privatrechtliche Sanktion im satzungsgemäßen Rahmen angenommen (vgl. BGHZ 29, 352 ff). Anderseits wird, wenn ein unter öffentlicher Strafe stehendes Verhalten auch eine Vereinsstrafe nach sich ziehen soll, obwohl das Verhalten sachlich keinerlei gravierende Bedeutung für den Verein hat, darin ein Eingriff in die staatliche Strafgewalt zu erblicken sein (FISCHER Anm. zu BGH LM Nr. 3 zu § 25 = BGHZ 29, 352). Gesetzwidrig könnte ein Ausschluß aber auch wegen Verstoßes gegen § 20 II BetrVerfG 1972 (früher § 19 II) sein, wenn die freie Wahlentscheidung durch Zufügung oder Androhung von Nachteilen beeinflußt wird (BGHZ 45, 314).

Sittenwidrigkeit wird insbesondere anzunehmen sein, wenn der Tatbestand des § 826 erfüllt wird (RGZ 147, 11, 14).

252   Besondere Schwierigkeiten bereitet die Nachprüfung unter dem Stichwort „*offenbare Unbilligkeit*". Abzustellen ist auf die *Abwägung der Interessen* des Mitgliedes einerseits und denen des Vereins andererseits; in Fällen, wo die Mitgliedschaft für Beruf und Fortkommen oder allgemeines Ansehen in den beteiligten Kreisen von überragender Bedeutung ist, wird der Ausschluß nur in schwerwiegenden Fällen zulässig sein (PALANDT/HEINRICHS § 25 Rdn. 26). In diesem Zusammenhang werden auch Art und Größe des Vereins zu berücksichtigen sein. Der Ausschluß kann z. B. offenbar unbillig sein, wenn der Verein andere Mitglieder, denen unter denselben Umständen ein gleicher Verstoß zur Last fällt, nicht ausschließt (BGHZ 47, 381 f). Gleiches gilt, wenn die Ausschließung allein darauf gestützt wird, daß Angehörige des Mitgliedes gegen Vereinsinteressen verstoßen haben (BGH LM Nr. 11 zu § 25). Andererseits ist der Ausschluß aus einer Gewerkschaft wegen aktiver Zugehörigkeit zu einer gewerkschaftsfeindlichen Partei als nicht unbillig angesehen worden (BGH NJW 1973, 35; 1991, 485). Das grundsätzlich bestehende Ermessen des Vereins unterliegt bei Monopolvereinen mit überragender Machtstellung einer strengen Nachprüfung (BGHZ 102, 265, 276 ff).

253   Ein *Rechtsschutzbedürfnis* für die Nachprüfung des Ausschlusses ist allerdings zu *verneinen*, wenn ein Verein gegen ein Verbotsgesetz (z. B. § 129 StGB) oder gegen die guten Sitten verstößt. Infolgedessen ist eine rechtsgültige Mitgliedschaft nicht begründbar und die Ausschließung nicht nachprüfbar. Ein ins Vereinsregister eingetragener verbotener oder unsittlicher Verein genießt zwar im Interesse der Rechtssicherheit im Verkehr mit Dritten den Rechtsschein der Rechtsfähigkeit, im Innenverhältnis zu seinen Mitgliedern besteht aber kein schutzwürdiges Interesse an der Anerkennung dieses Rechtsscheins (a. A. RG JW 1921, 1527, dagegen zutreffend HEINSHEIMER in der Anm. zu dieser Entscheidung, ebenda).

254   Die *sachliche Zuständigkeit* für die Nachprüfung hängt gem. §§ 23, 71 GVG davon ab, ob bei der Ausschließung das *personenrechtliche* Moment überwiegt (Landgericht) oder das *vermögensrechtliche* (u. U. das Amtsgericht). Nach RGZ 88, 332 liegt die Bedeutung der Ausschließung bei nicht wirtschaftlichen Vereinen (§ 21) vornehmlich auf persönlichem Gebiet. Verfolgt jedoch das ausgeschlossene Mitglied mit seiner Feststellungsklage im wesentlichen wirtschaftliche Interessen, handelt es sich um eine vermögensrechtliche Streitigkeit, wobei es unerheblich ist, ob der Zweck des Vereins auf einen wirtschaftlichen Geschäftsbetrieb gerichtet ist oder nicht (BGH NJW 1954, 833). Der Anspruch auf Feststellung der Zugehörigkeit zu einer eingetragenen Genossenschaft ist grundsätzlich als ein vermögensrechtlicher angesehen worden (RGZ 89, 336), jedoch kann auch hier ein personenrechtlicher Charakter des Rechtsstreites in Betracht kommen (RGZ 163, 200, 202).

2. Neben dem Ausschluß als der härtesten Maßnahme können auch **sonstige** **255** **Vereinsstrafen** verhängt werden (z. B. zeitweiser Ausschluß von Mitgliedschaftsrechten, Geldstrafen, Verwarnungen). Die Vereinsstrafe i.e.S. unterscheidet sich von der Befugnis zum Ausschluß dadurch, daß sie *durch die Satzung begründet* sein muß, während der Ausschluß aus wichtigem Grund auch ohne satzungsmäßige Grundlage zulässig ist. Auch hier wird die Begründung darin gesehen, daß dem Verein eine *selbständige Strafgewalt* zukommt, die der Staat gelten läßt; durch den Eintritt in den Verein unterwerfen sich die Mitglieder dieser Vereinsgewalt (BGHZ 13, 5, 11; 21, 370, 373). Wer hingegen den Beitritt zum Verein als *rechtsgeschäftliche Übereinkunft* ansehen will, ist entgegen der h. M. gehalten, in der Vereinsstrafe eine *Vertragsstrafe* zu erblicken, die demgemäß auch der richterlichen Kontrolle und Herabsetzung unterliegt (§ 343; so insbes. FLUME Die Vereinsstrafe, Festschrift Bötticher, 1969, 101 ff; BÖTTICHER Wesen und Arten der Vertragsstrafe sowie deren Kontrolle, ZfA 1970, 3 ff; REINHARDT/SCHULTZ Gesellschaftsrecht, Rdn. 344 ff; ENN./NIPPERDEY § 112 Fn. 28; SOERGEL/HADDING § 25 Rdn. 38; dagegen die h. M., vgl. MEYER-CORDING Die Vereinsstrafe, 1957; LARENZ AT § 10 IV; K. SCHMIDT Gesellschaftsrecht, § 24 V 3; im Ergebnis auch H. P. WESTERMANN Die Verbandsstrafgewalt und das allgemeine Recht, 1972, der die Unterwerfung unter die Strafgewalt soweit gelten lassen will, wie der von allen Mitgliedern verfolgte ideale Zweck Disziplinierungsmaßnahmen fordert, S. 43).

Die *richterliche Nachprüfung* richtet sich *nach den für die Ausschließung gelten-* **256** *den Grundsätzen.* Während bei der Nachprüfung der Ausschließung das Gericht nur den Ausschluß oder das Fortbestehen der Mitgliedschaft feststellen kann, kann bei den sonstigen Vereinsstrafen auch die *Herabsetzung* in Betracht kommen. Das wäre, ohne daß es eines Rückgriffs auf § 343 bedarf, als ein Fall *richterlicher Gestaltungsbefugnis* anzusehen, deren Eingreifen auch in die Vereinsautonomie BEUTHIEN aaO, S. 11, unter Bezugnahme auf § 113 II VwGO als zulässig ansieht.

VIII. Ende des Vereins und Liquidation

257 Bei allen juristischen Personen ist zu unterscheiden zwischen der *Auflösung*, die zum Ende der werbenden Tätigkeit führt, und der Vollbeendigung (Erlöschen, Ende der Rechtsfähigkeit) nach Abschluß der *Liquidation*. Daneben treten *Beendigungsgründe*, die unmittelbar das Ende der Rechtsfähigkeit zur Folge haben; auch in diesen Fällen schließt sich regelmäßig eine Liquidation an.

Die Auflösung des Vereins und die Entziehung der Rechtsfähigkeit sind in das *Vereinsregister einzutragen* (§ 74). Im Falle der Eröffnung des Konkurses genügt die Eintragung des Konkursvermerks (§ 75).

1. Auflösung

Der Verein *endet* durch *Selbstauflösung* (§ 41), bei der mangels satzungsmäßiger Regelung Dreiviertelmehrheit erforderlich ist, durch Eintritt des in der Satzung vorgesehenen *Endtermins* (§ 74 II) oder eines *sonstigen* in der Satzung vorgesehenen *Endigungsgrundes* sowie durch *Wegfall sämtlicher Mitglieder* (BGHZ 19, 51, 61; BGH LM Nr. 2 zu § 21). Die bloße *Zweckerreichung* allein genügt *nicht*; z. B. endet ein zur Bekämpfung eines Notstandes gegründeter Verein nicht ohne weiteres mit Aufhören des Notstandes, wenn das nicht in der Satzung vorgesehen ist (so ausdrücklich BGHZ 49, 175, 178).

2. Andere Beendigungsgründe

258 Sinkt die Zahl der *Mitglieder unter drei*, ist nach § 73 die *Rechtsfähigkeit* durch das Amtsgericht zu *entziehen*. Ist dies nicht geschehen, so besteht der Verein fort, solange noch ein Mitglied an der Mitgliedschaft festhält; es können neue Mitglieder beitreten. Auch das Handelsrecht hat juristische Personen mit einem Mitglied (sog. Einmann-Gesellschaften) anerkannt.

Der Verein endet weiter durch *Konkurseröffnung* über das Vereinsvermögen (§ 42). Der Vorstand hat im Falle der *Überschuldung*, die hier *neben der Zahlungsunfähigkeit* Konkursgrund ist, die Konkurseröffnung zu beantragen. Eine Verzögerung des Antrags macht die schuldhaft handelnden Vorstandsmitglieder den Gläubigern gegenüber verantwortlich (§ 42 II 2).

Der Verein endet schließlich aufgrund der *Entziehung der Rechtsfähigkeit* durch die zuständige Verwaltungsbehörde (§ 43). Als Gründe kommen in Betracht die Gefährdung des Gemeinwohls, die Verfolgung wirtschaftlicher Zwecke durch einen Idealverein (vgl. oben Rdn. 204) und die Verfolgung eines nicht in der Satzung vorgesehenen Zweckes bei Vereinen, deren Rechtsfähigkeit auf Verleihung beruht. Die Zuständigkeit für die Entziehung ist in § 44 geregelt. Die Entziehung ist im Verwaltungsstreitverfahren *anfechtbar*. Ob die Entziehung der Rechtsfähigkeit wegen Gefährdung des Gemeinwohls neben der Auflösung des

Vereins nach öffentlichem Vereinsrecht – § 3 I VereinsG sieht in Übereinstimmung mit Art. 9 II GG vor, daß Vereinigungen, deren Zwecke oder deren Tätigkeit den Strafgesetzen zuwiderlaufen oder die sich gegen die verfassungsmäßige Ordnung oder gegen den Gedanken der Völkerverständigung richten, verboten sind – noch möglich ist, erscheint fraglich. In Einzelfällen könnte es denkbar sein, daß eine Gefährdung des Gemeinwohls gegeben ist, ohne daß die Voraussetzungen des Art. 9 II GG vorliegen (vgl. RGRK/STEFFEN § 43 Rdn. 2).

Wird dem Verein die Rechtsfähigkeit wegen Gefährdung des Gemeinwohls entzogen (§ 43 I) oder wird er nach § 3 I VereinsG aufgelöst, hat das die *endgültige Beseitigung* des Vereins zur Folge; er kann nicht als nichtrechtsfähiger Verein oder in einer anderen Rechtsform fortbestehen (so zutreffend: REINHARDT/SCHULTZ Rdn. 366). *Alle anderen Fälle* lassen dagegen die Personenvereinigung *als nichtrechtsfähige fortbestehen* (RG JW 1936, 2063 unter dem Gesichtspunkt der Erhaltung der Parteifähigkeit; RG JW 1935, 3636 für den Fall, daß die Eröffnung des Konkurses wegen ausreichendem Vermögen nicht gerechtfertigt war.) Die Mitglieder können auch die *Umwandlung in eine andere Rechtsform* beschließen.

3. Liquidation

Nach Auflösung des Vereins oder Entziehung der Rechtsfähigkeit findet die **259** *Liquidation* statt. Das Vermögen fällt nunmehr den Anfallsberechtigten zu (§ 45).

a) Die Person des *Anfallsberechtigten* bestimmt sich in erster Linie nach der *Satzung* (§ 45 I). Die Satzung kann die Anfallsberechtigten unmittelbar bezeichnen oder ihre Bestimmung der Mitgliederversammlung oder einem anderen Vereinsorgan überlassen (§ 45 II). Fehlt es an einer solchen Satzungsvorschrift, so kann die *Mitgliederversammlung* bei nicht wirtschaftlichen Vereinen das Vermögen *durch Beschluß* einer öffentlichen Stiftung oder Anstalt zuweisen (§ 45 II 2).

Fehlt es überhaupt an einer Bestimmung des Anfallsberechtigten, so fällt das Vermögen
aa) bei Vereinen, die *ausschließlich den Interessen ihrer Mitglieder* dienen, an die zur Zeit der Beendigung vorhandenen *Mitglieder zu gleichen Teilen*.

> Bei der Auflösung steuerbegünstigter Vereine sieht die Abgabenordnung vor, daß bei Auflösung des Vereins oder bei Wegfall des bisherigen Zwecks das Vermögen auch weiterhin für steuerbegünstigte Zwecke verwendet werden muß, insbesondere eine Aufteilung unter den Mitgliedern nicht stattfinden darf (§§ 51 ff, 55 I Nr. 4 AO).

bb) bei allen anderen Vereinen *an den Fiskus* des Landes (Bundesstaats) in dessen Gebiet der Verein seinen Sitz hatte (§ 45 III). Die Landesgesetze können an die Stelle des Fiskus eine Körperschaft, Stiftung oder Anstalt des öffentlichen Rechts setzen (Art. 85 EGBGB).

Sofern der Verein jedoch *als nicht rechtsfähiger fortbesteht*, wird – entsprechend der Auffassung beim sog. Vorverein (vgl. oben Rdn. 210) – *Identität* insoweit anzunehmen sein, als es *keiner* rechtsgeschäftlichen Übertragung bedarf.

Bei einem *Vereinsverbot* kann die *Beschlagnahme* und *Einziehung* des Vermögens angeordnet werden (§§ 3 I, 10 ff VereinsG).

260 b) Die *rechtliche Natur des Vermögensanfalls* ist unterschiedlich:

aa) Erwirbt der *Fiskus* das Vermögen, tritt *Gesamtnachfolge* wie beim Erben ein (§ 46); das Vermögen geht demnach als Einheit samt den Schulden von Rechts wegen ohne Ausschlagungsmöglichkeit auf ihn über (§§ 1922, 1942 II). In diesem Fall tritt die Vollbeendigung bereits mit der Auflösung ein.

bb) Bei *Anfall an andere Personen* erwächst den Anfallsberechtigten *nur* ein *persönlicher Anspruch* auf Aushändigung des Vermögens; es bedarf einer *Übertragung* durch die Liquidationskörperschaft (KGJ 43, A 184, 189). Diese muß die Möglichkeit haben, die Schulden zu begleichen und den Anfallsberechtigten lediglich die Überschußanteile zu verschaffen (KGJ 25, A 130, 132).

261 c) Die *Liquidation* (Abwicklung) richtet sich nach §§ 48 bis 53. Sie ist in allen Fällen mit Ausnahme des Anfalls an den Fiskus (§ 46) zwingend vorgeschrieben. Streitig ist, ob auch bei Wegfall sämtlicher Mitglieder eine Liquidation stattfindet oder ob, wie BGHZ 19, 51 und BAG AP Nr. 1 zu § 1913; BAG DB 1986, 2686, 2687 meinen, die Vermögensabwicklung durch einen zu bestellenden Pfleger vorzunehmen ist. Die Interessen der Gläubiger lassen es sachgerecht erscheinen, auch in diesem Falle eine Liquidation vorzunehmen (i.d.S. gegen die Rechtsprechung: H. Hübner Anm. zu BAG AP Nr. 1 zu § 1913; K. Schmidt JZ 1987, 394, 396; ähnlich auch Beitzke Mitgliedlose Vereine, Festschrift Wilburg, 1965, 19 ff; zum Problem der subjektlosen Rechte vgl. oben Rdn. 125).

Bis zur Beendigung der Liquidation *gilt der Verein als fortbestehend, soweit der Zweck der Liquidation es erfordert* (§ 49 II). Sie erfolgt *durch den Vorstand*, doch können auch andere Personen als *Liquidatoren* bestellt werden (§ 48 I). Die Liquidatoren haben die *rechtliche Stellung des Vorstandes*, soweit sich nicht aus dem Liquidationszweck ein anderes ergibt (§ 48 II). Die Liquidatoren haben die laufenden Geschäfte zu beenden, die Forderungen einzuziehen, das übrige Vermögen in Geld umzusetzen, die Gläubiger zu befriedigen und den Überschuß den Anfallsberechtigten auszuantworten. Zur Beendigung schwebender Geschäfte können sie auch neue eingehen (§ 49 I). Die Liquidatoren haben die Auflösung oder Entziehung der Rechtsfähigkeit öffentlich bekanntzumachen und die Gläubiger zur Anmeldung ihrer Forderungen aufzufordern (§ 50). Das Vermögen darf den Anfallsberechtigten nicht vor Ablauf des sog. Sperrjahres ausgehändigt werden (§ 51). Die Liquidatoren haften bei Verletzung ihrer Pflichten den Gläubigern (§ 53).

IX. Der nichtrechtsfähige Verein

FABRICIUS Relativität der Rechtsfähigkeit, 1963, 186 ff; FLUME Der nichtrechtsfähige Verein, ZHR 148 (1984), 503 ff; O. v. GIERKE Vereine ohne Rechtsfähigkeit, 2. Aufl. 1902; HABSCHEID Der nicht rechtsfähige Verein zwischen juristischer Person und Gesellschaft, AcP 155 (1956), 375 ff; SACHAU Der nicht rechtsfähige Verein als Unternehmer eines Handelsgewerbes, ZHR 56, 444 ff; K. SCHMIDT Die Partei- und Grundbuchunfähigkeit nichtrechtsfähiger Vereine, NJW 1984, 2249 ff; SCHULTZE-V. LASAULX Zur Stellung des nicht rechtsfähigen Vereins im Handelsrecht, Festschrift A. Schultze, 1934, 1 ff; SCHUMANN Zur Haftung der nichtrechtsfähigen Vereine, 1956; STOLL Gegenwärtige Lage der Vereine ohne Rechtsfähigkeit, Festgabe Reichsgericht, Bd. 2, 1929, 49 ff; STOLTENBERG Rechtsfähigkeit nichtrechtsfähiger Vereine, MDR 1989, 494 ff

1. Struktur

262 Der Gesetzgeber hat den nichtrechtsfähigen Verein dem Recht der *bürgerlichrechtlichen Gesellschaft* (§§ 705 ff) unterstellt (§ 54 S. 1). Jedoch unterscheidet sich der Struktur nach der nichtrechtsfähige Verein grundlegend von der Gesellschaft. Er will in der Verfolgung seiner Zwecke von der Einzelpersönlichkeit der Mitglieder unabhängig sein und im Verkehr als einheitliches Ganzes auftreten; dementsprechend ist er *körperschaftlich* gestaltet. Das gilt insbesondere von den Massenorganisationen, wie den Arbeitgeber- und Arbeitnehmerverbänden, den Kartellen und den politischen Parteien.

Hinter der gesetzlichen Regelung stand die Tendenz, die freie Bildung nichtrechtsfähiger Vereine zu verhindern und auf die Beteiligten einen Druck auszuüben, sich um die Erlangung der Rechtsfähigkeit zu bemühen. Der Gesetzgeber wollte insbesondere die Bildung von Korporationen mit politischer, sozialpolitischer oder religiöser Zwecksetzung erschweren oder doch unter staatliche Kontrolle bringen (vgl. BGHZ 42, 210, 215; 50, 325, 328 ff). Die Erwartungen des Gesetzgebers haben sich nicht erfüllt. „Die naive List des Gesetzgebers, der durch eine bewußte Fehlregelung rechtspolitische Effekte erzielen wollte, ist an der Praxis gescheitert" (HAUPT Gesellschaftsrecht, 1939, 65).

Die Zahl der nichtrechtsfähigen Vereine übertrifft die der rechtsfähigen bei weitem. Zu ihnen gehören alle Vereine, die auf die Erlangung der Rechtsfähigkeit von vornherein verzichten oder die rechtsfähig sein wollen, aber die Rechtsfähigkeit noch nicht erlangt haben (Vorverein), oder die rechtsfähig gewesen sind und nun als nichtrechtsfähige fortbestehen. Insbesondere sind die Gewerkschaften grundsätzlich als nichtrechtsfähige Vereine organisiert worden. Sie haben den Versuch, sich eintragen zu lassen, wegen des früher in § 61 II vorgesehenen beliebigen Einspruchrechts der Verwaltungsbehörde nicht unternommen.

263 Rechtsprechung und Lehre haben schon frühzeitig den der Natur der Sache entsprechenden körperschaftlichen Charakter des nichtrechtsfähigen Vereins anerkannt und ihn in der rechtlichen Behandlung zunehmend berücksichtigt. So ging man alsbald davon aus, daß das Vereinsvermögen der vom Wechsel der Mitglieder unabhängigen Korporation als solcher zuzuordnen ist (vgl. BGHZ 42, 210, 216), womit die nach den Bestimmungen des Gesellschaftsrechts bestehenden Vermögensbindungen zum einzelnen Mitglied fast völlig ausgeschaltet worden sind (FABRICIUS aaO, S. 191; BGHZ 50, 325, 329).

Die Praxis hat sich ganz allgemein dadurch geholfen, daß sie die der Struktur des nichtrechtsfähigen Vereins nicht entsprechenden *nachgiebigen Vorschriften des Gesellschaftsrechts in der Satzung abbedungen* und die innere Organisation und äußere Stellung des Vereins nach Möglichkeit der des rechtsfähigen Vereins angeglichen hat. Die Rechtsprechung ging im Hinblick auf die Haftungsregelung noch darüber hinaus, indem sie, auch wenn die Satzung nichts enthielt, eine *stillschweigende* Beschränkung auf das Vereinsvermögen annahm (seit RGZ 63, 62; BGH LM Nr. 11 zu § 31). Damit werden die konstruktiven Möglichkeiten zur Korrektur der gesetzlichen Fehlform jedoch bereits überbeansprucht; im Grunde handelt es sich um eine **Unterstellung**. Daher ist es methodenehrlicher, von einer *gewohnheitsrechtlichen Regelung*, die der Struktur des Zusammenschlusses entspricht, auszugehen (i.d.S. bereits BGH LM Nr. 11 zu § 31).

2. Errichtung

264 Der nichtrechtsfähige Verein wird dadurch errichtet, daß die Gründer sich über die Gründung auf der Grundlage einer Satzung einigen, die den begrifflichen Erfordernissen eines Vereins entspricht. In der Abgrenzung zur Gesellschaft kommt es insbesondere auf den Willen an, eine *korporative Organisation mit Satzungsgewalt* zu schaffen und den Bestand der Korporation *vom Wechsel der Mitglieder unabhängig* zu machen (BGHZ 25, 311, 313), sowie unter einem *Gesamtnamen* aufzutreten. Ein persönliches Verhältnis, das bei einer Gesellschaft unter den Gesellschaftern zu bestehen pflegt, tritt beim nichtrechtsfähigen Verein zurück. Mitgliedschaftsrechte und -pflichten bestehen vielmehr gegen den Verein als Mitgliedergesamtheit (RGZ 143, 212, 214 f). Auch der nichtrechtsfähige Verein darf keinen Zweck verfolgen, der den Strafgesetzen zuwiderläuft (Art. 9 II GG; §§ 2, 3 VereinsG).

3. Verfassung

265 Die Verfassung des nichtrechtsfähigen Vereins unterscheidet sich grundlegend von der Organisation einer Gesellschaft und gleicht der des rechtsfähigen Vereins. Sie wird durch die *Satzung* bestimmt. Diese braucht nicht ausdrücklich vereinbart zu werden, zumal eine Form nicht vorgeschrieben ist.

Die *Mitgliederversammlung* ist wie beim rechtsfähigen Verein das *oberste Organ*, das für alle Angelegenheiten zuständig ist, die nicht dem Vorstand übertragen sind. Auch ohne Satzungsbestimmung ist anzunehmen, daß für ihre Beschlüsse – genauso wie für die eines mehrgliedrigen Vorstandes – der *Mehrheitsgrundsatz* (§ 32) gelten soll und nicht der für die Gesellschaft aufgestellte Einstimmigkeitsgrundsatz (§ 709). Bei Satzungs- und Zweckänderungen ist § 33 entsprechend anzuwenden.

Der nichtrechtsfähige Verein hat einen *Vorstand*, dem die *Geschäftsführung* und die *Vertretung* obliegt. Für seine Bestellung und Abberufung muß Vereinsrecht (§ 27) und nicht Gesellschaftsrecht gelten. Die Gesamtgeschäftsführung des § 709 ist strukturwidrig und muß zumindest als durch die Satzung abbedungen angesehen werden; es gilt § 28. Ob die Bestellung eines Notvorstandes analog § 29 möglich ist, ist streitig. Jedoch wird entgegen dem Argument, daß nur bei rechtsfähigen Vereinen ein Bedürfnis nach dieser gerichtlichen Fürsorge anerkannt werden könne (vgl. RG HRR 1937 Nr. 75), die entsprechende Anwendung der Vorschriften für den rechtsfähigen Verein zu bejahen sein (überzeugend HABSCHEID Zur analogen Anwendung des § 29 auf den nichtrechtsfähigen Verein, MDR 1952, 653 ff; ders., Der nichtrechtsfähige Verein zwischen juristischer Person und Gesellschaft, AcP 155 (1956), 375, 393 ff).

Umstritten ist, ob der Vorstand die Stellung eines *gesetzlichen Vertreters* hat oder nur als *rechtsgeschäftlich bestellter Vertreter* anzusehen ist. Praktisch bedeutsam ist das u. U. für die Beschränkbarkeit hinsichtlich des Umfangs der Vertretungsmacht, falls man hier von der zumindest stillschweigenden Beschränkung einer Vollmacht ausgeht. Die Vertretungsmacht des Vorstandes ist durchweg darauf beschränkt, die Mitglieder nur hinsichtlich ihres Anteils am Vereinsvermögen zu verpflichten (BGH NJW 1979, 2304, 2306). Das ergibt sich aus der Satzung, notfalls durch eine ergänzende Auslegung anhand der Verkehrssitte (ERMAN–WESTERMANN § 54, Rdn. 12).

Des weiteren kommt eine Einschränkung der Vertretungsmacht auf einen bestimmten Betrag für einzelne Geschäfte oder generell in Betracht. § 26 II 2 kommt nicht zur Anwendung; eine Beschränkung ist Dritten gegenüber wirksam, wenn Sorge dafür getragen ist, daß der Dritte davon Kenntnis haben kann.

Trotz dieser rechtsgeschäftlichen Deutung der Vertretungsmacht wird für unerlaubte Handlungen § 31 analog angewendet (s. unten Rdn. 272).

Das Verhältnis des Vorstandes zum Verein bestimmt sich nach *Auftragsrecht* (§ 27 III entspricht § 713). Keinesfalls wird die Haftungsprivilegierung des § 708 *(diligentia quam suis)* anwendbar sein, weil dies mit dem körperschaftlichen, vom Wechsel der Mitglieder unabhängigen Wesen des Vereins unvereinbar und daher im Zweifel als durch die Satzung stillschweigend ausgeschlossen anzusehen ist (RGZ 143, 212, 214). Für politische Parteien, die in der Regel nichtrechtsfähige Vereine sind, gelten die Sondervorschriften des PartG, insbesondere §§ 6 ff für die innere Ordnung.

4. Mitgliedschaft

266 Auch die Mitgliedschaft im nichtrechtsfähigen Verein unterscheidet sich grundlegend von der Stellung eines Gesellschafters. An die Stelle der vertraglichen Gesellschafterrechte treten *Mitgliedschaftsrechte* (RGZ 143, 212, 214). Es gilt, wie beim rechtsfähigen Verein, der *Gleichbehandlungsgrundsatz,* insbesondere auch § 35, wonach Sonderrechte nicht ohne Zustimmung des Mitglieds durch Beschluß der Mitgliederversammlung beeinträchtigt werden können (RG Gruchot 51, 1117).

Für den *Erwerb und Verlust der Mitgliedschaft* gilt Entsprechendes wie beim rechtsfähigen Verein. Jedem Mitglied steht der Austritt frei. Ein satzungsmäßiges Verbot oder eine Beschränkung des Austrittsrechts ist unverbindlich (RGZ 78, 134, 136). Ebenso kann ein Mitglied aus wichtigen Gründen jederzeit ausgeschlossen werden. Für die Nachprüfbarkeit der Ausschließung gilt Gleiches wie beim rechtsfähigen Verein (BGHZ 13, 5, 11).

5. Vermögen

267 Nach der gesetzlichen Regelung wäre das Vermögen des Vereins als *Gesamthandsvermögen* anzusehen. Dies würde bedeuten, daß das einzelne Mitglied nicht über seinen Anteil verfügen könnte (§ 719), andererseits hätte nach § 738 I 2 der Ausscheidende einen Anspruch auf das Auseinandersetzungsguthaben. Schon frühzeitig wurde diese Regelung des Gesellschaftsrechts als abbedungen angesehen (RGZ 113, 125, 135). Beim *Erwerb von Liegenschaften* müßten nach der Ausgangsregelung sämtliche Mitglieder nach § 47 GBO ins Grundbuch eingetragen werden (RGZ 127, 309, 312; OLG Zweibrücken NJW-RR 1986, 181; K. SCHMIDT NJW 1984, 2249 ff). Dies ist insbesondere bei Massenvereinen nicht durchführbar. Man hilft sich daher mit der *Eintragung* auf den Namen eines *Treuhänders*. Dagegen wird die Auffassung vertreten, daß die Eintragung unter dem *Namen des Vereins* (als Gesamtbezeichnung für die jeweiligen Mitglieder) erfolgen kann (STOLL aaO, 77; BOEHMER Grundlagen II 2, 175 ff; SOERGEL/ HADDING § 54 Rdn. 18; MünchKomm/REUTER § 54 Rdn. 16 f; STAUDINGER/ COING § 54 Rdn. 80 m.w.N.). Dies muß jedenfalls für einen Vorverein zu einem rechtsfähigen Verein zulässig sein (vgl. auch BGHZ 45, 338, 348 für die Grundbuchfähigkeit der Vor-GmbH).

Umstritten ist die *Wechselfähigkeit*. Zwar haben RGZ 112, 124 und OLG Koblenz MDR 55, 424 sie für den Fall, daß der nichtrechtsfähige Verein unter seinem Namen zeichnet, abgelehnt; da jedoch RGZ 119, 198 die Unterzeichnung mit einem möglichen Namen zur *formellen* Gültigkeit eines Wechsels genügen läßt und darauf abstellt, daß im Interesse der Wechselverpflichtung der Unterzeichner zuverlässig gekennzeichnet wird, wird man die Unterzeichnung mit dem Vereinsnamen und der Unterschrift des Handelnden als ausreichend ansehen müssen (BAUMBACH/HEFERMEHL Wechselgesetz, Einl. 19; HABSCHEID AcP 155 (1956), 375, 403 f; RGRK/STEFFEN § 54 Rdn. 18; Münch-Komm/REUTER § 54 Rdn. 18).

Die *Erbeinsetzung* des nichtrechtsfähigen Vereins kann von der gesetzlichen Regelung her als eine Zuwendung an das Vereinsvermögen angesehen werden. Eine Gegenmeinung will die einzelnen Mitglieder als Erben eingesetzt ansehen mit der Verpflichtung, das Zugewendete in das Vereinsvermögen zu übertragen (RG Recht 1929 Nr. 975). Zu diesem Umweg besteht kein Anlaß, zumal sich § 718 entsprechend anwenden läßt (i.d.S. HABSCHEID aaO, 400 f; STAUDINGER/OTTE § 1923 Rdn. 31; ENN./NIPPERDEY § 116 Fn. 44; RGRK/KREGEL § 1923 Rdn. 7; KIPP/COING § 84 I 2b).

6. Parteifähigkeit

Für *Prozeß* und *Vollstreckung* ist das Vermögen des nichtrechtsfähigen Vereins als *Sondervermögen* insoweit anerkannt, als der nichtrechtsfähige Verein nach § 50 II ZPO *passiv parteifähig* ist. Er kann unter seinem Namen verklagt werden und hat dann im Rechtsstreit die Stellung eines rechtsfähigen Vereins. Aufgrund eines Urteils gegen ihn ist die *Zwangsvollstreckung in das Vereinsvermögen zulässig* (§ 735 ZPO). Endlich kann ein *Sonderkonkurs* über dieses eröffnet werden (§ 213 KO). **268**

> Da der nichtrechtsfähige Verein in dem gegen ihn angestrengten Prozeß als rechtsfähig gilt, ist er für alle Prozeßhandlungen eines Beklagten rechtsfähig, kann also insbesondere Widerklage erheben (vgl. BAUMBACH/LAUTERBACH/HARTMANN § 50 Anm. 3 A; STEIN/JONAS/BORK § 50 Rdn. 23). Kann das Urteil dem Verein eine vollstreckbare Pflicht auferlegen, so muß der Vorstand auch in der Lage sein, durch Prozeßvergleich eine solche Pflicht für den Verein zu übernehmen oder ein Recht für ihn zu erwerben (vgl. H. LEHMANN Der Prozeßvergleich 1911, 158 f).

Über diese dem Gläubigerinteresse dienenden Vorschriften hinaus hat die Rechtsprechung den *Gewerkschaften* als nichtrechtsfähigen Vereinen auch im Zivilprozeß die **aktive Parteifähigkeit** zugesprochen (BGHZ 42, 210; 50, 325, 327 ff). Der BGH weist in seiner Entscheidung darauf hin, daß im arbeitsgerichtlichen (§ 10 S. 1 ArbGG), verwaltungsgerichtlichen (§ 61 Nr. 2 VwGO), sozialgerichtlichen (§ 70 Nr. 2 SGG) und finanzgerichtlichen (§ 58 II FGO) Verfahren die Gewerkschaften als parteifähig anerkannt sind und leitet über § 50 II ZPO hinaus aus diesem Gesamtkomplex die volle Parteifähigkeit ab, so daß sich für ihn das Problem der Rechtsfortbildung contra legem nicht stellt. **269**

Neben den Gewerkschaften sind im Arbeitsgerichtsprozeß die *Arbeitgeberverbände* voll parteifähig. Die Frage, ob die volle Parteifähigkeit etwa nicht nur für Gewerkschaften, sondern für *alle nichtrechtsfähigen Vereine* oder jedenfalls für solche mit sehr großer Mitgliederzahl („Massenorganisation") zu bejahen ist (vgl.

dazu WAPLER Nichtrechtsfähige Vereine als Kläger im Zivilprozeß, NJW 1961, 439 ff; FABRICIUS aaO, 216 f), hat der BGH (BGHZ 109, 15, 17 f) offengelassen. Eine besondere Regelung gilt für die *politischen Parteien* gem. § 3 PartG.

> Bislang gilt die Praxis, daß, statt in der Klageschrift sämtliche Mitglieder aufzuführen, eine Klageerhebung durch die Vorstandsmitglieder genügt, wobei dem Vorstand eingeräumt wird, als Kläger aufzutreten, sofern die Satzung eine treuhänderische Ermächtigung vorsieht, was zumindest für vermögensrechtliche Angelegenheiten gelten muß. Für sogenannte Massenorganisationen kann die Bezeichnung der Mitgliedergesamtheit unter dem zum Begriff gewordenen Sammelnamen aus praktischen Bedürfnissen genügen (vgl. FENN Zur aktiven Parteifähigkeit von gewerkschaftlichen Bezirksverbänden im Zivilprozeß, ZZP 86, 177 ff m.w.N., KÜBLER Rechtsfähigkeit und Verbandsverfassung, 1971, m.w.N.; K. SCHMIDT NJW 1984, 2249, 2251).

7. Haftung

270 Besondere Probleme ergeben sich bei der Haftung des nichtrechtsfähigen Vereins. Nach der *gesetzlichen Regelung*, die der BGB-Gesellschaft zugrundeliegt, würden unabhängig vom Vereinsvermögen die Mitglieder *gesamtschuldnerisch* haften. Für vom Vorstand begründete **rechtsgeschäftliche** Verbindlichkeiten ergäbe sich die gesamtschuldnerische Haftung aus §§ 714, 427. Jedoch kann die *Satzung* die Haftung der Mitglieder *auf* ihren *Anteil am Vereinsvermögen beschränken*. Wenn die Rechtsprechung diese Beschränkung als stillschweigend in der Satzung vereinbart ansieht, so ist dies zumeist eine Unterstellung. Richtiger ist es, von einer *gewohnheitsrechtlichen Beschränkung* auszugehen (vgl. oben Rdn. 263 a. E.). Nach h. M. soll jedoch bei *wirtschaftlichen Vereinen* eine Haftungsbeschränkung auf das Vereinsvermögen *nicht* Platz greifen, da nach dem Motiv der Beteiligung der Mitglieder und dem Auftreten ein solcher Zusammenschluß der OHG nahesteht. Entzieht sich der nichtrechtsfähige Verein, der wirtschaftliche Zwecke verfolgt, den durch die gesetzlichen Typen gebotenen Mindestanforderungen, so muß es bei der persönlichen Haftung der Mitglieder neben dem Vereinsvermögen bleiben (i.d.S. u. a. STAUDINGER/COING § 54 Rdn. 54; ENN./NIPPERDEY § 116 IV 6 b; ERMAN/WESTERMANN § 54 Rdn. 12; SOERGEL/HADDING § 54 Rdn. 25; FLUME ZHR 148 (1984), 403, 517 f; vgl. auch BGHZ 22, 240, 244 f).

271 Zum Schutz der Gläubiger haben Rechtsprechung und Lehre jedoch an der Regelung des § 54 S. 2 festgehalten, der die *persönliche Haftung dessen* anordnet, *der ein Rechtsgeschäft im Namen eines nicht eingetragenen Vereins vorgenommen hat*. Mehrere haften als Gesamtschuldner. Jedoch begründet bei einem Idealverein die Zustimmung eines Vorstandsmitgliedes oder eines Vereinsmitgliedes zum Handeln eines anderen keine Haftung nach § 54 S. 2 (vgl. BGH LM Nr. 11 zu § 31). Hingegen ist jeder, der sich aktiv einschaltet und nicht nur duldet oder ermächtigt, Handelnder i.S.d. § 54 S. 2 (BGH NJW 1957, 1186). Im übrigen ist Handelnder jeder, der für den Verein auftritt, gleichgültig, ob er Mitglied ist oder

Natürliche Personen: Vereine § 14 IX 8

Vertretungsmacht hatte (STAUDINGER/COING § 54 Rdn. 59; ERMAN/WESTERMANN § 54 Rdn. 15). Insofern stellt § 54 S. 2 eine Sonderregelung zu § 179 dar (SOERGEL/HADDING § 54 Rdn. 26). Die Haftung kann durch besondere Vereinbarung mit dem Geschäftspartner abbedungen werden; jedoch kann eine stillschweigende Abbedingung nicht vermutet werden, sondern müßte sich aus den besonderen Umständen des Einzelfalles begründen lassen (BGH NJW 1957, 1186).

Für **unerlaubte Handlungen** der Vorstandsmitglieder soll nach der älteren **272** Rechtsprechung nach § 831 und nicht nach § 31 gehaftet werden (RGZ 135, 242, 244; vgl. RGZ 91, 72, 74 f). Dagegen steht die Lehre fast einhellig auf dem Standpunkt, daß auf den nichtrechtsfähigen Verein § 31 analog angewandt werden soll (vgl. insbesondere STOLL aaO, 64 ff; HABSCHEID aaO, 409 f; SOERGEL/ HADDING § 54 Rdn. 22; ENN./NIPPERDEY § 116 IV 7; STAUDINGER/COING § 54 Rdn. 71; ERMAN/WESTERMANN § 54 Rdn. 13; LARENZ AT § 10 VI 4). Dieser Meinung waren bereits OLG Düsseldorf (OLGE 22, 115) und OLG Hamburg (JW 1924, 1882 f) gefolgt. Für die Gewerkschaften hat die Praxis des LAG Frankfurt wiederholt eine analoge Anwendung des § 31 bejaht (LAG Frankfurt BB 1950, 702; BB 1953, 290 f); schließlich hat der BGH in einem obiter dictum die *Anwendung des § 31 als herrschende Lehre* bezeichnet (BGHZ 50, 325, 329). Da § 31 der Gedanke zugrundeliegt, daß ein Verband, der durch Vertreter am Rechtsverkehr teilnimmt, auch außerhalb von Rechtsgeschäften für deren Handlungen einzustehen hat, kann es nicht darauf ankommen, ob der körperschaftlich strukturierte Verband rechtsfähig ist oder nicht.

Dabei taucht die Frage auf, ob die Haftung analog § 31 auch die Mitglieder erfaßt. Die frühere Rechtsprechung hatte den Mitgliedern nicht gestattet, ihre Haftung auf das Vereinsvermögen zu beschränken, aber jedem einzelnen die Exkulpation nach § 831 zugestanden (RG JW 1933, 423). Legt man mit der herrschenden Lehre § 31 zugrunde, wird man entsprechend der dargelegten Struktur des nichtrechtsfähigen Vereins die Haftung auf das Vereinsvermögen begrenzen müssen. Die Haftung der Handelnden aus §§ 823 ff bleibt in jedem Fall erhalten.

8. Beendigung

Auch für die Beendigung des nichtrechtsfähigen Vereins muß das *Vereinsrecht* und **273** nicht das Gesellschaftsrecht maßgebend sein. Nach § 54 würden die Auflösungsgründe der Gesellschaft in Betracht kommen, d. h. Tod, Kündigung und Konkurs eines Mitgliedes würden den Verein zur Auflösung bringen (§§ 723 ff). Da nach § 736 auch der Fortbestand der Gesellschaft im Gesellschaftsvertrag vereinbart werden kann, hat sich die Rechtsprechung wiederum damit beholfen, diese Regelung des Gesellschaftsrechts als stillschweigend vereinbart anzusehen (vgl.

RGZ 113, 125, 135). Hingegen hat die neuere Lehre die Auffassung vertreten, daß Ereignisse, die nur einzelne Mitglieder betreffen, schlechthin ohne Auswirkung auf den Fortbestand des Vereins seien, insbesondere die §§ 727, 728 keine Geltung hätten (SOERGEL/HADDING § 54 Rdn. 8). Für den nichtrechtsfähigen Verein sind daher dieselben Auflösungs- und Erlöschensgründe wie beim rechtsfähigen Verein maßgebend: Mitgliederbeschluß, Zeitablauf, Wegfall sämtlicher Mitglieder, Konkurseröffnung über das Vereinsvermögen (§ 213 KO), auch Auflösung durch Hoheitsakt entsprechend dem VereinsG.

Die Auflösung versetzt den Verein in den *Abwicklungszustand*. Die Abwicklung, die regelmäßig Sache des Vorstandes ist, müßte sich nach den Grundsätzen des Gesellschaftsrechts (§§ 730 ff) vollziehen. Es ergeben sich jedoch Abweichungen: Die Liquidation kann im Recht der Personengesellschaften das Gesellschafterinteresse verfolgen, weil die Haftung der Gesellschafter auch nach der Liquidation dem Gläubiger Sicherheit bietet. Da beim nichtrechtsfähigen Verein die Haftung als auf das Vereinsvermögen beschränkt gelten muß, ändert sich die Interessenlage; z. B. wird die entsprechende Anwendung des § 51 geboten sein (zumal § 54 S. 2 oder eine entsprechende Anwendung des § 53 nur beschränkt Schutz bietet). Vgl. zu diesen Fragen auch STOLL Die Auflösung des nichtrechtsfähigen Vereines und seine Tariffähigkeit, AcP 133 (1931), 78 ff.

Über den Anfall des Vermögens kann die Satzung Bestimmungen treffen. Fehlen solche, so ist der nach Berichtigung der Schulden verbleibende Rest an die Vereinsmitglieder zu verteilen (§ 734). Ein Anfall an den Staat, wie in § 45 III, kommt nicht in Frage, solange Mitglieder oder Rechtsnachfolger derselben vorhanden sind (STAUDINGER/COING § 54 Rdn. 84).

§ 15

Die Stiftung

BALLERSTEDT und SALZWEDEL Soll das Stiftungsrecht bundesgesetzlich vereinheitlicht und reformiert werden, gegebenenfalls mit welchen Grundzügen? Verhandlungen 44. DJT, 1. Bd., 5. Teil; dazu das Referat von MESTMÄCKER aaO, 2. Bd., Teil G; H.-J. BECKER, Der Städel-Paragraph (§ 84 BGB), FS Hübner 1984, 21 ff; BERNDT Stiftung und Unternehmen, 3. Aufl. 1978; Deutsches Stiftungswesen 1948–1966, hrsg. v. Franz, Liermann u. a., 1968; Deutsches Stiftungswesen 1966–1976, hrsg. v. Hauer, Pilgram u. a., 1977; EBERSBACH, Handbuch des deutschen Stiftungsrechts, 1972; ERB Sammelvermögen und Stiftung, 1971; GOERDELER Die Stiftung als Rechtsform für Unternehmungen, ZHR 113, 145 ff; KOHL Brauchen wir ein Stiftungskonzernrecht?, NJW 1992, 1922 ff; KRÜGER Die Rundfunkstiftung, die Stiftung bürgerlichen Rechts als Organisationsform für den Rundfunk, 1976; LIERMANN Handbuch des Stiftungsrechts, Bd. 1, Geschichte des Stiftungsrechts, 1963; ders., Die unselbständige Stiftung, Festschrift Maurer, 1965, 433 ff; NEUHOFF/VINKEN Deutsche Stiftungen für Wissenschaft, Bildung und Kultur, 1969; Nipperdey Die Rechtslage der Carl-Zeiss-Stiftung, Festgabe Schmidt-Rimpler, 1957, 41 ff; Pavel Eignet sich die Stiftung für den Betrieb erwerbswirtschaftlicher Unternehmen? 1967; Pleimes Weltliches Stiftungsrecht, 1938; ders., Irrwege der Dogmatik im Stiftungsrecht, 1954; Rawert Die Genehmigungsfähigkeit der unternehmensverbundenen Stiftungen, 1990; Schindler Familienstiftungen, 1975; K. Schmidt Stiftungswesen, Stiftungsrecht, Stiftungspolitik, 1987; Seifart Handbuch des Stiftungsrechts, 1987; Sorg Die Familienstiftung, 1984; Strickrodt Die Stiftung als neue Unternehmensform, 1951; ders., Stiftungsrecht, 1977; ders., Die Erscheinungsformen der Stiftungen des privaten und öffentlichen Rechts, NJW 1962, 1480 ff; Studienkommission des Deutschen Juristentages, Vorschläge zur Reform des Stiftungsrechts, 1968.

I. Begriff und Abgrenzung

274 Die *Stiftung* ist eine auf *Ausstattung mit einem Vermögen* angelegte, nicht in einem Personenverband bestehende, als *selbständiger Rechtsträger* anerkannte Einrichtung zur *Erreichung eines dauernden Zweckes*, der durch den im Errichtungsgeschäft niedergelegten Willen des Errichters bestimmt wird. Die Rechtsordnung behandelt die Stiftung als ein *durch Organe handelndes Rechtssubjekt*.

Theoretisch darf man die Stiftung nicht als zweckgebundenes Sondervermögen mit juristischer Persönlichkeit erklären; denn es kann zeitweise an einem Stiftungsvermögen überhaupt fehlen. Andererseits spricht gegen die Auffassung O. v. Gierkes (I § 78 III), sie als Verbandsperson anzusehen, daß ein Personenverband bei der Stiftung nicht vorhanden zu sein braucht. Auch die Destinatäre (Genießer) können nicht als Rechtsträger aufgefaßt werden; sie brauchen nicht in einem Verband zusammengeschlossen zu sein. Es empfiehlt sich daher von der *Theorie der Zweckpersonifizierung* auszugehen, da der Schwerpunkt der Einrichtung in der Bindung des Stiftungsvermögens für den vom Stifter festgelegten Zweck liegt (vgl. zu den Theorien zur juristischen Person oben Rdn. 192 f).

Von der in den §§ 80 ff geregelten Stiftung sind zu **unterscheiden:**

275 *1. Die öffentlich rechtliche Stiftung.* Rechtsfähige Stiftungen des öffentlichen Rechts sind auf einem Stiftungsakt begründete, nach öffentlichem Recht errichtete, oder anerkannte Verwaltungseinheiten mit eigener Rechtspersönlichkeit. Sie entstehen durch *besonderen Staatsakt*, z. B. durch Gesetz (vgl. das Gesetz zur Errichtung der Stiftung Preußischer Kulturbesitz von 1957). Auch eine durch privates Rechtsgeschäft und staatliche Genehmigung entstandene Stiftung kann zu einer öffentlichrechtlichen Stiftung werden, wenn eine Einfügung in die staatliche Ordnung durch Hoheitsakt erfolgt (vgl. im einzelnen Wolff/Bachof § 103; BVerfGE 15, 46, 64). Zur **gesetzlichen Regelung des** § 89, vgl. Rdn. 233 ff.

276 *2. Die unselbständige oder sogenannte fiduziarische Stiftung.* Sie ist ein zu gewissen Zwecken bestimmtes Sondervermögen, das *keine selbständige Rechtsträger-*

schaft hat, vielmehr einer *bestehenden* juristischen Person (Staat, Stadt, Universität usw.) zur Verwendung für einen vom Stifter bestimmten Zweck (Stipendien, Kunstzwecke, soziale Zwecke usw.) zu Eigentum übertragen wird. Das ist in doppelter Weise denkbar: entweder liegt in der Übertragung eine unentgeltliche Zuwendung zu *fiduziarischem Eigentum* – *so wenn das Stiftungsvermögen vom sonstigen Vermögen der juristischen Person getrennt im Sinne einer Treuhand zu verwalten ist* – oder eine Schenkung oder *letztwillige Verfügung unter einer Auflage* – so wenn das Stiftungsvermögen mit dem sonstigen Vermögen vermischt werden darf.

Die große Mehrzahl der Stiftungen sind unselbständige Stiftungen. Ihrem Charakter als fiduziarischer Stiftung entspricht es, daß im Konkurs des Fiduziars ein *Aussonderungsrecht* des Zuwendenden oder seiner Erben und bei Einzelvollstreckung ein *Drittwiderspruchsrecht* gegeben ist (RGZ 105, 305, 307). – Auf die unselbständigen Stiftungen finden die Vorschriften über rechtsfähige Stiftungen grundsätzlich *keine* entsprechende Anwendung. Erwogen wird jedoch eine entsprechende Anwendung des § 87, während RGZ 105, 305 ff, auf § 527 bzw. § 812 abstellen wollte. Es wird eine Regelung nach § 87 dann empfohlen, wenn dies dem Stifterwillen entspricht (zum Streitstand vgl. SOERGEL/NEUHOFF Vor § 80 Rdn. 30).

277 3. Das sog. *Sammelvermögen*, das durch eine öffentliche Sammlung für einen vorübergehenden Zweck (Errichtung eines Denkmals usw.) zusammengebracht wird. Das Gesetz berücksichtigt es nur in § 1914, indem die Bestellung eines Pflegers bei Wegfall der zur Verwaltung und Verwendung berufenen Personen vorgesehen wird. Die Rechtsnatur des Sammelvermögens ist sehr streitig. Eine Schenkung an die Sammler oder deren Vereinigung ist nicht anzunehmen, weil die Sammler nicht bereichert werden sollen (RGZ 62, 386, 391). Am sachgerechtesten erscheint die Auffassung, die Sammler dem *Gesellschafts-* oder *Vereinsrecht* zu unterstellen und die Zuwendung als deren *fiduziarisches Eigentum* zu betrachten. Damit wäre erreicht, daß das Sammelvermögen dem Zugriff Dritter bei Konkurs oder Vollstreckung entzogen ist.

II. Unternehmensträgerstiftung

278 Die *Verwendung der Rechtsform* einer Stiftung hat sich zunehmend erweitert. Es ist denkbar, daß *wirtschaftliche Unternehmen* die Rechtsform der Stiftung wählen. Nach der früheren Auffassung war der bloße Unternehmensbetrieb als Stiftungszweck nicht denkbar; vielmehr sollte der Betrieb des Unternehmens einem Stiftungszweck anderer Art dienen, z. B. der sozialen Fürsorge oder der Förderung kultureller Zwecke. Heute wird jedoch die Auffassung vertreten, daß auch der *Unternehmensbetrieb Stiftungszweck* sein kann, insbesondere um den Bestand des

Unternehmens zu sichern (vgl. die Nachweise bei SOERGEL/NEUHOFF Vor § 80 Rdn. 65 ff; vgl. auch PALANDT/HEINRICHS Vorbem. v. § 80 Rdn. 11 m.w.N.). In jedem Falle können beide Zwecke verbunden werden. Auch die Unternehmensstiftungen verfolgen in der Praxis ein über den bloßen Unternehmensbetrieb hinausgehendes Ziel zumindest mittelbar (z. B. die Zeiss-Stiftung; vgl. NIPPERDEY aaO). Damit soll es der Zwischenschaltung handelsrechtlicher Unternehmensformen für den Unternehmensbetrieb nicht mehr bedürfen (grundsätzlich ablehnend MünchKomm/REUTER Vor § 80 Rdn. 25 ff).

Die privatrechtliche Stiftung ist auch als Rechtsform einer *Universität* (vgl. dazu M. ERHARDT Stiftungsuniversität des bürgerlichen Rechts? Wissenschaftsrecht 3 [1970], 97 ff) und für die Organisation des *Rundfunks* (vgl. P. R. KRÜGER Die Rundfunkstiftung, 1976) vorgeschlagen worden.

III. Entstehung der Stiftung

Zur **Entstehung** ist ein Stiftungsgeschäft und staatliche Genehmigung erforderlich, da das öffentliche Interesse die Prüfung des Zwecks verlangt.

1. Stiftungsgeschäft

279 *a)* Das Stiftungsgeschäft ist eine *nicht empfangsbedürftige Willenserklärung* des Stifters dahin, daß die Stiftung zur Verwirklichung eines bestimmten Zwecks als selbständiger Rechtsträger ins Leben treten soll. Wesentlicher Inhalt ist die Festsetzung eines bestimmten Zwecks. Eine sofortige Ausstattung der Stiftung mit einem Vermögen ist nicht erforderlich. Es muß jedoch die *Zuwendung eines den Zweck ermöglichenden Vermögens* gewährleistet sein. So kann z. B. die Stiftung nach ihrem Zweck den Interessen des Familienverbandes dienen *(Familienstiftung)*.

Regelmäßig enthält das Stiftungsgeschäft auch Bestimmungen über die Verwaltung, namentlich die Einsetzung eines Vorstandes oder doch Angaben für die Art seiner Bestellung usw. Wesentliches Erfordernis ist dies jedoch nicht, da die Ergänzung auch durch die staatliche Aufsichtsbehörde erfolgen kann (vgl. ENN./NIPPERDEY § 117 II 1). Das Stiftungsgeschäft muß den *Sitz der Stiftung* angeben, da sich daraus das maßgebende Landesrecht ergibt.

280 *b)* Das Stiftungsgeschäft kann als Rechtsgeschäft *unter Lebenden* oder *von Todes wegen* vorgenommen werden.

Unter Lebenden bedarf es der *schriftlichen Form* (§ 81 I). Es ist bis zur Erteilung der staatlichen Genehmigung *widerruflich*; der Widerruf kann aber, wenn die Genehmigung schon bei der zuständigen Behörde nachgesucht ist, nur dieser gegenüber erfolgen (§ 81 II 2). Über das Widerrufsrecht der Erben vgl. § 81 II 3.

Da das Stiftungsgeschäft mit der formgerechten Erklärung vollendet vorliegt, schaden späterer Tod oder Geschäftsunfähigkeit des Stifters nicht; die Genehmigung ist nur Wirksamkeitserfordernis.

Die Widerruflichkeit gegenüber der Genehmigungsbehörde schließt nicht aus, daß der Stifter gegenüber Beteiligten obligatorisch zur Errichtung und daher zur Unterlassung eines Widerrufs verpflichtet ist.

281 *Von Todes wegen* kann das Stiftungsgeschäft im *Testament* oder *Erbvertrag* erfolgen (§ 83). Dann gelten deren Formen. Die errichtete Stiftung kann *als Erbe eingesetzt* oder *mit einem Vermächtnis bedacht* werden. Der Widerruf erfolgt hier nach den Regeln für letztwillige Verfügungen (§§ 2253 ff); die Erben haben also kein Widerrufsrecht.

Beim Stiftungsgeschäft in einer Verfügung von Todes wegen erfolgt die *Bewidmung* vielfach durch *Erbeinsetzung*; dann erwirbt die Stiftung das Vermögen auf Grund der rückwirkenden Genehmigung *unmittelbar als Erbe* (§§ 1922, 1923, 84). Die Forderung aus einem Vermächtnis fällt ihr mit dem Erbfall an (§ 2176).

c) Das Stiftungsgeschäft hat einen doppelten Charakter. Es enthält einen *organisatorischen Schöpfungsakt*, durch den die Stiftung ins Leben gerufen wird, sowie eine *Verpflichtung zur Vermögenszuweisung*. Diese erzeugt grundsätzlich nur eine schuldrechtliche Wirkung. Die zugewiesenen Sachobjekte müssen dinglich übertragen werden. Rechte, zu deren Übertragung der bloße Abtretungsvertrag genügt, gehen kraft Gesetzes im Zeitpunkt der Genehmigung über (§ 82 S. 2). Nach h. M. ist die Vermögenszuwendung *keine Schenkung*, weil der Zweck der Zuwendung nicht die Bereicherung einer vorhandenen Person sei, sondern die Herstellung einer neuen Person oder doch die Schaffung der Daseinsgrundlage für eine solche. Andererseits dürften einzelne Vorschriften über die Schenkung analog anwendbar sein, z. B. die über die Haftung des Schenkers (§§ 521–524).

2. Genehmigung

282 Zur *Entstehung* ist die Genehmigung des Landes der Bundesrepublik erforderlich, in dem die Stiftung ihren Sitz haben soll (§ 80 S. 1). Wenn sie diesen nicht in einem Bundesland haben soll, ist für die Genehmigung der Bundesminister des Innern zuständig (entspr. § 80 S. 2; vgl. OVG Münster DÖV 1961, 951). Es gilt dies für ausländische Stiftungen, die im Sitzland Rechtsfähigkeit nicht erlangt haben; jedoch wird eine Stiftung, die im Ausland Rechtsfähigkeit erlangt, in der Bundesrepublik anerkannt (BGH WM 1966, 221 ff). Als Sitz gilt der Ort der Verwaltung (§ 80 S. 3).

Das Stiftungsrecht ist – insbesondere zur Regelung des Genehmigungsverfahrens und der Stiftungsaufsicht – weitgehend dem *Landesrecht* überlassen.

Die Genehmigung steht im *Ermessen* der Behörde. Die Entscheidung unterliegt der gerichtlichen Nachprüfung.

Die Genehmigung erfolgt auf *Antrag*, den der Stifter oder sein Vertreter stellt; nach seinem Tod sind die Erben oder die Testamentsvollstrecker antragsberechtigt, notfalls das Nachlaßgericht antragspflichtig (§ 83).

Nach herrschender Auffassung ist das *Stiftungsgeschäft* die eigentliche *Rechtsgrundlage* der Stiftung, die Genehmigung hat nur Nebenbedeutung; sie heilt also nicht die Mängel des Stiftungsgeschäfts (vgl. RGZ 170, 22, 24; BVerwGE 29, 314, 316 f).

Da die Genehmigung ein *privatrechtsgestaltender Verwaltungsakt* ist, ist ein *Widerruf der Genehmigung mit ex-tunc-Wirkung* grundsätzlich *ausgeschlossen*. Insbesondere nach einer Publikation der Genehmigung muß sich jeder Dritte auf die Rechtsfähigkeit der Stiftung und darauf, daß mit ihr abgeschlossene Rechtsgeschäfte auch nach Rücknahme oder Widerruf der Genehmigung wirksam bleiben, verlassen können (BVerwGE 29, 314, 316 f; vgl. §§ 48 ff VwVfG).

Mit der Genehmigung ist die Stiftung *entstanden*. Wird sie erst nach dem Tode des Stifters genehmigt, so gilt sie für die Zuwendungen des Stifters (nicht aber Dritter) als schon vor dessen Tode entstanden (§ 84). Die Rückwirkung ist wichtig bei einer Stiftung, die vom Stifter in einer Verfügung von Todes wegen begründet und zugleich zum Erben eingesetzt worden ist, da Erbe nur werden kann, wer zur Zeit des Erbfalls schon lebt (§ 1923 I), andernfalls würden die Vorschriften über die Nacherbschaft eingreifen (vgl. § 2101 II).

Wird die *Genehmigung versagt*, so fällt das gesetzliche Erfordernis für die wirksame Vornahme des Stiftungsgeschäfts aus. Die Stiftung ist nicht entstanden. Jedoch kann der Antrag auf der Grundlage eines neuen Stiftungsgeschäftes wiederholt werden.

IV. Verfassung

Die Verfassung der Stiftung wird in *erster Linie* durch die zwingenden Vorschriften des *Bundes- und Landesrechts* bestimmt, in *zweiter Linie* durch das *Stiftungsgeschäft, hilfsweise* durch die ergänzenden Vorschriften des Bundes- oder Landesrechts (§ 85).

283

Die Stiftung muß einen *Vorstand* haben. Nach § 86 gelten die meisten Vorschriften über den Vereinsvorstand entsprechend. Das Stiftungsgeschäft wird regelmäßig so viel über die Bestellung des Vorstands enthalten, daß ihn daraufhin wenigstens ein Dritter, z. B. eine Behörde, bestellen kann. Ob das Stiftungsgeschäft mangels solcher Anhaltspunkte nichtig ist oder die staatliche Aufsichtsbehörde dann den Vorstand bestellen kann, ist streitig. Im Interesse des Stifterwillens ist der letzteren Auffassung der Vorzug zu geben (vgl. SOERGEL/NEUHOFF § 86 Rdn. 3).

Die *Handlungsfähigkeit* der Stiftung entspricht der des Vereins; für die *deliktische Verantwortlichkeit* ist § 31 anwendbar. Bei vorübergehendem Fehlen sind die erforderlichen Vorstandsmitglieder auf Antrag eines Beteiligten nach § 29 vom Amtsgericht des Sitzes zu bestellen.

Außer dem Vorstand (und etwaigen besonderen Vertretern nach § 30) hat die Stiftung *keine Organe*, namentlich *keine Mitglieder*. Die Personen, denen die Erträgnisse der Stiftung zugute kommen sollen, die Destinatäre, haben *keinen Anteil an der Verwaltung*; sie sind bloße Genießer. Sie haben *keine Mitgliedsrechte*.

Ihre Rechtsstellung ist nach dem Stiftungsgeschäft und Bundes- bzw. Landesrecht zu bestimmen. Namentlich ist danach die Frage zu beantworten, ob sie einen *klagbaren Anspruch auf satzungsgemäße Verwendung* der Stiftungsgelder haben; gegebenenfalls ist die Entscheidung durch Auslegung des Stiftungsgeschäfts zu gewinnen (BGH LM Nr. 1 zu § 85; BGHZ 99, 344, 352; BAG NJW 1991, 514, 515). Ein solcher Anspruch ist dann zu bejahen, wenn der Kreis der Bezugsberechtigten genügend bestimmt ist und von objektiv feststellbaren Voraussetzungen abhängig gemacht werden kann. Ein unmittelbares Recht besteht aber dann nicht, wenn einem Stiftungsorgan oder einem Dritten die Befugnis eingeräumt wird, diejenigen, die in den Genuß des Stiftungsnutzens kommen sollen, auszuwählen (BGH LM Nr. 1 zu § 85). Wo die Frage der Klagbarkeit landesgesetzlich genauer geregelt ist, z. B. der Verwaltungsrechtsweg vorgeschrieben ist, ist diese Regelung vorrangig (so für Bayern: BayVGH BayVBl 1961, 86).

Die Stiftung bedarf nicht nur bei der Errichtung der staatlichen Genehmigung, sondern sie steht auch fortlaufend unter *Staatsaufsicht*. Es soll sichergestellte werden, daß die Stiftungen im Einklang mit dem Gesetz, der Satzung und dem Stifterwillen verwaltet werden (vgl. eim einzelnen die Landesstiftungsgesetze; Nachweise bei RGRK/STEFFEN Vor § 80 Rdn. 15).

Nach § 87 kann die landesgesetzlich zuständige Behörde der Stiftung *eine andere Zweckbestimmung* geben und – soweit es die Zweckumwandlung nötig macht – die *Verfassung* der Stiftung *ändern*, wenn die Erfüllung des *Stiftungszwecks unmöglich* geworden ist oder das *Gemeinwohl gefährdet*. Wenn nötig, kann sie die Stiftung aufheben. Bei der Umwandlung sind möglichst der Wille des Stifters und das Interesse der Destinatäre zu berücksichtigen. Vorher soll der Vorstand gehört werden (§ 87 II und III).

V. Beendigung

284 Auch über das **Ende** der Stiftung entscheidet in erster Linie das Bundes- und Landesrecht, in zweiter Linie das Stiftungsgeschäft. *Gesetzliche Beendigungsgründe* sind Konkurseröffnung (§§ 86, 42) und behördliche Aufhebung als äußerste Maßnahme, wenn die Erfüllung des Stiftungszwecks unmöglich geworden oder das Gemeinwohl gefährdet ist (§ 87). Verlust des Vermögens ist nicht als selbständiger Beendigungsgrund anerkannt (BGH WM 1966, 221), kann aber ein

Einschreiten der Behörde aus § 87 rechtfertigen. *Endigungsgründe nach dem Stiftungsgeschäft* sind Zeitablauf und Eintritt einer auflösenden Bedingung.

Die juristische Person gilt *bis zur Beendigung der Liquidation als fortbestehend* (§§ 88, 49 II). Das Vermögen fällt an die in der Verfassung bestimmten Personen (§ 88). Ein Heimfallrecht des Fiskus ist, anders als beim Verein (§ 45 III), nicht vorgesehen, wohl aber meist landesrechtlich angeordnet.

Soweit es sich um gemeinnützige Stiftungen handelt, die Befreiung von der Körperschaftsteuer genießen (§ 5 I 9 KStG, §§ 51 ff AO), muß sichergestellt sein, daß das Vermögen der Stiftung einem anderen steuerbegünstigen Zweck zugewendet wird (§ 55 I Nr. 4 AO); vgl. allgemein MünchKomm/REUTER Vor § 80 Rdn. 46 ff.

ZWEITER TEIL

Rechtsgegenstände

§ 16

Gegenstand und Sache

BECKER Die einheitliche Sache als wirtschaftlicher Wert und als Rechtsbegriff, ZAkdR 1936, 84 ff; BINDER Der Gegenstand, ZHR 59, 1 ff; ders., Vermögensrecht und Gegenstand, ArchBürgR 34, 209 ff; HUSSERL Der Rechtsgegenstand, 1933; MÜLLER-HENGSTENBERG Computersoftware ist keine Sache, NJW 1994, 3128 ff; OERTMANN Zum Rechtsproblem der Sachgemeinheit, AcP 136 (1932), 88 ff; SOHM Der Gegenstand, 1905; ders., Vermögensrecht, Gegenstand, Verfügung, ArchBürgR 28, 173 ff; ders., Noch einmal der Gegenstand, JherJb. 53 (1908), 373 ff; SOKOLOWSKI Die Philosophie im Privatrecht, Bd. 1, Sachbegriff und Körper in der klassischen Jurisprudenz und der modernen Gesetzgebung, 1902; WIEACKER Zum System des deutschen Vermögensrechts, 1941; ders., Sachbegriff, Sacheinheit und Sachzuordnung, AcP 148/149 (1943/44), 57 ff.

I. Gegenstände

Gegenstände im Sinne des bürgerlichen Rechts sind **Objekte der Rechtsverhältnisse**, während sie nach früherem Verständnis als Objekte des subjektiven Rechts im Sinne einer Herrschaftsmacht angesehen wurden (vgl. z. B. ENN./NIPPERDEY § 121 I). **285**

Da Rechtsverhältnisse nicht nur zwischen Person und Sache, sondern auch von Person zu Person bestehen und andererseits nach früherer Auffassung das subjektive Recht den wesentlichen Inhalt des Rechtsverhältnisses ausmachen sollte, gelangte man dazu, auch die Person als Gegenstand von subjektiven Rechten anzusehen (vgl. ENN./NIPPERDEY aaO). Die Einbeziehung der Person in den Bereich subjektiver Herrschaftsmacht, die Vorstellung, sie sogar unter dem Gegenstandsbegriff erfassen zu wollen, ist mit der *Menschenwürde* und dem *Persönlichkeitsrecht* nicht vereinbar. Es handelt sich letztlich um *rechtstechnische Denkformen*, für die etwa historisch der Dienstvertrag als locatio conductio (als „Miete" des Dienstleistenden), aber auch familienrechtlich der Herausgabeanspruch der Eltern auf das Kind nach dem Modell der dinglichen Herausgabeklage einschließlich der Vollstreckung nach § 883 ZPO als Beispiele dienen können. Auch das Forderungsrecht ist nach der heutigen Auffassung nicht Herrschaftsrecht über eine Person, sondern nur Anspruch auf die Leistung, während z. B. die Römer zumindest in der vorklassischen Zeit in der Obligation ein Gewaltverhältnis über den Schuldner begründet sahen mit der Möglichkeit, in die Person zu vollstrecken (vgl. den Begriff des *nexum*).

Auch wenn die Person aus dem Gegenstandsbegriff ausscheidet, kann „Gegenstand" *nicht als bloßes Objekt* eines subjektiven Rechts im Sinne der Ausübung *von Rechtsmacht* verstanden werden (vgl. auch LARENZ AT § 16 I). Es ist zutreffender, von *Objekten des Rechtsverhältnisses* zu sprechen, da sich in ihnen stets *Rechte und Pflichten* vereinigen. Dies kommt besonders deutlich in Gemeinschaftsverhältnissen (wie etwa der Gesamthand) zum Ausdruck, wo es weniger um Rechtsmacht als um Teilhabe an Rechtsgütern geht.

> Die Wechselbeziehung von Recht und Belastung hat auch E. WOLF (AT § 2 H I) veranlaßt, vom „Gegenstand eines rechtlichen Verhältnisses" zu sprechen.

II. Der Sachbegriff

286 1. Das Gesetz unterscheidet Gegenstand und Sache. **Gegenstand** ist der Oberbegriff. Der Gegenstand kann *körperlicher* (Sachen) oder *unkörperlicher* Art (z. B. Immaterialgüter, Rechte) sein.

> Dem Gegenstand des BGB entspricht im römischen Recht der Begriff „res", der alles umfaßt, was Vermögensbestandteil sein kann. Von daher unterscheidet man: res corporales (körperliche Gegenstände), das sind Sachen im Sinne des BGB, und res incorporales (unkörperliche Gegenstände).

Das auf den Sachbegriff aufgebaute System des Gesetzes verdeckt die Tatsache, daß auch unkörperliche Gegenstände, insbesondere vermögensrechtliche Forderungen, Objekte des Rechtsverkehrs sind. Dem entspricht ihre Übertragbarkeit im Wege der Verfügung nach §§ 398 ff und die Möglichkeit, auf sie im Wege der Zwangsvollstreckung zuzugreifen (vgl. Rdn. 353 f, 366 ff).

Sache im Sinne des Gesetzes ist jedoch nur ein *körperlicher Gegenstand* (§ 90), d. h. ein nach natürlicher Anschauung für sich allein bestehender, im Verkehrsleben besonders bezeichneter und bewerteter körperlicher Gegenstand (RGZ 87, 43, 45; vgl. auch RGZ 153, 210, 212 zum Patent).

287 *a) Keine Sache* ist der **Körper eines lebenden Menschen** und das, was von der Verkehrsauffassung als Glied oder Teil der menschlichen Persönlichkeit angesehen wird (z. B. künstliche Arterien; anders künstliche Körperteile, die nicht dauernd in den Körper aufgenommen sind, wie z. B. Prothesen oder Gebisse).

Mit der Trennung eines Körperteils vom lebenden Körper erlangt ersterer Sachqualität. Die Trennung kann der Sittlichkeit widersprechen; indessen kann zur Rettung der eigenen Person oder aus altruistischen Gründen eine Disposition darüber eingeräumt werden.

Gegenstand und Sache § 16 II 1

Von der Trennung vom lebenden Körper ist die Entnahme eines Körperteils **288** vom **Leichnam** zu unterscheiden. Das Recht, die Entnahme zu gestatten, wird möglicherweise auch den Angehörigen zukommen müssen. Der Wille des Verstorbenen ist vorrangig zu berücksichtigen; dieser kann etwa in einem Organspendeausweis Ausdruck finden. Die angestrebte gesetzliche Regelung (Vermerk im Paß oder Personalausweis) ist nicht verwirklicht worden (vgl. STURM Zum Regierungsentwurf eines Transplantationsgesetzes, JZ 1979, 697 ff).

> Dabei tritt die Frage auf, *wann* die Befugnis von der Rechtsperson auf die Angehörigen übergeht. Die heutige Medizin sieht den Gehirntod als den entscheidenden Zeitpunkt an (vgl. oben Rdn. 127).
> Erfolgt zum Zwecke der *Organtransplantation* ein ärztlicher Eingriff, kann in einer öffentlich-rechtlichen Klinik darin eine Amtspflichtverletzung gegenüber den zur Totenfürsorge berufenen Angehörigen liegen (§§ 839, 31, 89, 847), sofern nicht der Eingriff unter dem Gesichtspunkt des übergesetzlichen Notstandes gerechtfertigt ist (vgl. LG Bonn JZ 1971, 56). Zur Problematik vgl. T. CARSTENS Organtransplantation, ZRP 1979, 282 ff; DEUTSCH Die rechtliche Seite der Transplantation, ZRP 1982, 174 ff; ENGLERT Todesbegriff und Leichnam als Element des Totenrechts, 1979; FORKEL Verfügungen über Teile des menschlichen Körpers, JZ 1974, 593 ff; GEILEN Probleme der Organtransplantation, JZ 1971, 41 ff; REIMANN Die postmortale Organentnahme als zivilrechtliches Problem, Festschrift G. Küchenhoff, 1972, 341 ff; SAMSON Legislatorische Erwägungen zur Rechtfertigung der Explantation von Leichenteilen, NJW 1974, 2030 ff; STRÄTZ Zivilrechtliche Aspekte der Rechtsstellung des Toten unter besonderer Berücksichtigung der Transplantationen, 1971; R. ZIMMERMANN Gesellschaft, Tod und medizinische Erkenntnis, NJW 1979, 569 ff.

Grundsätzlich unterliegt der Leichnam nicht der Disposition der Angehörigen, da **289** er kein Objekt, sondern *Persönlichkeitsrückstand* ist. Den Angehörigen steht nur ein auf die *Totenfürsorge* begrenztes Bestimmungsrecht zu. Bestimmungsrechte am Leichnam hinsichtlich der Bestattung stehen nicht den Erben, sondern den Angehörigen zu, soweit nicht für Art und Ort der Wille des Verstorbenen maßgebend ist (RGZ 100, 171, 172; 108, 217, 220; 154, 269, 272). Die Angehörigen können Feuerbestattung nur dann veranlassen, wenn der Verstorbene sie gewünscht hat (§§ 2, 4 Feuerbestattungsgesetz von 1934 und Landesgesetze).

Der Leichnam unterliegt, solange Pietätsrücksichten gelten, nicht den Vorschriften des Sachenrechts. Es kann daher an ihm *kein Eigentum* begründet werden.

Rechtsgeschäfte der Angehörigen *über den Leichnam*, die nicht die Bestattung, die Vornahme einer Obduktion oder ähnliches betreffen, müssen als *sittenwidrig* angesehen werden (§ 138). Der Verkauf der Leiche durch die Erben an die Anatomie ist daher nichtig. Hat der Verstorbene die Auslieferung an die Anatomie zugesagt, so kann dieser Vertrag unter besonderen Umständen sittenwidrig sein (streitig; vgl. zur Durchführung die Verordnung über das Leichenwesen von NRW vom 7. 8. 1980 – GVBl. 756).

Durch Zeitablauf verblaßt der Persönlichkeitsrückstand. An Skeletten, anatomischen Präparaten, Mumien ist daher Eigentum anzuerkennen.

290 b) **Tiere** sind gemäß § 90a keine Sachen, bleiben aber weiterhin Gegenstand des Rechtsverkehrs. Auf sie finden grundsätzlich die Vorschriften über Sachen analoge Anwendung. Sonderregelungen zu ihrem Schutz finden sich in erster Linie im TierSchutzG sowie in §§ 251 II 2, 903 S. 2; §§ 765a I 2, 811c ZPO.

291 c) Die **Abgrenzung** zwischen **körperlicher Sache** und **unkörperlichem Gegenstand** kann Schwierigkeiten bereiten. Der naturwissenschaftliche Sachbegriff kann insoweit nicht gelten, als er mit Maßstäben arbeitet, die der Funktion der Rechtsvorschriften nicht angemessen sind (ERMAN/MICHALSKI § 90 Rdn. 2).

Die *Sache* verlangt *gesondertes, begrenztes Dasein* im Raum. Keine Sache sind also die freie Luft, das fließende Wasser und das Meer. Luftförmige und flüssige Körper erhalten diese Abgegrenztheit erst durch Zusammenfassung in einem Behälter. Grundstücke werden abgegrenzt durch menschliche Festsetzung, entscheidend ist die Eintragung ins Grundbuch oder die katastermäßige Bezeichnung.

Unkörperlich sind *Energien, Wärme und Licht.* Obwohl *Elektrizität* physikalisch Sachqualität hat, wird sie nach h. M. juristisch als unkörperlich angesehen. Es konnten daher die Diebstahlsvorschriften auf die Entnahme von Elektrizität keine Anwendung finden, so daß im Jahre 1900 ein eigener Straftatbestand (jetzt § 248 c StGB) geschaffen werden mußte. Andererseits werden auf den Stromlieferungsvertrag die Vorschriften über den Sachkauf angewendet (RGZ 86, 12).

292 Unkörperlich sind ferner die **Sachgesamtheiten, Sachinbegriffe**. Die Sachgesamtheit ist eine Mehrheit selbständiger Sachen, die durch ihre gemeinsame wirtschaftliche Bestimmung zusammengehalten und deshalb auch von der Rechtsordnung in einzelnen Beziehungen als eine Einheit behandelt wird, z. B. eine Bücherei, ein Warenlager. Die Sachgesamtheit als wirtschaftliche Einheit kann sehr wohl den *Gegenstand eines einheitlichen schuldrechtlichen Geschäftes* darstellen. Jedoch gilt für das *Sachenrecht* der sogenannte **Spezialitätsgrundsatz**. Gegenstand der sachenrechtlichen Herrschaft ist grundsätzlich nicht die Sachgesamtheit, sondern nur die einzelne in ihr enthaltene Sache. Die Übereignung ist an einzelnen Objekten vorzunehmen, z. B. verlangt die Übertragung einer Bücherei die Übereignung jedes einzelnen Buches; für verliehene Bücher erfolgt sie nicht nach § 929, sondern nach §§ 929, 931.

293 Der Sachinbegriff erschwert die *Anwendung der Sicherungsformen* (vgl. zur Verpfändung eines Holzlagers RGZ 53, 218, 219). Mit Ausbildung der Sicherungsübereignung hat sich das Problem erweitert. Die Rechtsprechung ist hier geneigt, vom sogenannten *Bestimmtheitsgrundsatz* aus wirtschaftlichen Erwägungen abzurücken (vgl. zur Entwicklung RGZ 113, 57, 59 ff; 129, 61, 62 f; 132, 183, 187; streng auch noch BGHZ 21, 52; jedoch nach Kritik im Schrifttum weitergehend BGHZ 28, 16; BGH NJW 1992, 1161). Das gilt besonders für *Sachgesamtheiten mit wechselndem Bestand* (z. B. Warenlager, Viehherden u. a.; vgl. im einzelnen Rdn. 1195).

Unabhängig von diesen Erwägungen können *Sachmengen wirtschaftlich als* **294**
eine Einheit angesehen werden; es wird ihnen dann nicht der Charakter einer
Sachgesamtheit, sondern der einer **Sacheinheit** beigelegt; so ein Paket Kaffee, ein
Sack Getreide, ein Kartenspiel u. ä. Wenn der wirtschaftliche Wert nur in der
Zusammenfassung besteht, muß auch die Rechtsordnung die Sacheinheit respektieren.

2. *Unkörperlich* sind schließlich *Rechte und Inbegriffe von Rechten (Rechtsgesamt-* **295**
heiten). Insbesondere dem **Vermögen** fehlt die Körperlichkeit. Es bedeutet nur
eine gedankliche Zusammenfassung geldwerter Rechte (und Pflichten) entweder
in der Person ihres Trägers (so beim Vermögen im allgemeinen) oder im Hinblick
auf einen einheitlichen Zweck (so beim Sondervermögen: Gesamtgut, Sondergut,
Vorbehaltsgut bei der Gütergemeinschaft [§§ 1416 ff], Gesellschaftsvermögen
[§ 718; § 124 II HGB]).

Der *Vermögensbegriff des BGB* baut nicht auf dem Nettovermögen (Differenz
zwischen Aktiva und Passiva) auf, sondern im Gegensatz zum wirtschaftlichen
Vermögensbegriff auf dem Bruttovermögen. Der Vermögensübergang z. B. nach
§ 419 erfaßt nicht das Nettovermögen, sondern nur die Aktiva. Dieses System
ermöglicht eine Rangordnung der Rechte Dritter gegen das Aktivvermögen (vgl.
im Konkurs Absonderung und bevorrechtigte Forderungen).

Unabhängig davon ist zu prüfen, ob beim Vermögensübergang das übernommene Vermögen in dem Vermögen des Übernehmers aufgeht, so bei der Haftung
nach Firmenübernahme (§ 25 HGB) oder ob eine *Trennung* der Vermögensmassen möglich ist, so grundsätzlich bei § 419, beim Erbfall unter den besonderen
Voraussetzungen der §§ 1975 ff.

Am Vermögen als solchem können *dingliche Rechte nicht* begründet werden. **296**
Die *Übertragung des Geschäftsvermögens* kann also nur dadurch erfolgen, daß
seine *einzelnen Bestandteile* übertragen werden, und zwar jeder nach den für
Gegenstände dieser Art jeweils geltenden besonderen Vorschriften; wie bereits
betont, sind Grundstücke aufzulassen (§§ 873, 925), das Eigentum an Sachen
einzeln zu übertragen (§§ 929 ff), die Forderungen einzeln abzutreten (§ 398), ein
Patentrecht zu übertragen, ein Geschäftsgeheimnis mitzuteilen (vgl. RGZ 70,
226, 228 ff). – Die *Zwangsvollstreckung* muß in die *einzelnen Bestandteile* erfolgen.

> Das wird gemildert durch die Anerkennung einer einheitlichen Gesamtnachfolge für
> Sonderfälle (vgl. etwa die Rechtsnachfolge des Erben, § 1922, die Bildung des Gesamtgutes bei der Gütergemeinschaft, § 1416, und die Übertragung des Vermögens einer
> AG auf den Staat, § 359 AktG, oder die Verschmelzung zweier juristischer Personen,
> §§ 339 ff AktG).

Ob die Versagung absoluter Rechte am Vermögen überall zweckmäßig ist, bleibt **297**
fraglich. Für den Gewerbetreibenden wäre z. B. die Anerkennung einer Verpfän-

dung seines Unternehmens als solches wünschenswert; denn er könnte dadurch seinem Kreditbedürfnis den Geschäftswert der Unternehmung nutzbar machen, der den Liquidationswert weit übersteigt. Deshalb hat ein französisches Gesetz von 1909 die Verpfändung des ganzen Unternehmens, also eines Sondervermögens, zugelassen (vgl. KUNZLER Das Nantissement du Fonds de Commerce, 1960). Das preußische Gesetz über die privaten Bahneinheiten vom 19. August 1895 erkennt die Verpfändung von Bahneinheiten an, also von Vermögensinbegriffen, die einem Eisenbahn- oder Kleinbahnunternehmen gewidmet sind und als Einheit behandelt werden (Art. 112 EGBGB). Für sie werden besondere Bahngrundbücher geführt.

298 Dagegen können **einheitliche schuldrechtliche Geschäfte** über eine Rechtsgesamtheit und namentlich das Handelsgeschäft abgeschlossen werden. Der schuldrechtliche Erwerb und die Pacht von Unternehmen wird in §§ 23 ff HGB und § 1822 Nr. 3, 4 mittelbar anerkannt. Die Verpflichtungsgeschäfte erstrecken sich im Zweifel auf alles, was wirtschaftlich zum Unternehmen gehört; z. B. kann das Handelsgeschäft *im ganzen verkauft* werden.

> Hierbei werden die Vorschriften über die *Sachmängelhaftung* unter Einbeziehung eines vertraglich vorausgesetzten Umsatzes und Ertrages in den Fehlerbegriff analog angewendet, BGH LM Nr. 5 zu § 276 (Fb); allerdings erscheinen Modifizierungen angebracht, z. B. sollte der Verkäufer u. U. ein Recht zur Mängelbeseitigung haben, auch erscheint die kürzere Verjährungsfrist des § 477 nicht als angemessen (str., vgl. RGZ 138, 354, 356 ff; HGB-RGRK/WURDINGER § 22 Rdn. 21). Allgemein zu Leistungsstörungen beim Unternehmenskauf CANARIS ZGR 1982, 395 ff.

299 Da das Unternehmen auch *immaterielle Güter* umfaßt, können als Gegenstand der Übertragung auch die in der Unternehmensorganisation zusammengefaßten unsichtbaren Werte, die sogenannten Chancen (Bezugsquellen, Kundschaft, Geschäftsgeheimnisse, Ruf und dergleichen) in Betracht kommen.

> *Zur Literatur:* Zum Unternehmensbegriff vgl. BRECHER Das Unternehmen als Rechtsgegenstand, 1953; FECHNER Das wirtschaftliche Unternehmen in der Rechtswissenschaft, 1942; ISAY Das Recht am Unternehmen, 1910; OPPIKOFER Das Unternehmensrecht in geschichtlicher, vergleichender und rechtspolitischer Betrachtung, 1927; PISKO Das kaufmännische Unternehmen, in Ehrenbergs Handbuch, Bd. II, §§ 20 ff; T. RAISER Das Unternehmen als Organisation, 1969; weitere Literatur bei GIERKE/SANDROCK § 13.

III. Die Funktion des Sachbegriffs

300 Nur an Sachen und Tieren können dingliche Rechte bestehen. Andere Gegenstände genießen nicht den absoluten Schutz des Eigentumsrechts und der übrigen Sachenrechte. Jedoch hat die neuere Rechtsentwicklung insbesondere im *Verfassungsrecht* zu einer *Ausweitung* auf unkörperliche Gegenstände und damit zu einem eigenständigen Eigentumsbegriff geführt.

Arten der Sachen **§ 17 I**

Vgl. zur Literatur: M. WOLFF Reichsverfassung und Eigentum, Festgabe Kahl, 1923, Teil 4, 1 ff, und H. HÜBNER Eigentumsgarantie und Eigentumsbindung im Grundgesetz und der zivilrechtliche Eigentumsbegriff, Ann. Univ. Sarav., Iur. VIII (1960) 87 ff, mit Nachweisen; zu Art. 14 GG vgl. MAUNZ/DÜRIG/HERZOG/SCHOLZ Art. 14 Rdn. 57 ff; MAURER AllgVerwR, 9. Aufl. 1994, § 26 Rdn. 17 ff.

Über die Schutzfunktion des Sachenrechts hinaus wird der Sachbegriff auch dadurch ausgeweitet, daß die *Irrtumsanfechtung* aus § 119 II auch bei Rechtsgeschäften über Rechte trotz fehlender Körperlichkeit zugelassen wurde (vgl. RGZ 149, 235; BGH LM Nr. 2 zu § 779 für den Nachlaß). Nach h. M. wird in diesem Zusammenhang jeder Gegenstand mit Sache gleichgesetzt, insbesondere werden auch Forderungen erfaßt.

Zum Teil wird auch dem *Geldwert* unabhängig vom Geldstück oder -schein **301** eine selbständige dingliche Funktion zugemessen und im Interesse des Geldeigentümers eine sogenannte Geldwertvindikation für möglich gehalten. Dies soll deshalb gelten, weil als Voraussetzung der Herausgabeklage in der Regel dem Bestimmtheitsgrundsatz nicht genügt werden kann (WESTERMANN § 30 V; zurückhaltend allerdings die Rechtsprechung; kritisch auch WOLFF/RAISER § 84 III Anm. 6; vgl. die Nachweise bei PALANDT/BASSENGE § 985 Rdn. 7).

§ 17

Arten der Sachen

I. Grundstücke und bewegliche Sachen

Unbewegliche Sachen sind die Grundstücke. Es handelt sich um durch Vermes- **302** sung abgegrenzte Teile der Erdoberfläche samt ihren wesentlichen Bestandteilen. *Beweglich* ist jede Sache, die weder Grundstück noch wesentlicher Bestandteil eines Grundstücks ist. Zum *Grundstück* gehört auch der Raum über der Erdoberfläche und der Erdkörper darunter; der Berechtigte kann Einwirkungen jedoch nur insoweit verbieten, als für ihn ein Interesse an der Beherrschung besteht (§ 905). Das Eigentum erfährt z. B. Einschränkungen gem. § 1 LuftVG, gegen Fluglärm greift die Regierung des § 906 ein. Zu bergbaubedingten Einwirkungen unter der Erdoberfläche s. BBergG v. 13. 8. 1980 BGBl. I, 1310.

Den Grundstücken sind vom Gesetz gleichgestellt: Grundstücksrechte mit besonderem Grundbuchblatt, wie z. B. Erbbaurecht, Bergwerkseigentum gem. BBergG v. 13. 8. 1980 und Sondereigentum nach WEG; ebenso werden im Schiffsregister eingetragene Schiffe in einzelnen Beziehungen wie Grundstücke behandelt (SchiffsRG v. 15. 11. 1940).

Die lebenswichtigen Güter haben seit je eine rechtliche Sonderstellung erhalten; so im römischen Recht die res mancipi, wobei eine Trennung in Mobilien und Immobilien nicht durchgeführt war. Hingegen erkannte das deutsche Recht Grund und Boden eine Sonderstellung zu, weil die Stellung der Familie auf dem Grundbesitz beruhte, später auch, weil er die Grundlage des Realkredits bildet. Das BGB ist dem deutschen Recht gefolgt und unterscheidet in wesentlichen Punkten Grundstücks- und Fahrnissachenrecht. Wesentlich für die Regelung des *Liegenschaftsrechts* ist die Einrichtung des Grundbuchs. Allgemein für die Rechtsverhältnisse gelten die §§ 873 ff, für die Grundpfandrechte die §§ 1113 ff.

> Sachlich ist der Inhalt des Eigentumsrechts an Grundstücken mit Rücksicht auf die Nachbarrechte besonders begrenzt (§§ 906, 924). Für den Rechtserwerb gelten verschiedene Grundsätze; der rechtsgeschäftliche Erwerb von Grundstücksrechten erfolgt durch Einigung und Eintragung ins Grundbuch (§ 873), von Fahrnisrechten durch Einigung und Besitzübergabe (§§ 929, 1205). Selbst im Schuldrecht hat der Unterschied Bedeutung (§§ 313, 566).

II. Vertretbare und nicht vertretbare Sachen

303 Vertretbar sind bewegliche Sachen, die im Verkehr nicht als Speziessache, sondern nach Zahl, Maß oder Gewicht bestimmt zu werden pflegen (§ 91), sogenannte *fungible* Sachen. Nicht vertretbar sind Sachen, die nach der Verkehrsauffassung ihre Bedeutung durch ihre besonderen, gerade diesem Stück zukommenden Eigenschaften erhalten, sogenannte individuelle Sachen.

> Vertretbar sind z. B. Bücher einer in vielen Exemplaren hergestellten Auflage, Nahrungsmittel, Getreide, Serienmaschinen, Geld, Banknoten; nicht vertretbar sind hingegen ein Grundstück, ein Gemälde, ein Pferd, ein Hund.

Die rechtliche Bedeutung zeigt sich namentlich im Schuldrecht. Schadensersatz wegen Verlust oder Beschädigung einer vertretbaren Sache kann durch Lieferung einer gleichartigen Sache geleistet werden (§ 249). Ein Darlehen ist nur bei einer vertretbaren Sache möglich (§ 607). Der Werklieferungsvertrag über vertretbare Sachen wird weitgehend als Kauf behandelt (§ 651). Die Verwahrung vertretbarer Sachen kann diese in das Eigentum des Verwahrers unter der Verpflichtung, Sachen von gleicher Art, Menge und Güte zurückzugewähren, übergehen lassen (§ 700).

304 Die vertretbare Sache ist zu unterscheiden von der *Gattungssache*, die nicht durch den Verkehr, sondern durch die *Parteiabrede* nach *Gattungsmerkmalen* bestimmt wird. Auch eine vertretbare Sache kann als Vertragsgegenstand nach Einzelmerkmalen bestimmt werden; andererseits können nicht vertretbare Sachen zum Gegenstand eines Gattungskaufs gemacht werden, so z. B. wenn ein Kunsthändler einen (nicht: diesen) „Picasso" zu liefern verspricht.

III. Verbrauchbare und unverbrauchbare Sachen

Verbrauchbar sind bewegliche Sachen, deren bestimmungsmäßiger Gebrauch im **305** Verbrauch oder in der Veräußerung besteht (§ 92 I); unverbrauchbar sind alle anderen.

> Es handelt sich also um eine natürliche, wirtschaftliche Eigenschaft, die auf der Verkehrsanschauung beruht. Verbrauchbar sind namentlich Nahrungsmittel, Brennstoffe; zur Veräußerung bestimmt sind Geld, Banknoten usw. Der Verbrauch in diesem Sinne muß in einer bewußten Vernichtungs- und Entwertungshandlung bestehen; es genügt nicht, daß die Abnutzung eine tatsächliche, aber unerwünschte Nebenerscheinung des Gebrauchs ist, wie bei Kleidern, Teppichen, Möbeln, Büchern.

Als verbrauchbar gelten auch Sachen, die zu einem *Warenlager* oder einem sonstigen *Sachinbegriff* gehören, dessen einzelne Sachen zur Veräußerung bestimmt sind (§ 92 II). Hiernach werden also auch an sich unverbrauchbare Sachen, solange sie zu einem solchen Inbegriff gehören, verbrauchbar (Kleider, Bücher usw.).

Die rechtliche Bedeutung zeigt sich vor allem bei den *Gebrauchsüberlassungs-* **306** *verträgen*; die Rückgabepflicht kann sich vernünftigerweise nicht auf dasselbe Stück, sondern nur auf ein entsprechendes beziehen. Die verbrauchbare Sache ist in der Regel kein geeigneter Gegenstand für Nutzungsrechte. Eine Sonderregelung besteht beim *Nießbrauch*: Da der Grundsatz *salva rei substantia* nicht durchführbar ist, kennt das Gesetz den *uneigentlichen Nießbrauch*, d. h. der Nießbraucher braucht nur den Wert der verbrauchbaren Sachen zu ersetzen (§ 1067). Bei der Beitragsleistung in der Gesellschaft werden verbrauchbare Sachen im Zweifel gemeinschaftliches Eigentum der Gesellschafter (Einbringung ad sortem, nicht ad usum, § 706 II).

IV. Teilbare und unteilbare Sachen

Teilbar sind Sachen, die sich ohne Wertminderung in gleichartige Teile zerlegen **307** lassen (§ 752), z. B. Stoffballen, Metallbarren, Getreide-, Sandhaufen, regelmäßig die nicht mit Gebäuden versehenen Grundstücke.

Die rechtliche Bedeutung zeigt sich bei der *Auseinandersetzung einer Gemeinschaft*. Hier kann Teilung in Natur nur bei teilbaren Sachen verlangt werden (§ 752). Forderungen auf Leistung teilbarer Sachen sind Forderungen auf teilbare Leistungen, vgl. §§ 420, 427, 431, 432.

V. Öffentliche Sachen

BÖTTCHER Zur Systematik der wegerechtlichen Sondernutzung, DÖV 1969, 491 ff; DICKE Die verfassungsrechtliche Problematik des Hamburger Deichordnungsgesetzes, DÖV 1969, 554 ff; FORSTHOFF §§ 20 ff; O. MAYER Deutsches Verwaltungsrecht, 3. A.

1924, Bd. 2; PAPIER Recht der öffentlichen Sachen, 2. Aufl. 1984; PAPPERMANN/ LÖHR/ANDRISKE Recht der öffentlichen Sachen, 1987; SALZWEDEL Anstaltsnutzung und Nutzung öffentlicher Sachen – in Erichsen/Martens, Allgemeines Verwaltungsrecht, 10. Aufl. 1995, § 45; SCHMIDT-JORTZIG, Vom öffentlichen Eigentum zur öffentlichen Sache, NVwZ 1987, 1025 ff; WEBER/STERN Die öffentliche Sache, VVDStL 21, 145 ff; WITTIG Das öffentliche Eigentum, DVBl 1969, 680 ff; WOLFF/BACHOF §§ 55 ff.

1. Begriff und Funktion

308 Unter öffentlichen Sachen versteht man die Sachen, die der Öffentlichkeit unmittelbar zum Gebrauch oder der öffentlichen Verwaltung zur Erfüllung ihrer Aufgaben dienen. Dieser Rechtsstatus wird durch Gesetz, Gewohnheitsrecht oder Verwaltungsakt (vgl. § 35 S. 2 VwVfG) begründet; die Begründung wird als **Widmung** bezeichnet. Durch die Widmung wird die Sache im öffentlichen Interesse der privaten Rechtsmacht völlig oder teilweise entzogen. Sie kann daher überhaupt nicht oder nur in beschränktem Maße Gegenstand des privaten Rechtsverkehrs sein. Deshalb reicht ihre Verkehrsfähigkeit auch nur so weit, wie die Anerkennung privatrechtlicher Macht mit dieser Zweckbestimmung nicht in Widerspruch steht.

309 Demnach unterliegen die öffentlichen Sachen sowohl dem privaten wie dem öffentlichen Recht (*„Theorie des modifizierten Privateigentums"* – WOLFF/BACHOF § 57 I a; „Dualistische Konstruktion des Rechtsstatus" – PAPIER aaO, § 1 II 5; SALZWEDEL aaO Rdn. 5). Im Gegensatz zu dieser Auffassung steht das Rechtsinstitut des öffentlichen Eigentums, bei dem Sachherrschaft und öffentlich-rechtliche Zwecksetzung zusammenfallen (vgl. O. MAYER aaO, S. 39 ff). Es gilt in Frankreich (Art. 537 f CC – „domaine public"). In der Hansestadt Hamburg besteht öffentliches Eigentum aufgrund § 4 HambWegeG an Straßen und Wegen, sofern diese im Eigentum des Stadtstaates stehen. Gleiches gilt im Hamburgischen Wasser- und Deichrecht (vgl. zur verfassungsrechtlichen Zulässigkeit: BVerwGE 27, 131; BVerfGE 24, 367; DICKE aaO; STERN aaO, S. 188 f). Die Vorschriften des BGB gelten dann nicht mehr; die Sachen sind dem Rechtsverkehr entzogen.

Soweit die Widmung nicht entgegensteht, kann der Berechtigte private Rechte ausüben (etwa: Verpachtung von Obstbäumen am Straßenrand; Grasnutzung auf Militärflugplätzen – vgl. BGH NJW 1969, 1437). Gleichermaßen können, soweit die Zweckbindung nicht entgegensteht, öffentliche Sachen übereignet und belastet werden (BGHZ 33, 230, 232). Die Einschränkung der Eigentümerbefugnisse kann bis zu einem inhaltslosen Privatrecht *(ius nudum)* reichen.

Übereignet z. B. der Entleiher eines der öffentlichen Bibliothek gehörenden Buches das Buch an einen gutgläubigen Dritten, so erwirbt dieser zwar gem. § 932 das Eigentum, die sich aus der Widmung ergebende öffentlich-rechtliche Zweckbindung bleibt jedoch bestehen; insoweit findet § 936 keine Anwendung. Ist die Zweckbindung nicht offenkundig und drängt sie sich auch nicht auf, besteht kein ungeschriebener öffentlich-rechtlicher Herausgabeanspruch (OVG Münster NJW 1993, 2635; BVerwG NJW 1994, 144).

Die aus der öffentlich-rechtlichen Zweckbestimmung sich ergebenden Beschränkungen bestehen so lange, wie die Sache eine öffentliche ist. Um sie ihrem öffentlichen Zweck zu entziehen, muß grundsätzlich die Widmung aufgehoben werden. Die *„Entwidmung"* und *„Außerdienststellung"* sind öffentlich-rechtliche Akte, zu denen vielfach die Genehmigung einer übergeordneten Verwaltungsbehörde erforderlich ist.

310 Aus der öffentlich-rechtlichen Funktion ergibt sich, daß der Sachbegriff des öffentlichen Rechts keine Körperlichkeit im Sinne des § 90 BGB erfordert; so kann „Sache" z. B. der Luftraum und das offene Meer sein; ferner sind die Vorschriften der §§ 93–95 BGB unanwendbar.

311 Auch die von den Religionskörperschaften *religiösen* oder Bestattungszwecken gewidmeten *Sachen* (res sacrae bzw. religiosae) gehören zu den öffentlichen Sachen, da die Kirchen als öffentlich-rechtliche Körperschaften anerkannt sind (vgl. WOLFF/BACHOF § 55 II a). Ein bestimmungswidriger Gebrauch durch den Eigentümer ist ausgeschlossen.

Für das Erbbegräbnis werden privatrechtliche Beziehungen zwischen Träger und Friedhofsbenutzer ausgeschlossen; vielmehr soll es sich um die Gewährung einer Sondernutzung handeln (BGHZ 25, 200, 206 f).

2. Die Arten der öffentlichen Sachen

312 Die öffentlichen Sachen dienen entweder dem sog. Zivilgebrauch oder dem Verwaltungsgebrauch. Der *Zivilgebrauch* umfaßt den Gemeingebrauch, die Sondernutzung und die Anstaltsnutzung; der *Verwaltungsgebrauch* erfaßt die Sachen, die der öffentlichen Verwaltung intern zur Erfüllung ihrer Aufgaben dienen.

a) Bei den dem **Gemeingebrauch** dienenden Sachen (z. B. die dem allgemeinen Verkehr geöffneten Straßen, Wege und Plätze sowie die öffentlichen Gewässer) treten die Rechte des Berechtigten insoweit zurück, als sie mit der öffentlichen Widmung unvereinbar sind (Vorrang des öffentlichen Rechts – BGHZ 9, 373, 382 f). Er muß die Zweckbindung achten, darf den Gemeingebrauch nicht zweckwidrig beschränken und muß auch die nötigen Maßnahmen treffen, um ihn zu ermöglichen.

Der Gemeingebrauch etwa an Straßen ist nicht auf den Verkehr im engsten Sinne beschränkt, sondern dient auch sonstigem allgemein ausgeübten Gebrauch. Insbesondere hat der Anlieger ein über den allgemeinen Gemeingebrauch hinausgehendes tatsächliches und wirtschaftliches Bedürfnis an der Nutzung von

Straßen und Gewässern. Rechtsprechung und Literatur haben den sogenannten *gesteigerten Gemeingebrauch* oder *Anliegergebrauch* als aus dem Eigentum fließendes subjektiv-öffentliches Recht anerkannt (BGHZ 30, 241, 244 f; WOLFF/ BACHOF § 58 III b 2; vgl. im einzelnen RGZ 123, 181, 186; 131, 264, 272 für Lichtreklameanlage eines Straßenanliegers; RGZ 132, 398, 400 für in die Straße ragendes Vordach eines Hotels; BGHZ 22, 395, 397 ff für Bauzaun).

313 Vom Gemeingebrauch ist die **Sondernutzung** zu unterscheiden (vgl. etwa für Straßen § 8 FStrG und entsprechende landesrechtliche Regelungen). Sie erfordert eine besondere Gebrauchserlaubnis durch Verwaltungsakt, eventuell mit Auferlegung eines Entgeltes (vgl. BGHZ 19, 85) bzw. für die Fälle der Nutzungsverleihung (wie Verlegung von Leitungen, Schienen) einen zusätzlichen privatrechtlichen Vertrag (RGZ 88, 14). Streitig ist, ob es im Falle einer Sondernutzung von Straßen der Zustimmung des Eigentümers bedarf (vgl. WOLFF/BACHOF § 59 II c m.w.N.).

314 Um im Bereich der **Anstaltsnutzung** (z. B. Bibliotheken, Theater, Badeanstalten) öffentliche Sachen in Anspruch nehmen zu können, bedarf es einer besonderen Zulassung. Der Anstaltsbegriff ist weit zu fassen und nicht im technisch-organisatorischen Sinne zu verstehen (vgl. PAPPERMANN JuS 1979, 794 ff).

315 b) Sachen im **Verwaltungsgebrauch** dienen nicht der Benutzung durch jedermann oder durch besonders zugelassene Benutzer; sie sind unmittelbar zur Durchführung der öffentlichen Verwaltungstätigkeit bestimmt.

3. Zuordnung zu den Vermögensmassen der öffentlichen Hand

316 Wenn Sachen im Eigentum der öffentlichen Hand stehen, so ist zu fragen, welcher *Vermögensmasse* sie *zuzuordnen* sind. Hier sind Verwaltungsvermögen und Finanzvermögen zu unterscheiden.

Die für den Dienst öffentlich-rechtlicher Rechtsträger bestimmten Sachen wie Gerichts- und Verwaltungsgebäude, Schulen, Kasernen, Gefängnisse usw. gehören zum sogenannten *Verwaltungsvermögen* (öffentliche Sachen im Verwaltungsgebrauch und öffentliche Sachen im Anstaltsgebrauch). Sie dürfen, solange ihre öffentliche Bestimmung dauert, der Erfüllung öffentlicher Aufgaben nicht entzogen werden, unterliegen also nur eingeschränkt dem Zugriff der Gläubiger (vgl. § 882 a II ZPO).

Das gilt aber nicht für das *Finanzvermögen* der öffentlichen Hand (Miethäuser, Wertpapiere usw.), d. h. Sachen, die den öffentlichen Zwecken nur durch ihren Ertrag oder Vermögenswert dienen. Sie stehen im frei verfügbaren Privateigentum.

Für die Betriebe, die im Interesse der Versorgung der Bürger *(Daseinsvorsorge)* unterhalten werden, ist zu unterscheiden, ob sie in *Formen des Privatrechts* betrieben werden oder ob sie als sogenannte *Regie- oder Eigenbetriebe* (vgl. z. B.

§ 114 GO NW mit EigenbetriebsVO) der öffentlichen Hand bestehen und die Körperschaft, die das Unternehmen führt, selbst haftet. Für die Zwangsvollstreckung in letztere ist § 882 a III, I ZPO zu beachten; ob diese Vorschrift auch für die privatrechtlich organisierten Betriebe gilt, ist zweifelhaft.

4. Öffentlich-rechtliche Nutzungsbeschränkungen

Von den öffentlichen Sachen sind die *Sachen* zu *unterscheiden*, die zwar *in ihrer Nutzung öffentlich-rechtlichen Beschränkungen* unterworfen sind, aber keiner Widmung unterliegen. Hierbei handelt es sich um bloße Beschränkungen und Belastungen des Eigentums im Sinne von Art. 14 III GG. Wenn Bundes- oder Landesgesetze das Recht zum Betreten von privatem Wald (vgl. § 14 BWaldG in Verbindung mit Landesgesetzen, wie etwa §§ 2 ff LFoG NW), der freien Landschaft (§§ 49 ff LG NW), insbesondere auch der Seeufer (§§ 56 ff LG NW) erlauben, werden diese dadurch noch nicht zu öffentlichen Sachen. Gleiches gilt für Beschränkungen des Eigentums etwa durch Gesetze zugunsten der Kultur- und Denkmalspflege. **317**

§ 18

Sache und Sachbestandteil

HARMS Sachen, Bestandteile, Zubehör – Zentrale Heizungsanlagen in der Zwangsversteigerung, Jura 1982, 404 ff; KIRSTEN Der Bestandteilsbegriff des § 93 BGB unter Berücksichtigung der technischen Normung, 1933; KRÜCKMANN Wesentlicher Bestandteil und Eigentumsvorbehalt, 1906; MICHAELIS Voraussetzungen und Auswirkungen der Bestandteilseigenschaft, Festschrift Nipperdey, I, 1965, 553 ff; F. SCHULZ Zwischenverfügungen bei Veräußerung und Verpfändung wesentlicher Sachbestandteile, in: Bonner Festgabe für Zitelmann, 1923, 81 ff; SERICK I § 6, II § 17; SPYRIDAKIS Zur Problematik der Sachbestandteile, 1966; WIEACKER Sachbegriff, Sacheinheit und Sachzuordnung, AcP 148/49 (1943/44), 57 ff, 98 ff; M. WOLFF Der Bau auf fremdem Boden, 1900.

I. Sache und Sachteil

Die *Einzelsachen*, d. h. die im Verkehr als selbständige Wertträger angesehenen Stücke, sind entweder einfach oder zusammengesetzt. Bei der einfachen Sache ist eine *natürliche, ununterscheidbare Einheit* vorhanden. Bei der *zusammengesetzten Sache* läßt sich eine *Mehrheit von verschiedenen Stücken* unterscheiden, die an sich der Selbständigkeit fähig sind. Das führt zu der Frage, unter welchen Umständen solche Sachteile von der Rechtsordnung berücksichtigt werden. **318**

Rechtlich ist die Annahme eines *Sachteils* nur bedeutsam, soweit es sich nicht bloß um einen gedachten Teil handelt, sondern um einen körperlich abgegrenzten, wahrnehmbaren Teil einer Sache. Solange einem Sachteil im weitesten Sinne die körperliche Abgegrenztheit fehlt, scheidet die Zulassung von Sonderrechten an diesem gedachten Teil überhaupt aus.

Eine rechtliche Regelung ist erforderlich, wenn mehrere Sachteile dergestalt miteinander verbunden werden, daß dadurch ein *neuer körperlicher Zusammenhang* entsteht, und sie somit Bestandteile der neuen Sache werden. Entscheidend für die Annahme einer körperlichen Einheit sind die Verkehrsanschauungen und die natürliche Auffassung des unbefangenen Beurteilers (RGZ 158, 362, 369 f).

So sind z. B. als Bestandteile zu bezeichnen: Die Bereifung eines Kraftwagens oder Fahrrades, abschraubbare Maschinenteile. Nicht als Bestandteile sind z. B. die Kegelbahn in einer Gastwirtschaft (BGH LM Nr. 2 zu § 93) und der Dampfkessel einer Molkerei (RG WarnRspr. 1934 Nr. 81) angesehen worden.

Nach § 96 gelten auch Rechte, die mit dem Eigentum an einem herrschenden Grundstück verbunden sind, als Bestandteile des Grundstückes, d. h. sie sind als solche zu behandeln, z. B. Recht auf Duldung eines Überbaus; vgl. RGZ 160, 166, 177.

Die Rechtsordnung muß die Frage klären, ob an solchen Bestandteilen Sonderrechte anzuerkennen sind. Leitgedanke einer solchen Regelung muß es sein, die unnütze Zerstörung wirtschaftlicher Werte zu verhindern. Zu dem Zwecke muß bei einer Verbindung von Sachen zu einer neuen einheitlichen Sache unter Umständen der Eigentümer eines Teils sein Eigentum zugunsten des Eigentümers des oder der anderen Teile verlieren; selbstverständlich darf das nicht schlechthin geschehen, vielmehr muß ihm nach Lage der Sache als Ausgleich ein Ersatz- oder Bereicherungsanspruch gegen den gegeben werden, zu dessen Gunsten er sein Recht verliert.

II. Bestandteile

Unter diesen Gesichtspunkten ist die Regelung für die Bestandteile zu verstehen. Das Gesetz unterscheidet:
- *wesentliche Bestandteile*, die nicht Gegenstand besonderer Rechte sein können (§§ 93, 94);
- *Scheinbestandteile*, die rechtlich als völlig selbständige Sachen behandelt werden (§ 95);
- *unwesentliche Bestandteile*, die sonderrechtsfähig sind.

1. Wesentliche Bestandteile

319 a) Das Gesetz bestimmt den Begriff des wesentlichen Bestandteils grundsätzlich in § 93 für Sachen aller Art und erweitert ihn dann für die Sachteile von Grundstücken und Gebäuden in § 94.

Wesentliche Bestandteile sind alle Teile, die voneinander *nicht getrennt* werden können, *ohne daß* der eine oder andere Sachteil (im Gegensatz zum Ganzen) *zerstört* oder in seinem *Wesen verändert* wird (§ 93). Dem muß eine erhebliche Wertminderung durch die Trennung gleichgestellt werden. Nicht auf die Zerstörung oder Wertminderung der ganzen Sache kommt es an, maßgebend ist die Bedeutung der Trennung für die einzelnen, bisher Bestandteile bildenden Stücke.

Ein wesentlicher Bestandteil ist nicht anzunehmen, wenn der Sachteil durch die Trennung nicht zerstört wird und in Verbindung mit anderen Sachteilen wirtschaftlich verwertbar bleibt, ohne eine erhebliche Wertminderung erlitten zu haben. Durch die Fortschritte der Technik wird die Austauschbarkeit von Sachteilen gefördert, so daß ihr Charakter als wesentlicher Bestandteil verloren geht. So ist z. B. der Serienmotor eines Kraftfahrzeuges nicht als wesentlicher Bestandteil anzusehen (BGHZ 18, 226; 61, 80); ebenso serienmäßig zum Einbau hergestellte Meßgeräte, die in verschiedenen Apparaten verwendbar sind (BGHZ 20, 154, 158). Andererseits wird das Fahrgestell eines Kraftfahrzeuges als wesentlicher Bestandteil angesehen (OLG Stuttgart NJW 1952, 145).

320 Für die *wesentlichen Bestandteile eines Grundstücks oder Gebäudes* enthält § 94 besondere Vorschriften. Wesentliche Bestandteile des **Grundstückes** sind die mit dem Boden fest verbundenen Sachen, vornehmlich Gebäude und die mit dem Boden zusammenhängenden Erzeugnisse, wie z. B. die Früchte. Samen wird mit dem Aussäen, eine Pflanze mit dem Einpflanzen wesentlicher Bestandteil (§ 94 I).

Als festverbunden sind anzusehen z. B. Fertighäuser, nicht dagegen Wellblechbaracken. Auch ein schwerer Gasbehälter, dessen Abtransport nur durch Zerlegen möglich ist, kann wesentlicher Bestandteil des Grundstücks sein (vgl. RG WarnRspr. 1932 Nr. 114). *Hingegen* sind *Fernleitungen* öffentlicher Versorgungsunternehmen im Regelfall mit Hinblick auf § 95 I 2 nicht Bestandteil der Grundstücke, über die sie führen, sondern Zubehör des betreibenden Werkes (ständige Rspr., vgl. BGHZ 37, 354, 356 f).

Von § 94 mach § 912 eine Ausnahme für den Überbau, den ein Grundstückseigentümer ohne Vorsatz oder grobe Fahrlässigkeit vornimmt; der übergebaute Teil des Gebäudes wird nicht Bestandteil des Nachbargrundstücks, sondern wesentlicher Bestandteil des Grundstücks des Bauenden, vgl. BGHZ 62, 141, 143 ff. § 912 ist auch anwendbar, wenn der Eigentümer beim Bauen die Grenze eines anderen, ihm gehörigen Grundstücks überschreitet, vgl. BGHZ 110, 298, 300 m.w.N.

321 Der Begriff des wesentlichen Bestandteils wird durch § 94 II für **Gebäude** dadurch erweitert, daß auch die *zur Herstellung eingefügten Sachen* als wesentliche Bestandteile gelten, so z. B. eine Giebelmauer (vgl. BGHZ 36, 46). Entscheidend ist der mit der Einfügung verfolgte Zweck (RGZ 150, 22, 26; BGH LM Nr. 2 zu § 93). Aufgrund dessen sind Treibstoff- und Öltankanlagen in einer Großgarage zu wesentlichen Gebäudebestandteilen erklärt worden; ebenso Heizkörper und Warmwasserbereiter in einem Wohnhaus (BGHZ 53, 324 f; BGH LM Nr. 1 zu § 94; bestätigt für Heizkessel, Elektroherde in BGHZ 40, 272, 275). Dabei ist unerheblich, ob die Einfügung erforderlich war oder nicht, so daß auch z. B. Kunstgegenstände zu wesentlichen Bestandteilen werden können (so z. B. die Holztäfelung im Schloß, RGZ 158, 362).

Jedoch bleibt zu beachten, daß auch das, was mit dem Baukörper verbunden ist, ohne zu dem Gebäude selbst zu gehören, wesentlicher Bestandteile schon nach § 93 sein kann. Dies gilt insbesondere, wenn das Gebäude selbst oder die Maschine durch die Wegnahme zerstört oder erheblich im Wert gemindert würde, weil sie einander angepaßt sind (RGZ 130, 264, 266).

> Nicht kann es entgegen der älteren Rechtsprechung darauf ankommen, ob die Maschine für einen Fabrikationsbetrieb notwendig ist. Damit hat die Rechtsprechung später den Bedürfnissen der Kreditsicherung der Maschinenindustrie genügt, die ihre Maschinen weitgehend auf Kredit unter Eigentumsvorbehalt liefert. Würde die Maschine wesentlicher Bestandteil des Fabrikgebäudes, so würde der Käufer trotz des Eigentumsvorbehaltes Eigentümer.

322 b) Um ihren wirtschaftlichen Wert zu erhalten, sind wesentliche Bestandteile **sonderrechtsunfähig**, d. h. sie teilen notwendig die *dingliche* Rechtslage der ganzen Sache. Eigentum und sonstige dingliche Rechte an dieser ergreifen sie mit und zwar kraft zwingenden Rechts. § 946 trifft die Regelung für Grundstücke, § 947 für bewegliche Sachen. Der dingliche Rechtsverlust wird zumindest bereicherungsrechtlich ausgeglichen (§ 951).

Die Sonderrechtsunfähigkeit hat insbesondere Bedeutung für die *Kreditsicherung*. So geht ein *Eigentumsvorbehalt* unter, wenn die Sache zum wesentlichen Bestandteil wird.

> Eine Zwangsvollstreckung in einen wesentlichen Bestandteil ist nicht möglich (Ausnahme: § 810 ZPO, Pfändung der Früchte auf dem Halm). Der Zuschlag in der Zwangsversteigerung ergreift auch den wesentlichen Bestandteil, allerdings kann der Zuschlagsbeschluß, der wesentliche Bestandteile ausgenommen hat, einen schuldrechtlichen Herausgabeanspruch gegen den Ersteigerer begründen (RGZ 150, 22, 24 f).

Schuldrechtlich können Rechtsgeschäfte über wesentliche Bestandteile wirksam abgeschlossen werden, so ist z. B. der Verkauf von Obst auf dem Baum, Holz auf dem Stamm möglich (RG WarnRspr. 1926 Nr. 150).

Der Grundsatz der Sonderrechtsunfähigkeit wesentlicher Bestandteile erfährt in einer Reihe von Fällen durch ein Recht auf Abtrennung – ius tollendi – und Aneignung eine Einschränkung (§§ 997 I, 547 a). Insofern kann sich z. B. das Wegnahmerecht des Mieters auf wesentliche Bestandteile erstrecken; vgl. BGH NJW 1981, 2564 f.

323 c) Eine Durchbrechung der §§ 93–95 stellt das **Wohnungseigentumsgesetz** vom 15. 3. 1951 dar. Der Wiederaufbau der kriegszerstörten Miethäuser, zu dem die Eigentümer meist wirtschaftlich allein nicht in der Lage waren, machte eine

Sache und Sachbestandteil § 18 II 2

kapitalmäßige Beteiligung der Bewohner erforderlich. Im Hinblick auf den Kapitalmangel gilt das gleiche für die nach wie vor notwendige Errichtung neuen Wohnraums. Eine starke dingliche Sicherung der sich an den Baukosten beteiligenden Bewohner erschien – vor allem in Anbetracht ihrer Position bei etwaiger Zwangsversteigerung oder Konkurs – wünschenswert. Das WEG greift hier auf den Gedanken des Stockwerkeigentums, das bei Einführung des BGB abgeschafft wurde (vgl. Art. 182 EGBGB), zurück. Das WEG geht hier zwei Wege: Einmal läßt es die Begründung von *Sondereigentum* an einzelnen Räumen zu, bei Wohnungen *Wohnungseigentum*, bei gewerblichen Räumen Teileigentum genannt. Verbunden ist dieses Sondereigentum stets mit einem *Miteigentumsanteil* an dem gemeinschaftlichen Eigentum, worunter Grundstück und die für alle Räume des Gebäudes bestimmten Einrichtungen fallen. Daneben hat das WEG ein dingliches Wohnrecht geschaffen, das im Gegensatz zum Wohnungsrecht des § 1093 vererblich und veräußerlich ist. Ein derartiges Recht an einer Wohnung heißt *Dauerwohnrecht*, an gewerblichen Räumen *Dauernutzungsrecht* (vgl. BÄRMANN/PICK/MERLE Kommentar zum Wohnungseigentumsgesetz, 7. Aufl. 1994; WEITNAUER Kommentar zum Wohnungseigentumsgesetz, 7. Aufl. 1988; JUNKER Die Gesellschaft nach dem Wohnungseigentumsgesetz, 1993).

2. Scheinbestandteile

Der Begriff des wesentlichen Bestandteils wird durch § 95 eingeengt. Danach **324** zählen Sachen, die nur zu einem *vorübergehenden Zweck* mit einem Grundstück oder Gebäude verbunden worden sind, überhaupt nicht zu den Bestandteilen, also auch nicht zu den wesentlichen (Scheinbestandteile). Maßgebend ist, ob der spätere Wegfall der Verbindung *von vornherein* in Aussicht genommen oder nach der Art des Zweckes zu erwarten ist. Der innere Wille des Einfügenden entscheidet, sofern er mit dem äußeren Tatbestand vereinbar ist (RGZ 153, 231, 235 f; BGHZ 92, 70, 73).

So sind z. B. Scheinbestandteile: Baubuden, Tribünen, Gebäude für die Zwecke einer einzelnen Ausstellung, Gondeln auf einem Teich (RGZ 47, 197); Grabsteine (BGH JR 1977, 367 f; OLG Köln DGVZ 1992, 116); regelmäßig die vom Mieter oder Pächter eingefügten Sachen, wie z. B. Sicherheitsketten, Briefkästen, nicht aber die Aussaat oder eine Pflanzung, es sei denn, daß sie wie z. B. in einer Baumschule, zum Verkauf lebender Pflanzen dienen soll (RGZ 105, 213, 215); nicht eine vom Mieter aufgrund seiner Instandhaltungspflicht vorgenommene Verbindung oder die Einfügung verhältnismäßig wertloser Sachen, mit deren späterer Entfernung nach der Regel des Lebens vernünftigerweise nicht gerechnet wird (vgl. RG Gruchot 59, 108, 111). Bei auf fremdem Grundstück errichteten Behelfsheimen spricht eine tatsächliche Vermutung dafür, daß sie nur zu einem vorübergehenden Zweck mit dem Grundstück verbunden sind (BGHZ 8, 1 ff). Diese Vermutung gilt auch für Gebäude, die ein Mieter oder Pächter für die Dauer des Vertrages errichten will (BGH LM Nr. 5 zu § 95).

Nicht zu den Bestandteilen zählen ferner Gebäude und Werke, die der Berechtigte *in Ausübung eines Rechts* an einem Grundstück mit diesem verbunden hat, § 95 I 2.

Als solche Rechte kommen nach der h. M. nur dingliche in Frage, so Nießbrauch (im Falle der Einfügung einer Badeeinrichtung – RGZ 106, 49, 51) oder Dienstbarkeit.

325 Indem das Gesetz die Bestandteilseigenschaft verneint, will es die **rechtliche Selbständigkeit** des Sachteils anerkennen. Dies bedeutet, daß die Rechtslage von Scheinbestandteilen durch die Verbindung grundsätzlich nicht berührt wird. Verfügungen über das Grundstück ergreifen sie nicht, schuldrechtliche Geschäfte beziehen sich im Zweifel nicht auf sie. Für sie gelten, da sie keine Grundstücksbestandteile werden, die Vorschriften über bewegliche Sachen, insbesondere für die Rechtsübertragung gem. §§ 929 ff (RGZ 97, 102, 106; 109, 128, 129 f); folglich unterliegen sie der Mobiliarzwangsvollstreckung.

> Der Pächter, der Eigentümer seiner zum Verkauf bestimmten Pflanzen bleibt, kann deshalb gegen schädigende Immissionen unmittelbar aus § 1004 vorgehen und ist nicht auf § 862 beschränkt (RGZ 105, 213, 216).

326 Besondere Bedeutung kommt dem **Erbbaurecht** zu. Insbesondere aus wohnungspolitischen Gründen ist die Möglichkeit eröffnet, auf fremden Grundstücken ein Bauwerk zu errichten, *ohne daß die Rechtsfolge des § 946 eintritt* (Erbbaurechtsverordnung vom 15. 1. 1919; vorher §§ 1012 bis 1017). Dieses Recht ist verselbständigt. Das aufgrund des Erbbaurechts errichtete Bauwerk gilt als wesentlicher Bestandteil des Erbbaurechts (§ 12 I ErbbauVO). Es erhält ein *besonderes Grundbuchblatt* und ist dadurch, vornehmlich um dem Erbbauberechtigten die Möglichkeit der Kreditsicherung zu bieten, belastbar, wozu allerdings die Zustimmung des Grundstückseigentümers ausbedungen sein kann (§ 5 II ErbbauVO). Um die Zusammenführung von Erbbaurecht und Grundstückseigentum zu erleichtern, kann eine Verpflichtung des Erbbauberechtigten, das Erbbaurecht unter bestimmten Voraussetzungen auf den Grundstückseigentümer zu übertragen *(Heimfall)*, sofern nicht das Erbbaurecht überhaupt endet, andererseits eine Verpflichtung des Grundstückseigentümers, das Grundstück *an den Erbbauberechtigten zu verkaufen*, vereinbart werden (§ 2 Nr. 4, § 7 ErbbauVO).

3. Unwesentliche Bestandteile

327 Soweit die besonderen Vorschriften der §§ 94, 95 nicht eingreifen, handelt es sich um unwesentliche Bestandteile (z. B. Zäune, Stangen, Serienmotor eines Kraftfahrzeuges, Rahmen und Bild, Stein und Fassung). Als Bestandteile eines Grundstücks, und zwar unwesentliche, gelten auch die Rechte, die mit dem Eigentum am Grundstück verbunden sind (§ 96), sogenannte subjektiv dingliche Rechte, z. B. Grunddienstbarkeiten.

Die unwesentlichen Bestandteile sind **sonderrechtsfähig**. Die Rechte an ihnen gehen also nicht dadurch unter, daß sie Bestandteile einer anderen Sache werden. So bleibt z. B. unter den oben erwähnten Umständen der Eigentumsvorbehalt an den Maschinen oder Motoren wirksam, der Verkäufer kann sie im Konkurs des Käufers aussondern. Obwohl unwesentliche Bestandteile Gegenstand besonderer Rechte sein können, *teilen sie im allgemeinen* als Sachteile *das rechtliche Schicksal der ganzen Sache* (RGZ 69, 117, 120; 74, 401, 402 f). Soweit keine besonderen Rechte an ihnen bestehen, erfaßt sie die Verfügung über die Sache, der sie eingefügt sind. Schuldrechtliche Geschäfte über die Sache erstrecken sich im Zweifel auf ihre Bestandteile; so verpflichtet z. B. der Verkauf des Hauses im Zweifel zur Übereignung aller Bestandteile.

Streitig ist, ob und inwieweit *während der Dauer der Verbindung die Neubegründung von Sonderrechten* an unwesentlichen Bestandteilen allein möglich ist, z. B. die Verpfändung des Bestandteils allein oder die Zwangsvollstreckung in ihn allein. Nach RGZ 158, 362 nimmt eine bewegliche, als unwesentlicher Bestandteil in ein Grundstück eingefügte Sache für die Dauer der Verbindung den Charakter der unbeweglichen an, so daß eine Einzelvollstreckung nicht möglich ist, vielmehr unterliegt sie der Immobiliarzwangsvollstreckung (STAUDINGER/DILCHER § 93 Rdn. 36 m.w.N.; STEIN/JONAS/MÜNZBERG § 864 Rdn. 10; a. A. ZÖLLER/STÖBER § 865 Rdn. 10).

§ 19
Zubehör

KOHLER Zur Lehre von den Pertinenzen, JherJb. 26 (1888), 1 ff; ROSTOSKY Der Sachinbegriff im ein- und mehrfachen Zubehörverhältnis, JherJb. 74 (1924), 75 ff; SIEBERT Zubehör des Unternehmens und Zubehör des Grundstücks, Festschrift Gieseke, 1958, 59 ff; WIEACKER Sachbegriff, Sacheinheit und Sachzuordnung, AcP 148/49 (1943/44), 57 f, 91 ff.

I. Der Zubehörbegriff

Mehrere Sachen können *unter Beibehaltung ihrer körperlichen Selbständigkeit* zueinander in Beziehung treten, sei es im Verhältnis der Gleichordnung, sei es im Verhältnis der Unterordnung. In diesem Fall nennt man die *dienende Sache Zubehör* (gemeinrechtlich: pertinentia). Die Rechtsordnung hat die Aufgabe, den wirtschaftlichen Zusammenhang der Hauptsache mit dem Zubehör dagegen zu schützen, daß er unnötig zerrissen wird. Das Gesetz umschreibt in §§ 97, 98, was es unter Zubehör versteht.

1. Als Zubehör kommen nur *bewegliche Sachen* in Betracht. Nach gemeinem Recht konnten auch unbewegliche Sachen Zubehör sein, wie z. B. ein Hausgarten. Nach BGB kann ein Grundstück mit einem anderen nur so in rechtliche Verbindung gebracht werden, daß es als dessen Bestandteil im Grundbuch eingetragen wird (§ 890 II), oder daß beide zu einem einheitlichen Grundstück vereinigt werden (§ 890 I).

Zubehör können nur *körperlich selbständige* Sachen sein, also keine Bestandteile. Hier ist in erster Linie nicht der körperliche Zusammenhang, sondern die Verkehrsauffassung maßgebend, die sich in verschiedenen Landesteilen unterscheiden kann. Bestandteile sind die Sachteile, die, solange die Verbindung dauert, als ein Ganzes angesehen werden. Bei einem Gasthof ist z. B. die Heizungs- und Beleuchtungsanlage Bestandteil, jedoch das Inventar, auch der Hotelomnibus, Zubehör (vgl. RGZ 47, 197, 200 f, wo sogar die Gondeln, die sich auf einem zugepachteten Teich zur Benutzung durch die Gäste einer Gartenwirtschaft befanden, als Zubehör der Gartenwirtschaft angesehen wurden). Der Mast des Schiffes ist Bestandteil, das Boot Zubehör (§ 478 HGB, ebenso gelten alle im Schiffsinventar eingetragenen Gegenstände als Zubehör).

329 2. Das Zubehör muß dem **wirtschaftlichen Zweck der Hauptsache dauernd zu dienen bestimmt** sein. Der wirtschaftliche Zweck der Hauptsache ergibt sich aus ihrer tatsächlichen Benutzung.

Die *Bestimmung* zu diesem Zweck kann von jedem ausgehen, der über die Haupt- und Nebensache tatsächlich zu verfügen vermag (z. B. Mieter, Pächter). Hauptsache und Zubehör müssen nicht demselben Eigentümer gehören; das kann zum Rechtsverlust für den wahren Eigentümer führen (vgl. § 926 II; zu § 55 II ZVG siehe unten Rdn. 334).

Die Bestimmung ist kein Rechtsgeschäft; Geschäftsfähigkeit im Sinne der §§ 104 ff ist nicht erforderlich; eine natürliche Willensfähigkeit soll ausreichen (str., wie hier SOERGEL/MÜHL § 97 Rdn. 25). Die Zweckbestimmung muß, soweit nicht § 98 eingreift, nachgewiesen werden. Ein Klavier, das in einer Gastwirtschaft steht, ist nur bei nachgewiesener Zweckwidmung Zubehör des für diesen Betrieb hergerichteten Grundstücks (KG JW 1932, 2096).

330 Für gewisse Fälle ersetzt § 98 die Bestimmungshandlung und die Prüfung des Unterordnungsverhältnisses. Danach sind dem wirtschaftlichen Zweck der Hauptsache zu dienen bestimmt:
– Bei einem *Gebäude*, das für einen *gewerblichen Betrieb* dauernd eingerichtet ist, die zum Betrieb bestimmten Maschinen und Gerätschaften.

> Die Rechtsprechung sieht das *Leitungsnetz eines Elektrizitätswerkes* und das *Rohrnetz einer Gasanstalt* grundsätzlich als Zubehör des Elektrizitätswerksgebäudes bzw. der Gasanstalt an. Hingegen kann es auf dem Grundstück des Werkes selbst durch feste Verbindung wesentlicher Bestandteil sein (RGZ 87, 43 und BGHZ 37, 353, 356 f m.w.N.; vgl. BGH NJW 1980, 771).

– Bei einem *landwirtschaftlichen Betrieb* das zum Wirtschaftsbetrieb bestimmte Gerät und Vieh (sogenanntes Gutsinventar), die landwirtschaftlichen Erzeugnisse, soweit sie zur Fortführung der Wirtschaft bis zur nächsten Ernte erforderlich sind (z. B. Saatkorn), sowie der vorhandene, auf dem Gute gewonnene Dünger.

> Das auf einer Geflügelfarm gehaltene Geflügel ist Zubehör des Farmgrundstücks, soweit es der Zucht und der Eiererzeugung dient (für Zuchtfohlen vgl. OLG Stettin OLGE 40, 413), in der Regel auch Mastvieh, bis es schlachtreif nach dem Wirtschaftsplan des Landwirts zum Verkauf gestellt wird (RGZ 142, 379, 382).

Die Nebensache muß dazu bestimmt sein, dem wirtschaftlichen Zweck der **331** Hauptsache zu dienen, ihre wirtschaftliche Ausnutzung zu ermöglichen oder zu erleichtern, und zwar so, daß sie als der Hauptsache untergeordnet erscheint, zu ihr in einem Abhängigkeitsverhältnis steht (RGZ 86, 326, 328 f). Deshalb sind die auf einem Fabrikgrundstück lagernden, zur Verarbeitung in der Fabrik bestimmten Rohstoffvorräte vom RG nicht als Zubehör der Fabrik angesehen worden, ebensowenig die Fertigfabrikate; sie sind ihr als gleichwertig und gleichgewichtig zu erachten (RGZ 86, 326, 329). Anders verhält es sich mit den Kohlevorräten, die zum Betrieb der Fabrik bestimmt sind; sie hat das RG als Zubehör erklärt (RGZ 77, 36, 40). Ebenso sind die sogenannten Materialreserven, d. h. die zur Ausbesserung oder zum Ersatz abgenutzter Fabrikteile dienenden Vorräte sowie die auf einem Baugrundstück lagernden, zur Verbauung auf ihm bestimmten Baustoffe und Bauteile Zubehör (RGZ 66, 356, 359; 84, 284, 285; 86, 326, 330; BGHZ 58, 309, 312).

Die Zubehöreigenschaft ist *ausgeschlossen* bei nur vorübergehender Verwendung für die Zwecke der Hauptsache; so regelmäßig bei den vom Mieter oder Pächter eingebrachten Sachen, bei einer aushilfsweise verwendeten Maschine.

3. Das Zubehör muß in einem **räumlichen Verhältnis** zur Hauptsache stehen, das **332** seiner Zweckbestimmung entspricht. Ob diese Voraussetzung gegeben ist, beurteilt sich nach den Umständen des einzelnen Falles. Körperliche Verbindung ist nicht erforderlich, die Sache braucht sich nicht einmal unbedingt an der Stelle zu befinden, wo sie bestimmungsgemäß verwendet werden soll; so hat das RG (RGZ 51, 272, 274) einen zum Ersatz bestimmten, vorläufig auf dem Fabrikhof abgeladenen Maschinenkessel für Zubehör der Fabrik erklärt. Auch eine *vorübergehende Trennung* hebt die Zubehöreigenschaft nicht auf (§ 97 II 2); der Rasenmäher bleibt Zubehör, auch wenn er zur Ausbesserung weggegeben wird.

4. Auch wenn alle diese Voraussetzungen verwirklicht sind, ist die Sache nicht Zubehör, wenn sie im Verkehr nicht als solche angesehen wird (§ 97 I 2).

> Eiserne Öfen galten z. B. in manchen Teilen des Rheinlandes, weil sie von den Mietern mitgebracht wurden, nicht als Zubehör, aber auch nicht als Bestandteil. Möbel sind nach der Verkehrsanschauung kein Zubehör (vgl. OLG Düsseldorf DNotZ 1987, 108).

II. Die rechtliche Bedeutung des Zubehörbegriffs

333 Die rechtliche Bedeutung zeigt sich darin, daß das Zubehör in gewissen Beziehungen dem rechtlichen Schicksal der Hauptsache unterworfen wird. Aber während die Abhängigkeit des wesentlichen Bestandteils eine allgemeine und notwendige ist, teilt das Zubehör das Rechtsschicksal der Hauptsache nur in den vom Gesetz vorgesehenen Fällen.

Die rechtsgeschäftliche *Verpflichtung* zur Veräußerung oder Belastung der *Hauptsache* erfaßt im Zweifel auch deren Zubehör (§§ 314, 498, 2164).

Die *Veräußerung oder Belastung eines Grundstücks* oder gleichgestellten Rechts ergreift in vielen Fällen im Zweifel auch das Zubehör (§§ 926, 1031, 1062, 1093, 1096). Bei der Veräußerung eines Grundstücks soll sich im Zweifel nach § 926 I 2 die Veräußerung auch auf das Zubehör erstrecken. Für diesen Fall erlangt der Erwerber das Eigentum am Zubehör mit dem Eigentum am Grundstück, also ohne weiteres aufgrund der Auflassung, obwohl an sich das Eigentum an beweglichen Sachen nur aufgrund von Einigung und Übergabe (§§ 929 ff) erworben werden kann. Regelmäßige Voraussetzung ist freilich, daß die Zubehörstücke dem veräußernden Grundstückseigentümer gehören; andernfalls sind die §§ 932 ff anwendbar, wenn der Erwerber den Besitz erlangt. Vgl. entsprechend § 4 SchiffsRG.

> Für dingliche Verfügungen über *bewegliche Sachen* fehlen entsprechende Bestimmungen. Der Käufer eines Fernglases kann danach im Zweifel die Übereignung des dazugehörigen Behältnisses beanspruchen; aber er erwirbt keineswegs schon das Eigentum daran mit der Übergabe des Glases, sondern erst mit der Übergabe des Behältnisses selbst.

334 Die **Hypotheken, Grundschulden,** Rentenschulden und Schiffspfandrechte erfassen im Haftungsverband ohne weiteres das *dem Eigentümer* der Pfandsache *gehörige Zubehör* (vgl. §§ 1120, 1192, 1200 und § 31 SchiffsRG); eine vertragliche Beschränkung ist Dritten gegenüber unwirksam (vgl. RGZ 125, 362). Die *Zwangsvollstreckung* in das unbewegliche Vermögen umfaßt demgemäß das dem Eigentümer gehörige Zubehör (§§ 20 II, 21 I, 148 ZVG).

> Es werden sogar nach § 55 II ZVG auch die dem Schuldner *nicht gehörenden* Zubehörstücke von der Versteigerung erfaßt, es sei denn, daß der Dritte, dem sie gehören, sein Recht gemäß § 37 Nr. 5 ZVG geltend macht (vor Erteilung des Zuschlags durch Antrag auf Aufhebung oder einstweilige Einstellung des Verfahrens hinsichtlich der als Zubehör erfaßten Sache). Die Vorschrift des § 55 II ZVG will den Bieter schützen, der die Eigentumsverhältnisse am Zubehör nicht kennt; er darf erwarten, daß der Zuschlag sich auf alle vorhandenen Zubehörstücke bezieht, und zwar auch dann, wenn sie Dritten gehören (BGH NJW 1969, 2135 f; vgl. auch BGHZ 58, 309, 315).

Zubehör kann für sich **allein nicht gepfändet** werden (§ 865 II ZPO), weil bereits vor der Beschlagnahme die Haftung zugunsten des Hypothekengläubigers wirksam ist.

335 Wer sich auf die Zubehöreigenschaft einer Sache beruft, muß die Voraussetzungen des Zubehörbegriffs beweisen. Jedoch muß der Gegner beweisen, daß die

Benutzung nur eine vorübergehende ist (§ 97 II 1) und daß die Verkehrsanschauung die Zubehöreigenschaft verneint (§ 97 I 2; BGH LM Nr. 3 zu § 97; NJW-RR 1990, 586, 588).

III. Die Erweiterung der Zubehörregelung

Die *Zubehörregelung* des BGB wird in zwei Richtungen als *zu eng* angesehen, weil **336** das Gesetz das Zubehör nur „Sachen" zuordnet und andererseits nur Sachen Zubehör sein können.

Insbesondere im Falle der *Unternehmensveräußerungen* zeigen sich die Folgen dieser Beschränkung. Da das Unternehmen keine Sache ist, kann § 314, wonach die Verpflichtung zur Veräußerung einer Sache sich im Zweifel auch auf das Zubehör erstreckt, keine unmittelbare Anwendung finden. Sachgerecht wäre es, die dem Betrieb des Unternehmens dauernd dienenden Geräte als Zubehör zu qualifizieren und sie als im Zweifel mitverkauft gelten zu lassen. Als Hilfe wird in Erwägung gezogen, das Unternehmen als ein eigenartiges Sondervermögen, das Zubehör haben könnte, aufzufassen (vgl. in dieser Richtung SIEBERT aaO, S. 66 f; GIERKE/SANDROCK § 13 IV 2 a). Damit wäre allenfalls im Schuldrecht eine erweiterte Anwendung des § 314 ermöglicht. Da das Verfügungsgeschäft jedoch nicht das Unternehmen als solches, sondern nach dem Spezialitätsgrundsatz die einzelnen Sachobjekte betrifft, ist dieser Weg ausgeschlossen. Die Rechtsprechung hat sich, wenn Grundstücke zum Unternehmen gehören, damit geholfen, den Begriff des Grundstückszubehörs möglichst weit zu fassen (so RG DR 1942, 137 mit Anm. HAUPT; einschränkend allerdings BGHZ 62, 49 für den Fall, daß das Grundstück nach Beschaffenheit und Anlage nicht auf das Unternehmen ausgerichtet war; ablehnend auch BGHZ 85, 234, 247 für den Kfz-Park eines modernen Speditionsunternehmens).

Für den Fall des Unternehmensverkaufs wird der Zubehörbegriff auf alles erstreckt, was wirtschaftlich zum Unternehmen gehört, wie Patentrechte, aufgrund derer die Fabrikation stattfindet oder Rechte aus einem vertraglichen Wettbewerbsverbot (vgl. RGZ 112, 242, 245 ff; auch 102, 127; einschränkend BGHZ 114, 281).

§ 20
Nutzungen und Früchte

AFFOLTER Das Fruchtrecht, 1911; F. BAUR „Nutzungen" eines Unternehmens bei Anordnung von Vorerbschaft und Testamentsvollstreckung, JZ 1958, 465 ff; CROME Zur Fruchtlehre, Festgabe Bergbohm, 1919, 99 ff; v. GODIN Nutzungsrecht an Unternehmen und Unternehmensbeteiligungen, 1949; R. MÖHRING Der Fruchterwerb nach geltendem Recht, insbesondere bei einem Wechsel des Nutzungsberechtigten, 1954; REICHEL Der Begriff der Frucht im römischen Recht und im deutschen BGB, JherJb. 42 (1901), 205; SCHNORR V. CAROLSFELD Soziale Ausgestaltung des Erwerbs von Erzeugnissen, AcP 145 (1939), 27 ff.

I. Nutzungen als Oberbegriff

337 Unter dem Oberbegriff der Nutzungen versteht das BGB *Früchte* und *andere Gebrauchsvorteile* (§ 100). Die §§ 99 ff bestimmen nur die verschiedenen Fruchtbegriffe (§ 99), die Verteilung der Fruchtziehungsberechtigung (§ 101) und deren Kosten (§ 102). Über die Frage, wem Nutzungen dinglich zuzuordnen sind bzw. wem sie schuldrechtlich zukommen sollen, geben die §§ 99 ff keine Auskunft. Dies regelt das BGB im Rahmen der einzelnen Rechtsinstitute, wenn es dort jemandem die Berechtigung zur Ziehung von Nutzungen und zum Genuß von Früchten zuspricht (vgl. etwa § 446, wonach dem Käufer die Nutzungen von der Übergabe an gebühren; § 818 mit der Verpflichtung des Bereicherungsschuldners auf Herausgabe der Nutzungen; §§ 987 ff für die Nutzungen im Rahmen eines Eigentümer-Besitzer-Verhältnisses) oder Regelungen über den Erwerb von Früchten aufstellt (etwa in den §§ 953 ff für den Erwerb von Erzeugnissen oder sonstigen Bestandteilen).

II. Früchte

338 Der Fruchtbegriff des BGB ist weiter als der des Gemeinen Rechts und des wirtschaftlichen Lebens. Im Gemeinen Recht verstand man unter Früchten die wiederkehrenden wirtschaftlichen Erträgnisse, die aus einer Sache bestimmungsgemäß ohne Veränderung ihres Wesens *(salva substantia)* gewonnen werden. Dabei unterschied man weiter unmittelbare, natürliche Früche *(fructus naturales)* und mittelbare, sogenannte Zivilfrüchte, das sind die Erträge, die aus einer Sache vermittels eines Rechtsverhältnisses gewonnen werden *(fructus civiles)*. Danach gehörte nicht zu den Früchten die bestimmungswidrig und die unter wirtschaftlicher Beeinträchtigung der Sache gewonnene Ausbeute.

Das BGB hat das Erfordernis des bestimmungsgemäßen Ertrags bei den natürlichen Erzeugnissen aufgegeben, dagegen für die sonstige Ausbeute aus einer Sache und für die Früchte eines Rechts daran festgehalten; es hat ferner das Erfordernis der Bestandsschonung nicht aufgestellt und so den Fruchtbegriff stark erweitert. Er umfaßt sowohl den „organischen" Fruchtbegriff (GÖPPERT aaO) bei Sachfrüchten als auch einen „wirtschaftlichen" bei der Ausbeute und den Rechtsfrüchten. Dadurch sah das BGB sich genötigt, Sondervorschriften für die Fälle zu geben, in denen eine Beschränkung auf die Erträge geboten schien, die unter Wahrung des Bestandes bestimmungsgemäß gewonnen werden (§§ 581, 993, 1039, 2133).

339 *1.* Früchte sind nach der Legaldefinition des § 99 die **Erzeugnisse** (unmittelbare Früchte) einer Sache (Tierjunges, Eier, Milch, Getreide, Obst, Bäume, Pflanzen) ohne Rücksicht darauf, ob die Sache zur Fruchtziehung bestimmt ist oder nicht

(§ 99 I 1. Hs.). Auch der zur Brennholzgewinnung niedergeschlagene Obstbaum ist Frucht des Grundstücks, ebenso ein ganzer unter Raubbau niedergelegter Wald. Für die Erzeugnisse kommt es grundsätzlich auch nicht darauf an, ob sie im Übermaß oder zur Unzeit gewonnen werden. Freilich wird das Fruchtziehungsrecht gewisser Berechtigter auf den Teil der Früchte beschränkt, die nach den Regeln einer ordnungsmäßigen Wirtschaft als Ertrag der Sache anzusehen sind, so für den Pächter (§ 581) und Besitzer (§ 993); der Nießbraucher (§ 1039) muß wenigstens den Wert der darüber hinaus gezogenen Früchte ersetzen (vgl. auch § 2133). Nötig aber ist immer, daß es ein Erzeugnis ist, das die Sache ohne Einbuße ihres Daseins gewährt.

Für den Begriff der Erzeugnisse kommt es auf die *Verkehrsauffassung* an (SCHNORR V. CAROLSFELD aaO; SOERGEL/MÜHL § 99 Rdn. 6). Bäume, welche Wurzeln geschlagen hatten, sind nach Trennung als Früchte des Bodens anzusehen (RGZ 80, 229, 232; 109, 190, 192).

340 2. Früchte sind die **sonstige Ausbeute**, die aus der Sache ihrer Bestimmung gemäß gewonnen wird (§ 99 I 2. Hs.). *Bestimmungsgemäß* ist die Ausbeute, wenn sie naturgemäß oder verkehrsüblich ist. Nicht erforderlich ist, daß die Sache selbst geschont wird. Sie muß aber als solche erhalten bleiben.

Beispiele: Erträge von Bergwerken, Gruben, Torfstichen etc.; keine Frucht ist der im Grundstück gefundene Schatz (§ 984), auch nicht der Teil einer durch Teilung vernichteten Sache (Fleisch eines Tieres).

Streitig ist z. B. im Hinblick auf Pachtverträge (§ 581), ob auch die Energien aus Elektrizitäts- oder Wasserwerken als Ausbeute dieser Anlagen und damit als Sachfrüchte angesehen werden dürfen (so ERMAN/MICHALSKI § 99 Rdn. 5). Hingegen wollen STAUDINGER/DILCHER § 99 Rdn. 9; RGRK/KREGEL § 99 Rdn. 9 sie zu den sonstigen Nutzungen rechnen. Nach SOERGEL/MÜHL § 99 Rdn. 9 sind sie weder Frucht noch Nutzung.

341 3. Früchte sind weiter die sogenannten **unmittelbaren Rechtsfrüchte**, das sind die Erträge, die das Recht *seiner Bestimmung gemäß* gewährt (§ 99 II). Hierzu gehören die Früchte des Nießbrauchs, des Erbbaurechts, der Reallast, einer Bergwerksgerechtigkeit usw., aber auch die Dividende der Aktie.

Die Abgrenzung zu den unmittelbaren Sachfrüchten bzw. den mittelbaren Sach- und Rechtsfrüchten ist nicht klar zu ziehen. In Wahrheit handelt es sich auch hier meist um Sachfrüchte, die nicht auf Grund des Eigentums an der Muttersache, sondern eines sonstigen Rechts (Nießbrauch usw.) gewonnen werden, das gerade auf die Gewinnung solcher Erträge gerichtet sein muß. Eine und dieselbe Sache kann also je nach der Berechtigung des Fruchtziehungsberechtigten Sachfrucht (d. h. Eigentumsfrucht) nach § 99 I oder Rechtsfrucht (d. h. Frucht eines sonstigen Rechts) nach § 99 II sein.

Als Erträge sind nicht bloß die Leistungen anzusehen, die auf Grund eines Rechtes gewährt werden, sondern auch schon die auf diese Leistungen gerichteten Forderungen; die Erträge werden aber erst endgültig mit deren Fälligkeit gewonnen.

342 Der aus einem Unternehmen gezogene Gewinn wird als dem Begriff der Rechtsfrüchte im Sinne des § 99 II nahestehend angesehen und daher §§ 987 ff, die nur Sachfrüchte erfassen, für unanwendbar erklärt (vgl. BGHZ 7, 208, 218; s. auch Larenz AT § 16 V 3). Allgemeiner fassen BGH BB 1956, 18; 1962, 535; NJW 1978, 1578 den Gewinn unter Nutzungen, wollen aber zutreffend für die Herausgabeverpflichtung nach §§ 812 ff bzw. den Ersatz der Gewinnungskosten gem. § 102 danach differenzieren, inwieweit der Gewinn auf persönlicher Leistung des Unternehmers beruht. Insoweit wird Fruchtähnlichkeit gänzlich vereit (OLG Köln JMBl NW 1960, 180). Problematisch ist weiterhin, was unter dem Gewinn eines Unternehmens zu verstehen ist (Brutto-, Reingewinn – vgl. v. Godin aaO; Baur aaO).

343 4. Früchte sind auch die **mittelbaren Sach- und Rechtsfrüchte**, das sind die Erträge, die eine Sache oder ein Recht vermöge eines auf die Erzielung dieser Erträge gerichteten *Rechtsverhältnisses* gewährt (Bürgerliche oder Zivilfrüchte, § 99 III). Hier handelt es sich stets um *Entgelte*, die jemand für den Gebrauch einer Sache oder eines Rechts zahlt, wie Miet- oder Pachtzinsen, Kapitalzinsen und Gewinnanteile, Lizenzgebühren oder Entgelt für Aufführungsrechte.

> Das Bezugsrecht auf neue Aktien ist keine Frucht des Aktienrechts, da es weder ein bestimmungsgemäßer Ertrag der Aktien ist, noch aus ihr entsteht (OLG Bremen DB 1970, 1436). Es ist ein neuerworbenes selbständiges Vermögensrecht, das deshalb auch nicht dem Nießbraucher, sondern dem Eigentümer der Aktie zusteht.

III. Gebrauchsvorteile

344 Zu den **Nutzungen** gehören außer den Früchten noch die *sonstigen Vorteile*, die der Gebrauch einer Sache oder eines Rechts gewährt (§ 100), z. B. das Bewohnen eines Hauses, der Gebrauch eines Kraftfahrzeugs, der Rennpreis, den ein Rennpferd gewinnt, nicht aber der Totalisatorgewinn; auch das Stimmrecht des Gesellschafters einer GmbH ist ein solcher Vorteil (RGZ 118, 266, 268 f).

IV. Die rechtliche Bedeutung der Regelungen über Nutzungen

345 1. Sie zeigt sich bei der Regelung des **Rechtserwerbs**. Die Frage, wer die Früchte erwirbt und in welchem Augenblick, beantwortet sich für die unmittelbaren Sachfrüchte nach sachenrechtlichen Grundsätzen (vgl. namentlich §§ 953 ff), für die Zivilfrüchte nach den Vorschriften des Schuldrechts.

> Bedeutsam ist bei den Sachfrüchten der Entwicklungszustand der Frucht. Die ungetrennten Früchte sind wesentlicher Bestandteil der Muttersache (§ 94), also sonderrechtsunfähig. Mit der Trennung werden sie selbständige Sachen und fallen dem

Fruchterziehungsberechtigten zu (§§ 953 ff). Der Nießbraucher eines vermieteten oder verpachteten Grundstückes erlangt den Anspruch auf die Erträge, also die Miet- und Pachtzinsforderungen bereits mit der Bestellung und Eintragung des Nießbrauchs (RGZ 81, 146, 149; 86, 135, 138). Ein obligatorisch Berechtigter, dem der Besitz der Muttersache nicht überlassen ist (z. B. der Pächter des Obstes der Straßenbäume), erwirbt das Eigentum erst mit der Besitzergreifung (§ 956).

Ein für den Rechtserwerb bedeutungsloser, aber für die Ersatzpflicht wichtiger Begriff ist der der *gewinnbaren* oder *versäumten* Früchte; das sind die Früchte, die jemand nicht gezogen hat, aber nach den Regeln ordnungsmäßiger Wirtschaft hätte ziehen müssen (vgl. z. B. § 987 II).

Auch insoweit ist der Fruchtbegriff wichtig, als gewisse hinsichtlich der Sache dinglich oder obligatorisch Berechtigte zwar das Eigentum an den Früchten und sonstigen Nutzungen, nicht aber an sonstigen abgetrennten Bestandteilen der Sache erwerben, so z. B. der Nießbraucher (§ 1030), der gutgläubige Eigenbesitzer (§ 955), der Pfandgläubiger (§ 1213).

2. Die rechtliche Bedeutung zeigt sich weiter bei der **Fruchtverteilung**, wenn ein Wechsel des Fruchtziehungsberechtigten innerhalb eines Fruchtziehungszeitraums eintritt, so wenn der Nießbraucher stirbt oder das Pachtverhältnis aufgehoben wird. Von der Frage, wer das Eigentum an den natürlichen Früchten oder den Anspruch auf die Zivilfrüchte erwirbt, ist die Frage zu trennen, ob der Erwerber die Früchte behalten darf oder sie seinem Nachfolger (Vorgänger) herausgeben oder doch ihren Wert ersetzen muß. Hinsichtlich der endgültigen Auseinandersetzung unterscheidet das Gesetz in § 101:

a) Für die natürlichen Früchte (auch wenn sie als Früchte eines Rechts erworben werden, § 99 II) entscheidet der Augenblick der Trennung (§ 101 Nr. 1).

Das ist das römischrechtliche Substantial- oder Trennungsprinzip – während das deutsche Recht das Produktionsprinzip (wer säet, der mähet) anerkannte. Da sich der Erwerb nach BGB grundsätzlich mit der Trennung vollzieht, darf der Fruchtziehungsberechtigte alle Früchte behalten, die während der Dauer seines Fruchtziehungsrechts geerntet worden sind; z. B. kann der Pächter nicht einmal einen Teil der Früchte beanspruchen, wenn die Ernte erst nach Beendigung des Fruchtziehungsrechts erfolgt. Diese grundsätzlich ungerechte Verteilung wird gemildert durch die Bestimmungen, die dem Besitzer eines landwirtschaftlichen Grundstücks einen Anspruch auf Erstattung der Kosten zubilligen, die er – entsprechend einer ordnungsmäßigen Wirtschaft – auf die noch nicht geernteten Früchte verwandt hat (§§ 596 a, 998, 1055, 2130 I 2).

b) Die Zivilfrüchte werden – wenn es sich um regelmäßig wiederkehrende Leistungen, wie Miet- und Pachtzinsen, Renten und Gewinnanteile handelt – nach dem Verhältnis der Dauer der Berechtigung verteilt; sonst entscheidet der Zeitpunkt der Fälligkeit (§ 101 Nr. 2).

3. Der Begriff der Nutzungen ist ferner bedeutsam für **Herausgabeansprüche**. Der Herausgabeanspruch gem. §§ 812 ff umfaßt auch die Nutzungen (§ 818 I).

Dies gilt auch im Eigentümer-Besitzer-Verhältnis nach §§ 987 ff sowie entsprechend gem. § 347 S. 2 beim Rücktritt und § 467 S. 1 bei der Wandlung. Schließlich erstreckt sich auch der Herausgabeanspruch des Erben gegen den Erbschaftsbesitzer auf die Nutzungen (§ 2020).

350 4. Dem Verteilungsmaßstab für die Fruchtziehung unter mehreren Berechtigten steht für die **Lastenverteilung** die dispositive Regelung des § 103 gegenüber.

> Die wiederkehrende Grundsteuer ist entsprechend zu verteilen, gleiches gilt für Renten-, Hypotheken- und Grundschuldzinsen; Deichlasten und Straßenanliegerbeiträge hat jeder so weit zu tragen, wie sie während der Dauer seiner Verpflichtung zu entrichten sind. Maßgebend ist der Zeitpunkt der Fälligkeit (RGZ 70, 263, 265).

351 5. Endlich regelt § 102 die Frage des **Ersatzes der Fruchtziehungskosten** im Falle einer Verpflichtung zur Herausgabe der Früchte.

> Wer aufgrund eines Rechtsgeschäfts oder gesetzlicher Bestimmung zur Herausgabe von Früchten verpflichtet ist (vgl. z. B. §§ 987 ff), kann Ersatz der Fruchtziehungskosten so weit verlangen, als sie einer ordnungsmäßigen Wirtschaft entsprechen und den Wert der Früchte nicht übersteigen.
>
> Die dispositive Vorschrift kann abbedungen werden (auch stillschweigend); bei einer rechtsgeschäftlichen Herausgabepflicht kann sich z. B. durch Auslegung (§§ 133, 157, 242) ergeben, daß die Bestellungskosten nicht abgezogen werden dürfen.
>
> § 102 billigt nicht nur ein Gegenrecht zu, sondern einen klagbaren Anspruch (so die h. M.; vgl. STAUDINGER/DILCHER § 102 Rdn. 3; RGRK/KREGEL § 102 Rdn. 5; SOERGEL/MÜHL § 102 Rdn. 2 m.w.N.).

DRITTER TEIL

Die Rechte der Person

§ 21

Rechtsverhältnis und Rechte der Person

AICHER Das Eigentum als subjektives Recht, 1975; K. BLOMEYER Zur Lehre von den Rechten des Einzelnen, Festschrift H. Lehmann, 1937, 101 ff; BUCHER Subjektives Recht als Normsetzungsbefugnis 1965; COING/LAWSON/GRÖNFORS Das subjektive Recht und der Rechtsschutz der Persönlichkeit, 1959; ESSER Einführung in die Grundbegriffe des Rechtes und Staates, 1949, 150 ff; K.-H. FEZER Teilhabe und Verantwortung 1986; JAHR Zum römischen (romanistischen) Begriff des Eigentums (des subjektiven Rechts), Gedächtnisschrift für W. Kunkel, 1984, 69 ff; JHERING Geist des römischen Rechts, III, 8. Aufl., §§ 60 f; KASPER Das subjektive Recht – Begriffsbildung und Bedeutungsmehrheit, 1967; LARENZ Zur Struktur „subjektiver Rechte", Festgabe Johannes Sontis, 1977, 129 ff; OERTMANN Zur Struktur der subjektiven Privatrechte, AcP 123 (1925), 129 ff; L. RAISER Der Stand der Lehre vom subjektiven Recht im Deutschen Zivilrecht, JZ 1961, 465 ff; SCHAPP Das subjektive Recht im Prozeß der Rechtsgewinnung, 1977; J. SCHMIDT Aktionsberechtigung und Vermögensberechtigung, 1969; SCHUPPE Der Begriff des subjektiven Rechts, 1887, Neudruck 1963; THOM Rechtsnorm und subjektives Recht, 1878, Neudruck 1964; WINDSCHEID/KIPP Lehrbuch des Pandektenrechts, 9. Aufl., 1906, I § 37; WÜSTENBECKER Die subjektiven Privatrechte, JA 1984, 227 ff.

I. Recht **im objektiven Sinne** ist die Summe aller Normen. Es stellt Rahmenbedingungen des menschlichen Zusammenlebens dar. Es wirkt – abgesehen von einer bloßen Ordnungsfunktion – zu Gunsten der Allgemeinheit oder des einzelnen. Soweit die Norm von ihrer Zweckrichtung her Interessen des Staates bzw. der Allgemeinheit, d. h. allgemeine Rechtsgüter und Werte des gesellschaftlichen Zusammenlebens schützen will, kann der Eintritt der Rechtsfolgen zugleich dem einzelnen nützen. Gleichwohl erhält dadurch der einzelne keine Befugnis, die Vollziehung der Norm zu verlangen. Man spricht insoweit nur von einer Reflexwirkung des objektiven Rechts. Die Anwendung der Norm hängt von der Entscheidung hoheitlicher Organe, nicht vom Willen des einzelnen ab. Der einzelne kann aber einen Anspruch auf ermessensfehlerfreie behördliche Entscheidung haben. **352**

So enthalten weite Gebiete des Verwaltungs- und Strafrechts nur Recht zur Wahrung der Allgemeininteressen. Eine ordnungsbehördliche Verordnung, die das Reinigen von Straßen vorschreibt, ist nicht zum Nutzen eines einzelnen, sondern der Allgemeinheit erlassen, mag die Realisierung des Gebotes auch noch so sehr den Interessen eines einzelnen entsprechen. Unberührt bleiben ggf. Schadensersatzansprüche.

353 *II.* Soweit die Normen des objektiven Rechts in eine Lebensbeziehung eingreifen, entsteht ein **Rechtsverhältnis**. Rechtsverhältnisse sind daher die durch Rechtsvorschriften geordneten Beziehungen von Personen zu anderen Personen oder Lebensgütern (Gegenständen) (kritisch LARENZ AT, S. 194 ff). In diesen Beziehungen korrespondieren in der Regel Rechte und Pflichten, wobei der einzelne Anspruch nur ein Element des Gesamtverhältnisses darstellen kann. Mit Recht wird daher z. B. zwischen Forderung und Schuldverhältnis unterschieden. Aus dem Rechtsverhältnis erwächst auch die neben den eigentlichen Leistungspflichten bestehende Verpflichtung zu bestimmten Verhaltensweisen; die Verletzung solcher Nebenpflichten kann z. B. im Rahmen der positiven Vertragsverletzung rechtliche Relevanz erlangen.

354 *III.* Innerhalb eines Rechtsverhältnisses hat der einzelne eine Rechtsstellung, die ihm Befugnisse und Zuständigkeiten gewährleistet und ihm andererseits Pflichten und Obliegenheiten auferlegt. Die Befugnisse und Zuständigkeiten werden unter dem Begriff des **subjektiven Rechts** erfaßt. Das subjektive Recht wird daher als die dem einzelnen von der Rechtsordnung verliehene Rechtsmacht angesehen.

Das subjektive Recht ist im 19. Jahrhundert überbewertet worden. Eine individualistisch orientierte Grundhaltung stellte es in den Mittelpunkt des Rechts. Sie wollte mit ihm den Handlungsspielraum der autonomen Persönlichkeit sichern. Im Hinblick darauf wurde das subjektive Recht als „Willensmacht" oder „Willensherrschaft" gekennzeichnet (WINDSCHEID/KIPP I § 37). Demgegenüber hat bereits JHERING (aaO § 60 zu Fn. 445) das subjektive Recht als rechtlich geschütztes Interesse angesehen, um damit die Grenzen der Rechtsausübung zu berücksichtigen.

Grundsätzlich muß man davon ausgehen, daß das subjektive Recht die Zuweisung einer Rechtsstellung beinhaltet, von der aus der einzelne seine schutzwürdigen Interessen verfolgen kann. Die Schutzwürdigkeit kann nicht ohne Einbeziehung der Pflichten verstanden werden, die dem subjektiven Recht immanent sind. Der einzelne hat seine Rechte nur insoweit inne und kann sie nutzen, als er Rechte Dritter und Normen des objektiven Rechts, die zum Wohle aller bestehen, nicht tangiert bzw. ihre Innehabung und Nutzung zugleich auch dem Wohle der Allgemeinheit dient (vgl. für das Eigentum Art. 14 II GG). – Vgl. zur Ausübung und zu den Schranken der Rechte unten § 24.

§ 22
Die Arten der subjektiven Rechte

ADOMEIT Gestaltungsrechte, Rechtsgeschäfte, Ansprüche 1969; M. BECKER Gestaltungsrecht und Gestaltungsgrund, AcP 188 (1988), 24 ff; BÖTTICHER Besinnung auf das Gestaltungsrecht und das Gestaltungsklagerecht, Festschrift Dölle, I, 1963, 41 ff;

Die Arten der subjektiven Rechte § 22 I 1

> Gestaltungsrecht und Unterwerfung im Privatrecht, 1964; DULCKEIT Die Verdinglichung obligatorischer Rechte, 1951; FABRICIUS Zur Dogmatik des sonstigen Rechts in § 823 BGB, AcP 160 (1961), 273 ff; KOZIOL Die Beeinträchtigung fremder Forderungsrechte, 1967; KRASSER Der Schutz vertraglicher Rechte gegen Eingriffe Dritter, 1971; LÖWISCH Der Deliktschutz relativer Rechte, 1970; OTTE Schadensersatz nach § 823 I BGB wegen Verletzung der „Forderungszuständigkeit"? JZ 1969, 253 ff; SCHLOSSER Selbständige peremptorische Einrede und Gestaltungsrecht im deutschen Zivilrecht, JuS 1966, 257 ff; ders. Gestaltungsklage und Gestaltungsurteil im System der Rechtsschutzformen, Jura 1986, 130 ff; SECKEL Die Gestaltungsrechte des Bürgerlichen Rechts, Festgabe Koch, 1903, 205 ff; STEINBECK Die Übertragbarkeit von Gestaltungsrechten, 1994.

Die subjektiven Rechte lassen sich unter verschiedenen Gesichtspunkten ordnen, **355** etwa nach ihrem Inhalt, Gegenstand, Zweck, Übertragbarkeit usw. (vgl. etwa ENN./NIPPERDEY §§ 73 ff). Die Gruppierungen überschneiden sich. Von der Funktion her sind absolute und relative Rechte zu unterscheiden; eine besondere Stellung nehmen Gestaltungsrechte ein.

I. Absolute Rechte

Die Rechtsordnung kann der Person absolute (bzw. Ausschluß-)Rechte zuspre- **356** chen. Sie gewähren die Herrschaft über einen Gegenstand und die Befugnis allen gegenüber, Einwirkungen auszuschließen, soweit nicht das Gesetz oder Rechte Dritter entgegenstehen.

> Dem Eigentümer ist es grundsätzlich gestattet, mit seiner Sache nach Belieben zu verfahren. Anderen ist es grundsätzlich verboten, auf die Sache einzuwirken (§ 903). Der Schutz vor Einwirkungen wird nach den §§ 985, 1004 gewährleistet.
> Die Herrschaftsmacht des Eigentümers wird jedoch durch das Gebot der Sozialpflichtigkeit eingeschränkt (Art. 14 II GG); dem Eigentümer kann z. B. die zweckentfremdete Benutzung von Wohnraum im Einzelfall untersagt werden (vgl. Gesetz über die Zweckentfremdung von Wohnraum vom 4. 11. 1971, BGBl I, 1745 i.V.m. Länderverordnungen); er kann sein Haus nicht abreißen, wenn es unter Denkmalschutz steht (vgl. dazu im einzelnen Landesgesetze). Der Eigentümer kann auch Dritte von der Einwirkung auf die Sache nicht völlig ausschließen. Schon das BGB schränkt in §§ 904 ff die Befugnis ein. Zum Wohle der Allgemeinheit gehen die Eingriffsmöglichkeiten bis zur Duldung von Beeinträchtigungen und Enteignungen (Art. 14 III GG).

1. Absolute Rechte gewährt die Rechtsordnung an beweglichen und unbeweg- **357** lichen **Sachen**. Diese Rechte nennt man **dingliche Rechte**.

a) Die dinglichen Berechtigungen müssen im Gesetz (im BGB oder in Nebengesetzen, etwa dem WEG) anerkannt sein. Es gilt der sogenannten **numerus clausus** der **Sachenrechte** (Typenzwang). Sachenrechte sind Eigentum, Erbbaurecht (nach der ErbbauVO), Wohnungseigentum und Teileigentum an nicht zu Wohnzwecken dienenden Räumen (nach dem WEG), Dienstbarkeiten, Hypotheken, Grund- und Rentenschulden, Pfandrechte an beweglichen Sachen und Reallasten.

358 *b)* Umstritten ist, ob und inwieweit der **Besitz** ein absolut geschütztes dingliches Recht ist. Im Interesse der Friedensordnung gewährt der Besitz als tatsächliches Verhältnis Schutz gegen Entziehung und Beeinträchtigung (§§ 861, 862). Er ist insoweit die von der Rechtsordnung anerkannte tatsächliche Herrschaft einer Person über eine Sache. Darüber hinaus kann der Besitz wie ein absolutes Recht behandelt werden, wenn es sich um berechtigten (BAUR/STÜRNER § 9 V 1) oder zumindest um redlichen Besitz handelt (vgl. MEDICUS Besitzschutz durch Ansprüche auf Schadensersatz, AcP 165 (1965), 115 ff; ders., BR Rdn. 607; BGHZ 32, 194, 204 m.w.N.). Dagegen genießt die Rechtsstellung des mittelbaren Besitzers gegenüber dem unmittelbaren Besitzer keinen absoluten Schutz (vgl. BGH aaO, S. 205).

359 *c)* Umstritten ist ferner, ob die **dinglichen Aneignungsrechte**, die dem Berechtigten die ausschließliche Befugnis einräumen, sich eine herrenlose, also niemandem gehörende Sache anzueignen, dingliche Rechte oder Gestaltungsrechte sind. In Betracht kommen hier insbesondere die Aneignungsrechte der Jagd- und Fischereiberechtigten nach § 958. Über die Aneignungsbefugnis im Sinne eines Gestaltungsrechts hinaus gewähren die Aneignungsrechte zum Teil Ausschließungsbefugnisse im Sinne absoluter Rechte, so daß ihnen insoweit die Funktion dinglicher Rechte innewohnt, obwohl sie dem Berechtigten die Sache nicht zuordnen (vgl. BGH LM Nr. 10 zu § 823 [F]; BGH VersR 1969, 928, 929; WESTERMANN § 58 III 2; für Gestaltungsrecht: ENN./NIPPERDEY § 79 II m.w.N.).

360 *d)* Umstritten ist, ob ein in der Entstehung begriffenes absolutes Recht den Schutz des absoluten Rechts genießt. Die Frage ergibt sich insbesondere bei den **Anwartschaften**. Unter Anwartschaft versteht man ganz allgemein eine Aussicht auf Erwerb eines subjektiven Rechts, wobei einzelne Elemente des Erwerbstatbestands bereits verwirklicht sind, während andere oder mindestens ein letztes von denen, die der volle Tatbestand erfordert, noch ausstehen (RAISER Dingliche Anwartschaften, S. 3 f im Anschluß an v. TUHR I § 9). Insofern kann man die Anwartschaft als Entwicklungsstufe zum subjektiven Recht ansehen (WÜRDINGER Die privatrechtliche Anwartschaft als Rechtsbegriff, 1928, 43).

> Eine eigenständige Bedeutung der Rechtsfigur „Anwartschaft" bestreiten vornehmlich A. BLOMEYER Studien zur Bedingungslehre, § 9, 1939 und AcP 153 (1954), 239 ff; AcP 162 (1963), 193 ff; E. WOLF AT § 12 C II f; KUPISCH JZ 1976, 417 ff.

Aus einer solchen Kategorisierung ergibt sich jedoch noch nicht, ob die Vorstufe eigenständig Rechtsschutz erlangt (vgl. RAISER aaO, S. 7). Die Funktion subjektiver Rechte kann nur solchen Vorstufen zugebilligt werden, die hinsichtlich des künftigen Rechtserwerbs einen gewissen *Grad an Sicherheit* bieten. Danach ist zu unterscheiden zwischen einer bloßen Anwartschaft im Sinne einer Erwerbsaussicht und einem **Anwartschaftsrecht** als subjektivem Recht (so zuerst RAISER aaO, S. 10). Ein Anwartschaftsrecht ist gegeben, wenn von einem mehraktigen Entstehungstatbestand eines Rechts schon soviele Erfordernisse erfüllt sind, daß der Vorberechtigte den Rechtserwerb durch den Anwärter nicht mehr durch einseitige Erklärung verhindern kann (v. TUHR I § 9; H. P. WESTERMANN § 5 III 4 a; BGH NJW 1955, 544; kritisch MEDICUS BR Rdn. 456).

361 Im Bereich des Privatrechts entstehen Anwartschaften insbesondere aus bedingten Rechtsgeschäften (vgl. hierzu unten Rdn. 587, 592 ff), z. B. für den Käufer einer beweglichen Sache unter Eigentumsvorbehalt, aber auch für den Grundstückserwerber zwischen der für den Veräußerer nach § 873 II bindenden Auflassung und der Eintragung. Auch die bedingte Verfügung über eine Forderung (§§ 398, 158) erzeugt für den aufschiebend oder auflösend bedingt Berechtigten ein Anwartschaftsrecht. Die gesicherte Erwartung ergibt sich daraus, daß der Bedingungseintritt allein vom Willen des Erwerbers abhängt (Potestativbedingung). Weiterhin hat der Nacherbe zwischen dem Erbfall und dem Nacherbfall ein Anwartschaftsrecht (§§ 2100, 2106), jedoch nicht der künftige Erbe vor dem Erbfall, da der Erblasser die Erbfolge noch anders regeln kann. Ein Anwartschaftsrecht wird auch abgelehnt für die Erwerbsaussicht des Finders und Ersitzungsbesitzers (RAISER aaO, S. 13 f; a. M. BAUR/STÜRNER § 53 g IV 2, der die Erwerbsaussicht des Finders als schutzwürdige Anwartschaft ansieht).

362 *e)* Gegenstand einer ausschließlichen Herrschaft können auch **Rechte** sein, die **an einem** anderen **Recht** bestehen. Hierunter fallen etwa die vom Gesetz vorgesehenen Möglichkeiten des Nießbrauchs bzw. des Pfandrechts an einem Recht. Ein Recht an einem Recht gewährt dann eine absolute Rechtsstellung, wenn das Recht selbst gegen Eingriffe von jedermann geschützt ist; genießt das belastete Recht einen solchen absoluten Schutz nicht, ist auch das Recht an dem Recht nur relativ geschützt (vgl. WESTERMANN § 136 I 2; WOLFF/RAISER § 120 I).

363 2. Die Schutzfunktion des absoluten Rechts muß auch der **Person** zukommen. Dies wird durch die Institutionalisierung des allgemeinen Persönlichkeitsrechts erreicht. Es gewährleistet zunächst das Recht, die eigene Persönlichkeit im Rahmen des Sittengesetzes und der verfassungsmäßigen Ordnung frei zu entfalten (Art. 2 I GG). Weiterhin wird hier, sofern nicht die guten Sitten oder Interessen der Allgemeinheit entgegenstehen, die Befugnis im Rechtssinne, über die eigene Person zu bestimmen, einzuordnen sein; z. B. kann der Mensch in eine Operation einwilligen, oder einzelne Teile seines Körpers zur Verfügung stellen (vgl. dazu oben Rdn. 287).

Bedeutsamer ist jedoch der Schutz des Rechts an der eigenen Person gegenüber Dritten. Die Rechtsordnung hat hierzu die Lebensgüter wie Leben, körperliche Unversehrtheit, Gesundheit und Freiheit in § 823 I benannt, sowie das Namensrecht und das Recht am eigenen Bild (vgl. oben §§ 11, 12) als sonstige Rechte erfaßt. Zu diesen Ausformungen des allgemeinen Persönlichkeitsrechts sind weitere schutzwürdige Teilbereiche bereits konkretisiert (vgl. oben Rdn. 170 ff).

364 Mit dem Persönlichkeitsbereich in näherem Zusammenhang steht das *Urheberrecht*. Es schützt in seinen persönlichkeitsrechtlichen Befugnissen die Beziehung des Urhebers zu seinem Werk, in den Verwertungsrechten die vermögenswerten Interessen als immaterielles Güterrecht (vgl. § 11 UrhG). Das Urheberpersönlichkeitsrecht ist an den Werkschöpfer gebunden und nicht übertragbar. Hingegen ist das persönlichkeitsrechtliche Element im *Patentrecht* (vgl. §§ 9 ff PatG) und *Gebrauchsmusterrecht* (vgl. § 5 GebrMG) weniger ausgebildet.

Mit dem Persönlichkeitsbereich läßt sich auch der in der Rechtsprechung entwickelte absolute Schutz des *eingerichteten und ausgeübten Gewerbebetriebs* verbinden. Zu den Einzelheiten vgl. oben Rdn. 182 f.

365 Die Denkform des subjektiven Rechts benutzt der Gesetzgeber zur Ausgestaltung *familienrechtlicher Beziehungen*. So wird das *Personensorgerecht* der Eltern als subjektives Recht verstanden (§ 1631); der Schutz dieses Rechtes wird durch den Herausgabeanspruch des § 1632 gewährleistet (vgl. für den Vormund: § 1800 I). Geschützt werden hier in erster Linie nicht die Interessen der Eltern, sondern die des Kindes. Die Rechtsmacht der Eltern ist daher durch die elterlichen Pflichten dem Kind gegenüber gebunden; sie wird daher als „Pflichtrecht" charakterisiert (vgl. GERNHUBER/COESTER-WALTJEN § 2 II 6).

Auch die *Rechtsstellung der Ehegatten* ist als subjektives Recht ausgestaltet. Jedoch ist es gegenüber dem anderen Ehegatten durch die Versagung der Vollstreckbarkeit (§ 888 II ZPO) im Falle der Herstellungsklage (§ 1353 II) eingeschränkt; gegenüber Dritten sind in Rechtsprechung und Lehre zum Schutze des „räumlich-gegenständlichen Bereichs" Unterlassungsansprüche anerkannt (vgl. STAUDINGER/HÜBNER, § 1353 Rdn. 105 ff; so auch für den Rechtszustand nach dem 1. EheRG: PALANDT/DIEDERICHSEN Vor § 1353 Rdn. 6 f; GERNHUBER/COESTER-WALTJEN § 17 II).

II. Relative Rechte

366 Das Recht des einzelnen kann darauf beschränkt sein, daß nicht jeder, sondern eine bestimmte Person oder mehrere ihm gegenüber zu einem gewissen Verhalten verpflichtet sind.

Die wichtigsten relativen Rechte sind die **Forderungsrechte** (Obligationen). Das Forderungsrecht ist das Recht, von einem anderen eine Leistung (Tun, Dulden oder Unterlassen) zu fordern (§ 241). Der Berechtigte heißt Gläubiger, der Verpflichtete Schuldner.

Wenn z. B. ein Gläubiger die Leistung eines Gegenstandes verlangen kann, so hat er noch keine Herrschaftsmacht über den Gegenstand: Das Recht *auf* den Gegenstand begründet noch kein Recht *am* Gegenstand.

> Hat A ein Buch gekauft und den Buchhändler B gebeten, es ihm zuzuschicken, so kann er, wenn B es einem Dritten D noch einmal verkauft und nach § 929 S. 1 übereignet hat, von D nicht Herausgabe verlangen. A kann sich nur an seinen Schuldner B halten

(§ 433 I; ggf. §§ 440, 325). Anders, wenn er sich das Buch gleich zu Eigentum hätte übertragen lassen, z. B. nach §§ 929, 930, indem er sich mit B über den Eigentumsübergang geeinigt und vereinbart hätte, daß B das Buch für ihn verwahre. Dann hätte er Eigentum erworben, d. h. ein Recht an dem Buch jedermann gegenüber; er könnte das Buch von einem zweiten Käufer herausverlangen (§ 985; zu beachten ist jedoch die Möglichkeit des gutgläubigen Erwerbs nach § 932).

Das relative Recht besteht zunächst nur zwischen Gläubiger und Schuldner. Es **367** kann jedoch im Interesse seiner wirtschaftlichen Verwertung auf Dritte übertragen werden. Dies geschieht bei Forderungen im Wege der Abtretung nach §§ 398 ff oder durch Pfändung in der Zwangsvollstreckung nach § 829 ZPO. Die Forderung löst sich damit aus der personalen Beziehung und wird zum Objekt des Rechtsverkehrs. Gleichwohl wird die ursprüngliche personale Beziehung im Interesse des Schuldners geschützt, zumal dieser an der Verfügung nicht beteiligt ist. Das geschieht zum einen durch Abtretungsverbote (§§ 399 f), zum anderen durch §§ 404, 406, 407. Die inhaltlichen Vereinbarungen, die Substanz der ursprünglichen Beziehung, können durch die Verfügung nicht verändert werden (dieser Schutz entfällt zum Teil, wenn zusätzlich eine abstrakte Forderung, z. B. Wechsel, geschaffen wird).

Da nur der Schuldner verpflichtet ist, kann das Forderungsrecht auch nur von **368** ihm, nicht von einem Dritten verletzt werden. Diese Feststellung ist für die Frage bedeutsam, ob das Forderungsrecht als „sonstiges Recht" im Sinne des § 823 I anzusehen ist. Ein „sonstiges Recht" im Sinne des § 823 I kann wegen seiner Gleichordnung mit dem Eigentum nur ein Recht sein, das den gleichen rechtlichen Charakter hat, also zu den absoluten Rechten gehört.

Heute wird eine eigentümerähnliche Stellung des Forderungsinhabers, die den **369** Charakter eines absoluten Rechts begründen könnte, allgemein abgelehnt (vgl. RGZ 57, 353 ff; BGHZ 12, 308, 317; BGH LM Nr. 6 zu § 842; STAUDINGER/ SCHÄFER, 12. Aufl., § 823 Rdn. 77; ENN./LEHMANN § 234 I 1d; SOERGEL/ ZEUNER, 11. Aufl, § 823 Rdn. 43; KRASSER aaO, S. 186 ff). Demnach entsteht keine Haftung eines Dritten aus § 823 I, wenn er durch Einwirken auf den Schuldgegenstand oder die Person des Schuldners die Erfüllung einer Forderung unmöglich macht (anders jedoch LÖWISCH aaO, insbes. S. 140 ff, für die Fälle zielgerichteter Eingriffe, und – mit anderer Begründung – KOZIOL aaO, insbes. S. 161 ff, der zugunsten des Gläubigers ein auch gegenüber Dritten geschütztes Recht auf eine obligationsgemäße Willensausübung des Schuldners annimmt).

Wer den zum Gastspiel verpflichteten Sänger durch Körperverletzung außerstand setzt, seiner Verpflichtung nachzukommen, ist nur ihm wegen Körperverletzung, nicht aber dem Theater wegen Forderungsverletzung schadensersatzpflichtig. Das Leistungsinteresse des Theaters ist nur relativ geschützt. Grundsätzlich wird auch bei Verletzung eines Arbeitnehmers ein Schadensersatzanspruch des Arbeitgebers wegen Beeinträchtigung seiner Rechte aus dem Arbeitsvertrag gegen den Verletzer abgelehnt (§ 845 gewährt einem Dritten Schadensersatz nur bei Diensten, die kraft Gesetzes zu leisten sind). – Zu prüfen bliebe allenfalls, ob die Verletzung einen Eingriff in den eingerichteten und ausgeübten Gewerbebetrieb darstellt; hier wird es regelmäßig an der Betriebsbezogenheit mangeln.

370 Anders verhält es sich, wenn der Arbeitgeber aus sozialen Gründen durch Gesetz zur Lohnfortzahlung verpflichtet ist (§ 616; § 63 HGB; § 1 EFZG). Für Arbeitnehmer (Arbeiter und Angestellte) sieht § 6 EFZG einen gesetzlichen Forderungsübergang des Schadensersatzanspruches vor.

371 Ein Teil der Lehre begründet die Anwendbarkeit des § 823 I, indem sie den Eingriff in die *„Forderungszuständigkeit"* als Eingriff in ein absolutes Recht ansieht (LARENZ/CANARIS SchR II/2 § 76 II 4 g). Dies soll insbesondere dann gelten, wenn der Schuldner in Unkenntnis einer Zession an den Zedenten zahlt und dadurch gegenüber dem Zessionar frei wird (§ 407). Für einen derartigen Schutz des Forderungsrechts über § 823 I besteht kein Bedürfnis. Der Schutz des Forderungsrechts läßt sich über §§ 816 II bzw. 687 II, möglicherweise auch über § 826 verwirklichen. Darüber hinaus kann aus dem Kausalverhältnis zum Zedenten ein Schadensersatzanspruch aus positiver Vertragsverletzung gegeben sein (wie hier: OTTE JZ 1969, 253 ff; FIKENTSCHER Rdn. 581; MEDICUS BR Rdn. 610).

372 Es besteht auch keine Notwendigkeit, Forderungsrechte, die *äußere Erkennbarkeit* erlangt haben, den absoluten Rechten gleichzusetzen (so aber: DULCKEIT aaO, S. 48 ff u. passim bei den Forderungsrechten, die mit Besitz verknüpft sind, insbesondere Miete; FABRICIUS aaO, S. 274 ff, der auf „sozialtypische Offenkundigkeit" abstellen will), da in diesen Fällen entweder über die Erfassung des Besitzes als „sonstiges Recht" oder bei Eingriffen in offenkundige Rechtsverhältnisse, die in der Kategorie der absoluten Rechte nicht erfaßt sein sollten, über § 826 weitgehend Schutz gewährt wird.

373 Anders liegt der Fall, wenn ein abgetretenes Forderungsrecht dem Zessionar durch einen Gläubiger des Zedenten im Wege der Vollstreckung gemäß § 829 ZPO streitig gemacht wird. Hier ist die Zuordnung an den Zessionar durch § 771 ZPO geschützt (STEIN/JONAS/MÜNZBERG § 771 Rdn. 20).

III. Gestaltungsrechte

374 Die Gestaltungsrechte geben die Möglichkeit, durch eine einseitige Willenserklärung auf eine bestehende Rechtslage einzuwirken, z. B. durch Anfechtung (§ 142), Kündigung (§§ 564 ff), Rücktritt (§§ 346 ff), Aufrechnung (§§ 387 ff), ferner durch Ausübung eines Wiederkaufs- oder Vorkaufsrechtes (§§ 497, 505), Widerruf einer Schenkung (§ 530) oder durch Ausübung des Wahlrechts gemäß §§ 263, 315 ff.

Wenn die ältere BGB-Dogmatik die Gestaltungsrechte als „Kann-Rechte" klassifiziert, so kommt darin eine Betonung der Herrschaftsmacht des Individuums zum Ausdruck, die leicht die Rücksichtnahme auf die Belange des Partners, rechtstechnisch des Adressaten der Gestaltungserklärung, aber auch Dritter außer acht lassen kann. Verschärft wird die Situation noch – wie bei der Anfechtung – durch die Möglichkeit einer ex-tunc-Wirkung, wenn die Rückabwicklung fehlgeschlagener Leistungen lediglich über die schwachen Bereicherungsansprüche der §§ 812 ff erfolgt.

375 Das Gesetz und weitergehend die Rechtsprechung haben daher in einigen Fällen die in den Gestaltungsrechten zum Ausdruck gelangenden Eingriffsbefugnisse *ausgeschlossen* oder *eingeschränkt*.

So ist z. B. die Gestaltungsbefugnis der *Aufrechnung* aus Gründen des Sozialschutzes in § 394 **ausgeschlossen**. Ausgeschlossen ist auch die *Kündigung* von Arbeitsverhältnissen aus sozialen Gründen in § 9 MuSchG und z. B. gegenüber Betriebsräten zur Wahrung von Arbeitnehmerinteressen in § 15 KSchG. Ferner ist die *Anfechtung* ausgeschlossen in den Fällen der sogenannten fehlerhaften Gesellschaft, da durch die Rückwirkung des § 142 sämtlichen Rechtsbeziehungen der Gesellschaft nach außen und innen, obwohl sie in Vollzug gesetzt war, der Boden entzogen würde. An die Stelle der Anfechtung tritt grundsätzlich die Kündigung, durch deren ex-nunc-Wirkung diese Nachteile vermieden werden (vgl. zu den Einzelheiten unten Rdn. 959).

376 Das Gestaltungsrecht kann aus sozialen Gründen auch **eingeschränkt** sein: So ist bei Arbeitsverhältnissen die Kündigung nur dann zulässig, wenn sie sozial gerechtfertigt ist (§ 1 KSchG), bei Wohnungsmiete nur unter der Voraussetzung, daß der Vermieter ein berechtigtes Interesse an der Beendigung hat (§ 564b).

377 Daneben gibt es sogenannte **Gestaltungsklagerechte**, bei denen die privatautonome Ausübung dem Berechtigten von vorneherein entzogen ist; er wird dann auf den Weg einer *Gestaltungsklage* verwiesen, wobei das gerichtliche Verfahren als *Filter* zur Wahrung der Belange der Beteiligten, aber auch zur Wahrung öffentlicher Interessen dient.

Im *Gesellschaftsrecht* tritt teilweise an die Stelle der Ausübung des Gestaltungsrechts durch Willenserklärung die Gestaltungsklage. So tritt z. B. an die Stelle der Entziehung der Geschäftsführungsbefugnis und der Vertretungsmacht durch Beschluß im Recht der BGB-Gesellschaft (§§ 712, 715) bei der OHG die Entziehung durch gerichtliche Entscheidung (§§ 117, 127 HGB); ferner wird bei OHG und KG die Kündigung aus wichtigem Grund (§ 723) durch die Anwendung der Regeln über die Auflösungsklage (§§ 133, 161 II HGB) ersetzt.

378 Zum Schutz der Belange der Beteiligten und zur Wahrung der öffentlichen Interessen ist insbesondere im *Familienrecht* die Gestaltungsbefugnis auf ein

Gestaltungsklagerecht beschränkt: Die Anfechtung der Ehelichkeit eines Kindes ist nach §§ 1593 ff nur im Klagewege möglich. Anfechtungsgründe gegenüber der Eheschließung gestatten nur eine Aufhebungsklage, wobei die Wirkung des Aufhebungsurteils durch Verweisung auf die Scheidungsfolgen nur eine ex-nunc-Wirkung nach sich zieht (§§ 28 ff EheG). Der Institutionscharakter der Ehe verbietet die Kündigung; die Auflösung erfolgt durch Scheidung (§§ 1564 ff).

379 Auch wo der Gesetzgeber die privatautonome Ausübung der Gestaltungsbefugnisse nicht auf den Weg der Gestaltungsklage verweist, kann er über die allgemeine richterliche Kontrolle – sei es inzidenter in einem Leistungsurteil, sei es in einem Feststellungsurteil – hinaus eine Gestaltung durch richterliche Entscheidung ex post vorsehen (so bei Widerspruch des Mieters gegen die Kündigung gem. § 556a III).

§ 23
Erwerb, Übergang und Verlust von Rechten

COING Verfügungsmacht bei Rechtsgeschäften unter Lebenden und von Todes wegen, Festschrift E. Ulmer GRUR Intern. Teil 1973, 460 ff; H. HÜBNER Der Rechtsverlust im Mobiliarsachenrecht, 1955; ISAY Vollmacht und Verfügung, AcP 122 (1924), 195 ff; R. LIEBS Die unbeschränkbare Verfügungsbefugnis, AcP 175 (1975), 1 ff; RAAPE Das gesetzliche Veräußerungsverbot des BGB, 1908; ders., Zustimmung und Verfügung, AcP 121 (1923), 257 ff; ders., Verfügungsmacht, AcP 123 (1925), 194 ff; SIBER Die Frage der Verfügungsgeschäfte zu fremdem Recht, Festgabe der Leipziger Juristenfakultät für Sohm, 1915 1 ff; TIMME Außenwirkungen vertraglicher Verfügungsverbote, JZ 1989, 13 ff; WALSMANN Der Verzicht, 1912; WENDT Verfügungen über Erbschaftsantheile, AcP 89 (1899), 420 ff; H. WILHELM Begriff und Theorie der Verfügung, Wissenschaft und Kodifikation des Privatrechts im 19. Jahrhundert, Bd. II, 1977, 213 ff.

I. Erwerb

380 Ein Recht kann durch Rechtsgeschäft, kraft Gesetzes oder durch Staatsakt **erworben** werden.

Der Rechtserwerb *durch Rechtsgeschäft* kann schuldrechtlicher oder dinglicher Natur sein; er kann relative oder absolute Rechte betreffen.

Der rechtsgeschäftliche Erwerb von Forderungsrechten richtet sich primär auf einen Anspruch auf Leistung, bei einer Leistungsstörung kann sekundär ein Anspruch auf Schadensersatz entstehen. Der rechtsgeschäftliche Erwerb von dinglichen Rechten ist darauf gerichtet, die *Zuordnung* solcher Rechte zu einer bestimmten Person zu verändern; dieser rechtsgeschäftliche Vorgang wird als *Verfügung* bezeichnet.

Der Erwerb durch Rechtsgeschäft setzt Willenseinigung der Parteien voraus; sie kann jedoch darüber hinaus einen konstitutiven Akt (z. B. Eintragung im Grundbuch) für ihre Wirksamkeit erfordern (vgl. unten Rdn. 611 f).

Erwerb, Übergang und Verlust von Rechten § 23 III

381 *Kraft Gesetzes* werden inbesondere personen- bzw. familienrechtliche und erbrechtliche Positionen erworben. Im Schuldrecht werden Rechte aus unerlaubten Handlungen, aus Bereicherung und aus Geschäftsführung ohne Auftrag vom Gesetz begründet. Eine besondere Rolle spielt der Erwerb kraft Gesetzes im Sachenrecht; hier führen bestimmte Realakte (Verbindung, Vermischung, Verarbeitung, Fund, auch Aneignung) oder Zeitablauf (Ersitzung) zum Rechtserwerb. Hierher gehören auch die Regelung über das Eigentum am Schuldschein (§ 952) sowie die sogenannte An- und Abwachsung des Anteils am Gesellschaftsvermögen der Personengesellschaft (§ 738).

382 Erwerb *durch Staatsakt* ist z. B. der Zuschlag in der Zwangsversteigerung (§ 90 ZVG), der Erwerb aufgrund des bekanntgemachten Umlegungsplanes (§ 72 BauGB).

II. Wille und Rechtserwerb

383 Der Rechtserwerb kann auch unter anderen Ordnungsgesichtspunkten erfaßt werden:

Ein Recht kann kraft des Willens des Erwerbers oder unabhängig von dessen Willen erworben werden.

Der Erwerb *kraft Willens* kann entweder durch Vertrag mit dem Rechtsinhaber (z. B. durch Einigung nach § 929 oder durch einseitige Herbeiführung eines Erwerbstatbestandes erfolgen; in letzterem Fall kann dem Erwerb ein rechtsgeschäftlicher Wille (z. B. bei Befriedigung des Hypothekengläubigers durch Aufrechnung seitens des Eigentümers, § 1142, mit der Folge des Forderungsübergangs nach § 1143) oder ein natürlicher Wille (z. B. bei Aneignung nach § 958) zugrunde liegen.

384 *Unabhängig vom Willen* des Erwerbers erfolgt der Rechtsübergang im Erbfall (§ 1922), unbeschadet der Möglichkeit der Ausschlagung (§ 1942). Beim Ersatz von Haushaltsgegenständen erwirbt in der Zugewinngemeinschaft der Ehegatte, dem der ersetzte Gegenstand gehörte, den neuen Gegenstand kraft Surrogation ohne weiteres (§ 1370; vgl. entsprechend § 1473). Unabhängig vom Willen ist auch der Erwerb durch Verbindung, Vermischung und Verarbeitung (§§ 946 ff), unbeschadet der Möglichkeit, bei der Verarbeitung den Hersteller zu vereinbaren.

III. Derivativer und originärer Erwerb

385 Der Rechtserwerb kann sich in Abhängigkeit von der Rechtsstellung des Vorinhabers vollziehen (Erbfolge, Eigentumserwerb nach § 929) – abgeleiteter oder derivativer Erwerb – oder unabhängig von der Rechtsstellung des bisherigen Rechtsinhabers (Verarbeitung, Aneignung) – ursprünglicher oder originärer Erwerb – eintreten.

Die *Abgrenzung* zwischen originärem und derivativem Erwerb ist unsicher. Für den **derivativen Erwerb** wird man zwei Voraussetzungen annehmen müssen: erstens, daß der Erwerber das Recht durch einen wirksamen Übertragungsvorgang von dem bisherigen Rechtsinhaber erlangt, und zweitens, daß das Recht dem Vorgänger zustand. Fehlt eines dieser Merkmale – oder fehlen beide –, so wird originärer Erwerb anzunehmen sein.

> Es fehlt z. B. der Übertragungsvorgang beim Fund (§§ 973, 984) und bei Verbindung, Vermischung (§§ 947, 948). Beide oben genannten Voraussetzungen fehlen z. B. bei der Aneignung einer herrenlosen Sache (§ 958) und bei der Verarbeitung (§ 950).
> Ob der Erwerb von Nichtberechtigten und der Erwerb kraft Ersitzung als derivativ oder originär anzusehen sind, ist streitig. Für erstere Auffassung vermag das Argument, der Erwerb käme über einen rechtsgeschäftlichen Vorgang zustande (so v. GIERKE I § 32 Fn. 2 und die h. M., vgl. MünchKomm/QUACK § 932 Rdn. 59 m.w.N.), nicht durchzugreifen; die Rechtsstellung wird vom Gesetz zugeteilt; bislang bestehende Rechte an der Sache gehen unter (vgl. zu der Frage H. HÜBNER aaO, S. 45 ff).

386 Beim **originären Erwerb** gelangt das erworbene Recht in der Person des Erwerbers regelmäßig neu zur Entstehung (z. B. beim Eigentumserwerb kraft Verarbeitung, bei der Aneignung einer herrenlosen Sache). Dies gilt jedoch nicht immer; in den Fällen, in denen wie bei §§ 932, 937 die Zuordnung einer Sache nur an *einen* Berechtigten möglich ist und daher der bisherige Berechtigte „verdrängt" werden muß (v. TUHR II/1 § 44 II), können Rechte Dritter an dem Gegenstand erhalten bleiben (§§ 936 II, 945).

387 *Derivativer Erwerb* liegt in den Fällen vor, in denen der Erwerber das Recht durch Rechtsgeschäft mit dem Berechtigten erlangt (z. B. Forderungsabtretung, § 398; Eigentumsübertragung, § 929). Derivativer Rechtserwerb ist jedoch auch die Erbfolge, selbst die gesetzliche, da das Gesetz den Erben in die Rechtsposition des Erblassers einweist. Der Erwerber rückt hierbei in die Rechtsstellung des Vorinhabers ein; er kann grundsätzlich nicht mehr Rechte erwerben, als dem Rechtsvorgänger zustanden: nemo plus iuris transferre potest quam ipse habet (vgl. Ulp. D 50, 17, 54). Ausdruck dieses Prinzips ist insbesondere die Erhaltung der Einreden für den Schuldner bei Abtretung der Forderung durch den Gläubiger (§ 404).

Beim derivativen Erwerb kann zwischen *derivativ-translativem* und *derivativ-konstitutivem* Erwerb unterschieden werden; bei ersterem wird das Recht des Vormannes vollständig übertragen (z. B. Eigentumsübertragung gem. § 929); im letzteren Falle wird durch den Berechtigten eine Teilberechtigung begründet und übertragen (so bei der Einräumung beschränkt dinglicher Rechte).

IV. Rechtsnachfolge

388 Der abgeleitete Erwerb begründet die **Rechtsnachfolge**. Sie kann sich entweder auf ein einzelnes Recht beziehen (*Sondernachfolge, Singularsukzession*) oder ein Vermögensganzes durch einen Rechtsvorgang auf einen neuen Träger übergehen lassen (*Gesamtnachfolge, Universalsukzession*).

Grundsätzlich gilt das Prinzip der Sondernachfolge. *Gesamtnachfolge* ist nur ausnahmsweise in den gesetzlich bestimmten Fällen möglich, so z. B. beim Erbgang (§ 1922), bei der Begründung der Gütergemeinschaft (§§ 1415 ff), ferner beim Anfall des Vereinsvermögens an den Fiskus (§ 46) sowie beim „Anwachsen" eines Vermögensanteils im Falle des Ausscheidens eines Gesellschafters (§ 738), bei der Verschmelzung (Fusion) zweier Aktiengesellschaften (§§ 346 III, 353 V 2 AktG). Bei der Gesamtnachfolge ist eine Übertragung der einzelnen Gegenstände und Rechte nicht erforderlich (keine Übereignung etwa von Grundstücken nach §§ 873, 925, sondern allenfalls Grundbuchberichtigung, § 894).

389 Sollen *in anderen Fällen* mehrere Rechte auf einmal übertragen werden, sind so viele einzelne Übertragungshandlungen nötig, wie Rechte in Frage stehen. So sind z. B. bei der Übertragung eines Unternehmens Einzelübertragungen nach §§ 873, 925, §§ 929 ff und § 398 erforderlich. Es gilt hier das sogenannte *Spezialitätsprinzip*, der *Bestimmtheitsgrundsatz* (vgl. dazu auch oben Rdn. 292).

Allerdings ist der Grundsatz dadurch aufgeweicht, daß zur Übereignung auch eine *Sammelbezeichnung* ausreichen kann, wenn sie den Bezug auf konkrete, individuell bestimmte Sachen gewährleistet. Die Regelung ist bedeutsam für die Sicherungsübereignung von Warenlagern, wobei die Kennzeichnung durch äußere Umstände (gesonderte Lagerung, Lagerbücher u. ä.) sichergestellt sein muß. Unter diesen Voraussetzungen wird eine Rechtsnachfolge in den gekennzeichneten Sachbestand selbst bei einem Bestandswechsel bejaht (*Sicherungsübereignung von Warenlagern mit wechselndem Bestande*; BGHZ 28, 16 ff).

V. Verfügung

390 Die Übertragung von Rechten erfolgt durch die Verfügung. Der Begriff ist im BGB nicht definiert; allgemein versteht man unter einer Verfügung ein Rechtsgeschäft, das auf den Bestand eines Rechtes unmittelbar einwirkt, sei es, daß ein bestehendes Recht unmittelbar übertragen, inhaltlich geändert, belastet oder aufgehoben wird (vgl. BGHZ 1, 294, 304; RGZ 90, 395, 399; STAUDINGER/DILCHER Einl. zu §§ 104–185 Rdn. 44 m.w.N.).

> Durch Verfügung kann ein Recht auf einen anderen *übertragen werden*, z. B. bei Eigentumsübertragung, Forderungsabtretung. Dafür ist die Mitwirkung des Erwerbers erforderlich. Verfügungen führen auch zu inhaltlichen Änderungen, z. B. bei Rangänderungen (§ 880) oder bei einer Novation (Schuldersetzung). Zur *Belastung* führen

Verfügungen z. B. bei der Bestellung von Pfandrechten (§§ 1113, 1205). Eine Verfügung stellt auch die Aufhebung eines Rechtes dar, z. B. die Dereliktion (§ 959), die Aufgabe des Eigentums an einem Grundstück durch Verzicht (§ 928), Erlaß (§ 397).

Durch die unmittelbare Einwirkung auf das Recht *unterscheidet* sich die Verfügung vom obligatorischen Geschäft, das dem Rechtsinhaber lediglich die *Verpflichtung* zur Einwirkung, d. h. zur Verfügung, auferlegt. Das deutsche Recht geht im Interesse der Rechtsklarheit von dieser Unterscheidung aus (*Abstraktionsprinzip*; s. unten Rdn. 633 ff).

Die Verfügung ist Ausübung der im subjektiven Recht gelegenen Rechtsmacht. Das Gesetz läßt eine Beschränkung der Verfügungsbefugnis mit absoluter Wirkung durch Rechtsgeschäft nicht zu (§ 137).

Die Verfügung selbst ist *Rechtsgeschäft*. Sie erfolgt durch Willenserklärung (z. B. §§ 929, 873, 398; ggf. durch nicht empfangsbedürftige Willenserklärung, § 959). Sie unterliegt deshalb hinsichtlich der an den Willen zu knüpfenden Erfordernissen und ihrer Wirksamkeit den allgemeinen Vorschriften über die Rechtsgeschäfte.

391 Die Verfügung muß auf dem Gebiet des Sachenrechts der Allgemeinheit gegenüber kundgegeben werden (Publizitätsgrundsatz); ihm genügt bei Grundstücken die Eintragung ins Grundbuch (§ 873), bei beweglichen Sachen das sogenannte Traditionsprinzip (vgl. §§ 929, 1205). Werden berechtigte Interessen bestimmter anderer Personen berührt, so ist deren Mitwirkung vorgeschrieben (§ 876). Verzicht und Erlaß bei Forderungsrechten erfordern stets einen Vertrag (§ 397).

392 Keine Verfügung ist die Willenserklärung des Erwerbers eines Rechtes. Auch die Annahme als Erfüllung wird nicht als Verfügung über das Forderungsrecht angesehen (so die herrschende Theorie der realen Leistungsbewirkung – LARENZ SchR I § 18 I 5; MünchKomm/HEINRICHS § 362 Rdn. 6 d m.w.N., im Gegensatz zur Vertragstheorie – v. THUR II/2 § 72 III; EHMANN JZ 1968, 549 ff. m.w.N.).

VI. Verfügungsbefugnis

393 Die Verfügung setzt als inhaltliche Ausübung des Rechtes eine entsprechende Rechtsmacht, die sogenannte *Verfügungsmacht* oder *Verfügungsbefugnis* voraus. Die Verfügungsbefugnis darf nicht mit der Geschäftsfähigkeit verwechselt werden; sie ist keine Eigenschaft des Verfügenden, sondern eine Beziehung zu dem Recht, über das verfügt wird, kraft deren der Verfügende zur wirksamen Vornahme der Verfügung imstande ist.

Jedoch kann der Inhalt des Rechtes so gestaltet sein, daß das Recht von einem anderen nicht ohne Wesensänderung ausgeübt werden kann; dann ist eine Verfügung zur Übertragung des Rechtes völlig oder teilweise ausgeschlossen (z. B. §§ 399, 1059).

Erwerb, Übergang und Verlust von Rechten   § 23 VI 3

1. Regelmäßig hat der Inhaber des Rechtes auch die Verfügungsmacht. Doch **394** kann sie ihm ausnahmsweise entzogen oder ihre wirksame Ausübung an die Zustimmung einer anderen Person geknüpft sein.

a) Es gibt zahlreiche **Verfügungsbeschränkungen.** Die wichtigsten sind die Verfügungsbeschränkung eines Ehegatten über sein Vermögen im ganzen oder über einzelne Haushaltsgegenstände (§§ 1365, 1369), die Verfügungsbeschränkung des Vorerben (§§ 2112 ff; vgl. BGHZ 52, 269, 270), die Verfügungsbeschränkung des Erben bei Bestellung eines Testamentsvollstreckers (§ 2211), die Verfügungsbeschränkung des Gemeinschuldners infolge Konkurseröffnung (§§ 6, 7 KO).

b) Verfügungsbeschränkungen ergeben sich ferner aus den gesetzlichen oder **395** behördlichen **Veräußerungsverboten**; es handelt sich hierbei weitgehend um relative Verfügungsbeschränkungen, die nur im Verhältnis zu bestimmten, geschützten Personen wirken (§§ 135, 136); ein solches gesetzliches Veräußerungsverbot enthält z. B. § 1124 II. Ein gerichtlich erlassenes Veräußerungsverbot stellt z. B. die Anordnung der Zwangsversteigerung (§§ 20, 23 ZVG) dar; auch eine einstweilige Verfügung kann ein solches enthalten (§ 938 II ZPO). – Vgl. im einzelnen unten Rdn. 969 ff.

2. Rechtsinhaberschaft und Verfügungsbefugnis können auseinanderfallen. Das **396** Gesetz räumt zuweilen die Befugnis ein, über ein fremdes Recht zu verfügen, z. B. durch die Möglichkeit, hinterlegungsunfähige Sachen bei Gläubigerverzug zu versteigern (§ 383) oder durch die Möglichkeit für den Pfandgläubiger, Pfandsachen zu veräußern (§ 1242).

Sie kann aber auch auf der *rechtsgeschäftlichen Zustimmung* eines anderen **397** beruhen, sei es, daß der Rechtsinhaber dem Verfügenden Vertretungsmacht zur Verfügung im fremden Namen erteilt hat (§§ 164, 167), sei es, daß der Rechtsinhaber dem Verfügenden die Einwilligung zur Verfügung im eigenen Namen gegeben hat; denn nach § 185 ist eine Verfügung, die ein Nichtberechtigter über einen Gegenstand trifft, wirksam, wenn sie mit Zustimmung des Berechtigten erfolgt.

Entsprechend der Verfügungsbefugnis im materiellen Recht kennt das Prozeßrecht die **398** Befugnis, Prozesse für andere im eigenen Namen zu führen (sog. *Prozeßstandschaft*); so kann z. B. in der Gütergemeinschaft der alleinverwaltende Ehegatte Rechtsstreitigkeiten, die sich auf das Gesamtgut beziehen, im eigenen Namen führen (§ 1422), ein Ehegatte die Unwirksamkeit von Vermögensverfügungen gegenüber Dritten geltend machen, die der andere Ehegatte ohne seine Zustimmung getroffen hat (§ 1368), ein Gläubiger die ihm in der Zwangsvollstreckung zur Einziehung überwiesene Forderung im eigenen Namen einklagen (§§ 829, 835 ZPO).

3. Das **Fehlen der Verfügungsbefugnis** hat grundsätzlich die Unwirksamkeit der **399** Verfügung zur Folge.

a) Doch kann sie *ausnahmsweise wirksam* sein, soweit die Vorschriften über den *Schutz des gutgläubigen Erwerbs* eingreifen. Zu unterscheiden sind hier die Fälle, in denen der Erwerber den Verfügenden für den Rechtsinhaber hält, von den Fällen, in denen der Erwerber den Verfügenden lediglich für verfügungsberechtigt hält. Ausgangsmodell ist der Erwerb vom Nichteigentümer (§§ 892, 932). Will das Gesetz ausnahmsweise den guten Glauben an die Verfügungsbefugnis schützen, nimmt es auf das Ausgangsmodell ausdrücklich Bezug.

Hat sich z. B. ein Nichtberechtigter als Eigentümer der Sache ausgegeben, über die er verfügt, so wird der gute Glaube des Erwerbers an das fehlende Eigentum geschützt.

400 Handelt es sich dagegen um den guten Glauben des Erwerbers an die Verfügungsbefugnis, ist zu unterscheiden, ob der Erwerber den Verfügenden für *durch den Rechtsinhaber ermächtigt* hält *oder* ob er den verfügenden *Rechtsinhaber für unbeschränkt verfügungsberechtigt* hält. Im ersten Fall wird nach bürgerlichem Recht der gute Glaube des Erwerbers an die fehlende Verfügungsbefugnis grundsätzlich nicht geschützt. Wenn hingegen ein Kaufmann im Betrieb seines Handelsgewerbes im eigenen Namen eine ihm nicht gehörende bewegliche Sache veräußert oder verpfändet, genießt der gute Glaube des Erwerbers auch dann Schutz, wenn er lediglich die Befugnis, über die Sache für den Eigentümer zu verfügen, betrifft (§ 366 HGB).

> Zu unterscheiden davon sind die Fälle, in denen der Erwerber den in offener Stellvertretung ohne Vertretungsmacht Verfügenden hierzu für berechtigt hält. Hier können die Grundsätze der Anscheinsvollmacht eingreifen; für eine Einbeziehung dieser Fälle in eine erweiterte Anwendung des § 366 HGB besteht daher kein Bedürfnis (vgl. zum Streitstand CAPELLE/CANARIS § 27 I 2a).

401 Im anderen Fall ist zu unterscheiden, ob es sich um *absolute* oder *relative* Verfügungsbeschränkungen handelt. Soweit die Verfügungsbeschränkung *absoluten* Charakter hat, hilft dem Erwerber der gute Glaube an das Nichtbestehen des Verfügungsverbotes nicht (so z. B. bei einer Veräußerung entgegen §§ 1365, 1369). Soweit jedoch die Verfügungsbeschränkung auf einem *relativen* Veräußerungsverbot im Sinne der §§ 135, 136 beruht, wird Gutglaubensschutz gewährt. Nach § 135 II finden die Vorschriften zugunsten derjenigen, welche Rechte von einem Nichtberechtigten herleiten, entsprechende Anwendung (vgl. im einzelnen unten Rdn. 969 ff).

> Zu beachten ist, daß bei im Grundbuch einzutragenden Rechten zur Zerstörung des guten Glaubens die Verfügungsbeschränkung aus dem Grundbuch ersichtlich oder dem Erwerber bekannt sein muß. Obwohl die herrschende Meinung in der Konkurseröffnung eine absolute Verfügungsbeschränkung sieht (SOERGEL/HEFERMEHL § 136 Rdn. 14 m.w.N.), wird für den Liegenschaftsverkehr die Eintragung des Konkursvermerks zur Zerstörung des guten Glaubens vorausgesetzt (vgl. § 7 I 1 2. Hs. KO); hingegen gilt für den Fahrnisverkehr das Veräußerungsverbot absolut.

Eine entsprechende Regelung zu § 135 II enthält § 161 III für die Verfügungsbeschränkung dessen, der über einen Gegenstand unter einer Bedingung verfügt hat, obwohl es sich nicht um eine relative Verfügungsbeschränkung im engeren Sinn handelt, sondern eine zeitlich und sachlich begrenzte absolute Unwirksamkeit vorliegt.

b) Auch unabhängig von den Fällen des gutgläubigen Erwerbs kann die Verfügung eines *Nichtberechtigten nachträglich wirksam* werden, wenn der Berechtigte sie *genehmigt* oder wenn der Verfügende den Gegenstand erwirbt oder wenn er von dem Berechtigten beerbt wird und dieser für die Nachlaßverbindlichkeiten unbeschränkt haftet (§ 185 II). **402**

Die Verfügung eines *Rechtsinhabers ohne Verfügungsmacht* kann ebenfalls durch *Genehmigung* wirksam werden, z. B. wenn der Konkursverwalter eine Verfügung des Gemeinschuldners genehmigt; entsprechendes gilt, wenn die *Verfügungsbeschränkung rückwirkend wegfällt*, z. B. wenn der Konkurseröffnungsbeschluß in der Beschwerdeinstanz aufgehoben wird, da hier die Verfügungsbefugnis des Rechtsinhabers als nie entfallen gilt (vgl. MENTZEL/KUHN/UHLENBRUCK § 109 Rdn. 7).

VII. Rechtsverlust

Der Begriff des Rechtsverlustes ist auf die Fälle einzuschränken, in denen ein Wille **403** des Berechtigten zur Übertragung oder Aufgabe nicht vorliegt.

Dies ist der Fall, wenn der Gegenstand des Rechtes untergeht oder das Recht durch Zeitablauf erlischt (z. B. das Patent 20 Jahre nach Anmeldung der Erfindung, § 16 PatG; das Urheberrecht 70 Jahre nach dem Tod des Urhebers § 64 UrhG). Zum Erlöschen führen auch die Ausschlußfristen (z. B. bei den Besitzschutzansprüchen, § 864, und bei den Gestaltungsrechten, vgl. §§ 121, 1944).

Ein Rechtsverlust kann aber auch dadurch eintreten, daß ein Recht einem **404** Rechtssubjekt *entzogen* wird, *um es einem anderen zuzuordnen*. Eine solche Regelung kann nur ausnahmsweise möglich sein, da der dem Individuum durch die Verfassung garantierte Bestandsschutz durchbrochen wird (vgl. Art. 14 GG).

Das BGB hat hierfür – abgesehen von öffentlich-rechtlichen Eingriffsmöglichkeiten – verschiedene Gründe für relevant erachtet, so den Schutz des redlichen Verkehrs (z. B. beim Erwerb vom Nichtberechtigten, §§ 892, 932 ff, 1207), das Interesse an der Erhaltung wirtschaftlicher Werte (z. B. bei Verbindung mit einem Grundstück als wesentlicher Bestandteil, § 946), die Lockerung der Rechtsbeziehung durch Zeitablauf (z. B. Ersitzung durch einen gutgläubigen Eigenbesitzer, § 937), die Neuzuordnung nach der Bedeutung der Umgestaltung durch Verarbeitung (§ 950), schließlich auch das Bedürfnis nach einer „definitiven dinglichen Regelung" (so beim Fund, §§ 973 ff; vgl. Mot. III, 386 f).

405 Für den durch die neue Zuordnung eingetretenen Rechtsverlust gewährt die Rechtsordnung dem früheren Rechtsinhaber – unabhängig von eventuellen Schadensersatzansprüchen – in der Regel *Ausgleichsansprüche*, z. B. in den Fällen des gutgläubigen Erwerbs nach § 816 I und bei der Verbindung als wesentlicher Bestandteil nach §§ 951, 812 ff. Bei der Ersitzung können nach §§ 812 ff (h.M., vgl. ERMAN/HEFERMEHL § 937 Rdn. 6 m.w.N.) und beim Fund nach §§ 977, 812 ff Bereicherungsansprüche zur *Rückübertragung* des Eigentums und damit zur Aufhebung der Zuordnung führen.

§ 24
Schranken der Rechte

BALLERSTEDT Zur Systematik des Mißbrauchsbegriffs im GWB, in: Strukturen und Entwicklungen im Handels-, Gesellschafts- und Wirtschaftsrecht, Festschrift Hefermehl, 1976, 37 ff; BAUMGÄRTEL Treu und Glauben, gute Sitten und Schikaneverbot im Erkenntnisverfahren, ZZP 69, 89 ff; J. BAUR Der Mißbrauch im deutschen Kartellrecht, 1972; BRENNER Die exceptio doli generalis in den Entscheidungen des Reichsgerichts, 1926; HAGER Schikane und Rechtsmißbrauch im heutigen bürgerlichen Rechte, 1913; HEDEMANN Die Flucht in die Generalklauseln, 1933; HOHMANN § 242 BGB und unzulässige Rechtsausübung in der Rechtsprechung des BGH, JA 1982, 112 ff; A. HUECK Der Treuegedanke im modernen Privatrecht, 1947; MERZ Vom Schikaneverbot zum Rechtsmißbrauch, ZfRVgl 1977, 162 ff; MÜHL Treu und Glauben im Sachenrecht, NJW 1956, 1657 ff; RIEZLER Venire contra factum proprium, 1921; SCHRICKER Gesetzesverletzung und Sittenverstoß, 1970; SIEBERT Verwirkung und Unzulässigkeit der Rechtsausübung, 1934; ders., Vom Wesen des Rechtsmißbrauchs, 1935; WIEACKER Zur rechtstheoretischen Präzisierung des § 242 BGB, 1956; siehe auch die Literaturnachweise zu den einzelnen Ausformungen des § 242 in: STAUDINGER/J. SCHMIDT § 242, 13. Bearb. 1995 sowie STAUDINGER/WEBER in der 11. Aufl.

I. Grenzen des subjektiven Rechts

406 Da das subjektive Recht als Zuweisung eines rechtlich geschützten Interesses (vgl. Rdn. 354) die Schutzwürdigkeit der Interessen voraussetzt, kann der Rechtsinhaber sein Recht nicht schrankenlos ausüben. Schranken ergeben sich aus Verfassungsgrundsätzen, insbesondere den Grundrechten, die zumindest mittelbar über die Generalklauseln des BGB auf das Privatrecht einwirken (vgl. hierzu oben Rdn. 118 ff). Ganz allgemein ist die Rechtsmacht an die Gebote der sittlichen Ordnung gebunden. Das schweizerische ZGB hat dies in Art. 2 mit dem Leitsatz zum Ausdruck gebracht: „Jedermann hat in der Ausübung seiner Rechte und in der Erfüllung seiner Pflichten nach Treu und Glauben zu handeln"; demgemäß soll der offenbare Mißbrauch eines Rechtes keinen Rechtsschutz finden. Die

Schranken der Rechte § 24 II 1

französische Rechtslehre hat zur Bekämpfung des Rechtsmißbrauchs die Theorie vom „abus des droits" entwickelt und sieht darin ein Handeln ohne Recht, eine Rechtsüberschreitung.

Das BGB hat die *exceptio doli generalis* des Gemeinen Rechts nicht aufgenommen. Die **407** Erste Kommission verhielt sich ablehnend; Anträge in der Zweiten Kommission wurden zurückgewiesen, da die Rechtssicherheit beeinträchtigt sei (Prot. I, 238 ff). Selbst der in seiner Wirkungsbreite beschränkte § 226 gelangte erst in einer späteren Kodifikationsphase durch den Einfluß des Bundesrates in den Entwurf.

Ausgangspunkt für diese Regelung war die Einschränkung der Befugnisse aus dem Eigentum. Die Erste Kommission hatte von einer Beschränkung in den Fällen, in denen vom Eigentum lediglich zu dem Zweck, einem anderen zu schaden, Gebrauch gemacht würde, bewußt abgesehen (Mot. III, 260). Auch die Zweite Kommission konnte sich nicht entschließen, eine Vorschrift gegen eine mißbräuchliche Ausübung des Eigentums aufzunehmen (Prot. III, 168). In dem vom Bundesrat vorgelegten Entwurf von 1896 enthielt der § 887, der dem heutigen § 903 entspricht, jedoch einen Absatz II: „Eine Ausübung des Eigentums, die nur den Zweck haben kann, einem anderen Schaden zuzufügen, ist unzulässig." Diese Vorschrift wurde in den Reichstagsberatungen – verallgemeinert für jede Rechtsausübung – als § 220 a (= § 226 BGB) in den Allgemeinen Teil übernommen (Bericht der Reichstagskommission über den Entwurf von 1896, 32 f).

II. Schranken im BGB

Im BGB ergeben sich die Schranken der Rechte insbesondere aus den §§ 226, 826, **408** 242. Sie müssen als inhaltliche Schranken des Rechts (Innentheorie) und nicht nur als Verbot der Rechtsausübung (Außentheorie) angesehen werden. Ein Verstoß gegen die rechtsethischen Grenzen der Rechtsmacht stellt ein „Handeln ohne Recht" dar (überwiegende Meinung, der die Rechtsprechung folgt; vgl. ENN./ NIPPERDEY § 239 III 6 m.w.N.).

Im Falle mißbräuchlicher Rechtsausübung bedarf es daher keiner prozessualen „Einrede" des Gegners (vgl. dazu näher unten Rdn. 438 ff). Vielmehr ist der Rechtsmißbrauch von Amts wegen zu beachten. Allerdings muß derjenige, der sich auf Rechtsmißbrauch beruft, die Tatsachen vortragen, die die Rechtsausübung unzulässig machen; er trägt für diese Tatsachen auch die Beweislast (vgl. BGHZ 12, 154, 160).

1. Schikaneverbot

Verboten ist die Schikane, d. h. eine Rechtsausübung, die *nur* den Zweck haben **409** *kann*, einem anderen Schaden zuzufügen (§ 226).

Vorausgesetzt wird, daß die Schadenszufügung der *einzige Zweck* der Rechtsverfolgung ist. Wenn ein berechtigtes Interesse auch nur mitbestimmend ist, scheidet ein Verstoß gegen § 226 aus (vgl. RGZ 98, 15, 17). Wegen dieser engen

Anforderungen ist die Vorschrift in der Praxis wenig bedeutsam, da sich der Beweis des alleinigen Zweckes kaum erbringen läßt.

> Daher sind *positive* Entscheidungen selten. Beispiele sind u. a.: Ein Vater hatte seinem mit ihm verfeindeten Sohn unbedingt und ausnahmslos das Betreten des Schloßgartens untersagt, in dem die Mutter beerdigt war (RGZ 72, 251, 254). Ein Darlehensnehmer hatte zur Sicherung eines ihm gegebenen Darlehens Aktien mit bestimmten Nummern verpfändet; die Aktien wurden infolge Konkurses der AG wertlos; gleichwohl verlangte er, als er auf Rückzahlung des Darlehens in Anspruch genommen wurde, Rückgabe seiner Aktien, obwohl der Gläubiger, da die Aktien verbrannt waren, ihm andere, gleichfalls wertlose Aktien der AG anbot (RGZ 96, 184 ff). – Zur *Ablehnung* des § 226 wegen Fehlens des alleinigen Schikanezwecks vgl. RG WarnRspr. 1916 Nr. 51, wo dem Verlangen auf Beseitigung eines geringfügigen Überbaus trotz „übler Gesinnung" des Klägers stattgegeben wurde, weil dem Kläger immerhin ein Bodenverlust von 1,2 m² entstanden war. – Der Rechtsgedanke des § 226 findet auch im Verfahrensrecht Anwendung (OLG Frankfurt NJW 1979, 1613).

410 Ein schikanöses Verhalten ist *widerrechtlich*. Daher ist bei Vorliegen der weiteren Voraussetzungen des § 227 *Notwehr* denkbar. Der mißbräuchlichen Rechtsausübung kann weiterhin mit einem *Unterlassungsanspruch*, der unmittelbar auf § 226 gestützt wird, entgegengetreten werden (so RGZ 72, 251, 254, h. M.). Hat die schikanöse Handlung zu einer Schädigung geführt, kann *Schadensersatz* verlangt werden: nach § 823 I, aber auch nach § 823 II, da § 226 Schutzgesetz ist; nicht zuletzt kann § 826 in Betracht kommen. Allerdings ist in diesen Fällen die Voraussetzung des Verschuldens gesondert zu prüfen, da Fälle denkbar sind, in denen z. B. mangels Deliktsfähigkeit die Anwendbarkeit dieser Vorschriften ausgeschlossen sein kann (zum vorsatzausschließenden Irrtum vgl. SIEBERT Verwirkung, S. 145).

2. Das Verbot sittenwidriger Schädigung

411 Eine Schranke der Rechtsausübung ergibt sich aus § 826, der neben dem Schadensersatzanspruch auch eine quasi-negatorische Unterlassungsklage ermöglicht, da der Verstoß gegen die guten Sitten das Handeln rechtswidrig macht (RGZ 155, 55, 59). Daß es sich um eine Schranke der Rechtsausübung handelt, erweist die Entstehungsgeschichte: Die ursprüngliche Einschränkung, daß § 826 *nur* Platz greife, wenn der Schädiger nicht in Ausübung eines ihm zustehenden Rechtes handele, wurde durch die Reichstagskommission gestrichen. Die Schrankenfunktion wird besonders dadurch deutlich, daß durch § 826 sogar die *Rechtskraft* eines Urteils *durchbrochen* wird, wenn der Gläubiger das Urteil zwar nicht erschlichen hat, seine Unrichtigkeit jedoch kennt und besondere, schwerwiegende Umstände hinzutreten, welche die Verwertung als sittenwidrig erscheinen lassen (RGZ 168, 1, 12; BGHZ 13, 71, 72; 26, 391, 396). Wegen der Rechtswidrigkeit des sittenwidrigen Handelns ist Notwehr zulässig.

§ 826 überschneidet sich mit anderen gesetzlichen Bestimmungen. Die Vorschrift geht über § 226 hinaus, da sie nicht auf die Ausschließlichkeit des Schädigungszwecks abstellt. Andererseits geht sie von strengeren Voraussetzungen aus als § 242, da nicht jede Treuwidrigkeit einen Verstoß gegen die guten Sitten zu bedeuten braucht (BAG NJW 1964, 1542). Dem § 826 entsprechende Schranken der subjektiven Rechte finden sich insbesondere in wettbewerbsrechtlichen Sondergesetzen (vgl. z. B. § 1 UWG, § 12 RabG), wobei § 826 neben diesen Sonderbestimmungen Anwendung finden kann (vgl. BGHZ 36, 252, 256).   **412**

3. Einschränkungen durch den Grundsatz von Treu und Glauben

Aus der in das Schuldrecht aufgenommenen Vorschrift des § 242, wonach der Schuldner die Leistung so zu bewirken hat, wie *Treu und Glauben mit Rücksicht auf die Verkehrssitte* es erfordern, wird eine *generelle Verhaltenspflicht* abgeleitet, die die *gesamte Rechtsordnung* beherrscht. Sie umfaßt einerseits Fürsorge-, Mitwirkungs-, Aufklärungs- und Sorgfaltspflichten, die sich teilweise als Nebenpflichten im Schuldverhältnis äußern; andererseits erzeugt die Pflichtbindung zugleich Schranken in der Ausübung von Rechten.   **413**

Im *Zivilrecht* äußert sich die Schrankenfunktion des § 242 in allen Bereichen, nach h. M. auch im Sachenrecht. Hierbei ergeben sich Überschneidungen mit den §§ 134, 138. Freilich braucht nicht jeder Verstoß gegen Treu und Glauben ein Verstoß gegen ein gesetzliches Verbot oder gegen die guten Sitten zu sein. Andererseits werden insbesondere die Verstöße gegen § 138 in der Regel Verstöße gegen Treu und Glauben darstellen. In diesen Fällen stellt sich die Frage, ob die gesetzlich angeordneten Nichtigkeitsfolgen gelten oder die flexiblere Vorschrift des § 242 anwendbar sein soll. Der Rückgriff auf § 242 ist geboten, wenn die Rechtsfolgen der Nichtigkeit nicht ausreichen, den Benachteiligten zu schützen. So ist z. B. zu prüfen, ob an sich nichtige Vertragsbedingungen nicht durch Heranziehung des § 242 auf ein vertretbares Maß zurückgeführt werden können (BGH NJW 1971, 1034, 1035).   **414**

In einer Reihe von Fällen hat der Grundsatz von Treu und Glauben eine *institutionelle Ausformung* erfahren. In erster Linie ist hier die Rechtsfigur des **venire contra factum proprium** zu nennen, die gebietet, daß die Wahrnehmung von Rechten nicht zu dem eigenen Verhalten in Widerspruch stehen darf. Unter diesem Oberbegriff sind etwa die gesetzlichen Vorschriften der §§ 162, 817 S. 2 einzuordnen, darüber hinaus das Institut der **Verwirkung** (vgl. unten § 54), aber auch die **treuwidrige Berufung auf Formnichtigkeit** (vgl. unten Rdn. 870 ff). Die neuere Rechtslehre führt auch die Rechtsfolgen beim **Wegfall der Geschäftsgrundlage** auf die sich aus § 242 ergebenden Schranken zurück (vgl. unten Rdn. 1095 ff). Ganz allgemein zeigt sich die Schrankenfunktion im Grundsatz   **415** "dolo petit" (*dolo agit, qui petit, quod statim redditurus est*), der eine erweiterte Anwendung im Prozeß gefunden hat (vgl. BAUMGÄRTEL, aaO). Schließlich lassen sich auch einzelne Erscheinungsformen im Bereich des **Vertrauensschutzes** als Schranke der Rechtsausübung auffassen, so z. B., wenn nach dem Grundsatz "*Wo du deinen Glauben gelassen hast, dort sollst du ihn suchen*" der Herausgabeanspruch des bisherigen Eigentümers gegenüber dem gutgläubigen Dritten ausgeschlossen und darüber hinaus dem Erwerber nach § 932 das Eigentum zugesprochen wird.

§ 25
Anspruch und Einrede

ARENS Zur Anspruchskonkurrenz bei mehreren Haftungsgründen, AcP 170 (1970), 392 ff; BORNEMANN Die Lehre vom Anspruch, 1971; BRUNS Die Anspruchskonkurrenz im Zivilrecht, JuS 1971, 221 ff; ders., Der materiellrechtliche Anspruch und der Zivilprozeß, Festschrift Ekelöf, 1972, 161 ff; BÜLOW Klage und Urteil, ZZP 31, 191 ff; COING Zur Geschichte des Begriffs "Subjektives Recht", in: ders., Gesammelte Aufsätze zu Rechtsgeschichte, Rechtsphilosophie und Zivilrecht 1947–1975, Bd. 1, 1982, S. 241 ff; DIETZ Anspruchskonkurrenz bei Vertragsverletzung und Delikt, 1934; EICHLER Die Konkurrenz der vertraglichen und deliktischen Haftung im deutschen Recht, AcP 162 (1963), 401 ff; GEORGIADES Die Anspruchskonkurrenz im Zivilrecht und Zivilprozeßrecht, 1968; HELLWIG Anspruch und Klagrecht, 1924; ders., Klagerecht und Klagemöglichkeit, 1905; HENCKEL Prozeßrecht und materielles Recht, 1970; ders., Vorbeugender Rechtsschutz im Zivilrecht, AcP 174 (1974), 97 ff; HÖLDER Über Ansprüche und Einreden, AcP 93 (1902), 1 ff; JAHR Die Einrede des bürgerlichen Rechts, JuS 1964, 125 ff, 218 ff, 293 ff; H. KAUFMANN Zur Geschichte des aktionenrechtlichen Denkens, JZ 1964, 482 ff; KLEINFELLER Der Begriff "Anspruch", AcP 137 (1933), 129 ff; LANGHEINEKEN Anspruch und Einrede, 1903; LENT Die Gesetzeskonkurrenz im Bürgerlichen Recht und Zivilprozeß, 2 Bde., 1912 und 1916; MEDICUS Anspruch und Einrede als Rückgrat einer zivilistischen Lehrmethode, AcP 174 (1974), 313 ff; ders., Subsidiarität von Ansprüchen, JuS 1977, 637 ff; NEUSSEL Anspruch und Rechtsverhältnis, 1952; OKUDA Über den Anspruchsbegriff im deutschen BGB, AcP 164 (1964), 536 ff; REICHEL Unklagbare Ansprüche, JherJb. 59 (1911), 409 ff; 60 (1912), 38 ff; RIMMELSPACHER Materiellrechtlicher Anspruch und Streitgegenstandsprobleme im Zivilprozeß, 1970; ROTH Die Einrede des Bürgerlichen Rechts, 1988; SCHAPP Das subjektive Recht im Prozeß der Rechtsgewinnung, 1977; ders., Das Zivilrecht als Anspruchssystem, JuS 1992, 537 ff; SCHLOSSER Selbständige peremptorische Einrede und Gestaltungsrecht im deutschen Zivilrecht, JuS 1966, 257 ff; E. SCHMIDT Die AGB-Verbandsklagebefugnis und das zivilistische Anspruchsdenken, ZIP 1991, 629 ff; R. SCHMIDT Die Gesetzeskonkurrenz im bürgerlichen Recht, 1915; SCHWAB Die Entscheidung über prozeßhindernde Einreden, Festschrift Friedrich Weber, 1975, 413 ff; SEELIG Die prozessuale Behandlung materiellrechtlicher Einreden, 1980; WACH Der Feststellungsanspruch, 1889; ders., Der Rechtsschutzanspruch, ZZP 32, 1 ff; WINDSCHEID Die Actio des römischen Zivilrechts vom Standpunkte des heutigen Rechts, 1856.

Anspruch und Einrede § 25 I 2

I. Subjektives Recht und Anspruch

Der Anspruch ist das Recht, von einem anderen ein Tun oder Unterlassen zu verlangen (§ 194 I). Wie § 194 II zeigt, ist der Begriff nicht lediglich auf schuldrechtliche Forderungen beschränkt, sondern er umfaßt auch Ansprüche aus einem dinglichen, familienrechtlichen oder erbrechtlichen Verhältnis. **416**

Wenn sich das Zivilrechtssystem neben dem Begriff des subjektiven Rechtes der Figur des Anspruches bedient, so ermöglicht es dadurch, die im subjektiven Recht enthaltenen und aus ihm entspringenden Befugnisse inhaltlich zu bestimmen sowie ihre Funktionen im einzelnen festzulegen.

1. **Absolute subjektive Rechte** sind Ausdruck der Herrschaftsmacht, die sich zunächst auf das Rechtsgut als Objekt bezieht; **Ansprüche** gegen Personen entstehen erst bei Entziehung, Eingriffen und Störungen. So läßt das Gesetz z. B. aus dem Eigentum die Ansprüche auf Herausgabe (§ 985), auf Beseitigung einer Störung (§ 1004 I 1) und auf Unterlassung (§ 1004 I 2) entspringen. **417**

> Die Unterscheidung wird insbesondere dadurch deutlich, daß im Gegensatz zum subjektiven Recht der Anspruch der Verjährung unterliegt (§ 194 I). So kann z. B. das Eigentumsrecht als subjektive Rechtsmacht (§ 903) nicht verjähren (allenfalls durch Zeitablauf unter den Voraussetzungen der §§ 937 ff im Wege der Ersitzung verloren gehen), wohl aber ist der aus dem subjektiven Recht entspringende Anspruch auf Herausgabe (§ 985) der Verjährung unterworfen. Er kann dann nicht mehr gegen den Willen des Verpflichteten mit Erfolg geltend gemacht werden. Dagegen bleibt das Eigentumsrecht selbst bestehen. Das zeigt sich, wenn die Sache in die Hand eines weiteren Besitzers kommt, der sich auf Verjährung nicht berufen kann. Gegen diesen Besitzer kann der Eigentümer den Anspruch aus § 985, der allerdings seinerseits wieder verjähren kann, mit Erfolg geltend machen.

2. Während das Verhältnis zwischen absolutem subjektivem Recht und Anspruch klar erkennbar ist, bedarf das **Verhältnis von relativem subjektivem Recht und Anspruch** näherer Bestimmung. Dies wird dadurch erschwert, daß das Gesetz sowohl den Begriff Forderungsrecht als auch den Begriff Anspruch benutzt. **418**

Auszugehen ist vom *Schuldverhältnis im weiteren Sinne*, das heute als Basis der gesamten Rechtsbeziehungen angesehen wird. Aus ihm erwachsen durch die „Bindung" des Schuldners subjektive Rechte; insofern ist das Schuldverhältnis – insbesondere das rechtsgeschäftlich begründete – das Gefüge („Organismus", „konstante Rahmenbeziehung"), aus dem sich neben der Hauptpflicht Nebenpflichten, Obliegenheiten sowie Gestaltungsrechte ergeben können.

> *Obliegenheiten* erzeugen z. B. keinen Anspruch gegen den Verpflichteten, sie wirken lediglich über Sanktionen (z. B. dadurch, daß durch Verletzung von Obliegenheiten Ansprüche verloren gehen). – *Gestaltungsrechte* kann der Berechtigte von sich aus durchsetzen; mit der Anfechtung ist z. B. das Rechtsgeschäft vernichtet. Soweit das Gestaltungsrecht der richterlichen Kontrolle im Wege des Gestaltungsurteils unterworfen ist (vgl. oben Rdn. 379 ff), bedarf es keines „Anspruches" auf Gestaltung; es besteht lediglich ein Klagerecht. **419**

213

420 Im einzelnen Forderungsrecht konkretisiert sich das Schuldverhältnis, das Forderungsrecht wird zum *Schuldverhältnis im engeren Sinne*. Dabei kann sich das primäre Forderungsrecht, z. B. auf Leistung eines Gegenstandes, in einen sekundären Anspruch auf Schadensersatz verwandeln; auch diese Ansprüche werden ihrerseits als „Forderungsrechte" angesehen. Da die Rechtsordnung mithin keine Unterscheidung vornimmt, muß nach h. M. (vgl. LARENZ AT § 14 I; MEDICUS AT Rdn. 75) von einer *Identität von Forderung und Anspruch* ausgegangen werden.

421 Nur das Forderungsrecht im Sinne des Anspruchs ist übertragbar (§ 398), während der bisherige Gläubiger im übrigen seine Stellung im Schuldverhältnis (im weiteren Sinne) behält. Das ist besonders deutlich bei Dauerschuldverhältnissen, wenn Teilansprüche, z. B. auf Mietzins oder Arbeitslohn abgetreten werden. – Allgemein bleibt der bisherige Gläubiger zur Feststellungsklage berechtigt (RG Recht 1930 Nr. 1982). – Von den Hilfsrechten gehen nur diejenigen, die der Durchsetzung der Forderung selbst dienen, ohne weiteres auf den Zessionar über (z. B. Fälligkeitskündigung, Mängelgewährleistung, Wahlrecht des Gläubigers). Ob darüber hinaus mit einer Abtretung z. B. das Rücktrittsrecht ipso iure auf den Zessionar übergeht, ist fraglich; es würde, da Interessen des Zedenten berührt werden, im Zweifel im Zusammenwirken mit diesem ausgeübt werden müssen (zum Streitstand BGH NJW 1973, 1793 f). – Bei Verträgen zugunsten Dritter behält der Versprechensempfänger das Recht, die Leistung an den Dritten zu fordern, auch dann, wenn diesem das Recht auf die Leistung zusteht (§ 335); dem Versprechensempfänger steht z. B. auch das Recht auf Wandlung zu.

422 Das Schuldverhältnis besteht insbesondere auch dann fort, wenn der Anspruch wegen Verjährung nicht mehr durchsetzbar ist. Der Verpflichtete hat zwar die Möglichkeit, gegen den Anspruch die Einrede der Verjährung zu erheben; eine Leistung, die er zur Befriedigung eines verjährten Anspruches erbracht hat, ein gegebenes Anerkenntnis (§ 781) oder eine Sicherheitsleistung (§§ 232 ff) kann er jedoch nicht zurückverlangen (§ 222 II). Aus erhaltenen Sicherheiten kann sich der Gläubiger trotz des Akzessorietätsgrundsatzes weiterhin befriedigen (§ 223).

423 3. Die vom Gesetz für die schuldrechtlichen Ansprüche ausgesprochenen allgemeinen Regeln können auch auf *dingliche, familienrechtliche und erbrechtliche Ansprüche* zur Anwendung kommen, soweit sich nicht aus der betreffenden Regelung Gegenteiliges ergibt. Allgemeine Geltung kann der die gesamte Rechtsordnung beherrschende Grundsatz des § 242 beanspruchen. Dagegen ist nach h. M. die Anwendung des § 281 auf die Ansprüche aus dem Eigentum nach §§ 985 ff abzulehnen. Hier kann angesichts der vom Gesetz eingeräumten Sonderstellung des redlichen Besitzers dieser nicht verpflichtet werden, dem Eigentümer das sogenannte stellvertretende commodum herauszugeben (RGZ 115, 31, 32 ff gegen RGZ 105, 84 ff; zustimmend WOLFF/RAISER § 84 VI 1 und WESTERMANN § 31 IV 2 m.w.N.). Auch eine Abtretung des Berichtigungsanspruches nach § 894 ist nicht möglich; er kann allenfalls in Ermächtigung für den Berechtigten geltend gemacht werden. Andererseits muß darauf hingewiesen werden, daß auch aus dem Sachenrecht entstehende Ansprüche schuldrechtlichen Charakter haben, so

Anspruch und Einrede **§ 25 I 5**

z. B. §§ 987 ff. Familienrechtliche Ansprüche sind nur abtretbar, wenn sie vermögensrechtlichen Inhalt haben (so z. B. nicht der Anspruch aus § 1632).

4. Der Anspruch setzt nicht notwendigerweise *Fälligkeit* voraus. Es gibt Ansprüche auf künftige, noch nicht fällige Leistungen („betagte Forderungen"), die, sofern bestimmt bzw. bestimmbar, der Abtretung fähig sind (vgl. zu ihrer Klagbarkeit auch § 257 ZPO). – Sie können von einer Rechtshandlung des Berechtigten abhängig gemacht werden (z. B. Kündigung). Hier kann von einem „verhaltenen" Anspruch gesprochen werden (LANGHEINEKEN aaO, S. 101 ff). **424**

> Davon sind die Fälle zu unterscheiden, in denen die Parteien die Wirkung eines Rechtsgeschäfts vom Eintritt einer Bedingung oder eines Termins abhängig gemacht haben (§§ 158 I, 163). Auch hier ist die Übertragung daraus entstehender Anwartschaften möglich. Dingliche Anwartschaften können auch gegen Dritte den Schutz des Vollrechts genießen.

5. Der Rechtsinhaber kann vom Verpflichteten verlangen, daß dieser die Leistungsbefehle der Rechtsordnung befolgt. Ein solches Verlangen braucht nicht notwendig im Klagewege zu erfolgen; in den meisten Fällen werden die Ansprüche freiwillig erfüllt, sei es, daß das Begehren erst gar nicht ausdrücklich kundgetan wird (etwa bei alltäglichen Bargeschäften, Ware gegen Geld), sei es, daß auf Rechnung oder Mahnung etc. erfüllt wird. Um jedoch die im subjektiven Recht enthaltenen Möglichkeiten durchsetzen zu können, muß der Anspruch **klagbar** sein. **425**

> Nicht einklagbar ist die *Naturalobligation.* Der Begriff wird wegen seiner Vieldeutigkeit heute ersetzt durch den der *unvollkommenen Verbindlichkeit.* Es sind verschiedene Fälle zu unterscheiden: Bei *Spiel und Wette* sowie bei der Heiratsvermittlung entsteht überhaupt keine rechtliche Verpflichtung, mithin kein Anspruch; jedoch stellt die unvollkommene Verbindlichkeit eine hinreichende causa für eine erbrachte Leistung dar, so daß ein Rückgewähranspruch aus § 812 nicht gegeben ist (§§ 656 I 2, 762). Sodann gibt es Verpflichtungen, die materielle Ansprüche erzeugen, für die jedoch die Klagbarkeit ausgeschlossen ist (so z. B. das *Verlöbnis,* § 1297). Schließlich gibt es klagbare Forderungen, denen jedoch mit einer Einrede entgegengetreten werden kann, so daß sie zu unvollkommenen Verbindlichkeiten werden. Dies gilt für die *verjährte Forderung;* allerdings bleibt der Anspruch insoweit bestehen, als nicht nur mit ihm aufgerechnet, sondern er auch anerkannt werden kann; eine gegebene Sicherheit bleibt erhalten. **426**

Klagbarkeit ist hier *materiellrechtlich* zu verstehen. Sie ist zu unterscheiden vom *Klagerecht im Sinne des Prozeßrechts,* d. h., dem Recht des Staatsbürgers gegenüber dem Staat auf Gewährung von Rechtsschutz, insbesondere auf Erlaß eines Urteils nach Maßgabe der Gesetze. **427**

Aus öffentlich-rechtlichen Grundsätzen kann dieser auch bei Vorliegen der materiellrechtlichen Voraussetzungen zu versagen sein, wenn ein *Rechtsschutzbedürfnis* fehlt, so z. B. wenn der Kläger auf den Rechtsschutz des Staates nicht **428** angewiesen ist, da er bereits einen Vollstreckungstitel in Händen hat (z. B. bei Vorliegen einer vollstreckbaren Urkunde) oder einen solchen auf einfacherem Weg erreichen kann (z. B. durch einen Kostenfestsetzungsbeschluß, RGZ 130, 217 f).

429 6. Darüber hinaus entspricht auch der Anspruch des materiellen Rechts nicht dem des Prozeßrechts. Die ZPO versteht unter „Anspruch" das vom Kläger erhobene *Klagebegehren*. Mit ihm können auch andere Rechte als Ansprüche nach dem BGB geltend gemacht werden. Außer der *Leistungsklage*, die einen Anspruch im materiellrechtlichen Sinne verfolgt, kann der prozessuale Anspruch auf Feststellung des Bestehens oder Nichtbestehens eines Rechtsverhältnisses *(Feststellungsklage)* oder auf Rechtsgestaltung, d. h. Änderung eines Rechtsverhältnisses *(Gestaltungsklage)*, gerichtet sein. Anspruch im Sinne des Prozeßrechts ist daher die im Antrag zum Ausdruck gelangende Behauptung des Klägers, über die er eine der Rechtskraft fähige Entscheidung begehrt (vgl. ROSENBERG/SCHWAB/ GOTTWALD § 95 m.w.N.).

> Im römischen Recht stand die klageweise Geltendmachung des Rechts im Vordergrund. Entscheidend für den Wert einer Rechtsposition war, ob der Praetor eine *actio* gab oder nicht. Deshalb hat das römische Recht kein System der Rechte, sondern der *actiones* ausgebildet. WINDSCHEID aaO versuchte, die gemeinrechtliche Vorstellung von der Verbindung materiellrechtlicher und prozeßrechtlicher Elemente zu überwinden und das materielle Recht als das Primäre, seine prozessuale Verwirklichung als Konsequenz des materiellen Rechts anzusehen; er begründete damit den materiellrechtlichen Begriff des Anspruchs.

II. Mehrheit von Anspruchsgrundlagen

430 Für die rechtliche Beurteilung eines Sachverhalts können mehrere Gesetzesbestimmungen in Betracht kommen. Das rührt daher, daß das Gesetz typische Lebenssachverhalte in Normen erfaßt hat, der Lebensvorgang jedoch in seiner Komplexität die Voraussetzungen verschiedener Normen erfüllen kann. Der Gesetzgeber hat für ein solches Zusammentreffen mehrerer Bestimmungen keine Regeln aufgestellt, sondern diese vielmehr der Wissenschaft überlassen (vgl. Mot. I, 278). Im Falle eines solchen Nebeneinanders von Ansprüchen *(Gesetzeskonkurrenz im weiteren Sinne)* ist jeweils durch Auslegung zu ermitteln, ob die Normen nebeneinander *(kumulativ)* oder wahlweise *(alternativ)* zur Anwendung kommen sollen oder ob die eine Norm die andere ausschließen will *(lex specialis – Gesetzeskonkurrenz im engeren Sinne)*.

1. Eine **kumulative Anwendung** der Normen ist in zweierlei Weise möglich:

431 *a)* Sie wird immer dann in Frage kommen, wenn Vorschriften verschiedene Zwecke verfolgen, verschiedene Bedürfnisse durch *verschiedene Rechtsfolgen* befriedigen wollen. So ist z. B. der Beauftragte zur Auskunft und Rechenschaft nach § 666 und nach § 667 zur Herausgabe des aus der Geschäftsführung Erlangten verpflichtet. Die Ansprüche können nebeneinander geltend gemacht werden, weil sie auf verschiedene Weise den Interessen des Auftraggebers Rechnung tragen wollen. Es handelt sich so um eine sogenannte *Anspruchshäufung*. Im prozessualen Bereich wird eine derartige Anspruchshäufig als objektive Klagenhäufung bezeichnung (vgl. § 260 ZPO). Setzt ein Leistungsanspruch die Auskunftserteilung durch den Verpflichteten voraus, so kann bei Verbindung der Klagen die Präzisierung des Leistungsanspruches zurückgestellt werden (Stufenklage, § 254 ZPO).

b) Zu unterscheiden sind davon die Fälle, in denen die Rechtsordnung mehrere **432** Ansprüche zur Verfügung stellt, die auf *dieselbe Rechtsfolge* gerichtet sind. Ein solches Zusammentreffen von Anspruchsgrundlagen für ein und denselben Lebenssachverhalt kommt im BGB nicht selten vor. Am augenscheinlichsten tritt dies bei Schadensersatzansprüchen zutage, die sowohl auf der Verletzung vertraglicher Pflichten als auch auf einer unerlaubten Handlung beruhen, sowie bei Herausgabeansprüchen, die ihre Ursache in einem Vertrag haben oder aber auf Eigentum oder Besitz gestützt werden.

Die Konkurrenz der Ansprüche basiert nicht nur auf unterschiedlichen Voraus- **433** setzungen, sie schließt auch nicht aus, daß hinsichtlich der *Rechtsfolgen* Abweichungen bestehen können.

Dies zeigt sich, wenn gegen denjenigen, der als Nichtberechtigter wirksam über eine Sache verfügt hat, sowohl Ansprüche aus §§ 816 I, 687 II auf das durch die Verfügung über die Sache Erlangte als auch Schadensersatzansprüche aus Vertrag bzw. Delikt bestehen. Der Schaden, der nach den §§ 249 ff zu beurteilen ist, muß in derartigen Fällen durchaus nicht identisch mit dem durch die Verfügung über die Sache Erlangten sein.

Beim Zusammentreffen der Haftung aus *Vertrag und Delikt* liegt der Vorteil der Vertragshaftung für den Geschädigten vornehmlich in dem stärkeren Einstehenmüssen des Schädigers für Gehilfen nach § 278 im Gegensatz zu § 831 (Möglichkeit des Entlastungsbeweises), sodann in der Umkehrung der Beweislast durch § 282, während bei deliktischer Haftung grundsätzlich der Geschädigte dem anderen Teil das Verschulden beweisen muß. Die Rechtsprechung geht allerdings dahin, nach beiden Richtungen die Lage des Geschädigten bei Fehlen einer vertraglichen Haftung zu verbessern, und zwar hinsichtlich des Einstehens für Gehilfen durch Annahme einer Haftung aus culpa in contrahendo schon beim Eintritt in Vertragsverhandlungen (vgl. unten Rdn. 1080 ff) und hinsichtlich der Beweislast in besonderen Fällen durch eine Erleichterung in der Beweisführung sowohl durch den sogenannten prima-facie-Beweis als auch durch Beweislastumkehr.

Andererseits kann der Berechtigte über die Vertragshaftung im Falle der Körperverletzung Schmerzensgeld nicht erhalten (§ 253), wohl aber bei der Haftung aus unerlaubter Handlung (§ 847).

Auch beim Zusammentreffen von Ansprüchen aus *Delikt und Gefährdungshaftung* ergeben sich Differenzierungen sowohl hinsichtlich der Voraussetzungen als auch hinsichtlich der Rechtsfolgen.

> Die Ersatzpflicht eines Kraftfahrers, der gleichzeitig Halter des Kfz ist, kann sich sowohl aus § 823 I als auch aus § 7 StVG ergeben; nach § 823 I wird Verschulden vorausgesetzt, die Ersatzpflicht schließt Schmerzensgeld ein, nach § 7 StVG braucht – da es sich um Gefährdungshaftung handelt – Verschulden nicht vorzuliegen; ein Schmerzensgeldanspruch besteht dann freilich nicht, und der Umfang des Schadenersatzes ist begrenzt.

434 In diesen Fällen nimmt die h. M. an, daß die Ansprüche materiellrechtlich nebeneinander bestehen; es besteht „**Anspruchskonkurrenz**"; so wenn die Rechtsprechung betont, daß z. B. die Schadensersatzansprüche aus Vertragsverletzung und aus unerlaubter Handlung im gleichen Rangverhältnis stehen (BGHZ 24, 188, 191 unter Bezugnahme auf die ständige Rechtsprechung). Insbesondere kann die allgemeine Rechtspflicht, deren Verletzung die unerlaubte Handlung darstellt, nicht dadurch beseitigt werden, daß erst durch einen Vertrag die Möglichkeit der rechtswidrigen Einwirkung auf den Rechtsgüterkreis des anderen eröffnet würde (RGZ 88, 433, 435). Auch vertragliche und dingliche Herausgabeansprüche bestehen nebeneinander (BGHZ 34, 122 f gegen WOLFF/RAISER § 84 I 2).

Auch wenn nicht in Frage gestellt wird, daß eine Mehrheit von Anspruchsgrundlagen gegeben sein kann, wird die Auffassung vertreten, daß es sich nicht um das Konkurrieren von selbständigen Ansprüchen handele, sondern um *einen* Anspruch mit mehrfacher Begründung (so LARENZ AT § 14 IV 4 m.w.N.). Diese Auffassung versucht, dem prozessualen Bedürfnis nach Bestimmung des Streitgegenstandes materiellrechtlich zu entsprechen. Dagegen ist einzuwenden, daß auch die Prozeßordnung die Selbständigkeit der Ansprüche durch verschiedene Gerichtsstände berücksichtigt (vgl. § 32 ZPO). Insbesondere kann auch das Nebeneinander von dinglichen und vertraglichen Herausgabeansprüchen nicht bestritten werden.

435 Allerdings wird auch bei der Annahme des Konkurrierens mehrerer Ansprüche in einigen Fällen auf *die günstigere Regelung* Rücksicht genommen; so wird z. B. beim Konkurrieren von Vertrags- und Delikthaftung in den Fällen, in denen die Vertragshaftung den Verpflichteten hinsichtlich des Verschuldensmaßstabes besser stellt (durch Ermäßigung auf grobe Fahrlässigkeit, § 599, oder auf diligentia quam suis, § 690), für die Verantwortlichkeit in der Delikthaftung ein entsprechender Maßstab zugrundegelegt (BGH NJW 1954, 145; vgl. auch BGHZ 46, 140, 145). Auch hinsichtlich der Verjährung wird in den Fällen der §§ 558, 606 gegenüber § 852 auf die kürzere Verjährungsfrist abgestellt (RGZ 66, 363, 364; 75, 116, 119; 142, 258, 262; BGH LM Nr. 1 zu § 558; BGHZ 47, 53, 55; 54, 264, 267; dazu vgl. unten Rdn. 1394).

2. Eine **alternative Anwendung** liegt vor, wenn vom Gesetz mehrere Anspruchs- **436** möglichkeiten vorgesehen sind, von denen der Berechtigte *nur* die eine oder die andere wählen kann. So gewährt z. B. das Gesetz in §§ 325, 326 die Alternative zwischen Schadensersatz und Rücktritt oder im Rahmen der Sachmängelhaftung (§§ 459 ff) beim Gattungskauf die Wahl zwischen Wandlung bzw. Minderung und der Lieferung einer mangelfreien Sache (§ 480).

3. Eine **ausschließliche Anwendung** sieht das Gesetz vor, wenn von mehreren **437** denkbaren Anspruchsgrundlagen nur eine in Betracht kommt, die als lex specialis die anderen verdrängt oder ausschließt. Oft wird dies vom Gesetz nicht ausdrücklich angeordnet, sondern ist nach Sinn und Zweck der einzelnen Vorschriften zu vermitteln.

Das zeigt sich zunächst in der *Systematik* des Gesetzes: Es gelten z. B. im Schuldrecht in erster Linie die speziellen Vorschriften des besonderen Teils; sie lassen die entsprechenden Vorschriften des allgemeinen Schuldrechts zurücktreten (so setzt § 538 die §§ 306, 307 sowie §§ 325, 326 in ihren jeweiligen tatbestandlichen Voraussetzungen außer Kraft – vgl. BGH NJW 1963, 804, 805). Auch *innerhalb einer Normengruppe* kann eine Vorschrift ihrem Zweck nach erweiternde und einschränkende Funktion haben (vgl. § 839 I 1 und § 839 I 2 gegenüber § 823).

Die ausschließliche Anwendung einer der konkurrierenden Vorschriften kann sich auch aus den unterschiedlichen *Rechtsfolgen* ableiten lassen. Da z. B. § 138 bei Sittenwidrigkeit schlechthin die Nichtigkeit anordnet, der § 123 jedoch durch die Möglichkeit der Anfechtung die Geltendmachung der Nichtigkeit in die Disposition des arglistig Getäuschten oder Bedrohten stellt, muß § 123 gegenüber § 138 als lex specialis gelten (vgl. unten Rdn. 845).

Da das Gesetz bei der Sachmängelhaftung im Interesse der Verkehrssicherheit durch § 477 eine schnelle Abwicklung der Gewährleistungsansprüche will, muß diese Vorschrift dem sich aus § 119 II ergebenden Anfechtungsrecht, das gegebenenfalls 30 Jahre bestehen könnte (§ 121 II), vorgehen (vgl. unten Rdn. 791).

III. Einrede

1. Einrede ist das Recht, die Durchsetzung des Rechts eines anderen gegen sich **438** *dauernd oder zeitweilig zu hindern oder zu beschränken.* Sie ist also ein Verteidigungsmittel gegenüber dem Vorgehen des Berechtigten, ein *Gegenrecht*. Regelmäßig richtet sie sich gegen die Geltendmachung eines Anspruchs, deshalb wird die Einrede auch meist als Recht des Verpflichteten definiert, die Erfüllung des Anspruchs, d. h. die Leistung zu verweigern (vgl. §§ 222, 202, 273, 322, 2187, 2318). Das Gesetz spricht jedoch auch von Einreden des Eigentümers (der nicht mit dem Schuldner identisch zu sein braucht) gegen die Hypothek, also gegen die Pfandhaftung und gegen das dingliche Verwertungsrecht, die nach h. M. keine Leistungsansprüche darstellen. Der Begriff der Einrede muß deshalb auch Gegenrechte dieser Art umfassen.

439 Die Funktion der Einrede läßt sich wie folgt darstellen: Indem die Rechtsordnung dem Berechtigten einen Anspruch gibt, sagt sie zum Verpflichteten: „Du mußt". Soweit sie diesem ein Einrederecht gibt, sagt sie gleichzeitig: „Wenn du nicht willst, brauchst du nicht." Es läßt sich fragen, warum die Rechtsordnung dann nicht die Verpflichtung selbst aufhebt. Das Beispiel der aufschiebenden Einreden (etwa der Stundung) zeigt jedoch die Zweckmäßigkeit der gesetzlichen Regelung: Die Stundung bedeutet nur ein „Du brauchst nicht" für vorübergehende Zeit, danach wird das „Du mußt" wieder voll wirksam. Eine Befreiung des Schuldners durch zeitweiliges Erlöschen der Schuld würde es notwendig machen, die Schuld wiederaufleben zu lassen. Pfandrecht und Bürgschaft als abhängige Rechte wären aber mit der Schuld untergegangen, ihre Neubelebung würde Schwierigkeiten bereiten. – Aber auch bei der dauernden Einrede, z. B. der Verjährung, ist es sinnvoll, den Schuldner nicht schlechthin zu befreien. Es können bei ihm gute Gründe dagegen sprechen, sich der Zahlung einer Schuld durch Hinweis auf den Zeitablauf zu entziehen. Daher gibt die Regelung des Gesetzes dem Schuldner die Entscheidung anheim.

440 2. Das Einrederecht kann auf einem Gegenrecht beruhen, das sich in der Einredemöglichkeit erschöpft (*selbständige* Einreden) oder sich als Konsequenz eines in andere Richtung gehenden Gegenrechts ergeben (*unselbständige* Einreden).

Es handelt sich z. B. um eine unselbständige Einrede, wenn der vom Verkäufer auf den Kaufpreis verklagte Käufer Gewährleistungsrechte durch Einrede geltend macht. Dann stellt das Gewährleistungsrecht ein Recht dar, dem gleichzeitig die Kraft verliehen ist, die Durchsetzung des Verkäuferanspruchs zu hemmen.

Selbständige Einrederechte sind solche, die in keiner Hinsicht auf einem anderen Recht beruhen, die also bloße Hemmungsrechte sind, z. B. die Einrede der Verjährung (§ 222). Unter Umständen können unselbständige Einreden als selbständige erhalten bleiben (vgl. z. B. § 478).

441 3. Im Hinblick auf ihre *Wirkung* lassen sich darüber hinaus die Einreden wie folgt unterscheiden:

a) *Aufschiebende (dilatorische)* und *ausschließende (peremptorische)* Einreden.
Die *aufschiebenden* Einreden stehen der Geltendmachung des Anspruchs nur *zeitweise* entgegen: z. B. Einrede der Stundung, des Zurückbehaltungsrechts, des nicht erfüllten Vertrages; sie entfallen entweder durch Zeitablauf oder Befriedigung des Einredeberechtigten.

Die *ausschließenden* Einreden stehen der Geltendmachung des Anspruchs *dauernd* entgegen und können höchstens bei Nichtausübung durch den Einrede-

Anspruch und Einrede　　　　　　　　　　　　　　　　　　　　　　　§ 25 III 5

berechtigten außer Betracht bleiben: z. B. die Einrede der Verjährung (§ 222 I), die Einrede der ungerechtfertigten Bereicherung (§ 821).

b) *Persönliche* und *unpersönliche* Einreden. **442**
Die persönlichen stehen nur einer bestimmten Person oder gegen eine bestimmte Person zu. Die unpersönlichen sind mit dem Gegenstand, auf den sie sich beziehen, so verknüpft, daß sie mit diesem auf den Rechtsnachfolger des ursprünglich Einredeberechtigten übergehen oder sich gegen den Rechtsnachfolger des ursprünglichen Gegners richten.

> So wirken z. B. Einreden des Werkunternehmers gegen den bestellenden Nichteigentümer, nicht gegen den Eigentümer der Sache, anders jedoch die Einrede aus Verwendungen auf die Sache. Andererseits hat der jeweilige Grundstückseigentümer die Einreden des persönlichen Schuldners gegen den Hypothekengläubiger, dies selbst dann, wenn der persönliche Schuldner auf sie verzichtet hat (§ 1137 II).

4. Von der Einrede ist der Begriff der **Einwendung** zu unterscheiden: Während **443** man mit der Einrede den Bestand des geltend gemachten Rechts selbst nicht angreift, will man mit der Einwendung das Entstehen des Rechts oder seinen Fortbestand verneinen.

a) Eine *rechtshindernde* Einwendung ist z. B. die Geltendmachung von Nichtig- **444** keitsmängeln beim Rechtsgeschäft (Geschäftsunfähigkeit, Formmangel, Sittenwidrigkeit).

b) Eine *rechtsvernichtende* Einwendung ist z. B. die Behauptung von Erfüllung, **445** Erlaß, Aufrechnung (zweifelhaft ist die Einordnung der Anfechtung wegen der ex tunc Folgen).

> c) Streitig ist, ob es sich bei der Verteidigung mit dem *Recht zum Besitz* (z. B. aufgrund eines Mietvertrages gegenüber der Eigentumsklage, vgl. § 986) um eine Einrede handelt oder um eine Einwendung, die den Eigentumsanspruch ipso iure ausschließt (so die h. M., vgl. WOLFF/RAISER § 84 Anm. 15; DIEDERICHSEN Das Recht zum Besitz aus Schuldverhältnissen, 1965, 27; MünchKomm/MEDICUS § 986 Rdn. 24 f, jeweils m.w.N.). Letzteres läßt sich nur dadurch rechtfertigen, daß das aus dem Eigentum fließende subjektive Recht sich stets in aktuellen Herausgabeansprüchen konkretisieren muß und die Einwendung nur diesen jeweiligen Anspruch betrifft.

5. Die **Ausübung des Einrederechts** liegt in der Hand des Verpflichteten. Not- **446** wendig ist also, daß die Einrede *geltend gemacht* wird. Regelmäßig erfolgt die Erhebung der Einrede im Prozeß. Der Richter darf das Einrederecht nur beachten, wenn der Beklagte es geltend macht; er muß also z. B. den Beklagten verurteilen, obwohl sich aus dem eigenen Vortrag des Klägers ergibt, daß sein Anspruch verjährt ist; notwendig ist, daß der Beklagte sich im Prozeß auf die Verjährung beruft oder der Kläger selbst vorträgt, der Beklagte habe bereits vorprozessual die Einrede erhoben (h. M., einschränkend LARENZ AT § 14 II a. E.; MEDICUS AT Rdn. 98; weitergehend SCHLOSSER JuS 1966, 257, 264 ff).

447 In diesem Zusammenhang stellt sich die Frage, inwieweit der Richter im Rahmen seiner Aufklärungspflicht gem. § 139 ZPO – insbesondere außerhalb des Anwaltsprozesses – den Beklagten auf die Einredemöglichkeit hinweisen muß. Nach h. M. soll auch nach der gesetzlichen Regelung über die rechtliche Erörterung im Haupttermin in § 278 III ZPO eine Verpflichtung des Gerichts zu einem Hinweis auf die Einredemöglichkeit nicht bestehen (ZÖLLER/GREGER § 139 ZPO Rdn. 11, vgl. STÜRNER Die richterliche Aufklärung im Zivilprozeß, 1982, insbes. Rdn. 78 ff; SEELIG aaO, S. 71 ff, 93 ff m.w.N.).

448 Hier zeigt sich der *Unterschied* zu den *Einwendungen*, die zwar nach der Verhandlungsmaxime vom Richter nur beachtet werden dürfen, wenn die sie begründenden Tatsachen von einer der Parteien in den Prozeß eingeführt werden, aber von ihm auch beachtet werden müssen, wenn der Kläger selbst die ihm nachteiligen Tatsachen vorbringt, ohne daß der Beklagte sich darauf beruft. Dem Erlaß des Versäumnisurteils gegen den ausgebliebenen Beklagten steht es z. B. entgegen, wenn sich aus dem Klagevortrag die Erfüllung oder der Erlaß der Klageforderung ergibt.

449 Daraus, daß die Einrede regelmäßig *im Prozeß* erhoben wird, darf man jedoch nicht folgern, daß sie ohne Wirkung ist, wenn sich der Verpflichtete *außergerichtlich* auf sie beruft. Nachdem das Gesetz den Anspruch in seiner materiell-rechtlichen Bedeutung ausgestaltet hat, liegt kein hinreichender Grund vor, die Einrede als ein rein prozessuales Schutzmittel aufzufassen.

Wird also die Leistung außergerichtlich verlangt, kann die Einrede in gleicher Weise wirksam erhoben werden. Diese Erklärung behält (falls die Einrede nicht zurückgenommen wird oder sonst wegfällt) für den sich anschließenden Prozeß – wie oben dargestellt – ihre Bedeutung.

Im *Prozeß* führt die *Geltendmachung der Einrede* entweder zur Abweisung der Klage (so z. B. bei der Verjährungseinrede) oder doch zu einem günstigeren Urteil (so z. B. zur Verurteilung zur Leistung Zug um Zug, d. h. gegen Empfang der geschuldeten Gegenleistung, vgl. §§ 274, 322).

450 Auch im *materiellen Recht* hat die *Tatsache der Einredebehaftung*, d. h. das bloße Bestehen des Einrederechts, gewisse *Wirkungen*. So wird die Verjährung durch das Entgegenstehen gewisser Einreden gehemmt (§ 202); eine Forderung, der eine Einrede entgegensteht, kann nicht aufgerechnet werden (§ 390 I); bei dauernden Einreden, d. h. solchen, die zu dauernder Leistungsverweigerung berechtigen, kann zurückgefordert werden, was zur Erfüllung der einredebehafteten Forderung geleistet worden ist (§ 813); in einigen Fällen kann der Einredeberechtigte vom anderen Teil sogar Aufgabe seines Rechts verlangen (§§ 886, 1169, 1254). Für die Einrede der Verjährung ist die Rückforderung jedoch ausgeschlossen in §§ 222 II, 813 I 2. Eine verjährte Forderung kann aufgerechnet werden, wenn sie zum Zeitpunkt der Entstehung der Aufrechnungslage noch nicht verjährt war (§ 390 S. 2).

451 6. Ebenso wie den Begriff des Anspruchs gebraucht die *Zivilprozeßordnung* auch den Begriff der „*Einrede*" in einem *anderen und weiteren Sinne* als das BGB. Zwar stellt § 282 ZPO nach der Vereinfachungsnovelle vom 3. 12. 1976 die Begriffe Einwendung und Einrede nebeneinander. Unbeschadet dieser Terminologie sind jedoch unter Einreden weiterhin generell die *Verteidigungsmittel* des Beklagten zu verstehen, soweit sie sich nicht auf bloßes Bestreiten („Klageleugnen") beschränken. Dies erklärt sich daraus, daß die ZPO nicht vom Anspruch des BGB, sondern von den vom Kläger behaupteten *Tatsachen* (Klagetatsachen) ausgeht, denen die Tatsachenbehauptungen des Beklagten gegenüberstehen. Diese sind die Einreden im Sinne des Prozeßrechts. Unabhängig vom materiellen Recht unterscheidet auch das Prozeßrecht rechtshindernde, rechtsvernichtende und rechtshemmende Einreden (vgl. ROSENBERG/SCHWAB/GOTTWALD § 104 II 2). Die Einrede der Zivilprozeßordnung kann daher sowohl eine Einrede als auch eine Einwendung im Sinne des BGB zum Inhalt haben.

§ 26
Die Verwirklichung des Rechtsschutzes und das Haftungssystem

ADLER Unverschuldetes Unrecht, 1910; M. BAUER Erweiterung der Gefährdungshaftung durch Gesetzesanalogie, Festschrift Kurt Ballerstedt, 1975, 305 ff; BÄLZ Ersatz oder Ausgleich? – Zum Standort der Gefährdungshaftung im Licht der neuesten Gesetzgebung –, JZ 1992, 57 ff; ders., Zum Strukturwandel des Systems zivilrechtlicher Haftung, 1991; BAUMANN Die Rechtswidrigkeit der fahrlässigen Handlung, MDR 1957, 646 ff; v. BAR Verkehrspflichten, 1980; v. CAEMMERER Wandlungen des Deliktsrechts, Festschrift zum 100jährigen Bestehen des DJT, Bd. 2, 1960, 49 ff; ders., Die absoluten Rechte in § 823 Abs. 1 BGB, Karlsruher Forum 1961, 19 ff; CANARIS Schutzwirkung zugunsten Dritter bei „Gegenläufigkeit" der Interessen, JZ 1995, 441 ff; DAMM Entwicklungstendenzen der Expertenhaftung, JZ 1991, 373 ff; DEUTSCH Fahrlässigkeit und erforderliche Sorgfalt, 1963; ders., Haftungsrecht I, Allgemeine Lehren, 1976; ders., Grundlagen des Haftungsrechts, JA 1981, 205 ff; ders., Gefährdungshaftung, JuS 1981, 317 ff; ders., Die neuere Entwicklung der Rechtsprechung zum Haftungsrecht, JZ 1990, 733 ff; DIEDRICH Schließt § 253 BGB den Ersatz immaterieller Personenschäden auch bei pVV und cic aus?, MDR 1994, 525 ff; H. A. FISCHER Die Rechtswidrigkeit, 1911; H. J. HIRSCH Die Lehre von den negativen Tatbestandsmerkmalen, 1960; H. R. HORN Untersuchungen zur Struktur der Rechtswidrigkeit, 1962; U. HUBER Zivilrechtliche Fahrlässigkeit, Festschrift E. R. Huber, 1973, 253 ff; U. HÜBNER Zur Reform von Deliktsrecht und Gefährdungshaftung, NJW 1982, 2041 ff; ders., Die Berufshaftung – ein zumutbares Berufsrisiko?, NJW 1989, 5 ff; KÖTZ Ziele des Haftungsrechts, FS Steindorff 1990, 643 ff; KRAMER Das Prinzip der objektiven Zurechnung im Delikts- und Vertragsrecht, AcP 171 (1971), 422 ff; KREUZER Prinzipien des deutschen außervertraglichen Haftungsrechts, FS Lorenz 1991, 123 ff; LANGE Schadensersatz, Hdb. d. SchR Bd. 1, 2. Aufl. 1990; LARENZ Rechtswidrigkeit und Handlungsbegriff im Zivilrecht, Festschrift Dölle I, 1963, 169 ff; ders., Zum heutigen Stand der Lehre von der objektiven Zurechnung im Schadensersatzrecht,

Festschrift R. Honig, 1970, 79 ff; H. LEHMANN Begrenzung der Rechtswidrigkeit unter vergleichender Berücksichtigung des schweizerischen Rechts, Festschrift Hedemann, 1958, 177 ff; LÖWISCH Rechtswidrigkeit und Rechtfertigung von Forderungsverletzungen, AcP 165 (1965), 421 ff; MAUCZKA Der Rechtsgrund des Schadenersatzes außerhalb bestehender Schuldverhältnisse, 1904; MEDER Risiko als Kriterium der Schadensverteilung, JZ 1993, 539 ff; ders., Höhere Gewalt als Entlastungsgrund – Ein Beispiel für die Konvergenz zweier Haftungsprinzipien, JZ 1994, 485 ff; MICHAELIS Beiträge zur Gliederung und Weiterbildung des Schadensrechts, 1943; MÜNZBERG Verhalten und Erfolg als Grundlagen der Rechtswidrigkeit und Haftung, 1966; NIESE Die moderne Strafrechtsdogmatik und das Zivilrecht, JZ 1956, 457 ff; NIPPERDEY Rechtswidrigkeit, Sozialadäquanz, Fahrlässigkeit, Schuld im Zivilrecht, NJW 1957, 1777 ff; ders., Tatbestandsaufbau und Systematik der deliktischen Grundtatbestände (Zum Referentenentwurf eines Gesetzes zur Änderung und Ergänzung schadensersatzrechtlicher Vorschriften), NJW 1967, 1985 ff; ODERSKY Die Berufshaftung – ein zumutbares Berufsrisiko?, NJW 1989, 1 ff; REINHARDT Das subjektive Recht in § 823 I BGB, JZ 1961, 713 ff; ROTHER Die Begriffe Kausalität, Rechtswidrigkeit und Verschulden in ihrer Beziehung zueinander, Festschrift Larenz, 1983, 437 ff; M. RÜMELIN Die Gründe der Schadenszurechnung und die Stellung des deutschen bürgerlichen Gesetzbuches zur objektiven Schadensersatzpflicht, 1896; SCHLECHTRIEM Vertragsordnung und außervertragliche Haftung, 1972; STATHOPOULOS Bemerkungen zum Verhältnis zwischen Fahrlässigkeit und Rechtswidrigkeit im Zivilrecht, Festschrift Larenz, 1983, 631 ff; H. STOLL Zum Rechtfertigungsgrund des verkehrsrichtigen Verhaltens, JZ 1958, 137 ff; ders., Unrechtstypen bei Verletzung absoluter Rechte, AcP 162 (1963), 203 ff; STRAUCH Rechtsgrundlagen der Haftung für Rat, Auskunft und Gutachten, JuS 1992, 897 ff; WAGNER Die Aufgaben des Haftungsrechts – eine Untersuchung am Beispiel der Umwelthaftungsrechts-Reform, JZ 1991, 175 ff; WEITNAUER Gedanken zu Problemen der Rechtswidrigkeit und des Verschuldens, VersR 1961, 1057 ff; ders., Fahrlässigkeit und Rechtswidrigkeit im Zivilrecht, VersR 1963, 992 ff; WELZEL Fahrlässigkeit und Verkehrsdelikte, 1961; WIEACKER Rechtswidrigkeit und Fahrlässigkeit im Bürgerlichen Recht, JZ 1957, 535 ff; WIETHÖLTER Der Rechtfertigungsgrund des verkehrsrichtigen Verhaltens, 1960; WILL Quellen erhöhter Gefahr, Rechtsvergleichende Untersuchungen zur deutschen Gefährdungshaftung, 1980; J. G. WOLF Der Normzweck im Deliktsrecht, 1962; ZEUNER Bemerkungen zum Problem der Rechtswidrigkeit aus zivilrechtlicher Sicht, JZ 1961, 41 ff; ZIPPELIUS Die Rechtswidrigkeit von Handlung und Erfolg, AcP 157 (1958/59), 390 ff.

A. Die Erfüllung und die Verletzung subjektiver Rechte

452 Regelmäßig werden die Privatrechte freiwillig verwirklicht, entweder aus der rechtlichen Gesinnung des Verpflichteten heraus oder aus der Erwägung, die nachteiligen wirtschaftlichen, gesellschaftlichen oder rechtlichen Folgen der Pflichtverletzung zu vermeiden. Jedoch sind für die Fälle, in denen die Rechtsverwirklichung Widerstände findet, besondere Schutzmittel nötig.

Subjektive Rechte müssen also, um ihre Wirksamkeit sicherzustellen, bewehrt sein. Die Rechtsordnung gewährleistet diesen Schutz durch staatliche Hilfe. Nur in Ausnahmefällen kann sich der in seinen Rechten Betroffene selbst durchsetzen (vgl. unten § 27).

Verwirklichung des Rechtsschutzes und das Haftungssystem § 26 B

Der staatliche Schutz besteht:
 – in der Untersuchung und Feststellung dessen, was Recht ist – Erkenntnisverfahren
 – nötigenfalls in der zwangsweisen Herbeiführung des rechtmäßigen Zustands – Zwangsvollstreckung
 – nötigenfalls auch in der einstweiligen Sicherung der demnächstigen Verwirklichung – Anordnung der vorläufigen Vollstreckbarkeit nichtrechtskräftiger Urteile, Arrest und einstweilige Verfügung.

Der Rechtsschutz dient dem Zweck, entweder ein Recht zu verwirklichen oder einer Rechtsverletzung vorzubeugen, ihre Folgen zu beseitigen und gegebenenfalls auszugleichen.

I. Soweit das subjektive Recht auf **Erfüllung** gerichtet ist, kann es durch Klage und Zwangsvollstreckung erzwungen werden. **453**

So kann z. B. bei der Verurteilung des Verkäufers zur Leistung die nach § 929 erforderliche Einigung durch die Rechtskraft des Urteils (§ 894 ZPO) und die Übergabe mittels Wegnahme durch den Gerichtsvollzieher nach § 897 ZPO durchgesetzt werden.

II. Gegen die **Verletzung** subjektiver Rechte besteht der Schutz zum einen in der Vorbeugung (Unterlassungsansprüche, vgl. §§ 12, 1004, §§ 3, 13 UWG sowie in Fällen des § 823 I), zum anderen bei eingetretener Verletzung in der Beseitigung der Folgen bzw. im Ersatz des Schadens. **454**

Der Rechtsschutz wird durch das **Haftungssystem** des Zivilrechts realisiert.

Rechtsschutz basiert herkömmlich auf den *Anspruchsgruppen* „Vertrag" und „Delikt". Dies bedarf jedoch der Differenzierung:

Forderungsverletzung im engeren Sinne ist der Verstoß gegen rechtsgeschäftlich begründete Verpflichtungen. Als Forderungsverletzung sind jedoch auch Pflichtverletzungen im Rahmen sogenannter gesetzlicher Schuldverhältnisse anzusehen, vgl. Geschäftsführung ohne Auftrag (§§ 677 ff), ungerechtfertigte Bereicherung (§§ 812 ff), aber auch die Legalschuldverhältnisse des Sachenrechts (§§ 965 ff, 987 ff, 1041 ff, u. a.); aus ihnen entstehen Schadensersatzansprüche nur unter besonderen Voraussetzungen (vgl. §§ 678, 818 IV, 819, 989 ff).

Der Forderungsverletzung steht die *Verletzung allgemein geschützter Rechtsgüter* gegenüber, wodurch sich als Rechtsfolge ein *selbständiger* Ersatzanspruch des Geschädigten ergibt.

B. Das Haftungssystem

Die Elemente des Haftungssystems sind *Tatbestandsmäßigkeit, Rechtswidrigkeit* und *Verschulden* bzw. *verschuldungsunabhängige Zurechnung*: **455**
 – Soweit die Schutzmaßnahmen der Abwehr von drohenden oder der Beseitigung eingetretener Rechtsverletzungen dienen, geschieht dies im Wege eines *Unterlassungs-* oder *Beseitigungsanspruches*. Die Rechtsverfolgung setzt grund-

sätzlich *nur* die Rechtswidrigkeit der drohenden oder eingetretenen Verletzung voraus. Die *Rechtswidrigkeit* ist grundsätzlich auch Voraussetzung für den selbsttätigen Rechtsschutz (vgl. § 27).

– Zielt der Schutz darüber hinaus auf *Schadensersatz*, muß nach BGB grundsätzlich *Verschulden* des Verletzers hinzutreten.

– Unabhängig davon gewährt die Zivilrechtsordnung einen Schadensersatz *ohne Verschulden*, insbesondere in den Fällen der *Gefährdungshaftung*.

I. Tatbestandliche Voraussetzungen der Haftung

456 Die Haftung setzt voraus, daß ein geschütztes Rechtsgut durch positives Tun oder Unterlassen rechtlich gebotenen Handelns verletzt wird. Diese Verletzungshandlung muß für den Verletzungserfolg ursächlich sein (**Kausalität**). Das gilt einmal für die Begründung der Haftung (*haftungsbegründende* Kausalität), zum anderen für die Zurechnung der Haftungsfolgen (*haftungsausfüllende* Kausalität). Hierbei grenzt das Zivilrecht die Kausalität insofern ein, als es im Gegensatz zum naturwissenschaftlichen Ursachenbegriff *(Äquivalenztheorie)* nur die adäquate Ursache (**Adäquanztheorie**) berücksichtigt. Danach wird ein Ursachenzusammenhang bejaht, wenn ein Verhalten oder ein Ereignis im allgemeinen und nicht nur unter besonders eigenartigen, ganz unwahrscheinlichen und nach dem regelmäßigen Verlauf der Dinge ganz außer Betracht zu lassenden Umständen zur Herbeiführung des Erfolges geeignet war (BGHZ 57, 137, 141; NJW 1991, 1109, 1110; kritisch, aber im Ergebnis zustimmend LARENZ SchR I § 27 III; LANGE § 3 VI 5; STAUDINGER/MEDICUS § 249 Rdn. 43; ablehnend MünchKomm/GRUNSKY Vor § 249 Rdn. 42; ESSER-SCHMIDT § 33 II). Dies hat der Richter im Rahmen einer objektiven nachträglichen Prognose zu beurteilen. Daneben sind Schutzzweck und Schutzbereich (Rechtswidrigkeitszusammenhang) der Norm zu berücksichtigen (BGHZ 81, 271, 275 ff; 85, 110, 112 f).

II. Rechtswidrigkeit und ihr Ausschluß

1. Rechtswidrigkeit als objektiver Verstoß gegen die Rechtsordnung

457 Rechtswidrig ist, was von der Rechtsordnung mißbilligt wird.

Das BGB benutzt außer in § 227 II das gleichbedeutende Wort „widerrechtlich", z. B. in §§ 123 I, 823 I, 1632 I.

Die Rechtswidrigkeit ist seit JHERING (Das Schuldmoment im römischen Privatrecht, 1867, 4 ff) als objektives Kriterium gegenüber dem subjektiven des Verschuldens verselbständigt. Während die Rechtswidrigkeit voraussetzt, daß **objek-**

tiv ein Verstoß gegen die Rechtsordnung vorliegt, wird beim Verschulden darauf abgestellt, ob dem Handelnden dieser Verstoß auch persönlich zum Vorwurf gemacht werden kann.

458 Rechtswidrig kann nur ein Verstoß gegen ein von der Rechtsordnung aufgestelltes Verbot (z. B. § 823 I) oder Gebot (z. B. § 1134) oder über das Gesetz hinaus bestehende Gebote aus rechtlich anerkannten Verhaltenspflichten (z. B. Verkehrssicherungspflichten) sein, dagegen nicht z. B. der Verstoß gegen eine Formvorschrift (§ 313).

Auch der Verstoß gegen rechtsgeschäftlich begründete Pflichten ist als rechtswidrig anzusehen; so verletzt die Nichterfüllung eines Vertrages das vom Gesetz anerkannte Gebot (z. B. § 433 I). Allerdings wird bei Leistungsstörungen von der Widerrechtlichkeit ohne weiteres ausgegangen, so daß es grundsätzlich einer eigenen Prüfung der Rechtswidrigkeit hier nicht bedarf.

Andererseits können Schadensersatzansprüche aus Vertrag wegen fehlender Widerrechtlichkeit ausgeschlossen sein; so z. B. wenn ein Mieter eine nicht zu öffnende Fensterscheibe einschlägt, um einer Gasvergiftung zu entgehen; hier kann vom Eigentümer nur ein Ersatzanspruch aus § 904 geltend gemacht werden.

459 Nur menschliches Verhalten kann rechtswidrig sein; Schadenszufügung durch Sachen ist lediglich dann widerrechtlich, wenn die Schädigung auf menschliches Tun oder Unterlassen zurückzuführen ist (vgl. § 836).

Auch das Verhalten von nicht verantwortlich Handelnden, wie Kindern und Geisteskranken, kann widerrechtlich sein.

Hier zeigt sich die Trennung von Rechtswidrigkeit und Verschulden: Die Gebote und Verbote der Rechtsordnung richten sich an alle Rechtssubjekte; die schadensrechtlichen Folgen eines solchen Verstoßes werden demgegenüber grundsätzlich von der individuellen Verschuldensfähigkeit abhängig gemacht (vgl. §§ 827, 828).

2. Rechtswidrigkeitstheorien

460 In der gegenwärtigen Dogmatik stehen sich im Grundsatz **zwei Auffassungen zur Rechtswidrigkeit** gegenüber: Nach der einen (älteren) ergibt sich die Rechtswidrigkeit grundsätzlich aus dem eingetretenen, zu mißbilligenden Erfolg (*Erfolgsunrecht*), nach der anderen ist die Bewertung des Verletzerverhaltens entscheidend (*Handlungsunrecht, Verhaltensunrecht*). Die unterschiedlichen Kriterien dieser Lehren zeigen sich an folgendem Beispiel:

Ein Kind stürzt, ohne daß dies vorauszusehen war, vor ein Kraftfahrzeug, das vom Fahrer ordnungsgemäß auf der rechten Straßenseite und mit vorgeschriebener Geschwindigkeit gelenkt wird. Das Fahrzeug ist nicht mehr anzuhalten, das Kind wird verletzt.

Nach der Lehre vom *Erfolgsunrecht* hat der Fahrer gleichwohl rechtswidrig gehandelt; da er jedoch die im Verkehr erforderliche Sorgfalt beachtet hat, ist sein Handeln nicht fahrlässig. Er haftet daher nicht aus unerlaubter Haftung (unabhängig davon ist die Haftung nach § 7 StVG zu beurteilen).

Nach der Lehre vom *Handlungsunrecht* ist schon die Rechtswidrigkeit von der Würdigung des Fahrerverhaltens abhängig, d. h. ob er die generell erforderliche, d. h. die nicht an seinen subjektiven Verhaltensmöglichkeiten ausgerichtete Sorgfalt verletzt hat. Wird dies verneint, hat er nicht rechtswidrig gehandelt. Es bedarf keiner Verschuldensprüfung mehr.

461 Da nach der Lehre vom **Erfolgsunrecht** grundsätzlich jede eingetretene Verletzung eines Rechts oder Rechtsguts rechtswidrig ist, *„indiziert" der mißbilligte Erfolg die Rechtswidrigkeit.* Diese kann lediglich durch besondere Rechtfertigungsgründe ausgeschlossen werden, z. B. durch Notwehr, Notstand, Einwilligung.

462 Hingegen ist nach der Lehre vom **Handlungsunrecht** grundsätzlich *„positiv" zu prüfen, ob das Verhalten zu mißbilligen ist.* Diese im Ausgangspunkt auf die von WELZEL (z. B. NJW 1968, 425 ff) für das Strafrecht vertretene finale Handlungslehre zurückgehenden, im einzelnen jedoch divergierenden Auffassungen sehen die Rechtswidrigkeit nur dort als gegeben an, wo das Verhalten des Handelnden mit der sozial-ethischen Ordnung nicht übereinstimmt.

463 NIPPERDEY (aaO und ENN./NIPPERDEY §§ 209 IV, 213 III 2), der als erster die finale Handlungslehre auf das Zivilrecht zu übertragen suchte, hat die Verletzung der im Verkehr erforderlichen Sorgfalt als Rechtswidrigkeitskriterium angesehen und die Verschuldensfahrlässigkeit auf die dem Handelnden als Individuum mögliche Sorgfalt beschränkt. Im Gegensatz dazu will ESSER 4. Aufl., §§ 9 II 3, 38 – ihm insoweit folgend LARENZ Festschrift Dölle, aaO, S. 169, 190 ff – auch im Rahmen des Verschuldens den Fahrlässigkeitsvorwurf „normativ", d. h. an objektiven Kriterien, allerdings ergänzt durch das „subjektive" Element der situationsbezogenen Zumutbarkeit, ausrichten. Systematisch weitergehend versteht WIETHÖLTER aaO, S. 45 ff, bei nicht vorsätzlichen Schädigungen die Verletzung durch Außerachtlassung der im Verkehr erforderlichen Sorgfalt als selbständige Unrechtskategorie, bei der es auf einen Schuldvorwurf nicht mehr ankommen soll; ähnlich – ebenfalls unter Verzicht auf die Verschuldenskomponente – E. SCHMIDT Athenäum-Zivilrecht I § 4 IV 2; ESSER/SCHMIDT I § 25 IV, V.

MÜNZBERG (aaO, S. 144 ff, 191 ff, 259 ff) hält an der vom Gesetz vorgesehenen Einheit von vorsätzlichen und fahrlässigen unerlaubten Handlungen fest. Die in beiden Bereichen grundsätzlich für erforderlich gehaltene positive Prüfung der Rechtswidrigkeit nimmt er nach den Prinzipien der „Eignung" des Verhaltens für den Erfolgseintritt, des „Könnens" des Handelnden, sein Verhalten zu bestimmen, und der „Interessenabwägung" vor. Die für das Verschulden nach § 276 vorausgesetzte Fahrlässigkeit soll grundsätzlich nicht berührt werden, da die Grenzen der objektiven Pflichtwidrigkeit sich mit den Grenzen der bürgerlichrechtlichen Fahrlässigkeit nicht decken.

Einen *vermittelnden Standpunkt* nehmen diejenigen ein, die – nach der Art des Eingriffs **464** in das geschützte Rechtsgut differenzierend – teilweise an der Indikationswirkung des Tatbestandes festhalten, teilweise unter bestimmten Voraussetzungen eine positive Feststellung der Rechtswidrigkeit fordern:

v. CAEMMERER (Wandlungen des Deliktsrechts, aaO, S. 132 ff) nimmt ersteres für *unmittelbare* Eingriffe in absolute Rechte und Rechtsgüter an (einschränkend auf Eigentum und andere Herrschaftsrechte in: Karlsruher Forum 1961, 19 ff); für die *mittelbaren* Verletzungen hält er eine an objektiven Sorgfaltskriterien ausgerichtet Prüfung für erforderlich; für das Verschulden setzt er einen individuellen Sorgfaltsverstoß voraus. LARENZ/CANARIS (SchR II/2 § 75 II 3 und LARENZ, Festschrift Dölle I, 169, 183 ff) sehen gleichfalls *unmittelbare* Eingriffe, d. h. solche, die im Rahmen des äußeren Handlungsablaufs selbst erfolgen, als ohne weiteres rechtswidrig an, während sie, wenn die Verletzung nur eine *mittelbare* Folge des Verhaltens ist, eine positive Prüfung der Rechtswidrigkeit verlangen; im Verschuldensrahmen halten sie am objektivierten Sorgfaltsbegriff des § 276 fest. Auch STOLL (AcP 162, 203 ff) geht für *unmittelbare* Eingriffe, die er u. a. an einem „natürlichen Handlungsbegriff" ausrichtet, von einer indizierten Rechtswidrigkeit aus; bei *mittelbaren* Verletzungen ergebe sich die Rechtswidrigkeit erst aus dem Verstoß gegen eine objektive „Verkehrspflicht", unabhängig von der Verschuldensprüfung.

DEUTSCH (Haftungsrecht I §§ 14, 18), der von einem eigenen Rechtswidrigkeitssystem ausgeht, sieht Rechtswidrigkeit als gegeben an, wenn der Handelnde objektiv gegen ein ausdrückliches Verbot oder Gebot verstößt („*verbotsbezogene Rechtswidrigkeit*") oder die äußere Sorgfalt im Höchstmaß zur Vermeidung der Verletzung eines absoluten Rechts oder Rechtsgutes nicht aufgeboten hat („*gefährdungsbezogene Rechtswidrigkeit*"). Fahrlässigkeit als Schuldform faßt er als Außerachtlassung der personalen Sorgfalt auf, die er wiederum in äußere und innere aufteilt, aber grundsätzlich am objektiven Maßstab des § 276 I 2 orientiert.

Wenn sich nach diesen Auffassungen das Unwerturteil unter Einfluß normen- **465** theoretischer Überlegungen (DEUTSCH Haftungsrecht I § 14 III 1) am *Verhalten* des Handelnden orientiert, wird die Unterscheidung zwischen strafrechtlicher und zivilrechtlicher Beurteilung aufgehoben: Während das Strafrecht entsprechend dem „Strafzweck" auf das Täterverhalten abstellen muß, steht **im Zivilrecht** die **Ausgleichsfunktion des Schadensersatzes** im Vordergrund. Daraus erklärt sich, daß im Strafrecht der „Versuch" relevant ist, hingegen das Schadensersatzrecht nur an den Verletzungserfolg anknüpfen kann. Für diese vom *Erfolg* her qualifizierte Widerrechtlichkeit kann die Wertung des Verhaltens des „Täters" zurücktreten. Gegenüber der *Poenalfunktion* des Strafrechts hat das Rechtswidrigkeitsurteil des Zivilrechts eine schwächere Bedeutung, es enthält als solches insbesondere keine Diskriminierung bzw. moralische Disqualifizierung des zum Schadensersatz Verpflichteten. Diese Wertung bleibt im zivilrechtlichen Haftungssystem allenfalls der Verschuldensprüfung vorbehalten.

Die Zivilrechtsordnung stellt auch sonst bei Ausgleichsansprüchen nicht auf ein Verhaltensunrecht, sondern lediglich auf den Widerspruch zum Zuweisungsgehalt eines Rechtes ab. Dies gilt insbesondere für die *Eingriffskondiktion*, die im Ausgangspunkt weitgehend eine Ersatzlösung für mangels Verschulden des Schädigers nicht zu erreichenden Schadensersatz darstellt (vgl. dazu v. CAEMMERER Bereicherung und unerlaubte Handlung, Festschrift Rabel I, 333 ff, 352 ff); mit der Kondiktion ist jedenfalls gegenüber dem Eingreifenden eine Mißbilligung seines Verhaltens nicht verbunden.

Für den erfolgsbezogenen Rechtswidrigkeitsbegriff spricht darüber hinaus das Postulat der *Rechtssicherheit*. Der Lehre vom Verhaltensunrecht bereitet es offensichtlich Schwierigkeiten, den *defensiven Rechtsschutz* zu begründen: Wenn sie die Rechtswidrigkeit von Wertungen abhängig macht, verliert der vom Gesetz gewollte Schutz des Betroffenen seine gesicherten Voraussetzungen und kann dadurch ineffektiv werden. Wenn die Lehre das vermeiden will, muß sie eine Aufteilung des Rechtswidrigkeitsbegriffes vornehmen (vgl. MÜNZBERG aaO, S. 342 ff – zur Notwehr) oder auf das Erfordernis der Rechtswidrigkeit überhaupt verzichten und sich auf das Nichtduldenmüssen zurückziehen (so z. B. MÜNZBERG aaO, S. 375 ff – zu § 1004; vgl. auch BGH JZ 1976, 369 f).

Außerdem kann die Lehre vom Verhaltensunrecht der *Fallgerechtigkeit* entgegenwirken. Wenn die Rechtswidrigkeit nicht indiziert wird, ergeben sich Folgen für die Verteilung der *Beweislast*. Nach den prozessualen Grundsätzen müßte der Verletzte die Rechtswidrigkeit beweisen; dadurch würde seine Stellung im Prozeß verschlechtert. Es wird daher die Meinung vertreten, daß nur bei der Verletzung einer Verhaltensnorm der Geschädigte die Beweislast tragen soll (so DEUTSCH Haftungsrecht I § 14 VI).

Besondere Bedenken ergeben sich schließlich im Hinblick auf § 831, da hier nur die Rechtswidrigkeit für den Schadensersatzanspruch vorausgesetzt und das Verschulden vermutet wird. Wenn die Rechtswidrigkeit von besonderen Wertungen abhängig gemacht wird, verschlechtert sich die wegen der Exkulpationsmöglichkeit an sich schon schwache Stellung des Geschädigten noch weiter. Auch hier wird die Beweissituation berührt; dies war – wie v. CAEMMERER Wandlungen des Deliktsrechts, S. 124 ff betont – letzten Endes auch der Beweggrund für die umstrittene Entscheidung des Großen Senats für Zivilsachen des BGH v. 4. 3. 1957 (BGHZ 24, 21 ff), wonach zwar von der Rechtswidrigkeit auszugehen ist, wenn ein Verrichtungsgehilfe im Straßen- oder Eisenbahnverkehr einen anderen am Leben, Körper oder Gesundheit verletzt, er jedoch vom Rechtswidrigkeitsvorwurf entlastet ist, wenn er sich verkehrsrichtig (ordnungsgemäß) verhalten hat.

466 Aus diesen Erwägungen gehen gewichtige Stimmen nach wie vor vom Erfolgsunrecht aus:

MünchKomm/HANAU § 276 Rdn. 27 ff; SOERGEL/WOLF § 276 Rdn. 21 ff; ERMAN/DREES 8. Aufl., § 823 Rdn. 46 f; ERMAN/BATTES § 276 Rdn. 10 f; PALANDT/THOMAS § 823 Rdn. 33; RGRK/STEFFEN § 823 Rdn. 114 ff; BROX SchR II Rdn. 455 ff; BAUR AcP 160 (1961), 482 ff. Insbesondere hat H. LEHMANN, Festschrift Hedemann, S. 189, darauf hingewiesen, daß sich ein gerechter Schadensausgleich im Zivilrecht nur über den erfolgsbezogenen Unrechtsbegriff erreichen läßt. Auch der BGH hat in späteren Entscheidungen die Verkehrsrichtigkeit ohne Auseinandersetzung mit der Entscheidung des Großen Senats (BGHZ 24, 21 ff) nur unter dem Aspekt des Verschuldens geprüft (vgl. BGH LM Nr. 11a zu § 276 [Bb]; Nr. 6a zu § 823 [Ed]).

Im Interesse der Rechtssicherheit, die auch die Praktikabilität der Normanwendung im Auge haben muß, ist daher an der **indizierenden Wirkung der normierten Tatbestände** festzuhalten.

3. Rechtswidrigkeit bei Unterlassen

Dies gilt ohne weiteres bei der Verletzung eines Rechtsgutes durch positives **467** Handeln. Geht es dagegen um die Beurteilung eines **Unterlassens,** so ist zuerst das Bestehen einer Rechtspflicht zur Abwendung des mißbilligten Erfolges zu prüfen, um die Tatbestandsmäßigkeit des Unterlassens feststellen zu können. Mit der Feststellung einer solchen Rechtspflicht im Tatbestand wird zugleich regelmäßig die Rechtswidrigkeit des Unterlassens bejaht.

> Den praktisch wichtigsten Fall der Rechtsverletzung durch Unterlassen stellt der *Ver-* **468** *stoß gegen Verkehrssicherungspflichten* dar. Solche Pflichten ergeben sich aus dem Gedanken, daß derjenige, welcher eine Gefahrenquelle eröffnet, auch für die Abwendung von sich möglicherweise daraus ergebenden Schädigungen Vorsorge zu treffen hat.
> Die Zuordnung einer Verkehrssicherungspflichtverletzung zum Bereich des Unterlassens ist insofern nicht ganz eindeutig, als die Verletzung selbstverständlich auch ein Handeln, nämlich die Schaffung der Gefahrenquelle, voraussetzt. Richtet z. B. ein Eigentümer auf seinem Grundstück eine Baustelle ein und sichert sie nicht genügend, so daß ein Passant zu Schaden kommt, dann ist für diese Verletzung zweierlei ursächlich: die Einrichtung der Baustelle (eine Handlung) und das Fehlen einer Absicherung (eine Unterlassung). Nach natürlicher Betrachtungsweise ist hier jedoch auf das Verabsäumen ausreichender Sicherung abzustellen, so daß die Verletzung der Verkehrssicherungspflicht dem Bereich des Unterlassens zuzurechnen ist.
> Die Prüfung des Bestehens einer Verkehrssicherungspflicht ist zur Feststellung der Tatbestandsmäßigkeit eines Unterlassens auch deshalb erforderlich, weil angesichts der Vielzahl von in der modernen Produktion und im Massenverkehr geschaffenen Gefahrenquellen eine uferlose Ausdehnung tatbestandsmäßiger Verhaltensweisen vor allem in § 823 I die Folge wäre.

Für den Bereich des Unterlassens ist daher davon auszugehen, daß die Feststellung einer Pflicht zum Handeln zum Tatbestand gehört und mit dieser Feststellung die Rechtswidrigkeit auch hier indiziert wird. Sie kann nur durch Rechtfertigungsgründe beseitigt werden.

4. Rechtswidrigkeit bei „offenen Tatbeständen"

Eine **Indizierung** der Rechtswidrigkeit kann es **demgegenüber** dann **nicht** geben, **469** wenn der Tatbestand mangels fester Umgrenzung des jeweils geschützten Rechts nicht hinreichend präzisiert ist. Während gegenüber der Rechtswidrigkeit festumrissener Tatbestände Rechtfertigungsgründe lediglich als Ausnahme eingreifen können, bedarf es bei den sogenannten „**offenen Tatbeständen**" wegen ihres unbestimmten Schutzbereiches der vorgängigen Prüfung, ob überhaupt ein rechts-

§ 26 B II 4 　　　　　　　　　　　　　　　Dritter Teil. Die Rechte der Person

widriges Handeln gegeben ist. Hierzu ist eine **Güter- und Interessenabwägung** in jedem Einzelfall notwendig.

Die wichtigsten „offenen Tatbestände" sind die von der Rechtsprechung unter den Begriff des „sonstigen Rechts" in § 823 I subsumierten Tatbestände des allgemeinen Persönlichkeitsrechts und des Rechts am eingerichteten und ausgeübten Gewerbebetrieb.

470 a) Das *allgemeine Persönlichkeitsrecht* seit BGHZ 13, 334 von der Rechtsprechung anerkannt, basiert auf der in Art. 1 und 2 GG getroffenen verfassungsrechtlichen Wertentscheidung (vgl. des näheren oben § 12 und zur Theorie der sog. Drittwirkung der Grundrechte oben Rdn. 117 ff). Bei einer Verletzung dieses generalklauselartigen Rahmenrechts ist in die Abwägung die Prüfung einzubeziehen, ob der Verletzer nicht in Wahrnehmung berechtigter Interessen gehandelt hat (z. B. überwiegt bei Fernsehfahndungen gegenüber dem Persönlichkeitsrecht des Verdächtigen das Interesse der Öffentlichkeit an der Aufklärung von Verbrechen; OLG Frankfurt NJW 1971, 47 ff).

Häufig stehen sich bei der Abwägung *vom Grundgesetz geschützte Positionen* beider Parteien gegenüber. Dem Persönlichkeitsrecht der einen Seite widerstreitet das Recht der freien Meinungsäußerung (Art. 5 I 1 GG) oder die Pressefreiheit (Art. 5 I 2 GG). Gesichtspunkte wie verfehlte Zielrichtung und überzogene Intensität des Eingriffs (vgl. BGHZ 36, 124, 127 ff; BVerfG NJW 1993, 1462 – Schmähkritik) können zugunsten des Verletzten, sachorientierte Kritik wie auch Retorsion vorangegangener Angriffe (vgl. BGHZ 45, 296, 308 f) zugunsten des Verletzers wirken. Bei überwiegendem Interesse des Verletzten ist die Rechtswidrigkeit des Eingriffs zu bejahen (vgl. auch oben Rdn. 184).

471 b) Eingriffe in das von Lehre und Rechtsprechung anerkannte *Recht am eingerichteten und ausgeübten Gewerbebetrieb* (vgl. oben Rdn. 182 ff) sind aufgrund des unserer Wirtschaftsordnung zugrundeliegenden Prinzips der Marktwirtschaft solange nicht rechtswidrig, als es sich lediglich um nachteilige Folgen des Wettbewerbs handelt. Allerdings muß der Wettbewerb sich im Rahmen der Gesetze (z. B. UWG) bewegen.

> Insbesondere unterliegen Eingriffe außerhalb des Wettbewerbs dem Gebot der Verhältnismäßigkeit. So verlangt die Rechtsordnung hier größtmögliche Schonung der berechtigten Interessen des Betroffenen; z. B. kann die Verbreitung wahrer Tatsachen über einen Kaufmann einen rechtswidrigen Eingriff darstellen, wenn daraus ein ungünstiger Schluß auf seine Kreditwürdigkeit gezogen werden kann und konkurrierende Interessen nicht gewissenhaft gegeneinander abgewogen sind (BGHZ 8, 142 ff); andererseits kann das Interesse der Öffentlichkeit an der Aufklärung überwiegen (BGHZ 36, 77 ff). Eine in Zwang ausufernde Meinungskundgabe (Unternehmensblockade) wird durch das Recht der Meinungsfreiheit nach Art. 5 I 1 GG keinesfalls gedeckt (vgl. BGHZ 59, 30, 36 f). Hingegen wird die Meinungs- und Pressefreiheit, die die Grenzen sachbezogener Kritik wahrt (z. B. Beurteilung gewerblicher Leistungen in Warentests, vgl. BGHZ 65, 325 ff) den Vorrang vor dem Geschäftsinteresse des Unternehmers haben. Legitime

Mittel des Arbeitskampfes können keinen rechtswidrigen Eingriff darstellen (BAG AP Nr. 1 zu Art. 9 GG – Arbeitskampf); anders jedoch sogenannte wilde Streiks (vgl. BAG NJW 1964, 883).

Zusammenfassend ergibt sich auch für den offenen Tatbestand eines Eingriffs in das Recht am Unternehmen, daß das Rechtswidrigkeitsurteil von einer umfassenden Güter- und Interessenabwägung abhängig ist.

5. Rechtswidrigkeit bei mittelbaren Verletzungshandlungen

Keiner besonderen Erwägungen bedarf die Beurteilung der Rechtswidrigkeit bei mittelbaren Verletzungshandlungen (vgl. aber die Lehrmeinungen oben Rdn. 460 ff). Im allgemeinen werden mittelbare Auswirkungen – wie WEITNAUER VersR 1963, 992, 996, ausführt – durch das Kriterium der adäquaten Kausalität eingegrenzt. Für Konsequenzen, die nicht außerhalb jeder Wahrscheinlichkeit liegen, erhebt sich die Frage, ob die indizierende Wirkung des Erfolges über die Kausalkette auf den ersten Verursacher zurückwirkt. Das ist grundsätzlich zu bejahen. Die Rechtswidrigkeit kann jedoch dann nicht gegeben sein, wenn in Fällen des Unterlassens das Setzen der ersten Ursache eine Handlungspflicht nicht verletzte und daher nicht tatbestandsmäßig war (vgl. oben Rdn. 467 f). **472**

6. Ausschluß der Rechtswidrigkeit

Die grundsätzlich indizierte Rechtswidrigkeit eines Eingriffs in fremde Rechte oder Rechtsgüter kann aus besonderen Gründen bei Vorliegen eines **Rechtfertigungsgrundes** entfallen. **473**

> Für die Vertreter des Handlungsunrechts werden Rechtfertigungsgründe weitgehend in der positiven Prüfung der Rechtswidrigkeit erfaßt.

a) Aus Gründen des *öffentlichen Rechts* ist die Widerrechtlichkeit einer Rechtsverletzung ausgeschlossen, wenn in den fremden Rechtskreis in berechtigter Ausübung öffentlicher Gewalt oder in Erfüllung einer öffentlich-rechtlichen Pflicht eingegriffen wird. Für solche Eingriffe ist aufgrund des Rechtsstaatsprinzips eine gesetzliche Ermächtigungsgrundlage erforderlich: **474**

> Z. B. Verhaftung kraft richterlichen Befehls (§§ 112 ff StPO); vorläufige Festnahme (§ 127 StPO); Zwangsernährung von Strafgefangenen (§ 101 StVollzG); Pfändung beweglicher Sachen des Schuldners durch den Gerichtsvollzieher (§§ 803, 808 ff, 758 ZPO; bei Durchsuchung gegen den Willen des Schuldners müssen über § 758 ZPO hinaus die Voraussetzungen des Art. 13 II GG beachtet werden [BVerfGE 51, 97, 106]).

b) Aus *privatrechtlichen Gründen* ist die Rechtswidrigkeit ausgeschlossen:

aa) bei *Einwilligung des Verletzten* in den Eingriff (volenti non fit iniuria). **475**
Problematisch ist die *Rechtsnatur* der Einwilligung: Vor allem im Zusammenhang mit dem Minderjährigenschutz kommt es darauf an, ob die Einwilligung

eine Willenserklärung ist, die bei Minderjährigen eine Genehmigung durch den gesetzlichen Vertreter erforderlich macht. Der BGH hat zu Recht die Einwilligung in einen körperlichen Eingriff nicht als Willenserklärung, sondern lediglich als eine *Willensäußerung* gekennzeichnet, auf die die §§ 107 ff nur begrenzt analog anwendbar sein können; es kommt bei der Einwilligung des Minderjährigen vielmehr darauf an, ob seine geistige und sittliche Reife ausreicht, um ihn Bedeutung und Tragweite des Eingriffes und seiner Gestattung ermessen zu lassen (BGHZ 29, 33, 36; 29, 46, 51 ff).

Auch wenn die Einwilligung keine Willenserklärung im engeren Sinne ist, muß sie doch *frei von Willensmängeln* erfolgen.

> Dies berührt die Frage nach der rechtlichen Bedeutung der *ärztlichen Aufklärungspflicht*. Wenn die herrschende Lehre den ärztlichen Eingriff tatbestandsmäßig als Körperverletzung ansieht, bedarf angesichts der indizierenden Wirkung des Tatbestandes der Heileingriff der Rechtfertigung durch Einwilligung des Patienten. Wirksame Einwilligung muß frei von Irrtümern sein; daher hat der Arzt über Umfang und Tragweite des Eingriffs aufzuklären. Zu den Rechtsproblemen hinsichtlich Aufklärungspflicht und Einwilligung vgl. LAUFS Arztrecht, 5. Aufl. 1993, Rdn. 160 ff.

476 Eine Einwilligung kann die Rechtswidrigkeit jedoch nicht beseitigen, wenn sie *gegen ein gesetzliches Verbot oder gegen die guten Sitten* verstößt. Der Einwilligende muß zudem als Träger des verletzten Rechtsgutes frei darüber verfügen oder zumindest die Ausübung einem anderen überlassen können; vgl. auch die Regelung des Strafrechts in § 226 a StGB, bei der jedoch nach h. M. lediglich auf die Sittenwidrigkeit der Tat abgestellt wird.

477 Die Einwilligung kann als Willensäußerung auch durch *konkludentes Handeln* erfolgen. Jedoch darf sie nicht fingiert werden; in diesen Fällen ist der Vorgang unter dem Gesichtspunkt des Handelns auf eigene Gefahr zu bewerten und die Abwägung entsprechend § 254 vorzunehmen (so BGHZ 34, 355 ff unter Ablehnung der „rechtsgeschäftlichen Einkleidung").

> Nicht ausgeschlossen wird die Widerrechtlichkeit durch nachträgliche Genehmigung oder Verzeihung. Darin kann ein Verzicht auf Ersatzansprüche liegen; die Widerrechtlichkeit bleibt bestehen.

478 bb) bei *berechtigter Geschäftsführung ohne Auftrag* (§§ 677, 678).

Aus diesem Gesichtspunkt kann sich die Berechtigung eines ärztlichen Eingriffs bei Bewußtlosigkeit ergeben. Eine andere Auffassung will die Rechtswidrigkeit durch „mutmaßliche" Einwilligung ausschließen (vgl. LARENZ/CANARIS SchR II/2 § 75 II 2 c; SOERGEL/ZEUNER 10. Aufl., § 823 Rdn. 145, 154 f; RGZ 151, 349, 354 f).

cc) bei *rechtmäßigem Selbstschutz durch Notwehr, Notstand und Selbsthilfe* (vgl. unten § 27).

III. Verantwortlichkeit

479 Während die Rechtswidrigkeit im Sinne des Erfolgsunrechts auf die Verletzung von Rechtsgütern beim Betroffenen abstellt, orientiert sich die Verantwortlichkeit am Handeln des Verletzers. Die Verantwortlichkeit wird bei der Verschuldenshaftung – wenn auch mit Einschränkungen – subjektiv qualifiziert, während sie bei der verschuldensunabhängigen Haftung in einer wachsenden Zahl von Fällen mit einer objektiven Zurechnung begründet wird.

1. Verschulden

480 Im Haftungssystem des Zivilrechts steht das Verschuldensprinzip im Vordergrund, wobei das Gesetz einen Schadensersatzanspruch vom Verschulden des Verletzers abhängig macht. Mit dem **Oberbegriff des Vertretenmüssens** bezieht das Gesetz darüber hinaus die Einstandspflicht für Gehilfen und gesetzliche Vertreter ein.

Verschulden ist die von der Rechtsordnung mißbilligte innere Einstellung des Täters zu seinem (tatbestandsmäßigen und rechtswidrigen) Verhalten, die ihm persönlich zum Vorwurf gemacht werden kann. Der Vorwurf knüpft daran an, daß er gehandelt hat, obwohl er den Verletzungserfolg bedacht hat oder hätte bedenken müssen.

Der Schuldvorwurf setzt die *Verschuldensfähigkeit* als das individuelle Vermögen, den Unrechtsgehalt des herbeigeführten Erfolges zu erkennen, voraus.

Der Schuldvorwurf kann auf *zwei Schuldformen gestützt werden*: *Vorsatz* oder *Fahrlässigkeit* (vgl. § 276 I 1).

a) Verschuldensfähigkeit

481 Das Verschulden setzt einen geistigen Zustand des Täters voraus, der ihn befähigt, die Gebote der Rechtsordnung zu erkennen und ihnen nachzukommen, so daß er für seinen Willen verantwortlich gemacht werden kann. Diesen Zustand bezeichnet man als Verschuldens- oder Zurechnungsfähigkeit. Sie ist von der Geschäftsfähigkeit zu trennen.

Das Gesetz hat die Zurechnungsfähigkeit bei den unerlaubten Handlungen geregelt (§§ 827, 828). Diese Vorschriften werden in § 276 I 3 auch für die Verletzung rechtsgeschäftlich begründeter Pflichten für anwendbar erklärt.

Die *Zurechnungsfähigkeit* kann aus zwei Gesichtspunkten *ausgeschlossen sein*:

482 aa) Verschuldensfähigkeit kann wegen *jugendlichen Alters* fehlen. Ausgeschlossen ist sie bei Kindern unter sieben Jahren (§ 828 I).

Jugendliche vom vollendeten 7. bis zum vollendeten 18. Lebensjahr sind nicht verantwortlich, wenn ihnen zur Zeit der Tat die zur Erkenntnis der Verantwortlichkeit erforderliche Einsicht gefehlt hat (§ 828 II 1). Damit ist die geistige Reife gemeint, das Unrecht seiner Handlung und die Verpflichtung zu erkennen, in irgendeiner Weise für die Folgen seines Tuns einstehen zu müssen (BGH LM Nr. 2 zu § 276 [Be]). Das Unvermögen, mangels Reife der Willenskraft entsprechend dieser Einsicht zu handeln, schließt im Gegensatz zum Strafrecht die Verantwortlichkeit nicht aus (BGH NJW 1970, 1038 f). Dabei kommt es nicht auf die individuelle Einsichtsfähigkeit an, sondern darauf, ob ein normal entwickelter Angehöriger der Altersgruppe des Schädigers die Gefährlichkeit seines Verhaltens hätte erkennen und danach hätte handeln können (BGH NJW 1970, 1038; 1987, 1947, 1949).

Den Jugendlichen zwischen 7 und 18 Jahren stellt das Gesetz die Taubstummen gleich (§ 828 II 2).

483 *bb)* Verschuldensfähigkeit kann fehlen, weil die *freie Willensbestimmung*, d. h. die normale Bestimmbarkeit durch vernünftige Beweggründe, *ausgeschlossen* ist.

Das ist der Fall, wenn der Täter sich bei der Tat „im Zustand der Bewußtlosigkeit oder in einem die freie Willensbestimmung ausschließenden Zustand krankhafter Störung der Geistestätigkeit" befindet (§ 827 S. 1). Abzugrenzen bleibt, ob ein Verhalten im Zustand völliger Bewußtlosigkeit überhaupt als Handlung im Rechtssinne zu qualifizieren ist (vgl. BGHZ 23, 90, 98; – zum Handlungsbegriff vgl. unten Rdn. 578).

Nicht bloß Dauerzustände, sondern *auch vorübergehende Zustände* (Fieber, hypnotische Dämmerzustände, sinnlose Trunkenheit) haben diese Wirkung.

484 Hat der Täter sich *selbst* durch geistige Getränke oder ähnliche Mittel *schuldhaft in einen Zustand der Willensunfähigkeit* versetzt, so ist er für den darin widerrechtlich verursachten Schaden in gleicher Weise verantwortlich, wie wenn ihm Fahrlässigkeit zur Last fiele. Hat sich der Täter allerdings in diesen Zustand versetzt, um eine unerlaubte Handlung zu begehen, so ist ihm auch Vorsatz zur Last zu legen (z. B. bei § 826). Ausgenommen ist der Fall, wenn er ohne sein Verschulden in einen solchen Zustand geraten ist (§ 827 S. 2, 2. Hs.).

485 Wer mangels Verschuldensfähigkeit nicht verantwortlich gemacht werden kann, ist dennoch gem. § 829 insoweit ersatzpflichtig, als die *Billigkeit* nach den Umständen, namentlich nach den Verhältnissen der Beteiligten, eine Schadloshaltung des Betroffenen erfordert; der Anspruch besteht aber subsidiär nur dann, wenn Ersatz von einem aufsichtspflichtigen Dritten nicht erlangt werden kann.

b) Vorsatz

486 Vorsatz (dolus) ist Wissen und Wollen der rechtswidrigen Tatbestandsverwirklichung.

Da das BGB keine Begriffsbestimmung enthält, haben sich in der sogenannten Willenstheorie und der sogenannten Vorstellungstheorie zu der Frage, was vom Handlungserfolg der Täter in sein Wissen und Wollen aufgenommen haben muß, gegensätzliche Auffassungen gebildet.

Nach der *Willenstheorie* muß der Täter den Erfolg wollen, während nach der Vorstellungstheorie es für den Vorsatz bereits ausreicht, wenn sich der Täter neben dem angestrebten Erfolg die sich möglicherweise ergebenden weiteren Konsequenzen vorgestellt hat. Demgemäß müßte die *Vorstellungstheorie* die Fälle der bewußten Fahrlässigkeit (luxuria) in den Vorsatz einbeziehen, während bei der Orientierung am Willen die Unterscheidung zwischen dolus eventualis und luxuria davon abhängt, ob der Wille im Sinne einer „Billigung" den möglicherweise eintretenden Erfolg mit umfaßt hat oder nicht (BGHZ 7, 311, 313).

Diese Abgrenzung ist in den Fällen relevant, in denen die Haftung ausnahmsweise allein auf Vorsatz gestützt werden kann (§ 826; rechtsgeschäftlicher Ausschluß der Haftung für fahrlässiges Verhalten, beachte aber § 11 Nr. 7 AGBG) oder es sonst für bestimmte Rechtsfolgen auf Vorsatz ankommt (§ 393; §§ 636 f. RVO; §§ 152, 181 VVG). Hier ist der einschränkenden Willenstheorie der Vorzug zu geben.

aa) Der Täter muß die haftungsbegründenden *Tatumstände* kennen, auf denen **487** die Rechtswidrigkeit oder Sittenwidrigkeit (bei § 826) seiner Handlung beruht.

Ein **Irrtum** über die tatbestandlichen Voraussetzungen schließt den Vorsatz aus. Nimmt der Schädiger die tatsächlichen Voraussetzungen für das Vorliegen eines Rechtfertigungsgrundes an, so entfällt der Vorsatz ebenfalls (BGH MDR 1958, 488). Jedoch kann ein Verstoß gegen Prüfungspflichten den Vorwurf der Fahrlässigkeit begründen (vgl. BGH NJW 1951, 398 f).

bb) Der Täter muß grundsätzlich auch wissen, daß seine Handlung bei Vorliegen jener Tatumstände widerrechtlich ist. Das Bestehen der verbietenden Rechtsnorm, nicht aber einer etwaigen Strafandrohung, muß ihm bekannt sein. Fehlt dem Täter das **Bewußtsein der Rechtswidrigkeit**, so liegt derjenige Grad sittlichen Verschuldens nicht vor, der die besonderen Folgen der vorsätzlichen Handlung rechtfertigt.

Streitig war dabei für das Strafrecht, ob die Kenntnis der Rechtswidrigkeit als ein der **488** Kenntnis der Tatumstände gleichstehender Bestandteil des Vorsatzes anzusehen ist, so daß ihr Mangel den Vorsatz beseitigt (*Vorsatztheorie*), oder ob das Bewußtsein der Rechtswidrigkeit ein vom Vorsatz getrenntes selbständiges Schuldelement bildet, so daß ein unvermeidbarer Verbotsirrtum das Verschulden schlechthin ausschließt, während ein vermeidbarer die Folgen wegen einer vorsätzlich begangenen Tat nach sich zieht (*Schuldtheorie*). Während im Strafrecht nunmehr die Schuldtheorie gilt (vgl. § 17 StGB), herrscht im Zivilrecht die Vorsatztheorie. Das Zivilrecht sieht trotz grundsätzlich gleicher Rechtsfolgen für Vorsatz und Fahrlässigkeit (vgl. §§ 276 I 1, 823 I) den Vorsatz als die intensivere Verschuldensform an. In den Fällen, in denen allein vorsätzliches Verhalten relevant ist, sind die Rechtsfolgen daher nur angemessen, wenn im Vorsatz das Bewußtsein der Rechtswidrigkeit mitumfaßt ist (vgl. ESSER/SCHMIDT § 26 I 2; FIKENTSCHER Rdn. 506). Da in der Regel fahrlässiges Verhalten für die Haftungsbegründung ausreicht, kommt diesem Streit nur begrenzte Bedeutung zu.

Bei § 826 ist ausnahmsweise das Bewußtsein der Rechtswidrigkeit nicht erforderlich; es genügt die Kenntnis der die Sittenwidrigkeit begründenden Umstände.

Dabei kann Unkenntnis der allgemein anerkannten und feststehenden Anforderungen der „objektiven Sittlichkeit" nicht entschuldigen (sog. **eingeschränkte Vorsatztheorie**; vgl. ENN./NIPPERDEY § 215 III 1; aus der Rspr. vgl. RGZ 123, 271, 278; 136, 293, 298; 161, 229, 233). Nach allgemeiner Ansicht wird angenommen, in § 826 setze der Vorsatz nicht voraus, daß der Handelnde sein Vorgehen selbst als sittenwidrig erkannt habe (BGH WM 1962, 578 f; vgl. STAUDINGER/SCHÄFER § 826 Rdn. 66 m.w.N.).

> Ein besonderes Problem stellt die Einbeziehung der strafrechtlichen Bewertung in das Zivilrecht über § 823 II dar; hier gilt – entsprechend dem Grundsatz, daß zwar stets Verschulden zur Haftungsbegründung erforderlich ist (§ 823 II 2), jedoch dort, wo das Schutzgesetz Verschulden vorsieht, dessen Verschuldensmaßstab maßgebend ist – auch für die Begründung der Schadensersatzverpflichtung die strafrechtliche Schuldtheorie (BGH NJW 1962, 910 f; 1985, 134, 135).

489 cc) Grundsätzlich ist dagegen *nicht erforderlich*, daß der Täter sich die *schädlichen Folgen* seines rechtswidrigen Verhaltens, z. B. der Forderungsverletzung, *klargemacht* hat (anders § 826, wonach der Vorsatz gerade die Schadensfolge umfassen muß). Der *haftungsausfüllende* Tatbestand braucht daher vom Vorsatz nicht erfaßt zu sein. Vom Eintritt des rechtswidrigen Erfolgs an haftet der Täter für alle sich adäquat kausal ergebenden, schädigenden Folgen seines Verhaltens auf Ersatz.

c) *Fahrlässigkeit*

490 Fahrlässigkeit ist die Außerachtlassung der im Verkehr erforderlichen Sorgfalt (§ 276 I 2); durch deren Anwendung sich der nicht gewollte Erfolg hätte vermeiden lassen.

Nach dem hier vertretenen erfolgsbezogenen Rechtswidrigkeitsbegriff ist das Außerachtlassen der im Verkehr erforderlichen Sorgfalt ein *Element des Verschuldens*.

Die Gegenmeinung erfaßt die allgemeinen objektiven Sorgfaltserfordernisse unter dem Begriff der Rechtswidrigkeit, sofern sie nicht bereits die Fahrlässigkeit als Tatbestandsmerkmal ansieht (vgl. oben Rdn. 460 ff); unter dem Verschuldensbegriff der Fahrlässigkeit könnte dann allenfalls die individuelle Fähigkeit zur Voraussicht und Beherrschung des Fehlverhaltens beurteilt werden (ENN./NIPPERDEY § 213 III 2; ESSER SchR I, 4. Aufl. 1970, § 38 II).

491 Begrifflich wird *zwischen bewußter (luxuria) und unbewußter (negligentia) Fahrlässigkeit* unterschieden. Bei ersterer erkennt der Täter die Möglichkeit des Erfolgseintritts, vertraut aber aufgrund von Überlegungen, die einen Sorgfaltsverstoß darstellen, auf sein Ausbleiben; bei letzterer verkennt er die Möglichkeit des Erfolgseintritts überhaupt, obwohl er sie bei Beobachtung der im Verkehr erforderlichen Sorgfalt hätte erkennen und die Rechtsverletzungen hätte vermeiden müssen.

492 aa) Der **Maßstab** *für den Grad der erforderlichen Sorgfalt* ist – anders bei dem individuellen Fahrlässigkeitsbegriff des Strafrechts – ein **objektiver**; er wird gewonnen nicht mit Rücksicht auf die persönlichen Anlagen, Eigenschaften und Gewohnheiten des Verletzers, sondern mit Rücksicht auf die Verkehrserfordernisse, d. h. Rücksicht auf die Sorgfalt, die von einem normalen, ordentlichen und gewissenhaften Menschen im Berufs- und Lebenskreis des Täters bei einer Angelegenheit der fraglichen Art für genügend gehalten wird (RGZ 152, 129, 140; BGH LM Nr. 2 zu § 276 [Ce]). Im Hinblick auf den Lebenskreis kann auch das Lebensalter (z. B. Spieltrieb von Jugendlichen) Berücksichtigung finden (BGH LM Nr. 1 zu § 828). Darüber hinaus ist das Sorgfaltserfordernis nach der jeweiligen Situation zu beurteilen, z. B. können sich in Ausnahmesituationen die Anforderungen verändern (so LARENZ SchR I § 20 III; BGH LM Nr. 1 zu § 276 [Cg]). Nicht entlasten kann jedoch die Berufung auf übliche Sorgfalt, wenn diese hinter der verkehrserforderlichen Sorgfalt zurückbleibt (RGZ 163, 129, 134; BGHZ 8, 138, 140).

> Es ist derselbe Maßstab, den die Römer mit der diligentia boni patris familias gemeint haben. Heute ist dabei auf den Sorgfaltsmaßstab der jeweiligen Verkehrskreise abzustellen. Der Arzt hat also bei der Behandlung die Sorgfalt eines ordentlichen Arztes, der Baumeister beim Bau die eines ordentlichen Baumeisters zu beobachten; Kaufleute müssen im Handelsverkehr für die Sorgfalt eines ordentlichen Kaufmanns einstehen (vgl. § 347 I HGB). Insofern ist der Fahrlässigkeitsmaßstab nicht mehr an den Anforderungen des allgemeinen Verkehrs orientiert, sondern für bestimmte Verkehrsbereiche typisiert.

Die Objektivierung des Sorgfaltsmaßstabes wirft das Problem auf, wie die Risiken **493** der Berufsausübung begrenzt werden können (*Berufshaftung*; vgl. **Odersky, U. Hübner**, NJW 1989, 1 ff, 5 ff). Einen besonderen Ausdruck hat der „objektive" Fahrlässigkeitsmaßstab im sogenannten *Übernahmeverschulden* gefunden. Wenn jemand eine Tätigkeit übernimmt, der er nach seinen Kenntnissen, Fähigkeiten und Erfahrungen nicht gewachsen ist, so wird ihm eine daraus resultierende Verletzung fremder Rechte als fahrlässig zugerechnet (RGZ 126, 362 ff).

In *Ausnahmefällen* kann auch im Zivilrecht trotz grundsätzlicher Anwendung **494** des objektiven Fahrlässigkeitsmaßstabes eine *individuelle Beurteilung* dort vorzunehmen sein, wo nach der vom Gesetz gebotenen Abwägung persönliche Gesichtspunkte zu berücksichtigen sind (so z. B. bei der Schmerzensgeldbemessung; vgl. in den Fällen der Persönlichkeitsrechtsverletzungen oben Rdn. 115; DEUTSCH Haftungsrecht I § 18 IV 2; LARENZ SchR I § 20 III).

bb) Verwendet das Gesetz den Begriff „Fahrlässigkeit", so treten die daran **495** geknüpften Folgen grundsätzlich *unabhängig vom Grad der Fahrlässigkeit*, also auch schon bei leichten Sorgfaltsverstößen (culpa levis; culpa levissima; zur Abstufung MAYER-MALY AcP 163 (1964), 114 ff) ein.

Daneben kennt das BGB die besondere Form der **groben Fahrlässigkeit** (culpa **496** lata; vgl. z. B. §§ 300 I, 521, 599, 680, 932 II, 968), die freilich nicht näher definiert ist. Allgemein läßt sich die grobe Fahrlässigkeit nur bestimmen als besonders schwere Verletzung einer im gegebenen Fall jedermann einleuchtenden Sorgfaltspflicht, als leichtsinnige Außerachtlassung der im Verkehr erforderlichen Sorgfalt (BGHZ 17, 191, 199).

497 In einigen Fällen ist wegen der nahen Beziehungen zwischen den Beteiligten bzw. wegen der Gefälligkeitssituation der Maßstab für das Verschulden auch im Zivilrecht ein subjektiver; er wird gewonnen aus der durchschnittlichen Sorgfalt des Schädigenden, die er in eigenen Angelegenheiten anzuwenden pflegt (sog. **diligentia quam suis**, §§ 690, 708, 1359, 1664, 2131). Das kann zu einer Ermäßigung, nie zu einer Verschärfung der Haftung führen. Eine Ermäßigung unter die Haftung für grobe Fahrlässigkeit ist jedoch ausgeschlossen (§ 277). In diesem Rahmen kann sich der Handelnde von der Haftung durch den Nachweis befreien, daß er in seinen eigenen Angelegenheiten nicht sorgfältiger zu sein pflege. Die Haftungsermäßigung gem. §§ 708, 1359 soll bei der Teilnahme am allgemeinen Straßenverkehr nicht zur Anwendung kommen; vgl. zur Diskussion STAUDINGER/HÜBNER § 1359 m.w.N. Überhaupt wird die Haftungsermäßigung bei der Personengesellschaft (§§ 708 BGB, 105 II HGB) zunehmend kritisch beurteilt, vgl. ERMAN/WESTERMANN § 708 Rdn. 3.

498 *cc)* Eine eigene Abstufung von Fahrlässigkeitsformen hat das **Arbeitsrecht** zur Haftungsbegrenzung zunächst in den Fällen der sogenannten gefahrgeneigten (schadensgeneigten) Arbeit geschaffen. Die Haftungsbegrenzung wird inzwischen für alle betrieblich veranlaßten Arbeiten angewandt, das Kriterium der Gefahrgeneigtheit ist aufgegeben (vgl. die Ansicht des BAG in NJW 1993, 1732 und GemS-OGB 1/93 vom 16. 12. 1993; im einzelnen dazu HANAU/ROLFS Abschied von der gefahrgeneigten Arbeit, NJW 1994, 1439 ff; TSCHÖPE/HENNIGE Die neue „alte" Arbeitnehmerhaftung des BAG, MDR 1995, 135). Danach haftet der Arbeitnehmer gegenüber dem Arbeitgeber für Vorsatz und grobe Fahrlässigkeit in vollem Umfang; bei sogenannter leichtester Fahrlässigkeit haftet er überhaupt nicht; bei den dazwischen liegenden Fahrlässigkeitsgraden findet eine Schadensteilung zwischen beiden statt (BAG AP Nr. 8, Nr. 33, Nr. 55, Nr. 61 zu § 611 – Haftung des Arbeitnehmers). In Einzelfällen hat das BAG das Haftungsrisiko bis zur Grenze grob fahrlässiger Schadensverursachung durch den Arbeitnehmer allein dem Arbeitgeber aufgebürdet (BAG NJW 1983, 1693 f; 1990, 468; vgl. HANAU Die Entscheidungsfreiheit des Richters im Recht der Arbeitnehmerhaftung, Festschrift H. Hübner, 1984, S. 467 ff, 478 ff). In den Fällen, in denen der Arbeitnehmer nach diesen Grundsätzen im Innenverhältnis nicht haftet, ist der Arbeitgeber verpflichtet, den Arbeitnehmer auch gegenüber Ansprüchen betriebsfremder Dritter freizustellen (BGHZ 16, 111, 116; 41, 203 f; BAG AP Nr. 37 zu § 611 – Haftung des Arbeitnehmers). Diese Gedanken werden auch auf Vereine entsprechend angewendet, die ehrenamtlich tätige Mitglieder mit Vereinsaufgaben betrauen (BGH NJW 1984, 789 ff).

d) Beweislast

Im Streitfall ist auch das Verschulden regelmäßig vom Geschädigten zu beweisen **499** (vgl. auch zum Begriff der Beweislast oben Rdn. 89). Da jedoch in einigen Fallkonstellationen der Geschädigte schwerlich Einblick in die Umstände hat, welche den Verschuldensvorwurf zu begründen vermögen, kommt das Gesetz ihm hier mit einer **Umkehr der Beweislast** zu Hilfe.

> So wird der Gläubiger oft schwer feststellen können, ob Unmöglichkeit, Verzug oder positive Forderungsverletzung des Schuldners auf dessen Verschulden oder dem Verschulden eines Erfüllungsgehilfen beruht. Daher ordnen §§ 282, 285 eine Umkehr der Beweislast an; diese Beweislastumkehr wird auch grundsätzlich für die positive Forderungsverletzung angewandt; zu Einschränkungen vgl. PALANDT/HEINRICHS § 282 Rdn. 6 ff.
>
> Aus ähnlichen Gründen hat auch in § 831 das Gesetz dem Geschäftsherrn die Beweislast dafür aufgebürdet, daß ihn kein Verschulden bei Auswahl und Überwachung des Verrichtungsgehilfen trifft.

Die Umkehr der Beweislast bedeutet keineswegs einen Verzicht auf das Erfordernis des Verschuldens, sondern führt materiellrechtlich zu einer Verschuldensvermutung. Der Partei, zu deren Nachteil die Beweislastumkehr wirkt, steht jederzeit die Führung des Entlastungsbeweises offen. Eine Haftungsnorm mit Beweislastumkehr begünstigt den Geschädigten, ohne andererseits dem Schädiger die objektive Einstandspflicht, wie z. B. bei der Gefährdungshaftung, zu überbürden.

> Dies zeigt die von der Rechtsprechung im Bereich der auf §§ 823 ff gestützten *Produzentenhaftung* angenommene Beweislastumkehr (vgl. z. B. BGHZ 51, 91, 104; BGH JZ 1971, 29 f). Die Spruchpraxis ist heute im Bereich der Vermögensschäden weitgehend überholt durch die Einführung einer verschuldensunabhängigen Produzentenhaftung, s. u. Rdn. 1070 ff. Jedoch wird für Nichtvermögensschäden (§ 847) die deliktische Anspruchsgrundlage weiterhin benötigt, so daß hier die Beweislastumkehr relevant bleibt.

Von der Beweislastumkehr ist die Beweiserleichterung des **Anscheins- oder pri- 500 ma-facie-Beweises** zu unterscheiden. Es handelt sich dabei um die Beachtung von Sätzen allgemeiner Lebenserfahrung im Rahmen der freien Beweiswürdigung (vgl. ROSENBERG/SCHWAB/GOTTWALD § 115 III). Bei typischen Geschehensabläufen wird zunächst („prima facie") von der haftungsbegründenden Kausalität bzw. dem fahrlässigen Verhalten des Verletzers ausgegangen.

> So spricht etwa der erste Anschein für das Verschulden eines Autofahrers, der auf dem Bürgersteig fährt und dabei einen Passanten verletzt (BGH LM Nr. 2 zu § 286 [C] ZPO).

Im Unterschied zur Beweislastumkehr braucht die Partei, gegen die der erste Anschein spricht, zu ihrer Entlastung nicht den Beweis des Gegenteils, z. B. für die Schuldlosigkeit ihres Handelns, zu erbringen, sondern es *genügt, den Anschein zu erschüttern* (BGHZ 39, 103, 107). Da die Beweislastverteilung grundsätzlich unberührt bleibt, hat in diesem Falle wieder die Partei, die den Anspruch geltend macht, das Verschulden unter Beweis zu stellen (BGHZ 6, 169 ff).

2. Verantwortlichkeit für das Verhalten Dritter

501 Das Gesetz sieht vor, daß das Fehlverhalten von Gehilfen, gesetzlichen Vertretern und Organen zugerechnet werden kann. Es unterscheidet dabei grundsätzlich zwischen der Haftung innerhalb und außerhalb bestehender Schuldverhältnisse.

a) Wer sich zur *Erfüllung von Pflichten aus Schuldverhältnissen* einer Hilfsperson bedient, hat für deren Verschulden einzustehen (§ 278). Diese Einstandspflicht ist von einem eigenen Verschulden des Geschäftsherrn unabhängig. Der Partner im Schuldverhältnis vertraut auf die Leistungsfähigkeit des Geschäftsherrn; die Erhöhung des Risikos durch Hinzuziehung von Hilfspersonen hat daher letzter zu tragen, zumal deren Beschäftigung dem Geschäftsherrn im Wege der Arbeitsteilung eine Erweiterung seiner wirtschaftlichen Möglichkeiten gestattet.

502 Als **Erfüllungsgehilfe** ist anzusehen, wer nach den tatsächlichen Gegebenheiten mit dem Willen des Geschäftsherrn bei der Erfüllung einer diesem obliegenden Verbindlichkeit als Hilfsperson eingeschaltet wird (BGHZ 13, 111; NJW 1978, 2294 f). Der Grundgedanke hat eine *Ausweitung* insofern erfahren, als eine Einstandspflicht für die zum Familien- und Geschäftskreis des Schuldners gehörenden Personen auch im Hinblick auf die vom Schuldner zu wahrende *Obhut und sonstige Verhaltenspflichten* angenommen wird; z. B. ist der Mieter für die Beschädigungen des Hauses durch mit seinem Einverständnis handelnde Transportarbeiter verantwortlich (RGZ 106, 133 f); gleichfalls für seine Familien- und Hausangehörigen (RGZ 81, 214, 216; OLG Stuttgart OLGE 27, 146 f).

Die Verantwortlichkeit ist begrenzt auf das Verhalten des Gehilfen „in Erfüllung" der ihm übertragenen Tätigkeiten: Die schuldhafte Handlung muß in einem inneren sachlichen Zusammenhang mit dem Geschäft stehen, zu dem der Erfüllungsgehilfe herangezogen wird. Eine Verantwortlichkeit tritt nicht ein, wenn das schädigende Verhalten nur „bei Gelegenheit" der Vertragserfüllung vorfällt.

503 Unberührt von der Haftung des Geschäftsherrn bleibt eine deliktische *Eigenhaftung* des Erfüllungsgehilfen.

504 Das Prinzip wird durchbrochen, wenn die Hilfsperson selbständig in Beziehung zum Vertragspartner tritt. Dann ist die Verantwortlichkeit des Geschäftsherrn auf Verschulden bei der Auswahl der Hilfspersonen beschränkt (culpa in eligendo –

Substitutenhaftung, vgl. z. B. § 664 I 2, typischer Fall: Generalunternehmer im Baugewerbe, zum Streitstand bezüglich §§ 675, 664 vgl. ERMAN/EHMANN § 664 Rdnr. 7; § 691 S. 2).

Der gesetzlich Vertretene haftet mit seinem Vermögen nach den Grundsätzen des § 278 für ein Verschulden seines gesetzlichen Vertreters. Als *gesetzliche Vertreter* werden auch die sogenannten Parteien kraft Amtes (Testamentsvollstrecker, Nachlaßverwalter, Konkursverwalter u. ä.) angesehen. **505**

b) Im Rahmen der unerlaubten Handlungen haftet der Geschäftsherr für ein schädigendes Verhalten sogenannter **Verrichtungsgehilfen** gem. § 831. Bei diesem Tatbestand wird das *Verschulden des Geschäftsherrn* für Auswahl der bestellten Person, für Ausstattung und Leitung widerleglich vermutet. Zur Haftungsbegründung reicht ein rechtswidriges deliktisches Verhalten des Verrichtungsgehilfen aus. Allerdings gehen Rechtsprechung und Lehre davon aus, daß bei einem in jeder Hinsicht sorgfältig handelnden Verrichtungsgehilfen eine Zurechnung seines Verhaltens nicht erfolgen kann (vgl. BGHZ 12, 94, 96; VersR 1975, 447, 449; SOERGEL/ZEUNER § 831 Rdn. 31; MEDICUS BR Rdn. 782). **506**

Verrichtungsgehilfe ist, wem von einem anderen, von dessen Weisungen er abhängig ist, eine Tätigkeit übertragen worden ist, die der Geschäftsherr jederzeit beschränken, entziehen oder nach Zeit und Ort bestimmen kann (vgl. BGHZ 45, 311, 313). Selbständige Tätigkeit schließt daher in der Regel die Verrichtungsgehilfeneigenschaft aus. **507**

Auch hier muß das schädigende Verhalten des Gehilfen „in Ausführung der Verrichtung" erfolgen, d. h. in innerem Zusammenhang mit der übertragenen Tätigkeit stehen.

Im Gegensatz zur unbedingten Einstandspflicht für Erfüllungsgehilfen gem. § 278 läßt das Gesetz hier eine *Entlastung* (**Exkulpation**) des Geschäftsherrn zu, wenn er bei Auswahl, Ausstattung und Leitung die im Verkehr erforderliche Sorgfalt beobachtet hat oder wenn der Schaden auch bei Anwendung dieser Sorgfalt entstanden wäre. Die Beweislast für die Widerlegung der Verschuldens- und Kausalitätsvermutung trägt der Geschäftsherr. **508**

Sofern es sich jedoch um ein Verschulden des Geschäftsherrn handelt, das nicht auf Auswahl und Leitung des Gehilfen, sondern bereits auf fehlerhafter Organisation des Tätigkeitsbereichs (**Organisationsverschulden**) beruht, haftet er nicht nach § 831, sondern *nach § 823*, also ohne Entlastungsmöglichkeit. In der Regel wird dem Geschädigten zudem eine Beweislastumkehr zugute kommen. **509**

Unberührt von der Haftung des Geschäftsherrn ergibt sich eine deliktische *Eigenhaftung des Verrichtungsgehilfen*, wenn diesen selbst ein Verschulden trifft. **510**

Allerdings kann im Arbeitsverhältnis ein *Freistellungsanspruch* des Verrichtungsgehilfen gegen den Geschäftsherrn in Betracht kommen (vgl. oben Rdn. 498).

511 *c) Juristische Personen* haften für Schadensersatzpflicht begründende Handlungen, die ihre Vorstände oder andere verfassungsmäßig berufene Vertreter in Ausführung der ihnen zustehenden Verrichtungen begangen haben, nach § 31. Diese sogenannte **Organhaftung** gilt nach h. M. sowohl für Handlungen innerhalb als auch außerhalb bestehender Schuldverhältnisse. Eine Exkulpation ist in diesem Bereich nicht möglich (zu den Einzelheiten vgl. oben Rdn. 230).

3. Haftung ohne Verschulden

512 *a)* Obwohl grundsätzlich von anderen nicht verschuldete Beeinträchtigungen eines Rechts und daraus resultierende Schäden von dem Inhaber des Rechts selbst getragen werden müssen (casum sentit dominus), wird *innerhalb bestehender Schuldverhältnisse* die Verantwortlichkeit des Schuldners in bestimmten vom Gesetz vorgesehenen Fällen über das Verschulden hinaus erweitert; der Schuldner haftet dann auch für „*Zufall*".

> Vgl. z. B. § 287 S. 2: Haftung für zufällige Unmöglichkeit im Schuldnerverzug; § 701 I: Gastwirtshaftung; § 848: Haftung für Zufall bei Entziehung einer Sache durch unerlaubte Handlung; auch die Sachmängelgewähr in §§ 459 ff, 537 ff, 633 ff. Außerhalb des BGB §§ 454 ff HGB i.V.m. §§ 31 ff, 81 ff Eisenbahn-Verkehrsordnung (EVO): Haftung der Eisenbahn für beförderte Güter; §§ 12 f PostG: Haftung der Post im Brief- und Paketdienst.
>
> Einzuordnen ist hier auch die vom eigenen Verschulden unabhängige Haftung des Schuldners für seinen Erfüllungsgehilfen und seinen gesetzlichen Vertreter gem. § 278 (vgl. oben Rdn. 501 ff).

Die Regelung des Gesetzes begründet die Haftung nicht näher. Diese Haftung läßt sich im Grunde nicht deskriptiv mit „Haftung für Zufall" bzw. „Haftung nach Risikosphären" rechtfertigen. Ein tragender Grund ist in vielen Fällen der Gesichtspunkt „Verantwortlichkeit aus *Beherrschung des Risikos*".

513 *b) Außerhalb bestehender Schuldverhältnisse* normiert das Gesetz ebenfalls in einigen Fällen eine Haftung ohne ein Verschulden des Ersatzpflichtigen:

> – Haftung für den Verletzungserfolg eines – wegen überwiegender privater oder öffentlicher Interessen – erlaubten Eingriffs in einen fremden Rechtskreis (vgl. §§ 867 S. 2, 904 S. 2, 906 II 2 und § 14 BImSchG, §§ 912 II, 917 II; darüber hinaus der sogenannte bürgerlich-rechtliche Aufopferungsanspruch). Das Gesetz gewährt dem in seinen Rechten Verletzten einen *Ausgleich* für die hinzunehmende Beeinträchtigung;
> – Haftung für Schadensfolgen aus nicht berechtigten Selbsthilfehandlungen (§ 231) und aus dem Handeln aufgrund nicht rechtskräftiger gerichtlicher Entscheidungen (§§ 302 IV, 600 II, 717 II, 945 ZPO); die Ersatzpflicht beruht hier auf dem Gedanken des *Handelns auf eigenes Risiko*;

Verwirklichung des Rechtsschutzes und das Haftungssystem **§ 26** B III 4

– Haftung für aus der Abgabe fehlerhafter Willenserklärungen resultierender Schäden des Erklärungsgegners (§ 122 I i.V.m. §§ 118, 119, 120); hier beschränkt sich die Ersatzpflicht aber auf das negative Interesse, d. h. den Schaden, der dem Gegner aus dem *Vertrauen auf die Gültigkeit der Erklärung* entstanden ist;
– Haftung des schuldunfähigen Schädigers aus *Billigkeitsgründen* gem. § 829.

4. Gefährdungshaftung

Einen Sonderbereich der Haftung ohne Verschulden stellt die Gefährdungshaftung dar. Die zunehmende Technisierung der Lebensverhältnisse bringt Gefahren hervor, aus denen häufig Schäden entstehen; dennoch können im Interesse der Allgemeinheit die gefährdenden Betätigungen und Einrichtungen nicht verboten werden. Im Schadensfall bereitet es alsdann Schwierigkeiten, den Interessenausgleich vom Nachweis eines konkreten Verschuldens abhängig zu machen. Im Ergebnis ließe sich dieser Unzulänglichkeit weitgehend durch eine Umkehr der Beweislast für das Verschulden begegnen; die zivilrechtliche Dogmatik geht jedoch mit dem Systembegriff „Gefährdungshaftung" von einem eigenständigen Haftungsprinzip aus. **514**

Die Rechtsordnung kennt bislang *keinen allgemeinen Grundtatbestand* der Gefährdungshaftung, mit dem im Wege des Richterrechts eine Anpassung an die sich aus der technischen Entwicklung neu ergebenden Gefahren ermöglicht werden könnte (vgl. DEUTSCH Methode und Konzept der Gefährdungshaftung, VersR 1971, 1 ff m.w.N.), sondern regelt lediglich *Einzeltatbestände*. **515**

Nachdem schon das BGB in § 833 S. 1 eine Erfolgshaftung des Tierhalters für die nicht wirtschaftlich genutzten Tiere und darüber hinaus in § 835 – ersetzt durch § 29 BJagdG und erweitert durch § 33 BJagdG – eine Haftung der Jagdgenossenschaft für Wildschäden vorgesehen hatte, hat der Gesetzgeber des 19. und 20. Jahrhunderts Gefährdungshaftungstatbestände in einer Reihe von *Spezialgesetzen* geregelt: §§ 1 ff HpflG (in dem das bisherige ReichshaftpflichtG und das SachschädenhaftpflichtG aufgegangen sind) betr. die Haftung von Bahnbetriebsunternehmern und Inhabern von Energieanlagen; §§ 7 ff StVG betr. die Haftung des Kraftfahrzeughalters; §§ 33 ff, 53 LuftVG betr. die Haftung des Luftfahrzeughalters; §§ 25 ff AtomG betr. die Haftung des Inhabers nuklearer Anlagen und des Besitzers radioaktiver Stoffe; § 22 WHG betr. die Haftung des Schädigers von Gewässern; §§ 84 ff AMG betr. die Haftung des vertreibenden pharmazeutischen Unternehmens für Arzneimittelschäden; §§ 114 ff BBergG betr. die Haftung für Bergschäden; §§ 1, 2 UmwelthaftG; §§ 32 ff GenTG.

Einen weiteren Schritt hat die Gesetzgebung für die *Produkthaftung* getan. Da der Verkäufer im Kaufvertrag zunehmend auf eine Verteilerrolle beschränkt ist und die durch pVV zu erfassenden Schadensfolgen mangels seines Verschuldens nur über deliktische Tatbestände beim Hersteller regulierbar sind, dort jedoch die subjektive Verantwortlichkeit i. S. des Haftungssystems nach § 823 in vielen Fällen unüberwindbare Schwierigkeiten bereitet, erschien es geboten, eine verschuldensunabhängige Haftung des Herstellers durchgreifen zu lassen. Im Interesse des Verbraucherschutzes hat das Gesetz angesichts des grenzüberschreitenden Vertriebes den Herstellerbegriff ausgeweitet.

516 *Ersatzpflichtig* ist nach den Tatbeständen der Gefährdungshaftung derjenige, der die Gefahrenquelle – z. B. das Verkehrsmittel oder die Industrieanlage – als „Halter", „Betriebsunternehmer" etc. für eigene Rechnung im Gebrauch hat und eine entsprechende tatsächliche Verfügungsgewalt besitzt (zum Kraftfahrzeughalter: BGHZ 13, 351, 354) oder die Gefahrenquelle geschaffen hat („Hersteller" bei der Produkthaftung). Maßgebend für die Bestimmung der Person des Haftpflichtigen ist danach in erster Linie das faktische und wirtschaftliche Verhältnis zu dem gefahrbringenden Gegenstand, nicht schlechthin das Eigentum.

> So begründet z. B. die Sicherungsübereignung eines Kraftfahrzeugs dann nicht die Haltereigenschaft des Sicherungsnehmers, wenn in Behandlung, Wartung und Versorgung des Fahrzeugs hierdurch keine Änderungen eintreten, namentlich der Sicherungsgeber die wirtschaftliche Nutzungsmöglichkeit behält (vgl. RGZ 141, 400, 404; BGH VersR 1953, 284).

517 Die *Verantwortlichkeit* für das mit der erlaubten Tätigkeit verbundene spezifische Risiko einer Verletzung fremder Rechtsgüter läßt sich mit folgenden Argumenten *begründen*:

Der Halter oder Betreiber schafft bzw. unterhält die Gefahrenquelle;

er beherrscht – zumindest generell – die Möglichkeit zur Abwehr der sich daraus ergebenden Gefahren;

er zieht den Nutzen aus dem Betrieb der Gefahrenquelle bzw. aus der Herstellung des Produkts (cuius est commodum, eius est periculum).

Die Gefährdungshaftung basiert daher nicht auf einem schuldhaften Verhalten, sondern auf einer *objektiven Zurechnung* des Verletzungserfolges *zur Risikosphäre* des Haftpflichtigen.

518 Wenn auch das Verhalten eines Halters, Betreibers etc. infolge Gestattung generell nicht rechtswidrig ist, so muß doch ein möglicherweise eintretender *Verletzungserfolg* als **rechtswidrig** im Sinne des hier vertretenen Erfolgsunrechtes angesehen werden, um dem *von der akuten Verletzung Bedrohten* die Abwehrmöglichkeiten des defensiven Rechtsschutzes – ohne Rückgriff auf den deliktischen Schutz – zu eröffnen.

> So erscheint es geboten, z. B. dem von aus einer Rohrleitung austretenden Gasen bedrohten Nachbarn einen Abwehranspruch im Sinne der actio negatoria zu gewähren. Dies ist unproblematisch, wenn man für den Unterlassungsanspruch mit BGHZ 66, 37, 39 auf ein Nichtduldenmüssen abstellt; erhebt man jedoch die Rechtswidrigkeit zur Voraussetzung von Abwehrmaßnahmen, muß man auch aus einer gestatteten Anlage *unmittelbar drohende* Verletzungserfolge als rechtswidrig ansehen (anders die h. M. vgl. LARENZ/CANARIS SchR I/2 § 84 I 3 a m.w.N., die bei Gefährdungshaftungstatbeständen die Anknüpfung an ein Verhalten verneinen, so daß der Rechtswidrigkeit die Grundlage fehle; vgl. auch BGHZ 34, 355, 361).

Entsprechend diesen gemeinsamen Grundlagen weisen die Tatbestände der Ge- **519**
fährdungshaftung in ihrer Ausgestaltung gewisse Ähnlichkeiten auf:

Grundsätzlich besteht eine Haftung nur für die *Verletzung bestimmter Rechtsgüter*, z. B. Leben, Gesundheit, Eigentum, nicht für reine Vermögensschäden (anders § 22 WHG).

Die Rechtsverletzung muß z. B. durch das Verhalten eines Tieres, den Betrieb eines Kraftfahrzeugs oder einer Anlage adäquat verursacht worden sein; dabei wird der haftungsbegründende Tatbestand nur durch solche Kausalverläufe erfüllt, die mit dem der jeweiligen Gefahrenquelle *typischerweise verbundenen Risiko* in Zusammenhang stehen. In einzelnen Gesetzen werden Kausalitätsvermutungen aufgestellt, vgl. § 6 UmweltHG, § 130 BBergG, § 34 GenTG.

Der Schadenseintritt muß demnach gerade auf der Verwirklichung einer spezifischen Tier-, Sach- oder Betriebsgefahr beruhen.

So ist z. B. ein Verletzungserfolg nur dann gem. § 833 S. 1 „durch ein Tier" verursacht, wenn er durch ein der tierischen Natur entsprechendes selbsttätiges willkürliches Verhalten des Tieres herbeigeführt worden ist (BGH NJW 1971, 509; JZ 1976, 717 f); so etwa das Durchgehen oder Ausschlagen eines Pferdes, nicht dagegen wenn die Rechtsverletzung von einem unter menschlicher Leitung stehenden Tier ausging (z. B. von dem zur Verfolgung gehetzten Hund, OLG München OLGZ 28, 295 f, oder einem dem Willen des Reiters gehorchenden Pferd, OLG Düsseldorf NJW-RR 1986, 325).

Der „Betrieb eines Kraftfahrzeugs" ist nur dann im Sinne des § 7 I StVG für einen Verletzungserfolg ursächlich, wenn die Rechtsverletzung in einem nahen örtlichen und zeitlichen Zusammenhang mit einem Betriebsvorgang steht (BGH NJW 1975, 1886 f); so sind z. B. das kurze Anhalten während einer Fahrt (BGH VersR 1955, 345), das Abstellen des Wagens auf der Fahrbahn einer Hauptverkehrsstraße (BGHZ 29, 163 ff) dem Betriebsvorgang zuzurechnen; dagegen endet der Betrieb, wenn das Fahrzeug ordnungsgemäß geparkt oder abgestellt wurde, so daß von ihm keine Gefährdung oder Behinderung des Verkehrs ausgeht.

Die Verantwortlichkeit des Halters, Betriebsunternehmers etc. wird bei der Mehr- **520**
zahl der Gefährdungshaftungstatbestände dadurch begrenzt, daß die Haftung für einen Verletzungserfolg, der durch ein *„unabwendbares Ereignis"* (vgl. z. B. § 7 II StVG, § 1 II 2 HpflG, § 26 I 2 AtomG) oder durch *„höhere Gewalt"* (vgl. z. B. §§ 1 II, 1, 2 III Nr. 3 HpflG, § 22 II 2 WHG, § 4 UmweltHG) verursacht worden ist, ausgeschlossen wird. § 1 II Nr. 5 ProdHaftG schließt die Haftung aus, wenn der Fehler zu dem Zeitpunkt, in dem das Produkt in Verkehr gebracht wurde, nach dem Stand von Wissenschaft und Technik nicht erkennbar war. Ein Verletzungsvorgang, den der für die Gefahrenquelle allgemein Verantwortliche *nicht mehr zu beherrschen* vermag, kann seiner Risikosphäre grundsätzlich nicht zugerechnet werden. Hingegen sehen die atomrechtliche Anlagenhaftung (§§ 25 ff AtomG) und die Halterhaftung nach § 33 LuftVG auch für Fälle höherer Gewalt keine Entlastungsmöglichkeit vor.

Die Rechtsprechung definiert *höhere Gewalt* als ein betriebsfremdes, von außen durch elementare Naturkräfte oder durch Handlungen dritter Personen herbeigeführtes Ereignis, das nach menschlicher Einsicht und Erfahrung unvorhersehbar ist, mit wirtschaftlich erträglichen Mitteln auch durch die äußerste nach der Sachlage vernünftigerweise zu erwartende Sorgfalt nicht verhütet werden kann und auch nicht wegen seiner Häufigkeit vom Betriebsunternehmer in Kauf zu nehmen ist (BGHZ 7, 338 f, in Anlehnung an RGZ 171, 104 ff und RG JW 1931, 865 Nr. 11). So besteht z. B. keine Haftpflicht des Bahnbetriebsunternehmers für Schäden, die auf unvorhersehbare, außergewöhnliche Naturereignisse zurückzuführen sind, z. B. plötzliche Erdrutsche und Überschwemmungen.

Unabwendbar ist ein *Ereignis*, wenn es sich um einen betriebsfremden Vorgang handelt, der auch durch die äußerste Sorgfalt nicht hätte abgewendet werden können (BGHZ 23, 90, 93; vgl. auch § 7 II 2 StVG). Danach rechtfertigt z. B. ein Versagen der technischen Einrichtungen eines Kraftfahrzeugs – wie das Platzen eines Reifens oder der Ausfall der Bremsen – als „betriebsinterner" Vorgang keinen Haftungsausschluß; dasselbe gilt auch für eine plötzliche Ohnmacht des Fahrers (BGHZ 23, 90, 94 f). Dagegen sind unvorhersehbare äußere Einwirkungen – wie an vereinzelten Stellen unerwartet auftretendes Glatteis (OLG Hamburg VersR 1956, 352) geeignet, eine Entlastung des Fahrzeughalters zu begründen.

521 Das *Korrelat* der Unabhängigkeit vom Verschuldensvorwurf ist die **Limitierung des Schadensersatzes**. Hierin stimmen die meisten Tatbestände der Gefährdungshaftung überein, wenn sie den Umfang des Ersatzanspruches auf bestimmte *Haftungshöchstsummen* begrenzen (anders § 22 WHG). Konsequent wird auch ein Ersatz immateriellen Schadens von der Gefährdungshaftung nicht gewährt (anders §§ 833 S. 1, 847, § 29 II AtomG und § 53 III LuftVG). Wer Schmerzensgeld begehrt, bleibt auf die konkurrierende Haftung aus §§ 823 ff verwiesen.

522 Ebenso wie bei den Schadensersatzansprüchen der Verschuldenshaftung muß sich der Verletzte auch bei den Tatbeständen der Gefährdungshaftung ein *eigenes Mitverschulden* als anspruchsmindernd entgegenhalten lassen (vgl. § 9 StVG, § 4 HpflG, § 85 AMG, § 6 ProdHaftG). Darüber hinaus wird bei der Schadensverursachung durch mehrere aus Gefährdungshaftung Verantwortliche eine *mitwirkende* konkrete *Betriebsgefahr* auf Seiten des Verletzten in die Schadensberechnung einbezogen (§ 17 I 2 StVG, § 13 I 2 HpflG, § 41 I 2 LuftVG).

Auch in den Fällen der Haftung aus Gefährdung kann neben dem Halter, Betreiber usw. ein *unmittelbarer Schadensstifter* zum Schadensersatz verpflichtet sein (z. B. neben dem Halter des Kraftfahrzeugs der schuldhaft handelnde Fahrer, vgl. § 18 StVG).

IV. Haftungsfolgen

523 Der Rechtsschutz kann sich in **Abwehr- und Schadensersatzansprüchen** verwirklichen. Während der Schadensersatzanspruch die aus der Rechtsverletzung resultierenden Nachteile ausgleichen soll, beschränken sich die negatorischen Ansprüche auf die Beseitigung eingetretener oder die Abwehr drohender Beeinträchtigungen.

1. Unterlassungs- und Beseitigungsanspruch

F. BAUR Der Beseitigungsanspruch nach § 1004 BGB, AcP 160 (1961), 465 ff; ders., Zu der Terminologie und einigen Sachproblemen der „vorbeugenden Unterlassungsklage", JZ 1966, 381 ff; HENCKEL Vorbeugender Rechtsschutz im Zivilrecht, AcP 174 (1974), 97 ff; KÖTZ Vorbeugender Rechtsschutz im Zivilrecht, AcP 174 (1974), 145 ff; H. LEHMANN Die Unterlassungspflicht im Bürgerlichen Recht, 1906; MERTENS Zum Inhalt des Beseitigungsanspruchs aus § 1004 BGB, NJW 1972, 1783; MÜNZBERG Bemerkungen zum Haftungsgrund der Unterlassungsklage, JZ 1967, 689 ff; PICKER Der negatorische Beseitigungsanspruch, 1972; WESEL Zur Frage des materiellen Anspruchs bei Unterlassungsklagen, Festschrift U. v. Lübtow, 1970, 787 ff; ZEUNER Gedanken zur Unterlassungs- und negativen Feststellungsklage, Festschrift für Dölle, I, 1963, 295 ff.

Wo das Gesetz die *actio negatoria* normiert (z. B. §§ 12, 1004), geht es vom Anspruch auf Beseitigung der Beeinträchtigung aus und schließt bei Wiederholungsgefahr den Anspruch auf Unterlassung an. Demgegenüber kommt im heutigen Wirtschaftsleben dem Unterlassungsanspruch vorrangige Bedeutung zu.

a) Unterlassungsanspruch

524 Das Gesetz hat den Unterlassungsanspruch den Inhabern absoluter Rechte gewährt (vgl. §§ 12, 1004). Darüber hinaus hat die Rechtsprechung den Grundsatz aufgestellt, daß jeder Eingriff in ein vom Gesetz geschütztes Rechtsgut zu einer Klage auf Unterlassung berechtigt (seit RGZ 60, 6, 7); hierbei hat sie bei den Rechtsgütern in § 823 I nicht Halt gemacht, sondern den Schutz auf alle Rechtsgüter des Deliktsrechts ausgedehnt (so insbesondere auf die durch Schutzgesetz, vgl. § 823 II, erfaßten Rechtsgüter, wie auch in den Fällen der §§ 824, 826): sogenannter *quasinegatorischer Unterlassungsanspruch*. Im Ergebnis sind damit durch Schutzgesetze subjektive Rechte auf Unterlassung geschaffen worden (ENN./Nipperdey § 72 I 3a).

525 Der Unterlassungsanspruch setzt voraus, daß ein Eingriff bereits erfolgt ist und Wiederholungsgefahr besteht (RGZ 166, 150, 156). Darüber hinaus hat die Rechtsprechung eine sogenannte *vorbeugende Unterlassungsklage* zur Abwehr eines künftigen, ernsthaft zu befürchtenden Eingriffs zugelassen, wobei schon die erstmalige Bedrohung ausreichen kann (BGHZ 2, 394 ff; vgl. zur Begriffsbildung Baur JZ 1966, 381 f).

Der Anspruch gründet sich auf die Rechtswidrigkeit des stattgefundenen oder drohenden Eingriffs. Unter dem Einfluß der neueren Lehren zur Rechtswidrigkeit will der BGH nunmehr lediglich auf ein „Nicht-Dulden-Müssen" abstellen (BGHZ 66, 37, 39).

Die dogmatische Einordnung der vorbeugenden Unterlassungsklage ist streitig. Die herrschende Auffassung geht dahin, daß es sich um einen materiellrechtlichen Anspruch und nicht lediglich um einen rein prozessualen Rechtsbehelf handelt

(FIKENTSCHER SchR Rdn. 1363; BAUR JZ 1966, 382, f; ROSENBERG/SCHWAB/GOTTWALD § 92 I 2; a. A. ESSER/WEYERS SchR II § 62 IV).

526 Von der actio negatoria aufgrund eines erfolgten oder drohenden Eingriffs ist der Anspruch auf Unterlassung, die sich als *Erfüllung einer* bestehenden *schuldrechtlichen Verpflichtung auf Unterlassung* darstellt, zu unterscheiden (z. B. Unterlassungspflichten aus vertraglich vereinbarter Baubeschränkung oder vertraglich vereinbartem Wettbewerbsverbot).

Von den selbständigen vertraglichen Unterlassungspflichten sind die Pflichten zu unterscheiden, die sich in Verbindung mit einer positiven Verbindlichkeit ergeben. Diese sogenannten *Nebenpflichten* können ein solches Gewicht haben, daß auf Unterlassung geklagt werden kann (vgl. als gesetzliche Regelung die Wettbewerbsverbote für den Handlungsgehilfen, § 60 HGB; für den Gesellschafter der OHG, § 112 HGB; das Verbot der Verwertung von Geschäfts- und Betriebsgeheimnissen für den Handelsvertreter, § 90 HGB; aber auch die Pflicht zur Unterlassung von Wettbewerbshandlungen für den Verkäufer eines Unternehmens [RGZ 117, 176, 179]).

Es gibt jedoch auch *unselbständige Nebenpflichten*, die einen klagbaren Unterlassungsanspruch nicht gewähren (Pflichten ohne eigenständigen Leistungszweck); eine Sanktion der Pflichtverletzung ist dann nur mittelbar über Schadensersatz möglich. Die negative Seite der Verpflichtung, alles zu unterlassen, was mit der Erfüllung der vertraglichen Hauptpflicht nicht vereinbar ist, ist nicht Inhalt der Leistung im Sinne des § 241 (vgl. RGZ 72, 393 f).

b) Beseitigungsanspruch

527 Das Gesetz gebietet bei Eingriffen in geschützte Rechtsgüter Beseitigung der Beeinträchtigung (vgl. §§ 12, 1004); es gelten die tatbestandlichen Ausweitungen wie beim Unterlassungsanspruch.

Beseitigung meint Ausräumen der aus dem Eingriff unmittelbar fortdauernden Einwirkungen (z. B. Beseitigung des auf einen fremdem Grundstück abgeladenen Schutts; Widerruf unwahrer ehrverletzender Tatsachenbehauptungen; vgl. auch die Spezialvorschrift des § 894).

Schwierigkeiten bereitet die *Abgrenzung gegenüber* dem Anspruch auf *Schadensersatz*:

Der Beseitigungsanspruch zielt grundsätzlich nicht auf Wiederherstellung des vorherigen Zustandes. Er ist darauf gerichtet, die ungestörte Innehabung des Rechtes zu gewährleisten und hierzu störende Einwirkungen zu beseitigen. Dabei ergeben sich allerdings im Einzelfall Überschneidungen mit der Naturalrestitution des Schadensersatzes. Zu beachten bleibt, daß – anders als beim Schadensersatzanspruch – ein Verschulden des Störers nicht zu den Voraussetzungen des negatorischen Anspruchs gehört.

2. Schadensersatz

Schadensersatz bedeutet grundsätzlich Herstellung des Zustandes, der ohne das **528** schädigende Ereignis bestehen würde. Schaden ist jeder Nachteil an den Rechtsgütern einer Person.

Die Schadensbemessung ist im Zivilrecht grundsätzlich vom Verschuldensgrad unabhängig; es gilt das sogenannte **„Alles-oder-Nichts-Prinzip"**. Eine Ausnahme findet sich bei der Bemessung des Schmerzensgeldes, bei dem die Schwere der Schuld zu beachten ist (vgl. BGHZ 18, 149, 158).

> Zur rechtspolitischen Diskussion, die „Totalreparation" durch eine „Reduktionsklausel" einzuschränken, vgl. die Verhandlungen des 43. DJT (1960), insbesondere das Gutachten von H. LANGE Bd. I, 1 ff; sowie WEITNAUER Karlsruher Forum 1961, 32 ff, ablehnend ESSER SchR I, 4. Aufl., § 40 II; vgl. insgesamt HOHLOCH Allgemeines Schadensrecht, in Gutachten und Vorschläge zur Überarbeitung des Schuldrechts I, 1981, 375 ff.

Bei der verschuldensunabhängigen Gefährdungshaftung wird jedoch der Schadensersatz durch Haftungshöchstsummen begrenzt (vgl. oben Rdn. 521).

Der eingetretene Schaden bestimmt den Umfang des Ersatzanspruches und ist zugleich Voraussetzung für das Bestehen des Anspruches.

a) Im Vordergrund steht der **Vermögensschaden** als die Differenz zwischen der **529** hypothetischen Vermögenslage, die ohne das schädigende Ereignis bestünde, und der gegenwärtigen Vermögenslage nach Schadenseintritt (sog. *Differenzhypothese*). Da die Berechnung der Differenz Schwierigkeiten machen kann, z. B. bei dem Entgang von Gebrauchsvorteilen (Mietwagenkosten bei Beschädigung des eigenen Kfz), beim merkantilen Minderwert eines beschädigten Fahrzeugs, wird der zu ersetzende Schaden bisweilen unabhängig von einer konkret ermittelten Vermögenseinbuße bestimmt *(normativer Schadensbegriff)*. In der Methode der Schadensermittlung muß daher von einem *dualistischen Schadensbegriff* ausgegangen werden.

Bei Schäden im rechtsgeschäftlichen Bereich ist zu unterscheiden, ob der **530** Geschädigte berechtigterweise auf das Zustandekommen eines Rechtsgeschäfts vertraut, oder ob er sich auf die ordnungsgemäße Erfüllung einer bestehenden rechtsgeschäftlichen Verbindlichkeit verlassen hat:

Im ersten Falle wird der sogenannte *Vertrauensschaden,* das **negative Interesse**, ersetzt, d. h., der Geschädigte ist so zu stellen, wie er stünde, wenn er auf den Abschluß des Geschäftes nicht vertraut hätte (z. B. §§ 122, 179 II, 307 und darüber hinaus die Fälle der culpa in contrahendo). Der Schadensersatz wird jedoch in den gesetzlich geregelten Fällen auf den Betrag des Interesses begrenzt, das der Geschädigte an der Erfüllung des Geschäftes hat, während diese Begrenzung nach h. M. bei der culpa in contrahendo nicht gilt (vgl. RGZ 151, 357, 359 f; BGHZ 69, 53, 56; NJW-RR 1990, 329, 230).

531 Wird hingegen Schadensersatz wegen Nichterfüllung einer rechtsgeschäftlichen Verbindlichkeit geschuldet (z. B. §§ 325, 326), ist der Geschädigte so zu stellen, wie er stünde, wenn erfüllt worden wäre: sogenannter *Nichterfüllungsschaden*, **positives Interesse**.

532 b) Beim Ausgleich von Vermögensschäden geht die Rechtsordnung von der **Naturalrestitution** aus (§ 249 S. 1). An die Stelle der Naturalrestitution kann **Geldersatz** treten, wobei das Interesse des Geschädigten (§§ 249 S. 2, 250, 251 I), ausnahmsweise aber auch das Interesse des Schädigers (§ 251 II) ausschlaggebend ist.

Ersetzt wird zunächst der sich *unmittelbar* aus dem schädigenden Ereignis ergebende Nachteil, wobei der konkrete Wert, den der Gegenstand für den Geschädigten hat, zugrundegelegt wird. Nicht ersetzt wird jedoch ein sogenannter Liebhaberwert (Affektionsinteresse).

Nach dem Gesetz schließt Schadensersatz auch den Ersatz des entgangenen Gewinns ein (§ 252). Darüber hinaus stellt sich die Frage, wie weit allgemein *mittelbarer Schaden (Folgeschaden)* ersetzt wird. Im Rahmen der sogenannten *haftungsausfüllenden Kausalität* wird dies danach beantwortet, ob für die weitere Schadensfolge das schadenstiftende Ereignis adäquat kausal war (z. B. haftet der Verletzter dafür, daß ein im Krankenhaus eingelieferter Verletzter einer dort ausgebrochenen Epidemie erliegt; RGZ 105, 264 ff – Zur adäquaten Kausalität vgl. auch oben Rdn. 456).

> Da der Nachweis des Schadens bzw. der Schadenshöhe Schwierigkeiten bereiten kann, gibt § 287 ZPO dem Richter die Möglichkeit, die Entscheidung unter Würdigung aller Umstände nach freier Überzeugung zu treffen (Schadensschätzung). § 252 S. 2 BGB geht noch darüber hinaus, da nur auf die Wahrscheinlichkeit eines entgangenen Gewinns abgestellt wird.

533 c) Für die Schadensberechnung erhebt sich die Frage, inwieweit sich ein Schädiger darauf berufen kann, daß der Schaden auch ohne sein Zutun eingetreten wäre (Problem der sog. **hypothetischen Kausalität**). Nachträglich einwirkende Umstände sieht der BGH bei Ersatzansprüchen für die Zerstörung einer Sache regelmäßig als unerheblich an, weil mit dem schädigenden Eingriff sogleich der Anspruch auf Schadensersatz entsteht und das Gesetz den späteren Ereignissen keine schuldtilgende Kraft beilegt (BGHZ 29, 207, 215).

> Wird z. B. ein Kfz bei einem Unfall zerstört und schlägt am Tage darauf in die Garage, in der das Autowrack abgestellt ist, der Blitz ein, wobei alle dort befindlichen Gegenstände verbrennen, so kann sich der für den Unfall Verantwortliche nicht darauf berufen, daß das Kfz ohnehin untergegangen wäre.
>
> Beschädigt ein Lkw ein am Straßenrand stehendes Haus, so wird der Schädiger nicht dadurch entlastet, daß das Haus bald darauf im Zuge einer Sanierungsmaßnahme abgebrochen wird und der Eigentümer aufgrunddessen einen Entschädigungsanspruch erlangt (vgl. auch BGH NJW 1967, 551 f).

Allerdings sind Umstände zu berücksichtigen, die bereits bei dem Eingriff vorlagen („Schadensanlage") und notwendig binnen kurzem denselben Schaden verursacht hätten; hier ist der geminderte Wert der Sache, der bereits im Augenblick des Eingriffs gegeben war, zu berücksichtigen (BGHZ 29, 207, 215). **534**

> Wird z. B. beim Viehtrieb von einem Kfz ein Rind getötet, das bereits erkrankt und für eine Notschlachtung vorgesehen war, so beschränkt sich der Ersatzanspruch gegen den Schädiger auf den potentiellen Erlös aus der Notschlachtung.

Eine Berücksichtigung der mutmaßlichen späteren Entwicklung kann jedoch z. B. bei der Berechnung entgangenen Gewinns oder fortwirkender Erwerbsminderungen oder dem Ausfall ähnlicher langdauernder Vorteile in Betracht kommen; dies sieht das Gesetz ausdrücklich in §§ 252, 844 II vor (BGHZ 29, 207, 215).

d) Bei der Schadensberechnung muß auch der Fall berücksichtigt werden, daß der Geschädigte infolge des schädigenden Vorgangs einen Vorteil erlangt (Problem der sog. **Vorteilsausgleichung**). Hierbei ist zunächst die Anrechenbarkeit des Vorteils unter dem Gesichtspunkt der adäquaten Kausalität zu prüfen; in jedem Falle muß die Vorteilsanrechnung dem Sinn und Zweck der Schadensersatzpflicht entsprechen, sie darf den Schädiger nicht unbillig entlasten (BGHZ 8, 325, 329; 10, 107, 108; NJW 1978, 536 f; vgl. auch die gesetzliche Regelung in § 843 IV). So kommen die Lohnfortzahlung durch den Arbeitgeber bzw. Leistungen aus Versicherungen nicht für eine Minderung des Ersatzanspruches beim Schädiger in Betracht; vielmehr soll ein Ausgleich zwischen leistendem Dritten und Schädiger stattfinden, wozu teilweise ein *gesetzlicher Forderungsübergang* vom Geschädigten auf den leistenden Dritten vorgesehen ist (vgl. § 6 EFZG, § 116 SGB X, § 67 VVG). **535**

e) Der Schadenersatzanspruch kann gemindert sein oder sogar gänzlich entfallen, wenn *schuldhaftes Verhalten des Geschädigten* für das Entstehen des Schadens *mitursächlich* war (§ 254, sog. **mitwirkendes Verschulden**). Inwieweit der Umfang der Schadensersatzpflicht begrenzt wird, ist durch Abwägung der beiderseitigen Verantwortlichkeit für den Schadenseintritt zu ermitteln. **536**

§ 254 liegt der Gedanke zugrunde, daß die Rechtsordnung die Abwälzung eines erlittenen Schadens auf den Schädiger nicht schlechthin zulassen kann, wenn der Verletzte selber den Schaden unter Vernachlässigung der eigenen Interessen schuldhaft mitverursacht hat. Eine solche Abwälzung würde Treu und Glauben zuwiderlaufen (vgl. BGH NJW 1972, 334 f).

Verschulden ist hier als *„Verschulden gegen sich selbst"*, d. h. als Mißachtung der eigenen Interessen (**Obliegenheiten**) zu verstehen. **537**

> Das Verschulden im eigentlichen Sinne setzt einen Verstoß gegen eine Rechtspflicht voraus, die jemandem im Interesse anderer Personen auferlegt ist. Im übertragenen Sinne spricht man von Pflichten auch dann, wenn von jemandem ein bestimmtes

Verhalten gefordert oder erwartet wird, sei es als Voraussetzung eines Erwerbs, sei es zu Wahrung oder Ausübung eines Rechts (vgl. z. B. auch § 777), ohne daß durch die Verletzung dieser „Pflichten" ein anderer geschädigt und ersatzberechtigt würde. In diesen Fällen hat die Pflichtverletzung nur Nachteile zur Folge für den, der das von ihm geforderte Verhalten nicht beachtet; der Rechtserwerb tritt nicht ein, oder das Recht geht verloren oder kann nicht mehr ausgeübt werden. Es handelt sich also bei diesen „Pflichten" in Wahrheit um Gebote des wohlverstandenen eigenen Interesses, um „Obliegenheiten" (vgl. REIMER SCHMIDT Die Obliegenheiten, 1953).

538 Im Falle des § 254 ist zu prüfen, ob die *Vernachlässigung* einer Interessenwahrnehmung vorwerfbar, d. h. *schuldhaft* erfolgt. Nach h. M. ist hierbei auf die allgemeinen Grundsätze des Verschuldens zurückzugreifen; die Regelung der §§ 827, 828 ist entsprechend anzuwenden (RGZ 108, 87, 89; BGH VersR 1975, 133, 135). Auch der Grundgedanke des § 829 kann herangezogen werden (BGHZ 37, 102, 106).

Allerdings ist beim Geschädigten eine von ihm ohne Verschulden zu verantwortende Sach- oder Betriebsgefahr schadensmindernd zu berücksichtigen (BGHZ 6, 319, 320; 12, 124, 128; BGH NJW 1972, 1415 f).

So kann z. B. die Verantwortlichkeit eines geschädigten Kraftfahrzeughalters aus § 7 StVG gegenüber einem schuldhaft handelnden Ersatzpflichtigen bei der Schadensermittlung zur Anrechnung kommen.

539 Ein Mitverschulden wird dem Geschädigten auch dann zur Last gelegt, wenn er es unterlassen hat, den Gegner auf die Gefahr eines ungewöhnlich hohen Schadens aufmerksam zu machen, oder wenn er der *Pflicht, den Schaden abzuwenden oder zu mindern*, zuwidergehandelt hat (§ 254 II 1).

540 Die Verantwortlichkeit des Geschädigten umfaßt auch die Einstandspflicht für Gehilfen und gesetzliche Vertreter gem. § 278 (§ 254 II 2) sowie Repräsentanten des Versicherungsnehmers (vgl. PALANDT/HEINRICHS § 278 Rdn. 21). Diese Bestimmung findet – entgegen dem Standort in § 254 II – auch auf die Regelung des Mitverschuldens in § 254 I Anwendung (BGHZ 3, 46, 48).

Nach ständiger Rechtsprechung handelt es sich um eine sogenannte *Rechtsgrundverweisung* (str., zur Gegenmeinung vgl. u. a. DEUTSCH Haftungsrecht I § 20 I 2 m.w.N.), d. h. § 278 kommt nur dann zur Anwendung, wenn zwischen Schädiger und Geschädigtem bereits bei Schadenseintritt ein vertragliches oder gesetzliches Schuldverständnis bestand (BGHZ 3, 46, 49; 103, 338, 342 ff). Ist dies nicht der Fall, findet für den Verrichtungsgehilfen § 831 entsprechende Anwendung (BGHZ 1, 248, 251).

Ein mitwirkendes Verschulden des Geschädigten wird auch bei Ansprüchen aus *Gefährdungshaftung* berücksichtigt (vgl. oben Rdn. 522).

541 Die Grundsätze des § 254 werden auch zur rechtlichen Beurteilung des „*Handelns auf eigene Gefahr*" herangezogen. Dies betrifft Sachverhalte, in denen sich der Geschädigte freiwillig einer Gefahrenlage ausgesetzt hat (z. B. Mitfahrt in einem Kraftfahrzeug, dessen Fahrer erkennbar fahruntüchtig ist). BGHZ 34, 355, 360 ff ist von der bisherigen Auffassung der Rechtsprechung, es handele sich hierbei um eine rechtfertigende Einwilligung durch Willenserklärung, abgerückt (zur Entwicklung des Meinungsstandes vgl. H. HÜBNER Zurechnung statt Fiktion einer Willenserklärung, Festschrift Nipperdey I, 1965, 373 ff, Fn. 107) und hat die Frage nach einer Haftungsfreistellung oder Haltungsminderung differenzierend über § 254 (schuldhafte Selbstgefährdung) gelöst.

f) Das Haftungssystem geht im Interesse der Rechtssicherheit davon aus, daß der **542** Verletzte grundsätzlich nur den ihm selbst entstandenen Schaden, nicht den Schaden Dritter (sog. **Drittschaden**), geltend machen kann (Risikobegrenzung, vgl. ESSER/SCHMIDT SchR I § 34).

Durch die Verletzung über den unmittelbar Geschädigten hinaus betroffene *Dritte* können Schadensersatz nur aufgrund *eigener* Ansprüche verlangen. Derartige Rechte gewährt das Gesetz im Deliktsrecht gem. §§ 844 f wie auch z. B. in § 10 II StVG. Im Vertragsrecht können Dritte, die nicht selbst Vertragspartei sind, einen eigenen Schadensersatzanspruch außer nach § 618 III im berechtigenden Vertrag zugunsten Dritter (§ 328 I) sowie durch die Rechtsfigur des Vertrags mit Schutzwirkung zugunsten Dritter erlangen.

Darüber hinaus kann der Dritte Schadensersatz nur dann erhalten, wenn es ausnahmsweise dem *Vertragspartner* des Verletzers gestattet ist – da bei ihm ein Schaden nicht eingetreten ist –, *den Schaden des Dritten zu liquidieren* (Schadensverlagerung). Der geschädigte Dritte kann einen Anspruch erst nach Abtretung durch den Vertragspartner geltend machen.

Unter dem Gesichtspunkt, daß der Schädiger wegen des für ihn zufälligen Auseinander- **543** fallens von Anspruchsberechtigten und Geschädigtem nicht unbillig entlastet werden soll, hat die Rechtsprechung folgende Anwendungsbereiche herausgearbeitet (vgl. BGHZ 40, 91, 100 f m.w.N.):
– In den Fällen der *mittelbaren Stellvertretung* wurde dem indirekten Stellvertreter eingeräumt, den Schaden seines Auftraggebers (z. B. Kommittenten) geltend zu machen.
– Wer aufgrund eines Vertrages *fremde Sachen in* die *Obhut* eines anderen gibt, kann im Falle der Obhutsverletzung den Schaden des Eigentümers geltend machen.
– Ist beim *Versendungskauf* durch Auslieferung an die Transportperson die Preisgefahr auf den Käufer übergegangen (§ 447) und geht danach der Kaufgegenstand durch Verschulden der vom Verkäufer bestellten Transportperson unter, so ist der Verkäufer berechtigt, den Schaden des Käufers gegenüber dem Schädiger geltend zu machen.

Diese *Drittschadensliquidation* stellt sich als *Ausnahmeregelung* dar; einer Ausweitung sind daher Grenzen gesetzt. So hat der BGH die Geltendmachung eines beim Endabnehmer durch Verschulden des Produzenten eingetretenen Schadens durch den Vertragspartner des Produzenten verneint und den Endabnehmer auf die deliktische Haftung verwiesen (BGHZ 40, 91, 105 ff; 51, 91, 93 ff; heute weitgehend durch das ProdHaftG irrelevant).

544 Fälle der Drittschadensliquidation sind von solchen, bei denen ein *Vertrag mit Schutzwirkung zugunsten Dritter* denkbar ist, zu unterscheiden. Der Haftungserweiterung durch diese Rechtsfigur, die einen selbständigen Anspruch des Dritten begründet, wird durch Eingrenzung des geschützten Personenkreises entgegengewirkt. Danach muß der Gläubiger für das Wohl und Wehe des Dritten verantwortlich sein, oder es muß sich aus dem Vertrag – ggf. durch Auslegung – ergeben, daß der Dritte in den Schmutzbereich des Vertrages einbezogen ist, vgl. FIKENTSCHER Rdn 260 f. Hingegen erhöht die *Drittschadensliquidation* den Haftungsrahmen nicht, da sie lediglich eine zufällige Schadensverlagerung erfaßt (vgl. MEDICUS BR Rdn. 841 ff m.w.N.).

545 g) Beim **Nichtvermögensschaden**, dem immateriellen Schaden, bleibt grundsätzlich eine Entschädigung in Geld außer Betracht (§ 253); eine Ausnahme hat der Gesetzgeber in § 847 zugelassen. Die Vorschrift des § 253 steht jedoch einer vertraglichen Verpflichtung zur Erstattung eines Nichtvermögensschadens nicht entgegen (BGH JZ 1955, 581).

Im Hinblick auf § 253 bedarf es im Einzelfall der *Abgrenzung zwischen Vermögens- und Nichtvermögensschaden.* So hat der BGH den Entzug einer durch Vermögensaufwendungen erstrebten Erholung (BGH NJW 1956, 1234 f – Seereisefall; BGHZ 63, 98 ff) als Vermögensschaden angesehen, differenzierend zum Erholungsentzug jedoch BGHZ 60, 214 ff; 77, 116, 122 f; 85, 168, 173; 86, 212 ff – vgl. beim Pauschalreisevertrag nunmehr § 651 f II (s. u. Rdn. 1074)

> Vermögensschaden ist auch der *Nutzungsausfall* eines Kfz selbst dann, wenn kein Ersatzwagen gemietet wird (BGHZ 40, 345 ff) – Vgl. dazu auch oben Rdn. 529 zum normativen Schadensbegriff.

Über die in § 847 genannten Voraussetzungen hinaus hat die Rechtsprechung bei *schwerwiegenden Verletzungen des Persönlichkeitsrechts* dem Betroffenen zum Ersatz seines immateriellen Schadens einen Schmerzensgeldanspruch zugestanden (zu den Einzelheiten und zum Schrifttum vgl. oben § 12).

§ 27
Eigenmächtige Durchsetzung der Rechte

ADOMEIT Wahrnehmung berechtigter Interessen und Notwehrrecht, JZ 1970, 495 ff; CANARIS Notstand und „Selbstaufopferung" im Straßenverkehr, JZ 1963, 655 ff; H. DILCHER Besteht für die Notwehr nach § 227 BGB das Gebot der Verhältnismäßigkeit oder ein Verschuldenserfordernis?, Festschrift H. HÜBNER, 1984, 443 ff.; FELBER Die Rechtswidrigkeit des Angriffs in den Notwehrbestimmungen, 1979; GOLDSCHMIDT Der Notstand ein Schuldproblem, 1913; HIMMELREICH Nothilfe und Notwehr: insbesondere zur sog. Interessenabwägung, MDR 1967, 361 ff; KONZEN Aufop-

Eigenmächtige Durchsetzung der Rechte § 27 I 1

ferung im Zivilrecht, 1969; KRAUSE Zur Problematik der Notwehr, Festschrift Bruns, 1978, 71 ff; KÜPER Zum rechtfertigenden Notstand bei Kollision von Vermögenswerten, JZ 1976, 515 ff; LAMPE Defensiver und aggressiver übergesetzlicher Notstand, NJW 1968, 88 ff; SCHAFFSTEIN Notwehr und Güterabwägungsprinzip, MDR 1952, 132 ff; SCHÜNEMANN Selbsthilfe im Rechtssystem 1985; SIEGERT Notstand und Putativnotstand, 1931; TITZE Die Notstandsrechte im deutschen bürgerlichen Gesetzbuche und ihre geschichtliche Entwicklung, 1897; v. THUR Der Notstand im Zivilrecht, 1888; WARDA Die Eignung der Verteidigung als Rechtfertigungselement bei der Notwehr (§§ 32 StGB, 227 BGB), Jura 1990, 344 ff, 393 ff

546 Da der Schutz der Rechte Aufgabe des Staates ist, ist der Berechtigte grundsätzlich auf *Staatshilfe* angewiesen; nur *in Ausnahmefällen* hat er die Befugnis, sich selbst zu helfen. *Selbstschutz* durch Eingriff in einen fremden Rechtskreis ist daher nur zulässig, soweit er besonders gestattet ist.

Das BGB unterscheidet als zulässige Selbstschutzhandlungen die *Notwehr* zur Abwehr eines rechtswidrigen Angriffs (§ 227), die *Notstandshandlung* durch Beschädigen oder Zerstören einer fremden Sache, von der die abzuwehrende Gefahr droht (§ 228), oder durch Einwirken auf eine fremde Sache, von der die Gefahr zwar nicht ausgeht, deren Beschädigung oder Zerstörung aber zur Gefahrenabwehr erforderlich ist (§ 904), und die *Selbsthilfe* zur Sicherung der Verwirklichung eines Anspruchs (§ 229). Darüber hinaus ist die Selbsthilfe in gewissen Fällen unter erleichterten Voraussetzungen gestattet, z. B. dem Besitzer bei verbotener Eigenmacht (§ 859), dem Vermieter, dem Verpächter und dem Gastwirt bei Entfernung der seinem Pfandrecht unterliegenden Sachen (§§ 561, 581 II, 704 S. 2).

Die Rechtsordnung erlaubt die Abwehr zum Zwecke der Rechtsverteidigung, d. h. zur Abwehr von Angriffen und Gefahren (Notwehr, Notstand) in weiterem Umfang als die eigenmächtige Rechtsverfolgung, d. h. die eigenmächtige Verwirklichung oder Sicherung des dem Recht entsprechenden Zustands (Selbsthilfe).

I. Notwehr

547 In Übereinstimmung mit § 32 II StGB ist im BGB Notwehr diejenige Verteidigung, welche erforderlich ist, um einen gegenwärtigen rechtswidrigen Angriff von sich oder einem anderen abzuwenden (§ 227 II BGB). Eine Notwehrhandlung ist nicht rechtswidrig.

1. Voraussetzungen

a) Die Notwehrlage

548 Voraussetzung ist ein **Angriff**, also ein menschliches Verhalten, das einen bestehenden Zustand durch Verletzung eines Rechtsgutes einer Person ändern will.

Eine eigenhändige Angriffshandlung ist indessen nicht nötig; Angriff liegt z. B. auch dann vor, wenn jemand seinen Hund auf einen anderen hetzt.

Unterlassen kann – entgegen der h. M., vgl. MünchKomm/von Feldmann § 227 Rdn. 2 – dann einen Angriff darstellen, wenn eine Rechtspflicht zum Handeln (z. B. aus Gesetz, tatsächlicher Übernahme, vorangegangenem gefährlichem Tun, enge Lebensgemeinschaft) besteht (z. B. wenn der Bergführer den Touristen an einer lebensgefährlichen Stelle verlassen will). Dagegen ist die bloße Nichterfüllung von Vertragspflichten kein Angriff; zahlt z. B. der Schuldner nicht, so ist das kein Angriff, sondern reine Untätigkeit.

549 Eine Notwehrlage besteht auch dann, wenn das Rechtsgut eines *Dritten* angegriffen wird *(Nothilfe)*. Dritter kann auch eine juristische Person sein. Auch zugunsten des Staates ist Nothilfe denkbar; sie soll in Betracht kommen, wenn rechtlich geschützte Lebensinteressen des Staates (z. B. bei Landesverrat) betroffen sind, allerdings nur, wenn die zuständigen Staatsorgane nicht rechtzeitig eingreifen können, und nicht in weiterem Umfang, als es den Staatsorganen selbst zustünde. Bedenken bestehen, wenn die Rechtfertigung durch Notwehr dem Staat selbst für Maßnahmen, die über die gesetzlichen Eingriffsmöglichkeiten hinausgehen, zugebilligt werden soll (vgl. Drews/Wacke/Vogel/Martens Gefahrenabwehr, S. 38 f aber RGZ 117, 138, 142 f).

550 Erforderlich ist ein **gegenwärtiger** Angriff, d. h. ein Angriff, der begonnen hat, aber noch nicht beendet ist.

Der *Beginn* des Angriffs setzt zumindest voraus, daß die Rechtsgutsverletzung unmittelbar bevorsteht, ohne daß bereits ein Versuch im Sinne des Strafrechts gegeben zu sein braucht. – Der Angriff *dauert* solange, bis die Tat „beendet" ist; „Beendigung" kann weitergehen als „Vollendung". Hat z. B. der Dieb noch keinen gesicherten Gewahrsam an der Beute erlangt, so ist Notwehr gegen ihn noch zulässig (RGZ 111, 370 f; OLG Hamm OLGZ 1978, 72).

551 Der Angriff muß **rechtswidrig** sein, wobei nach h. M. nicht auf den Handlungsunwert, sondern auf das drohende Erfolgsunrecht abgestellt wird. Die Widerrechtlichkeit fehlt, wo dem Angreifenden ein Recht zum Eingriff (z. B. Amtsausübung der Polizei; Ausübung des gesetzlichen Vermieterpfandrechts, § 561) zur Seite steht. Gegen Notwehr gibt es keine Gegennotwehr.

Verschulden des Angreifers wird nicht vorausgesetzt, so daß auch ein Verschuldensunfähiger einen zur Notwehr berechtigenden Angriff begehen kann.

552 Eine vorsätzliche *Provokation* des Angriffs durch den Angegriffenen braucht die Notwehrlage nicht auszuschließen, wenn die Herbeiführung im Rahmen des Erlaubten liegt. Eine Notwehrlage wird jedoch für den Fall verneint, daß der Angegriffene den Angriff absichtlich herbeigeführt hat, um sich auf den Rechtfertigungsgrund der Notwehr berufen zu können. Dies wird teilweise damit begrün-

Eigenmächtige Durchsetzung der Rechte　　　　　　　　　　　§ 27 I 1

det, daß die absichtliche Provokation des Angreifers selbst einen rechtswidrigen Angriff darstelle (so Enn./Nipperdey § 240 II 1 c; Staudinger/Dilcher § 227 Rdn. 12); teilweise wird in derartigen Fällen die Berufung auf Notwehr als Rechtsmißbrauch angesehen (so RG HRR 1940 Nr. 1143; BGH NJW 1962, 308 f; BGH NJW 1983, 2267; Soergel/Fahse § 227 Rdn. 43).

b) Die Notwehrhandlung

Die Handlung zur Verteidigung eines Rechtsgutes des Angegriffenen findet unter **553** folgenden Voraussetzungen eine Rechtfertigung:
– Die Abwehr muß sich auf eine *Verteidigungshandlung* beschränken, sie darf nicht selbst Angriff sein.

> Es wird dafür ein der Verteidigungshandlung entsprechender *Verteidigungswille* gefordert, neben dem jedoch auch andere Motive für das Verhalten des Angegriffenen mitbestimmend sein können (so die h. M. unter Bezugnahme auf RGSt 60, 261 f; BGHSt 3, 194, 198).

– Die Verteidigung muß **erforderlich** sein. Die Erforderlichkeit der Notwehrmaß- **554** nahme bestimmt sich nach der objektiven Sachlage, nicht nach der subjektiven Sicht des Angegriffenen (RGZ 84, 306 f; h. M.). Bei mehreren gleichartigen Mitteln ist das am wenigsten schädliche zu wählen.

> Zurückweichen oder Flucht ist nur zumutbar, wenn der Angegriffene sich ohne Aufgabe berechtigter Interessen dem Angriff entziehen kann (RGZ 84, 306, 308 f). Bei einem Streit unter Ehegatten kann ein strengerer Maßstab an die Erforderlichkeit des Verteidigungsmittels anzulegen sein (BGH NJW 1969, 802). Dies gilt auch bei Angriffen von Kindern und Unzurechnungsfähigen sowie im Falle der Notwehrprovokation.

Eine *Güterabwägung* findet im Gegensatz zum Notstand *nicht* statt: Das Recht **555** braucht dem Unrecht nicht zu weichen. Eine *Verhältnismäßigkeit* des dem Angreifer zugefügten Übels zu dem drohenden Nachteil für den Angegriffenen kann jedoch aus dem Begriff der „gebotenen" Handlung in § 227 gefolgert werden. Sonst dürfte der Angegriffene einen Menschen niederschießen, obwohl das gefährdete Sachgut verhältnismäßig geringwertig ist, wenn nur die Tötung das einzig mögliche Abwehrmittel wäre. (Schulfall: Gelähmter schießt auf Kinder im Baum, die Obst stehlen wollen, vgl. Leipziger Kommentar/Spendel § 32 StGB Rdn. 313 f).

> Das Erfordernis einer Verhälnismäßigkeit ergibt sich heute zudem aus Art. 2 der MRK von 1952, die durch Gesetz v. 7. 8. 1952 (BGBl II, 685) Bundesrecht geworden ist; der Tötung eines Menschen ist danach die Rechtswidrigkeit nur genommen, wenn sie zur Abwehr von Gewalt gegen einen Menschen, nicht gegen Sachgüter erfolgt. Die MRK betrifft unmittelbar nur das Verhältnis von Staat und Bürger. Der Grundsatz gilt aber auch dort, wo Verteidigungsmaßnahmen außer allem Verhältnis (in „sittenwidriger Disproportionalität") zu dem Wert des angegriffenen Gutes stehen (vgl. BGH NJW 1956, 920; h. M. – dagegen E. Wolf AT § 15 B III b 3gg).

556 – Die Verteidigung ist **nur gegen den Angreifer** möglich. Ein Eingriff in Rechtsgüter eines anderen wird durch § 227 nicht gedeckt, kann aber unter Umständen eine zulässige Notstandshandlung sein.

> Der Angegriffene benutzt z. B. eine dem Dritten gehörige Sache zur Verteidigung. Dies kann nach § 904 zulässig sein. Benutzt der *Angreifer* eine ihm nicht gehörende Sache, so kann die Einwirkung des Angegriffenen auf die Sache – unbeschadet der Notwehr gegen den Angreifer selbst – nach § 228 gerechtfertigt sein.

2. Rechtsfolgen

557 Die erlaubte Notwehrhandlung ist *nicht widerrechtlich* (§ 227 I). Sie schließt daher eine Schadensersatzpflicht des Angegriffenen aus.

558 Werden jedoch die Grenzen der erlaubten Notwehr überschritten, so ist insoweit die Handlung des Angegriffenen widerrechtlich. Zwar ist nach § 33 StGB die Überschreitung nicht strafbar, wenn der Täter aus Verwirrung, Furcht oder Schrecken über die Grenzen der Verteidigung hinausgegangen ist *(sog. Notwehrexzeß)*. Sie verpflichtet aber im Zivilrecht als widerrechtliche Handlung den Täter zum Ersatz (§§ 823 ff), sofern Verschulden (z. B. Fahrlässigkeit) vorliegt. Freilich kann hier Mitverschulden des Angreifers nach § 254 zu berücksichtigen sein. In jedem Falle ist gegen den Notwehrexzeß Gegennotwehr zulässig.

559 Liegen die Voraussetzungen der Notwehr objektiv nicht vor, nimmt der Abwehrende jedoch irrtümlich an, sie seien vorhanden, so ist *Putativnotwehr* gegeben. Auch in diesem Falle ist die Abwehrhandlung widerrechtlich; der Täter kann, soweit ihn der Vorwurf der Fahrlässigkeit trifft, zum Schadensersatz verpflichtet sein (RGZ 88, 118, 120). Auch hier kann § 254 eingreifen.

3. Notwehr gegen Hoheitsakte

560 Auch *gegen obrigkeitliche Handlungen* kann unter den angegebenen Voraussetzungen, insbesondere wenn die Organe des Staates die rechtlich gezogenen Schranken überschreiten, d. h. rechtswidrig handeln, Notwehr zulässig sein. Jedoch ist im Falle der Vollstreckung fehlerhafter Verwaltungsakte zu beachten, daß der Beamte auch nach Einlegung eines Widerspruchs, sofern die sofortige Vollziehung angeordnet wird, bis zur Aufhebung des Verwaltungsaktes zum Vollzug berechtigt ist. Zu beachten ist ferner, daß bei Beamten, die im Sinne des § 113 StGB nach pflichtgemäßem Ermessen handeln, das Vorgehen – Zuständigkeit vorausgesetzt – solange rechtmäßig ist, als sich die Beamten im Rahmen dieses pflichtgemäßen Ermessens halten, wobei es nicht darauf ankommt, ob die Ermessensprüfung zum sachlich falschen Ergebnis führt. Die Ausführung eines rechtswidrigen Befehls ist rechtswidrig, Notwehr ist daher zulässig. § 11 II 1 SG, § 5 I WStG schränken lediglich den strafrechtlichen Schuldvorwurf ein.

II. Notstand

Während bei der Notwehr der Gedanke entscheidend ist, daß das Recht dem **561** Unrecht nicht zu weichen braucht, wird die Anerkennung der Notstandshandlung durch die Erwägung gerechtfertigt, daß bei einer Interessenkollision geringerwertige Interessen den höherwertigen weichen müssen. Dieser Gedanke der *Güterabwägung* beherrscht die Ausgestaltung des Notstandsrechts.

Notstand ist eine Zwangslage, in der man befugt ist, auf eine fremde Sache so weit einzuwirken, wie zur Verhütung eines drohenden Schadens nötig ist. Das BGB kennt zwei Notstandsbestimmungen, den *aggressiven* Notstand in § 904 und den *defensiven* Notstand (Sachwehr) in § 228. Der defensive Notstand erlaubt nur eine Einwirkung auf die Sache, von der die Gefahr ausgeht, während der aggressive Notstand sogar die Einwirkung auf eine unbeteiligte Sache gestattet, um eine drohende Gefahr abzuwenden.

Wenn das BGB einen derartigen Eingriff in fremde Sachgüter erlaubt, *schließt es die Widerrechtlichkeit aus.*

Auch das *Strafgesetzbuch* enthält zwei Notstandsregelungen: **562**

> Eine Notstandsregelung, *die die Widerrechtlichkeit ausschließt* (früherer übergesetzlicher Notstand), findet sich in § 34 StGB. Darüber hinaus enthält § 35 StGB eine Notstandsregelung, die lediglich die Schuld ausschließt.

Eine Konkurrenz kann, da § 35 StGB die Rechtswidrigkeit der Tat voraussetzt, nur zwischen § 34 StGB, der über den Eingriff auf Sachen hinaus allgemein auf die „Tat" abstellt, und §§ 228, 904 bestehen. In dieser Hinsicht sind §§ 228, 904 als Sonderfälle des § 34 StGB anzusehen, der darüber hinaus auch im Zivilrecht Geltung hat (vgl. OLG Freiburg JZ 1951, 223, 226).

1. Voraussetzungen

Im einzelnen geht das BGB – unbeschadet der darüber hinausgreifenden Rege- **563** lung des § 34 StGB – von folgenden Voraussetzungen aus:

a) Eine **Notstandslage** ist dann anzunehmen, wenn für irgendein Rechtsgut des Handelnden selbst oder eines anderen eine gegenwärtige Gefahr droht. Diese Gefahr geht im Falle des § 228 gerade von der fremden Sache aus, auf die eingewirkt wird, während § 904 voraussetzt, daß die Zwangslage von dritter Seite entstanden ist.

> Ein bissiger Hund droht, den friedlichen Spaziergänger anzufallen; dieser bricht aus dem nahegelegenen Gartenzaun entgegen dem Widerspruch des Eigentümers eine Latte und verletzt durch einen Schlag mit der Latte den Hund. Die Verletzung des Hundes ist nach § 228 gerechtfertigt, das Herausbrechen der Zaunlatte nach § 904. Der Spaziergänger ist freilich nach § 904 S. 2 zum Ersatz des Schadens verpflichtet; die Tierarztkosten sind von ihm hingegen nicht zu tragen, da er die Gefahr nicht verschuldet hat (§ 228 S. 2).

564 b) Als **Notstandshandlung** wird die Beschädigung oder Zerstörung der fremden Sache erlaubt. Sie ist unter folgenden *Voraussetzungen* zulässig:

Die Einwirkung auf die fremde Sache muß *erforderlich* sein. Die Erforderlichkeit der Notstandsmaßnahme bestimmt sich nach objektiver Beurteilung, nicht nach der subjektiv zumutbaren Sorgfalt (RGZ 149, 205 f). Die Möglichkeit zur Flucht wird in der Regel im Gegensatz zur Notwehr die Berufung auf Notstand ausschließen (h. M.).

565 Außerdem ist eine **Güterabwägung** zwischen dem durch die Notstandshandlung entstehenden und dem drohenden Schaden geboten. Nach § 228 darf der aus der Einwirkung entstehende Schaden nicht unverhältnismäßig größer sein als der drohende Schaden. Der Maßstab des § 904 ist enger; hier muß der drohende Schaden unverhältnismäßig groß sein.

> Z. B. berechtigt § 228 den Jagdberechtigten nicht, einen kostbaren Hund, der gerade einem Hasen nachläuft, niederzuschießen – anders, wenn es sich um einen notorisch wildernden Hund handelt.
>
> Der in einer Berghütte eingeschneite Tourist darf nach § 904 Einrichtungsgegenstände nicht verheizen, um sich zu erwärmen – anders wenn er zu erfrieren droht, da in diesem Falle die Abwägung zwischen Leben und Sachgut eindeutig ist.
>
> In die Abwägung können auch ideelle Interessen, so das Affektionsinteresse an einem Tier, einbezogen werden, z.B. wenn jemand den Angriff eines wertvollen Rassehundes auf seinen minder wertvollen Hund abwehrt (RG JW 1926, 1145 f).

Nach überwiegender Meinung soll *§ 904 auch auf andere absolute Rechte analog anwendbar sein* (so inbes. WESTERMANN § 28 III 1 m.w.N. gegen RGRK/AUGUSTIN § 904 Rdn. 3). Auf öffentlich-rechtliche Verhältnisse ist § 904 unanwendbar (RGZ 89, 221, 225).

> Das *öffentliche Recht* kennt zur Abwendung einer konkreten Gefahr für die öffentliche Sicherheit oder Ordnung (sog. *polizeilicher Notstand*) eigene Regelungen: z. B. §§ 8 ff PolG NW bzw. §§ 14 ff OBG NW. Danach kann die Polizei bzw. die Ordnungsbehörde auch dritte unbeteiligte Personen (Nichtstörer) in Anspruch nehmen (vgl. § 6 PolG NW). Diesen kann jedoch, soweit nicht z. B. von einem Ordnungspflichtigen nach den Grundsätzen der Geschäftsführung ohne Auftrag Ersatz verlangt werden kann, ein Entschädigungsanspruch zustehen (vgl. im einzelnen dazu §§ 39 ff OBG NW; § 67 PolG NW).

2. Rechtsfolgen

566 a) Da die Einwirkung unter diesen Voraussetzungen *nicht widerrechtlich* ist, gibt es gegen die berechtigte Notstandshandlung keine Notwehr. Das gilt auch, wenn der Einwirkende die Notstandslage schuldhaft herbeigeführt hat.

Der Einwirkende ist allerdings im Falle des § 904 stets *ersatzpflichtig*, im Falle des § 228 hingegen nur, wenn er die Notstandslage verschuldet hat. Die Haftung kann entfallen, wenn der *Geschädigte* den Eingriff schuldhaft herbeigeführt hat (BGHZ 6, 102, 111); § 254 ist anwendbar.

Der Einwirkende soll auch dann ersatzpflichtig sein, wenn er *in fremdem Interesse* eingreift, weil er dieses wie ein eigenes wahrnimmt; das gilt selbst dann, wenn er aus eigenem Antrieb im öffentlichen Interesse gehandelt hat (BGH LM Nr. 2 zu § 904). Er kann dann u. U. aus §§ 677 ff vom Bedrohten Erstattung verlangen. – Hat er jedoch auf Weisung des Bedrohten gehandelt, so soll den Anweisenden die Ersatzpflicht unmittelbar treffen (RGZ 113, 301, 303 f); nach einer darüber hinausgehenden Meinung soll stets der Begünstigte unmittelbar haften (HORN JZ 1960, 350, 352; LARENZ SchR II § 78 1 m.w.N.).

567 *b) Fehlen die Voraussetzungen* erlaubter Noteinwirkung oder Sachwehr, so sind die Eingriffshandlungen *widerrechtlich* und können zum Schadensersatz verpflichten.

Da es sich regelmäßig um eine unerlaubte Handlung nach § 823 handelt, ist – im Falle des § 228 – Verschulden zu prüfen (z. B. kann irrtümliche Annahme einer Notstandslage – „*Putativnotstand*" – fahrlässig sein). Im Falle des § 904 muß von einer Haftung ohne Verschulden ausgegangen werden, da das Gesetz bereits bei berechtigtem Einwirken zum Ersatz des Schadens verpflichtet.

568 Da § 34 StGB als Generalnorm *im Zivilrecht Geltung* hat, kann auch für die über §§ 228, 904 hinaus als Notstand zu wertenden Fälle eine zivilrechtliche Schadensersatzpflicht in Betracht kommen. Wenn z. B. bei einer Lebensrettung der Retter einen Dritten aus dem Wege stößt, so daß dieser zu Schaden kommt, kann der Geschädigte analog § 904 S. 2 Ersatz verlangen. – In den Fällen des entschuldigenden Notstandes nach § 35 StGB wird die zivilrechtliche Verantwortlichkeit grundsätzlich nicht berührt; sie ist gesondert zu prüfen.

III. Selbsthilfe

569 Wenn schon die Rechtsordnung für selbsttätige defensive Maßnahmen (Notwehr und Notstand) Grenzen setzt, muß dies um so mehr für die eigenmächtige angriffsweise Rechtsverfolgung gelten. Da grundsätzlich jeder zur Verwirklichung seiner Rechte die vom Staat zur Verfügung gestellten Mittel (Prozeß, Zwangsvollstreckung) in Anspruch nehmen muß, erlaubt § 229 die Selbsthilfe nur unter engen Voraussetzungen. Das Eingreifen kann darüber hinaus nur zur Sicherung, nicht zur Befriedigung dienen. Im Rahmen dieser Voraussetzungen ist das Eingreifen jedoch rechtmäßig.

1. Voraussetzungen

570 *a)* Dem Handelnden muß ein *prozessual durchsetzbarer privatrechtlicher Anspruch* zustehen.

Der Anspruch darf also nicht verjährt sein, da man durch Selbsthilfe nicht mehr erreichen können soll, als durch staatlichen Rechtsschutz. Andererseits soll entsprechend der Möglichkeit, gem. § 916 II ZPO einen Arrest zu beantragen, Selbsthilfe nach

h. M. auch dann statthaft sein, wenn der Anspruch bedingt oder betagt ist, aber schon einen Vermögenswert darstellt.

Weiter wird vorausgesetzt, daß *obrigkeitliche Hilfe nicht rechtzeitig zu erlangen* ist. So darf z. B. ein Arrest oder eine einstweilige Verfügung nicht zu erwirken sein (vgl. RGZ 146, 182, 188).

Schließlich muß die *Gefahr* bestehen, daß ohne sofortiges Eingreifen die *Verwirklichung des Anspruchs vereitelt oder wesentlich erschwert* wird.

Der Zechpreller will durchgehen; der Schuldner den Zug besteigen, um ins Ausland zu verschwinden.

571 *b)* Als **Selbsthilfehandlung** kann in Betracht kommen:
- Wegnahme, Zerstörung oder Beschädigung einer Sache

Der Wirt nimmt dem Zechpreller die Uhr weg. Der Eigentümer eines Hundes entdeckt nach längerer Zeit das gestohlene Tier im Zwinger des Diebes; er darf – falls die Voraussetzungen der Selbsthilfe gegeben sind – den Zwinger zerstören, um den Hund herauszuholen.

- Festnahme des Verpflichteten

Der Wirt kann den Hotelgast, der ohne Zahlung verschwinden will, festnehmen.

- Brechen des Widerstandes

Der Eigentümer des gestohlenen Hundes kann im obigen Falle den Widerstand des Diebes gegen das Betreten des Grundstücks, auf dem sich der Zwinger befindet, brechen.

572 *Grundsätzlich* kann die Selbsthilfehandlung *nur vom Anspruchsberechtigten selbst* vorgenommen werden. Jedoch muß auch ein Handeln im Auftrag möglich sein; dies gilt besonders für den zur Unterstützung Herbeigerufenen (Mot. I, 356). Ob eigenmächtige Selbsthilfe *zugunsten eines anderen* zulässig ist, ist *streitig*, zumal das Gesetz im Gegensatz zu §§ 227, 228 Eingriffe Dritter nicht ausdrücklich gestattet. Es kann daher lediglich eine Rechtfertigung nach den Regeln der Geschäftsführung ohne Auftrag in Betracht kommen (dagegen OERTMANN BGB-Komm 1927, § 229 II 1c m.w.N.).

573 *c)* Diese Handlungen unterliegen folgenden **Grenzen** (§ 230):
- Die Selbsthilfe darf nicht weitergehen, als zur Abwendung der Gefahr *erforderlich* ist.

Im obigen Fall ist die Zerstörung des Zwingers nur soweit zulässig, als sie zur Wiedererlangung des Hundes notwendig ist. – Wenn die Wegnahme von Sachen genügt, darf die Person nicht festgehalten werden. – Wenn der Schuldner Sicherheiten bietet, ist die Festnahme nicht zulässig.

- Die *Durchführung* der Selbsthilfe muß als *Ersatz* der nicht sofort erlangbaren Staatshilfe Rechnung tragen.

Eigenmächtige Durchsetzung der Rechte § 27 IV

Die Selbsthilfehandlungen sind nur vorläufige Maßnahmen, anschließend sind alsbald die entsprechenden gerichtlichen Maßnahmen zu beantragen; bei Wegnahme von Sachen ist Zwangsvollstreckung oder dinglicher Arrest zu beantragen, § 917 ZPO; bei Festnahme eines Verpflichteten persönlicher Sicherheitsarrest, § 918 ZPO. Bei Verzögerung oder Ablehnung des Arrestantrags muß unverzüglich die Sache zurückgegeben oder die Person freigelassen werden; andernfalls wird das Festhalten widerrechtlich.

Eine Rückgabe der Sache soll jedoch dann nicht geboten sein, wenn der in Selbsthilfe Handelnde einen materiell-rechtlichen Anspruch auf sie selbst hat (insbes. wenn die Wegnahme der Wiederherstellung eines verletzten Rechts dient; z. B. wenn der Eigentümer dem Dieb die gestohlene Sache weggenommen hat; vgl. LARENZ AT § 15 III a a. E.). § 861 bleibt außer Betracht, da die erlaubte Selbsthilfe keine verbotene Eigenmacht darstellt.

Der Zugriff wegen Geldforderungen ist auf vollstreckungs- und arrestfähige Sachen beschränkt (vgl. § 811 ZPO). Darüber hinaus muß es sich um eine eigene Sache des Anspruchsgegners handeln, bloßer Gewahrsam reicht im Gegensatz zur Pfändung nicht aus.

2. Rechtsfolgen

Im Rahmen der Voraussetzungen und Grenzen ist die Selbsthilfehandlung *rechtmäßig*. Strafbarkeit und Schadensersatzpflicht entfallen; Notwehr ist nicht statthaft. **574**

Überschreitet der Handelnde den Rahmen der erlaubten Selbsthilfe, so handelt er widerrechtlich *(Selbsthilfeexzeß)*.

Nimmt er die *Voraussetzungen irrig* als gegeben an *(Putativselbsthilfe)*, so ist er dem anderen Teil zum Schadenersatz verpflichtet, selbst wenn der Irrtum nicht auf Fahrlässigkeit beruhte. Es handelt sich um einen Fall der *Risikohaftung*. Die Haftung ohne Verschulden nach § 231 greift auch in den Fällen ein, in denen der Handelnde *in unverschuldetem Irrtum die Grenzen der Selbsthilfe überschreitet*. Streitig bleibt, ob für die Haftung nach § 231 Zurechnungsfähigkeit vorauszusetzen ist (die h. M. lehnt dies ab; dagegen ENN./NIPPERDEY § 242 Fn. 17).

Außerhalb des Allgemeinen Teils enthält das BGB **Sonderregelungen**, bei denen die Voraussetzungen des § 229 nicht vorzuliegen brauchen: so im Recht des Besitzes in §§ 859 II-IV, 860, 867; für den Vermieter, Verpächter und Gastwirt zur Wahrung ihres Pfandrechts in §§ 561 I, 581 II, 704 S. 2; ferner für den Grundstückseigentümer in § 910 und den Eigentümer eines Bienenschwarmes in § 962. **575**

IV. Anhang: Sicherheitsleistung

Neben den Rechtsbehelfen, die zur Verwirklichung eines Rechts oder zur Beseitigung einer Rechtsverletzung dienen, sieht die Rechtsordnung Sicherungsmittel vor, die einer künftigen Benachteiligung oder einem Rechtsverlust vorbeugen sollen. Hierzu zählt insbesondere die Sicherheitsleistung im Sinne der §§ 232 ff, die einerseits der Gefahr entgegenwirken soll, daß der Gläubiger seinen bereits **576**

265

entstandenen – aber noch nicht durchsetzbaren – Anspruch zum Zeitpunkt der Fälligkeit nicht realisieren kann, andererseits den Schuldner vor Nachteilen bewahren soll, die ihm aus der Geltendmachung eines ungewissen Anspruchs durch den Gläubiger, z. B. im Wege der vorläufigen Vollstreckbarkeit, erwachsen können.

In bestimmten Fällen kann eine *Pflicht* zur Sicherheitsleistung bestehen, insbesondere bei einer Forderungsgefährdung (z. B. durch Unsicherheit der Vermögensverhältnisse). Die Verpflichtung kann sowohl durch *Gesetz* (z. B. §§ 843 II 2, 1389) als auch durch *richterliche Verfügung* (z. B. in den Fällen des § 1382 III) sowie durch *rechtsgeschäftliche Abrede* begründet sein.

Zuweilen ist die Sicherheitsleistung *ins Ermessen gestellt*, so z. B. als Voraussetzung für die Geltendmachung eines Rechts (§ 258 S. 2) oder für den Ausschluß eines Gegenrechts (§ 273 III).

Auch das *Verfahrensrecht* sieht Sicherheitsleistung vor, wobei die §§ 234, 235 entsprechende Anwendung finden (vgl. § 108 ZPO; § 54 FGG). Von besonderer Bedeutung ist die Sicherheitsleistung bei der *vorläufigen Vollstreckbarkeit* (§§ 709 ff ZPO). Hier kann der Schuldner die Vollstreckung durch Sicherheitsleistung abwenden (§ 711 ZPO), andererseits kann auch der Gläubiger gegen Sicherheitsleistung von seiner Seite vorläufig vollstrecken (§ 709 ZPO).

Als *Mittel der Sicherheitsleistung* kommt in erster Linie die *Sachsicherheit* in Betracht (§ 232 I).

> Sachsicherheit kann der Verpflichtete grundsätzlich nach seiner Wahl leisten, z. B. durch Hinterlegung von Geld oder Wertpapieren bei der nach Landesrecht zuständigen Hinterlegungsstelle, durch Verpfändung von Schuldbuchforderungen, Verpfändung beweglicher Sachen, Bestellung von Hypotheken an inländischen Grundstücken oder Verpfändung von Hypotheken, Grund- oder Rentenschulden an inländischen Grundstücken. Die Einzelheiten sind in §§ 234–238 geregelt.

Kann keine Sachsicherheit geleistet werden, ist Sicherheitsleistung durch Stellung eines *Bürgen* zulässig (§§ 232 II, 239).

Die Höhe der Sicherheit ist mangels Vereinbarung aus ihrem Zweck zu entnehmen; wird sie nachträglich unzureichend, ist sie zu ergänzen (§ 240).

Die *rechtlichen Folgen* aus der Sicherheitsleistung sind je nach Sicherungsmittel verschieden. Besondere Bestimmungen gelten gem. § 233 für die Hinterlegung von Geld oder Wertpapieren; der Berechtigte erwirbt an den hinterlegten Gegenständen ein Pfandrecht; wenn diese in das Eigentum der Hinterlegungsstelle übergehen, tritt an dessen Stelle ein Pfandrecht an der Rückerstattungsforderung des Hinterlegers.

Die Bedeutung der §§ 232 ff ist gering, da sich in der Praxis andere Formen der Sicherheitsleistung, insbesondere die Bankbürgschaft, durchgesetzt haben.

VIERTER TEIL

Die Lehre vom Rechtsgeschäft

ERSTER ABSCHNITT

Rechtshandlung und Rechtsgeschäft

§ 28

Die Rechtshandlung im allgemeinen

KLEIN Die Rechtshandlungen im engeren Sinne, in: Fischer Abhandlungen zum Bürgerlichen Gesetzbuch, VIII, 1912; MANIGK Das System der juristischen Handlungen im neuesten Schrifttum, JherJb. 83 (1933), 1 ff; ders., Zum Begriff des Rechtsgeschäfts, DJZ 1902, 279 ff.

I. Rechtshandlungen gehören zu den *rechtlich relevanten Tatsachen*, die unter dem *Oberbegriff „Tatbestand"* vom Gesetz zum Eintritt einer Rechtswirkung (Entstehung, Aufhebung oder Änderung eines Rechtsverhältnisses) vorausgesetzt werden. Zwischen Tatbestand und Rechtswirkung besteht das Verhältnis von Grund und Folge. **577**

Die einzelnen rechtlich bedeutsamen *Tatsachen* (juristische Tatsachen) können von sehr verschiedener Natur sein. Sie können in menschlichem Verhalten, in Handlungen bestehen (Willenserklärung, Verzeihung, Körperverletzung) oder sich als eine sonstige Tatsache darstellen (Zeitablauf, Geburt, Tod, aber auch ein Recht wie das Eigentum des Veräußerers, § 929). Sie können Ereignisse (Geburt, Tod) oder Zustände (Dauer des Besitzes) sein.

Da der Oberbegriff in seinen Funktionen nicht zu erfassen ist, sind die rechtlich bedeutsamen Tatsachen bei den einzelnen Rechtsinstitutionen zu erörtern.

II. Im Rahmen der juristischen Tatsachen kommt der **Handlung** eine zentrale Bedeutung zu. Die Handlung ist ein äußeres, vom natürlichen Willen getragenes Verhalten, das tätig (positiv) – Handlung im engeren Sinne – oder untätig (negativ) – Unterlassung – sein kann. **578**

Dem Unterlassen kommt rechtliche Relevanz nur dann zu, wenn eine Rechtspflicht zu einem entsprechenden Tätigwerden besteht. (Zur Problematik des Unterlassens im Rahmen der unerlaubten Handlungen vgl. oben Rdn 467, zur Bedeutung des Schweigens im rechtsgeschäftlichen Bereich vgl. unten Rdn. 671 f, 687 ff)

Nicht zu den Handlungen gehören neben den rein inneren Vorgängen (z. B. den Gedanken zur Planung einer Handlung):

– Das äußere Verhalten, das ohne Bewußtsein geschieht (der betäubte Kranke schlägt dem Arzt das Messer aus der Hand),

– Das nicht durch einen Willensentschluß, sondern äußeren Zwang (vis absoluta) verursachte menschliche Verhalten, zufälliges Verhalten (jemand wird von einem andern in eine Ladenscheibe hineingestoßen).

Handlung im Rechtssinne setzt mithin die Möglichkeit der Bewußtseinskontrolle und Willenslenkung voraus (BGHZ 39, 103, 106).

579 Die Rechtsordnung erfaßt nur die Handlungen, denen eine *rechtliche Relevanz* zukommt, die sogenannten juristischen Handlungen, das rechtlich relevante, rechtswirksame Verhalten.

Aus der Fülle der menschlichen Handlungen sind nur wenige mit einer Rechtsfolge verknüpft; so ist z. B. das Anzünden einer Zigarette für sich gesehen ohne rechtlichen Belang; sobald sich jedoch mit dem Anzünden die Beschädigung einer fremden Sache verbindet, wird aus der rechtlich bedeutungslosen eine rechtlich relevante Handlung.

Das rechtlich relevante Verhalten läßt sich unterscheiden in rechtmäßiges und rechtswidriges Verhalten:

580 1. *Rechtmäßiges*, also erlaubtes *Verhalten*, kann

a) rechtsgeschäftlicher Art sein. Darunter sind die auf einen rechtlichen Erfolg gerichteten privaten Willensäußerungen zu verstehen, bei denen die Wirkung entsprechend dem auf sie gerichteten und geäußerten Parteiwillen eintritt (die Wirkung tritt ein, weil sie gewollt, genauer als gewollt erklärt ist);

b) nicht rechtsgeschäftlicher Art sein. Es handelt sich um ein Verhalten, dessen Wirkung sich aus der Rechtsordnung ohne Rücksicht auf einen Rechtsfolgewillen ergibt (Rechtshandlungen im engeren Sinne). Hierzu gehören:

– Willensäußerungen (wie die Mahnung, Fristsetzung), Vorstellungsäußerungen (Mitteilungen über irgendwelche Vorgänge oder Zustände, wie z. B. Anzeige eines Mangels, Abtretungsanzeige, Mitteilung der Vollmachtserteilung);

Willensäußerungen können als geschäftsähnliche Handlungen qualifiziert werden, insbesondere um über die Geschäftsfähigkeitsvoraussetzungen Schutzwirkungen für den Handelnden zu ermöglichen (z. B. die mit einer Tathandlung verbundene Wohnsitzbegründung, § 8).

– Handlungen, die lediglich auf einen äußeren tatsächlichen Erfolg gerichtet sind, sogenannte Realakte, wie z. B. Verarbeitung, Fund, Besitzerwerb;

– Handlungen, die ohne Vorstellung vom Eintritt eines Erfolges zugerechnet werden (Verletzung der Schadensminderungspflicht, § 254 II).

Zu beachten bleibt, daß sich Rechtsfolgen auch ohne Handlung ergeben können; so kommt es z. B. bei § 946 nur auf das Zustandekommen einer Verbindung als rein tatsächlicher Vorgang an, etwa unter Einwirkung von Naturgewalt (vgl. RGRK/PIKART § 946 Rdn. 5).

Vgl. zu geschäftsähnlichen Handlungen und Realakten im einzelnen unten Rdn. 696 ff

2. *Rechtswidriges*, d. h. von der Rechtsordnung mißbilligtes *Verhalten* (vgl. oben Rdn. 457 ff) führt zu nachteiligen Folgen für den Handelnden, insbesondere Schadensersatzpflichten: **581**

Das Verhalten kann unerlaubte Handlung (Verletzung einer sich aus gesetzlichen Tatbeständen ergebenden Pflicht), Verletzung einer rechtsgeschäftlichen Verpflichtung (Forderungsverletzung) oder auch Verstoß gegen eine Rechtspflicht sein, die sich aus einem besonderen Verhältnis des Handelnden zu einer bestimmten anderen Person ergibt (z. B. culpa in contrahendo; vgl. auch den Begriff des Schuldverhältnisses ohne primäre Leistungspflichten, u. Rdn. 1080 ff, 1083).

III. Soweit die Handlung Rechtsfolgen nach sich ziehen soll, verlangt die Rechtsordnung die Fähigkeit zu durchschnittlicher (normaler) Willensbildung (Bestimmbarkeit des Handelnden durch vernünftige Beweggründe), die sogenannte **Handlungsfähigkeit**. Die Anforderungen regelt das BGB der Zweiteilung Rechtsgeschäft – Delikt entsprechend unterschiedlich, nämlich die *Geschäftsfähigkeit* in §§ 104 ff, die *Deliktsfähigkeit* in §§ 827, 828; für die Verantwortlichkeit für Forderungsverletzungen verweist es in § 276 I 3 auf die Deliktsfähigkeit. **582**

§ 29
Rechtswirksames Verhalten

BETTI Über sogenannte faktische Vertragsverhältnisse, Festschrift H. Lehmann, I, 1956, 253 ff; CANARIS Die Vertrauenshaftung im deutschem Privatrecht, 1971; v. CRAUSHAAR Der Einfluß des Vertrauens auf die Privatrechtsbildung, 1969; ELTZBACHER Die Handlungsunfähigkeit nach deutschem bürgerlichen Recht, Bd. I, Das rechtswirksame Verhalten, 1903; ESSER Gedanken zur Dogmatik der „faktischen Schuldverhältnisse", AcP 157 (1958/59), 86 ff; FLUME Das Rechtsgeschäft und das rechtlich relevante Verhalten, AcP 161 (1962), 52 ff; H. HÜBNER Zurechnung statt Fiktion einer Willenserklärung, Festschrift Nipperdey, I, 1965, 373 ff; LEHMANN Das „faktische" Vertragsverhältnis, JherJb. 90 (1942), 131 f; ders., Faktische Vertragsverhältnisse, NJW 1958, 1 ff; MANIGK Das rechtswirksame Verhalten, 1939; NAENDRUP Rechtsscheinforschungen, 1910; NIKISCH Über „faktische Vertragsverhältnisse", Festschrift Dölle, I, 1963, 79 ff; OERTMANN Grundsätzliches zur Lehre vom Rechtsschein, ZHR 95 (1930), 443 ff; RIEZLER Venire contra factum proprium, 1912; SIEBERT Die „faktische" Gesellschaft, Festschrift Hedemann, 1938, 266 ff; ders., Faktische Vertragsverhältnisse, 1958; SIMITIS Die faktischen Vertragsverhältnisse, 1957; SINGER Das Verbot widersprüchlichen Verhaltens, 1993; WELLSPACHER Das Vertrauen auf äußere Tatbestände im bürgerlichen Rechte, 1906; H. WOLFF Über faktische Vertragsverhältnisse, NJW 1953, 1250 f.

I. Relevanz des rechtswirksamen Verhaltens

583 Während die vernunftrechtlich beeinflußte Dogmatik noch am Beginn des 19. Jahrhunderts das Rechtsgeschäft unter dem Zentralbegriff der juristischen Handlungen erfaßte (vgl. HEISE Grundriß eines Systems des gemeinen Civilrechts, 1823, 29 ff; SAVIGNY System des heutigen römischen Rechts, III, 1840, 3 ff) und damit offensichtlich die rechtliche Relevanz des gesamten Verhaltens umschreiben wollte, verselbständigte sich in zunehmender Subjektivierung das Rechtsgeschäft mit dem Kern der Willenserklärung als Gestaltungsinstrument des Individuums, während man unter „Handlung" vornehmlich die unerlaubte Handlung verstand. Die Motive (I, 127) hatten zwar die Rechtshandlung als Zwischenbereich zwischen Rechtsgeschäft und Delikt erkannt, jedoch auf eine ausdrückliche Regelung dieses Bereichs verzichtet und die Tendenz erkennen lassen, auf diese Rechtshandlungen im engeren Sinne gegebenenfalls die Vorschriften über Rechtsgeschäfte anzuwenden. Dies gab Anlaß, die Anspruchsmöglichkeiten im wesentlichen auf die Alternative von Rechtsgeschäft und Delikt zurückzuführen, ohne zu berücksichtigen, daß auch aus einem Verhalten, das außerhalb dieser Kategorien liegt, Rechtswirkungen entstehen können.

Rechtssprechung und Lehre haben schrittweise jeweils vom konkreten Fall ausgehend die grobe Alternative korrigiert.

> Aus dem Gesamtkomplex können nur beispielhaft einzelne Erscheinungen angeführt werden: Ein besonders wichtiger Ansatzpunkt ist das Institut der culpa in contrahendo; von besonderer Bedeutung ist die vielfältige Berücksichtigung des „Rechtsscheins", die sich mit dem Vertrauensschutzprinzip überlagert; nicht zuletzt gehört hierhin der Verlust von Rechtspositionen infolge Verletzung von Obliegenheiten, die sich als „Verschulden gegen sich selbst" darstellen (z. B. Unterlassen der Korrektur eines kaufmännischen Bestätigungsschreibens).

584 Begründet wurden die Korrekturen weitgehend aus dem Rechtsgedanken des § 242, ohne daß sie immer dogmatische Präzision gewonnen hätten.

> Einer Differenzierung zwischen Rechtsgeschäft und „Verhalten" steht insbesondere der häufig festzustellende Versuch entgegen, Verhaltensweisen als Rechtsgeschäfte (z. B. im Sinne einer „Erklärung an die Öffentlichkeit") zu werten, wozu neben einer Ausweitung des Begriffs der konkludenten Willenserklärung auch § 157 eine willkommene Hilfe bietet. Hier führt das Bestreben häufig zu der Fiktion einer Willenserklärung. Hingegen gibt das Bemühen, ein Verhalten als „faktischen" Vertrag zu interpretieren, die Voraussetzungen des Instituts „Willenserklärung" schlechthin preis; damit wird der Kernbereich der privatautonomen Gestaltungsbefugnis ausgehöhlt.

Gibt man dem Individuum durch das Rechtsgeschäft die Möglichkeit, seine Lebensverhältnisse weitgehend autonom zu gestalten, so muß andererseits im Interesse schutzwürdiger Beteiligter die Verantwortlichkeit für sein Verhalten, die nicht auf die deliktische Haftung begrenzt sein kann, eine eigenständige Institutionalisierung erfahren. Im Hinblick auf eine solche Differenzierung erscheint es geboten, zur Vermeidung gefühlsmäßig bestimmter Entscheidungen rationale Kriterien zu ermitteln.

Für das rechtswirksame Verhalten stellen sich folgende **Grundsatzfragen:** **585**

1. Da Verhalten nicht Willenserklärung ist, entfällt schon dadurch die Möglichkeit einer Anfechtung des Verhaltens wegen Irrtums. Die Irrtumsanfechtung würde die Möglichkeit eröffnen, sich der Verantwortung für ein rechtswirksames Verhalten – gänzlich oder allenfalls auf § 122 begrenzt – zu entziehen.

2. Problematisch ist, ob in diesem Bereich zum Schutz Geschäftsunfähiger oder in der Geschäftsfähigkeit Beschränkter auf die Regelung der §§ 104 ff oder 827 f zurückgegriffen werden soll. Die Frage kann generell nicht beantwortet werden. Geschäftsähnliches Verhalten kann zu §§ 104 ff führen, andererseits können Fallgestaltungen zu der Regelung der Verantwortlichkeit nach §§ 827 f tendieren (vgl. die Übersicht bei SOERGEL/HEFERMEHL Vor § 104 Rdn. 17 ff).

3. Offen ist auch der Maßstab der Verantwortlichkeit: Hier läßt sich eine Regelung gleichfalls nicht generell treffen. Je nach dem Verkehrsinteresse kann unter die Verschuldenserfordernisse auf ein sogenanntes Veranlassungsprinzip zurückgegangen werden.

4. Auch die Rechtsfolgen sind abhängig von der Bewertung des Schutzinteresses; sie können sich nach der Rechtsstellung der Beteiligten richten, z. B. ist im Handelsrecht der Verkehrsschutz stärker ausgebildet als im bürgerlichen Recht.

II. Institutionalisierung des Vertrauens- und Verkehrsschutzes

Die rationale Erfassung des Phänomens „rechtswirksames Verhalten" läßt sich am **586** deutlichsten an der dogmatischen Ausgestaltung des Vertrauens- und Verkehrsschutzes abbilden.

Die Erscheinungsformen dieses Schutzprinzips sind vielfältig. Sie reichen von dem Erwerb vom Nichtberechtigten im Sachenrecht über den Verkehrsschutz im Wertpapierrecht bis zur Anscheinsvollmacht und zum sogenannten Scheinkaufmann im Handelsrecht. Sie sind zum Teil legislatorisch ausgeformt, zum Teil entstammen sie richterlicher Rechtsschöpfung. Sie sind hinsichtlich der Intensität ihrer Schutzwirkung unterschiedlich; die Rechtsfolgen hängen von der Bewertung der Verkehrsinteressen ab.

Die *dogmatische Struktur* des Vertrauensschutzes hat einen **objektiv zu bewertenden Vertrauenstatbestand** als Basis, zu der **zwei subjektive Prämissen** hinzutreten, nämlich von der Seite des nachteilig Betroffenen die Prüfung seiner Verantwortlichkeit für das Entstehen des Vertrauenstatbestandes, von der Seite des Begünstigten die Prüfung seiner Schutzwürdigkeit.

1. Vertrauenstatbestand

587 Der Vertrauenstatbestand setzt einen Sachverhalt voraus, aus dem ein unbeteiligter Dritter Schlüsse auf eine bestimmte Rechtslage ziehen würde, d. h. einen Erfahrungstatbestand, der nach allgemeiner Anerkennung eine hinreichende Anscheinswirkung für die durch ihn normalerweise repräsentierten Rechtsbeziehungen entfaltet.

> Als solche Tatbestände kommen in Betracht: der Eintrag im Grundbuch, im Handelsregister; die Kundgabe der Bevollmächtigung in einer Urkunde; die Verpflichtungserklärung im Wechsel, in einer Schuldurkunde; der Besitz einer beweglichen Sache; das Auftreten als Kaufmann im Handelsverkehr; das Auftreten als bevollmächtigter Vertreter.

Die **indizierende Wirkung** des Vertrauenstatbestandes zeigt eine **unterschiedliche Stärke**. Ihr entsprechend sind die Anforderungen an die „Gutgläubigkeit" des Vertrauensschutz Beanspruchenden abgestuft.

> Vgl. die Differenzierung der Gutgläubigkeit in § 892 I und § 932 II.

2. Verantwortlichkeit des Betroffenen

588 Da der Vertrauens- bzw. Verkehrsschutz dem Betroffenen Rechtsnachteile, namentlich einen Rechtsverlust, auferlegt, bedarf es in der dogmatischen Ausgestaltung im Hinblick auf die Zurechnung eines eigenständigen Tatbestandselements. Es ist die Frage zu prüfen, inwieweit der Betroffene für die Herbeiführung des Vertrauenstatbestandes – im Sinne eines „Verschuldens gegen sich selbst", einer Obliegenheitsverletzung im weiteren Sinne – verantwortlich sein muß.

> Z. B. stellt der Erwerb von Nichtberechtigten eine Expropriation dar, die gegenüber dem grundrechtlichen Schutz des Eigentums kaum aus der Sozialpflichtigkeit des Alteigentümers gem. Art. 14 II GG begründet werden kann; hier läßt sich der Rechtsverlust nur mit dessen Verhalten begründen, wozu § 935 nur eine sehr unvollkommene legislatorische Ausformung bietet.

589 Das Entstehen des Vertrauenstatbestandes muß grundsätzlich auf ein rechtswirksames Verhalten des Betroffenen zurückzuführen sein. Kausalität allein vermag jedoch Verantwortlichkeit nicht zu begründen.

In einzelnen Fällen kann auf *fahrlässiges Verhalten* abgestellt werden. So bildet z. B. bei der jenseits der Duldungsvollmacht liegenden Anscheinsvollmacht Fahrlässigkeit des „Vertretenen" die Grenze für die Heranziehung zu den Vertretungsfolgen (vgl. BGHZ 5, 111, 116; BAG NJW 1964, 1690 f).

590 In einer Reihe von Fällen kommt es jedoch auf ein Verschulden nicht an; hier gehen Rechtsprechung und Lehre vom „Veranlassungsprinzip" aus. Veranlassung ist jedoch schlechthin kein Verantwortlichkeitsmaßstab. Im Grunde handelt es sich darum, im höherbewerteten Interesse des Gegners die subjektiven Voraussetzungen zurücktreten zu lassen. In dieser Hinsicht bietet sich der *objektivierte Verantwortlichkeitsmaßstab einer „Beherrschung der Gefahr"*, an, der eine Haftungsverteilung nach der Risikosphäre ermöglicht.

So geht z. B. bei der Regelung des § 932 das Sprichwort „Wo du deinen Glauben gelassen hast, sollst du ihn suchen" über den „Veranlassungsgrundsatz" hinaus, indem es auf die Beherrschung des Risikos abstellt. Das trifft auch im Falle des § 344 HGB zu, wenn Rechtsprechung und Lehre annehmen, daß der Gegenbeweis, es handele sich um kein Handelsgeschäft, dann nicht erbracht ist, wenn der Gegner dem Anschein eines Handelsgeschäftes vertrauen durfte (BGH WM 1976, 424 f): Hier beherrschte der Kaufmann das Risiko, daß das Geschäft seinem Gewerbebetrieb zugerechnet werden könnte.

Das Prinzip der Risikobeherrschung vermag sich insbesondere auch dort zu bewähren, wo der Vertrauenstatbestand nicht vom Betroffenen, sondern von Dritten, etwa vom Hoheitsträger beim Grundbuch- oder Registereintrag, bewirkt wird (§ 892; § 15 III HGB). Der Betroffene hat die Möglichkeit, den Eintrag zu prüfen, so daß im Interessenwiderstreit mit einem auf den Eintrag vertrauenden Dritten die Gefahr in die Sphäre des Eingetragenen fällt.

Die Frage nach der Verantwortlichkeit für den eintretenden Rechtsverlust oder Nachteil stellt sich insbesondere gegenüber **Geschäftsunfähigen und Geschäftsbeschränkten**. Soweit die Herbeiführung eines Vertrauenstatbestandes sich mit einem Rechtsgeschäft verbindet (z. B. wenn ein in der Geschäftsfähigkeit beschränkter „Scheinkaufmann" einen Kauf tätigt, auf den somit die Vorschriften über den Handelskauf zur Anwendung gelangen könnten), bestehen keine Bedenken, die Vorschriften der §§ 104 ff analog anzuwenden. In den Fällen, in denen jedoch die Herbeiführung eines Vertrauenstatbestandes außerhalb eines rechtsgeschäftlichen Vorganges liegt, wird auf die konkrete Beurteilung der Verantwortlichkeit gem. §§ 827 f abzustellen sein. **591**

Dies gilt z. B. bei der mit dem vertraglichen Ausleihen einer Sache verbundenen Herbeiführung eines den Erwerb nach § 932 rechtfertigenden Vertrauenstatbestandes. Dieser tatsächliche Vorgang ist von dem Leihvertrag zu trennen.

Auch wenn man für §§ 932 ff von den Besitzregeln ausgeht, müssen rechtsgeschäftliche Vorschriften außer Betracht bleiben, da Besitzaufgabe in keinem Falle als Rechtsgeschäft anzusehen ist. Insofern stellt die insbesondere in der Lehre vertretene Lösung (FLUME II § 13, 11 d; CANARIS Vertrauenshaftung, S. 452 f; NITSCHKE JuS 1968, 541 ff), die Weggabe einer Sache durch den Geschäftsunfähigen schlechthin als Abhandenkommen im Sinne des § 935 zu werten, auf die unzutreffende Voraussetzung der Geschäftsfähigkeit im Sinne der §§ 104 ff ab (wie hier BAUR/STÜRNER § 52 V 2 b aa). Die Anwendung des § 935 wäre allenfalls selbständig aus dem auch außerhalb der Rechtsgeschäfte durchgreifenden Schutz des Geschäftsunfähigen zu begründen (vgl. § 827 f); offen bleibt dann noch, ob man diesen Schutz auch auf den Geschäftsbeschränkten ausdehnen kann.

Weitgehend herrscht Übereinstimmung darüber, daß im Hinblick auf **Willensmängel**, soweit es sich um die Herbeiführung des Vertrauenstatbestandes han- **592** delt, rechtsgeschäftliche Regeln nicht zur Anwendung kommen können (vgl. BGHZ 11, 1, 5 m.w.N.; WESTERMANN § 49 I 3; vgl. SOERGEL/LEPTIEN § 167 Rdn. 15 ff). Andernfalls wurde insbesondere die Möglichkeit eröffnet, den „Rechtsschein" durch das Instrument der Anfechtung rückwirkend zu beseitigen.

> So kann z. B. der Kaufmann im Falle der gesetzlichen Fiktion nach § 362 HGB sich nicht durch Anfechtung des „Schweigens" von den Folgen des dadurch begründeten Rechtsscheins befreien; allerdings steht ihm die Anfechtung wegen eines Irrtums, der sich nicht auf die Bedeutung des Schweigens bezieht, offen (vgl. BAUMBACH/DUDEN/HOPT § 362 Anm. 3B; auch § 346 Anm. 4B; HANAU AcP 165 (1965), 220, 248, 254).

3. Schutzwürdigkeit des Begünstigten

593 Vertrauensschutz setzt Schutzwürdigkeit des Begünstigten voraus. Schutzwürdigkeit erfordert zunächst, daß sich der Begünstigte auf den Vertrauenstatbestand eingestellt, d. h. sein Verhalten darauf eingerichtet hat.

> In der Lehre wird dies zum Teil als Vertrauensinvestition bezeichnet (CANARIS aaO, S. 510 ff; MEDICUS AT Rdn. 139). Allerdings wird eine „Vertrauensinvestition" für den öffentlichen Glauben des Grundbuchs von Rechtsprechung und Lehre nicht gefordert; § 892 wirkt auch dann, wenn der Erwerber des Rechts das Grundbuch nicht eingesehen hat (RGZ 86, 353, 356; BGH NJW 1980, 2413 f).

Darüber hinaus muß derjenige, der den Vertrauensschutz für sich in Anspruch nehmen will, dies subjektiv rechtfertigen können.

In allen Fällen ist bei *Kenntnis* der wahren Situation Schutzwürdigkeit nicht gegeben.

594 Ob **Nachforschungen** geboten sind, richtet sich nach der **Intensität des Vertrauenstatbestandes**. So erzeugt z. B. das Grundbuch einen starken Rechtsschein für die dingliche Berechtigung, so daß von dem, der sich auf die Eintragung beruft, Nachforschungen nicht erwartet werden (vgl. § 892: *nur* Kenntnis schadet). Hingegen erzeugt der Besitz nur einen schwächeren Rechtsschein; daher wird in § 932 II Nachforschung bis zur Grenze des Vorwurfs der *groben Fahrlässigkeit* verlangt. Bei einem Vertrauenstatbestand, dessen Anscheinswirkung noch schwächer ist, kann *jede Fahrlässigkeit* bezüglich der Nachforschung bereits die Schutzwürdigkeit aufheben (z. B. im Hinblick auf die Vertretungsmacht § 173: „Kennenmüssen").

595 Im Falle einer inhaltlichen Fixierung der Vertretungsmacht bei der Prokura und der Vertretungsberechtigung des Gesellschafters einer OHG schadet angesichts der gesetzlichen Umschreibung der Vertretungsmacht in § 49 bzw. § 126 HGB grundsätzlich nur Kenntnis, jedoch werden zunehmend unter dem Stichwort „*Mißbrauch der Vertretungsmacht*" Nachforschungspflichten vorausgesetzt (vgl. dazu unten Rdn. 1301). Hierbei ist allerdings zu beachten, daß durch eine

Überspannung der Prüfungspflichten das dem HGB zugrundeliegende Verkehrsschutzprinzip im Ergebnis aufgehoben wird.

Der rechtsgeschäftliche Vorgang, der dem durch Vertrauensschutz begründeten Rechtserwerb zugrundeliegt, muß als solcher unangreifbar sein. Der *gute Glaube* des Erwerbers ist nur dann schutzwürdig, wenn er sich auf den Vertrauenstatbestand bezieht (so z. B. auf das Eigentum des Veräußerers, u. U. auch auf die Verfügungsbefugnis des Vertragspartners, vgl. z. B. § 366 I HGB); er wird *nicht* geschützt, *wenn* er *auf die rechtsgeschäftlichen Essentialia gerichtet* ist (so wird z. B. bei der Einigung gem. § 929 guter Glaube an die Geschäftsfähigkeit des Vertragspartners nicht berücksichtigt). **596**

4. Umfang des Vertrauensschutzes

Der Umfang des Vertrauensschutzes kann von der **Anscheinswirkung** des Vertrauenstatbestandes, den Anforderungen an die **subjektiven Voraussetzungen** der Beteiligten und nicht zuletzt von dem **Verkehrsschutzinteresse**, das der jeweiligen institutionellen Ausprägung zugrundeliegt, abhängig sein. **597**

Die *schwächste Konsequenz* ist der *Ersatz des Vertrauensschadens* (so z. B. die Folgen der culpa in contrahendo im Falle des § 663). Sie stellt einen *Kompromiß* dar, bleibt gewissermaßen auf halbem Wege stehen. Dies ist gerechtfertigt, wenn es sich um die relativ geringe Intensität des Vertrauenstatbestandes einer *Willenserklärung* handelt. Hier hat der Gesetzgeber, indem er bei Irrtum die Möglichkeit der Anfechtung einer Willenserklärung eröffnet, den Vertrauensschutz selbst erheblich geschwächt. Folgerichtig kann die Wirkung des Vertrauenstatbestandes im allgemeinen nicht weitergehen, als das Gesetz sie für wirksame – aber anfechtbare – Willenserklärungen vorsieht, d. h. sie kann auf das negative Interesse entsprechend § 122 beschränkt bleiben. Hat das Gesetz jedoch im Interesse des Verkehrsschutzes die Wirkungen des Vertrauenstatbestandes stärker ausgestaltet – wie z. B. in § 362 HGB gegenüber § 663 BGB –, so kann an die Stelle des negativen Interesses der Erfüllungsanspruch treten.

Eine Kompromißregelung vermag indessen das Problem der **dinglichen Zuordnung** nicht befriedigend zu lösen. Die Rechtsordnung hat daher z. B. in den §§ 892, 932 ff, 1207 für Rechtserwerb bzw. Rechtsverlust eine *eindeutige Regelung* getroffen. **598**

So wurde in §§ 932 ff das diskutierte „Lösungsrecht", das im Falle des Abhandenkommens für den bisherigen Eigentümer eine Vindikation der Sache beim Dritten gegen Erstattung des von ihm an den Nichtberechtigten gezahlten Kaufpreises vorsah (so ALR I 15 § 25 f), abgelehnt (vgl. Mot. III, 417 f; Prot. III, 367 ff) und einerseits der Zuteilung des Eigentums an den Dritten, andererseits in § 935 der Vindikation den Vorzug gegeben.

599 Eine Kompromißlösung ist im Drittinteresse (entgegen den auf culpa in contrahendo abzielenden Argumenten von FLUME II § 49,4 und MEDICUS BR Rdn. 101; AT Rdn. 970 ff) auch bei der „Anscheinsvollmacht" nicht angebracht. Die Rechtsprechung hat – sofern den Voraussetzungen genügt ist (vgl. BGHZ 65, 13 ff = NJW 1975, 2101 ff) – die **vollen Wirkungen der Vertretungsmacht** gewährt, d. h. für und gegen die Beteiligten volle „rechtsgeschäftliche" Konsequenzen statuiert (zu den Einzelheiten vgl. unten Rdn. 1284 ff).

ZWEITER ABSCHNITT

Das Rechtsgeschäft

§ 30

Rechtsgeschäft und Privatautonomie

BROX Fragen der rechtsgeschäftlichen Privatautonomie, JZ 1966, 761 ff; BYDLINSKI Privatautonomie und objektive Grundlagen des verpflichtenden Rechtsgeschäfts, 1967; DIEDERICHSEN Wandlungen der Rechtsgeschäftslehre, JurA 1969, 3 ff; H. DILCHER Typenfreiheit und inhaltliche Gestaltungsfreiheit bei Verträgen, NJW 1960, 1040 ff; FLUME Rechtsgeschäft und Privatautonomie, Festschrift DJT, I, 1960, 135 ff; GEISSLER Die Privatautonomie im Spannungsfeld sozialer Gerechtigkeit, JuS 1991, 617 ff; HIMMELSCHEIN Beiträge zur Lehre vom Rechtsgeschäft, 1930; F. v. HIPPEL Das Problem der wirtschaftlichen Privatautonomie, 1936; HÖNN Zur Problematik der Privatautonomie, Jura 1984, 57 ff; H. HUBER Die verfassungsrechtliche Bedeutung der Vertragsfreiheit, 1966; E. A. KRAMER Die „Krise" des liberalen Vertragsdenkens, 1974; LAUFKE Vertragsfreiheit und Grundgesetz, Festschrift H. Lehmann, I, 1956, 145 ff; MANIGK Die Privatautonomie, Festschrift Koschaker, I, 1939, 266 ff; MARKERT Privatautonomie und Kontrahierungszwang, AG 1991, 288 ff; MAYER-MALY Der liberale Gedanke und das Recht, FS Merkt 1970, 247 ff; ders. Privatautonomie und Wirtschaftsverfassung, FS Korinek 1973, 152 ff; MERZ Privatautonomie heute – Grundsatz und Rechtswirklichkeit, 1970; L. RAISER Vertragsfunktion und Vertragsfreiheit, Festschrift DJT, I, 1960, 101 ff; ders., Vertragsfreiheit heute, JZ 1958, 1 ff; SCHAPP Grundfragen der Rechtsgeschäftslehre, 1986; SCHMIDT-RIMPLER Grundlagen einer Erneuerung des Vertragsrechts, AcP 147 (1941), 130 ff; M. WOLF Rechtsgeschäftliche Entscheidungsfreiheit und vertraglicher Interessenausgleich, 1970; ZITELMANN Die Rechtsgeschäfte im Entwurf eines Bürgerlichen Gesetzbuches, 1889; ZWEIGERT „Rechtsgeschäft" und „Vertrag" heute, Festschrift Rheinstein, II, 1969, 463 ff.

I. Vertragsfreiheit

Die Beziehungen der einzelnen Rechtsgenossen zueinander werden vom Grundsatz der Privatautonomie, d. h. der freien Gestaltung ihrer privaten Lebensverhältnisse, beherrscht. Als Mittel dazu stellt ihnen die Rechtsordnung das Rechtsgeschäft und namentlich den Vertrag zur Verfügung. Die Vertragsfreiheit, und zwar sowohl die *Abschlußfreiheit* als auch die *Gestaltungsfreiheit*, wurde vom BGB stillschweigend vorausgesetzt. Sie steht jetzt unter dem Schutz von Art. 2 I GG, aus dem sie als Bestandteil der individuellen Entfaltungsfreiheit abgeleitet wird. **600**

Bedeutung und Wirkung des Rechtsgeschäfts beruhen auf dem Parteiwillen. Die Rechtswirkung tritt ein, weil sie gewollt ist. Da die Rechtsordnung auf den inneren, nicht geäußerten Willen keine Rücksicht nehmen kann, wird der Wille nur so weit beachtet, als er geäußert ist, so daß die Wirkung infolge der auf sie gerichteten Willensäußerung eintritt. Der **Kern** des rechtsgeschäftlichen Tatbestandes ist also die **Willenserklärung**, d. h. die auf einen Rechtserfolg gerichtete private Willensäußerung, deren Wirkungen von der Rechtsordnung entsprechend diesem Erfolgswillen bestimmt werden. **601**

II. Schranken der Vertragsfreiheit

Die rechtsschöpferische Macht des Parteiwillens unterliegt jedoch Schranken. Der Parteiwille kann nur Wirkungen entfalten, wenn die Voraussetzungen erfüllt sind, die von der Rechtsordnung für ein gültiges Rechtsgeschäft aufgestellt werden. **602**

1. Abgesehen von den allgemeinen Geschäftsfähigkeitserfordernissen kann die Rechtsordnung die Wirksamkeit bestimmter Geschäfte von der Einhaltung einer jeweils vorgeschriebenen *Form* abhängig machen. Diese Vorschriften können nicht durch Parteivereinbarung außer Kraft gesetzt werden.

2. Für viele Gebiete hat das Gesetz den Parteien zur Verwirklichung ihrer wirtschaftlichen oder sozialen Zwecke feste *Typen* von Rechtsgeschäften an die Hand gegeben, die völlig oder doch teilweise mit zwingend festgelegten Rechtsfolgen ausgestattet sind (**Typenzwang**). **603**

Vornehmlich im *Sachenrecht* hat das Gesetz nur eine beschränkte Anzahl von Rechtsformen zur Verfügung gestellt mit einem in der Hauptsache unabänderlich feststehenden Inhalt: z. B. Eigentum, Erbbaurecht, Hypothek, Grund-, Rentenschuld, Pfandrecht, Dienstbarkeiten, Reallasten und Wohnungseigentum. Der Kreis der Sachenrechte bleibt auf die gesetzlich geregelten Institute beschränkt (*numerus clausus der Sachenrechte*). Die Begründung des Typenzwangs liegt in dem Umstand, daß die Rechte Wirkungen gegen jedermann entfalten und daß daher im Interesse der Sicherheit des Rechtsverkehrs ihre Ausgestaltung nicht der **604**

Disposition der unmittelbar Beteiligten überlassen werden kann. Auch die familien- und erbrechtlichen Rechtsformen gestatten nur ausnahmsweise eine Abweichung.

605 Auf dem Gebiete des *Schuldrechts* ist den Parteien eine größere Bewegungsfreiheit eingeräumt. Auch hier hat das Gesetz bestimmte **Vertragsmuster** ausgebildet, die aber nicht unabänderlich gelten. Wird der wesentliche Inhalt eines Musters abgeändert, so wird das Geschäft nicht ungültig. Es gilt der Grundsatz der Vertragsfreiheit im Sinne der inhaltlichen Gestaltungsfreiheit. Es kommen daher Mischformen, sogenannte *gemischte Verträge*, vor, in denen Musterbestandteile mehrerer Vertragsarten verschmolzen sind, es werden z. B. Kost und Wohnung für eine einheitliche Gegenleistung versprochen, also Kauf- und Mietleistungen verbunden. Die Verkehrssitte hat eine Reihe von Mustern ausgebildet, die im Gesetz nicht enthalten sind, z. B. den Elektrizitätslieferungsvertrag, den Inseratenvertrag. Die Erfahrung hat gelehrt, daß den schuldrechtlichen *Vertragsmustern* in ihrer Ausgewogenheit eine **Leitbildfunktion** zukommt, an der sich die Vertragsfreiheit zu orientieren hat.

> Darüber hinaus hat auch im Schuldrecht das Gesetz dem Parteiwillen durch einzelne zwingende Vorschriften Schranken gezogen. Man kann z. B. ein Dienstverhältnis nicht unkündbar auf Lebenszeit eingehen (§ 624), eine Sache nicht unkündbar über 30 Jahre hinaus vermieten (§ 567) usw.

606 3. Der Parteiwille kann keine Wirkung herbeiführen, die von der Rechtsordnung *mißbilligt* wird. Aus diesem Grunde hat sie eine Reihe von Verboten aufgestellt, aus denen die Unwirksamkeit dagegen verstoßender Rechtsgeschäfte folgt (vgl. § 134). Darüber hinaus mißbilligt sie ein Verhalten, das gegen die guten Sitten, im Sinne des Anstandsgefühls aller billig und gerecht Denkenden, verstößt; grundsätzlich knüpft sie daran die Nichtigkeit sittenwidriger Rechtsgeschäfte (vgl. § 138).

607 4. Die Privatautonomie basiert auf der wirtschaftlichen Äquivalenz der Vertragspartner. Wo sich diese verschiebt, muß die Rechtsordnung zum *Schutze des Schwächeren* die privatautonome Gestaltungsmacht einschränken. Die Vertragsfreiheit reduziert sich in einigen Bereichen bis zu einer bloßen Abschlußfreiheit.

> Einschränkungen der Privatautonomie gegen wirtschaftliche Übermacht eines Vertragspartners finden sich z. B. im Bereich des Verbraucherschutzes (VerbrKrG, AGB-Gesetz), im Mietrecht (u. a. §§ 564 b, 556 a), im Arbeitsrecht (KSchG). Zur Einschränkung der Gestaltungsrechte vgl. oben Rdn. 375 ff.

608 5. Das rechtsgeschäftliche Instrumentarium, das von Austauschverträgen abstrahiert ist, versagt auch in gewissen sozialen Bereichen, in denen *nicht ausschließlich auf die individualrechtlichen Beziehungen* zwischen Einzelpersonen abgestellt werden kann. Dies gilt z. B. im Familienrecht (die Eheschließung als contractus sui generis, die Anfechtung der Ehelichkeit) und im Gesellschaftsrecht, in dem für Gründungs- und Beitrittserklärungen die für die Willenserklärung maßgebliche Nichtigkeits- und Anfechtungsregelung eingeschränkt ist.

6. Zusammenfassend erweist sich, daß dem Grundsatz der Privatautonomie im **609** Interesse des Schutzes beteiligter Rechtsgenossen – wie es Art. 2 I GG zum Ausdruck bringt – Grenzen gezogen sind, wozu es keines unmittelbaren Rückgriffs auf das die Staatsgewalt bindende Sozialstaatsprinzip bedarf.

§ 31
Der Tatbestand und die Arten des Rechtsgeschäfts

BINDER Wille und Willenserklärung im Tatbestand des Rechtsgeschäfts, ARSP V, 266 ff; OERTMANN Entgeltliche Rechtsgeschäfte, 1912; WILHELM Begriff und Theorie der Verfügung, in: Coing/Wilhelm, Wissenschaft und Kodifikation des Privatrechts im 19. Jahrhundert, II, 1977, 213 ff; WILLOWEIT Abgrenzung und rechtliche Relevanz nicht rechtsgeschäftlicher Vereinbarungen, 1969; ders., Rechtsgeschäft und einverständliches Verhalten, NJW 1971, 2045 ff; ZITELMANN Die Rechtsgeschäfte im Entwurf eines Bürgerlichen Gesetzbuches, 1889.

A. Der Tatbestand des Rechtsgeschäfts

I. Der *Kern* des Rechtsgeschäfts besteht aus einer oder mehreren **Willenserklä-** **610** **rungen**; hinzu können **weitere Tatbestandselemente** treten.

In erster Linie gehört hierzu die Vornahme von Willenserklärungen in einer gesetzlich oder nach Parteivereinbarung vorgesehenen *Form*. Hier sind Willenserklärung und Form als äußerer Vorgang zu einer Einheit verbunden; die Willenserklärung ist in eine bestimmte Form eingekleidet.

Entsprechendes gilt auch, wenn die Abgabe einer Willenserklärung persönlich vor einem Amtsträger zu erfolgen hat; so die Erklärung zur Eingehung der Ehe vor dem Standesbeamten (§ 13 EheG).

Eine Reihe von Rechtsgeschäften stellt sich als „**Doppeltatbestand**" dar. Hierzu **611** gehören in erster Linie Willenserklärungen, zu denen eine *Eintragung in öffentliche Register* hinzutreten muß.

Dies gilt jedoch nur für **konstitutive Eintragungen**. Deklaratorische Eintragungen berühren die Wirksamkeit des rechtsgeschäftlichen Vorganges nicht; sie bilden daher keinen Bestandteil des Rechtsgeschäfts (z. B. Eintragung einer Prokuraerteilung im Handelsregister).

Wenn das Gesetz aus Publizitätsgründen den Eintragungsvorgang für unerläßlich erachtet, verbindet es Willenserklärung und Eintragung zu einer Einheit; so z. B.

das dingliche Rechtsgeschäft über Grundstücksrechte in § 873, das Rechtsgeschäft zur Gründung juristischer Personen in § 21, § 41 I 1 AktG, § 13 GenG.

612 Aus den gleichen Gründen wird im Bereich des Mobiliarsachenrechts der Realvorgang der *Übergabe als koexistentes Element* des dinglichen Rechtsgeschäfts angesehen (z. B. §§ 929, 1205). Im schuldrechtlichen Bereich findet sich ein Doppeltatbestand im sogenannten Realgeschäft des Darlehens (§ 607).

> Aus der Einheitsthese ergibt sich, daß bis zum Vorliegen aller Tatbestandselemente einschließlich Eintragung bzw. Übergabe eine Bindung an die allein vorliegende Einigung in Frage gestellt sein kann (BGH NJW 1978, 696; a. A. WESTERMANN SachenR § 38,4). Allerdings wird unter den Voraussetzungen des § 873 II im Liegenschaftsrecht die Bindung ausdrücklich angeordnet.

613 *II.* Nicht zum Tatbestand des Rechtsgeschäfts gehören dagegen **die eigenständigen Wirksamkeitsvoraussetzungen.**

Sie liegen außerhalb der Einheit des Rechtsgeschäfts, da sie nicht Grund der als gewollt bezeichneten Rechtswirkung, sondern lediglich Bedingung der Wirksamkeit sind; sie werden daher auch unter dem Begriff der Rechtsbedingung (condicio iuris) erfaßt (ENN./NIPPERDEY § 145 B 3).

Dem Rechtsgeschäft als solchem steht die *Zustimmung* des gesetzlichen Vertreters (§§ 107 f) und des Vormundschaftsgerichts (§§ 1821 f, 1643) am nächsten, da sie dem Schutze des Erklärenden dient.

Hingegen dienen *behördliche Genehmigungen* vorwiegend dem öffentlichen Interesse und sind somit gegenüber der Willenserklärung der Beteiligten selbständig (z. B. § 2 GrdstVG; §§ 19 ff BauGB).

Tatsächliche Wirksamkeitsvoraussetzungen sind z. B. der Tod des Erblassers bezüglich der Testamentswirkungen, der Eintritt einer Bedingung oder Zeitablauf (§§ 158, 163).

614 B. Die Arten der Rechtsgeschäfte

Man kann die Rechtsgeschäfte entweder nach den am Abschluß *beteiligten Personen* oder nach dem *Gegenstand* des Rechtsgeschäftes oder nach den *Rechtsfolgen* einteilen.

I. Einteilung nach den beteiligten Personen

Nach der Anzahl der beteiligten Personen unterscheidet man einseitige und mehrseitige Rechtsgeschäfte.

1. Das **einseitige Rechtsgeschäft** enthält die Willenserklärung nur einer Partei.

> Z. B. Testament (§ 1937), Auslobung (§ 657), Rücktritt (§ 346), Anfechtung (§§ 119 ff).

Sie kann mit ihrer Abgabe vollendet und wirksam sein; ihre Wirksamkeit kann aber auch davon abhängen, daß sie einer anderen Person zugehen muß. Man hat daher folgende Einteilung getroffen:

a) *Empfangsbedürftige Willenserklärungen* sind gegenüber einem anderen abzugeben und werden erst mit dem Zugang bei ihm wirksam (§ 130), sie sind also empfangsbedürftig. **615**

> Da sie die rechtliche Lage einer bestimmten anderen Person beeinflussen, muß dieser die Möglichkeit der Kenntnisnahme verschafft werden; z. B. bei Anfechtung (§ 143 I), Rücktritt (§ 349), Vollmachterteilung (§ 167 I), Widerruf (§ 130 I 2). Die Empfangsbedürftigkeit einer Erklärung ist meist ausdrücklich vorgeschrieben, kann aber auch aus ihrem Zweck entnommen werden (vgl. die Kündigung von Dauerschuldverhältnissen).

b) *Nicht empfangsbedürftige Willenserklärungen*, deren Wirksamkeit sofort mit der Abgabe eintritt, sind solche, für die kein bestimmter Empfänger vorgeschrieben ist, sie betreffen in der Regel eine unbestimmte Personenzahl. Sie sind selten und meist formbedürftig, um die Ernstlichkeit und Deutlichkeit der Willensäußerung sicherzustellen. **616**

> Z. B. Testamentserrichtung (§ 2231), Stiftungsgeschäft (§ 81 I); dagegen sind formlos die Auslobung und die Bestätigung des anfechtbaren Rechtsgeschäfts (§ 144 II, jedoch ist umstritten, ob die Bestätigung eine nicht empfangsbedürftige Willenserklärung ist; so RGZ 68, 398 f; MünchKomm/MAYER-MALY § 144 Rdn. 1; dagegen im Interesse der Rechtssicherheit LARENZ AT § 23 Vb; MEDICUS AT Rdn. 534).

c) *Amtsempfangsbedürftige Willenserklärungen*. Die Abgabe gegenüber einer Behörde schreibt das Gesetz in einer Reihe von Fällen für Erklärungen vor; dann sollen die Vorschriften über die empfangsbedürftige Willenserklärung entsprechend angewandt werden (§ 130 III). **617**

> Z. B. Ausschlagung der Erbschaft gegenüber dem Nachlaßgericht (§ 1945), Aufgabe des Grundstückseigentums gegenüber dem Grundbuchamt (§ 928).
> Zuweilen ist dem Erklärenden auch die Wahl gelassen zwischen der Abgabe gegenüber der Behörde oder einer bestimmten Privatperson (§§ 875 I 2; 876 S. 3).

2. Das **mehrseitige Rechtsgeschäft** enthält die Willenserklärungen zweier oder mehrerer Parteien. Hierbei sind zu unterscheiden: **618**

a) *Verträge*. Zwei oder mehrere Beteiligte geben inhaltlich verschiedene, aber einander entsprechende, *korrespondierende Willenserklärungen* ab, die auf einen einheitlichen Rechtserfolg gerichtet sind. Der Vertrag kommt zustande, wenn auf den Antrag einer Partei (Offerte) die Annahme durch die andere Partei erfolgt.

b) *Gesamtakte*. Mehrere Personen, die sich nicht als Parteien gegenüberstehen, sondern zusammen eine Partei bilden, wirken zur Herbeiführung eines Rechtserfolges zusammen; sie geben *gleichlaufende (parallele) Erklärungen* ab. **619**

> Z. B. Kündigung eines gemeinschaftlich abgeschlossenen Mietvertrages durch die Mieter, Belastung eines Grundstücks mit einer Grundschuld durch mehrere Miteigentümer.

Das Zusammenhandeln ist nur deshalb eine notwendige Voraussetzung der Wirkung, weil mehrere Personen auf einer Seite beteiligt sind. Zum Eintritt der Rechtsfolgen ist erforderlich, daß alle Beteiligten zusammenwirken (vgl. für das Mietverhältnis BGH WM 1972, 136 f). Andererseits begründet dieses nach außen gerichtete Zusammenhandeln keine Regelung für die Rechtsbeziehungen der Beteiligten untereinander; insofern unterscheidet sich der Gesamtakt vom Beschluß und vom Organisationsvertrag.

620 *c) Beschlüsse.* Beschlüsse dienen der *internen Willensbildung* bei Körperschaften, Personengesellschaften, Gemeinschaften. Obwohl auch hierbei von den Beteiligten gleichlaufende Erklärungen abgegeben werden, unterscheidet sich der Beschluß dadurch vom Gesamtakt, daß die Rechtswirkung sich auf die internen Lebensverhältnisse des Zusammenschlusses bezieht. Für die Rechtswirkung genügt im Gegensatz zum Gesamtakt zumeist, daß die Mehrheit der Beteiligten übereinstimmende Erklärungen abgibt.

> Der Beschluß gestaltet grundsätzlich nur die inneren Rechtsverhältnisse des Zusammenschlusses. Rechtsbeziehungen zu Dritten kommen durch ihn nicht zustande; der Beschluß schafft lediglich die Grundlage für eine entsprechende Erklärung des Vertreters des Zusammenschlusses Dritten gegenüber (z. B. beschließen die Mitglieder eines Vereins, daß ein Vereinshaus gekauft oder gemietet werden soll; der Abschluß des Vertrages mit dem Dritten obliegt dem Vorstand).
> Die Kategorie des Beschlusses wurde gebildet, um eine seiner Eigenart entsprechende besondere Behandlung im Rahmen des Rechtsgeschäfts zu gewährleisten. An Modifizierungen sind insbesondere festzuhalten: Der Beschluß als solcher kann wegen Willensmangel eines Stimmberechtigten nicht angefochten werden; möglich ist lediglich die Anfechtung der einzelnen Stimmabgabe, deren Auswirkung auf den Beschluß sich nach den jeweiligen Mehrheitsverhältnissen richtet (BGHZ 14, 264, 267); die Mitwirkung von Minderjährigen an Vereinsbeschlüssen ist grundsätzlich von der Einwilligung des gesetzlichen Vertreters zum Eintritt in den Verein umfaßt (KG OLGE 15, 324). – Vgl. zum Vereinsrecht oben Rdn. 217 ff.

621 *d) Organisationsverträge.* Eine besondere Gruppe im Rahmen der Verträge stellt die Gründungsvereinbarung oder der gemeinschaftsbegründende Organisationsvertrag (WÜRDINGER Gesellschaften, I, 1937, 39 ff) dar (vgl. oben Rdn. 205 f). Es handelt sich insbesondere um die *Gründungsvorgänge bei Körperschaften und Personengesellschaften.* Während man früher dazu neigte, den Gründungsvorgang bei Köperschaften als sozialrechtlichen Gestaltungsakt im Sinne eines „Gesamtaktes" zu erfassen, und ihn aus dem Begriff des Rechtsgeschäfts überhaupt ausscheiden wollte (O. v. GIERKE § 63 I 2), überwiegt heute die Auffassung, vertragliche Elemente anzuerkennen (WIEDEMANN I § 3 II 1 b), wobei allerdings beachtet werden muß, daß die Parteien der Vereinbarung sich nicht als Träger entgegengesetzter Interessen gegenüberstehen und auch nicht inhaltlich verschiedene, sondern inhaltlich gleiche Erklärungen abgeben (kein „Austauschvertrag"). Infolgedessen gelten zum Schutze der im Außen- und Innenverhältnis Beteiligten Ausnahmen von den Folgen fehlerhafter Rechtsgeschäfte und von den Vorschriften der gegenseitigen Verträge gem. §§ 320 ff.

Vom rechtsgeschäftlichen Gründungsvorgang ist die Rechtsnatur der *Satzung* zu trennen; letztere löst sich als körperschaftliche Verfassung des Vereins vom Geltungsgrund und von der Person der Gründer.

Vom *Beschluß* unterscheidet sich der Organisationsvertrag dadurch, daß er überhaupt erst die Rechtsgrundlage für die Willensbildung des Zusammenschlusses schafft.

II. Einteilung nach dem Gegenstand des Rechtsgeschäfts

1. *Schuldrechtliche, sachenrechtliche, familienrechtliche, erbrechtliche Rechtsgeschäfte* – je nach dem Inhalt des durch sie begründeten Rechtsverhältnisses. **622**

2. *Vermögensrechtliche und personenrechtliche Geschäfte*, je nachdem ob sie sich auf das Vermögen oder auf persönliche Rechtsverhältnisse beziehen; so sind z. B. Verlöbnis, Eheschließung, Annahme an Kindes Statt personenrechtliche, Kauf, Miete, Darlehen vermögensrechtliche Geschäfte. Auch *vermögensrechtliche Geschäfte* können *personale Elemente* enthalten, so z. B. die Dauerschuldverhältnisse Miete oder Arbeitsvertrag. Dies äußert sich u. a. in der höchstpersönlichen Verpflichtung und Berechtigung im Dienstvertrag (§ 613) und Auftrag (§ 664 II) oder im Ausschluß der Abtretung von Ansprüchen des Mieters aus dem Mietvertrag (vgl. die Regelung in § 549). **623**

Die *vermögensrechtlichen Geschäfte* teilt man weiter in *entgeltliche und unentgeltliche* ein, je nachdem ob der Vorteil, den sie dem Erwerber bringen, auch eine Gegenleistung von ihm fordert (Kauf, Miete) oder ob ihm ein reiner Vermögensvorteil auf Kosten des anderen verschafft wird (Schenkung). **624**

Zur Annahme eines *entgeltlichen* Geschäfts ist nicht notwendig, daß die erbrachte Leistung dem erlangten Vorteil gleichkommt; es genügt, daß sie nach dem Willen der Parteien als Gegenleistung gedacht ist.

Wollen die Parteien, daß der Teil einer Leistung, der durch die Gegenleistung nicht gedeckt ist, unentgeltlich zugewandt wird, handelt es sich um eine sogenannte *gemischte Schenkung*. Soweit sich das Geschäft nicht in einen entgeltlichen und unentgeltlichen Teil aufspalten läßt, ist streitig, ob die Rechtsfolgen nach Schenkung oder dem jeweiligen entgeltlichen Vertrag zu beurteilen sind (vgl. MEDICUS BR Rdn. 380 f).

Der Annahme der *Unentgeltlichkeit* eines Geschäftes steht es nicht entgegen, wenn dem Erwerber eine Leistungspflicht auferlegt ist, die nicht als Gegenwert des erworbenen Vorteils erscheint, sondern nur als eine Verminderung des Wertes der Zuwendung. Hier spricht man von Auflage (§§ 525, 1940, 2192).

Eine Unterart der entgeltlichen Geschäfte sind die *partiarischen Verträge*, durch die sich jemand zu einer Leistung (z. B. Dienste, Darlehnshingabe) gegen einen Anteil an dem Gewinn, den der Vertragsgegner hieraus zieht, verpflichtet.

625 3. *Rechtsgeschäfte unter Lebenden und von Todes wegen.* Jene sollen den Rechtskreis einer noch lebenden Persönlichkeit beeinflussen, dem Verkehr zwischen verschiedenen Rechtskreisen dienen, Güterverschiebungen vorbereiten und durchführen – diese sollen erst nach dem Tode des Erklärenden wirken, das spätere Schicksal seines Vermögens bestimmen, es zur Aufteilung bringen.

Wegen dieser hinausgeschobenen Wirkung entfällt bei letzteren die Rücksicht auf den Rechtsverkehr; der wahre Wille des Erklärenden kann in vollem Umfang berücksichtigt werden; es entsteht für ihn keine Bindungswirkung; er kann eine letztwillige Verfügung jederzeit widerrufen (§ 2253 I). Andererseits sind Rechtsgeschäfte von Todes wegen im Interesse der Rechtssicherheit formgebunden.

III. Einteilung nach den Rechtsfolgen

Aus der Art der bewirkten Rechtsfolgen ergibt sich die weitere Unterscheidung in Verpflichtungs- und Verfügungsgeschäfte.

626 1. *Verpflichtungsgeschäfte* sind Rechtsgeschäfte, durch die eine Person gegenüber einer anderen eine Verpflichtung zu einer Leistung übernimmt. Sie wirken grundsätzlich nur unter den beteiligten Personen (inter partes). Mit der Leistungspflicht des Schuldners korrespondiert ein entsprechender Anspruch (§ 194 I), ein Forderungsrecht des Gläubigers. Die hierdurch zwischen den Beteiligten entstehenden Rechtsbeziehungen bezeichnet man als Schuldverhältnis im engeren Sinne (§ 241; vgl. hierzu oben Rdn. 420 ff). Voraussetzung für die Begründung eines rechtsgeschäftlichen Schuldverhältnisses ist grundsätzlich ein Vertrag zwischen den Beteiligten (vgl. § 305); der Rechtsverkehr bedient sich dabei überwiegend der im Schuldrecht des BGB niedergelegten Muster von Schuldverträgen (z. B. Kaufvertrag, §§ 433 ff; Mietvertrag, §§ 535 ff; Werkvertrag, §§ 631 ff). Verpflichtungsgeschäfte, die auf einem einseitigen Rechtsgeschäft beruhen, sieht das Gesetz lediglich als Ausnahmetatbestand vor (z. B. die Auslobung gem. § 657; u. U. das Stiftungsgeschäft gem. §§ 80 ff).

627 Verpflichtende Schuldverträge werden nach den sich aus ihnen für die Parteien ergebenden Bindungen wie folgt unterteilt:

a) Mehrseitig verpflichtende Verträge. Im Vordergrund stehen die **gegenseitigen Verträge**. Die Leistungspflicht wird übernommen, weil die Gegenseite sich ihrerseits zu einer Leistung verpflichtet (*do ut des*; Austauschverträge). Die Leistungen stehen in einem *synallagmatischen Verhältnis*. Die Einordnung ist relevant für die Anwendung der Vorschriften in §§ 320 ff.

Der Austauschvertrag ist das Leitbild der gesetzlichen Regelung im Schuldrecht. Wenn keine Leistungsstörungen vorliegen, trennen sich die Parteien mit dem Vollzug der Leistungen. Hingegen sind bei den sogenannten **Dauerschuldverhältnissen** die Vertragsparteien auf längere Zeit miteinander verbunden. Dies bedeutet die Verpflichtung zu einer erhöhten Rücksichtnahme im Sinne § 242. Insbesondere dem im Arbeits- und Mietrecht verborgenen sozialen Sprengstoff hat der Gesetzgeber durch Begrenzung der Gestaltungsrechte (Kündigung, Anfechtung) Rechnung getragen. Auf der anderen Seite berücksichtigt er die im Dauerschuldverhältnis notwendigen Vorleistungen durch dingliche Sicherungsrechte, z. B. durch das Vermieterpfandrecht, § 559.

> In gewisser Hinsicht trifft dies auch die Vorleistungspflicht des Werkunternehmers, der durch das gesetzliche Pfandrecht des § 647 gesichert wird (vgl. auch die gesetzlichen Pfandrechte des Handelsrechts, §§ 397, 410, 421, 440 HGB).

Wenn anders als bei gegenseitigen Verträgen – etwa bei Organisationsverträgen der Personengesellschaft – die daraus zu erbringenden Einlagen nicht in einem reinen Austauschverhältnis stehen, ist umstritten, ob in diesen Fällen die Vorschriften der §§ 320 ff Anwendung finden können (vgl. LARENZ SchR II § 60 I b; HUECK § 6 II 3; FLUME I/1 § 2 III). Jedenfalls unterliegt bei einer in Vollzug gesetzten Gesellschaft das Instrumentarium der §§ 320 ff insofern Einschränkungen, als §§ 320, 322 ebenso wie der Rücktritt gem. §§ 325, 326 nicht statthaft sind und die Abwicklung einer fehlerhaften Gesellschaft im Innenverhältnis nicht nach §§ 812 ff erfolgen kann (vgl. RGZ 165, 193 ff; BGHZ 3, 285 ff).

Unvollkommen zweiseitig sind diejenigen Verträge, bei denen die Leistung **628** nicht von einer Gegenleistung abhängig gemacht wird. Gleichwohl kann es zu einer Leistungsverpflichtung der anderen Partei kommen.

> So z. B. beim Auftrag im Falle der Aufwendungsersatzpflicht des Auftraggebers gem. § 670; entsprechend bei der Leihe (§ 601), bei der unentgeltlichen Verwahrung (§ 693). Insofern stehen sich z. B. beim Auftrag die Pflichten aus § 667 und § 670 nicht synallagmatisch gegenüber.

b) **Einseitig verpflichtende Verträge** haben die Verpflichtung lediglich einer Partei **629** zum Inhalt.

> Z. B. das Schenkungsversprechen (§ 518), die Bürgschaft (§ 765).

c) Allen Verpflichtungsgeschäften ist **gemeinsam**, daß sie sich in ihren Rechtsfol- **630** gen darauf beschränken, **Leistungspflichten** des Schuldners zu schaffen. Der Leistungserfolg wird durch das verpflichtende Rechtsgeschäft selbst nicht bewirkt. Durch die Vornahme eines obligatorischen Rechtsgeschäfts, das den Schuldner zur Übertragung oder Beschränkung eines subjektiven Rechts verpflichtet, verändert sich das subjektive Recht in seiner Zuständigkeit und in seinem Bestand nicht.

So verpflichtet z. B. der Abschluß eines Kaufvertrags den Verkäufer zur Übereignung des Kaufgegenstandes an den Käufer (§ 433 I 1). Der Kaufvertrag selbst hat aber nicht den Übergang des Eigentums auf den Käufer zur Folge. Das Eigentum bleibt auch nach dem Kaufvertragsschluß bei dem Verkäufer. Zum Vollzug der Eigentumsübertragung bedarf es eines besonderen Erfüllungsgeschäfts (vgl. § 929).

631 2. Durch diese eingeschränkten Rechtswirkungen unterscheiden sich die Verpflichtungsgeschäfte von den **Verfügungsgeschäften**. Verfügungen sind Rechtsgeschäfte, die auf den Bestand eines subjektiven Rechtes *unmittelbar einwirken*; diese unmittelbare Einwirkung kann in der Übertragung, der Belastung, der Inhaltsänderung oder der Aufhebung des Rechtes bestehen (vgl. zum Begriffsinhalt und den Wirksamkeitsvoraussetzungen der Verfügung oben Rdn. 390 ff). Verfügungsgeschäfte äußern ihre Wirkung gegenüber jedermann.

Die meisten Verfügungsgeschäfte betreffen dingliche Rechte und finden demnach ihre Regelung im Sachenrecht. Aber auch das Schuldrecht enthält einzelne Verfügungsgeschäfte, namentlich solche über Forderungsrechte, so z. B. die Abtretung (§ 398) und den Erlaßvertrag (§ 397 I).

Als Verfügungen werden auch unmittelbare Einwirkungen auf Rechtsverhältnisse angesehen (vgl. LARENZ AT § 16 IV), bei denen neben eigenen subjektiven Rechten auch die des Geschäftsgegners betroffen werden (Gestaltungsrechte), z. B. Kündigung, Rücktritt, Anfechtung, Aufrechnung.

632 Die Rechtsfolgen der Verfügung setzen – sofern nicht die Regeln eines gutgläubigen Erwerbs vom Nichtberechtigten eingreifen – eine entsprechende Verfügungsmacht des Verfügenden voraus (vgl. oben Rdn. 393 ff). Auch darin unterscheidet sich die Verfügung vom Verpflichtungsgeschäft, das von einer derartigen Rechtsmacht des sich Verpflichtenden nicht abhängig ist.

So kann z. B. zwar ein im Hinblick auf eine Sache Nichtberechtigter über diese wirksamen einen Kaufvertrag abschließen; zur Übertragung des Eigentums nach § 929 ist er jedoch mangels Verfügungsmacht nicht in der Lage.

Ebenso ist der Eigentümer einer Sache nicht gehindert, diese mehrmals an verschiedene Personen wirksam zu verkaufen. Demgegenüber gilt für Verfügungsgeschäfte, durch die ein Recht übertragen wird, das sogenannte Prioritätsprinzip: Mit der erstmaligen Übertragung des Rechtes verliert der bisherige Rechtsinhaber seine Verfügungsmacht, so daß er nicht nochmals zugunsten einer anderen Person wirksam über dieses Recht verfügen kann.

IV. Kausale und abstrakte Rechtsgeschäfte

O. BÄHR Die Anerkennung als Verpflichtungsgrund, 3. Aufl. 1894; BEYERLE Der dingliche Vertrag, Festschrift Böhmer, 1954, 164 ff; BRANDT Eigentumserwerb und Austauschgeschäft, 1940; v. CAEMMERER Rechtsvergleichung und Reform der Fahrnisübereignung, RabelsZ 12, 675 ff; COHN Zur Lehre vom Wesen der abstrakten Geschäfte, AcP 135 (1932), 67 ff; COING/WILHELM (Hrsg.), Wissenschaft und Kodifikation des Privatrechts im 19. Jahrhundert, II, 1977, mit den Beiträgen: KIEFNER Der abstrakte obligatorische Vertrag in Praxis und Theorie des 19. Jahrhunderts, 74 ff, WILHELM Begriff und Theorie der Verfügung, 213 ff; DULCKEIT Die Verdinglichung obligatorischer Rechte, 1951; EISENHARDT Die Einheitlichkeit des Rechtsgeschäfts und die Überwindung des Abstraktionsprinzips, JZ 1991, 271 ff; FERRARI Vom Abstraktionsprinzip und Konsensualprinzip zum Traditionsprinzip, ZEuP 1993, 52 ff; HECK Das abstrakte dingliche Rechtsgeschäft, 1937; JAHR Zur iusta causa traditionis, SavZ RomAbt. 80, 141 ff; JAUERNIG Trennungsprinzip und Abstraktionsprinzip, JuS 1994, 721 ff; KEGEL Verpflichtung und Verfügung, Festschrift F. A. Mann, 1977, 57 ff; KLINGMÜLLER Der Begriff des Rechtsgrundes, 1901; LANGE Rechtswirklichkeit und Abstraktion, AcP 148 (1943), 188 ff; ders., Abstraktes und kausales dingliches Geschäft? DR 1935, 485 ff; MAY Die Möglichkeit der Beseitigung des Abstraktionsprinzip bei den Verfügungsgeschäften des Fahrnisrechts, 1952; ROTHER Die Erfüllung durch abstraktes Rechtsgeschäft, AcP 169 (1969), 1 ff; SCHREIBER/KREUTZ Der Abstraktionsgrundsatz, Jura 1989, 617 ff; STAMPE Das Kausalproblem, 1904; ders., Causa und abstrakte Geschäfte, ZHR 55 (1904), 387 ff; v. TUHR Zur Lehre von den abstrakten Schuldverträgen, 1903; ders., Zum Beispiel der Verfügung nach BGB, AcP 117 (1919), 193 ff; H. P. WESTERMANN Die causa im französischen und deutschen Zivilrecht, 1967.

633 Der das deutsche Recht beherrschende **Abstraktionsgrundsatz** dient der Rechtssicherheit und Rechtsklarheit, indem die Rechtsordnung bei Vorgängen, die zur Zuordnung von Rechten oder zur Zuteilung von Rechtsstellungen führen, deren Bestand von dem dem Vorgang zugrundeliegenden Rechtsgeschäft unabhängig macht. Dies sieht die Rechtsordnung bei den sogenannten Verfügungsgeschäften (s. o.) vor, aber auch bei den abstrakten Schuldverträgen (z. B. Schuldversprechen, -anerkenntnis, Wechsel, Scheck), schließlich auch bei der Erteilung von Handlungsbefugnissen im Sinne einer rechtsgeschäftlichen und organschaftlichen Vertretungsmacht. Die rechtstechnische Verselbständigung der Vorgänge stärkt die Sicherheit des rechtlichen Verkehrs insbesondere dadurch, daß sie die etwaige Fehlerhaftigkeit der zugrundeliegenden Rechtsverhältnisse nicht unmittelbar zur Auswirkung kommen läßt.

Zum Teil wird begrifflich ein Unterschied gemacht zwischen der bloßen *Trennung* von Verpflichtungs- und Verfügungsgeschäft (sowie vergleichbaren Sachverhalten) und der *rechtlichen Verselbständigung* solcher Geschäfte (Abstraktion, vgl. JAUERNIG aaO.).

Bei der gesetzlichen Ausgestaltung der Abstraktion sind zwei Gruppen von Rechtsgeschäften zu unterscheiden: Zuwendungsgeschäfte und Erteilung von Handlungsmacht.

1. Zuwendungsgeschäfte

a) *Zuwendung und Rechtsgrund*

634 *Zuwendungen* sind Rechtsgeschäfte, durch die eine Person einer anderen einen Vermögensvorteil verschafft und dadurch ihr Vermögen vermehrt. Der zugewandte Vermögensvorteil kann z. B. darin bestehen, daß ein Anspruch auf eine Leistung begründet wird oder darin, daß ein subjektives Recht übertragen wird. Die Zuwendung kann danach sowohl durch Verpflichtungs- als auch durch Verfügungsgeschäfte bewirkt werden.

635 Zuwendungsgeschäfte werden im Rechtsverkehr nicht um ihrer selbst willen, d. h. zur Herbeiführung des sich aus ihnen unmittelbar ergebenden Rechtserfolgs vorgenommen, etwa der Rechtsübertragung als solcher. Ihren wirtschaftlichen Sinngehalt erhält eine Zuwendung vielmehr aus dem mit ihrer Vornahme erstrebten Zweck, regelmäßig der Erreichung eines weiteren Rechtserfolgs.

> So übereignet niemand einem anderen ohne jeden Grund einen Geldbetrag von 1000,- DM. Mit der Zuwendung verfolgt der Verfügende z. B. den Zweck, von seiner dem Empfänger gegenüber bestehenden Kaufpreisschuld oder einer ihm gegenüber bestehenden Schenkungsverpflichtung befreit zu werden.

Entsprechend diesen tatsächlichen Gegenheiten des Wirtschaftslebens sieht auch die Rechtsordnung jede rechtsgeschäftliche Zuwendung durch einen sogenannten *Rechtsgrund* – nach römisch-rechtlicher Bezeichnung: **causa** – begründet.

> Im obrigen Beispiel bildet danach die sich aus dem Kaufvertrag bzw. aus dem Schenkungsversprechen ergebende Zahlungspflicht den Rechtsgrund für die Übertragung des Geldbetrags.

636 Die als causae rechtlich relevanten Zuwendungszwecke beschränken sich grundsätzlich auf die *objektiven verkehrstypischen Geschäftszwecke der Zuwendung*. Es sind dies die mit der Zuwendung mittelbar erstrebten weiteren Rechtserfolge, die den rechtlichen Charakter der Zuwendung und die für sie maßgeblichen Rechtssätze bestimmen. Herkömmlich werden dabei folgende Rechtsgründe unterschieden.

> – causa credendi, acquirendi – Zuwendung mit dem Zweck, eine Leistungspflicht des Empfängers zu begründen (z. B. in Gestalt des Darlehensrückgewähranspruchs, § 607 I; gegenseitige Verpflichtungsverträge, „do ut des");
> – causa solvendi – Zuwendung mit dem Zweck, durch Erfüllung die Befreiung von einer Verbindlichkeit zu erlangen;
> – causa donandi – Zuwendung mit dem Zweck einer unentgeltlichen Bereicherung des Empfängers.

637 Diese objektiven Geschäftszwecke bedürfen für das einzelne Zuwendungsgeschäft der *Konkretisierung*. Sie muß *grundsätzlich einverständlich* – wenn nicht mittels ausdrücklicher Verabredung, so doch zumindest mittels konkludenten Handelns – durch die Beteiligten erfolgen. *Ausnahmsweise* wird durch das Gesetz eine *einseitige Zwecksetzung* anerkannt; dies gilt z. B. für einseitige Rechtsgeschäfte (etwa die Auslobung) und für die causa solvendi in Fällen des § 366 I (mehrere gleichartige Verbindlichkeiten des Schuldners; hier findet subsidiär eine gesetzliche Zweckbestimmung nach § 366 II Anwendung).

638 Von diesen Rechtsgründen im Sinne typischer Verkehrszwecke sind die mit einer Zuwendung verfolgten *subjektiven, rein persönlichen Beweggründe* zu unterscheiden. Derartige Motive sind grundsätzlich für die rechtliche Beurteilung von Zuwendungsgeschäften ohne Bedeutung, da die Nichterreichung eines rein persönlichen Zwecks im Interesse der Rechtssicherheit den Rechtsbestand einer Zuwendung nicht berühren kann. Dies gilt z. B. für die Motive einer Schenkung wie etwa Dankbarkeit, Mitleid, Spekulation auf eine Erbeinsetzung.

639 Ausnahmsweise erkennt die Rechtsordnung neben den objektiven, verkehrstypischen Geschäftszwecken in der *datio ob rem* einen subjektiven Geschäftszweck als causa an (vgl. § 812 I 2 2. Alt.), d. h. eine Zuwendung, die nach der zwischen den Beteiligten zustandegekommenen tatsächlichen Willensübereinstimmung darauf gerichtet ist, den Zuwendungsempfänger zu einem nichtgeschuldeten rechtsgeschäftlichen oder tatsächlichen Verhalten zu veranlassen (z. B. unentgeltliche Tätigkeit im Gewerbebetrieb eines anderen in der Erwartung der Eheschließung, vgl. OLG Stuttgart NJW 1977, 1779 f. Allgemein zur condictio ob rem BGH NJW 1973, 612 f; JZ 1975, 330 f; MEDICUS BR Rdn. 691 ff m.w.N.).

640 Unabhängig vom causa-Begriff berücksichtigt die Rechtsordnung unter bestimmten Voraussetzungen subjektive Zwecke, wenn
– das Gesetz ausnahmsweise den Irrtum im Beweggrund als maßgeblich ansieht, § 119 II (Irrtum über verkehrswesentliche Eigenschaften), § 123 (Anfechtbarkeit wegen arglistiger Täuschung und widerrechtlicher Drohung), § 779 (Irrtum über die feststehende Vergleichsgrundlage), § 2078 II (Motivirrtum des Testators);
– die Wahrheit oder Verwirklichung einer bestimmten Vorstellung als Bedingung für die Rechtswirksamkeit der Zuwendung vereinbart worden ist;
– die Vorstellungen der Partei(en) als Geschäftsgrundlage relevant sind.

b) *Kausale und abstrakte Zuwendungsgeschäfte*

641 aa) **Kausale Zuwendungsgeschäfte** sind dadurch gekennzeichnet, daß bei ihnen die causa der Zuwendung zum Inhalt des die Zuwendung bewirkenden Rechtsgeschäfts erhoben ist. Zur Gruppe der kausalen Geschäfte gehören *prinzipiell die Verpflichtungsgeschäfte*. Die Übernahme einer Leistungspflicht hat ihren Rechtsgrund unmittelbar in der rechtsgeschäftlichen Vereinbarung.

Wenn der Rechtsgrund Inhalt der vertraglichen Vereinbarung ist, so bedeutet dies zugleich, daß die Wirksamkeit der Zuwendung in jeder Beziehung vom Bestand dieser Vereinbarung abhängig ist. Jede Nichtigkeit, jede Anfechtung der die causa enthaltenden Vereinbarung nimmt damit auch der Zuwendung ihren Rechtsbestand. Zuwendung und Rechtsgrund stellen sich bei kausalen Rechtsgeschäften danach als eine unauflöslich verbundene Einheit dar.

Mithin sind wirksame (kausale) Verpflichtungsgeschäfte sine causa nicht möglich. Daraus ergibt sich, daß der herkömmliche Begriff des „kausalen" Geschäfts im Bereich der Verpflichtungsgeschäfte eine eigene Funktionalität nicht entfaltet, sondern als Gegenbegriff zur Erläuterung der abstrakten Rechtsgeschäfte dient.

642 *bb)* Die **abstrakten Zuwendungsgeschäfte** sind von der Rechtsordnung gegenüber ihrem Rechtsgrund verselbständigt: die causa bildet hier keinen Bestandteil des Geschäfts, sondern das Geschäft ist von ihr abstrahiert. Dadurch ist das Zuwendungsgeschäft in seiner Wirksamkeit unabhängig vom Bestehen eines Rechtsgrundes. Fehlerquellen im Kausalgeschäft – wie Geschäftsunfähigkeit (§§ 104 f) Irrtum (§ 119) arglistige Täuschung (§ 123) Verbotsgesetze (§ 134) Sittenwidrigkeit (§ 138) – können nur dann das abstrakte Zuwendungsgeschäft berühren, wenn der betreffende Mangel zugleich diesem selbst anhaftet (vgl. zur sog. Fehleridentität unten Rdn. 651 ff.

643 Einen derartigen Charakter haben zunächst **alle Verfügungsgeschäfte**.

So setzt z. b. bei der rechtsgeschäftlichen Übertragung des Eigentums an Mobilien der Übereignungstatbestand des § 929 allein eine entsprechende Einigung und die Übergabe voraus. Die Frage, ob die Übereignung kaufweise oder schenkweise erfolgte, ist für den Eigentumsübergang ohne Belang; insbesondere berührt die Unwirksamkeit des der Übereignung zugrunde liegenden Kaufvertrags oder Schenkungsversprechens nicht den Rechtsbestand der durch die Verfügung herbeigeführten Rechtsfolge.

644 Ferner kennt das Gesetz einige besonders geregelte Typen **abstrakter Verpflichtungsgeschäfte**: z. B. abstraktes Schuldversprechen und Schuldanerkenntnis (§§ 780, 781), sowie die in einem Wertpapier verbrieften Verbindlichkeiten (z. B. Inhaberschuldverschreibung, § 793; Wechsel und Scheck). Bei diesen abstrakten Schuldverträgen ist die Verpflichtungserklärung des Schuldners regelmäßig an eine besondere Form gebunden (vgl. z. B. §§ 780 f, 784 II, 793 BGB, Art. 1 WG, 1 ScheckG; anders dagegen: §§ 782 BGB, 350 f HGB).

Der abstrakte Schuldvertrag ordnet nur ein Forderungsrecht zu, das zur Erreichung des Leistungserfolges noch der Realisierung bedarf. Ein abstraktes Leistungsversprechen wird im allgemeinen nur erfüllungshalber (§ 364 II) gegeben, begründet also eine neue Verbindlichkeit, die neben die bestehende (Kausal-)Schuld tritt. Dem Gläubiger wird dadurch ein zusätzliches (abstraktes) Forderungsrecht zugewandt, das ihm wegen seiner Rechtsgrundunabhängigkeit die Rechtsverfolgung erleichtert. Die Wirkung der Abstraktion besteht zwischen den Vertragsparteien vornehmlich in einer Umkehr der Darlegungs- und Beweislast im Prozeß; der Schuldner hat das Fehlen der causa im Streitfall nachzuweisen.

Ein Einwendungsausschluß kann nicht schlechthin aus dem abstrakten Charakter gefolgert werden; in den Fällen der §§ 780, 781 wird dem Schuldner auch gegenüber dem Zweiterwerber die Berufung auf Mängel im causa-Geschäft gestattet (§§ 812 II, 821, 404). Jedoch werden derartige Einwendungen durch besondere Vorschriften im Wertpapierbereich ausgeschlossen (vgl. §§ 796 BGB, 364 II HGB, Art. 17 WG, 22 ScheckG).

Die Abstraktion der Zuwendung von ihrem Rechtsgrund wird von der **Akzesso-** **645** **rietät** (Forderungsabhängigkeit) *bestimmter gesetzlicher Sicherungsrechte* (vgl. z. B. Hypothek, Bürgschaft, Pfandrecht) **nicht berührt**. Diesen liegt eine *Kausalvereinbarung* über ihre Bestellung zugrunde *(Sicherungsabrede)*, von der das Sicherungsrecht in seiner Wirksamkeit abstrahiert ist. Andererseits macht das Gesetz den Bestand des Sicherungsrechts abhängig von der Existenz der zu sichernden Forderung (Akzessorietät; vgl. §§ 767; 1113, 1137; 1204, 1252).

c) Auswirkungen des Abstraktionsprinzip

aa) Das Abstraktionsprinzip hat die Konsequenz, daß die – bei wirtschaftlicher **646** Betrachtungsweise – natürliche Einheit der rechtsgeschäftlichen Zuwendung von Vermögensrechten in eine **rechtstechnische Zweiheit** zerlegt wird: Grund- oder Kausalgeschäft auf der ersten Stufe, Vollzugs- oder Erfüllungsgeschäft auf der zweiten Stufe. Im Normalfall wird die durch das obligatorische Geschäft begründete Leistungspflicht durch die Vornahme des abstrakten Verfügungsgeschäfts erfüllt; der Anspruch auf die Leistung wird zum Rechtsgrund, der die vollzogene Zuordnungsänderung rechtfertigt.

Der wesentliche Vorteil dieser getrennten rechtlichen Beurteilung von Grund- **647** und Erfüllungsgeschäft besteht darin, daß die durch das abstrakte Geschäft vollzogene *Zuordnung* von dinglichen Rechten und Forderungsrechten *von* den dem Kausalgeschäft anhaftenden *Fehlerquellen freigehalten* wird. Mängel des Grundgeschäfts greifen grundsätzlich nicht auf das Vollzugsgeschäft durch. Dadurch dient der Abstraktionsgrundsatz den Interessen der Sicherheit und Klarheit des Rechtsverkehrs; er garantiert eine eindeutige Festlegung der gegenüber der Allgemeinheit wirkenden Zuordnungsänderung.

> Ist das abstrakte Zuwendungsgeschäft rechtlich in Ordnung, erlangt der Erwerber auch bei fehlender causa in Ansehung des zugewandten Rechtes die Stellung eines Rechtsinhabers.

bb) Die Abstraktion bedeutet gleichwohl keinen endgültigen Verzicht auf das **648** Erfordernis eines Rechtsgrundes der Zuwendung. Fehlt der Rechtsgrund von Anfang an, ist er nachträglich weggefallen oder hat er sich auf sonstige Weise nicht verwirklicht, so ist zwar das Verfügungsgeschäft wirksam, jedoch muß dem Zuwendenden eine Möglichkeit zur Rückabwicklung eingeräumt werden. Diese **Korrektur** gewährt die **Leistungskondiktion** (§ 812); für den Leistenden entsteht ein schuldrechtlicher Anspruch auf Herausgabe der ungerechtfertigten Vermögenszuwendung gegen den Leistungsempfänger, gegebenenfalls durch Rückübertragung des zugewendeten Rechtes.

> Zur Verdeutlichung folgendes *Beispiel*: A hat seine Schreibmaschine an B verkauft und **649** nach § 929 übereignet. Nunmehr ficht A den Kaufvertrag aufgrund eines Anfechtungs-

rechts aus § 119 I an und beseitigt damit die causa der Übereignung (§n 142 I). Da die Wirksamkeit der Übereignung als abstraktes Verfügungsgeschäft grundsätzlich von den Mängeln des Kausalgeschäfts nicht berührt wird, bleibt B dennoch Eigentümer der Schreibmaschine. A hat also gegen B keinen Herausgabeanspruch nach § 985. Da B aber das Eigentum rechtsgrundlos erlangt hat, kann A es von B kondizieren, d. h. aufgrund seines schuldrechtlichen Bereicherungsanspruchs aus § 812 **Rückübereignung** verlangen. Ist der Leistungsgegenstand selbst nicht mehr im Vermögen des Bereicherungsschuldners B vorhanden, so erstreckt sich der Kondiktionsanspruch auf Wertersatz, sofern das Erlangte noch wertmäßig vorhanden ist (in Gestalt ersparter Aufwendungen oder eines Surrogats, vgl. § 818 I, II). Wenn die Bereicherung weggefallen ist, z. B. weil die Schreibmaschine bei B zerstört wurde und er insoweit auch keine Ersatzleistung von Dritten beanspruchen kann (Versicherungsleistung o. ä.), ist der Anspruch nach § 818 III ausgeschlossen. Eine weitergehende Schadensersatzpflicht trifft den Leistungsempfänger in diesem Fall nur ausnahmsweise unter den Voraussetzungen der verschärften Haftung gem. §§ 818 IV, 819 f.

650 *cc)* Die dem Ausgleich dienende Leistungskondiktion läuft den **Verkehrsschutzinteressen** nicht zuwider. Der obligatorische Bereicherungsausgleich durch Rückabwicklung der grundlosen Zuwendung vollzieht sich nur im Rahmen des fehlerhaften Kausalverhältnisses („Leistungsverhältnisses"), also zwischen Leistendem und Leistungsempfänger, und berührt nicht den Bestand einer zwischenzeitlich durch den Empfänger getroffenen Neuzuordnung.

Wegen der rechtsgrundunabhängigen Regelung der Zuwendung erwirbt der Rechtsnachfolger des Erwerbers das Recht aufgrund einer Verfügung des Berechtigten. Der Erwerber ist also nicht genötigt, Nachforschungen über die Wirksamkeit der Kausalgeschäfte seiner Vormänner anzustellen. Der Veräußerer kann sich zum Nachweis seines Rechtserwerbs auf die Darlegung des Verfügungsgeschäfts beschränken.

Hat z. B. A auf Grund eines nichtigen Kaufvertrages eine Sache an B wirksam übereignet, so richtet sich der Anspruch des A auf Herausgabe der rechtsgrundlos erlangten Bereicherung allein gegen B. Wenn B die Sache an C wirksam weiterveräußert hat, kann A von B Wertersatz (§ 818 II) beanspruchen. A kann sich dagegen nicht an C halten, da er ihm gegenüber keine Leistung erbracht hat.

Die Gläubiger des Erwerbers können sich bei einem Zugriff im Wege der Zwangsvollstreckung ebenfalls auf die abstrakt getroffene Zuordnung des Vollstreckungsgegenstandes zu seinem Vermögen verlassen. Durch das Abstraktionsprinzip wird also auch das Vollstreckungsverfahren weitgehend von Fehlerquellen des dem Rechtserwerb zugrunde liegenden Kausalgeschäfts freigehalten (so steht z. B. dem Vormann des Vollstreckungsschuldners, der rechtsgrundlos an diesen das Eigentum übertragen hat, die Interventionsklage gem. § 771 ZPO nicht zur Verfügung).

651 *dd)* Das Abstraktionsprinzip schließt nicht aus, daß dem Vollzugsgeschäft derselbe Nichtigkeits- oder Anfechtungsgrund anhaftet wie dem Grundgeschäft: *gemeinsame Fehlerquelle*, die beide Geschäfte unabhängig voneinander erfaßt (**Fehleridentität**).

Ein Fall der Fehleridentität wird häufig bei Mängeln in der Geschäftsfähigkeit gegeben sein; jedoch ist jeweils im Einzelfall zu prüfen, ob ein bei Abschluß des

Verpflichtungsgeschäftes vorliegender Mangel auch noch bei Vornahme des Erfüllungsgeschäftes vorhanden ist.

Auch ein *Anfechtungsrecht* nach § 119 I kann wegen *Erklärungsirrtums* sowohl für das obligatorische als auch für das abstrakte Geschäft bestehen, wenn die diesbezüglichen Erklärungen in einem Willensakt zusammenfallen und demselben Willensmangel unterliegen (vgl. RGZ 66, 385, 390; STAUDINGER/DILCHER § 142 Rdn. 8).

Zwar berechtigt ein *Irrtum über die Eigenschaften* des Geschäftsgegenstandes oder der Person des Geschäftsgegners in der Regel nur zur Anfechtung des Verpflichtungsgeschäfts; die dingliche Einigung des Verfügungstatbestandes ist grundsätzlich wertneutral, weil sie nur auf die Herbeiführung der dinglichen Rechtsänderung gerichtet ist. Etwas anderes kann jedoch z. B. dann gelten, wenn der Veräußerer bei einem Kreditgeschäft in der Gewißheit der Kreditwürdigkeit seines Vertragspartners bewußt auf einen Eigentumsvorbehalt verzichtet; wird er in seinem Vertrauen enttäuscht, so sind seine Vorstellungen über die Vermögensverhältnisse des Geschäftsgegners auch für die dingliche Einigung verkehrswesentlich (vgl. WESTERMANN SachenR § 4 IV 1).

Das Anfechtungsrecht wegen *arglistiger Täuschung* oder *widerrechtlicher Drohung* (§ 123 I) wird sich meistens auch auf das Vollzugsgeschäft erstrecken, da die Täuschung oder Drohung regelmäßig auch noch bei dessen Abschluß ursächlich fortwirkt (vgl. RGZ 70, 55, 57 f; BGH DB 1966, 818).

Bei den genannten Anfechtungsgründen ist aber stehts im Einzelfall zu prüfen, ob der Willensmangel, der bei dem Verpflichtungsgeschäft vorlag, tatsächlich auch noch beim Erfüllungsgeschäft gegeben ist.

So ist z. B. denkbar, daß der Anfechtungsgrund zur Zeit der Vornahme des Vollzugsgeschäfts schon weggefallen war, etwa weil der Getäuschte bei der Erfüllung des Vertrages bereits über seine fehlerhafte Vorstellung aufgeklärt war; dann ist das Vollzugsgeschäft von Bestand und wird u. U. sogar als Verzicht auf das Anfechtungsrecht gedeutet werden müssen.

Ergreift das Anfechtungsrecht beide Geschäfte, so ist im Zweifel die Anfechtungserklärung auch auf das Vollzugsgeschäft mit zu beziehen (RGZ 66, 385, 390; 69, 13, 16).

Für den Umfang der Rechtswirkungen des *Nichtigkeitsgrundes* des § 134 ist der **652** Charakter des Verbotsgesetzes maßgeblich. Nur wenn die Verbotsnorm nach Sinn und Zweck gerade den Vollzug der Leistung unterbinden will, bezieht sich die Nichtigkeitsfolge des § 134 auch auf das Verfügungsgeschäft (vgl. z. B. BGHZ 47, 364, 369 zu Art. 1 § 1 RBerG).

Bei sittenwidrigen oder wucherischen Verpflichtungsgeschäften wird die Frage nach der Erstreckung der Nichtigkeit auf das Erfüllungsgeschäft von Literatur und Rechtsprechung im einzelnen unterschiedlich beantwortet (vgl. zu diesem Problemkreis die Erörterung des Nichtigkeitsgrundes des § 138, unten Rdn. 916 ff).

653 Im Falle der Fehleridentität bleibt es – bei Anfechtungsgründen Anfechtung vorausgesetzt – bei der ursprünglichen Zuordnung, d. h. der Eigentümer, dessen Verfügung nichtig ist, kann weiterhin die dinglichen Ansprüche (z. B. § 985) geltend machen, während bei lediglich fehlerhaftem Kausalgeschäft der Verfügende auf § 812 verwiesen ist und Rückübertragung durch Rechtsgeschäft verlangen muß (vgl. oben Rdn. 648 f).

d) Zur Kritik des Abstraktionsprinzips

654 Die rechtliche Verselbständigung der Zuwendungsgeschäfte ist in der rechtspolitischen Diskussion seit der Entstehung des BGB umstritten, zumal das Abstraktionsprinzip in anderen Rechtsordnungen nicht bekannt ist (so geht z. B. das französische Recht vom sog. Konsensprinzip aus). Vgl. aus der o. a. Literatur insbesondere BEYERLE, BRANDT, HECK, LANGE, LOCHER, KEGEL sowie zur historischen Entwicklung COING/WILHELM aaO mit den Beiträgen von KIEFNER, RANIERI, LUIG.

aa) Es wurde die Forderung erhoben, die abstrakte Gestaltung des Verfügungsgeschäfts überhaupt zu beseitigen und durch die kausale (rechtsgrundabhängige) Verfügung zu ersetzen. Man hat darauf hingewiesen, daß der Veräußerer, falls lediglich die causa fehlerhaft ist, im Verhältnis zum Erwerber und dessen Gläubigern durch das Abstraktionsprinzip unbillig benachteiligt werde; denn im Konkurs des Erwerbers könne er den veräußerten Gegenstand nicht aussondern, sondern sei auf die Geltendmachung seines Bereicherungsanspruchs als Konkursforderung beschränkt. Ebensowenig könne er mangels eines die Veräußerung hindernden Rechts der Einzelpfändung durch einen Gläubiger des Erwerbers mit der Drittwiderspruchsklage nach § 771 ZPO entgegentreten.

Den Befürwortern des Konsensprinzips wurde entgegengehalten, daß das Abstraktionsprinzip beim Kauf beide Teile, den Verkäufer und Käufer, gleich behandele. Beide sind in der Tat bei nichtigem Kausalgeschäft auf Bereicherungsansprüche beschränkt, während bei kausaler Übereignung der Käufer benachteiligt würde, da er das Eigentum an dem als Kaufpreis bezahlten Geld fast ausnahmslos verliere, weil dieses durch Vermischung (§ 948) ins Eigentum des Verkäufers übergehe.

> Eine differenzierte Lösung zugunsten des Veräußerers, die seinen Kondiktionsanspruch gegenüber den Gläubigern des Erwerbers mit Aussonderungskraft ausstatten wollte, wurde bei Entstehung des BGB erörtert, aber abgelehnt (vgl. v. TUHR § 73 S. 111 unter Hinweis auf Prot. II, 721 ff).

Von seiten der Kritik am Abstraktionsprinzip wurde weiterhin betont, daß auch im Verhältnis zu Dritten (dem Zweiterwerber usw.), deren Erwerb das Abstraktionsprinzip erleichtere, dieses heute nicht mehr durch den Verkehrsschutz gerechtfertigt sei, weil das deutsche Recht – anders als das römische – den gutgläubigen Erwerb vom Nichtberechtigten anerkenne; vgl. §§ 932, 892. Es sei also eine doppelte und deshalb unnötige Sicherung.

655 Demgegenüber wurde geltend gemacht, daß die kausale Gestaltung den Zweit- und Dritterwerber mit einer zu starken Prüfungspflicht belasten würde, so lange beim Fahrniserwerb grobfahrlässige Unkenntnis des mangelnden Rechtsgrundes den Erwerb ausschließe; vgl. § 932 II. Vor allem aber würde die Sicherheit und Klarheit des Grundbuchverkehrs erheblich leiden, da das Grundbuch weitaus häufiger unrichtig würde und dadurch zahlreiche Rechtsstreitigkeiten darüber ermöglicht würden, ob die während des Schwebezustandes bis zur Berichtigung des Grundbuchs begründeten Rechte kraft guten Glaubens wirksam entstanden seien oder nicht. Vormerkung oder Widerspruch böten nur einen unvollkommenen Schutz. Auch der Mieter eines Hauses werde fühlbar getroffen, wenn sich der mit dem Bucheigentümer geschlossene Mietvertrag als mit einem Nichtberechtigten geschlossen herausstellte.

656 *bb)* Die gegen den Abstraktionsgrundsatz erhobenen Argumente führten weiter zu der Grundfrage, ob man überhaupt an der rechtstechnischen Zerlegung des Veräußerungsvorgangs in zwei getrennte Rechtsgeschäfte, ein Verpflichtungs- (Rechtsgrund-)geschäft und ein davon getrenntes Verfügungsgeschäft (Einigung) festhalten solle oder ob man sich nicht mit einer Verfügung durch Übergabe oder Buchung *ohne Einigung* begnügen könne. Gegen den Verzicht auf die Einigung spricht aber, daß das Erfordernis der rechtsgeschäftlichen Einigung auch den Veräußerer schützt; man denke an die Erfüllung durch einen zwischenzeitlich geschäftsunfähig oder geschäftsbeschränkt (§ 1903) Gewordenen und insbesondere an das Bedürfnis, die Verfügung bedingt zu treffen (Eigentumsvorbehalt) oder eine vorzeitige oder erzwungene Verfügung bei gültigem Grundgeschäft anzufechten.
Schließlich ist gegenüber der Meinung, Kausalgeschäft und Besitzübergang genügen zu lassen, darauf hinzuweisen, daß der Besitz, namentlich infolge der Zunahme der Sicherungsübereignungen und Eigentumsvorbehalte seine Bedeutung als Legitimationsmittel immer mehr verloren hat.
Insgesamt vermögen die von der Kritik vorgetragenen Argumente die vom deutschen Zivilrechtssystem getroffene Lösung nicht entscheidend zu treffen.

e) Konstruktive Einschränkungen des Abstraktionsprinzips

657 Unabhängig von der rechtspolitischen Diskussion gibt es *Bestrebungen, das Abstraktionsprinzip* in seinen Wirkungen *mit konstruktiven Mitteln* de lege lata einzuschränken.

aa) So wird zum einen der Versuch unternommen, zwischen Grund- und Vollzugsgeschäft einen **Bedingungszusammenhang** im Sinne des § 158 herzustellen, indem man annimmt, daß die Parteien die Wirksamkeit des Kausalgeschäfts zur Bedingung des Erfüllungsgeschäfts machten.

Diesem Ansatz ist zuzugeben, daß die Beteiligten grundsätzlich nicht gehindert sind, auch durch nur konkludente Erklärungen eine Bedingung zu vereinbaren, soweit das Geschäft nicht seiner Art nach bedingungsfeindlich ist (wie z. B. die Auflassung, § 925 II). Es gilt aber zu beachten, daß auf den Parteiwillen zu einer Bedingungsabrede nur dann geschlossen werden kann, wenn zwischen den Parteien bei der Vornahme des Erfüllungsgeschäfts Ungewißheit über die Wirksamkeit des Kausalgeschäfts herrschte (WESTERMAN SachenR § 4 IV 2). Eine derartige Sachlage dürfte aber im Rechtsleben nur selten vorkommen; denkbar ist dies z. B. bei der Zusendung unbestellter Waren – das Übereignungsangebot ist hier bedingt durch die Annahme des Kaufangebots (sog. Realofferte). Auch wenn wie bei Bargeschäften des täglichen Lebens (Barkauf und Handschenkung) Kausal- und Verfügungsgeschäft zeitgleich in einem Akt vorgenommen werden, mag ein Bedingungszusammenhang dem Parteiwillen entsprechen (vgl. RGZ 57, 95 f; ENN./NIPPERDEY § 148 Fn. 12). Darüber hinaus aber wird die Annahme einer Bedingung zur reinen Fiktion, durch die die Systematik des Gesetzes aufgehoben wird, nach der Verpflichtung und Verfügung grundsätzlich unabhängig voneinander sind (vgl. BGH JZ 1951, 782; FLUME II § 12 III 4).

658 *bb)* Ferner wird die Auffassung vertreten, Grund- und Verfügungsgeschäft könnten sich nach dem Willen der Parteien als wirtschaftliche Einheit darstellen und damit auch rechtlich zu einem **einheitlichen Geschäft im Sinne des** § 139 verbunden werden (so insbes. HECK § 30, 8 u. § 54, 3; einschränkend auf Einzelfälle und unter Ausschluß bedingungsfeindlicher Geschäfte: WESTERMANN SachenR § 4 IV 3; MünchKomm/MEYER-MALY § 139 Rdn. 12 ff; BGHZ 31, 321, 323). Dies hätte zur Folge, daß die Nichtigkeit des Kausalgeschäfts im Zweifel auch die Nichtigkeit des Verfügungsgeschäfts bewirkte.

Diese Konstruktion einer Geschäftseinheit läuft im Ergebnis auf eine Aufhebung des Abstraktionsgrundsatzes hinaus, da eine wirtschaftliche Zweckverknüpfung von kausalen und abstrakten Geschäften fast immer gegeben ist (LARENZ AT § 23 II a). Es wäre also zu fragen, wie der besonders geartete Parteiwille aussehen müßte, um obligatorische und dingliche Geschäfte voneinander zu trennen. Gewichtiger noch erscheint der Einwand (FLUME II § 12 III 4; STAUDIN-

GER/DILCHER § 139 Rdn. 19). *die Annahme einer Geschäftseinheit widerspreche dem geltenden Recht,* da das Abstraktionsprinzip der privatautonomen Gestaltungsfreiheit vorgegeben sei. Der Dispositionsfreiheit der Parteien bei der Vertragsgestaltung ist dadurch hinreichend Genüge getan, daß man bei einem entsprechenden Parteiwillen einen Bedingungszusammenhang zwischen kausalem und abstraktem Geschäft anerkennt.

2. Erteilung von Handlungsmacht

Als abstrakt werden auch diejenigen Rechtsgeschäfte angesehen, durch die einer Person Handlungsmacht für andere übertragen wird. Eine der Abstraktion bei den Zuwendungsgeschäften ähnliche Ausgestaltung findet sich in der Verselbständigung der *Vollmacht* (§ 164) gegenüber dem ihr zugrundeliegenden Rechtsverhältnis. Die Vollmacht wird zwar regelmäßig im Zusammenhang mit einem Grundverhältnis (z. B. Auftrag, Dienst- oder Werkvertrag) erteilt. Ihr Wirksamwerden ist aber im Interesse der Sicherheit des Rechtsverkehrs *unabhängig von dem Bestand des Grundverhältnisses;* sie ist hinsichtlich Entstehung und Beendigung selbständig; sie kann aus Gründen des Verkehrsschutzes auch unabhängig von im Innenverhältnis getroffenen Einschränkungen sein (z. B. § 50 HGB). **659**

> So ist auch die Erteilung einer Vollmacht möglich, der keinerlei schuldrechtliches Grundverhältnis unterliegt (sog. isolierte Vollmacht).
> Ebenso kann ein Minderjähriger wirksam bevollmächtigt werden, auch wenn etwa der zugrunde liegende Dienstvertrag mangels Zustimmung des gesetzlichen Vertreters unwirksam ist (vgl. § 165).

Wie die *rechtsgeschäftliche* Vertretungsmacht rechtstechnisch vom Grundverhältnis getrennt wird, ist die in der Bestellung zum Vorstand eines Vereins (§ 26) oder einer Aktiengesellschaft (§§ 78, 84 AktG) oder zum Geschäftsführer einer GmbH (§ 35 GmbHG) liegende Erteilung von *organschaftlicher* Handlungsmacht rechtlich unabhängig vom Abschluß eines daneben existierenden Anstellungsvertrages. Der gesetzliche Umfang der ihm zustehenden Vertretungsmacht wird von im Innenverhältnis bestehenden Einschränkungen nicht betroffen (§ 126 HGB, § 82 AktG, § 37 GmbHG; § 26 II BGB jedoch mit Einschränkungen). **660**

Da das BGB die privatautonome Gestaltungsbefugnis in den Vordergrund stellt, bindet § 168 das Erlöschen der Vollmacht an das zugehörige Grundgeschäft; diese Durchbrechung des Abstraktionsprinzips wird in ihren Auswirkungen jedoch weitgehend durch die Berücksichtigung des Vertrauensschutzes (vgl. §§ 170, 171 II, 172 II) eingeschränkt. Andererseits stellt die Lehre vom sogenannten Mißbrauch der Vertretungsmacht eine Modifizierung des Grundsatzes dar (Zu den Einzelheiten vgl. unten § 48).

DRITTER ABSCHNITT
Die Willenserklärung

§ 32
Tatbestand der Willenserklärung

BARTHOLOMEYCZIK Die subjektiven Merkmale der Willenserklärung, Festschrift G. H. Ficker, 1967, 51 ff; BICKEL Rechtsgeschäftliche Erklärungen durch Schweigen? NJW 1972, 607 ff; BINDER Wille und Willenserklärung im Tatbestand des Rechtsgeschäfts, ARSP V, 266; Brehm Zur automatisierten Willenserklärung, Festschrift Niederländer, 1991, 233 ff; BYDLINSKI Erklärungsbewußtsein und Rechtsgeschäft, JZ 1975, 1 ff; CANARIS Schweigen im Rechtsverkehr als Verpflichtungsgrund, Festschrift Wilburg, 1975, 77 ff; ders., Bewegliches System und Vertrauensschutz im rechtsgeschäftlichen Verkehr, in: Bydlinski u. a. Das bewegliche System im geltenden und künftigen Recht, 1986, 102 ff; CLEMENS Die elektronische Willenserklärung, NJW 1985, 1998 ff; DANZ Zur Willens- und Erklärungstheorie des Bürgerlichen Gesetzbuchs, DJZ 1906, 1277 ff; EHRLICH Die stillschweigende Willenserklärung, 1893 (Neudruck 1970); EISENHARDT Zum subjektiven Tatbestand der Willenserklärung, JZ 1986, 875 ff; FABRICIUS Stillschweigen als Willenserklärung, JuS 1966, 1 ff, 50 ff; FRIEDMANN Bildschirmtext und Rechtsgeschäftslehre, Diss. Köln 1986; GÖTZ Zum Schweigen im rechtsgeschäftlichen Verkehr, 1968; GUDIAN Fehlen des Erklärungsbewußtseins, AcP 169 (1969), 232 ff; HANAU Objecktive Elemente im Tatbestand der Willenserklärung, AcP 165 (1965), 220 ff; HARTMANN Werk und Wille bei dem sogenannten stillschweigenden Konsens, AcP 72 (1888), 161 ff; HENLE Vorstellungs- und Willenstheorie in der Lehre von der juristischen Willenserklärung, 1910; ders., Ausdrückliche und stillschweigende Willenserklärung nach dem Bürgerlichen Gesetzbuche 1910; HEPTING Erklärungswille, Vertrauensschutz und rechtsgeschäftliche Bindung, Festschrift der Rechtswissenschaftlichen Fakultät zur 600-Jahr-Feier der Universität Köln, 1988, 209 ff; HÖLDER Zur Theorie der Willenserklärung, 1905; ders., Willenstheorie und Erklärungstheorie, JherJb. 58 (1911), 101 ff; H. HÜBNER Zurechnung statt Fiktion einer Willenserklärung, Festschrift Nipperdey, I, 1965, 373 ff; ISAY Zur Lehre von den Willenserklärungen nach dem BGB, JherJb. 44 (1902), 43 ff; ders., Die Willenserklärung im Tatbestand des Rechtsgeschäfts nach dem BGB, 1899; JACOBI Die Theorie der Willenserklärungen, 1910; KLEIN-BLENKERS Zwei Fälle „nicht gewollter" Willenserklärungen, Jura 1993, 640; KÖHLER Die Problematik automatisierter Rechtsvorgänge, insbesondere von Willenserklärungen, AcP 182 (1982) 126 ff; ders., Rechtsgeschäfte mittels Bildschirmtext, in: H. Hübner u. a. Rechtsprobleme des Bildschirmtextes, 1986, 51 ff; KRAMER Schweigen als Annahme eines Antrags, Jura 1984, 235 ff; KRAUSE Schweigen im Rechtsverkehr, 1933, Neuauflage 1970; MANIGK Willenserklärung und Willensgeschäft, 1907; SCHAPP Grundfragen der Rechtgeschäftslehre, 1986; SCHLOSSMANN Willenserklärung und Rechtsgeschäft, Kieler Festgabe Hänel, 1907, 1 ff; SCHMIDT-SALZER Subjektiver Wille und Willenserklärung, JR 1969, 281 ff; SINGER Geltungsgrund und Rechtsfolgen der fehlerhaften Willenserklärung, JZ 1989, 1030 ff; TEICHMANN Die protestatio facto contraria, Festschrift Michaelis, 1972, 294 ff; WIEACKER

Willenserklärung und sozialtypisches Verhalten, Göttinger Festschrift für das OLG Celle, 1961, 263 ff; WIESER Zurechenbarkeit des Erklärungsinhalts, AcP 184 (1984), 40 ff; ders., Wille und Verständnis bei der Willenserklärung, AcP 189 (1989), 112 ff.

Der Kern ist die Willenserklärung, d. h. auf einen Rechtserfolg gerichtete private **662** Willensäußerung, deren Wirkungen von der Rechtsordnung entsprechend diesem Erfolgswillen bestimmt werden.

I. Übersicht über die einzelnen Tatbestandselemente

Die Willenserklärung hat zwei Bestandteile, einen äußeren Tatbestand, die Erklärung, und einen inneren, den Willen. Auszugehen ist bei der Prüfung der Willenserklärung vom äußeren Tatbestand, dem geäußerten Willen; fehlt es schon an den objektiven Erfordernissen der Willenserklärung, so bedarf es der Prüfung des inneren Tatbestandes nicht.

1. Der äußere Tatbestand

Die Erklärung ist ein äußeres Verhalten, das nach der Verkehrssitte oder Vereinba- **663** rung den Schluß auf einen bestimmten Geschäftswillen zuläßt und dazu bestimmt erscheint, einen derartigen Geschäftswillen anderen kundzugeben.

> Das äußere Verhalten muß Sinnbild für eine innere Tatsache sein, eben den auf die Herbeiführung einer Rechtswirkung gerichteten Willen, die Geschäftsabsicht. Ob ein Verhalten diese sinnbildliche Eigenschaft hat, beurteilt sich mangels besonderer Parteivereinbarung nach der Verkehrssitte. Diese erkennt als Erklärungsmittel vornehmlich das gesprochene oder geschriebene Wort an, aber auch sonstige Zeichen, wie Kopfnicken, Handheben, Signale, Schweigen unter gewissen Umständen usw. Die Parteien können beliebige Zeichen vereinbaren (Abkürzungsschlüssel).

2. Der innere Tatbestand

Hier kommen drei innere Tatsachen in Betracht: **664**

a) Der *Handlungswille* ist auf die Vornahme eines äußeren Verhaltens – ohne Rücksicht auf den Erklärungsinhalt – gerichtet.

> Der Handlungswille richtet sich auf das Sprechen der Worte, das Handaufheben, das Nicken mit dem Kopf, das Geben des Geldes, das Sitzenbleiben oder Schweigen. Wer auf eine mißverstandene Frage mit Ja antwortet, hat den Handlungswillen, aber nicht den Geschäftswillen.

b) Vom Handlungswillen ist zu unterscheiden der Erklärungswille, besser das **665** *Erklärungsbewußtsein*, d. h. das Bewußtsein des Handelnden, durch sein Verhalten eine rechtsgeschäftliche Erklärung irgendwelchen Inhalts abzugeben. Dieses Bewußtsein ist schon dann vorhanden, wenn der Handelnde sich bewußt ist, daß ein anderer sein Verhalten als Äußerung eines bestimmten Geschäftswillen deuten könnte.

> Jemand unterzeichnet einen Vertragsantrag in dem Glauben, es sei eine Einladung zum Mittagessen. Er hat den Handlungswillen, aber nicht das Erklärungsbewußtsein, d. h. das Bewußtsein, daß man sein Verhalten als Äußerung eines Geschäftswillens auffassen könne; erst recht fehlt ihm der Geschäftswille. In dem Schulfall der Trierer Weinversteigerung winkt jemand einem Freund mit der erhobenen Hand, ohne zu wissen, daß darin nach der Verkehrssitte ein Höhergebot von 100 Mark auf das gerade ausgebotene Faß Wein liegt; er hat den Handlungswillen, es fehlt ihm aber das Erklärungsbewußtsein; selbstverständlich fehlt ihm erst recht der Geschäftswille.

666 c) Endlich ist der *Geschäftswille* zu berücksichtigen, d. h. die auf einen *bestimmten*, zumeist wirtschaftlichen, rechtlich gesicherten Erfolg gerichtete Absicht. Bei einem Mangel im Geschäftswillen kann eine fehlerhafte Willenserklärung vorliegen.

> Wenn der bei der Weinversteigerung Winkende im Gegensatz zu oben zwar wußte, daß Handaufheben ein Gebot darstellt, jedoch aufgrund seiner früheren Besuche bei diesen Versteigerungen und einer alten, inzwischen geänderten Sitte annahm, Handaufheben bedeute ein Höhergebot von 50 Mark, und nur ein Gebot in solcher Höhe abgeben wollte, würde das Erklärungsbewußtsein in Ordnung sein, aber der Geschäftswille fehlen; in diesem Fall kommt eine Anfechtung wegen Irrtums in Betracht.

3. Die automatisierte Willenserklärung

667 Eine automatisierte Willenserklärung ist eine echte Willenerklärung. Dies gilt unproblematisch für die bloße elektronische Übermittlung von Daten und auch, wenn eine Datenverarbeitungsanlage Geschäftsvorfälle nach aufgestellten Regeln alleine bearbeitet, ohne daß eine natürliche Person sich etwa durch Unterschrift das Ergebnis zu eigen macht.

Der Rechner vollzieht nur logische Operationen, die ihm mittels eines Programmes vorgegeben sind, der Anlagenbetreiber macht sich diese Möglichkeit zunutze und dadurch die automatisierte Willenserklärung stillschweigend von vornherein zu eigen.

Gesetzlich anerkannt sind automatisierte Willenserklärungen etwa in § 8 MHG: „Hat der Vermieter seine Erklärungen ... mit Hilfe automatischer Einrichtungen gefertigt, so bedarf es nicht seiner eigenhändigen Unterschrift."

Diese Bewertung als Willenserklärung ändert sich auch dann nicht, wenn es sich um sog. kreative Programme handelt, die einzelne, für den Anlagenbetreiber unvorhersehbare Einzelentscheidungen treffen, etwa weil das zugrundeliegende Programm seine Entscheidungskriterien bei Eingang von Informationen automatisch ändert. Entscheidend ist, daß Planung und Herkunft über die technischen Vorgänge beim Anlagenbetreiber verbleiben.

II. Die normativen Anforderungen an den Tatbestand

Die Elemente des Tatbestandes der Willenserklärung haben ihre Bedeutung bei **668** der Beurteilung der Fehlerquellen (FLUME II § 4, 3, 5: „pathologische Fälle"). Wie betont ist für das Vorhandensein einer Willenserklärung im Rechtssinne zwischen dem äußeren Tatbestand, der Erklärung, und dem inneren Tatbestand, dem Willen, zu unterscheiden.

1. Die Erklärung

Die Erklärung ist Äußerung eines bestimmten Geschäftswillens mit Kundmachungszweck. Der Erklärende muß also sein Verhalten so einrichten, daß es von den Personen, auf die es ankommt, verstanden werden kann. Dazu steht ihm das ganze Gebiet der Erklärungsmittel offen, die von der Verkehrssitte anerkannt oder von den Parteien vereinbart sind.

Zu beachten ist, daß die Worte selbst möglicherweise keinen bestimmten eindeutigen Sinn ergeben, wenn man sie losgelöst von den Umständen des Falles, unter denen sie gebraucht werden, beurteilt. Die Schlüssigkeit des Verhaltens ergibt sich erst aus den gewählten Erklärungsmitteln in Verbindung mit sämtlichen Umständen des einzelnen Falles.

a) Ausdrückliche Erklärung

Das Gesetz unterscheidet im Hinblick auf die verschiedene Deutlichkeit der **669** Erklärung zwischen „ausdrücklicher" Erklärung und sonstigen Erklärungen, die man unter der zu engen Bezeichnung „stillschweigende" zusammenfaßt.

> In § 164 I 2 wird gesagt, daß es keinen Unterschied mache, ob die Erklärung „ausdrücklich im Namen des Vertretenen" erfolge oder ob sich das „aus den Umständen" ergebe. Andererseits verlangen z. B. §§ 244 I, 700 II und insbesondere § 48 I HGB (Prokuraerteilung) eine ausdrückliche Erklärung.

Ausdrücklich ist eine Erklärung, wenn der *Sinn* der gewählten Erklärungsmittel nach Verkehrssitte, Gesetz oder besonderer Parteiabrede *von vornherein feststeht*. Stillschweigend sind die Erklärungen, die nicht durch derartige Erklärungsmittel erfolgen, sondern durch ein sonstiges Verhalten, das zusammen mit den Umständen des Einzelfalles als schlüssig angesehen wird. Auszugehen ist von der Unzweideutigkeit des Erklärungsinhalts; demgegenüber tritt das gewählte Erklärungsmittel (Worte usw.) zurück (RGZ 107, 110 f; 111, 316 f; 138, 52, 54), so daß im Einzelfall auch Erklärungen, die sich nicht des gesprochenen oder geschriebenen Wortes bedienen, sofern sie unzweideutig sind, als ausdrücklich angesehen werden können, wenn nicht das Gesetz ausnahmsweise objektive Erklärungsmittel fordert.

b) Erklärung durch schlüssiges Verhalten

670 Der Geschäftswille kann sich auch durch schlüssiges oder konkludentes Verhalten äußern. Derartige Erklärungen entsprechen in ihren Tatbestandswirkungen den ausdrücklichen Erklärungen.

Die konkludente Erklärung ist eine Willensäußerung, die, ohne unmittelbar dem Kundmachungszweck zu dienen, auf die Verwirklichung des Willens gerichtet ist; das Verhalten ist nicht Erklärungsmittel, sondern nur Anzeichen des Willens. So kann z. B. bei unverlangt zugesandter Ware aus deren Verbrauch durch den Empfänger auf dessen Willen zur Annahme der Vertragsofferte zu schließen sein. Ähnliches gilt für das Zustandekommen eines Personenbeförderungsvertrages bei der Benutzung öffentlicher Verkehrsmittel. In der Geltendmachung eines Bereicherungsanspruches kann konkludent die Anfechtungserklärung für das zugrundeliegende Rechtsgeschäft gesehen werden.

671 Auch **Schweigen** kann ausnahmsweise Ausdruck eines Geschäftswillens sein. Um eine Willenserklärung annehmen zu können, muß allerdings der volle innere Tatbestand der Willenserklärung vorliegen. Ist dies nicht der Fall, läßt aber das Verhalten gleichwohl auf einen Geschäftswillen schließen, so liegt gegebenenfalls ein zurechenbares rechtswirksames Verhalten vor (vgl. dazu Rdn. 687).

Schweigen kann daher als konkludente Willenserklärung dann angesehen werden, wenn besondere Umstände vorliegen, nach denen Schweigen die Erklärung eines Geschäftswillens ist (BGHZ 1, 353, 355; BGH BB 1960, 306).

Dies ist insbesondere dann gegeben, wenn durch besondere Abrede oder infolge ständiger Geschäftsbeziehungen dem Schweigen ein bestimmter Erklärungsinhalt beigelegt worden ist. Ähnliches gilt, wenn bei Beschlußfassungen das Schweigen Erklärungsmittel für die Zustimmung sein soll. Auch im Schweigen auf ein Angebot im Handelsverkehr, das aufgrund von Vorverhandlungen ergeht, in denen alle wichtigen Punkte besprochen worden waren, und das diesen entspricht, kann eine stillschweigende Annahme liegen, wenn nach Treu und Glauben ein Widerspruch erforderlich gewesen wäre (NJW 1995, 1281).

c) Gesetzliche Interpretation des Schweigens

672 Der Gesetzgeber hat in einer Reihe von Fällen, in denen das Schweigen als Zustimmung oder Ablehnung gelten kann, *im Interesse gesicherter Rechtsfolgen* eine *Fiktion* oder zumindest eine *unwiderlegliche Vermutung* für das Vorliegen einer dadurch vermittelten Willenserklärung aufgestellt. Angesichts der Rechtsfolgen handelt es sich um die Zurechnung rechtlich relevanten Verhaltens (ähnlich auch STAUDINGER/DILCHER Vor §§ 116 ff Rdn. 43).

So soll z. B. das Schweigen als Zustimmung in den §§ 416 II 2, 496 S. 2, 516 II 2 sowie in den §§ 362 I (im Gegensatz zu § 663 BGB), 377 II, III, 386 I HGB und § 5 III PflVG gelten. Ähnlich gilt die unwidersprochene faktische Fortsetzung von Miet- und Dienstverhältnissen als Vertragsverlängerung (§§ 568, 625). Oder eine Vergütung gilt als stillschweigend vereinbart, wenn die versprochene Leistung den Umständen nach nur gegen eine Vergütung zu erwarten ist (§§612, 632, 653, 689; vgl. § 354 HGB). Umgekehrt wird das Schweigen in den §§ 108 II 2, 177 II 2, 415 II 2, 458 I 2 als Ablehnung gewertet.

Da hier im Interesse gesicherter Rechtsfolgen vom Willen des Schweigenden abstrahiert wird, muß eine Anfechtung des Schweigens wegen Willensmängel zwangsläufig ausscheiden.

2. Der Wille

Der Handlungswille, der lediglich auf die Vornahme eines äußeren Verhaltens gerichtet ist, ist die Ausgangsvorausetzung für den inneren Tatbestand der Willenserklärung. Fehlt der Handlungswille, z. B. bei reinen Reflexbewegungen oder Einwirkung von vis absoluta, so kann eine Willenserklärung nicht vorliegen. Der Handlungswille kann fehlen, er kann jedoch nicht fehlerhaft sein (STAUDINGER/DILCHER Vor §§ 116 ff Rdn. 17). **673**

Umstritten ist dagegen, welche Bedeutung Erklärungsbewußtsein (Erklärungswille) und Geschäftswille haben, ob und inwieweit ihr Fehlen oder ihre Fehlerhaftigkeit die Gültigkeit der Erklärung ausschließen sollen oder ob der Erklärende am äußeren (objektiven) Sinn seiner Erklärung festgehalten werden soll. **674**

Zu dieser Problematik, die als die Grundfrage der ganzen Lehre von der Willenserklärung bezeichnet werden kann, hatten sich schon für das Gemeine Recht verschiedene Theorien gebildet:

Die **Willenstheorie** (SAVIGNY, WINDSCHEID, ZITELMANN) geht davon aus, daß das nachgewiesene Fehlen des Geschäftswillens die Wirksamkeit der Erklärung grundsätzlich ausschließen muß.

Das scheint folgerichtig, wenn man bedenkt, daß die Rechtsordnung die Wirkungen des Rechtsgeschäfts eintreten läßt, weil sie die schöpferische Macht des Parteiwillens anerkennt. Die Willenstheorie berücksichtigt bei dieser Lösung aber einseitig das Bedürfnis des Erklärenden, nicht beim Wort genommen zu werden, und trägt dem Bedürfnis der gegenüberstehenden Geschäftspartei, die sich wohl oder übel an den äußeren Tatbestand halten muß, keine Rechnung.

Die **Erklärungstheorie** (BEKKER, KOHLER, LEONHARD) will den Erklärenden um der Verkehrssicherheit willen am äußeren Sinn der Erklärung festhalten, ihm also nicht die Berufung auf das Fehlen des Geschäfts- und Erklärungswillens gestatten. Sie nimmt einseitig die Bedürfnisse der dem Erklärenden gegenüberstehenden Personen in Schutz.

Die **vermittelnden Theorien** wollen den Erklärenden wenigstens dann am äußeren Sinn seiner Erklärung festgehalten wissen, wenn das ein schutzwürdiges Bedürfnis des Gegners verlange (DERNBURG, REGELSBERGER, HARTMANN).

Die Entscheidung kann nicht allgemeingültig mit psychologischer und logischer Notwendigkeit zugunsten der einen oder anderen Lehre getroffen werden, sondern ist aus dem geltenden Recht zu entnehmen. Eine gerechte Ordnung wird **675** weder einseitig das Bedürfnis des Erklärenden noch das des Erklärungsgegners berücksichtigen, sondern einen billigen Ausgleich anstreben (so ausdrücklich Prot. I, 106 f).

Eine Prüfung der Vorschriften des BGB zeigt, daß es keine der beiden entgegenstehenden Theorien rein durchgeführt, sondern einen vermittelnden Standpunkt eingenommen hat.

> Gegen die Aufspaltung der Willenserklärung in einen Willensakt als psychologische Grundtatsache und einen davon getrennten Erklärungsakt wendet sich ENN./NIPPERDEY § 164 II 3, indem er von der Willenserklärung als *Sozialakt*, als Wesenseinheit ausgeht. Entscheidend für den Eintritt der Rechtsfolge sei der im Erklärungsakt vollzogene Wille. An diese Erklärung knüpfe die Rechtsordnung an, es komme nur auf den im Erklärungsakt verwirklichten Willen des Erklärenden an. Das BGB führe in Wahrheit gar keinen Kompromiß zwischen Willens- und Erklärungstheorie durch, sondern gebe dem Erklärenden die Möglichkeit, in besonderen Fällen den Willensvollzug ungeschehen zu machen, d. h. seine Geltungsanordnung zu widerrufen. In ähnlichem Sinne geht LARENZ (AT § 19 I m.w.N.) vom Begriff der *Geltungserklärung* aus; er sieht in der Erklärung die Verwirklichung des sich in ihr äußernden Rechtsfolgewillens.
>
> Auch diese Theorien nötigen aber zu einem Kompromiß zwischen der Bedeutung der Erklärung und des dahinter stehenden inneren Willensvorganges.

676 Dem Kompromiß dient die begriffliche Aufspaltung des inneren Tatbestandes in ein Erklärungsbewußtsein und einen Geschäftswillen.

a) Erklärungsbewußtsein

Das Erklärungsbewußtsein setzt beim Handelnden die *Vorstellung* voraus, *sich am Rechtsverkehr zu beteiligen*, d. h. eine Erklärung für rechtliche Zwecke abzugeben. Wer eine solche Erklärung abgibt, wird sich regelmäßig darüber klar sein, daß durch diese Mitteilung der Rechtskreis des Empfängers und dessen rechtliches Verhalten berührt wird. Soweit er das Bewußtsein hat, überhaupt etwas Rechtserhebliches zu erklären, ist der Tatbestand einer Willenserklärung gegeben. Eine Anfechtung kann indessen wegen Fehlens des Geschäftswillens in Betracht kommen (vgl. den Hinweis in BGH NJW 1968, 2102 f).

677 *Fehlt das Bewußtsein,* sich am Rechtsverkehr zu beteiligen, so liegt eine Willenserklärung nicht vor (ENNECCERUS/NIPPERDEY § 145 II A 4; CANARIS Die Vertrauenshaftung im deutschen Privatrecht, 427 ff unter Heranziehung von § 118). Der Handelnde hat allerdings möglicherweise den *Vertrauenstatbestand einer Willenserklärung* gesetzt. Falls er dies zu vertreten hat und der Gegner schutzwürdig ist, kommt eine Vertrauenshaftung in Betracht (vgl. dazu unten Rdn. 681 ff). Sofern nicht ein gesteigertes Verkehrsschutzbedürfnis vorliegt, wird der Vertrauensschutz über die Rechtsfolgen einer Willenserklärung nicht hinausgehen und, da der Haftende eine Willenserklärung nicht abgeben wollte, analog auf die Haftung nach § 122 beschränkt sein (vgl. oben Rdn. 597; ähnlich CANARIS

FS Wilburg, 453 ff). Insofern findet sich im Ergebnis kein Unterschied zu den Auffassungen, die bei Fehlen des Erklärungsbewußtseins gleichwohl eine Willenserklärung im weiteren Sinne annehmen und Anfechtung zulassen (BGHZ 91, 324 m. abl. Anm. CANARIS NJW 1984, 2281; SOERGEL/HEFERMEHL Vor § 116 Rdn. 14 – „unechte Willenserklärung"; ähnlich auch FLUME II § 23 I; ihm folgend MEDICUS BR Rdn. 130, jedoch differenzierend AT Rdn. 605 ff; BYDLINSKI JZ 1975, 1, 5; Larenz AT § 19 III). Allerdings muß nach dieser Ansicht der Erklärende durch Anfechtung die Nichtigkeit herbeiführen.

678 Hier eine Willenserklärung anzunehmen, läßt den Wesengehalt der vom Willen getragenen privatautonomen Gestaltungsbefugnis außer acht; von dieser ist die Verantwortlichkeit des Individuums für sein Verhalten zu trennen; Verantwortlichkeitsmaßstäbe im sozialen Umfeld und willentliche Gestaltung sind auseinanderzuhaltende Kriterien.

Verantwortlichkeit sollte nicht dazu führen, dem Handelnden einen nicht vorhandenen Willen zu unterstellen (so aber das Bemühen, mittels „Zurechnung" zu einer Willenserklärung zu gelangen; vgl. den Begriff der „fahrlässigen" Willenserklärung bzw. der Erklärungsfahrlässigkeit bei MANIGK, zuletzt: Das rechtswirksame Verhalten, 1939, 97 u. passim – zurückhaltend der BGH LM Nr. 6 zu § 150; VersR 1975, 1090 f, der im Hinblick auf die Rechtsfolgen früher dahingehend argumetierte, daß der Handelnde sich gem. § 242 seinem Verhalten entsprechend „behandeln lassen" müsse).

b) Geschäftswille

Der Geschäftswille dient dazu, den Inhalt der Erklärung im Hinblick auf die gewollten Folgen *konkret* festzulegen.

679 Im Gegensatz zum Erklärungsbewußtsein ist der Geschäftswille keine Wirksamkeitsvoraussetzung der Willenserklärung. Eine Willenserklärung liegt mithin auch dann vor, wenn dem Erklärenden der Geschäftswille fehlt, unbeschadet der Möglichkeit, die Wirkungen nachträglich durch Anfechtung zu beseitigen.

Mit FLUME II § 4, 5 u. MünchKomm/KRAMER Vor § 116 Rdn. 13 ist davon auszugehen, daß der Erklärende häufig keine präzise Vorstellung von den Rechtsfolgen hat, vielmehr sich einen sachlichen Erfolg als rechtlich verbindlich vorstellt.

680 Weicht der Geschäftswille vom objektiven Erklärungsinhalt ab, so räumt die Rechtsordnung dem Erklärenden die Möglichkeit ein, sich von den Bindungswirkungen seiner Erklärung zu befreien. Das Korrelat der den subjektiven Vorstellungen nachgebenden Anfechtungsmöglichkeit ist ein Schadensersatzanspruch des auf die Erklärung vertrauenden Gegners (vgl. im einzelnen Rdn. 816 ff).

III. Abgrenzung des rechtlich relevanten Verhaltens zur Willenserklärung

681 Liegt mangels Erklärungsbewußtseins eine Willenserklärung nicht vor, so kann man diese nicht schlechthin fingieren (a. A. die h. L., vgl. oben Rdn. 677), vielmehr sind die Rechtsfolgen zu differenzieren. Entscheidend ist die Abwägung der Interessen der beteiligten Partner. Stellt sich aus objektiver Sicht das Verhalten des Handelnden als Willenserklärung dar, so liegt der Vertrauenstatbestand einer Willenserklärung vor. Dessen rechtliche Relevanz ist davon abhängig, ob der Gegner in seinem Vertrauen auf den Vertrauenstatbestand schutzwürdig ist und andererseits der Handelnde für den Vertrauenstatbestand verantwortlich gemacht werden kann (vgl. zum Grundsätzlichen Rdn. 586 ff).

1. Verhalten ohne Erklärungsbewußtsein

682 Die Fragestellung wird relevant beim Verhalten ohne Erklärungsbewußtsein, das den Anschein einer ausdrücklichen oder konkludenten Willenserklärung erweckt. Wie oben dargestellt, sind die Erscheinungsformen des konkludenten Verhaltens, bei denen ein Erklärungsbewußtsein zugrundeliegt, als Willenserklärungen zu erfassen. Läßt das Verhalten zwar den Schluß auf eine Willenserklärung zu, *fehlt jedoch das Erklärungsbewußtsein,* so liegt nur ein Vertrauenstatbestand vor.

> Das Handaufheben im Schulfall der Trierer Weinversteigerung (vgl. oben Rdn. 664 ff) stellt den Vertrauenstatbestand eines Gebotes dar. Das unbedachte Aufschneiden eines unverlangt zugesandten Buches stellt sich als Vertrauenstatbestand einer Annahme der Verkaufsofferte dar.

683 *a)* Im Gegensatz zu Vertrauenstatbeständen, die im Verkehrsschutzinteresse eine stärkere Wirkung haben (z. B. Wechsel, Grundbucheintragung), ist der *Vertrauenstatbestand einer Willenserklärung* kaum typisierbar (das sog. sozialtypische Verhalten scheidet hier aus, da es sich um Willenserklärungen handelt; vgl. unten Rdn. 693 f), der Anschein wird durch die Umstände des jeweiligen Falles begründet. Dies hat Auswirkungen auf die an das subjektive Verhalten anzulegenden Maßstäbe.

684 *b)* Inwieweit dem *Handelnden* nämlich die Herbeiführung des Vertrauenstatbestandes zuzurechnen ist, ist nach Sorgfaltskriterien zu beurteilen.

> Ist nach den Umständen dem handhebenden Besucher bei der Weinversteigerung kein Vorwurf der Fahrlässigkeit zu machen, so würde man ihm den Vertrauenstatbestand, den er zwar kausal herbeigeführt hat, nicht zurechnen können. Im bürgerlichen Bereich der Willenserklärung ist vom sogenannten Veranlassungsgrundsatz prinzipiell abzusehen. Die Geschäftsfähigkeitsvoraussetzungen werden wegen der Nähe zum Rechtsgeschäft zu berücksichtigen sein. Indessen kann der gesetzte Rechtsschein nicht durch Anfechtung beseitigt werden. Allenfalls können sich analog zur Anfechtung Einschränkungen der Rechtsfolgen ergeben.

c) Andererseits kann der *Gegner* Haftungsfolgen nur für sich in Anspruch nehmen, wenn er schutzwürdig ist, wobei, wie auch § 122 II zum Ausdruck bringt, jede Fahrlässigkeit schadet (so besitzt z. B. im Gegensatz zu § 932 der durch konkludentes Verhalten herbeigeführte Vertrauenstatbestand nicht die Intensität, die eine Ermäßigung der Prüfungspflichten des Gegners auf grobe Fahrlässigkeit rechtfertigen könnte).

685

> Im Schulfall der Trierer Weinversteigerung würde darauf abzustellen sein, inwieweit dem Auktionator das Unwissen des Handelnden erkennbar sein konnte.

d) Danach sind die *Haftungsfolgen* zu unterscheiden. Die Vertrauenshaftung kann im Einzelfall zur vollen Konsequenz im Sinne einer Erfüllungshaftung führen (bei Aufschneiden des Buches im o. a. Beispiel könnte gegebenenfalls der Kaufpreis zu zahlen sein) oder sich auf den Ersatz des negativen Interesses beschränken, wobei der Rechtsgedanke des § 254 Anwendung finden kann. Hierzu kann folgendes Beispiel dienen:

686

> Eine Auskunftei, die sich zur Erledigung ihrer Geschäfte öffentlich erboten hat, wird von A erstmals zwecks Kreditgewährung um Auskunft ersucht. A vertraut auf die Erledigung, da die Auskunftei schweigt. Als wenige Tage vor Abschluß des Kreditvertrages die Auskunft noch nicht eingegangen ist, muß sich A an ein anderes Auskunftsbüro wenden; es entstehen ihm wegen der Eilbedürftigkeit höhere Kosten. Da A das Schweigen der Auskunftei gem. § 663 als Annahme des Auftrages angesehen hat, verlangt er Erstattung der Mehrkosten als Vertrauensschaden. Die Auskunftei kann einwenden, daß A einen Teil der zusätzlichen Kosten nach § 254 selbst tragen müsse, da er sich früher über die Erledigung des Auftrages hätte erkundigen müssen.

2. Schweigen ohne Erklärungsbewußtsein

Vertrauenstatbestand einer Willenserklärung kann insbesondere Schweigen ohne Erklärungsbewußtsein sein.

687

Grundsätzlich hat das Schweigen im Rechtsverkehr weder den Erklärungswert einer Ablehnung noch einer Zustimmung. Ebenso wie daher Schweigen nur ausnahmsweise als Willenserklärung angesehen werden kann (Rdn. 671) so kann es auch, wenn das Erklärungsbewußtsein fehlt, nur ausnahmsweise, z. B. wenn besondere Umstände vorliegen, einen Vertrauenstatbestand darstellen.

Dort, wo der Gesetzgeber eine gesetzliche Interpretation des Schweigens vorgenommen hat (vgl. Rdn. 672), kann die Differenzierung nach dem Erklärungsbewußtsein außer Betracht bleiben. Das hat sich auch dort durchgesetzt, wo die Verkehrssitte und Handelsbräuche dem Schweigen eine bestimmte Bedeutung beilegen, so insbesondere beim Schweigen auf ein kaufmännisches Bestätigungsschreiben.

a) Kaufmännisches Bestätigungsschreiben

688 Unter Kaufleuten gilt die Nichtbeantwortung eines Bestätigungsschreibens oder der Schlußnote eines Handelsmaklers ohne Rücksicht auf ein Erklärungsbewußtsein regelmäßig als Zustimmung zu dem darin niedergelegten Vertragsinhalt, auch wenn dieser von den vorhergegangenen, z. B. fernmündlich getroffenen Vereinbarungen abweicht bzw. neue Bedingungen enthält, sofern nicht eine arglistige Abweichung vorliegt oder jedenfalls der Bestätigende, weil er so weit von den Vereinbarungen abweicht, nicht mit dem Einverständnis des Empfängers rechnen darf (BGHZ 7, 188, 190).

Allerdings hat der BGH (BGHZ 11, 1, 5; 20, 149, 153 f) ausdrücklich betont, daß er das Schweigen des Empfängers eines Bestätigungsschreibens nicht als Willenserklärung, sondern als rechtlich-relevantes Verhalten qualifiziert, und folglich eine Anfechtung jedenfalls wegen Irrtums über die Bedeutung des Schweigens ausgeschlossen ist. Angesichts dieser Auffassung ist es verfehlt, von fingierten Willenserklärungen zu sprechen (vgl. zur Entwicklung der Lehre STAUDINGER/DILCHER Vor §§ 116 ff Rdn. 49 ff).

689 Die auf das kaufmännische Bestätigungsschreiben anzuwendenden Grundsätze können unter Umständen auch auf den Verkehr unter Nichtkaufleuten Anwendung finden. So kann sich für einen Privatmann, der mit dem kaufmännischen Verkehr vertraut ist, die Notwendigkeit ergeben, einem Bestätigungsschreiben zu widersprechen, falls nicht aus seinem Schweigen das Einverständnis mit dem Inhalt des Schreibens gefolgert werden soll (BGHZ 40, 42).

690 Allerdings dürfen diese Grundsätze auf eine sogenannte *Auftragsbestätigung* nicht übertragen werden. Hier handelt es sich um die modifizierte Annahme einer Bestellung gem. § 150 II (vgl. BGHZ 18, 212; 61, 282, 285 f), während das kaufmännische Bestätigungsschreiben den Abschluß eines Vertrages voraussetzt.

Schrifttum zum kaufmännischen Bestätigungsschreiben:
BATSCH Abschied vom sog. Kaufmännischen Bestätigungsschreiben?, NJW 1980, 1731 ff; BYDLINSKI Die Entmythologisierung des „kaufmännischen Bestätigungsschreibens" im österreichischen Recht, Festschrift Flume I, 1978, 335 ff; COESTER Kaufmännisches Bestätigungsschreiben und Allgemeine Geschäftsbedingungen: Zum Vorrang der Individualabrede nach § 4 AGBG, DB 1982, 1551 ff; DIEDERICHSEN Der „Vertragsschluß" durch kaufmännisches Bestätigungsschreiben, JuS 1966, 129 ff; GÖTZ/HUHN Das kaufmännische Bestätigungsschreiben, 1969; HOPT Nichtvertragliche Haftung außerhalb von Schadens- und Bereicherungsausgleich, AcP 183 (1983), 608 ff, 691 ff; KRAUSE Schweigen im Rechtsverkehr, 1933 Neuauflage 1970; KUCHINKE Zur Dogmatik des Bestätigungsschreibens, JZ 1965, 167 ff; LINDACHER Zur Einbeziehung Allgemeiner Geschäftsbedingungen durch kaufmännisches Bestätigungsschreiben, WM 1981, 702 ff; SCHMIDT-SALZER Auftragsbestätigung, Bestätigungsschreiben und kollidierende Allgemeine Geschäftsbedingungen, BB 1971, 591 ff; WALCHSHOFER Das abweichende kaufmännische Bestätigungsschreiben, BB 1975, 719 ff.

b) Einbeziehung Allgemeiner Geschäftsbedingungen

Grundsätzlich kann sich der Verwender Allgemeiner Geschäftsbedingungen gegenüber dem Vertragspartner nur auf die *Vereinbarung* berufen, da § 2 AGBG eine Willenserklärung für die Einbeziehung der Allgemeinen Geschäftsbedingungen (vgl. den Wortlaut „einverstanden") fordert. Fallen – wie in der Regel – Vertrags- und Einbeziehungserklärungen zusammen, so umfaßt das Erklärungsbewußtsein beides; allerdings kann der Geschäftswille hinsichtlich der Einbeziehung fehlerhaft sein, so daß eine Irrtumsanfechtung in Betracht kommen kann. Soweit Fälle denkbar sind, in denen Vertrag und Einbeziehungserklärung getrennt vollzogen werden und sich das Erklärungsbewußtsein nur auf den Vertrag bezieht, könnte die Frage auftreten, ob ein *Vertrauenstatbestand* für die Einbeziehung der Allgemeinen Geschäftsbedingungen angenommen werden kann. Da § 2 AGBG ein „Einverständnis" verlangt, wird man mit der überwiegenden Meinung, der ratio legis entsprechend, ein Einverständnis aus rechtswirksamen Verhalten (Schweigen ohne Erklärungsbewußtsein) nicht herleiten dürfen (vgl. z. B. LÖWE/V. WESTPHALEN/TRINKNER § 2 Rdn. 4; KOCH/STÜBING § 2 Rdn. 13; STAUDINGER/DILCHER Vor §§ 116 ff Rdn. 61; gegen eine Widerspruchsobliegenheit ausdrücklich SCHMIDT-SALZER Rdn. D. 62). – Vgl. allgemein zur Einbeziehung von AGB unten Rdn. 1048. **691**

Damit rückt das Gesetz von der früheren Rechtsprechung ab, die *unter Kaufleuten* jedoch wegen der Nichtanwendung von § 2 AGBG (gem. § 24 Nr. 1 AGBG) nicht ausgeschossen wird. Danach schafft das Schweigen des Kunden in den Bereichen, wo Allgemeine Geschäftsbedingungen üblich sind, einen Vertrauenstatbestand, den sich der Kunde zurechnen lassen muß, weil er nach den Umständen mit der Verwendung von Allgemeinen Geschäftsbedingungen hätte rechnen müssen und andererseits der Verwender ohne Sorgfaltsverstoß davon ausgehen konnte, daß der Vertragspartner von den Allgemeinen Geschäftsbedingungen Kenntnis gehabt habe und sein Schweigen Einverständnis bedeute (vgl. insbes. SCHMIDT-SALZER Rdn. D. 2 ff). Vorausgesetzt wird allerdings auch im kaufmännischen Bereich, daß der Vertragsgegner in zumutbarer Weise von dem Inhalt der Allgemeinen Geschäftsbedingungen Kenntnis nehmen konnte. Zu eng erscheint es jedoch, wenn über die Branchenüblichkeit oder laufende Geschäftsbeziehungen hinaus zusätzliche Kriterien für eine Einbeziehung von Allgemeinen Geschäftsbedingungen aufgrund eines Vertrauenstatbestandes gefordert werden (so aber STAUDINGER/DILCHER Vor §§ 116 ff Rdn. 62; SCHMIDT-SALZER Rdn. D. 77). Vgl. auch unten Rdn. 1053. **692**

3. Sozialtypisches Verhalten

a) Im Gegensatz zu den Fällen der Zurechnung rechtswirksamen Verhaltens ist das sogenannte sozialtypische Verhalten Willenserklärung, da beim sozialtypi- **693** schen Verhalten in aller Regel ein Erklärungsbewußtsein vorliegt (zum sozialtypischen Verhalten vgl. unten Rdn. 1013).

Sollte ausnahmsweise der Fall gegeben sein, daß ein Erklärungsbewußtsein fehlt,

> z. B. wertet der völlig unwissende Reisende das Schild „frei" auf der Taxe als Einladung zu einer Gefälligkeitsfahrt und steigt ein, ohne eine Vorstellung von der Begründung rechtlicher Beziehungen zu haben,

so würde das Verhalten einen Vertrauenstatbestand begründen, dessen Zurechnung nach den Verantwortlichkeitskriterien beim Handelnden zu beurteilen ist (vgl. hierzu oben Rdn. 588 ff).

> Insbesondere kann sich hier die Frage nach der Berücksichtigung der Geschäftsfähigkeit stellen; wegen der Nähe zum Rechtsgeschäft wird aus Gründen des Minderjährigenschutzes eine Verantwortlichkeit des nicht voll Geschäftsfähigen ausscheiden, wobei gesetzliche Haftungsgründe aus Delikt und Bereicherung eigenständig zu beurteilen sind.

694 b) Das sozialtypische Verhalten wird auch herangezogen, um die Unwirksamkeit einer **Verwahrung** (protestatio) zu begründen.

Geht man davon aus, daß, weil der Handelnde ein Erklärungsbewußtsein gehabt hat, eine Willenserklärung vorliegt, so würde die Verwahrung einen Geschäftswillen verneinen. In diesen Fällen würde in Erweiterung des Grundgedankens des § 116 der Erklärende an dem Äußeren („sozialtypischer Inhalt") seiner Erklärung festgehalten werden und demgegenüber eine protestatio unbeachtlich sein.

Soweit man das Erklärungsbewußtsein verneint, würde sich dasselbe Ergebnis nach den Regeln des Vertrauensschutzes ergeben (vgl. zur protestatio unten Rdn. 1014 f).

IV. Gefälligkeitsverhältnisse

> BEHREND Haftung für Gefälligkeitshandlungen, Recht 1919, 291; HOFFMANN Der Einfluß des Gefälligkeitsmoments auf das Haftungsmaß, AcP 167 (1967), 394 ff; KRÜCKMANN Gefälligkeitsverträge, SeuffBl. 74 (1909), 113 ff, 153 ff; WILLOWEIT Abgrenzung und rechtliche Relevanz nicht rechtsgeschäftlicher Vereinbarungen, 1969; ders., Schuldverhältnis und Gefälligkeit, JuS 1984, 909 ff; ders., Die Rechtsprechung zum Gefälligkeitshandeln, JuS 1986, 96 ff.

695 Die Erklärung als Äußerung eines bestimmten Geschäftswillens ist von den sog. **Gefälligkeitsverhältnissen** abzugrenzen. Dabei ist darauf abzustellen ob ein Verpflichtungswille erkennbar hervortritt. Zweifellos kommen Erklärungen vor, die dem Kreis des rein gesellschaftlichen Lebens, dem außerrechtlichen Gebiet, angehören sollen. Das ist denkbar bei der privaten Einladung, der Gestattung zur

Benutzung eines Raumes oder des Mitfahrens, der Übernahme einer Besorgung usw. Man spricht von reinen Gefälligkeitsverhältnissen, die keine Verpflichtung zu der übernommenen Leistung erzeugen, sondern nur das Handeln des Empfängers rechtmäßig machen und der Leistung einen Rechtsgrund geben sollen, der den Bereicherungsanspruch ausschließt. Die Rechtsprechung neigt dazu, solche Erklärungen mangels Rechtsbindungswillen im Sinne freier Widerruflichkeit der zugesagten Leistung zu deuten. Inwieweit der Zusagende sich rechtlich bindet, ist nicht nach dem inneren Willen des Zusagenden zu beurteilen, sondern hängt davon ab, ob der andere Teil aus dem Verhalten nach Treu und Glauben mit Rücksicht auf die Verkehrssitte auf einen Bindungswillen schließen mußte (BGHZ 21, 102, 106). Dies kann insbesondere im Hinblick auf den Wert einer anvertrauten Sache, die wirtschaftliche Bedeutung einer Angelegenheit, das erkennbare Interesse des Begünstigten und die dem Versprechenden oder Leistenden erkennbare Gefahr, die aus seiner fehlerhaften Leistung erwachsen kann, der Fall sein (BGHZ 21, 102, 107).

Die Verneinung einer Verpflichtung zur übernommenen Leistung schließt allerdings nicht aus, dem Erklärenden aufgrund seiner Gestattung, Einladung oder Zusage eine gesetzliche, vertragsähnliche Fürsorgepflicht, namentlich eine Erhaltungspflicht, zugunsten dessen aufzulegen, der im Vertrauen auf die Einladung usw. seine Rechtsgüter dem Erklärenden anvertraut hat (vgl. zum Anwendungsbereich der culpa in contrahendo Rdn. 1080 ff). Sofern sich eine Haftung aus diesen Gesichtspunkten nicht ergibt, bleibt die Möglichkeit einer deliktischen Haftung (§§ 823 ff). In beiden Fällen kann sich eine Haftungsmilderung unter dem Gesichtspunkt des Mitverschuldens gem. § 254 ergeben (vgl. BGHZ 34, 35 ff).

V. Abgrenzung der Willenserklärung zu sogenannten geschäftsähnlichen Handlungen und zu Realakten

1. Erklärungen, die nicht unmittelbar auf den gesetzlich geregelten Erfolg zielen, **696** können als *geschäftsähnliche Handlungen* bezeichnet werden, weil die Erklärung immerhin zum rechtlichen Erfolg Bezug hat (so z. B. Mahnungen, Fristsetzungen, Mängelanzeigen). Dies gilt auch für Mitteilungen, soweit sie sich auf rechtliche Verhältnisse beziehen (vgl. z. B. Anzeigen, Mitteilungen und Benachrichtigungen gem. §§ 149, 170, 510, 665; auf die Terminologie des Gesetzes kommt es nicht an).

Inwieweit auf geschäftsähnliche Handlungen die Vorschriften für das Rechtsgeschäft, insbesondere für die Geschäftsfähigkeit Anwendungen finden, ist im Einzelfall zu prüfen (so wird z. B. für die Wohnsitzbegründung als geschäftsähnliche Handlung aus Schutzerwägungen volle Geschäftsfähigkeit verlangt, § 8). Gegebenenfalls wird man eine Irrtumsanfechtung zulassen müssen, vgl. Rdn. 592.

697 2. *Realakte* sind Handlungen, die auf einen tatsächlichen Erfolg gerichtet sind, an den das Gesetz unabhängig vom Geschäftswillen Rechtsfolgen knüpft.

So z. B. von einem natürlichen Willen getragene Vorgänge, wie Besitzerlangung und Besitzaufgabe, §§ 854 I, 856 I; Aneignung, § 958 (h. M.); Ansichnehmen der Fundsache, § 965; ferner Verbindung, Vermischung, Verarbeitung, §§ 946 ff.

698 3. Rechtshandlung besonderer Natur ist die *Verzeihung* im Schenkungs- und Erbrecht, §§ 532, 2337. Es handelt sich um die Äußerung eines dem sittlichen Gebiet angehörenden Gesinnungswandels. Die Verzeihung wird daher nicht als geschäftsähnliche Handlung angesehen. Ist sie durch Täuschung, Drohung oder Irrtum hervorgerufen, hat das RG das Vorliegen einer Verzeihung mangels voller Kenntnis verneint (RGZ 154, 255 f); zumindest ist Rücknahme zuzulassen.

§ 33
Geschäftsfähigkeit

BEITZKE Mündigkeit und Minderjährigenschutz, AcP 172 (1972), 240 ff; BÖHMER Zum Problem der „Teilmündigkeit" Minderjähriger, MDR 1959, 705 ff; BREIT Geschäftsfähigkeit, 1903; BROX Der Minderjährigenschutz beim Rechtsgeschäft, JA 1989, 441 ff; CANARIS Geschäfts- und Verschuldensfähigkeit bei Haftung aus „culpa in contrahendo", Gefährdung und Aufopferung, NJW 1964, 1987 ff; ELTZBACHER Die Handlungsfähigkeit nach deutschem bürgerlichen Recht, 1903; GEBAUER Die Lehre von der Teilgeschäftsunfähigkeit und ihre Folgen, AcP 153 (1954), 332 ff; HARDER Die Erfüllungsannahme durch den Minderjährigen – lediglich ein rechtlicher Vorteil?, JuS 1977, 149 ff; KNOTHE Die Geschäftsfähigkeit des Minderjährigen in geschichtlicher Entwicklung, 1983; H. LANGE Schenkungen an beschränkt Geschäftsfähige und § 107 BGB, NJW 1955, 1339 ff; ders., Die Rechtsnatur von Antrag, Annahme und Ablehnung, geprüft bei Verträgen beschränkt Geschäftsfähiger, Festschrift Reinhardt, 1972, 95 ff; v. LÜBTOW Schenkungen der Eltern an ihre minderjährigen Kinder und der Vorbehalt dinglicher Rechte, 1949; MORITZ Die (zivil)rechtliche Stellung der Minderjährigen und Heranwachsenden..., 1989; NITSCHKE Die Wirkung von Rechtsscheintatbeständen zu Lasten Geschäftsunfähiger und beschränkt Geschäftsfähiger, JuS 1968, 541 ff; K. SCHMIDT Grenzen des Minderjährigenschutzes im Handels- und Gesellschaftsrecht, JuS 1990, 517 ff; SCHREIBER Geschäftsfähigkeit, Jura 1991, 24 ff; SCHWAB Mündigkeit und Minderjährigenschutz, AcP 172 (1972), 266 ff; STÜRNER Der lediglich rechtliche Vorteil, AcP 173 (1973), 402 ff.

699 Das Gesetz geht davon aus, daß von einem bestimmten Alter ab bei geistiger Gesundheit die Fähigkeit zu durchschnittlicher Willensbildung vorliegt. Daher sagt das Gesetz nicht positiv, wer geschäftsfähig ist, sondern bestimmt nur, wann die Geschäftsfähigkeit ganz oder zum Teil fehlt. Wer also einem Rechtsgeschäft die Wirkung absprechen will und behauptet, es fehle die eigene oder fremde Geschäftsfähigkeit, muß das als rechtshindernde Tatsache beweisen.

Zu beachten ist, daß die Geschäftsfähigkeit nicht nur für die Abgabe von Willenserklärungen von Belang ist, sondern auch für deren Zugang (vgl. den Begriff der Empfangszuständigkeit; unten Rdn. 709).

Das Gesetz differenziert zwischen Geschäftsunfähigkeit, beschränkter Geschäftsfähigkeit und teilweiser Geschäftsfähigkeit. Die Regelung erfaßt nur den Bereich des Rechtsgeschäfts; zur analogen Anwendung bei geschäftsähnlichen Handlungen vgl. oben Rdn. 696, zu den Voraussetzungen der Verschuldensfähigkeit vgl. oben Rdn. 481 ff.

I. Die Geschäftsunfähigkeit

700 1. Geschäftsunfähig sind nach § 104:

a) *Kinder* unter 7 Jahren (§ 104 Nr. 1).

Zur rechtlichen Bedeutung der Altersstufen im übrigen vgl. oben Rdn. 143 ff.

b) *Geisteskranke*, deren freie Willensbestimmung nicht bloß vorübergehend ausgeschlossen ist (§ 104 Nr. 2); dagegen sind Rechtshandlungen, die in sog. lichten Augenblicken (lucida intervalla) vorgenommen werden, gültig.

Bei einer gegenständlich beschränkten Störung der Geistestätigkeit (Querulantenwahn, Sammelwut, krankhafte Eifersucht) wird richtiger Ansicht nach die Geschäftsunfähigkeit auf den Bereich der Krankhaftigkeit begrenzt, erfaßt also nicht die von ihr unberührten Betätigungsgebiete (sog. *partielle Geschäftsunfähigkeit*); vgl. RGZ 162, 223, 229; BGHZ 18, 184, 186 f; 30, 112, 117; BGH FamRZ 1971, 243 f; aus der Literatur GEBAUER aaO, S. 332 ff.

Allerdings ist eine Geschäftsunfähigkeit, die sich auf besonders schwierige Rechtsgeschäfte beschränkt – sogenannte *relative Geschäftsunfähigkeit* – nicht anzuerkennen (BGH NJW 1953, 1342; 1961, 261; 1970, 1680 f; einschränkend FLUME II § 13, 5).

701 2. Die **Wirkung** besteht in völliger *Nichtigkeit* der vom Geschäftsunfähigen abgegebenen Erklärung (§ 105 I); dabei kommt es – anders als bei beschränkt Geschäftsfähigen – nicht darauf an, ob das Geschäft lediglich einen rechtlichen Vorteil bringt. Genehmigung durch den gesetzlichen Vertreter ist ausgeschlossen; es ist nur Neuvornahme des Geschäfts durch ihn möglich. Die Rechtsfolgen treten in der Person des Vertretenen ein. Gesetzliche Vertreter sind die Eltern (§ 1629 I), der Vormund (§ 1793), gegebenenfalls der Pfleger (§ 1909).

Eine Ausnahme vom Grundsatz der völligen Nichtigkeit der Erklärung ergibt sich aus § 18 II EheG, wonach die von einem Geschäftsunfähigen eingegangene Ehe von Anfang an als gültig anzusehen ist, wenn der Ehegatte nach dem Wegfall der Geschäftsunfähigkeit zu erkennen gibt, daß er die Ehe fortsetzen will.

702 Wenn der Vertretungsberechtigte seinerseits dem Geschäftsunfähigen etwas zuwenden will und gleichzeitig den Geschäftsunfähigen vertritt, so wäre dies nach dem Wortlaut des § 181 ausgeschlossen. Lehre und Rechtsprechung neigen dazu, auch außerhalb der Fälle, in denen eine Unterhaltspflicht erfüllt wird, § 181 in teleologischer Reduktion nicht anzuwenden, soweit der nach § 181 besorgte Interessenkonflikt nach der allgemeinen Natur des infragestehenden Geschäftes nicht entstehen kann (LARENZ AT § 30 II a; vgl. BGHZ 59, 236, 240 m.w.N.; zur damit überholten Problematik vgl. LEHMANN/HÜBNER § 28 A II 2; zu den Einzelheiten des § 181 vgl. unten § 50).

703 3. Ob die Geschäftsunfähigkeit erkennbar war, ist gleichgültig. Der *gute Glaube* an die Geschäftsfähigkeit wird *nicht geschützt* (vgl. RGZ 120, 170, 174; BGH NJW 1977, 622 f).

Eine Ausnahme ergibt sich bei Art. 16 WG bezüglich des *Rechtserwerbs* durch Indossament *vom Geschäftsunfähigen*; allerdings wird der Geschäftsunfähige nicht wechselmäßig verpflichtet (vgl. MünchKomm/GITTER Vor § 104 Rdn. 65 m.w.N.).

704 4. Keine Geschäftsunfähigkeit bewirken die *vorübergehende Störung der Geistestätigkeit und die Bewußtlosigkeit* (Rausch, Fieberwahn, Hypnose). Jedoch stehen diese Fälle der Geisteskrankheit für die Dauer des Zustandes in der Wirkung gleich, d. h. die in einem solchen Zustand abgegebene Willenserklärung ist nichtig, § 105 II.

Für die Empfangnahme von verkörperten Willenserklärungen steht dieser Gruppe der Schutz des § 131 jedoch nicht zu, da damit gerechnet werden kann, daß die Erklärungen nach Beendigung des vorübergehenden Zustandes vom Empfänger zur Kenntnis genommen werden können.

II. Die beschränkte Geschäftsfähigkeit

705 1. Geschäftsbeschränkt sind die *Minderjährigen*, also Personen, die das 7. Lebensjahr vollendet haben, aber noch nicht volljährig oder für volljährig erklärt sind (§§ 2, 106).

Einem beschränkt Geschäftsfähigen steht ein Betreuter gleich, soweit ein Einwilligungsvorbehalt besteht (§ 1903). Der Einwilligungsvorbehalt kann allgemein oder für bestimmte Geschäfte angeordnet werden. Zu den Einzelheiten vgl. oben Rdn. 148 ff).

706 2. Die **Wirkung der beschränkten Geschäftsfähigkeit** wird vom Gesetz in §§ 106 ff geregelt.

a) Der Minderjährige kann selbständig wirksam Geschäfte vornehmen, die ihm lediglich einen **rechtlichen Vorteil** bringen (§ 107). Nur auf den rechtlichen Vorteil kommt es an, die wirtschaftlichen Folgen des konkreten Geschäfts bleiben außer Betracht.

Die Differenzierung nach der Vorteilhaftigkeit des Geschäfts findet auch bei der Regelung der Empfangszuständigkeit für das Zugehen von Willenserklärungen Anwendung (§ 131 II).

Einen lediglich rechtlichen Vorteil bringen z. B. die Annahme des Schenkungsversprechens, die Aneignung sowie wegen des abstrakten Charakters des Verfügungsgeschäftes die Übereignung.

707 Fraglich kann dies sein, wenn der übereignete Gegenstand *mit rechtlichen Verpflichtungen belastet* ist (für lediglich rechtlichen Vorteil z. B. bei Nießbrauch RGZ 148, 321, 324; bei Hypotheken, solange die persönliche Schuld nicht übernommen wird, BayObLGZ 1979, 49, 53); insbesondere trifft das den Eigentumserwerb bei Grundstücken wegen der öffentlich-rechtlichen Verpflichtungen polizeilicher und steuerlicher Art; z. T. wird angenommen, daß diese Verpflichtungen nicht Folgen des Erwerbsaktes seien, z. T. wird in ihnen nur eine Eigentumsbindung, nicht eine besondere Verbindlichkeit erblickt; im Ergebnis sollen sie daher den Erwerb durch den Minderjährigen nicht hindern (vgl. BGHZ 15, 168, 169 f m. N.). Anderes wird jedoch für den Erwerb einer Eigentumswohnung wegen des Eintritts in die Verpflichtungen der Gemeinschaftsordnung gelten (BGHZ 78, 28, 32).

708 Die Frage spielt insbesondere eine Rolle bei **Schenkungen der Eltern an ihre minderjährigen Kinder** (vgl. oben Rdn. 702 für Schenkungen an Geschäftsunfähige). Erfolgt die Schenkung unter einer Auflage, so ist sie nicht rein vorteilhaft (§ 525). Die Belastung des geschenkten Gegenstandes mit einem dinglichen Vorkaufsrecht oder einem Nießbrauch ist hingegen – wie oben dargelegt – als rein vorteilhaft anzusehen, wenn man als Gegenstand der Schenkung das in bestimmter Beziehung bereits eingeschränkte Recht ansieht; so RGZ 148, 321. Auch eine Anordnung gem. § 2050 III soll nicht schaden (BGHZ 15, 168, 171).

Unabhängig von der Frage des rechtlichen Vorteils der Grundstücksübertragung argumentiert im Hinblick auf öffentlich-rechtliche Lasten BGHZ 15, 168, 169 f sehr formal dahingehend, daß der obligatorische Schenkungsvertrag in jedem Falle rein vorteilhaft sei; die sich anschließende Auflassung könne alsdann der gesetzliche Vertreter gem. § 181 deshalb vornehmen, weil sie lediglich in Erfüllung der Schenkungsverpflichtung erfolge. Gegen diese Aufspaltung jedoch BGHZ 78, 28, 31 ff, weil der rechtliche Vorteil aus einer Gesamtbetrachtung von schuldrechtlichem und dinglichem Rechtsgeschäft heraus zu beurteilen sei.

Zur Literatur vgl. v. Lübtow Schenkungen der Eltern an ihre minderjährigen Kinder und der Vorbehalt dinglicher Rechte, 1949; H. Lange NJW 1955, 1339 ff; Köhler Grundstücksschenkung an Minderjährige – ein „lediglich rechtlicher Vorteil"?, JZ 1983, 225 ff; Gitter/Schmitt Die geschenkte Eigentumswohnung – BGHZ 78, 29, JuS 1982, 253 ff.

709 *Vom dinglichen Geschäft* ist jedoch der **Erfüllungsvorgang** als solcher *zu trennen.* Nicht lediglich einen rechtlichen Vorteil bringt nämlich die Annahme einer geschuldeten Leistung als Erfüllung (§ 362), da der Minderjährige dadurch das Forderungsrecht verliert. (Gegen diese Betrachtungsweise HARDER JuS 1977, 149 ff und 1978, 84 ff in der Replik gegen WACKE JuS 1978, 80 ff.)

> Dabei kann dahinstehen, ob für die Erfüllung ein Rechtsgeschäft erforderlich ist (so die sog. Vertragstheorie: Der Annehmende verfügt über sein Forderungsrecht) oder ob bei realer Leistungsbewirkung der Schutz des Minderjährigen über die sogenannte *Empfangszuständigkeit* – Annahme der Leistung als Erfüllung steht nur dem gesetzlichen Vertreter zu – erreicht wird (vgl. die Übersicht bei HARDER aaO).

710 Der beschränkt Geschäftsfähige erwirbt zwar das Eigentum aufgrund der abstrakten Übereignung, muß jedoch den Erwerb mangels Wirksamkeit der Erfüllung als ungerechtfertigte Bereicherung dem Leistenden wieder herausgeben. Daß er im selben Augenblick, wo er das Eigentum erwirbt, mit der Konditionshaftung beschwert wird, hindert nicht, den Eigentumserwerb als rein vorteilhaft zu betrachten, weil das Eigentum aufgrund des abstrakten, von der causa losgelösten Übereignungsgeschäftes erworben wird, während die Bereicherungshaftung sich aus einem gesetzlichen, davon verschiedenen Tatbestand ergibt, der einen rechtsgeschäftlichen Vorgang nicht voraussetzt (§ 812 I).

Zudem haftet der Bereicherungsschuldner nur auf die jeweils noch vorhandene Bereicherung, kann sich also durch Hinweis auf den *Wegfall der Bereicherung* von seiner Haftung befreien, § 818 III; § 819, der den Empfänger von der Kenntnis des Mangels des Rechtsgrundes an einer *gesteigerten Haftung* unterwirft, ist auf den Minderjährigen nicht anwendbar, wenn er beim Empfang nicht vertreten war. Das folgt aus dem Schutzgedanken, auf dem die gesetzliche Vertretung beruht. Anderenfalls könnte man die mangels Zustimmung des gesetzlichen Vertreters nicht erreichbare Haftung auf dem Umweg über § 819 begründen und damit den Zweck des Gesetzes, das den Minderjährigen vor sich selber schützen will, vereiteln.

711 Allerdings kann die Kenntnis des beschränkt Geschäftsfähigen die Haftung dann verschärfen, wenn er die Einsicht hatte, den Mangel des rechtlichen Grundes und zugleich die Verpflichtung zu erkennen, für die Folgen seines Verhaltens einstehen zu müssen. Daher hat BGHZ 55, 128, 136 f auf *Analogie zu § 828 II* zurückgegriffen (dagegen MünchKomm/LIEB § 819 Rdn. 7; MEDICUS BR Rdn. 176). Darüber hinaus bleibt eine Haftung des beschränkt Geschäftsfähigen aus § 823 unberührt.

712 Zustimmungsfrei sind auch Rechtsgeschäfte des beschränkt Geschäftsfähigen, durch die er in seiner Vermögenslage nicht betroffen wird, weil er weder einen rechtlichen Vorteil noch einen rechtlichen Nachteil erfährt. Es handelt sich um sogenannte *indifferente oder neutrale Geschäfte*. Dies gilt z. B. für Verfügungsgeschäfte des beschränkt Geschäftsfähigen mit Zustimmung des Berechtigten gemäß § 185, in deren Vornahme der gesetzliche Vertreter nicht eingewilligt hat.

Auch die Rechtsgeschäfte eines beschränkt geschäftsfähigen Vertreters fallen hierunter (§ 165).

b) Zur Willenserklärung, durch die der beschränkt Geschäftsfähige *nicht lediglich einen rechtlichen Vorteil* erlangt, bedarf er grundsätzlich der vorher erteilten *Zustimmung* (Einwilligung, § 183) *des gesetzlichen Vertreters* (§ 107). **713**

> Es bedarf der Prüfung, ob es sich beim Verhalten des Minderjährigen um eine Willenserklärung im rechtsgeschäftlichen Sinn handelt. Das hat der BGH (BGHZ 29, 33, 36; vgl. 29, 46, 51 ff) für den Fall einer Einwilligung in einen körperlichen Eingriff verneint, da er sie nicht als Willenserklärung, sondern lediglich als eine *Willensäußerung* kennzeichnet, auf die die §§ 107 ff nur begrenzt analog anwendbar seien (vgl. oben Rdn. 475).
>
> Zu beachten bleibt, daß die Einwilligung zum operativen Eingriff nur dessen Rechtswidrigkeit beseitigt, während für den Behandlungsvertrag selbstverständlich Vertragsgrundsätze gelten müssen (so ausdrücklich BGHZ 29, 33, 37).

Eine erteilte *Einwilligung* ist wegen des Schutzprinzips *nicht extensiv zu interpretieren*. So ist z. B. in der Zustimmung des gesetzlichen Vertreters zum Erwerb eines Führerscheins durch den Minderjährigen nicht zugleich die Zustimmung zur Anmietung eines Fahrzeuges durch diesen zu erblicken (vgl. BGH NJW 1973, 1790 f).

c) Diese Regel wird durchbrochen beim Vertrag: Schließt der Minderjährige einen **714** *Vertrag ohne Einwilligung* des gesetzlichen Vertreters, so ist dessen *nachträgliche Zustimmung* (Genehmigung, § 184) möglich. Es entsteht also zunächst ein *Schwebezustand* – eine schwebende Unwirksamkeit. Erfolgt die Genehmigung, so ist das Geschäft von Anfang an wirksam.

> Bei einer genehmigungsbedürftigen Verfügung des Minderjährigen wird, falls der gesetzliche Vertreter zwischenzeitlich über den Gegenstand verfügt hat, dessen Verfügung nicht unwirksam; entsprechendes gilt für die zwischenzeitliche Zwangsvollstreckung in den Gegenstand (§ 184 II).

Wird die Genehmigung verweigert, ist das Geschäft nichtig; bereits erbrachte Leistungen sind nach Bereicherungsvorschriften zurückzugewähren. Zu dem Sonderproblem der Beteiligung eines Minderjährigen an einer Personengesellschaft vgl. unten Rdn. 725.

Der Schwebezustand ist für den Geschäftsgegner lästig, da er ihn an der **715** Disposition über den Geschäftsgegenstand hindert. Im Interesse des Minderjährigen, der allmählich zu eigener Rechtsverantwortung geführt werden soll, mutet die Rechtsordnung dem Geschäftsgegner bei Verträgen den Schwebezustand zu.

Der Geschäftsgegner kann, um seine Dispositionsfreiheit wieder zu gewinnen,

aa) den Vertreter *zur Erklärung über die Genehmigung auffordern*. Dann kann **716** sich der Vertreter nur noch ihm gegenüber erklären, die vorherige Genehmigung oder ihre Verweigerung gegenüber dem Minderjährigen wird unwirksam. Der gesetzliche Vertreter erlangt also durch die Aufforderung wieder freie Hand (§ 108).

> Zu beachten ist, daß die Genehmigung des gesetzlichen Vertreters keinen Verpflichtungsgrund für ihn, sondern nur für den Minderjährigen erzeugt. Das Zustimmungserfordernis soll den Minderjährigen davor schützen, daß er nachteilige geschäftliche Maßnahmen für seinen *eigenen* Rechtskreis trifft.

Wird die Genehmigung nicht innerhalb von zwei Wochen erteilt, gilt sie als verweigert.

717 bb) bis zur Erteilung der Genehmigung *widerrufen* (auch dem Minderjährigen gegenüber), aber nur, wenn er die Minderjährigkeit nicht gekannt hat. Hat er diese gekannt, so kann er nur widerrufen, wenn der Minderjährige die Einwilligung des Vertreters wahrheitswidrig behauptet hat. Dagegen steht dem Minderjährigen der Nachweis offen, daß der Gegner das Fehlen der Einwilligung gekannt hat (§ 109).

> Den Weg des Widerrufs wird der Geschäftsgegner in der Regel nicht wählen, da er im Zweifel ein Interesse am wirtschaftlichen Erfolg des Geschäfts hat.

718 d) *Kein Schwebezustand* entsteht hingegen *bei einseitigen Rechtsgeschäften* (z. B. Kündigung, Aufrechnung, Anfechtung). Diese sind vielmehr mangels Einwilligung schlechthin unwirksam, nicht einmal genehmigungsfähig (§ 111 S. 1). Es wäre unbillig, den Gegner, der hier lediglich passiv beteiligt ist, einer Erklärung auszusetzen, die in ihren Wirkungen derartig unsicher ist. Aus demselben Grunde kann der Gegner das Rechtsgeschäft unverzüglich zurückweisen, wenn der Minderjährige keine schriftliche Einwilligung des Vertreters vorlegt; anders nur, wenn dieser selbst den Gegner von der Einwilligung in Kenntnis gesetzt hatte (§ 111 S. 2 und 3).

> Ein einseitiges Rechtsgeschäft liegt nicht vor, wenn der Rechtserfolg vertraglich herbeigeführt wird (z. B. durch Aufhebungsvertrag statt durch Kündigung).

III. Sondertatbestände (§§ 110, 112, 113)

> *Schrifttum zu § 110:*
> HOFMANN Der Vereinsbeitritt Minderjähriger, RPfl 1986, 5 ff; LINDACHER Überlegungen zu § 110 BGB, Festschrift Bosch, 1976, 533 ff; NIERWETBERG Der „Taschengeldparagraph" (§ 110 BGB) im System des Minderjährigenrechts, Jura 1984, 127 ff; RIEZLER Die freie Verfügungsmacht der Minderjährigen und das „Surrogationsprinzip", DJZ 1903, 565 ff; SCHILKEN Die Bedeutung des „Taschengeldparagraphen" bei längerfristigen Leistungen, FamRZ 1978, 642 ff; WIESER Der Anwendungsbereich des „Taschengeldparagraphen" (§ 110 BGB), FamRZ 1973, 434 f.
> *Schrifttum zu § 112:*
> MÜLLER Die Ermächtigung eines Minderjährigen oder Mündels zum selbständigen Betrieb des Erwerbsgeschäftes, BB 1957, 457 ff; SCHNITZERLING Das „Erwerbsgeschäft" des Kindes und Mündels, RdJ 1959, 103 ff.

Geschäftsfähigkeit § 33 III 1

Schrifttum zu § 113:
BERNEMANN Wesen und Methode der Ermächtigung nach § 113 BGB, RdJ 1971, 101 ff; BRILL Der minderjährige Arbeitnehmer in der Rechtsprechung, BB 1975, 284 ff; FELLER Die Rücknahme oder Beschränkung der „Ermächtigung" des gesetzlichen Vertreters eines Minderjährigen nach § 113 Abs. II BGB, FamRZ 1961, 420 ff; GEFAELLER Entstehung und Bedeutungswandel der Arbeitsmündigkeit, 1968; KUBE Zur Problematik des Gewerkschaftsbeitritts eines Minderjährigen, DB 1968, 1126 ff.

1. Der „Taschengeldparagraph"

Der von einem beschränkt Geschäftsfähigen geschlossene Vertrag kann durch **719** Erfüllung von Anfang an wirksam werden, indem der Minderjährige die vertragsmäßige Leistung **mit Mitteln bewirkt,** die *ihm zu diesem Zwecke oder zu freier Verfügung* von dem Vertreter oder mit dessen Zustimmung von einem andern *überlassen* worden sind (§ 110).

> Hauptfall der Hingabe zur freien Verfügung innerhalb gewisser Verwendungsgrenzen ist die Zahlung des „Taschengeldes".

An der *Bewirkung mit zur Verfügung gestellten Mitteln* fehlt es, wenn im Vertrauen **720** auf eine laufende Zuwendung von Mitteln Abzahlungsgeschäfte abgeschlossen werden. Die Verpflichtungen müssen vollständig mit überlassenen Mitteln erfüllt werden. Daraus folgt, daß *Kreditgeschäfte nicht unter § 110 fallen.*

> Ein Kreditgeschäft in diesem Sinne liegt nicht vor, wenn sich das Vertragsverhältnis in selbständige Zeitabschnitte aufteilen läßt, die selbständige Teilleistungen zulassen. So kann z. B. ein langfristiger Versicherungsvertrag bei erbrachter Jahresprämie für deren Zeitabschnitt gemäß § 110 wirksam sein und die Leistungspflicht des Versicherers begründen (LG Bochum VersR 1970, 25; zustimmend SOERGEL/HEFERMEHL § 110 Rdn. 3).

Sofern die mit den überlassenen Mitteln erreichten wirtschaftlichen Erfolge *(Sur-* **721** *rogate)* jedoch für den beschränkt Geschäftsfähigen ein *Risiko* bedeuten, das der Überlassende nicht in seine Überlegungen einbezogen hatte, bestehen Bedenken, dem beschränkt Geschäftsfähigen die Surrogate zu überlassen. So hatte sich in einem vom RG (RGZ 74, 234 ff) entschiedenen Falle ein siebzehnjähriger Schüler von seinem wöchentlichen Taschengeld von 3 Mark ein Lotterielos gekauft, damit 4000 Mark gewonnen und davon ein Auto für 3200 Mark ohne Zustimmung des Vaters gekauft und bar bezahlt. Das RG hat mit Recht angenommen, die in der Überlassung des Taschengeldes zur freien Verfügung liegende Ermächtigung habe den Ankauf des Autos aus einem Lotteriegewinn nicht mitumfaßt.

Von der Regelung des § 110 sind die Fälle zu trennen, in denen der gesetzliche **722** Vertreter für einen abgegrenzten Geschäftsbereich eine allgemeine Einwilligung zu allen Rechtsgeschäften dieses Bereichs erteilt hat *(beschränkter Generalkonsens).* Liegt eine solche Einwilligung vor, so sind die in diesem Rahmen abgeschlossenen Geschäfte auch ohne Erfüllung im Sinne des § 110 wirksam. Der Schutzgedanke erfordert jedoch, daß der Geschäftsbereich nicht überschritten wird. Insofern ist auch ein sachlich unbeschränkter Generalkonsens mit dem Minderjährigenschutz unvereinbar.

2. Erweiterte Geschäftsfähigkeit

In einigen Fällen kann die Geschäftsfähigkeit des beschränkt Geschäftsfähigen erweitert werden.

723 a) Der Minderjährige kann vom gesetzlichen Vertreter mit Genehmigung des Vormundschaftsgerichts zum *selbständigen* **Betrieb eines Erwerbsgeschäfts** ermächtigt werden und ist dann unbeschränkt geschäftsfähig für solche Rechtsgeschäfte, die dieser Betrieb mit sich bringt (§ 112 I).

> Ein 17jähriges Mädchen wird z. B. ermächtigt, das von der Mutter betriebene Papiergeschäft weiter zu betreiben; dann kann es Ware kaufen und verkaufen, einen Ladenraum mieten, eine Gehilfin anstellen usw. Es ist auch im Rahmen der erweiterten Geschäftsfähigkeit prozeßfähig (§ 52 ZPO).

724 Ausgenommen sind die Geschäfte, zu denen der Vertreter selbst der Genehmigung des Vormundschaftsgerichts bedarf (§ 112 I a. E.).

> So bedürfte die Erteilung einer Prokura zusätzlich vormundschaftsgerichtlicher Genehmigung (§ 1822 Nr. 11 i.V.m. § 1643 I); entsprechendes gilt für die Teilnahme eines Minderjährigen an einer OHG (§ 1822 Nr. 3 i.V.m. § 1643 I).
> Dabei ist zu beachten, daß in einer Reihe von Fällen die Eltern, im Gegensatz zum Vormund, keiner zusätzlichen Genehmigung des Vormundschaftsgerichts bedürfen; § 1643 I trifft aus den zustimmungsbedürftigen Geschäften des Vormunds eine Auswahl.
> Die Genehmigung des Vormundschaftsgerichts ist auch erforderlich, wenn die Ermächtigung zum selbständigen Betrieb eines Erwerbsgeschäftes zurückgenommen werden soll (§ 112 II).

725 Beteiligt sich der Minderjährige ohne Zustimmung des gesetzlichen Vertreters bzw. ohne Genehmigung des Vormundschaftsgerichts an einer Personengesellschaft, so liegt eine *„fehlerhafte Gesellschaft"* vor. Entsprechend dem Schutzprinzip können dem Minderjährigen daraus keine rechtlichen Pflichten erwachsen. Nach den Grundsätzen des Bestandsschutzes ist die Gesellschaft als solche nicht nichtig. Soweit der Schutz des Minderjährigen betroffen ist, geht dieser allerdings dem Bestandsschutz vor, d. h. er gehört der Gesellschaft nicht an (BGHZ 17, 160, 167 f). Im Verhältnis des Minderjährigen zur „Restgesellschaft" muß einerseits ihm das Recht zustehen, nicht geleistete Einlagen zu verweigern und die Haftung gegenüber Gläubigern abzulehnen. Andererseits würde es dem Schutzgedanken zugunsten des beschränkt Geschäftsfähigen widersprechen, wenn er nach geleisteter Einlage lediglich auf § 812 verwiesen wäre. Für die Rücknahme einer

Sacheinlage soll der Einbringungswert maßgebend sein; ist mit Gewinn gearbeitet worden, so soll er – insbesondere bei eigener Mitarbeit – seinen Anteil erhalten, um an den Erträgnissen beteiligt zu sein (vgl. FISCHER Anm. zu BGH LM Nr. 10 zu § 105 HGB; ders., NJW 1955, 849 ff; FLUME II § 13, 7 e ee).

Die Grundsätze der fehlerhaften Gesellschaft gelten auch für den Geschäftsunfähigen.

726 b) Der Minderjährige kann durch den Vertreter ermächtigt werden, in Arbeit oder Dienst zu treten und ist dann unbeschränkt geschäftsfähig für die *Eingehung oder Aufhebung von* **Dienstverhältnissen** der gestatteten Art oder die Erfüllung der sich daraus ergebenden Pflichten (§ 113 I); dies schließt auch die prozessuale Geltendmachung ein (§ 52 ZPO). Ausgenommen sind auch hier Verträge, zu denen der Vertreter selbst der Genehmigung des Vormundschaftsgerichts bedarf (so der Vormund § 1822 Nr. 6, 7; nicht die Eltern, vgl. § 1643 I). Die für den Einzelfall erteilte Ermächtigung gilt im Zweifel als allgemeine Ermächtigung für Verhältnisse derselben Art (§ 113 IV).

> Gestatten z. B. die Eltern ihrer 16jährigen Tochter, als Hausangestellte in Stellung zu gehen, so kann die Tochter dort kündigen und eine neue gleichartige Stelle antreten, nicht aber eine Tätigkeit als Bardame aufnehmen (vgl. KG DJZ 1906, 322).
>
> Nach h. M. schließt die Ermächtigung zur Eingehung eines Arbeitsverhältnisses zugleich die Ermächtigung zum Eintritt in eine Gewerkschaft ein, um dem Minderjährigen die Möglichkeit zu geben, über Tarifverträge auf die Gestaltung seines Arbeitsverhältnisses einzuwirken (vgl. LG Essen NJW 1965, 2302 f).
>
> Berufsausbildungsverhältnisse fallen nicht unter § 113, da bei ihnen der Ausbildungszweck gegenüber der Leistung von Diensten im Vordergrund steht (§ 1 BBiG).

Aus § 113 läßt sich nicht herleiten, daß der erworbene *Arbeitslohn* zur freien Verfügung des Minderjährigen steht. Vielmehr unterliegt er gem. § 1626 der elterlichen Vermögenssorge und kann gem. § 1649 I 2 zum Unterhalt des Kindes verwendet werden.

Der Vertreter kann die erteilte Ermächtigung zurücknehmen oder einschränken (§ 113 II). Die Rücknahme erfolgt gegenüber dem Minderjährigen; dem Arbeitgeber ist durch den Vertreter zu kündigen (vgl. KG OLG 21, 44).

Die Ermächtigung kann, wenn sie von einem Vormund verweigert wird, auf Antrag des Minderjährigen durch das Vormundschaftsgericht ersetzt werden, sofern sie im Interesse des Minderjährigen liegt (§ 113 III).

727 Schutzwirkungen zugunsten des Minderjährigen äußern sich auch bei einem von ihm *ohne Zustimmung* des gesetzlichen Vertreters *abgeschlossenen Dienst- oder Arbeitsvertrag*. Hier ist zwar grundsätzlich Nichtigkeit des Rechtsgeschäftes anzunehmen, jedoch sind von der Nichtigkeit bestimmte Rechtsfolgen ausgenommen; so hat der minderjährige Arbeitnehmer Anspruch auf die volle Vergütung und Leistungen, die ihm bei einem wirksam begründeten Arbeitsvertrag zustehen würden. Eine Verweisung schlechthin auf Bereicherungsansprüche würde dem Schutzbedürfnis des Minderjährigen nicht entsprechen. Es ist jedoch ungenau, von einem faktischen Arbeitsvertrag zu sprechen, da die Beendigung keine Kündigung voraussetzt und überdies für den Minderjährigen Leistungspflichten nicht begründet werden, er infolgedessen auch wegen Vertragsverletzung nicht in Anspruch genommen werden kann (vgl. BAG DB 1974, 2062 f; HUECK/NIPPERDEY I § 32 III 2 a; SCHAUB § 35 III 4).

§ 34
Abgabe und Zugang der Willenserklärung

J. BREIT Die Verhinderung der Vollziehung einer Willenserklärung, SeuffBl. 71, 589 ff; BRINKMANN Der Zugang von Willenserkärungen, 1984; BRUN Die „postmortale Willenserklärung" – Zur Auslegung des § 130 II BGB –, Jura 1994, 291 ff; BUCKENBERGER Fernschreiben und Fotokopien – Formerfordernisse, Absendung und Zugang, DB 1980, 289 ff; COHN Der Empfangsbote, 1927; DILCHER Der Zugang von Willenserklärungen, AcP 154 (1955), 120 ff; JOHN Grundsätzliches zum Wirksamwerden empfangsbedürftiger Willenserklärungen, AcP 184 (1984), 385 ff; JUNG Das Wirksamwerden der mündlich an Mittelspersonen bestellten Willenserklärung, AcP 117 (1919), 73 ff; KANTOROWICZ Methodologische Studie über den Zugangsbegriff, 1917; KLINGMÜLLER Zugang von Willenserklärungen bei verwaister Wohnung, VersR 1967, 1109 ff; MARBURGER Absichtliche Falschübermittlung und Zurechnung von Willenserklärungen, AcP 173 (1973), 137 ff; MÜLLER-ERZBACH Kundgebungen in fremden Interessenbereich, JherJb. 83 (1933), 257 ff; OERTMANN Zugehen und Vernehmen, Recht 1906, 721 ff; REICHEL Vertragsmäßige Fiktion des Zugangs einer Erklärung, DJZ 1911, 1534 ff; ROTH Probleme des postmortalen Zugangs von Willenserklärungen – Ein Beitrag zum Anwendungsbereich des § 130 II BGB; NJW 1992, 791 ff; SCHWARZ Kein Zugang bei Annahmeverweigerung des Empfangsboten?, NJW 1994, 891; TITZE Der Zeitpunkt des Zugehens bei empfangsbedürftigen schriftlichen Willenserklärungen, JherJb. 47 (1904), 379 ff.

728 Mit der *Abgabe* ist die Willenserklärung *existent*, sofern ihre Tatbestandsvoraussetzungen vorliegen. Sie ist abgegeben, wenn der Erklärende alles getan hat, was seinerseits erforderlich war, um die Wirksamkeit der Erklärung herbeizuführen (RGZ 170, 380, 382).

Die Abgabe kann durch rechtskräftiges Urteil gem. § 894 ZPO ersetzt werden.

Was im einzelnen erforderlich ist, richtet sich danach, ob eine *verkörperte* oder *nicht verkörperte Willenserklärung* abgegeben wird.

Eine Willenserklärung ist insbesondere dann *verkörpert*, wenn sie in einem Material fixiert ist, das vornehmlich auf optische Wahrnehmung abzielt, z. B. Schriftstücke, auch Telegramm, Telefax. Im Bereich der neueren Kommunikationsmedien müssen auch solche Willenserklärungen als verkörpert angesehen werden, die beim Empfänger zuverlässig abrufbar gespeichert sind (MünchKomm/

FÖRSCHLER § 130 Rdn. 12). *Nicht verkörpert* sind insbesondere mündliche Erklärungen.

Ist die Willenserklärung existent geworden, so ist es auf ihre Wirksamkeit ohne Einfluß, wenn der Erklärende nach der Abgabe stirbt oder geschäftsunfähig wird (§ 130 II).

Von Bedeutung ist § 130 II vornehmlich bei empfangsbedürftigen Willenserklärungen.

Steht die Nichtigkeit oder Anfechtbarkeit der Willenserklärung in Frage, so ist auf den Zeitpunkt der Abgabe abzustellen.

Im Hinblick auf das Wirksamwerden ist zwischen *nicht empfangsbedürftigen* und *empfangsbedürftigen Willenserklärungen* zu unterscheiden.

I. Die nicht empfangsbedürftige Willenserklärung

Die nicht empfangsbedürftige Willenserklärung ist abgegeben und wirksam, sobald der Wille erkennbar geäußert ist. Auf die Wahrnehmbarkeit für eine bestimmte Person kommt es nicht an.

> Bei der verkörperten Willenserklärung (z. B. Errichtung des eigenhändigen Testaments) erscheint die Unterschrift als verkehrsübliche Vollendungshandlung; einer Begebung der Urkunde bedarf es nicht.
>
> Schließlich gehört hierunter auch die Auslobung, § 657; die versprochene Belohnung ist auch dann zu leisten, wenn der Handelnde von der Auslobung keine Kenntnis gehabt hat.

II. Die empfangsbedürftige Willenserklärung

Hinsichtlich der empfangsbedürftigen Willenserklärung ist für das Wirksamwerden gem. § 130 I auf den *Zugang* abzustellen. Hier ist zu unterscheiden, ob die Willenserklärung unter Abwesenden oder Anwesenden abgegeben wird.

> Abgabe unter Anwesenden ist dann anzunehmen, wenn die Willenserklärung so verlautbart wird, daß der andere sie vernehmen kann. Abgabe unter Abwesenden ist grundsätzlich dann anzunehmen, wenn der Erklärende die Erklärung derart in den Rechtsverkehr gebracht hat, daß er mit ihrem Zugehen beim Empfangsberechtigten rechnen konnte.

1. Die empfangsbedürftige Willenserklärung unter Abwesenden

Vor Inkrafttreten des BGB war das Wirksamwerden solcher Willenserklärungen umstritten.

> Die Äußerungs- bzw. Absendungstheorie ließ die Willenserklärung bereits mit dem Zeitpunkt der Abgabe bzw. Absendung wirksam werden.

Dieser Auffassung stand die Vernehmungstheorie gegenüber, die auf tatsächliche Kenntniserlangung beim Empfänger abstellte.

Bei der Abwägung der beiderseitigen Interessen ist keiner der beiden Auffassungen zu folgen. Vielmehr ist objektiv *nach Risikosphären abzugrenzen*. Keinesfalls ist die Erklärung vor ihrer Abgabe wirksam; denn erst mit der Abgabe tritt sie aus dem Machtbereich des Absenders heraus; auch die Gefahr der Übermittlung muß der Absender tragen, da der Empfänger keine Einwirkungsmöglichkeit auf die Erklärung hat, solange sie auf dem Wege ist. Ist sie dagegen in seinen Machtbereich gelangt, so muß die Gefahr auf ihn übergehen. Wollte man zur Wirksamkeit noch die Vernehmung verlangen, so würde man den Absender unbillig belasten, denn das Wirksamwerden wäre ins Belieben des Empfängers gestellt oder von Umständen abhängig, auf die der Absender keinen Einfluß hat.

Dementsprechend bestimmt § 130 I 1, daß die Erklärung „in dem Zeitpunkt wirksam wird, in dem sie dem Empfänger zugeht". *Zugegangen ist die Erklärung,* wenn sie derart in den *Machtbereich des Empfängers gelangt* ist, daß er sich unter gewöhnlichen Verhältnissen Kenntnis vom Inhalt verschaffen konnte und dies nach den Gepflogenheiten des Verkehrs von ihm erwartet werden durfte (RGZ 99, 20, 23; BGHZ 67, 271, 275). Hat der Adressat tatsächlich schon vorher Kenntnis erlangt, ist für den Zugang auf diesen Zeitpunkt abzustellen (vgl. MEDICUS AT Rdn. 276). Treu und Glauben verbieten daher die Wahl einer Erklärungsübermittlung, von der der Erklärende weiß, daß sie der Wahrnehmungsfähigkeit des Adressaten nicht entspricht.

732 a) *Verkörperte Willenserklärungen* gehen grundsätzlich mit Aushändigung an den Empfänger zu.

So ist eine briefliche Erklärung mit Aushändigung des *Briefes* an den Empfänger zugegangen. Unzureichend frankierte Postsendungen braucht der Empfänger nicht anzunehmen. Einwurf in den Hausbriefkasten oder Einlage in ein Postfach gilt als Zugang, sofern zu diesem Zeitpunkt mit der Leerung gerechnet werden kann (RGZ 99, 20, 23), andernfalls geht die Willenserklärung erst zu, wenn wiederum üblicherweise mit der Leerung gerechnet werden kann.

Ist der Empfänger *längere Zeit abwesend*, so hat er für den Empfang Vorkehrungen zu treffen, wenn er mit dem Eingang rechtsgeschäftlicher Erklärungen rechnen mußte (BGH LM Nr. 1 zu § 130). Eine allgemeine Pflicht, sich zum Empfang von Willenserklärungen bereitzuhalten, besteht nicht, sie kann sich aber für bestimmte Berufsgruppen (vgl. § 663, auch § 362 HGB) ergeben, ferner aus einem besonderen Verhältnis zwischen Erklärendem und Empfänger, z. B. aus einem Mietverhältnis zwischen ihnen, oder aus der durch ein Vertragsangebot geknüpften Rechtsbeziehung. So hat z. B. ein Kaufmann in solchen Fällen dafür Sorge zu tragen, daß an seine Geschäftsadresse gerichtete Briefe ihn oder einen Vertreter erreichen, RGZ 95, 315, 317; 110, 34, 36; vgl. ArbG Rheine DB 1966, 1975, zum Zugang einer Kündigung beim Arbeitnehmer. Die Erklärung ist allerdings erst dann 'zugegangen, wenn sie unter der Nachsendeanschrift in der gewöhnlichen Beförderungszeit in seinen Machtbereich gelangt. Unterläßt er Vorkehrungen oder handeln seine hierfür eingesetzten Hilfspersonen nachlässig, so muß er den rechtzeitigen Zugang der Erklärung gegen sich gelten lassen.

Abgesehen von ausdrücklich zum Empfang Ermächtigten (sog. *Empfangsvertreter* gem. § 164 III), bei denen es auf den Zugang in ihrer Person ankommt, werden Familienangehörige, Hausangestellte, Wohnungsmitbewohner, Angestellte im Geschäftsbetrieb als empfangsberechtigt angesehen (sog. *Empfangsboten*); die ihnen gegenüber abgegebene Erklärung geht zu, wenn regelmäßig die Weitergabe an den Empfänger zu erwarten ist (vgl. RGZ 50, 191, 194; 103, 401; BGH MDR 1964, 827; OLG Karlsruhe VersR 1977, 902; BGH NJW-RR 1989, 757).

Postlagernde Sendungen gelten als zugegangen, sobald für den Empfänger die Möglichkeit besteht, sie abzuholen (RGZ 144, 289, 292 f). – *Einschreibbriefe* gehen erst dann zu, wenn der Brief tatsächlich ausgehändigt wird; die Übergabe des Benachrichtigungsscheins genügt nicht (BAG NJW 1963, 554; BGH VersR 1971, 262).

Ein *Telegramm* ist erst dann dem Empfänger zugegangen, wenn ihm durch die Post die Möglichkeit eröffnet ist, von ihm Kenntnis zu nehmen; dazu reicht das fernmündliche Zusprechen aus (RGZ 105, 255, 256).

Beim Fernschreiben oder Telefax ist die Erklärung zugegangen, wenn der Druckvorgang abgeschlossen ist und der Empfänger zu den üblichen Geschäftszeiten Kenntnis nehmen kann. Soweit das Empfangsgerät die Erklärung nur speichert sowie bei der Verwendung von Btx (Datex-J) ist die Erklärung zugegangen, wenn sie zu den üblichen Geschäftszeiten abgerufen werden kann (OLG Köln NJW 1990, 1608).

b) *Nicht verkörperte (mündliche) Willenserklärungen* können *an Abwesende* **733** durch Einschaltung von Mittelspersonen zugehen.

Es handelt sich einmal um vom Absender eingeschaltete *Erklärungsboten*. Dagegen gibt der rechtsgeschäftliche Vertreter eigene Erklärungen ab, so daß es sich bei ihm unter Umständen um eine Erklärung unter Anwesenden handelt.

Andererseits kann vom Empfänger ein Bote zum Empfang nicht verkörperter Willenserklärungen eingeschaltet sein, *Empfangsbote*, z. B. Sekretärin am Fernsprecher (RGZ 102, 295). Geschäftsfähigkeit wird zwar nicht verlangt, jedoch wird für eine wirksame Übermittlung die geistige Fähigkeit zur Wiedergabe vorausgesetzt (RGZ 60, 334, 336 f).

Die Erklärung geht in dem Zeitpunkt zu, in dem die Weitergabe an den Adressaten regelmäßig zu erwarten ist.

Wer einen ungeeigneten Empfangsboten bestellt, trägt die Folgen einer fehlerhaften Weitergabe. Andererseits liegt ein wirksamer Zugang nicht vor, wenn der Erklärende erkennen mußte, daß der Empfangsbote zur Entgegennahme nicht in der Lage war (RGZ 60, 334, 336 f).

Fehlt es an einer Bestellung zum Empfangsboten oder an der näheren Beziehung zum Empfänger, so kann der Übermittler als *Erklärungsbote* angesehen werden, dessen Verhalten dann der Risikosphäre des Erklärenden zugerechnet würde.

2. Die empfangsbedürftige Willenserklärung unter Anwesenden

Da das Gesetz schweigt, ist § 130 I 1 entsprechend anwendbar. **734**

Eine *verkörperte* Erklärung ist mit Übergabe an den anwesenden Empfänger zugegangen (RGZ 83, 104, 106).

> Eine heimlich zugesteckte oder untergeschobene Erklärung ist jedoch nicht zugegangen. Auch genügt bloße Unterzeichnung in Gegenwart des Empfängers nicht; grundsätzlich ist notwendig, daß dieser das ihm angebotene Schriftstück in seine Verfügungsgewalt gebracht hat (RGZ 61, 414 f für eine Bürgschaftserteilung).

735 Für die *mündliche* Erklärung ist die *Vernehmung* durch den Empfänger erforderlich. Vernehmung bedeutet, daß die Erklärung akustisch richtig vernommen wird, d. h. eine Erklärung ist nicht zugegangen, wenn z. B. der Empfänger statt 300 die Zahl 200 versteht. Hingegen ist nicht erforderlich, daß der Empfänger den Sinngehalt der Erklärung begreift.

> Erhebt man die Vernehmung zur Voraussetzung des Zugangs, so ist zuzugeben, daß darin unter Umständen eine Unbilligkeit gegen den Erklärenden liegen kann, da er die Folgen einer Taubheit oder Schwerhörigkeit des Gegners tragen muß, die er nicht kennt. Die Unbilligkeit wäre aber noch größer, wenn man den Empfänger an einer nicht vernommenen Erklärung festhalten wollte. Dieser hat gar kein Mittel, sich gegen eine an ihn herangetragene Erklärung zu schützen, während der Erklärende sich immerhin durch eine Frage darüber vergewissern kann, ob er verstanden worden ist. Selbstverständlich muß der Empfänger den nicht gerade leicht zu erbringenden Beweis führen, daß er die Erklärung trotz ihrer allgemeinen Vernehmbarkeit nicht verstanden habe.
> Anders liegt der Fall, wenn der Erklärungsgegner, obwohl er z. B. wegen Schwerhörigkeit die Erklärung nicht vernommen hat, zu erkennen gibt, daß er verstanden habe. Hier muß er sich den Zugang der Erklärung zurechnen lassen.

Erklärungen am Fernsprecher sind nicht verkörperten Erklärungen unter Anwesenden gleichzustellen (vgl. § 147 I 2).

3. Einzelfragen des Zugangs

736 a) Dem Zugehen der Willenserklärung steht die **Zustellung** durch Vermittlung des Gerichtsvollziehers gleich (§ 132 I). Sie erfolgt nach den Vorschriften der §§ 166 ff ZPO.

Ist der Aufenthalt des Empfängers unbekannt oder ist der Erklärende über die Person des Empfängers in entschuldbarer Unkenntnis, so ist die *öffentliche Zustellung* zulässig (§ 132 II). Hierfür sind die Vorschriften der §§ 203 ff ZPO maßgebend.

737 b) Die Erklärung wird erst mit dem Zugang wirksam – folglich wirkt sie nicht, wenn dem Empfänger **vorher** oder **gleichzeitig** ein **Widerruf** zugeht (§ 130 I 2).

> Erlangt der Empfänger erst bei *tatsächlicher Kenntnisnahme* der Erklärung zugleich die Kenntnis vom Widerruf, so muß ihm nach Treu und Glauben die Berufung darauf verwehrt sein, daß der Widerruf erst nach dem Zugang der ursprünglichen Willenserklärung zugegangen ist. Vom Prinzip der Risikosphäre ist dann abzugehen, wenn der Empfänger kein schutzwürdiges Interesse hat; dies ist z. B. dann der Fall, wenn der Empfänger vor Kenntnisnahme einer Offerte überhaupt keine Disposition hatte treffen können (a. A. die überwiegende Meinung unter Bezugnahme auf RGZ 91, 60, 63; vgl.

MünchKomm/Förschler § 130 Rdn. 29; Soergel/Hefermehl § 130 Rdn. 29; Medicus AT Rdn. 300).

c) Beim Zugang einer Willenserklärung ist der Empfänger nur passiv beteiligt. Da aber das Kenntnisnehmen von einer Erklärung nicht ohne die nötige **Erkenntnisfähigkeit** erfolgen kann, dehnt § 131 die *Schutzprinzipien der Geschäftsfähigkeit* auch auf den Empfänger aus.

> Bei Willenserklärungen gegenüber *Geschäftsunfähigen* tritt die Wirksamkeit erst mit dem Zugehen an den gesetzlichen Vertreter ein (§ 131 I). Entsprechendes gilt für den Zugang gegenüber Personen, die *in der Geschäftsfähigkeit beschränkt* sind, wenn nicht die Erklärung ihnen lediglich einen rechtlichen Vorteil bringt (z. B. Schenkung) oder der gesetzliche Vertreter seine Einwilligung erteilt hat (§ 131 II). Dagegen hindert der *Zustand der Bewußtlosigkeit oder vorübergehenden Geistesstörung* (§ 105 II) den Zugang einer verkörperten (schriftlichen) Erklärung nicht, da sie zur Verfügung des Adressaten verbleiben und dieser nach Wiedererlangung des Bewußtseins von ihr Kenntnis nehmen kann. Dagegen kann die wissentlich einem Bewußtlosen gegenüber mündlich abgegebene Erklärung nicht zugehen, weil die Möglichkeit der Vernehmung ausgeschlossen ist.

d) Angesichts der Möglichkeit öffentlicher Zustellung kann der Empfänger den Zugang auf die Dauer kaum vereiteln; höchstens kann der **rechtzeitige Zugang verhindert** werden, so daß z. B. eine Vertragsannahme oder eine Kündigung nach Ablauf der Frist erfolgen würde.

Arglistiges Vereiteln des Zugangs hindert nach Treu und Glauben den Empfänger, die Verspätung des Zugangs zum Nachteil des Erklärenden geltend zu machen. Unter Bezugnahme auf den Rechtsgedanken der §§ 162 und 815 hat RGZ 58, 406, 408 f bei Arglist im Wege der Fiktion den rechtzeitigen Zugang unterstellt. Nach heutiger Auffassung wird ein Zugang der Erklärung zum Zeitpunkt des Verhinderns nicht mehr fingiert. Dem Empfänger ist jedoch die Berufung auf die Verspätung als rechtsmißbräuchlich verwehrt (BGH LM Nr. 1 zu § 130; weitergehend § 10 VVG).

Fraglich bleibt, ob dies auch gilt, wenn den Empfänger der Vorwurf schuldhafter Verhinderung nicht trifft. Ausgehend vom Grundsatz der Risikoverteilung nach Sphärenbeherrschung wird auch die unverschuldete Verzögerung des Zugehens dem Empfänger zuzurechnen sein, es sei denn, daß die Verhinderung des Zugehens auf höherer Gewalt beruht. Konnte allerdings der Absender mit dem Zugangshindernis rechnen oder erfährt er hiervon, so ist er verpflichtet, alles Erforderliche für einen wirksamen Zugang zu unternehmen, insbesondere erneut zuzustellen (BGH aaO). Bei beiderseitigem Verschulden will RGZ 97, 336, 339 eine Schadensverteilung gem. § 254 vornehmen. Bei einer Annahmeverweigerung durch Empfangsboten wird über die Boteneigenschaft hinaus ein gesonderter Zurechnungsgrund gefordert (BAG NJW 1993, 1093; a. A. Schwarz NJW 1994, 891).

741 *e)* Das Erfordernis des Zugangs gilt nach § 130 III auch für das Wirksamwerden einer Willenserklärung, die **einer Behörde gegenüber** abzugeben ist. Dazu gehören die empfangsbedürftigen Erklärungen, die wahlweise auch einer Behörde gegenüber abgegeben werden können; vgl. §§ 875, 876, 1726 II.

742 *f)* In einigen vom Gesetz ausdrücklich benannten Fällen genügt zur Rechtswahrung die rechtzeitige Absendung der Willenserklärung, so in §§ 121 I 2, 478 I 1 sowie in §§ 377 IV HGB, 7 II 1 VerbrKrG, 2 I 1 HaustürWG. Es geht dabei jeweils um Erklärungen, die unverzüglich oder innerhalb kurzer Fristen abzugeben sind. *Wirksam* werden die Erklärungen aber auch in diesen Fällen erst mit dem Zugang (BGHZ 101, 53). Zum Sonderfall des § 149 s. u. Rdn. 1011.

§ 35
Auslegung der Willenserklärung

BARTHOLOMEYCZIK Die Kunst der Gesetzesauslegung, 3. Aufl. 1965; BECKER Rechtsvergleichende Notizen zur Auslegung, Festschrift H. Lehmann, I, 1956, 70 ff; BETTI Zur Grundlegung einer allgemeinen Auslegungslehre, Festschrift Rabel II, 1954, 79 ff; ders., Allgemeine Auslegungslehre als Methodik der Geisteswissenschaften, 1967; BICKEL Die Methoden der Auslegung rechtsgeschäftlicher Erklärungen, 1976; BROX Die Einschränkung der Irrtumsanfechtung. Ein Beitrag zur Lehre von der Willenserklärung und deren Auslegung, 1960; ders., Der Bundesgerichtshof und die Andeutungstheorie, JA 1984, 549 ff; COING Die juristischen Auslegungsmethoden und die Lehren der allgemeinen Hermeneutik, 1959; DANZ Die Auslegung der Rechtgeschäfte, 3. Aufl. 1911; DIEDERICHSEN Der Auslegungsdissens, Festschrift H. Hübner, 1984, 421 ff; ESSER Grundsatz und Norm in der richterlichen Fortbildung des Privatrechts, 3. Aufl. 1974; GENY Methode d'interpretation et sources en droit privé positif, 2. Bde., Neudruck 1954; HAGER Gesetzes- und sittenkonforme Auslegung und Aufrechterhaltung von Rechtsgeschäften, 1983; HANAU Objektive Elemente im Tatbestand der Willenserklärung, AcP 165 (1965), 220; HECK Gesetzesauslegung und Interessenjurisprudenz, AcP 112 (1914), 1 ff; HIMMELSCHEIN Beiträge zur Lehre vom Rechtsgeschäft, 1930; HÖLDER Zur Lehre von der Auslegung der Willenserklärungen und der Bedeutung des Irrtums über ihren Inhalt, Festgabe Bekker 1907, 57 ff; KAPP Die Auslegung von Testamenten, BB 1984, 2077 ff; LARENZ Die Methode der Auslegung des Rechtsgeschäftes, 1930 (Nachdruck 1966); ders., Ergänzende Vertragsauslegung und dispositives Recht, NJW 1963, 737; LEONHARD Die Auslegung der Rechtsgeschäfte, AcP 120 (1922), 14 ff; LÜDERITZ Auslegung von Rechtsgeschäften, 1966; MANIGK Irrtum und Auslegung, 1918; ders., Die Revisibilität der Auslegung von Willenserklärungen, Reichsgerichts-Festschrift 1929, VI, 94 ff; ders., Die Methode der Auslegung des Rechtsgeschäfts, ARWP XXVI (1932/33), 359 ff; MERZ Auslegung, Lückenfüllung und Normenberichtigung, AcP 163 (1964), 305 ff; OERTMANN Rechtsordnung und Verkehrssitte, 1914 (Neudruck 1977); SÄCKER Rechtsgeschäftsauslegung und Vertrauensprinzip, JurA 1971, Heft 6, 31 ff; SCHERER Andeutungsformel und falsa demonstratio beim formbedürftigen Rechtsgeschäft in der Rechtsprechung des RG und des

BGH, 1987; dies., Die Auslegung von Willenserklärungen „klaren und eindeutigen" Wortlauts, Jura 1988, 302 ff; SCHÜBLER Die Incoterms – Internationale Regeln für die Auslegung der handelsüblichen Vertragsformeln, DB 1986, 1161 ff; STUMPF Zur Revisibilität der Auslegung von privaten Willenserklärungen, Festschrift Nipperdey, I, 1965, 957 ff; TRUPP Die Bedeutung des § 133 BGB für die Auslegung von Willenserklärungen, NJW 1990, 1346 f; H. WESTERMANN Die Anpassung der Auslegungsmethode an die Eigenart des auszulegenden Willensaktes, Festschrift K. Arnold, 1955, 281 ff; WIEACKER Die Methode der Auslegung des Rechtsgeschäfts, JZ 1967, 385 ff; WIELING Die Bedeutung der Regel „falsa demonstratio non nocet" im Vertragsrecht, AcP 172 (1972), 297 ff.

Das Gesetz unterscheidet zwischen der Auslegung von Willenserklärungen (§ 133) und der Auslegung von Verträgen (§ 157; vgl. dazu unten Rdn. 1025 ff). **743**

Auslegung von Willenserklärungen erfordert gem. § 133, den wirklichen Willen des *Erklärenden* festzustellen; § 157 greift ein – ohne auf vertragliche Beziehungen beschränkt zu sein – ein, wenn der zunächst gem. § 133 zu ermittelnde Wille der Beteiligten nicht festgestellt werden kann, weil eine Partei von der inhaltlichen Tragweite ihrer Willenserklärung kein klare Vorstellung hatte oder weil die Parteien Regelungen übersehen haben. Die Auslegung nach § 157 hat den sachgerechten Erfolg einer Vereinbarung unter Berücksichtigung der zum Ausdruck gelangten Interessen zum Ziel. In der Anwendung ergänzen sich § 133 und § 157 gegenseitig.

I. Auslegung nach dem äußeren Tatbestand

Für eine Auslegung gem. § 133 ist dort kein Raum, wo ein zweifelsfreier Erklärungstatbestand vorliegt (RGZ 95, 125 f; BGHZ 25, 318 f). Ist eine Willenserklärung jedoch nicht eindeutig und damit auslegungsbedürftig, so ist *Gegenstand der Auslegung* zunächst der äußere Tatbestand der Willenserklärung. **744**

§ 133, der die Erforschung des wirklichen Willens vorschreibt und das Haften am buchstäblichen Sinne des Ausdrucks verwirft, will keineswegs den inneren, gar nicht geäußerten Willen festgestellt wissen, sondern den „wirklich erklärten" Willen.

Die Auslegung muß sich daher im Rahmen des Erklärten halten und darf nicht als Willensinhalt etwas feststellen, was in der Erklärung selbst nicht erkennbar geworden ist (OGHZ 1, 133, 139). Entscheidend ist, wie die Erklärung von der gegenüberstehenden Partei nach Treu und Glauben und nach der allgemeinen Auffassung des Verkehrs verstanden werden konnte (RGZ 169, 122, 124 f; BGHZ 47, 75, 78; 103, 275, 280 – „**Empfängerhorizont**"). **745**

Daß der innere, nicht geäußerte Wille nicht das Ziel der Auslegung sein kann, erweist das **Verhältnis**, in dem **Auslegung und Anfechtung** zueinander stehen. Könnte man dem inneren Willen schon durch Auslegung Wirksamkeit verschaffen, so wäre kein Raum mehr für die Anfechtung; aber gerade deren Aufgabe ist **746** es, die Erklärung deswegen zu Fall zu bringen, weil der entsprechende innere Wille fehlt (§ 119); sie setzt also voraus, daß sonst der innere Wille nicht beachtet werden kann.

II. Berücksichtigung aller Umstände

747 Allerdings wendet sich § 133 gegen das Festhalten am buchstäblichen Sinn des Ausdrucks und verlangt die Sinndeutung unter Berücksichtigung aller Umstände des besonderen Falles (RGZ 67, 431, 433 f; 119, 21, 25); denn auch bei eindeutigem Wortlaut sind Umstände zu berücksichtigen, die entgegen dem Wortlaut einen anderen Sinngehalt erkennen lassen.

Verschieden ist der *Kreis der Umstände*, die bei der Auslegung zu berücksichtigen sind:

748 1. Bei der **empfangsbedürftigen**, an einen bestimmten Empfänger gerichteten Willenserklärung können zur Auslegung nur die dem Empfänger erkennbaren Umstände dienen.

> Erkennbar sind Umstände, die bei gebotener Sorgfalt vom Empfänger hätten erkannt werden können. Daher kann eine Erklärung, die an mehrere Empfänger gerichtet ist, für jeden eine verschiedene Auslegung erfahren.

Bei den an einen größeren Personenkreis gerichteten Erklärungen, wie z. B. der Kundgabe einer Vollmacht durch öffentliche Bekanntmachung (§ 171), dürfen nur die diesem Personenkreis erkennbaren Umstände herangezogen werden.

749 a) Bei der Auslegung sind *alle erkennbaren Umstände* des besonderen Falles zu berücksichtigen.

Soweit sich der Erklärende durch *verkehrsübliche Zeichen* (Worte, Gebärden usw.) erklärt hat, ist die Bedeutung maßgebend, die ein verständiger Durchschnittsmensch solchem Verhalten beilegen muß. Darüber hinaus ist die Verkehrssitte, insbesondere Handelsbräuche (§ 346 HGB) und Fachtermini (z. B. Trade Terms), zu berücksichtigen.

> Es kommt nicht darauf an, daß der Erklärende die Verkehrssitte kennt oder sich ihrer Bedeutung bewußt ist. Allerdings steht es den Beteiligten frei, die *Verkehrssitte* auszuschließen.
>
> Bei *örtlich* verschiedener Verkehrssitte ist auf den Ort abzustellen, an dem sich der *Erklärungsempfänger* befindet. Wer in einer Kölner Gaststätte einen „halven Hahn" bestellt, hat entsprechend dem örtlichen Sprachgebrauch einen Kaufantrag für ein Käsebrötchen abgegeben (vgl. Rdn. 42 ff, 1025 ff). Allerdings muß der Erklärungsempfänger sich fragen: Was kann der *Erklärende* vernünftigerweise mit solchen Worten meinen? Das kann zur Maßgeblichkeit der Verkehrssitte zurückführen, unter deren Herrschaft der Erklärende steht. Entsprechendes gilt, wenn die Beteiligten verschiedenen *Berufskreisen* angehören.

Neben der Berücksichtigung der Verkehrssitte und des Verkehrsüblichen ist bei länger dauernden Beziehungen darauf abzustellen, welchen Sinn der Empfänger aufgrund seiner Kenntnis von den *Gepflogenheiten des Erklärenden* dessen Erklärung beilegen mußte (Ausdrucksgewohnheiten, frühere Vereinbarung einer besonderen Bedeutung der Erklärungsmittel).

b) Wenn auch als Ziel der „Auslegung" nur der wirkliche Wille, soweit er **750** irgendwie erkennbar geäußert ist, in Betracht kommt, so dient doch die Erklärung wiederum als Mittel zur Offenbarung der wirklich verfolgten Geschäftsabsicht. Wird diese trotz falscher Bezeichnung dem Erklärungsempfänger richtig offenbart, ist das Ziel der Erklärung erreicht. Die *Auslegung* des ihm gegenüber geäußerten Willens ist *unnötig*, erst recht die Anfechtung. Die richtig verstandene Erklärung gilt in dem wirklich gemeinten Sinne.

> Diese Auffassung löst den Dualismus zwischen subjektiver Auslegung (Willensprinzip) und der notwendigen Verantwortlichkeit des Erklärenden für den objektiven Erklärungssinn befriedigend, ohne den klaren Grundsatz preiszugeben, daß die Auslegung nur Sinndeutung des erklärten Willlens ist.

Der *Vorrang des übereinstimmend Gewollten* gilt auch für den Fall, daß die Par- **751** teien den Gegenstand zwar übereinstimmend und eindeutig, aber objektiv falsch bezeichnet haben. Auch hier gilt die richtig verstandene Erklärung in dem wirklich gemeinten Sinne. Mit diesem Grundsatz löst sich das Problem des Vergreifens in den Erklärungsmitteln, die **falsa demonstratio** (vgl. auch unten Rdn. 774 f.).

> Daß das gemeinsam Gewollte maßgebend ist, entschied das RG in RGZ 99, 147: Verkauft war „Haakjöringsköd", das bedeutet in der norwegischen Sprache Haifischfleisch, gemeint war beiderseits Walfischfleisch; folglich war Walfischfleisch geschuldet und zu liefern.

Ähnliche Grundsätze sind auch für die *objektiv mehrdeutige Erklärung* anzuwen- **752** den. Falls der Empfänger die Erklärung in ihrer vom Erklärenden gewollten Bedeutung richtig verstanden und sich darauf eingelassen hat, so muß er sie in diesem Sinne gelten lassen. Es gilt das übereinstimmend Gewollte. Dies trifft jedoch nicht zu, wenn der Erklärungsgegner die Erklärung wegen ihrer Mehrdeutigkeit abgelehnt hat; bei Zweifeln muß er nachfragen.

Das Gesetz hat im übrigen für viele Fälle durch *Auslegungsregeln* von zwei **753** Möglichkeiten die eine oder andere bevorzugt, um dem Streit über die Bedeutung einer Erklärung vorzubeugen (z. B. §§ 314, 455).

2. Bei den **nicht empfangsbedürftigen** Erklärungen sind alle möglichen Um- **754** stände, sonstige Äußerungen des Erklärenden, Gewohnheiten usw. zu berücksichtigen, sofern im Verhalten des Erklärenden zusammen mit diesen Umständen eine, wenn auch unvollkommene Äußerung des fraglichen Willensinhalts gefunden werden kann. Immer aber muß der wirkliche innere Wille irgendwie einen

Ausdruck gefunden haben. Ist dies nicht der Fall, kann der wirkliche innere Wille nur durch Anfechtung zum Tragen kommen.

> Das gilt vor allen Dingen für die *Auslegung von Testamenten.* Hier werden zwar Außenstehende in ihren Interessen betroffen, jedoch sind sie nicht Adressaten der Erklärung. § 2084 gibt der Auslegung eines Testaments Vorrang, die den Erfolg der Verfügung sichert, d. h. dem Willen des Testators wird Vorrang vor dem Schutz der Betroffenen eingeräumt. die Auslegung bezweckt damit, den Willen des Testators zum Tragen zu bringen; sie hat deshalb Vorrang vor der Anfechtung, die wegen ihrer rein negativen Auswirkung den Willen des Testators völlig ausschaltet (LANGE/KUCHINKE § 33 I 3). Allerdings muß der wirkliche innere Wille des Testators in der entsprechenden Form einen Ausdruck gefunden haben. Eine rein subjektive Auslegung ist nicht statthaft.

Äußert dagegen eine nicht empfangsbedürftige Erklärung *Wirkung gegenüber der Allgemeinheit* oder einem bestimmten Personenkreis, so ist, sofern Umstände für die Auslegung zu berücksichtigen sind, auf die Verständnismöglichkeit des jeweiligen Personenkreises abzustellen.

III. Auslegung formgebundener Erklärungen

755 Die Auslegungsgrundsätze gelten auch für formgebundene Erklärungen.

Dabei ist nach dem *Zweck der Formvorschrift* zu unterscheiden. Dient die Form lediglich dem *Schutz der Vertragsparteien,* können Umstände zur Auslegung herangezogen werden, die von den Parteien ihren Erklärungen zugrundegelegt wurden, sofern sie in der Urkunde einen, wenn auch nur unvollkommenen Ausdruck gefunden haben (Andeutungstheorie, so die h. M., vgl. das RG seit RGZ 59, 217, 219 sowie BGHZ 80, 246, 249 f; 87, 150, 154); Umstände, die völlig außerhalb der Beurkundung liegen, bleiben außer Betracht (BGH NJW 1980, 1572, 1574). Jedoch ist der Auslegung eines Testaments selbst durch einen „klaren und eindeutigen" Wortlaut keine Grenze gesetzt (so BGH NJW 1983, 672 ff).

756 Das RG hat von diesen Kriterien in den Fällen der falsa demonstratio abgesehen (vgl. RGZ 109, 334, 336). Die Argumentation ging dahin, es liege, wenn beim formfreien Geschäft die Willensübereinstimmung beachtet werden durfte, auch wenn der wahre Wille in der Erklärung nicht zum Ausdruck kam, kein innerer Grund vor, davon beim förmlichen Geschäft eine Ausnahme zu machen. Auf eine Erklärung des wahren Willens werde auch hier verzichtet, weil die formgerechte Fehlerklärung ihn den Beteiligten tatsächlich offenbare.

> Neuerdings bestehen Bedenken, die für die falsa demonstratio angewandte Ausnahmeregelung auch für formgebundene Rechtsgeschäfte gelten zu lassen (vgl. insbesondere WIELING aaO, S. 297, 307 ff; differenzierend LÜDERITZ aaO, S. 186 ff). Der Bundesgerichtshof hatte die Bedenken bezüglich § 313 aufgegriffen, ohne sich zunächst zu

entscheiden (BGHZ 74, 116, 119 f); nach erneuter Überprüfung hat der BGH keinen Anlaß gesehen, von der bisherigen Rechtsprechung zur Unschädlichkeit einer versehentlichen Falschbezeichnung im Rahmen des § 313 abzuweichen (BGHZ 87, 150, 152 ff; NJW-RR 1988, 970 f).

Schließt sich an den Kaufvertrag die Auflassung und Eintragung an, so ist eine **757** falsche Bezeichnung des aufgelassenen Grundstücks in der Auflassungsurkunde richtigzustellen. § 28 GBO schreibt vor, daß der Eintragungsbewilligung die mit dem Grundbuch übereinstimmende Bezeichnung des Grundstücks zugrundegelegt werden muß. Falls sich der Verkäufer weigern sollte, eine solche richtige Bezeichnung des wirklich gemeinten Grundstücks vorzunehmen, müßte er aufgrund des richtig ausgelegten Kaufvertrages auf Abgabe einer ordnungsmäßigen Eintragungsbewilligung verklagt werden.

Dient die Form über die Vertragsparteien hinaus auch dem *Schutz Dritter*, so **758** sind für die Auslegung einer formgebundenen Erklärung strengere Maßstäbe zu fordern. Die Heranziehung von Umständen, die Dritten nicht erkennbar sind, ist generell nicht zulässig.

So hat z. B. der BGH in ständiger Rechtsprechung für Auslegung von Wechselerklärungen betont, daß außer der Urkunde selbst nur solche Umstände heranzuziehen sind, die einem am Begebungsvertrag nicht beteiligten Dritten mutmaßlich bekannt sind oder von ihm ohne Schwierigkeiten erkannt werden können (BGHZ 64, 11, 14).

IV. Verwahrung (protestatio)

Die Möglichkeit, den Geschäftswillen konkludent zu erklären, bringt die Gefahr **759** mit sich, daß unter Umständen die Willenserklärung anders als gewollt aufgefaßt wird. Der Erklärende will sich vor dieser möglichen Deutung schützen, indem er sich dagegen durch eine Erklärung verwahrt.

Der Besitzer eines Erbschaftsgegenstandes verwahrt sich z. B. dagegen, daß seine Maßnahmen zur Erhaltung des Gegenstandes als Annahme der Erbschaft gedeutet werden. Entsprechendes gilt, wenn sich eine Partei bei einem Vergleichsangebot aus Kulanz ohne ausdrückliche Anerkennung einer Rechtspflicht zur Zahlung eines Betrages bereit erklärt.

Die Verwahrung darf jedoch dem *eindeutig* zum Ausdruck gebrachten Erklärungstatbestand nicht widersprechen (so, wenn jemand eine Vertragsofferte zu einer entgeltlichen Leistung – gebührenpflichtiger Parkplatz, öffentliche Verkehrsmittel, Brötchen auf dem Gasthaustisch – seinem äußeren Verhalten nach durch konkludente Willenserklärung annimmt und sich zugleich hiergegen verwahrt; vgl. BGHZ 21, 319 ff). Es handelt sich in diesen Fällen um eine unbeachtliche **protestatio facto contraria**, die ein Unterfall des *venire contra factum proprium* darstellt. Vgl. zur Verwahrung gegen sozialtypisches Verhalten oben Rdn. 693 f und unten Rdn. 1013 ff.

Diese Differenzierung hatten schon das Badische LR, S. 1108 c, das Sächsische BGB in §§ 139 ff und der Dresdner Entwurf in Art. 44 enthalten. Die Regelung wurde im Vorentwurf von GEBHARD zum Ersten Entwurf des BGB (GEBHARD Entwurf des Allgemeinen Theils, 1881, abgedruckt in: Vorentwürfe der Redaktoren zum BGB, hrsg. von W. Schubert, 1981) in § 91 wie folgt vorgesehen: „Die Annahme, daß eine stillschweigende Willenserklärung vorliege, ist ausgeschlossen, wenn sich der Urheber ausdrücklich dagegen verwahrt hat, daß in seinem Verhalten eine solche zu finden sei. Die Verwahrung ist unwirksam, wenn das Verhalten keine andere Auslegung zuläßt, als diejenige, gegen welche die Verwahrung eingelegt ist". Da man von einer Begriffsbestimmung der konkludenten Willenserklärung absah, entfiel auch die Übernahme dieser Vorschrift (Mot. I, 154).

Es wird erörtert, ob man die Verwahrung unter dem Begriff der Auslegung erfassen kann (vgl. hierzu ausführlich TEICHMANN Die protestatio facto contraria, Festschrift Michaelis, 1972, 294 ff). Soweit sie zulässig ist, wirkt der Verwahrende einer nicht gewollten Deutung entgegen; sie ist insofern ein Gegenmittel gegen mögliche Auslegung. Widerspricht jedoch die Verwahrung dem eindeutigen konkludenten Verhalten, so ist für die Auslegung kein Raum.

§ 36
Willensmängel

760 Wenn die Rechtsordnung an die Willenserklärung Wirkungen knüpft, so geht sie davon aus, daß der Wille in der Erklärung fehlerfrei zum Ausdruck kommt. Es kann jedoch die Erklärung dem Geschäftswillen des Erklärenden nicht entsprechen, obwohl die tatbestandlichen Voraussetzungen für eine wirksame Willenserklärung (vgl. oben § 32) vorliegen. Bei diesen Willensmängeln unterscheidet man die Fälle einer *bewußten Abweichung* des Willens von der Erklärung und die einer *unbewußten Divergenz* zwischen Wille und Erklärung (Irrtum).

Für diese Fälle stellt sich die Frage, ob der Erklärende am erkennbaren Sinn seiner Erklärung festgehalten werden oder ob dem wirklichen Willen des Erklärenden Rechnung getragen werden soll. Hierbei nimmt das BGB einen vermittelnden Standpunkt zwischen Erklärungs- und Willenstheorie ein (vgl. zum Grundsätzlichen oben Rdn. 673 ff). Das Gesetz hält zwar den wirklichen Willen des Erklärenden für maßgebend (der Willensmangel hat grundsätzlich Nichtigkeit oder Anfechtbarkeit zur Folge), der Erklärende muß sich jedoch unter bestimmten Umständen zum Schutz des Erklärungsgegners den objektiven Erklärungsgehalt zurechnen lassen. Deshalb hat der Gesetzgeber in einigen Fällen die Maßgeblichkeit des Willens eingeschränkt; er hat den geheimen Vorbehalt für unbeachtlich erklärt und, soweit der Irrtum gem. § 119 zur Anfechtung berechtigt, die Anfechtungsmöglichkeit mit der Pflicht zum Ersatz des Vertrauensschadens verknüpft (§ 122).

Zu beachten ist weiterhin, daß die Regelung des Gesetzes nur für Willenserklärungen, unter Umständen auch für geschäftsähnliche Handlungen, jedoch nicht für sonstiges rechtswirksames Verhalten (vgl. oben Rdn. 592) Anwendung findet.

Als Rechtsfolgen der Willensmängel sieht das Gesetz Nichtigkeit ipso iure oder Vernichtbarkeit, d. h. Nichtigkeit als Folge der Anfechtung (§ 142), vor. Im Interesse des Verkehrsschutzes erfahren die Rechtsfolgen jedoch teilweise Einschränkungen, so z. B. im Gesellschafts- und Arbeitsrecht.

A. Bewußtes Abweichen von Wille und Erklärung

BAECK Das Scheingeschäft – ein fehlerhaftes Rechtsgeschäft, 1988; BAER Scheingeschäfte, 1931; HOLZHAUER Dogmatik und Rechtsgeschichte der Mentalreservation, Festschrift Gmür 1983, 119 ff; HONSELL In fraudem legis agere, Festschrift Kaser, 1976, 111 ff; KIEHL Schutz des Dritten gegen Scheingeschäfte, Gruchot 63 (1919), 558 ff; KOHLER Studien über Mentalreservation und Simulation, JherJB. 16, 91 ff; MICHAELIS Scheingeschäft, verdecktes Geschäft und verkleidetes Geschäft im Gesetz und in der Rechtspraxis, Festschrift Wieacker 1978, 444 ff; OERTMANN Scheingeschäft und Kollusion, Recht 1923 (Bd. 1 Abhandlungen), 74 ff.

I. Geheimer Vorbehalt (Mentalreservation)

Behält sich der Erklärende insgeheim vor, das Erklärte nicht zu wollen, so ist **761** danach zu unterscheiden, ob der Erklärungsgegner den geheimen Vorbehalt kennt oder nicht.

1. Der vom Gegner nicht gekannte Vorbehalt ist unbeachtlich, die Willenserklärung ist *gültig* (§ 116 S. 1). Die Unbeachtlichkeit des geheimen Vorbehalts ist eine zwingende Anforderung der Verkehrssicherheit, die Rechtsordnung würde anderenfalls die bewußte Unwahrheit, die Lüge, begünstigen.

> Auf das Motiv des Vorbehalts kommt es nicht an. Unter § 116 S. 1 fällt auch der sogenannte böse Scherz, bei dem der Erklärende erwartet, daß seine Erklärung ernst genommen werde, oder doch annimmt, daß sie ernst genommen werden könnte. Wird dagegen die scherzhafte Erklärung in der Erwartung abgegeben, daß sie vom Gegner als solche erkannt wird, so greifen die §§ 118, 122 ein.
>
> Wenn ein Vertreter erkennbar namens des Vertretenen einen Rechtserwerb vornimmt, ist sein stiller Vorbehalt, nicht für jenen, sondern für sich zu erwerben, bedeutungslos, sofern der Veräußerer den Vorbehalt nicht kennt; es erwirbt der Vertretene (RG WarnRspr. 1909 Nr. 124).

2. Der dem Gegner bekannte Vorbehalt macht die Erklärung *nichtig* (§ 116 S. 2). **762** Hier entfällt das Schutzbedürfnis, der Gegner wird nicht getäuscht. Das Gesetz bevorzugt in diesem Fall den Willen des Erklärenden (zur Kritik vgl. LARENZ AT § 20 I a).

Für die gesetzliche Regelung ist gleichgültig, auf welche Weise der Gegner die Kenntnis erlangt hat; bei einem in der Erklärung zum Ausdruck gelangten Vorbehalt will das RG (RGZ 78, 371, 376 f) § 116 S. 2 entsprechend anwenden. Eine fahrlässige Unkenntnis vom Vorbehalt führt nicht zur Nichtigkeit gem. § 116 S. 2).

§ 116 findet für die Eheschließung keine Anwendung (vgl. §§ 16 ff EheG).

II. Das Scheingeschäft

763 1. a) Gibt jemand eine empfangsbedürftige Willenserklärung mit Einverständnis des Empfängers nur zum Schein ab (**simuliertes Geschäft**), so ist sie *nichtig* (§ 117 I). Da die Parteien einverständlich die Rechtswirkungen der Erklärungen nicht herbeiführen wollen und insofern ein Geschäftswille nicht vorhanden ist, besteht kein Interesse am Bestand der Erklärung (BGHZ 36, 84, 86 ff).

Der *Unterschied* des Scheingeschäfts *zum gekannten geheimen Vorbehalt* liegt darin, daß dem Empfänger das Fehlen des Geschäftswillens nicht bloß bekannt ist, sondern daß er mit der Abgabe der Scheinerklärung einverstanden ist, mit dem Erklärenden gemeinsame Sache macht. Zum Begriff des Scheingeschäfts gehört aber nicht notwendig, daß es auf die Täuschung eines Dritten gerichtet ist (RGZ 90, 273, 277).

Für die *Eheschließung* findet § 117 keine Anwendung, wie sich aus den abschließend aufgeführten Nichtigkeits- und Aufhebungsgründen des EheG (§§ 16 ff, 28 ff) ergibt.

764 Wollen bei einer Rechtsübertragung die Parteien – wenn auch nur zur Gläubigerbenachteiligung – den von der Rechtsordnung mißbilligten Rechtserfolg, so ergibt sich daraus noch *nicht der Charakter eines Scheingeschäftes*. Soll z. B. ein Vermögensgegenstand auf einen anderen übertragen werden, lediglich um ihn dem Zugriff der Gläubiger zu entziehen, so ist dies kein Fall des § 117, weil der erstrebte, wenn auch mißbilligte Zweck nur bei Gültigkeit erreicht werden kann und das Rechtsgeschäft daher ernstlich gewollt ist (BGHZ 36, 84, 88). Die Mißbilligung durch die Rechtsordnung wird auf andere Weise durchgesetzt, so z. B. durch die Vorschriften über die Gläubigeranfechtung (§§ 29 ff KO, 3 ff AnfG, s. auch 850 h ZPO; vgl. hierzu unten Rdn. 967).

765 Ähnlich sind *Umgehungsgeschäfte* zu beurteilen, bei denen die Parteien den rechtlichen Erfolg des abgeschlossenen Geschäfts wollen, weil sie unerwünschte Rechtsfolgen, die sich an das umgangene Rechtsgeschäft anknüpfen würden, vermeiden möchten; z. B. wenn bei einem Gebrauchtwagengeschäft statt zweier hintereinandergeschalteter Kaufverträge zwischen Verkäufer und Autohändler bzw. diesem und dem Käufer lediglich ein vom Händler vermittelter Kaufvertrag zwischen Verkäufer und Käufer abgeschlossen wird, um die Mehrwertsteuer zu sparen (wegen des seit 1990 geltenden § 25 a UStG dürfte diese Gestaltung an Bedeutung verlieren).

766 Auch das *Treuhandgeschäft* ist kein Scheingeschäft, da der Rechtserfolg ernsthaft gewollt ist; so soll z. B. bei der Sicherungsübereignung der Rechtserfolg des Eigentumsübergangs eintreten, wenn auch im Innenverhältnis dem Sicherungseigentümer schuldrechtliche Bindungen auferlegt werden (vgl. im einzelnen unten Rdn. 1189).

767 Gleichfalls ist das Rechtsgeschäft mit einem *Strohmann* kein Scheingeschäft; dies gilt für die vom Hintermann mit dem Strohmann getroffenen Vereinbarungen ebenso, wie für die vom Strohmann mit Dritten vorgenommenen Geschäfte (vgl. hierzu unten

Rdn. 1204 ff). Auch die Einschaltung eines Strohmannes bei Abschluß eines GmbH-Gesellschaftsvertrages wurde von der Rechtsprechung (BGHZ 21, 378, 381) nicht als Scheingeschäft angesehen (heute durch die Zulassung der Einmann-GmbH Gründung, § 1 GmbHG, überholt).

768 b) *Dritten gegenüber* kann sich die Nichtigkeit des Scheingeschäftes *zum Vorteil* auswirken. Der Gläubiger des „Veräußerers" kann z. B. den durch Scheingeschäft veräußerten Gegenstand noch pfänden.

Andererseits kann sich die Nichtigkeit auch *zum Nachteil Dritter* auswirken. Hat z. B. ein Dritter vom „Scheinerwerber" eine Sache erworben, so muß er sie grundsätzlich an den Eigentümer herausgeben; hat er an den „Scheinerwerber" einer Forderung gezahlt, so muß er an den wahren Gläubiger nochmals zahlen. Es greifen aber die Vorschriften zum Schutz des guten Glaubens ein (z. B. §§ 892 ff; 932 ff; für die Fälle der Forderungsabtretung bietet ggf. § 405 Schutz).

Darüber hinaus können zugunsten gutgläubiger Dritter *allgemeine Grundsätze des Vertrauensschutzes* eingreifen, sofern deren tatbestandliche Voraussetzungen vorliegen (vgl. oben Rdn. 586 ff).

Das gilt z. B. für den Fall in RGZ 90, 273 ff, in dem der Scheinzessionar einer Briefhypothek ohne öffentliche Beglaubigung diese an einen Dritten weiterübertragen hatte und der ursprüngliche Hypothekengläubiger unter Berufung auf das ursprüngliche Scheingeschäft nunmehr die Herausgabe des Hypothekenbriefes verlangt. Das RG hat den Anspruch unter Heranziehung der exceptio doli verneint.

Außerdem kann dem durch ein Scheingeschäft geschädigten Dritten ein *Schadensersatzanspruch aus unerlaubter Handlung* (z. B. § 823 II i.V.m. § 263 StGB; § 826) erwachsen.

Wer als Dritter mit einem Vertreter zum Nachteil des Vertretenen kolludiert, kann sich gegenüber dem Vertretenen auf die Scheinnatur des Geschäftes nicht berufen. Der Dritte täuscht dem Vertretenen als seinem eigentlichen Geschäftsgegner das Vorhandensein eines Geschäftswillens vor, wie wenn er ihm die Erklärung ohne das Zwischenglied eines Vertreters abgeben würde. Das Verhalten des Dritten ist daher als geheimer Vorbehalt gemäß § 116 zu werten (vgl. RGZ 134, 33, 37).

769 2. Vom Scheingeschäft ist das **verdeckte (dissimulierte) Geschäft** zu unterscheiden. Nicht selten dient das Scheingeschäft dazu, ein anderes ernsthaft gewolltes Geschäft zu verdecken; z. B. wenn der Verkauf eines Grundstücks zu einem niedrigeren Kaufpreis aus Gründen der Steuer- und Gebührenersparnis den ernstlich gewollten Verkauf zu einem höheren Kaufpreis verdeckt (sog. *Schwarzkauf*). Dann ist das Geschäft nach den für das verdeckte Geschäft geltenden Rechtssätzen zu beurteilen, bedarf also namentlich der hierfür vorgeschriebenen Form. In diesem Falle ist der beurkundete Vertrag nach § 117 nichtig, aber auch der wirklich gewollte (dissimulierte) Kauf, weil dieser der gesetzlichen Form entbehrt (§§ 313, 125; vgl. zur Formnichtigkeit allgemein unten Rdn. 868 ff); erst durch Auflassung und Eintragung des Käufers als Eigentümer wird nach § 313 S. 2 der Mangel der

Form beim verdeckten Geschäft geheilt (RGZ 78, 115, 119 f; 104, 102, 104 f; 129, 150, 152; BGHZ 54, 56, 63).

770 Diese Grundsätze gelten nur, wenn *bewußt* (zum Schein) ein anderes Rechtsgeschäft verdeckt wird. Haben die Parteien dagegen *irrtümlich* bei einem formbedürftigen Rechtsgeschäft den Vertragsgegenstand falsch bezeichnet, so können die Auslegungsgrundsätze zur *falsa demonstratio* herangezogen werden (RGZ 109, 334, 336; vgl. auch BGHZ 74, 116, 119; siehe oben Rdn. 755 ff).

> Den notariell beurkundeten Scheinverkauf eines Grundstücks, durch den eine *Schenkung* – z. B. um eine Gläubigeranfechtung zu vermeiden – verdeckt werden soll, hat das RG als wirksame Schenkung gelten lassen, da für § 518 nicht erforderlich sei, daß die schenkweise eingegangene Leistungsverpflichtung in der Urkunde ihren Ausdruck finde (RGZ 98, 124, 127).

Zu beachten bleibt, daß das verdeckte Geschäft über den *Kauf beweglicher Sachen* wirksam ist, da das Gesetz in diesem Fall keine Form vorschreibt.

Auch für die *steuerliche Behandlung* ist das verdeckte Rechtsgeschäft maßgebend (§ 41 II 2 AO).

III. Die nicht ernstlich gemeinte Erklärung

771 Die *sogenannte Scherzerklärung*, die in der Erwartung abgegeben wird, der Mangel der Ernstlichkeit werde nicht verkannt werden, hat Nichtigkeit zur Folge (§ 118). Da der Erklärende Erklärungsbewußtsein hat, liegt zwar der Tatbestand einer Willenserklärung vor, jedoch fehlt der Geschäftswille. Das Gesetz hält in diesem Falle das Fehlen des Geschäftswillens für maßgeblich, belastet den Erklärenden jedoch mit der Verpflichtung, dem Erklärungsgegner den Vertrauensschaden zu ersetzen (§ 122). In Betracht kommen Erklärungen im Scherz, aus Ironie (OLG Rostock OLGZ 40, 273) oder Prahlerei.

> Durch die Erwartung, der Mangel der Ernstlichkeit werde nicht verkannt werden, unterscheidet sich die Scherzerklärung vom geheimen Vorbehalt; wenn die Scherzerklärung in Täuschungsabsicht abgegeben wird (sog. böser Scherz), liegt ein Fall des § 116 vor (vgl. oben Rdn. 761).
>
> Mangels Erklärungsbewußtseins sind Erklärungen als Beispiele zu Lehrzwecken oder auf der Bühne keine Willenserklärungen.
>
> Für den Tatbestand der Scherzerklärung wird nicht vorausgesetzt, daß die Nichternstlichkeit aus der Erklärung und den Umständen für den Dritten ersichtlich ist. Jedoch kann dies für den Schadensersatzanspruch gemäß § 122 von Bedeutung sein (vgl. § 122 II).

772 Unter § 118 fällt auch das sogenannte *mißlungene Scheingeschäft*, bei dem der Erklärende glaubt, der Erklärungsgegner würde die Nichternstlichkeit der Willenserklärung erkennen und zum Schein darauf eingehen, wohingegen dieser die

Erklärung ernst nimmt und daher ein Scheingeschäft gemäß § 117 I nicht zustande kommt. Der Erklärungsgegner wird grundsätzlich auf die §§ 118, 122 verwiesen.

Allerdings hat das RG (RGZ 168, 204, 205 f) bei *Beurkundung* eines vom Erklärenden nicht ernstlich gewollten Geschäfts den Erklärenden nach Treu und Glauben an seiner Erklärung festgehalten und die subjektive Orientierung des § 118 deshalb korrigiert, weil im Gegensatz zu den Leitvorstellungen des Gesetzes die Erklärung in einer Vertragsurkunde niedergelegt und dadurch erhöhtes Vertrauen des Erklärungsgegners hervorgerufen worden war.

B. Unbewußte Nichtübereinstimmung von Wille und Erklärung – Irrtum

ADAMS Irrtümer und Offenbarungspflichten im Vertragsrecht, AcP 186 (1986), 453 ff; BROX Die Einschränkung der Irrtumsanfechtung, 1960; DANZ Über das Verhältnis des Irrtums zur Auslegung nach dem BGB, JherJb. 46 (1904), 381 ff; DIESSELHORST Zum Irrtum bei Vertragsschluß, Sympotika Wieacker, 1970, 180 ff; DREXELIUS Irrtum und Risiko, 1964; FLAD Irrtum über die Eigenschaften einer dritten Person, Gruchot 61 (1917), 1 ff; FLUME Eigenschaftsirrtum und Kauf, 1948, Neudruck 1975; J. v. GIERKE Sachmängelhaftung und Irrtum beim Kauf, ZHR 114 (1951), 73 ff; GIESEN Zur Relevanz des Kalkulationsirrtums, JR 1971, 403 ff; GOLTZ Motivirrtum und Geschäftsgrundlage im Schuldvertrag, 1973; GSCHNITZER Wesentlich und unwesentlich im BGB, AcP 121 (1923), 199 ff; HAUPT Die Entwicklung der Lehre vom Irrtum beim Rechtsgeschäft seit der Rezeption, 1941; HENLE Irrtum über die Rechtsfolgen, 1911; HEINRICH Die unbewußte Irreführung, AcP 162 (1963), 88 ff; ders., Die Unterschrift unter einer nichtgelesenen Urkunde, RabelsZ 35 (1971), 55, 64 ff; HÖNN Grundfälle zur Konkurrenz zwischen Sachmängelhaftung beim Stückkauf und Anfechtung wegen Willensmängel, JuS 1989, 293 ff; JAHR Geltung des Gewollten und Geltung des Nicht-Gewollten – Zu Grundfragen des Rechts empfangsbedürftiger Willenserklärungen, JuS 1989, 249 ff; JOHN Auslegung, Anfechtung, Verschulden beim Vertragsschluß und Geschäftsgrundlage beim sog. Kalkulationsirrtum, JuS 1983, 176 ff; KRAMER Zur Unterscheidung zwischen Motiv- und Geschäftsirrtum, ÖJZ 1974, 452 ff; KRÜCKMANN Kalkulationsirrtum und ursprüngliche Sinn-, Zweck- und Gegenstandslosigkeit, AcP 128 (1928), 157 ff; ders., Zum Kalkulationsirrtum, JW 1927, 2404 ff; LANGE Die Neugestaltung der Anfechtung und das Vertragsverhältnis, JherJb. 89 (1941), 288 ff; LEENEN Die Anfechtung von Verträgen – Zur Abstimmung zwischen § 142 Abs. 1 und §§ 119 ff BGB –, Jura 1991, 393 ff; LEIST Die Einschränkung der Irrtums- und Täuschungsanfechtung in der Praxis, AcP 102 (1907), 215 ff; LENEL Der Irrtum über wesentliche Eigenschaften, AcP 123 (1925), 161 ff; LESSMANN Irrtumsanfechtung nach § 119 BGB, JuS 1969, 478 ff, 525 ff; LOBEDANZ Der Einfluß von Willensmängeln auf Gründungs- und Beitrittsgeschäfte, 1938; LOCHER Geschäftsgrundlage und Geschäftszweck, AcP 121 (1923), 1 ff; MANIGK Irrtum und Auslegung, 1918; J. MAYER Der Rechtsirrtum und seine Folgen im bürgerlichen Recht, 1989; MAYER-MALY Rechtsirrtum und Rechtsunkenntnis als Probleme des Privatrechts, AcP 170 (1970), 133 ff; ders., Bemerkungen zum Irrtum über den Wert, Festschrift Pedrazzini, 1990, 343 ff; ders., Bemerkungen zum Kalkulationsirrtum, Festschrift Ostheim, 1990, 189 ff; NEUFFER Die Anfechtung der Willenserklärung wegen Rechtsfolgeirrtums, 1991;

OERTMANN Doppelseitiger Irrtum beim Vertragsschluß, AcP 117 (1919), 275 ff; OFTINGER Die ungelesene unterzeichnete Urkunde und verwandte Tatbestände, Festgabe Simonius, 1955, 263 ff; RAAPE Sachmängelhaftung und Irrtum beim Kauf, AcP 150 (1949), 481 ff; RIEZLER Zur Begrenzung des negativen Vertragsinteresses, DJZ 1912, 1176 ff; RITTNER Rechtswissen und Rechtsirrtum im Zivilrecht, Festschrift v. Hippel, 1967, 391 ff; ROTHOEFT System der Irrtumslehre als Methodenfrage der Rechtsvergleichung, 1968; SCHMIDT-RIMPLER Eigenschaftsirrtum und Erklärungsirrtum, Festschrift Lehmann I 1956, 213 ff; A. SÄCKER Irrtum über den Erklärungsinhalt, 1985; SCHMIDT-SALZER Gewährleistungsausschluß und Irrtumsanfechtung, JZ 1967, 661 ff; SCHMIEDEL Der allseitige Irrtum über die Rechtslage bei der Neuregelung eines Rechtsverhältnisses, Festschrift v. Caemmerer, 1978, 231 ff; SCHUBERT Zu einer Edition unveröffentlichter Materialien zum BGB – Zugleich ein Beitrag zur Entstehungsgeschichte des § 119 BGB, AcP 175 (1975), 426 ff; v. SCHWIND Der Irrtum im Verkehrsrecht des ABGB und BGB, JherJb. 89 (1941), 119 ff; SINGER Geltungsgrund und Rechtsfolgen der fehlerhaften Willenserklärung, JZ 1989, 1030 ff; SPIESS Zur Einschränkung der Irrtumsanfechtung, JZ 1985, 593 ff; TITZE Vom sog. Motivirrtum, Festschrift Heymann II, 1940, 72, Neudruck 1956; ders., Die Lehre vom Mißverständnis, 1910; v. TUHR Irrtum über den Inhalt einer Willenserklärung, LZ 1918, 126 ff; WIEACKER Gemeinsamer Irrtum der Vertragspartner und clausula rebus sic stantibus, Festschrift Wilburg, 1965, 229 ff; WIESER Der Kalkulationsirrtum, NJW 1972, 708 ff; ZITELMANN Irrtum und Rechtsgeschäft, 1879.

773 Der Irrtum ist Zwiespalt zwischen Vorstellung und Wirklichkeit. Ist wegen eines Irrtums eine Erklärung nicht, wie sie abgegeben wurde, gewollt, so wird der Erklärende bestrebt sein, sich von den Wirkungen dieser Erklärung zu lösen.

Im Interesse der Rechtssicherheit kann dies nur ausnahmsweise der Fall sein. Im Laufe der Rechtsentwicklung sind unterschiedliche Lösungsmodelle entworfen worden. Eine subjektive Orientierung wollte dem Erklärenden weitgehend gestatten, sich vom Erklärungsinhalt zu befreien, während andererseits durchaus gesehen wurde, daß das Interesse des Erklärungsgegners grundsätzlich ein Festhalten an der Erklärung verlangt („Ein Mann, ein Wort"). Eine Differenzierung wurde auch dadurch gesucht, daß nur ein unverschuldeter Irrtum dazu berechtigen sollte, sich von der Erklärung loszusagen.

Schließlich hat der BGB-Gesetzgeber in begrenztem Umfang dem Erklärenden die Möglichkeit eingeräumt, sich von der Bindungswirkung durch Anfechtung zu befreien und als Korrektiv zugunsten des Erklärungsgegners eine Ersatzpflicht für den Vertrauensschaden statuiert.

Das *Gesetz* berücksichtigt in den §§ 119, 120 folgende *Irrtumsfälle*:
– den Irrtum im Erklärungsakt (§ 119 I 2. Alt.)
– den Irrtum über den Erklärungsinhalt (§ 119 I 1. Alt.)
– den Irrtum über eine verkehrswesentliche Eigenschaft (§ 119 II)
– die unrichtige Botenübermittlung (§ 120).

Nicht entscheidend für die Anfechtungsmöglichkeit ist, ob der Erklärende sich in einem verschuldeten oder nicht verschuldeten Irrtum befand. Allerdings muß der Irrtum für die fehlerhafte Erklärung kausal gewesen sein.

Fehlvorstellungen im Vorfeld der Willensbildung (Irrtum im Beweggrund) sind dagegen grundsätzlich unbeachtlich. „Es genügt, daß jemand will; warum er will, ist regelmäßig gleichgültig." Eine Berücksichtigung dieses sog. *Motivirrtums* verbietet sich – bis auf Ausnahmen (vgl. unten Rdn. 786) aus Gründen der Rechtssicherheit.

I. Irrtumsfälle

1. Irrtum im Erklärungsakt (Erklärungsirrtum)

774 Ein Irrtum im Erklärungsakt ist dann gegeben, wenn der Erklärende „eine Erklärung diesen Inhalts überhaupt nicht abgeben wollte" (§ 119 I 2. Alt.). Hierher gehören insbesondere die Fälle des Versprechens, Verschreibens, Vergreifens.

Vergreifen liegt z. B. dann vor, wenn jemand infolge Unachtsamkeit von zwei Vertragsentwürfen denjenigen unterschreibt, den er nicht unterschreiben wollte.
Wenn einer Hilfskraft (Sekretärin) ein Schreibfehler unterläuft, den der Erklärende nicht bemerkt, stellt auch dies einen Fall des Erklärungsirrtums durch Verschreiben dar.
Verschreiben kann auch bei einer maschinell hergestellten Erklärung gegeben sein, wenn z. B. bei einem Defekt eines Schreibautomaten etwas falsch ausgedruckt wird.

775 Der Erklärungsirrtum setzt voraus, daß der Erklärende überhaupt eine Erklärung abgeben wollte, d. h. Erklärungsbewußtsein hatte. Fehlt das Erklärungsbewußtsein, so kann allenfalls der Anschein einer Willenserklärung entstanden sein, woran sich möglicherweise eine Haftung aus rechtswirksamem Verhalten anschließt (vgl. hierzu oben Rdn. 681 ff). Eine Anfechtung ist in diesen Fällen ausgeschlossen.
Abzugrenzen vom Erklärungsirrtum ist weiterhin die *falsa demonstratio*, bei der der Vertragsgegenstand zwar falsch bezeichnet wird, jedoch vom Erklärungsgegner im wirklich gemeinten Sinne ausgelegt und verstanden wird. Da die Parteien trotz objektiv falscher Bezeichnung übereinstimmend das Richtige wollen, scheidet eine Irrtumsanfechtung aus (falsa demonstratio non nocet; vgl. oben Rdn. 751).

2. Irrtum über den Erklärungsinhalt (Inhaltsirrtum)

776 Ein Inhaltsirrtum ist gegeben, wenn der Erklärende eine irrige Vorstellung über die inhaltliche Tragweite seiner Erklärung hat, also ein Mangel im Geschäftswillen vorliegt.
Der Inhaltsirrtum unterscheidet sich vom Erklärungsirrtum dadurch, daß bei ihm der Erklärende eine richtige Vorstellung von dem tatsächlichen Erklärungsakt hat, daß er damit aber etwas anderes zum Ausdruck gebracht hat, als er inhaltlich wollte.

Diese Unterscheidung wird auf die Formel gebracht: Beim Inhaltsirrtum will der Erklärende nicht, was er sagt, beim Erklärungsirrtum sagt er etwas, was er nicht sagen will.

777 Auszugehen ist vom *objektiven Erklärungsinhalt*, der zunächst *gegebenenfalls durch Auslegung zu ermitteln* ist. Ergibt die Auslegung, daß der Geschäftswille in der Erklärung einen zutreffenden Ausdruck gefunden hat, so liegt ein Irrtum *nicht* vor.

Ergibt sich trotz Auslegung ein Auseinanderfallen von Wille und Erklärung, so steht dem Erklärenden die Möglichkeit der Anfechtung offen.

Daraus folgt, daß die Auslegungsmöglichkeit vor der Anfechtung zu prüfen ist (vgl. oben Rdn. 746).

778 *a)* Beim Inhaltsirrtum werden herkömmlich verschiedene *Fallgruppen* unterschieden:

aa) Identitätsirrtum

Ein *error in persona* liegt vor, wenn der Erklärende über die *Identitätsmerkmale* einer beteiligten Person irrt. *Außer Betracht* bleiben für die Anwendung des § 119 I die *Eigenschaften* einer Person, sofern sie nicht zur Individualisierung dienen; sie können gegebenenfalls im Rahmen des § 119 II Berücksichtigung finden.

Dem Hauseigentümer V empfiehlt der Freund Schmitz seinen studierenden Sohn als Mieter. Bei V erscheint ein Student gleichen Namens, den V für den Sohn seines Freundes hält; den mit diesem abgeschlossenen Mietvertrag kann er wegen Irrtums über die Person anfechten.

779 Ein Identitätsirrtum kann sich auch im Hinblick auf einen Gegenstand ergeben – *error in objecto*. Auch hier kommt nur eine irrige Vorstellung bezüglich der *Individualisierung* (Kennzeichnung) des Gegenstandes in Betracht, nicht über solche Eigenschaften, die nicht der Kennzeichnung dienen.

Verkauft jemand, der in seiner Wohnung zwei Bismarckbilder hängen hat, am Biertisch das Bismarckbild, das in seinem Arbeitszimmer hängt, ohne dabei zu wissen, daß seine Frau inzwischen die Bilder umgehängt hat, so liegt ein error in objecto vor.

780 *bb)* Ein Inhaltsirrtum ist auch die irrige Vorstellung über den **Typus des Geschäfts**.

Wer in einer „Leihbücherei" sich ein Buch aushändigen läßt, ohne zu wissen, daß er hierfür ein Entgelt zu entrichten hat, kann seine Erklärung anfechten, da er von einem Leihvertrag, nicht von einer Miete ausging.

Da der Geschäftstypus zu den wesentlichen Bestandteilen eines Rechtsgeschäfts (essentialia negotii) gehört, wird ein derartiger Irrtum als *error in negotio* bezeichnet.

781 *cc)* Mit dem Irrtum über den Geschäftsinhalt kann sich der Irrtum über die Bedeutung eines in der Erklärung verwandten Begriffes überschneiden. Dieser Irrtum wird auch als *Verlautbarungsirrtum* bezeichnet. Es handelt sich insbeson-

Willensmängel § 36 B I 2

dere um die Verwendung von Fachausdrücken, die dem Erklärenden nicht geläufig sind, oder um Fremdsprachenbegriffe, die der Erklärende nicht beherrscht.

Wenn eine Schulleiterin 25 Gros Rollen WC-Papier in der Annahme bestellt, es handele sich um 25 Doppelpackungen, während dies die Mengenangabe für 3600 Rollen bedeutet, so ist dies ein Inhaltsirrtum (vgl. LG Hanau NJW 1979, 721).

Um einen Verlautbarungsirrtum handelt es sich auch, wenn ein Kaufmann Handelsklauseln (z. B. Incoterms) verwendet, von deren Inhalt er sich eine falsche Vorstellung macht; er wird jedoch in der Regel deswegen nicht anfechten können, weil ihn aufgrund der gesteigerten Vertrauens- bzw. Verkehrsschutzbedürfnisse des Handelsverkehrs eine qualifizierte Sorgfaltspflicht trifft (K. SCHMIDT Handelsrecht, 3. Aufl. 1987, § 18 IV 2).

b) Abgrenzungsfragen

aa) Auch der **Irrtum über Rechtsfolgen** kann Inhaltsirrtum sein, im Interesse der **782** Rechtssicherheit jedoch nur, soweit die Rechtsfolgen *unmittelbar* Gegenstand der Erklärung sind und für dessen rechtliche Kennzeichnung wesentliche Bedeutung haben. Dagegen ist der Irrtum über weitere Rechtsfolgen, die lediglich das Gesetz an die Willenserklärung knüpft, unbeachtlich. Auch Rechtsfolgen, die sich aus ergänzender Vertragsauslegung ergeben, können nicht der Irrtumsanfechtung unterliegen.

Schließt z. B. jemand einen Mietvertrag, obwohl er nur leihen will, so ist dies bereits nach dem Grundsatz, daß die wesentlichen Bestandteile eines Rechtsgeschäfts richtig erfaßt sein müssen, als beachtlicher Inhaltsirrtum anzusehen. Hat jedoch der Verkäufer eine unrichtige Vorstellung über die Mängelhaftung oder der Mieter Unkenntnis vom Vermieterpfandrecht, so sind diese gesetzlichen Folgen für die Vorstellung vom Geschäftsinhalt unbeachtlich, sofern sie nicht zum Inhalt der Erklärung gemacht worden sind.

Daher hält die Rechtsprechung den Irrtum über Rechtsfolgen nur dann für erheblich, wenn infolge der Verkennung seiner rechtlichen Bedeutung ein Rechtsgeschäft erklärt worden ist, das eine von der gewollten wesentlich verschiedene Rechtswirkung erzeugt, nicht aber dann, wenn ein irrtumsfrei erklärtes und gewolltes Geschäft außer der erstrebten Wirkung noch andere, nicht erkannte und nicht gewollte Nebenfolgen hervorbringt (st. Rspr., vgl. z. B. RGZ 134, 195, 197 f; BGHZ 70, 47, 48 f).

bb) Problematisch ist die Einordnung des sog. **Kalkulationsirrtums**; der Erklä- **783** rende irrt sich dabei entweder bei der Berechnung der Summe oder legt irrtümlich einen falschen Berechnungsfaktor zugrunde.

Das RG hat den Kalkulationsirrtum, der an sich als unbeachtlicher Motivirrtum angesehen werden muß, dann als Inhaltsirrtum (sog. *externer oder offener* Kalkulationsirrtum) qualifiziert, wenn der Erklärungsgegner aufgrund der Erklärung selbst oder der für den Vertragsschluß entscheidenden Verhandlungen erkannte oder erkennen konnte, daß der Erklärende von einer unzutreffenden Berechnung ausging (RGZ 64, 266, 268; 162, 198, 201; so auch OLG München NJW-RR 1990, 1406). Diese Auffassung bringt die Gefahr einer Ausweitung der Irrtumsanfechtung mit sich und hat infolgedessen zu berechtigter Kritik Anlaß gegeben (Enn./Nipperdey § 167 IV 4; Larenz Geschäftsgrundlage und Vertragserfüllung, 3. Aufl. 1963, 28 ff; AT § 20 II a; Flume II § 26, 4 b; Soergel/Hefermehl § 119 Rdn. 30; Medicus AT Rdn. 757 ff). Insbesondere wird darauf abgestellt, daß § 119 I von einem Auseinanderfallen von Wille und Erklärung ausgeht, beim Kalkulationsirrtum Wille und Erklärung im Zeitpunkt der Erklärungsabgabe jedoch übereinstimmen. Infolgedessen ist in gravierenden Fällen, sofern nicht schon durch Auslegung eine Richtigstellung erfolgen kann (so schon RGZ 64 aaO), auf den Wegfall der Geschäftsgrundlage oder auf beiderseitigen Irrtum abzustellen (vgl. hierzu unten Rdn. 806 ff). Der BGH hat die Frage, wie der Kalkulationsirrtum einzuordnen ist, letztlich offengelassen, da die anstehenden Fälle eine Entscheidung in dieser Hinsicht nicht erforderlich machten (BGH NJW 1981, 1551 f; NJW-RR 1986, 569 f).

Der interne (verdeckte) Kalkulationsirrtum ist grundsätzlich unbeachtlich. (Krit. Flume AT II § 23 2 a; MünchKomm/Kramer § 119 Rdn. 72 f).

784 *cc)* Auch die Abgrenzung zwischen Inhalt der Erklärung und **Vorstellung über Eigenschaften** ist schwer zu treffen. Soweit Eigenschaften zur Individualisierung der Geschäftspartei oder des Geschäftsgegenstandes verwendet und damit erkennbar zum Inhalt der Erklärung gemacht werden, ist der Irrtum ein Inhaltsirrtum gem. § 119 I.

> Das Problem stellt sich bei der Speziesschuld; unbestritten ist hingegen, daß bei Gattungssachen Eigenschaften zur Individualisierung (limitierte Gattungsschuld) dienen.

785 Darüber hinaus sollen nach der *Lehre von der „Sollbeschaffenheit"* über individualisierende Eigenschaften hinaus auch solche, die die Sollbeschaffenheit charakterisieren, Inhalt der Erklärung werden können; denn der Gegenstand sei nicht von seinen Eigenschaften zu trennen. Die Vorstellung von den Eigenschaften des individualisierten Leistungsgegenstandes sei nicht nur ein dem rechtsgeschäftlichen Willen vorgelagertes Motiv, sondern auch Inhalt des erklärten rechtsgeschäftlichen Willens (vgl. Soergel/Hefermehl § 119 Rdn. 25 m.w.N.). Demgegenüber ist, um den Motivirrtum systematisch gesichert einzuordnen, die Berücksichtigung eines Irrtums über Eigenschaften, die über die Individualisierung hinausgehen – mit Larenz AT § 20 II b – für die Anwendung des § 119 I abzulehnen.

3. Irrtum über wesentliche Eigenschaften (Eigenschaftsirrtum)

786 Als Irrtum über den Inhalt der Erklärung gilt nach § 119 II auch der Irrtum über verkehrswesentliche Eigenschaften. Die dogmatische Einordnung des § 119 II ist noch immer umstritten. Eine strengere Auffassung will den Eigenschaftsirrtum nur als Inhaltsirrtum gelten lassen (vgl. oben Rdn. 784): Zur Verknüpfung mit dem konkreten Geschäft soll vorausgesetzt sein, daß die Vorstellung von den Eigenschaften Bestandteil des Willens und der Willenserklärung ist (vgl. FLUME Eigenschaftsirrtum und Kauf, 1948, 69 f; AT II § 24, 2 b). Das Gesetz hält indessen auch den Irrtum über Eigenschaften, die nicht zum Inhalt der Erklärung gemacht worden sind, für relevant und stellt im Wege der Fiktion einen solchen Irrtum dem Inhaltsirrtum gleich. Da es sich grundsätzlich beim Irrtum über Eigenschaften nicht um einen Irrtum handelt, der den Erklärungsvorgang betrifft, sondern um einen Irrtum, der den Entschluß zur Abgabe der Erklärung beeinflußt (so LARENZ AT § 20 II b), Wille und Erklärung also nicht auseinanderfallen, handelt es sich um einen *Motivirrtum*. Das Gesetz grenzt im Interesse der Rechtssicherheit die Relevanz eines nicht zum Inhaltsirrtum gewordenen Eigenschaftsirrtums auf verkehrswesentliche Eigenschaften ein.

a) Als **Eigenschaften** kann man alle tatsächlichen und rechtlichen Merkmale und **787** Verhältnisse einer Person oder Sache bezeichnen, die infolge ihrer Beschaffenheit und Dauer auf die Brauchbarkeit und den Wert von Einfluß sind (BGHZ 34, 32, 41).

Der **Wert** selbst ist **keine Eigenschaft**, sondern das Ergebnis von Eigenschaften (BGHZ 16, 54, 57), wohl aber sind es die den Wert bildenden Umstände. Also ist die Anfechtung ausgeschlossen wegen Irrtums über den Marktpreis, den Verkehrswert oder den Einkaufspreis einer Ware (RGZ 64, 266, 269; BGH NJW 1952, 778), möglich aber wegen des Irrtums über *wertbildende Faktoren*, wie z. B. die Echtheit eines Stoffes oder die Bebaubarkeit eines Grundstückes (BGHZ 34, 32, 41).
Die Eigenschaften müssen nach der nicht unbestrittenen Rechtsprechung dem Gegenstand des Rechtsgeschäfts *unmittelbar* anhaften; Umstände, die nur mittelbar einen Einfluß auf seine Bewertung auszuüben vermögen, genügen nicht (RGZ 149, 235, 238; BGH NJW 1952, 778).
Ferner können nur Eigenschaften berücksichtigt werden, die zum Zeitpunkt des Geschäftsabschlusses bereits gegeben sind (SOERGEL/HEFERMEHL § 119 Rdn. 37; str., a. A. MünchKomm/KRAMER § 119 Rdn. 101 a). Vorstellungen über künftig eintretende Umstände gehören in den Bereich der Spekulation.

aa) Unter *Personen* versteht § 119 II zunächst die am Rechtsgeschäft unmittelbar **788** Beteiligten. Nach h. M. kann der Erklärende auch wegen eines Irrtums über *eigene* Eigenschaften, die für seine in Person zu erbringende Leistung von Bedeutung sind (vgl. OLG Düsseldorf JW 1921, 537; BAG NJW 1992, 2173 f), anfechten; z. B. bei Irrtum über seinen Gesundheitszustand.
Über die Person des Erklärenden und des Erklärungsgegners hinaus kann auch ein Irrtum über die *Eigenschaft eines Dritten*, sofern diese für den Inhalt und Zweck des Rechtsgeschäfts bedeutsam ist, erheblich sein (vgl. RGZ 98, 206, 207 f; 158, 166, 170); so kann z. B. ein Darlehensgeber ein Darlehensversprechen

anfechten, wenn er sich über die Zahlungsfähigkeit eines für das Darlehen benannten Bürgen geirrt hat.

> Als Eigenschaften einer Person kommen insbesondere in Betracht: Persönliche *Vertrauenswürdigkeit* bei Vertragstypen mit engen persönlichen Beziehungen (z. B. bei einem Dauerschuldverhältnis; so für den Baubetreuungsvertrag BGH WM 1970, 906; ablehnend für den Kauf RGZ 107, 208, 212); *Zahlungsfähigkeit* bei Kreditgeschäften, nicht dagegen bei Barkauf (RGZ 105, 206, 208 f); *Gesundheitszustand*, sofern er dauerhaft die Beschäftigung beeinträchtigt (BAG WM 1974, 757 f); *Alter* und Krankheit bei Abschluß von Personenversicherungsverträgen, sofern nicht versicherungsrechtliche Sondervorschriften eingreifen, vgl. §§ 16 ff VVG; *Vorstrafen*, soweit die Art der Beschäftigung mit der strafbaren Handlung in Beziehung steht (BAG JZ 1958, 511 ff).

789 *bb)* Entgegen dem Gesetzeswortlaut, der nur von der Eigenschaft einer *Sache* spricht, erfaßt § 119 II nicht nur Sachen i. S. des § 90, sondern Gegenstände schlechthin wie z. B. Rechte (Forderungen, Grundpfandrechte) und Inbegriffe von Vermögensgegenständen (kaufmännische Unternehmen, Nachlaß).

> Eigenschaften einer „Sache" können z. B. sein: *Tatsächliche* Verhältnisse wie Alter eines Fahrzeugs (BGH NJW 1979, 160 f), Bodenbeschaffenheit eines Grundstücks (RGZ 157, 173, 17), Baulandeigenschaft (OLG Köln MDR 1965, 292 f), – aber auch *rechtliche* Verhältnisse, z. B. Belastung eines Grundstücks (dagegen RG Recht 1915, II, Nr. 2215; RGZ 149, 235, 238 f), Auswirkung von Baubeschränkungen auf Nachbargrundstücke (RGZ 61, 84, 87), Fälligkeit, Unkündbarkeit, Rang und Verzinslichkeit einer Grundschuld (RGZ 149, 235, 238). Nicht zu den Eigenschaften gehören: Eigentum an einer Sache (BGHZ 34, 32, 41), Börsenkurs eines Wertpapiers (RGZ 116, 15, 18) ebenso wie der allgemeine Marktpreis (vgl. zu gebundenen Preisen LARENZ AT § 20 II b), die drohende Haftung aus § 419 (BGHZ 70, 47), die Überschuldung des Nachlasses (BGHZ 106, 359, 363).

790 *b)* Zur Anfechtung berechtigt, um zu weit ausgreifenden Konsequenzen rein subjektiver Vorstellungen entgegenzuwirken, nur ein Irrtum über **verkehrswesentliche Eigenschaften**. Als verkehrswesentlich kommen alle Eigenschaften in Betracht, auf die der Verkehr bei Geschäften von der typischen Eigenart des jeweils vorliegenden Geschäfts entscheidendes Gewicht legt (*konkret-objektiver Maßstab*). Es wird vorausgesetzt, daß die tatsächlichen und rechtlichen Verhältnisse nach den Anschauungen des Verkehrs einen Einfluß auf die Wertschätzung des Gegenstandes haben (RGZ 64, 266, 269); vgl. die vorstehend unter Rdn. 787 ff aufgeführten Beispiele.

> Der konkret-objektive Maßstab erfordert die Berücksichtigung der Umstände des Einzelfalles. So hängt z. B. die Beurteilung, ob die Eigenschaft eines Kaufgegenstandes als Original oder Kopie verkehrswesentlich ist, davon ab, ob ein Kaufgeschäft auf dem Trödelmarkt oder ein Kauf im Kunst- oder Antiquitätenhandel vorliegt; im letzteren Falle wird die Eigenschaft als Original regelmäßig als verkehrswesentlich anzusehen sein. Allerdings kann der Schluß berechtigt sein, daß dem Käufer bei Ungewißheit über die Eigenschaft (spekulatives Geschäft) das Risiko der Unechtheit überbürdet werden muß.

c) Das an sich begründete Anfechtungsrecht des Käufers wegen Irrtums über verkehrswesentliche Eigenschaften ist *ausgeschlossen*, soweit wegen desselben Mangels **Gewährleistungsvorschriften** eingreifen (§§ 459 ff). Dabei bleibt zu beachten, daß bei dieser Kollision zwei verschiedene Ebenen, nämlich die rechtsgeschäftliche Basis (z. B. Kaufvertrag) mit der gestörten Leistung aus der rechtsgeschäftlichen Vereinbarung, in Beziehung gesetzt werden. Die Gewährleistungsvorschriften wegen Sachmangels verdrängen als **leges speciales** die Anfechtung wegen Eigenschaftsirrtums (st. Rspr. seit RGZ 61, 171, 175 ff; vgl. BGHZ 16, 54, 57; BGH NJW 1979, 160 f).

aa) Wie § 477 mit der kurzen Verjährungsfrist zeigt, stellt die Sachmängelgewähr auf eine rasche Abwicklung ab. Diese Zielsetzung ließe sich mit den Anfechtungswirkungen unterlaufen, wenn bei einem Irrtum über eine verkehrswesentliche Eigenschaft der Käufer vom Mangel dieser Eigenschaft erst nach Ablauf der Verjährungsfrist Kenntnis erlangt und unverzüglich anficht (§ 121 I), wozu ihm das Gesetz sogar einen Zeitraum von 30 Jahren gewährt (§ 121 II).

Daneben bestünde die Möglichkeit, die Gewährleistungsvorschriften zu umgehen, auch insofern, als § 460 S. 2 die Gewährleistung ausschließt, wenn dem Käufer infolge grober Fahrlässigkeit der Mangel unbekannt geblieben ist, während die Irrtumsanfechtung unabhängig vom Verschulden des Irrenden erfolgen kann (vgl. RGZ 61, 171, 175).

bb) Die Kollision von Anfechtung und Gewährleistung ergibt sich grundsätzlich erst, wenn die Gefahr gemäß §§ 446 f auf den Käufer übergegangen ist, da er bei Fehlern erst von diesem Zeitpunkt ab Gewährleistungsansprüche geltend machen kann (§ 459 I). Davon machen Rechtsprechung und Lehre eine Ausnahme, wenn sie in Einzelfällen Gewährleistungsansprüche schon vor dem Gefahrübergang zulassen (vgl. BGHZ 34, 32, 35 ff m.w.N.). In diesen Fällen stellt sich die Frage, ob unbeschadet der Gewährleistungsansprüche die Möglichkeit besteht, den Kaufvertrag wegen Eigenschaftsirrtums anzufechten. Die Anfechtung wird zu Recht vom BGH zugelassen, weil die Gestattung einer vorzeitigen Geltendmachung von Gewährleistungsrechten eine Vergünstigung für den Käufer darstelle und dieser Vorzug beeinträchtigt würde, wenn er die Anfechtungsmöglichkeit verlieren würde (BGHZ 34, 32, 37 – a. A. im Hinblick auf § 460 S. 2 LARENZ SchR II/1 § 41 II e; FLUME II § 24, 3a; MEDICUS AT Rdn. 775; STAUDINGER/ HONSELL Vor § 459 Rdn. 22; SOERGEL/HEFERMEHL § 119 Rdn. 78, die für diese Fälle die Anfechtungsmöglichkeit schon vom Abschluß des Kaufvertrages an ausschließen).

cc) Ist die *Gewährleistung abbedungen*, so ist zweifelhaft, ob damit die Anfechtungsmöglichkeit nach § 119 II wieder auflebt. Dies verneint zutreffend unter Zustimmung in der Literatur die Rechtsprechung (BGH WM 1966, 1183, 1185), und zwar auch, wenn der Gewährleistungsausschluß auf sog. Freizeichnungsklauseln in *Allgemeinen Geschäftsbedingungen* beruht (BGH BB 1967, 96 m.w.N.; BGHZ 63, 369, 376).

dd) Bei Irrtum über *verkehrswesentliche Eigenschaften, die nicht zugleich* einen *Sachmangel* darstellen, bleibt die Anfechtungsmöglichkeit nach § 119 II erhalten. So hat z. B. BGH NJW 1979, 160 f (kritisch FLUME DB 1979, 1637 ff, jedoch bestätigt in BGH BB 1981, 12 f) die Anfechtung bei einem Kfz-Kauf wegen Irrtums über das Alter des Fahrzeugs zugelassen, da das Alter regelmäßig sich nicht als Sachmangel äußere.

ee) Bei der Frage, ob dem *Verkäufer* bei Irrtum über eine verkehrswesentliche Eigenschaft der verkauften Sache die Anfechtung gemäß § 119 II zur Verfügung steht, ist zu differenzieren: Das Anfechtungsrecht wird für den Fall bejaht, daß sich der Verkäufer über eine werterhöhende Eigenschaft des Kaufgegenstandes geirrt hat (RGZ 124, 115, 117). Die Anfechtung wird jedoch versagt, wenn der Verkäufer sich durch die Anfechtung der Gewährleistung entziehen würde (BGH NJW 1988, 2597 f; dazu KÖHLER/FRITZSCHE JuS 1990, 16 ff; vgl. STAUDINGER/HONSELL Vor § 459 Rdn. 25).

797 *ff)* Streitig ist die Übertragung der Konkurrenzregelung auf *Werk- und Mietverträge*.

Beim *Werkvertrag* kann ein Irrtum über die *Person* des Werkunternehmers bei Fertigstellung des Werkes zu einem Sachmangel führen; obwohl es sich hier um einen Irrtum über Eigenschaften einer Person handelt, haben das RG (RGZ 62, 282, 285) und der BGH (BGH NJW 1967, 719) die Spezialität der Sachmängelgewähr bejaht. Ein Irrtum über Eigenschaften der Sache kann schon deswegen tatbestandlich nicht zu einer Anfechtung gemäß § 119 II führen, weil sich die irrige Vorstellung über die Eigenschaft erst auf eine zukünftige, d. h. nach Fertigstellung des Werkes vorliegende Eigenschaft bezieht (vgl. KÖHLER JuS 1979, 868, 870).

Bei der *Miete* ist entgegen der von der Rechtsprechung (RGZ 157, 173; KG MDR 1967, 404) und einem Teil der Lehre (LARENZ SchR II § 48 III b 3 m.w.N.) vertretenen Auffassung, wonach die Sachmängelhaftung des Vermieters das Anfechtungsrecht des Mieters nach § 119 II nicht ausschließe, die Spezialität der §§ 536 ff gegenüber § 119 II zu bejahen (entgegen LEHMANN/HÜBNER § 34 III 1 e, vgl. wie hier auch FLUME II § 24, 3 b; MünchKomm/KRAMER § 119 Rdn. 28 a m.w.N.). Dem Argument, daß die Mietvorschriften kein Wandlungsrecht einräumen, ist die Kündigungsmöglichkeit nach § 542 in Verbindung mit der Möglichkeit der Mietzinsminderung nach § 537 entgegenzuhalten; dem Mieter wird daher ein ausreichender Schutz gewährt. Hinzu kommt die Erwägung, daß ebenso wie beim Kauf die Rücksicht auf § 460 S. 2 die Anfechtung ausschließen soll, auch beim Mietvertrag eine Anfechtung nach § 119 II die Einschränkungen des §§ 539, 543 umgehen würde.

798 Die Spezialität der Gewährleistungsvorschriften gilt nicht, wenn ein *Rechtsmangel* (§§ 434 ff) vorliegt (grundsätzlich RG JW 1909, 132 = SeuffArch. 65 Nr. 117). Das gilt insbesondere auch beim Rechtskauf, soweit das Bestehen des Rechts in Frage steht (RG JW 1909, 655).

4. Unrichtige Botenübermittlung

799 Dem beachtlichen Irrtum wird die falsche Übermittlung einer Erklärung durch die dazu verwendete Person oder Anstalt (den Boten) gleichbehandelt (§ 120). Der Bote übermittelt im Gegensatz zum Vertreter, der eine eigene Erklärung abgibt, eine vorgefertigte Erklärung; während die Stellvertretung demgemäß auf die Willensbildung des Vertreters abstellt (§ 166), weicht bei unrichtiger Übermittlung durch den Boten die Erklärung, so wie sie dem Empfänger zugeht, vom Willen des Erklärenden ab. Das Gesetz rechnet das Risiko der Übermittlung dem Erklärenden zu, da dieser in der Regel die Gefahr der Übermittlung im Gegensatz zum Empfänger beherrscht. Es gibt ihm zwar die Möglichkeit der Anfechtung, aber verbunden mit der Verpflichtung zum Ersatz des Vertrauensschadens gemäß § 122.

Bestellt z. B. der Bote *falsch* einen mündlich erteilten Auftrag oder wird ein telegrafischer Verkaufsauftrag durch Versehen der Post als Kaufauftrag übermittelt, gilt § 120.

Eine unrichtige Übermittlung im Sinne des § 120 liegt auch dann vor, wenn die Erklärung zwar inhaltlich richtig, jedoch wegen *Mehrdeutigkeit* an den falschen Adressaten übermittelt wird. Beruht die falsche Übermittlung hingegen auf einer *fehlerhaften Addressierung*, so handelt es sich um einen Erklärungsirrtum des Absenders i.S.d. § 119 I.

Die Regelung des § 120 gilt nur für den *Erklärungsboten*, der eine Übermittlung *unbewußt* verfälscht. Gibt der Bote anstelle der aufgetragenen Erklärung eine *eigene Erklärung* ab, so kann dies dem Auftraggeber nicht mehr ohne weiteres zugerechnet werden. Der Bote wird damit zum vollmachtlosen Stellvertreter (§§ 177 ff). Es wäre auch denkbar, daß der Auftraggeber für einen von ihm zu verantwortenden Rechtsschein einstehen müßte, ohne die Möglichkeit der Anfechtung zu haben. Schließlich kann ihn eine Pflicht zum Schadenersatz aus culpa in contrahendo in Verbindung mit § 278 treffen. **800**

Der Erklärende haftet nicht, wenn die an einen vom Erklärungsgegner ermächtigten *Empfangsboten* abgegebene Erklärung von diesem unrichtig weitergegeben wird. Hier muß der Erklärungsgegner das Risiko tragen. **801**

II. Einzelfragen

1. Unterzeichnen einer nichtgelesenen Urkunde

Hierbei ist zu unterscheiden, ob der Erklärende die Urkunde in *bewußter Unkenntnis* ihres Inhalts unterzeichnet hat, oder ob er sich bezüglich ihres Inhalts *bewußte Vorstellungen* gemacht hat. **802**

a) Hat er sich überhaupt keine Vorstellungen über den Inhalt und somit auch keine irrigen Vorstellungen gemacht, so gibt er mit seiner Unterschrift vorbehaltslos zu erkennen, er wolle die Erklärung – ungelesen – mit ihrem Gesamtinhalt gegen sich gelten lassen (BGH BB 1956, 254 unter Bezugnahme auf RGZ 62, 201, 205 und 77, 309, 312; BGH NJW 1968, 2102).

b) Eine Anfechtung wegen Irrtums nach § 119 I wird jedoch dann zugelassen, wenn der Unterzeichnende in dem irrigen Glauben unterschrieben hat, sie gebe die vorausgegangenen Vertragsverhandlungen richtig wieder, oder wenn er sich sonst eine unrichtige Vorstellung über den Inhalt der Urkunde gemacht hat (RGZ 88, 278, 282 f; BAG NJW 1971, 639). Das gilt selbst dann, wenn der Anfechtende durch einen Blick in die Urkunde seinen Irrtum unschwer hätte erkennen können und ihn daher selbst verschuldet hat. Selbst grobe Fahrlässigkeit des Irrenden schließt die Anfechtbarkeit nicht aus (BGH BB 1956, 254). Das Vertrauen des Erklärungsgegners wird durch § 122 geschützt. **803**

2. Abredewidrige Ausfüllung einer Blanketterklärung

804 Unterzeichnet jemand eine Blanketturkunde, die dann abredewidrig ausgefüllt wird, so sollte nach der Auffassung des RG der Unterzeichner hierfür einstehen, da er die Blankounterschrift auf seine Gefahr hin leiste und er sich durch sorgfältige Überwachung gegen Mißbrauch schützen müsse. Das RG (RGZ 105, 183, 185) eröffnete allerdings den Weg der Anfechtung, weil der Unterzeichner eine Erklärung dieses Inhalts nicht hätte abgeben wollen (§ 119 I). Dem Erklärungsgegner blieb in diesem Fall dann lediglich der Anspruch aus § 122.

Der BGH (BGHZ 40, 65, 68 und 297, 304 f) hat die Streitfrage nicht mehr unter dem Gesichtspunkt der Willenserklärung, sondern ausschließlich nach dem *Prinzip des Vertrauensschutzes* unter analoger Anwendung von § 172 II entschieden. Er stellt darauf ab, daß der Beklagte einen Rechtsschein erzeugt habe, von dem er sich nicht lösen dürfte. Es entspricht dem Wesen des Vertrauensschutzes, daß der erzeugte Rechtsschein nicht durch Anfechtung beseitigt werden kann.

Die Entscheidung ist insofern bedeutsam, als dieser auf dem rechtswirksamen Verhalten beruhende Grundsatz hier auf den Bereich rechtsgeschäftlicher Erklärungen erstreckt wird. Damit wird anstelle der Vernichtung der rechtsgeschäftlichen Erklärung und ihres Ersatzes durch die Haftung nach § 122 die positive Wirkung der rechtsgeschäftlichen Erklärung erreicht.

3. Irrtum und AGB

805 Ein häufiger Fall des Unterzeichnens einer nichtgelesenen Urkunde ist die Unterzeichnung von Verträgen, die Allgemeine Geschäftsbedingungen (AGB) einbeziehen.

Macht sich der Unterzeichnende, was der Regelfall ist, über den Inhalt der AGB *keine Vorstellungen*, so steht ihm eine Anfechtung nicht zu. Allerdings wird er durch die zum Zwecke des Verbraucherschutzes in das AGB-Gesetz aufgenommenen Bestimmungen – insbesondere § 3, aber auch §§ 9 ff AGBG – geschützt.

Dieser Schutz gilt auch dann, wenn sich der Unterzeichnende über den Inhalt derartiger unzulässiger Klauseln *irrige Vorstellungen* gemacht hat. Greifen jedoch die Schutzbestimmungen des AGBG nicht ein, so steht ihm die *Möglichkeit der Anfechtung* offen, wenn er sich über die *Einbeziehungsvoraussetzungen* (§ 2 AGBG) oder den *Inhalt einzelner Klauseln* geirrt hat (im einzelnen str., vgl. ULMER/BRANDNER/HENSEN § 2 Rdn. 50 m.w.N.; ERMAN/BROX § 119 Rdn. 36; STAUDINGER/SCHLOSSER § 6 ABGB Rdn. 8; a. A. LÖWE/GRAF V. WESTPHALEN/TRINKNER Vor §§ 8–11 Rdn. 27).

4. Doppelseitiger Irrtum

806 Ein doppelseitiger Irrtum liegt vor, wenn beiden Teilen ein Irrtum hinsichtlich des Erklärungsinhalts oder im Beweggrund unterlaufen ist.

Willensmängel § 36 B II 4

Erliegt jede Partei einem *unterschiedlichen* Irrtum, hält z. B. die eine etwa den Stoff des Geschäftsgegenstandes für Kupfer, die andere für Platin, während er in Wahrheit Silber ist, so gelten die allgemeinen Regeln über die Anfechtbarkeit gem. § 119.

Ist der Irrtum der Beteiligten hingegen *identisch*, so ist – sofern nicht über die Auslegung oder die Regeln der falsa demonstratio das wirklich Gewollte als vereinbart gilt – das Eingreifen der Irrtumsvorschriften fraglich: Das RG hatte zunächst für beide Seiten ein Anfechtungsrecht bejaht.

> So hat z. B. das RG in dem Fall RGZ 97, 138 ff einen zur Anfechtung berechtigenden Inhaltsirrtum angenommen, als die Parteien ein Geschäft über Wertpapiere aufgrund einer im Kurszettel enthaltenen, irrigen Angabe des Kurses geschlossen hatten, die sie beide für richtig hielten; nach dem geäußerten Willen beider Vertragsteile sollte nur der Kurs des betreffenden Tages als Kaufpreis in Betracht kommen (vgl. auch RGZ 116, 15 ff).

Heute wird in Rechtsprechung und Lehre – gleich, ob es sich um einen gemeinschaftlichen Inhalts- oder Motivirrtum handelt – überwiegend der Standpunkt vertreten, daß für die Fälle des doppelseitigen Irrtums § 242 anzuwenden ist (RG JR 1927, II Nr. 219) und die Fälle entsprechend dem *Fehlen bzw. dem Wegfall der Geschäftsgrundlage* zu behandeln sind (vgl. LARENZ AT § 20 III m.w.N.; SOERGEL/HEFERMEHL § 119 Rdn. 66; STAUDINGER/DILCHER § 119 Rdn. 29; vgl. zur Geschäftsgrundlage unten Rdn. 1095 ff). **807**

> Begründet wird die Auffassung damit, daß der einzelne Geschäftspartner nicht mit der Folge des § 122 belastet sein dürfe, zumal es vom Zufall oder den besonderen Interessen des Beteiligten abhänge, ob er sich als erster zur Anfechtung entschließe.

Allerdings will in der Lehre eine differenzierende Meinung ein *Anfechtungsrecht* zulassen, wenn lediglich auf einer Seite ein Interesse an der Anfechtung besteht, weil sich der Irrtum letztlich zu Lasten dieser Partei auswirkt (vgl. sehr weitgehend SOERGEL/SIEBERT/KNOPP, 10. Aufl., § 242 Rdn. 393; einschränkend FLUME II § 24, 4 und MEDICUS AT Rdn. 778; MünchKomm/KRAMER § 119 Rdn. 121). **808**

Der Interessenausgleich kann über § 122 II vorgenommen werden, wenn man die Verantwortlichkeit beider Parteien für den Irrtum gegeneinander abwägt. **809**

> Z. B. verkauft V einen ererbten Ring für 300,– DM an K; beide halten irrtümlich den im Ring gefaßten Stein für synthetisch, während es sich um einen echten Stein handelt. Als V erfährt, daß der Stein echt ist, ficht er fristgerecht den Kaufvertrag an. K wollte den Ring anläßlich seiner unmittelbar bevorstehenden Verlobung seiner Braut zum Geschenk machen. Er hatte wegen des Angebots des V ein anderes Angebot zum Preis von 400,– DM ausgeschlagen und muß nun für das Verlobungsgeschenk einen entsprechenden Ring bei einem Juwelier für 450,– DM kaufen. K, der weniger sachkundig war als V, kann die 50,– DM als Vertrauensschaden verlangen.

Fälle des *externen Kalkulationsirrtums* berühren häufig das beiderseitige Interesse, da die Parteien den Abschluß des Vertrages auf der gemeinsamen Berechnungs- **810** grundlage wollen. Allerdings kann auch in diesen Fällen das Interesse nur einer Partei an der Auflösung des Vertrages bestehen, wie folgender vom BGH entschiedener Fall zeigt (WM 1981, 655 ff):

> Es lag ein doppelseitiger Irrtum in der Berechnung des Kaufpreises für ein Grundstück vor; der Kaufpreis war aufgrund eines Irrtums über die erzielte Jahresmiete zu niedrig berechnet. Der Verkäufer verlangt Anpassung und Zahlung des Differenzbetrages, während der Käufer sich weigert, den höheren Kaufpreis zu zahlen. Die Anpassung des Vertrages ist daher vom Käufer nicht gewollt, und es liegen auch keine Umstände vor, die eine Anpassung gegen seinen Willen rechtfertigen würden. Aus diesem Grunde muß eine Anpassung ausscheiden. Andererseits kann dem Verkäufer nicht zugemutet werden, an dem zu niedrig berechneten Kaufpreis festgehalten zu werden. Der BGH läßt hier offen, ob die damit notwendige Vertragsauflösung über § 242 oder über die Anfechtung nach § 119 zu erreichen ist (vgl. auch BGH NJW-RR 1986, 570).

III. Rechtsfolgen des Irrtums

1. Anfechtbarkeit

811 Der Irrtum gibt in den vorangestellten Fällen dem Irrenden grundsätzlich das Recht, seine Erklärung anzufechten. Die Anfechtung führt gem. § 142 dazu, daß das Geschäft **von Anfang an** (ex tunc) als **nichtig** anzusehen ist.

Vgl. zu Einzelfällen und Einschränkungen unten Rdn. 945, 959 ff).

Bei der **Rückabwicklung** sind gegebenenfalls erbrachte Leistungen als ungerechtfertigte Bereicherung (Leistungskondiktion) herauszugeben.

Beachte hierbei zum Abstraktionsprinzip Rdn. 646 ff.

Vorausgesetzt wird, daß der Anfechtende die Erklärung bei Kenntnis der Sachlage und bei verständiger Würdigung des Falles nicht abgegeben hätte (§§ 119 I, 120).

2. Voraussetzungen der Anfechtung

812 a) Das Gesetz verlangt einen *Kausalzusammenhang* zwischen Irrtum und fehlerhafter Erklärung, der subjektiv zu beurteilen ist. Da es auf die Entschuldbarkeit des Irrtums nicht ankommt, schränkt das Gesetz ausgleichend im Rahmen der Kausalität den subjektiven Maßstab durch das Erfordernis der verständigen Würdigung ein, d. h. die mutmaßliche Ursächlichkeit muß sich auch unter der Annahme bejahen lassen, daß der Irrende „frei von Eigensinn, subjektiven Launen und törichten Anschauungen" als „verständiger Mann" die Sachlage gewürdigt hätte (RGZ 62, 201, 206).

813 b) Die Anfechtung darf *nicht rechtsmißbräuchlich* sein. Sie ist rechtsmißbräuchlich, wenn der Anfechtende durch die irrige Erklärung nicht schlechter gestellt ist, als wenn das, was er geglaubt hatte, richtig gewesen wäre (RGZ 128, 116, 121).

Nach Treu und Glauben ist in diesen Fällen die Anfechtung zu versagen. Insbesondere ist die Anfechtung als unzulässige Rechtsausübung ausgeschlossen, wenn der Geschäftspartner bereit ist, das Geschäft so gelten zu lassen, wie der Erklärende es irrtumsfrei wollte (vgl. auch BGH MDR 1954, 217).

c) Die Anfechtung muß *unverzüglich*, d. h. ohne schuldhaftes Zögern erfolgen, **814** nachdem der Irrende von dem Anfechtungsgrund Kenntnis erlangt hat (§ 121 I 1); sie ist ausgeschlossen, wenn seit der Abgabe der Erklärung 30 Jahre verstrichen sind (§ 121 II). Es handelt sich um eine Ausschlußfrist, nach deren Ablauf die Geltendmachung des Rechtes nicht mehr möglich ist.

Das Erfordernis der Unverzüglichkeit schließt eine Überlegungsfrist, auch eine Beratung mit einem Rechtskundigen, nicht aus.

Die Frist beginnt erst bei positiver Kenntnis des Anfechtungsgrundes; auf die fahrlässige Unkenntnis kommt es nicht an (RG LZ 1916, 1225). Rechtsirrtum über die Anfechtungsbedürftigkeit kann unter Umständen als Entschuldigungsgrund für die Verzögerung gelten; vgl. RGZ 134, 25, 32; 152, 228, 232.

> Wenn der *Anfechtungsgegner* die Anfechtbarkeit erkannt hat, so entschuldigt das die Verzögerung der Anfechtung nicht, da er ein schutzwürdiges Interesse daran hat, alsbald zu wissen, ob der Anfechtungsberechtigte von seinem Anfechtungsrecht Gebrauch machen wird.

Es genügt zur fristwahrenden Anfechtung, wenn – im Gegensatz zu § 130 – die **815** Anfechtungserklärung *unverzüglich abgesandt* worden ist (§ 121 I 2). Damit soll dem Anfechtenden das Risiko einer bei der Übermittlung eintretenden Verzögerung abgenommen werden. Der Anfechtende muß jedoch einen ordnungsgemäßen Übermittlungsweg wählen, insbesondere muß es sich um eine Absendung an den Anfechtungsgegner handeln; dies gilt nicht bei Anfechtung in einer Klageschrift, die vom Gericht dem Beklagten zugestellt wird (BGH NJW 1975, 39).

3. Ersatz des Vertrauensschadens

Der Anfechtungsgegner, der auf die Gültigkeit der Erklärung vertraute, wird **816** durch den Anspruch auf Ersatz des Vertrauensschadens, des sog. negativen Interesses, entschädigt (§ 122 I). Der Vertrauensschaden gewährt nur den Ersatz der Nachteile, die dem Anfechtungsgegner dadurch entstanden sind, daß er auf die Gültigkeit des Geschäfts vertraut hatte. Er ist so zu stellen, wie er stehen würde, wenn er von dem Geschäft nichts gehört hätte; z. B. hätte er die etwaigen Kosten des Abschlusses (Portokosten, Reisekosten) oder der Übersendung der verkauften Ware erspart, er hätte vielleicht auch ein anderes Angebot nicht ausgeschlagen, und brauchte schließlich nicht kostspielige Deckungskäufe vorzunehmen, um seinen Verpflichtungen nachzukommen.

> Im Gegensatz dazu stellt das Erfüllungsinteresse den Geschäftspartner so, wie er stehen würde, wenn das Geschäft ordnungsgemäß erfüllt worden wäre.

817 Das Erfüllungsinteresse bildet stets die Grenze für die Bemessung des Vertrauensschadens (§ 122 I a. E.), da der Schutz des Vertrauensinteresses keinen Anlaß gibt, den Gegner des Anfechtenden besser zu stellen, als er bei Unterbleiben der Anfechtung, d. h. bei Erfüllung, stehen würde.

> Der Gegner kann also den entgangenen Gewinn aus einem sonst etwa abgeschlossenen Geschäft (anderweitige Vermietung des anfechtbar vermieteten Hauses) nur bis zur Grenze des Erfüllungsinteresses aus dem angefochtenen Geschäft verlangen.

818 Der *Ersatzanspruch ist ausgeschlossen,* wenn der Geschädigte den Anfechtungsgrund gekannt hat oder hätte kennen müssen, d. h. infolge von Fahrlässigkeit nicht gekannt hat (§ 122 II).

Der Geschädigte kann ferner den Ersatzanspruch nicht geltend machen, wenn er *selbst den Irrtum veranlaßt* hat (RGZ 81, 395, 398 f). Der Ausschluß der Haftung wird mit dem Veranlassungsprinzip begründet; derjenige, der den Irrtum veranlaßte, hat die daraus entstehenden Nachteile selbst zu tragen, da er die Gefahr ihres Eintritts eher beherrsche als der Gegner. Die Anwendbarkeit von § 254 wird bejaht, wenn beide Parteien den Irrtum veranlaßt haben (BGH NJW 1969, 1380).

4. Sonderregelungen für Irrtumsfolgen

819 *a)* Wer sich bei der *Errichtung eines Testaments* geirrt hat, bedarf des Instruments der Anfechtung nicht, da er widerrufen oder neu testieren kann. Allenfalls kann eine *Anfechtung durch Dritte* (§ 2080) in Betracht kommen. In diesen Fällen können letztwillige Verfügungen und Erbverträge über § 119 hinaus auch wegen eines Irrtums des Erblassers im Beweggrund angefochten werden (§§ 2078, 2079).

b) Die *Erbschaftsannahme* im Irrtum über den *Beweggrund* ist ipso iure nichtig, ohne daß es einer Anfechtung bedarf (§ 1949 I).

c) Der Irrtum über die *Vergleichsgrundlage* hat nach § 779 Unwirksamkeit zur Folge.

d) Zu den Rechtsfolgen eines Irrtums bei der *Eheschließung* vgl. unten Rdn. 964.

C. Willensbeeinflussung durch arglistige Täuschung und Drohung

> HEFERMEHL Die Rechte des durch unlauteren Wettbewerb zum Vertragsschluß bestimmten Käufers, Festschrift Weitnauer, 1980, 347 ff; KARAKATSANES Die Widerrechtlichkeit in § 123 BGB, 1974; LIEBS „Fahrlässige Täuschung" und Formularvertrag, AcP 174 (1974), 26 ff; v. LÜBTOW Zur Anfechtung von Willenserklärungen wegen arglistiger Täuschung, Festschrift Bartholomeyczik, 1973, 249 ff; NEUMANN-DUESBERG

Rechtswidrigkeitserfordernis und Rechtswidrigkeitsausschuß (Notwehr) im Täuschungstatbestand des § 123 BGB, JR 1967, 1 ff; Nipperdey Grenzlinien der Erpressung durch Drohung, 1917; Paulus Zur Zurechnung arglistigen Vertreterhandelns, Festschrift Michaelis, 1972, 215 ff; Planck Der Begriff der Widerrechtlichkeit im § 123 des Bürgerlichen Gesetzbuches, Göttinger Festgabe Regelsberger, 1901, 151 ff; Schubert Unredliches Verhalten Dritter bei Vertragsabschluß, AcP 168 (1968), 470 ff; Zitelmann Ausschluß der Widerrechtlichkeit, AcP 99 (1906), 1 ff.

820 Wird in rechtlich unzulässiger Weise die Entschlußfreiheit beeinträchtigt, so gewährt das Gesetz dem Beeinträchtigten die Möglichkeit, seine Willenserklärung wegen arglistiger Täuschung oder widerrechtlicher Drohung anzufechten. Der Schutz dieser Vorschrift dient der Freiheit der Willensentschließung (vgl. RGZ 134, 43, 55). Soweit der Erklärungsgegner verwerflich gehandelt hat, kann er auf den Bestand der Erklärung nicht vertrauen; konsequent entfällt § 122. Aber auch ein redlicher Erklärungsgegner verliert, falls der Erklärende widerrechtlich durch Drohung eines Dritten zur Erklärung bestimmt worden ist, den Schutz hinsichtlich seines Vertrauens auf den Bestand der Willenserklärung. Lediglich bei arglistiger Täuschung durch einen Dritten überwiegt der Schutz des Erklärungsgegners, da dem getäuschten Erklärenden hier grundsätzlich die Anfechtung versagt wird (§ 123 II).

I. Arglistige Täuschung

821 Täuschung ist ein Verhalten, durch das beim Erklärenden eine irrige Vorstellung hervorgerufen, verstärkt oder erhalten wird.

Die Täuschung muß auf *Tatsachen* gerichtet sein; z. B. Angaben über Eigenschaften des Geschäftsgegenstandes, so über den Kilometerstand eines Gebrauchtwagens (BGH NJW 1960, 237), das Alter eines Teppichs (BGH DB 1977, 671).

Werturteile sind *keine Tatsachenbehauptungen*. Durch sie wird die Entschlußfreiheit des Erklärenden nicht unzulässig beeinträchtigt. Dies gilt grundsätzlich auch für Anpreisungen in der Werbung, soweit sie sich nicht auf Tatsachen bezieht.

1. Täuschung

822 Täuschung besteht nicht nur in dem *Vorspiegeln*, sondern auch im *Verschweigen* von Tatsachen, wenn eine *Pflicht zur Offenlegung* besteht. Eine solche Pflicht kann sich aus Treu und Glauben mit Rücksicht auf die Verkehrssitte ergeben. Dabei ist auf die besonderen Umstände des Falles abzustellen.

823 Auf *Fragen* nach bestimmten Eigenschaften dürfen vorhandene Fehler nicht verschwiegen werden (vgl. BGH NJW 1967, 1222).

Allerdings muß die *Frage zulässig* sein; dies gilt besonders für Vorstrafen im Zusammenhang mit der Begründung eines *Arbeitsverhältnisses*; hier sind nur Fragen nach Vorstrafen zulässig, die für das konkrete Arbeitsverhältnis objektiv von Bedeutung sind (vgl.

BAG BB 1970, 803 f). Die Frage nach einer bestehenden Schwangerschaft ist grundsätzlich unzulässig (BAG NJW 1993, 1154; EuGH NJW 1991, 628; vgl. aber für Sonderfälle BAG NJW 1989, 929, 931; NJW 1993, 1154; dazu Schulte Westenberg NJW 1994, 1573 ff). Wahrheitswidrige Angaben sind in diesen Fällen nicht rechtswidrig (vgl. Erman/Brox § 123 Rdn. 20 m.w.N.).

Bei der Beantwortung von Fragen über Vorerkrankungen bei Abschluß von *Versicherungsverträgen* ist eine arglistige Täuschung dann anzunehmen, wenn damit beabsichtigt wird, auf die Willensentscheidung des Versicherers Einfluß zu nehmen (BGH JZ 1957, 710; OLG Hamburg VersR 1971, 902).

824 Darüber hinaus ist, auch wenn grundsätzlich, wie z. B. beim Verkäufer, keine Aufklärungspflicht besteht, ein Vertragspartner dennoch *von sich aus zur Mitteilung* von Tatsachen *verpflichtet*, wenn er annehmen muß, daß deren Kenntnis für die Entschließung des Vertragspartners von besonderer Bedeutung sein kann (vgl. zum Kfz-Kauf BGH LM Nr. 10 zu § 123; BGH NJW 1970, 653, 655; BGH NJW 1971, 1795, 1799; BGH NJW-RR 1987, 436, 437). Auch das Verschweigen der eigenen Insolvenz durch einen Kreditkäufer kann arglistige Täuschung sein (RGZ 69, 13, 15; vgl. auch BGH NJW 1974, 1505 f). Die Verpflichtung zur Offenlegung besteht vornehmlich, wenn zwischen den Parteien ein besonderes Vertrauensverhältnis besteht oder begründet werden soll (Abschluß eines Gesellschaftsvertrages mit einem wegen Wirtschaftsvergehens Vorbestraften; Einstellung eines wegen Diebstahls vorbestraften Nachtwächters; vgl. BGH LM Nr. 1 zu § 276 [Fb]).

2. Kausalität

825 Vorausgesetzt wird die **Kausalität** zwischen Täuschungshandlung und Abgabe der Willenserklärung. Die Täuschungshandlung muß einen Irrtum beim Erklärenden erregt haben, aufgrund dessen er die Willenserklärung abgegeben hat; dabei ist es gleichgültig, ob es sich um einen Inhalts- oder Motivirrtum handelt; jeder irrige Beweggrund rechtfertigt die Anfechtbarkeit.

Der Getäuschte muß zur Abgabe einer Erklärung bestimmt worden sein, die er sonst überhaupt nicht oder doch nicht so abgegeben hätte. Es genügt, wenn die Täuschung für die Abgabe der Willenserklärung auch nur mitbestimmend war (RGZ 134, 43, 51; BGH NJW 1964, 811). Eine Kausalität ist nicht gegeben, wenn der Erklärende die wahren Umstände kannte oder mit einer Täuschung rechnete (vgl. BGH LM Nr. 4 zu § 123), ebenso wenn er entschlossen war, die Erklärung in jedem Falle abzugeben (BGH WM 1975, 1279, 1282). Andererseits steht einer Anfechtung nicht entgegen, daß der Erklärende aus Fahrlässigkeit die wahren Umstände nicht erkannt hat (BGH NJW 1971, 1795, 1798).

Ist bei einem aus mehreren Teilen bestehenden Rechtsgeschäft der Erklärende durch die Täuschung nur zu einem Teil seiner Erklärung bestimmt worden, so ist zunächst nur dieser Teil anfechtbar und die Gültigkeit des ganzen Geschäfts nach § 139 zu beurteilen (vgl. BAG NJW 1970, 1941, 1943).

3. Arglist

Die Täuschung muß **arglistig** erfolgen; d. h. der Täuschende muß den Irrtum vorsätzlich erregt, bestärkt oder unterhalten haben und sich der ursächlichen Bedeutung seines Vorgehens für die Abgabe der Willenserklärung bewußt gewesen sein. **826**

Der Täuschende muß beim Vorspiegeln die Unrichtigkeit seiner Angaben *kennen*. Fahrlässige Unkenntnis reicht nicht aus. Es genügt jedoch wenn der Täuschende die Unrichtigkeit, billigend in Kauf nimmt; z. B. wenn ein Verkäufer trotz gebotener Untersuchung der Kaufsache ohne Prüfung „ins Blaue hinein", „blindlings" zusichernde Angaben macht (BGHZ 63, 382, 388; BGH NJW 1980, 2460 f).

Selbst wenn das Verhalten nicht als Täuschung zu qualifizieren ist und daher eine Anfechtung nicht eingreifen kann, hat die Rechtsprechung angenommen, daß z. B. bei schuldhaft falscher Beratung mit einem Schadensersatzanspruch aus culpa in contrahendo verlangt werden könne, daß der Verkäufer Rechte aus dem Kaufvertrag nicht herleiten darf (vgl. BGH NJW 1962, 1196 ff). Die Naturalrestitution gemäß § 249 führt dann zur Befreiung von den Vertragspflichten und zu einer der Anfechtung vergleichbaren Wirkung. Hierbei den Begriff einer „fahrlässigen" Täuschung zu verwenden, ist irreführend.

Der Täuschende muß darüber hinaus *wollen*, daß der Getäuschte zur Abgabe **827** einer Erklärung bestimmt wird. Ausreichend ist hierzu, daß der Täuschende es für möglich hält, der Getäuschte würde bei Kenntis der wahren Sachlage die Erklärung nicht oder nicht mit dem vereinbarten Inhalt abgegeben haben (RGZ 96, 345 f; BGH WM 1977, 343).

Im Gegensatz zum Betrugstatbestand ist die Absicht, sich durch die Täuschung **828** einen rechtswidrigen Vermögensvorteil zu verschaffen oder den anderen zu schädigen, nicht erforderlich (BGH LM Nr. 9 zu § 123). Fraglich ist jedoch, ob – abgesehen von einer Schädigungsabsicht – aus dem Begriff „arglistig" zu folgern ist, daß der Täuschung ein unlauteres Motiv zugrundeliegen muß. Da man in der gesetzlichen Regelung nur den Schutz der Entschließungsfreiheit sieht, ist es nicht erforderlich, eine unlautere Absicht zur Voraussetzung der Anfechtung zu erheben (so die h. M; vgl. SOERGEL/HEFERMEHL § 123 Rdn. 25; MünchKomm/KRAMER § 123 Rdn. 8; ERMAN/BROX § 123 Rdn. 30).

Demgegenüber soll eine arglistige Täuschung dann nicht vorliegen, wenn der Täuschende nur das Beste des Getäuschten gewollt hat, sofern die wohlmeinende Absicht **829** für Dritte klar erkennbar zu Tage getreten ist (BGH LM Nr. 9 zu § 123). Dagegen wendet sich die überwiegende Meinung mit dem Argument, daß nur der Getäuschte entscheiden könne, was für ihn das Beste sei (v. LÜBTOW aaO, S. 249, 260 ff; FLUME II § 29, 2; MünchKomm/KRAMER § 123 Rdn. 6; STAUDINGER/DILCHER § 123 Rdn. 24; SOERGEL/HEFERMEHL § 123 Rdn. 25 – a. A. PALANDT/HEINRICHS § 123 Rdn. 11).

Wenn auch § 123 den Schutz gegen unerlaubte Beeinflussung der Willensbildung bezweckt, so sind doch Fälle denkbar, in denen eine Täuschung aus nachweisbar redlicher Absicht erfolgt; es wäre zu prüfen, ob eine *Anfechtung* unter solchen Umständen nicht rechtsmißbräuchlich wäre.

4. Täuschung durch Dritte

830 Bei der arglistigen Täuschung hängt im Gegensatz zur Drohung das Anfechtungsrecht grundsätzlich davon ab, daß der Erklärungsempfänger selbst die Täuschung verübt hat. Hat dagegen ein Dritter getäuscht, so führt die Beeinflussung der Entschließungsfreiheit nur dann zur Anfechtung, wenn der Erklärungsempfänger die Täuschung kannte oder kennen mußte (§ 123 II 1).

Wer als Dritter anzusehen ist, muß nach der Interessenlage beurteilt werden: Anerkannt ist, daß als Dritter *nicht der Stellvertreter* angesehen werden kann; seine Täuschungshandlung muß sich der Vertretene zurechnen lassen, da ihm anderenfalls die Vorteile eines in seinem Namen arglistig zustandegekommenen Geschäfts zufließen würden (RGZ 72, 133, 136; 76, 107 f; BGHZ 20, 36, 39 f; BGH NJW 1974, 1505).

Diese Einschränkung kann nicht auf den Begriff des Stellvertreters begrenzt werden. Ein am Zustandekommen eines Vertrages Beteiligter ist dann nicht Dritter, wenn sein Verhalten dem des Anfechtungsgegners gleichzusetzen ist. Das gilt insbesondere für den vom Erklärungsempfänger beauftragten Verhandlungsführer oder Verhandlungsgehilfen sowie eine für ihn tätig werdende Vertrauensperson (vgl. für den Fall des finanzierten Kaufes BGH NJW 1978, 2144 f; vgl. auch BGH WM 1983, 1156 f). Letztlich kann die Frage unter dem Gesichtspunkt der culpa in contrahendo im Zusammenhang mit § 278 erfaßt werden. Wer sich eines Gehilfen bedient, hat für dessen Fehlverhalten einzustehen. Entsprechend diesem für das Schadensersatzrecht anerkannten Grundgedanken muß der Geschäftsherr als Erklärungsempfänger auch die Anfechtung des Erklärenden gegen sich gelten lassen (vgl. BGHZ 47, 224, 229).

Demgemäß hat die Rechtsprechung bei einem Vermittlungsagenten die Anfechtung gegenüber dem Geschäftsherrn bejaht, jedoch nicht für einen Makler, da der Auftraggeber für diesen mangels einer ständigen Geschäftsverbindung nicht die Verantwortung trägt (BGHZ 33, 302, 309).

Im Verhältnis zwischen Gläubiger und Bürge ist grundsätzlich ein den Bürgen täuschender Hauptschuldner als Dritter i. S. des § 123 II anzusehen, d. h. dem Bürgen steht die Möglichkeit, seine Bürgschaftserklärung gegenüber dem Gläubiger anzufechten, nur im Rahmen des § 123 II zur Verfügung (BGH NJW-RR 1992, 1005, 1006)

Der BGH (LM Nr. 30 zu § 123, einschränkend Nr. 31) hat früher, wenn der Gläubiger vom Schuldner die Beibringung einer Bürgschaftserklärung verlangt und dabei der Schuldner den Bürgen über seine Vermögenslage täuscht, die

Anfechtung der Bürgschaftserklärung durch den Bürgen für möglich erachtet, soweit sich der Gläubiger für seine Interessen bei der Beschaffung des Bürgen der Vermittlung des Hauptschuldners bedient (gegen diese Rechtsprechung jedoch die h. L., insbesondere mit dem Argument, daß die Beibringung eines Bürgen stets dem Interesse des Hauptschuldners diene; vgl. FLUME II § 29, 3; LARENZ AT § 20 IV a Fn. 110; MEDICUS AT Rdn. 803 sowie auch BGH NJW 1968, 986).

In einem Falle, wo der Gläubiger dem Bürgen ein unrichtiges Vertragsformular aushändigte, hat der BGH (NJW 1968, 986 f) zwar die Anfechtung verneint, jedoch dem Bürgen unter dem Gesichtspunkt der culpa in contrahendo Befreiung von der Bürgschaft gewährt.

831 Hat ein anderer als der Erklärungsempfänger auf Grund einer durch die Täuschung eines Dritten herbeigeführten empfangsbedürftigen Willenserklärung unmittelbar ein Recht erworben (z. B. § 328), so ist die Erklärung nur ihm gegenüber anfechtbar und nur dann, wenn er die Täuschung kannte oder kennen mußte (§ 123 II 2).

Bei nichtempfangsbedürftigen oder amtsempfangsbedürftigen Willenserklärungen ist hingegen nach dem Wortlaut des § 123 II gleichgültig, wer die Täuschung verübt hat.

II. Drohung

832 Seine Willenserklärung kann ferner anfechten, wer zu ihrer Abgabe widerrechtlich durch Drohung bestimmt worden ist (§ 123 I).

Zu einer Einschränkung des Anfechtungsrechts bei Grundstücksverkäufen nach dem Sinn des VermögensG vgl. BGH NJW 1992, 1757: Hinsichtlich einer Zwangsveräußerung durch DDR-Übersiedler wird ausnahmsweise der redliche Erwerber geschützt.

833 *1. Drohung* ist die Ankündigung eines *zukünftigen Übels*, auf dessen Eintritt der Drohende einwirken zu können behauptet (BGHZ 2, 287, 295; BGH LM Nr. 23 zu § 123; BGH NJW 1988, 2599, 2600 f), für den Fall, daß der Bedrohte eine vom Drohenden gewünschte Willenserklärung nicht abgeben wird.

Das angedrohte Übel braucht *nicht erheblich* zu sein. Auch ein geringfügiges Übel genügt, vorausgesetzt, daß es überhaupt geeignet ist, den Bedrohten in seiner Entschließungsfreiheit entscheidend zu beeinflussen.

Die hervorgerufene Zwangslage ist im Gegensatz zur früheren Rechtsentwicklung, die sie objektiv nach dem Maßstab eines vir constantissimus qualifizierte, subjektiv aus der Sicht des Bedrohten zu beurteilen. Daraus folgert der BGH (NJW 1982, 2301 f), daß auch eine nicht ernstlich gemeinte Drohung zur Anfechtung berechtigt, sofern der Erklärende sie als ernstlich auffassen durfte.

Das angedrohte Übel muß *für die Zukunft* in Aussicht gestellt werden.

834 Keine Drohung liegt vor, wenn jemand die bereits sonstwie entstandene Notlage eines anderen ausnutzt, um sich für seine Hilfe Vorteile versprechen zu lassen (BHG NJW 1988, 2599, 2601).

> Hier greift § 123 nicht ein, jedoch kann das Rechtsgeschäft nach § 138 wucherisch oder sittenwidrig sein. Anders liegt der Fall, wenn der seine Hilfe Verweigernde zur Hilfeleistung verpflichtet war, wie der Arzt, der mitten in der Operation, oder der Bergführer, der auf dem Gipfel mit der Einstellung seiner Tätigkeit droht. Die Rechtspflicht zum Tätigwerden begründet eine Drohung durch Unterlassen.

Keine Drohung liegt ferner in dem Hinweis darauf, daß die bestehenden Verhältnisse und ihre Entwicklung von selbst für den anderen ein künftiges Übel erwarten lassen, auch wenn der Anfechtungsgegner dadurch auf die Willensbildung einwirken will (BGHZ 6, 348, 351).

> Auf der anderen Seite ist es nicht nötig, daß das Übel unmittelbar vom Drohenden selbst verwirklicht werden soll, es genügt, wenn der Drohende zum Ausdruck bringt, daß er einen Dritten veranlassen werde, das Übel zuzufügen.

Eine Drohung im Sinne des § 123 liegt *nicht* vor, wenn der Erklärende die Möglichkeit der Willenslenkung nicht hat, vielmehr durch *vis absoluta* zu einem als Willenserklärung erscheinenden Verhalten gezwungen wird. Hier bedarf es keiner Anfechtung (vgl. BGH DB 1975, 2075).

835 2. Zwischen Drohung und Abgabe der Willenserklärung muß ein **ursächlicher Zusammenhang** bestehen. Der Bedrohte muß durch die Drohung und die dadurch ausgelöste Furcht zur Erklärung bestimmt worden sein. Wie bei der Täuschung genügt es, wenn die Drohung für die Entschließung des Erklärenden mitbestimmend war. Daran fehlt es, wenn der Erklärende der Drohung nicht nachgegeben, sondern die Willenserklärung aus eigener selbständiger Überlegung abgegeben hat (BGH WM 1974, 1023).

> Die Frage nach der Kausalität stellt sich insbesondere dann, wenn die Drohung objektiv nicht geeignet war, die Willensbildung zu beeinflussen. Da die Drohung jedoch subjektiv aus der Sicht des Bedrohten zu beurteilen ist, kommt es hier im Falle der Anfechtung besonders darauf an, daß dem Anfechtenden der Beweis obliegt, er hätte ohne die Drohung die Erklärung nicht abgegeben (vgl. KÖHLER § 14 V 3 b).

836 3. Die Drohung muß **widerrechtlich** gewesen sein. Der Begriff der Widerrechtlichkeit betrifft die unzulässige Art und Weise der Willensbeugung, die verwerfliche Benutzung einer Drohung als Druckmittel, um einen anderen in seinen Entschlüssen zu bestimmen.

Die Rechtswidrigkeit im Sinne des § 123 kann darin begründet sein, daß entweder das gebrauchte Mittel oder der erstrebte Zweck dem Recht widerspricht oder das gebrauchte Mittel zum erstrebten Erfolg in einem solchen Mißverhältnis steht, daß es nicht mehr als ein adäquates, der Rechtsordnung gemäßes Druckmittel anerkannt werden kann (Zweck-Mittel-Relation).

a) Rechtswidrig ist danach die Drohung ohne Rücksicht auf den erzwungenen **837** Rechtserfolg, wenn das **Mittel** eine *an sich* rechtswidrige oder sittenwidrige Handlung ist. Man denke an die Bedrohung des Schuldners mit einem Revolver, um ihn zur Zahlung zu bewegen.

> Hingegen ist das Verhalten des Drohenden grundsätzlich statthaft, wenn er nur sein Recht der Selbsthilfe (§§ 226 ff) ausüben will oder den Gebrauch einer sonst jedermann nach der Rechtsordnung zustehenden Befugnis androht, wie die zu klagen, die Zwangsvollstreckung herbeizuführen, ein Zurückbehaltungsrecht auszuüben oder eine Strafanzeige zu erstatten (RGZ 108, 102, 104; 110, 382, 385; 112, 226, 228).

b) Rechtswidrig ist ferner die Drohung, wenn zwar das Mittel rechtmäßig, jedoch **838** der erzwungene **Erfolg** ein rechts- oder sittenwidriger ist; man denke an die Drohung mit der Einklagung einer bestehenden Schuld, um den Schuldner zur Abgabe eines verbots- oder sittenwidrigen Versprechens gefügig zu machen.

c) Rechtswidrig kann schließlich ein Vorgehen, obwohl weder das angedrohte **839** Mittel noch der mit der Drohung erstrebte Zweck für sich rechts- oder sittenwidrig ist, dann sein, wenn die Anwendung eines bestimmten Druckmittels zur Herbeiführung des ins Auge gefaßten Zwecks von der Rechtsordnung als gegen Treu und Glauben oder die guten Sitten verstoßen mißbilligt wird (**Zweck-Mittel-Relation**). Dies ist vornehmlich der Fall, wenn das (an sich rechtmäßige) Mittel zur Erreichung des (an sich rechtmäßigen) Zwecks in einem *inadäquaten Verhältnis* steht (vgl. BGHZ 2, 287, 296).

> Im Falle BGHZ 2, 287 ff war bezweckt, eine ledige Kindsmutter seitens ihrer Eltern zur Einwilligung in die Adoption ihres Kindes durch Dritte zu bestimmen; das Mittel war die Androhung, andernfalls die Kindsmutter aus dem Elternhaus zu verstoßen. Zweck und Mittel waren nach Auffassung des BGH für sich gesehen nicht rechtswidrig, jedoch standen sie zueinander in einem inadäquaten Verhältnis.
>
> Ein inadäquates Verhältnis kann auch in der Drohung mit einer Strafanzeige wegen eines zufällig beobachteten Verkehrsunfalls liegen, wenn damit Zwang zur Zahlung einer damit nicht zusammenhängenden fälligen Schuld ausgeübt werden soll (vgl. Larenz AT § 20 IV b).

Ein inadäquates Verhältnis wird insbesondere in den Fällen gegeben sein, in denen das Vorgehen als vertragsfremd oder als nicht verkehrsmäßig erscheint (vgl. Enn./Nipperdey § 173 II 2 b).

Eine Drohung mit an sich nicht verbotenen oder unsittlichen Mitteln ist jedoch **840** nicht ohne weiteres rechtswidrig, nur weil auf den zu erzwingenden Rechtserfolg kein rechtlich begründeter Anspruch des Drohenden besteht. Vielmehr ist entscheidend, ob der Drohende an der Erreichung des erstrebten Erfolges ein berechtigtes Interesse hat und ob die Drohung nach Auffassung aller billig und gerecht Denkenden ein angemessenes Mittel darstellt (BGHZ 25, 217, 220).

Es handelte sich um die Drohung eines Betrogenen mit einer Strafanzeige, wenn die Ehefrau des Betrügers, die mittelbar Vorteile gezogen hatte, sich nicht zur Übernahme einer Bürgschaft für den aus dem Wechselbetrug ihres Ehemannes herrührenden Schaden bereiterklärte. Als nicht widerrechtlich angesehen wurde auch die Drohung mit erlaubten Mitteln, um eine billige Entschädigung für Rechte zu erlangen, die der Drohende zum Nutzen der anderen Seite aufgegeben hatte (RGZ 166, 40, 46).

841 Ob für die Widerrechtlichkeit einer Drohung *subjektive Voraussetzungen beim Drohenden* zu fordern sind, ist insofern streitig, als es nur auf die objektiv widerrechtliche Beeinflussung der Entschließungsfreiheit des Erklärenden ankommen soll. Stellt man zutreffend hierauf ab, ist ein *Irrtum über die Umstände*, die die Widerrechtlichkeit begründen, unbeachtlich (gegen BGHZ 25, 217, 224 und BGH JZ 1963, 318 f = LM Nr. 28 zu § 123 die überwiegende Meinung im Schrifttum; vgl. Anm. Lorenz zu BGH JZ 1963, 318 f; Flume II § 28,3; Medicus AT Rdn. 820). Davon ist die *Wertung* des Drohenden, daß sein Verhalten rechtswidrig sei, zu unterscheiden. Eine diesbezügliche Fehlbeurteilung ist ohnehin unbeachtlich, da sich der Drohende in seinem Willen von den grundsätzlichen Anforderungen der Rechtsordnung entfernt (BGHZ 25, 217, 224 f; BGH WM 1982, 821, 823).

842 4. Der Drohende muß die Abgabe der Willenserklärung durch seine Drohung *bezweckt* haben, also das Übel in Aussicht gestellt haben, um den andern in Furcht zu setzen und dadurch zur Abgabe der Erklärung zu bestimmen. Erforderlich ist das Bewußtsein, daß die Äußerung geeignet sei, den Erklärungsempfänger in seiner Willensentschließung zu beeinflussen.

Unnötig ist die Absicht oder der Zweck der *Schädigung*.
Wenn der mit einem bestimmten Übel Bedrohte, um dieses abzuwenden, irgendeine Leistung anbietet, die der Drohende nicht bezweckt hatte, so ist § 123 nicht anwendbar, es sei denn, daß der *Drohende*, als er diesen Erfolg seiner Drohung sah, eine solche Zweckrichtung in seinen Willen aufgenommen hat.
Rechtsfolgen aus der irrigen Annahme einer Drohung (Putativbedrohung) kennt die Rechtsordnung nicht (a. A. Köhler § 14 V 3 a).

843 5. Ob der Drohende Erklärungsempfänger oder ein *Dritter* ist, bleibt ohne Belang (vgl. § 123 II, der nur auf die Täuschung abstellt). Der Erklärende kann in jedem Fall anfechten.

Anders als bei der Täuschung durch Dritte muß auch der Erklärungsempfänger, den keine Verantwortlichkeit trifft, die Anfechtung hinnehmen. Sein Interesse muß hinter der Erwägung zurücktreten, daß gegen Zwang für den Anfechtenden ein weitergehender Schutz erforderlich ist als gegen Betrug.

844 6. Im Bereich der **Werbung** wird eine **erweiterte Anwendung** der Grundsätze des § 123 erwogen.

Sieht man in § 123 den Schutz der rechtsgeschäftlichen Entscheidungsfreiheit, so soll in Analogie zu §§ 123, 124 ein Anfechtungsrecht in den Fällen gewährt werden, wo *im*

Willensmängel

Wettbewerb durch zu beanstandende Werbung oder Überrumpelung eine *unzulässige Willensbeeinflussung* stattfindet. Durch die Möglichkeit, die Willenserklärung innerhalb einer Woche zu widerrufen, hat das Haustür WG für bestimmte Standardsituationen eine eigenständige Lösung geschaffen (vgl. u. Rdn. 1064). Soweit Täuschung in Betracht käme, besteht Anlaß, Werbeanpreisungen in Grenzen erlaubter Übertreibung als irrelevant anzusehen, zumal ein freies wirtschaftliches System grundsätzlich die selbständige Wahrung der eigenen Interessen voraussetzt (vgl. D. Schwab Einführung in das Zivilrecht, 10. Aufl. 1991, Rdn. 554 f).

III. Rechtsfolgen der arglistigen Täuschung und Drohung

1. Arglistige Täuschung und Drohung berechtigen zur **Anfechtung** der Willenserklärung.

Die Tatbestände der arglistigen Täuschung und Drohung könnten die Anwendung des § 138 rechtfertigen, der für sittenwidrige Rechtsgeschäfte die Nichtigkeitsfolge vorschreibt. Der Gesetzgeber sieht jedoch von einer von selbst eintretenden Nichtigkeit ab und gibt dem Getäuschten oder Bedrohten die Disposition, an seiner Erklärung festzuhalten oder sie im Wege der Anfechtung zu vernichten. Der Erklärende kann trotz der Täuschung oder Drohung ein Interesse daran haben, den Erfolg des Rechtsgeschäftes zu erhalten. Insofern gilt § 123 als lex specialis zu § 138 (so die h. M.: RGZ 114, 338, 342; BGH WM 1966, 585, 589; BGH WM 1977, 394, 395; abzulehnen Staudinger/Dilcher § 138 Rdn. 120, der den Grundsatz der Doppelwirkung vertritt). Die Anwendung des § 138 kommt nur in Betracht, wenn neben dem Tatbestand des § 123 weitere Umstände hinzutreten, die die Sittenwidrigkeit des Rechtsgeschäfts begründen (BGH LM Nr. 7 a zu § 138 [Aa]).

Im Gegensatz zur Anfechtung nach §§ 119, 120, für die § 121 Unverzüglichkeit vorsieht, braucht die Anfechtung nach § 123 nicht unverzüglich erklärt zu werden. Sie muß jedoch gem. § 124 binnen Jahresfrist erfolgen. Die Ausschlußfrist beginnt bei der Täuschung mit ihrer Entdeckung, bei der Drohung mit Beendigung der Zwangslage. Die Anfechtung ist nach Ablauf von 30 Jahren seit Abgabe der Erklärung schlechthin ausgeschlossen (§ 124).

Auch bei Versäumung der Anfechtungsfrist des § 124 kann gegenüber dem Erfüllungsanspruch die allgemeine Arglisteinrede dann zulässig sei, wenn zum Anfechtungstatbestand besondere Umstände hinzutreten, aus denen sich ein verwerfliches Verhalten des Anfechtungsgegners (z. B. ein Betrug) ergibt (BGH NJW 1969, 604 f). Es kann auch die Einrede nach § 853 in Betracht kommen.

Hat die Täuschung einen *nach § 119 beachtlichen Irrtum* hervorgerufen, so kann auch die Anfechtung nach dieser Vorschrift in Betracht kommen. Möglicherweise bleibt nur die Anfechtung nach § 119, wenn es dem Anfechtenden nicht gelingt, die Tatbestandsvoraussetzungen des § 123 zu beweisen. Der Anfechtende kann jedoch dann der Schadensersatzpflicht nach § 122 unterliegen, wenn nicht zu seinen Gunsten § 122 II eingreift.

Die Anfechtung bewirkt, daß das Rechtsgeschäft als *von Anfang an nichtig* anzusehen ist (§ 142 I).

Vgl. zu Einzelfragen und Einschränkungen unten Rdn. 945 ff, 959 ff.

848 2. Bei der **Rückabwicklung** sind gegebenenfalls erbrachte Leistungen als *ungerechtfertigte Bereicherung* (Leistungskondiktion) herauszugeben.

Im Gegensatz zu § 119 wird sich das Anfechtungsrecht wegen arglistiger Täuschung oder widerrechtlicher Drohung (§ 123 I) meistens auch auf das Vollzugsgeschäft erstrecken, da die Täuschung oder Drohung regelmäßig auch noch bei dessen Abschluß ursächlich fortwirkt (vgl. RGZ 70, 55, 57; BGH DB 1966, 818). Dadurch entstehen *dingliche* Herausgabeansprüche für den Anfechtenden.

Soweit Bereicherungsansprüche in Frage stehen, ist § 817 S. 1 zu berücksichtigen. Der Anfechtungsgegner verstößt regelmäßig durch die Annahme der Leistung gegen die guten Sitten; deshalb bleibt § 814 außer Betracht, der an sich den Bereicherungsanspruch nach § 812 ausschließt, wenn der Leistende – hier der Getäuschte oder Betrogene – wußte, daß er zur Leistung nicht verpflichtet war.

Dem Anfechtungsgegner, dem Täuschung oder Drohung zugerechnet werden muß, ist es wegen §§ 819, 818 IV verwehrt, sich auf den Wegfall der Bereicherung gem. § 818 III zu berufen.

849 3. Im Gegensatz zu einer Anfechtung nach § 119 II schließt die Anfechtung wegen arglistiger Täuschung nach § 123 die *Gewährleistungsansprüche* nicht aus (RGZ 96, 156 f). Beide Rechtsinstitute stehen im Hinblick auf ihren unterschiedlichen Charakter wahlweise nebeneinander.

> Insbesondere nimmt die Geltendmachung von Gewährleistungsansprüchen nicht die Möglichkeit, innerhalb der Anfechtungsfrist die Erklärung anzufechten; in der Geltendmachung der Gewährleistungsansprüche ist grundsätzlich eine Bestätigung des Vertrages gem. § 144 nicht zu erblicken (BGH NJW 1958, 177).

850 4. Arglistige Täuschung und Drohung können **Schadensersatzansprüche** begründen. Dabei ist zu unterscheiden, ob das Rechtsgeschäft durch Anfechtung hinfällig wurde oder nicht.

Wurde angefochten, so können Ansprüche aus dem Rechtsgeschäft nicht mehr hergeleitet werden. Allerdings können arglistige Täuschung oder Drohung unerlaubte Handlungen sein (z. B. § 823 II i.V.m. § 263 StGB; § 826) oder zu einer Haftung aus culpa in contrahendo führen. Der Täuschende oder Drohende ist dann zum Schadensersatz verpflichtet. Der Schadensersatzberechtigte kann nach § 249 indessen nur verlangen, so gestellt zu werden, wie wenn auf seine Willensfreiheit nicht eingewirkt worden wäre (RGZ 103, 154, 159). Geschuldet ist also der Ersatz des Vertrauensschadens. Jedoch wird der Schadensersatz nicht wie in § 122 durch das Erfüllungsinteresse begrenzt (vgl. STAUDINGER/DILCHER § 123 Rdn. 48; MünchKomm/KRAMER § 123 Rdn. 30; PALANDT/HEINRICHS § 123 Rdn. 26 f).

Wurde nicht angefochten, sind neben Ansprüchen aus dem Rechtsgeschäft auch Schadensersatzansprüche aus unerlaubter Handlung möglich (RGZ 103, 154, 159). **851**

> Die Unabhängigkeit dieses Ersatzanspruches wird dann besonders bedeutsam, wenn das an eine einjährige Ausschlußfrist (§ 124) geknüpfte Anfechtungsrecht erloschen ist; für diesen Fall bleibt der an eine dreijährige Verjährungsfrist (§ 852) gebundene Ersatzanspruch aus unerlaubter Handlung bestehen; entsprechend kann auch nach Erlöschen des Anfechtungsrechtes ein Schadensersatzanspruch unter dem Gesichtspunkt der culpa in contrahendo bestehen (BGH NJW 1979, 1983 f).

Der Grundsatz der Naturalrestitution führt zunächst dazu, daß der Vertrag beseitigt werden muß; dann wird die Geltendmachung eines Geldersatzanspruches, der statt der Wiederherstellung des früheren Zustandes (d. h. regelmäßig Nichtabschluß des Vertrages) gefordert wird, ausgeschlossen sein (RGZ 83, 245, 246). Kann der Geschädigte dagegen beweisen, daß der Vertrag ohne die Täuschung oder Drohung zu für ihn günstigeren Bedingungen geschlossen worden wäre, so kann er verlangen, so gestellt zu werden, als wenn der Vertrag zu diesen günstigeren Bedingungen zustande gekommen wäre.

> In dem vom RG (RGZ 83, 245 ff) entschiedenen Fall trat der Verkäufer den Nachweis an, daß er ohne die betrügerisch in Zahlung gegebenen wertlosen Hypotheken in Höhe von 10 000 DM das Grundstück vollwertig verkauft und die 10 000 DM bar erhalten hätte; Das RG nimmt an, daß ihm bei Gelingen des Nachweises der Käufer die 10 000 DM zahlen müsse, um diejenige Vermögenslage des Verkäufers herbeizuführen, in der er sich ohne den Betrug befunden hätte. Entsprechend ist zu entscheiden, wenn der Käufer nachweist, daß der Verkäufer ihm eine Ware – ohne den Betrug – zu geringerem Preise überlassen hätte; dann kann der Käufer teilweise Zurückzahlung des zu hohen, im anfechtbaren Geschäft bewilligten Kaufpreises verlangen (vgl. RGZ 103, 154, 159).

Ein Schadensersatzanspruch auf das positive Interesse besteht auch dann, wenn über Eigenschaften einer Sache getäuscht wurde, die – sofern sie vorhanden gewesen wären – einen höheren Wert des Vertragsgegenstandes begründet hätten (RGZ 66, 335, 337). Zum gleichen Ziele führt auch, falls nicht angefochten wurde, der konkurrierende Anspruch gem. § 463 (BGH NJW 1960, 237 f), wenn ein Verkäufer arglistig eine Eigenschaft vorgespiegelt hat. (RGZ 66, 335, 338).

VIERTER ABSCHNITT

Form und zulässiger Inhalt des Rechtsgeschäfts

§ 37
Formerfordernisse und Formverstöße

BATTES Erfüllungsansprüche trotz beiderseits bewußten Formmangels? JZ 1969, 683 ff; BERNARD Formbedürftige Rechtsgeschäfte, 1979; BÖHM Das Abgehen von rechtsgeschäftlichen Formgeboten, AcP 179 (1979), 425 ff; BOERGEN Die Effektivität vertraglicher Schriftformklauseln, BB 1971, 202 ff; BUCKENBERGER Fernschreiben und Fernkopien – Formerfordernisse, Absendung und Zugang, DB 1980, 289 ff; CANARIS Die Vertrauenshaftung im deutschen Privatrecht, 1971; COING Form und Billigkeit im modernen Privatrecht, Sonderheft zur DNotZ 1965, 29 ff; DIETRICH Kann man sich bei der Unterschriftsleistung vertreten lassen? DB 1974, 2141 ff; GERNHUBER Formnichtigkeit und Treu und Glauben, Festschrift Schmidt-Rimpler, 1957, 151 ff; HÄSEMEYER Die gesetzliche Form der Rechtsgeschäfte, 1971; ders., Die Bedeutung der Form im Privatrecht, JuS 1980, 1 ff; HELDRICH Die Form des Vertrages, AcP 147 (1941), 89 ff; HEPP Zur Formbedürftigkeit einseitiger Erwerbsverpflichtungen, NJW 1972, 1695 ff; v. HIPPEL Formalismus und Rechtsdogmatik, 1935; HOLZHAUER Die eigenhändige Unterschrift, 1973; H. LEHMANN Die Unterschrift im Tatbestand der schriftlichen Willenserklärung, 1904; LORENZ Das Problem der Aufrechterhaltung formnichtiger Schuldverträge, AcP 156 (1957), 381 ff; ders., Rechtsfolgen formnichtiger Schuldverträge, JuS 1966, 429 ff; MERZ Auslegung, Lückenfüllung und Normberichtigung, AcP 163 (1964), 305 ff; NIPPERDEY Formmängel, Vertretungsmängel, fehlende Genehmigung bei Rechtsgeschäften der öffentlichen Hand und Treu und Glauben, JZ 1952, 577 ff; PIKART Die Rechtsprechung des Bundesgerichtshofs zur Formnichtigkeit von Verträgen, WM 1963, 1018 ff; ders., Die Rechtsprechung des Bundesgerichtshofs zum notariellen Grundbuchrecht, WM 1970, 266 ff; REICHEL Zur Behandlung formnichtiger Verpflichtungsgeschäfte, AcP 104 (1909), 1 ff; REINICKE Rechtsfolgen formwidrig abgeschlossener Verträge, 1969; ders., Die Bedeutung der Schriftformklausel unter Kaufleuten, DB 1976, 2289 ff; ders., Formmangel und Verschulden bei Vertragsschluß, DB 1967, 109 ff; SCHEUERLE Formalismusargumente, AcP 172 (1972), 396 ff; SCHMIDT-SALZER Rechtsprobleme der Schriftformklauseln, NJW 1968, 1257 ff; SIEGEL Die privatrechtlichen Funktionen der Urkunde, AcP 111 (1914), 1 ff; SCHULZ Schriftformklauseln in Allgemeinen Geschäftsbedingungen, Jura 1995, 71 ff; SINGER Formnichtigkeit und Treu und Glauben zur bereicherungsrechtlichen Abwicklung formnichtiger Grundstückskaufverträge, WM 1983, 254 ff; STEINDORFF Allgemeine Formvorschriften in Gesellschafts- und Auftragsverhältnissen, ZHW 1966, 21 ff; TESKE Schriftformklauseln in Allgemeinen Geschäftsbedingungen, 1990; VOLLKOMMER Formstrenge und prozessuale Billigkeit, 1973; WAGNER Zum Schutzzweck des Beurkundungszwanges gemäß § 313 BGB, AcP 172 (1972), 452 ff; WESTERHOFF Wie begründen wir die Formnichtigkeit, AcP 184 (1984), 341 ff; WINKLER Die Formbedürftigkeit von Kaufanwärterverträgen über Grundstücke und Eigentumswohnungen, NJW 1971, 401 ff.

I. Grundsatz der Formfreiheit

Während frühe Rechtsordnungen weitgehend für Rechtsgeschäfte eine bestimmte Form vorsahen, geht das Bürgerliche Gesetzbuch vom **Grundsatz der Formfreiheit** aus. Es bleibt den Parteien überlassen, die Form ihres Erklärungsmittels frei zu wählen *(formlose Geschäfte)*; erforderlich ist nur, daß der rechtsgeschäftliche Wille in erkennbarer Weise zum Ausdruck gekommen ist. Der Grundsatz der Formfreiheit ist als solcher nicht ausdrücklich im BGB enthalten, läßt sich aber mittelbar aus den Regelungen ableiten, welche die Form als Ausnahme besonders vorschreiben *(gesetzliche Form)*. In diesen Fällen findet der rechtsgeschäftliche Wille nur unter Einhaltung der vorgeschriebenen Form Beachtung *(formelle Geschäfte)*.

852

In den nicht gesetzlich geregelten Fällen steht es den Parteien aufgrund der Privatautonomie frei, für ein beabsichtigtes Rechtsgeschäft eine Form zu vereinbaren *(gewillkürte Form)*.

> Diese kann in gewissen Fällen auch durch einseitiges Rechtsgeschäft bestimmt werden; z. B. kann der Antragsteller in seinem Angebot eine Form für dessen Annahme vorschreiben, nicht aber kann der Vermieter nachträglich seinem Mieter schriftliche Kündigung auferlegen.

Die Formvorschriften beziehen sich jeweils nur auf die Willenserklärung. Zur Form des Rechtsgeschäftes gehören nicht sonstige Tatbestandsmerkmale, wie z. B. Eintragung in das Grundbuch, Übergabe des Besitzes, Darlehenshingabe (vgl. oben Rdn. 610 ff).

Zur Anwendung von Formvorschriften auf die grundsätzliche formfreie *Vollmacht* (§ 167 II) vgl. unten Rdn. 1257 ff.

II. Zwecke der Form

Das Gesetz hat insbesondere bei wirtschaftlich bedeutsamen und risikohaften Geschäften einen Formzwang vorgesehen. Dabei soll die Form eine *Warn- und Beweisfunktion* übernehmen. Einerseits sollen die Parteien vor Übereilung geschützt werden (z. B. §§ 313 S. 1, 518 I, 766 S. 1, 780, 781), andererseits soll die Form Klarstellungs- und Beweiszwecken dienen, um den zum Ausdruck gekommenen rechtsgeschäftlichen Willen deutlich festzuhalten und beweismäßig zu sichern (z. B. §§ 313 S. 1, 566 S. 1, 780, 781). Daneben kann mit einem Formerfordernis bei komplizierten Rechtsvorgängen eine Beratung und Belehrung durch die beurkundende Person bezweckt sein (z. B. §§ 313 S. 1, 1410, 2276 I). Schließlich kann die Form über den Schutz der Parteien hinaus auch *öffentliche Interessen* wahren, so z. B. wenn durch sie eine inhaltliche Überwachung des Rechtsgeschäfts oder eine behördliche Kontrolle gewährleistet werden soll (§ 34 GWB; vgl. BGHZ 53, 304, 307; 54, 145, 148).

853

Dabei kann ein und dieselbe Formvorschrift bzw. eine gewillkürte Form zugleich mehreren Zwecken dienen (vgl. §§ 313 S. 1, 780, 781).

III. Arten der Form

1. Gesetzliche Form

854 Das Bürgerliche Gesetzbuch unterscheidet zwischen Schriftform, öffentlicher Beglaubigung und notarieller Beurkundung.

a) Schriftform

Die einfachste gesetzliche Form ist die Schriftform. Sie erfordert die eigenhändige Unterzeichnung einer Urkunde durch den Aussteller, wobei dies durch Namensunterschrift oder auch notariell beglaubigtes Handzeichen erfolgen kann (§ 126 I).

Dabei kommt es nicht darauf an, daß die Urkunde vom Unterzeichner verfaßt worden ist. Notwendig aber zugleich ausreichend ist, daß der Erklärende die Urkunde unterschreibt. Die Schriftform ist also eigentlich nur *Unterschriftsform*.

Die Unterschrift des Ausstellers muß den Text der Urkunde der äußeren Erscheinung nach decken, d. h. sie räumlich abschließen (RGZ 52, 277, 280; 110, 166, 168; BGHZ 113, 48, 51). Zulässig ist auch die sog. *Blankounterschrift*, bei der die betreffende Erklärung nachträglich mit Willen des Unterzeichnenden ergänzt wird (RGZ 57, 66, 68; BGHZ 22, 128, 132).

Wird das Blankett abredewidrig ausgefüllt, so muß sich der Erklärende auf Grund des erzeugten Rechtsscheins an seiner Erklärung festhalten lassen; vgl. oben Rdn. 804.

Das Gesetz verlangt nicht die Unterzeichnung mit dem Familiennamen, sondern begnügt sich mit einer Namensunterschrift, die zur Individualisierung des Unterzeichners ausreicht (RG SeuffArch. 70 Nr. 87, vgl. auch BayObLG NJW 1956, 24 f). Dementsprechend genügt auch die Unterzeichnung mit einem angenommenen Namen, Pseudonym, wenn dadurch die nötige Klarheit über die Person des Ausstellers geschaffen wird. Der Kaufmann kann auch mit seiner Firma unterzeichnen (§ 17 HGB), die vollständig angegeben sein muß (RGZ 50, 51, 54; 75, 1 ff). Erforderlich ist grundsätzlich die *eigenhändige Unterschrift* des Ausstellers. Daran fehlt es, wenn die Unterschrift im Wege der mechanischen Vervielfältigung, sei es durch Matrizenabzug, Fotokopie oder Stempel, ersetzt wird (BGH NJW 1970, 1078, 1080; BGH NJW 1993, 1126 [Telefax]; für eine großzügigere Anerkennung KÖHLER AcP 182 (1982), 126, 143 ff); Ausnahmen gelten für die Erhöhung der Wohnungsmiete (§ 8 MHG), im Versicherungsvertragsrecht (§§ 3 I 2, 39 I 1, 43 Nr. 4 VVG), für Inhaberschuldverschreibungen (§ 793 II 2) sowie für die Unterzeichnung von Aktien und Zwischenscheinen (§ 13 S. 1 AktG).

Die Eigenhändigkeit ist grundsätzlich nicht mehr gewahrt, wenn sich der Unterzeichner einer anderen Person als *Schreibhilfe* bedient. Führt jedoch die Schreibhilfe lediglich unterstützend die Hand des Ausstellers, und bleiben die wesentlichen Merkmale seiner Schriftzüge erhalten, so handelt es sich um eine eigenhändige Unterschrift (vgl. BGH NJW 1981, 1900 f). **855**

Nach Lehre und Rechtsprechung ist über den Wortlaut von § 126 I hinaus in extensiver Interpretation die Eigenhändigkeit der Unterschrift auch gewahrt, wenn ein *Vertreter* nicht mit seinem Namen unter Hinweis auf das Vertretungsverhältnis, sondern mit dem Namen des Vertretenen unterzeichnet (RGZ 74, 69 ff; erweiternd RGZ 81, 1, 2 f; kritisch Enn./Nipperdey § 155 I 2 f; Larenz AT § 21 I a und Holzhauer aaO, S. 210 ff). Dabei handelt es sich lediglich um das Erfordernis der Schriftform; unabhängig davon ist die Berechtigung zur Stellvertretung zu prüfen.

Da durch diese Rechtsprechung das Erfordernis der Unterzeichnung mit dem richtigen Namen des Ausstellers preisgegeben ist, wird man die Unterzeichnung mit dem einem anderen zustehenden Namen auch in den Fällen des *Auftretens unter fremden Namen* als zur Wahrung der Schriftform ausreichend anerkennen müssen. Vgl. zum Handeln unter fremdem Namen unten Rdn. 1222.

Zur *Formgültigkeit* eines *Wechsels* genügt die Zeichnung mit einem möglichen **856** Namen oder einer möglichen Firma (Baumbach/Hefermehl Art. 1 WG Rdn. 7). Der Fälscher einer Unterschrift oder der vollmachtlose Vertreter, der nur mit dem Namen des Vertretenen gezeichnet hat, haftet selbst nicht wechselmäßig, sondern aus unerlaubter Handlung bzw. aus analoger Anwendung des § 179; der wirkliche Namensträger kann durch Genehmigung des Begebungsvertrages Rechte und Pflichten aus dem Wechsel für sich begründen (RGZ 145, 87, 91).

Bei einem *Vertrag* muß die Unterzeichnung durch die Parteien auf derselben **857** Urkunde erfolgen. Nur bei mehreren Vertragsurkunden genügt es, wenn jeder Teil die für einen anderen bestimmte Urkunde unterzeichnet (§ 126 II). Telegramm- oder Briefwechsel genügen also nicht (RGZ 95, 83, 84).

§ 126 II gilt nicht für Kartellverträge und Kartellbeschlüsse. § 34 GWB läßt es genügen, wenn die Beteiligten Urkunden unterzeichnen, die auf einen schriftlichen Beschluß, auf eine schriftliche Satzung oder auf eine Preisliste Bezug nehmen.

Die Schriftform kann durch die notarielle Beurkundung oder den gerichtlichen **858** Vergleich (Aufnahme ins Sitzungsprotokoll) ersetzt werden, da beide im Verhältnis zur Schriftform höhere Anforderungen stellen (§§ 126 III, 127 a).

Hauptfälle der gesetzlichen Schriftform sind:
Miet- oder Pachtverträge über Grundstücke, wenn sie für länger als ein Jahr abgeschlos- **859** sen werden (§§ 566, 581 II); Stiftungsgeschäft unter Lebenden (§ 81); Bürgschaftsübernahme (§ 766); abstraktes Schuldversprechen und Schuldanerkenntnis (§§ 780, 781); die Abtretungserklärung über eine hypothekarisch gesicherte Forderung (§ 1154 I) – sie kann gem. § 1154 II durch Eintragung in das Grundbuch ersetzt werden; der Kreditvertrag gem. VerbrKrG (§ 4 VerbrKrG).

860 Eine gesteigerte Schriftform gilt für das **eigenhändige Testament** (§ 2247 I). Hier ist eigenhändige Niederschrift und Unterschrift erforderlich, damit sichergestellt wird, daß der Inhalt der letztwilligen Verfügung vom Testator herrührt (vgl. zur „Schreibhilfe" BGHZ 47, 68, 71 und BGH NJW 1981, 1900 f).

b) Öffentliche Beglaubigung

861 § 129 enthält eine Verschärfung gegenüber der Schriftform, wonach in bestimmten, vom Gesetz vorgesehenen Fällen die Erklärung schriftlich abgefaßt und die *Unterschrift* des Erklärenden von einem Notar beglaubigt werden muß. Da nur die Unterschrift beglaubigt wird und nicht der Inhalt der Urkunde, ist die öffentliche Beglaubigung ein amtliches Zeugnis über die Identität des Unterzeichners.

> Die früher streitige Frage, ob eine Blankounterschrift beglaubigungsfähig ist, hat nunmehr § 40 V BeurkG dahingehend geregelt, daß eine derartige Beglaubigung unter Hinweis auf den Blankett-Charakter zulässig ist, wenn dargelegt wird, daß sie vor der Festlegung des Urkundeninhalts benötigt wird.

862 Bei Unterzeichnung durch *Handzeichen* ist dieses gem. § 129 I 2 zu beglaubigen. Zuständig für die Beglaubigung ist gem. §§ 1, 40 BeurkG der Notar, unbeschadet etwaiger sonstiger landesrechtlicher Vorschriften (vgl. § 61 BeurkG). Daneben besteht eine sachlich eingeschränkte Zuständigkeit der Amtsgerichte für die Beglaubigung der Zustimmung des gesetzlichen Vertreters zur Vaterschaftsanerkennung gem. § 1600 e I 2 i.V.m. § 62 Nr. 1 BeurkG.

863 Die öffentliche Beglaubigung kann stets durch notarielle Beurkundung der Erklärung oder gerichtlichen Vergleich ersetzt werden (§§ 129 II, 127 a). Eine amtliche Beglaubigung z. B. durch Behörden für Verwaltungszwecke ist keine öffentliche Beglaubigung im Sinne des § 129.

864 Das Gesetz sieht die öffentliche Beglaubigung z. B. vor bei:
– Anmeldungen zum Vereinsregister (§ 77), Güterrechtsregister (§ 1560), Handelsregister (§ 12 HGB),
– Erklärungen gegenüber dem Grundbuchamt (§ 29 GBO),
– Verschiedenen Erklärungen bezüglich der Bestimmung des Ehenamens sowie bei Annahme eines früheren Namens durch verwitwete oder geschiedene Ehegatten (§ 1355 III–V),
– Bestimmung des Geburtsnamens eines Kindes, wenn die Eltern bei der Geburt keinen Ehenamen führen (§§ 1616, 1616 a),
– Einbenennung eines Kindes gem. §§ 1617, 1618,
– Erbschaftsausschlagung, soweit nicht zur Niederschrift des Nachlaßgerichtes erklärt (§ 1945 I, III),
– Bestimmung des Testamentsvollstreckers durch einen Dritten (§ 2198 I 2).
Daneben *kann* in bestimmten Fällen *verlangt* werden, daß eine Unterschrift öffentlich beglaubigt wird (z. B. §§ 371 S. 2, 403, 1035 S. 2, 1154 I 2, 1155, 2120 S. 2, 2121, 2215 II).

c) Notarielle Beurkundung

865 Anders als bei der öffentlichen Beglaubigung wird bei der notariellen Beurkundung der vollständige Inhalt der Erklärung erfaßt. Zuständig für derartige Beurkundungen ist gemäß §§ 1, 6 ff BeurkG ausschließlich der Notar. Das Verfahren der Beurkundung richtet sich nach den §§ 8 ff BeurkG. Danach muß bei der Beurkundung von Willenserklärungen nach entsprechender Beratung durch den Notar (§ 17 BeurkG) eine *Niederschrift* über die Verhandlung aufgenommen werden, die den Beteiligten in Gegenwart des Notars vorgelesen, von ihnen genehmigt und eigenhändig unterzeichnet wird. Die Niederschrift muß vom Notar unter Beifügung der Amtsbezeichnung unterschrieben werden (§ 13 BeurkG).

Bei Beurkundung von *Verträgen* ist eine gleichzeitige Anwesenheit der Parteien vor dem Notar nur in den gesetzlich geregelten Fällen, z. B. Auflassung (§ 925), Ehevertrag (§ 1410) und Erbvertrag (§ 2276), erforderlich. In sonstigen Fällen genügt es nach § 128, wenn zuerst der Antrag und später dessen Annahme beurkundet wird (Sukzessivbeurkundung). Hier kommt gemäß § 152 der Vertrag mit der Beurkundung der Annahme zustande, ohne daß diese dem Antragsteller zugehen müßte.

Die notarielle Beurkundung kann gemäß § 127 a durch gerichtlichen Vergleich ersetzt werden.

Gemäß §§ 415 ff ZPO begründen notarielle Beurkundungen vollen Beweis für die Richtigkeit und Vollständigkeit des Beurkundungsvorgangs.

Hauptfälle der notariellen Beurkundung sind z. B.:
Grundstücksveräußerung (§ 313 S. 1); Schenkungsversprechen (§ 518 I); Erbschaftskauf (§ 2371); Feststellung der Satzung einer Aktiengesellschaft (§ 23 AktG); Abschluß des Gesellschaftsvertrages einer GmbH (§ 2 GmbHG).

d) Sonderfälle

866 Neben den gesetzlich geregelten Fällen, in denen die Beurkundung gem. §§ 6 ff BeurkG durch den Notar erfolgt, gibt es Vorschriften, nach denen die Abgabe der Erklärung bei gleichzeitiger Anwesenheit aller Beteiligten *vor einer Behörde* erfolgen muß; diese Form ist z. B. für die Eheschließung vor dem Standesamt vorgesehen (§ 13 I EheG). Davon sind die Fälle zu unterscheiden, in denen das Gesetz die Abgabe einer Erklärung *in öffentlich beglaubigter Form gegenüber einer Behörde oder einem Gericht* vorsieht, vgl. z. B. die Erbschaftsausschlagung, § 1945 I 2. Alt. In einer Reihe von Fällen sieht das Gesetz Erklärungen *zur Niederschrift eines Gerichts* (§ 1945 I 1. Alt.) vor.

2. Gewillkürte Form

867 Für alle Rechtsgeschäfte, die nach dem Gesetz keiner besonderen Form unterliegen, können die Beteiligten ein bestimmtes Formerfordernis vereinbaren (gewillkürte Form). Dabei können sie sowohl die gesetzlichen Formtypen wählen als auch diese modifizieren.

Haben die Parteien die Schriftform vereinbart, so soll nach § 127 telegraphische Übermittlung und bei einem Vertrag Briefwechsel genügen, soweit nicht ein anderer Wille anzunehmen ist. Die Briefe müssen jedoch – anders als Telegramme, Telex, Telefax etc. – unterschrieben sein.

> Haben die Parteien im Mietvertrag Kündigung durch eingeschriebenen Brief vereinbart, so handelt es sich um die Vereinbarung einer besonderen Übermittlungsform zur Beweissicherung des Zugangs; daher genügt es, wenn der Empfänger auf andere Weise, z. B. durch einfachen Brief oder Klageschrift (RGZ 77, 70 f; BAG NJW 1980, 1304) Kenntnis erlangt.
>
> Formularverträge sehen in der Regel gewillkürte Schriftform vor. § 11 Nr. 16 AGBG erklärt darüber hinausgehende Formerfordernisse zu Lasten des Verbrauchers für unwirksam.

IV. Rechtsfolgen von Formverstößen

1. Nichtbeachtung der gesetzlichen Formerfordernisse

868 *a)* Der Mangel der gesetzlichen Form hat grundsätzlich **Nichtigkeit** zur Folge. Die Vorschrift des § 125 gilt für alle gesetzlichen Formvorschriften, auch solche außerhalb des BGB.

Zu den allgemeinen Nichtigkeitsfolgen vgl. Rdn. 929 ff.

> In einigen Fällen sieht das Gesetz Ausnahmen von der Nichtigkeitsfolge bei Formverstößen vor: Bei Miet- oder Pachtverträgen über ein Jahr gilt bei Nichtbeachtung der Form der Vertrag als für unbestimmte Zeit geschlossen (§§ 566 S. 2, 581 II). Zur Erhaltung der Gültigkeit wird für ein Testament die Nichtigkeitsfolge auf die Verletzung unerläßlicher Formerfordernisse beschränkt, indem das Gesetz für weniger wichtige formale Anforderungen nur Sollvorschriften vorsieht (z. B. §§ 2247 II, 2249 II, 2267 S. 2).

869 *b)* Soweit das Gesetz mit der Form eine „*Warnfunktion*" bezweckt, erübrigt sich die Nichtigkeitsfolge, wenn der Schutzzweck der Form sich mit der Erfüllung erledigt hat. Daher sieht das Gesetz in §§ 313 S. 2, 518 II, 766 S. 2, 2301 II eine **Heilung** vor.

Jedoch lassen sich diese Vorschriften nicht im Wege der Analogie zu einem allgemeinen Grundsatz dahingehend erweitern, daß die freiwillige Erfüllung stets eine den Formmangel heilende Wirkung habe (mit der h. M. RGZ 67, 204, 208; 137, 171, 175; BGH NJW 1967, 1128, 1131; WM 1970, 1319 f). Erwägungen, im Hinblick auf die legislatorische Motivation eine Analogie differenzierend zuzulassen (vgl. HÄSEMEYER Die gesetzliche Form der Rechtsgeschäfte, S. 105 ff, 259 ff; REINICKE Rechtsfolgen formwidrig abgeschlossener Verträge, S. 21 ff), scheitern an der Schwierigkeit, den gesetzgeberischen Zweck eindeutig zu ermitteln. Vgl. zu Einzelfällen, in denen die Rechtsprechung eine Analogie zugelassen hat, MünchKomm/FÖRSCHLER § 125 Rdn. 39.

> Bei beiderseitiger Erfüllung eines formnichtigen Vertrages kann nach den Vorschriften des *Bereicherungsrechts* ein unbefriedigendes Ergebnis vermieden werden. Zunächst ließe sich § 814 in Betracht ziehen; diese Vorschrift soll jedoch nicht eingreifen, wenn der Leistende trotz Kenntnis des Formmangels in Erwartung der Gegenleistung erfüllt hat (BGH LM Nr. 48 zu § 313; BGH NJW 1976, 237 f; FLUME II § 15 III 3 b). Bleibt diese aus, so besteht der Kondiktionsanspruch (§ 812 I 2). Wird die Gegenleistung erbracht, so ist – unbeschadet einer Heilung – der Zweck der Leistung erreicht; ein Bereicherungsanspruch besteht nicht (vgl. FLUME aaO).

870 c) Die Nichtigkeitsfolge des § 125 kann eine Partei, die sich auf Grund besonderer Umstände auf die Wirksamkeit des Vertrages verlassen hat, unbillig treffen. *Die* **Einschränkung** *der Nichtigkeitsfolge durch Rückgriff auf* **Treu und Glauben** hat die Rechtsprechung zunächst abgelehnt, da dies zu einer Aushöhlung des gesetzgeberischen Formzweckes geführt hätte (RGZ 52, 1, 5; 58, 214, 218; 73, 205, 209 f). Allerdings wurde in Fällen der Herbeiführung des Formmangels durch arglistige Täuschung die exceptio doli zugelassen und ein Anspruch auf Schadensersatz (§ 826) gewährt (RGZ 72, 342 f; 82, 299, 304). Anschließend wurde diese Rechtsprechung unter Heranziehung des Rechtsgedankens der culpa in contrahendo auf Fälle ausgedehnt, bei denen der Formmangel auf ein bloß schuldhaftes Verhalten des Vertragspartners zurückzuführen war (RGZ 107, 357, 362). Weitergehend hat das Reichsgericht die Berufung einer Partei auf Formnichtigkeit dann als Verstoß gegen Treu und Glauben angesehen, wenn dies mit ihrem vorangegangenen Verhalten in Widerspruch stand (RGZ 153, 59, 61). Schließlich wurde allgemein aus § 242 der Grundsatz abgeleitet, daß die Berufung unzulässig sei, wenn es nach den Beziehungen der Parteien und den gesamten Umständen Treu und Glauben widerspräche, die Vertragsansprüche am Formmangel scheitern zu lassen (RGZ 170, 203, 205).

871 Der BGH hat sich der Rechtsprechung des RG zunächst angeschlossen, später jedoch das Eingreifen von § 242 nur dann zugelassen, wenn die Nichtanerkennung des Vertrages zu einem für die andere Partei *untragbaren*, nicht aber nur zu einem harten *Ergebnis* führt (vgl. zur tatbestandlichen Präzisierung untragbarer Folgen BGHZ 48, 396, 398 m.w.N.; BGH NJW 1987, 1069 f; BGH NJW 1970, 2210, 2211 spricht von „extrem liegenden Fällen"). Danach kann sich das untragbare Ergebnis dann ergeben, wenn der Formverstoß auf arglistiger Täuschung oder auf schuldhafter Erregung eines Irrtums über die Notwendigkeit der Form beruht (BGHZ 48, 396, 398).

> Die Argumentation in Rechtsprechung und Lehre bezieht sich überwiegend auf die Formnichtigkeit in Fällen des § 313. Dabei ergibt sich die Frage, auf welche Anspruchsgrundlage bei Überwindung der Formnichtigkeit die Erfüllung gestützt werden kann. Der BGH geht offensichtlich von einer Wirksamkeit des an sich formnichtigen Ge-

schäftes aus, so daß sich ein Erfüllungsanspruch aus Vertrag ergeben würde. Die dogmatische Leistungsbegründung ist jedoch umstritten. Nach einem Teil der Meinungen soll an die Stelle einer Vertragserfüllung der Schadensersatzanspruch auf das Erfüllungsinteresse (mit dem Gesichtspunkt der Naturalrestitution nach § 249) treten. Ein anderer Teil des Schrifttums schränkt noch weiter ein, indem er – insbesondere wenn die Nichteinhaltung der Form auf Fahrlässigkeit beruht – den Schadensersatzanspruch auf das negative Interesse begrenzt (so insbesondere FLUME II § 15 III 4 c dd). CANARIS Vertrauenshaftung S. 289 ff leitet den Erfüllungsanspruch unmittelbar aus dem Gesichtspunkt des venire contra factum proprium (§ 242) her. Zu den differenzierenden Lösungsversuchen vergleiche u. a. GERNHUBER aaO, S. 151 ff, 176 f; LORENZ Zum Problem der Aufrechterhaltung formnichtiger Schuldverträge, AcP 156 (1957), 381 ff, 398 ff und JuS 1966, 429 ff; REINICKE NJW 1968, 39 ff und Rechtsfolgen 118 ff; MEDICUS AT Rdn. 626 ff, BR Rdn. 180 ff.

872 Ist die Formverfehlung ausnahmsweise unbeachtlich, so kann aufgrund des vorliegenden Konsenses die Vereinbarung als solche zur Grundlage dienen; es sollte kein Hindernis bestehen, *aus* ihr als *dem Kern des Rechtsgeschäfts* für den mit dem untragbaren Ergebnis Belasteten *Erfüllungsansprüche* herzuleiten; eines Rückgriffs auf Ansprüche aus culpa in contrahendo bedarf es dann nicht (vgl. im Ergebnis BGHZ 12, 286, 304; BGHZ 23, 249, 255, 258 spricht ausdrücklich von einer Bindung vertraglicher Art; zum Verhältnis von Form und Konsens s. auch HÄSEMEYER aaO, S. 23 f).

873 Eine Durchbrechung der Formnichtigkeit kann bei *Verfügungsgeschäften* angesichts ihrer absoluten Wirkung *nicht* in Betracht kommen. Ist das Verpflichtungsgeschäft wirksam, so kann das formnichtige Verfügungsgeschäft jederzeit wirksam nachgeholt werden.

2. Nichtbeachtung der rechtsgeschäftlich vereinbarten Form

874 Eine praktisch bedeutsame Problematik ergibt sich bei Nichtbeachtung der gewillkürten Form. Das Gesetz stellt in § 125 S. 2 die Verletzung der gewillkürten Form im Zweifel der Verletzung der gesetzlichen Form gleich (vgl. hierzu parallel § 154 II). Angesichts der sich daraus möglicherweise ergebenden Nichtigkeitsfolge bedarf es einer näheren Prüfung der Formvereinbarung. Die Parteien können die Form zur Wirksamkeitsvoraussetzung erhoben haben, sie können sich aber auch lediglich zur Klarstellung (vgl. BGHZ 49, 364, 367), inbesondere zur Beweissicherung (vgl. BGH NJW 1964, 1269 f), vereinbart haben. In letzteren Fällen bleibt die Wirksamkeit des Rechtsgeschäft von der Nichtbeachtung der Form unberührt. Der Zweck der Formvereinbarung ist daher durch *Auslegung* zu ermitteln.

875 So ist z. B. eine vereinbarte Schriftform nicht konstitutiv, wenn sie lediglich sicherstellen soll, daß der Erklärungsgegner zuverlässig Kenntnis von der Erklärung erlangt (RGZ 98, 233, 235; vgl. auch oben Rdn. 867). – Andererseits kann die Bedeutung des Rechtsgeschäfts für die Parteien ein Indiz für die Form als Wirksamkeitsvoraussetzung sein.

Ergibt die Auslegung, daß die Form konstitutiv vereinbart war, so können angesichts der Nichtigkeitsfolge, sofern ein berechtigtes Vertrauen auf die Einhaltung der formlosen Abrede erweckt worden war, Schadensersatzansprüche aus culpa in contrahendo gegeben sein. Hat z. B. ein Arbeitgeber mit einem Stellenbewerber mündlich einen Dienstvertrag verabredet, der schriftlich ausgefertigt werden sollte, so hat der Bewerber, der auf die Einhaltung der Absprache vertrauen durfte und infolgedessen seine bisherige Tätigkeit aufgegeben sowie seine Wohnung verlegt hat, zumindest Schadensersatzansprüche wegen des Ausfalls seiner bisherigen Bezüge und der Mehrkosten einer neu zu beschaffenden Wohnung, wenn der Arbeitgeber sich nunmehr gegen Treu und Glauben weigert, einen schriftlichen Vertrag abzuschließen.

876 Denkbar ist auch, daß die Parteien die Vereinbarung über die Form nachträglich *aufheben* bzw. auf die Form *verzichten* wollen. Nach der Privatautonomie steht dem nichts entgegen, es muß jedoch der *Wille zur Aufhebung* der Vereinbarung *deutlich hervortreten*; dies kann, sofern nicht förmliche Aufhebung vereinbart ist, formlos geschehen; der Wille zur Aufhebung kann auch konkludent, z. B. durch Erfüllung, zum Ausdruck kommen.

Das gilt insbesondere, wenn die Parteien einen Willen zur *Neuregelung der Abschlußmodalitäten* bekunden, d. h. die Maßgeblichkeit des später mündlich Vereinbarten übereinstimmend gewollt haben (BGH NJW 1962, 1908; NJW 1966, 1705 f). Dies soll sogar gelten, wenn die Parteien dabei an die frühere Formvereinbarung nicht gedacht haben (BGH NJW 1965, 293; WM 1974, 105; einschränkend LARENZ AT § 21 I c).

Formlose nachträgliche Abweichungen von in Allgemeinen Geschäftsbedingungen vorgesehenen Formerfordernissen sind durch § 4 AGBG erleichtert, da § 4 den Vorrang von Individualabreden bestimmt (vgl. ULMER/BRANDNER/HENSEN § 4 Rdn. 26 ff; zur Differenzierung vgl. BGH NJW 1980, 234 f; BB 1981, 266).

3. Nichtbeachtung des Umfangs von Formerfordernissen

877 Der Formzwang umfaßt grundsätzlich das gesamte Rechtsgeschäft. Im Einzelfall ist zu prüfen, welche Abreden als Bestandteil des Rechtsgeschäfts anzusehen sind. Im wesentlichen ist darauf abzustellen, was die Parteien als Inhalt des Rechtsgeschäftes ansehen wollten. Absprachen, die z. B. nur Abwicklungsmodalitäten betreffen und den Leistungsinhalt nicht betreffen, werden insofern vom Formzwang nicht erfaßt (vgl. BGH LM Nr. 14 zu § 313).

878 *a)* Zunächst ist von formpflichtigen Nebenabreden der *Abschluß eines* **Vorvertrages** zu unterscheiden. Soweit die Annahme eines Vorvertrages mit Verbindlichkeitswirkung gerechtfertigt ist (vgl. unten Rdn. 986 ff), ist zu beachten, daß die Formvorschriften des Hauptvertrages grundsätzlich auch für den Vorvertrag gelten müssen, weil bei dessen formlosem Abschluß angesichts des Anspruchs auf Abschluß des Hauptvertrages der Zweck der Formvorschrift umgangen würde (st. Rspr., vgl. RGZ 112, 199, 201).

879 *b)* Hinsichtlich *formloser* **Nebenabreden** – sei es, daß sie als Vorabsprachen, sei es, daß sie bei Vertragsschluß getroffen wurden – hat ein förmlich abgeschlossenes Rechtsgeschäft die tatsächliche, allerdings widerlegliche Vermutung für sich, daß in ihm der endgültige und maßgebende Vertragswille niedergelegt ist (*Vermutung der Vollständigkeit und Richtigkeit*, RGZ 52, 23, 26; 68, 15 f; 77, 403, 405). Die Vermutung der Vollständigkeit steht insbesondere auch der Behauptung entgegen, die Urkunde enthalte den Vertragsinhalt nicht vollständig, weil bei Abschluß des Rechtsgeschäftes noch eine mündliche Nebenabrede getroffen worden sei. Wer sich auf diese beruft, muß beweisen, daß die mündliche Nebenabrede neben dem beurkundeten Vertrag Geltung haben und nicht einen Bestandteil des Vertrages bilden sollte (RGZ 102, 63 f).

Von besonderer Bedeutung ist, daß die *Zusicherung von Eigenschaften beim Kauf* der Aufnahme in den förmlichen Vertrag bedarf (BGH WM 1970, 819, 821), so vornehmlich bei Grundstückskäufen (RGZ 132, 76, 78; BGH JZ 1989, 796).

> Eine für die Abrede sich ergebende Formnichtigkeit wird grundsätzlich das gesamte Geschäft erfassen, wenn nicht die Ausnahme des § 139 wirksam wird (vgl. unten Rdn. 934 ff).
>
> Nebenabreden können als Vertragsbestandteil den Heilungsvorschriften unterliegen; die *Heilung* muß sich allerdings vollzogen haben, z. B. nach § 313 S. 2 durch Eintragung im Grundbuch (RGZ 99, 72, 74).
>
> Bei Formvorschriften für die Erklärung eines Beteiligten, z. B. bei der Bürgschaftserklärung, sind mündliche Nebenabreden, die die Verpflichtung einschränken, gültig (RGZ 71, 415, 416), da sie den Bürgen nicht belasten und somit die „Warnfunktion" nicht beeinträchtigen.
>
> Soweit Nebenabreden nicht verbindlich sind, können sie doch zur Auslegung des förmlichen Rechtsgeschäfts herangezogen werden (RGZ 59, 217, 219; 88, 370, 372).

880 *c)* Ein zu beurkundender Vertrag ist insgesamt nichtig (§§ 125, 139), wenn sein Inhalt im wesentlichen durch **Unterlagen** (Karten, Zeichnungen, Baupläne und Baubeschreibungen, Teilungserklärungen) konkretisiert wird und diese Unterlagen bei notarieller Beurkundung nicht zur Durchsicht vorgelegt wurden (§ 13 I BeurkG).

> Ursprünglich genügte die bloße Bezugnahme auf die Unterlagen in der Vertragsurkunde (BGHZ 63, 359, 362); diese Auffassung wurde in BGHZ 69, 266, 268 f aufgegeben und Beurkundung durch Beifügung und Verlesung der Baubeschreibung verlangt. BGH NJW 1979, 1984 f hat die Auffassung nochmals bestätigt. Der Gesetzgeber hat diese Rechtsprechung der Neufassung der §§ 9, 13 BeurkG zugrundegelegt.

§ 38
Zulässiger Inhalt der Rechtsgeschäfte

881 Rechtsgeschäfte müssen einen rechtlich zulässigen Inhalt haben. Materiell unzulässig ist der Inhalt eines Rechtsgeschäfts bei Verstoß gegen gesetzliche Verbote, bei Verstoß gegen die guten Sitten und bei Verstoß gegen Veräußerungsverbote. In diesen Fällen wird zum Schutze höherrangiger Interessen die Privatautonomie eingeschränkt.

Zulässiger Inhalt der Rechtsgeschäfte **§ 38** A

A. Gesetzliche Verbote

BÜLOW Grundfragen der Verfügungsverbote, JuS 1994, 1 ff; CANARIS Gesetzliches Verbot und Rechtsgeschäft, 1983; DILCHER Rechtsgeschäfte auf verfassungswidriger Grundlage, AcP 163 (1964); v. GAMM Die Gesetzesumgehung, WRP 1961, 259 ff; HUBER Typenzwang, Vertragsfreiheit und Gesetzesumgehung, JurA 1970, 74 ff; HELF Zivilrechtliche Folgen eines Verstoßes gegen das Schwarzarbeitsgesetz, 1986; U. HÜBNER Personale Relativierung der Unwirksamkeit von Rechtsgeschäften nach dem Schutzzweck der Norm, Festschrift H. Hübner, 1984, 487 ff; IMMENGA Rechtsfolgen unzulässiger Leiharbeitsverhältnisse, BB 1972, 805 ff; KÖHLER Möglichkeiten richterlicher Monopolpreiskontrolle, ZHR 137 (1973), 237 ff; ders., Schwarzarbeitsverträge: Wirksamkeit, Vergütung, Schadensersatz, JZ 1990, 466 ff; O. LANGE Die behördliche Genehmigung und ihre zivilrechtlichen Auswirkungen, AcP 152 (1952/53), 241 ff; ders., Die Bedeutung der behördlichen Genehmigung im rechtsgeschäftlichen Verkehr, NJW 1949, 201 ff; LANGEN Welche Bedeutung hat heutzutage der Ausdruck „gesetzliches Verbot" in § 134 BGB, Festschrift R. Isay, 1956, 321 ff; MAYER-MALY Handelsrechtliche Verbotsgesetze, Festschrift Hefermehl, 1976, 103 ff; R. MÜLLER Anwendbarkeit von § 134 BGB im Kartellrecht, JZ 1954, 720 ff; PAWLOWSKI Zum Umfang der Nichtigkeit bei Verstößen gegen „öffentlich-rechtliche" Verbotsgesetze, JZ 1966, 696 ff; PROST Verbotene Geschäfte und strafbare Handlungen nach dem Kreditwesengesetz, NJW 1977, 227 ff; SACK Der rechtswidrige Arbeitsvertrag, RdA 1975, 171 ff; SEILER Über verbotswidrige Rechtsgeschäfte, Gedächtnisschrift Martens, 1987, 719 ff; SONNENSCHEIN Schwarzarbeit, JZ 1976, 497 ff; STOBER Zur zivilrechtlichen Wirkung wirtschaftsverwaltungsrechtlicher Verbote, GewArch 1981, 313 ff; TEICHMANN Die Gesetzesumgehung, 1962; WESTPHAL Zivilrechtliche Vertragsnichtigkeit wegen Verstoßes gegen gewerberechtliche Verbotsgesetze, 1985; ZEISE Voraussetzungen und Folgen des § 134 BGB bei Tausch- und Kompensationsgeschäften, JR 1948, 278 ff.

Ein Rechtsgeschäft, das gegen ein gesetzliches Verbot verstößt, ist grundsätzlich **882** nichtig (§ 134). Verbotsgesetz kann jede Rechtsnorm sein, d. h. neben Gesetzen auch Rechtsverordnungen, Satzungen von Hoheitsträgern, Tarifverträge (§ 4 TVG) und Betriebsvereinbarungen (§ 77 BetrVG), schließlich auch ungeschriebene Verbote, die sich insbesondere aus Gewohnheitsrecht ergeben können. Umstritten ist, ob verfassungsrechtliche Normen, vornehmlich die Grundrechte, Verbotsgesetze i. S. § 134 sind (zur Drittwirkung vgl. oben Rdn. 118 ff). Das Wertsystem des Grundgesetzes kann auch über das Medium des § 134 wirksam werden, da ein Verbot nicht ausdrücklich normiert sein muß, es vielmehr genügt, wenn es sich eindeutig aus dem Normgefüge ergibt (BGHZ 51, 255, 262; vgl. MünchKomm/MAYER-MALY § 134 Rdn. 28 ff).

Rechtsverbote kommen in den verschiedensten Formen zum Ausdruck. Das Wort **883** „verbieten" findet sich in den formellen Gesetzen kaum, häufiger in den Rechtsverordnungen. Das BGB bringt z. B. ein Verbot vielfach dadurch zum Ausdruck, daß es ein bestimmtes Geschäft für nichtig erklärt (§§ 248, 310, 312) oder bestimmt, daß es überhaupt nicht oder nur unter gewissen Voraussetzungen vorgenommen werden kann (§§ 276 II, 399) oder daß seine Vornahme unzulässig ist (§ 393).

Andererseits liegt ein Verbot nicht vor, wenn ein Geschäft wegen mangelnder inhaltlicher oder förmlicher Voraussetzungen für unwirksam erklärt wird (z. B. §§ 105,

125). Maßgeblich ist, daß die angeordnete Nichtigkeitsfolge eine Sanktion ist, die überhaupt von der Vornahme des Geschäftes abhalten soll.

Wenn das Gesetz den Ausdruck „darf nicht" verwendet, so bedeutet dies kein gesetzliches Verbot mit Nichtigkeitsfolge. So wird z. B. im Falle des § 456 durch die Regelung des § 458 ein Schwebezustand bis zur Zustimmung der Beteiligten angeordnet; in § 1238 werden anstelle einer generellen Nichtigkeit die Folgen des Verstoßes im Gesetz näher modifiziert.

Eine Nichtigkeitsfolge entfällt gleichfalls, wenn das Gesetz den Ausdruck „soll nicht" verwendet (vgl. § 7 EheG). Grundsätzlich sind „Sollvorschriften" Ordnungsnormen.

884 Der Vielfalt gesetzlicher Verbote entspricht in § 134 die Einschränkung, daß die **Nichtigkeitsfolge nur** eintritt, **wenn sich aus dem Gesetz nicht ein anderes ergibt**. Die inhaltliche Tragweite des Verbots ist daher nach Sinn und Zweck des Gesetzes zu ermitteln. Hierbei wird es insbesondere auf die Schutzwirkung der Verbotsnorm ankommen, wobei sich vornehmlich die unterschiedlichen Aufgaben des Strafrechts und des Privatrechts auswirken. Ein gesetzliches Verbot erfaßt dann ein Rechtsgeschäft, wenn dessen *Inhalt* verboten ist, aber auch, wenn die *Vornahme* des Rechtsgeschäfts gegen eine Verbotsnorm verstößt (vgl. BGHZ 46, 24 f).

885 Soweit sich das Verbot jedoch gegen das rechtsgeschäftliche Handeln *nur eines Vertragsteils* oder gegen die Art und Weise der Vornahme (z. B. Ort und Zeit) richtet, soll der Vertrag als solcher wirksam sein (vgl. z. B. zum veruntreuenden Handeln des Vorstandes einer AG: RGZ 78, 347, 353). Diesen Grundsatz hat die Rechtsprechung, gestützt auf die Motive zum BGB, seit RGZ 60, 273 ff ständig vertreten.

So ist z. B. ein Bewirtungsvertrag nach der Sperrstunde (RGZ 103, 263 ff) und der Verkauf nach Ladenschluß (vgl. RGZ 60, 273, 276) wirksam. Ebenfalls macht der Verstoß gegen die ZugabeVO oder das Rabattgesetz den Kaufvertrag nicht nichtig.

In diesen Fällen will die Rechtsordnung – soweit nicht ein verbotener Inhalt des Rechtsgeschäfts betroffen ist – es bei den vertraglichen Folgen belassen und sich auf die Ahndung des Verstoßes beim Handelnden beschränken (vgl. FLUME II § 17, 4). Demgegenüber ist jedoch zu differenzieren, wenn die Wirksamkeit des Geschäftes dazu führen würde, daß das verbotene Handeln einer Partei aufgrund der vertraglichen Verpflichtung erzwingbar wäre; in diesen Fällen muß aus dem *Zweck des Verbotsgesetzes* folgen, daß das Rechtsgeschäft nichtig ist (vgl. die Durchführung einer Rechtsberatung entgegen dem Verbot in Art. 1 § 1 RBerG; BGHZ 37, 258, 262).

886 Diese Differenzierung berührt sich mit den Fällen, in denen sich das Verbot auf den *Inhalt eines Rechtsgeschäftes* und zugleich auf den mit ihm *bezweckten Erfolg* bezieht. Dies kann insbesondere der Fall sein, wenn *beide Beteiligte* gegen das Verbotsgesetz verstoßen. Hier greift in der Regel die Nichtigkeitsfolge ein (so z. B. bei Verstoß gegen §§ 331 ff StGB oder § 12 UWG).

Zulässiger Inhalt der Rechtsgeschäfte §38 A

Einen besonderen Fall des verbotenen Handelns kann der *Erwerb von Nichtberechtigten* darstellen (§§ 932 ff), bei dem häufig ein Unterschlagungstatbestand (§ 246 StGB) gegeben sein wird. In diesen Fällen will die Rechtsordnung zwar das kriminelle Unrecht in der Person des Rechtsbrechers (des Nichtberechtigten) sühnen, die zivilrechtlichen Folgen jedoch im Interesse des gutgläubigen Dritten aufrechterhalten (dagegen BINDING Die Ungerechtigkeit des Eigentums-Erwerbs vom Nicht-Eigentümer, 1908; vgl. hierzu H. HÜBNER Der Rechtsverlust im Mobiliarsachenrecht, 1955, 77 ff). Dem entspricht es, wenn die Rechtsprechung unter diesen Umständen den Kaufvertrag zwischen Nichtberechtigtem und Dritterwerber unter Ablehnung der Rechtsmängelhaftung als erfüllt ansieht (OLG Hamburg MDR 1948, 253 und die h. M.). **887**

Soweit das Verbotsgesetz Inhalt und bezweckten Erfolg des Rechtsgeschäfts mißbilligt und nach seinem Sinn und Zweck gerade den Vollzug der Leistung unterbinden will, erfaßt die **Nichtigkeitsfolge auch das Verfügungsgeschäft** (vgl. zur sog. Fehleridentität oben Rdn. 651). Es wird dann der gesamte Veräußerungsvorgang betroffen; Verpflichtungsgeschäft und Verfügungsgeschäft sind nichtig (BGHZ 1, 128, 131; 11, 59, 61 f). Das gilt insbesondere für verbotene Devisengeschäfte, weil gerade durch die Verfügung der verbotene Abfluß der Devisen herbeigeführt würde. **888**

Verträge, die bedingt für den Fall abgeschlossen werden, daß ein gesetzliches Verbot aufgehoben wird, sind wirksam (vgl. § 308; RGZ 138, 52, 55; OGHZ 3, 55, 60).

Falls die Parteien anstelle eines verbotenen Rechtsgeschäfts ein Geschäft abschließen, das von der Verbotsnorm zwar nicht erfaßt wird, jedoch gerade den Erfolg herbeiführen soll, den das Verbotsgesetz zu verhindern beabsichtigt, so spricht man von einem **Umgehungsgeschäft**. Das Umgehungsgeschäft wird jedoch von der Verbotswirkung nur erfaßt, wenn sich aus den Zwecken des Verbots ergibt, daß es einen bestimmten Erfolg überhaupt verhindern und nicht bloß seine Erreichung durch eine bestimmte Geschäftsart oder Geschäftsform verhindern will. Die Frage der Umgehung ist also gleichbedeutend mit der Frage nach der Auslegung der Norm nach ihrem Zweck und ihrer inhaltlichen Tragweite. **889**

Als *nichtige Umgehungsgeschäfte* werden angesehen: Der Arbeitgeber darf den durch das Aufrechnungsverbot des § 394 mißbilligten Erfolg nicht durch Zurückbehaltung des Arbeitslohns herbeiführen (RGZ 85, 108, 112 f; 123, 6, 8). Das Erfordernis personenbezogener gewerblicher Genehmigungen kann nicht durch Vortäuschung von Anstellungs- oder Pachtverhältnissen umgangen werden (RGZ 63, 143, 145; 84, 304 f; LG Berlin NJW 1977, 1826). Ein gesetzliches Vorkaufsrecht der Gemeinden kann nicht durch Bestellung eines Nießbrauchrechtes umgangen werden (BGHZ 34, 200, 205).

Einzelne Umgehungsgeschäfte werden *durch gesetzliche Vorschriften einer Regelung unterworfen*: So werden die Vorschriften des VerbrKrG auf Umgehungsgeschäfte entsprechend angewandt (§ 18 S. 2 VerbrKrG); vgl. auch die Regelung in § 7 AGBG. **890**

Eine Umgehung der Vorschriften für vertragliche Wettbewerbsverbote zum Schutze des früheren Handlungsgehilfen ist unwirksam (§ 75 d S. 2 HGB). Vereinbarungen, die einer Umgehung des tarifmäßigen Beförderungsentgelts nach dem Güterkraftverkehrsgesetz gleichkommen, sind gem. § 22 II 2 GüKG unzulässig; der Beförderungsvertrag bleibt als solcher wirksam, die Vertragsbedingungen richten sich jedoch nach den Tarifbestimmungen (§ 22 III GüKG). Durch Mißbrauch von Gestaltungsmöglichkeiten des bürgerlichen Rechts kann das *Steuergesetz* nicht umgangen werden; die Besteuerung richtet sich nach einer den wirtschaftlichen Vorgängen angemessenen rechtlichen Gestaltung (vgl. § 42 AO).

In der Lehre war längere Zeit umstritten, ob die *Sicherungsübereignung* eine Umgehung der Pfandrechtsvorschriften darstellte, da das vertragliche Pfandrecht vom Traditionsprinzip ausgeht. Den Bedürfnissen der Wirtschaft entsprechend ist jedoch heute die Zulässigkeit dieser Form der Sachsicherung anerkannt.

Zu den Nichtigkeitsfolgen vgl. Rdn. 929 ff.

891 Gesetzliche Verbote können sich insbesondere gegen Verfügungen richten (**Veräußerungsverbote**). Dienen die gesetzlichen Verbote dem Schutz der *Allgemeinheit*, so ziehen sie eine *absolute* Nichtigkeit der Verfügung gem. § 134 nach sich (z. B. § 1 I Nr. 2 SpielbankVO; BGHZ 37, 363 ff). Bezweckt jedoch das gesetzliche Verbot nur den *Schutz bestimmter Personen*, so ist gem. § 135 die Verfügung nur den geschützten Personen gegenüber unwirksam (z. B. § 98 VVG; vgl. dazu RGZ 95, 207 ff).

Die Fälle der gesetzlichen Verfügungsverbote sind jedoch selten. Gewicht erhält die Vorschrift des § 135 durch die Verweisung in § 136 für die *behördlichen* und vor allem *gerichtlichen Veräußerungsverbote* (z. B. einstweilige Verfügungen nach §§ 935, 938 ZPO; Pfändung von Forderungen nach §§ 829, 857 ZPO; Grundstücksbeschlagnahme nach § 23 I ZVG), die nur zur *relativen Unwirksamkeit* führen. Zu den Einzelheiten und Rechtsfolgen vgl. unten Rdn. 968 ff.

B. Das Verbot sittenwidriger Geschäfte

BARTHOLOMEYCZIK Der maßgebende Zeitpunkt für die Bestimmung der Sittenwidrigkeit nichtiger Verfügungen von Todes wegen, Festschrift OLG Zweibrücken, 1969, 26 ff; BEHM Zur Wirksamkeit von Rechtsgeschäften über „Telefonsex", NJW 1990, 1822 ff; BREITHAUPT Die guten Sitten, JZ 1964, 283 ff; DERLEDER Der Marktvergleich beim Konsumentenratenkredit als Mittel der Sittenwidrigkeitsprüfung, NJW 1982, 2401 ff; ESSER § 138 und die Bankpraxis der Globalzession, ZHR 135 (1971), 320 ff; FUTTER Energieversorgungsverträge und Monopolmißbrauch, BB 1978, 935 ff; GEDDERT Recht und Moral, 1984; HABERSTUMPF Die Formel vom Anstandsgefühl aller billig und gerecht Denkenden in der Rechtsprechung des BGH, 1976; HACKL Äquivalenzstörung und Sittenwidrigkeit, BB 1977, 1412 ff; HEDEMANN Die Flucht in die Generalklauseln, 1933; HONSELL Die Rückabwicklung sittenwidriger oder verbotener Geschäfte, 1974; ders., In fraudem legis agere, Festschrift Kaser, 1976, 111 ff; ders., Die zivilrechtliche Sanktion der Sittenwidrigkeit, JZ 1975, 439 ff; ders., Die zivilrechtliche Sanktion der Sittenwidrigkeit, JA 1986, 573 ff; HUSMANN Die Testierfreiheit im Lichte der Grundrechte und des Sittengesetzes, NJW 1971, 404 ff; A. KAUFMANN Recht und Sittlichkeit, 1964; KOLLER Sittenwidrigkeit der Gläubigergefährdung und Gläubigerbenachteiligung, JZ 1985, 1013 ff; KRAFT Interessenabwägung und gute Sitten im Wettbewerbsrecht, 1963; LAUN Recht und Sittlichkeit, 3. Aufl. 1935; LINDACHER Grundsätzliches zu § 138 BGB – Zur Frage der Relevanz subjektiver Momente, AcP 173 (1973), 124 ff; LOTMAR Der unmoralische Vertrag, 1896; MAYER-MALY Das Bewußtsein der Sittenwidrigkeit, 1971; ders., Wertungswandel im Privatrecht, JZ 1981, 801 ff; MEYER-CORDING Gute Sitten und ethischer Gehalt des Wettbewerbsrechtes, JZ 1964, 273 ff; MITTEIS Zur Auslegung des § 138 I BGB, Leipziger Festschrift Wach, 1917, 15 ff; v. OLSHAUSEN Zivil- und wirtschaftsrechtliche Instrumente gegen überhöhte Preise, ZHR 146 (1982), 259 ff; OTT Zur Sittenwidrigkeit von Konsumentenkreditverträgen, BB 1981, 937 ff; PAWLOWSKI Die Aufgabe des Richters bei der Bestimmung des Verhältnisses von Recht, Sittlichkeit und Moral, ARSP 50 (1964), 503 ff; RITTNER Zur Sittenwidrigkeit von Teilzahlungskreditverträgen, DB 1981, 138 ff; ROTH-STIELOW Die guten Sitten als aktuelles Auslegungsproblem, JR 1965, 210 ff; SACK Das Anstandsgefühl aller billig und gerecht Denkenden und die Moral als Bestimmungsfaktoren der guten Sitten, NJW 1985, 761 ff; H. SCHMIDT Die Lehre von der Sittenwidrigkeit der Rechtsgeschäfte in historischer Sicht, 1973; SCHRICKER Gesetzesverletzung und Sittenverstoß, 1970; SIMITIS Gute Sitten und ordre public, 1960; SIMSHÄUSER Zur Sittenwidrigkeit der Geliebten-Testamente, 1971; SMID Rechtliche Schranken der Testierfreiheit aus § 138 I BGB, NJW 1990, 409 ff; STEINDORFF Die guten Sitten als Freiheitsbeschränkung, in: Summum ius, summa iniuria, 1963, 58 ff; STEINMETZ Sittenwidrige Ratenkreditverträge in der Rechtspraxis auf der Grundlage der BGW-Rechtsprechung, NJW 1991, 881 ff; THIELMANN Sittenwidrige Verfügungen von Todes wegen, 1973; v. TUHR Eigentumserwerb aus unsittlichem Vertrag, AcP 120 (1922), 1 ff; WIEACKER Rechtsprechung und Sittengesetz, JZ 1961, 337 ff.

Die Rechtsordnung versagt Rechtsgeschäften die Wirksamkeit, wenn sie gegen die guten Sitten verstoßen.

I. Zum Begriff der guten Sitten

Wenn das Gesetz mit dem Ausdruck „*gute Sitten*" an den gemeinrechtlichen Begriff der boni mores anknüpft, so bezieht es sich auf moralische Grundanschauungen. Es handelt sich dabei nicht um die *Vorstellungen* einzelner oder bestimmter Gruppen, sondern um allgemein gültige Auffassungen, das *Anstandsgefühl aller billig und gerecht Denkenden* (RGZ 48, 114, 124; BGHZ 10, 228, 232; 60, 28, 33; 69, 295, 297). Indessen kann die Rechtsordnung nicht jede moralische Wertung als rechtsverbindlich berücksichtigen. Rechtlicher Zwang kann nur den Wertvorstellungen zuteil werden, die für das Zusammenleben der Gesamtheit als Mindesterfordernisse unerläßlich sind. Dieser Abgrenzung dient der Begriff der *Rechtsmoral*, unter dem nur die rechtlich relevanten ethischen Prinzipien erfaßt werden. Der Richter hat seiner Entscheidung diese allgemein geltenden Wertvorstellungen, nicht seine persönlichen Moralanschauungen oder die der Parteien zugrunde zu legen. **892**

893 Die Generalklausel des § 138 ist neben den §§ 242, 826 das Medium, durch das der Rechtsgehalt der Grundrechte in das Privatrecht Eingang finden kann. Zu beachten bleibt jedoch, daß der Wertgehalt der Grundrechte als Abwehrrechte gegen den Staat nicht ohne weiteres auf die Verhältnisse unter Rechtsgenossen zu übertragen ist. Zur sog. Drittwirkung der Grundrechte und der Eigenständigkeit des Privatrechts vgl. oben Rdn. 117 ff.

894 Die allgemeinen Wertvorstellungen können einem *Wandel* und auch einer Verfeinerung unterworfen sein; im Bereich der Sexualmoral hat sich eine freiere Auffassung durchgesetzt, während bei Ausnützung wirtschaftlicher Macht strengere Maßstäbe angelegt werden. Rechtliche Relevanz erlangen Veränderungen erst dann, wenn sie in der Anschauung der Allgemeinheit als gefestigt angesehen werden können.

Soweit ein Wandel der Wertmaßstäbe eintritt, ergibt sich die Frage, *auf welchen Zeitpunkt* für die Beurteilung der Sittenwidrigkeit abzustellen ist, auf den Zeitpunkt der Vornahme des Rechtsgeschäfts oder auf den Zeitpunkt der richterlichen Entscheidung. Dabei ist zu unterscheiden, ob das Rechtsgeschäft abgewickelt worden ist oder die Erfüllung noch aussteht.

895 Die h. M. geht davon aus, daß bei einem bereits *abgewickelten* Geschäft die zur Zeit der Vornahme herrschenden Anschauungen maßgebend sein sollen (FLUME II § 18, 6; STAUDINGER/DILCHER § 138 Rdn. 19; SOERGEL/HEFERMEHL § 138 Rdn. 40). Ist jedoch das Geschäft *noch nicht abgewickelt*, so sind zwei Fallgruppen zu unterscheiden: War das Rechtsgeschäft *zur Zeit der Vornahme wirksam*, haben sich jedoch inzwischen die Anschauungen geändert, so würde einem Erfüllungsanspruch der Einwand unzulässiger Rechtsanwendung entgegenzuhalten sein (vgl. BGH NJW 1983, 269 f; LEHMANN/HÜBNER § 29 IV 1; LARENZ AT § 22 III c; SOERGEL/HEFERMEHL § 138 Rdn. 41). War das Rechtsgeschäft *zur Zeit der Vornahme* wegen Sittenverstoßes *unwirksam*, so kann ein Wandel der Anschauungen im konkreten Fall dazu führen, daß der Makel der Sittenwidrigkeit entfällt (so insbes. bei Erbeinsetzungen, vgl. OLG Hamm MDR 1980, 53 f; FLUME aaO; ERMAN/BROX § 138 Rdn. 52; BARTHOLOMEYCZIK/SCHLÜTER § 23 I 2 e; grundsätzlich ablehnend BGHZ 20, 71, 75).

II. Tatbestandliche Voraussetzungen des Sittenverstoßes

896 Die Rechtsfolge des § 138 setzt zunächst voraus, daß der **Gesamtcharakter** des Rechtsgeschäfts, wie er sich aus **objektiver Sicht** unter Einbeziehung von äußerem Inhalt, Beweggrund und Zweck ergibt, gegen die guten Sitten verstößt (RGZ 56, 229, 231; 114, 338, 341; 154, 99, 103; BGHZ 86, 82, 88; 107, 92, 97). Wie weit diese Voraussetzungen erfüllt sind, ergibt sich aus einer zusammenfassenden *Würdigung der gesamten Geschäftsumstände* (BGH NJW 1980, 445 f).

Eine Sittenwidrigkeit nach dem *äußeren Inhalt* des Rechtsgeschäfts liegt bereits vor, wenn die sittenwidrige Natur des Rechtsgeschäfts offenkundig ist, z. B. Auftrag zur Tötung; hier kommen insbesondere Überschneidungen zu § 134 in Betracht, wobei allerdings umgekehrt nicht jeder Gesetzesverstoß den Tatbestand des § 138 erfüllt (RGZ 115, 319, 325).

Das Rechtsgeschäft kann auch dadurch sittenwidrig sein, daß das *verwerfliche Motiv* zum Inhalt eines sonst zulässigen Rechtsgeschäfts gemacht worden ist (z. B. Versprechen eines Entgeltes für Entlobung; Darlehensgewährung zur Förderung der Spielleidenschaft [BGH LM Nr. 1 zu § 762]; Kündigung aus Rache [BGH NJW 1970, 855 f]).

Mit dem zu mißbilligenden Motiv überschneidet sich der *sittenwidrige Zweck*, z. B. Abtretung an eine vermögenslose Person, lediglich um die Beitreibung von Prozeßkosten zu erschweren (RGZ 81, 175 f).

Grundsätzlich müssen die Beteiligten in der verwerflichen Motivation oder zu **897** dem sittenwidrigen Zweck *zusammengewirkt* haben; es genügt nicht, wenn einer der Beteiligten oder jeder für sich sittenwidrige Beweggründe hatte. Beim Vertrag muß daher grundsätzlich beiden Teilen ein Sittenverstoß zur Last fallen (RGZ 78, 347, 353; 114, 338, 341). Wenn allerdings der sittenwidrige Zweck gerade *gegen den anderen Vertragspartner* gerichtet ist, dann reicht für das Eingreifen des § 138 das Verhalten der sittenwidrig handelnden Partei allein aus (RGZ 120, 144, 149 m.w.N.).

Zu der Konkretisierung des Tatbestandes müssen entgegen einer Tendenz zur **898** Objektivierung (vgl. ERMAN/BROX § 138 Rdn. 38; SOERGEL/HEFERMEHL § 138 Rdn. 34) grundsätzlich **subjektive Kriterien** hinzutreten; zumindest ist die *Kenntnis der Tatumstände* zu fordern.

Sofern sich die Sittenwidrigkeit bereits aus dem *Inhalt* des Rechtsgeschäfts ergibt, wird es bei offenkundigen Verstößen gegen das Anstandsgefühl aller recht und billig Denkenden der gesonderten Prüfung von subjektiven Vorstellungen der Parteien nicht bedürfen (für eine weitergehende Einschränkung FLUME II § 18, 3). Soweit die Sittenwidrigkeit aus *Motiv* oder *Zweck*, d. h. subjektiv bezogenen Kriterien, hergeleitet wird, ist in jedem Fall die Kenntnis derjenigen Tatumstände, die das Rechtsgeschäft als sittenwidrig kennzeichnen, erforderlich; ein Bewußtsein der Sittenwidrigkeit ist indessen nicht zu fordern, da es auf die Wertung der Beteiligten nicht ankommt. Im Hinblick auf die Kenntnis wird es als ausreichend angesehen, wenn der Handelnde sich grob fahrlässig (gewissenlos, leichtfertig) der Kenntnis derjenigen Umstände verschlossen hat, welche die Annahme eines Sittenverstoßes rechtfertigen (RGZ 143, 48, 51; 150, 1 ff; BGHZ 10, 228, 233; 20, 43, 52; OLG Köln ZIP 1985, 22, 24; 1472, 1474).

III. Fallgruppen

An Hand der Konkretisierung der Generalklausel durch die Rechtsprechung lassen sich folgende Fallgruppen unterscheiden, wobei keine ausschließliche Zuordnung möglich ist, da im Einzelfall der Sittenverstoß unter mehreren Fallgruppen erfaßt werden kann.

1. Sittenverstoß gegen einen Vertragspartner

899 Hierunter fallen Geschäfte zur Begründung einer Verbindlichkeit, die nach den Regeln des Anstands und der Sittlichkeit nur auf Grund eines freien Entschlusses eingegangen werden dürfen. Dazu gehören insbesondere Geschäfte, bei denen eine übermäßige Bindung herbeigeführt wird. So z. B. *Ausnutzung einer Macht- oder Monopolstellung* durch unverhältnismäßige Erhöhung des Standgeldes für einen Straßenverkaufsstand (BGHZ 19, 85, 94); übermäßige Risikoüberbürdung auf den Arbeitnehmer z. B. bei Haftung für Fehlbeträge (BAGE 2, 333, 341 f); übermäßige Freizeichnung in Individualverträgen – Formularverträge werden hingegen von § 9 AGBG erfaßt; Koppelungsgeschäfte, etwa Erteilung einer Ausnahmegenehmigung durch eine Gemeinde gegen unentgeltliche Abtretung eines Grundstücksteils ohne sachlichen Zusammenhang (BGH NJW 1972, 1657); Wettbewerbsverbote, die einem ausgeschiedenen Angestellten oder Gesellschafter die wirtschaftliche Entwicklung unbillig erschweren (BGH NJW 1979, 1605 f), abgesehen von der Sonderregelung für Handlungsgehilfen gemäß §§ 74 ff HGB.

900 Wegen Sittenwidrigkeit nach § 138 I nichtig kann auch eine Bürgschaft sein, die auf Veranlassung der Eltern und im wesentlichen in deren Interesse von geschäftsunerfahrenen Kindern eingegangen wird, wenn eine mögliche Inanspruchnahme aus der Bürgschaft deren finanzielle Leistungsfähigkeit bei weitem übersteigt. Auf Seiten der Eltern liegt darin ein Verstoß gegen das familienrechtliche Rücksichtnahmegebot des § 1618 a. Wenn die Gläubigerbank dieses sittenwidrige Handeln der Eltern kannte oder grob fahrlässig außer acht gelassen hat, schlägt die Sittenwidrigkeit ihr gegenüber durch; dies gilt in besonderem Maße, wenn Angestellte der Bank gegenüber dem Bürgen das Risiko, das mit einer Bürgschaft verbunden ist, verharmlosen (BGH NJW 1994, 1278; 1341; vgl. auch BVerfG NJW 1994, 36 und zum ganzen BECKER Wirkungslose Bürgschaften und andere persönliche Sicherheiten naher Angehöriger, DZWir 1994, 397 ff).

901 Ferner zählen hierzu *Knebelungsgeschäfte*, welche die wirtschaftliche Bewegungsfreiheit des Geschäftsgegners unzumutbar beschränken (BGH WM 1976, 181 f; BGHZ 83, 313, 316), etwa bei Bierlieferungsverträgen (BGHZ 54, 145, 156, st. Rspr.); dies gilt insbesondere bei Sicherungsverträgen, die dem Schuldner jede eigene wirtschaftliche und kaufmännische Entschließung unmöglich machen (BGHZ 19, 12, 18; 26, 185, 190).

902 *Wucherähnliche Geschäfte*, die die Voraussetzungen des § 138 II nicht erfüllen, können z. B. bei verwerflicher Gesinnung von § 138 I erfaßt werden (BGH LM Nr. 1 zu § 138 [Bc]; BGH NJW 1951, 397; NJW 1979, 758; auch bei einem objektiv auffälligen Mißverhältnis von Leistung und Gegenleistung muß eine verwerfliche Gesinnung hinzutreten, BGH JR 1981, 364 f); zum Tatbestand des Wuchers gem. § 138 II vgl. unten Rdn. 910 ff.

903 Für Allgemeine Geschäftsbedingungen und Formularverträge hat der Anwendungsbereich des § 138 durch § 9 AGBG, der als lex specialis bei unangemessenen Klauseln vorgeht, eine Sonderregelung erfahren. – Unter den Begriff der Sittenwidrigkeit wurde auch die Konzentrierung und Ausnutzung wirtschaftlicher Macht erfaßt. Nach Inkrafttreten des Gesetzes über die Wettbewerbsbeschränkungen gelten jetzt dessen Sonderregelungen an Stelle der Generalklausel des § 138. Unter die Regelung des GWB fallen auch sog. Verdingungskartelle, bei denen Scheinangebote abgegeben werden, um einem Bewerber den Zuschlag zu sichern.

2. Sittenverstoß beider Parteien gegen Dritte oder die Allgemeinheit

Ein Dritter kann in sittenwidriger Weise beeinträchtigt werden, wenn Vermögensübertragungen, insbesondere Sicherungsgeschäfte zwischen den Parteien zur *Gefährdung seiner Gläubigerstellung* führen. So z. B. wenn ein Kapitalkreditgeber sich zur Sicherung Forderungen für künftige Erlöse aus Warenverkäufen global abtreten läßt und die Beteiligten in verwerflicher Gesinnung handeln, weil ihnen bewußt sein muß, daß diese Erlöse dem Warenlieferanten auf Grund eines verlängerten Eigentumsvorbehalts zustehen würden. Der Kapitalkreditgeber, der weiß, daß der Kreditnehmer auf Inanspruchnahme von Warenkredit unter verlängertem Eigentumsvorbehalt angewiesen ist, verleitet zur Täuschung (BGHZ 30, 149, 152 f; 32, 361, 365 f; 72, 308, 310). Zu dieser Fallgruppe zählen auch Geschäfte, bei denen Dritten gegenüber der Anschein der Kreditwürdigkeit eines Schuldners erweckt wird; so z. B. bei verdeckten Sicherungsübereignungen und Sicherungszessionen, die den Sicherungszweck bei weitem übersteigen, wobei ausreichend ist, daß der Sicherungsnehmer es grob fahrlässig unterläßt, sich die erforderliche Kenntnis von den Vermögensverhältnissen des Schuldners zu verschaffen (RGZ 127, 337, 340; 143, 48, 52). **904**

Sittenwidrig kann auch die Gewährung von unzureichenden Krediten im Stadium der Konkursreife sein, um die Eröffnung eines Konkursverfahrens mit dem Ziel hinauszuzögern, sich vorab zu befriedigen (*Konkursverschleppung*; RGZ 136, 247, 253; vgl. zu § 826 BGH WM 1981, 1238, 1240; OLG Düsseldorf WM 1983, 873, 885).

Werden drittschädigende Geschäfte in der Absicht der *Gläubigerbenachteiligung* vorgenommen, so gehen die Vorschriften der Gläubigeranfechtung in- und außerhalb des Konkurses (§§ 29 ff KO; § 3 AnfG) als leges speciales vor (BGHZ 53, 174, 180). Liegen *über die Anfechtungstatbestände* hinaus besondere Umstände vor, die einen Sittenverstoß nach § 138 begründen, (z. B. Ausnutzung einer besonderen Notlage, betrügerische Täuschung), bleibt für die Anwendung des § 138 Raum (BGH NJW 1973, 513).

Als sittenwidrig wird die *Wechselreiterei* (Austausch von Finanzwechseln zum Zwecke der Kreditbeschaffung) unabhängig von einer etwaigen Täuschungsabsicht angesehen, da es sich um einen Mißbrauch der Einrichtung des Wechsels handelt, der zur Gefährdung Dritter führt (BGHZ 27, 172, 176).

Entlohnungs- und Unterhaltsverzicht kann sittenwidrig sein, wenn die Überbürdung von Unterhaltslasten auf Dritte oder Sozialleistungsträger beabsichtigt ist (BGHZ 86, 82, 88 f; BGH NJW 1985, 1833 f; vgl. § 850 h II ZPO).

Ein sittenwidriges Verhalten liegt auch in den Fällen vor, in denen der Vertragspartner zu einem *Vertragsbruch* gegenüber einem Dritten verleitet werden soll, z. B. Abreden mit einem Vorkaufsverpflichteten zu dem Zweck, den Anspruch des Vorkaufsberechtigten zu vereiteln (RGZ 88, 361, 366; BGH NJW 1964, 540 f); so auch Verträge eines Angestellten mit einem Dritten, bei denen der Angestellte hinter dem Rücken des Geschäftsherrn auf eigene Rechnung handelt (vgl. RGZ 136, 359 f); entsprechendes gilt auch für sog. *Schmiergeldverträge*, durch die Angestellte oder Gehilfen hinter dem Rücken ihres Geschäftsherrn veranlaßt werden sollen, dem Versprechenden treuwidrig besondere Vorteile zu gewähren (RGZ 161, 229, 233; BGH NJW 1973, 363; NJW-RR 1987, 42), so z. B. im Bereich des Sportes (RGZ 138, 137, 142). Wenn eine Schädigung des Geschäftsherrn gewollt und eingetreten ist, ist in der Regel nicht nur die Schmiergeldabrede, sondern auch das Hauptgeschäft nichtig (RGZ 86, 146, 148; BGH NJW 1989, 26; OLG Köln NJW-RR 1994, 623 f; Ausnahme: BGH NJW-RR 1990, 242 f). **905**

906 Der Sittenverstoß kann sich auch *gegen die Allgemeinheit* richten. Hierbei überschneidet sich der Sittenverstoß gem. § 138 mit den gesetzlichen Verboten nach § 134. Der Sittenverstoß gegenüber der Allgemeinheit berührt sich mit dem ordre public, wobei allerdings festzuhalten ist, daß der Begriff der guten Sitten im Zivilrecht auf die ethischen Werte, nicht aber auf die „öffentliche Ordnung" abstellt (so auch LARENZ AT § 22 III a; FLUME II § 18, 1). Als Fälle des § 138 werden z. B. angesehen: Verträge, die nur unter grober Verletzung von Haushaltsvorschriften zustandekommen (BGHZ 36, 395 ff); Verträge zur Förderung gewerbsmäßigen Schmuggels (RGZ 96, 282 f); unter besonderen Voraussetzungen Verträge, die gegen ausländische Gesetze verstoßen (BGHZ 34, 169, 176 f; 59, 82 ff).

3. Sonderfälle

907 Der Verstoß gegen *Standespflichten* kann im Einzelfalle Nichtigkeit gem. § 138 zur Folge haben; so z. B. Vereinbarung eines Erfolgshonorars bei Rechtsanwälten (BGHZ 34, 64, 71; 39, 142, 148; 51, 290, 293), Wettbewerbsvereinbarungen unter Ärzten, soweit sie das öffentliche Interesse an einer ausreichenden medizinischen Versorgung verletzen (BGHZ 16, 72 ff; LG Münster NJW 1970, 1974). Hingegen ist der Verkauf von Arzt- und Anwaltspraxen grundsätzlich nicht sittenwidrig (BGH NJW 1989, 763); anders z. B., wenn der Erwerber veranlaßt wird, sein Augenmerk vornehmlich auf die Erzielung möglichst hoher Einnahmen zu richten (OLG Nürnberg BB 1960, 574; BGHZ 43, 46, 49 f). Die Mitübertragung der Patientenkartei ist nur mit Zustimmung der Patienten zulässig (BGH NJW 1992, 737, 739).

908 Unter dem Gesichtspunkt des Verstoßes gegen die Familienordnung können auch Verträge sittenwidrig sein, durch die eine Scheidung erleichtert werden soll (z. B. die Vereinbarung, über die Dauer des Getrenntlebens unrichtige Angaben zu machen; vgl. zum früheren Recht BGHZ 41, 166, 170). – Grundsätzlich sittenwidrig sind auch letztwillige Verfügungen zugunsten einer Geliebten, wenn sie lediglich der Förderung oder Belohnung von geschlechtlichen Beziehungen dienen (BGHZ 53, 369, 376; 112, 259, 262). Angesichts gewandelter Anschauungen im Bereich der Sexualmoral verstoßen z. B. Kauf- und Pachtverträge über Bordelle nur dann gegen § 138, wenn ein überhöhtes Entgelt vereinbart wird und dies zur Folge hat, daß die Prostituierten wirtschaftlich ausgebeutet werden (BGHZ 63, 365, 367; BGH NJW-RR 1988, 1379); demgegenüber bleibt der Dirnenvertrag als solcher nach wie vor nichtig (BGHZ 67, 119, 122).

909 Die Sittenwidrigkeit hatte der BGH für *Fluchthilfeverträge* verneint (BGH NJW 1980, 1574 f).

IV. Das wucherische Rechtsgeschäft

CHR. BECKER Die Lehre von der laesio enormis in der Sicht der heutigen Wucherproblematik. Ausgewogenheit als Vertragsinhalt und § 138 BGB, 1993; M. S. JACOBY Das Wuchergeschäft, JherJb. 60 (1912), 229 ff; MÜSSIGBRODT Sittenwidrigkeit und Wucher beim Darlehensvertrag, JA 1980, 697 f; v. OLSHAUSEN Zivil- und wirtschaftsrechtliche Instrumente gegen überhöhte Preise, ZHR 146 (1982), 259 ff; REICHEL Nichtigerklärung eines Wuchergeschäftes gegen den Willen des Bewucherten, LZ 1917, 654 ff; RÜHLE Das Wucherverbot – effektiver Schutz des Verbrauchers vor überhöhten Preisen?, 1978.

Ein Sondertatbestand der Sittenwidrigkeit ist der *Wucher* gem. § 138 II. Die **910** Nichtigkeitsfolge stellt hierbei nicht auf einen allgemeinen Sittenverstoß gem. § 138 I ab. Fehlen andererseits die besonderen tatbestandlichen Voraussetzungen des Absatzes 2, so kann das Geschäft dennoch bei einem auffälligen Mißverhältnis zwischen Leistung und Gegenleistung und verwerflicher Gesinnung nach Absatz 1 sittenwidrig sein.

Neben der zivilrechtlichen Sanktion des § 138 II ist der Wucher gemäß § 302 a **911** StGB seit 1976 generell unter Strafe gestellt. Da diese Vorschrift als Verbotsgesetz i. S. von § 134 anzusehen ist, erhebt sich die Frage, in welchem Konkurrenzverhältnis § 134 i.V.m. § 302 a StGB und § 138 II stehen. Trotz der weitgehenden Identität der tatbestandlichen Abgrenzung des Wuchers wird man wegen des unterschiedlichen Regelungsgehalts beide Vorschriften als gleichrangig nebeneinander ansehen müssen, zumal nicht gesichert ist, ob die unter strafrechtlichen Gesichtspunkten in der Rechtspraxis vorzunehmende Konkretisierung des § 302 a StGB alle Wucherfälle des BGB erfaßt. Für dieses gleichrangige Verhältnis spricht auch, daß der Gesetzgeber bei der Neufassung des § 302 a StGB den § 138 II angepaßt, aber nicht aufgehoben hat (vgl. auch SOERGEL/HEFERMEHL § 138 Rdn. 71; MünchKomm/MAYER-MALY § 138 Rdn. 115 f).

Die Vorschrift des § 138 II setzt einen Leistungsaustausch voraus (RG HRR **912** 1932 Nr. 143 a). Soweit sich nur einer der Beteiligten zu einer Leistung verpflichtet, kann der Tatbestand des § 138 I in Betracht kommen (BGH LM Nr. 1 zu § 138 [Bc]; BGHZ 106, 269, 271).

Für den Wuchertatbestand ist von einem **auffälligen Mißverhältnis** von Lei- **913** stung und Gegenleistung auszugehen, das nach objektiven Maßstäben unter Einbeziehung der Gesamtumstände zu bestimmen ist. Den Maßstab für die Entscheidung, ob Vermögensvorteile und Wert der Leistungen in einem auffälligen Mißverhältnis stehen, gibt im allgemeinen das verkehrsübliche Äquivalent ab (RG JW 1909, 215 Nr. 2). Der versprochene hohe Vermögensvorteil steht aber dann nicht in auffälligem Mißverhältnis zur Leistung, wenn mit dieser ein erhebliches Risiko verbunden ist (BGH WM 1966, 1221, 1223).

Hinzutreten muß, daß der Wucherer die Zwangslage, die Unerfahrenheit, den **914** Mangel an Urteilsvermögen oder die erhebliche Willensschwäche des Vertragspartners, unter Umständen auch eines Dritten ausbeutet (RG HRR 1936 Nr. 182, RAG Recht 1937 Nr. 43). – Eine **Zwangslage** ist anzunehmen, wenn für den Bewucherten durch wirtschaftliche oder sonstige ernsthafte Bedrängnis ein zwingendes Bedürfnis nach Sach- oder Geldleistung besteht. – Als **Unerfahrenheit** wird ein Mangel an Lebens- oder Geschäftserfahrung gewertet (BGH NJW 1979, 758), etwa bei jugendlichem Alter (BGH NJW 1966, 1451), geistig behinderten Personen (RGZ 67, 393) oder Aussiedlern (OLG Hamm JMBl NW 1974, 32 f).

Der bloße Mangel von Erfahrungen und Kenntnissen auf einem bestimmten Lebens- oder Wirtschaftsgebiet genügt dagegen nicht (BGH LM Nr. 2 zu § 138 [Ba]). – **Mangelndes Urteilsvermögen** liegt vor, wenn der Betroffene zu einer sachgerechten Beurteilung der Vor- und Nachteile des konkreten Geschäfts nicht in der Lage ist. Das Unvermögen kann aus einer allgemeinen Verstandesschwäche, aber auch aus Beurteilungsschwierigkeit, z. B. wegen Komplexität des Geschäfts, folgen. – Bei Vorliegen einer **erheblichen Willensschwäche** bewertet der Betroffene die Vor- und Nachteile des konkreten Geschäfts richtig, vermag jedoch aufgrund fehlender innerer Widerstandsfähigkeit nicht, sich seiner Einsicht entsprechend zu verhalten. Ein solcher Mangel an Widerstandsfähigkeit kann insbesondere bei Alkohol- oder Drogenabhängigen auftreten. Dagegen dürfte die Einflußnahme auf die Willensbildung des Betroffenen durch geschickte Werbung dann nicht genügen, wenn sie lediglich auf seine leichte Beeinflußbarkeit zurückgeht.

915 Unter den in subjektiver Hinsicht erforderlichen **Ausbeutung** ist das bewußte Ausnutzen der vorstehenden Umstände in Kenntnis des auffälligen Mißverhältnisses der beiderseitigen Leistungen zu verstehen. Eine Ausbeutungsabsicht oder Arglist ist dagegen nicht erforderlich (BGH NJW 1982, 2766 f; BB 1990, 1510 f); es genügt, daß der Wucherer eine ihm gebotene Gelegenheit wahrnimmt, z. B. auch wenn das Anerbieten zum Geschäftsabschluß vom Bewucherten ausgeht (BGH WM 1959, 693, 695; NJW 1985, 3006 f).

V. Rechtsfolgen des sittenwidrigen Geschäfts

916 1. Nach dem Wortlaut des Gesetzes tritt als Rechtsfolge der Sittenwidrigkeit **Nichtigkeit** ein. Dabei kann sich jeder, *bei beiderseitigem Sittenverstoß* auch der sittenwidrig Handelnde auf die Nichtigkeitsfolge berufen, wogegen dem anderen Teil der Einwand der unzulässigen Rechtsausübung nicht zustehen soll (RGZ 160, 52, 56; BGHZ 60, 102, 105). Verstößt nur *ein Vertragsteil* in verwerflicher Gesinnung gegen die guten Sitten, kann diesem allerdings die Berufung auf die Nichtigkeit verwehrt sein (BGH WM 1972, 486, 488; DB 1957, 843). Grundsätzlich betont der BGH jedoch den Sanktionscharakter als Sinn und Zweck des § 138 und lehnt es selbst in den Fällen der sittenwidrigen Benachteiligung einer Partei ab, die Leistungsverpflichtung des Übervorteilten auf ein erträgliches Maß zurückzuführen (BGHZ 44, 158, 162).

917 Die Frage spielt vor allem eine Rolle beim sog. *Wucherdarlehen*. Eine Umdeutung des sittenwidrigen Darlehensvertrages auf ein in Einklang mit der Rechtsordnung stehendes Maß wird vom BGH in ständiger Rechtsprechung abgelehnt (BGHZ 68, 204, 207 – entgegen einem Teil der Lehre, vgl. LINDACHER AcP 173 (1973), S. 124, 131 ff m.w.N.) Die uneingeschränkte Nichtigkeitsfolge müßte bei erfolgter Darlehenshingabe zur Regelung des § 817 S. 2 führen, wonach der Wucherer kein Rückforderungsrecht hätte. Dieses unbillige Ergebnis vermeidet die Rechtsprechung, indem sie als Gegenstand der Bereicherung nicht das Kapital, sondern nur die Überlassung zur Nutzung ansieht (RGZ 161, 52, 56 f). Im Ergebnis behält demnach der Darlehensnehmer, allerdings nur für die (rechtsunwirksam) vereinbarte Zeit, die Valuta – § 817 S. 2 soll insoweit den fehlenden Rechtsgrund ersetzen –, ohne zu einer auch nur angemessenen Zinszahlung verpflichtet zu sein (RGZ aaO; BGH WM 1962, 606, 608; BGHZ 99, 333, 338 f; BGH NJW 1983, 1420, 1422 f; für eine angemessene Zinszahlung nach Bereicherungsrecht FLUME II § 18, 10 f; MEDICUS Vergütungspflicht des Bewucherten?, Gedächtnisschrift R. Dietz, 1973, 61 ff; H. HÜBNER Zum Abbau von Nichtigkeitsvorschriften, Festschrift Wieacker, 1978, 399, 408 f).

2. Nach dem *Abstraktionsprinzip* berührt die Sittenwidrigkeit des Verpflichtungsgeschäfts grundsätzlich das abstrakte Verfügungsgeschäft nicht; eine Nichtigkeit des Verfügungsgeschäfts kommt nur in Betracht, wenn die Sittenwidrigkeit gerade im Vollzug der Leistung liegt, wenn also mit dem dinglichen Rechtsvorgang sittenwidrige Zwecke verfolgt werden oder in ihm die Sittenwidrigkeit begründet ist (RGZ 145, 152, 154; BGH WM 1966, 1221, 1223), so z. B. bei übermäßigen Sicherungsübereignung und Sicherungsabtretungen, die dem Schuldner die wirtschaftliche Bewegungsfreiheit nehmen. **918**

Ist *nur das Verpflichtungsgeschäft nichtig*, so steht bei beiderseitigem Sittenverstoß der Anwendbarkeit des § 812 die Vorschrift des § 817 S. 2 entgegen. Die Zweckmäßigkeit des § 817 S. 2 wird indes mit dem Hinweis bestritten, daß es dem Rechtsgefühl widerspreche, wenn der Vorleistende bei beiderseitigem Verstoß auf eigene Gefahr handeln solle und sich gefallen lassen müsse, daß der Gegner unter Berufung auf § 817 S. 2 die Leistung behält und die Gegenleistung verweigert. Dieses Ergebnis ist hingegen rechtlich nicht zu vermeiden. Die Regelung des Gesetzes versucht man unterschiedlich zu begründen: Es solle sich einmal um eine gegen den Leistenden gerichtete Sanktion handeln (für Strafcharakter RGZ 95, 347, 349; 105, 270, 271; 161, 52, 60; BGHZ 39, 87, 91; BGH WM 1967, 1217 f); zum anderen wird erklärt, daß bei Sittenverstoß keinem der Beteiligten der Rechtsschutz des Staates gewährt werden könne (für diese sog. Rechtsschutzversagungstheorie RGZ 63, 346, 354; 73, 143, 144; 151, 70, 72; OGH 4, 57, 60; BGHZ 9, 333, 336; 28, 164, 169; 35, 103, 107; 44, 1, 6; so auch ESSER/WEYERS II § 49 IV 1; FIKENTSCHER § 99 III 4 b; LARENZ/CANARIS SchR II/2 § 69 III 3 a). **919**

Soweit ausnahmsweise die *Nichtigkeit auch das Verfügungsgeschäft erfaßt* und dadurch der sittenwidrig Leistende die dingliche Rechtsposition behält, stellt sich die Frage, ob einem Herausgabeanspruch nach § 985 der Rechtsgedanke des § 817 S. 2 entgegensteht. Die Rechtsprechung verneint dies (BGHZ 39, 87, 91); diese Auffassung ist jedoch abzulehnen, da der Leistende bei der aus einem weitergehenden Sittenverstoß folgenden Nichtigkeit des Verfügungsgeschäfts **920** besser stehen würde als bei Nichtigkeit lediglich des Verpflichtungsgeschäfts (vgl. auch die Wiedergabe der Gegenargumente in BGH LM Nr. 20 zu § 817; zur Kritik in der Lehre insbesondere H. HONSELL Die Rückabwicklung sittenwidriger Rechtsgeschäfte, 1974, 52 ff m.w.N.). Der in § 138 i.V.m. § 817 S. 2 zum Ausdruck kommende Rechtsgedanke muß sich auch im Bereich des abstrakten Sachenrechts durchsetzen, wie nach heute herrschender Meinung auch § 242 auf sachenrechtliche Leistungsverhältnisse Anwendung findet (vgl. hierzu WESTERMANN SachR § 2 III 3).

921 Im Falle des § 138 II wird auch das Verfügungsgeschäft des *Bewucherten* als nichtig angesehen, weil aus dem Wortlaut des Gesetzes „gewähren läßt" die Sittenwidrigkeit seiner Zuwendung gefolgert wird (RGZ 57, 97; 109, 201 f; BGH WM 1984, 1545 f); er behält dann seine dingliche Rechtsposition. Hingegen ist das Verfügungsgeschäft des *Wucherers* nach h. M. (dagegen ENN./NIPPERDEY § 192 III 1) als wirksam anzusehen mit der Folge, daß ihm nur ein Bereicherungsanspruch zustehen könnte, bei dem jedoch – wie vorstehend näher ausgeführt – § 817 S. 2 zu berücksichtigen ist.

922 3. Die *Einschränkung der Nichtigkeitsfolgen* im Interesse des Verkehrsschutzes (vgl. hierzu unten Rdn. 931 und Rdn. 959 ff) gilt auch für die Nichtigkeitsfolgen wegen Sittenverstoßes (z. B. bei sittenwidrigen Beitrittserklärungen zu Gesellschaften RGZ 123, 102, 107; 124, 279, 287; 142, 98, 103; bei Arbeitsverträgen BAG MDR 1960, 612 f); hier kann die Nichtigkeit nicht für die Vergangenheit wirken.

VI. Verhältnis des § 138 zu anderen Vorschriften

1. § 134

923 Die Sittenwidrigkeit folgt nicht ohne weiteres aus dem Verstoß gegen ein gesetzliches Verbot im Sinne des § 134. Enthält dagegen der Gesetzesverstoß gleichzeitig einen Sittenverstoß, so sind beide Vorschriften nebeneinander anwendbar (STAUDINGER/DILCHER § 138 Rdn. 121; für eine Priorität des § 134 SOERGEL/HEFERMEHL § 138 Rdn. 63; ERMAN/BROX § 138 Rdn. 8).

924 ### 2. § 123

Sittenwidrige Willensbeeinflussung durch arglistige Täuschung oder rechtswidrige Drohung begründet nur eine Anfechtbarkeit des Geschäfts (RGZ 114, 338, 342). Nur wenn über den Tatbestand des § 123 hinaus weitere Umstände hinzutreten, die die Sittenwidrigkeit begründen, kommt Nichtigkeit nach § 138 in Frage (RG aaO).

Zum Verhältnis zu § 123, der als *lex specialis* vorgeht, vgl. auch oben Rdn. 845.

3. § 826

925

Die Rechtsfolge des § 826 ist nicht auf Nichtigkeit, sondern auf *Schadensersatz* gerichtet. Da sich die Sittenwidrigkeit gem. § 826 nicht nur auf Rechtsgeschäfte, sondern auch auf Handlungen erstreckt, kann § 826 Anwendung finden, wenn ein Schadensersatzanspruch aus Rechtsgeschäft wegen der Nichtigkeitsfolgen des § 138 entfällt. Von Bedeutung ist hier der Fall, daß der sittenwidrige Zweck gegen den anderen Vertragspartner gerichtet ist und dies für das Eingreifen des § 138 ausreicht (RGZ 120, 144, 149). Dann kann, sofern die zusätzlichen subjektiven Voraussetzungen des § 826 erfüllt sind, gegen den einseitig sittenwidrig Handelnden ein Schadensersatzanspruch begründet sein.

4. § 242

926

Gebietet unter Berücksichtigung der Interessen am Leistungsaustausch ein anstößiges Verhalten nicht die Vernichtung des Rechtsgeschäfts, sondern lassen sich im Wege einer Vertragskorrektur Rechtsfolgen auf ein adäquates Maß verändern, so kann unter Erhaltung der rechtsgeschäftlichen Basis § 242 eingreifen. Die Möglichkeit, in diesen Fällen einengungsbedürftige Vertragsbestimmungen nach § 242 auf einen zulässigen Inhalt zurückzuführen, steht der Annahme ihrer Nichtigkeit entgegen (BGH LM Nr. 16 zu § 138 [Bc] m.w.N.). Die Rechtsprechung ist insbesondere gegenüber einzelnen Klauseln, z. B. zu weitgreifenden zeitlichen Bindungen bei Bierbezugsverträgen, entwickelt worden (zur Übermaßbeseitigung bei Allgemeinen Geschäftsbedingungen vgl. ULMER/BRANDNER/HENSEN § 9 Rdn. 2 f, 129). Hingegen hat die Rechtsprechung eine Anwendung des § 242 in den Fällen des Wuchers abgelehnt (vgl. Rdn. 917).

Für einen Vorrang des § 242 vor § 138 LANGE/KÖHLER[17] § 54 I 4 a; PALANDT/HEINRICH § 138 Rdn. 14; BayObLG NJW-RR 1992, 14 f. Dagegen will FLUME II § 18, 9 eine richterliche Korrektur allgemein nicht zulassen, jedoch die Ausnahmeregelung zu § 139 eingreifen lassen.

5. Die Anwendbarkeit des § 138 kann durch **gesetzliche Sonderregelungen** eine **927** Einschränkung erfahren. Vgl. zu den Einzelfällen oben Rdn. 899 ff. Darüber hinaus geht auch das Bundesgesetz zur Entschädigung für Opfer der nationalsozialistischen Verfolgung in der Fassung vom 29. 6. 1956 dem § 138 vor (vgl. BGHZ 10, 340, 344).

FÜNFTER ABSCHNITT

Das System der Rechtsfolgen fehlerhafter Rechtsgeschäfte

§ 39
Arten der Unwirksamkeit

BROX Die Einschränkung der Irrtumsanfechtung, 1960; ders., Die Anfechtung von Dauerrechtsverhältnissen, BB 1964, 523 ff; BÜRCK Zur Umdeutung von Rechtsgeschäften nach § 140 BGB, SchlHA 1973, 37 ff; CANARIS Gesamtunwirksamkeit und Teilgültigkeit rechtsgeschäftlicher Regelungen, Festschrift Steindorf, 1990, 519 ff; O. FISCHER Konversion unwirksamer Rechtsgeschäfte, Festschrift Wach I, 1913, 179 ff; GERHARD Absolute und relative Unwirksamkeit als rechtliches Steuerungsinstrument im Insolvenzfall, Festschrift Flume I, 1978, 527 ff; GRADENWITZ Anfechtung und Reurecht beim Irrtum, 1902; HÄSEMEYER Zur Anwendung des § 139 BGB auf Erbverträge, FamRZ 1967, 30 ff; HARDER Die historische Entwicklung der Anfechtbarkeit von Willenserklärungen, AcP 173 (1973), 209 ff; H. HÜBNER Zum Abbau von Nichtigkeitsvorschriften, Festschrift Wieacker, 1978, 399 ff; U. HÜBNER Personale Relativierung der Unwirksamkeit von Rechtsgeschäften nach dem Schutzzweck der Norm, Festschrift H. Hübner, 1984, 487 ff; KIPP Über die Doppelwirkung im Recht, insbesondere über die Konkurrenz von Nichtigkeit und Anfechtbarkeit, Festgabe v. Martitz, 1911, 211 ff; KRAMPE Die Konversion des Rechtsgeschäfts, 1980; MAYER-MALY Über die Teilnichtigkeit, Gedenkschrift Gschnitzer, 1969, 265 ff; OELLERS Doppelwirkungen im Recht?, AcP 169 (1969), 67 ff; OERTMANN Subjektive Teilnichtigkeit, ZHR 101 (1935), 119 ff; PAWLOWSKI Rechtsgeschäftliche Folgen nichtiger Willenserklärungen, 1966; PETER Die Möglichkeit mehrerer Gründe derselben Rechtsfolge und mehrerer gleicher Rechtsfolgen, AcP 132 (1930), 1 ff; PIERER V. ESCH Teilnichtige Rechtsgeschäfte, 1968; RAAPE Das gesetzliche Veräußerungsverbot des BGB, 1908; RAMM Die Anfechtung des Arbeitsvertrages, 1955; RIEZLER Die Anfechtbarkeit schwebend nichtiger Willenserklärungen, SeuffBl. 74 (1909), 189 ff; SANDROCK Subjektive und objektive Gestaltungskräfte bei der Teilnichtigkeit von Rechtsgeschäften, AcP 159 (1960/61), 481 ff; SCHLACHTER Folgen der Unwirksamkeit von AGB für den Restvertrag, JuS 1989, 811 ff; H. H. SEILER Utile per inutile non vitiatur, Festschrift Kaser, 1976, 127 ff; SILLER Die Konversion, AcP 138 (1934), 144 ff; STEINDORFF Teilnichtigkeit kartellrechtswidriger Vereinbarungen in der Rechtsprechung des BGH, Festschrift Hefermehl, 1971, 177 ff; J. WILHELM Aufforderung zur Erklärung über die Genehmigung eines schwebend unwirksamen Geschäfts und Widerruf des Geschäfts, NJW 1992, 1666 f; P. ULMER Offene Fragen zu § 139 BGB – Vorteilsregel und „Politik des Gesetzes", Festschrift Steindorf, 1990, 799 ff; ZIMMERMANN Richterliches Moderationsrecht oder Teilnichtigkeit, 1979.

928 Geschäftsunfähigkeit, beschränkte Geschäftsfähigkeit, Willensmängel, Formverstöße oder unzulässiger Inhalt begründen die *Fehlerhaftigkeit des Rechtsgeschäfts*, die zur Unwirksamkeit führen kann.

Arten der Unwirksamkeit § 39 I 1

Die Unwirksamkeit kann sich als *ipso iure* eintretende Nichtigkeit äußern, sie kann aber auch von der *Entscheidung eines Beteiligten* abhängen (Vernichtbarkeit, insbes. durch Anfechtung).

Wo die Rechtsordnung Interessen der Allgemeinheit wahren will, neigt sie dazu, die Disposition über den Bestand des fehlerhaften Rechtsgeschäfts den Beteiligten zu entziehen, indem sie die Nichtigkeitsfolge zwingend anordnet. Wo die Interessen der Allgemeinheit gegenüber den Interessen der Beteiligten zurücktreten können, überläßt die Rechtsordnung die Entscheidung über den Bestand des Rechtsgeschäfts den Betroffenen.

I. Nichtigkeit

1. Wirkung der Nichtigkeit

Die Nichtigkeit führt dazu, daß ein Rechtsgeschäft die seinem Inhalt entsprechende Wirkung nicht herbeizuführen vermag. Allerdings ist das nichtige Rechtsgeschäft kein reines nullum, sondern ein äußerer Tatbestand, an den die Rechtsordnung gewisse Wirkungen, wenn auch andere als die von den Beteiligten beabsichtigten, knüpft. **929**

> Die nichtige Scherzerklärung (§ 118) macht z. B. ersatzpflichtig (§ 122), ebenso gegebenenfalls der wegen anfänglicher objektiver Unmöglichkeit nichtige Vertrag (§§ 306, 307). Das Wuchergeschäft (§ 138) kann einen Schadensersatzanspruch aus unerlaubter Handlung (§§ 823 ff) begründen. Das nichtige Rechtsgeschäft kann unter Umständen als ein Geschäft anderer Art von ähnlichem Zweck und Erfolg aufrechterhalten werden, sog. Konversion (§ 140).

Die Nichtigkeit wirkt inter omnes. Jedermann soll sich auf sie berufen können, der Richter sie von Amts wegen berücksichtigen. **930**

> Soll hingegen Nichtigkeit nur zugunsten bestimmter Personen eintreten, so handelt es sich um sog. relative Unwirksamkeit (z. B. gemäß §§ 135 f); vgl. unten Rdn. 968 ff.
>
> Ferner kann das Gesetz die Unwirksamkeit in der Schwebe halten und von der Entscheidung eines Dritten abhängig machen, sog. schwebende Unwirksamkeit (z. B. §§ 108 II, 177 II, 185 II, 1829 II). Vgl. unten Rdn. 977 f.

a) Die **absolute Wirkung** der Nichtigkeit als Folge fehlerhafter Rechtsgeschäfte kann in Einzelfällen einer sachgerechten Lösung entgegenstehen. Neben den bereits im Gesetz vorgesehenen Einschränkungen der Nichtigkeitsfolgen (Teilnichtigkeit, § 139; Konversion, § 140; im einzelnen hierzu Rdn. 934 ff, 940 ff) haben Rechtsprechung und Lehre seit längerem eine **Differenzierung** der Nichtigkeitswirkung durchgesetzt. **931**

Insbesondere betrifft dies Korrekturen der Formnichtigkeit (vgl. oben Rdn. 869 ff); erörtert wird auch eine Einschränkung der Nichtigkeit in Fällen des Wuchers (vgl. oben Rdn. 916 f). Auch beim Insichgeschäft (§ 181) wurde von der

Nichtigkeitsfolge zugunsten eines Schwebezustandes abgesehen (RGZ 119, 114, 116; BGHZ 65, 123, 125). Einhellige Auffassungen bestehen hinsichtlich der Einschränkung von Nichtigkeits- und Anfechtungsfolgen im Gesellschafts- und Arbeitsrecht (zu den Einzelheiten vgl. unten Rdn. 959 f).

Allgemeine Prinzipien lassen sich für den Abbau von Nichtigkeitsvorschriften nicht aufstellen. Im Einzelfall ist von Motivation und Zweckrichtung der gesetzlichen Regelung auszugehen; insbesondere ist darauf abzustellen, ob sie den Schutz der Allgemeinheit oder die Interessen der Beteiligten im Auge hat. In methodischer Sicht erweist die Problematik, daß ein zu weit abstrahierter Systembegriff seine praktische Verwendbarkeit in Frage stellt (vgl. zum Streitstand und zur historischen Entwicklung H. HÜBNER aaO, S. 399 ff).

In der gemeinrechtlichen Literatur unterschied man im Hinblick auf die unterschiedlichen Folgen der Zuwiderhandlung folgende Gruppen:
- leges plus quam perfectae – Nichtigkeit und Strafe
- leges perfectae – Nichtigkeit, keine Strafe
- leges minus quam perfectae – keine Nichtigkeit, aber Strafe
- leges imperfectae – weder Nichtigkeit noch Strafe (so die sog. Sollvorschriften; z. B. Verbot der Ehe zwischen Adoptiveltern und -kindern, aber Gültigkeit der geschlossenen Ehe § 7 EheG, § 1766).

932 b) Wo die Nichtigkeit eines Rechtsgeschäfts aus Allgemeininteresse begründet wird, muß eine **Heilung** grundsätzlich ausgeschlossen sein. Begründet sich die vom Gesetz angeordnete Nichtigkeitsfolge jedoch aus einer Formvorschrift mit Warnfunktion (§§ 313, 518, 766), so kann bei Erledigung des Warneffektes die Nichtigkeitsfolge aufgegeben werden und dem durch Erfüllung eingetretenen Rechtszustand der Mangel des Rechtsgrundes genommen werden (§§ 313 S. 2, 518 II, 766 S. 2).

933 c) Da das Gesetz die Nichtigkeit aus übergeordneten Interessen vorschreibt, können sich die Parteien über die Nichtigkeitsfolgen nur durch eine Neuvornahme hinwegsetzen, die das Gesetz in § 141 *Bestätigung* nennt (zur Bestätigung bei der Anfechtung vgl. unten Rdn. 962). Sie müssen vielmehr unter Vermeidung des Nichtigkeitsgrundes, d. h. unter Beachtung aller sachlichen und förmlichen Errichtungserfordernisse, das gewollte Rechtsgeschäft *neu vornehmen*. Dazu reicht es aus, wenn sich die Parteien in Kenntnis aller Umstände auf den Boden des früher Vereinbarten stellen (BGH NJW 1982, 1981).

Erforderlich ist, daß die Beteiligten dabei in Kenntnis der Nichtigkeit handeln (RGZ 93, 227 f) oder doch zumindest an der Wirksamkeit des nichtigen Geschäfts Zweifel haben (RGZ 150, 385, 388; BGH NJW 1982, 1981).

Die Wirkungen des neu vorgenommenen Geschäfts treten folgerichtig erst mit dessen Abschluß ein. Da aber im Zweifel in der Neuvornahme des nichtigen Geschäfts die Parteien zum Ausdruck bringen, es solle von Anfang an als gültig angesehen werden, so wirkt die formgerechte „Bestätigung" wenigstens schuldrechtlich zurück (§ 141 II).

Auch in Fällen, bei denen der Nichtigkeitsgrund durch Gesetzesänderung oder Zeitablauf entfällt, bedarf es einer Neuvornahme (z. B. bei Änderung von Verboten in Wirtschaftsgesetzen, aber auch bei Wegfall von Geschäftsbeschränkungen, sofern das Rechtsgeschäft nicht mehr im Schwebezustand ist, § 108 III).

2. Teilnichtigkeit

Das Gesetz geht in § 139 davon aus, daß das gesamte Rechtsgeschäft nichtig ist, **934** wenn die Nichtigkeit nur einen Teil des Rechtsgeschäfts erfaßt; das gilt allerdings nicht, wenn anzunehmen ist, daß es auch ohne den nichtigen Teil vorgenommen sein würde.

Alle Nichtigkeitsgründe kommen für die Anwendung der Vorschrift in Betracht. Die Regelung des § 139 greift auch bei einer durch Anfechtung herbeigeführten Nichtigkeit ein (BGH NJW 1969, 1759 f). Sie ist auch in Fällen schwebender Unwirksamkeit bei Fehlen der Genehmigung anwendbar (BGH WM 1964, 913 ff; BGHZ 54, 71 ff); ebenso in den Fällen anfänglicher objektiver Unmöglichkeit gemäß § 306 (RGZ 162, 121, 123).

a) Voraussetzung ist, daß das fragliche Rechtsgeschäft sich nach dem Willen der **935** Parteien als eine *Einheit* darstellt. Das ist nur dann der Fall, wenn das eine Geschäft nicht ohne das andere abgeschlossen worden wäre (RGZ 103, 295, 298), d. h. die Vereinbarungen miteinander stehen und fallen sollen (BGH NJW 1976, 1931 f; 1990, 1473 f). Die Bestimmungen müssen nach Gegenstand und Zweck in einem inneren Zusammenhang stehen; hierfür spricht, wenn sie Teile eines einheitlichen wirtschaftlichen Vorgangs sind (vgl. BGH LM Nr. 34 zu § 139).

So können z. B. durch den Parteiwillen zu einem einheitlichen Ganzen Grundstücksveräußerungsverträge mit einer Vermögensübertragung (RGZ 61, 284 f) oder mit einem Mietvertrag (RGZ 97, 219, 222), auch ein Grundstückskauf mit einem Baubetreuungsvertrag (BGH NJW 1976, 1931 f) verbunden sein.

Die bloße Verbindung in einer Urkunde genügt nicht, kann jedoch ein Indiz für den Willen der Parteien sein, das Geschäft als Einheit anzusehen (BGHZ 54, 71 f). Andererseits können auch in verschiedenen Urkunden getrennte Verträge, die nach dem Parteiwillen nur als Ganzes gelten sollen, als zusammengesetztes Geschäft eine Einheit i. S. des § 139 bilden; die äußerliche Trennung begründet zwar eine tatsächliche Vermutung für das Fehlen eines solchen Einheitlichkeitswillens; diese Vermutung ist jedoch entkräftbar (RGZ 79, 434, 439; BGH LM Nr. 34 zu § 139).

Zur Frage, ob Verpflichtungs- und Verfügungsgeschäft eine Einheit i. S. des § 139 bilden, vgl. oben Rdn. 658.

936 b) Voraussetzung für die Annahme der Teilnichtigkeit ist, daß das Rechtsgeschäft derart *teilbar* ist, daß nach Abtrennung des unwirksamen Teils ein Rest zurückbleibt, der als selbständiges Rechtsgeschäft bestehen kann (RGZ 93, 334, 338). Wo der Nichtigkeitsgrund einen wesentlichen Bestandteil eines an sich unteilbaren Rechtsgeschäfts betrifft, ergibt sich die Totalnichtigkeit schon aus der Natur des Geschäfts.

Es wird zwischen objektiver, quantitativer und subjektiver Teilbarkeit unterschieden:

Objektive Teilbarkeit liegt vor, wenn sich ein einheitliches Rechtsgeschäft auf mehrere Hauptleistungsgegenstände bezieht oder in einzelne Bestimmungen zerlegbar ist.

Von *quantitativer* Teilbarkeit spricht man, wenn insbesondere bei Dauerschuldverhältnissen die Leistung nach Zeitabschnitten teilbar ist, z. B. bei überlangen Bezugsbindungen (BGH NJW 1972, 1459; BGHZ 68, 1, 5 m.w.N.), bei von einem Vormund abgeschlossenen Pachtverträgen, die gegen § 1822 Nr. 5 verstoßen (RGZ 82, 124 f).

Subjektive Teilbarkeit kommt in Betracht, wenn auf einer Seite eines Rechtsgeschäfts mehrere Personen beteiligt sind; z. B. bei Mitwirkung eines Geschäftsunfähigen in einem Gesellschaftsvertrag (RGZ 141, 104, 108), bei Nichtigkeit der Bürgschaftserklärung eines von mehreren Mitbürgen, sofern Umstände nicht dagegen sprechen (RGZ 88, 412, 415; 138, 270, 272).

937 c) Für die *Fortgeltung* des Rechtsgeschäfts wird ein entsprechender *Parteiwille* vorausgesetzt. Da es – abgesehen von Formularverträgen – häufig an einer ausdrücklichen oder konkludenten Vertragsbestimmung fehlen wird, sind Auslegungsgrundsätze anzuwenden, die der ergänzenden Vertragsauslegung entsprechen. Die Aufrechterhaltung des Restes ist dann anzunehmen, wenn er für die Partei – und zwar bei einem Vertrag für beide Parteien – so viel praktischen Wert hat, daß die Parteien ihn auch als selbständiges Rechtsgeschäft abgeschlossen haben würden, wenn sie die teilweise Nichtigkeit gekannt hätten (vgl. auch RGZ 118, 218, 222; BGH LM Nr. 13 zu § 139).

938 Für bestimmte Rechtsgeschäfte ist vom Gesetz eine von § 139 abweichende Regelung vorgesehen. Um dem Willen des Erblassers nach Möglichkeit Rechnung zu tragen, führt gem. § 2085 die Unwirksamkeit einer von mehreren testamentarischen Verfügungen im Zweifel nicht zur Gesamtunwirksamkeit. Bei Nichteinbeziehung oder Unwirksamkeit von AGB ordnet § 6 AGBG an, daß der Vertrag im übrigen – ergänzt durch das dispositive Recht – wirksam ist.

Die Rechtsprechung hat ferner von der Anwendung des § 139 abgesehen, wenn eine Gesellschaft unter Beteiligung eines nicht voll Geschäftsfähigen fehlerhaft begründet und in Vollzug gesetzt worden ist; in diesem Fall wird das Gesellschaftsverhältnis beschränkt auf die übrigen Beteiligten als wirksam erachtet.

Ein Fall des § 139 liegt nicht vor, wenn die Parteien wissen, daß ein Teil des Rechtsgeschäfts nichtig ist; dieser Teil entbehrt jeder rechtsgeschäftlichen Bedeutung. Daher kommt § 139 nicht zur Anwendung; das Rechtsgeschäft wird nur von den übrigen, von den Beteiligten allein im Rechtssinn gewollten Vertragsbestimmungen gebildet (BGHZ 45, 376, 379 m.w.N.).

d) Eine analoge Anwendung der Nichtigkeitsregelung gem. § 139 wird von der **939** Rechtsprechung für Schwebezustände bejaht; hier ist zu prüfen, ob die schwebende Unwirksamkeit eines Teiles des Rechtsgeschäfts zur Folge hat, daß das gesamte Rechtsgeschäft bis zur Erteilung der erforderlichen Genehmigung schwebend unwirksam ist (RGZ 133, 7, 14; SchlHOLG SchlHA 1961, 52 f). Der Fall wird selten auftreten, da den Parteien aufgegeben werden müßte, den Schwebezustand zu beenden.

3. Umdeutung (Konversion)

Ein nichtiges Rechtsgeschäft kann den Erfordernissen eines anderen Rechtsge- **940** schäfts entsprechen und als solches wirksam sein, wenn anzunehmen ist, daß es bei Kenntnis der Nichtigkeit von den Beteiligten gewollt sein würde (§ 140).

a) Gegenstand einer Umdeutung ist ein nichtiges Rechtsgeschäft. Dies gilt auch für zunächst schwebend unwirksame Rechtsgeschäfte, die wegen Versagens der Genehmigung *endgültig unwirksam* geworden sind (BGHZ 40, 218, 222). Dagegen ist eine Umdeutung schwebend und unwirksamer und anfechtbarer Rechtsgeschäfte nicht möglich (RGZ 79, 306, 308 f). Es wird indessen die Auffassung vertreten, *angefochtene* Rechtsgeschäfte entsprechend endgültig unwirksamen Rechtsgeschäften zu behandeln, sofern ein auf ein wirksames Ersatzgeschäft gerichteter Parteiwille der Beteiligten feststellbar ist (ENN./NIPPERDEY § 202 V; SOERGEL/HEFERMEHL § 140 Rdn. 3; ERMAN/BROX § 140 Rdn. 11). Ergibt sich ein derartiger Wille der Beteiligten erkennbar aus den Umständen, so kann darin konkludent eine Neuvornahme zum Ausdruck kommen; für eine Umdeutung wird dann, wenn durch die Anfechtung eindeutig der Wille zur Vernichtung des Rechtsgeschäfts zum Ausdruck gekommen ist, kein Raum sein, da anderenfalls im Ergebnis die Anfechtung auf eine Korrektur des anfechtbaren Rechtsgeschäfts hinauslaufen könnte (gegen eine Umdeutung auch SILLER aaO, S. 159; FLUME II § 32, 9 c; MünchKomm/MAYER-MALY § 140 Rdn. 12).

Umdeutung kann auch bei Teilnichtigkeit von Rechtsgeschäften in Betracht kommen.

b) Das nichtige Geschäft muß den Erfordernissen eines anderen Rechtsgeschäfts **941** entsprechen. Es muß die tatbestandlichen Voraussetzungen *des Ersatzgeschäftes* erfüllen; dieses darf in seinem Tatbestand und seinen Wirkungen nicht über das nichtige Rechtsgeschäft hinausgehen (BGHZ 20, 363, 370 f; 40, 218, 225). Es muß auch zu wesentlich gleichartigen Wirkungen führen, um den erstrebten wirtschaftlichen Erfolg des nichtigen Rechtsgeschäfts zu ermöglichen.

Das mit der Umdeutung erstrebte Ersatzgeschäft muß die allgemeinen Wirksamkeitsvoraussetzungen erfüllen; das ist z. B. nicht der Fall, wenn die Nichtigkeit auf Geschäftsunfähigkeit beruht. – Die Rechtsprechung verneint entsprechend ihrer Poenalisierungstendenz grundsätzlich die Umdeutung sittenwidriger Geschäfte in solche ohne sittenwidrigen Charakter (BGHZ 68, 204, 206 f).

942 c) Des weiteren setzt die Umdeutung voraus, daß die Parteien *das andere Rechtsgeschäft gewollt* haben würden, wenn sie die Nichtigkeit des von ihnen beabsichtigten Rechtsgeschäfts erkannt hätten. Anders als bei der Auslegung, die der Umdeutung vorgeht, ist auf den *hypothetischen Willen* der Parteien abzustellen, der nicht nach rein objektiven Gesichtspunkten ermittelt werden kann (BGHZ 19, 269, 272 f). Der hypothetische Wille bildet so die Grenze der Umdeutungsmöglichkeiten. Ein entgegenstehender erkennbarer Wille schließt den Rückgriff auf den hypothetischen Willen aus (BGH LM Nr. 8 zu § 140).

943 d) Nach diesen Grundsätzen kann ein wegen Formmangel ungültiger Wechsel u. U. als Schuldanerkenntnis oder kaufmännischer Verpflichtungsschein aufrechterhalten werden; jedoch ist dies regelmäßig nur bei eigenen Wechseln, nicht bei gezogenen Wechseln möglich (RGZ 136, 207, 210; BGH ZIP 1988, 17 f); u. U. kann ein gezogener Wechsel als Anweisung aufrechterhalten werden (OLG Bamberg NJW 1967, 1913 f gegen RG JW 1930, 1376 Nr. 1). – Eine fristlose unberechtigte Kündigung kann als ordentliche zum nächstzulässigen Termin aufrechterhalten (BGH NJW 1982, 2603; BAG NJW 1988, 581 f), gegebenenfalls als Offerte zum Abschluß eines Aufhebungsvertrages umgedeutet werden (BAG AP Nr. 64 zu § 626). – Eine Umdeutung ist ebenfalls möglich bei einer nichtigen Pfandrechtsbestellung in die Begründung eines obligatorischen Zurückbehaltungsrechts (RGZ 124, 28; OGHZ 4, 138); ferner bei der fehlgeschlagenen Übereignung einer dem Verkäufer unter Eigentumsvorbehalt übergebenen Sache in eine Übertragung des ihm zustehenden Anwartschaftsrechts, wenn der Erwerber wegen § 932 II oder wegen § 933 Eigentum gutgläubig nicht erwerben kann (vgl. BGH LM Nr. 11 a zu § 929; BAUR § 52 II 3 c; MünchKomm/H. P. WESTERMANN § 455 Rdn. 68 m.w.N.); bei einem formungültigen Schenkungsversprechen auf den Todesfall ist eine Umdeutung in ein privatschriftliches Testament (RG JW 1910, 467 Nr. 3), bei einer nicht genehmigten Vermögensübertragung nach § 1365 in einen Erbvertrag (BGHZ 40, 218 ff) möglich.

4. Vernichtbarkeit durch Nichtigkeitsklage

944 Die Nichtigkeit wirkt grundsätzlich ipso iure. Gleichwohl kann im Interesse eines Bestandsschutzes ihre richterliche Feststellung geboten sein. Soweit dies vom Gesetz vorgesehen ist, ist das Rechtsgeschäft zunächst als gültig anzusehen, es kann jedoch aufgrund der Nichtigkeitsklage eines Klagebefugten für nichtig erklärt werden. Insofern rückt die Nichtigkeitsklage in die Nähe der Anfechtung.

Hier wie dort sind jedoch *Ausnahmen* von der grundsätzlichen ex-tunc-Wirkung vorgesehen. Die gerichtliche Nichtigkeitserklärung einer AG (§§ 275 ff AktG), einer GmbH (§§ 75 ff GmbHG), einer Genossenschaft (§§ 94 ff GenG), aber auch einer OHG (BGHZ 3, 285) führt nur zu einer Auflösung für die Zukunft; die Gesellschaften werden wie bis dahin gültige abgewickelt (vgl. zur Anfechtung oben Rdn. 374 ff, 377).

Eine Sonderregelung besteht im Eherecht:
Die Nichtigkeitserklärung der Ehe aus den Gründen der §§ 17–21 EheG wirkt ex tunc, soweit es sich nicht um vermögensrechtliche Folgen (§ 26 EheG) und die Rechtsstellung der Kinder handelt (§ 1591 I). Die Vernichtbarkeit der Ehe entfällt, wenn eine Heilung eingetreten ist (vgl. §§ 17 II, 18 II, 20 II, 21 II EheG). Hingegen wirken „Anfechtungsgründe", die zur Aufhebung der Ehe führen, ex nunc (§ 37 EheG).

Für die Vernichtbarkeit ist bedeutsam, wer zur Nichtigkeitsklage befugt ist. Das AktG begrenzt den Kreis auf Aktionäre, Vorstands- und Aufsichtsratsmitglieder (§ 275 AktG, entspr. § 75 GmbHG und § 94 GenG). Das Eherecht räumt neben dem Ehegatten dem Staatsanwalt die Klagebefugnis ein (§ 24 EheG).

II. Anfechtbarkeit

1. Anfechtung als Gestaltungsrecht

Die Anfechtung beseitigt ein vorläufig gültiges, aber durch die Erklärung eines bestimmten Beteiligten vernichtbares Rechtsgeschäft. **945**

Das Recht zur Anfechtung ist ein **Gestaltungsrecht**. Es gewährt dem Anfechtungsberechtigten die Disposition darüber, ob er sich von seiner Willenserklärung lösen will oder nicht. Die Anfechtungsregelung steht daher im Gegensatz zur Nichtigkeitsregelung, bei der die Nichtigkeitsfolge unabhängig vom Willen der Beteiligten eintritt.

Zum Begriff der Gestaltungsrechte und ihrer *Einschränkung durch richterliche Gestaltung* vgl. oben Rdn. 374 ff.

2. Gegenstand der Anfechtung

Gegenstand der Anfechtung im materiellen Recht sind *Rechtsgeschäfte*. *Realakte* **946** sind der Anfechtung entzogen; bei geschäftsähnlichen Handlungen erübrigt sich eine Anfechtung, da sie regelmäßig den Erklärenden nicht binden und er daher von sich aus auf die Rechtswirkungen verzichten kann (z. B. Mahnung).

Der Anfechtung entzogen ist die Herbeiführung eines *Vertrauenstatbestandes* (Besitzüberlassung nach § 854 II im Hinblick auf § 932; Anscheinsvollmacht; Scheinkaufmann; fehlerhafte Gesellschaft).

Hingegen hat die Rechtsordnung die Anfechtung gegenüber Rechtswirkungen, die nicht rechtsgeschäftlicher Natur sind, vereinzelt zugelassen; vgl. zur Ehelichkeit eines Kindes §§ 1593, 1594, 1595 a, 1596, 1597; zur Ausschlagungsfrist ist für den Erben § 1956.

Als *Gründe* kommen namentlich Irrtum, arglistige Täuschung, widerrechtliche Drohung (§§ 119, 123), unrichtige Übermittlung einer Willenserklärung (§ 120) in Betracht; vgl. oben § 36.

3. Geltendmachung des Anfechtungsrechts

947 a) Die Anfechtung erfolgt durch *einseitige, formlose, empfangsbedürftige Willenserklärung* (§ 143 I). Die Erklärung braucht den Ausdruck „Anfechtung" nicht zu enthalten, es muß jedoch der Wille hinreichend deutlich zum Ausdruck kommen, daß man das Geschäft wegen eines Willensmangels nicht gelten lassen will (RGZ 65, 86, 88; 68, 6, 8; BGH WM 1972, 41); so kann z. B. in der Klageerhebung wegen ungerechtfertigter Bereicherung gem. § 812 eine Anfechtung liegen. Der *Anfechtungsgrund* braucht dabei nicht angegeben zu werden, es muß jedoch für den Anfechtungsgegner erkennbar sein, warum der Anfechtende seine Erklärung nicht mehr gelten lassen will (BGH WM 1980, 983, 985).

Da die arglistige Täuschung zugleich eine Irrtumserregung enthält, kann neben einer Anfechtung nach § 123 auch eine solche nach § 119 II in Betracht kommen. So wird möglicherweise, falls eine Anfechtung nach § 123 nicht bewiesen werden kann, der Anfechtende den Irrtumsgrund nach § 119 nachschieben, allerdings mit der Folge des § 122. In diesem Falle ist das Nachschieben als neue Anfechtung anzusehen und hinsichtlich der Voraussetzungen gesondert zu prüfen (BGH NJW 1966, 39).

948 Da das Gestaltungsrecht einseitig einen Rechtszustand unmittelbar verändert, darf die Anfechtungserklärung – obwohl im Gesetz nicht ausdrücklich geregelt – *nicht unter einer (echten) Bedingung* erfolgen (RGZ 66, 153 f; 146, 234, 238 f). Sie ist als Willenserklärung *nicht widerruflich*, jedoch ihrerseits wegen eines Willensmangels anfechtbar.

949 b) **Anfechtungsberechtigt** ist regelmäßig der Urheber der anfechtbaren Erklärung. Das Anfechtungsrecht kann nicht selbständig übertragen, insbesondere nicht selbständig gepfändet werden.

Anfechtungsberechtigt ist beim Versprechen der Leistung an einen Dritten der Vertragschließende (§ 328). Andererseits ist nicht der Vertreter, sondern der Vertretene wegen eines Willensmangels beim Vertreter zur Anfechtung berechtigt, sofern er nicht die Ausübung des Anfechtungsrechts dem Vertreter überträgt. Auch bei der Bestimmung einer Leistung durch einen Dritten steht die Anfechtung der Bestimmung nur dem Vertragschließenden zu (§ 318 II).

Fraglich ist, ob die Anfechtungsberechtigung im Zusammenhang mit der Abtretung **950** eines vertraglichen Anspruchs beim Zedenten verbleibt. Entsprechend der Interessenlage sollte zur Vermeidung nachträglicher Einwirkungen durch den Zedenten in den Fällen, in denen das Rechtsverhältnis als Ganzes übertragen wird, auch das Anfechtungsrecht mit übergehen (so STAUDINGER/DILCHER § 119 Rdn. 77); nach a. A. soll es zwar beim Zedenten verbleiben, jedoch im Zusammenwirken mit diesem im Wege der Bevollmächtigung oder Ermächtigung vom Zessionar auszuüben sein (SOERGEL/HEFERMEHL § 143 Rdn. 7).

Von mehreren Anfechtungsberechtigten kann jeder einzelne das Anfechtungsrecht ausüben (RGZ 56, 423, 424; 65, 399, 405).

Das Anfechtungsrecht aus §§ 119, 120, 123 ist vererblich, kann aber, da seine Ausübung eine Verfügung über den Nachlaß enthält, nur von den Miterben gemeinschaftlich ausgeübt werden, § 2040 I (vgl. RGZ 107, 238 f; BGH NJW 1951, 308).

c) Der **Anfechtungsgegner** bestimmt sich gem. § 143 nach der Art des Rechtsge- **951** schäftes:

Bei einem *Vertrag* ist Anfechtungsgegner der Vertragspartner, jedoch nicht sein Sondernachfolger, z. B. der Zessionar (RGZ 86, 305, 310). Im Falle der von einem Dritten verübten arglistigen Täuschung ist Gegner der, der aus dem Vertrag unmittelbar ein Recht erworben hat (so z. B. bei einem Lebensversicherungsvertrag der Bezugsberechtigte), § 143 II.

Auch mehreren Anfechtungsgegnern gegenüber gilt der Grundsatz der Teilbarkeit des Anfechtungsrechts (RGZ 65, 399, 405; 71, 199, 202). Ob durch Anfechtung dem einen gegenüber der ganze Vertrag nichtig wird, ist nach § 139 zu beurteilen (RGZ 71, 199, 201).

Bei einer *einseitigen empfangsbedürftigen Erklärung* ist Anfechtungsgegner der **952** Erklärungsempfänger – selbst wenn die Erklärung nicht ihm, sondern der Behörde gegenüber abgegeben wurde, § 143 III. Das ist z. B. beim Verzicht auf ein Recht an einem Grundstück der Fall, wenn gem. § 875 I 2 der Verzicht dem Grundbuchamt gegenüber erklärt worden war.

Bei einer *einseitigen, nicht empfangsbedürftigen Erklärung* ist Anfechtungsgegner jeder, der aus der Erklärung unmittelbar einen rechtlichen Vorteil erlangt hat, § 143 IV.

Bei der Eigentumsaufgabe, die als Rechtsgeschäft angesehen wird, ist der Aneigner der derelinquierten Sachen Anfechtungsgegner.

d) Das Anfechtungsrecht ist als Gestaltungsrecht an eine **Ausschlußfrist** ge- **953** knüpft; im Gegensatz zur Verjährung, die lediglich eine Einrede gegen Ansprüche begründet, *erlischt* mit Ablauf der Ausschlußfrist das Recht.

Das Gesetz hat die Anfechtungsfrist unterschiedlich geregelt. Beim Irrtum stellt es zur Vermeidung spekulativen Abwartens auf Unverzüglichkeit ab (§ 121 I), während es bei Arglist und Drohung eine feste Jahresfrist vom Zeitpunkt der Entdeckung der Arglist bzw. der Beendigung der Zwangslage im Falle der Drohung vorsieht (§ 124 I). In beiden Fällen erlischt jedoch das Recht nach Ablauf von 30 Jahren endgültig (§§ 121 II, 124 III).

4. Rechtsfolgen der Anfechtung

954 *a)* Die Anfechtung vernichtet das Rechtsgeschäft mit rückwirkender Kraft (ex tunc); es ist von Anfang an als nichtig zu behandeln (§ 142). Nach erfolgter Anfechtung ist das Rechtsgeschäft grundsätzlich gegenüber jedermann nichtig; der Richter hat die eingetretene Nichtigkeit von Amts wegen zu beachten. Zu den Einschränkungen vgl. unten Rdn. 959 ff.

Da die Anfechtung das Rechtsgeschäft vernichtet und nicht entsprechend dem Inhalt der mangelfreien Willenserklärung korrigiert, entfallen schlechthin rechtsgeschäftliche Ansprüche; erfolgte Leistungen sind grundsätzlich als ungerechtfertigte Bereicherung zurückzugewähren.

> Eine Ausnahme ergibt sich nach Treu und Glauben, wenn der Anfechtungsgegner das Rechtsgeschäft so gelten lassen will, wie es der Erklärende irrtumsfrei wollte (vgl. oben Rdn. 813).

955 *b)* Besteht der wirtschaftliche Vorgang aus einem Verpflichtungsgeschäft (z. B. Kauf) und einem Verfügungsgeschäft (z. B. Übereignung), stellt sich wegen des *Abstraktionsprinzips* (vgl. dazu oben Rdn 646 ff) die Frage, welche Rechtsgeschäfte von der Anfechtung betroffen werden.

Erfaßt z. B. beim Kauf einer Sache die Anfechtung *nur das Verpflichtungsgeschäft*, so bleibt das Verfügungsgeschäft davon unberührt; ihm wird allerdings der Rechtsgrund entzogen, so daß ein Anspruch aus ungerechtfertigter Bereicherung entsteht, der einen Anspruch auf *Rückübereignung* der geleisteten Sache zum Inhalt hat.

Erfaßt die Anfechtung dagegen *nur das Verfügungsgeschäft* der Übereignung, weil z. B. der Willensmangel nur die Einigungserklärung betrifft, so führt deren Vernichtung dazu, daß die geleistete Sache nach §§ 985 ff herausverlangt werden kann; es bleibt indessen der Erfüllungsanspruch aus dem Kausalgeschäft bestehen, mit dem dem Herausgabeanspruch gem. § 986 entgegengetreten werden kann.

Erfaßt die Anfechtung *sowohl das Verpflichtungs- als auch das Verfügungsgeschäft*, weil sich der Willensmangel auf beide Rechtsgeschäfte erstreckt (Fehleridentität), so sind die erbrachten Leistungen sowohl nach §§ 985 ff als auch nach §§ 812 ff zurückzugewähren, wobei Bereicherungsgegenstand nicht das Eigentum, sondern der Besitz ist.

956 *c)* Ist das dingliche Rechtsgeschäft angefochten worden, so wird der Empfänger einer Sache zum Nichtberechtigten; ein nach der Anfechtung erwerbender Dritter kann von ihm nur unter den Voraussetzungen der §§ 932 ff Eigentum erlangen.

Erwirbt der Dritte die Sache, *bevor* gegenüber dem Erwerber die Anfechtung erklärt wurde, so hat er an sich vom Berechtigten erworben, jedoch wird dieser durch die Rückwirkung der Anfechtung zum Nichtberechtigten. Die Rechtsordnung stellt den Schutz des Dritten darauf ab, ob er die Anfechtbarkeit kannte oder kennen mußte (§ 142 II).

> Entgegen dem Wortlaut des Gesetzes, nach dem „Kennen müssen" jeden Sorgfaltsverstoß erfaßt (vgl. § 122 II), ist hierbei der Grad der „Bösgläubigkeit" nach den jeweils anzuwendenden Vorschriften für den Erwerb vom Nichtberechtigten zu beurteilen (RG WarnRspr. 1911 Nr. 360; RG Recht 1918 Nr. 1492; für § 892 RG SeuffArch. 79, Nr. 199).

d) Zu beachten bleibt, daß bei mehrfacher Übertragung einer *Forderung* die **957** Grundsätze für den gutgläubigen Erwerb keine Anwendung finden (Ausnahme § 405); die Anfechtung der ersten Übertragung entzieht allen Nachfolgern das Gläubigerrecht; einen gewissen Schutz gewährt § 409.

e) Die Anfechtung als Gestaltungsrecht gibt dem Anfechtenden eine Rechts- **958** macht, die für den Gegner – insbesondere wegen der Rückwirkung – Nachteile mit sich bringt. Das Gesetz schützt den Anfechtungsgegner jedoch in zweifacher Hinsicht. In den Fällen der Anfechtung nach §§ 119, 120 billigt es ihm nach § 122 einen Ersatz des Vertrauensschadens zu (vgl. oben Rdn. 816). Bei der bereicherungsrechtlichen Rückabwicklung gewährt § 818 III Schutz; der Anfechtungsgegner kann sich dem Anfechtenden gegenüber auf den Wegfall der Bereicherung berufen. Dem liegt der Gedanke zugrunde, daß der Anfechtungsgegner bis zur Ausübung des Anfechtungsrechts das aus dem Vertrag Erlangte als zu seinem Vermögen gehörend betrachten durfte *(quasi rem suam neglexit)*. Diese Vergünstigung entfällt in den Fällen der §§ 819, 818 IV bei Bösgläubigkeit und nach Rechtshängigkeit.

Eine vergleichbare Privilegierung schaffen die §§ 987 ff. zugunsten des redlichen, unverklagten Besitzers gegenüber dem Herausgabeanspruch des Eigentümers.

5. Einschränkung der Anfechtbarkeit bzw. ihrer Folgen im Interesse des Verkehrsschutzes

a) Im Recht der **Personengesellschaften** stellt sich die Frage, ob die Anfechtung **959** einer Beitrittserklärung zur Gesellschaft die Rechtsfolge des § 142 nach sich ziehen soll, da bei einer *in Vollzug gesetzten* Gesellschaft die Nichtigkeitsfolge ex tunc dem Schutzbedürfnis Dritter und auch dem der Mitgesellschafter widerspricht. Während die Lehre von der „faktischen Gesellschaft" die rechtsgeschäftliche Grundlage über Bord wirft, sollte, um die Funktion des für die privatautonome Gestaltungsfreiheit grundlegenden Rechtsgeschäftsbegriffs zu erhalten, von dessen Instrumentarium ausgegangen werden. Dies erfordert, das Gestaltungsrecht der Anfechtung grundsätzlich zu erhalten und lediglich seine Rechtsfolgen zu modifizieren, d. h. von einer ex-tunc-Wirkung abzusehen und statt dessen eine Auflösung für die Zukunft vorzusehen.

Die Rechtssprechung vertrat dies zunächst im Hinblick auf den Vertrauensschutz im Außenverhältnis, verneinte jedoch später zum Schutz der Mitgesellschafter die ex-tunc-Wirkung auch im Innenverhältnis (vgl. RGZ 165, 193 ff).

Es handelt sich um Auswirkungen des Vertrauensschutzprinzips, da die Konsequenzen der fehlerhaften Willenserklärung lediglich zugunsten Schutzwürdiger zurückgedrängt werden. Dem Vertrauensgrundsatz können indessen gewichtige Interessen der Allgemeinheit und einzelner schutzwürdiger Personen entgegenstehen (vgl. BGHZ 3, 285, 287 f).

> Das Prinzip wird auch unter Berücksichtigung des vorrangigen Schutzes von Geschäftsunfähigen und Geschäftsbeschränkten modifiziert aufrechterhalten (vgl. oben Rdn. 725).
> Zu beachten bleibt, daß die Anfechtung im Interesse des Bestandsschutzes bei Handelsgesellschaften nur im Wege der Gestaltungsklage entsprechend § 133 HGB durchgesetzt werden kann (vgl. oben Rdn. 377).
> Bei den **juristischen Personen des Handelsrechts** bestehen gesetzliche Sondervorschriften für die Geltendmachung von Nichtigkeits- und Anfechtungsgründen (vgl. z. B. §§ 241 ff, 275 AktG, § 75 GmbHG, §§ 94 ff GenG). Mängel der Willenserklärung einzelner Gesellschafter können nach Eintragung der Gesellschaft nach einhelliger Rechtsprechung nicht mehr geltend gemacht werden.

960 b) Auch die Rechtsprechung im **Arbeitsrecht** geht davon aus, die Anfechtung nicht schlechthin durch das der Kündigung zu ersetzen, um die ex-nunc-Wirkung zu erzielen. Es wird zwischen der Anfechtung, die einen Grund voraussetzt, der vor oder bei Abschluß des Vertrages vorlag, und der Kündigung, die von einem im Lauf des Arbeitsverhältnisses entstandenen Grund ausgeht, weiterhin unterschieden. Beide Rechtsfiguren haben verschiedene juristische Funktionen, was in den Voraussetzungen und Wirkungen zum Ausdruck kommt. Demgemäß betont das BAG ausdrücklich, daß an der die Willenserklärung vernichtenden Wirkung der Anfechtung grundsätzlich festzuhalten und lediglich aus Schutzerwägungen die Rückwirkung auszuschließen sei (BAGE 5, 159 ff = NJW 1958, 516; vgl. PICKER Die Anfechtung von Arbeitsverträgen, ZfA 1981, 1 ff).

> Zur Nichtigkeit des Arbeitsvertrages wegen fehlender Geschäftsfähigkeit vgl. auch oben Rdn. 727.

961 c) Um die Umlaufqualität im Bereich der **Wertpapiere** zu gewährleisten, wirkt bei einer Anfechtung des Ausstellers gegenüber dem Gläubiger die Nichtigkeitsfolge grundsätzlich lediglich in dieser Rechtsbeziehung, *nicht* jedoch *gegenüber Dritterwerbern*, wobei die Regelung des § 142 II durch besondere Bestimmungen ersetzt wird (z. B. § 796, Art. 17 WG, Art. 22 ScheckG).

6. Bestätigung

Während bei vom Gesetz angeordneter Nichtigkeit die Folgen zwingend eintreten, steht die Anfechtung eines Rechtsgeschäfts in der Disposition des Erklärenden. Infolgedessen räumt das Gesetz dem Erklärenden anders als bei nichtigen Rechtsgeschäften die Möglichkeit ein, zum Ausdruck zu bringen, daß er das Rechtsgeschäft trotz des ihm anhaftenden Mangels bestehen lassen wolle. Durch eine solche Bestätigung wird im Ergebnis *auf das Anfechtungsrecht verzichtet* (§ 144 I).

Da der Anfechtungsberechtigte sich mit der Bestätigung seiner Anfechtungsmöglichkeit begibt, muß bei ihm Kenntnis vom Anfechtungsrecht vorausgesetzt werden; zumindest muß der Bestätigende von der Vorstellung aus handeln, es könne ihm möglicherweise ein Anfechtungsrecht zustehen (RGZ 68, 398, 400; 69, 410, 411 f).

Die Bestätigung bedarf nicht der für das anfechtbare Geschäft vorgeschriebenen Form (§ 144 II). Sie kann auch *konkludent* erfolgen, z. B. durch Vertragserfüllung, Verbrauch oder Veräußerung empfangener Ware; der Anfechtungsberechtigte muß sich jedoch bewußt sein, hierdurch auf die Anfechtungsmöglichkeit zu verzichten; das Verhalten ist nur dann als Bestätigung zu werten, wenn jede andere mögliche Deutung des Verhaltens ausscheidet (BGH LM Nr. 1 a zu § 144; BGH NJW 1971, 1795, 1800).

Umstritten ist, ob vorausgesetzt werden muß, daß der *Anfechtungsgegner* aus der Kundgabe dieses Willens den Schluß ziehen kann, der Anfechtungsberechtigte wolle das Rechtsgeschäft gelten lassen. Dafür spricht, daß der Anfechtungsgegner in Zweifelsfällen Gewißheit darüber erlangen möchte, ob er sich auf das Geschäft verlassen kann (vgl. LARENZ AT § 23 V b). Dem widerspricht die h. M., die unter Bezugnahme auf RGZ 68, 398 ff die Bestätigung als nichtempfangsbedürftige Willenserklärung ansieht (vgl. STAUDINGER/DILCHER § 144 Rdn. 5; SOERGEL/HEFERMEHL § 144 Rdn. 1; ERMAN/BROX § 144 Rdn. 1). Unbeschadet dieser begrifflichen Einordnung ist der Interessenwertung im Einzelfall besser gedient, wenn auf den Erklärungswert des Verhaltens des Anfechtungsberechtigten ohne Rücksicht auf die Kenntnisnahme durch den Anfechtungsgegner abgestellt wird.

> Eine Bestätigung ist indessen nur möglich, solange das Rechtsgeschäft noch nicht angefochten ist. Die Bestätigung eines bereits wirksam angefochtenen Geschäfts ist Bestätigung eines nichtigen Geschäfts und folglich als Neuvornahme zu behandeln (§ 141 I).
>
> Weitere Folgen als die Beseitigung des Anfechtungsrechts hat die Bestätigung als solche nicht, namentlich schließt sie den etwaigen Schadensersatzanspruch wegen Betrugs nicht aus (RG JW 1911, 398 Nr. 4).

7. Anfechtung nichtiger Rechtsgeschäfte (sog. Doppelwirkungen)

Die ältere Dogmatik hatte aus Gründen der Logik die Auffassung vertreten, ein *nichtiges* Rechtsgeschäft könne nicht mehr *angefochten* werden. KIPP (aaO,

S. 211 ff) hat nachgewiesen, daß ein Anfechtungsberechtigter ein Interesse daran haben kann, ein aufgrund gesetzlicher Vorschriften nichtiges Rechtsgeschäft auch noch anzufechten.

Bestimmt z. B. jemand durch Betrug einen Minderjährigen zum Verkauf und zur Übereignung einer Sache, wozu der gesetzliche Vertreter die Genehmigung verweigert, und veräußert der Erwerber alsdann die Sache an einen Dritten, so ergibt sich für den Herausgabeanspruch des Minderjährigen folgendes: Wenn der Dritte zwar nicht die Minderjährigkeit, wohl aber die Täuschung durch den Erwerber kannte, so hätte er, falls wegen der bereits eingetretenen Nichtigkeit nicht angefochten werden könnte, unter den Voraussetzungen der §§ 929 ff, 932 ff Eigentum erlangt. Würde jedoch das nichtige Veräußerungsgeschäft zwischen Minderjährigem und Erwerber wegen Täuschung nach § 123 zusätzlich angefochten, so würde der Dritte wegen seiner Kenntnis von der Täuschung durch den Erwerber Eigentum wegen § 142 II nicht erwerben können. Um sich den Herausgabeanspruch nach § 985 zu erhalten, hat der Minderjährige daher ein Interesse, das Rechtsgeschäft anfechten zu können.

Der vom Gesetz bezweckte Interessenschutz gebietet es, trotz Nichtigkeit eines Rechtsgeschäfts zusätzlich eine Anfechtung zuzulassen.

Darüber hinaus hat die Rechtsprechung auch aus Gründen prozessualer Zweckmäßigkeit dem Kläger die Möglichkeit belassen, neben der Berufung auf Nichtigkeit sein Anfechtungsrecht geltend zu machen (vgl. BGH LM Nr. 2 zu § 142).

Entsprechend muß ein Anfechtungsrecht auch dann gewährt werden, wenn das Rechtsgeschäft bereits wegen anders begründeter Anfechtung nichtig ist; so z. B. wenn nach einer Anfechtung wegen Irrtums nach § 119 zur Vermeidung der nachteiligen Folgen des § 122 eine Anfechtung wegen arglistiger Täuschung nach § 123 erfolgt.

8. Sonderfälle

964 *a)* Bei der *Eheschließung* begründen Irrtum über die Eheschließung, über die Personen des anderen Ehegatten dessen persönliche Eigenschaften, arglistige Täuschung und Drohung *kein Anfechtungsrecht*, sondern ein *Aufhebungsrecht* gem. §§ 28 ff EheG.

Die Anfechtung eines *Vaterschaftsanerkenntnisses* erfolgt im *Klagewege*, § 1600 I; ebenso auch die Anfechtung der Ehelichkeit eines Kindes, § 1599.

965 *b)* Nach h. M. wird die Anfechtung von Erklärungen, die im Prozeß abgegeben werden *(Prozeßhandlungen)*, eingeschränkt. Grundsätzlich wird bestritten, daß solche Erklärungen bürgerlich-rechtliche Willenserklärungen sind (STEIN/JONAS/LEIPOLD vor § 128 Rdn. 257). Jedenfalls ist eine Anfechtung deshalb nicht zulässig, weil eine Rückwirkung den Interessen des Gegners und des gerichtlichen Verfahrens zuwiderlaufen würde; sofern der Gegner nicht bereits eine prozessuale Rechtsstellung erlangt hat, wird indessen ein Widerruf zugelassen (JAUERNIG § 30 VII).

Wegen der Doppelnatur des *Prozeßvergleichs*, der sowohl privatrechtlichen als auch prozessualen Charakter hat, hat die h. M. die Wirkung einer privatrechtlichen Anfechtung auch auf den prozessualen Bereich erstreckt und damit den Prozeß als nicht beendet angesehen (BGHZ 16, 388, 390; 41, 310 f).

c) Im *öffentlichen Recht* wird angenommen, daß die Anfechtung von Willenserklärungen gegenüber einer Verwaltungsbehörde zulässig ist (vgl. WOLFF/BACHOF § 48 III b). Allerdings können dann wegen der Rückwirkung der Anfechtung Fristen des Verwaltungsrechts unterlaufen werden. Unbestritten ist die Anwendbarkeit der Vorschriften des bürgerlichen Rechts für *öffentlich-rechtliche Verträge* (vgl. § 62 S. 2 VwVfG). Die Anfechtung von *Verwaltungsakten* durch die Behörde wird durch Rücknahme bzw. Widerruf ersetzt (vgl. §§ 48 ff VwVfG). **966**

d) Von der im BGB geregelten Anfechtung ist die **Gläubigeranfechtung** aufgrund der Konkursordnung und des Anfechtungsgesetzes **zu unterscheiden** (§§ 29 ff KO; §§ 1 ff AnfG). Sie will im Interesse der Gläubiger der Verschiebung von Zugriffsobjekten entgegenwirken. Der Gläubiger kann verlangen, daß Rechtshandlungen des Schuldner, die an sich wirksam vorgenommen wurden, rückgängig gemacht werden. **967**

Mit der Anfechtung aufgrund der KO und des AnfG wird daher im Gegensatz zu der des BGB kein Mangel des die Vermögensverschiebung bewirkenden Rechtsgeschäftes geltend gemacht. Sie gewährt gegen den Empfänger der Leistung im Konkursfall einen schuldrechtlichen (nicht dinglichen; vgl. BGHZ 59, 353, 356) Anspruch auf Rückgewähr in die Konkursmasse (vgl. § 37 KO), bei der Einzelvollstreckung abweichend vom Wortlaut des § 7 AnfG eine Zugriffsmöglichkeit beim Anfechtungsgegner (RGZ 56, 194 f; BGH NJW 1972, 719 f).

Die Anfechtung eines nichtigen Geschäfts nach AnfG ist im allgemeinen unnötig, aber – wie im rechtsgeschäftlichen Bereich – zulässig; sie ist zweckmäßig, wenn das nichtige Geschäft den Anfechtenden irgendwie benachteiligt; die §§ 7 und 11 AnfG verleihen dem Anfechtenden eine günstigere Rechtsstellung als §§ 812, 822, 894 (vgl. ROSENBERG/GAUL/SCHILKEN § 35 III 1 zur Anfechtung im Konkurs § 29 Anm. 6).

III. Relative Unwirksamkeit

BEER Die relative Unwirksamkeit, 1975; BLOMEYER Zum relativen Verbot der Verfügung über Forderungen, Festschrift Hirsch, 1968, 25 ff; FAHLAND Das Verfügungsverbot nach §§ 135, 136 BGB in der Zwangsvollstreckung und seine Beziehung zu anderen Pfändungsfolgen, 1976; HABSCHEID Richterliches Erwerbsverbot und Grundbuchrecht, Festschrift G. Schiedermair, 1976, 245 ff; U. HÜBNER Personale Relativierung der Unwirksamkeit von Rechtsgeschäften nach dem Schutzzweck der Norm, FS H. Hübner, 1984, S. 487 ff; KNOKE Zur Lehre vom relativen Veräußerungsverbot, Königsberger Festgabe Güterbock, 1910, 401 ff; PAULUS Schranken des Gläubigerschutzes aus relativer Unwirksamkeit, Festschrift Nipperdey I, 1965, 909 ff; RUHWEDEL Grundlagen und Rechtswirkungen sogenannter relativer Verfügungsverbote, JuS 1980, 161 ff; STROHAL Über relative Unwirksamkeit, 1911; Voss Über das Verhältnis zwischen relativen Veräußerungsverbot und Vormerkung im BGB, JherJb. 60 (1912), 293 ff.

968 Die relative Unwirksamkeit läßt zwar die Gültigkeit des Rechtsgeschäftes der *Allgemeinheit* gegenüber unberührt, das Rechtsgeschäft wird jedoch zum *Schutz einer oder mehrerer beteiligter Personen* diesen gegenüber als unwirksam behandelt. Der Erwerber wird z. B. Eigentümer, Dritte können sich auf die Verbotswidrigkeit der Verfügung nicht berufen; jedoch ist zugunsten des Verbotsgeschützten der Veräußerer noch als Eigentümer zu behandeln, so daß er nicht gehindert ist – auch nach Veräußerung an einen Dritten – an den Geschützten zu verfügen.

> Von der Nichtigkeit unterscheidet sich die relative Unwirksamkeit durch die Beschränkung der Unwirksamkeit auf bestimmte Personen; von der Anfechtbarkeit dadurch, daß die Unwirksamkeit, soweit sie reicht, von Rechts wegen (ipso iure) eingreift und nicht erst durch einen Gestaltungsakt der geschützten Person herbeigeführt zu werden braucht; im Prozeß wird sich der Geschützte allerdings auf sie berufen müssen.

Diese Funktion der „relativen Unwirksamkeit" ist konstruktiv kaum zu erfassen. Zu weit geht z. B. die Theorie der „Duplizität des Rechtssubjekts" die im Falle einer verbotswidrigen Verfügung vom Volleigentum zweier Personen ausgeht (vgl. Tuhr II/1 § 58; Wolff/Raiser § 88 IV). Es handelt sich um ein Sicherungsmittel sui generis, auf dessen dogmatische Einordnung der Gesetzgeber verzichtet hat (vgl. Mot. I, 214; Flume II § 17, 6 d; zum Meinungsstand vgl. MünchKomm/Mayer-Maly § 135 Rdn. 25 ff).

1. Gerichtliche und behördliche Veräußerungsverbote

969 Hauptbeispiel ist der Fall der Verfügung gegen ein *relatives* gerichtliches oder behördliches Veräußerungsverbot im Sinne der §§ 136, 135:

> Auf Betreiben des Käufers eines Gemäldes, der hört, daß der Verkäufer das ihm verkaufte Bild an einen anderen Liebhaber, der mehr geboten hat, noch einmal verkauft hat, erläßt das Gericht eine einstweilige Verfügung nach §§ 935, 938 II ZPO, wodurch dem Verkäufer verboten wird, zum Nachteil des ersten Käufers über das Bild zu verfügen. Diesen Beschluß hat der Käufer, der ihn erwirkt hat, dem Verkäufer zustellen zu lassen (§§ 922 II, 936 ZPO). Dadurch wird zwar dieser nicht gehindert, das Bild an den zweiten Käufer zu übereignen, der auch gegenüber jedermann Eigentümer wird. Nur im Verhältnis zum ersten Käufer ist der verbotsbelastete Verkäufer noch als Eigentümer anzusehen. Er kann also jetzt vom ersten Käufer auf Einigung und Abtretung des Herausgabeanspruchs (§§ 929, 931) verklagt werden. Wenn das Urteil rechtskräftig geworden ist, gilt die Erklärung nach § 894 ZPO als abgegeben. Damit ist der erste Käufer Eigentümer geworden. Der Ersterwerber muß die Verfügung des Veräußerers gegen sich gelten lassen; er kann insoweit gegen den Herausgabeanspruch des Geschützten keine Einwendungen (§ 986) erheben.
>
> Allerdings gilt dies nur, soweit nicht das Verfügungsverbot durch *gutgläubigen Erwerb* seine Wirkung verloren hat. Auf den Erwerb des zweiten Käufers, der sich entgegen dem Veräußerungsverbot vollzogen hat, finden nämlich nach § 135 II die Vorschriften zugunsten derjenigen, die Rechte von einem Nichtberechtigten herleiten, Anwendung (§§ 932 ff). Wenn also der zweite Käufer beim Erwerb des Eigentums das

Veräußerungsverbot weder gekannt noch infolge grober Fahrlässigkeit nicht gekannt hat, nützt dem ersten Käufer die Erwirkung des Verbots nichts. Er muß, um sicher zu gehen, auch dem zweiten Käufer die einstweilige Verfügung rechtzeitig zustellen lassen. Wenn er den zweiten Käufer nicht benachrichtigen kann, empfiehlt es sich, beim Gericht eine einstweilige Verfügung zu beantragen, worin die Verwahrung oder Hinterlegung der Sache angeordnet wird.

Entsprechend kann sich der Käufer eines Grundstücks, falls nichts die Eintragung einer Vormerkung bewilligt ist, schützen, indem er eine einstweilige Verfügung auf Eintragung einer *Vormerkung* ins Grundbuch nach §§ 883, 885 erwirkt. Eine Verfügung, die nach der Eintragung der Vormerkung über das Grundstück oder das Recht getroffen wird, führt zwar zur Eintragung des Zweitkäufers, da die Vormerkung das Grundbuch nicht sperrt; sie ist jedoch insoweit unwirksam, als sie den Anspruch des Erstkäufers vereiteln oder beeinträchtigen würde. Läßt also der Verkäufer das Grundstück trotz der Vormerkung an einen zweiten Käufer auf, so wird dieser durch seine Eintragung zwar Eigentümer gegenüber jedermann; zugunsten des Vormerkungsberechtigten gilt das Eigentum des Veräußerers aber als fortbestehend (vgl. § 883 II). Er ist auf Vornahme der Auflassung zu verklagen. Der Erwerber ist verpflichtet, der Eintragung des Vormerkungsberechtigten, die zur Verwirklichung des vorgemerkten Anspruchs nötig ist, zuzustimmen (§ 888). Nach erfolgter Eigentumsübertragung ist er nach § 985 zur Herausgabe des Grundstücks verpflichtet.

Die Durchsetzung des relativen Veräußerungsverbots erfolgt demnach auf dem Umweg über den verbotswidrig Verfügenden. Ein unmittelbarer Anspruch gegen den Erwerber auf Herausgabe ließe sich allenfalls unter dem Gesichtspunkt des Schadensersatzes nach § 826 begründen.

970 Da die verbotswidrige Verfügung *Dritten gegenüber wirksam* ist, kann der verbotswidrig Erwerbende Dritten gegenüber seine Eigentumsrechte geltend machen, z. B. Ansprüche aus § 1004. Die allgemeine Wirksamkeit der Verfügung erweist sich auch im Verhältnis des in der Verfügung Beschränkten zu seinen Gläubigern; sie können nach der verbotswidrigen Verfügung den Gegenstand nicht pfänden; vielmehr stünde, falls z. B. die Veräußerung nach §§ 929, 930 erfolgte, dem Erwerber die Klage aus § 771 ZPO zu, solange der Geschützte sein Recht nicht geltend macht.

971 Anders als bei absoluten Veräußerungsverboten wird die Regelung jedoch – wie im Beispiel ausgeführt – *zum Schutze gutgläubiger Erwerber* durchbrochen (§ 136 mit § 135 II). Die Vorschriften über den Erwerb vom Nichtberechtigten werden für diesen Erwerb entsprechend angewandt; die Analogie ist deshalb erforderlich, weil der Verfügende „Berechtigter" ist und hier lediglich der gute Glaube an das Nichtbestehen des Veräußerungsverbots in Betracht kommt (RGZ 90, 335, 338).

972 *Gesetzliche* Veräußerungsverbote wirken in der Regel absolut (so z. B. § 1365: BGHZ 40, 218, 219 f; § 1369: BayObLG FamRZ 1965, 331 f). Praktische Bedeutung erlangt die Vorschrift des § 135 durch die Verweisung in § 136 für *gerichtliche und behördliche* Veräußerungsverbote.

973 Gerichtliche Veräußerungsverbote ergehen vornehmlich im Zwangsvollstreckungsverfahren. Dies gilt für *Pfändung von Forderungen und Rechten* gem. §§ 829 ff, 857 ZPO; so ist z. B. die vom Vollstreckungsschuldner nach erfolgter Pfändung an einen Dritten vorgenommene Abtretung relativ unwirksam. – Zieht der Vollstreckungsschuldner trotz der Verbotes die Forderung vom Drittschuldner ein und zahlt dieser trotz des an ihn erlassenen Zahlungsverbotes, so wird er im Verhältnis zum Vollstreckungsschuldner von seiner Verbindlichkeit befreit; dem Pfändungsgläubiger gegenüber ist die Einziehung aber unwirksam, zu seinen Gunsten wird das eingezogene Forderungsrecht als noch bestehend behandelt. – Eine *Beschlagnahme nach § 23 I ZVG* hat in den Grenzen dieser Vorschrift (weitergehend § 148 ZVG) die Wirkung eines Veräußerungsverbotes im Sinne des § 136; ebenso ein *vor Konkurseröffnung* vom Gericht erlassenes allgemeines Veräußerungsverbot nach §§ 106, 113 KO. Anders jedoch das *mit Konkurseröffnung* eintretende Veräußerungsverbot, da die Verfügungsbefugnis dem Konkursverwalter zusteht; aus § 6 KO wird gefolgert, daß der Wortlaut des § 7 KO die *absolut wirkende Nichtigkeit* nicht beseitigt, sondern sie lediglich auf den Zweck des Konkurses begrenzt (RGZ 157, 294, 295; h. M.). – Schließlich können *einstweilige Verfügungen* (§§ 935, 938 II ZPO) gerichtliche Veräußerungsverbote gem. § 136 enthalten (RGZ 135, 378, 384); vgl. das Beispiel oben im Kleindruck.

2. Gerichtliche Erwerbsverbote

974 Die vom Gesetz getroffene Regelung für Veräußerungsverbote ist von der Rechtsprechung auch für Erwerbsverbote angewandt worden (RGZ 117, 287, 291; 120, 118, 119 f; OLG Hamm DNotZ 1970, 662). Hat z. B. der Verkäufer eines Grundstücks die Auflassung erklärt und liegen Gründe vor, die den Kaufvertrag nichtig machen, so soll der Verkäufer die Möglichkeit haben, durch eine einstweilige Verfügung dem Käufer zu verbieten, sich das Eigentum zu verschaffen, d. h. zu verbieten, den Antrag auf Eintragung im Grundbuch zu stellen oder, falls der Antrag gestellt ist, ihm zu gebieten, den Antrag zurückzunehmen. Die einstweilige Verfügung erzeugt ein Eintragungsverbot und ist vom Grundbuchamt zu beachten (RGZ 120, 118, 120). Wird gleichwohl der Käufer im Grundbuch eingetragen, so ist sein Erwerb *relativ*, d. h. lediglich dem Verkäufer gegenüber, *unwirksam* (RGZ 117, 287, 291). Zur Vermeidung des gutgläubigen Erwerbs Dritter muß das relative Erwerbsverbot im Grundbuch eingetragen werden (vgl. §§ 136, 135 II) – str., vgl. WESTERMANN § 100 VI 4.

Die Vertreter der Gegenmeinung (LARENZ AT § 23 IV; FLUME II § 17, 6 e) gehen vom Schwarzkauf aus und vertreten die Ansicht, daß der Schwarzverkäufer die durch den Vollzug des Eigentumserwerbs eintretende Heilung des Kaufvertrages (§ 313 S. 2) nicht verhindern kann. In dieser Hinsicht kann die Motivation bei Erlaß der einstweiligen Verfügung im Hinblick auf § 242 zu prüfen sein. Denkbar sind aber auch z. B. Fälle, in denen der Verkäufer einem Irrtum gem. § 119 erlegen ist und die Anfechtung lediglich das Kausalgeschäft erfaßt. Hier erscheint es zur Vermeidung der Rückabwicklung nach vollzogenem Eigentumsübergang (§ 812, vorbehaltlich § 814) sinnvoll, den Eigentumserwerb zu verhindern, zumal die endgültige Wirksamkeit des Erwerbsverbots im Hauptverfahren geklärt werden kann (§§ 936, 926 ZPO).

IV. Rechtsgeschäftliche Veräußerungsverbote

CANARIS Die Rechtsfolgen rechtsgeschäftlicher Abtretungsverbote, Festschrift Serick, 1990, 9 ff; DÄUBLER Rechtsgeschäftlicher Ausschluß der Veräußerlichkeit von Rechten? NJW 1968, 1117 ff; FURTNER Die rechtsgeschäftliche Verfügungsbeschränkung und ihre Sicherung, NJW 1966, 182 ff; LIEBS Die unbeschränkte Verfügungsbefugnis, AcP 175 (1975), 1 ff; OERTMANN Rechtsgeschäftliches Veräußerungsverbot und einstweilige Verfügung, Recht 1916, 57 ff; PIKALO § 137 BGB in der Praxis des Rechtslebens, DNotZ 1972, 644 ff; RAIBLE Vertragliche Beschränkung der Übertragbarkeit von Rechten, 1969, 73 ff; SCHLOSSER Auswirkungen verfügungsbeschränkender Abreden der rechtsgeschäftlichen Treuhand, NJW 1970, 681 ff; WEITNAUER Die unverzichtbare Handlungsfreiheit, Festschrift F. Weber, 1975, 429 ff.

Rechtsgeschäftlich begründete Veräußerungsverbote haben *keine Beschränkung* **975** *der Verfügungsmacht* zur Folge, sondern bewirken nur eine *schuldrechtliche Verpflichtung* des Versprechenden, die Verfügung zu unterlassen (§ 137). Verstößt der Versprechende gegen die Verpflichtung, so ist gleichwohl die Verfügung ohne Einschränkung wirksam; der Verfügende macht sich allerdings *schadensersatzpflichtig*. Der Gesetzgeber wollte mit dieser Vorschrift verhindern, daß sich der Versprechende seiner Verfügungsmacht rechtsgeschäftlich begibt und Rechtsunsicherheit schafft, indem er Gegenstände dem Rechtsverkehr entzieht (vgl. BGHZ 56, 275, 278; BayObLG NJW 1978, 700, 701).

Nach h. M. erfährt § 137 *keine Einschränkung durch § 399 2. Hs.* So sehen RGZ 136, 395, 399 und BGHZ 19, 355, 359 sowie 40, 156, 159 f die Vereinbarung in § 399 2. Hs. nicht als Verfügungsbeschränkung, sondern als Inhaltsbestimmung des betreffenden Rechts selbst an. Konsequent ergibt sich dann die absolute Unwirksamkeit einer gegen § 399 2. Hs. verstoßenden Verfügung (BGHZ 40, 156, 160; 70, 299, 301; 102, 293, 301; a. A. JAKOBS JuS 1973, 152, 156 f; CANARIS FS Serick 1990, 9 ff).

Die Vorschrift des § 137, die auch den Schutz des sich Verpflichtenden durch die Unwirksamkeit auf der Verfügungsebene gewährleistet, erfährt in § 1136 dadurch eine Erweiterung, daß bereits die schuldrechtliche Verpflichtung des Grundstückeigentümers gegenüber dem Hypothekengläubiger, das Grundstück nicht zu veräußern oder nicht weiter zu belasten, nichtig ist.

Die Regelung des § 137 gilt entsprechend auch für die *Vereinbarung eines Erwerbs-* **976** *verbots*. (Zur Wirkung eines *gerichtlichen* Erwerbsverbots vgl. oben Rdn. 974). Als *Ersatz* für die in § 137 enthaltene Beschränkung kommt in Fällen, in denen mit einer Eigentumsübertragung ein Veräußerungsverbot für den Erwerber verbunden wird, die *Vereinbarung einer auflösenden Bedingung* in Betracht, nach der bei abredewidriger Weiterveräußerung das Eigentum an den früheren Eigentümer zurückfällt, sofern es sich nicht um ein bedingungsfeindliches Geschäft wie z. B. die Auflassung (§ 925) handelt.

Die Zulässigkeit einer solchen Abrede wird in Frage gestellt, da sie im Ergebnis einem nach § 137 unzulässigen Verfügungsverbot gleichkommt. Die überwiegende Meinung sieht hierin keine unzulässige Umgehung des § 137, da sich die Parteien vom Gesetz vorgesehener Gestaltungsmöglichkeiten bedienen (BayObLG NJW 1978, 700 f; SOERGEL/HEFERMEHL § 137 Rdn. 14; STAUDINGER/DILCHER § 137 Rdn. 6; a. A. MünchKomm/MAYER-MALY § 137 Rdn. 15). Während es sich bei rechtsgeschäftlichen Veräußerungsverboten im allgemeinen um die Interessen des Käufers handelt, der sich vor Übereignung an einen Dritten schützen möchte, hat die auflösende Bedingung die Interessen des Verkäufers im Auge. Unter diesem Aspekt kann man die Vereinbarung einer auflösenden Bedingung differenziert beurteilen und nicht als Verstoß gegen § 137 ansehen. Im übrigen wird ein gutgläubiger Dritterwerber durch die Vorschrift des § 161 III geschützt.

V. Schwebende Unwirksamkeit

977 Es kann im Interesse Beteiligter liegen, daß die Entscheidung über die Wirksamkeit eines Vertrages hinausgeschoben wird. Daher läßt die Rechtsordnung gelegentlich Schwebezustände zu.

Wegen der hierbei bestehenden Rechtsunsicherheit wird dies *vom Gesetz* nur ausnahmsweise zugelassen. Dies ist der Fall beim beschränkt Geschäftsfähigen (§§ 108, 114; §§ 1643, 1821, 1822, 1829), beim ohne Vertretungsmacht Vertretenen (§ 177), beim ohne Einwilligung handelnden Ehegatten im gesetzlichen Güterstand (§ 1366); entsprechendes gilt für den Vertretenen im Fall des Selbstkontrahierens (entgegen dem Wortlaut des § 181) und für den Berechtigten bei Verfügung eines Nichtberechtigten (§ 185 II).

Aus Verbraucherschutzerwägungen wird bei bestimmten Rechtsgeschäften, die nicht ohne weiteres durchschaubar sind (Kreditverträge) oder bei denen eine Überrumpelung des Verbrauchers droht (Haustür- und ähnliche Geschäfte), die Willenserklärung des Verbrauchers grundsätzlich erst nach Ablauf einer Woche wirksam, wenn er sie nicht zwischenzeitlich widerrufen hat (§ 7 VerbrKrG, § 1 HaustürWG), was ohne Angabe von Gründen möglich ist.

> Wegen des *Erfordernisses hoheitlicher Genehmigungen*, z. B. im Grundstücksverkehrsrecht, besteht in der Zwischenzeit ebenfalls ein Schwebezustand (BGHZ 32, 383, 389). Die Parteien sind während des Schwebezustandes nach Treu und Glauben verpflichtet, alles Erforderliche zu tun, um die Genehmigung herbeizuführen.
>
> Darüber hinaus steht es den Parteien frei, *durch Vereinbarung* Schwebezustände herbeizuführen, so z. B. die Vereinbarung einer Rücktrittsmöglichkeit, bei der eine schwebende Wirksamkeit besteht. Die Vereinbarung einer Bedingung erzeugt keinen Schwebezustand für die Wirksamkeit des Rechtsgeschäfts als solchem, sondern nur für seine Rechtsfolgen.

978 Zur *Abkürzung des Schwebezustandes* wird in manchen Fällen dem Gegner das Recht gegeben, die Entscheidung über die Genehmigung von dem Genehmigungsberechtigten in kurzer Frist herbeizuführen (§§ 108 II, 177 II). Unter besonderen Voraussetzungen kann dem Vertragsgegner auch ein *Widerrufsrecht* zustehen (§§ 109, 178, 1366 II).

Falls das Schutzbedürfnis des durch die schwebende Unwirksamkeit Geschützten nachträglich fortfällt, z. B. dadurch, daß der beschränkt Geschäftsfähige die volle Geschäftsfähigkeit erlangt, tritt seine Genehmigung an Stelle der Genehmigung des Genehmigungsberechtigten (§§ 108 III, 1829 III).

Während des Schwebezustandes fehlt dem Vertrag die Wirksamkeit, die mit Genehmigung eintritt oder mit ihrem Ausbleiben endgültig entfällt. Eine Ausnahme besteht für den Fall, daß ein Vormund ohne die erforderliche Genehmigung des Vormundschaftsgerichts ein Rechtsgeschäft abschließt; hier wird das Geschäft erst dann wirksam, wenn die Genehmigung des Vormundschaftsgerichtes dem Vertragspartner durch den Vormund mitgeteilt wird (§ 1829 I 2).

Durch die Genehmigung wird der Vertrag rückwirkend wirksam (§ 184 I), jedoch sind *Zwischenverfügungen des Genehmigenden* über den Gegenstand des Rechtsgeschäftes wirksam; ebenso Verfügungen, die im Wege der Zwangsvollstreckung gegen ihn getroffen werden (§ 184 II).

Hierdurch unterscheidet sich die schwebende Unwirksamkeit von der Anfechtbarkeit, bei der im Stadium bis zur Anfechtung das Geschäft voll wirksam ist und erst mit dieser rückwirkend vernichtet wird.

Einseitige Rechtsgeschäfte sind im Interesse der Rechtssicherheit grundsätzlich **979** nicht schwebend, sondern von vornherein unwirksam (§§ 111, 180).

Vgl. zu weiteren Einzelheiten oben Rdn. 718 und unten Rdn. 1308.

SECHSTER ABSCHNITT

Die Lehre vom Vertrag

§ 40

Der Vertrag

A. Einleitung

F. BYDLINSKI Privatautonomie und objektive Grundlagen des verpflichtenden Rechtsgeschäftes, 1967; v. CRAUSHAAR Der Einfluß des Vertrauens auf die Privatrechtsbildung, 1969; DILCHER Typenfreiheit und inhaltliche Gestaltungsfreiheit, NJW 1960, 1040; FIKENTSCHER Vertrag und wirtschaftliche Macht, Festschrift Hefermehl, 1971,

41 ff; Hönn Entwicklungslinien des Vertragsrecht, JuS 1990, 953 ff; Hueck Normenverträge, JherJb. 73 (1923), 33 ff; A. Kramer Die „Krise" des liberalen Vertragsdenkens, 1974; Laufke Vertragsfreiheit und Grundgesetz, Festschrift H. Lehmann, I, 1956, 145 ff; Nanz Die Entstehung des allgemeinen Vertragsbegriffs im 16. bis 18. Jahrhundert, 1985; L. Raiser Vertragsfunktion und Vertragsfreiheit, Festschrift DJT, 1960, 101 ff; ders., Vertragsfreiheit heute, JZ 1958, 1 ff; Reinhardt Die Vereinigung subjektiver und objektiver Gestaltungskräfte im Vertrage, Festschrift Schmidt-Rimpler, 1957, 115 ff; Schapp Grundfragen der Rechtsgeschäftslehre, 1986; Schlossmann Der Vertrag, 1876; Schmidt-Rimpler Grundfragen einer Erneuerung des Vertragsrechtes, AcP 147 (1941), 130 ff; ders., Zum Vertragsproblem, Festschrift L. Raiser, 1974, 3 ff; Siber Die schuldrechtliche Vertragsfreiheit, JherJb. 70 (1921), 223 ff; Siegel Das Versprechen als Verpflichtungsgrund im heutigen Recht, 1873; M. Wolf Rechtsgeschäftliche Entscheidungsfreiheit und vertraglicher Interessenausgleich, 1970; Zitelmann Die Rechtsgeschäfte im Entwurf eines BGB, I, 1889/90, 120 ff.

980 „Verträge dienen der rechtlichen Ordnung zwischenmenschlicher Beziehungen durch Selbstbestimmung der Beteiligten im herrschaftsfreien Raum" (Raiser Festschrift DJT aaO. S. 104). Der Vertrag ist somit das wesentliche Instrument zur Verwirklichung der *Privatautonomie* (vgl. oben § 30). Durch die Vertragsfreiheit vertraut der Gesetzgeber dem einzelnen die autonome Rechtssetzung im Rahmen des zwingenden Rechts und der guten Sitten an. Die autonome Rechtssetzung erzeugt zwischen den Parteien eine Bindungswirkung; die Rechtsgrundlage für die wechselseitigen Ansprüche wird daher historisch auch als lex contractus bezeichnet (vgl. oben Rdn. 26).

Ergänzend finden Grundsätze des privatrechtlichen Vertragsrechts auf öffentlich-rechtliche Verträge entsprechende Anwendung (§ 62 VwVfG).

981 **Vertragsfreiheit** bedeutet einerseits die Freiheit des einzelnen, ob und mit wem er einen Vertrag schließen will (Abschlußfreiheit), und andererseits die Freiheit der Partner, wie sie den Vertrag inhaltlich ausgestalten wollen (Gestaltungsfreiheit). Das BGB geht dabei von einem Gleichgewicht der Parteien aus (*Äquivalenzprinzip*; zu Äquivalenzstörungen vgl. unten Rdn. 1036).

Gestaltungsfreiheit kann nur dort eingeräumt werden, wo sich die Rechtsbeziehungen auf die Vertragsbeteiligten beschränken. Gestaltungsfreiheit besteht vornehmlich im Schuldrecht, dessen gesetzliche Regelungen lediglich *Vertragsmuster* enthalten, die weitgehend der *Disposition* unterliegen.

Jedoch ist zu beachten, daß dispositive Normen einen aus der Rechtserfahrung stammenden Richtigkeitsgehalt für die Ausgewogenheit der Interessen darstellen, von dem nicht uneingeschränkt abgewichen werden darf. Diese Erkenntnis hat u. a. zur Gesetzgebung über die Grenzen Allgemeiner Geschäftsbedingungen geführt.

Wirkt der Vertrag über die Vertragspartner hinaus, so beschränkt das Gesetz die Gestaltungsfreiheit und bindet die Vertragsparteien an *vorgegebene Typen dinglicher Rechte und Vertragstypen* (so vornehmlich im Sachenrecht, Gesellschaftsrecht).

Soweit den Parteien Gestaltungsfreiheit eingeräumt ist, bedeutet dies zugleich eine Gestaltungslast; das Gesetz geht von der Vermutung vollständiger und wohlüberlegter Parteivereinbarungen aus.

Zur Wirksamkeit des Vertrages gehört es, daß sich die Parteien über die Essentialia geeinigt haben. Sie können jedoch darüber hinaus Umstände zur Grundlage ihres Vertrages gemacht haben, ohne daß diese Grundlage im Vertrag ihren Ausdruck gefunden hat. Verändern sich diese Voraussetzungen so wesentlich, daß ein Festhalten am Vertrag Treu und Glauben widerspricht, kann ein solcher *Wegfall der Geschäftsgrundlage* zu einer Anpassung des Vertragsinhalts oder zu dessen Aufhebung führen (vgl. zum Wegfall der Geschäftsgrundlage unten Rdn. 1095). **982**

Der Gesetzgeber läßt den Vertragsschluß auf den korrespondierenden Willenserklärungen „Antrag" und „Annahme" basieren. Er berücksichtigt dabei nicht die Verhandlungsphase vor dem ausformulierten Antrag. Gleichwohl können im Zuge solcher *Vorverhandlungen*, die einen rechtlich relevanten Fall des sozialen Kontakts darstellen, Rechtspflichten aus einem Vertrauensverhältnis erwachsen, die bei schuldhafter Verletzung zum Schadensersatz führen können. Dieser Anwendungsbereich der sog. *culpa in contrahendo* war zunächst auf Fälle begrenzt, bei denen es zu keinem Vertragsschluß kam (vgl. § 122). Rechtsprechung und Lehre lassen das Verschulden bei Vertragsschluß heute jedoch auch dann relevant werden, wenn der Vertrag zum Abschluß gekommen ist (zu den Einzelheiten vgl. unten Rdn. 1080 ff). **983**

B. Der Vertragsschluß

AUGNER Vertragsschluß ohne Zugang der Annahmeerklärung, 1985; BÄRMANN Typische Zivilrechtsordnung der Daseinsvorsorge, 1948; BAILAS Das Problem der Vertragsschließung und der vertragsbegründende Akt, 1962; BREHMER Die Annahme nach § 151, JuS 1994, 386 ff; P. BYDLINSKI Probleme des Vertragsabschlusses ohne Annahmeerklärung, JuS 1988, 36 ff; DIETRICH Der Kauf im Selbstbedienungsladen, DB 1972, 957 ff; GRAUE Vertragsschluß durch Konsens? in: Jakobs, Rechtsgeltung und Konsens, 1976, 105 ff; GREIFELT Die Zusendung unbestellter Waren, WRP 1955, 120 ff; GRUNEWALD Die Anwendbarkeit des AGB-Gesetzes auf Bestimmungen über den Vertragsschluß, ZIP 1987, 353 ff; HILGER Die verspätete Annahme, AcP 185 (1985), 559 ff; JANSEN Die „Bindung" an Angebot und Annahme beim Vertragsschluß – eine rechtsvergleichende Untersuchung, Diss. Tübingen 1983; E. A. KRAMER Grundfragen der vertraglichen Einigung, 1972; W. LANGE Abschluß und Durchführung der Verträge – Versuch eines Überblicks, Festschrift Laufke, 1971, 101 ff; ders., Die Rechtsnatur von Antrag, Annahme und Ablehnung, geprüft bei Verträgen beschränkt Geschäftsfähiger, Festschrift Reinhardt, 1972, 95 ff; LEENEN Zustandekommen und Wirksamkeit des Vertrages, AcP 188 (1988), 381 ff; LORENZ Vorzugsrechte beim Vertragsschluß, Festschrift Dölle I, 1963, 103 ff; LUTTER Der Letter of Intent – Zur rechtlichen Bedeutung von Absichtserklärungen, 1982; MANIGK Das Wesen des Vertragsschlusses in der neueren Rechtsprechung, JherJb. 75 (1925), 127 ff; MAYER-MALY, Vertrag und Einigung I, Festschrift Nipperdey I, 1965, 509 ff; ders., Vertrag und Einigung II, Festschrift Wilburg, 1965, 129 ff; ders., Der Konsens als Grundlage des Vertrages, Festschrift Seidl, 1975, 118 ff; ders., Die Bedeutung des Konsenses in privatrechtsgeschäftlicher Sicht, in: Jakobs, Rechtsgeltung und Konsens, 1976, 91 ff; NEUMAYER Der Vertragsschluß nach dem Recht des internationalen Warenkaufs (Wiener Übereinkommen von 1980), Festschrift Lorenz, 1991, 747 ff; SOHM Vertragsschluß unter Abwesenden und Vertragsschluß mit einer persona incerta, ZHR 17 (1872), 16 ff; WEDEMEYER Abschluß des Vertrages durch Erfüllungs- und Aneignungshandlungen, 1904; WESSEL Die Zusendung unbestellter Waren, BB 1966, 432 ff.

I. Allgemeines

984 Dem System des BGB entsprechend hat der Gesetzgeber aus den vielfältigen Möglichkeiten der Vertragsgestaltung die Essentialia abstrahiert und im Allgemeinen Teil vorangestellt. Er geht hierbei vom Leitbild des Kaufvertrages aus und läßt besondere Erscheinungsformen des mehrseitigen Rechtsgeschäfts (wie Gesamtakte, Beschlüsse, Organisationsverträge, vgl. hierzu oben Rdn. 619 ff) zurücktreten.

> Die Funktionen des zweiseitigen Vertrages sind unterschiedlich. Er kann Verpflichtungscharakter haben, so z. B. die schuldrechtlichen Verträge, er kann jedoch auch lediglich Zuordnungsfunktion haben, so z. B. die Verfügungen.
> Bei den Verfügungen kann ein koexistentes Element (Eintragung, Übergabe) zur vertraglichen Einigung hinzutreten. Hier umfaßt die Verfügung einen Doppeltatbestand (vgl. oben Rdn. 611 f).
> Eine Sonderstellung nimmt der Erbvertrag (§§ 2274 ff) ein, durch den einseitig unwiderruflich ein Berufungsgrund zur Erbfolge geschaffen wird; ein unmittelbares Verpflichtungselement ist in dem Vertrag nicht enthalten. Eigenständige Wirkungen haben auch die familienrechtlichen Verträge, z. B. die Eheschließung, Adoption.

1. Konsens

985 Der Vertrag ist die erklärte Willensübereinstimmung (*Konsens*) zweier oder mehrerer Beteiligter über die Herbeiführung eines bestimmten rechtlichen Erfolges. Er besteht aus inhaltlich verschiedenen, aber einander entsprechenden, korrespondierenden Willenserklärungen, die in Bezug auf einen einheitlichen Erfolg übereinstimmen müssen. Der Vertragsschluß vollzieht sich regelmäßig schrittweise, die zeitlich vorhergehende Erklärung heißt *Antrag* (Angebot, Offerte), die zeitlich nachfolgende *Annahme*.

> Der Vertrag kann auch dadurch zustandekommen, daß die Parteien gleichzeitig einem vorliegenden Vertragsentwurf zustimmen. Streitig ist, ob ein Konsens vorliegt, wenn sich inhaltlich gleiche Offerten kreuzen; obwohl die beiderseitigen Erklärungen nicht mit Bezug aufeinander abgegeben wurden, muß angesichts des materiellen Konsenses ein Vertragsschluß angenommen werden.

2. Verpflichtung zum Abschluß eines Vertrages

Aus einer vorangegangenen Vereinbarung kann sich die **Verpflichtung zum Abschluß eines Vertrages** ergeben. Eine solche Vereinbarung stellt der **Vorvertrag** dar, durch den sich die Parteien verpflichten, demnächst einen anderen schuldrechtlichen Vertrag, den sog. Hauptvertrag, abzuschließen. Solche Vorverträge wollen eine Bindung herbeiführen, um die spätere Erreichung des eigentlichen Vertragszweckes, wofür die Dinge zur Zeit noch nicht reif sind, zu sichern. **986**

Voraussetzung eines gültigen Vorvertrages ist, daß die allgemeinen Erfordernisse eines Vertrages gegeben sind und der Inhalt des abzuschließenden Hauptvertrages hinreichend genau bestimmt ist (BGH NJW 1962, 1812 f). Dies bedeutet, daß zwar noch nicht alle Bestimmungen des Hauptvertrages vorliegen (ansonsten läge bereits ein Hauptvertrag vor), andererseits jedoch soviele Einzelheiten festgelegt sein müssen, daß u. U. mit der Vollstreckungsmöglichkeit nach § 894 ZPO auf den Abschluß des gegebenenfalls richterlich ergänzten (RGZ 156, 129, 138; BGH LM Nr. 3 zu § 705; BGH WM 1961, 1052 f, BGH NJW 1990, 1234, 1235) Hauptvertrages geklagt werden kann (vgl. HENRICH Vorvertrag, Optionsvertrag, Vorrechtsvertrag, 1965, §§ 8 ff).

Wo das Gesetz für die Vornahme eines Vertrages eine bestimmte *Form* vorschreibt (z. B. § 313), muß auch der Vorvertrag grundsätzlich dieser Form genügen, weil sonst auf diesem Wege die Formvorschriften umgangen werden könnten (RGZ 106, 174, 176; 169, 185, 189; BGHZ 61, 48). Wenn jedoch eine Formvorschrift keine „Warnfunktion" hat, sondern lediglich der Beweissicherung dient (vgl. § 566), bedarf der Vorvertrag der Form nicht, da der Aufgabe der Beweissicherung durch den Hauptvertrag genügt werden kann (RGZ 86, 30, 32 f; BGH LM Nr. 1 zu § 566; BGH WM 1973, 238). Für eine vereinbarte Schriftform ist gegebenenfalls durch Auslegung der Formabrede zu ermitteln, ob diese sich auch auf den Vorvertrag erstrecken sollte (BGH NJW 1958, 1281; BB 1963, 572). **987**

Vom Vorvertrag ist die Verabredung abzugrenzen, durch die einem der Vertragsschließenden die Befugnis eingeräumt wird, durch eine entsprechende Willenserklärung ein seinem Inhalt nach bereits näher festgelegtes Schuldverhältnis zu begründen oder zu verlängern. Eine derartige Befugnis kann auf verschiedene Weise eingeräumt werden: **988**

In Betracht kommt eine sogenannte **Festofferte**. Hierbei handelt es sich um einen meist länger befristeten Antrag zum Abschluß eines Vertrages. Der Adressat kann durch Annahmeerklärung den Vertragsschluß herbeiführen. Ist für den Vertrag eine Form vorgeschrieben (z. B. § 313), so unterliegen sowohl Antrag als auch Annahme diesen Formerfordernissen.

989 Die neuere Terminologie (HENRICH aaO, § 15; FLUME II § 33, 7; KÖHLER § 15 VI) sieht in der Festofferte als solcher keinen Fall der Option. Vielmehr wird der vorangehende Abschluß eines **Optionsvertrages** vorausgesetzt. Hierzu einigen sich die Beteiligten, daß unter bestimmten Voraussetzungen ein Optionsrecht eingeräumt werden soll, wobei häufig als Ausgleich für die längerfristige Bindung ein Entgelt vereinbart wird. Im Rahmen dieser Vereinbarung gibt eine Vertragspartei eine bindende Offerte ab, die dem Optionsberechtigten die Möglichkeit verschafft, durch Annahmeerklärung den Hauptvertrag zum Abschluß zu bringen. Ein Hauptfall dieser Ausgestaltung des Optionsvertrages ist das vertraglich vereinbarte *Ankaufsrecht*. Das hat zur Folge, daß bei formbedürftigen Verträgen zumindest die im Optionsvertrag niedergelegte Offerte zum Abschluß des Hauptvertrages der Form bedarf (RGZ 169, 65, 71). Wenngleich Optionsvertrag und Festofferte sich im Ergebnis gleichkommen, empfiehlt es sich im Interesse einer klaren terminologischen Abgrenzung, nur das vertraglich begründete Recht als „*Optionsrecht*" zu bezeichnen (vgl. HENRICH aaO, § 15 I).

990 Im Ergebnis kommt einer solchen Regelung auch ein **bedingter Vertrag** nahe. Der Hauptvertrag wird hierbei unter der aufschiebenden Bedingung abgeschlossen, daß der Begünstigte ein Optionsrecht ausübt. Gegen eine solche Protestativbedingungen bestehen nur dann keine Bedenken, wenn die Parteien den ernstlichen Willen zur vertraglichen Bindung haben (BGH LM Nr. 16 zu § 433). Sofern Formerfordernisse eingreifen, unterliegt der bedingte Vertrag deren Einhaltung; die Erklärung, die den Bedingungseintritt auslöst, bedarf alsdann dieser Form nicht (BGH aaO).

991 Einen Sonderfall stellt die sogenannte *Vorhand* dar. Hierbei verpflichtet sich eine Vertragspartei, falls sie die Absicht hat, einen Vertrag abzuschließen, den Vertragsabschluß zunächst dem Vorhandberechtigten anzutragen. Die Vereinbarung bedarf der Auslegung, da unter Umständen nur eine Informationspflicht gewollt ist, die dem Begünstigten nur die Möglichkeit einräumen soll, in Vorverhandlungen einzutreten. Ein Verstoß kann Schadensersatzpflichten begründen.

Von der Vorhand unterscheidet sich das *Vorkaufsrecht* dadurch, daß der Vorkaufsberechtigte in den bereits rechtswirksam zustandegekommen Kaufvertrag mit dem Dritten eintreten kann.

992 Vom Vorvertrag ist ferner der sogenannte **Rahmenvertrag** zu unterscheiden, der im Hinblick auf künftig abzuschließende Einzelverträge grundlegende Vertragsmodalitäten generell festlegt (z. B. Verträge zwischen Herausgeber und Verlag über Publikationen im Rahmen einer Schriftenreihe). Im Gegensatz zum Vorvertrag begründet der Rahmenvertrag keinen Anspruch auf Abschluß eines Einzelvertrages. Die Weigerung der verpflichteten Partei, einen künftigen Einzelvertrag abzuschließen, kann sich – je nach den Vereinbarungen – als positive Forderungsverletzung des Rahmenvertrags darstellen (zu weitgehend HENRICH aaO, § 9 III; vgl. auch FIKENTSCHER § 24).

Der Vertrag § 40 B II 1

993 Vom Vorvertrag ist schließlich der **Sukzessiv-Liefervertrag** abzugrenzen. Letzterer ist ein einheitlicher Vertrag (BGH NJW 1977, 35), durch den sich der eine Teil zur ratenweisen Lieferung von noch zu bestimmenden Warenmengen, der andere Teil zur ratenweisen Abnahme verpflichtet. Diese Verpflichtung entsteht durch den Abschluß des Sukzessiv-Liefervertrages, während sie beim Vorvertrag durch den jeweils abzuschließenden Hauptvertrag begründet wird.

Schrifttum zum Vorvertrag:
BRÜGGEMANN Causa und Synallagma im Recht des Vorvertrages, JR 1968, 201 ff; v. EINEM Die Rechtsnatur der Option, 1974; GEORGIADES Optionsvertrag und Optionsrecht, Festschrift Larenz, 1973, 409 ff; HENRICH Vorvertrag, Optionsvertrag, Vorrechtsvertrag, Beiträge zum Ausländischen und Int. Privatrecht Bd. 32, 1965; HERTEL Rechtsgeschäfte im Vorfeld eines Projekts, BB 1983, 1824 ff; KÖHLER Vorvertrag, Optionsvertrag und Festofferte, Jura 1979, 456 ff; LARENZ Die rechtliche Bedeutung von Optionsvereinbarungen, DB 1955, 209 ff; RITZINGER Der Vorvertrag in der notariellen Praxis, NJW 1990, 1201 ff; H. SCHMALZEL Vorverträge zugunsten Dritter, AcP 164 (1964), 446 ff; K. SCHMIDT Zur Durchsetzung vorvertraglicher Pflichten, DNotZ 1990, 708 ff; STINTZING Die Vorverpflichtung im Gebiet der Schuldverhältnisse, 1902; WABNITZ Der Vorvertrag in rechtsgeschichtlicher und rechtsvergleichender Betrachtung, Diss. Münster 1962; M. WEBER Der Optionsvertrag, JuS 1990, 249 ff; ders., Haftung für in Aussicht gestellten Vertragsabschluß, AcP 192 (1992), 390 ff; WENNER Vorverhandlungen und Vorvertrag, BB 1966, 669 ff.

II. Der Antrag

994 *1.* Der Antrag ist eine empfangsbedürftige Willenserklärung, durch die jemand einem anderen einen Vertragsschluß so anbietet, daß dessen Zustandekommen nur noch von der Zustimmung des anderen abhängt. Dies setzt voraus, daß der Antrag inhaltlich so bestimmt ist, daß der Vertrag durch bloße Einverständniserklärung (durch „ja") zum Abschluß gebracht werden kann.

Der Antrag muß die *Essentialia* des Geschäftes enthalten. Unbestimmtheit einzelner Punkte ist unschädlich, wenn ihre Ausfüllung dem Vertragspartner überlassen wird (vgl. §§ 315 ff). Die Bestimmung von Einzelheiten kann auch durch Gesetz erfolgen (z. B. §§ 612 II, 632).

Auch die *Person des Vertragspartners* braucht nicht bestimmt zu sein, wenn es dem Antragenden gleichgültig ist, mit wem er den Vertrag abschließt; sogenannte Offerte ad incertam personam. Dies gilt z. B. bei der Aufstellung eines Warenautomaten; jedoch ist die Offerte durch die Zahl der in ihm enthaltenen Gegenstände und das Funktionieren des Apparates bedingt.

995 Der Antrag kann auch *formalisierte Vertragsbedingungen* enthalten. Das gilt insbesondere im internationalen Warenverkehr zur Regelung von Versandkosten und Gefahrtragung (**Trade Terms** bzw. **Incoterms**). Nach Vereinbarungen der Internationalen Handelskammer in Paris, zuletzt von 1953 (mit späteren Ergänzungen), werden sie Vertragsbestandteil, wenn auf sie Bezug genommen wird. Es kommen u. a. in Betracht:

FOB: free on board; der Verkäufer trägt Kosten und Gefahr, bis die Ware im Verschiffungshafen die Reling passiert.

CIF: coast, insurance, freight; der Verkäufer trägt die Kosten der Beförderung bis zum Bestimmungshafen einschließlich der Versicherung. Die Gefahrtragung geht jedoch auf den Käufer über, wenn die Waren im Verschiffungshafen die Reling passiert.

Ex Ship (ab Schiff): der Verkäufer trägt die Kosten und Gefahr bis zur Löschung im vereinbarten Ankunftshafen.

Vgl. zu den Einzelheiten, insbesondere zu den Unterschieden zwischen Trade Terms und Incoterms SCHLEGELBERGER/HEFERMEHL, § 346 Rdn. 50 ff; BAUMBACH/DUDEN Anh. I zu § 382.

996 Der Antrag muß *Vertragserklärung* sein, d. h. er muß zum Zeitpunkt der Abgabe der Erklärung den **Willen zur rechtlichen Bindung** zum Ausdruck bringen. Davon ist die Erklärung zur Bereitschaft, einen Vertrag abschließen zu wollen, zu *unterscheiden*; Hauptfall ist die **invitatio ad offerendum**, die Aufforderung an den Adressaten, seinerseits einen Antrag zu stellen.

Die Entscheidung darüber, ob ein Antrag oder eine Aufforderung zum Angebot vorliegt, hängt davon ab, ob ein Bindungswille des Erklärenden erkennbar zum Ausdruck gekommen ist; dies ist gegebenenfalls durch Auslegung zu ermitteln (§ 133).

Nach herkömmlicher Auslegung werden unter Berücksichtigung der Verkehrssitte Speisekarten, Anzeigen in den Zeitungen, die Übersendung von Preislisten und Katalogen *nicht als Anträge* angesehen. Entsprechendes gilt für Auslagen in Schaufenstern, selbst wenn gem. PreisangabenVO (BGBl I, 1973, 461 ff) der Preis angegeben ist; es kann u. U. ein Verstoß gegen das Gesetz gegen den unlauteren Wettbewerb vorliegen, jedoch gewähren die §§ 1, 3 i.V.m. § 13 UWG lediglich Ansprüche zugunsten der Wettbewerber, nicht zugunsten des Kunden. Umstritten, wenn auch im Ergebnis weitgehend irrelevant, ist, ob die Warenauslage im Selbstbedienungsladen eine Offerte oder nur eine invitatio ad offerendum darstellt (vgl. SOERGEL/LANGE/HEFERMEHL § 145 Rdn. 6, RGRK/METZGER Vor § 433 Rdn. 55).

Hingegen wird die Zusendung unbestellter Waren als bindender Antrag angesehen; vgl. zur Annahme unten Rdn. 1006 ff.

997 Bei einer *privatrechtlichen Versteigerung* ist nach § 156 erst das Gebot als Antrag anzusehen; der Vertrag kommt durch Zuschlag zustande, der jedoch verweigert werden kann. Das Gebot erlischt, wenn es zurückgewiesen oder ein Übergebot abgegeben oder die Versteigerung ohne Erteilung des Zuschlags geschlossen wird. Dagegen hat die Entfernung des Bieters vor Erteilung des Zuschlags usw. kein Erlöschen seines Gebotes zur Folge; der Zuschlag kann trotzdem an ihn erfolgen, ohne daß er ihm zugehen müßte (h. M.).

§ 156 ist keine zwingende Regel. Der Versteigerer kann die Bedingungen anders gestalten, namentlich die Wirkung des Übergebotes ausschließen und sich den Zuschlag nach freier Wahl unter den Bietern vorbehalten (vgl. RGZ 96, 102 f). Selten ist der Fall der Versteigerung von oben nach unten, bei der der Versteigerer den Preisansatz macht und so lange damit nach unten geht, bis sich ein Bieter zur Zahlung des Ansatzes bereit erklärt. Obwohl § 156 keine Ausnahme macht, wird man hier im Zweifel in der Preisansage des Versteigerers bereits den Antrag zu erblicken haben.

Auf die *Zwangsversteigerung* von Grundstücken ist § 156 nicht anwendbar. Sie wird durch §§ 71 ff, 81 ZVG geregelt; das Eigentum geht ohne rechtsgeschäftliche Einigung durch den Zuschlag auf den Ersteher unmittelbar über, § 90 ZVG. Auch die Zwangsversteigerung von beweglichen Sachen wird nach h. M. als öffentlich-rechtlicher Vorgang angesehen (vgl. STEIN/JONAS/MÜNZBERG § 817 IV; BAUR/STÜRNER Rdn. 471 f).

2. Der Antrag erzeugt grundsätzlich eine **Bindung** des Antragenden (§ 145). **998** Sobald der *Antrag* als empfangsbedürftige Willenserklärung *zugegangen* ist (§§ 130 f), ist er annahmefähig. Der Empfänger erlangt im Schuldrecht und im Sonderfall des § 873 II eine *Rechtsposition*, die zum Teil als Gestaltungsrecht (RGZ 132, 6 f; ENN./NIPPERDEY § 161 IV 1; STAUDINGER/DILCHER § 145 Rdn. 11; a. A. LARENZ AT § 27 I c; KÖHLER § 15 II b; SOERGEL/LANGE/HEFERMEHL § 145 Rdn. 13), zum Teil als Anwartschaftsrecht (RGZ 151, 75) bezeichnet wird. Anders verhält es sich bei der dinglichen Einigung (z. B. § 929) im allgemeinen, da die Parteien bis zur Übergabe nicht gebunden sind (vgl. oben Rdn. 612). Die begriffliche Einordnung kann dahinstehen. Mit Zugang entsteht jedenfalls für den Empfänger das Recht auf Annahme, das grundsätzlich abgetreten (§§ 398, 413) bzw. gepfändet werden kann (§§ 851 I, 857 I ZPO); im Zweifel wird jedoch eine Übertragbarkeit ausgeschlossen sein, so insbesondere wenn davon ausgegangen werden muß, daß der Antrag ausschließlich an den Empfänger gerichtet sein soll.

Nach gemeinem Recht war die Offerte als der eine Teil eines erst zu schließenden Vertrages für sich allein bedeutungslos, die Bindung beruhte daher bis zur Annahme auf dem fortdauernden Willen des Offerenten. Die Offerte erlosch demgemäß, wenn dieser starb oder willensunfähig wurde, sie konnte bei Willensänderung bis zum Zugang der Annahme widerrufen werden. Das entspricht nicht mehr den Bedürfnissen des heutigen Verkehrs, der Gebundenheit verlangt. Deshalb haben I 5 §§ 90 ff ALR, Art. 319 ADHGB und § 145 BGB (einschränkend jedoch dem romanischen Rechtskreis folgend Art. 5 II EKG) das Angebot für bindend erklärt.

3. Die **Bindung** an den Antrag kann entsprechend der Privatautonomie **ausge- 999 schlossen** werden (§ 145 2. Hs.).

So kann die Erklärung des Anbietenden in dem Sinne gemeint sein, daß der Antragende die Entschließungsfreiheit behalten will und sich ein **Widerrufsrecht** hinsichtlich seines Antrages vorbehält. Dadurch unterscheidet sich der Antrag mit Widerrufsvorbehalt von der invitatio ad offerendum, die lediglich die Bereitschaft zum Vertragsabschluß zum Ausdruck bringt. Im Hinblick auf § 145 2. Hs. muß davon ausgegangen werden, daß der Widerruf auch nach Zugang der Annahmeerklärung zulässig ist (vgl. auch FLUME II § 35 I 3 c; ERMAN/HEFERMEHL § 145 Rdn. 15). Wegen der zunächst eingetretenen Bindungswirkung eines Antrages mit Widerrufsvorbehalt muß der Widerruf jedoch ohne Zögern erklärt werden, sonst muß der Antragende sich nach Treu und Glauben so behandeln lassen, als ob er auf den Widerruf verzichtet hätte (vgl. RG JW 1921, 393 Nr. 2).

Die Bindung an einen Antrag kann aber auch nur solange ausgeschlossen werden, bis er vom Gegner angenommen ist; der Antragende hat dann nur bis zum Zugang der Annahme ein Widerrufsrecht (RG LZ 1918, 945; so auch STAUDINGER/DILCHER § 145 Rdn. 18; PALANDT/HEINRICHS § 145 Rdn. 4).

Häufig wird auch die Klausel „Zwischenverkauf vorbehalten" gewählt; dann ist der Verkäufer im Zweifel zur Leistung verpflichtet, wenn er bis zum Zugang der Annahmeerklärung den angebotenen Gegenstand nicht anderweitig verkauft hat (OLG Hamburg BB 1960, 383).

Denkbar ist ferner, die Freiklausel auf bestimmte Punkte des Geschäftes zu beschränken. Die Erhebung derartiger Klauseln zum Vertragsbestandteil muß aber mit der nötigen Deutlichkeit und Bestimmtheit erfolgen (BGHZ 24, 39, 44 f). Die Klausel „Preise freibleibend" ist im Zweifel dahin zu deuten, daß der Käufer an den Vertrag gebunden bleibt, auch wenn der Verkäufer von dem Vorbehalt angemessener Preiserhöhung Gebrauch macht (RGZ 103, 414 f). Die Klausel kann jedoch nach den Umständen auch so ausgelegt werden, daß der Verkäufer vom Vertrag Abstand nehmen und dem Käufer ein neues Angebot unterbreiten kann (BGHZ 1, 353, 354). Zu beachten ist, daß Allgemeine Geschäftsbedingungen häufig klarstellende Klauseln enthalten.

1000 4. Die **Bindung** an den Antrag **erlischt** in jedem Fall, wenn der Antragsgegner den Antrag *ablehnt* (§ 146). Sie muß jedoch, um dem Antragenden seine Dispositionsfreiheit wiederzugeben, auch dann erlöschen, wenn der Antrag *nicht rechtzeitig angenommen* wird.

1001 a) Ist eine *Frist* besonders *gesetzt*, so kann die Annahme nur innerhalb der Frist erfolgen (§ 148); sie muß gegebenenfalls mit einer notwendigen Genehmigung (vgl. z. B. § 1829 I 2) und in erforderlicher Form grundsätzlich auch innerhalb der Frist zugehen.

1002 b) Ist *keine Frist* gesetzt, so gilt:

aa) Unter *Anwesenden* oder durch Fernsprecher Verbundenen kann der Antrag nur sofort angenommen werden (§ 147 I).

> Um einen Antrag unter Anwesenden handelt es sich nicht, wenn der Antrag durch einen *Boten* überbracht wird, es sei denn, daß dieser zur Entgegennahme der Annahmeerklärung berechtigt ist; denn sonst geht die Annahmeerklärung dem Antragsteller nicht von Person zu Person zu, sondern erst mit ihrer Mitteilung durch den Boten (RG Gruchot 67, 194 ff; vgl. auch RG SeuffArch. 59 Nr. 218).

1003 bb) Der einem *Abwesenden* gemachte Antrag kann nur bis zu dem Zeitpunkt angenommen werden, wo der Antragende den Eingang der Antwort unter regelmäßigen Umständen erwarten darf (§ 147 II).

Der Vertrag § 40 B III 1

Dieser Zeitraum setzt sich zusammen aus der gewöhnlichen Beförderungszeit für das Angebot, wobei der Antragende auf die ihm bekannten besonderen Umstände beim Empfänger (z. B. Urlaubszeit) Rücksicht nehmen muß, einer billigen Überlegungszeit und der üblichen Beförderungszeit für die Annahmeerklärung. Außergewöhnliche Verzögerungsgründe (z. B. Streik) verlängern im Zweifel die Geltungsdauer des Antrags, wenn sie dem Antragenden bekannt sind (RGZ 142, 402, 404). Der Gegner muß ein ebenso geeignetes Beförderungsmittel wählen wie der Antragende, also einen Antrag durch Fernschreiben mit einer entsprechenden Annahmeerklärung beantworten (vgl. RGZ 87, 141, 143 f).

cc) Hat der Antragende auf eine Annahmeerklärung verzichtet oder ist eine **1004** solche nach der Verkehrssitte nicht zu erwarten, so bestimmt sich der Zeitpunkt des Erlöschens seines Antrages nach seinem vermutlichen Willen (§ 151 S. 2); das gilt auch für den Fall, in dem ein Vertrag ohne gleichzeitige Anwesenheit beider Teile notariell beurkundet werden soll.

c) Keinen Erlöschungsgrund für den Antrag bilden im Zweifel Tod, Eintritt von **1005** Geschäftsunfähigkeit oder Anordnung eines Einwilligungsvorbehaltes *in der Person des Antragenden* vor der Annahme (§ 153). Die Annahmeerklärung muß freilich dem Erben (gegebenenfalls dem gesetzlichen Vertreter) zugehen, braucht aber nicht an ihn gerichtet zu sein.

Darin liegt eine Erweiterung gegenüber § 130 II, aus dem sich bloß die fortdauernde Zugangsfähigkeit des Antrags ergibt, während es sich hier darum handelt, ob der Antrag auch noch annahmefähig bleiben soll.

Die Bestimmung gilt aber nur im Zweifel, so z. B. nicht, wenn sich ein Richter privat beim Buchhändler die Entscheidungssammlung des BGH bestellt, nach der Absendung jedoch verstirbt und von seiner alten Tante beerbt wird. Hier ist anzunehmen, daß der Antragende im Falle seines Todes das Zustandekommen des Vertrags nicht gewollt hätte (§ 153 2. Hs.).

Für entsprechende Ereignisse *in der Person des Antragsgegners* gilt § 153 nicht; die Regelung des § 130 II greift ein. Jedoch kann es Auslegungsfrage sein, ob der Antrag an den Gegner persönlich gerichtet war oder gegebenenfalls auch an seine Erben (RG JW 1911, 752).

III. Die Annahme

Die Annahme ist die Erklärung, durch die der Antragsempfänger sein Einver- **1006** ständnis mit dem Vertragsschluß kundgibt. Mit diesem *Konsens* kommt der Vertrag zustande.

1. Der Antragende hat es in der Hand, die Modalitäten der Annahmeerklärung festzulegen, etwa Annahme durch eingeschriebenen Brief oder durch Vorauszahlung des Kaufpreises vorzuschreiben.

Liegen weder gesetzliche noch vom Antragenden gestellte Anforderungen an die Annahmeerklärung vor, so kann die Annahme auch konkludent erfolgen.

1007 2. Die Annahme ist grundsätzlich *empfangsbedürftig*. Davon macht das Gesetz folgende *Ausnahmen*:

a) Bei *notarieller Beurkundung* von Verträgen ohne gleichzeitige Anwesenheit beider Teile kommt der Vertrag mangels anderweitiger Bestimmung mit der Beurkundung der Annahme zustande (§§ 152 S. 1, 128).

1008 b) Sie ist ebenfalls nicht empfangsbedürftig, wenn eine Annahmeerklärung nach der *Verkehrssitte* nicht zu erwarten ist oder der Antragende auf eine solche *verzichtet* hat (§ 151). Vorausgesetzt wird jedoch der subjektive Tatbestand der Willenserklärung; darüber hinaus muß der Annahmewille unzweideutig hervortreten (BGHZ 74, 352, 356). Nach richtiger Ansicht wird diese „Willensbetätigung" wie eine Willenserklärung behandelt.

Als *Hauptfälle* kommen Ingebrauchnahme unbestellter Ware und Erfüllungshandlungen in Betracht.

1009 aa) In der *Zusendung unbestellter Ware* liegt im Zweifel ein Angebot zum Kauf verbunden mit einer durch dessen Annahme bedingten Einigungsofferte gem. § 929 unter gleichzeitigem Verzicht auf eine empfangsbedürftige Annahmeerklärung. Geht der Empfänger darauf nicht ein, so entstehen für ihn grundsätzlich keine vertraglichen Verpflichtungen; auch der Gesichtspunkt der culpa in contrahendo scheidet aus, wenn kein vorvertragliches Vertrauensverhältnis begründet worden ist. In Betracht kommt lediglich eine deliktische Haftung des Empfängers, wobei nach h. M. analog § 300 I eine Haftungsbeschränkung auf Vorsatz und grobe Fahrlässigkeit angenommen wird (vgl. STAUDINGER/DILCHER § 146 Rdn. 15; FLUME II § 35 II 3).

Weitergehende Verpflichtungen zur Aufbewahrung und eventuellen Zurücksendung können sich jedoch im Rahmen ständiger Geschäftsbeziehungen oder bei bestellten Ansichtssendungen ergeben. Im letzteren Falle kann ein Verwahrungsvertrag angenommen werden, bei dem die Regelung des § 690 außer Betracht bleibt; im Rahmen ständiger Geschäftsbeziehungen kann, auch wenn kein Verwahrungsvertrag besteht, eine erhöhte Sorgfaltspflicht als Nebenpflicht oder nach den Grundsätzen der culpa in contrahendo begründet sein.

Nimmt der Empfänger den zugesandten Gegenstand in Gebrauch oder verfügt er über ihn, z. B. durch Weiterveräußerung, so liegt hierin konkludent seine Annahmeerklärung. Irrt sich der Empfänger über den Gegenstand oder die Person, so steht ihm die Möglichkeit der Anfechtung offen, nicht jedoch wenn er sich lediglich über die Bedeutung seines schlüssigen Verhaltens geirrt hat.

1010 bb) In einer *sofortigen Erfüllungshandlung*, z. B. bei Versand der bestellten Ware an die Adresse des Käufers, liegt gleichfalls eine Annahmeerklärung. Insbesondere bei eiligen Bestellungen wird man im Zweifel von einem Verzicht auf vorherigen Zugang einer Annahmeerklärung ausgehen können (RGZ 84, 320, 323; 102, 370, 372).

cc) Nach der *Verkehrssitte* wird bei schriftlichen *Hotelreservierungen* für kurzfristigen Aufenthalt die Erklärung der Annahme nicht erwartet. Dies gilt jedoch nicht bei Bestellungen für längeren Aufenthalt, z. B. Urlaubsreservierungen.

Der Vertrag   § 40 B III 4

1011 3. Bei *verspätetem Zugang* der Annahme ist der Antragende verpflichtet, dem Annehmenden unverzügliche Anzeige von der Verspätung zu machen, wenn die Annahme erkennbar rechtzeitig abgesandt worden ist (§ 149). Bei Verzögerung der Absendung dieser Anzeige gilt die Annahme als nicht verspätet, der Vertrag ist also geschlossen (§ 149 S. 2).

Die Verspätungsanzeige des § 149 ist nicht zugangsbedürftig; auf die unverzügliche Absendung kommt es an.

Zumindest gilt die verspätete Annahme als neuer Antrag, § 150 I.

Nach Treu und Glauben und nach der Verkehrssitte wird der Empfänger einer verspäteten Annahme, auch wenn sie nicht rechtzeitig abgesandt wurde (§ 149), regelmäßig verpflichtet sein, dem Gegner Anzeige zu machen, wenn er die Annahme nicht mehr gutheißen will. Schweigt er über den Zeitpunkt hinaus, in dem der Gegner eine ablehnende Erklärung erwarten durfte, ist sein Schweigen als Annahme der als Antrag umzudeutenden verspäteten Annahme anzusehen; jedenfalls ist eine Berufung auf die Verspätung ausgeschlossen (RGZ 103, 11, 13; BGH NJW 1951, 313); einschränkend zu Verträgen von größerer wirtschaftlicher Bedeutung, OLG Köln NJW 1990, 1051.

1012 4. Die Annahmeerklärung muß dem Antrag *inhaltlich entsprechen*. Eine Annahme unter Erweiterungen, Einschränkungen oder sonstigen Änderungen gilt als **Ablehnung verbunden mit einem neuen Antrag** (§ 150 II).

Es ist jedoch durch Auslegung zu ermitteln, ob der Annehmende den Antrag nicht mit dem ursprünglichen Inhalt annehmen wollte und nur zusätzliche Modalitäten in einen gesonderten Antrag faßte, so z. B. bei Annahme des Antrags mit einer bestimmten Menge verbunden mit dem Antrag auf Mehrlieferung (vgl. zur Auslegung RG JW 1925, 236; OLG Hamburg OLGZ 44, 130).
Eine telegraphische Annahme mit dem Vorbehalt „Brief folgt" ist unter Würdigung der Umstände des einzelnen Falles auszulegen. Sie kann also grundsätzliches Einverständnis mit einem angetragenen Kaufabschluß ohne Rücksicht auf den Inhalt des vorbehaltenen Briefes bedeuten, dem lediglich die Aufgabe der Bestätigung des Telegramms und der Ordnung von unwesentlichen Nebenpunkten zukommen soll. Im Zweifel läßt der Vorbehalt aber den endgültigen Vertragsschluß erst durch Zugang des Briefes eintreten (RGZ 105, 8, 13).
Der Versicherungsvertrag kommt zu den gegenüber dem Antrag geänderten Bedingungen im Versicherungsschein (Annahme) zustande, wenn der Versicherungsnehmer einen Monat schweigt, obwohl er vom Versicherer ausdrücklich auf die Änderungen und die Wirkung des Schweigens hingewiesen worden ist, § 5 VVG.

Keinen Fall des § 150 II stellt das von einem bereits – zumeist mündlich durch einen Abschlußvertreter (§ 55 II HGB) – geschlossenen Vertrag inhaltlich abweichende **kaufmännische Bestätigungsschreiben** dar, das eigenen Regeln folgt (vgl. Rdn. 688 ff).

Hiervon ist die sog. **Auftragsbestätigung** zu unterscheiden, durch die der z. B. an einen sog. Vermittlungsvertreter (vgl. § 75 g, h HGB) gerichtete Antrag erst angenommen wird.

1013 5. Zweifelhaft ist, ob ein Vertrag auch *ohne eine rechtsgeschäftliche Annahmeerklärung* zustande kommen kann. Dies bejaht die Lehre vom **„sozialtypischen Verhalten"** (so insbesondere LARENZ AT § 28 II bis zur 6. Aufl.), die in der *tatsächlichen Inanspruchnahme* von angebotenen Leistungen der Daseinsvorsorge und des Massenverkehrs vertragliche Bindungen begründet sieht.

> Der BGH hat sich im „Parkplatzfall" (BGHZ 21, 319 ff; ebenso in BGHZ 23, 175 ff) der Lehre von LARENZ angeschlossen, jedoch später Zurückhaltung gezeigt.

Ein Rückgriff auf die Lehre vom „sozialtypischen Verhalten" kann nur ausnahmsweise in Betracht kommen, da auch bei nicht ausdrücklich erklärter Annahme zumeist ein Wille zum Eintritt in Leistungsbeziehungen vorliegen wird und das daraus resultierende Verhalten als *konkludente Willenserklärung* gewertet werden muß (vgl. FLUME II § 8, 2; so auch der BGH in den späteren Entscheidungen MDR 1968, 406; WM 1976, 928). Fehlt jedoch ein Erklärungsbewußtsein, so kann eine Verpflichtung nach den *Grundsätzen des Vertrauensschutzes* in Betracht kommen (vgl. oben Rdn. 682 ff), ohne daß auf die Rechtsfigur des „sozialtypischen Verhaltens" zurückgegriffen werden muß.

> Ein Bedürfnis für die Heranziehung des sozialtypischen Verhaltens soll in Fällen bestehen, in denen trotz eingreifender Unwirksamkeitsgründe, z. B. solcher zugunsten beschränkt Geschäftsfähiger, vertragliche Wirkungen begründet werden sollen (LG Bremen NJW 1966, 2360, im Falle des achtjährigen Straßenbahnbenutzers ohne gültigen Fahrausweis). Hier kann die Lehre vom sozialtypischen Verhalten schon wegen Aushöhlung der gesetzlichen Schutzvorschriften keine Anwendung finden (überwiegende Meinung; Nachweise bei MEDICUS BR Rdn. 190; so jetzt auch LARENZ AT § 28 II; vgl. auch oben Rdn. 693).

1014 Insbesondere soll die Lehre vom sozialtypischen Verhalten dazu dienen, vertragliche Wirkungen trotz eines erklärten entgegenstehenden Willens – **protestatio facto contraria** – eintreten zu lassen.

Ausgehend vom Grundsatz des *venire contra factum proprium* hat die Rechtsprechung in diesen Fällen den Standpunkt eingenommen, daß dann, wenn jemand ein Verhalten zeigt, das nach Treu und Glauben und der Verkehrssitte nur als Ausdruck eines bestimmten Willens aufgefaßt werden kann, eine wörtliche Verwahrung gegen eine entsprechende Deutung des Verhaltens unbeachtlich sei (BGH NJW 1965, 387 ff; BGHZ 95, 393, 399 vgl. oben Rdn. 759).

1015 Dieser Grundsatz bedarf jedoch der *Differenzierung* (vgl. MünchKomm/KRAMER, Vor § 116 Rdn. 38): Soweit eine protestatio dem Verhalten *vorausgeht* und spätestens *gleichzeitig* erfolgt, schließt sie rechtsgeschäftlich begründete Verbindlichkeiten aus. In Betracht kommen tariflich bemessene Ansprüche aus ungerechtfertigter Bereicherung oder Ansprüche aus unerlaubter Handlung. Eine Vertrauenshaftung kann nicht eintreten, da angesichts der protestatio ein Vertrauenstatbestand nicht vorliegt (vgl. MünchKomm/KRAMER, Vor § 116 Rdn. 38).

Der Vertrag § 40 B III 6

Erfolgt die protestatio jedoch *nach Inanspruchnahme* der Leistung, so ist in den Fällen, in denen der Inanspruchnehmende wußte, daß die empfangene Leistung vertragliche Bindungen voraussetzt, das Verhalten nach Treu und Glauben mit Rücksicht auf die Verkehrssitte als konkludente Annahme anzusehen. Mit einer nachträglichen protestatio ist die eingetretene Bindung nicht zu beseitigen.

Hatte der Inanspruchnehmende *kein Erklärungsbewußtsein*, so ist der Einwand, er habe keinen Annahmewillen gehabt, nach Zurechnungskriterien zu beurteilen. Hierbei ist zu prüfen, ob für die Zurechnung seines Verhaltens fahrlässige Unkenntnis genügt; eine Anfechtung wegen Irrtums ist ausgeschlossen (vgl. oben Rdn. 588 ff). Auch in diesen Fällen erübrigt sich der Rückgriff auf eine besondere Rechtsfigur „sozialtypisches Verhalten" (zum Meinungsstand in der Literatur vgl. MünchKomm/KRAMER aaO, Rdn. 39).

6. Eine Verpflichtung zur Annahme kann sich in den Fällen des **Kontrahierungszwanges** ergeben. Die Vertragsfreiheit gewährleistet grundsätzlich auch die Möglichkeit, einen Antrag auf Abschluß eines Vertrages abzulehnen – sogenannte negative Vertragsfreiheit. Diese Freiheit kann eine unzulässige Machtausübung darstellen, wenn der Antragende mangels anderweitiger Abschlußmöglichkeiten auf den beantragten Vertragsabschluß angewiesen ist. In solchen Monopolsituationen, insbesondere im Bereich der Daseinsvorsorge, kann eine Ablehnung rechtsmißbräuchlich sein. **1016**

Ein Abschlußzwang kann sich daher aus allgemeinen Prinzipien ergeben. In einer Reihe von Fällen ist er gesetzlich normiert.

Gesetzliche Regelungen finden sich u. a. im Bereich der Energieversorgung (§ 6 EnWG), der Personen- und Güterbeförderung (§ 453 HGB, §§ 8 f EVO, § 22 PBefG, § 21 LuftVG), des Postwesens (§ 8 PostG), der Kfz-Haftpflichtversicherung (§ 5 PflVG), der Patentnutzung (§ 24 PatG), des Molkereiwesens (§ 1 MuFG) sowie hinsichtlich Girokonten natürlicher Personen bei Sparkassen in Nordrhein-Westfalen (§ 8 SpkVO). **1017**

Im Falle der Bewirtschaftung von Gütern wird in der Regel gegenüber den Inhabern von Bezugsberechtigungen Abschlußzwang bestehen (vgl. BGH NJW 1951, 109). Noch weiter ging § 16 des WohnraumbewirtschaftungsG von 1953, der im Falle der Weigerung vorsah, daß durch einen Verwaltungsakt die Wirkungen eines privatrechtlichen Mietvertrages herbeigeführt werden konnten.

Besondere Berücksichtigung erfordert die Aufrechterhaltung des freien marktwirtschaftlichen *Wettbewerbs*. Marktbeherrschende Unternehmen können zum Abschluß von Lieferverträgen, Vereinigungen zur Aufnahme von wirtschaftlichen Unternehmen gezwungen werden (vgl. §§ 26 II, 27 GWB).

Neben gesetzlichen Regelungen kann sich ein Kontrahierungszwang aus einer *behördlichen Maßnahme* (z. B. Verwaltungsakt mit Auflage) ergeben, z. B. bei einer Verkaufsverpflichtung für öffentlich geförderte Kaufeigenheime (§§ 54 ff

2. WoBauG). Für den Rechtsanwalt ergibt sich im Falle der Beiordnung oder Bestellung zum Pflichtverteidiger durch *Gerichtsbeschluß* (§§ 48 f BRAO) ein Kontrahierungszwang.

1018 Soweit darüber hinaus ein Kontrahierungszwang *aus allgemeinen Grundsätzen* abgeleitet wird, ist ein strenger Maßstab anzulegen. Hierbei wird neben der Analogie zu gesetzlichen Vorschriften auf den Gleichheitsgrundsatz, das Sozialstaatsprinzip und § 826 mit der Folge der Naturalrestitution zurückgegriffen (vgl. MünchKomm/KRAMER Vor § 145 Rdn. 13).

> Die Rechtsprechung ist in diesem Bereich zurückhaltend. So hat z. B. das Reichsgericht (RGZ 133, 388) gegen die heutige allgemeine Meinung bei Fehlen entsprechender Auflagen einen Kontrahierungszwang auch für öffentlich finanzierte Theater abgelehnt, allerdings nur in einem obiter dictum, da der Kritiker bereits mit einem Hausverbot belegt war.

Von besonderer Bedeutung ist die Frage, ob unabhängig vom wirtschaftlichen Wettbewerb eine Verpflichtung zur *Aufnahme in Vereine und Verbände* besteht, wenn diese eine Monopolstellung innehaben oder jedenfalls eine erhebliche wirtschaftliche oder soziale Machtstellung besitzen. Hierbei sind Grenzen, die sich aus der Vereinsautonomie ergeben, zu beachten (vgl. RGZ 106, 120 ff; BGHZ 63, 282 ff; BGH NJW 1969, 316 f; 1980, 186 f; BGHZ 93, 151).

> *Schrifttum zum Kontrahierungszwang:*
> BELKE Die Geschäftsverweigerung im Recht der Wettbewerbsbeschränkungen, 1966; BERGER Kontrahierungszwang bei Energielieferungsverträgen mit Ölgesellschaften, BB 1961, 1223 ff; BÜLCK Vom Kontrahierungszwang zur Abschlußpflicht, 1940; F. BYDLINKSI Zu den dogmatischen Grundfragen des Kontrahierungszwanges, AcP 180 (1980), 1 ff; ders., Kontrahierungszwang und Anwendung allgemeinen Zivilrechts, JZ 1980, 378 ff; GLASER Mißbrauch von Monopolstellung des Elektrizitätswerk, DB 1961, 873 ff; GRUNEWALD Vereinsaufnahme und Kontrahierungszwang, AcP 182 (1982), 181; KILIAN Kontrahierungszwang und Zivilrechtssystem, AcP 180 (1980), 47 ff; KOLLMAR Das Problem der staatlichen Leistung und Beeinflussung des rechtsgeschäftlichen Verkehrs, 1961; MESTMÄCKER Über die normative Kraft privatrechtlicher Verträge, JZ 1964, 441 ff; MOLITOR Zur Theorie des Vertragszwangs, JherJb. 73 (1923), 1 ff; NIPPERDEY Kontrahierungszwang und diktierter Vertrag, 1920; ders., Stromsperre, Zulassungszwang und Monopolmißbrauch, 1929; W. STRAUSS Gewerbefreiheit und Vertragsfreiheit, Festschrift Böhm, 1975, 603 ff; WUNNER Die Problematik des Grundsatzes der Vertragsfreiheit im Privatrecht, eine Untersuchung zur Frage des Kontrahierungszwangs und der Umgehung des § 139 BGB, 1957.

IV. Dissens

1019 Der Vertragsschluß setzt voraus, daß Antrag und Annahme inhaltlich übereinstimmen, d. h. ein *Konsens* vorliegt. Enthält die Übereinkunft nur eine unvollständige Einigung oder decken sich die beiderseitigen Erklärungen nicht, so liegt ein *Dissens* vor.

Ergibt sich durch *Auslegung*, daß sich die Erklärungen zwar nicht ihrem Wortlaut nach, aber inhaltlich decken, so liegt kein Dissens vor. Der Vertrag ist mit dem durch Auslegung ermittelten Inhalt zustandegekommen (vgl. oben § 35).

Sofern der durch Auslegung ermittelte Inhalt der Erklärung nicht mit dem Willen des Erklärenden übereinstimmt, steht diesem freilich – wie auch sonst – unter den Voraussetzungen der §§ 119 ff die Anfechtung wegen Irrtums offen (vgl. oben Rdn. 776 f; siehe auch RGZ 105, 209, 211).

1. Sofern sich die Parteien der unvollständigen Übereinstimmung ihrer Erklärungen bewußt sind, liegt ein **offener Dissens** vor. Hier ist der Vertrag im Zweifel nicht geschlossen, solange nicht die Parteien sich über alle Punkte geeinigt haben, worüber nach der Erklärung auch nur einer Partei eine Vereinbarung getroffen werden sollte (§ 154 I 1). Insofern trägt derjenige die Beweislast für das Zustandekommen des Vertrages, der sich auf den vollständigen Konsens beruft. **1020**

Die Verständigung über einzelne Punkte des ins Auge gefaßten Vertrages ist auch dann nicht bindend, wenn die Punkte aufgezeichnet (sog. *Punktation*) worden waren (§ 154 I 2).

§ 154 stellt nicht auf die objektiven Essentialia des Vertrages ab, da bei deren Fehlen der Vertrag ohnehin nicht zustande kommt, sondern auf alle Punkte, die nach dem Willen auch nur einer Partei, d. h. *subjektiv*, für den Vertragsinhalt wesentlich sein sollten.

Ein Fall des offenen Dissenses wird angenommen, wenn der Annehmende, ohne den Antrag insgesamt abzulehnen, einen Gegenvorschlag macht. Hier bedarf § 150 II der Einschränkung. Kommt z. B. eine Einigung über die einem Kaufgeschäft zugrundeliegenden Allgemeinen Geschäftsbedingungen nicht zustande, erfüllen jedoch beide Parteien den Kauf, weil sie den Kaufvertrag als geschlossen ansehen, so ist im Falle von Leistungsstörungen vom Bestand des Kaufvertrages auszugehen und die Abwicklung der Leistungsstörungen nach den Vorschriften des Gesetzes vorzunehmen (BGHZ 61, 282, 288 f). Ungeregelt gebliebene Modalitäten sind gegebenenfalls durch ergänzende Vertragsauslegung zu ermitteln.

§ 154 II, der eine parallele Regelung zu § 125 S. 2 enthält (vgl. oben Rdn. 874 f), betrifft den Fall, daß die *verabredete Beurkundung* noch aussteht. Auch hier kann, wenn die Parteien, ohne die Beurkundung vorzunehmen, zur Ausführung des Vertrages übergehen, eine bindende Wirkung der Vereinbarung angenommen werden.

2. Ein **versteckter Dissens** liegt vor, wenn die Parteien sich der fehlenden Übereinstimmung ihrer Erklärungen nicht bewußt sind und den Vertrag für geschlossen halten. **1021**

Dies ist insbesondere gegeben, wenn die Erklärungen über Essentialia wegen **objektiver Mehrdeutigkeit** die Vorstellung der einen wie der anderen Partei decken. Infolgedessen ist ein Vertrag nicht zustandegekommen („Totaler Dissens").

Vgl. z. B. den Fall RGZ 104, 265 ff: A und B, zwei zur Lieferung von Weinsteinsäure bereite Firmen, informieren sich telegrafisch über den Preis; anschließend telegrafiert A an B: „100 kg Weinsteinsäure. Briefliche Bestätigung folgt." Daraufhin liefern beide. Es stellt sich heraus, daß jeder verkaufen wollte. Das Telegramm könnte jeweils als Antrag mit der Folge nach § 151, aber auch als Annahme einer mit der Preisangabe verbundenen Offerte der Gegenseite aufgefaßt worden sein.

1022 Ergibt die Auslegung, daß die Erklärungen **objektiv eindeutig** sind, so liegt **kein Dissens** vor. Demjenigen, der sich geirrt hat, steht nur die Anfechtung zu (vgl. RGZ 100, 134 f; 165, 193, 199; BGH NJW 1961, 1668).

Ein Dissens liegt ebenso nicht vor, wenn die Erklärungen zwar objektiv unrichtig sind, die Parteien jedoch übereinstimmend das Richtige wollen. Hier ist der Vertrag mit dem wirklich gewollten Inhalt zustande gekommen (*falsa demonstratio*; vgl. oben Rdn. 750 f).

1023 Von „totalen Dissens" sind die Fälle zu unterscheiden, in denen sich der *Dissens nur auf einen Punkt* bezieht, über den eine Vereinbarung getroffen werden sollte. Hier gilt nach § 155 das Vereinbarte, wenn anzunehmen ist, daß der Vertrag auch ohne eine Bestimmung über diesen Punkt geschlossen sein würde. Das Gesetz hat die Tendenz, den geschlossenen Vertrag nach Möglichkeit zu erhalten. Die Frage, ob der Vertrag auch ohne eine Bestimmung über diesen Punkt geschlossen sein würde, ist durch Auslegung des mutmaßlichen Parteiwillens zu entscheiden.

Neben der auch hier eingreifenden Mehrdeutigkeit der Erklärung kommt auch die *nicht erkannte Unvollständigkeit* der Erklärung in Betracht. So z. B. wenn die Parteien einen regelungsbedürftigen Punkt vergessen oder übersehen haben (vgl. z. B. den Fall, daß bei Bestellung einer Rentenschuld die Vereinbarung einer Ablösungssumme versehentlich unterblieben ist, BGH WM 1965, 950 ff).

1024 Wenn bei einem versteckten Dissens das Mißverständnis von einem der Beteiligten *schuldhaft herbeigeführt* worden ist, etwa durch unklaren Ausdruck, ist ein Anspruch auf *Ersatz des* dadurch verursachten *Schadens* gegeben; bei beiderseitigem Verschulden kommt Schadensverteilung nach § 254 in Betracht (vgl. RGZ 104, 265, 268; grundsätzlich gegen eine Haftung FLUME II § 34, 5; MünchKomm/KRAMER § 155 Rdn. 13). Die Ersatzpflicht ist aus culpa in contrahendo abzuleiten; sie geht grundsätzlich auf das negative Interesse.

Schrifttum zum Dissens:
DIEDERICHSEN Der logische Dissens, Festschrift Jur. Gesellschaft zu Berlin, 1984, 81 ff; ders., Der Auslegungsdissens, Festschrift H. Hübner, 1984, 421 ff; LEENEN Abschluß, Zustandekommen und Wirksamkeit des Vertrages, AcP 188 (1988), 382 ff; MANIGK Das Wesen des Vertragsschlusses in der neueren Rechtsprechung, Beiträge zur Lehre von Konsens und Dissens, JherJb. 75 (1925), 127 ff; R. RAISER Schadenshaftung bei verstecktem Dissens, AcP 127 (1927), 1 ff; TITZE Die Lehre vom Mißverständnis, 1910.

C. Vertragsauslegung

HENCKEL Die ergänzende Vertragsauslegung, AcP 159 (1960/61), 106 ff; LARENZ Ergänzende Vertragsauslegung und dispositives Recht, NJW 1963, 737 ff; MANGOLD Eigentliche und ergänzende Vertragsauslegung, NJW 1961, 2284 ff; ders., Probleme der Auslegung des Individualvertrags, NJW 1962, 1597 ff; MEDICUS Vertragsauslegung und Geschäftsgrundlage, Festschrift Flume, 1978, 629 ff; PILZ Richterliche Vertragsergänzung und Vertragsabänderung, 1963; RUMMEL Vertragsauslegung nach der Verkehrssitte, 1972; SACHSE Welche Bedeutung hat die Verkehrssitte für die Auslegung der Verträge?, AcP 127 (1927), 288 ff; SANDROCK Zur ergänzenden Vertragsauslegung im materiellen und internationalen Schuldvertragsrecht, 1966; SIEG Korrektur von Rechtsgeschäften durch den Prozeßrichter, NJW 1951, 506 ff; SONNENBERGER Verkehrssitten im Schuldvertrag, 1970; WIEDEMANN Die Auslegung von Satzungen und Gesellschaftsverträgen, DNotZ Sonderheft, 1977, 99 ff. Vgl. zum Schrifttum auch oben § 35.

I. Grundsätze

1025 § 157 stellt anders als § 133 nicht auf den individuellen Parteiwillen ab, vielmehr hat die Auslegung nach § 157 den sachgerechten Erfolg einer Vereinbarung unter Berücksichtigung der zum Ausdruck gelangten Interessen der Beteiligten im Auge.

Nach h. M. ist die Auslegung nach § 157 nicht auf Verträge beschränkt, da der Grundsatz von Treu und Glauben der Auslegung aller rechtsgeschäftlichen Erklärungen zugrundezulegen ist. § 157 und § 133 sind daher ergänzend nebeneinander anzuwenden.

Zunächst hatte die Rechtsprechung (RGZ 82, 149, 153) angenommen, daß z. B. bei einer einseitigen letztwilligen Verfügung § 157 für die Auslegung „nicht unmittelbar in Betracht" komme, gleichzeitig jedoch betont, daß die Vorschrift des § 157 „über ihr eigentliches Anwendungsgebiet hinaus dem Richter objektive Anhaltspunkte allgemeiner Art für die Auslegung an die Hand" gebe. Daher ist die Auslegung nach Treu und Glauben hinsichtlich der Gepflogenheiten des redlichen Verkehrs nicht auf das Vertragsrecht beschränkt.

1026 Die Auslegung nach § 157 richtet sich nach Treu und Glauben mit Rücksicht auf die Verkehrssitte. Die Beachtung von Treu und Glauben erfordert, daß jeder Beteiligte alles unternimmt, was von einem redlich denkenden Geschäftspartner billigerweise erwartet werden kann, um den gemeinsam zugrundegelegten Geschäftszweck zu erreichen. Lassen sich aus dem Willen der Parteien keine Anhaltspunkte für die Entscheidung eines strittigen Punktes herleiten, so ist auf das nach Treu und Glauben Gebotene zurückzugreifen (vgl. STAUDINGER/DILCHER §§ 133, 157 Rdn. 6).

1027 Ergänzt wird § 157 für das Schuldrecht durch § 242. Die Vertragsauslegung hat der Prüfung, welche Vertragspflichten sich aus § 242 ergeben, in der Regel voranzugehen; denn die Frage, nach dem rechtlichen *Sollen* im Sinn des § 242 stellt sich im allgemeinen erst, wenn sich aus dem rechtlichen *Wollen* der Parteien, das durch Auslegung ihrer Erklärungen zu ermitteln ist, ausreichende Anhaltspunkte für die Entscheidung des Streitfalles nicht gewinnen lassen (BGHZ 16, 4, 8). Andererseits gestattet § 242 die Berücksichtigung solcher Umstände, die sich erst nach Vertragsschluß einstellen.

1028 Die Berücksichtigung der Verkehrssitte ist gleichfalls dem Grundsatz von Treu und Glauben unterworfen; d. h. eine den Verkehr des beteiligten Kreises beherrschende tatsächliche Übung darf zur Auslegung nur herangezogen werden, wenn sie Treu und Glauben nicht widerspricht (vgl. RGZ 114, 9, 13).

Zum Begriff der Verkehrssitte und zur Differenzierung nach Ort und Personenkreis vgl. oben Rdn. 42 f und Rdn. 749. Zur Auslegung nach § 157 kommt nur eine Verkehrssitte in Betracht, die für alle Beteiligten gilt (RGZ 114, 9, 12).

Da die Verkehrssitte nur ergänzend herangezogen werden darf, kommt sie nicht in Betracht, wenn der geäußerte Wille der Vertragsparteien diese Verkehrssitte eindeutig ausschließt (RGZ 114, 9, 12). Hingegen ist nicht erforderlich, daß die Verkehrssitte den Beteiligten bekannt war.

II. Anwendungsbereich

1029 1. Diese Grundsätze dienen zunächst zur Deutung des geäußerten Vertragswillens, soweit dieser einer Auslegung bedarf; es handelt sich um die sog. *erläuternde Vertragsauslegung*.

Häufig finden sich in Verträgen Begriffe und Formulierungen, die ihrem Sinngehalt nach unklar sind. Bei der Aufklärung eines zweideutigen Wortlauts oder zur Richtigstellung im Sinne einer Erweiterung oder Einengung darf über den wirklich geäußerten Parteiwillen nicht hinausgegangen werden.

1030 2. Praktisch wichtiger ist die Auslegung, die *Lücken* in den Vertragserklärungen ausfüllen soll; hier spricht man von sog. **ergänzender Vertragsauslegung**.

Da die Parteien wirtschaftlich denken und in der Regel nur den wirtschaftlichen Erfolg, den sie erstreben, näher festlegen, kümmern sie sich oft nicht um seine nähere rechtliche Ausgestaltung; selbst wenn sie einzelne Punkte genauer regeln, können sie doch häufig nicht an alle Umstände denken, die für die Gestaltung ihrer Beziehungen von Bedeutung werden mögen. Über solche nicht besonders geregelten Fragen kann später Streit entstehen.

Hier ist *zunächst* zu prüfen, ob sich eine angemessene Regelung dadurch gewinnen läßt, daß man den Vertrag unter eine gesetzlich ausgeprägte Grundform und deren ergänzende Rechtssätze subsumiert. Wenn mehrere Grundformen in Betracht kommen, ist die Unterordnung nach Prüfung der Interessenlage so vorzunehmen, daß das Ergebnis dieser möglichst gerecht wird.

Aber auch die ergänzend herangezogenen dispositiven Rechtssätze geben nicht auf alle Fragen Antwort; häufig werden Dinge streitig, die weder von den Parteien bedacht noch vom Gesetz geordnet worden sind; zudem kann der ergänzende Rechtssatz in Anbetracht der besonderen Interessen der Parteien auch eine unzweckmäßige Regelung des Geschäfts enthalten. In diesen Fällen hat der Richter zur sinngemäßen Ergänzung des Parteiwillens bzw. des Vertrages fortzuschreiten. Zu dem Zwecke hat er die Interessenlage klarzustellen und danach zu fragen, wie die Parteien vom Standpunkt ihrer entgegengesetzten Interessen aus diesen Punkt vernünftiger- und billigerweise geregelt haben würden, wenn sie an ihn gedacht hätten. Die dementsprechende Ausgestaltung ihrer Beziehungen ist in Wahrheit keine Auslegung mehr, wird aber gemeinhin noch unter den Begriff der Auslegung gebracht. Die Zulässigkeit dieses Ergänzungsverfahrens wird nach der herrschenden Ansicht durch § 157 anerkannt. **1031**

Zu beachten ist, daß die Ergänzung *Lückenausfüllung* ist, also weder zu einer Erweiterung des Vertragsgegenstandes, noch zur Abänderung des erklärten Vertragswillens selbst führen darf. Sie ist nur innerhalb des Rahmens des Vertrages zulässig und muß entsprechend den Grundsätzen von Treu und Glauben (RGZ 87, 211, 213 f; 129, 80, 88; BGHZ 9, 273; 40, 91, 103) nach den Richtlinien des im Vertrag sonst ausgedrückten Parteiwillens gefunden werden; sie darf nicht zu einem Ergebnis führen, das dem erkennbaren Parteiwillen widerspricht (BGH NJW 1995, 1212 f). Die ergänzende Auslegung darf auch nicht zur Nichtigkeit des Vertrages führen (BGH NJW 1970, 468 f). **1032**

Insofern besteht Anlaß, auf die **Gefahr der ergänzenden Vertragsauslegung** hinzuweisen. Wie GERNHUBER (Drittwirkung im Schuldverhältnis kraft Leistungsnähe, Festschrift Nikisch, 1958, 249, 261 f) im Hinblick auf die sog. Verträge mit Schutzwirkung zugunsten Dritter betont, bietet § 157 die Gelegenheit, das vom Richter als sachgemäß Empfundene ohne Rücksicht auf den Parteiwillen in den Vertragsinhalt einfließen zu lassen, ohne auch nur einen hypothetischen Parteiwillen unterstellen zu können. **1033**

Innerhalb der aufgezeigten Grenzen kann sich auch in Fällen, in denen die im Vertrag vorausgesetzten Umstände nicht oder nicht mehr vorliegen, eine Lösungsmöglichkeit ergeben. *Wenn* in der vertraglichen Regelung *Ansatzpunkte dafür vorhanden sind*, wie die Parteien in dieser Lage eine Regelung getroffen hätten, so kann durch ergänzende Auslegung eine entsprechende Ausgestaltung des Vertrages erreicht werden (zur Überschneidung mit der Lehre vom Wegfall der Geschäftsgrundlage vgl. unten Rdn. 1099).

III. Richterliche Vertragsgestaltung

1034 Über die für die ergänzende Vertragsauslegung gebotenen Grenzen hinaus gab das *Vertragshilfegesetz von 1952* – wie auch schon die Vertragshilfe VO von 1939 und ähnliche Vertragshilferegelungen – dem Richter die Möglichkeit, unabhängig vom Parteiwillen die Parteibeziehungen rechtsgestaltend zu verändern, insbesondere an die Leistungsfähigkeit des Schuldners anzupassen. Der damit verbundene Eingriff der Staatsgewalt in privatautonome Bereiche kann nur in Kriegs- oder ähnlichen Notsituationen gerechtfertigt sein. Dementsprechend beschränkte sich das Vertragshilfegesetz von 1952 auf Verbindlichkeiten, die vor der Währungsreform (21. 6. 1948) begründet worden waren.

§ 41
Vertragsfreiheit und Verbraucherschutz

A. Einleitung

DAMM Verbraucherrechtliche Sondergesetzgebung und Privatrechtssystem, JZ 1978, 173; E. v. HIPPEL Verbraucherschutz, 3. Aufl., 1986; F. v. HIPPEL Das Problem der rechtsgeschäftlichen Privatautonomie, 1936; HÖNN Kompensation gestörter Vertragsparität, 1982; ders., Zur Problematik der Privatautonomie, Jura 1984, 57 ff; H. HÜBNER Rechtsgeschäftslehre und Verbraucherschutz, Festschrift für Börner, 1992, 717 ff; KILIAN Kontrahierungszwang und Zivilrechtssystem, AcP 180 (1980), 47 ff; SCHMIDT-SALZER Verbraucherschutz, Produkthaftung, Umwelthaftung, Unternehmensverantwortung, NJW 1994, 1305 ff; SCHMUDE Verbraucherschutz und Vertragsfreiheit, Festschrift für Ballerstedt, 1975, 481 ff; SIMITIS Verbraucherschutz, Schlagwort oder Rechtsprinzip?, 1976; VON WESTPHALEN Schattenseiten des Verbraucherschutzes, DB 1981, 61 ff.

1035 *I.* Grundsätzlich deckt das Individuum in einer arbeitsteiligen Gesellschaft seinen Lebensbedarf selbständig durch Verträge. Hierzu gewährt ihm die Rechtsordnung als Kern der Privatautonomie die Vertragsfreiheit (s. o. Rdn. 980 f).

Im Gegensatz zu dieser freiheitlichen Auffassung, die dem Individuum die Selbstgestaltung der Lebensverhältnisse gewährleistet, stehen Vorstellungen, daß dem Individuum die – zumindest notwendigen – Lebensgüter durch Zuteilung gewährt werden. Die Erfahrung hat gelehrt, daß das sozialistische Prinzip der Zuteilung den Lebensbedürfnissen des Individuums nicht gerecht wird.

1036 Die vom BGB vorausgesetzte Vertragsfreiheit basiert allerdings zum einen darauf, daß die Lebensgüter in ausreichender Menge zur Verfügung stehen; vorausgesetzt ist zum anderen, daß zwischen den Vertragsparteien keine persönlichen Machtungleichgewichte bestehen, da nur die **Äquivalenz** gewährleistet, daß durch das Aushandeln der Vertragspartner ein Ausgleich der gegenseitigen Interessen und dadurch eine „innere Vertragsgerechtigkeit" entsteht. Diese Grundlage ist beeinträchtigt, wenn der eine Vertragsteil über ein solches wirtschaftliches oder soziales Übergewicht verfügt, daß der andere an der Gestaltung des Vertragsinhalts nicht freiverantwortlich mitwirken kann. Eine innere Vertragsgerechtigkeit ist in diesen Fällen nicht mehr gewährleistet.

Äquivalenzstörungen können materieller Natur sein, weil die Sachgüter sich in einzelnen Händen befinden und Monopole entstehen. Die Freiheit des auf die Güter angewiesenen Schwächeren reduziert sich hier auf Abschlußfreiheit; eine inhaltliche Gestaltung ist für ihn ausgeschlossen. Soweit es um Grundbedürfnisse (etwa Wasser, Strom) geht, besteht faktisch nicht einmal Abschlußfreiheit.

Äquivalenzstörungen können sich jedoch auch aus intellektueller Unterlegenheit, mangelnder Gewandtheit im geschäftlichen Verkehr sowie auch aus mangelnder Selbstbeherrschung gegenüber Werbung und Kreditangeboten ergeben. Insbesondere kann die Gestaltungsfreiheit auch betroffen sein, wenn der Vertragspartner nur zu vorformulierten Vertragsbedingungen abzuschließen bereit ist.

1037 Das BGB läßt in seinem System der Gestaltungsfreiheit einen großen Spielraum, weil es ausgehend von der Idee der Aufklärung dem Gleichheitssatz vertraute; eine Grenze sah es vornehmlich in §§ 138, 826, wobei allerdings die Nichtigkeitsfolge des § 138 einer sachgerechten Bedürfnisregelung häufig entgegensteht.

Für wesentliche Bereiche der Grundbedürfnisse ist von Gesetzes wegen ein *Abschlußzwang* vorgesehen, so für die Versorgung mit Strom und Gas (§ 6 EnWG), für den Bereich des Personen- und Gütertransports (§§ 453, 459 HGB; 3, 9 EVO; 22 PBefG; 90, 97 GütKG); für Postleistungen (§ 8 PostG) sowie für die Pflichtversicherung (§ 5 II PflVersG). Aus § 826 wird bei Monopolstellung des Anbieters von Waren oder Leistungen auch sonst ein Kontrahierungszwang abgeleitet (RG 115, 258; 148, 334; BGH NJW 1990, 762), der jedenfalls für den gewerblichen Bereich durch § 26 II GWB verstärkt wird (BGHZ 36, 91; 49, 98; BGH NJW 1979, 107 und 2152).

§ 138 i.V.m. §§ 242, 315 war vor dem Inkrafttreten des AGBG für die Rechtsprechung der Ausgangspunkt der inhaltlichen Kontrolle Allgemeiner Geschäftsbedingungen gewesen (BGHZ 22, 94; 41, 154; 60, 380).

1038 Die Problematik mangelnder Äquivalenz unter den Vertragsparteien ist nicht mehr auf das Privatrecht beschränkt; sie ist heute von der verfassungsmäßigen Grundordnung erfaßt. Mangelnde Vertragsfreiheit führt zu einem Eingriff in die durch spezielle Grundrechte und insbesondere Art. 2 Abs. 1 GG gewährleistete Privatautonomie. In diesen Fällen sind Gesetzgeber und Richter aus dem Gesichtspunkt grundrechtlicher Schutzpflichten und dem Sozialstaatsprinzip verpflichtet, dem unterlegenen Vertragsteil Schutz zu gewähren (vgl. o. Rdn. 117 ff).

1039 II. Die in diesem Zusammenhang getroffenen Maßnahmen werden heute unter dem Begriff des **Verbraucherschutzes** erfaßt.

Charakteristisch ist, daß die Korrekturbemühungen in der Rechtsprechung begannen; die Gesetzgebung bedurfte weitgehend der politischen Schubkraft. Inzwischen hat der Gesetzgeber in zunehmendem Maße in das Privatrecht eingegriffen. Ausgehend vom Arbeitsrecht und vom Recht der Wohnraummiete hat der Gesetzgeber in mehreren Gesetzen außerhalb des BGB weitere Korrekturen vorgenommen, insbesondere im Gesetz zur Regelung des Rechts der Allgemeinen Geschäftsbedingungen, im Gesetz betreffend die Haustürgeschäfte und ähnliche Geschäfte und im Verbraucherkreditgesetz.

1040 Die genannten Regelungen gewährleisten ein hohes Schutzniveau. Sie indizieren jedoch zugleich einen Verlust individueller Selbstbestimmung und damit der Privatautonomie. Die Verpflichtung, selbstverantwortlich zu handeln, dies in einen Vertrag umzusetzen und die eigenen Rechte wahrzunehmen, tritt in den Hintergrund. Der im öffentlich-rechtlichen Bereich als Leitbild vorausgesetzte „mündige Bürger" wird im Privatrecht zunehmend als hilfsbedürftiges, den Verlockungen und Verführungen preisgegebenes Individuum angesehen, das die Tragweite seiner rechtsgeschäftlichen Erklärungen nicht übersieht und daher an ihnen nicht festgehalten werden kann. In diesem Widerstreit bedarf es zukünftig einer Tendenz, die Selbstverantwortung des Individuums zu stärken und zu sichern. Der Verbraucherschutz wird so seine Grenzen erreichen.

1041 Der Begriff des *Verbrauchers* ist in der deutschen Gesetzgebung, nachdem die Problematik schon jahrzehntelang Rechtsprechung und Literatur beschäftigt hatte, erst spät aufgetaucht, zuerst in dem durch ein EG-Übereinkommen bestimmten Art. 29 I EGBGB über die kollisionsrechtliche Regelung von Verbraucherverträgen. Danach ist Verbraucher, wer einen Vertrag abschließt, der nicht der beruflichen oder gewerblichen Tätigkeit zugerechnet werden kann. Dem hat sich das VerbrKrG in § 1 I angeschlossen. Demgegenüber ist im Rahmen des HaustürWG geschützt als *Kunde* derjenige, der unter bestimmten Voraussetzungen zu einem Vertragsschluß bestimmt wird; auch hier wird ein im Rahmen selbständiger Tätigkeit abgeschlossener Vertrag ausgenommen. Das AGBG kennt trotz seiner deutlich verbraucherschützenden Tendenz den Begriff des Verbrauchers nicht, sondern definiert nur dessen Gegner, den Verwender. In seinem Regelungsbereich geht das AGBG allerdings auch über den reinen Verbraucherschutz hinaus. Verwender kann auch der tatsächlich oder wirtschaftlich Unterlegene sein; auch Kaufleute werden trotz der Einschränkung des § 24 AGBG in erheblichem Maße gegen unbillige Klauseln geschützt. Dem deutschen Recht liegt demnach kein einheitlicher Verbraucherbegriff zugrunde; vielmehr wird in verschiedenen Bereichen unterschiedlich definierten Personengruppen Schutz vor Benachteiligung im Rechtsverkehr gewährt.

B. Vertragsschluß unter Einbeziehung Allgemeiner Geschäftsbedingungen

BRAMBRING/SCHIPPEL, Vertragsmuster des Notars und Allgemeine Geschäftsbedingungen, NJW 1979, 1802 ff; BRAUN Die Stellung des AGB-Gesetzes im System des Privatrechts, BB 1979, 689 ff; BUNTE Handbuch der Allgemeinen Geschäftsbedingungen, 1982; BYDLINSKI Die Einordnung der Allgemeinen Geschäftsbedingungen im Vertragsrecht, Festschrift W. Kastner, 1972, 45 ff; DREHER Die Auslegung von Rechtsbegriffen in AGB, AcP 189 (1989), 342 ff; EBEL Die Kollision Allgemeiner Geschäftsbedingungen, NJW 1978, 1033 ff; FIKENTSCHER Vertrag und wirtschaftliche Macht, Festschrift Hefermehl, 1971, 41 ff; GROSSMANN-DOERTH Selbstgeschaffenes Recht der Wirtschaft und staatliches Recht, 1935; HEINRICHS Der Rechtsbegriff der Allgemeinen Geschäftsbedingungen, NJW 1977, 1505 ff; HEINRICHS/LÖWE/P. ULMER (Hrsg.) Zehn Jahre AGBG, 1987; HELM Zur Inhaltskontrolle von Allgemeinen Geschäftsbedingungen bei Verwendung gegenüber Kaufleuten, BB 1977, 1109 ff; ders., AGBG und Allgemeine Versicherungsbedingungen, NJW 1978, 129 ff; HÖNN Wirksamkeitskontrolle als Instrument des allgemeinen Privatrechts zur Bewältigung von Ungleichgewichtslagen, JZ 1983, 677 ff; JAEGER Einfluß der Rechtsprechung auf die Entwicklung von AGB am Beispiel von Haftungsausschlußklauseln, VersR 1990, 455 ff; KÖTZ Welche gesetzgeberischen Maßnahmen empfehlen sich zum Schutze des Endverbrauchers gegenüber allgemeinen Geschäftsbedingungen und Formularverträgen? 50. DJT, 1974, A, 1 ff; ders., Zur Teilunwirksamkeit von AGB-Klauseln, NJW 1979, 785 ff; E. A. KRAMER Nichtausgehandelter Individualvertrag, notariell beurkundeter Vertrag und AGBG, ZHR 146, 105 ff; LIEB Sonderprivatrecht für Ungleichgewichtslagen?, AcP 178 (1978), 196 ff; LOCHER Recht der AGB, 2. Aufl. 1990; LÖWE/GRAF v. WESTPHALEN/TRINKNER Kommentar zum Gesetz zur Regelung des Rechts der Allgemeinen Geschäftsbedingungen, 2. Aufl. 1983; NEUMANN Geltungserhaltende Reduktion und ergänzende Auslegung von AGB, 1988; NIEBLING Isolierte Betrachtung Allgemeiner Geschäftsbedingungen oder Würdigung des Gesamtvertrages?, BB 1992, 717 ff; OHLENDORFF-VON HERTEL Kontrolle von AGB im kaufmännischen Geschäftsverkehr, 1988; L. RAISER Das Recht der Allgemeinen Geschäftsbedingungen, 1935 (Neudruck 1961); REHBINDER Das Kaufrecht in den Allgemeinen Geschäftsbedingungen der deutschen Wirtschaft, 2. Aufl. 1979; H. ROTH Geltungserhaltende Reduktion im Privatrecht, JZ 1989, 411 ff; ders., Allgemeine Geschäftsbedingungen und Individualvereinbarungen, BB-Beilage 4 zu Heft 6/1992; ROUSSOS Freizeichnung von Schadensersatzansprüchen im Recht der Allgemeinen Geschäftsbedingungen, 1982; RÜSSMANN Die „ergänzende Auslegung" Allgemeiner Geschäftsbedingungen, BB 1987, 843 ff; SAMBUC Unklarheitenregel und enge Auslegung von AGB, NJW 1981, 313 ff; SCHAPP Die Leitbildfunktion des dispositiven Rechts für die Inhaltskontrolle von Allgemeinen Geschäftsbedingungen nach § 9 II AGBG, DB 1978, 621 ff; SCHLACHTER Folgen der Unwirksamkeit von AGB für den Restvertrag, JuS 1989, 811 ff; SCHLOSSER/COESTER-WALTJEN/GRABA Kommentar zum Gesetz zur Regelung des Rechts der Allgemeinen Geschäftsbedingungen, 1977; SCHLOSSER Haftungsgrund, Haftungsmaßstab und AGB-Gesetz, WM 1978, 562 ff; E. SCHMIDT AGBG und Schuldvertragsrecht des BGB, ZIP 1987, 1505 ff; ders., Grundlagen und Grundzüge der Inzidentkontrolle Allgemeiner Geschäftsbedingungen nach dem AGBG, JuS 1987, 929 ff; SCHMIDT-SALZER Allgemeine Geschäftsbedingungen, 2. Aufl. 1977; SCHROEDER Die Einbeziehung Allgemeiner Geschäftsbedingungen nach dem AGB-Gesetz und die Rechtsgeschäftslehre, 1983; STEIN Die Inhaltskontrolle vorformulierter Verträge des allgemeinen Privatrechts, 1982; TÖNNIES Inhaltskontrolle nach AGBG und Richterrecht, VersR 1989, 1023 ff; ULMER Welche gesetzgeberischen Maßnahmen empfehlen sich zum Schutz des Endverbrauchers gegenüber Allgemeinen Geschäftsbedingungen und Formularverträgen?, 50. DJT, 1974, H, 8 ff; ders., Teilunwirksamkeit von teilweise unangemessenen AGB-Klauseln?, NJW 1981, 2025 ff; ders., Erfahrungen mit dem AGB-Gesetz, BB 1982, 584 ff; ULMER/BRANDNER/HENSEN AGB-Gesetz, Kommentar zum

§ 41 B II   Vierter Teil. Die Lehre vom Rechtsgeschäft

> Gesetz zur Regelung des Rechts der Allgemeinen Geschäftsbedingungen, 7. Aufl. 1993; WOLF/HORN/LINDACHER AGB-Gesetz, 3. Aufl. 1994; WOLF/UNGEHEUER Zum Recht der allgemeinen Geschäftsbedingungen, JZ 1995, 77 ff, 176 ff; ZOUSE Dogmatik, Anwendungsprobleme und die ungewisse Zukunft des Vorrangs individueller Vertragsvereinbarungen vor Allgemeinen Geschäftsbedingungen (§ 4 AGBG), JZ 1991, 850 ff.

1042 I. Im modernen Wirtschaftsverkehr ist überwiegend an die Stelle individuell ausgehandelter Verträge die Verwendung von vorformulierten Vertragsmustern und Allgemeinen Geschäftsbedingungen getreten, durch die die Vertragsmodalitäten generell festgelegt werden. Diese Praxis erfaßt häufig einen ganzen Wirtschaftszweig, so daß de facto dem Geschäftspartner die Möglichkeit des Aushandelns genommen wird. Durch solche Allgemeine Geschäftsbedingungen kann der Verwender einseitig seine Interessen, insbesondere durch Haftungsfreizeichnung und Risikoabwälzung, durchsetzen, weil der Geschäftspartner einerseits auf die Leistung angewiesen ist, andererseits auch zumeist die rechtliche Tragweite der Bedingungen nicht rechtzeitig zu erfassen ist.

1043 Das am 1. 4. 1977 in Kraft getretene **Gesetz zur Regelung des Rechts der Allgemeinen Geschäftsbedingungen (AGBG)** geht nicht davon aus, bestimmte Inhalte für Allgemeine Geschäftsbedingungen positiv vorzuschreiben, sondern beschränkt sich darauf, für zulässige Bedingungen Grenzen zu ziehen.

> Über den allgemeinen Anwendungsbereich des Gesetzes hinaus gilt Besonderes für Allgemeine Geschäftsbedingungen, die *aufgrund gesetzlicher Ermächtigung* durch Rechtsverordnung erlassen sind. Solche Ermächtigungen finden sich in §§ 458, 468 HGB für den Eisenbahnverkehr, in § 58 PBefG, in § 8 II EnergG für Elektrizitäts- und Gasversorgung, und schließlich in § 27 AGBG für Wasser- und Fernwärmeversorgung. Dadurch erhalten diese Allgemeinen Geschäftsbedingungen den Charakter von Rechtsnormen. Nur insoweit trifft die früher vertretene „Normtheorie" (selbstgeschaffenes Recht der Wirtschaft) zu; vgl. oben Rdn. 45.
>
> *Behördliche Kontrolle* von Allgemeinen Geschäftsbedingungen findet in einer Reihe von Wirtschaftsbereichen statt, so im Versicherungswesen durch das Bundesaufsichtsamt für das Versicherungswesen gem. §§ 5 ff, 81 II, 81 a VAG, im Kreditwesen durch das Bundesaufsichtsamt für das Kreditwesen gem. § 23 KWG, allgemein durch die kartellrechtlichen Bestimmungen der §§ 12 III, 38 III GWB.

1044 II. Das Gesetz definiert zunächst den **Begriff der Allgemeinen Geschäftsbedingungen**. Es handelt sich um für eine Vielzahl von Verträgen vorformulierte Vertragsbedingungen, die eine Vertragspartei (Verwender) der anderen Vertragspartei bei Abschluß eines Vertrages stellt. Allgemeine Geschäftsbedingungen liegen nicht vor, soweit die Vertragsbedingungen zwischen den Vertragsparteien im einzelnen ausgehandelt sind – Individualverträge (§ 1 AGBG).

1045 Anliegen des Gesetzes ist es, den Geschäftspartner vor der Verwendung ihn übermäßig belastender Klauseln zu schützen. Dies gilt insbesondere dort, wo die Allgemeinen Geschäftsbedingungen unter Verstoß gegen die Gebote von Treu und Glauben vom Leitbild des dispositiven Rechts, dem ein aus der Rechtserfahrung gewonnener Gerechtigkeitsgehalt zugrundeliegt, abweichen oder wesentliche Rechte oder Pflichten, die sich aus der Natur des Vertrages ergeben, so eingeschränkt werden, daß die Erreichung des Vertragszweckes gefährdet ist (so die Generalklausel des § 9 AGBG).

Für diesen Grundsatz hat der Gesetzgeber in § 10 AGBG einen **Katalog von Klauselverboten** aufgestellt, die im Regelfall als unangemessen anzusehen sind; ob eine Benachteiligung vorliegt, ist jedoch im Einzelfalle von der Ausfüllung unbestimmter Rechtsbegriffe (z. B. unangemessen, zumutbar, ohne sachlich gerechtfertigten Grund) abhängig (Klauselverbote mit Wertungsmöglichkeit). **1046**

Darüber hinaus sind Klauseln schlechthin für unwirksam erklärt, da der Gesetzgeber ihre Unangemessenheit bereits festgestellt hat (§ 11 AGBG). Hier erübrigt sich jede weitere Wertung.

Soweit die Kataloge in § 11 AGBG und § 10 AGBG Tatbestände nicht erfassen, sind sie an der **Generalklausel des § 9 AGBG als Auffangtatbestand** zu messen; sie können daher gleichwohl unwirksam sein (BGH WM 1980, 130 f).

Eine eigenständige Unwirksamkeitsfolge ergibt sich aus § 3 AGBG, wenn Bestimmungen aufgenommen sind, die so ungewöhnlich sind, daß der Vertragspartner mit ihnen nicht zu rechnen brauchte. Hier wird weniger auf eine Inhaltskontrolle, als auf den *Überraschungseffekt* abgestellt, da die in § 2 AGBG vorgesehene Einbeziehung in den Vertrag häufig die Prüfung von Einzelbestimmungen außer acht läßt. **1047**

III. Da Allgemeine Geschäftsbedingungen grundsätzlich keinen Normcharakter haben (vgl. auch oben Rdn. 45), ist zu ihrer Wirksamkeit die **Einbeziehung in den jeweiligen Vertrag** erforderlich. Dies setzt voraus, daß der Verwender den Vertragspartner bei Vertragsschluß oder ausnahmsweise durch einen deutlich sichtbaren Aushang am Ort des Vertragsschlusses auf die Allgemeinen Geschäftsbedingungen hinweist und dem Vertragspartner die *Möglichkeit* verschafft, *in zumutbarer Weise von ihnen Kenntnis zu nehmen*. Hat der Verwender diese Voraussetzungen erfüllt, so hängt die Wirksamkeit der Einbeziehung von dem Einverständnis des Vertragspartners ab (§ 2 AGBG). **1048**

> Durch die in § 2 AGBG festgelegten strengen Voraussetzungen für den Verwender ist im nichtkaufmännischen Rechtsverkehr praktisch kaum ein Fall denkbar, in dem der Vertragspartner beim Vertragsschluß von der Verwendung der Allgemeinen Geschäftsbedingungen keine Kenntnis haben kann. Daher wird er in der Regel mit Erklärungsbewußtsein handeln, so daß auch sein Schweigen als konkludente Willenserklärung aufzufassen sein wird. Soweit ausnahmsweise Fälle denkbar sind, in denen für die Einbeziehungsvereinbarung kein Erklärungsbewußtsein vorliegt, wird der ratio des § 2 AGBG entsprechend kein Einverständnis nach den Grundsätzen des Vertrauensschutzes zu folgern sein (vgl. oben Rdn. 691 f). Der Schutz des Verbrauchers wird sich im wesentlichen aus der Inhaltskontrolle ergeben.

Ein besonderes Problem der Einbeziehung ergibt sich, wenn jede Vertragspartei auf ihre Allgemeinen Geschäftsbedingungen verweist und diese in Einzelheiten voneinander abweichen. Erfüllen beide Parteien den Vertrag, weil sie ihn unter Einbeziehung ihrer eigenen Allgemeinen Geschäftsbedingungen als geschlossen ansehen, so ist entsprechend § 6 AGBG unter Einschränkung des § 150 II vom Bestand des Vertrages auszugehen und an Stelle der widersprüchlichen Klauseln auf das dispositive Recht zurückzugreifen (vgl. oben Rdn. 1019), soweit nicht die AGB eines Vertragspartners eine für die andere Seite günstigere Regelung enthalten. Ein in den Verkäufer-AGB enthaltener einfacher Eigentumsvorbehalt ist auch bei Kollision mit den Käufer-AGB wirksam, da wegen der Klausel keine unbedingte Einigung zustandekommen kann (BGHZ 104, 129, 137).

1049 Soweit neben der Einbeziehung Allgemeiner Geschäftsbedingungen abweichende *Individualabreden* getroffen werden, haben diese gem. § 4 AGBG *Vorrang* vor den Allgemeinen Geschäftsbedingungen.

1050 IV. Für die **Auslegung** von Allgemeinen Geschäftsbedingungen gelten zunächst die allgemeinen Grundsätze der §§ 133, 157 (vgl. oben Rdn. 1025 ff). Zweifel bei der Auslegung gehen jedoch zu Lasten des Verwenders (§ 5 AGBG). Daraus folgt auch, daß für den Fall, daß Verwender und Vertragspartner Kreisen mit unterschiedlicher Verkehrssitte angehören, die Auslegung nach dem Rechtskreis des Vertragspartners zu erfolgen hat.

1051 V. Um im Interesse des Vertragspartners den Vertrag zu erhalten, schränkt § 6 AGBG die Teilnichtigkeitsvorschriften des § 139 ein. Sind Allgemeine Geschäftsbedingungen bei Nichteinbeziehung oder infolge Unwirksamkeit einzelner Klauseln nicht Vertragsbestandteil geworden, so berührt dies die **Wirksamkeit des Vertrags im übrigen** nicht. An die Stelle der Bestimmungen, die nicht Bestandteil des Vertrages geworden sind, tritt das dispositive Recht, hilfsweise die ergänzende Vertragsauslegung.

Insgesamt tritt jedoch Unwirksamkeit ein, wenn das Festhalten am gem. § 6 II AGBG geänderten Vertrag für eine Vertragspartei eine unzumutbare Härte darstellen würde (§ 6 III AGBG).

Die Regelungen des Gesetzes treten auch ein, wenn die Vorschriften des AGB-Gesetzes durch anderweitige Gestaltungen umgangen werden (§ 7 AGBG).

1052 VI. Das Gesetz schränkt den **Anwendungsbereich** in sachlicher und persönlicher Hinsicht ein:

Sachlich sind Verträge auf dem Gebiet des Arbeits-, Erb-, Familien- und Gesellschaftsrechts ausgenommen (§ 23 I AGBG). Darüber hinaus sind für gewisse Geschäftsbereiche (z. B. genehmigte Beförderungsbedingungen, Versorgungsverträge, Verdingungsordnung für Bauleistungen) in unterschiedlichem Umfang Ausnahmen zu den §§ 2, 10 und 11 AGBG durch § 23 II AGBG vorgesehen. Zudem unterliegen etwa Bauspar- und Versicherungsverträge auch dann den genehmigten Geschäftsbedingungen, wenn § 2 AGBG nicht beachtet ist.

Entsprechend dem Abbau von Schutzvorschriften im Handelsrecht macht § 24 **1053**
AGBG **Ausnahmen im persönlichen Anwendungsbereich.** Die §§ 2, 10, 11 und 12 AGBG finden keine Anwendung auf Allgemeine Geschäftsbedingungen, die gegenüber einem **Kaufmann** verwendet werden, wenn der Vertrag zum Betriebe seines Handelsgewerbes gehört. Entsprechendes gilt für die Verwendung von Allgemeinen Geschäftsbedingungen gegenüber juristischen Personen des öffentlichen Rechts und öffentlich-rechtlichen Sondervermögen.

Insoweit gilt im Ergebnis für Kaufleute der *bisherige Rechtszustand*, d. h. die Allgemeinen Geschäftsbedingungen sind als Vertragsbestandteil anzusehen, wenn sich ein Handelsbrauch oder die Verkehrssitte herausgebildet hat, daß einem Vertragsabschluß Allgemeine Geschäftsbedingungen zugrundeliegen. Insbesondere können über § 2 AGBG hinaus ohne ausdrücklichen Hinweis bei dauernder Geschäftsverbindung Allgemeine Geschäftsbedingungen in den Vertrag einbezogen sein; auch durch Schweigen auf ein Bestätigungsschreiben können Allgemeine Geschäftsbedingungen zum Gegenstand des Vertragsabschlusses gemacht werden (BGHZ 7, 187, 190; 18, 212, 216).

Auf Unkenntnis der Bedingungen kann der Vertragspartner sich dann nicht berufen; informiert er sich nicht, so verletzt er eine „Obliegenheit"; diese Verletzung rechtfertigt im Wege der Zurechnung die Folgen, die der Willenserklärung auf Einbeziehung entsprechen (vgl. Krause BB 1955, 265 ff und H. Hübner Zurechnung statt Fiktion einer Willenserklärung, Festschrift Nipperdey I, 1965, 382 f).

§ 9 AGBG bleibt gem. § 24 S. 2 AGBG jedoch anwendbar, und zwar auch dann, wenn ein Tatbestand der §§ 10 und 11 AGBG gegeben ist und wegen § 24 S. 1 AGBG Unwirksamkeit nicht gegeben wäre. Allerdings ist bei Anwendung des § 9 AGBG auf die im Handelsverkehr geltenden Gewohnheiten und Gebräuche angemessen Rücksicht zu nehmen.

VII. Unabhängig von der Verfolgung eigener Ansprüche des Vertragspartners **1054**
gewährt das AGBG **im Interesse der Allgemeinheit** den Industrie- und Handelskammern, den Handwerkskammern und Verbraucherverbänden **Ansprüche auf Unterlassung und Widerruf** (§ 13 II AGBG, Verbandsklage). Für das *Verfahren* sind die Landgerichte zuständig (§ 14 AGBG). Die Urteilsformel, die die für eine bestimmte Art von Rechtsgeschäften beanstandeten Bestimmungen im einzelnen zu enthalten hat, kann auf Antrag veröffentlicht werden (§ 18 AGBG); sie wird in ein Register beim Bundeskartellamt eingetragen (§ 20 AGBG). Bei Verurteilung zur Unterlassung in diesem Verfahren kann sich jeder betroffene Vertragspartner des verurteilten Verwenders auf die Unwirksamkeit der beanstandeten Bestimmung berufen (§ 21 AGBG).

VIII. Am 5. 4. 1993 hat der Rat der EG die „Richtlinie über mißbräuchliche **1055**
Klauseln in Verbraucherverträgen" (abgedruckt in NJW 1993, 1838) erlassen, die von den Mitgliedsstaaten bis zum 31. 12. 1994 umgesetzt worden sein sollte. Seitdem ist mangels Umsetzung eine unmittelbare Geltung der Richtlinie in Betracht zu ziehen. Nach der Richtlinie werden – abweichend vom bisherigen

deutschen Recht – ausschließlich Verbraucher gegenüber Gewerbetreibenden in ihrer „rollenspezifischen Unterlegenheit" geschützt (HEINRICHS, NJW 1993, 1817, 1818). Allerdings bleibt ein weitergehender Schutz nach Art. 8 der Richtlinie unberührt.

Über das AGBG hinaus geht die Richtlinie im wesentlichen in zwei Punkten (vgl. zu den Einzelheiten auch im übrigen HEINRICHS, NJW 1993, 1817): Zum einen unterliegen sämtliche Klauseln in Verbraucherverträgen, nicht nur solche, die mehrfach verwandt werden sollen und die vom Verwender gestellt werden (vgl. § 1 I AGBG), der Kontrolle (Art. 2 lit. a i.V.m. Art. 3 I der Richtlinie); ausgeschlossen bleiben nur ausgehandelte Klauseln. Zum anderen sind nach Art. 4 der Richtlinie neben dem Inhalt der speziellen Klausel auch alle anderen Klauseln desselben oder eines verbundenen Vertrages sowie der Gegenstand des Vertrages und insbesondere die *Umstände, unter denen der Vertrag zustandegekommen ist,* zu berücksichtigen. Damit wird zum Teil der Schutz, den das HaustürWG sowie §§ 123, 138 gewähren, in die AGB-Beurteilung einbezogen, so daß letztlich eine Erweiterung des Verbraucherschutzes durch diese Forderung nur am Rande erreicht werden wird.

Zu Fragen der Umsetzung in deutsches Recht vgl. FREY Wie ändert sich das AGB-Gesetz?, ZIP 1993, 572 ff; DAMM Europäisches Verbrauchervertragsrecht und AGB-Recht, JZ 1994, 161 ff.

C. Verbraucherkreditgesetz

1056 Das aufgrund einer EG-Richtlinie erlassene Verbraucherkreditgesetz ersetzt das schon vor dem BGB 1894 in Kraft getretene verbraucherschützende Gesetz betreffend die Abzahlungsgeschäfte. Finanzierungsangebote auch schon für kleinere Beträge sind heute weit verbreitet und können zu übereilten Käufen führen, bei denen die finanziellen Konsequenzen nicht hinreichend bedacht werden. Außerdem sind Kreditgeschäfte aufgrund der Vertragsgestaltung durch den Kreditgeber, die neben dem eigentlichen Kreditbetrag verschiedene Gebühren, Kosten u. ä. vorsieht, in besonderem Maße für den unerfahrenen Kunden schwer durchschaubar und lassen die tatsächlich entstehenden finanziellen Belastungen nicht ohne weiteres erkennen.

1057 I. Um dem zu steuern, besteht gem. § 4 VerbrKrG eine qualifizierte Schriftform, die je nach Art des Geschäfts eine ganze Reihe von Angaben umfassen muß, die dem Kreditgeber die Erfassung der ihn treffenden Belastungen ermöglichen soll. Insbesondere ist der *effektive Jahreszins* anzugeben, der die gesamte jährliche Belastung als Prozentsatz vom Nettokreditbetrag bzw. Barzahlungspreis umfaßt (§ 4 II VerbrKrG) und neben dem eigentlichen Zinssatz auch sämtliche daneben anfallenden Kosten erfaßt. Dadurch wird ein Vergleich zwischen verschiedenen

Vertragsfreiheit und Verbraucherschutz   § 41 C II

Kreditangeboten erst möglich. Beim Abzahlungskauf ist außerdem neben dem Barzahlungspreis der Teilzahlungspreis anzugeben, der den Gesamtbetrag der vom Käufer zu erbringenden Zahlungen wiederum einschließlich Zinsen und sämtlicher Kosten erfassen muß. Auch hier soll eine Beurteilung darüber ermöglicht werden, wie vorteilhaft die angebotene Finanzierungsmöglichkeit tatsächlich ist. Das Formerfordernis ist also mit einer umfassenden Verpflichtung zur Aufklärung über die für die Entscheidung über die Kreditaufnahme relevanten Umstände verbunden.

Wird die Form nicht eingehalten oder fehlen die in § 4 I VerbrKrG vorgeschriebenen Angaben ganz oder zum Teil, ist der Vertrag grundsätzlich nichtig (§ 6 I VerbrKrG). Damit ist allerdings dem Verbraucher letztlich nicht gedient. Daher wird der Vertrag geheilt, wenn der Verbraucher das Darlehen tatsächlich in Empfang nimmt bzw. die finanzierte Sache übergeben bekommt. Jedoch hat der Verbraucher, soweit entsprechende Angaben im Vertrag fehlten, nur den gesetzlichen Zinssatz auf die Darlehenssumme bzw. den Barkaufpreis zu entrichten; Kosten, die nicht aufgeführt worden sind, können nicht geltend gemacht, die Bestellung von Sicherheiten kann nicht gefordert werden (§ 6 II, III VerbrKrG). Auf diese Weise wird dem Schutzbedürfnis des Verbrauchers Rechnung getragen, wenn er mangels entsprechender Angaben die auf ihn zukommenden Belastungen dem Vertrag nicht entnehmen kann. Nicht geschützt wird der Verbraucher allerdings, wenn er die im Vertrag gemachten Angaben nicht zur Kenntnis genommen oder möglicherweise nicht verstanden hat. **1058**

II. Eine singuläre Erscheinung im deutschen Recht ist das zuerst im HaustürWG (s. u. Rdn. 1064) normierte und dann auch ins VerbrKrG übernommene **Widerrufsrecht**, § 7 VerbrKrG: Danach wird auch die formgerechte, nach Beachtung aller Belehrungserfordernisse abgegebene Willenserklärung des Verbrauchers erst wirksam, wenn sie nicht binnen einer Woche widerrufen wird. Es tritt also bis zum Fristablauf ein Schwebezustand ein, der Verbraucher kann sich bis dahin jederzeit ohne Angabe von Gründen wieder von seiner Willenserklärung lösen. Anders als in den Fällen der §§ 108 I, 177 I, bei denen das Wirksamwerden der Willenserklärung von der Zustimmung einer dritten Person abhängt, und anders als im Normalfall des § 158 I, bei dem der Eintritt der Rechtsfolgen von einem zukünftigen ungewissen Ereignis abhängig gemacht werden (allerdings kann es sich ausnahmsweise auch um eine Potestativbedingung handeln, *arg.* § 495 I), hängt hier das Wirksamwerden der Erklärung des Verbrauchers stets allein von seinem Belieben ab. Damit soll er die Möglichkeit erhalten, nach Abschluß des Geschäfts dieses noch einmal in Ruhe zu bedenken, ohne bereits endgültig gebunden zu sein. Auch über das Widerrufsrecht und die einzuhaltende Frist muß der Verbraucher schriftlich, und zwar durch einen drucktechnisch deutlich abgesetzten und **1059** gesondert zu unterschreibenden Hinweis, belehrt werden; unterbleibt dies, erlischt das Widerrufsrecht erst, wenn der Vertrag von beiden Seiten vollständig erfüllt worden ist, jedoch spätestens ein Jahr nach Vertragsschluß (§ 7 II VerbrKrG). Folge des Widerrufs ist ein § 346 nachgebildetes, aber besonders ausgestaltetes Rückgewährschuldverhältnis, das den Verbraucher im Falle der Verschlechterung, des Unterganges oder einer sonstigen Unmöglichkeit der Herausgabe gegenüber § 351 privilegiert (§ 7 IV VerbrKrG i.V.m. § 3 HaustürWG).

1060 *III.* Besonders bedeutsam ist die erstmalige gesetzliche Regelung des Rechts der **verbundenen Geschäfte**: Es handelt sich dabei um den durch einen Kredit drittfinanzierten Kauf, wenn beide Geschäfte eine wirtschaftliche Einheit bilden (§ 9 VerbrKrG; ebenso für Werk- oder Dienstvertrag, § 9 IV). Der Gesetzgeber ist bei der Regelung der unter der Geltung des AbzG vom BGH entwickelten Rechtsprechung gefolgt. Die wirtschaftliche Einheit ist gegeben, wenn Verkäufer und Kreditgeber zusammenwirken. Ein Zusammenwirken wird nach § 9 I 2 VerbrKrG unwiderleglich vermutet, wenn sich der Kreditgeber bei Vorbereitung oder Abschluß des Kreditvertrages der Mitwirkung des Verkäufers bedient, wobei es ausreicht, daß der Verbraucher sich aufgrund der Anregung des Verkäufers an den Kreditgeber wendet. Entscheidend ist, daß der Verbraucher nach § 9 III VerbrKrG die Rückzahlung des Kredits verweigern kann, soweit er dem Verkäufer gegenüber – etwa nach Wandlung oder Minderung – zur Verweigerung der Leistung berechtigt ist (**Einwendungsdurchgriff**, vgl. im einzelnen § 9 III VerbrKrG). Auf diese Weise werden die nur wirtschaftlich gekoppelten Geschäfte zum Vorteil des Verbrauchers auch rechtlich zusammengefaßt.

1061 *IV.* Den Interessen des Verbrauchers dienen insbesondere auch § 10 VerbrKrG, wonach vor allem das Recht, einem Drittgläubiger gem. § 404 Einwendungen entgegenzuhalten oder ihm gegenüber aufzurechnen, unverzichtbar gestellt wird sowie ein Verbot ausgesprochen ist, den Verbraucher zur Begebung von Wechseln zu verpflichten oder von ihm Schecks als Sicherheit anzunehmen, ferner § 11 VerbrKrG mit einer günstigen Zinsregelung (I, II) und einer von § 367 I abweichenden Tilgungsregelung, bei der nach den Kosten vorrangig die Hauptschuld, dann erst die Zinsen bedient werden, sowie § 14 VerbrKrG, der sicherstellt, daß bei vorzeitiger Rückzahlung eines Finanzierungskredits i.S.d. § 4 I Nr. 2 VerbrKrG eine Abzinsung und Verrechnung der laufzeitabhängigen Kosten stattfindet.

1062 *V.* Keine Anwendung findet das VerbrKrG auf Kredite im gewerblichen Bereich (§ 1 I VerbrKrG) und zur Begründung einer gewerblichen oder selbständigen beruflichen Tätigkeit (wenn die Nettokreditsumme 100 000 DM übersteigt, § 3 I Nr. 2 VerbrKrG). Gewerblich oder freiberuflich tätige Personen (Kaufleute, Handwerker, Ärzte) fallen aber als Verbraucher unter den Schutz des Gesetzes, wenn sie einen Kredit für private Zwecke aufnehmen. Sie werden also vom Gesetz je nach Lebenskreis, in dem sie tätig werden, entweder als hinreichend geschäftlich

Vertragsfreiheit und Verbraucherschutz § 41 D

erfahren oder als schutzbedürftig angesehen. Handeln sie als Private, können sie Übereilungsschutz in Anspruch nehmen und sind entsprechend aufzuklären, während von ihnen bei beruflicher Tätigkeit erwartet wird, daß sie in der Lage sind, die mit einem Kredit verbundenen Belastungen selbst zu erkennen und zu erwägen, ob sie einen entsprechenden Vertrag abschließen wollen.

Ausgenommen vom VerbrKrG sind weiter Kredite bis zu 400,- DM bzw. mit einer Laufzeit von nicht mehr als drei Monaten sowie Arbeitgeberkredite zu Zinsen unter den marktüblichen Sätzen (§ 3 Nr. 1, 3, 4 VerbrKrG; vgl. zu weiteren Ausnahmen hinsichtlich einzelner Bestimmungen des Gesetzes § 3 II VerbrKrG). Hier ist das Gefährdungspotential deutlich geringer oder überhaupt ausgeschlossen.

Um den Schutz des Gesetzes sicherstellen zu können, bestimmt § 18 VerbrKrG, **1063** daß von den Regelungen zum Nachteil des Verbrauchers auch durch Vereinbarung nicht abgewichen werden darf (Unabdingbarkeit) und daß das Gesetz auch auf Umgehungsgeschäfte anwendbar ist.

D. Haustürwiderrufsgesetz

Mit dem Gesetz über den Widerruf von Haustürgeschäften und ähnlichen Ge- **1064** schäften reagierte der Gesetzgeber auf die Praxis von Unternehmen, potentielle Kunden in besonderen Situationen aufzusuchen und zum Vertragsschluß zu bewegen (Formen des Direktvertriebes). Hier geht es um den Schutz geschäftsungewandter Personen vor *Überrumpelung* mit der Folge *übereilter Entschlüsse* bei fehlender Markttransparenz. Häufig führen derartige Geschäfte zu zunächst nicht bedachten erdrückenden finanziellen Folgen für den Verbraucher.

Um diesen Gefahren entgegenzuwirken, wurde erstmals ein **Widerrufsrecht** eingeführt: Die Willenserklärung des Kunden wird erst wirksam, wenn sie nicht innerhalb einer Woche widerrufen wird (§ 1 I HaustürWG, vgl. zu den Einzelheiten o. Rdn. 1059).

Voraussetzung ist, daß der Vertragsabschluß in einer bestimmten Situation **1065** zustande kommt, in der die Gefahr der Überrumpelung als besonders groß angesehen wird. Das Gesetz zählt abschließend (vgl. BT-Drucks. 10/2876, 9 f) drei Fälle auf. Alle sind dadurch gekennzeichnet, daß der Anbieter – abweichend von der Normalsituation (Aufsuchen eines Geschäftes) – von sich aus auf den Kunden zugeht, der dadurch überrascht wird und möglicherweise unter Entscheidungsdruck gerät, der ihn zu vorschnellen Entschlüssen bewegt. Zum einen geht es um Verträge, die nach mündlichen Verhandlungen am Arbeitsplatz oder im Bereich einer Privatwohnung zustandekommen (§ 1 I Nr. 1 HaustürWG; typisches Beispiel ist der Staubsaugervertreter). Telefonische Verhandlungen fallen nicht darunter. Weiter sind erfaßt auf Abschluß eines entgeltlichen Vertrages gerichtete Willenserklärungen, die anläßlich einer von der anderen Vertragspartei oder in ihrem Interesse von einem Dritten anläßlich einer Freizeitveranstaltung abgegeben werden (§ 1 I Nr. 2 HaustürWG; Hauptfall: sog. Kaffeefahrten). Schließlich werden auch Verträge erfaßt, die im Anschluß an ein plötzliches Ansprechen in Verkehrsmitteln oder im öffentlichen Verkehrsraum abgeschlossen werden (§ 1 I Nr. 3 HaustürWG).

1066 Ausgeschlossen von der Anwendung des HaustürWG sind Verträge, wenn sie der Kunde im Rahmen einer selbständigen Tätigkeit abschließt oder die andere Seite nicht geschäftsmäßig handelt, sowie Versicherungsverträge (§ 6 HaustürWG; vgl. aber für längerfristige Versicherungsverträge das Widerrufsrecht nach § 8 IV VVG). Das Widerrufsrecht besteht ferner nicht bei vollzogenen Kleingeschäften und notariell beurkundeten Willenserklärungen (§ 1 II Nr. 2, 3 HaustürWG). Im ersten Fall ist das Schutzbedürfnis gering, im letzten Fall besteht, insbesondere wegen der Belehrungspflicht des Notars nach § 17 BeurkG, die Gefahr einer Überrumpelung nicht.

1067 Bedeutsam ist, daß ein Widerrufsrecht auch nicht besteht, wenn die mündlichen Verhandlungen am Arbeitsplatz oder in der Privatwohnung *auf vorhergehende Bestellung des Kunden* geführt worden sind. Ein solcher Fall weicht strukturell nicht von dem Fall ab, daß der Kunde von sich aus ein Geschäft aufsucht; die Gefahr unüberlegter Entscheidungen besteht grundsätzlich nicht. Der Kunde muß sich bei der Bestellung bewußt sein, daß es um ein Vertragsangebot oder Vertragsverhandlungen gehen soll. Sollte der Besuch lediglich Informationszwecken dienen, beruht ein dann dennoch abgeschlossener Vertrag nicht auf einer mündlichen Verhandlung, zu deren Wirksamkeit der Kunde eine darauf bezogene Bestellung hätte aussprechen müssen (BGHZ 109, 127).

1068 Die Rechtsprechung ist mit zahlreichen Fällen konfrontiert, in denen eine *Bestellung* in einer Weise provoziert wird, die ihrerseits § 1 I Nr. 1 HaustürWG entspricht. Eine Bestellung im Sinne des § 1 II Nr. 1 HaustürWG liegt nicht vor, wenn sie bei einem unangemeldeten Besuch am Arbeitsplatz oder in der Wohnung oder im Rahmen einer unverlangten oder zu anderen Zwecken gewünschten telefonischen Kontaktaufnahme von Seiten des Anbieters erfolgt (BGHZ 109, 127; OLG Stuttgart NJW-RR 1989, 1144; 1990, 1014). Insbesondere stellt auch die Rücksendung einer Werbepostkarte oder die Anforderung eines Kataloges keine wirksame Bestellung dar (BGHZ 109, 127; OLG Köln NJW-RR 1988, 1985).

1069 Ergänzt werden die materiellen Regelungen durch ein Umgehungsverbot und die Anordnung der Unabdingbarkeit (§ 5 HaustürWG) sowie durch die Normierung eines ausschließlichen Gerichtsstandes am Wohnsitz bzw. gewöhnlichen Aufenthaltsort des Kunden (§ 7 HaustürWG).

E. Weitere verbraucherschützende Regelungen

COESTER-WALTJEN Die Rechte des Reisenden bei mangelhaften Leistungen im Reisevertragsrecht, 1995; HONSELL Produkthaftungsgesetz und allgemeine Deliktshaftung, JuS 1995, 211 ff; LITTBARSKI Herstellerhaftung ohne Ende – ein Segen für den Verbraucher?, NJW 1995, 217 ff.

1. Da eine Haftung auf Schadensersatz beim Händler mangels dessen Verschulden in der Regel nicht in Betracht kommt (vgl. oben Rdn. 515), ist der Käufer von Produkten auf die deliktische Haftung des Herstellers angewiesen. Neben (vgl. § 15 II ProdHaftG) der durch die Rechtsprechung für diesen Bereich besonders ausgestalteten Verschuldenshaftung nach § 823 hat der Gesetzgeber aufgrund einer EG-Richtlinie durch das **Produkthaftungsgesetz** eine eigenständige verschuldensunabhängige Haftung eingeführt. **1070**

Der Haftungstatbestand des § 1 I ProdHaftG gewährt einen verschuldensunabhängigen Anspruch auf Schadensersatz bei Tötung oder Körperverletzung sowie bei Beschädigung von Sachen, allerdings nicht des Produkts selbst. Dabei spielt es keine Rolle, ob Geschädigter der Erwerber des Produkts oder ein Dritter ist. Es haftet der Hersteller des Produkts. Wie bei Gefährdungshaftungstatbeständen die Regel (vgl. oben Rdn. 521), ist die Haftung nach § 10 ProdHaftG bei Personenschäden der Höhe nach limitiert auf 160 Millionen DM. Abweichend von dem sonst im deutschen Recht Üblichen haftet der Schädiger bei Sachschäden unbegrenzt; jedoch muß der Geschädigte bis zu 1125 DM selbst tragen. Der Umfang des Schadensersatzes richtet sich nach §§ 7 ff ProdHaftG; er umfaßt keinen Ersatz für immaterielle Schäden. Insoweit ist der Geschädigte nach wie vor auf eine Haftung nach §§ 823, 847 angewiesen. **1071**

Um dem Verbraucher die Rechtsverfolgung zu erleichtern, *erweitert* das Gesetz den *Herstellerbegriff.* Nach § 4 ProdHaftG ist Hersteller zunächst, wer das schädigende Produkt tatsächlich hergestellt hat (§ 4 I 1 ProdHaftG). Aber auch derjenige wird als Hersteller angesehen, der sich das Produkt durch Kennzeichnung mit seinem Namen oder Warenzeichen zu eigen macht (Quasihersteller, § 4 I 2 ProdHaftG). Hersteller im Sinne des ProdHaftG ist zudem jeder, der ein Produkt (erstmalig oder als Reimporteur) in den Bereich der Europäischen Union einführt (§ 4 II ProdHaftG). Hinzu tritt die subsidiäre Haftung auch jedes Lieferanten (dazu zählt normalerweise nicht der Endverkäufer), wenn sich der Hersteller oder Importeur nicht feststellen läßt und der Lieferant nach Aufforderung nicht innerhalb eines Monats Hersteller oder seinen Lieferanten benennt (§ 4 III ProdHaftG). Damit wird die Stellung des Endverbrauchers deutlich gestärkt, da er sich zum einen nicht darum zu bekümmern braucht, wer das Produkt tatsächlich hergestellt hat, und zum anderen immer einen Anspruchsgegner im Bereich der EU hat, also nicht in Drittländern mit ungünstigeren materiellen und prozessualen Voraussetzungen zu prozessieren braucht. **1072**

1073 2. Im Laufe der Zeit hat sich herausgestellt, daß der Reisevertrag einen vom Werkvertrag zu unterscheidenden Vertragstyp darstellt, der eine eigenständige Regelung erfordert. Die Regelung des **Reisevertragsrechts** in §§ 651 a–l ist daneben aber auch durch den Gedanken des Verbraucherschutzes motiviert (vgl. LARENZ SchR II/1 § 53 V a). Dies gilt verstärkt für die auf der Pauschalreise-Richtlinie der EG beruhenden Ergänzungen. Insbesondere soll der Reisende vor ihm ungünstigen Vertragsbedingungen durch den Reiseveranstalter geschützt werden. Über den Schutz des AGBG hinausgehend verbietet § 651 l daher auch von den Vorschriften des Reisevertragsrechts zum Nachteil des Reisenden abweichende individualvertragliche Bestimmungen. Daneben bleibt das AGBG für durch § 651 l nicht verbotene Klauseln anwendbar.

Dem Schutz des Reisenden dient in erster Linie § 651 a, dessen Abs. 1 festlegt, daß grundsätzlich für alle Leistungen der Reiseveranstalter Vertragspartner ist, während die eigentlichen Leistungsträger lediglich dessen Erfüllungsgehilfen sind. Der Reisende kann sich daher an eine Person, den Reiseveranstalter halten, etwa um Mängel geltend zu machen; dessen Sache ist es dann, sich mit dem dafür jeweils verantwortlichen Leistungsträger auseinanderzusetzen. § 651 a II schneidet dem Veranstalter zudem die Berufung auf eine bloße Vermittlertätigkeit ab, wenn er in seinen Prospekten, Ankündigungen etc., insbesondere auch durch Angebot der Gesamtheit der Reiseleistungen zu einem einheitlichen Pauschalpreis, den Eindruck erweckt, daß er die Leistungen dem Reisenden gegenüber in eigener Verantwortung erbringt. Im einzelnen untersagt § 651 a III dem Veranstalter, den Reisepreis nachträglich zu erhöhen, wenn die Erhöhung nicht mit genauen Angaben im Vertrag vorgesehen war und ihre Ursache in einer Erhöhung der Beförderungskosten, von Abgaben oder in einer Änderung der Wechselkurse findet. Bei wesentlichen Änderungen des Preises oder des Inhalts der Reise hat der Reisende ein Rücktrittsrecht (§ 651 a IV).

Von besonderer Bedeutung ist die Regelung des § 651 k, die es dem Reiseveranstalter zur Pflicht macht, für den Fall seiner Zahlungsunfähigkeit oder des Konkurses die Erstattung des gezahlten Reisepreises bzw. der für die Rückreise aufgewendeten Mittel sicherzustellen (§ 651 k I). Dabei muß dem Reisenden ein unmittelbarer Anspruch gegen einen Versicherer oder ein Kreditinstitut verschafft werden (§ 651 k III). Nur gegen Aushändigung eines diesen Anspruch bestätigenden Sicherungsscheines darf der Veranstalter Zahlungen, die 10 % des Reisepreises, höchstens jedoch 500,– DM, übersteigen, vor Beendigung der Reise fordern oder annehmen (§ 651 k IV).

Durch §§ 651 b und i trägt das Gesetz der Tatsache Rechnung, daß Reisen oft lange im voraus gebucht werden und sich bis zum Reiseantritt insbesondere die persönlichen Verhältnisse des Reisenden verändern können. Daher gewährt es ihm eine Ersetzungsbefugnis: Er kann gem. § 651 b verlangen, daß ein Dritter an seiner Stelle die Reise durchführt; der Veranstalter kann nur aus den im Gesetz genannten Gründen widersprechen. Zudem kann der Reisende vor Reisebeginn jederzeit vom Vertrag zurücktreten; in diesem Fall erhält er den Reisepreis abzüglich einer angemessenen Entschädigung zurück (§ 651 i).

Vor Inkrafttreten gewährte der BGH, der den Urlaub als vermögenswertes Gut **1074** ansah, unter Anwendung des Kommerzialisierungsgedankens für nutzlos aufgewandte Urlaubszeit einen Schadensersatzanspruch, der als Vermögensschaden qualifiziert wurde (BGHZ 63, 98). Kinder, Studenten, Arbeitslose oder Rentner konnten als nicht Erwerbstätige allerdings einen solchen Vermögensschaden nicht geltend machen. In § 651 f II wird nunmehr jedem Reisenden ein Schadensersatzanspruch wegen nutzlos aufgewendeter Urlaubszeit gewährt, woraus gefolgert wird, daß es sich nicht um einen Vermögensschaden, sondern – als Ausnahme zu § 253 – um einen Anspruch auf *Ersatz immateriellen Schadens* handelt. Für den Schadensersatzanspruch wegen Nichterfüllung aus § 651 f wird das Verschulden des Reiseveranstalters vermutet.

> Vorgesehen ist in Erfüllung der Verpflichtung aus der Pauschalreise-Richtlinie eine VO über die Informationspflichten von Reiseveranstaltern (Entwurf abgedruckt bei PALANDT/THOMAS Anh. zu §§ 651 a–l), die im einzelnen vorschreibt, welche Informationen zu geben sind und wann das zu geschehen hat (im Prospekt, vor Vertragsschluß, vor Reisebeginn). Folge mangelhafter Informationen können Gewährleistungsansprüche sein.

3. Gemeinhin nicht dem Verbraucherschutz zugerechnet wird das **soziale Miet-** **1075** **recht**, das aber zumindest einen ähnlichen Charakter hat. Das Gesetz geht davon aus, daß angesichts knappen Wohnraums der Mieter als Verbraucher schutzbedürftig gegenüber dem wirtschaftlich überlegenen Anbieter, dem Vermieter, ist. Das äußert sich in zahlreichen Sondervorschriften im BGB, die ausschließlich für die Wohnraummiete gelten. Bewirkt wird der Mieterschutz durch eine Einschränkung des dem Vermieter grundsätzlich zustehenden Gestaltungsrechts auf Kündigung in § 564 b bei berechtigtem Interesse sowie durch die Möglichkeit für den Mieter, gegen eine an sich zulässige Kündigung Widerspruch einzulegen (§ 556 a), der notfalls durch richterliche Gestaltung durchgesetzt werden kann (§ 556 a III). Es treten hinzu Beschränkungen hinsichtlich der Mieterhöhung durch das Gesetz zur Regelung der Miethöhe. Gerade in diesem Bereich wird allerdings die Problematik eines zu weit gehenden Verbraucher- bzw. Sozialschutzes deutlich, da die private Schaffung von Wohnraum mit der Folge unattraktiv wird, daß an sich denkbare Investitionen und Initiativen unterbleiben und eine Regulierung des Wohnungsmarktes zumindest erschwert wird.

4. Eine Neuerung auf verbraucherschützendem Gebiet stellt auch das mit der **1076** InsO vom 5. 10. 1994 (die allerdings erst am 1. 1. 1997 in Kraft tritt) eingeführte **Verbraucherinsolvenzverfahren** dar (vgl. dazu SCHMIDT/RÄNTSCH, MDR 1994, 321). Es gilt nur für natürliche Personen, die keine oder nur eine geringfügige

selbständige wirtschaftliche Tätigkeit ausüben (§ 304 I InsO). Der Insolvenzantrag ist erst zulässig, wenn der Schuldner nachweist, daß eine außergerichtliche Einigung mit den Gläubigern gescheitert ist. Der Schuldner hat neben einem Verzeichnis seiner Gläubiger und Schuldner einen *Schuldenbereinigungsplan* vorzulegen, der unter Berücksichtigung der Interessen der Gläubiger sowie unter Beachtung der Vermögens-, Einkommens- und Familienverhältnisse des Schuldners Regelungen enthält, um die aufgelaufenen Schulden zu bereinigen. Stimmt eine Kopf- oder Summenmehrheit der Gläubiger dem Plan zu, gilt er als angenommen; die Zustimmung weiterer Gläubiger können auf Antrag durch das Gericht ersetzt werden. Der angenommene Plan hat die Wirkung eines gerichtlichen Vergleichs (§ 794 I Nr. 1 ZPO). Wenn der Plan keine mehrheitliche Zustimmung findet, wird das Insolvenzverfahren durchgeführt.

Für das Verbraucherinsolvenzverfahren gibt es – wie überhaupt für Insolvenzverfahren natürlicher Personen – gem. §§ 286 ff InsO die Möglichkeit der Restschuldbefreiung. Sie setzt eine siebenjährige Wohlverhaltenszeit voraus, während der der Schuldner den pfändbaren Anteil seiner Einkommens an einen Treuhänder abtritt, der daraus die Gläubiger befriedigt. Dabei ist der Schuldner zur Ausübung einer angemessenen Tätigkeit verpflichtet und muß sich ggf. um Erlangung einer Erwerbstätigkeit bemühen. Die Restschuldbefreiung bringt alle noch bestehenden Forderungen der Gläubiger zum Erlöschen, soweit es sich nicht um solche aus unerlaubter Handlung oder um Geldstrafen handelt. Sie kann aus bestimmten Gründen versagt werden, etwa wenn der Schuldner gegen seine Obliegenheiten verstoßen oder bereits in den letzten 10 Jahren vor dem Insolvenzantrag Restschuldbefreiung erhalten hat.

1077 5. Seit der Reform des **Internationalen Privatrechts** (s. o. Rdn. 63) gibt es mit Art. 29 EGBGB eine besondere Regelung für Verbraucherverträge. Darin ist Sorge getragen, daß nicht zu Lasten von Verbrauchern durch die Möglichkeit der freien Rechtswahl nach Art. 27 EGBGB, die den Vertrag nach einem Recht unterstellen kann, zu dem weder dieser noch die Parteien eine Beziehung haben, zwingendes Verbraucherschutzrecht umgangen wird. Soweit bestimmte Beziehungen des Verbrauchervertrages zu dem Staat bestehen, in dem der Verbraucher seinen gewöhnlichen Aufenthalt hat (vgl. Art. 29 I Nr. 1, 2 EGBGB), kann er dem durch die Verbrauchergesetzgebung dieses Staates bestehenden Schutz nicht entzogen werden. Auch wenn der Vertragspartner eine Reise des Verbrauchers in ein anderes Land zum Zwecke des Vertragsabschlusses herbeigeführt hat, gilt das Heimatrecht des Verbrauchers (Nr. 3). Art. 29 I EGBGB betrifft jedoch nur das zwingende Verbraucherschutzrecht; daneben kommt grundsätzlich auch bei Verbraucherverträgen eine freie Rechtswahl in Betracht (vgl. etwa OLG München NJW-RR 1991, 123). Jedoch stellt Art. 29 II EGBGB eine von Art. 28 EGBGB abweichende Auffangregelung dahingehend auf, daß mangels Rechtswahl das

Recht des gewöhnlichen Aufenthalts des Verbrauchers gilt. Dasselbe Recht gilt schließlich nach Art. 29 III EGBGB entgegen Art. 11 I–III EGBGB auch für die Form der Verbraucherverträge. Insgesamt soll verhindert werden, daß dem Verbraucher fremde, für ihn ungünstigere Rechte aufgedrängt werden, die insbesondere im Verbraucherschutz nicht den heimischen Standard erreichen.

§ 42
Sonderprobleme des Vertragsrechts

A. Die Lehre vom „faktischen Vertrag"

BAER-KAUPERT Schuldrechtliche Verpflichtung aus sozialtypischem Verhalten, 1970; BÄRMANN Typisierte Zivilrechtsordnung der Daseinsvorsorge, 1948; BETTI Über sog. faktische Vertragsverhältnisse, Festschrift Lehmann I, 1956, 253 ff; BÖRNER Faktische Verträge im Energierecht, Festschrift Nipperdey I, 1965, 185 ff; ESSER Gedanken zur Dogmatik der „faktischen Schuldverhältnisse", AcP 157 (1958/59), 86 ff; HAUPT Über faktische Vertragsverhältnisse, 1941; ders., Festschrift Siber II, 1943, 1 ff; HITZEMANN Stellvertretung bei sozialtypischem Verhalten, 1966; KADUK Vertrag und sozialtypisches Verhalten, JR 1968, 1 ff; LARENZ Die Begründung von Schuldverhältnissen durch sozialtypisches Verhalten, NJW 1956, 1897 ff; H. LEHMANN Faktische Vertragsverhältnisse, NJW 1958, 1 ff; NIKISCH Über „faktische Vertragsverhältnisse", Festschrift Dölle I, 1963, 79 ff; NIPPERDEY Faktische Vertragsverhältnisse?, MDR 1957, 129 ff; SIEBERT Faktische Vertragsverhältnisse, 1958; SIMITIS Die faktischen Vertragsverhältnisse als Ausdruck der gewandelten sozialen Funktion der Rechtsinstitute des Privatrechts, 1957; TEICHMANN Die protestatio facto contraria, Festschrift Michaelis, 1972, 294 ff; WIEACKER Willenserklärung und sozialtypisches Verhalten, Göttinger Festschrift OLG Celle, 1961, 263 ff; WOLFF Über faktische Vertragsverhältnisse, NJW 1953, 1250 ff.

Der Begriff will eine Reihe nicht rechtsgeschäftlich fundierter Sonderverbindungen den auf Vertrag beruhenden Parteibeziehungen gleichstellen. Schon die Römer haben derartige Fälle unter dem Gesichtspunkt des Quasikontrakts teilweise mit Kontraktswirkungen ausgestattet, wie z. B. die Geschäftsführung ohne Auftrag. Der „faktische Vertrag" ist jedoch eine gefährliche Rechtsfigur, weil auf die Voraussetzungen des Rechtsgeschäftes verzichtet wird. **1078**

Die Lehre vom faktischen Vertrag wurde von HAUPT begründet. Er erfaßte darunter Fallgruppen tatsächlicher Vorgänge, die er von der Rechtsprechung so behandelt wissen wollte, als ob sie durch einen fehlerhaften Vertrag begründet worden wären. Er bildete drei Gruppen, nämlich faktische Vertragsverhältnisse aus sozialem Kontakt, solche kraft Einordnung in ein Gemeinschaftsverhältnis und solche kraft sozialer Leistungsverpflichtung.

Die Fallgruppe des sog. sozialen Kontaktes ist heute weitgehend im Rahmen der *culpa in contrahendo* aufgegangen (s. unten Rdn. 1080 ff). Die Fälle aus der Gruppe der sozialen Leistungsverpflichtungen werden im Anschluß an Larenz unter dem Gesichtspunkt der *„Schuldverhältnisse aus sozialtypischem Verhalten"* erfaßt; auf diese Begriffsbildung braucht jedoch nicht zurückgegriffen zu werden, da die Fälle sich weitgehend unter rechtsgeschäftliche Beziehungen einordnen lassen oder nach den Grundsätzen des Vertrauensschutzes zu beurteilen sind (vgl. oben Rdn. 588 ff, 693, 1013).

1079 Zur Erörterung steht heute noch die Lehre von den faktischen Vertragsverhältnissen im **Gesellschafts- und Arbeitsrecht**. Im Grunde handelt es sich um die im Dritt- oder Beteiligteninteresse gebotene Einschränkung von Rechtsfolgen, die sich aus mangelnder Geschäftsfähigkeit und aus Willensmängeln ergeben. Bei in Vollzug gesetzten Gesellschafts- und Arbeitsverhältnissen läuft die ex-tunc-Wirkung der §§ 105 ff und des § 142 dem Schutzbedürfnis Dritter oder unmittelbar Beteiligter zuwider.

Die Rechtswirkungen sind in Fällen der an sich zulässigen **Anfechtung** im Ergebnis auf eine *ex-nunc-Wirkung* zu reduzieren; bis dahin ist jedoch auch für den Anfechtungsberechtigten an der rechtsgeschäftlichen Basis festzuhalten. Das gilt sowohl für Gesellschaftsverträge als auch für Arbeitsverträge (vgl. oben Rdn. 959 f).

Mangelnde Geschäftsfähigkeit erfordert im Bereich der *Gesellschaftsverträge* zwar Nichtigkeit für den Betroffenen, jedoch nur insoweit, als es sein Schutz notwendig macht. Das bedeutet, daß er von den sich aus dem Gesellschaftsvertrag ergebenden Verpflichtungen frei ist, andererseits z. B. am zwischenzeitlichen Gewinn der Gesellschaft beteiligt wird (vgl. dazu oben Rdn. 725). Für die Mitgesellschafter wird jedoch grundsätzlich die Wirksamkeit des Gesellschaftsvertrages nicht beeinträchtigt.

Der *Arbeitsvertrag* ist bei mangelnder Geschäftsfähigkeit grundsätzlich nichtig. Jedoch sind Rechtswirkungen, die dem Schutze des geschäftsunfähigen oder beschränkt geschäftsfähigen Arbeitnehmers dienen sollen, von der Nichtigkeit ausgenommen; so steht ihm z. B. die vereinbarte Vergütung zu. Andererseits ist es verfehlt, für ihn quasivertragliche Verpflichtungen anzunehmen. So treffen ihn keine Leistungs- und etwa daraus entspringende Schadensersatzverpflichtungen; auch bedarf es keiner Kündigung. Vielmehr ist vom dogmatischen Ansatz der Nichtigkeit auszugehen, die lediglich nach durchgreifenden Schutzprinzipien eingeschränkt wird (vgl. oben Rdn. 727).

Es bedarf daher *keines Rückgriffs auf die Lehre vom faktischen Vertrag*, die von der rechtsgeschäftlichen Grundlage völlig absieht.

B. Culpa in contrahendo

Assmann Prospekthaftung, 1985; Ballerstedt Zur Haftung für culpa in contrahendo bei Geschäftsabschluß durch Stellvertreter, AcP 151 (1950/51), 501 ff; v. Bar Vertragliche Schadensersatzansprüche ohne Vertrag? JuS 1982, 637 ff; Breidenbach

Die Voraussetzungen von Informationspflichten beim Vertragsschluß, 1989; CANARIS Geschäfts- und Verschuldensfähigkeit bei Haftung aus „culpa in contrahendo", Gefährdung und Aufopferung, NJW 1964, 1987 ff; ders., Schutzgesetze – Verkehrspflichten – Schutzpflichten, Festschrift Larenz, 1983, 27 ff; ders., Täterschaft und Teilnahme bei der c.i.c., Festschrift Gilger, 1989, 91 ff; DAMM Entwicklungstendenzen der Expertenhaftung, JZ 1991, 373 ff; EMMERICH Zum gegenwärtigen Stand der Lehre von der c.i.c., Jura 1987, 561 ff; DIEDERICHSEN Das Zusammentreffen von Ansprüchen aus Verschulden beim Vertragsschluß und Sachmängelgewährleistung, BB 1965, 401 ff; DIEDRICH Schließt § 253 BGB den Ersatz immaterieller Personenschäden auch bei pVV und cic aus?, MDR 1994, 525 ff; ERMAN Beiträge zur Haftung für das Verhalten bei Vertragsverhandlungen, AcP 139 (1934), 273 ff; FISCHER C.i.c. im internationalen Privatrecht, JZ 1991, 168 ff; GRUNEWALD Aufklärungspflichten ohne Grenzen?, AcP 190 (1990), 609 ff; HERRMANN Die Sachwalterhaftung vermögenssorgender Berufe, JZ 1983, 422 ff; FROTZ Die rechtsdogmatische Einordnung der Haftung für culpa in contrahendo, Gedenkschrift Gschnitzer, 1969, 163 ff; HILDEBRANDT Erklärungshaftung, 1931; HONSELL Culpa in contrahendo, positive Vertragsverletzung und § 463 BGB, JR 1976, 361 ff; HOPT Nichtvertragliche Haftung außerhalb von Schadens- und Bereicherungsausgleich, AcP 183 (1983), 608 ff; HORN Culpa in Contrahendo, JuS 1995, 377 ff; JÄCKLE Die Haftung der öffentlichen Verwaltung aus culpa in contrahendo im Licht der oberinstanzlichen Rechtsprechung, NJW 1990, 2520 ff; v. JHERING Culpa in contrahendo, JherJb. 4 (1861), 1 ff; KÖNDGEN Selbstbindung ohne Vertrag, 1981; KÜPPER Das Scheitern von Vertragsverhandlungen als Fallgruppe der c.i.c., 1988; LARENZ Culpa in contrahendo, Verkehrssicherungspflicht und „sozialer Kontakt", MDR 1954, 515 ff; M. LEHMANN Vertragsanbahnung durch Werbung, 1981; LEONHARD Verschulden beim Vertragsschluß, 1910; LIEB Vertragsaufhebung oder Geldersatz? – Überlegungen über die Rechtsfolgen von culpa in contrahendo, Festschrift Rechtswiss. Fak. Köln, 1988, 251 ff; LIEBS „Fahrlässige Täuschung" und Formularvertrag, AcP 174 (1974), 26 ff; MEDICUS Grenzen der Haftung für culpa in contrahendo, JuS 1965, 209 ff; ders., Zur Entdeckungsgeschichte der culpa in contrahendo, Festschrift Kaser, 1986, 169 ff; ders., Die culpa in contrahendo zwischen Vertrag und Delikt, Festschrift Keller, 1989, 205 ff; ders., Ansprüche auf das Erfüllungsinteresse aus Verschulden bei Vertragsverhandlungen, Festschrift H. Lange, 1992, 539 ff; MESSER Schadensersatzansprüche aus culpa in contrahendo wegen der Verletzung für den Vertragsinhalt wesentlicher vorvertraglicher Pflichten, Festschrift Steindorff, 1990, 743 ff; U. MÜLLER Die Haftung des Stellvertreters bei culpa in contrahendo und positiver Forderungsverletzung, NJW 1969, 2169 ff; MÜSSIG Falsche Auskunftserteilung und Haftung, NJW 1989, 1697 ff; MÜLLER-GRAFF Die Geschäftsverbindung als Schutzpflichtverhältnis, JZ 1976, 153 ff; NIRK Culpa in contrahendo – eine geglückte richterliche Rechtsfortbildung – quo vadis?, Festschrift Möhring II, 1975, 71 ff; ders., Vertrauenshaftung Dritter bei Vertragsdurchführung? Festschrift Hauß, 1978, 267 ff; PETERS Überschreiten der Vertretungsmacht und Haftung des Vertretenen für c.i.c., Festschrift Reinhardt, 1972, 127 ff; PICKER Positive Vertragsverletzung und culpa in contrahendo, AcP 183 (1983), 369 ff; ders., Vertragliche und deliktische Schadenshaftung, JZ 1987, 1041 ff; SCHANZE Culpa in contrahendo bei Jhering, Ius Commune VII, 1978, 326 ff; SCHMITZ Dritthaftung aus culpa in contrahendo, 1980; SCHÜNEMANN Aufklärungspflichten und Haftung, BB 1987, 2243 ff; SCHUMACHER Vertragsaufhebung wegen fahrlässiger Irreführung unerfahrener Vertragspartner, 1979; HANS STOLL Tatbestände und Funktionen der Haftung für culpa in contrahendo, Festschrift von Caemmerer, 1978, 435 ff; ders., Haftungsfragen fehlerhafter Erklärungen beim Vertragsschluß,

Festschrift Riesenfeld, 1983, 275 ff; Heinrich Stoll Die Haftung für das Verhalten während der Vertragsverhandlungen, LZ 1923, 532 ff; Stürner Der Anspruch auf Erfüllung von Treue- und Sorgfaltspflichten, JZ 1976, 384 ff; Tiedtke Haftung des Vertragshändlers bei Veräußerung gebrauchter Fahrzeuge in fremdem Namen, JuS 1988, 848 ff; ders., Der Inhalt des Schadensersatzanspruchs aus Verschulden bei Vertragsschluß wegen fehlender Aufklärung, JZ 1989, 569 ff; Wiedemann/Schmitz Kapitalanlegerschutz bei unrichtiger oder unvollständiger Information, ZGR 1980, 129 ff; Ziegler Die Beschränkung der Haftung aus culpa in contrahendo in Allgemeinen Geschäftsbedingungen, BB 1990, 2345 ff.

1080 I. Nach der Systematik des BGB entstehen Leistungs- oder Schadensersatzansprüche entweder aus Vertrag oder aus im Gesetz normierten Anspruchsgrundlagen (Delikt, Bereicherung, Geschäftsführung ohne Auftrag). Die vertraglichen Verpflichtungen setzen den Vertragsschluß i. S. von Antrag und Annahme voraus. Die Verhandlungsphase vor Vertragsschluß wird vom Gesetz nur in Einzelfällen berücksichtigt, im übrigen bleibt ein Geschädigter auf die Haftung aus unerlaubter Handlung verwiesen. Es können sich jedoch darüber hinaus bei Eintritt in Vertragsverhandlungen aus der Begründung eines Vertrauensverhältnisses Schutzpflichten ergeben, deren Verletzung eine Ersatzpflicht auslöst.

Diese werden durch das Deliktsrecht nicht im erforderlichen Umfang berücksichtigt; Haftungseinschränkungen ergeben sich dort insbesondere durch die Exkulpationsmöglichkeit gem. § 831; ferner durch die Nichtberücksichtigung von reinen Vermögensverletzungen gem. § 823 I.

1081 Diesem Vertrauensverhältnis entspringen insbesondere über die jeden treffenden Pflichten hinaus **Aufklärungs-, Obhuts- und Mitwirkungspflichten**.

So hat die Rechtsprechung z. B. in folgenden Fällen derartige Pflichten anerkannt:
Bei finanzierten Abzahlungskäufen – insbesondere außerhalb des Anwendungsbereichs des § 9 III VerbrKrG – trifft die Bank eine *Aufklärungspflicht*, den Kreditnehmer darauf hinzuweisen, daß die Rückzahlungspflicht des Darlehns unabhängig von Lieferung und Mängelfreiheit der finanzierten Leistung besteht (BGHZ 47, 207, 213 zum alten Recht). Eine Beratungspflicht besteht z. B. für den Verkäufer hinsichtlich der Eignung einer EDV-Anlage für die Zwecke des Käufers (BGH BB 1984, 1896). Dem Kaufinteressenten obliegen vorvertragliche *Schutz- und Sorgfaltspflichten* anläßlich einer Probefahrt mit einem Kfz (BGH NJW 1972, 1363). Eine besondere *Mitwirkungspflicht* kann dann bestehen, wenn sich der Erklärungsempfänger für eine innerhalb einer bestimmten Frist zu erwartenden Annahmeerklärung nicht empfangsbereit hält (RGZ 110, 34, 36). Die Parteien eines genehmigungsbedürftigen Rechtsgeschäftes trifft die Pflicht, bei der *Herbeiführung der Genehmigung* mitzuwirken und alles zu unterlassen, was die Erteilung der Genehmigung verhindern kann (BGHZ 67, 34 f). Wer Vertragsverhandlungen für gescheitert erachtet, muß, wenn er den Abschluß des Vertrages als sicher hingestellt hat, dem anderen Teil dies mitteilen und darf nicht zulassen, daß dieser im Vertrauen auf das Zustandekommen des Vertrages Aufwendungen macht (BGH NJW 1967, 2199).

1082 Die Lehre vom Verschulden bei Vertragsschluß hat v. Jhering vornehmlich aus Regelungen des ALR (vgl. I 5 § 33 und § 284) als allgemeines Prinzip entwickelt.

Sonderprobleme des Vertragsrechts § 42 B II

Im BGB findet der Gedanke in den §§ 122, 179, 307, 309 Ausdruck, ohne daß der Gesetzgeber den allgemeinen Grundsatz aufgenommen hätte. Die Dogmatik hat ihn jedoch – unter Zuhilfenahme der *Analogie* – wieder herausgearbeitet.

> Man versuchte zunächst die Haftung mit der Fiktion eines stillschweigend geschlossenen Haftungsvertrages zu begründen, der nur auf die Übernahme besonderer Erhaltungspflichten bei Vertragsverhandlungen gerichtet sein sollte (vgl. PLANCK/SIBER II/1 Vor §§ 275–292 Anm. I 4c). Die Rechtsprechung sah jedoch von dieser Konstruktion ab und ging einerseits von Vorwirkungen des später geschlossenen Vertrages aus (vgl. RGZ 95, 58, 60), andererseits legte sie ein sich aus der Vorbereitung eines Vertrages ergebendes Rechtsverhältnis zugrunde, unabhängig davon, ob die Verhandlungen zu einem Vertragsschluß geführt hatten (RGZ 78, 239, 240 – „Linoleumrolle"; 107, 357, 362).

1083 Allgemein wird die Haftung aus culpa in contrahendo vom BGH heute als eine solche aus einem in Ergänzung des geschriebenen Rechts geschaffenen gesetzlichen Schuldverhältnis angesehen, das aus der Aufnahme von Vertragsverhandlungen entspringt (Sonderverbindung) und zur verkehrsüblichen Sorgfalt im Verhalten gegenüber den Geschäftsgegnern verpflichtet (BGHZ 6, 330, 333).

Dieser sehr allgemein formulierte Grundsatz führt jedoch dazu, daß die ursprünglich als Ergänzung des Gesetzes herangezogene Rechtsfigur die Konturen der schuldrechtlichen Systematik auflöst und insbesondere geeignet ist, die gesetzliche Regelung der Leistungsstörungen aus den Angeln zu heben (vgl. u. a. NIRK Festschrift Möhring, aaO). So erscheint der Begriff eines „Schuldverhältnisses ohne primäre Leistungspflichten" bedenklich, da er die Anknüpfung an eine vertragliche Leistungspflicht aufgibt; dies würde die Gefahr einer uferlosen Ausweitung der Schadensersatzpflicht nach sich ziehen.

1084 **Grundlage der Haftung** ist enttäuschtes Vertrauen. Es handelt sich um das Vertrauen auf ein pflichtgemäßes Verhalten, das den in Vertragsanbahnungen eintretenden Beteiligten obliegt.

In den *Schutzbereich* fallen daher nur *Beteiligte*, die die Anbahnung geschäftlicher Kontakte im Auge haben. Personen, die zwar mit der Sphäre des potentiellen Vertragspartners in Berührung kommen, jedoch kein Geschäftsinteresse verfolgen, können sich auf eine culpa in contrahendo nicht berufen (so z. B. der sich im Kaufhaus aufwärmende Stadtstreicher; vgl. BGHZ 66, 51, 54 f). Dritte, die einen geschützten Beteiligten begleiten, können in den Schutzbereich einbezogen sein, wenn die Voraussetzungen der „Verträge mit Schutzwirkung für Dritte" in Analogie bejaht werden können (BGHZ 66, 51, 54 ff).

1085 II. Da es sich um den Eintritt in den Bereich des *rechtsgeschäftlichen* Verkehrs handelt, ist *beim Haftenden* **Geschäftsfähigkeit** oder bei beschränkt Geschäftsfähigen Zustimmung des gesetzlichen Vertreters zur Aufnahme des rechtsgeschäftlichen Kontaktes vorauszusetzen (h. M.); §§ 827, 828 bleiben außer Betracht.

Ansprüche des *Geschädigten* bestehen jedoch ohne Rücksicht auf die für seine Beteiligung am rechtsgeschäftlichen Verkehr gezogenen Grenzen der §§ 106 ff, da die seinem Schutz dienende Regelung von diesen Einschränkungen nicht abhängig zu machen ist (vgl. BGH NJW 1973, 1790 f).

1086 *III.* Die Haftung setzt **Verschulden** gemäß § 276 voraus. Soweit es sich um Schädigungen handelt, die von dem ins Auge gefaßten Leistungsgegenstand ausgehen, bestimmt sich der Maßstab der geschuldeten Sorgfalt nach den für das angebahnte Verhältnis geltenden Anforderungen (z. B. §§ 524, 600). Dies gilt jedoch nicht für die Verletzung von Obhuts- und ähnlichen Schutzpflichten.

Da bereits durch die Aufnahme des geschäftlichen Kontaktes, d. h. mit Begründung der Sonderverbindung, ein gesetzliches Schuldverhältnis entsteht, findet nicht § 831, sondern die **Erfüllungsgehilfenhaftung** gem. § 278 Anwendung (RGZ 78, 239, 240 f; 114, 155, 160; BGH MDR 1954, 346 ff; BGHZ 15, 204, 205 f; BGH NJW 1964, 2009; WM 1977, 994 f).

Da es sich um eine Haftungsregelung handelt, reicht es für die Haftung nach § 278 aus, wenn der Handelnde zur Mitwirkung in der Sonderverbindung (z. B. als Vermittlungsvertreter) befugt war; einer rechtsgeschäftlichen Vertretungsbefugnis gemäß §§ 164 ff bedarf es nicht (BGH WM 1968, 531).

1087 Dadurch wird eine *eigene*, zusätzliche *Haftung der Hilfspersonen* aus culpa in contrahendo dann nicht ausgeschlossen, wenn sie am Abschluß ein eigenes wirtschaftliches Interesse haben oder für sich persönlich besonderes Vertrauen in Anspruch genommen und dadurch die Vertragsverhandlungen beeinflußt haben (BGHZ 56, 81, 83; 63, 382, 384 f; 70, 337, 341; 71, 284 ff; 74, 103, 108; 77, 172, 175 ff; BGH NJW 1981, 922 f – einschränkend für Angestellte eines Handelsgeschäfts BGHZ 88, 67 ff).

IV. Im Hinblick auf den **Umfang des zu ersetzenden Schadens** ist zu unterscheiden:

1088 Ist der **Vertrag nicht zustandegekommen** oder, z. B. durch Anfechtung, hinfällig geworden, so richtet sich der Schadensersatz auf das Vertrauensinteresse; der Geschädigte kann verlangen, so gestellt zu werden, wie er ohne die schuldhafte Pflichtverletzung des anderen Teils gestanden hätte. Wenn jedoch bei pflichtgemäßem Verhalten der Vertrag zustande gekommen wäre (so z. B. bei verschuldeter Formnichtigkeit, ohne daß ausnahmsweise Aufrechterhaltung des Vertrages gem. § 242 geboten ist; vgl. oben Rdn. 870 ff), hat der Geschädigte Anspruch auf Ersatz des ihm dadurch entstandenen Schadens (Vertrauensschaden, der im konkreten Falle dem Erfüllungsinteresse entsprechen kann; vgl. BGH NJW 1965, 812, 814, der jedoch hier einen Anspruch auf Erfüllung verneint). Grundsätzlich wird der Anspruch auf das Vertrauensinteresse nicht durch das Erfüllungsinteresse begrenzt (RGZ 151, 357, 359; BGH BB 1955, 429).

Sonderprobleme des Vertragsrechts **§ 42** B V

Wenn der **Vertrag zustandegekommen** ist, können sich in den Leistungsbezie- **1089** hungen der Vertragspartner Nachwirkungen eines schuldhaften Pflichtenverstoßes vor oder bei Vertragsschluß ergeben. Verletzt z. B. ein Versicherer seine Aufklärungspflicht über Grenzen des Versicherungsschutzes, so kann er sich im Versicherungsfalle auf den Ausschluß der Haftung nicht berufen (BGHZ 40, 22, 26 ff). Der Schadensersatzanspruch kann auch zur Befreiung von der vertraglichen Bindung führen, wenn der Schaden gerade in der Eingehung des Vertrages besteht (so z. B. Befreiung von einer Bürgschaft – BGH NJW 1968, 986).

Unabhängig vom Zustandekommen eines Vertrages ist für die Verletzung **1090** sonstiger Rechtsgüter Schadensersatz gemäß § 249 ff zu leisten (RGZ 78, 239 – „Linoleumrolle"; BGH NJW 1962, 31 f – „Bananenschale"; BGH BB 1986, 1185 f).

V. Im *Verhältnis der culpa in contrahendo zu anderen Rechtsinstituten* – delikti- **1091** sche Ansprüche ausgenommen – ist grundsätzlich von der **Subsidiarität** der culpa in contrahendo auszugehen, sofern die vertraglichen oder gesetzlichen Bestimmungen eine abschließende Regelung enthalten. Das betrifft insbesondere fahrlässige Angaben oder Nichtangaben des Verkäufers über Eigenschaften der Kaufsache. In diesen Fällen hat der BGH (BGHZ 60, 319 ff) einen Rückgriff auf culpa in contrahendo abgelehnt; er sieht die Gewährleistungsregelung, insbesondere § 463 mit der Einschränkung auf Zusicherung von Eigenschaften und Arglist (u. a. gegen LARENZ SchR II § 41 II 3 e und DIEDERICHSEN aaO, S. 401 ff) als abschließend an. Daher wird auch das Unterlassen der Angabe, es handele sich um ein Unfallfahrzeug, vom BGH unter § 463 erfaßt (BGHZ 29, 148, 150 f).

Die Rechtsprechung läßt dagegen auf Vertragsaufhebung gerichtete Schadens- **1092** ersatzansprüche aus culpa in contrahendo zu, wenn ein Verhandlungspartner seinen Gegner durch fahrlässige Irreführung zu einem Vertragsschluß verleitet (BGH NJW 1962, 1196 ff). Hier erscheint ein Rückgriff auf culpa in contrahendo nicht notwendig, wenn die Anfechtung wegen Irrtums ex lege zur Beseitigung des Vertrages führt (vgl. BGH NJW 1969, 1625 f), was insbesondere auch in Fällen der sog. fahrlässigen Täuschung der Fall sein wird.

Der Anfechtende entgeht einer eigenen Schadensersatzpflicht, da § 122 II eingreift, weil der Gegner den Irrtum veranlaßt hat (vgl. oben Rdn. 818).

Nur wenn die Irreführung weder einen Irrtum nach § 119 bewirkt hat, noch eine arglistige Täuschung i.S.d. § 123 vorliegt, kann aus culpa in contrahendo ein auf Vertragsaufhebung gerichteter Schadensersatzanspruch in Betracht gezogen werden, obwohl dadurch über die vom Gesetzgeber für das fehlerhafte Rechtsgeschäft normierten Fälle hinausgegangen wird. Insofern ist es geboten, zunächst die Anfechtungsmöglichkeiten zu prüfen (anders aber BGH NJW 1968, 986; dagegen kritisch auch MEDICUS BR Rdn. 150 m.w.N.).

1093 VI. Ansprüche aus culpa in contrahendo **verjähren** grundsätzlich gem. § 195 in dreißig Jahren (BGH NJW 1990, 1658). In Einzelfällen gelten kürzere Verjährungsfristen. Insbesondere ist die für die Anfechtung wegen Arglist bestehende Begrenzung gem. § 124 zu beachten (vgl. Medicus SchR I § 14 III 2; a. A. BGH WM 1981, 310).

C. Nachvertragliche Pflichten

1094 Ähnlich wie außervertragliche Pflichten vor Vertragsschluß können *Pflichten als Nachwirkung eines abgewickelten Vertrages* bestehen. Das gilt insbesondere für Dauerschuldverhältnisse, so z. B. für Miet- und Arbeitsverhältnisse: Der Vermieter muß das Hinweisschild eines umgezogenen Arztes oder Rechtsanwaltes noch angemessene Zeit nach Mietende dulden (OLG Frankfurt OLGZ 79, 338, 340); der Arbeitnehmer ist zur Verschwiegenheit über schutzwürdige persönliche und betriebliche Belange des Arbeitgebers auch nach Beendigung des Arbeitsverhältnisses verpflichtet (BGH NJW 1981, 1089 ff). Der Verkäufer eines Unternehmens mit Kundschaft hat nach Abwicklung des Verkaufs die Verpflichtung, die Eröffnung eines Konkurrenzgeschäftes in der nächsten Umgebung des verkauften Unternehmens zu unterlassen (vgl. RGZ 117, 176, 180). Ebenso darf ein Arzt nach Praxistausch nicht mehr in seinen ehemaligen Praxisbereich zurückkehren und erneut eine Praxis eröffnen (BGHZ 16, 72, 77).

Es handelt sich um Pflichten, die aus dem Grundsatz von Treu und Glauben gefolgert werden (BGH LM Nr. 2 zu § 362); der culpa in contrahendo wird eine „culpa post contractum finitum" gegenübergestellt.

> *Vgl. zum Schrifttum:*
> v. Bar „Nachwirkende" Vertragspflichten, AcP 179 (1979), 452 ff; Kühne Die nachvertragliche Ersatzteilbelieferung, BB 1986, 1527 ff; Strätz Über sog. „Nachwirkungen des Schuldverhältnisses und den Haftungsmaßstab bei Schutzpflichtverstößen", Festschrift Bosch, 1976, 999 ff; Zöllner Die vorvertragliche und nachwirkende Treue- und Fürsorgepflicht im Arbeitsverhältnis, in: Tomandl, Treue- und Fürsorgepflicht im Arbeitsrecht, 1975, 91 ff.

D. Fehlen und Wegfall der Geschäftsgrundlage

Beuthien Zweckerreichung und Zweckstörung im Schuldverhältnis, 1969; Bischoff Vertragsrisiko und clausula rebus sic stantibus, 1983; Blomeyer Fortschritte der modernen Schuldrechtsdogmatik, A: Die Geschäftsgrundlage, AcP 154 (1955), 527 ff; Brox Rechtskraft und Geschäftsgrundlage, NJW 1963, 689 ff; Chiotellis Rechtsfolgenbestimmung bei Geschäftsgrundlagenstörungen in Schuldverträgen, 1981; Drexl Die politische und wirtschaftliche Wende in der DDR – ein Fall für den Wegfall der Geschäftsgrundlage, DtZ 1993, 194 ff; Esser Fortschritte und Grenzen der Theorie von der Geschäftsgrundlage bei Larenz, JZ 1958, 113 ff; Fikentscher Die Geschäftsgrundlage als Frage des Vertragsrisikos, 1971; Geissler Der Wegfall der Geschäftsgrundlage im Rahmen des Bürgschaftsvertrages, NJW 1988, 3184 ff; GOLTZ Motivirrtum und Geschäftsgrundlage im Schuldvertrag, 1973; GRAU Rechtsprechung oder Gesetzgebung zur Anpassung des Privatrechts an die veränderten Verhältnisse, AcP 122 (1924), 318 ff; HAARMANN Wegfall der Geschäftsgrundlage bei Dauerschuldverhältnissen, 1979; HÄSEMEYER Geschäftsgrundlage und Vertragsgerechtigkeit, Festschrift Weitnauer, 1980, 67 ff; HERMANN Vertragsanpassung, Jura 1988, 505 ff; HORN Vertragsbindung unter veränderten Umständen, NJW 1985, 1118 ff; HUBER Verpflichtungszweck, Vertragsinhalt und Geschäftsgrundlage, JuS 1972, 57 ff; JAUERNIG Vertragshilfe, Wegfall der Geschäftsgrundlage und Bürgschaft, NJW 1953, 1207 ff; KEGEL Die Abwicklung von Vorkriegsverträgen der deutschen Wirtschaft mit dem Ausland, zugleich ein Beitrag zum Problem der Geschäftsgrundlage, DRZ 1948, Beiheft 3; ders., Aktuelle Grenzfragen der Geschäftsgrundlage, DRZ 1949, Beiheft 7; ders., Empfiehlt es sich, den Einfluß grundlegender Veränderungen des Wirtschaftslebens auf Verträge gesetzlich zu regeln und in welchem Sinne? Gutachten I zum 40. DJT, 1953, 135 ff; KEGEL/RUPP/ZWEIGERT Die Einwirkung des Krieges auf Verträge, 1941, 18 ff; KÖBLER Die „clausula rebus sic stantibus" als allgemeiner Rechtsgrundsatz, 1991; KÖHLER Unmöglichkeit und Geschäftsgrundlage bei Zweckstörungen im Schuldverhältnis, 1971; KOLLER Die Risikozurechnung bei Austauschverträgen, 1979; KRÜCKMANN Irrtum, veränderte Umstände und Geschäftsgrundlage, LZ 1933, 481 ff; ders., Clausula rebus sic stantibus, Kriegsklausel, Streitklausel, AcP 116 (1918), 157 ff; H. LANGE Ausgangspunkte, Wege und Mittel zur Berücksichtigung der Geschäftsgrundlage, Festschrift Gieseke, 1958, 21 ff; LARENZ Geschäftsgrundlage und Vertragserfüllung, 3. Aufl. 1963; H. LEHMANN Mißbrauch der Geschäftsgrundlage, JZ 1952, 10 ff; LEMBKE Vorhersehbarkeit und Geschäftsgrundlage, 1991; LENEL Die Lehre von der Voraussetzung, AcP 74 (1889), 213 ff; LITTBARSKI Neuere Tendenzen zum Anwendungsbereich der Lehre von der Geschäftsgrundlage, JZ 1981, 8 ff; LOCHER Geschäftsgrundlage und Geschäftszweck, AcP 121 (1923), 1 ff; MEDICUS Vertragsauslegung und Geschäftsgrundlage, Festschrift Flume I, 1978, 629 ff; ders., Leistungsfähigkeit und Rechtsgeschäft, ZIP 1989, 817 ff; NICKLISCH Ergänzende Vertragsauslegung und Geschäftsgrundlagenlehre – ein einheitliches Rechtsinstitut zur Lückenausfüllung? BB 1980, 949 ff; OERTMANN Die Geschäftsgrundlage, 1921; REICHEL Vertragsrücktritt wegen veränderter Umstände, 1933; RHODE Die beiderseitige Voraussetzung als Vertragsinhalt, AcP 124 (1925), 257 ff; ROTHOEFT Faktoren der Risikoverteilung bei privatautonomem Handeln, AcP 170 (1970), 230 ff; RUMURD Schadenersatz, höhere Gewalt und Fortfall der Geschäftsgrundlage, in: Hoyer/Posch (Hrsg.), Das Einheitliche Wiener Kaufrecht, 1991, 177 ff; SCHMIDT-RIMPLER Zum Problem der Geschäftsgrundlage, Festschrift Nipperdey, 1955, 1 ff; SCHMIEDEL Der allseitige Irrtum über die Rechtslage bei der Neuregelung eines Rechtsverhältnisses, Festschrift v. Caemmerer, 1978, 231 ff; SIMSHÄUSER Windscheids Voraussetzungslehre rediviva, AcP 172 (1972), 19 ff; STÖTTER Versuch zur Präzisierung des Begriffs der mangelnden Geschäftsgrundlage, AcP 166 (1966), 149 ff; v. TUHR Der Irrtum über die Grundlage des Vertrages, LZ 1921, 153 ff; WEBER Der Einfluß des Krieges und der Kriegsfolgen auf die privaten Rechtsverhältnisse, 1948; H. P. WESTERMANN Die Anpassung von Gesellschaftsverträgen an veränderte Umstände, Festschrift Hefermehl, 1976, 225 ff; WIEACKER Gemeinschaftlicher Irrtum der Vertragspartner und clausula rebus sic stantibus, Festschrift Wilburg, 1965, 229 ff; WIELING Entwicklung und Dogmatik der Lehre von der Geschäftsgrundlage, Jura 1985, 505 ff; ders., Wegfall der Geschäftsgrundlage bei Revolutionen?, JuS 1986, 272 ff; WINDSCHEID Die Lehre des römischen Rechts von der Voraussetzung, 1850; ders., Die Voraussetzung, AcP 78 (1892), 161 ff.

I. Entwicklung der Lehre von der Geschäftsgrundlage

1095 Das Recht geht davon aus, daß im Vertrag über alle wesentlichen Gesichtspunkte eine Einigung erzielt worden ist. Es können jedoch darüber hinaus Umstände dem Vertrag bewußt oder unbewußt zugrundeliegen, *ohne daß* diese Grundlage *inhaltlich* Ausdruck gefunden hat. Es können Umstände sein, die die Parteien für vorliegend, fortdauernd oder in Zukunft sicher eintretend hielten. Diese werden umfassend als *„Geschäftsgrundlage"* bezeichnet.

> Bei einem langfristigen Lieferungsvertrag haben beispielsweise die Parteien mit der Fortdauer der bisherigen Wirtschaftsverhältnisse zur Zeit des Vertragsschlusses gerechnet, durch einen rapiden Währungsverfall ändern sich diese aber vollkommen.

1096 Bei einer *grundlegenden Veränderung* solcher Umstände stellt sich die Frage, ob die Parteien am ursprünglichen Vertrag festgehalten werden sollen oder ob eine entsprechende Neuregelung der Vertragspflichten erfolgen soll.

> WINDSCHEID (Die Lehre von der Voraussetzung, S. 1; AcP 78 (1892), 161, 195) hatte sich für die Berücksichtigung der „Voraussetzung" im Sinne einer unentwickelten Bedingung eingesetzt. Diese Auffassung setzte sich – jedenfalls im Sinne einer „allgemeinen Kategorie der Selbstbeschränkung der rechtsgeschäftlichen Wirkungen" – in der Gesetzgebung nicht durch (vgl. Mot. I, 249).
>
> Unter dem Eindruck der Inflation nach dem 1. Weltkrieg formulierte OERTMANN aaO den Begriff der Geschäftsgrundlage, wobei er davon ausging, daß die Vorstellung beider oder eines Beteiligten vom Vorhandensein oder dem künftigen Eintritt oder Nichteintritt gewisser Umstände, auf deren Grundlage der Geschäftswille sich aufbaue, zu berücksichtigen sei, sofern diese Vorstellung beim Vertragsabschluß zutage getreten, vom Geschäftsgegner in ihrer Bedeutung erkannt und nicht beanstandet worden war.
>
> Die *Rechtsprechung* berücksichtigte als einen besonderen Fall der zur Vertragsgrundlage erhobenen Voraussetzung unter Anlehnung an die gesetzlichen Regelungen in §§ 321, 610 die sog. clausula rebus sic stantibus (RGZ 50, 255, 257 f; 60, 56, 58 ff). Dabei handelte es sich um Fälle, bei denen eine unvorhersehbare, durchgreifende Veränderung der dem Vertragsschluß zugrunde gelegten wirtschaftlichen Verhältnisse ein Rücktritts- oder Abänderungsrecht zugunsten des Teils begründet, der durch ein Festhalten am Vertrag übermäßig beschwert würde (RGZ 100, 129, 130 f; 103, 3 ff; 107, 151, 153 ff). Die allgemeine Anerkennung der clausula rebus sic stantibus verband sich mit der Lehre von der objektiven Geschäftsgrundlage.
>
> Der BGH hat diese Grundsätze im wesentlichen übernommen und fortgeführt (vgl. z. B. BGH LM Nr. 91 zu § 242 [Bb]). Hingegen wird in der Lehre zum Teil die Notwendigkeit eines solchen Rechtsinstituts verneint, soweit es sich nicht um gesetzlich geregelte Fälle handelt (vgl. insbes. FLUME II § 26; auch STAUDINGER/J. SCHMIDT § 242 Rdn. 833 ff).

1097 Fälle, in denen der *Gesetzgeber* die Rechtsfolgen grundlegender Veränderungen geregelt hat, finden sich bereits im BGB bei der Berücksichtigung eines unvorhergesehenen Vermögensverfalls des Geschäftspartners in den Fällen der Vorleistungsverpflichtung (§ 321) und des Darlehensversprechens (§ 610) sowie des Schenkers (§§ 519, 528). Weiter berücksichtigt das BGB die wesentliche Veränderung äußerer Umstände etwa in

§§ 593, 1612 a. Zum Teil wird für solche Fälle eine außerordentliche Kündigung zugelassen, vgl. §§ 594 e, 605, 651 j. Darüber hinaus sind ausdrückliche Regelungen z. B. bei grobem Mißverhältnis der Erträgnisse gegenüber der mit dem Urheber vereinbarten Gegenleistung (§ 36 UrhG) oder grundlegender Veränderung der für die Prämienbemessung in Versicherungsverträgen maßgeblichen Umstände (§ 41 a VVG) getroffen. – Besondere Anpassungsvorschriften ergeben sich bei Versorgungsansprüchen und Renten (z. B. § 16 BetrAVG).

Die Berücksichtigung persönlicher Schicksale aufgrund politischer Ereignisse ermöglichen das Vertragshilfegesetz von 1952 und entsprechende Vorschriften für Heimkehrer, Vertriebene und Flüchtlinge (§§ 1 ff VHG, §§ 87 ff AKG, § 26a HKG, §§ 82 ff BVFG – heute ohne praktische Bedeutung). Es bleibt jedoch zu beachten, daß derartige Sonderbestimmungen die Berücksichtigung des Wegfalls der Geschäftsgrundlage nur soweit ausschließen, als der Tatbestand durch die Sonderbestimmungen eine abschließende Regelung gefunden hat (BGHZ 15, 27, 38; 40, 334, 336; BGH WM 1977, 730, 735).

Die *Rechtskraft* kann nach Verurteilung zu wiederkehrenden Leistungen bei wesentlicher Veränderung der für die Entscheidung maßgeblichen Verhältnisse im Wege der Abänderungsklage durchbrochen werden (§ 323 ZPO).

Für öffentlich-rechtliche Verträge eröffnet § 60 I 1 VwVfG und § 59 SGB-X die Möglichkeit zur Anpassung.

II. Vorrang vertraglicher Regelungen

1098 1. Ein Bedürfnis für die Anwendung der Regeln über Fehlen und Wegfall der Geschäftsgrundlage besteht nicht, soweit die *Parteien im Vertrage* ausdrücklich für solche Fälle *Vorsorge* getroffen haben.

Zur Praxis der Vertragsgestaltung langfristiger Schuldverhältnisse gehört es, durch Aufnahme von *Gleitklauseln* in den Vertrag der Veränderung grundlegender Umstände zur Erhaltung der Äquivalenz Rechnung zu tragen.

Im Währungsbereich hat allerdings der Gesetzgeber durch Genehmigungsvorbehalte derartige Vereinbarungen erschwert (so die Währungssicherungen durch Anbindung an Gold- oder Warenpreise, z. B. durch „Roggenhypotheken", in § 3 WährG; sog. Wertsicherungsklauseln). – Für den Erbbauzins darf auch bei Vereinbarung einer Anpassungsklausel die Anpassung erst in größeren Zeitabständen verlangt werden (§ 9a ErbbauVO).

Neben Gleitklauseln kann der Ungewißheit im Hinblick auf künftig eintretende Ereignisse durch Aufnahme von *Bedingungen* oder *Rücktrittsvorbehalten* Rechnung getragen werden.

1099 2. Soweit ausdrückliche Vereinbarungen nicht getroffen wurden, ist im Wege **ergänzender Vertragsauslegung** zu ermitteln, welche Lösung die Parteien bei grundlegender Veränderung der Umstände ins Auge gefaßt haben würden. Es müssen jedoch in der vertraglichen Regelung Anhaltspunkte für den hypothetischen Parteiwillen erkennbar sein.

Darauf stellt z. B. die Rechtsprechung bei gemeinsamen Vorstellungen über die Bebaubarkeit eines Grundstücks beim Kauf ab, wenn durch Änderung der Bauvorschriften nach Gefahrübergang diese Vorstellungen nicht zu verwirklichen sind (vgl. BGH NJW 1978 695 f).

Die ergänzende Vertragsauslegung geht insofern *einer Lösung über den Wegfall der Geschäftsgrundlage vor.* Ist jedoch im Wege der ergänzenden Vertragsauslegung eine Anpassung an die veränderten Umstände nicht erreichbar, ist zu prüfen, ob und gegebenenfalls in welcher Richtung ein Wegfall der Geschäftsgrundlage die Anpassung des Rechtsverhältnisses erforderlich macht (BGHZ 81, 135, 143; 90, 69, 74 f; grundsätzlich zur Abgrenzung vgl. LARENZ AT § 29 I; MEDICUS FS Flume I, 629 ff).

III. Vorrang gesetzlicher Regelungen

1100 Soweit sich für fehlgeschlagene Vorstellungen oder Erwartungen der Parteien – abgesehen von den oben (Rdn. 1097) aufgeführten Sondertatbeständen – eine *allgemeine gesetzliche Regelung* findet, geht diese der Lösung über die Grundsätze vom Wegfall der Geschäftsgrundlage vor *(Subsidiarität)*.
Hierfür kommen insbesondere in Betracht:

1. Anfechtung wegen Irrtums

1101 Fälle, die zur Anfechtung nach § 119 I oder II berechtigen, betreffen nicht die „Geschäftsgrundlage", da sie von der Vertragserklärung erfaßt werden und somit zum *Vertragsinhalt* gehören. Auch der doppelseitige Irrtum unterliegt der Anfechtung. Mit Rücksicht auf die Folgen gem. § 122, die teilweise als unbillig angesehen werden, will man beim doppelseitigen Irrtum die Grundsätze des Wegfalls der Geschäftsgrundlage anwenden (z. B. ENN./NIPPERDEY § 177 VI; LARENZ AT § 20 III). Da im Regelfalle nur derjenige Vertragspartner anfechten wird, zu dessen Nachteil sich der gemeinsame Irrtum auswirkt, kann demjenigen, der den Vorteil aus der Anfechtung hat, zugemutet werden, dem Gegner den Vertrauensschaden zu ersetzen (so FLUME II § 24, 4; MEDICUS BR Rdn. 162 – vgl. im übrigen oben Rdn. 808 f).

Sofern eine Fehlvorstellung über künftig eintretende Ereignisse zur Anfechtung wegen Irrtums nicht berechtigt, kann jedoch die Anwendung der Grundsätze über das Fehlen der Geschäftsgrundlage in Betracht kommen (z. B. BGHZ 47, 48, 51).

2. Gewährleistung wegen Sachmangels

1102 Sofern Ansprüche auf Gewährleistung gegeben sind, ist mit Rücksicht auf die Normierung der Gewährleistung die Anwendung der Grundsätze über die Folgen des Fehlens oder Wegfalls der Geschäftsgrundlage ausgeschlossen (RGZ 135, 339, 346; 161, 330, 337; BGHZ 60, 319 ff). Wenn jedoch die Gewährleistung nach §§ 459 ff nicht eingreift, weil ein Fehler bei Gefahrübergang nicht vorlag, können die Regeln zum Wegfall der Geschäftsgrundlage zur Anwendung kommen (BGH JZ 1977, 177).

3. Unmöglichkeit

1103 Liegt Unmöglichkeit im Sinne echter physischer oder rechtlicher Leistungshindernisse vor, so ist für die Anwendung der Grundsätze über das Fehlen oder den Wegfall der

Geschäftsgrundlage kein Raum. Das gilt auch für die Fälle der *Zweckerreichung*, in denen der Leistungserfolg ohne Zutun des Leistungsschuldners eintritt.

Als Beispiel dient der Fall des freizuschleppenden Schiffes, das durch eine Sturmflut freikommt. § 324 scheidet aus, da den Schiffseigner als Gläubiger kein Verschulden trifft und die Ausweitung auf den Begriff der Risikosphäre nicht am Platze ist. Andererseits ist die strikte Anwendung des § 323 unbillig, da dem Schuldner zumindest ein Ersatz seiner Kosten zuzubilligen ist. Hier kann im Werkvertrag mit BGHZ 40, 71, 73 ff unter Heranziehung des Rechtsgedankens in § 645 eine Teilvergütung begründet sein (vgl. MünchKomm/EMMERICH Vor § 275 Rdn. 42 ff).

Entsprechendes wird für Fälle des *Zweckfortfalls* angenommen, in denen der Leistungserfolg wegen Untergang des Leistungssubstrats nicht mehr eintreten kann (Malerarbeiten am Haus können nicht ausgeführt werden, da das Haus nach Blitzschlag inzwischen abgebrannt ist). Das gilt auch für Fälle der *Zweckstörung*, wenn der Zweck *Vertragsinhalt* geworden ist. Es handelt sich um Fälle, in denen der Leistungserfolg noch herbeigeführt werden kann, jedoch das von den Parteien im Vertrag zum Ausdruck gelangte Interesse weggefallen ist. Hier hat sich der Schuldner auf das sog. Verwendungsrisiko des Gläubigers eingelassen, so daß § 323 anwendbar sein kann (vgl. OLG Hamm WM 1972, 1323). Liegt andererseits auf Seiten des Schuldners lediglich eine sog. wirtschaftliche Unmöglichkeit vor, bei der die Leistung zwar möglich, jedoch wegen Überschreitens der „Opfergrenze" nach Treu und Glauben nicht zumutbar ist („überobligationsmäßige Schwierigkeit"), so können die Grundsätze über den Wegfall der Geschäftsgrundlage eingreifen (BGH LM Nr. 12 und 50 zu § 242 [Bb]; BGH BB 1956, 254; h. M.)

4. Kündigung aus wichtigem Grund

Die gesetzlichen Regelungen über die Kündigung von Dauerschuldverhältnissen aus **1104** wichtigem Grund (§§ 554a, 626, 723; 89a HGB) schließen in der Regel die Anwendung der Grundsätze über die Folgen des Fehlens oder des Wegfalls der Geschäftsgrundlage aus (BGHZ 24, 91, 96); entsprechendes gilt für vertraglich geregelte Kündigungsrechte (BGH WM 1971, 798 f). Dieser Ausschluß greift jedoch nur insoweit ein, als es um die gesetzlich oder vertraglich vorgesehene Auflösung des Vertrages geht (z. B. auch für sog. Änderungskündigungen; vgl. § 2 KSchG).

Treten Umstände ein, die diese Tatbestände nicht erfüllen, können die Grundsätze über das Fehlen oder den Wegfall der Geschäftsgrundlage eingreifen (vgl. BGH NJW 1958, 785; BAG AP Nr. 4, 5 und 6 zu § 242). Bei Dauerschuldverhältnissen, für die keine gesetzlichen oder vertraglichen Kündigungsregeln vorgesehen sind, können die Grundsätze ohne Einschränkung Anwendung finden.

5. Kondiktion wegen Zweckverfehlung

Während die Lehre von der Geschäftsgrundlage davon ausgeht, daß der bezweckte **1105** Erfolg nicht in den Inhalt des Rechtsgeschäfts einbezogen wurde, ist für die Anwendung des § 812 I 2 2. Alternative gerade erforderlich, daß der verfehlte Zweck ohne vorausgegangene Verpflichtung zum Inhalt des Rechtsgeschäfts geworden war. Der Bereicherungsanspruch und die Folgen aus dem Wegfall der Geschäftsgrundlage können daher grundsätzlich nicht gleichzeitig gegeben sein (vgl. BGH NJW 1975, 776; BAG NJW 1987, 918 f; MEDICUS BR Rdn. 163; zur Überschneidung der beiden Institute vgl. ESSER/WEYERS SchR II § 49 II).

Soweit der Zweck einer Leistung nicht zum Inhalt des Rechtsgeschäfts gemacht wurde, können die Grundsätze über den Wegfall der Geschäftsgrundlage zur Rückabwicklung nutzbar gemacht werden; z. B. bei Zuwendungen zum Zwecke der gemeinsamen Zukunftssicherung unter Ehegatten im Falle der Scheidung (BGH NJW 1972, 580); dieser Weg ermöglicht eine interessengerechtere Lösung als die Rückabwicklung über § 812 I 2 1. Alternative (so aber BGH JZ 1968, 381 f – wie hier u. a. Münch-Komm/Lieb § 812 Rdn. 157, 177).

6. Vergleich

1106 Stimmt bei einem Vergleich der nach dem Inhalt des Vertrages als feststehend zugrundegelegte Sachverhalt mit der Wirklichkeit nicht überein, so greift § 779 mit der Unwirksamkeitsfolge ein. Hierbei handelt es sich um einen gesetzlich geregelten Sonderfall des Fehlens der Geschäftsgrundlage. Die vorgesehene Unwirksamkeit tritt nicht ein, wenn die Parteien die Rechtsfolgen eines Fehlens der vorausgesetzten Umstände im Vergleich ausdrücklich geregelt haben (BGH WM 1971, 1120 f).

Verändern sich dagegen nicht streitausschließende Umstände, die von dem Tatbestand des § 779 nicht erfaßt werden, kann auf die allgemeinen Grundsätze über das Fehlen bzw. den Wegfall der Geschäftsgrundlage zurückgegriffen werden (vgl. BGH LM Nr. 2 zu § 779; so z. B. bei Irrtum über zukünftige Ereignisse, BGH JZ 1963, 129 f; bei gemeinschaftlichem Irrtum über den Fortbestand einer bestimmten Rechtsprechung, BGHZ 58, 355, 361 f).

1107 IV. Die Voraussetzungen für das Eingreifen der Regelung über die Geschäftsgrundlage

Soweit gesetzliche Regelungen nicht eingreifen, können fehlgeschlagene Vorstellungen und Erwartungen als Fehlen oder Wegfall der Geschäftsgrundlage berücksichtigt werden (vgl. zu Ansätzen einer tatbestandlichen Erfassung MünchKomm/Roth § 242 Rdn. 535 ff; Soergel/Teichmann § 242 Rdn. 255 ff; kritisch Esser aaO., 114).

1. Sind die Parteien beim Vertragsschluß von allgemeinen Verhältnissen, z. B. der Kaufkraft der Währung u. a. ausgegangen, *ohne daß sie dies zum Inhalt des Vertrages gemacht haben*, würde eine grundlegende Veränderung dieser Umstände dem Rechtsgeschäft die Grundlage entziehen.

Die Geschäftsgrundlage fällt hier weg, wobei dieser Wegfall sich insbesondere in zweierlei Richtungen auswirkt:

1108 a) Es tritt eine *Äquivalenzstörung* ein, d. h. es entsteht ein grobes Mißverhältnis zwischen den beiderseitigen Verpflichtungen (RGZ 112, 329, 333; BGHZ 77, 194, 198 f; 90, 227 f; 91, 32).

1109 b) Es wird der gemeinsame, „objektivierte" *Geschäftszweck*, nicht nur vorübergehend, unerreichbar.

Der Begriff des gemeinsamen Geschäftszwecks ist umstritten.

Er wird zum Teil mit der Begründung abgelehnt, daß es – jedenfalls im Austauschvertrag – keinen gemeinsamen Geschäftszweck gebe: Vgl. Esser aaO, 113, 115; Beuthien aaO, 183; Wieacker aaO, 783, 806 ff.

Ein solcher Zweck kommt jedenfalls für eine Regelung über die Geschäftsgrundlage *nicht* in Betracht, *wenn er Vertragsinhalt geworden ist.* Vgl. die Abgrenzung zum Eingreifen von Unmöglichkeitsvorschriften oben Rdn. 1103 sowie KÖHLER aaO, 126 ff.

Es sind jedoch Fälle denkbar, in denen *über den Vertragsinhalt hinaus* von einer Vertragspartei ein Zweck zugrundegelegt wird, den sich die andere Partei zu eigen macht.

> Als Beispiel kann der auch von LARENZ SchR I § 21 II 2 herangezogene Fall dienen:
> Ein Omnibusunternehmer bietet, *ohne den Zweck der Fahrt zu bezeichnen,* eine Sonderfahrt nach M an, weil er sich regen Zuspruch wegen eines dort stattfindenden Fußball-Länderspiels verspricht. Es buchen frühzeitig 40 Teilnehmer, die das Spiel besuchen wollen. Das Spiel fällt aus. Die Fahrtteilnehmer wollen zurücktreten, weil sie ihre Buchung nur für diesen besonderen Zweck vorgenommen haben.
> Obwohl dem zum Inhalt gewordenen Vertragszweck, d. h. der Fahrt, entsprochen werden kann, ist die Geschäftsgrundlage, von der beide Parteien ausgegangen sind, entfallen. Die Erreichung des gemeinsamen weiteren Geschäftszwecks, der nicht Vertragsinhalt geworden ist, ist mit den vorgesehenen Mitteln nicht möglich. Der Vertrag ist daher, da Anpassung nicht möglich ist, aufzulösen.

Daraus folgt, daß der Begriff des gemeinsamen Geschäftszwecks für die Regelung über die Geschäftsgrundlage nur im Feld zwischen Vertragsinhalt einerseits und unbeachtlichem Motivirrtum andererseits relevant sein kann.

1110 2. In Ausweitung dieser Grundsätze soll eine entsprechende Regelung auch dann eingreifen, wenn die Parteien, ohne daß sich die tatsächlichen Umstände ändern, von einer verfehlten Vorstellung über diese Umstände ausgegangen sind. Haben sie diese Vorstellungen zwar nicht zum Vertragsinhalt gemacht, sind aber andererseits die Vorstellungen nicht bloß Beweggrund geblieben, so soll ein *Wegfall der „subjektiven" Geschäftsgrundlage* in Betracht kommen (vgl. WIEACKER aaO, 229, 242 ff; anders LARENZ AT § 20 III, der auch den Fall des Nichteintretens der beiderseitigen Erwartungen über zukünftige Umstände zur „subjektiven" Geschäftsgrundlage rechnet und als *„objektive" Geschäftsgrundlage* nur solche Umstände ansieht, über die sich die Parteien keinerlei Vorstellungen gemacht haben – vgl. auch LARENZ SchR I § 21 II und Geschäftsgrundlage aaO, 171).

> Ein Waschmittelhersteller schließt mit dem Hauptgewinner A eines vom Hersteller veranstalteten Preisausschreibens einen Vertrag über Fernsehwerbung; das Unternehmen geht davon aus, daß mit dem Gewinner ein besonderer Werbeeffekt erzielt werden könne. Obwohl in dem Vertrag mit A auf den Gewinn nicht Bezug genommen wird, erkennt auch A, daß dies auf seinen Erfolg zurückzuführen ist. Später stellt sich heraus, daß Frau B den Hauptgewinn erzielt hat. Der Hersteller will den Vertrag mit Frau B abschließen. Hier kann ein Wegfall der „subjektiven" Geschäftsgrundlage in Betracht kommen.

Die Fallgruppe der sog. subjektiven Geschäftsgrundlage berührt sich mit dem doppelseitigen Irrtum, der die Willenserklärungen, d. h. den Vertragsinhalt selbst, betrifft, in den Auswirkungen in Lehre und Rechtsprechung jedoch zum Teil gleich behandelt wird (vgl. oben Rdn. 806 ff, 1101).

Da die Aufhellung, ob sich die Parteien irgendwelche Vorstellungen über gegenwärtige oder zukünftig eintretende Umstände gemacht haben, Schwierigkeiten bereitet, ist eine strenge Abgrenzung zwischen „objektiver" und „subjektiver" Geschäftsgrundlage praktisch kaum durchführbar. Insofern ist, wenn auch mit unterschiedlicher Argumentation, an der strengen begrifflichen Unterscheidung *Kritik* geübt worden:

> Vgl. z. B. SOERGEL/TEICHMANN § 242 Rdn. 211; SCHMIDT-RIMPLER aaO, 20 f; ESSER aaO, 113, 115; BROX Die Einschränkung der Irrtumsanfechtung, 85; KEGEL Gutachten aaO, 196 ff; FIKENTSCHER aaO, 10 f; MEDICUS BR Rdn. 165, AT Rdn. 860.

Für die rechtliche Beurteilung ist in beiden Fällen entscheidend, daß der Vertrag seine Funktion als angemessene und sinnvolle Gestaltung verliert.

1111 3. Wenn beide Fallgruppen an die subjektive Basis anknüpfen, so muß es darauf ankommen, eine *Formel* zu finden, die tunlichst *beide Fallgruppen* erfaßt.

> Demgegenüber will eine Meinung unabhängig von den ursprünglichen Vorstellungen der Parteien die objektiv unangemessen gewordenen Leistungspflichten gem. § 242 neu gestalten. Insbesondere will KEGEL Gutachten aaO, 199 ff, und JZ 1951, 385, 398 ff, ausgehend von einer dem Vertrag innewohnenden Risikoverteilung einen Schadensausgleich bei Wegfall der Geschäftsgrundlage nur dann vornehmen, wenn die Ereignisse außerhalb des Machtbereiches beider Parteien liegen.

Trotz solcher Bedenken erscheint es besser, von der im Rechtsgeschäft liegenden „Finalität" auszugehen und unter Anknüpfung an den gestaltenden Willen ihr nach Möglichkeit Rechnung zu tragen. Auch erscheint es möglich, das Interesse des Geschäftsgegners besser zu berücksichtigen und somit eine differenzierende Lösung zu erleichtern.

Nicht zuletzt wird damit für die richterliche Gestaltung die Vorstellung der Parteien als Grundlage erhalten und ein davon unabhängiger Eingriff vermieden; darf doch der ursprüngliche Vertrag durch die Rechtsgestaltung in seinem Wesen und seiner Tragweite nicht grundsätzlich verändert werden (BGH JZ 1952, 145, 146 f). So soll – wie LARENZ betont (Geschäftsgrundlage aaO, 186 f) – die Grenzlinie zur „Vertragshilfe" erhalten bleiben (vgl. oben Rdn. 1034).

1112 Nach der von H. LEHMANN (vgl. zuletzt LEHMANN/HÜBNER § 35 A VII 4) entwickelten allgemeinen **Formel** ist darauf abzustellen, *ob der Vertragsgegner sich nach Treu und Glauben mit Rücksicht auf den Zweck des Vertrages darauf eingelassen hätte oder sich redlicherweise hätte einlassen müssen, den Vertrag von dem fraglichen Umstand abhängig zu machen, wenn man die Unsicherheit des Umstandes beim Vertragsabschluß in Betracht gezogen hätte.*

Sonderprobleme des Vertragsrechts   § 42 D IV 3

a) Diese Formel erfaßt sowohl die sog. objektive, als auch die sog. subjektive **1113**
Geschäftsgrundlage. Sie läßt sich in nachstehende **Kriterien** aufgliedern:
Ein für die Willensbildung erheblicher Umstand ist als Geschäftsgrundlage zu betrachten, wenn
– die grundlegende Bedeutung des Umstandes für den Vertragsschluß dem Vertragsgegner erkennbar geworden ist,
– ferner nur die Gewißheit hinsichtlich des Vorhandenseins, der Fortdauer oder des Eintritts des fraglichen Umstandes die Partei, die auf ihn Wert legte, davon abgehalten hat, im Vertrag Vorsorge zu treffen, und
– endlich der Gegner sich auf dieses Ansinnen, falls man die Unsicherheit des Umstandes ernsthaft in Betracht gezogen haben würde, mit Rücksicht auf den Zweck des Vertrages eingelassen hätte oder redlicherweise hätte einlassen müssen.

Für den Fall, daß den Parteien *Vorstellungen* über einen als Vertragsgrundlage in Betracht kommenden Umstand überhaupt *gefehlt* haben, ist der fragliche Umstand nur dann als Geschäftsgrundlage anzuerkennen:
– wenn seine grundlegende Bedeutung für den Vertragsschluß sich aus dem übereinstimmenden Willen beider Parteien, dem gemeinsamen Vertragszweck, ergibt,
– wenn nur das Fehlen der Vorstellung, daß der fragliche Umstand möglicherweise nicht vorliege, nicht eintreten oder künftig wegfallen werde, verständlich macht, daß die Partei, die sich auf das Nichtvorliegen, den Nichteintritt oder den Wegfall des Umstandes beruft, davon Abstand genommen hat, vom Gegner die Anerkennung eines solchen Sachverhalts als Voraussetzung zu verlangen.

b) Neben den vorstehenden Kriterien bedarf es der Beachtung **weiterer Voraus- 1114
setzungen**
– Die Störung muß für die Beteiligten so *erheblich* sein, daß das Festhalten an den ursprünglichen Vertragspflichten *unzumutbar* ist (vgl. BGHZ 2, 176, 188; 84, 1, 9; BGH NJW 1985, 313 f).
Treten jedoch Änderungen in den Umständen ein, die von den Parteien *vorausgesehen* wurden oder *voraussehbar* waren, so ist grundsätzlich ein Rückgriff auf den Wegfall der Geschäftsgrundlage ausgeschlossen (BGH DB 1969, 833; BGH WM 1972, 656 f).
– Das *Risiko* darf nicht in den Bereich eines der Partner gehören. Dies ist insbesondere der Fall, wenn der Partner nach Gesetz (z. B. Betriebsrisiko, § 615) oder Vereinbarung einzustehen hat (BGHZ 74, 370, 373) oder nach dem Charakter des Geschäfts (z. B. bei Spekulation) das Risiko bewußt übernommen hat. Andererseits kann jedoch ein Risiko, das allen gemeinsam ist und dem sich der einzelne nicht entziehen kann, die Anwendung des Grundsatzes ausschließen (vgl. BGHZ 7, 238, 243 f).

V. Folgen des Fehlens oder Wegfalls der Geschäftsgrundlage

1115 Liegen die Voraussetzungen vor, so führt dies nicht ohne weiteres zu einer Nichtigkeit oder zu einem Rücktrittsrecht für eine oder beide Vertragsparteien. Die völlige Lösung vom Vertrag kommt nur dann in Betracht, wenn weniger weitgehende Rechtsfolgen ausscheiden (BGHZ 47, 48, 51 f; 70, 47, 51 f). Umfang und Inhalt der vertraglichen Rechte und Pflichten sind nach dem inneren Sinn und Zweck des Geschäfts unter Berücksichtigung der Umstände des Einzelfalls zu bemessen; sie sind also gegebenenfalls nach den Grundsätzen von Treu und Glauben an die wirkliche Sachlage anzupassen, wobei nur unumgänglich erscheinende Eingriffe in das bestehende Rechtsverhältnis vorzunehmen sind (BGH BB 1952, 330 mit Nachweisen).

Es liegt auf der Hand, daß eine solche Anwendung des sog. **Anpassungsgrundsatzes** von dem besonderen Charakter des jeweiligen Schuldverhältnisses abhängig ist (BGHZ 9, 273, 279; BGH NJW 1978, 695). Sie muß in jedem Fall im recht verstandenen Interesse beider Parteien liegen (LARENZ aaO, 186). Als Anpassung kommen z. B. in Betracht: Herabsetzung einer Verbindlichkeit (BGH NJW 1958, 785) bzw. Erhöhung der Gegenleistung (BGHZ 77, 194, 198 f), ein Ausgleichsanspruch (RGZ 142, 23, 34 f; BGH NJW 1962, 29, 30 f), auch Stundung (BGH NJW 1977, 2358 f) oder Teilzahlung.

Zur Anpassung ist der Richter, der den Wegfall der Geschäftsgrundlage *von Amts wegen* festzustellen hat (BGHZ 54, 145, 155), entsprechend § 139 ZPO gehalten, ohne seine Entscheidung vorwegzunehmen, die nach seiner Auffassung in Betracht kommenden Lösungen mit den Parteien zu erörtern und ihnen Gelegenheit zu geben, sachdienliche, auf die Lösungsmöglichkeiten abgestimmte Anträge zu stellen (BGH NJW 1978, 695). Weigert sich eine Vertragspartei, dem berechtigten Verlangen der anderen Partei auf Anpassung des Vertrages zu entsprechen, so darf sich grundsätzlich die betroffene Partei vom Vertrag lösen (RGZ 112, 329, 333 f; BGH NJW 1969, 233).

1116 *Umstritten* ist, ob dem Richter eine *Befugnis zur Gestaltung* der Vertragsbeziehungen zusteht. Rechtsprechung und Lehre betonen überwiegend, daß der Richter lediglich die durch die Störung eingetretene Veränderung der Rechtslage ausspricht (BGH NJW 1972, 152 f; vgl. die Nachweise bei MünchKomm/ROTH § 242 Rdn. 503 ff); demgegenüber vertreten ROTH (aaO) und ESSER/SCHMIDT (SchR I § 24 III 1) eine Eingriffsbefugnis des Richters ähnlich der „Vertragshilfe". Eine solche Befugnis kann jedoch nur ausnahmsweise in Betracht kommen (vgl. BAG NJW 1977, 2370 ff; BGHZ 61, 31, 40 f).

1117 Ist eine Anpassung nicht möglich, weil das Festhalten am Vertrag schlechthin gegen Treu und Glauben verstoßen würde (BGH NJW 1976, 565, 567), dann muß der benachteiligten Partei ein Recht auf **Auflösung** zustehen.

Die Bedingung   § 43

Für die Abwicklung der aufgelösten Verbindlichkeit entsteht ein Rückgewährschuldverhältnis eigener Art, das in *Anlehnung an die Vorschriften des Rücktrittsrechts oder der Kündigung* zu behandeln ist (BGH NJW 1969, 233 f; BGHZ 101, 143, 149; für das Gesellschaftsrecht vgl. BGHZ 10, 45, 51; für Rückabwicklung nach Bereicherungsrecht bei einem Leasingvertrag BGHZ 109, 139, 144).

Im allgemeinen ist eine Anwendung der Grundsätze *nach Erfüllung des Vertrages ausgeschlossen*, jedoch kann im Einzelfall auch hier eine Anpassung in Betracht kommen (BGHZ 74, 370, 373 m.w.N.).   **1118**

VI. Schuldrechtsreform   **1119**

In § 306 des Kommissionsentwurfs für eine Schuldrechtsreform ist eine Regelung des Wegfalls der Geschäftsgrundlage vorgesehen, die sich auf die Kodifizierung der von der Rechtsprechung entwickelten Leitlinien beschränkt und die weitere Konkretisierung der Rechtsprechung überläßt, vgl. Abschlußbericht S. 31, 146 ff.

SIEBENTER ABSCHNITT

Bedingungen und Zeitbestimmung

§ 43
Die Bedingung

ADICKES Zur Lehre von den Bedingungen nach römischem und heutigem Recht, 1876; A. BLOMEYER Studien zur Bedingungslehre I (Über bedingte Verpflichtungsgeschäfte), 1938, II (Über bedingte Verfügungsgeschäfte), 1939; BRUCK Bedingungsfeindliche Rechtsgeschäfte, ein Beitrag zur Lehre von der Unzulässigkeit von Bedingung und Zeitbestimmung, 1904; ENNECCERUS Rechtsgeschäft, Bedingung und Anfangstermin, 1888/89; EGERT Die Rechtsbedingung im System des bürgerlichen Rechts, 1974; GANNS Die analoge Anwendung des § 162 BGB, Diss. Bielefeld, 1983; HENKE Bedingte Übertragungen im Rechtsverkehr und Rechtsstreit, 1959; HÖLDER Zur Lehre von der Wollensbedingung, JherJb. 56 (1910), 147; HROMADKA Alter 65: Befristung oder Bedingung?, NJW 1994, 911 f; KEMPF Auflösende Bedingung und Rechtsnachfolge, AcP 158 (1959/60), 308 ff; KÖNIG Der Bestandsschutz befristeter Arbeitsverhältnisse mit wissenschaftlichen Mitarbeitern im Hochschulbereich, 1985; NASTELSKI Die Zeit als Bestandteil des Leistungsinhalts, JuS 1962, 289 ff; OERTMANN Die Rechtsbedingung, 1924 – Untersuchungen zum bürgerlichen Recht und allgemeinen Rechtslehre, (Neudr. 1968); RAAPE Die Wollensbedingung, 1912; SCHIEDERMAIR Das Anwendungsgebiet des § 162 BGB, 1929; SCHIEMANN Pendenz und Rückwirkung der

469

Bedingung, eine dogmengeschichtliche Untersuchung, 1973; SCHMIDT-RIMPLER Die Gegenseitigkeit bei einseitig bedingten Verträgen, 1968; WALSMANN Ein Beitrag zur Lehre von der Wollensbedingung, JherJb. 54 (1909), 197 ff; WENDT Die Lehre vom bedingten Rechtsgeschäft, 1872.

I. Inhalt und Abgrenzung

1120 Die Bedingung fügt in ein Rechtsgeschäft eine zum Geschäftsinhalt erhobene Bestimmung ein, durch die die Wirkungen des Rechtsgeschäfts von einem **ungewissen, künftigen Umstand** abhängig gemacht werden. Doch bezeichnet das Gesetz diesen ungewissen künftigen Umstand selbst als Bedingung (vgl. § 158).

Die Bedingung ermöglicht, der Zukunft Rechnung zu tragen und sich je nach ihrer verschiedenen Gestaltung zu sichern; sie ist auch das Mittel, einen sonst unbeachtlichen Beweggrund zum Geschäftsbestandteil zu machen; sie kann einen Antrieb zur Vornahme oder Unterlassung einer Handlung schaffen.

1121 Das es sich bei der Bedingung um eine Parteibestimmung handelt, die in die Willenserklärung aufgenommen wird, sind *keine Bedingungen* im eigentlichen Sinne die vom Gesetz geforderten Voraussetzungen für den Eintritt einer Rechtswirkung, die sog. *Rechtsbedingungen* (condiciones iuris).

So ist z. B. in einem Testament die Erbeinsetzung des A unter der Voraussetzung, daß er den Erblasser E überlebt, Rechtsbedingung (vgl. § 1923 I), die weitere Voraussetzung, daß er seine Verlobte heirate, Parteibedingung.

Rechtsbedingungen sind keine Bedingungen i. S. der §§ 158 ff, sie können jedoch ebenfalls einen gesetzlichen Schwebezustand begründen; vgl. z. B. §§ 108, 109, 177, 178, 184, 185 II. Über den Inhalt dieser gesetzlichen Sondervorschriften hinaus kommt eine analoge Anwendung der §§ 158 ff grundsätzlich nicht in Betracht (RGZ 144, 71, 73).

1122 Der Umstand, wovon die Geschäftswirkungen abhängig gemacht werden, muß *ungewiß* sein; ob er sich verwirklichen wird, muß zur Zeit der Setzung der Bedingung dem menschlichen Erkenntnisvermögen entzogen sein. Ungewiß ist das „ob" („incertus an"), während es auf die Ungewißheit über das „wann" nicht ankommt. – Der Vater verpflichtet sich, dem Sohn ein Auto zu schenken, wenn er das Examen besteht.

Dadurch *unterscheidet* sich die Bedingung von der *Befristung* (Zeitbestimmung, Termin), einem künftigen, gewiß eintretenden Ereignis („certus an, certus oder incertus quando"). – Der Vater verpflichtet sich, dem Sohn am Beginn des nächsten Jahres ein Auto zu schenken.

1123 Wenn auf einen vergangenen oder gegenwärtigen Umstand abgestellt wird, liegt keine echte, sondern eine *sog. Scheinbedingung* vor. Der fragliche Umstand ist zwar objektiv gewiß, jedoch ist zumindest für eine Partei *subjektiv* eine

Ungewißheit gegeben. Da bis zu dem Zeitpunkt, in dem die Gewißheit eintritt, für die Partei die gleiche Ungewißheit besteht wie bei einer echten Bedingung, können die Bestimmungen der §§ 158 ff analog angewandt werden (vgl. Prot. I, 185).

1124 Eine Bedingung, die auf ein künftiges Ereignis abstellt, bei dem von vornherein feststeht, daß es nicht eintreten kann *(sog. unmögliche Bedingung)*, fällt nicht unter die Regelung der §§ 158 ff; hier ist bei einer aufschiebenden Bedingung das Rechtsgeschäft unwirksam, bei einer auflösenden Bedingung voll wirksam.
Bei einer wegen §§ 134, 138 nichtigen Bedingung ist das Rechtsgeschäft insgesamt nichtig; da die Bedingungen mit dem Rechtsgeschäft eine untrennbare Einheit bildet, ist § 139 grundsätzlich nicht anwendbar (str., a. M. aus Schutzerwägungen zugunsten des Arbeitnehmers BAGE 4, 274, 285 f, vgl. dazu RGRK-Krüger-Nieland/Zöller § 139 Rdn. 43).

1125 Die Bedingung kann auf vielfältige Weise zum Ausdruck gelangen; auf den Gebrauch des Wortes „Bedingung" kommt es nicht an. Die Parteien benutzen häufig die Formulierung „wenn", „falls" usw. oder sprechen von „Voraussetzung".

Andererseits sprechen die Parteien von „Vertragsbedingungen", wenn es sich um wesentliche Punkte der Vereinbarungen handelt, ohne daß eine Bedingung im Sinne der §§ 158 ff vorliegt.

Bei unklaren Formulierungen ist *auszulegen*, ob ein bedeutungsloser Beweggrund kundgegeben wird, oder die Wirkung von dem Umstand abhängig gemacht werden soll (BGH WM 1963, 192). Bei formbedürftigen Geschäften bedarf auch die Bedingungserklärung dieser Form.

II. Arten der Bedingung

1126 Die begriffliche Differenzierung in *gewillkürte und zufällige* Bedingungen einerseits und *aufschiebende und auflösende* Bedingungen andererseits orientiert sich an unterschiedlichen Kriterien; jene betrifft die Voraussetzungen, diese die Wirkungen der Bedingung. Das Gesetz unterscheidet nur zwischen aufschiebender und auflösender Bedingung. Diese können jeweils gewillkürt, zufällig oder gemischt sein.

1. Gewillkürte und zufällige Bedingung

1127 *a)* Bei der **gewillkürten Bedingung (Potestativbedingung)** hängt der Eintritt vom freien Willensentschluß der Beteiligten ab.
Zu prüfen bleibt, wieweit dies der Fall sein kann: Die *aktive*, auf den Entschluß eines aus Vertrag bedingt *Berechtigten* gestellte Bedingung ist unbedenklich, z. B. Ausübung eines Vorkaufsrechts gem. § 504 (RGZ 67, 42, 45; 72, 385 ff; vgl. auch RGZ 69, 281, 283; BGHZ 47, 387, 391). Die *passive* auf den Willensentschluß des bedingt *Verpflichteten* abgestellte Bedingung wird nach verbreiteter Ansicht

gleichfalls als zulässig anerkannt, zumindest soweit sich die Bedingung auf den Bestand eines wirksam abgeschlossenen schuldrechtlichen Vertrages bezieht. Darüber hinaus wird in der Rechtsprechung die Auffassung vertreten, daß bei gegenseitigen Verträgen, bei denen jeder zugleich Gläubiger und Schuldner ist, Potestativbedingungen generell zulässig seien, wofür auch die gesetzliche Regelung in § 495 herangezogen wird (vgl. RGZ 104, 98, 100; BGH WM 1962, 1399, 1401; BGH LM Nr. 16 zu § 433).

1128 Soweit es sich um die Bedingung zur *Begründung einer Verpflichtung* handelt, wird allerdings die Auslegung regelmäßig zu dem Ergebnis führen, daß die Verpflichtung erst mit dem Wollen des Verpflichteten begründet wird und nicht schon mit dem Setzen der Bedingung. Wer sich nur für den Fall verpflichtet, daß er wollen wird, verpflichtet sich tatsächlich noch nicht (RGZ 136, 132, 135).

> Dem widerspricht der Begriff der „*Wollensbedingung*", die einen Vertragsschluß bereits bei der Vereinbarung der Bedingung unterstellt, gleichwohl jedoch die rechtliche Bindung von einer freien Willensentscheidung abhängig machen will. Im Bereich der *Verpflichtungsgeschäfte* können aus den dargelegten Gründen sog. aufschiebende Wollensbedingungen praktisch keine Rolle spielen. Auflösende Wollensbedingungen werden schuldrechtlich zumeist als Vorbehalt eines Rücktritts oder einer Kündigung auszulegen sein.
>
> Im Bereich der *Verfügungsgeschäfte* sind sog. Wollensbedingungen aus Gründen der Rechtssicherheit nicht zuzulassen, da dadurch die Zuordnung der Verfügungsgegenstände von subjektiven, nicht nachvollziehbaren Voraussetzungen abhängig gemacht würde. Das zeigt sich schon daran, daß in solchen Fällen § 161 keine Anwendung finden könnte (so auch im Ergebnis FLUME II § 38, 2 d). Hier kommen nur Potestativbedingungen in Betracht, die auf ein vom Willen getragenes Tun oder Unterlassen und damit auf einen erkennbaren Vorgang abstellen (vgl. die letzte Ratenzahlung beim Eigentumsvorbehalt, § 455).

1129 Soweit Bedingungen nicht für den weiteren Bestand des wirksam abgeschlossenen Rechtsgeschäftes, sondern für das Zustandekommen eines Vertrages gesetzt werden sollen, bieten im *übrigen Rechtsinstitute wie der Optionsvertrag eine sachgerechtere dogmatische Konzeption* (vgl. SOERGEL/KNOPP Vor § 158 Rdn. 29 ff; MünchKomm/WESTERMANN § 158 Rdn. 22; s. auch oben Rdn. 989).

1130 b) Beruht der Eintritt der Bedingung nicht auf dem Willensentschluß der Parteien, sondern auf einem ungewissen zukünftigen Ereignis, so handelt es sich um eine sog. **Zufallsbedingung (kasuelle Bedingung)**. Dies gilt auch, wenn das ungewisse zukünftige Ereignis das willensabhängige Verhalten eines Dritten ist.

> Es handelt sich jedoch nur dann um eine echte Bedingung, wenn die Beteiligung des Dritten nicht eine vom Gesetz geforderte Voraussetzung für den Eintritt der Rechtswirkung ist (sog. Rechtsbedingung).

1131 c) Hingegen beruht der Eintritt einer *gemischten Bedingung* sowohl auf dem Willen eines Beteiligten als auch auf davon unabhängigen Umständen.

Die Bedingung   § 43 II 2

2. Aufschiebende und auflösende Bedingung

Die **aufschiebende (Suspensiv-)Bedingung** macht das *Wirksamwerden* des **1132** Rechtsgeschäfts, den Eintritt der vorgesehenen Rechtsfolgen, die **auflösende (Resolutiv-)Bedingung** *das Wirksambleiben*, den Wegfall der bereits eingetretenen Rechtsfolgen, *von einem ungewissen künftigen Umstand* abhängig.

> Die Unterscheidung spielt auch eine Rolle für die Verteilung der *Beweislast*: Wendet gegenüber einer Klage auf Vertragserfüllung der Beklagte ein, der Vertrag sei unter einer aufschiebenden Bedingung abgeschlossen worden, die nicht eingetreten sei, hat nach h. M. der Kläger entweder den unbedingten Abschluß des Geschäfts oder den Eintritt der Bedingung zu beweisen (BAUMGÄRTEL/LAUMEN § 158 Rdn. 5 ff). Wer sich auf eine auflösende Bedingung beruft, muß den Abschluß des Rechtsgeschäfts unter der auflösenden Bedingung und deren Eintritt beweisen (BAUMGÄRTEL/LAUMEN § 158 Rdn. 1 f). Der Beweis für den Abschluß unter einer auflösenden Bedingung kann sich erübrigen, wenn für diese Vereinbarung eine Vermutung besteht. Dies ist bedeutsam für den Abschluß einer auflösend bedingten Sicherungsübereignung, da durch eine entsprechende Vermutung die fehlende Akzessorietät dieses Sicherungsinstruments ersetzt werden könnte; die überwiegende Meinung lehnt jedoch die Vermutung einer auflösenden Bedingung ab (vgl. BGH NJW 1984, 1184, 1186; BAUR § 57 III 1 b).

a) Ob eine aufschiebende oder auflösende Bedingung gewollt ist, muß in zweifel- **1133** haften Fällen aus der Interessenlage durch *Auslegung* gegebenenfalls im Wege sinnvoller Ergänzung ermittelt werden (§§ 133, 157). Das Gesetz kennt keine allgemeine Auslegungsregel (vgl. Mot. I, 251); einzelne gesetzliche Auslegungsregeln finden sich in §§ 455, 495 I 2, 2075.

Man wird also zu fragen haben, ob die Wirkungen der aufschiebenden oder auflösenden Bedingung angesichts der von den Parteien verfolgten Zwecke im konkreten Falle zu einer interessengerechten Lösung führen (vgl. BGH NJW 1975, 776 f). So hat z. B. die Rechtsprechung eine *aufschiebende* Bedingung in der Klausel „Zahlung nach Wareneingang und Prüfung" (OLG Düsseldorf BB 1973, 1372) oder „vorbehaltlich, daß eine Probefahrt keine technischen Mängel ergibt" (LG Berlin MDR 1970, 923) angenommen. Andererseits kann z. B. in der „Selbstbelieferungsklausel" eines Verkäufers bei Nichtbeschaffbarkeit des Kaufgegenstandes eine *auflösende* Bedingung des Kaufvertrages gesehen werden (vgl. BGHZ 24, 39, 40 m.w.N.).

b) Aus der Tatsache, daß die Beteiligten das *obligatorische Geschäft* unter eine **1134** Bedingung gestellt haben, kann zwar nicht ohne weiteres gefolgert werden, daß auch das *Verfügungsgeschäft* unter derselben Bedingung stehen sollte. Auch insoweit ist im Wege der Auslegung zu ermitteln, ob das Verfügungsgeschäft unter der entsprechenden Bedingung vorgenommen wurde. Eine an den Interessen orientierte Auslegung wird allerdings bei der Vereinbarung einer auflösenden Bedingung für das Grundgeschäft im Zweifel eine solche Vereinbarung auch für die Vornahme der Verfügungen annehmen, da bei Eintritt der Bedingung auch im

Zuordnungsbereich automatisch der Zustand hergestellt wird, der vor Abschluß des Rechtsgeschäftes bestand. – Andererseits kann bei einem unbedingten Kausalgeschäft die dingliche Zuordnung durchaus aufschiebend bedingt interessengerecht sein, wenn sie der Kreditsicherung dient. Dies hat der Gesetzgeber in § 455 zum Ausdruck gebracht.

1135 c) Von Bedeutung ist die Auslegung, ob es sich um die *Vereinbarung einer auflösenden Bedingung oder eines Rücktrittsrechts* handelt. Dies ist insbesondere bedeutsam für die *Rückabwicklung von Verfügungsgeschäften*. Während die auflösende Bedingung durch den Eintritt einer weiteren – nicht notwendig rechtsgeschäftlichen – Tatsache die Wirkung des Geschäftes vernichtet, ist die *Rücktrittserklärung* ein neuer, selbständiger, rechtsgeschäftlicher Tatbestand, der *nur für das Verpflichtungsgeschäft* zulässig ist. Hinsichtlich der vollzogenen Verfügungen erzeugt der Rücktritt nur eine Verpflichtung zur Rückgewähr der empfangenen Leistungen. Infolgedessen werden die zur Erfüllung eines obligatorischen Grundgeschäfts vollzogenen Verfügungen beim Rücktritt nicht ohne weiteres hinfällig. Zur Rückabwicklung bedarf es daher eines *erneuten* Verfügungsgeschäfts.

III. Zulässigkeit der Bedingung

1136 1. Grundsätzlich können alle Rechtsgeschäfte unter einer Bedingung abgeschlossen werden, soweit durch sie nicht gegen die *allgemeinen Schranken des Geschäftsinhalts* verstoßen wird.

> Verbotene oder sittenwidrige Bedingungen führen zur Nichtigkeit des *gesamten* Rechtsgeschäftes (vgl. oben Rdn. 1124).
> Bedingungen, die widersinnig (perplex) sind, weil sie mit dem Geschäftsinhalt in einem unvereinbaren Widerspruch stehen, führen ebenfalls zur Nichtigkeit des gesamten Rechtsgeschäfts.

1137 2. Gewisse Rechtsgeschäfte sind teils aus Gründen der *Sittlichkeit*, teils im *öffentlichen und allgemeinen Interesse*, insbesondere der *Rechtssicherheit*, teils im *Interesse des Geschäftsgegners* **bedingungsfeindlich**. So die meisten Geschäfte des Familienrechts, wie die Eheschließung (§ 13 II EheG), die Ehelicherklärung (§§ 1724, 1740 a II), die Annahme an Kindesstatt (§ 1750 II); ferner im Erbrecht die Annahme und Ausschlagung einer Erbschaft oder eines Vermächtnisses (§§ 1947, 2180 II), aber auch viele vermögensrechtliche Geschäfte, z. B. die Auflassung (§ 925 II), die Annahme des Vertragsangebots (§ 150 II), die Aufrechnung (§ 388 S. 2).

> Die Aufnahme einer auflösenden Bedingung in einen Arbeitsvertrag kann unzulässig sein, soweit dadurch die Kündigungsschutzvorschriften, insbesondere im Falle des § 626, umgangen werden; vgl. BAG NJW 1982, 788 ff.

Die Bedingung §43 IV 2

Auch ohne ausdrückliche gesetzliche Anordnung kann sich die *Bedingungsfeindlichkeit aus der Natur eines Rechtsgeschäfts* ergeben, soweit ein berechtigtes Interesse des Geschäftsgegners an der sofortigen Schaffung einer klaren Rechtslage besteht. Daher sind *einseitige Rechtsgeschäfte*, die unmittelbar in fremde Vermögensverhältnisse eingreifen und dem Gegner nicht bloß einen rechtlichen Vorteil einbringen, bedingungsfeindlich, so insbesondere die *Gestaltungsrechte* wie Kündigung, Anfechtung, Rücktritt, Widerruf (vgl. RGZ 66, 153 f; 91, 307 ff; OGHZ 3, 250, 252). **1138**

> Doch wird z. B. eine *bedingte Kündigung* zuzulassen sein, wenn die Bedingung eintritt, und der Gegner das vor Ablauf der Zeit erfährt, die für die Kündigung offen stand. – Einverständnis des Gegners mit der bedingten Abgabe schließt die Unwirksamkeit aus, wenn die Unzulässigkeit der Bedingung nur dessen Schutz bezweckt (vgl. RGZ 91, 307, 309). – Die Bedingung, deren Eintritt dem Willen des Erklärungsempfängers anheimgegeben ist, ist schlechthin zulässig, so die Kündigung unter einer Bedingung, deren Eintritt ausschließlich vom Willen des Kündigungsempfängers abhängt, insbesondere die sog. Änderungskündigung (vgl. § 2 KSchG).

IV. Wirkungen

1. Schwebezustand

Das Setzen der Bedingung erzeugt einen Schwebezustand. Bei einer aufschiebenden Bedingung tritt die gewollte Wirkung des Rechtsgeschäfts zunächst nicht ein, bei einer auflösenden Bedingung treten die Hauptgeschäftswirkungen zwar ein, ihr Bestand ist jedoch vom Eintritt oder Ausfall der Bedingung abhängig (§ 158 I und II). **1139**

Auch bei der aufschiebenden Bedingung ist das Rechtsgeschäft bereits *vollendet* und in seinem Inhalt unabänderlich festgelegt (vgl. RGZ 67, 425, 429; 69, 416, 421). Lediglich die gewollte Rechtswirkung hängt vom Eintritt eines ungewissen, zukünftigen Umstandes ab. So berührt bei einer Potestativbedingung die Willensäußerung des Berechtigten zum Eintritt der Bedingung nicht den Abschluß des zugrundeliegenden Rechtsgeschäfts.

> Die *Wirksamkeitsvoraussetzungen* des Rechtsgeschäfts müssen daher *im Zeitpunkt seiner Vornahme* gegeben sein. Dies gilt insbesondere für Geschäftsfähigkeit und Verfügungsbefugnis, für Formerfordernisse, auch für den Zeitpunkt der Gutgläubigkeit (zu § 932 vgl. BGHZ 10, 69, 72 f).

2. Eintritt und Ausfall der Bedingung

a) Der *Eintritt* der Bedingung löst **automatisch** die *im Rechtsgeschäft festgelegten Rechtswirkungen* aus (BGHZ 20, 88, 97). Daraus ergibt sich für den Berechtigten eine *gesicherte Erwartung*, die als **Anwartschaft** bezeichnet wird (vgl. zu den Einzelheiten unten Rdn. 1150 ff). **1140**

Theoretisch kann man zwischen obligatorischen und dinglichen Anwartschaften unterscheiden; von Bedeutung sind jedoch die dinglichen Anwartschaften, die zutreffender als Anwartschaften *im Verfügungs- oder Zuordnungsbereich* bezeichnet werden, da auch Verfügungen über Forderungen die Zuordnung des Forderungsrechtes zum Gegenstand haben.

Ob und wann eine Bedingung *eingetreten* ist, muß im Zweifelsfall durch *Auslegung* ermittelt werden. Das Gesetz enthält lediglich in § 2076 eine Bestimmung für den Bedingungseintritt bei einer letztwilligen Zuwendung zum Vorteil eines Dritten.

1141 b) Entsprechendes gilt für den *Ausfall* der Bedingung, wenn der Tatbestand, an den die Bedingung geknüpft ist, sich nicht verwirklicht und nicht mehr verwirklicht werden kann. Hierzu kann ausreichen, wenn die Bedingung nicht mehr in der vereinbarten oder einer angemessenen Frist verwirklicht werden kann. Mit dem Ausfall erweist sich bei der aufschiebenden Bedingung das bedingte Geschäft als völlig unwirksam, bei der auflösenden Bedingung behält es endgültig seine Wirksamkeit.

Hat z. B. ein Vater seinem Sohn einen Pkw unter der aufschiebenden Bedingung geschenkt (zur Frage, ob diese Zuwendung als vollzogene Schenkung oder als Schenkungsversprechen anzusehen ist, vgl. BGH MDR 1960, 1004; WM 1971, 1338 f), daß er das Staatsexamen besteht, so ist die Bedingung ausgefallen, wenn der Sohn trotz Wiederholung das Examen endgültig nicht bestanden hat.

3. Keine Rückwirkung

1142 Der *Eintritt* der Bedingung hat grundsätzlich keine rückwirkende Kraft, die Bedingung wirkt ex nunc, nicht ex tunc.

Der Bedingungseintritt unterscheidet sich von der Genehmigung, bei der die Rechtswirkungen ex tunc eintreten (§ 184 I).

Allerdings können die Parteien der Bedingung *rückwirkende Kraft beilegen*. Ob sie das getan haben, ist Auslegungsfrage. Die vereinbarte Rückwirkung hat aber *nur schuldrechtliche Wirkung* (§ 159).

Hat A dem B eine Hündin aufschiebend bedingt übereignet und hat diese vor dem Eintritt der Bedingung Junge geworfen, so erwirbt A das Eigentum an den Welpen (§ 953). – Falls aber die Rückwirkung als gewollt anzunehmen ist, ist A schuldrechtlich verpflichtet, dem B das Eigentum an den Welpen zu übertragen, während das Eigentum an der Hündin mit Bedingungseintritt von selbst übergeht. Für aus dem Eigentum an der Hündin sich in der Zwischenzeit ergebende Lasten und Verpflichtungen eröffnet § 159 die Möglichkeit eines schuldrechtlichen Ausgleichs.

Obwohl das Gesetz von der ex-nunc-Wirkung ausgeht, legt es jedoch den Beteiligten eine allgemeine Verpflichtung – über § 160 hinaus – auf, sich während

Die Bedingung § 43 IV 4

4. Treuwidriges Einwirken auf den Bedingungseintritt

Dem **Eintritt** der Bedingung wird im Wege der *Fiktion* der *Fall gleichgestellt*, wenn **1143** der, zu dessen Nachteil der Eintritt gereichen würde, diesen wider Treu und Glauben *verhindert* (§ 162 I). Entsprechendes gilt für eine treuwidrige *Herbeiführung* des Bedingungseintritts (§ 162 II). Diese Regelung entspricht dem allgemeinen Rechtsgrundsatz, daß derjenige, der eine Treuepflicht verletzt, daraus keine Rechte herleiten kann.

> Ein Grundstückseigentümer hat sich zur Verzinsung einer Hypothek unter der Bedingung verpflichtet, daß alle Wohnungen seines Grundstücks vermietet seien, und unterläßt den Abschluß eines Mietvertrages (RG JW 1907, 357 Nr. 3).
> Der Verkauf eines Hausgrundstücks wird davon abhängig gemacht, daß der Käufer die Konzession für den in dem Hause zu errichtenden Hotel- und Schankbetrieb erhalte; der Käufer vereitelt die Konzessionserteilung, indem er es zuwider der getroffenen Vereinbarung unterläßt, das Haus entsprechend auszubauen (RGZ 79, 96 ff).
> Der Vorbehaltsverkäufer, der die vom Käufer angebotene Restzahlung nicht annimmt, verhindert treuwidrig den Bedingungseintritt; der Eigentumsübergang ist eingetreten (BGHZ 75, 221, 228).
> Wenn die Beteiligung eines Mitpächters unter der Bedingung des Abschlusses eines Vertrages durch den Ehemann steht, so gilt diese als eingetreten, wenn die Ehefrau als Vertragspartei vorgeschoben wird (BGH NJW 1982, 2552).

Für das Eingreifen des § 162 ist vorausgesetzt, daß ein *ursächlicher Zusammen-* **1144** *hang* zwischen dem treuwidrigen Verhalten einer Partei und dem Eintritt oder Nichteintritt einer Bedingung besteht. Der Versuch, auf einen nicht beeinflußbaren Kausalzusammenhang einzuwirken, genügt nicht. Andererseits braucht das Verhalten der Partei nicht die einzige Ursache für den Eintritt oder Ausfall der Bedingung zu sein. Die Beweislast trifft denjenigen, der sich auf die Rechtsfolge des § 162 beruft (BGH LM Nr. 2 zu § 162).

Regelmäßig setzt die Verhinderung ein *positives Eingreifen* voraus. Eine Verhinderung durch bloßes *Unterlassen* kommt nur dann in Betracht, wenn positive Bemühungen nach Treu und Glauben erwartet werden durften – ohne daß es auf eine Rechtspflicht zur Erfüllung der Bedingung im Sinne eines klagbaren Anspruchs ankommt (RGZ 79, 96, 98; BGH BB 1965, 1052).

Subjektiv genügt ein *bewußt pflichtwidriges, mittelbares Eingreifen* in den Gang der Bedingung; auf Vorsatz oder gar absichtliche Schädigung kommt es nicht an (BGH BB 1965, 1052; vgl. schon RGZ 122, 247, 251).

Ein treuwidriges Verhalten gemäß § 162 liegt grundsätzlich nur dann vor, wenn **1145** jemand in den Gang der Dinge eingreift, wo sein Wille nach der Absicht der Parteien beim Vertragsabschluß nicht bestimmend sein, vielmehr der Zufall entscheiden sollte; *grundsätzlich* ist deshalb *kein Raum* für die Anwendung des § 162 im Falle einer *reinen Potestativbedingung* (vgl. Mot. I, 263). Doch ist auch hier unter besonderen Umständen ein Verstoß gegen Treu und Glauben denkbar, wenn die Bedingung auf ein an sich vom Willensentschluß abhängiges Verhalten gestellt ist; denn auch derjenige, der sich entscheiden darf, muß gleichwohl seine Entscheidung unter Berücksichtigung von Treu und Glauben treffen; dem widerspricht es, wenn z. B. jemand eine zum Bedingungseintritt erforderliche, bereits eingeleitete Handlung (Verkauf, Vermietung, Instandsetzung) grundlos wieder abbricht oder ihre Vollendung so lange hinauszögert, daß der Abschluß erst nach der für den Eintritt der Bedingung vorgesehenen Frist stattfindet.

5. Der Schutz des bedingt Berechtigten während des Schwebezustandes

a) Schadensersatzansprüche des bedingt Berechtigten

1146 Der bedingt Verpflichtete darf das *von der Bedingung abhängige Recht* in der Zwischenzeit weder vereiteln noch beeinträchtigen. Bei schuldhafter Beeinträchtigung ist er im Falle des Bedingungseintritts schadensersatzpflichtig (§ 160 I).

Soweit es sich um bedingte *Verpflichtungsgeschäfte* handelt, wird § 160 heute im Anschluß an FLUME (II § 40 2 c) nur klarstellende Funktion beigemessen. Auch wenn der Anspruch auf die Hauptleistung mangels Eintritts der Bedingung noch nicht wirksam ist, bestehen doch Vorbereitungs- und Unterlassungspflichten, deren Verletzung – ähnlich der positiven Vertragsverletzung – eine Schadensersatzpflicht begründet (vgl. LARENZ AT § 25 III b). Hingegen hat bei *Verfügungsgeschäften* § 160 anspruchsbegründende Bedeutung, wenn demjenigen, der bedingt verfügt hat, die Verpflichtung auferlegt wird, Vereitelung und Beeinträchtigung zu unterlassen.

Der Schadensersatzanspruch setzt voraus, daß die Bedingung eingetreten ist. *Vor Eintritt* hat der Berechtigte jedoch einen klagbaren *Anspruch auf Einhaltung der Vorbereitungs- und Unterlassungspflichten*. Der *Verschuldensmaßstab* ist § 276 zu entnehmen, soweit sich aus dem zugrundeliegenden Rechtsgeschäft nichts anderes ergibt. Der *Umfang des Schadensersatzes* richtet sich nach §§ 249 ff.

Der Anspruch aus § 160 richtet sich nur gegen den anderen Vertragsteil, nicht gegen einwirkende Dritte. Hier kann u. U. gegen den Dritten ein Unterlassungs- oder Schadensersatzanspruch aus Deliktsrecht erwachsen.

Eine entsprechende Rechtsstellung hat gem. § 160 II bei der *auflösenden Bedingung* derjenige, an den das Recht bei Bedingungseintritt zurückfallen soll.

> Dies ist praktisch bedeutsam bei der auflösend bedingten Sicherungsübereignung; allerdings lassen sich entsprechende Rechtsfolgen in der Regel schon aus dem Treuhandcharakter der Sicherungsabrede herleiten.

Die Bedingung § 43 IV 5

b) Schutz des bedingt Berechtigten vor Zwischenverfügungen

Ein besonderes Schutzbedürfnis ergibt sich während des Schwebezustandes gegen Zwischenverfügungen zugunsten eines Dritten, durch die die vom Eintritt der Bedingung abhängige Rechtswirkung vereitelt oder beeinträchtigt wird. § 161 I erklärt jede weitere Verfügung in der Zwischenzeit insoweit für unwirksam; bis zum Eintritt der Bedingung ist die Verfügung voll wirksam; das gilt für auflösende Bedingungen in gleicher Weise (§ 161 II). **1147**

> Hingegen werden in der Zwischenzeit mit Dritten über den Verfügungsgegenstand vorgenommene *Verpflichtungsgeschäfte* in der Wirksamkeit nicht berührt (BGH WM 1962, 393, 394).

Die Unwirksamkeit ist bei Bedingungseintritt jedoch – anders als bei § 135 – nach h. M. keine relative, sondern eine *absolute*, d. h. der Dritte hat überhaupt kein Recht erworben. Gleichwohl eröffnen Rechtsprechung und Lehre die *Möglichkeit der Zustimmung* durch den bedingt Berechtigten (RGZ 76, 89, 91; vgl. STAUDINGER/DILCHER § 161 Rdn. 11 m.w.N.). **1148**

Den rechtsgeschäftlichen Verfügungen stehen *Verfügungen im Wege der Zwangsvollstreckung oder der Arrestvollziehung* gleich, d. h. es besteht bei Bedingungseintritt kein Pfändungspfandrecht (§ 161 I 2) von der Unwirksamkeit ist jedoch der Zuschlag in der Zwangsversteigerung *nicht* betroffen, da dieser als Hoheitakt Eigentum ohne Rücksicht darauf vermittelt, ob der Schuldner Eigentümer oder der Ersteigerer gutgläubig war (BGHZ 55, 20, 25). Ferner sind den rechtsgeschäftlichen Verfügungen solche des Konkursverwalters gleichgestellt.

Die Regelung des § 161 ist auch auf *gesetzliche Pfandrechte* anzuwenden, da die Interessenlage mit den Verfügungen im Wege der Zwangsvollstreckung vergleichbar ist (MünchKomm/H. P. WESTERMANN § 161 Rdn. 13; SOERGEL/WOLF § 161 Rdn. 4; a. M. STAUDINGER/DILCHER § 161 Rdn. 5).

> Hat z. B. ein Kreditnehmer eine Sache zur Sicherung auflösend bedingt an den Kreditgeber übereignet und verbringt dieser die Sache in Räume, für die er die Miete schuldig bleibt, so daß ein Vermieterpfandrecht gem. § 559 eingreift, so fällt bei Eintritt der auflösenden Bedingung das Eigentum an der Sache unbelastet an den Kreditnehmer zurück.

Allerdings finden gem. § 161 III die Vorschriften über den *gutgläubigen Erwerb vom Nichtberechtigten* entsprechende Anwendung (§§ 932 ff, 1032, 1207; §§ 366, 367 HGB; §§ 892 f, 1138, 1157). **1149**

> Hat z. B. V an K ein Pferd aufschiebend bedingt veräußert, wobei das Pferd zur Pflege im Stall des V verblieb, und überträgt nunmehr V durch Einigung und Übergabe das Pferd an D, so finden zugunsten des D die Vorschriften der §§ 932 ff entsprechende Anwendung. Da D hier von V als Eigentümer, der allerdings durch seine bedingte Verfügung bereits gebunden ist, erwirbt, ist er, wenn schon vom Nichteigentümer gutgläubig erworben werden kann, erst recht schutzwürdig.

§ 43 V 1

Der bedingt Berechtigte ist auf Schadensersatzansprüche verwiesen sowie auf den Herausgabeanspruch gem. § 816 I; nur im Ausnahmefall der unentgeltlichen Verfügung kann er sich schuldrechtlich an den Dritten halten (§ 816 I S. 2).

Wegen der gesetzlichen Folge aus § 161 III sind Bedingungen – abgesehen von § 925 II – im *Grundbuch* eintragungsfähig (RGZ 79, 89, 91), allerdings läßt sich die Sicherung des Erwerbers zweckmäßiger durch eine Vormerkung erreichen.

V. Die Anwartschaft

A. BLOMEYER Die Anwartschaft aus bedingtem Rechtsgeschäft, 1937; ders., Die Rechtsstellung des Vorbehaltskäufers, AcP 162 (1963), 193 ff; BÜLOW Kauf unter Eigentumsvorbehalt, Jura 1986, 169 ff, 234 ff; EICHENHOFER Anwartschaftslehre und Pendenztheorie – Zwei Deutungen von Vorbehaltseigentum –, AcP 185 (1985), 162 ff; FLUME Die Rechtsstellung des Vorbehaltskäufers, AcP 161 (1962), 385 ff; FORKEL Grundfragen der Lehre vom privatrechtlichen Anwartschaftsrecht, 1962; FRANK Schutz von Pfandrechten aus Eigentumsanwartschaften bei Sachpfändung durch Dritte, NJW 1974, 2211 ff; GEORGIADES Die Eigentumsanwartschaft beim Vorbehaltskauf, 1963; GUDIAN Das Besitzrecht des Vorbehaltskäufers, NJW 1967, 1786 ff; U. HÜBNER Zur dogmatischen Einordnung der Rechtsposition des Vorbehaltskäufers, NJW 1980, 729 ff; KRÜGER Das Anwartschaftsrecht – ein Faszinosum, JuS 1994, 905 ff; KUPISCH Durchgangserwerb oder Direkterwerb? JZ 1976, 417 ff; LETZGUS Die Anwartschaft des Käufers unter Eigentumsvorbehalt, 1938; MAROTZKE Das Anwartschaftsrecht – ein Beispiel sinnvoller Rechtsfortbildung?, 1977; PIKART Die Rechtsprechung des Bundesgerichtshofs zur Anwartschaft, WPM 1962, 1230 ff; ders., Probleme der sachenrechtlichen und schuldrechtlichen Anwartschaft, Festschrift Heymanns Verlag, 1965; L. RAISER Dingliche Anwartschaften, 1961; REINICKE Gesetzliches Pfandrecht und Hypothek am Anwartschaftsrecht aus bedingter Übereignung, 1941; ders., Kreditsicherung und Übertragung von Anwartschaftsrechten aus bedingter Übereignung, NJW 1951, 547 f; SCHLOSSER Der Eigentumsvorbehalt, Jura 1986, 85 ff; SCHNEIDER Kettenauflassung und Anwartschaft, MDR 1994, 1057 ff; SCHWERDTNER Anwartschaftsrechte, Jura 1980, 609 ff, 661 ff; SERICK Eigentumsvorbehalt und Sicherungsübertragung I, 1963, 241 ff; SPONER Das Anwartschaftsrecht und seine Pfändung, 1965; STOLL Das Anwartschaftsrecht des gutgläubigen Vorbehaltskäufers, JuS 1967, 12 ff; P. ULMER/H. SCHMIDT Nachträglicher „einseitiger" Eigentumsvorbehalt – BGH NJW 1982, 1749 und 175, JuS 1984, 18 ff; WILHELM Das Anwartschaftsrecht des Vorbehaltskäufers im Hypotheken- und Grundschuldverband, NJW 1987, 1785 ff; WÜRDINGER Die privatrechtliche Anwartschaft als Rechtsbegriff, 1928.

1. Dogmatische Einordnung

1150 Die Rechtsordnung hat die Rechtsstellung des bedingt Berechtigten nicht eigens institutionalisiert. Rechtsprechung und Lehre (in letzterer nicht unumstritten) haben zu einer dogmatischen Verfestigung geführt (vgl. oben Rdn. 360 f).

Allgemein versteht man unter Anwartschaft eine *Aussicht auf Erwerb eines subjektiven Rechtes*, wobei einzelne Elemente des Erwerbstatbestandes bereits verwirklicht sind, während andere oder mindestens ein letztes von denen, die der volle Tatbestand erfordert, noch ausstehen (vgl. RAISER aaO, S. 3; WESTERMANN § 5 III 3 a).

Es muß sich jedoch um eine *gesicherte Erwerbserwartung* handeln, um den Begriff der Anwartschaft von bloßen Aussichten oder Chancen auf Erwerb abzugrenzen. Die Sicherheit hängt davon ab, ob der Vorberechtigte die Erwerbsaussicht noch zerstören oder beeinträchtigen kann (so schon v. TUHR I § 9 I).

Die Rechtsfigur des Anwartschaftsrechts als *schutzfähige Rechtsposition im Sinne eines subjektiven Rechtes* ist praktisch nur tauglich, wenn der Bedingungseintritt vom Erwerber i. S. einer *Potestativbedingung* abhängt; Zufallsbedingungen – mit Ausnahme von § 956 I S. 2 – sichern die Erwerbserwartung nicht hinlänglich, so daß die dem Anwartschaftsrecht zugestandenen Funktionen nicht begründet erscheinen.

Der Rechtsfigur des Anwartschaftsrechts widerspricht nicht, wenn die gesicherte Erwartung des Vorbehaltskäufers davon abhängig ist, daß er sich vertragstreu verhält. Kommt er mit seiner Zahlung in Verzug, so kann der Verkäufer gem. § 455 *vom Kauf zurücktreten*; in diesem Falle kann die Bedingung nicht mehr eintreten, so daß das Anwartschaftsrecht des Vorbehaltskäufers entfällt; dies wirkt sich auch gegenüber einem Dritten aus, der die Anwartschaft erworben hat (BGHZ 75, 221, 225).

Die Verknüpfung des Eigentumsvorbehalts mit der zu sichernden Kaufpreisforderung wird in Allgemeinen Geschäftsbedingungen häufig aufgegeben (z. B. durch Vereinbarung eines sog. *Kontokorrentvorbehaltes*); danach tritt die Bedingung erst nach Erfüllung sämtlicher Zahlungsverpflichtungen des Käufers ein. Die Zulässigkeit einer solchen Abrede ist umstritten; ihre Vereinbarung durch AGB gegenüber Nichtkaufleuten stößt wegen § 9 II AGBG auf Bedenken; grundsätzlich ablehnend LARENZ SchR II § 43 II e 3. Die Rechtsprechung hält eine Ausdehnung des Eigentumsvorbehalts in Grenzen für zulässig (BGHZ 42, 53, 58; BGH NJW 1978, 632; 1987, 487). Ein Eigentumsvorbehalt, der (nur) schuldrechtlich unzulässig ist, setzt sich wegen des Abstraktionsprinzips auf sachenrechtlicher Ebene durch (BGH NJW 1988, 1774, 1776).

Hauptanwendungsfälle sind im Bereich der *aufschiebenden Bedingung* der *Eigentumsvorbehalt* gem. § 455 und im Bereich der *auflösenden Bedingung* die so bedingte *Sicherungsübereignung* bzw. *Sicherungszession*. **1151**

Die rechtliche Bedeutung des Anwartschaftsrechts zeigt sich insbesondere in der Stellung des Vorbehaltskäufers. Die Rechtsprechung hat sie der Stellung des Eigentümers angenähert und das Anwartschaftsrecht als *„wesensgleiches Minus"* zum Vollrecht bezeichnet (st. Rspr. vgl. BGHZ 28, 16, 21; 35, 85, 89).

2. Übertragung des Anwartschaftsrechts

Das äußert sich zunächst darin, daß sich die Übertragung des Anwartschaftsrechts nach den *Regeln der Übertragung des Vollrechts* bestimmt. Eine Verfügung des Vorbehaltskäufers über sein Anwartschaftsrecht erfolgt also nicht etwa durch Abtretung des Anspruchs auf Eigentumsübertragung, vielmehr wird das Recht als **1152** solches nach §§ 929 ff übertragen, ohne daß es der Zustimmung des Vorbehaltsverkäufers bedarf (BGHZ 20, 88, 100).

1153 Es fragt sich, ob das aus der Anwartschaft erwachsene Recht beim Bedingungseintritt **unmittelbar** für den Anwartschaftserwerber entsteht oder nicht (sog. Durchgangserwerb). Die h. M. nimmt unmittelbaren Erwerb an (BGHZ 20, 88, 100 f; 35, 85, 87; BGH NJW 1970, 699).

> Erwirbt z. B. K 1 eine Sache vom Verkäufer V unter Eigentumsvorbehalt und überträgt er das ihm damit zustehende Anwartschaftsrecht (nicht das Eigentum nach §§ 932 ff) an einen Erwerber K 2, so scheidet damit die Sache aus dem Zuordnungsbereich des K 1 aus; K 2 erwirbt sie bei Bedingungseintritt unmittelbar von V. Das hat zur Folge, daß bei einer Veräußerung von K 1 an K 2 nach §§ 929, 930 die Pfändung eines Gläubigers des K 1, der in die noch bei diesem befindliche Sache vollstreckt, bei Bedingungseintritt nicht wirksam ist und K 2 unbelastet Eigentum erwirbt (BGHZ 20, 88, 100 f).
>
> Anderes gilt im Falle einer Veräußerung nach §§ 929, 930 bei der Sonderregelung der §§ 1120, 1121. Auch bei Erwerb des Eigentums würde der Erwerber belastetes Eigentum erhalten, da wegen der latenten Haftung, der z. B. das Zubehör unterworfen ist, *mangels Entfernung* ein Ausscheiden aus dem Haftungsverband nicht stattfindet (vgl. BGHZ 35, 85, 90). Der Erwerber eines Anwartschaftsrechts kann nicht besser gestellt werden als derjenige, der sofort das Eigentum erwirbt (BGHZ 35, 85, 91; 54, 319, 330 f). Entsprechend ist im Falle eines Vermieterpfandrechts nach §§ 559, 560 zu verfahren (vgl. BGH NJW 1965, 1475).

1154 Da die Anwartschaft wie ein Vollrecht übertragen wird, kann auch ein **gutgläubiger Erwerb** des Anwartschaftsrechtes in Betracht kommen.

> Erwirbt z. B. jemand von einem Nichtberechtigten eine Sache unter Eigentumsvorbehalt, so finden die Vorschriften der §§ 932 ff entsprechende Anwendung. Der gutgläubige Erwerber erlangt zunächst ein Anwartschaftsrecht, das mit Bedingungseintritt zum Vollrecht erstarkt; für den Zeitpunkt der Redlichkeit kommt es auf Einigung und Übergabe beim Erwerb des Anwartschaftsrechts an; spätere Bösgläubigkeit schadet nicht (BGHZ 10, 69, 72 f).
>
> Davon unterscheidet sich der Fall, daß der Anwartschaftsberechtigte die Sache an eine Person ausleiht und diese das angeblich ihr zustehende Anwartschaftsrecht auf einen gutgläubigen Dritten überträgt. In diesem Fall kann der Dritte das Anwartschaftsrecht gem. §§ 932 ff erwerben, jedoch ist sein Bestand von der Rechtsbeziehung zwischen dem eigentlichen Vorbehaltskäufer und dem Vorbehaltsverkäufer abhängig.

1155 Von der Übertragung des Anwartschaftsrechts ist der Fall *zu unterscheiden*, daß der Vorbehaltskäufer sein *angebliches Eigentum* überträgt; in diesen Fällen kommt nur ein Erwerb vom Nichtberechtigten in Betracht. Nach ständiger Rechtsprechung scheitert der gutgläubige Erwerb an den *Nachforschungspflichten* bei Gegenständen, die üblicherweise unter Eigentumsvorbehalt veräußert werden; ihre Nichtbeachtung stellt eine grobe Fahrlässigkeit im Sinne des § 932 II dar (vgl. RGZ 141, 129, 132; 147, 321, 331; BGHZ 10, 14, 17). Gleiches gilt, wenn der Veräußerer Nichtberechtigter ist, weil er den Gegenstand im Zuge eines finanzierten Kaufs dem Kreditgeber zur Sicherheit übereignet hat. Bei der Häufig-

Die Bedingung §43 V 5

keit dieser Form der Kreditsicherung werden entsprechende Anforderungen im Rahmen des § 932 II zu stellen sein.

Wer jedoch in einem Ladengeschäft Gegenstände erwirbt, die dem Veräußerer üblicherweise zwar unter Eigentumsvorbehalt, jedoch mit der Zustimmung zur Weiterveräußerung geliefert wurden, erwirbt gem. § 185 vom berechtigten Nichteigentümer. Sofern ausnahmsweise eine Zustimmung zur Weiterveräußerung nicht vorliegt, der Erwerber hingegen an eine Verfügungsbefugnis des Kaufmanns glaubt, kann § 366 HGB eingreifen. **1156**

Regelmäßig kann in Fällen der Übertragung angeblichen Eigentums, insbesondere bei Sicherungsübereignung von Vorbehaltswaren, die Einigung, die auf Übertragung des Eigentums gerichtet war, als eine solche zur *Übertragung des Anwartschaftsrechts ausgelegt* werden (vgl. BGHZ 50, 45, 48 f; SERICK I § 11 III 1; BAUR § 52 II 3 c spricht sich für eine Umdeutung – § 140 – aus). **1157**

3. Schutz

Dem Anwartschaftsrecht als dem Vollrecht angenähertem Recht wird grundsätzlich der Schutz des Vollrechts zuteil, d. h. dem Anwartschaftsberechtigten stehen gegen Dritte nach überwiegender Meinung die Ansprüche aus §§ 985, 1004, 823 zur Verfügung (vgl. BAUR § 59 V 5). Pfändet der Gläubiger des Vorbehaltsverkäufers die bei diesem verbliebene Sache, so steht dem *Anwartschaftsberechtigten* die *Drittwiderspruchsklage* gem. § 771 ZPO zu (BGHZ 55, 20, 26 f). **1158**

4. Pfändung

Obwohl das Anwartschaftsrecht als dem Vollrecht angenähert gilt und wie das Vollrecht übertragen wird, ist bei der Pfändung ein *Doppelakt* erforderlich (h. M., seit BGH NJW 1954, 1325); es wird sowohl eine Sachpfändung vorgenommen, als auch das Anwartschaftsrecht als „anderes Vermögensrecht" gemäß §§ 857, 828 f ZPO gepfändet. Allerdings steht dem *Vorbehaltsverkäufer* die *Drittwiderspruchsklage* gem. § 771 ZPO offen, die der pfändende Gläubiger durch Zahlung des Restkaufpreises gem. §§ 267, 268 abwenden kann. **1159**

5. Konkurs

Besondere Bedeutung kommt der Anwartschaft im Konkurs zu: Fällt der *Anwartschaftsberechtigte* in Konkurs, so hat der Konkursverwalter das *Wahlrecht*, ob er die Bedingung eintreten lassen will oder nicht (§ 17 KO); lehnt er z. B. die Leistung des noch hohen Restkaufpreises ab, so kann der Eigentumsvorbehaltsverkäufer gem. § 43 KO aussondern und ggf. Schadensersatz nach § 26 S. 2 KO fordern. **1160**

Fällt der *Vorbehaltsverkäufer* in Konkurs, so steht dem Konkursverwalter nach h. M. (FLUME aaO, S. 404 ff; JAEGER/HENCKEL § 17 Rdn. 52; MENTZEL/KUHN/

UHLENBRUCK § 17 Rdn. 18) *kein Wahlrecht* gem. § 17 KO zu; dies läßt sich damit begründen, daß der Gemeinschuldner mit bedingter Einigung und Übergabe seinerseits bereits alles zur Erfüllung Erforderliche getan hat. Anderenfalls müßte der Käufer die übergebene Sache zurückgeben und erhielte auf seine Kaufpreisrückforderung lediglich die Konkursquote. Soweit der Vorbehaltskäufer nicht zahlt, kann der Konkursverwalter zurücktreten.

VI. Abgrenzung zwischen Bedingung und Auflage

1161 Von der Bedingung ist die Auflage zu unterscheiden. Sie ist die einer unentgeltlichen Vermögenszuwendung beigefügte Nebenbestimmung, wodurch der Empfänger zu einer Leistung verpflichtet wird (§§ 525 ff, 1940 f, 2192 ff).

> A schenkt dem B eine Bücherei mit der Verpflichtung, die Doppelstücke der Universitätsbibliothek zu überlassen.

Dagegen liegt keine Auflage vor, wenn die dem Empfänger einer Zuwendung auferlegte Leistung als Gegenwert der Zuwendung aufgefaßt werden muß.

Anders als die Bedingung hindert die Auflage keineswegs den Eintritt der Geschäftswirkungen. Die Zuwendung wird sofort wirksam; der für die Bedingung eigentümliche Schwebezustand entsteht nicht. Der Bedachte wird aber durch die Annahme der Zuwendung zur Erfüllung der Auflage verpflichtet.

Die Auflage begründet für den *Schenker* einen *Anspruch auf Vollziehung* (§ 525 I), bei Nichtvollziehung einen *Rückforderungsanspruch* gem. § 527. Im *Erbrecht* steht den Erben, den in § 2194 Genannten sowie darüber hinaus dem Testamentsvollstrecker (§§ 2203, 2208 I) und einem vom Erblasser bestimmten Dritten der Anspruch auf Vollziehung zu. Ein Rückforderungsanspruch besteht im Rahmen des § 2196.

Dagegen steht dem durch die Auflage *Begünstigten kein klagbarer Anspruch* auf Vollziehung zu.

§ 44
Die Befristung

1162 I. Die Befristung als Zeitbestimmung ist die einer Willenserklärung beigefügte Beschränkung, daß die Wirkungen des Rechtsgeschäfts erst mit einem *gewiß* eintretenden künftigen Ereignis beginnen (Anfangstermin) oder nur bis dahin dauern sollen (Endtermin), § 163.

Zur Berechnung der Fristen vgl. unten § 52

Durch die Gewißheit des Eintritts unterscheidet sich die Zeitbestimmung von der Bedingung; die Gewißheit des Eintritts verschafft dem Berechtigten eine stärkere Stellung als bei der Bedingung. Hierbei steht dem „dies certus an et quando" der „dies certus an, incertus quando" gleich; es ist also nicht nötig, daß der Termin kalendermäßig feststeht.

> Der Todestag einer Person ist eine reine Zeitbestimmung (vgl. RGZ 76, 89 f). Wenn dagegen der Onkel seinem Neffen für eine Reise zum 20. Geburtstag 2000 DM verspricht, so liegt eine Bedingung vor, weil ungewiß ist, ob der Neffe diesen Tag erlebt.

Eine Befristung liegt nur dann vor, wenn durch die Bestimmung des Anfangstermins *die Entstehung des Rechtes selbst* aufgeschoben wird. Davon sind die Fälle zu unterscheiden, in denen lediglich *die Fälligkeit* des Rechtes aufgeschoben wird, sog. Betagung (wie hier LARENZ AT § 25 V; MünchKomm/H. P. WESTERMANN § 163 Rdn. 3; anders die ältere Meinung vgl. ENN./NIPPERDEY § 199 II; FLUME II § 41 m.w.N.). **1163**

> Bei der *Betagung* ist die Forderung bereits entstanden; lediglich ihre Fälligkeit ist bis zum Eintritt eines bestimmten Termins hinausgeschoben. Im Falle der *Stundung* ist zu unterscheiden, ob sie von vornherein eingeräumt und dadurch die Fälligkeit hinausgeschoben ist (vgl. §§ 452, 454), oder ob sie nachträglich eingeräumt und dadurch die Geltendmachung eines bereits fälligen Anspruchs aufgeschoben wird (vgl. § 202).

Im Schuldrecht wird eine aufschiebende Zeitbestimmung in der Regel als Betagung auszulegen sein; dies wird insbesondere auch aus § 271 II gefolgert. **1164**

Befristete Forderungen sind jedoch dann anzunehmen, wenn die *Entstehung des ganzen Schuldverhältnisses hinausgeschoben* ist; dies kommt insbesondere bei Dauerschuldverhältnissen, wie Miete, Dienst- und Versicherungsverträgen, in Betracht.

Der Unterschied zwischen befristeten und betagten Forderungen hat Bedeutung bei § 813 II; da bei einer Befristung die Forderung nicht besteht, kann die Rückforderung einer Leistung nicht ausgeschlossen sein.

Die *Zulässigkeit der Befristung* entspricht der Zulässigkeit von Bedingungen (vgl. oben Rdn. 1136 ff). Bedingungsfeindliche Rechtsgeschäfte sind in der Regel auch befristungsfeindlich. **1165**

> Von Bedeutung ist die Frage der Zulässigkeit bei *Arbeitsverträgen*. Trotz der aus § 620 folgenden Zulässigkeit sind Befristungen unzulässig, wenn sie dazu führen, daß Kündigungsschutzvorschriften umgangen werden (so z. B. bei fortlaufenden Befristungen – Kettenarbeitsverträge); Befristungen sind daher nur bei Vorliegen sachlicher Gründe zulässig (st. Rspr.; vgl. BAGE 10, 65; BAG AP Nr. 70 zu § 620 BGB „Befristeter Arbeitsvertrag"). Die Befristung von *Mietverträgen* ist grundsätzlich zulässig; jedoch erklärt § 556 b die Sozialklausel des § 556 a für entsprechend anwendbar.

II. Hinsichtlich der **Rechtswirkungen** sind die Vorschriften über die Bedingung entsprechend anzuwenden (§ 163), so § 158 (Eintritt oder Wegfall der Wirkung mit dem Termineintritt), § 160 (Schadensersatzpflicht bei schuldhafter Beeinträchtigung des befristeten Rechts), § 161 (Unwirksamkeit weiterer beeinträchti- **1166** gender Verfügungen in der Zwischenzeit). Wie bei bedingten entsteht auch bei befristeten Rechtsgeschäften ein Anwartsschaftsrecht.

Obwohl § 159 vom Gesetz nicht für anwendbar erklärt wird, können die Parteien schuldrechtlich eine Rückwirkung vereinbaren (vgl. RGZ 68, 141, 145). – § 162 ist grundsätzlich anwendbar, da ein gewiß eintretendes Ereignis nicht künstlich vereitelt werden kann. Jedoch ist eine entsprechende Anwendung des § 162 II nicht völlig ausgeschlossen, da bei einem gewiß eintretenden Ereignis, dessen Zeitpunkt ungewiß ist (invertus quando), eine Einflußnahme auf den Zeitpunkt wider Treu und Glauben denkbar ist (z. B. Tötung des Vorerben).

ACHTER ABSCHNITT

Stellvertretung

§ 45

Funktion und Abgrenzung

BALLERSTEDT Zur Haftung für culpa in contrahendo bei Geschäftsabschluß durch Stellvertreter, AcP 151 (1950/51), 501 ff; BETTERMANN Vom stellvertretenden Handeln, 1937 (Neudruck 1964); BÖRNER Offene und verdeckte Stellvertretung und Verfügung, Festschrift H. Hübner, 1984, 409 ff; BUCHKA Die Lehre von der Stellvertretung bei der Eingehung von Verträgen, 1852; DÖLLE Neutrales Handeln im Privatrecht, Festschrift F. Schulz II, 1951, 268; EINSELE Inhalt, Schranken und Bedeutung des Offenkundigkeitsprinzips, JZ 1990, 1005 ff; FROTZ Verkehrsschutz im Vertretungsrecht, 1972; GIESSEN-HEGERMANN Die Stellvertretung, Jura 1991, 357 ff; HABSCHEID Zur Problematik der „gesetzlichen Vertretung", FamRZ 1957, 109 ff; HONSELL Die Besonderheiten der handelsrechtlichen Stellvertretung, JA 1984, 17 ff; LABAND Die Stellvertretung bei dem Abschluß von Rechtsgeschäften nach dem ADHGB, ZHR 10 (1866), 183 ff; LENEL Stellvertretung und Vollmacht, JherJb. 36 (1896), 1 ff; LÜDERITZ Prinzipien des Vertretungsrechts, JuS 1976, 765 ff; MITTEIS Die Lehre von der Stellvertretung, 1885; U. MÜLLER Die Entwicklung der direkten Stellvertretung und des Vertrages zugunsten Dritter, 1969; MÜLLER-FREIENFELS Die Vertretung beim Rechtsgeschäft, 1955; ders., Stellvertretungsregeln in Einheit und Vielfalt, 1982; ders., „Haftungsvertreter" und Stellvertreter, Festschrift H. Hübner, 1984, 627 ff; PIKART Die Rechtsprechung des Bundesgerichtshofs zur rechtsgeschäftlichen Stellvertretung, WM 1959, 338 ff; ROSENBERG Stellvertretung im Prozeß, 1908; RÜMELIN Das Handeln in fremdem Namen im BGB, AcP 93 (1902), 131 ff; SCHLOSSMANN Die Lehre von der Stellvertretung, insbesondere bei obligatorischen Verträgen, 2 Bde., 1900 und 1902 (Neudruck 1970); K. SCHMIDT Offene Stellvertretung. Der „Offenkundigkeitsgrundsatz" als Teil der allgemeinen Rechtsgeschäftslehre, JuS 1987, 425 ff;

SCHULTZ Zur Vertretung im Wissen, NJW 1990, 477 ff; WACKE Die adjektizischen Klagen im Überblick SavZ Rom Abt. 124 (1994), 280 ff; WALTERMANN Arglistiges Verschweigen eines Fehlers bei der Einschaltung von Hilfskräften, NJW 1993, 889 ff; H. J. WOLFF Organschaft und juristische Person, Bd. 2, Theorie der Vertretung, 1934 (Neudruck 1968).

A. Interessenlage

Allgemein besteht das Bedürfnis, andere für sich handeln zu lassen. Dies kommt einerseits im Bereich tatsächlicher Handlungen, andererseits im Bereich der Rechtsgeschäfte in Betracht. In ersterer Hinsicht hat das Gesetz den Fragenkomplex im *Haftungsbereich* durch §§ 278, 831, 31 geregelt, im *rechtsgeschäftlichen Bereich* sind die Grundsätze in den §§ 164 ff erfaßt. Im folgenden wird die *Vornahme von Rechtsgeschäften* durch Vertreter behandelt. Dabei geht es letztlich darum, inwieweit der Vertretene die Folgen des Vertreterhandelns im positiven wie im negativen Sinne tragen muß.

1167

Im Bereich der Rechtsgeschäfte kann das Handeln für einen anderen dergestalt erfolgen, daß der Handelnde *im eigenen Namen* auftritt und das Geschäft *als eigenes abschließt*, oder daß er erkennbar das Geschäft *für einen anderen* abschließt. Im ersteren Falle wird nur der Handelnde berechtigt und verpflichtet, im letzteren Fall erwachsen die Rechtswirkungen unmittelbar in der Person des Vertretenen. Im ersteren Fall handelt es sich um *mittelbare, indirekte*, im letzteren um *unmittelbare, direkte Stellvertretung* (in einzelnen siehe §§ 46 und 47).

Das Gesetz hat in den §§ 164 ff lediglich die direkte Stellvertretung behandelt.

Zur geschichtlichen Entwicklung:
Die direkte Stellvertretung setzt einen gedanklichen Prozeß voraus, der früheren Rechtsordnungen in ihrer strengen Begrenzung der rechtsgeschäftlichen Wirkungen auf die Beteiligten fernlag. So sahen die Römer nur die unmittelbare Rechtsbeziehung zwischen den Handelnden; „alteri stipulari nemo potest" (D 45, 1, 38, 17); gleichwohl wurde der Drittwirkung Rechnung getragen, indem in gewissen Fällen eine Haftung des wirtschaftlich begünstigten Dritten durch die sogenannten adjektizischen Klagen erreicht wurde. Auch dem älteren deutschen Recht war die Stellvertretung als Vertretung im Willen mit unmittelbarer Wirkung für den Vertretenen unbekannt; teilweise bot die Figur des Treuhänders Ersatz, der selbst im eigenen Namen kraft eigenen Rechts handelte, aber gleichzeitig verpflichtet war, nur im Interesse und gemäß den Weisungen des Treugebers über das ihm von diesem übertragene Recht zu verfügen. In Deutschland ist die Zulässigkeit der unmittelbaren Stellvertretung unter dem Einfluß des Naturrechts seit dem 18. Jahrhundert grundsätzlich anerkannt worden und auch in die neueren Kodifikationen (I 13 § 85 ALR, Art. 1984, 1998 CC, § 1017 ABGB) aufgenommen worden. Das ADHGB hat in Art. 52 und 298 den Grundsatz im Interesse des Handelsverkehrs verfestigt.

1168

Die **dogmatische Begründung** der Stellvertretung war im Gemeinen Recht umstritten. Um die unmittelbare Wirkung gegenüber dem Vertretenen zu rechtfertigen, hat man verschiedene *Erklärungsversuche* unternommen:

Die *Geschäftsherrntheorie* (v. SAVIGNY vgl. Obligationenrecht, 1853, II § 57) sah als eigentliche Geschäftspartei, als im Rechtssinne handelnd, nur den Vertretenen an und stellte sich den Vertreter als dessen „Organ" vor; sie bestimmte infolgedessen nicht bloß die Wirkungen, sondern auch die Voraussetzungen des Rechtsgeschäfts (z. B. die Anfechtbarkeit wegen Willensmängeln) aus der Person des Vertretenen.

Die *Repräsentationstheorie* (WINDSCHEID Lehrbuch des Pandektenrechts [seit 1862] I § 73) sah umgekehrt den Vertreter als denjenigen an, der das Rechtsgeschäft abschließt – mit der Folge, daß die Wirkungen erst kraft gesetzlicher Vorschrift in der Person des Vertretenen eintreten; sie bestimmte deshalb die Voraussetzungen des Rechtsgeschäfts (Geschäftsfähigkeit, Einfluß der Willensmängel usw.) nach der Person des Vertreters.

Die *vermittelnde Theorie* (L. MITTEIS aaO, 1885, S. 109 ff) erklärte die Wirkungen aus einem Zusammenhandeln des Vertreters und des Vertretenen bei der Vornahme des Rechtsgeschäfts und bestimmte deshalb die Voraussetzungen teils nach der Person des Vertreters, teils der des Vertretenen, je nach dem Maß ihrer Beteiligung. Die Einheit des rechtsgeschäftlichen Gesamttatbestandes betont wieder MÜLLER-FREIENFELS Die Vertretung beim Rechtsgeschäft, 202 ff.

1169 Das BGB hat seine Regelung vom Boden der Repräsentationstheorie aus getroffen. Da der Vertreter das Rechtsgeschäft vornimmt, bestimmen sich die Voraussetzungen des Geschäfts grundsätzlich nach seiner Person. Daß die Wirkungen in der Person des Vertretenen eintreten, beruht auf der von ihm eingeräumten Vertretungsmacht und den in diesem Rahmen abgegebenen Willenserklärungen des handelnden Vertreters und seines Geschäftsgegners; das Gesetz erkennt deren Willen an. Um diese Wirkungen zu erklären, ist es nicht erforderlich, sich den Vertretenen als Handelnden vorzustellen (so aber MünchKomm/SCHRAMM Vor § 164 Rdn. 63 f, der mit MÜLLER-FREIENFELS in der gesetzlichen Regelung ein Problem der Selbstbestimmungsfreiheit des Vertretenen sieht).

B. Abgrenzungen

Die vom Gesetz vorgenommene Stellvertretungsregelung erfordert Abgrenzungen:

I. Der Bote

1170 Keine Vertreter sind die Hilfskräfte, deren sich jemand bloß zur Äußerung des von ihm gefaßten Entschlusses bedient. Kein Vertreter ist namentlich der *Bote*, der lediglich die von einem anderen abgegebene Erklärung übermittelt. Im Gegensatz zum Vertreter, der eine *eigene* Willenserklärung abgibt, gibt der Bote eine *fremde* Willenserklärung lediglich weiter. Bei der verkörperten Erklärung (z. B. Brief) hebt sich die rein tatsächliche Mitwirkung des Boten, der für den Zugang des Briefes sorgt, von der Tätigkeit des Vertreters deutlich ab. Bei der mündlichen Botschaft ist oft schwierig zu unterscheiden, ob Botenschaft oder Vertreterschaft vorliegt; entscheidend ist dabei, wie die Hilfsperson nach außen aufgetreten ist, nicht wie sie auftreten sollte. Aus der Sicht des Dritten sind neben den gewählten Worten die Umstände und die soziale Stellung zu berücksichtigen.

1171 Der Bote, der sich eine eigene *Entscheidungsfreiheit anmaßt* und dadurch seine Botenmacht überschreitet, wird zum Vertreter ohne Vertretungsmacht; die §§ 177 ff finden Anwendung (h. M., a. M. STAUDINGER/DILCHER Vor § 164 Rdn. 76 m.w.N.). Entsprechendes gilt für den Boten ohne Botenmacht.

1172 Übermittelt der Bote die ihm aufgegebene Erklärung *irrtümlich fehlerhaft*, so wird der Geschäftsherr gebunden; er kann allerdings die Erklärung gem. § 120 mit der Folge des § 122 anfechten. Die *Haftung des Boten* für irrtümlich fehlerhafte Übermittlung der Botenerklärung gegenüber dem Erklärungsempfänger kann nur nach den Grundsätzen über unerlaubte Handlungen in Betracht kommen. Davon sind die Fälle zu unterscheiden, daß der Bote zwar als Bote auftritt, die Botenerklärung jedoch bewußt unrichtig übermittelt; hier kann eine Haftung analog § 179 eingreifen (OLG Oldenburg NJW 1978, 951).

1173 Die Botenschaft erfordert *keine Geschäftsfähigkeit*, sondern nur natürliche Fähigkeit zur Übermittlung der Botschaft, während die Stellvertretung zumindest beschränkte Geschäftsfähigkeit voraussetzt (§ 165).

Die Übermittlung durch Boten ist in den Fällen *unzulässig*, in denen das Gesetz die persönliche Abgabe der Erklärung oder die persönliche Anwesenheit vorschreibt (z. B. §§ 2284, 925).

Schrifttum:
COHN Der Empfangsbote, 1927; G. HUECK Bote – Stellvertreter im Willen – Stellvertreter in der Erklärung, AcP 152 (1952/53), 432 ff; LUTTER Der Stimmbote, Festschrift Duden, 1977, 269 ff; H. SCHNEIDER Stellvertretung im Willen, Stellvertreter in der Erklärung und Bote, 1959.

II. Vertretung in der Erklärung

1174 Ausgehend vom früheren Adoptionsrecht, das in § 1750 II a. F. beim Annahmevertrag persönliche Anwesenheit vorsah und dadurch Stellvertretung und Botenschaft ausschloß, wurde von der Rechtsprechung des BGH eine *„Stellvertretung in der Erklärung"* anerkannt. Dabei wurde der Stellvertretung in der Willensbildung eine Vertretung gegenübergestellt, die lediglich die Äußerung des Willens zum Gegenstand haben sollte (BGHZ 5, 344, 349). Diese Auffassung stieß weitgehend auf Kritik (SOERGEL/LEPTIEN Vor § 164 Rdn. 53 ff; STAUDINGER/DILCHER Vor § 164 Rdn. 83 m.w.N.); es wurde betont, daß Wille und Erklärung eine nicht zu trennende Einheit darstellten und daher eine selbständige Rechtsfigur zwischen Stellvertreter und Boten ausgeschlossen sei. Da die Möglichkeit besteht, die Willensbildung eines Vertreters fest zu umreißen (vgl. § 166 II), lassen sich solche Fälle unter den Begriff der Vertretung subsumieren (sog. *„Vertreter mit* *gebundener Marschroute"*, vgl. E. ULMER SJZ 1948, 137, 140). Nach der Änderung des Adoptionsrechtes, das zwar die Möglichkeit der Stellvertretung ausschließt, jedoch nur von einer Einwilligung in die Adoption ausgeht und vom Erfordernis der gleichzeitigen persönlichen Anwesenheit absieht (§ 1750 n. F.), besteht ein praktisches Bedürfnis in diesem Fall nicht mehr (zu anderen Fallgruppen, in denen diese Rechtsfigur diskutiert wird vgl. STAUDINGER/DILCHER Vor § 164 Rdn. 85).

III. Vertreter und Verwalter

1175 In einer Reihe von Fällen werden Personen zur *Interessenwahrung für fremdes Vermögen* berufen, so z. B. der Konkursverwalter, der Zwangsverwalter, der Nachlaßverwalter, der Testamentsvollstrecker, der Vertreter, der für ein vom Eigentümer derelinquiertes Grundstück gemäß §§ 58, 787 ZPO bestellt worden ist. Ihre Eigenschaft als Vertreter ist umstritten.

Die Rechtsprechung (seit RGZ 29, 29, 31 f; BGHZ 13, 203, 205; 25, 275, 279; 49, 11, 16; 51, 209, 216) sieht in diesen Personen im Sinne eines formellen Parteibegriffs Träger eines „Amtes" und lehnt eine Vertretereigenschaft ab, da sie – zumal sie auch gegen den Vertretenen handeln – nicht in dessen Namen, sondern kraft Amtes auftreten (vgl. § 116 ZPO; sog. *Amtstheorie*). Der Rechtsprechung stimmen zu: BAUMBACH/LAUTERBACH/ALBERS/HARTMANN Grundz § 50 Rdn. 8 ff; JAEGER/HENCKEL § 6 Rdn. 4 ff; SOERGEL/LEPTIEN Vor § 164 Rdn. 86.

Demgegenüber sieht die sog. *Vertretertheorie* die verwaltenden Personen als besondere Gruppe gesetzlicher Vertreter an (LARENZ AT § 30 I a; FLUME II § 45 I 2; ROSENBERG/SCHWAB/GOTTWALD § 40 II 1).

Die sog. *Organtheorie* geht von der Selbständigkeit der verwalteten Vermögensmasse aus und sieht in ihrem Verwalter ein Organ mit der Stellung eines gesetzlichen Vertreters (vgl. BÖTTICHER ZZP 77 (1964), 55 ff); zur Verselbständigung der Konkursmasse insbes. HANISCH Rechtszuständigkeit der Konkursmasse, 1973, 63 ff.

> Die rechtliche Qualifizierung ist z. B. insofern von Bedeutung, als die Amtstheorie gestattet, daß in dem vom Konkursverwalter geführten Prozeß der Gemeinschuldner als Zeuge gehört werden (RGZ 29, 29) und andererseits der Konkursverwalter nur als Partei vernommen werden kann. Für die Bestimmung des Gerichtsstandes ist indessen nicht der Wohnsitz des Konkursverwalters, sondern der Verwaltungsmittelpunkt der Masse entscheidend (JAEGER/HENCKEL § 6 Rdn. 60 ff).

Der Streit wird weitgehend als überholt bezeichnet, da die Folgen des Handelns stets die verwaltete Vermögensmasse betreffen und auch nach der Vertretertheorie das Vertreterhandeln gegenständlich auf die betroffene Vermögensmasse beschränkt wird (ENN./NIPPERDEY § 180 I 1 e).

Funktion und Abgrenzung § 45 B VI

Schrifttum:
DERPA Die Zurechnung nichtrechtsgeschäftlichen Handelns bei Vertretung kraft Amtes, 1973; HENCKEL Parteilehre und Streitgegenstand im Zivilprozeß, 1961, 118 ff; JAHR Fremdzurechnung bei Verwaltergeschäften, Festschrift Weber, 1975, 275 ff.

IV. Vertreter und Organe

Die Organe der juristischen Person (vgl. die §§ 31, 86, 89) haben nach dem Gesetz **1176** die Stellung eines gesetzlichen Vertreters (§ 26 II). Die sog. *Organtheorie* sieht ausgehend von der Theorie der realen Verbandspersönlichkeit (vgl. oben Rdn. 192 f, 197) einen grundsätzlichen Unterschied zwischen Organhandeln und Vertreterhandeln. Von Belang ist die Unterscheidung durch die Regelung des § 31. Da im Deliktsrecht die Anwendung der für Rechtsgeschäfte vorgesehenen Stellvertretungsregeln ausscheidet, bliebe nur die Qualifikation des Vertreters als Verrichtungsgehilfe. Dies schließt § 31 aus, in dem das Handeln der verfassungsmäßigen Vertreter als eigenes Handeln der juristischen Person angesehen wird (vgl. zu den Einzelheiten oben Rdn. 230 ff).

V. Geschäfte zur Deckung des ehelichen Lebensbedarfs

Einen Sonderfall des Handelns mit Wirkung für einen anderen stellt die Regelung **1177** des § 1357 („Schlüsselgewalt") dar. Die Vorschrift als Fall der Stellvertretung für den anderen Ehegatten aufzufassen, verbietet bereits das Abweichen vom Offenkundigkeitsgrundsatz des § 164, da es nicht darauf ankommt, ob der handelnde Ehegatte im Namen des anderen Ehegatten oder im eigenen Namen auftritt. Das Gesetz sieht eine Regelung sui generis vor, um die Unterhaltsgemeinschaft „Ehe" mit Außenwirkung zu verstärken und die Beschaffung des Unterhaltsbedarfs unabhängig vom handelnden Ehegatten zu gewährleisten. Diesem Zweck dient als Mittel der Gläubigerschutz; beide Ehegatten sind nicht nur berechtigt, sondern auch verpflichtet. Unabhängig von § 1357 können Stellvertretungsvorschriften in Betracht kommen.

Schrifttum:
KILIAN Die Neuregelung der Schlüsselgewalt durch das 1. EheRG, 1980; MIKAT Rechtsprobleme der Schlüsselgewalt, 1981; STAUDINGER/HÜBNER § 1357; WACKE Einzelprobleme der neugeregelten „Schlüsselgewalt", FamRZ 1980, 13 ff.

VI. Surrogation

Während bei der Stellvertretung hinsichtlich der Übertragung des Rechts eine **1178** vom Rechtsgeschäft abhängige Zuordnung eintritt, erfolgt bei der Surrogation eine Zuordnung kraft Gesetzes. In Fällen, in denen die Rechtsordnung den Schutz besonderer Vermögensmassen nachdrücklich sicherstellen will, läßt sie den Erwerb bei dem schutzwürdigen Vermögen ohne Rücksicht auf die Willensrichtung des Handelnden und ohne besonderen rechtsgeschäftlichen Übertragungsvorgang eintreten (dingliche Ersetzung). Allerdings sind die Voraussetzungen vom Gesetz im einzelnen unterschiedlich gestaltet (vgl. RGZ 105, 84, 87).

> Eine Zuordnung kraft Surrogation findet sich z. B. zugunsten des Gesellschaftsvermögens § 718 II; zugunsten des Hausrats in der Zugewinngemeinschaft § 1370; zugunsten des Gesamtguts in der Gütergemeinschaft § 1473, bzw. zugunsten des Vorbehaltsguts § 1418 II Ziff. 3; zugunsten des Kindesvermögens § 1638 II und § 1646 (im letzteren Falle entscheidet allerdings die Willensrichtung der Eltern; es handelt sich dann um einen Fall mittelbarer Stellvertretung, der jedoch durch die Surrogation in seiner Wirkung der unmittelbaren Stellvertretung gleichkommt), zum Schutze des Nachlasses §§ 2019, 2041, bei Einsetzung eines Nacherben § 2111. Der Schutzgedanke kommt jedoch auch im allgemeinen Vermögensrecht zum Ausdruck, so beim Nießbrauch § 1075, bei der Hypothek § 1127, beim Pfandrecht §§ 1219 II, 1247 S. 2, 1287.

Der unmittelbar dinglich wirkenden Surrogation steht eine schwächere Ausgestaltung gegenüber, bei der lediglich schuldrechtliche Ansprüche erwachsen, vgl. § 281 (RGZ 105, 84, 87 f).

§ 46

Indirekte Stellvertretung

COHN Das rechtsgeschäftliche Handeln für denjenigen, den es angeht, 1931; HAGER Die Prinzipien der mittelbaren Stellvertretung, AcP 180 (1980), 239 ff; v. LÜBTOW Das Geschäft „für den es angeht" und sogenannte „antezipierte Besitzkonstitut", ZHR 112 (1949), 227 ff; K. MÜLLER Das Geschäft für den, den es angeht, JZ 1982, 777 ff; MÜLLER-ERZBACH Die Grundsätze der mittelbaren Stellvertretung aus der Interessenlage entwickelt, 1905; OHR Zur Anerkennung der verdeckten Stellvertretung in der Rechtsprechung des Reichsgerichts, AcP 150 (1949), 525 ff; REINHARDT Der Ersatz des Drittschadens, 1933; SCHLESS Mittelbare Stellvertretung und Treuhand, 1931; SCHWARK Rechtsprobleme bei der mittelbaren Stellvertretung, JuS 1980, 777 ff; M. WOLF Der mittelbare Stellvertreter als nichtberechtigt Verfügender, JZ 1968, 414 ff.

A. Interessenlage und Rechtsfolgen

1179 *I.* Tritt der Handelnde, der für einen anderen tätig wird, dem Geschäftspartner gegenüber **im eigenen Namen auf**, so schließt er das Geschäft als eigenes ab; nur er wird berechtigt und verpflichtet. Er handelt als mittelbarer, indirekter Stellvertreter. Das BGB hat sich auf Vorschriften über die unmittelbare Stellvertretung beschränkt, hingegen regelt das *HGB* Einzelheiten der mittelbaren Stellvertretung im *Kommissions- und Speditionsgeschäft*, §§ 383 ff; §§ 407 ff HGB.

Häufig besteht ein Interesse daran, beim Geschäftsabschluß nicht in Erscheinung zu treten. Diesem Interesse kann nur durch die Figur der indirekten Stellvertretung, die die wirtschaftlichen Interessen des Auftraggebers nicht offenlegt, entsprochen werden.

II. Die Vorstellung des BGB-Gesetzgebers (Mot. I, 223 f), daß in den Fällen **1180** mittelbarer Stellvertretung sich die Rechtsbeziehung zwischen den Beteiligten mit den allgemeinen Vorschriften des Schuld- und Sachenrechts bewältigen lassen, bringt jedoch für den mittelbar Vertretenen gewisse *Risiken* mit sich. Der mittelbar Vertretene hat ein dringendes wirtschaftliches Interesse, möglichst schnell Inhaber des vom mittelbaren Stellvertreter erworbenen Rechts zu werden, um Zugriffe von Gläubigern des mittelbaren Stellvertreters verhindern zu können, die beim *Durchgangserwerb* grundsätzlich möglich sind. Um dieses Risiko insbesondere bei der *dinglichen Zuordnung* zu mindern, haben Rechtsprechung und Lehre folgende Lösungswege beschritten.

1. a) Nach *sachenrechtlichen Grundsätzen* muß der mittelbare Stellvertreter eine **1181** erworbene Sache nach § 929 ff auf den mittelbar Vertretenden übertragen. Den Abschluß der Einigung gestatten §§ 158 ff bereits bei der Auftragserteilung zwischen mittelbar Vertretenem und mittelbarem Vertreter (sog. **antizipierte Einigung**). Schwierigkeiten entstehen hinsichtlich der nach § 929 erforderlichen Übergabe; hier kann § 930 eingreifen, wobei das Besitzmittlungsverhältnis ebenfalls nach § 158 vorweggenommen werden kann (sog. **antizipiertes Besitzkonstitut**). Auf diese Weise beschränkt sich der Durchgang beim mittelbaren Stellvertreter theoretisch auf die sog. logische Sekunde.

> Vorausgesetzt wird, daß beim Erwerb durch den mittelbaren Stellvertreter dessen Wille zur Besitzmittlung noch fortbesteht (h. M.; vgl. BAUR/STÜRNER § 51 V 6 b).
> Eine zusätzliche Ausführungshandlung, die das Besitzmittlungsverhältnis kenntlich macht, ist grundsätzlich hier nicht erforderlich, da das Gesetz in § 930 auf eine Offenlegung verzichtet (so zutreffend WESTERMANN § 40 III 1; auch BAUR/STÜRNER § 51 V 6 b, der allerdings eine „Erkennbarmachung" aus dem sachenrechtlichen Bestimmtheitsgrundsatz herleitet); in diesem Sinne auch BGHZ 21, 52, 56; BGH WM 1963, 1339 stellt lediglich auf die Erkennbarkeit durch den Erwerber ab.

b) Ein anderer Weg ergibt sich mit Hilfe der Regelung des § 181, der das **1182** grundsätzlich verbotene **Selbstkontrahieren** im Fall der Erfüllung einer Verbindlichkeit gestattet. Der beauftragte mittelbare Stellvertreter ist im Innenverhältnis gem. § 667 zur Weiterübertragung verpflichtet. Er kann daher die *Einigung* mit sich selbst vollziehen. Ob dies auch für den Abschluß des *Besitzkonstituts* gilt, ist nicht unbestritten; da in der Regel als Nebenpflicht aus dem Auftragsverhältnis auch eine Verwahrungspflicht zu folgern sein wird, kann in Erfüllung dieser Verbindlichkeit auch das Besitzkonstitut (§ 868) gem. § 181 abgeschlossen werden (h. M.; vgl. WESTERMANN § 43 IV 2).

Hier ist im Interventionsstreit zwischen „Vertretenem" und Gläubiger des mittelbaren Vertreters (§ 771 ZPO) die *Erkennbarkeit* des Eigentumsüberganges von besonderer Bedeutung. Während sie beim antizipiert vereinbarten Eigentumsübergang durch die vorangegangenen Verhandlungen eher belegbar sein wird, ergeben sich beim Insichgeschäft keine Anhaltspunkte für einen Eigentumsübergang; daher ist der Rechtsprechung zuzustimmen, wenn sie im Falle des § 181 fordert, daß der Wille des Vertreters zur Einigung und Besitzübertragung für einen mit den Verhältnissen Vertrauten erkennbar sein müsse (RGZ 140, 223, 229 f).

> Einen Sonderfall des Durchgangserwerbs stellt die Regelung der §§ 18 ff Depotgesetz für die Einkaufskommission von Wertpapieren dar. Hier geht das Eigentum an den vom Kommissionär erworbenen Wertpapieren mit der Absendung des Stückverzeichnisses auf den Kommittenten über, wenn es nicht nach den Bestimmungen des BGB schon früher übergegangen ist (§ 18 III DepotG).

1183 c) Ein Durchgangserwerb läßt sich durch das **sog. Geschäft für den, den es angeht**, vermeiden; es setzt voraus, daß der veräußernde Dritte das Eigentum nicht an einen bestimmten Erwerber übertragen will, es ihm vielmehr gleichgültig ist, mit wem er die Einigung abschließt (Einigung mit einer incerta persona). Damit werden die Wirkungen der direkten Stellvertretung herbeigeführt; hinsichtlich der Übergabe wird der handelnde Vertreter als Besitzmittler (§ 868) oder als Besitzdiener (§ 855) angesehen.

Entscheidend ist darauf abzustellen, ob der Veräußernde kein Interesse an der Person des Erwerbers hat; dies ist im Einzelfall durch Auslegung zu ermitteln. Daher wird ein Geschäft für den, den es angeht, schon im Hinblick auf die Kreditwürdigkeit des Geschäftsgegners nur bei Bargeschäften des täglichen Lebens anzunehmen sein (vgl. BGHZ 114, 74, 79 f; grundsätzlich ablehnend FLUME II § 44 II 2). Umstritten ist, ob die Rechtsfigur *auch das schuldrechtliche Geschäft* umfaßt. Hier ist Zurückhaltung zu üben, da der Geschäftspartner für die schuldrechtlichen Beziehungen grundsätzlich ein Interesse daran hat, zu wissen, mit wem er kontrahiert; Ausnahmen sind denkbar, z. B. bei Kauf in Warenhäusern (gegen eine vorbehaltlose Ausdehnung auf das Schuldrecht ENN./NIPPERDEY § 179 III 4; BAUR § 51 VII 3; STAUDINGER/DILCHER Vor § 164 Rdn. 54; weitergehend v. LÜBTOW ZHR 112, 227, 238 ff; SOERGEL/LEPTIEN Vor § 164 Rdn. 36; MünchKomm/SCHRAMM § 164 Rdn. 48; WESTERMANN § 43 IV 3 a).

1184 Von der mittelbaren Stellvertretung ist die *sog. Übertragung auf Geheiß* zu unterscheiden. Es handelt sich um folgenden Grundfall: K kauft von V eine Sache und weist V an, die Sache direkt an D, an den K inzwischen die Sache weiterverkauft hat, zu übergeben. Der Eigentumsübergang läßt sich wie folgt konstruieren: K erlangt das Eigentum von V gem. §§ 929, 930; dann überträgt V auf Geheiß des K den Besitz auf D, der damit das Eigentum von K gem. § 929 erlangt; insofern kommt es auf einen Besitzmittlungswillen des D gegenüber K nicht an. Dies ist wichtig, wenn K an D unter Eigentumsvorbehalt liefern will. Im Ergebnis sind also zwei Übertragungsgeschäfte (V–K und K–D) erforderlich (so BAUR/STÜRNER § 51 III 3 m.w.N., a. M. WESTERMANN § 40 III 3).

Indirekte Stellvertretung   § 46 A III

2. Die für den mittelbaren Stellvertreter geltenden Grundsätze des Eigentumserwerbs finden auch auf den **Erwerb eines Forderungsrechtes** Anwendung; hier bedarf es der Abtretung der vom mittelbaren Stellvertreter erworbenen Forderung an den Geschäftsherrn. Dies betont § 392 I HGB ausdrücklich. Allerdings wird im Interesse des Geschäftsherrn die Abtretung an ihn im Kommissionsrecht fingiert (§ 392 II HGB). Das hat zur Folge, daß der Kommissionär über die Forderung nicht verfügen kann und seinen Gläubigern der Zugriff entzogen ist; dem Kommitenten steht im letzteren Falle die Drittwiderspruchsklage nach § 771 ZPO bzw. das Aussonderungsrecht nach § 43 KO zu. Soweit die Regelung für das Kommissionsgeschäft nicht eingreift, kann dem Risiko durch antizipierte Forderungsabtretung entgegengewirkt werden. **1185**

3. Bei der **Veräußerung durch einen mittelbaren Stellvertreter** wird in der Regel eine Durchgangsphase beim Vertreter vermieden, da § 185 dem Geschäftsherrn die Möglichkeit eröffnet, den mittelbaren Stellvertreter mit seiner Zustimmung als Nichtberechtigten wirksam verfügen zu lassen, vgl. zu den Einzelheiten unten § 49. **1186**

III. Obwohl *der mittelbar Vertretene an den vertraglichen Beziehungen* zwischen mittelbarem Stellvertreter und Geschäftspartner grundsätzlich *nicht beteiligt ist* und ihm insoweit Ansprüche nicht zustehen, wird doch hinsichtlich des Schadensersatzes bei Leistungsstörungen sein Interesse berücksichtigt. So wird der mittelbare Stellvertreter, der selbst in der Regel keinen Schaden hat, als Vertragspartner für berechtigt erachtet, den beim Geschäftsherrn eingetretenen Schaden geltend zu machen, sog. **Schadensliquidation im Drittinteresse**. Begründet wird dieses den Grundsätzen des Obligationenrechts widersprechende Ergebnis mit der Erwägung, daß der schädigende Vertragspartner nicht dadurch entlastet werden soll, daß der aus dem Vertrag Berechtigte und der Geschädigte aufgrund *zufälliger Schadensverlagerung* nicht identisch sind (RGZ 115, 419, 425 m.w.N., BGHZ 40, 91, 100; grundlegend REINHARDT Der Ersatz des Drittschadens, 1933). Will der Geschäftsherr den Schaden selbst geltend machen, so muß er sich den Anspruch als solchen vom mittelbaren Stellvertreter abtreten lassen. **1187**

Unter Umständen kann der *Vertragspartner des mittelbaren Stellvertreters* ein Interesse daran haben, den mittelbar Vertretenen auf die vertragliche Leistung in Anspruch zu nehmen (Durchgriff auf den mittelbar Vertretenen). Dies ist nicht möglich, da eine Verpflichtungsermächtigung nach h. M. nicht anzuerkennen ist (vgl. unten Rdn. 1359 f). Ein Ausweg wäre denkbar, wenn er mit einem für die vertragliche Leistung gegen den mittelbaren Stellvertreter erstrittenen Titel in dessen Anspruch gegen seinen Geschäftsherrn vollstrecken könnte; hier käme gegebenenfalls der Anspruch auf Ersatz der Aufwendungen, die in der Eingehung der Verbindlichkeit gegenüber dem Vertragspartner bestehen, in Betracht (§§ 670, **1188**

257). Grundsätzlich ist eine auf Befreiung von einer Verbindlichkeit gerichtete Forderung, soweit nicht ein vereinbarter Anspruch auf „Vordeckung" besteht, nicht abtretbar und damit nicht pfändbar; jedoch läßt die Rechtsprechung auch ohne Vereinbarung eine Ausnahme dann zu, wenn die Forderung gerade an den Gläubiger jener Verbindlichkeit abgetreten (BGHZ 12, 136, 141; BGH WM 1975, 305 f und 1226 f) oder von diesem gepfändet wird (BGHZ 7, 244, 246; vgl. STEIN/JONAS/MÜNZBERG § 851 Rdn. 38).

B. Abgrenzungen

I. Treuhandverhältnisse

ASSFALG Die Behandlung von Treugut im Konkurse des Treuhänders, 1960; BEYERLE Die Treuhand im Grundriß des deutschen Privatrechts, 1932; BEUTHIEN Treuhand an Gesellschaftsanteilen, ZGR 1974, 26 ff; BÖTTICHER Die Intervention des Sicherungseigentümers, MDR 1950, 705 ff; COING Die Treuhand kraft privaten Rechtsgeschäfts, 1973; ERBE Die Fiduzia im römischen Recht, 1940; FRIEDMANN Empfiehlt sich eine gesetzliche Regelung des Treuhandverhältnisses? Verh. des 36. DJT, I, 805 ff; GERNHUBER Die fiduziarische Treuhand, JuS 1988, 355 ff; HÄMMERLE Empfiehlt sich eine gesetzliche Regelung des Treuhandverhältnisses? Verh. des 36. DJT, I, 632 ff; HENCKEL Haftungsfragen bei der Verwaltungstreuhand, Festschrift Coing II, 1982, 137 ff; KÖTZ Trust und Treuhand, 1963; LAMMEL Die Haftung des Treuhänders aus Verwaltungsgeschäften, 1972; H. LANGE Lage und Zukunft der Sicherungsübertragung, NJW 1950, 565 ff; H. LEHMANN Reform der Kreditsicherung an Fahrnis und Forderungen, 1937; ders., Sicherung von Kundenkrediten, 1956; LIEBICH/MATHEWS Treuhand und Treuhänder in Recht und Wirtschaft, 2. Aufl., 1983; PAULUS Probleme und Möglichkeiten der institutionellen Ausformung der Sicherungsübereignung, JZ 1957, 7 ff; ders., Kreditsicherung durch Übertragung von Eigentum und Anwartschaften, JZ 1957, 41 ff; REINHARDT/ERLINGHAGEN Die rechtsgeschäftliche Treuhand – ein Problem der Rechtsfortbildung, JuS 1962, 41 ff; RHODE Juristische Person und Treuhand, 1932; SCHMELZEISEN Das Treupfand, 1936; SCHLOSSER Außenwirkungen verfügungshindernder Abreden bei der rechtsgeschäftlichen Treuhand, NJW 1970, 681 ff; SERICK Eigentumsvorbehalt und Sicherungsübertragung II, 1965; ders., Insolvenzrechtliche Fragen bei der Sicherungstreuhand, KTS 1970, 89 ff; SIEBERT Das rechtsgeschäftliche Treuhandverhältnis, 1933 (Neudruck 1970); THOMAS Die rechtsgeschäftliche Begründung von Treuhandverhältnissen, NJW 1968, 1705 ff; WALTER Das Unmittelbarkeitsprinzip bei der fiduziarischen Treuhand, 1974.

1. Allgemeine Merkmale

1189 Mit der mittelbaren Stellvertretung berühren sich die Fälle, in denen der Treuhänder im eigenen Namen für den Treugeber oder für das Treugut Rechtsgeschäfte abschließt. Gleichwohl unterscheiden sich solche Vorgänge dadurch von der mittelbaren Stellvertretung, daß der Treuhänder in der Regel nicht Gehilfe für einen gewollten Durchgangserwerb (vgl. RGZ 84, 214, 218 f; 133, 84, 87) ist, sondern der erworbene Gegenstand auf Dauer in seiner Verwaltung verbleiben soll. Es handelt sich daher um ein objektbezogenes Handeln im Rechtsverkehr, zu dem er durch einen Treugeber legitimiert ist; insoweit ist die Rechtsfigur durch die Bindung im Innenverhältnis geprägt.

Die Treuhand ist weder gesetzlich definiert noch dogmatisch eindeutig zu erfassen. Das treuhänderische oder fiduziarische Geschäft ist *grundsätzlich Vollrechtsübertragung* mit innerer schuldrechtlicher Zweckbindung. Der Treugeber verschafft dem Treuhänder eine den Treuzweck überschießende Rechtsmacht, d. h. die dem Treunehmer formal eingeräumte Rechtsmacht kann grundsätzlich nur im Innenverhältnis eingeschränkt werden (vgl. § 137). Überschreitet der Treunehmer seine Rechtsmacht, so kann er vom Treugeber lediglich auf Schadensersatz in Anspruch genommen werden. Im Bereich der Vollstreckung berücksichtigen Rechtsprechung und Lehre jedoch die *wirtschaftliche Zugehörigkeit* des Treuguts *zum Vermögen des Treugebers.*

Die Rechtsprechung setzt bei der Treuhand (im eigentlichen Sinne) voraus, daß der Vermögensgegenstand **unmittelbar** von dem Vermögen des Treugebers in die Hände des Treuhänders gelangt, z. B. vom Treugeber wird eine Sache zur Sicherung übereignet (BGH WM 1960, 325). Sie grenzt damit die Treuhand von den Fällen der indirekten Stellvertretung ab, in denen jemand im Auftrag und für Rechnung seines Auftraggebers ein Recht eines Dritten erwirbt und verpflichtet ist, dieses Recht auf den Auftraggeber zu übertragen. Jedoch gelten Anderkonten als Treuhandverhältnis, da sie offenkundig dem Zweck dienen, fremde Gelder treuhänderisch zu verwalten (BGH NJW 1959, 1223, 1225).

Im Ausgangspunkt handelt es sich um eine sog. *fremdnützige Treuhand*, d. h. um eine eingeräumte Rechtsmacht, die der Treuhänder im fremden Interesse wahrnehmen soll (vgl. RGZ 84, 214, 217; 127, 341, 344). Im Gegensatz dazu steht die *eigennützige Treuhand* (sog. Sicherungstreuhand). Dem entspricht die Unterscheidung nach Anwendungsbereichen: Während *Verwaltungs- oder Verwertungstreuhand* (z. B. die Errichtung von Treuhandkonten durch Notare, die Treuhandverwaltung von Urheberrechten durch die Gema) sich in erster Linie am Interesse des Treugebers orientieren, dient die *Sicherungstreuhand* (z. B. Sicherungsübereignung, Sicherungszession) vornehmlich dem Interesse des Treunehmers.

2. Fremdnützige Treuhand

Bei fremdnütziger, uneigennütziger Treuhand, z. B. Verwaltungstreuhand für ein Miethaus, ergeben sich in Zwangsvollstreckung und Konkurs folgende Auswirkungen: Der Treugeber hat, da die Rechte aus der Verwaltung wirtschaftlich zu seinem Vermögen gehören, gegen Gläubiger des Treuhänders *die Drittwiderspruchsklage gem. § 771 ZPO, im Konkurs das Aussonderungsrecht gem. § 43 KO.* In Fällen, in denen der Treugeber an den Treuhänder zum Zwecke des Inkasso

Forderungen abgetreten hat (Inkassozession), hat der Treugeber nach h. M. beim Zugriff von Gläubigern des Treuhänders Interventions- und Aussonderungsrechte.

> Zu beachten bleibt, daß im Konkurs des Treugebers der Treuhandauftrag nach § 23 KO erlischt; der Konkursverwalter des Treugebers hat einen Rückübertragungsanspruch.

Umgekehrt steht dem Treuhänder gegen Gläubiger des Treugebers § 771 ZPO nicht zur Verfügung; vielmehr kann er nur wegen Nichtbeachtung des § 809 ZPO die Erinnerung nach § 766 ZPO geltend machen.

Dies soll jedoch für *zum Treugut gehörende Forderungen* nicht gelten; im Interesse der Drittschuldner können sie aufgrund eines Titels gegen den Treugeber nicht gepfändet werden; der Treuhänder kann daher nach § 771 ZPO intervenieren; unberührt bleibt die Pfändung des Rückübertragungsanspruchs des Treugebers aus dem Treuhandverhältnis gegen den Treuhänder (BGHZ 11, 37, 42 f; PALANDT/HEINRICHS § 398 Rdn. 27; a. A. FIKENTSCHER SchR Rdn. 603).

3. Eigennützige Treuhand

1191 Wirtschaftlich bedeutsamer sind die Fälle der eigennützigen Treuhand, insbesondere Sicherungsübereignung und Sicherungszession.

a) Die Sicherungsübereignung

aa) Die Sicherungsübereignung ist ein Mittel zur Kreditsicherung, wobei der Schuldner durch Einigung und Vereinbarung eines Besitzmittlungsverhältnisses gem. § 868 dem Gläubiger eine Sache zu treuen Händen übereignet (§§ 929, 930), um diesen wegen seiner Forderung sicherzustellen. Diesen Sicherungszweck wollte der Gesetzgeber durch die Bestellung eines Pfandrechts gem. §§ 1204 ff erreichen; eine Pfandrechtsbestellung ist jedoch wegen des Faustpfandprinzips, das Übergabe und unmittelbaren Besitz (§ 1205) erfordert, für den Schuldner nachteilig, da er die verpfändete Sache nicht mehr nutzen kann. Insofern bleibt dem Kreditsuchenden, der aus wirtschaftlichen Gründen die zur Kreditsicherung benötigten Sachen nicht aus der Hand geben kann (z. B. Maschinen, Rohstoffe, Warenvorräte), kein anderer Weg übrig, als diese Sachen dem Kreditgeber zur Sicherung seiner Forderung statt zu verpfänden, gem. §§ 929, 930 *zu übereignen*, wobei eine Vereinbarung getroffen wird, nach der er sie weiter aufgrund eines schuldrechtlichen Vertrages (Sicherungsabrede, s. u. Rdn. 1193 f) besitzen und gegebenenfalls (z. B. bei Warenlagern mit wechselndem Bestand) darüber verfügen darf. Hierbei treten Bedenken, daß der Kreditnehmer nach außen als Herr von Vermögenswerten erscheint, die im fremden Eigentum stehen, zurück.

1192 Daraus ergaben sich Bestrebungen, die Sicherungsübereignung durch ein Vertragspfand zu ersetzen, dessen Publizität anstelle der Übergabe durch Eintragung in ein Register gewährleistet werden sollte (vgl. H. LEHMANN Reform der Kreditsicherung an Fahrnis und Forderungen, 1937; H. WESTERMANN Gesetzliche Regelung der Sicherungsübereignung und des Eigentumsvorbehalts?, Verh. 41. DJT, II, Teil F, 1956; DROBNIG Empfehlen sich gesetzliche Maßnahmen zur Reform der Mobiliarsicherheiten?, Verh. 51. DJT, I, Teil F, 1976).

Die Rechtsprechung hat nach anfänglichem Zögern die das Pfandrecht ersetzende Sicherungsübereignung mittels Besitzkonstitut als wirksam anerkannt und davon Abstand genommen, sie grundsätzlich als Scheingeschäft zu behandeln oder wegen Umgehung des § 1205 für unwirksam zu erklären (vgl. RGZ 57, 175, 177 f; 59, 146, 148).

Die Rechtsprechung hat darüber hinaus für die Konkretisierung des Besitzmittlungsverhältnisses gem. § 868 die *näher ausgestaltete Sicherungsabrede* für ausreichend erachtet (vgl. RGZ 132, 183, 186; BGH WM 1961, 1046, 1048).

1193 Grundlage der Sicherungsübereignung ist der schuldrechtliche Sicherungsvertrag (sog. **Sicherungsabrede**) zwischen Sicherungsgeber und Sicherungsnehmer. Dieser Vertrag regelt die Rechte und Pflichten der Parteien, insbesondere verpflichtet er den Sicherungsnehmer regelmäßig, die sicherungsübereignete Sache nach Fortfall des Sicherungszwecks an den Sicherungsgeber zurückzuübertragen. Dabei handelt es sich um einen *schuldrechtlichen Rückübereignungsanspruch*, der die dingliche Zuordnung unberührt läßt. Eine weitergehende Sicherung kann sich der Sicherungsgeber durch *Vereinbarung einer auflösenden Bedingung* verschaffen, mit der das Eigentum bei Erledigung des Sicherungszwecks (z. B. Tilgung der durch die Übertragung gesicherten Schuld) automatisch an den Sicherungsgeber zurückfällt. In diesem Falle steht dem Sicherungsgeber an der von ihm zur Sicherung übereigneten Sache zuvor ein Anwartschaftsrecht zu.

1194 *Streit* besteht darüber, ob *im Zweifelsfalle* eine *auflösende Bedingung* oder lediglich ein schuldrechtlicher Rückübereignungsanspruch anzunehmen ist. Dabei wird es der Interessenlage des Sicherungsgebers eher entsprechen, eine auflösende Bedingung anzunehmen; die innerlich beschränkte Rechtsstellung des Sicherungsnehmers läßt im Zweifel sein Einverständnis damit als angemessen erscheinen (in diesem Sinne H. LANGE NJW 1950, 565; SERICK III § 37 I 3). Im Ergebnis ersetzt die Annahme einer auflösenden Bedingung den Schutzeffekt der Akzessorietät beim Pfandrecht. Die Formular-Praxis sieht jedoch im Interesse des Kreditgebers überwiegend einen schuldrechtlichen Rückübertragungsanspruch vor (für die Annahme einer Akzessorietät BGH NJW 1982, 275 ff im Falle einer Sicherungszession; ablehnend JAUERNIG NJW 1982, 268 ff. Kritisch auch BAUR/STÜRNER § 57 III 1 c). Wenn der Vertrag keine Regelung enthält, gibt es keine Vermutung für eine auflösende Bedingung.

1195 Besondere Probleme ergeben sich bei der im Geschäftsverkehr häufig anzutreffenden **Sicherungsübereignung von Warenlagern**. Insbesondere stellt sich die Frage, wie dem sachenrechtlichen Erfordernis der Spezialität genügt werden kann.

§ 46 B I 3   Vierter Teil. Die Lehre vom Rechtsgeschäft

Für die *Bestimmtheit* soll ausreichen, daß an äußere Umstände angeknüpft werden kann, z. B. Einbringung in bestimmte Räume oder besondere Kennzeichnung (vgl. BGHZ 28, 16 ff; 73, 253 f).

> Ist dem Sicherungsgeber – wie üblicherweise – die Veräußerung der sicherungsübereigneten Waren im Rahmen eines ordnungsgemäßen Geschäftsverkehrs erlaubt (§ 185), so kann bereits bei Abschluß des Sicherungsübereignungsvertrages im Wege der *antizipierten Einigung und der Vereinbarung eines antizipierten Besitzkonstituts* geregelt werden, daß die ersatzweise angeschafften Waren mit Einbringung in das Warenlager Eigentum des Sicherungsnehmers werden (BGH LM Nr. 12 zu § 930).

1196 Probleme hinsichtlich der Wirksamkeit der Sicherungsübereignung können sich bei einer **Übersicherung** *des Sicherungsnehmers* bzw. **Knebelung** *des Sicherungsgebers* ergeben. In diesen Fällen kann eine Sicherungsübereignung gem. § 138 nichtig sein (vgl. im einzelnen Rdn. 901).

> In Fällen der Übersicherung kann sich für den *Sicherungsnehmer* abgesehen von einer Gläubigeranfechtung und der sich aus § 419 ergebenden Rechtsfolge u. U. ein Haftungstatbestand gem. § 823 II i.V.m. § 263 StGB und § 826 ergeben (vgl. K.-H. LEHMANN Die Sicherungsübereignung als Haftungstatbestand, 1935).

1197 *bb)* Obwohl die Sicherungsübereignung sachenrechtlich eine Vollrechtsübertragung darstellt, gestattet die Rechtsprechung dem Sicherungsnehmer im **Konkurs des Sicherungsgebers** lediglich ein *Absonderungsrecht* gem. § 48 KO und behandelt somit das Sicherungseigentum nicht wie ein Vollrecht, sondern wie ein Pfandrecht (BGH NJW 1978, 632 f m.w.N.). Hierdurch soll verhindert werden, daß der Sicherungsnehmer sowohl aufgrund des Eigentums aussondern, als auch die zugrunde liegende Forderung im Konkurs geltend machen kann (vgl. SERICK III § 35 I 1 b). Zudem könnte durch die Aussonderung der die Forderung überschießende Wert der sicherungsübereigneten Sache der Konkursmasse entzogen werden.

1198 In der **Einzelzwangsvollstreckung** hat dagegen der *Sicherungsnehmer* entsprechend seiner Stellung als Vollrechtsinhaber bei Vollstreckung durch Gläubiger des Sicherungsgebers die Möglichkeit der *Drittwiderspruchsklage gem.* § 771 ZPO (h. M., vgl. BGHZ 12, 232, 234; SERICK III § 34 I; STEIN/JONAS/MÜNZBERG § 771 Rdn. 26). Nach einer früheren Ansicht sollte dem Sicherungsnehmer nur das Recht auf vorzugsweise Befriedigung mit der Klagemöglichkeit nach § 805 ZPO zustehen.

> Abgesehen davon, daß entsprechend der Vollrechtsübertragung die Drittwiderspruchsklage der folgerichtige Rechtsbehelf ist, hat die Lösung gem. § 805 ZPO den Nachteil, daß sie den Sicherungsnehmer zur sofortigen Verwertung zwingt und somit dem Sicherungsgeber die Möglichkeit nimmt, die sicherungsübereignete Sache weiterhin zu nutzen; damit wird ihm möglicherweise die wirtschaftliche Grundlage zur Erfüllung der gesicherten Forderung entzogen. Im Konkurs wirkt sich dieser Nachteil nicht aus, da in diesem Falle die gesicherte Forderung ohnehin sofort zur Abwicklung steht.

Im **Konkurs des Sicherungsnehmers** müßte dem Sicherungsgeber die Aussonderung des an und für sich zur Konkursmasse gehörenden Treuguts verwehrt sein, da der Sicherungsgeber nur einen bedingten obligatorischen Anspruch auf Rückübertragung hat, sofern ihm nicht eine Anwartschaft bei Vereinbarung einer auflösenden Bedingung zusteht. Gleichwohl gibt ihm die ständige Rechtsprechung unter der Voraussetzung, daß er seinen vertraglichen Verpflichtungen nachkommt, einen *Aussonderungsanspruch* gem. § 43 KO; damit soll verhindert werden, daß die Gläubiger des Sicherungsnehmers sich auf Kosten des Sicherungsgebers aus dem Sicherungsgut befriedigen; im Innenverhältnis des Sicherungsgebers zum Sicherungsnehmer und seinen Gläubigern soll die wirtschaftliche Zugehörigkeit zum Vermögen des Sicherungsgebers entscheiden. Voraussetzung für die Aussonderung ist die Befriedigung der gesicherten Forderung (vgl. RGZ 45, 80, 85; 94, 305, 307; WESTERMANN § 44 IV 2 b; BAUR § 57 VI 2). **1199**

Sofern sich *ausnahmsweise* das *Sicherungsgut beim Sicherungsnehmer* befindet, steht in der **Einzelzwangsvollstreckung** durch Gläubiger des Sicherungsnehmers *dem Sicherungsgeber* die *Drittwiderspruchsklage* nach § 771 ZPO zu, da die zur Sicherheit übereignete Sache wirtschaftlich dem Vermögen des Sicherungsgebers zuzuordnen ist (BGHZ 72, 141, 145 f). Allerdings ist mit BGH (aaO) anzunehmen, daß die Drittwiderspruchsklage entfällt, wenn der Sicherungsnehmer die Sache verwerten darf, weil sie dann aus dem Vermögen des Sicherungsgebers ausscheidet. Soweit sich das Sicherungsgut – wie üblich – beim Sicherungsgeber befindet, ist er gem. §§ 809, 808 ZPO geschützt, da die Pfändung von seiner Bereitschaft zur Herausgabe abhängig ist. **1200**

b) Die Sicherungszession

Während bei der Sicherungsübereignung Sachen übertragen werden, erfolgt bei der Sicherungszession eine *Abtretung der Forderungen des Sicherungsgebers gegenüber Dritten (Drittschuldner)* an den Sicherungsnehmer zur Sicherheit. Zur Erfüllung des Sicherungszwecks würde auch hier eine Verpfändung gem. §§ 1273 ff, 1279 ff ausreichen. Da jedoch § 1280 eine Anzeige an den Drittschuldner verlangt, wird in der Praxis die Sicherungszession vorgezogen, weil sie eine derartige Publizität, die sich für den Sicherungsgeber wegen möglicher Rückschlüsse auf seine Liquidität nachteilig auswirken kann, nicht erfordert. Durch die fehlende Anzeige der Abtretung erwachsen dem Dritten keine Nachteile, da er durch §§ 404 ff geschützt ist; insbesondere kann er gem. § 407 mit befreiender Wirkung an den bisherigen Gläubiger leisten. **1201**

Unter dem Gesichtspunkt der **Sittenwidrigkeit** (Übersicherung, Knebelung) ergeben sich gleichartige Konsequenzen wie bei der Sicherungsübereignung. Darüber hinaus stellt sich folgendes Problem: Grundsätzlich soll beim *Zusammentreffen* mit einer anderen Sicherungszession die *Priorität* entscheiden. Dies ist **1202** in den Fällen bedenklich, in denen *eine Globalzession* zur Sicherung eines Bankkredits *mit der Vorausabtretung an Lieferanten* im Falle des sog. verlängerten Eigentumsvorbehalts zusammentrifft. Hier nimmt die Rechtsprechung für die Globalzession Sittenwidrigkeit an, wenn der Sicherungsnehmer damit zu rechnen hat, daß der Sicherungsgeber die Forderungen antizipiert zur Sicherung von Warenkrediten im Wege des sog. verlängerten Eigentumsvorbehalts abtreten muß und den Sicherungsnehmer mit der umfassenden Zession den Zedenten zum Vertragsbruch verleitet (vgl. BGHZ 30, 149, 152 f; 72, 308, 311; 94, 105, 112). Das Verdikt der Sittenwidrigkeit kann durch Freigabeklauseln oder im Vertrag vorgesehene Obergrenzen vermieden werden (BGHZ 109, 240).

1203 Im Falle einer auflösenden Bedingung fällt bei Befriedigung der gesicherten Forderung die zur Sicherheit abgetretene Forderung automatisch an den Sicherungsgeber zurück (vgl. oben Rdn. 1193 f). Ansonsten besteht lediglich ein schuldrechtlicher Rückübertragsanspruch aus der Sicherungsabrede. Rückfall und Rückübertragung erledigen sich bei Verwertung der zedierten Forderung durch vereinbarte Einziehung im Sicherungsfall.

In *Einzelzwangsvollstreckung und Konkurs* stehen Sicherungsgeber bzw. Sicherungsnehmer hinsichtlich der Sicherungszession dieselben Rechtsbehelfe wie bei der Sicherungsübereignung zu (vgl. BGH NJW 1977, 384 f; h. M.).

Von der Sicherungszession ist die sog. *Einziehungsermächtigung* zu unterscheiden. Dies ist ein Fall offener Treuhand, den die Rechtsprechung ausgehend von § 185 anerkennt (vgl. dazu im einzelnen Rdn. 1361 ff).

II. Der Strohmann

1204 Als Strohmann bezeichnet man eine vorgeschobene Person zum Abschluß von Rechtsgeschäften, die der Hintermann aus tatsächlichen oder rechtlichen Gründen nicht selbst vornehmen kann oder will. Inwieweit das Verhältnis zwischen der vorgeschobenen Person und dem Hintermann eine *mittelbare Stellvertretung oder ein Treuhandverhältnis* darstellt, ist nach den besonderen Umständen des Einzelfalles zu beurteilen. Um mittelbare Stellvertretung handelt es sich z. B., wenn der Strohmann vom Hintermann beauftragt ist, für diesen einen Gegenstand zu erwerben oder zu veräußern.

1205 Unabhängig davon, ob der Außenstehende die Strohmanneigenschaft kennt, sind die vom Strohmann abgeschlossenen Geschäfte *keine Scheingeschäfte* mit der Nichtigkeitsfolge gem. § 117 I, wenn die vereinbarte Rechtsfolge ernstlich in der Person des Strohmanns gewollt ist (BGHZ 21, 378, 381; vgl. die Nachweise bei STAUDINGER/DILCHER § 117 Rdn. 29). Es kann sich jedoch um Scheingeschäfte handeln, wenn einverständlich mit dem Außenstehenden in der Person des Strohmanns keinerlei Rechtswirkungen eintreten sollen (vgl. oben Rdn. 767).

Die direkte Stellvertretung § 47 A

Durch wirksame Geschäfte wird der Strohmann *in seiner Person berechtigt und* **1206** *verpflichtet* (BGH WM 1964, 179). Im Konkurs des Strohmanns wird dem Hintermann wegen der fehlenden Offenkundigkeit kein Aussonderungsrecht nach § 43 KO gewährt (BGH aaO, STAUDINGER/DILCHER Vor § 164 Rdn. 50). Demgemäß steht dem Hintermann im Falle der Einzelzwangsvollstreckung auch keine Drittwiderspruchsklage gem. § 771 ZPO zu (vgl. SOERGEL/LEPTIEN Vor § 164 Rdn. 43; MünchKomm/SCHRAMM Vor § 164 Rdn. 26).

§ 47
Die direkte Stellvertretung

Vgl. die Literaturangaben zu § 45.

A. Erscheinungsformen

Die vom Gesetz ausschließlich geregelte direkte Stellvertretung geht davon aus, **1207** daß eine Willenserklärung unmittelbar für und gegen den Vertretenen wirkt, wenn sie innerhalb der dem Vertreter zustehenden *Vertretungsmacht* abgegeben wird. Die Vertretungsmacht kann sich aus Rechtsgeschäft *(gewillkürte Vertretungsmacht, Vollmacht)* oder aus Gesetz *(gesetzliche Vertretungsmacht)* ergeben; zur Vertretungsmacht vgl. im einzelnen unten § 48. Die Stellvertretung kann von einem einzelnen Vertreter *(Einzelvertretung)* oder von mehreren Vertretern *(Gesamtvertretung)* wahrgenommen werden.

Bei der **Gesamtvertretung** steht die Vertretungsmacht mehreren Personen in **1208** der Weise zu, daß sie nur gemeinschaftlich zur Vertretung befugt sind. Gesamtvertretung kann durch Rechtsgeschäft, Satzung oder durch Gesetz begründet werden; auf einem Rechtsgeschäft beruht z. B. die Gesamtvertretung in den Fällen der BGB-Gesellschaft (§§ 714, 709 I, 710), der Gesamtprokura (§ 48 II HGB) und der OHG (§ 125 II HGB). Kraft Satzung entsteht sie beim Verein (§ 26 I S. 2) und bei der Stiftung (§§ 86, 26 I S. 2). Auf gesetzlicher Grundlage gründet sich die Gesamtvertretung bei der Vertretung des Kindes durch beide Elternteile (§§ 1629, 1626), bei der Vertretung durch mehrere Vormünder (§§ 1797 I, 1793). Ferner ist sie in den Fällen des § 78 II AktG, des § 35 II GmbHG und des § 25 I GenG gesetzlich vorgesehen.

Stellvertretung ist sowohl bei der Abgabe einer Willenserklärung (§ 164 I) – **1209** **sog. aktive Stellvertretung** –, als auch beim Empfang einer Willenserklärung (§ 164 III) – **sog. passive Stellvertretung** – möglich.

Gesamtvertretung findet *nur bei aktiver Stellvertretung* statt. Im Interesse desjenigen, der eine Erklärung gegenüber Gesamtvertretern abgibt, genügt die Abgabe gegenüber einem der Gesamtvertreter (vgl. die gesetzliche Regelung in § 28 II, § 1629 I S. 2; § 125 II S. 3 HGB; § 78 II S. 2 AktG; § 35 II S. 3 GmbHG; § 25 I S. 2 GenG).

1210 Vom passiven Stellvertreter ist der **Empfangsbote** zu **unterscheiden** (zum Botenbegriff vgl. oben Rdn. 1170). Empfangsbote ist z. B. ein Angestellter bei Briefannahme; bei wörtlicher Übermittlung, z. B. am Telefon, ist eine Mittelsperson Empfangsbote, wenn sie die Erklärung akustisch wahrnimmt und entsprechend weitergibt, ohne daß es auf das Verständnis des Sinngehaltes ankommt; falls die Mittelsperson die Erklärung in eigener Empfangszuständigkeit annimmt, handelt es sich um einen *Empfangsvertreter*.

Hinsichtlich des *Zugangs einer nicht verkörperten Erklärung* braucht nicht unterschieden zu werden, ob es sich bei dem Empfänger, sofern er die Erklärung richtig vernommen hat, um einen Boten oder einen Vertreter handelt. Das Risiko der richtigen Weiterübermittlung trägt in jedem Falle der Empfänger. Die Unterscheidung ist jedoch von *Bedeutung bei der Auslegung* der zugegangenen Erklärung. Bei Übermittlung durch einen Empfangsboten ist die Erklärung so auszulegen, wie der Geschäftsherr die übermittelte Erklärung verstehen durfte. Bei Übermittlung durch einen Empfangsvertreter ist die Erklärung nach dem Verständnis des Vertreters auszulegen.

1211 Der Zugang über einen Boten erfordert *wirksames Botenhandeln*, d. h. der Übermittler muß tatsächlich zur Empfangnahme ermächtigt sein oder nach der Verkehrsauffassung als ermächtigt gelten. Hierbei werden an die sog. Botenmacht bei nicht verkörperten Willenserklärungen höhere Anforderungen als bei verkörperten zu stellen sein (vgl. RGZ 60, 334, 336 ff). Darüber hinaus muß die Übermittlungsperson zur Entgegennahme bereit und geeignet sein. Bei der Beurteilung dieser Fähigkeit ist ebenso wie bei der Botenmacht von der Frage auszugehen, in wessen Machtbereich die Übermittlungsperson steht (z. B. Familienangehörige, Haus- und Büroangestellte). Einschränkungen können sich nach den Grundsätzen des Vertrauensschutzes ergeben.

Liegen die Voraussetzungen für einen Empfangsboten nicht vor, wird der Übermittler *Bote des Erklärenden*, d. h. der Erklärende trägt das Übermittlungsrisiko.

B. Anwendungsbereich der Stellvertretungsvorschriften

1212 Die Stellvertretung ist grundsätzlich bei allen Rechtsgeschäften **zulässig**. Ausnahmsweise kann sie jedoch gesetzlich oder rechtsgeschäftlich *ausgeschlossen* sein. So ist insbesondere bei Geschäften im Familien- und Erbrecht, die einen *höchstpersönlichen Charakter haben, keine Stellvertretung möglich*, so z. B. bei der

Eheschließung (§ 13 EheG), Testamentserrichtung (§ 2064) und beim Erbvertrag (§ 2274).

Die Stellvertretungsvorschriften der §§ 164 ff gelten für Willenserklärungen. Sie sind jedoch auf **geschäftsähnliche Handlungen** anwendbar (vgl. oben Rdn. 696). So ist z. B. Stellvertretung möglich bei Mahnung, Fristsetzung, Abtretungsanzeige, Kündigung, Mängelanzeige.

Die Stellvertretungsvorschriften finden hingegen keine Anwendung auf *Tathandlungen*, wie z. B. bei der tatsächlichen Besitzerlangung.

> Die Erlangung der tatsächlichen Gewalt durch eine Mittelsperson kann dem Geschäftsherrn keinen Besitz nach den Regeln der Vertretung verschaffen, sondern nur, wenn dadurch die in § 855 und § 868 selbständig geregelten Voraussetzungen für die Begründung der Besitzerstellung in seiner eigenen Person verwirklicht werden, wenn er also durch die Mittelsperson (als Besitzdiener) unmittelbaren Besitz erlangt oder durch die Mittelsperson (als Besitzmittler) mittelbaren Besitz.

Hingegen ist bei Besitzerwerb gem. § 854 II Vertretung möglich, da es sich ausnahmsweise um einen rechtsgeschäftlichen Besitzerwerb handelt.

Generell ergeben sich die Auswirkungen bei Tathandlungen über die Gehilfeneigenschaft gem. § 278. Dies ist auch bei Eintritt in Vertragsverhandlungen der Fall, da sich im gesetzlichen Schuldverhältnis der culpa in contrahendo die Verantwortlichkeit des Geschäftsherrn aus der Gehilfenstellung des Handelnden gem. § 278 ergibt.

1213 Problematisch ist, ob die Stellvertretungsvorschrift des § 166 I im Rahmen des **Eigentümer-Besitzer-Verhältnisses** anwendbar ist. Im Falle des § 990 haftet der Besitzer bei Bösgläubigkeit; inwieweit die Bösgläubigkeit eines Gehilfen dem Besitzer zugerechnet werden kann, wird unterschiedlich beurteilt. Der BGH neigt zur entsprechenden Anwendung des § 166 (vgl. BGHZ 32, 53 ff; 41, 17, 21 f; WESTERMANN § 14, 3), wenn dem Besitzdiener im Rechtsverkehr freie Hand gelassen wurde. Die Gegenmeinung betont den deliktsähnlichen Charakter der sachenrechtlichen Vorschriften und hält § 831 analog für anwendbar (BAUR/STÜRNER § 5 II 1 c bb; MEDICUS BR Rdn. 581). Letztere Meinung hat den Vorzug der Systemrichtigkeit, jedoch werden Einschränkungen im Hinblick auf die Exkulpationsmöglichkeit zu machen sein.

1214 Auch im **Zivilprozeß** ist die Vornahme oder Entgegennahme einer Prozeßhandlung anstelle und im Namen einer Partei mit unmittelbarer Wirkung für sie grundsätzlich anerkannt. In einigen Fällen untersagt die ZPO ausdrücklich eine Vertretung von Prozeßbeteiligten (§§ 141, 478, 613 ZPO). Davon unberührt bleibt die Vertretung der prozeßunfähigen Partei durch ihren gesetzlichen Vertreter (§ 51 ZPO) sowie die zwingende anwaltliche Vertretung der Parteien im sog. Anwaltsprozeß (§ 78 I, II ZPO) durch einen beim Prozeßgericht zugelassenen Rechtsanwalt.

Ob es sich bei der Prozeßvertretung um eine Stellvertretung i.S.d. §§ 164 ff handelt, ist umstritten. Die wohl als herrschend anzusehende Auffassung sieht in der Prozeßvertretung eine Prozeßhandlung (BGH MDR 1958, 319 f; 1964, 410; ROSENBERG/SCHWAB/GOTTWALD § 55 II 1; STEIN/JONAS/LEIPOLD § 80 Rdn. 4; ERMAN/BROX Vor § 164 Rdn. 29; für eine materiellrechtliche Einordnung RO-SENBERG/SCHWAB[14] § 54 II 1; BLOMEYER § 9 III 1). In jedem Falle untersteht jedoch der Prozeßvertreter dem *Sonderrecht* der §§ 78 ff ZPO.

C. Der Tatbestand der wirksamen Vertretung

I. Voraussetzungen in der Person des Vertreters

1215 Stellvertreter ist nur, wer das Rechtsgeschäft durch seinen eigenen Willensentschluß abschließt, also selbst den rechtsgeschäftlichen Tatbestand verwirklicht. Man bezeichnet diesen Vorgang als **Vertretergeschäft**. Die Erfordernisse einer wirksamen *Willenserklärung* müssen *in der Person des Vertreters* erfüllt sein.

1216 So ist die von einem *geschäftsunfähigen* Vertreter abgegebene Willenserklärung unwirkam (§ 105 I). Da die Wirkungen des rechtsgeschäftlichen Handelns des Vertreters unmittelbar nur den Vertretenen treffen (§ 164 I) und dem Vertreter aus der Stellvertretung keine rechtlichen Nachteile erwachsen, genügt nach § 165 *beschränkte Geschäftsfähigkeit* des Vertreters. Sofern dem beschränkt geschäftsfähigen Vertreter aus dem Fehlen einer wirksamen Vertretungsmacht Nachteile entstehen können, werden diese gemäß § 179 III 2 ausgeschlossen, es sei denn, daß er mit Zustimmung seines gesetzlichen Vertreters gehandelt hat.

> § 165 findet grundsätzlich sowohl auf die gewillkürte als auch auf die gesetzliche Stellvertretung Anwendung; allerdings ist der beschränkt Geschäftsfähige in Sonderfällen von der gesetzlichen Vertretung ausgeschlossen (z. B. §§ 1673 II, 1705 S. 2, als Sollvorschrift: §§ 1781, 1915). Möglich ist auch die Bestellung eines beschränkt Geschäftsfähigen zum Organ einer juristischen Person; ausdrücklich ausgeschlossen ist dies für die Bestellung zum Vorstandsmitglied einer Aktiengesellschaft (§ 76 III AktG) sowie zum Geschäftsführer einer GmbH (§ 6 II 1 GmbHG). Ausgeschlossen ist auch die Ernennung eines beschränkt geschäftsfähigen Testamentsvollstreckers (§ 2201).

1217 Da nur der Vertreter selbst rechtsgeschäftlich in Erscheinung tritt und eine eigene Willenserklärung abgibt, kann die *Auslegung* der Willenserklärung nur aus dem Verhalten des Vertreters erfolgen.

Soweit das vom Vertreter vorgenommene Rechtsgeschäft der *Form* bedarf, muß der Vertreter diese Formerfordernisse erfüllen.

> Zu unterscheiden ist davon, inwieweit bei formbedürftigen Geschäften auch die *Erteilung der Vollmacht formbedürftig* ist (vgl. dazu unten Rdn. 1256 ff).

Die direkte Stellvertretung　　　　　　　　　　　　　　　　　**§ 47** C II 1

Auf die besonderen Voraussetzungen in der Person des Vertreters ist jedoch nur bezüglich der Willensbildung abzustellen; für Umstände, die nicht in der Willensbildung selbst liegen, kommt es auf die Person des Vertretenen an. Wenn z. B. Kaufmannseigenschaft gefordert wird, muß der Vertretene Kaufmann sein, insoweit geht es also nicht um die Person etwa des Prokuristen. Dieser könnte formfrei für den Kaufmann eine Bürgschaftsverpflichtung eingehen.

II. Handeln im Namen des Vertretenen

1. Offenkundigkeitsprinzip

Wirksame Stellvertretung setzt voraus, daß der Vertreter eine eigene Willenserklä- **1218** rung *im Namen des Vertretenen* abgibt, d. h. der Handelnde muß kundtun, daß die Wirkungen des Rechtsgeschäfts nicht ihn, sondern einen Dritten treffen sollen. Dieses sog. Offenkundigkeitsprinzip dient der Rechtsklarheit; dem Geschäftspartner soll Gewißheit darüber verschafft werden, mit wem er in rechtsgeschäftliche Beziehungen tritt. Dabei macht es keinen Unterschied, ob der Vertreter *ausdrücklich* im Namen des Vertretenen handelt oder sich lediglich *aus den Umständen* entnehmen läßt, daß die Geschäftswirkungen in der Person des Vertretenen entstehen sollen (§ 164 I 2); so z. B. bei der Vertretung von Firmen (BGH NJW 1983, 1844 f). Ebenso kann, wenn der Vertreter mit dem Namen des Vertretenen unterschreibt – unbeschadet der Frage, ob er vertretungsberechtigt ist –, auf Stellvertretung geschlossen werden (RGZ 81, 17, 21 f).

Es ist denkbar, daß die Person des Vertretenen *unbenannt bleibt* (BGH LM **1219** Nr. 10 zu § 164); es genügt, wenn der Vertreter zum Ausdruck bringt, daß er in Vertretung eines anderen handele, ohne zu sagen, wer dieser ist.

Von dem grundsätzlichen Erfordernis der Offenlegung des Stellvertretungsverhältnisses kann dann abgewichen werden, wenn es dem *Geschäftspartner* gleichgültig ist, mit wem er das Rechtsgeschäft abschließt (sog. *Geschäft für den, den es angeht*; vgl. im einzelnen Rdn. 1183).

Es kann zweifelhaft sein, ob im eigenen oder fremden Namen gehandelt wird. **1220** In jedem Falle ist es Sache des Vertreters, bei Abgabe der Erklärung den Eintritt der Rechtswirkungen in seiner Person mit genügender Deutlichkeit auszuschließen. Läßt der Vertreter durch sein Verhalten nicht klar genug erkennen, daß er in fremden Namen handelt, so kommt ein Eigengeschäft des Vertreters zustande, d. h. er wird verpflichtet und berechtigt. Eine Möglichkeit, seine Erklärung nach § 119 I wegen Irrtums anzufechten, scheidet nach § 164 II aus. Ein nicht nach außen erkennbarer Vertretungswille ist also unbeachtlich.

Eine Anwendung von § 164 II kommt nicht in Frage, wenn nicht nur vom Vertreter, sondern auch vom Geschäftsgegner der Abschluß des Geschäfts mit Wirkung für den

Vertretenen gewollt war. Bei *unternehmensbezogenen Geschäften* geht der Wille der Parteien im Zweifel dahin, daß der Betriebsinhaber Vertragspartner werden soll. Dies gilt auch, wenn der Geschäftsgegner den Vertreter für den Inhaber hält oder sonst unrichtige Vorstellungen über die Person des Inhabers hat (BGHZ 62, 216, 219 ff; 64, 12, 15; 91, 148, 152; 92, 259, 268).

2. Vertretungswille

1221 Ist jemand offenkundig als Vertreter aufgetreten, so ist fraglich, ob seinem Verhalten ein Vertretungswille zugrundeliegen muß. Das berührt die Fälle, in denen der Handelnde aus objektiver Sicht als Vertreter auftritt, jedoch ein Eigengeschäft abschließen will. Für die Wirksamkeit der Stellvertretung muß es auf den im Rechtsverkehr in Erscheinung getretenen Erklärungstatbestand ankommen; der innere Wille des Handelnden ist insoweit unbeachtlich (BGHZ 36, 30, 33). Wollte er entgegen dem objektiven Erklärungswert im eigenen Namen handeln, so sind die §§ 116 ff anwendbar. Hat er bewußt in fremdem Namen gehandelt, ohne vertreten zu wollen, so ist dies ein geheimer Vorbehalt i.S.d. § 116 S. 1; das Rechtsgeschäft ist, soweit Vertretungsmacht vorliegt, für den Vertretenen wirksam. Hat der Handelnde irrtümlich den objektiven Erklärungstatbestand einer Stellvertretung gesetzt, so steht ihm eine Anfechtung nach § 119 I – allerdings mit der Folge des § 122 – zu (so FLUME II § 44 III; SOERGEL/LEPTIEN § 164 Rdn. 12 m.w.N.; für ein Anfechtungsrecht des Vertretenen v. TUHR II/2 § 84 S. 347 f; ERMAN/BROX § 164 Rdn. 23; a. A. – analoge Anwendung des § 164 II und Ausschluß der Anfechtung – FIKENTSCHER AcP 154 (1955), 1, 16). Er kann dann eine Offerte zum Abschluß des gewollten Eigengeschäfts abgeben.

> Besaß der „Vertreter" keine Vertretungsmacht, so kann im Falle der Anfechtung § 122 mit § 179 konkurrieren, sofern der Vertragspartner von seinem Wahlrecht auf Schadensersatz gem. § 179 I Gebrauch macht (falls der Vertragsgegner Erfüllung verlangt, bedarf es seitens des Vertreters keiner Anfechtung, da er bekommt, was er will). Verlangt der Vertragsgegner Schadensersatz, so muß die Anfechtung durch den Vertreter gem. § 119 I mit der Folge des § 122 den Vorrang haben.

3. Handeln unter fremdem Namen

1222 Vom Handeln in fremdem Namen ist das Handeln unter fremdem Namen zu unterscheiden, d. h., jemand gibt sich für eine andere Person aus.

Eine Stellvertretung kommt nicht in Betracht, da die Erklärung fehlt, für einen anderen zu handeln. Der wahre Namensträger hat mit dem Geschäft nichts zu tun, so daß das Verhalten des unter fremdem Namen Auftretenden als Eigengeschäft anzusehen ist – vorbehaltlich der dem Gegner zustehenden Anfechtungsmöglichkeit wegen Irrtums oder Täuschung über die Person.

> Hat sich der Geschäftsgegner über die Person des Handelnden keine Vorstellung gemacht, weil es ihm auf die Individualisierung seines Geschäftsgegners nicht an-

kommt (bloße *Namenstäuschung*; z. B. Hotelübernachtung unter fremdem Namen), so fehlt es an einer Irreführung; eine Anfechtung scheidet dann aus.

Falsche Identitätsvorstellungen werden auch nicht hervorgerufen, wenn jemand unter einem Allerwelts- oder Phantasienamen auftritt.

Anders liegt es, wenn sich der Handelnde einen fremden Namen beilegt, um den Geschäftsgegner über seine Person zu täuschen und in diesem falsche Identitätsvorstellungen erweckt (sog. *Identitätstäuschung*). In diesem Fall will der Geschäftsgegner gerade mit dem wahren Namensträger kontrahieren, da der Name zur Individualisierung des Geschäftspartners maßgeblich ist. Hier wird dem Namensträger die Möglichkeit eingeräumt, das Geschäft entsprechend §§ 177 ff an sich zu ziehen. Der Geschäftsgegner wird nicht benachteiligt, da er das Geschäft mit dem Namensträger abschließen wollte (BGHZ 45, 193, 195 f). Andernfalls haftet der Handelnde gem. § 179 I dem Geschäftsgegner nach seiner Wahl auf Erfüllung oder Schadensersatz. Handelte der Erklärende mit Vertretungsmacht, so finden die §§ 164 ff entsprechende Anwendung (BGH aaO). **1223**

Schrifttum:
LARENZ Verpflichtungsgeschäfte „unter" fremdem Namen, Festschrift H. Lehmann I, 1956, 234 ff; LETZGUS Zum Handeln unter falschem Namen, AcP 137 (1933), 327 ff; LIEB Zum Handeln unter fremdem Namen, JuS 1967, 106 ff; NEUMAYER Vertragsschluß unter fremdem Namen, Mélanges Engel, 1989, 221 ff; OHR Zur Dogmatik des Handelns unter fremdem Namen, AcP 152 (1952/53), 216 ff.

III. Vertretungsmacht

Ob die Erklärung die beabsichtigte unmittelbare Wirkung zwischen dem Geschäftsherrn und dem Dritten entfaltet, hängt davon ab, ob der Vertreter **Vertretungsmacht** hat und sich in deren Rahmen hält (§ 164 I). Das Vorliegen der Vertretungsmacht ist eine Wirksamkeitsvoraussetzung der Vertretung, aber für ihren Begriff gleichgültig; auch der vollmachtslose Vertreter ist Vertreter im eigentlichen Sinne (h. M.; SOERGEL/LEPTIEN Vor § 164 Rdn. 18 m.w.N.). **1224**

Zur Vertretungsmacht im einzelnen siehe unten § 48.

D. Rechtsfolgen

I. Wirkung des Vertreterhandelns

Die Wirkungen des vom Vertreter innerhalb der ihm zustehenden Vertretungsmacht vorgenommenen Rechtsgeschäfts treffen *unmittelbar* und *ausschließlich* den Vertretenen (§ 164 I). So wird der Vertretene aus schuldrechtlichen Rechtsgeschäften unmittelbar berechtigt und verpflichtet, wie ihn auch die Wirkungen von Verfügungen unmittelbar treffen. **1225**

Falls Erwerbsvorgänge über die Willenserklärungen hinaus von tatsächlichen Rechtshandlungen abhängig sind (z. B. Übergabe im Falle des § 929), muß der Handelnde diese Voraussetzungen gesondert erfüllen, z. B. Besitzdiener oder Besitzmittler sein (vgl. oben Rdn. 1212).

II. Willensmängel und Kennen oder Kennenmüssen

1226 Soweit die rechtlichen Folgen einer Willenserklärung durch Willensmängel oder durch die Kenntnis oder das Kennenmüssen gewisser Umstände beeinflußt werden, kommt es grundsätzlich auf die *Person des Vertreters* an (§ 166 I). Dies ist die logische Konsequenz aus der dem Stellvertretungsrecht zugrundeliegenden Repräsentationstheorie, nach der Vertreter ist, wer aufgrund seines Willens und seiner Erklärung das Rechtsgeschäft mit dem Geschäftspartner abschließt (vgl. SOERGEL/LEPTIEN § 166 Rdn. 1).

1227 1. Bei der Prüfung der **Anfechtbarkeit der Vertretererklärung wegen Irrtums** muß davon ausgegangen werden, daß der Vertreter der Vertragschließende ist. Eine Anfechtung der von ihm in seiner Vertretungseigenschaft abgegebenen Willenserklärung ist also nur zulässig, soweit er dabei einem Irrtum unterlegen ist; ferner muß bei Beurteilung der Frage, ob das Geschäft bei verständiger Würdigung des Falles nicht gewollt sein würde, auf die Person des Vertreters abgestellt werden, freilich unter Berücksichtigung des Umstandes, daß dieser fremde Interessen wahrzunehmen hat (RGZ 82, 193, 196).

Das *Anfechtungsrecht* steht *nur dem Vertretenen* zu, da ihn die Folgen Willenserklärung treffen. Allerdings kann er die Anfechtung durch seinen Vertreter erklären lassen, wozu dieser im Zweifel auf Grund der Vollmacht berechtigt ist. Bei gesetzlicher Vertretungsmacht kann die Anfechtung nur durch den Vertreter erfolgen.

Soweit *Gesamtvertretung* (vgl. oben Rdn. 1208) besteht, reicht es aus, wenn der Willensmangel in der Person eines mitwirkenden Gesamtvertreters vorliegt (h. M.). Wenn jedoch bei Gesamtvertretung ein Vertreter zum alleinigen Handeln ermächtigt ist (z. B. § 125 II 2 HGB, § 78 IV 1 AktG), so ist allein auf den Willensmangel des Handelnden abzustellen, sofern nicht § 166 II analog in Betracht kommt (MünchKomm/SCHRAMM § 166 Rdn. 12).

Im Falle einer *Täuschung durch den Vertreter* erwächst dem Geschäftsgegner ein Anfechtungsrecht, dessen Wirkungen den Vertretenen treffen. Die Vorschrift des § 123 II bleibt außer Betracht (vgl. des näheren Rdn. 830).

1228 Von der Anfechtung des Vertretergeschäftes ist die **Anfechtung der Vollmachtserteilung** zu unterscheiden:

Wenn sich z. B. der Vollmachtgeber bei der Erteilung der Vertretungsmacht geirrt hat, ist ihm die Anfechtung der Vertretererklärung versagt; er muß dann die Vollmachtertei-

Die direkte Stellvertretung   § 47 D II 2

lung anfechten und so dem Vertreter die Vertretungsmacht nachträglich mit rückwirkender Kraft entziehen (vgl. zu den Einzelheiten unten Rdn. 1246 ff).

Hat sich der bevollmächtigte Vertreter über den erteilten Auftrag geirrt, kann er dieserhalb seine dem Dritten gegenüber abgegebene Willenserklärung nicht anfechten, da ein Irrtum i. S. d. § 119 I nicht vorliegt (RGZ 82, 193, 195 f unter Bezugnahme auf RG Gruchot 49, 1049 ff).

2. Soweit das Gesetz auf das **Kennen oder Kennenmüssen** bestimmter Umstände abstellt, kommt es nach § 166 I ebenfalls auf die Person des Vertreters an. **1229**

Dies wird z. B. in den Fällen des gutgläubigen Erwerbs relevant (§§ 892, 932, 1207; § 366 HGB). Hat der *Vertreter* beim Erwerb einer beweglichen Sache nicht mit hinreichender Sorgfalt die Eigentumslage beim Veräußerer überprüft, so kann der Vertretene nicht nach §§ 929, 932 Eigentum erwerben. Wird nicht der gesamte Erwerbsvorgang in der Person des Vertreters erfüllt, kommt es ggf. auch auf Kenntnis oder Kennenmüssen des Vertretenen an.

Soweit *Gesamtvertretung* besteht, reicht es aus, wenn die Kenntnis oder das Kennenmüssen *einem* mitwirkenden Gesamtvertreter zur Last gelegt werden kann.

Die Grundsätze des § 166 I gelten auch für die *gesetzliche Stellvertretung* (BGHZ 38, 65 f) und das *Organhandeln* der juristischen Person (BGHZ 41, 282, 287).

Die gesetzliche Regelung findet auch auf das Handeln eines *Vertreters ohne Vertretungsmacht* Anwendung, da der Begriff des Vertreters auch den vollmachtlosen Vertreter – Genehmigung durch den Vertretenen vorausgesetzt – umfaßt (vgl. BGH NJW 1992, 899, 900; BAGE 10, 176, 179).

Weitere Fälle, bei denen das Gesetz auf das Kennen oder Kennenmüssen bestimmter Sachverhalte abstellt, sind z. B. §§ 307, 405, 694. Im Ergebnis wird in § 166 insoweit der Grundsatz des § 278 auf den rechtsgeschäftlichen Vorgang projiziert, was zur Figur des **„Wissensvertreters"** geführt hat (RGZ 101, 402 f; BGH NJW 1968, 988; BGH VersR 1970, 613 f; grundsätzlich RICHARDI AcP 169 (1969), 385 ff; zur Wissenszurechnung allgemein SCHILKEN Wissenszurechnung im Zivilrecht, 1983). Die Rechtsprechung des BGH will nunmehr dem § 166 I den allgemeinen Rechtsgedanken entnehmen, wonach sich – unabhängig von einem Vertretungsverhältnis – derjenige, der einen anderen mit der Erledigung bestimmter Angelegenheiten in eigener Verantwortung betraut, das in diesem Rahmen erlangte Wissen des anderen zurechnen lassen muß (BGHZ 83, 293, 296). Die Figur des „Wissensvertreters" wird auch entgegen der Systematik benutzt, um im Eigentümer-Besitzer-Verhältnis die Bösgläubigkeit des Besitzdieners dem Besitzherrn zuzurechnen (vgl. oben Rdn. 1213). Entsprechendes gilt für § 819 (BGHZ 83, 293, 295 ff). **1230**

Auf das tatsächliche Verhalten eines Vertreters im Rahmen einer Sonderverbindung sollte jedoch § 278 im Sinne einer Obliegenheitsverletzung, insbesondere **1231** unter dem Gesichtspunkt der culpa in contrahendo, unmittelbar Anwendung finden (vgl. die Abnahme einer fehlerhaften Kaufsache durch den Vertreter, § 460; a. A. RICHARDI aaO, S. 390, und SOERGEL/HUBER § 460 Rdn. 8 im Gegensatz zu R. SCHMIDT Die Obliegenheiten, 1953, 184 f und SOERGEL[10]/BALLERSTEDT § 460 Rdn. 3).

> Die Funktionsteilung zwischen § 166 und § 278 zeigt sich deutlich im Falle des betrügerischen Vorgehens des Vertreters. Hier trifft die rechtsgeschäftliche Konsequenz der Täuschung bei Anfechtung durch den Geschäftsgegner den Vertretenen. Seine Haftung ergibt sich unter dem Gesichtspunkt der culpa in contrahendo in Verbindung mit § 278. Daher kann bezüglich der Haftung eine auch nur entsprechende Anwendung des § 166 nicht in Betracht kommen, da es sich nicht um die Frage der Rechtsbeständigkeit der Erklärung, sondern lediglich darum handelt, ob der Vollmachtgeber für das schädigende Verhalten seines Vertreters, dessen er sich als Gehilfen bei der Führung der Vertragsverhandlungen zu seinem Vorteil bedient hat, einstehen muß. Vgl. zu dieser Frage insbes. BALLERSTEDT AcP 151 (1951), 501 ff.
>
> Für ein Verschulden des Vertreters während eines bereits bestehenden Vertragsverhältnisses kann der Vertretene selbstverständlich nicht nach § 166, sondern nur nach § 278 haftbar gemacht werden. Es ist daher geboten, den Begriff des *Abschlußgehilfen* von dem des *Erfüllungsgehilfen* zu unterscheiden, so BALLERSTEDT aaO.

1232 3. Hat der gutgläubige Vertreter **nach Weisungen** eines bösgläubigen Vertretenen gehandelt, so kann sich dieser nicht die Gutgläubigkeit des Vertreters zunutze machen (§ 166 II). Das Gesetz hat hier eine Anwendung des Grundsatzes von Treu und Glauben normiert.

> Der Grundsatz von Treu und Glauben muß jedoch auch umgekehrt gelten, wenn z. B. der Geschäftsgegner den Vertretenen vor Vertragsschluß arglistig getäuscht hat und dieser daraufhin einen generell bevollmächtigten Vertreter weisungsgebunden den Vertrag schließen läßt. Hier muß die Ausnahmeregelung des § 166 II im Bereich der Willensmängel entsprechende Anwendung finden, mit der Folge, daß es auf die Täuschung in der Person des Vertretenen ankommt, da sich sonst der Geschäftsgegner den fehlenden Willensmangel des nicht getäuschten Vertreters zunutze machen würde (BGHZ 51, 141, 145 ff).

1233 Die Geltung des § 166 II für die Fälle der *gesetzlichen Stellvertretung* und des *Organhandelns* ist grundsätzlich zu verneinen; jedoch kann in besonderen Fällen eine analoge Anwendung geboten sein, wenn die Stellung des gesetzlichen Vertreters der eines weisungsgebundenen Bevollmächtigten entspricht (BGHZ 38, 65, 70).

Der Grundgedanke des § 166 II findet auch auf die *Vertretung ohne Vertretungsmacht* Anwendung.

> Hat z. B. ein Vertreter ohne Vertretungsmacht gutgläubig für einen bösgläubigen Vertretenen gehandelt, so gilt der Grundsatz des § 166 II entsprechend, wenn der bösgläubige Vertretene das Geschäft genehmigt (§ 177 I). Hinsichtlich des Kennens oder Kennenmüssens kommt es auf den Zeitpunkt der Genehmigung an, so daß es

schadet, wenn der Vertretene erst in diesem Zeitpunkt bösgläubig wird (RGZ 68, 374, 376 ff; 161, 153, 162).

Schrifttum zur Zurechnung nach § 166:
BAUMANN Die Kenntnis juristischer Personen des Privatrechts von rechtserheblichen Umständen, ZGR 1973, 284 ff; BIRK Bösgläubiger Besitzdiener – gutgläubiger Besitzherr?, JZ 1963, 354 ff; DONLE Zur Frage der rechtserheblichen Kenntnis im Unternehmen, Festschrift Klaka, 1987, 6 ff; HOCHE Besitzerwerb und Besitzverlust durch Besitzdiener, JuS 1961, 73 ff; NEUMANN-DUESBERG § 166 II BGB bei der gesetzlichen Stellvertretung und Handeln nach bestimmten Weisungen, JR 1950, 332 ff; PAULUS Zur Zurechnung arglistigen Vertreterhandelns, Festschrift für Michaelis 1972, 215 ff; RICHARDI Die Wissensvertretung, AcP 169 (1969), 385 ff; SCHILKEN Wissenszurechnung im Zivilrecht, 1983; SCHULTZ Zur Vertretung im Wissen, NJW 1990, 477 ff; WALTERMANN Zur Wissenszurechnung – am Beispiel der juristischen Personen des privaten und öffentlichen Rechts, AcP 192 (1992), 181 ff; WILHELM Kenntniszurechnung kraft Kontovollmacht? AcP 183 (1983), 1 ff.

III. Eigenhaftung des Vertreters

Von dem Grundsatz, daß bei wirksamer Stellvertretung Wirkungen des Vertreterhandelns nur den Vertretenen treffen, wird unter Umständen abgewichen, indem auch der Vertreter zur Eigenhaftung herangezogen wird. **1234**

Diese Haftung ist nicht nur aus Deliktsrecht zu begründen; der Vertreter kann – gegebenenfalls neben dem Vertretenen – auch aus *culpa in contrahendo* verantwortlich sein (vgl. oben Rdn. 1087).

Dies ist insbesondere der Fall, wenn der Vertreter am Abschluß des Rechtsgeschäfts ein *eigenes wirtschaftliches Interesse* gehabt hat (BGHZ 14, 313, 318; 56, 81, 83; BGH VersR 1978, 59 f; einschränkend für Angestellte im kaufmännischen Bereich BGHZ 88, 67 ff). Eine Haftung des Vertreters kann daneben auch in Betracht kommen, wenn der Vertreter bei den Vertragsverhandlungen *besonderes Vertrauen* des Vertragsgegners *in Anspruch genommen* hat. Dies gilt z. B. für den Fachhändler, der stellvertretend für den Verkäufer ein Kraftfahrzeug verkauft; der Vertreter haftet für die Verletzung von Aufklärungs- und Hinweispflichten, weil er dem Käufer gegenüber fachkundig auftritt und der Käufer ihm deshalb besonderes Vertrauen entgegenbringt (BGHZ 63, 382 ff; 79, 281 ff).

Diese Tatbestände werden zunehmend unter dem Begriff der *Sachwalterhaftung* erfaßt. Hierbei kommt es auf die Vertretereigenschaft nicht an; so hat die Rechtsprechung auch die Haftung des Maklers unter den o. a. Voraussetzungen bejaht (BGHZ 56, 81 ff); einschränkend gegen die Tendenz, Dritte in einem fremden Schuldverhältnis zur Haftung heranzuziehen, MEDICUS BR Rdn. 200 a f. **1235**

Eine Eigenhaftung des Vertreters kann nach der Rechtsprechung in Ausnahmefällen bei Verletzung von Schutzpflichten sogar nach Abschluß des Vertrages in Betracht kommen, wenn er beim Vertragsabschluß besonderes Vertrauen auch im Hinblick auf die Vertragsdurchführung in Anspruch genommen hat (BGHZ 70, 337, 343 f).

§ 48
Die Vertretungsmacht

BAUER-MENGELBERG Generalvollmacht, 1932; DEMELIUS M. Wellspachers Vollmachtslehre, AcP 153 (1954), 1 ff; GERKE Vertretungsmacht und Vertretungsberechtigung, 1981; GERLACH Die Untervollmacht, 1967; GERNHUBER Die verdrängende Vollmacht, JZ 1995, 381; HUPKA Die Vollmacht, 1900; ISAY Vollmacht und Verfügung, AcP 122 (1924), 195 ff; KNOCHE Die Vollmacht und ihr Verhältnis zu den Rechtsbeziehungen zwischen Vollmachtgeber und Vertreter, JA 1991, 281 ff; LABAND Die Stellvertretung bei dem Abschluß von Rechtsgeschäften nach dem allgemeinen Deutschen Handelsgesetzbuch, ZHR 10 (1866), 183 ff; MACRIS Die stillschweigende Vollmachtserteilung, 1941; MANIGK Stillschweigend bewirkte Vollmachten im Handelsrecht, Beiträge zum Wirtschaftsrecht II, 1931, 590 ff; MERZ Vertretungsmacht und ihre Beschränkungen im Recht der juristischen Personen, der kaufmännischen und der allgemeinen Stellvertretung, Festschrift H. Westermann, 1974, 399 ff; MÜLLER-FREIENFELS Die Abstraktion der Vollmachtserteilung im 19. Jahrhundert, in: Coing/Wilhelm, Wissenschaft und Kodifikation des Privatrechts im 19. Jahrhundert II, 1977, 144 ff; SCHWENKER Die Vollmacht des Vermittlungsagenten beim Abschluß von Versicherungsverträgen, NJW 1992, 343 ff; SIEBENHAAR Vertreter des Vertreters?, AcP 162 (1963), 354 ff; SPITZBARTH Vollmachten im modernen Management, 1970; v. TUHR Die unwiderrufliche Vollmacht, Festschrift Laband, 1908, 43 ff.

1236 Die Wirkungen der Stellvertretung treten nur ein, wenn der Vertreter mit Vertretungsmacht handelt.

Die Vertretungsmacht kann auf *verschiedenen Rechtsgründen* beruhen:

– Sie kann einmal durch **rechtsgeschäftliche Erteilung** einer sog. *Vollmacht* (vgl. § 166 II) durch den Vertretenen begründet werden.

– Die Vertretungsmacht kann ferner auf der **Verfassung** einer juristischen Person beruhen, die im Rechtsverkehr ihre Handlungsfähigkeit durch die Bestellung von Organen erlangt. Diese Organe haben die Stellung eines gesetzlichen Vertreters (§ 26 II). *Organschaftliche* Vertretungsmacht haben etwa der Vorstand des Vereins (§ 26), der Stiftung (§§ 86, 26), Aktiengesellschaft (§ 78 AktG), Genossenschaft (§ 24 GenG) und der Geschäftsführer der GmbH (§ 35 GmbHG).

– Vertretungsmacht wird außerdem **durch Gesetz** verliehen, so z. B. den Eltern (§ 1629), dem Vormund (§ 1793), dem Betreuer (§ 1902) und dem Pfleger (§ 1915) als „gesetzlichen Vertretern".

A. Die Vollmacht

1237 Die Vollmacht unterliegt *rechtsgeschäftlichen Grundsätzen* (vgl. § 166 II). Im folgenden wird die rechtsgeschäftlich erteilte Vertretungsmacht behandelt, wobei auf die Besonderheiten der beiden anderen Arten jeweils im Sachzusammenhang hingewiesen wird.

Die Erteilung der Vollmacht zur Vornahme eines Rechtsgeschäftes steht nicht im Gegensatz zum Grundsatz der *Privatautonomie*. Die Bevollmächtigung läßt die eigene rechtsgeschäftliche Handlungsmöglichkeit des Vollmachtgebers unberührt; er kann also nach wie vor selbst oder durch einen anderen Vertreter das Rechtsgeschäft vornehmen, zu dem er bereits den Vertreter bevollmächtigt hat. Die Bevollmächtigung ist gerade als Ausfluß der Privatautonomie des Vollmachtgebers anzusehen (in diesem Sinne FLUME II § 43, 3; LARENZ AT § 30 I a im Gegensatz zu MÜLLER-FREIENFELS Die Abstraktion der Vollmachterteilung, aaO, S. 144 ff und passim; vgl. zu den Besonderheiten der unwiderruflichen Vollmacht unten Rdn. 1273 ff).

I. Vollmacht und Innenverhältnis

Wegen des Eintritts unmittelbarer Rechtsbeziehungen zwischen dem Geschäftsgegner und dem Vollmachtgeber muß der Bestand der Vertretungsmacht zum Schutze des Geschäftsgegners weitgehend gesichert sein. Die Erteilung der Vollmacht wird daher *vom Innenverhältnis* zwischen Vollmachtgeber und Vertreter *gelöst*; man bezeichnet die Vollmacht als **„abstrakt"**.

> Die begriffliche Unterscheidung zwischen der Vollmacht als erteilter Rechtsmacht im Außenverhältnis und dem hierzu berechtigenden und verpflichtenden Innenverhältnis wurde aufbauend auf dem Rechtssicherheitsbedürfnis des Handelsverkehrs von LABAND ZHR 10 (1866), S. 183 ff, grundlegend herausgearbeitet. Kritisch hierzu MÜLLER-FREIENFELS Die Vertretung beim Rechtsgeschäft, 1955, und Die Abstraktion der Vollmachtserteilung aaO, S. 144, 164 ff.

Die Vollmacht wird zwar regelmäßig im Zusammenhang mit einem Innenverhältnis erteilt, sie ist jedoch im Entstehen und Fortbestehen von diesem unabhängig. Eine Abhängigkeit vom Innenverhältnis sieht das Gesetz zum Schutz des Vollmachtgebers lediglich im Hinblick auf die Beendigung des Innenverhältnisses vor (§ 168 S. 1); vorbehaltlich der Regelung des Vertrauensschutzes entfällt automatisch die dem Bevollmächtigten übertragene Befugnis. Vgl. im einzelnen unten Rdn. 1262 f, 1278 ff.

Gleichwohl kann das Innenverhältnis *nicht als Kausalverhältnis* zur Vollmachtserteilung angesehen werden. Grundsätzlich ist es daher nicht möglich, eine erteilte Vollmacht bei nicht existentem Grundverhältnis zu kondizieren. Normalerweise steht statt dessen die *Möglichkeit des Widerrufs* zur Verfügung, der generell unabhängig vom Bestehen eines Innenverhältnisses ausgesprochen werden kann (vgl. § 168 S. 2).

> Eine Kondiktion kann lediglich unter folgenden Gesichtspunkten in Betracht kommen: Liegt in der Erteilung einer unwiderruflichen Vollmacht eine Zuwendung, z. B. durch Erteilung einer dem Interesse des Bevollmächtigten dienenden Vollmacht (vgl. BayObLG DB 1978, 1929), so kann, falls der Zuwendungszweck, der von dem der

Vollmachtserteilung zugrundeliegenden Innenverhältnis zu unterscheiden ist, entfällt, der Vollmachtgeber nach § 812 Verzicht auf die Vollmacht verlangen, da in diesem Ausnahmefall die Vollmacht als vermögenswerte Rechtsposition i. S. des § 812 angesehen werden kann (so LARENZ AT § 31 III a unter Bezugnahme auf v. TUHR II/2 § 85, S. 416 sowie N 220; vgl. auch STAUDINGER/DILCHER § 167 Rdn. 4; § 168 Rdn. 18; MünchKomm/SCHRAMM § 168 Rdn. 2 will auch hier den Widerruf zulassen; vgl. ferner BGH WM 1969, 1009 f).

1239 Die Vollmacht kann ausnahmsweise auch ohne Innenverhältnis bestehen, sog. *isolierte Vollmacht*.

Dies kann der Fall sein, wenn jemand Generalvollmacht erteilt, damit der Bevollmächtigte im Fall von Aufträgen hierauf zurückgreifen kann.

Dies gilt auch bei unwirksamem Innenverhältnis, wenn z. B. ein Dienstvertrag mit einem Minderjährigen ohne Zustimmung des gesetzlichen Vertreters geschlossen wird und dem Minderjährigen Vollmacht, die nach § 165 wirksam ist, erteilt wird.

1240 Möglich ist, daß die Gültigkeit des Grundgeschäfts zur *Gültigkeitsbedingung* der Vollmacht gemacht wird. Mangels besonderer Umstände ist das aber nicht zu unterstellen; aus §§ 50, 126 II HGB, die Beschränkungen der Vertretungsmacht gegenüber Dritten verbieten, ist der Ausschluß einer Bedingung zu folgern. Insbesondere kann auch die Nichtigkeitsfolge nach § 139 nicht schlechthin herangezogen werden (vgl. RGZ 69, 232, 234; OLG Köln MDR 1974, 310; OLG Hamm AnwBl. 1989, 397); anders bei im Grundstückskaufvertrag erteilter Auflassungsvollmacht, die bei Nichtigkeit des Kaufvertrages gegenstandslos wird.

II. Arten der Vollmacht

1241 Der Vollmachtgeber kann die Vertretungsmacht für ein einzelnes Rechtsgeschäft erteilen *(Spezialvollmacht)* oder für eine bestimmte Art von Rechtsgeschäften *(Gattungs- oder Artvollmacht)*, schließlich umfassend für alle Arten von Rechtsgeschäften, soweit eine Vertretung zulässig ist *(Generalvollmacht)*.

Davon ist zu unterscheiden, ob die Vollmacht einem einzelnen Vertreter *(Einzelvollmacht)* oder mehreren in der Weise erteilt wird, daß diese nur gemeinschaftlich handeln dürfen *(Gesamtvollmacht)*.

Die Vollmacht kann auch in der Weise erteilt werden, daß der Bevollmächtigte seinerseits berechtigt ist, im Rahmen seiner Vollmacht einem anderen Vollmacht zu erteilen *(Untervollmacht)*.

1242 Im Verkehrsinteresse hat das *Handelsrecht besondere Arten* der Vollmacht gesetzlich normiert: Prokura (§§ 48 ff HGB) und Handlungsvollmacht (§ 54 HGB). Bei der Prokura sind Erteilung und Umfang der Vertretungsmacht gesetzlich festgelegt (§§ 49, 50 HGB); eine Übertragung der Prokura ist ausgeschlossen (§ 52 II HGB). Der Umfang der Handlungsvollmacht ist enger gefaßt und verlangt

u. U. Nachprüfung durch den Geschäftsgegner. Demgegenüber ist die Vollmacht nach BGB beliebig begrenzbar.

Während die Vertretungsmacht bei den *Personengesellschaften* des Handelsrechts ihrem Umfang nach gesetzlich geregelt ist (§§ 125 f, 161 ff HGB), wird die Vertretungsmacht in der BGB-Gesellschaft rechtsgeschäftlich begründet (vgl. § 714; BGH NJW 1971, 1698). Sie ist daher in der Ausgestaltung von der Erteilung abhängig und dadurch begrenzbar (vgl. ERMAN/H. P. WESTERMANN § 714 Rdn. 9; RGRK/v. GAMM § 714 Rdn. 6 f).

III. Die Erteilung der Vollmacht

1. Wirksamkeitsvoraussetzungen

Die Vollmacht wird durch *einseitige, empfangsbedürftige Willenserklärung* erteilt. **1243**
Die Erteilung kann gegenüber dem zu Bevollmächtigenden (als sog. *interne Vollmacht, Innenvollmacht*) oder gegenüber dem Geschäftsgegner (als sog. *externe Vollmacht, Außenvollmacht*) erfolgen.

Eine Erteilung als Außenvollmacht kommt praktisch nur in Betracht, wenn dem Geschäftsgegner vor Bevollmächtigung des Vertreters die Vertretungsberechtigung erklärt wird. Ist die Vollmacht bereits an den Vertreter erteilt, so handelt es sich bei der Kundgabe an den Geschäftsgegner lediglich um eine Mitteilung i. S. des § 171 (a. M. FLUME II § 49, 2 c, der in der Kundgabe an Dritte stets die Erteilung einer Außenvollmacht sieht).

Nach herrschender Meinung soll auch eine bewußte Erklärung an die Öffentlichkeit, daß hierdurch jemand bevollmächtigt werde, als Vollmachtserteilung durch nichtempfangsbedürftige Willenserklärung anzusehen sein (so insbesondere LARENZ AT § 31 II; MünchKomm/SCHRAMM § 167 Rdn. 10).

Die Erteilung der Vollmacht ist Willenserklärung. Sie erfordert *Geschäftsfähigkeit* **1244** *des Vollmachtgebers*. Die Erteilung ist grundsätzlich empfangsbedürftig, sie bedarf jedoch nicht einer rechtsgeschäftlichen Annahmeerklärung seitens des Bevollmächtigten. Will dieser die Vollmacht nicht entgegennehmen, so kann er sie allerdings zurückweisen oder auf sie verzichten.

Rechte und Pflichten des Bevollmächtigten gegenüber dem Vollmachtgeber ergeben sich aus dem Innenverhältnis. Zu dessen rechtsgeschäftlicher Begründung ist Geschäftsfähigkeit des Bevollmächtigten als Vertragspartner erforderlich, nicht jedoch für die Entgegennahme der „abstrakten" Bevollmächtigung, da deren Wirkung nur den Vollmachtgeber trifft (§ 165).

Gegen die Annahme, daß die Vollmacht selbst auch durch Vertrag begründet werden kann (FLUME II § 49, 1) spricht das System des Gesetzes, das die Vollmachtserteilung und deren Bestand von möglichst wenigen Wirksamkeitsvoraussetzungen abhängig machen will. Die rechtsgeschäftliche Mitwirkung des Bevollmächtigten gäbe diesem die Möglichkeit, durch Geltendmachung von Willensmängeln den Bestand der Vollmacht zu beseitigen.

1245 Die *Erteilung* der Vollmacht – nicht der Prokura – kann auch *konkludent* erfolgen. Hierbei ist die stillschweigende Willenserklärung von der Zurechnung kraft Rechtsscheins bei der sogenannten Duldungsvollmacht zu unterscheiden (vgl. unten Rdn. 1283 ff).

2. Willensmängel

1246 Die Vollmachtserteilung ist nach den allgemeinen Regeln wegen Willensmängeln *nichtig oder anfechtbar.*

Vor dem Gebrauch der Vollmacht genügt grundsätzlich ein *Widerruf.* Eine *Anfechtung* der Bevollmächtigung ist erforderlich, wenn der Vertreter bereits rechtsgeschäftlich tätig geworden ist. Diese Anfechtung richtet sich *gegen die Bevollmächtigung* als selbständiges Rechtsgeschäft, dagegen ist die Anfechtung der Erklärung des Vertreters gegenüber dem Dritten dem anfechtenden Vollmachtgeber *aus diesem Grunde* grundsätzlich versagt. (Eine Anfechtung der Bevollmächtigung wird generell abgelehnt von MÜLLER-FREIENFELS Die Vertretung beim Rechtsgeschäft, 1955, insbes. S. 404, der ausgehend von seiner Lehre vom Gesamttatbestand der Stellvertretung Willensmängel nur beim Vertretergeschäft als relevant ansieht.)

1247 Eine angefochtene Vollmacht kann unter Umständen von Rechtsscheinwirkungen überlagert sein, falls z. B. die Bevollmächtigung durch fortgesetzte Betätigung oder wegen spezifischer Publizitätswirkungen (wie etwa in § 15 I HGB) – je nach dem Verkehrsschutzbedürfnis – zu einem Vertrauenstatbestand geführt hat. In solchen Fällen könnte die Anfechtung zwar die Vollmacht, nicht jedoch den Vertrauenstatbestand beseitigen, so daß im Außenverhältnis an Stelle der Folgen der Anfechtung die Wirkungen des Verkehrsschutzes eingreifen (zu weitgehend EUJEN/FRANK JZ 1973, 232 ff und ERMAN/BROX § 167 Rdn. 27, die generell die Anfechtung der ausgeübten Vollmacht ausschließen wollen).

Zum Vertrauensschutz der Vollmacht vgl. unten Rdn. 1282 ff.

1248 Liegt hinsichtlich der Bevollmächtigung ein Anfechtungsgrund vor, ist *Anfechtungsgegner* bei der *Außenvollmacht* der Geschäftsgegner (§ 143 III). Die Anfechtungsfolge des § 122 tritt unmittelbar zwischen Vertretenem und Geschäftsgegner ein.

Bei der *Innenvollmacht* ist Anfechtungsgegner grundsätzlich der Vertreter.

> Nach der Systematik des Gesetzes würde sich folgende Konsequenz ergeben: Wenn der Vollmachtgeber dem Vertreter die Vertretungsmacht nachträglich mit rückwirkender Kraft entzieht, müßte der Vertreter nach dem Wortlaut des § 179 II dem Vertragsgegner auf Ersatz des Vertrauensschadens haften, den der Vertretene alsdann nach § 122 dem Vertreter erstatten müßte (so LÜDERITZ JuS 1976, 765, 770).

Demgegenüber wird die Auffassung vertreten, auch hier sei, sofern der Vertreter von der Vollmacht Gebrauch gemacht hat, der Geschäftsgegner als Anfechtungsgegner anzusehen und ihm gegenüber die Anfechtung zu erklären, um dadurch die *Haftungsfolgen* der Anfechtung unmittelbar zwischen Vertretenem und Geschäftsgegner eintreten zu lassen (FLUME II § 52, 5c; LARENZ AT § 31 II; MEDICUS BR Rdn. 96; STAUDINGER/DILCHER § 167 Rdn. 79). Um dem Ausnahmecharakter der Anfechtungsmöglichkeit Rechnung zu tragen, sollte die Anfechtung nur gegenüber dem Vertreter statthaft sein; allerdings rechtfertigt das schutzwürdige Vertrauen des Geschäftsgegners die analoge Anwendung des § 122 unmittelbar zwischen ihm und dem Vollmachtgeber (so MünchKomm/SCHRAMM § 167 Rdn. 85; SOERGEL/LEPTIEN § 166 Rdn. 22).

1249 Neben dieser unmittelbaren Haftung des Vollmachtgebers soll nach MünchKomm/SCHRAMM und SOERGEL/LEPTIEN § 166 Rdn. 22 auch eine Haftung des nunmehr vollmachtlosen Vertreters als Gesamtschuldner gem. § 179 in Betracht kommen. Zu Recht lehnt FLUME II § 52, 5 e, diese Konsequenz ab, da sie den Vertreter schlechthin mit den Folgen eines Irrtums des Vollmachtgebers belastet. § 179 kann daher einschränkend nur diejenigen Fälle erfassen, in denen der Vertreter den Willensmangel kannte oder kennen mußte.

1250 Eine Schwierigkeit ergibt sich, wenn die Bevollmächtigung *wegen arglistiger Täuschung angefochten* werden soll und die Täuschung des Vollmachtgebers durch den Geschäftsgegner erfolgt ist. Nach § 123 II setzt die Täuschungsanfechtung voraus, daß der Erklärungsgegner (das ist hier der Bevollmächtigte) entweder die Täuschung verübt hat oder die von einem Dritten verübte Täuschung kannte oder kennen mußte. Wenn man den Geschäftsgegner als einen Dritten im Sinne des § 123 II betrachtet, würde die Anfechtung beschränkt sein. Richtiger Ansicht nach braucht man aber den Geschäftsgegner, soweit sein Rechtserwerb aus dem auf Grund der Vollmachtserteilung abgeschlossenen Geschäft in Frage steht, nicht als Dritten anzusehen, da dieser Rechtserwerb durch die Vollmacht unmittelbar mitbedingt wird; er nimmt an den Geschäftswirkungen der Vollmacht Anteil (vgl. MünchKomm/SCHRAMM § 167 Rdn. 87 mit Nachweisen). In diesem Falle führt der rückwirkende Wegfall der Vollmacht wegen § 179 III nicht zur Haftung des Vertreters. Eine Anwendung des § 123 II kommt jedoch in Betracht, wenn die Vollmacht dem Eigeninteresse des Vertreters dient (FLUME II § 52, 5 d; STAUDINGER/DILCHER § 167 Rdn. 80; überwiegende Meinung).

3. Untervollmacht

1251 *a)* Die *Zulässigkeit* der Erteilung einer Untervollmacht richtet sich nach den Umständen des Einzelfalles. Hat der Geschäftsherr seine Zustimmung zur Unterbevollmächtigung dem Hauptbevollmächtigten nicht erteilt, so ist durch Auslegung zu ermitteln, ob eine Untervertretung mit dem Interesse des Geschäftsherrn vereinbar ist, insbesondere ob sich aus der Sachlage ein Bedürfnis für eine Untervertretung ergibt (vgl. BGH BB 1959, 319; OLG München WM 1984, 834). Beruht die Hauptvollmacht auf ganz besonderem Vertrauen, so wird dies in der Regel die Befugnis zur Erteilung einer Untervollmacht ausschließen. Wo kein Interesse an der persönlichen Ausführung durch den Bevollmächtigten besteht,

§ 48 A III 3   Vierter Teil. Die Lehre vom Rechtsgeschäft

wird in der Regel die Unterbevollmächtigung – insbesondere zur Vornahme einzelner Rechtsgeschäfte – als zulässig anzusehen sein.

> Durch Gesetz ist in einigen Fällen eine Untervertretung ausgeschlossen, z. B. in § 135 III AktG. Andererseits ist Unterbevollmächtigung im Rahmen der Prozeßvollmacht ausdrücklich zugelassen (§ 81 ZPO; vgl. dazu § 52 BRAO).

1252 b) Die Erteilung einer Untervollmacht kann *verschieden gestaltet* sein.

aa) Sie kann einmal in der Weise erfolgen, daß der Unterbevollmächtigte *unmittelbar im Namen des Geschäftsherrn* handeln soll. Dann treffen die Wirkungen des Geschäfts, soweit es der Hauptvollmacht und der Untervollmacht entspricht, lediglich den Geschäftsherrn (vgl. RGZ 108, 405, 407).

> Dementsprechend kann der Geschäftsherr gem. §§ 177 ff genehmigen, wenn die Haupt- oder die Untervollmacht fehlt (ENN./NIPPERDEY § 185 II 2 a). Daneben steht bei Fehlen der Untervollmacht auch dem Hauptbevollmächtigten die Befugnis zur Genehmigung zu.
>
> Ist die Hauptvollmacht unwirksam, so trifft die Haftung aus § 179 gegenüber dem Dritten lediglich den Unterbevollmächtigten, nicht den Hauptbevollmächtigten, da Rechtsbeziehungen unter Ausschaltung des Hauptvertreters nur zwischen Geschäftsherrn und Unterbevollmächtigtem bestehen sollten (vgl. auch die Argumentation in BGHZ 68, 391, 395). Allerdings kann der in Anspruch genommene Untervertreter einen Ersatzanspruch gegen den Hauptbevollmächtigten geltend machen. Legt jedoch der Untervertreter die Mehrstufigkeit des Vertretungsverhältnisses offen, haftet er nur für Mängel der Untervollmacht (BGHZ 68, 391, 394; OLG Hamburg VersR 1987, 1216; PALANDT/HEINRICHS § 179 Rdn. 3; i. E. auch FLUME II § 49, 5; LARENZ AT §§ 31 I b, 32 II). Ist die Untervollmacht unwirksam, so trifft die Haftung aus § 179 ohne weiteres den Unterbevollmächtigten.

1253 bb) Eine Untervollmacht soll auch in der Weise erteilt werden können, daß der Untervertreter *im Namen des Hauptbevollmächtigten unter Offenlegung von dessen Vertretereigenschaft* handelt *(Vertreter des Vertreters);* hier sollen die Wirkungen des Geschäfts gleichsam durch den Hauptvertreter hindurchgehen (BGHZ 32, 250, 254). Diese auf die Beschränkung der Haftung des Unterbevollmächtigten abstellende Konstruktion wird im Schrifttum abgelehnt, da die Wirkungen ohne „Durchgang" durch den Hauptbevollmächtigten automatisch den Geschäftsherrn treffen (MERTENS JuS 1961, 315 ff; LARENZ AT § 31 I b; FLUME II § 49, 5; SOERGEL/LEPTIEN § 167 Rdn. 58; MünchKomm/SCHRAMM § 167 Rdn. 72 ff; ERMAN/BROX § 167 Rdn. 43).

> Folgt man der BGH-Konstruktion, so *haftet* der Untervertreter lediglich für den Bestand der Untervollmacht, nicht im Falle einer Unwirksamkeit der Hauptvollmacht (BGH aaO, 254 f). Dagegen will ein Teil des Schrifttums den Untervertreter für den Bestand von Haupt-*und* Untervollmacht haften lassen, da die Wirksamkeit der Untervollmacht vom Bestand der Hauptvollmacht abhängen und der Untervertreter für das Vertrauen des Geschäftspartners in die Wirksamkeit des Vertretergeschäftes insgesamt einstehen müsse (SOERGEL/LEPTIEN § 167 Rdn. 60; MünchKomm/SCHRAMM § 167 Rdn. 76; ERMAN/BROX § 167 Rdn. 44).

c) Zu trennen sind davon die Fälle, in denen der Unterbevollmächtigte *nur für den* **1254** *Hauptvertreter* auftritt. Hier erteilt der Hauptvertreter eine Vollmacht mit der Maßgabe, daß die Wirkungen des Geschäftes nur ihn selbst treffen sollen; es handelt sich um eine von ihm erteilte *Hauptvollmacht*; eine Untervertretung für den Geschäftsherrn findet nicht statt. Konsequenterweise kann der so auftretende Vertreter nur für den Bestand der ihm vom Hauptbevollmächtigten erteilten Vollmacht haften; im Falle der Unwirksamkeit der Hauptvollmacht haftet ausschließlich der Hauptbevollmächtigte.

d) Von der Untervollmacht ist die *Übertragung der gesamten Vollmacht* zu **1255** unterscheiden *(sog. Ersatzvollmacht).* Das Gesetz läßt bei der Prokura in § 52 II HGB und bei der Handlungsvollmacht in § 58 HGB – in diesem Falle zumindest ohne Zustimmung des Vertretenen – zum Schutz des Vollmachtgebers eine solche Übertragung nicht zu. Anderes kann nach BGB gelten, wenn der Vollmachtgeber den Vertreter ermächtigt, im Falle von dessen dauernder Behinderung einen Ersatzvertreter mit inhaltsgleicher Vollmacht zu bestellen. Zu Recht ergibt sich mit ENN./NIPPERDEY § 185 II 1 die Frage, ob es sich hierbei nicht um eine neue Bevollmächtigung durch den Vollmachtgeber, der insoweit durch den Erstbevollmächtigten vertreten wird, handelt. Da der so bestellte Vertreter den ersten Bevollmächtigten „ersetzt", ist die Ersatzvollmacht von der Untervollmacht begrifflich zu trennen (a. A. MünchKomm/SCHRAMM § 167 Rdn. 70).

IV. Form der Vollmacht

1. Die Erteilung der Vollmacht ist als eigenständiges Rechtsgeschäft **formfrei**, **1256** soweit nicht eine Form vereinbart oder durch Gesetz vorgeschrieben ist (z. B. § 1945 III, entspr. §§ 1484 II, 1955; § 12 II HGB, §§ 134 III, 135 I AktG; §§ 2 II, 47 III GmbHG).

> Häufig wird *bei der Erteilung* – insbesondere der sog. Innenvollmacht – eine Urkunde an den Vertreter ausgehändigt, mit der er seine Legitimation nachweisen kann.
> Das ist praktisch geboten für die Vornahme eines einseitigen, empfangsbedürftigen Geschäfts; dieses kann der Empfänger unverzüglich zurückweisen, wenn der Bevollmächtigte nicht zugleich eine Vollmachtsurkunde vorlegt (§ 174 S. 1). Die Zurückweisung ist aber dann ausgeschlossen, wenn der Vollmachtgeber den Geschäftsgegner von der Bevollmächtigung in Kenntnis gesetzt hatte (§ 174 S. 2).

2. Die Erteilung der Vollmacht ist grundsätzlich auch dann formfrei, wenn für das **1257** *Vertretergeschäft* eine *Form* vorgeschrieben ist (§ 167 II).
Eine **Ausnahme** hiervon ist für die Fälle geboten, in denen die Erteilung der Vollmacht bereits die Wirkung eines formgebundenen Vertretergeschäftes vorwegnimmt. Hier würde der *Formzwang* für das Vertretergeschäft *umgangen*, wenn bereits in der Vollmachtserteilung eine Bindung des Vertretenen zum

§ 48 A IV 2   Vierter Teil. Die Lehre vom Rechtsgeschäft

Abschluß des Vertretergeschäfts läge (vgl. z. B. RGZ 104, 236 ff; BGH NJW 1979, 2306). Daher muß im Wege *teleologischer Reduktion* die Vorschrift des § 167 II eingeschränkt werden.

1258   Ob eine Umgehung des gesetzlichen Formzwangs durch die bindende formlose Erteilung einer Vollmacht vorliegt, ist jeweils nach dem *Zweck der Formvorschrift* zu beurteilen. Dient die Formvorschrift lediglich *Dokumentations- oder Beweiszwecken*, wie z. B. die Ordnungsvorschrift des § 566, so wird diesem Zweck durch den formgerechten Abschluß des Vertretergeschäfts entsprochen, so daß selbst für eine bindende Vollmachtserteilung von dem Formerfordernis abgesehen werden kann (vgl. FLUME II § 52, 2 a).

Verfolgt dagegen die Formvorschrift andere Zwecke, insbesondere eine *Warnfunktion* (z. B. §§ 518, 766), so muß bereits eine bindende Vollmachtserteilung dem Formerfordernis entsprechen (so FLUME aaO; LARENZ AT § 31 II; KÖHLER § 18 III 3; MünchKomm/SCHRAMM § 167 Rdn. 15; ERMAN/BROX § 167 Rdn. 4; a. A. STAUDINGER/DILCHER § 167 Rdn. 20, der bei reiner Warnfunktion eine Gesetzesumgehung durch formlose Vollmachterteilung schlechthin verneint, obwohl die von ihm herangezogene Rechtsprechung – vgl. RG SeuffArch. 86 Nr. 197 – keine besonderen Umstände betraf, durch die ein Formzwang hätte begründet werden können).

Ob eine Vollmachtserteilung *bindend* das Vertretergeschäft *vorwegnimmt*, ist nach dem Einzelfall zu entscheiden. In Betracht kommt in erster Linie die *unwiderrufliche Vollmacht* (vgl. z. B. RGZ 110, 319 f m.w.N.; BGH WM 1966, 761; BGH LM Nr. 18 zu § 167); eine Bindung kann jedoch auch bei einer widerruflichen Vollmacht aus tatsächlichen Gründen gegeben sein (vgl. RGZ 97, 332, 335; BGH LM Nr. 2 zu § 313; BGH WM 1965, 107 f; 1965, 1006 f; 1971, 956 f; ENN./NIPPERDEY § 184 II 1 N 9; FLUME II § 52, 2 b).

1259   In der *Gestattung des Selbstkontrahierens* nach § 181 kann ebenfalls eine Bindung liegen, z. B. wenn der Schenker die Vollmacht zum Abschluß der Schenkung dem Schenkungsempfänger erteilt. Die Warnfunktion des § 518 muß bereits in der Vollmachtserteilung wirksam werden, so daß die bindende Erteilung als formbedürftig anzusehen ist. Während die Rechtsprechung früher bei allen formbedürftigen Vertretergeschäften für die Erteilung einer Vollmacht gem. § 181 schlechthin eine Formpflicht bejahte (RGZ 108, 125, 126), wird in der neueren Rechtsprechung und Lehre die Befreiung vom Verbot des Selbstkontrahierens nur bei besonderer Bindungswirkung als Ausnahme zum Grundsatz des § 167 II anerkannt (BGH LM Nr. 2 zu § 313; BGH WM 1965, 1006 f; 1966, 761 f; BGH NJW 1979, 2306 f; STAUDINGER/DILCHER § 167 Rdn. 22 m.w.N.).

1260   Die Frage der formbedürftigen Vollmachtserteilung spielt eine besondere Rolle bei **Grundstücksgeschäften:**

Hier ist zu unterscheiden zwischen *Abschlußvollmacht* und *Auflassungsvollmacht*. Beide sind grundsätzlich formfrei.

Ist die **Abschlußvollmacht** jedoch unwiderruflich (RGZ 110, 319, 320; BGH LM Nr. 2 zu § 313; OLG Karlsruhe NJW-RR 1986, 101) oder bewirkt sie (auch bei Widerruflichkeit) eine tatsächliche Bindung (so wenn der Verkäufer einem weisungsgebundenen Angestellten des Käufers Vollmacht erteilt; vgl. RGZ 76, 182, 184; 108, 125 f), so erfordert die Bevollmächtigung die Form des § 313. Entsprechend ist die Form erforderlich, wenn durch Befreiung vom Verbot des § 181 eine rechtliche Bindung eintritt (BGH aaO).

Hat eine wegen Formmangels unwirksame Vollmacht die Nichtigkeit eines Grundstückskaufvertrages zur Folge, so kann dieser gem. § 313 S. 2 nur dann geheilt werden, wenn das Vollzugsgeschäft vom Vertretenen selbst oder durch wirksam bevollmächtigten Vertreter vorgenommen wird. Ein Vollzug durch den formlos bestellten Abschlußvertreter könnte die Heilung nicht bewirken, da die heilende Wirkung des Vollzugsgeschäfts nicht die warnende Funktion unmittelbar gegenüber dem zu schützenden Vollmachtgeber ausüben kann (RGZ 110, 319, 321; MünchKomm/SCHRAMM § 167 Rdn. 24; a. A. STAUDINGER/DILCHER § 167 Rdn. 24).

Ausnahmsweise ist die **Auflassungsvollmacht** dann formbedürftig, wenn durch die Erteilung der Vollmacht sich der Vollmachtgeber ohne Rücksicht auf etwa abweichende Willensentschließungen unwiderruflich bindet, das Eigentum zu übertragen und damit im wesentlichen die gleiche Rechtslage geschaffen werden soll, wie durch einen Veräußerungsvertrag i. S. d. § 313 (vgl. RG Warn Rspr. 1933 Nr. 126; KG HRR 1933 Nr. 1485; 1937 Nr. 231). Dient jedoch die (auch unwiderrufliche) Auflassungsvollmacht lediglich der Vollziehung eines formwirksam abgeschlossenen Grundgeschäfts, ist sie formfrei (vgl. OLG Zweibrücken RPfl 1982, 216). Zu beachten bleibt, daß auch die formfreie Auflassungsvollmacht nach formalem Grundbuchrecht in öffentlicher Beglaubigung nachgewiesen werden muß (§ 29 GBO; vgl. BGHZ 29, 366, 368).

V. Erlöschen der Vollmacht

1. Erlöschensgründe nach Maßgabe der Vollmachtserteilung

Das Erlöschen der Vollmacht richtet sich zunächst nach dem in der Vollmachtserteilung zum Ausdruck gelangenden Willen des Vollmachtgebers. Er kann die Vollmacht zeitlich (durch Befristung) begrenzen; er kann sie mit einer auflösenden Bedingung verknüpfen. Ist keine ausdrückliche Bestimmung getroffen, so kann sich das Erlöschen auch aus den Umständen ergeben, z. B. aus Erreichung des mit der Vollmacht bezweckten Geschäftes. Die Geltungsdauer einer Vollmacht kann sich auch durch Auslegung des in der Vollmachtserteilung zum Ausdruck gekommenen Willens ergeben; z. B. kann eine dem Ehegatten erteilte Vollmacht mit der Ehescheidung enden.

2. Erlöschensgründe nach Maßgabe des Grundverhältnisses

Obwohl der Bestand der Vollmacht *prinzipiell vom Grundverhältnis unabhängig* ist, stellt § 168 S. 1 insofern eine Abhängigkeit her, als sich das *Erlöschen* der Vollmacht nach dem ihrer Erteilung zugrundeliegenden Rechtsverhältnis bestimmt. Dies ist eine *Auslegungsregel*, die der Lebenserfahrung entspricht; mangels anderweitiger Bestimmung des Vollmachtgebers ist mit Erlöschen des Grundverhältnisses auch das Erlöschen der Vollmacht anzunehmen; z. B. ist aus der Beendigung eines Auftragsverhältnisses (z. B. durch Zeitablauf, Kündigung, Anfechtung, Rücktritt) das Erlöschen einer erteilten Vollmacht zu folgern.

1263 Umstritten ist, ob bei einem *Betriebsübergang* die vom bisherigen Betriebsinhaber erteilten Vollmachten fortbestehen. Der neue Inhaber tritt gem. § 613 a zwar in die bestehenden Arbeitsverhältnisse ein, aus dem Schutzzweck dieser Vorschrift ergibt sich jedoch nicht zwingend, daß die bestehenden Vollmachten weitergelten; zumindest ist das Fortbestehen durch Auslegung zu ermitteln, wobei das der Vollmachtserteilung zugrundeliegende Vertrauensverhältnis zu berücksichtigen ist (für generelles Fortbestehen der Vollmacht mit Ausnahme der Prokura LARENZ AT § 31 III a; MünchKomm/SCHRAMM § 168 Rdn. 5; dagegen KÖHLER § 18 III 5; ders., BB 1979, 912, 915).

1264 Da § 674 das *Fortbestehen* des Auftragsverhältnisses und § 729 das Fortbestehen der Geschäftsführungsbefugnis eines Gesellschafters *fingieren*, bis der Beauftragte oder Gesellschafter von dem Erlöschen des Auftrags oder der Geschäftsführungsbefugnis Kenntnis erlangt oder erlangen muß, gilt entsprechend § 168 auch die Vollmacht als fortbestehend. Die Schutzvorschrift zugunsten des Bevollmächtigten wirkt sich für den Dritten dadurch aus, daß er wirksame Verträge mit dem Vertretenen abschließt. Dies gilt gem. § 169 jedoch nicht gegenüber einem Dritten, der das Erlöschen der Vollmacht kennt oder kennen muß; er hat in diesen Fällen keinen Anspruch gegenüber dem Vertretenen, aber auch wegen § 179 III keinen Anspruch gegen den Vertreter.

3. Erlöschensgründe aus Umständen in der Person

1265 Soweit sich Erlöschensgründe aus Umständen in der Person *des Vollmachtgebers* oder *in der Person des Bevollmächtigten* ergeben, können diese sich auf den Bestand des Grundverhältnisses und über § 168 auf die Vollmacht auswirken; oder sie betreffen unmittelbar die Vollmacht, insbesondere wenn ausnahmsweise eine sog. isolierte Vollmacht (vgl. oben Rdn. 1239) vorliegt.

Schrifttum:
K. HELDRICH Die Geltung der Vollmacht nach dem Tode des Vollmachtgebers, JherJb. 79 (1928/29), 315 ff; HOPT Die Auswirkungen des Tods des Vollmachtgebers auf die Vollmacht und das zugrundeliegende Rechtsverhältnis, ZHR 133 (1970), 305 ff; REHMANN Zur Beschränkung der postmortalen Vollmacht durch eine angeordnete Testamentsvollstreckung am Beispiel der Bankvollmacht, BB 1987, 213 ff; REITHMANN Testamentsvollstreckung und postmortale Vollmacht als Instrumente der Kautelarjurisprudenz, BB 1984, 1394 ff; RIEDEL Tod des Vollmachtgebers, Postmortale Vollmacht, JurBüro 1973, 1041 ff; WIEACKER Zur lebzeitigen Zuwendung auf den Todesfall, Festschrift H. Lehmann I, 1956, 271 ff.

Die Vertretungsmacht § 48 A V 3

a) Ob der **Tod des Vollmachtgebers** das Erlöschen der Vollmacht nach sich zieht, **1266**
ist durch *Auslegung* zu ermitteln (vgl. BGH NJW 1969, 1245 f). Soweit der
Vollmacht ein Auftragsverhältnis zugrundeliegt, enthalten §§ 168 S. 1, 672 S. 1
eine Auslegungsregel dahingehend, daß im Zweifel der Auftrag und damit die
Vollmacht fortbesteht. Allgemein wird zu berücksichtigen sein: Wenn die Kontinuität in der Wahrung von Vermögensinteressen im Vordergrund steht (vgl. die
ausdrückliche Regelung in § 52 III HGB), wird der Fortbestand naheliegen;
andererseits indiziert ein überwiegend persönliches Interesse des Vollmachtgebers das Erlöschen der Vollmacht. Eine ausdrückliche Regelung für den Zivilprozeß findet sich in § 86 ZPO, wonach der Tod des Vollmachtgebers kein Erlöschen
der Prozeßvollmacht bewirkt.

Entsprechendes gilt für den *Eintritt der Geschäftsunfähigkeit* des Vollmachtge- **1267**
bers (vgl. §§ 168 S. 1, 672 S. 1; § 86 ZPO).

Wird eine *juristische Person aufgelöst*, so können von ihr erteilte Vollmachten
fortbestehen, sofern dies aus dem Liquidationszweck gerechtfertigt ist (SOERGEL/
LEPTIEN § 168 Rdn. 14; STAUDINGER/DILCHER § 168 Rdn. 27).

Andererseits rechtfertigt der besondere Zweck des *Konkurses* das Erlöschen
der vor Eröffnung des Verfahrens vom Gemeinschuldner erteilten Vollmacht.
§ 23 KO spricht zwar vom Erlöschen eines erteilten Auftrages, jedoch gilt über
§ 168 S. 1 hinaus das Erlöschen auch für eine isolierte Vollmacht (SOERGEL/
LEPTIEN § 168 Rdn. 18).

Besondere Probleme können sich aus sogenannten **postmortalen Vollmachten** **1268**
ergeben.

Eine solche ist einmal in der Form denkbar, daß eine unter Lebenden erteilte
Vollmacht den Tod des Vollmachtgebers überdauert. Ferner ist es möglich, daß
eine Vollmacht bewußt über den Tod hinaus oder sogar *auf den Fall des Todes*
erteilt wird. Die Erteilung solcher Vollmachten kann einem praktischen Bedürfnis
entsprechen, z. B. bei Ungewißheit über die Erben.

Eine Vollmacht über den Tod hinaus kommt in ihrer Wirkung einer Testamentsvollstreckung sehr nahe; allgemein wird jedoch angenommen, daß durch
die Erteilung sogenannter postmortaler Vollmachten die Vorschriften über letztwillige Verfügungen nicht umgangen werden, insbesondere bedürfen sie nicht
deren Form (RGZ 114, 351, 354; STAUDINGER/DILCHER § 168 Rdn. 29; a. A. für
unwiderrufliche postmortale Vollmachten BROX Erbrecht, Rdn. 719).

Ebenso sollen Vollmachten, welche in ihrer Auswirkung einer Schenkung von Todes
wegen gleichzuachten sind, formfrei erteilt werden können; eine entsprechende Anwendung des § 2301 wird abgelehnt (BGH NJW 1962, 1718 f; BGHZ 87, 19; 99, 97;
MünchKomm/SCHRAMM § 168 Rdn. 23 m.w.N.; a. A. MÜLLER-FREIENFELS Die
Vertretung beim Rechtsgeschäft, 1955, 323; MEDICUS BR Rdn. 396 f).

1269 Nach dem Tode des Vollmachtgebers vertritt der Bevollmächtigte die Erben. Fraglich ist jedoch, ob eine *Pflichtbindung an die Interessen* des *Erblassers* oder an die der *Erben* besteht; dies ist relevant für die Frage, ob der Bevollmächtigte für Rechtsgeschäfte innerhalb der Vertretungsmacht zusätzlich das Einverständnis der Erben benötigt. FLUME (II § 51, 5; ihm folgend MEDICUS BR Rdn. 399) geht davon aus, daß eine Vollmacht über den Tod hinaus lediglich den Interessen der Erben dient, so daß der Bevollmächtigte für den Abschluß eines Rechtsgeschäftes vorher die Zustimmung der Erben einholen muß. Nach herrschender und zutreffender Ansicht ist jedoch vornehmlich auf den Willen des Erblassers, von dem der Bevollmächtigte seine Befugnisse ableitet, abzustellen (vgl. BGH NJW 1969, 1245; OLG Schleswig WM 1983, 547; STAUDINGER/DILCHER § 168 Rdn. 32; SOERGEL/LEPTIEN § 168 Rdn. 34). Die gegenteilige Meinung läßt außer acht, daß eine solche Vollmacht gerade dem Willen des Erblassers auch nach seinem Tode Rechnung tragen soll.

> Insofern kann der Bevollmächtigte alle Rechtsgeschäfte so abschließen, wie der Erblasser sie hätte vornehmen können. Soweit der Schutz minderjähriger Erben in Betracht steht, ermächtigt daher eine solche Vollmacht ohne weiteres auch zur Vornahme von solchen im Rahmen der Vollmacht liegenden Rechtsgeschäften, zu denen der Vormund der Genehmigung des Vormundschaftsgerichts bedurft hätte (RGZ 106, 185 f).

Aber auch nach der herrschenden Auffassung findet die Machtposition des Bevollmächtigten ihre *Grenze* im Verbot der *unzulässigen Rechtsausübung* (BGH NJW 1969, 1245).

1270 Da der Bevollmächtigte die Erben vertritt, muß diesen grundsätzlich ein Widerrufsrecht zugebilligt werden (vgl. BGH NJW 1975, 382 ff). Hierin unterscheidet sich die Vollmacht über den Tod hinaus von der Testamentsvollstreckung. Allerdings wird auch hier der Wille des Erblassers die Widerruflichkeit einschränken; einem Widerruf, der gegen den begründeten Willen des Erblassers verstößt, kann der Bevollmächtigte seinerseits mit der Einrede der unzulässigen Rechtsausübung begegnen (vgl. LANGE/KUCHINKE § 31 III 4 d).

Ist die Vollmacht *unwiderruflich* erteilt, so können die Erben sie gleichwohl bei Vorliegen eines wichtigen Grundes widerrufen (ENN./NIPPERDEY § 186 V 4; MünchKomm/SCHRAMM § 168 Rdn. 25).

Die h. M. nimmt an, daß eine *postmortale Generalvollmacht stets widerruflich* sein muß, da sie zur Knebelung der Erben führen kann (vgl. BGH NJW 1962, 1718 f; PALANDT/EDENHOFER Vor § 2197 Rdn. 19; STAUDINGER/REIMANN Vor §§ 2197 ff Rdn. 115; v. LÜBTOW Erbrecht, 2. Halbband, 1971, 1248). Eine unwiderrufliche und daher unwirksame Generalvollmacht läßt sich jedoch als eine widerrufliche aufrechterhalten.

1271 b) Als Erlöschensgrund **in der Person des Bevollmächtigten** kommt zunächst dessen Tod in Betracht. Im Zweifel erlischt hier das Grundverhältnis (§§ 673, 675)

Die Vertretungsmacht § 48 A V 4

und damit gem. § 168 S. 1 auch die Vollmacht. Entsprechendes muß für die isolierte Vollmacht gelten, da auch sie ein persönliches Vertrauensverhältnis voraussetzt.

> Ausnahmen können in Betracht kommen, wenn die Vollmacht im Interesse des Bevollmächtigten erteilt worden ist (z. B. eine dem Käufer durch den Verkäufer notariell unter Befreiung vom Verbot des Selbstkontrahierens gem. § 181 erteilte Auflassungsvollmacht).

Auch der Eintritt der *Geschäftsunfähigkeit* beim Bevollmächtigten läßt grundsätzlich die erteilte Vollmacht erlöschen.

> Die zum Teil vertretene Auffassung, die Geschäftsunfähigkeit nehme dem Bevollmächtigten lediglich die Fähigkeit, die Vollmacht auszuüben, so daß sie bei Wiedererlangung der Geschäftsfähigkeit wieder auflebe (ENN./NIPPERDEY § 186 Fn. 3; SOERGEL/LEPTIEN § 168 Rdn. 12; ERMAN/BROX § 168 Rdn. 12), ist im Interesse des Vollmachtgebers abzulehnen, da sie diesem ein zu großes Risiko aufbürdet, vgl. STAUDINGER/DILCHER § 168 Rdn. 21).

Ebenso kann unbeschadet der Regelung in § 165 eine Fortdauer der Vollmacht bei späterem Eintritt der beschränkten Geschäftsfähigkeit nicht ohne weiteres angenommen werden (a. M. STAUDINGER/DILCHER § 168 Rdn. 21).

Fällt der Bevollmächtigte in *Konkurs*, so erlischt die Vollmacht nicht, falls die Konkurseröffnung das Verhältnis zum Vollmachtgeber nicht berührt. Hier kann der Vollmachtgeber auf den Widerruf verwiesen werden (vgl. MünchKomm/SCHRAMM § 168 Rdn. 7; einschränkend FLUME II § 51, 8).

Wird eine *juristische Person aufgelöst*, so richtet sich das Fortbestehen einer ihr erteilten Vollmacht danach, ob dies mit dem Liquidationszweck vereinbar ist. Die Vollmacht endet in jedem Fall mit dem Erlöschen der juristischen Person.

4. Widerruf der Vollmacht

a) Die Vollmacht erlischt auch durch Widerruf. Der Widerruf erfolgt durch einseitige, empfangsbedürftige Willenserklärung gegenüber dem Bevollmächtigten oder gegenüber dem Dritten, dem die Erteilung der Vollmacht erklärt worden war (§§ 168 S. 3, 167 I). **1272**

Grundsätzlich ist die Vollmacht trotz Fortbestehens des Grundverhältnisses *frei widerruflich*, sofern sich nicht aus diesem ein anderes ergibt (§ 168 S. 2; vgl. § 52 I HGB). Dem Vollmachtgeber muß die Befugnis erhalten bleiben, die erteilte Rechtsmacht unbeschadet des zugrundeliegenden Rechtsverhältnisses jederzeit wieder zu entziehen. Soweit die Vollmacht in ihrer Außenwirkung teilbar ist, kann auch ein teilweiser Widerruf in Betracht kommen.

> Zur Abgrenzung gegenüber der Anfechtung einer Vollmachtserteilung vgl. oben Rdn. 1246.

Dort, wo die Entziehung der Vertretungsmacht, wie z. B. bei der BGB-Gesellschaft (vgl. § 715), an besondere Voraussetzungen geknüpft wird, gilt dies nicht für erteilte Einzelvollmachten; hier bleibt es bei der Regelung des § 168 S. 2.

1273 *b)* Angesichts des im Gesetz zum Ausdruck gelangten Grundsatzes der freien Widerruflichkeit ist fraglich, inwieweit die Erteilung einer *unwiderruflichen Vollmacht* zulässig sein kann. Es wird eingewandt, daß der Vollmachtgeber, wenn er sich der Widerrufsmöglichkeit begibt, seine rechtliche Selbständigkeit einbüße. Dies muß jedoch nicht ohne weiteres der Fall sein, da die Vollmacht inhaltlich so begrenzt sein kann, daß den Vollmachtgeber keine Aufgabe seiner privatautonomen Entscheidungsfreiheit trifft. Dies gilt jedenfalls dann, wenn sich aus dem Grundverhältnis ergibt, daß die Vollmachtserteilung den Interessen des Bevollmächtigten, z. B zur Sicherung oder Verwirklichung seines Rechtes, dient (BGH WM 1971, 956; BGH NJW-RR 1991, 439, 441; STAUDINGER/DILCHER § 168 Rdn. 8; ENN./NIPPERDEY § 186 IV 2 c). Enger ist die Auffassung, daß nur dann eine unwiderrufliche Erteilung zulässig sei, wenn der Bevollmächtigte gegenüber dem Vollmachtgeber einen Anspruch auf die Vornahme des Geschäfts hat, zu dem die Vollmacht ermächtigt, und die Vollmachterteilung der Erfüllung gleichkommt (FLUME II § 53, 1 ff).

> Auch die Erteilung einer unwiderruflichen Vollmacht richtet sich nach § 167. Sie muß grundsätzlich einseitig erteilt werden können; daher muß auch der einseitige Verzicht auf den Widerruf möglich sein (MünchKomm/SCHRAMM § 168 Rdn. 31; ERMAN/BROX § 168 Rdn. 16; STAUDINGER/DILCHER § 168 Rdn. 11; a. M. RGZ 109, 331, 333; RGRK/STEFFEN § 168 Rdn. 3; PALANDT/HEINRICHS § 168 Rdn. 6). Allerdings beruht die Unwiderruflichkeit regelmäßig auf dem vereinbarten Grundverhältnis, so daß der Frage keine praktische Bedeutung zukommt (vgl. FLUME II § 53, 5; SOERGEL/LEPTIEN § 168 Rdn. 23).

1274 Die Bedenken gegen die Unwiderruflichkeit können allerdings bei der *Generalvollmacht* durchgreifen. Die *Unwiderruflichkeit* einer Generalvollmacht kann *grundsätzlich nicht anerkannt werden* (allg. Auffassung; vgl. STAUDINGER/DILCHER § 168 Rdn. 9; SOERGEL/LEPTIEN § 168 Rdn. 25). Dies gilt in jedem Fall für eine isoliert erteilte Generalvollmacht (BGHZ 110, 363, 367). Ausnahmen können für Generalvollmachten, denen ein bestimmendes Rechtsverhältnis zugrundeliegt, gegeben sein; hier ist nach dem Grundverhältnis zu entscheiden, ob und wann die Generalvollmacht widerrufen werden kann (RG WarnRspr. 1912 Nr. 413; RGRK/STEFFEN § 168 Rdn. 3).

Eine unwiderruflich erteilte Generalvollmacht ist daher nicht schlechthin nichtig, sie kann als widerrufliche aufrechterhalten werden; § 139 ist nicht dahingehend anwendbar, daß die Vollmachtserteilung insgesamt nichtig ist (ENN./NIPPERDEY § 186 IV 2 b; STAUDINGER/DILCHER § 168 Rdn. 10).

1275 *Jede* unwiderruflich erteilte Vollmacht kann widerrufen werden, wenn ein *wichtiger Grund* vorliegt. Der Ausschluß des Widerrufs bedeutet nur eine Beschränkung der freien Widerrufsmöglichkeit (BGH WM 1969, 1009; 1985, 646 f; STAUDINGER/DILCHER § 168 Rdn. 14 m.w.N.). Das muß auch dort gelten, wo der wichtige Grund im zugrundeliegenden Rechtsverhältnis zu suchen ist; dem Vollmachtgeber muß unabhängig von der Auseinandersetzung im Grundverhältnis der Widerruf der Vollmacht, wenn ein wichtiger Grund vorliegt, möglich sein (STAUDINGER/DILCHER § 168 Rdn. 14; einschränkend FLUME II § 53,4).

Bei der gesetzlichen Vertretungsmacht gelten für den Widerruf unterschiedliche Regelungen: Jederzeit widerruflich ist die Bestellung des Organs in § 27 II 1 BGB, § 38 I GmbHG, § 24 III GenG; damit entfällt die organschaftliche Vertretungsmacht. Jedoch wird in § 27 II 2 BGB, § 38 II GmbHG eine satzungsmäßige Beschränkung des Widerrufs auf den Fall eines wichtigen Grundes zugelassen; § 84 III AktG sieht den Widerruf nur aus wichtigem Grund vor. **1276**

Im Bereich der Personengesellschaft sehen §§ 715, 712, für die BGB-Gesellschaft Entzug der Vertretungsmacht bei wichtigem Grund vor; für die OHG ist gerichtliche Entscheidung erforderlich (§ 127 HGB), jedoch kann der Gesellschaftsvertrag Abweichendes vorsehen (vgl. HGB-RGRK/FISCHER § 127 Rdn. 18).

5. Verzicht auf die Vollmacht

Es ist fraglich, ob der *Bevollmächtigte* auf die ihm erteilte Rechtsmacht verzichten kann. Die h. M. läßt dies selbst dann zu, wenn der Verzicht gegen die sich aus dem Innenverhältnis ergebenden Pflichten verstößt und hieraus gegenüber dem Vollmachtgeber eine Schadensersatzpflicht erwächst (FLUME II § 51,3; LARENZ AT § 31 III a; STAUDINGER/DILCHER § 168 Rdn. 18). Die Auffassung wird damit begründet, daß sich niemand eine Rechtsmacht gegen seinen Willen aufdrängen lassen muß. Der Streit hat für die aktive Stellvertretung wenig Bedeutung, da der Bevollmächtigte in diesen Fällen untätig bleibt und der Vollmachtgeber auf das gestörte Grundverhältnis verwiesen ist. In Fällen der passiven Stellvertretung können sich jedoch Folgen für einen Dritten ergeben, wenn es sich z. B. um das Zugehen von Erklärungen handelt. Hier müssen die Grundsätze der §§ 170 ff zur Anwendung kommen. **1277**

VI. Folgen des Erlöschens

Mit dem Erlöschen der Vollmacht verliert der Vertreter die Vertretungsmacht. Soweit er dennoch für den Vertretenen handelt, beurteilt sich die Wirksamkeit seiner Erklärungen nach §§ 177 ff (vgl. unten § 49). **1278**

Von diesem Grundsatz sieht das Gesetz zugunsten eines gutgläubigen Dritten *Ausnahmen* vor, indem es die Wirksamkeit von Vertretererklärungen aufrechterhält. Der Gesetzgeber hat in §§ 170 ff **Grundsätze des Vertrauensschutzes** normiert, deren Anwendung bei der sog. Anscheinsvollmacht von Rechtsprechung und Lehre weiterentwickelt worden ist.

In der Lehre besteht Streit, ob die Vollmacht in diesen Fällen als fortbestehend anzusehen ist. Dafür spricht der Wortlaut der §§ 170, 171, 172. Die h. M. sieht den Wortlaut des Gesetzes als ungenau an, da die Vollmacht – gleich aus welchem Grund – erloschen ist und das Gesetz lediglich die Wirkungen zum Schutze des vertrauenden Dritten aufrechterhält (ENN./NIPPERDEY § 184 II 3; CANARIS Vertrauenshaftung, 1971, 136; LARENZ AT § 33 I b; SOERGEL/LEPTIEN § 170 Rdn. 1 f; STAUDINGER/DILCHER § 170 Rdn. 9; MünchKomm/SCHRAMM § 170 Rdn. 1 f; a. M. FLUME II § 49, 2 c; ihm folgend MEDICUS BR Rdn. 97). Innerhalb der h. M. ist jedoch umstritten, ob der Rechtsscheintatbestand durch Anfechtung zu beseitigen ist (so MünchKomm/SCHRAMM § 171 Rdn. 7; RGRK/STEFFEN § 171 Rdn. 3; SOERGEL/LEPTIEN § 171 Rdn. 4; CANARIS aaO, S. 35 ff; LARENZ AT § 33 I a) oder nicht (so ENN./NIPPERDEY § 184 II 4; ERMAN/BROX § 171 Rdn. 3; STAUDINGER/DILCHER § 171 Rdn. 9). Von ihrem abweichenden Ausgangspunkt her lassen auch FLUME aaO und MEDICUS AT Rdn. 947 im Ergebnis die Anfechtung zu. Im Hinblick auf die gebotene Gleichstellung mit der Außenvollmacht muß die Vollmachtskundgabe grundsätzlich wegen Willensmängeln anfechtbar sein. Jedoch scheidet eine Anfechtung wegen eines Irrtums über die Folgen der Mitteilung – den dadurch gesetzten Rechtsschein – aus (vgl. dazu allgemein Rdn. 592).

1279 Im einzelnen berücksichtigt das Gesetz den Vertrauensschutz wie folgt:
1. Zunächst wird von dem Fall ausgegangen, daß die Vertretungsmacht als „Außenvollmacht" gegenüber einem Dritten erteilt, die Vertretungsmacht jedoch z. B. durch Widerruf eines Auftrages im Innenverhältnis wegen § 168 erloschen ist. Solange dem Dritten dies nicht angezeigt wurde, wird er unter den Voraussetzungen des § 173 im Vertrauen auf die erteilte Vollmacht geschützt (§ 170).

1280 2. Entsprechendes gilt für eine sog. Innenvollmacht, die dem Dritten mitgeteilt oder durch öffentliche Bekanntmachung kundgegeben wurde, solange die Kundgebung nicht in derselben Weise widerrufen wurde (§ 171).

1281 3. Wurde dem Vertreter eine Vollmachtsurkunde ausgehändigt und dem Dritten vorgelegt, so wird der Dritte im Vertrauen auf die Urkunde unter den Voraussetzungen des § 173 geschützt, bis die Vollmachtsurkunde dem Vollmachtsgeber zurückgegeben oder für kraftlos erklärt wurde (§ 172).
Da es sich bei dieser Regelung um Vorschriften zum Schutz des Dritten handelt, muß der Schutz versagt werden, wenn der Dritte das Erlöschen der Vertretungsmacht kannte oder kennen mußte (§ 173).

> Dieser allgemeinen Regelung entspricht der durch Registereintragung begründete Vertrauensschutz; dieser greift ein, wenn z. B. das Erlöschen einer Prokura nicht im Handelsregister eingetragen wird (§ 15 I HGB in Verbindung mit § 53 III HGB);

entsprechendes gilt für organschaftliche Vertretungsmacht, z. B. für die erloschene Vertretungsmacht eines Vorstandes, wenn die Abberufung des Vorstandes aus dem Vereinsregister nicht ersichtlich ist (§ 68).

VII. Vollmacht kraft Rechtsscheins

BADER Duldungs- und Anscheinsvollmacht, 1978; BIENERT „Anscheinsvollmacht" und „Duldungsvollmacht". Kritik der Rechtsprechung und ihrer Grundlagen, 1975; CANARIS Die Vertrauenshaftung im deutschen Privatrecht, 1971; v. CRAUSHAAR Der Einfluß des Vertrauens auf die Privatrechtsbildung, 1969; ders., Die Bedeutung der Rechtsgeschäftslehre für die Problematik der Scheinvollmacht, AcP 174 (1974), 2 ff; CREZELIUS Zu den Rechtswirkungen der Anscheinsvollmacht (zu BGHZ 86, 273), ZIP 1984, 791 ff; FIKENTSCHER Scheinvollmacht und Vertreterbegriff, AcP 154 (1955), 1 ff; FROTZ Verkehrsschutz im Vertretungsrecht, 1972; GOTTHARDT Der Vertrauensschutz bei der Anscheinsvollmacht im deutschen und französischen Recht, 1970; LIEB Aufgedrängter Vertrauensschutz? Überlegungen zur Möglichkeit des Verzichts auf Rechtsscheinschutz, insbesondere bei der Anscheinsvollmacht, Festschrift H. Hübner, 1984 575 ff; G. MÜLLER Zu den Grenzen der analogen Anwendbarkeit des § 172 BGB in den Fällen des Blankettmißbrauchs und den sich daraus ergebenden Rechtsfolgen, AcP 181 (1981), 515 ff; PAWLOWSKI Anscheinsvollmacht des Erziehungsberechtigten?, MDR 1989, 775 ff; F. PETERS Zur Geltungsgrundlage der Anscheinsvollmacht, AcP 179 (1979), 214 ff; VOSS Zur Frage der Haftung des Vertretenen kraft Rechtsscheins, VersR 1962, 1121 ff; WELLSPACHER Das Vertrauen auf äußere Tatbestände im bürgerlichen Recht, 1906, 211 ff; WIELING Duldungs- und Anscheinsvollmacht, JA 1991, 222 ff; WURM Blanketterklärung und Rechtsscheinhaftung, JA 1986, 577 ff.

Da die vom Gesetz vorgesehenen Folgen der Vertretung ohne Vertretungsmacht **1282** (siehe unten Rdn. 1303 ff) in der Praxis den Interessen des Geschäftspartners nicht gerecht werden, zumal die Haftung des Vertreters ohne Vertretungsmacht nach § 179 oft ins Leere geht, haben Rechtsprechung und Lehre über die in §§ 170 ff. gesetzlich geregelten Fälle des Vertrauensschutzes hinaus Grundsätze für eine Vollmacht kraft Rechtsscheins entwickelt.

Sie gelten in den Fällen, in denen überhaupt keine Vollmacht erteilt wurde, müssen aber auch dann gelten, wenn der Umfang einer wirksam erteilten Vollmacht überschritten wurde (BGH WM 1974, 407 f). Hierbei wird die Duldungsvollmacht von der Anscheinsvollmacht unterschieden.

1. Duldungsvollmacht

Duldet der „Vertretene" in Kenntnis, daß ein anderer als „Vertreter" auftritt, diese **1283** Betätigung, und darf dieses Verhalten vom Geschäftsgegner nach Treu und Glauben und mit Rücksicht auf die Verkehrssitte dahin gedeutet werden, daß der „Vertreter" vom „Vertretenen" Vollmacht, für ihn zu handeln, erhalten habe, so muß der „Vertretene" sich so behandeln lassen, als habe er wirksam Vollmacht erteilt (vgl. BGH LM Nr. 13 zu § 167 passim; BGH NJW 1988, 1199, 1200).

Hiervon sind die Fälle zu unterscheiden, in denen der Vertretene das Verhalten des Vertreters mit rechtsgeschäftlichem Willen billigt. Hier handelt es sich um eine stillschweigend oder konkludent erteilte Vollmacht (vgl. BGH LM Nr. 10 zu § 167). In diesem Falle kommt es auf die Grundsätze des Vertrauensschutzes nicht an.

Ein Teil der Lehre sieht in der Duldungsvollmacht generell einen Fall der Vollmachtserteilung durch konkludentes Verhalten und qualifiziert sie damit als rechtsgeschäftlich erteilte Vertretungsmacht (FLUME II § 49, 3).

2. Anscheinsvollmacht

1284 Eine sog. Anscheinsvollmacht liegt nach h. M. vor, wenn der „Vertretene" das Auftreten des „Vertreters" zwar nicht kannte, es aber bei pflichtgemäßer Sorgfalt hätte kennen und verhindern können, und wenn der Geschäftsgegner das Verhalten des „Vertreters" nach Treu und Glauben dahin auffassen durfte, der „Vertretene" habe Vollmacht erteilt (vgl. BGHZ 5, 111, 116; BGH LM Nr. 4 zu § 167 unter Fortführung der Rechtsprechung des RG – RGZ 117, 164, 165 f; 133, 97, 100; 170, 281, 284 – die jedoch eine deutliche Trennung zwischen Duldungs- und Anscheinsvollmacht vermissen ließ).

Die Figur der sog. Anscheinsvollmacht wurde im allgemeinen mit Analogie zu §§ 171, 172, 173 und unter Heranziehung der Grundgedanken in §§ 54 III, 56 HGB bzw. § 370 BGB begründet (gegen die Analogie MünchKomm/SCHRAMM § 167 Rdn. 39, 45).

3. Voraussetzungen

1285 In den Fällen der Vollmacht kraft Rechtsscheins (Duldungs- und Anscheinsvollmacht) handelt es sich um Fälle der **Vertrauenshaftung**, deren tatbestandliche Erfordernisse sich wie folgt aufgliedern lassen:
a) Es muß sich durch das Auftreten des „Vertreters" der *Anscheinstatbestand* für eine wirksame Stellvertretung zugunsten des „Vertretenen" ergeben haben. Dies ist z. B. der Fall bei der Abwicklung des Schriftverkehrs mit Firmenbögen, Stempeln u. ä. (vgl. BGHZ 5, 111) und bei früherem Auftreten als Bevollmächtigter in anderer Sache (BGH WM 1978, 1046 f). In der Regel ist allerdings ein Auftreten als „Vertreter" über einen längeren Zeitraum erforderlich (BGH NJW 1956, 1673 f; WM 1969, 43; WM 1986, 901). Der Wille, als „Vertreter" aufzutreten, wird beim Handelnden nicht vorausgesetzt (BGH NJW 1962, 2196 f; 1964, 1951). Der Anscheinstatbestand muß bei Abschluß des Rechtsgeschäfts vorliegen (OLG Köln VersR 1974, 1185; BGH LM Nr. 8, 11 zu § 167).

1286 b) Dem in Anspruch genommenen „*Vertretenen*" muß *vorzuwerfen* sein, daß er bei pflichtgemäßer Sorgfalt das Auftreten des Handelnden als „Vertreter" hätte verhindern können (vgl. BGHZ 5, 111, 116). Bei der Anscheinsvollmacht setzt

Die Vertretungsmacht   § 48 A VII 4

dies voraus, daß er das Handeln hätte erkennen und verhindern können; bei der Duldungsvollmacht liegt hingegen der Vorwurf darin, daß er trotz Kenntnis nichts zur Verhinderung unternommen hat. Die *Zurechnung* basiert daher hier auf dem Verschuldensgrundsatz (zumindest i. S. eines „Organisationsmangels" in der eigenen Rechtssphäre, vgl. MünchKomm/SCHRAMM § 167 Rdn. 48 ff; zu weitgehend CANARIS aaO, S. 194 f, der lediglich auf ein Organisationsrisiko abstellt). Der Sorgfaltsmaßstab richtet sich nach dem Verkehrsinteresse; er wird sich z. B. im Handelsrecht an § 347 HGB orientieren. Ist ein Bevollmächtigter des „Vertretenen" (z. B. der Abteilungsleiter eines Unternehmens in seinem Zuständigkeitsbereich) für den erzeugten Rechtsschein verantwortlich, so ist entsprechend § 278 der Sorgfaltsverstoß dem Geschäftsherrn zuzurechnen. Da an die Vollmacht kraft Rechtsscheins rechtsgeschäftliche Folgen geknüpft werden, ist Geschäftsfähigkeit des „Vertretenen" vorauszusetzen. – Vgl. zu den Zurechnungsgrundsätzen oben Rdn. 588 ff.

c) Der *Geschäftsgegner muß schutzwürdig* sein. Dies setzt zunächst voraus, daß **1287** der Rechtsschein der Vollmacht für die Entschließung des Geschäftsgegners zum Abschluß des Geschäftes ursächlich geworden ist (BGH LM Nr. 13 zu § 167; BGH WM 1981, 171 f). Subjektiv darf ihm nicht vorzuwerfen sein, daß er das Fehlen der Vertretungsmacht kannte oder gemäß der ihm nach den Umständen zuzumutenden Sorgfalt hätte erkennen können und müssen (BGH LM Nr. 15 zu § 167; BGH NJW 1982, 1513).

4. Rechtsfolgen

Bei Vorliegen der Voraussetzungen müssen die *Wirkungen* der Zurechnung *einem* **1288** *durch Vollmacht zustandegekommenen Rechtsgeschäft entsprechen* (st. Rspr. vgl. RGZ 170, 281, 284; BGHZ 5, 111 f; 12, 105, 109; BGHZ 86, 273 f; BGH VersR 1961, 82 f; NJW 1981, 1727 ff; so auch in der Literatur RGRK/STEFFEN § 167 Rdn. 12, 19; STAUDINGER/DILCHER § 167 Rdn. 44; SOERGEL/LEPTIEN § 167 Rdn. 24; MünchKomm/SCHRAMM § 167 Rdn. 61 f; ERMAN/BROX § 167 Rdn. 7; PALANDT/HEINRICHS § 173 Rdn. 18; ENN./NIPPERDEY § 184 II 3 c; FIKENTSCHER AcP 154 (1955), 1 ff, 8). Diese Rechtsfolge entspricht dem Bedürfnis nach Rechtssicherheit.

Eine *Gegenmeinung* lehnt die rechtsgeschäftlichen Folgen ab und sieht im Verhalten des „Vertretenen" die Begründung eines Haftungstatbestandes, der als culpa in contrahendo lediglich zum Ersatz des negativen Interesses führt (FLUME II § 49, 4; LARENZ AT § 33 I a; MEDICUS AT Rdn. 969 ff; CANARIS aaO, S. 48 ff, 191 ff; differenzierend FROTZ aaO, S. 299 ff). Sie beruft sich insbesondere darauf, daß es dem in der Rechtsgeschäftslehre zum Ausdruck kommenden Prinzip der Privatautonomie widerspreche, wenn aus Haftungsgrundsätzen Erfüllungsansprüche hergeleitet werden (vgl. z. B. FLUME aaO). Teilweise wird auch von der

Gegenmeinung das Bedürfnis nach Rechtssicherheit im Handelsrecht anerkannt (CANARIS aaO, S. 191 ff; MEDICUS AT Rdn. 972). Dem entspricht auch Art. 14 II des Übereinkommens über die Vertretung beim internationalen Warenkauf, der die Grundsätze der Duldungs- und Anscheinsvollmacht für den internationalen Warenverkehr übernimmt (vgl. STÖCKER WM 1983, 778 f).

Die rechtsgeschäftlichen Folgen entsprechen nicht nur dem gesteigerten Verkehrsschutz des Handelsrechts, sie können auch im bürgerlichen Recht gerechtfertigt sein. Es ist anerkannt, daß ausnahmsweise, insbesondere bei Drittbeziehungen, durch Vertrauensschutz die Wirkungen eines Rechtsgeschäfts für den Dritten begründet werden können (vgl. z. B. die Wirkungen bei einer fehlerhaften Gesellschaft). Auch im Vertretungsrecht steht der Geschäftsgegner im Verhältnis zum „Vertretenen" in einer der Drittbeziehung vergleichbaren Position. Daher kann es auch hier gerechtfertigt sein, bei Vorliegen entsprechender Voraussetzungen zu vollen rechtsgeschäftlichen Wirkungen zu gelangen.

1289 Die Rechtsfolgen der Anscheinsvollmacht wird man im bürgerlichen Recht nach dem Grad der Verantwortlichkeit des „Vertretenen" differenzieren müssen. Während im Handelsrecht der erhöhte Verkehrsschutz die Verantwortlichkeit des „Vertretenen" schon bei leichter Fahrlässigkeit begründet, wird im bürgerlichen Recht der Verschuldensmaßstab zu verschärfen sein. In diesem Sinne kann auch BGHZ 65, 13 (ausführlicher in NJW 1975, 2101 ff) verstanden werden, wenn – offensichtlich angelehnt an § 935 – bei fahrlässiger Ermöglichung des Abhandenkommens einer ausgefertigten Vollmachtsurkunde die Zurechnung beim ausstellenden „Vertretenen" verneint und ein Erfüllungsanspruch abgelehnt, allerdings eine Haftung aus culpa in contrahendo für möglich angesehen wird. Daraus kann gefolgert werden, daß die volle Rechtsscheinhaftung im bürgerlichen Recht nur bei Vorliegen der strengen Voraussetzungen, d. h. bei grober Verletzung der in concreto bestehenden Sorgfaltspflicht, zu bejahen ist; gegebenenfalls bleibt dann, wenn diesen Anforderungen nicht genügt ist, Raum für eine Haftung auf das negative Interesse (vgl. zur Haftung des „Vertretenen" aus culpa in contrahendo unten Rdn. 1309).

1290 In den Fällen, in denen der „Vertretene" in Anspruch genommen wird, verbleibt ihm im Innenverhältnis der Rückgriff auf den Vertreter. Hierfür kommen z. B. Dienstvertrag, Auftrag oder Geschäftsführung ohne Auftrag in Betracht.

Im Außenverhältnis kann der „Vertreter" nicht nach § 179 in Anspruch genommen werden (BGHZ 86, 273 f).

1291 5. Grundsätze der Vollmacht kraft Rechtsscheins finden auch gegenüber *Körperschaften des öffentlichen Rechts* Anwendung (vgl. BGHZ 21, 59, 65; 40, 197, 204). Allerdings können die Wirkungen nicht über die gesetzlich oder satzungsmäßig festgelegten Zuständigkeiten der Organe hinausgreifen (z. B. § 28 III GO NW; vgl. BGH NJW 1972, 940 f). Sofern jedoch das Organ in der Lage ist, in diesem

Rahmen rechtsgeschäftliche Vollmachten zu erteilen, besteht kein Anlaß, von den für das Zivilrecht geltenden Grundsätzen abzuweichen, allerdings dürfen Formvorschriften oder Genehmigungserfordernisse nicht ausgeschaltet werden (BGHZ 6, 330, 332 f).

6. Rechtsscheingrundsätze können auch bei der Begebung von **Blaketturkunden** eingreifen. Das Einverständnis des Blankettgebers zur Ausfüllung durch den Blankettnehmer wird als eine vollmachtsähnliche Legitimation anzusehen sein. Bei Überschreitung durch den Blankettnehmer *(sog. Blankettmißbrauch)* trägt der Blankettgeber, falls er die Urkunde ausgehändigt hat, das Risiko. Während früher bei abredewidriger Ausfüllung die Anfechtung seitens des Ausstellers mit der Folge des § 122 zugelassen wurde (vgl. RGZ 105, 183, 185; so noch REINICKE/TIEDTKE JZ 1984, 550, 551 f), wird heute der Aussteller an der abredewidrig vorgenommenen Erklärung gegenüber einem schutzwürdigen Dritten ohne Anfechtungsmöglichkeit festgehalten (BGHZ 40, 65 f u. 297, 304 f; 113, 48, 53). *Im Ergebnis* wird damit anstelle der Vernichtung der rechtsgeschäftlichen Erklärung und ihres Ersatzes durch die Haftung nach § 122 die positive Wirkung der rechtsgeschäftlichen Erklärung erreicht.

1292

B. Der Umfang der Vertretungsmacht

I. Bei der **Vollmacht** wird der Umfang der Vertretungsmacht *durch die rechtsgeschäftliche Erteilung* festgelegt. Wie jede Willenserklärung unterliegt auch der Vollmachtserteilung grundsätzlich den allgemeinen Auslegungsgrundsätzen der §§ 133, 157 (vgl. oben § 35). Hierbei ist zwischen der *Innenvollmacht* und der *Außenvollmacht* zu unterscheiden.

Bei der *Auslegung* einer *Innenvollmacht* ist entscheidend, wie der *Bevollmächtigte* die Erklärung verstehen durfte. Hierbei können sich aus dem Innenverhältnis Umstände ergeben, die für die Auslegung der Vollmacht erheblich sind.

Ist eine Innenvollmacht nach außen *kundgegeben* (§ 171), eine *Vollmachtsurkunde vorgelegt* (§ 172) oder eine *Außenvollmacht* erteilt worden, so ist darauf abzustellen, wie der *Geschäftsgegner* die Willenserklärung des Vollmachtgebers verstehen durfte. Wegen des Abstraktionsprinzips sind Schranken im Innenverhältnis grundsätzlich nicht auf das Außenverhältnis übertragbar.

1293

Sofern das Handeln des Vertreters nach außen seine *Vertretungsmacht überschreitet* kommt entweder eine Rechtsscheinhaftung des Vollmachtgebers (vgl. oben Rdn. 1283 ff) oder eine Haftung des Vertreters als falsus procurator in Betracht (vgl. unten § 49).

1294

Jedoch ist u. U. bei Teilbarkeit des Rechtsgeschäfts die Aufrechterhaltung des von der Vollmacht gedeckten Teiles nach § 139 möglich, falls der Geschäftsgegner das Geschäft auch nur für diesen Teil abgeschlossen hätte oder sich nachträglich mit der Teilung einverstanden erklärt (ENN./NIPPERDEY § 183 I 4). Die Haftung des Vertreters beschränkt sich dann auf den von der Vollmacht nicht gedeckten Teil.

1295 *II.* Aus Gründen des Verkehrsschutzes ist der *Umfang* einzelner Vollmachten vom **Gesetz** *ausdrücklich festgelegt,* so z. B. der Prokura (§§ 49 ff HGB) und der Handlungsvollmacht (§ 54 HGB) sowie der Versicherungsagenten (§§ 43–47 VVG).

Entsprechendes gilt für die *gesetzliche Vertretungsmacht der Eltern.* Für sie ist gem. § 1643 in Verbindung mit §§ 1821, 1822 die Zustimmung des Vormundschaftsgerichts für bestimmte Rechtsgeschäfte erforderlich. Das Zustimmungserfordernis wird für den *Vormund* erweitert (§§ 1821, 1822).

Für die *organschaftliche Vertretungsmacht* der Gesellschafter einer OHG oder KG (§§ 126 II, 161 II HGB), des Vorstandes der AG (§ 82 I AktG), des Geschäftsführers der GmbH (§ 37 II GmbHG), des Vorstandes der Genossenschaft (§ 27 II GenG) ist gleichfalls der Umfang gesetzlich festgelegt. Eine Beschränkung der Vertretungsmacht ist im Außenverhältnis nicht möglich (z. B. § 126 II HGB, § 82 I AktG, § 37 II GmbHG).

C. Mißbrauch der Vertretungsmacht

R. FISCHER Der Mißbrauch der Vertretungsmacht, auch unter Berücksichtigung der Handelsgesellschaften, Festschrift Schilling, 1973, 3 ff; GESSLER Zum Mißbrauch organschaftlicher Vertretungsmacht, Festschrift von Caemmerer, 1978, 531 ff; HEKKELMANN Mitverschulden des Vertretenen beim Mißbrauch der Vertretungsmacht, JZ 1970, 62 ff; JOHN Der Mißbrauch organschaftlicher Vertretungsmacht, Festschrift Mühl, 1981, 349 ff; JÜNGST *Der Mißbrauch organschaftlicher Vertretungsmacht, 1981;* KIPP Zur Lehre von der Vertretung ohne Vertretungsmacht, Festgabe Reichsgericht II, 1929, 273 ff; RINCK Pflichtwidrige Vertretung, 1936; G. ROTH Mißbrauch der Vertretungsmacht durch den GmbH-Geschäftsführer, ZGR 1985, 265 ff; SCHOTT Der Mißbrauch der Vertretungsmacht, AcP 171 (1971), 385 ff; STOLL Der Mißbrauch der Vertretungsmacht, Festschrift Lehmann, 1937, 115 ff; TANK Der Mißbrauch von Vertretungsmacht und Verfügungsbefugnis, NJW 1969, 6 ff; H. P. WESTERMANN Mißbrauch der Vertretungsmacht, JA 1981, 521 ff.

1296 Im Gegensatz zur Überschreitung der Vertretungsmacht, bei der das vom Vertreter abgeschlossene Rechtsgeschäft nicht durch die Vollmacht gedeckt ist, hält sich das Vertreterhandeln beim sog. Mißbrauch der Vertretungsmacht **im Rahmen der bestehenden Vertretungsmacht,** widerspricht aber den durch den Vertretenen im Innenverhältnis begründeten Pflichten. In solchen Fällen ist der Vertretene grundsätzlich an die Erklärungen seines Vertreters gebunden. Dies folgt aus der rechtlichen Verselbständigung der Vertretungsmacht gegenüber den aus dem Innenverhältnis entspringenden Rechten und Pflichten des Vertreters (Abstraktionsprinzip). Diese Verselbständigung bezweckt den Schutz des Rechtsverkehrs; das Prinzip wird in den Fällen durchbrochen, in denen der Geschäftsgegner dieses

Die Vertretungsmacht   § 48 C

Schutzes nicht bedarf, ausnahmsweise greifen hier die im Innenverhältnis begründeten Pflichten derart auf das Vertretergeschäft durch, daß es dem Geschäftsgegner verwehrt ist, sich auf den äußerlich eingehaltenen Rahmen der Vertretungsmacht zu berufen.

Allgemein anerkannt ist dies im Fall der *sog. Kollusion*, bei der Vertreter und **1297** Geschäftsgegner einverständlich zum Nachteil des Vertretenen zusammenwirken; dies hat stets die Nichtigkeit des abgeschlossenen Rechtsgeschäfts gem. § 138 zur Folge (RGZ 130, 131, 142). Darüber hinaus kann eine Haftung von Vertreter und Geschäftsgegner gem. § 826 sowie eine Haftung des Vertreters aus positiver Forderungsverletzung im Innenverhältnis in Betracht kommen (vgl. FLUME II § 45 II 3; STAUDINGER/DILCHER § 167 Rdn. 93, 105).

Darüber hinaus ist umstritten, welche Fälle vom **Mißbrauchstatbestand** im **1298** einzelnen erfaßt werden, *wenn der Vertreter von der Vertretungsmacht pflichtwidrig zum Nachteil des Vertretenen Gebrauch macht.*
Ausgehend vom Begriff des Mißbrauchs wäre auf Seiten des Vertreters ein doloses Verhalten vorauszusetzen (so STAUDINGER/DILCHER § 167 Rdn. 95; SOERGEL/LEPTIEN § 177 Rdn. 17; wenigstens für die gesetzlich unbeschränkbare Vertretungsmacht im HGB, z. B. §§ 49, 54, 126; BGHZ 50, 112, 114; BGH DB 1984, 661). *Es ist jedoch auf ein schuldhaftes Verhalten des Vertreters nicht abzustellen* (LARENZ AT § 30 II a; FLUME II § 45 II 3; MünchKomm/SCHRAMM § 164 Rdn. 103; ERMAN/BROX § 167 Rdn. 48). Der dogmatisch richtige Ansatzpunkt der Lehre vom „Mißbrauch" liegt vielmehr in der *Einschränkung* des vom Abstraktionsprinzip bezweckten *Verkehrsschutzes* in den Fällen, in denen der *Geschäftsgegner* dieses Schutzes nicht bedarf. Insofern ist für die Fälle, in denen der Vertreter nicht dolos handelt, der Begriff des Mißbrauchs verfehlt.

Von entscheidender Bedeutung ist daher die Frage, welche **Anforderungen an** **1299** **die Schutzwürdigkeit des Geschäftsgegners** zu stellen sind:
Einigkeit besteht darüber, daß der Geschäftsgegner dann nicht schutzwürdig ist, wenn er von dem interessewidrigen, nachteiligen Verhalten des Vertreters *Kenntnis* hatte, ohne mit diesem einverständlich zusammengewirkt zu haben.
Darüber hinaus wird zum Teil auch eine lediglich *fahrlässige Unkenntnis* auf Seiten des Geschäftsgegners als ausreichend angesehen (für einfache Fahrlässigkeit RGZ 83, 348, 353; 143, 196, 201; BGH MDR 1964, 592; für grobe Fahrlässigkeit SOERGEL/LEPTIEN § 177 Rdn. 18; so auch die Tendenz der neueren Rspr., vgl. BGHZ 113, 315, 320; NJW 1990, 384, 385; NJW-RR 1992, 1135). Dies hat zur Folge, daß dem Geschäftspartner eine *Nachforschungspflicht über im Innenverhältnis bestehende Beschränkungen* auferlegt wird. Eine derartige Prüfungspflicht ist jedoch mit der vom Gesetz bezweckten Sicherheit des Rechtsverkehrs *unvereinbar*. Der Geschäftsgegner muß auf eine bestehende Vertre-

tungsmacht vertrauen dürfen, ohne Nachforschungen über das Innenverhältnis anstellen zu müssen. Dies entspricht auch dem Grundsatz, der das Risiko des Vertreterhandelns allein dem Vertretenden aufbürdet.

1300 Andererseits bereitet es Schwierigkeiten, die *Kenntnis* des Geschäftsgegners *nachzuweisen*. Um dem abzuhelfen, wird auf die **sog. Evidenztheorie** zurückgegriffen. Es soll genügen, wenn das pflichtwidrige Vertreterhandeln für einen vernünftigen Dritten offensichtlich, d. h. evident ist (FLUME II § 45 II 3; LARENZ AT § 30 II a; MEDICUS BR Rdn. 116). Fraglich ist, ob hiermit entgegen FLUME, der das Abstellen auf Fahrlässigkeit ausdrücklich ablehnt, nicht doch eine neue Verantwortlichkeitskategorie im Rahmen von Obliegenheiten eingeführt (vgl. etwa FISCHER aaO, S. 3, 13; dagegen GESSLER aaO, S. 531, 539) oder lediglich eine Vermutung begründet werden soll, der Geschäftsgegner habe von der Pflichtwidrigkeit Kenntnis gehabt. Ausgehend von der Unvereinbarkeit einer Nachforschungspflicht wird man unter Evidenz *nur eine Beweiserleichterung* verstehen können (so wohl MEDICUS BR Rdn. 116). Dann muß aber auch, wenn der Vertretene die für Evidenz sprechenden Tatsachen dargetan hat, *dem Geschäftsgegner der Nachweis ermöglicht werden*, ihm könne in seiner Lage die Offenkundigkeit nicht zur Last gelegt werden.

1301 Es erscheint fraglich, ob diese Grundsätze auch auf die Vertretungsmacht im **Handels- und Gesellschaftsrecht** angewandt werden können. Hier ist die Vertretungsmacht im Interesse einer Erleichterung des Handelsverkehrs in ihrem Umfang unbeschränkbar (§§ 50 I, 126 II, 161 HGB, § 82 I AktG, § 37 II GmbHG, § 27 II GenG). Auch in diesem Bereich ist jedoch eine Interessenabwägung vorzunehmen, die einerseits den Schutz des Rechtsverkehrs beachtet, andererseits dem berechtigten Schutzbedürfnis des Vertretenen Rechnung trägt.

Unbestreitbar ist, daß das Schutzbedürfnis des Geschäftsgegners im Falle des *kollusiven Zusammenwirkens* von Vertreter und Geschäftsgegner zu verneinen ist, d. h. der Vertretene an die Erklärungen des Vertreters nicht gebunden wird.

Der Geschäftsgegner ist darüber hinaus nicht schutzwürdig, wenn er von dem pflichtwidrigen, nachteiligen Verhalten *Kenntnis* hat. Dem Vertretenen kann in konkreten Fällen auch hier die *Beweiserleichterung der Evidenz* zugestanden werden. *In keinem Fall* wird man hingegen im Interesse eines zügigen und sicheren Handelsverkehrs auf *Nachforschungspflichten* des Geschäftsgegners abstellen dürfen (so aber im Ergebnis BGHZ 50, 112, 114; vgl. H. HÜBNER Die Prokura als formalisierter Vertrauensschutz, Festschrift Klingmüller, 1974, 173 ff).

1302 Hinsichtlich der **Rechtsfolgen** ist davon auszugehen, daß beim Durchgreifen der im Innenverhältnis bestehenden Beschränkungen auf das Außenverhältnis das Vertrauen auf ein wirksames Vertreterhandeln entfällt.

Verlangt der Geschäftsgegner Erfüllung und will der Vertretene das Geschäft nicht gelten lassen, so ist zu unterscheiden, ob man die *Vertretungsmacht schlecht-*

hin verneint (so FLUME II § 45 II 3; dagegen WIEDEMANN I § 10 II 1b) *oder* den *Einwand unzulässiger Rechtsausübung durchgreifen* läßt (so STAUDINGER/DILCHER § 167 Rdn. 101, unter Bezugnahme auf BGH WM 1960, 613; 1966, 491; RGRK/STEFFEN § 167 Rdn. 24; überzeugend für die Fälle organschaftlicher Vertretungsmacht WIEDEMANN aaO).

Der Einwand aus § 242 wird zum Teil in der Form gewährt, daß dem Vertretenen gegen den Geschäftsgegner ein Anspruch aus *culpa in contrahendo* dahingehend zugebilligt wird, daß dieser keine Rechte aus dem Vertretergeschäft herleiten darf (LEHMANN JW 1934, 683 f; vgl. auch HECKELMANN JZ 1970, 62, 65).

Die Lösung über § 242 soll auch gestatten, ein *Mitverschulden* des Vertretenen zu berücksichtigen, das darin besteht, den „Mißbrauch" durch unterlassene Kontrollmaßnahmen gefördert zu haben; in diesem Fall soll es gegebenenfalls zu einer Schadensverteilung kommen (vgl. BGHZ 50, 112, 115). Abgesehen von den tatsächlichen Schwierigkeiten einer Schadensverteilung selbst bei teilbaren Leistungen muß aus Gründen der Klarheit entweder die Wirksamkeit oder die Unwirksamkeit des Rechtsgeschäfts angenommen werden (so MünchKomm/SCHRAMM § 164 Rdn. 107).

Will der Vertretene trotz pflichtwidrigen Vertreterhandelns das Geschäft gelten lassen, so erhebt er entweder den Einwand gem. § 242 nicht, oder er genehmigt das Rechtsgeschäft gem. § 177 I.

Im Verhältnis zwischen *Geschäftsgegner* und pflichtwidrig handelndem *Vertreter* wird, falls der Vertretene das Rechtsgeschäft nicht gelten läßt, dem Geschäftsgegner wegen fehlender Schutzwürdigkeit ein Anspruch gegen den Vertreter entsprechend dem Rechtsgedanken des § 179 III zu versagen sein.

§ 49

Vertretung ohne Vertretungsmacht

BALLERSTEDT Zur Haftung für culpa contrahendo bei Geschäftsabschluß durch Stellvertreter, AcP 151 (1950/51), 501 ff; BÜHLER Grundsätze und ausgewählte Probleme der Haftung des ohne Vertretungsmacht Handelnden, MDR 1987, 985 ff; CANARIS Schadensersatz- und Bereicherungshaftung des Vertretenen bei Vertretung ohne Vertretungsmacht – BGH NJW 1980, 115, JuS 1980, 332 ff; CREZELIUS Culpa in contrahendo des Vertreters ohne Vertretungsmacht, JuS 1977, 796 ff; HILGER Zur Haftung des falsus procurator, NJW 1986, 2237 ff; HUPKA Die Haftung des Vertreters ohne Vertretungsmacht, 1903; JAUERNIG Zeitliche Grenzen für die Genehmigung von Rechtsgeschäften eines falsus procurator?, Festschrift Niederländer, 1991, 285 ff; KIPP Zur Lehre von der Vertretung ohne Vertretungsmacht, Festgabe Reichsgericht, II, 1929, 273 ff; K. MÜLLER Gesetzliche Vertretung ohne Vertretungsmacht, AcP 168 (1968), 113 ff; U. MÜLLER Die Haftung des Stellvertreters bei culpa in contrahendo und positiver Forderungsverletzung, NJW 1969, 2169 ff; PETERS Überschreiten der Vertretungsmacht und Haftung des Vertretenen für culpa in contrahendo, Festschrift Reinhardt, 1972, 127 ff; PRÖLSS Vertretung ohne Vertretungsmacht, JuS 1985, 577 ff; ders.,

Haftung bei der Vertretung ohne Vertretungsmacht, JuS 1986, 169 ff; REINICKE/ TIEDTKE Die Haftung des Vertreters ohne Vertretungsmacht bei Widerruf des Rechtsgeschäfts, DB 1988, 1203 ff; WELSER Vertretung ohne Vertretungsmacht, 1970.

I. Rechtsverhältnis zwischen Vertretenem und Geschäftsgegner

1303 Wenn der Vertreter keine Vertretungsmacht erhalten hat (sog. falsus procurator) und auch die Voraussetzungen für eine Vertretung kraft Rechtsscheins nicht vorliegen, so wird der Vertretene durch das vom Vertreter vorgenommene Rechtsgeschäft weder berechtigt noch verpflichtet. Allerdings kann der Vertretene ein Interesse daran haben, das Geschäft an sich zu ziehen. Dem trägt das Gesetz dadurch Rechnung, daß es dem Vertretenen gestattet, das Vertretergeschäft zu genehmigen. Das gilt jedoch nur für Verträge, nicht für einseitige Rechtsgeschäfte.

> Entsprechendes gilt auch für die Stellvertretung kraft Gesetzes (BGH WM 1973, 460 für den Fall, daß die Eltern gem. § 1629 II an der Vertretung verhindert sind; hier müßte die Genehmigung durch einen zu bestellenden Pfleger erteilt werden, § 1909) und für das Handeln von Organen juristischer Personen (BGHZ 32, 375, 381).

1304 *1.* Ein ohne Vertretungsmacht abgeschlossener **Vertrag** erzeugt einen **Schwebezustand**, der durch Genehmigung oder Verweigerung der Genehmigung beendet wird. Durch den Schwebezustand werden die Interessen des Geschäftsgegners an der Klarheit der Rechtsbeziehungen beeinträchtigt. Das Gesetz räumt ihm daher die Möglichkeit ein, sich Gewißheit dadurch zu verschaffen, daß er den Vertretenen zur Erklärung über die Genehmigung auffordert (§ 177 II); hat der Geschäftsgegner kein Interesse am Zustandekommen des Vertrages, so gestattet ihm das Gesetz bis zur Genehmigung seitens des Vertretenen, den Vertrag zu widerrufen (§ 178). *Für beide Möglichkeiten* sieht das Gesetz – ähnlich wie in §§ 108, 109 – folgende *Einzelheiten* vor:

1305 *a)* Fordert der Geschäftsgegner den Vertretenen zur Erklärung über die Genehmigung auf, so muß dieser die Genehmigung innerhalb von 2 Wochen seit Zugang der Aufforderung erteilen; andernfalls gilt sie als verweigert. In Abweichung von § 182 kann die Genehmigung alsdann nur ihm gegenüber erklärt werden; eine vor der Aufforderung dem Vertreter gegenüber erklärte Genehmigung oder Verweigerung der Genehmigung wird unwirksam.

> Die *Genehmigung* (§§ 182 ff) ist eine empfangsbedürftige Willenserklärung. Sie kann konkludent erteilt werden, der Genehmigende muß jedoch erkennen lassen, daß er sich des Schwebezustandes bewußt ist oder zumindest mit einer solchen Möglichkeit rechnet, und daß er den Vertrag für und gegen sich gelten lassen will (BGHZ 2, 150, 152 f; 47, 341, 351 f; BGH DB 1976, 1573 f).
> Die Genehmigung bedarf grundsätzlich keiner *Form* (§ 182 II). Diese kann jedoch trotz § 167 II aus dem jeweiligen Schutzzweck der Formvorschriften erforderlich sein,

da im Gegensatz zur Vollmachtserteilung der Vertretene sich mit der Genehmigung unmittelbar bindet; ein Widerruf wie bei der Vollmacht ist hier nicht möglich. Daher bedarf z. B. die Genehmigung eines Grundstückskaufs der Form des § 313 (vgl. LARENZ AT § 32 I; FLUME II § 54, 6 b; MEDICUS AT Rdn. 976; offengelassen BGH NJW 1989, 164, 165; a. A. MünchKomm/SCHRAMM § 177 Rdn. 34; WUFKA DNotZ 1990, 339, 341; BGH DNotZ 1981, 485 ff; 1983, 624).

Die Genehmigung *wirkt auf den Zeitpunkt des Vertragsschlusses zurück* (§ 184 I), d. h. der Vertrag ist grundsätzlich so zu beurteilen, als ob der Vertreter zum Zeitpunkt des Vertragsschlusses Vertretungsmacht gehabt hätte. Das hat z. B. Bedeutung für den Zeitpunkt des Kennens oder Kennenmüssens in § 166 I; andererseits kommt ein Schuldner, da während des Schwebezustandes keine Leistungspflicht besteht, durch die Rückwirkung nicht in Verzug.

Obwohl § 177 keine dem § 108 III entsprechende Regelung für eine *Selbstgenehmigung* enthält, hat die Rechtsprechung für den Fall, daß der Vertreter nachträglich Vertretungsmacht erhält, diesem das Recht zur Genehmigung anstelle des Vertretenen zuerkannt (BGH WM 1960, 611; OLG Frankfurt/Main FamRZ 1986, 592).

Der vollmachtlose Vertreter kann unter Umständen im Innenverhältnis gegenüber dem Vertretenen einen *Anspruch auf Genehmigung* des Vertrages haben (vgl. unten Rdn. 1319).

b) Bis zur Genehmigung des Vertrages ist der *Geschäftsgegner* zum *Widerruf* **1306** berechtigt; er kann diesen auch dem Vertreter gegenüber erklären (§ 178).

Wenn der Geschäftsgegner, obwohl er vom Mangel der Vertretungsmacht *Kenntnis* hatte, das Geschäft mit dem Vertreter abgeschlossen hat, so *versagt* ihm § 178 die Möglichkeit des Widerrufs.

c) Danach steht im Rahmen der §§ 177–179 die Entscheidung über das Zustan- **1307** dekommen des vollmachtlos abgeschlossenen Rechtsgeschäfts – unbeschadet von Rechtsscheinsgrundsätzen – dem „Vertretenen" zu. Wenn und solange er das Geschäft nicht genehmigt, können ihn keine Rechtswirkungen treffen.

Demgegenüber legen §§ 75 h, 91 a HGB dem Geschäftsherrn auf, nach Kenntnis des vollmachtlos abgeschlossenen Rechtsgeschäfts dieses unverzüglich abzulehnen, wenn er dessen Zustandekommen verhindern will. Damit trägt das Gesetz dem Umstand Rechnung, daß der Vermittlungsvertreter auf Veranlassung des Geschäftsherrn mit dem Ziel eines Geschäftsabschlusses tätig wird. Entsprechend dem Sinn des Vertrauensschutzes entfällt diese Wirkung der §§ 75 h, 91 a HGB (nur), wenn der Dritte den Mangel der *Abschluß*vollmacht positiv kannte (HEYMANN/SONNENSCHEIN HGB, § 91 a Rdn. 7).

2. Bei **einseitigen Rechtsgeschäften** will das Gesetz im Interesse des Geschäfts- **1308** gegners einen Schwebezustand ausschließen. Es erklärt daher einseitige Rechtsgeschäfte ohne Vertretungsmacht für *unzulässig* (§ 180 S. 1). Dies bedeutet, daß das einseitige Rechtsgeschäft nichtig ist und demnach vom Vertretenen nicht genehmigt werden kann; es bleibt allenfalls eine Neuvornahme möglich.

Diese Rechtsfolge läßt das Gesetz jedoch nicht eintreten, wenn der Geschäftsgegner trotz Kenntnis mit dem Handeln ohne Vertretungsmacht einverstanden war oder die vom Vertreter behauptete Vertretungsmacht nicht beanstandet hat (§ 180 S. 2).

> Dem Geschäftsgegner muß Zeit für die Nachprüfung gewährt werden. Obwohl das Gesetz die Beanstandung bei Vornahme des Rechtsgeschäfts verlangt, muß es genügen, wenn die Beanstandung unverzüglich (vgl. § 121) erfolgt (Enn./Nipperdey § 183 II 1; Soergel/Leptien § 180 Rdn. 10).

Ebenso kann im Falle der *Passivvertretung* ohne Vertretungsmacht, sofern der Vertreter damit einverstanden war, das ihm gegenüber vorgenommene einseitige Rechtsgeschäft vom Vertretenen genehmigt werden (§ 180 S. 3).

In den Ausnahmefällen des § 180 S. 2 und S. 3 finden die §§ 177 ff entsprechende Anwendung.

1309 *3.* Soweit das Rechtsgeschäft unwirksam ist – sei es, daß die Rechtsfolgen einer Vollmacht kraft Rechtsscheins nicht eingreifen, sei es, daß der vom vollmachtlosen Vertreter abgeschlossene Vertrag nicht genehmigt wird –, kann für den **Vertretenen** gegenüber dem Geschäftsgegner eine *Haftung aus culpa in contrahendo* in Betracht zu ziehen sein. Hierbei ist zwischen dem Eigenverschulden des Geschäftsherrn und dem gegebenenfalls zu vertretenden Verschulden des Gehilfen zu unterscheiden. Für die im letzteren Falle eingreifende Haftung nach § 278 ist zu berücksichtigen, daß die Haftung des vollmachtlosen Vertreters durch § 179 III ausgeschlossen wird, wenn der Geschäftsgegner den Mangel der Vertretungsmacht kannte oder kennen mußte. Diese gesetzliche Regelung wird sich auch auf die culpa in contrahendo auswirken müssen; d. h. wenn der Geschäftsgegner mangels Sorgfalt das vollmachtlose Handeln nicht erkannte und deshalb seinen Anspruch gegen den vollmachtlosen Vertreter verliert, besteht kein Anlaß, gleichwohl zu einer Haftung des Geschäftsherrn zu gelangen (str.; vgl. Staudinger/Dilcher § 177 Rdn. 23 m.w.N.). Zu einem entsprechenden Ergebnis kann auch im Rahmen der culpa in contrahendo § 254 führen (vgl. MünchKomm/Schramm § 177 Rdn. 46).

II. Rechtsverhältnis zwischen Vertreter und Geschäftsgegner

1310 *1.* Ein Vertreter, der im fremden Namen handelnd vorgibt, Vertretungsmacht zu haben, erweckt gegenüber dem Geschäftsgegner das *Vertrauen auf das Bestehen der Vertretungsmacht*. Treten die Wirkungen des Rechtsgeschäfts gegenüber dem angeblich Vertretenen nicht ein, so bestimmt § 179, daß der Vertreter für das von ihm geschaffene Vertrauen haften muß (vgl. BGHZ 39, 45, 51 m.w.N.; 73, 266, 269 f). Sofern der „Vertretene" nach den Grundsätzen der Anscheinsvollmacht in Anspruch genommen werden kann, entfällt eine Haftung des Vertreters aus § 179 (BGHZ 86, 273 f).

> Zur Haftung bei mehrstufiger Vertretung vgl. oben Rdn. 1252 f.

Das Gesetz begründet in § 179 unmittelbar eine Gewährleistungspflicht des **1311** Vertreters nur für das Vorhandensein der Vertretungsmacht oder die Erteilung der Genehmigung, nicht aber für das Nichtvorhandensein anderer Mängel. Die Rechtsprechung hat jedoch in *analoger Anwendung* die Regelung des § 179 auf Fälle *ausgedehnt*, in denen der vom vollmachtlosen Vertreter geschlossene Vertrag nicht genehmigungsfähig ist.

Es handelt sich z. B. um folgende Fälle:
- Die Genehmigung des abgeschlossenen Vertrages scheitert daran, daß der Vertretene zum Abschluß des Vertrages nicht befähigt ist (RGZ 106, 68, 74 für einen vom Liquidationszweck nicht gedeckten Vertragsabschluß);
- der Vertrag wird für eine nicht existierende Person abgeschlossen (vgl. BGH WM 1973, 869; BGHZ 105, 283, 285; vgl. auch Art. 7 WG und Art. 10 ScheckG);
- Sonderregelungen gelten für die Vertretung noch nicht existierender juristischer Personen; hier haftet nach § 54 S. 2 BGB, § 41 I 2 AktG, § 11 II GmbHG als Spezialregeln der Handelnde persönlich; daneben kommt auch § 179 analog in Betracht (vgl. BGHZ 91, 152; OLG Hamm NJW-RR 87, 1110); das gilt in Abweichung von § 179 III auch dann, wenn dem Geschäftspartner bekannt war, daß die juristische Person als solche noch nicht existierte (BGHZ 63, 45, 48; 105, 286); sowohl die Handelndenhaftung aus § 54 S. 2 BGB, § 41 I 2 AktG, § 11 II GmbHG als auch Ansprüche aus § 179 entfallen mit der Entstehung der juristischen Person (BGHZ 80, 182; NJW 82, 932 f bzw. BGHZ 69, 101; WM 79, 146);
- der Vertrag wäre aus anderen Gründen als der fehlenden Vertretungsmacht (z. B. wegen Nichteinholung einer behördlichen Genehmigung durch den Vertretenen) nichtig gewesen, der Geschäftsgegner durfte aber auf die Gültigkeit des Vertrages vertrauen (vgl. RGZ 145, 40, 43 f; FLUME II § 47, 3 a; MünchKomm/SCHRAMM § 179 Rdn. 10; a. A. – Haftung auf Vertrauensinteresse aus c.i.c. – SOERGEL/LEPTIEN § 179 Rdn. 12);
- der Inhaber eines Amtes (z. B. Testamentsvollstrecker, Konkursverwalter) läßt nach Erledigung seines Amtes Verträge für die verwaltete Vermögensmasse abschließen (RG SeuffArch. 87 Nr. 105).

2. Als **Rechtsfolge** bestimmt § 179, daß der Geschäftsgegner den Vertreter bei **1312** Nichtgenehmigung in Anspruch nehmen kann – es sei denn, daß er den Mangel der Vertretungsmacht kannte oder kennen mußte (§ 179 III 1) oder der Vertreter geschäftsbeschränkt war (anders nur, wenn er mit Zustimmung seines gesetzlichen Vertreters gehandelt hat, § 179 III 2).

a) Grundsätzlich haftet der Vertreter dem Geschäftsgegner nach dessen Wahl *auf* **1313** *Erfüllung* des Vertretergeschäfts *oder auf Schadensersatz wegen Nichterfüllung* (§ 179 I).

Durch die Haftung aus § 179 I wird das Rechtsgeschäft nicht zu einem solchen des Vertreters, sondern es liegt der Fall einer *gesetzlichen Haftung* vor (BGH NJW 1971, 429 f). In diesem Rahmen wird ein *Wahlschuldverhältnis* begründet, auf welches die §§ 262 ff Anwendung finden (RGZ 154, 58, 61 f; a. A. PALANDT/ HEINRICHS § 262 Rdn. 6).

Nimmt der Geschäftsgegner den Vertreter auf **Erfüllung** in Anspruch, so hat er die Ansprüche, die er bei Wirksamkeit des Vertrages gegen den Vertretenen hätte

(BGH NJW 1971, 429 f). Der Vertreter haftet für ordnungsgemäße Erfüllung, z. B. nach §§ 459 ff.

Der Erfüllungsanspruch scheidet aus, wenn der Vertreter zur Erfüllung nicht in der Lage ist (z. B. bei höchstpersönlichen Leistungen durch den Vertretenen, anders bei Geld- und Gattungsschulden).

Andererseits hat der *Vertreter* zwar keinen eigenen Erfüllungsanspruch, er kann gegenüber dem Erfüllung beanspruchenden Geschäftsgegner jedoch die Rechte aus §§ 320 ff geltend machen (RGZ 120, 126, 129). Bei mangelhafter Gegenleistung gelten die Gewährleistungsvorschriften zugunsten des Vertreters.

Da nach der ratio legis der Vertragspartner die Stellung eingeräumt erhalten soll, die er bei Wirksamkeit des Vertrages gehabt hätte, folgert die h. M., daß ein *Erfüllungsanspruch nur insoweit* gewährt wird, *als der Vertretene den Vertrag hätte erfüllen können*. So entfällt z. B. bei Vermögenslosigkeit des Vertretenen der Erfüllungsanspruch (STAUDINGER/DILCHER § 179 Rdn. 15; MünchKomm/SCHRAMM § 179 Rdn. 30; SOERGEL/LEPTIEN § 179 Rdn. 16; FLUME II § 47, 3 b; zweifelnd MEDICUS AT Rdn. 987).

1314 Der **Schadensersatzanspruch** richtet sich auf das Erfüllungsinteresse. Da er eine Alternative zum Erfüllungsanspruch darstellt, scheidet Naturalrestitution aus; er ist auf Geldersatz beschränkt (ENN./NIPPERDEY § 183 Fn. 18). Die Berechnung kann nach der Differenztheorie erfolgen, d. h. der Geschäftsgegner kann seine Leistung behalten und vom Vertreter den Ausgleich der Wertdifferenz in Geld verlangen (SOERGEL/LEPTIEN § 179 Rdn. 17; MEDICUS AT Rdn. 988).

1315 b) Eine **Einschränkung der Vertreterhaftung** greift ein, wenn der Vertreter den Mangel seiner Vertretungsmacht nicht gekannt hat (§ 179 II). In diesem Falle haftet er nur für das negative Interesse, jedoch nicht über den Umfang des Erfüllungsinteresses hinaus. Die Beschränkung der Haftung kommt dem Vertreter auch zugute, wenn er den Mangel der Vertretungsmacht aus Fahrlässigkeit nicht gekannt hat (RG JW 1933, 2641).

> In extrem gelagerten Fällen kann sogar über den Wortlaut des Gesetzes hinaus die Haftung des Vertreters auf das negative Interesse entfallen, wenn das Fehlen der Vertretungsmacht für den Vertreter außerhalb jeder Erkenntnis- oder Beurteilungsmöglichkeit lag, so z. B. bei einer Anfechtung der Vollmachtserteilung wegen Willensmangels, den der Vertreter nicht kannte oder kennen mußte (vgl. oben Rdn. 1248 ff; FLUME II § 47, 3c; SOERGEL/LEPTIEN § 179 Rdn. 18; anders die h. M. LARENZ AT § 32 II; MEDICUS AT Rdn. 994; MünchKomm/SCHRAMM § 179 Rdn. 34; RGRK/STEFFEN § 179 Rdn. 13).

Die Regelung des § 179 II ist dispositiver Natur. Daher ist eine ausdrückliche Vereinbarung zulässig, durch die der Vertreter eine Gewähr für das Bestehen der Vertretungsmacht mit der Rechtsfolge des § 179 I übernimmt. Eine Verschärfung der Haftung durch Allgemeine Geschäftsbedingungen ist gem. § 11 Nr. 14 b AGBG unzulässig.

3. Die **Haftung des Vertreters** aus § 179 I und II kann **ausgeschlossen** sein. Das gilt **1316** einmal, wenn der *Geschäftsgegner nicht schutzwürdig* ist, weil er von dem Mangel der Vertretungsmacht Kenntnis hatte oder haben mußte (§ 179 III 1). Da das Gesetz grundsätzlich eine Nachforschungspflicht hinsichtlich des Bestehens der Vertretungsmacht dem Geschäftsgegner nicht auferlegt, kann fahrlässige Unkenntnis nur dann vorliegen, wenn er es trotz besonderer Umstände unterlassen hat, die Vertretungsmacht zu überprüfen (RGZ 104, 191, 194; BGH NJW 1990, 387 f).

Ein Ausschluß der Ansprüche findet auch statt, wenn der *Vertreter in der Geschäftsfähigkeit beschränkt* (vgl. § 165) und für sein Handeln nicht die Zustimmung seines gesetzlichen Vertreters hatte (§ 179 III 2).

Eine Haftung des Vertreters muß auch dann ausscheiden, wenn der Geschäftsgegner zuvor den Vertrag nach § 178 widerrufen hat, weil er dadurch zu erkennen gegeben hat, daß er an dem Vertragsschluß nicht mehr interessiert ist (vgl. SOERGEL/LEPTIEN § 179 Rdn. 5; ERMAN/BROX § 179 Rdn. 17).

4. Unabhängig von der Haftung, die sich aus dem Mangel der Vertretungsmacht **1317** gem. § 179 ergibt, kann eine *Eigenhaftung des Vertreters* aus Delikt oder culpa in contrahendo in Betracht kommen (vgl. BGH FamRZ 1970, 77, 79). Insoweit stellt § 179 keine Sonderregelung gegenüber culpa in contrahendo dar (OLG Köln JMBl NW 1971, 270).

5. Die Grundsätze über die Vertretung ohne Vertretungsmacht finden **entspre- 1318 chende Anwendung** auf das *Handeln unter fremdem Namen* im Fall der Identitätstäuschung (vgl. oben Rdn. 1223); ebenso in den Fällen des *Mißbrauchs der Vertretungsmacht* (vgl. oben Rdn. 1296 ff) sowie beim Handeln eines *Boten ohne Botenmacht* (vgl. oben Rdn. 1171).

III. Rechtsverhältnis zwischen Vertretenem und Vertreter

1. Grundsätzlich hat der Vertreter ohne Vertretungsmacht keinen Anspruch **1319** gegen den Vertretenen auf Genehmigung des Vertretergeschäfts. Jedoch kann *in Ausnahmefällen* der Vertretene *zur Genehmigung verpflichtet* sein. Dies gilt z. B. wenn der in direkter Stellvertretung handelnde vollmachtlose Vertreter in Geschäftsführung ohne Auftrag für den Geschäftsherrn *in den Fällen der Notgeschäftsführung* gem. §§ 679, 680 gehandelt hat (vgl. BGH NJW 1951, 398). Weitergehend ist die Auffassung, die zum Schutz des Notgeschäftsführers diesem eine gesetzliche Vertretungsmacht zuerkennt (vgl. LG Saarbrücken NJW 1971, 1894; PALANDT/HEINRICHS §§ 177, 178 Rdn. 4).

Ein Handeln *lediglich im Interesse des Vertretenen* begründet eine Verpflichtung des Geschäftsherrn zur Genehmigung der Vertretung *nicht*; allerdings kann in solchen Fällen der vollmachtlose Vertreter als Geschäftsführer ohne Auftrag gem.

§ 683 Ersatz seiner Aufwendungen und damit gegebenenfalls Freistellung von den Ansprüchen des Geschäftsgegners gem. § 179 erreichen (§ 257).

1320 *2. Genehmigt* der Vertretene das vom vollmachtslosen Vertreter vorgenommene Rechtsgeschäft, ohne dazu verpflichtet zu sein, so können ihm unter Umständen unter dem Gesichtspunkt der positiven Vertragsverletzung *Schadensersatzansprüche aus dem Innenverhältnis* (Dienstvertrag, Auftrag) zustehen (vgl. BAG NJW 1965, 2268 f). Auch Ansprüche aus Geschäftsführung ohne Auftrag gem. § 678 können in Betracht kommen.

§ 50

Das Insichgeschäft

W. BLOMEYER Die teleologische Korrektur des § 181 BGB, AcP 172 (1972), 1 ff; R. FISCHER Zur Anwendung von § 181 BGB im Bereich des Gesellschaftsrechts, Festschrift Hauß, 1978, 61 ff; HÄSEMEYER Selbstkontrahieren des gesetzlichen Vertreters bei zusammengesetzten Rechtsgeschäften, FamRZ 1968, 502 ff; HARDER Das Selbstkontrahieren mit Hilfe eines Untervertreters, AcP 170 (1970), 295 ff; HARDER/WELTER Drittbegünstigung im Todesfall durch Insichgeschäft?, NJW 1977, 1139 ff; HONSELL Das Insichgeschäft nach § 181 BGB: Grundfragen und Anwendungsbereich, JA 1977, 55 ff; U. HÜBNER Interessenkonflikt und Vertretungsmacht, Zur funktionalen Präzisierung des § 181 BGB, 1977; KERN Wesen und Anwendungsbereich des § 181 BGB – Eine Problemdarstellung an Hand von Fällen, JA 1990, 281; LANGE Schenkungen an beschränkt Geschäftsfähige und § 107 BGB, NJW 1955, 1339 ff; LESSMANN Teleologische Reduktion des § 181 BGB beim Handeln des Gesellschafter-Geschäftsführers der Einmann-GmbH, BB 1976, 1377 ff; v. LÜBTOW Schenkungen der Eltern an ihre minderjährigen Kinder und der Vorbehalt dinglicher Rechte, 1949; ders., Insichgeschäfte des Testamentsvollstreckers, JZ 1960, 151 ff; NIPPERDEY Die Gestattung der Mehrvertretung durch das Vormundschaftsgericht, Festschrift Raape 1948, 305 ff; RAAPE § 181 und Unterhaltspflicht, AcP 140 (1935), 352 ff; REINICKE Gesamtvertretung und Insichgeschäft, NJW 1975, 1185 ff; ROSENAU Unentgeltliche Übertragung von Vermögensteilen auf Minderjährige, 3. Aufl. 1974; SÄCKER/KLINKHAMMER Verbot des Selbstkontrahierens auch bei ausschließlich rechtlichem Vorteil des Vertretenen? JuS 1975, 626 ff; SCHILLING Gesellschafterbeschluß und Insichgeschäft, Festschrift Ballerstedt, 1975, 257 ff; SCHLÜTER Das Selbstkontrahieren (Insichgeschäft nach § 181 BGB) bei der Umschreibung von Schutzrechten, GRUR 1953, 470 ff; SCHUBERT Die Einschränkung des Anwendungsbereichs des § 181 BGB bei Insichgeschäften, WM 1978, 290 ff; STÜRNER Der lediglich rechtliche Vorteil, AcP 173 (1973), 402, 442 ff; WILHELM Stimmrechtsausschluß und Verbot des Insichgeschäfts, JZ 1976, 674 ff.

I. Schutzzweck

1321 1. Die Regeln der Stellvertretung würden es ermöglichen, daß jemand ein Rechtsgeschäft als Vertreter im Namen eines anderen mit sich selbst in eigener Person abschließt. Darüber hinaus ist denkbar, daß eine Person ein Rechtsgeschäft zugleich im Namen zweier oder mehrerer sich gegenüberstehender Parteien vornimmt, sog. Mehrvertretung. In beiden Fällen handelt es sich um ein **"Insichgeschäft"** (sog. Selbstkontrahieren), das der Gesetzgeber in § 181 *grundsätzlich verbietet*.

Das gesetzgeberische Motiv war in erster Linie der Schutz des Vertretenen vor "Insichgeschäften" des Vertreters, die stets die Gefahr eines Konflikts der Interessen und einer Schädigung des einen oder anderen Teiles mit sich bringen (vgl. Prot. I, 175).

Dies ist auch den im Gesetz vorgesehenen Ausnahmen zu entnehmen, in denen offensichtlich ein Interessenschutz nicht für erforderlich angesehen wird: Verzichtet der Vertretene auf den Schutz der grundsätzlichen Regelung, indem er das "Insichgeschäft" gestattet, so bestehen für den Abschluß durch den Vertreter keine Hindernisse. Entsprechendes gilt für die Rechtsgeschäfte, die der Erfüllung einer Verbindlichkeit dienen, da die Verpflichtung zur Leistung regelmäßig eine Interessenkollision ausschließt.

Von der Interessenkollision der am Insichgeschäft Beteiligten sind die *Interessen Dritter* an der Erkennbarkeit der Zuordnung der Vermögensgegenstände zu unterscheiden.

Dieser Aufgabe kann die Ausnahmeregelung in § 181 nicht genügen; Rechtsprechung und Lehre haben daher beim Eigentumserwerb durch mittelbare Stellvertretung Maßnahmen zur Publizität des Verfügungsgeschäfts gefordert (vgl. oben Rdn. 1182).

2. Der gesetzliche Tatbestand geht *nicht* davon aus, ob *im Einzelfall* die Gefahr **1322** einer Interessenkollision besteht oder nicht. Vielmehr hat der Gesetzgeber im Interesse der Rechtssicherheit das Selbstkontrahieren grundsätzlich für unstatthaft erklärt und lediglich Ausnahmen zugelassen (BGHZ 21, 229, 231; 50, 8, 11).

Die Rechtsprechung hat daher allein auf die Vornahme des Rechtsgeschäfts abgestellt und damit dem § 181 den Charakter einer **formalen Ordnungsvorschrift** beigemessen. Das hat dazu geführt, daß die Rechtsprechung selbst in Fällen, in denen keine Interessenkollision vorlag, – z. B. Schenkungen an geschäftsunfähige Kinder – den § 181 für gegeben ansah (RG WarnRspr. 1910 Nr. 414 und 1932 Nr. 200). Andererseits wurde in Fällen, in denen eine Interessenkollision auf der Hand lag, von der Anwendung des § 181 abgesehen, sofern nur der Vertreter einen Untervertreter bestellte und damit formal ein Insichgeschäft vermied (vgl. hierzu RGZ 103, 417 f; 108, 405, 407; BAG FamRZ 1969, 535 f).

3. Diese rein formale Betrachtungsweise führt jedoch zu einer *zu starken Reduzie-* **1323** *rung der eigentlichen gesetzgeberischen Intention* (zur früheren Kritik s. STAUDINGER/COING 11. Aufl., § 181 Rdn. 3 d m.w.N. und ausführlich LEHMANN/HÜBNER § 36 IV 4 c; heute überwiegende Meinung, vgl. z. B. MünchKomm/SCHRAMM § 181 Rdn. 9; ERMAN/BROX § 181 Rdn. 2; zum Streitstand s. U. HÜBNER aaO, S. 177 ff).

So erscheint z. B. der Zwang zur Bestellung eines Pflegers bei einer Schenkung der Eltern als der gesetzlichen Vertreter an das Kind als abwegig. In einzelnen Entscheidungen wurde auch schon früher ein solches Rechtsgeschäft, obwohl § 181 formal eingreifen sollte, zugelassen, soweit z. B. bei der Schenkung von Spielsachen die Erfüllung einer Unterhaltsverpflichtung vorliegt (LG Mönchengladbach JW 1934, 2179). Darüber hinaus wurde § 181 im Hinblick auf die Verkehrsüblichkeit (OLG München HRR 1936 Nr. 262; KG OLGE 22, 158; ENN./NIPPERDEY § 181 II 1 Fn. 9) oder auf Gewohnheitsrecht (vgl. FLUME II § 48, 6) als unanwendbar angesehen (vgl. LARENZ AT § 30 II a).

1324 Abweichend vom Gesetzeswortlaut und seiner formalen Anwendung kann daher eine **teleologische Reduktion** gerechtfertigt sein, wenn eine Interessenkollision nach der Rechts- und Interessenlage *typischerweise* nicht vorliegen kann (BGHZ 56, 97 für den Alleingesellschafter einer GmbH).

Es kann also nicht darauf abgestellt werden, ob im Einzelfall tatsächlich kein Interessenkonflikt besteht, vielmehr ist nur möglich, das Selbstkontrahieren für einen ganzen, in sich abgegrenzten Rechtsbereich allgemein als erlaubt anzusehen. Hier wird der Anwendungsbereich des § 181 nach einem objektiven und einwandfrei feststellbaren Merkmal für eine in sich *geschlossene Fallgruppe* generell beschränkt werden können (BGHZ 56, 97, 102 f).

1325 Als Hauptanwendungsfälle kommen hierfür Geschäfte in Betracht, die dem Vertretenen **lediglich einen rechtlichen Vorteil** (wie z. B. regelmäßig bei einer Schenkung) bringen, wobei der *Grundsatz des § 107* entsprechend herangezogen wird (BGHZ 59, 236, 239 ff = JZ 1973, 284 m. Anm. STÜRNER; BGHZ 94, 232, 235; vgl. zur Schenkung an Geschäftsunfähige und Minderjährige oben Rdn. 702; 706 ff).

1326 Eine Interessenkollision liegt auch bei Rechtsgeschäften zwischen der **Einmann-GmbH** und ihrem geschäftsführenden Alleingesellschafter allgemein nicht vor. Daher hatte die neuere Rechtsprechung von der Anwendung des § 181 für diese Fälle abgesehen (BGHZ 56, 97; 75, 358). Der Gesetzgeber hat jedoch *in § 35 IV GmbHG* den *§ 181 für anwendbar erklärt*, weil es die besondere Struktur einer Einmann-GmbH dem geschäftsführenden Alleingesellschafter ermöglicht, Vermögensgegenstände aus der GmbH in sein Privatvermögen zu überführen, und dadurch die Erkennbarkeit der Zuordnung erschwert wird. Es handelt sich um eine vom Insichgeschäft ausgehende Gefahr, die nicht die Interessenkollision von Beteiligten, sondern die Benachteiligung Dritter betrifft. § 181 wird *sinnerweiternd* im Gläubigerinteresse angewandt (BGHZ 87, 59, 62; im Gegensatz zu der zuvor in der Rechtsprechung vertretenen Auffassung, daß der Gläubigerschutz nicht zur Funktion des § 181 gehöre – vgl. BGHZ 56, 97, 104 f).

1327 Allerdings vermag diese Regelung die Gefahr nicht auszuschalten, da im Gesellschaftsvertrag *Befreiung von* § 181 erteilt werden kann (vgl. BGHZ 33, 189, 191). Die Möglichkeit, sich über eine satzungsmäßige Befreiung zu unterrichten, besteht alsdann für Dritte nur durch die Handelsregistereintragung und Veröffentlichung (vgl. BGHZ 87, 59 ff), jedoch wird der dadurch gestattete Abschluß des einzelnen Rechtsgeschäfts nicht erkennbar gemacht. Insofern dürften auch in Fällen der Gestattung an den Nachweis des Geschäftsabschlusses erhöhte Anforderungen zu stellen sein (vgl. BGHZ 75, 358, 362 f; OLG München GmbHRdsch 1984, 98).

4. Da § 181 den Schutz vor einer Interessenkollision bezweckt, muß andererseits die Vorschrift über den Wortlaut hinaus im Hinblick auf die Fälle **erweiternd ausgelegt** werden, in denen das Prinzip des § 181 umgangen werden soll.

Dies gilt insbesondere für die bereits oben erwähnte *Bestellung eines Untervertreters*, um dadurch die im Gesetz vorausgesetzte Personenidentität auszuschließen. Da der Untervertreter durch die Vollmachtserteilung der Weisung des Vollmachtgebers unterliegt, handelt es sich um ein *unzulässiges Umgehungsgeschäft* (h. M.; vgl. auch BGHZ 64, 72, 74 ff).

Bei einer *Gesamtvertretung* greift auch beim Zusammenwirken der Gesamtvertreter § 181 ein, wenn diese mit einem der Gesamtvertreter als Außenstehendem ein Rechtsgeschäft abschließen (RGZ 89, 367, 373).

Fraglich ist, ob die Schutzgesichtspunkte des § 181 in teleologischer Extension auch dann eingreifen, wenn aufgrund einer bestehenden Vollmacht ein Schuldner zu Lasten des Vertretenen eine *Bürgschaft* oder eine *Schuldübernahme gem. § 414* vereinbart (zustimmend STAUDINGER/DILCHER § 181 Rdn. 22; U. HÜBNER aaO, S. 195 ff, 205 f; dagegen die h. M. – vgl. RGZ 71, 219, 220; SOERGEL/LEPTIEN § 181 Rdn. 34; FLUME II § 48, 5, die die Interessenkollision über den Mißbrauch der Vertretungsmacht berücksichtigen wollen).

Auf *Prozeßhandlungen* kann der Rechtsgedanke des § 181 im Einzelfall entsprechend anzuwenden sein, obwohl es sich nicht um Rechtschäfte handelt (vgl. BayObLGZ 1962, 1 f).

II. Anwendungsbereich

1. **Vertreter** im Sinne der Vorschrift sind gesetzliche und rechtsgeschäftlich bestellte Vertreter; zumindest analoge Anwendung findet die Vorschrift auf vertretungsberechtigte Gesellschafter von handelsrechtlichen Personengesellschaften, die Organe juristischer Personen und die Verwalter fremden Vermögens kraft Amtes.

Auch auf den Testamentsvollstrecker findet § 181 entsprechende Anwendung (BGHZ 30, 67, 69; 108, 21, 24). Zu Einzelfragen vgl. PALANDT/EDENHOFER § 2205 Rdn. 30.

Für gesetzliche Vertreter finden sich Sonderregelungen in §§ 159 II, 179 III VVG für Lebens- und Unfallversicherungsverträge.

1330 2. Der Geltungsbereich der Vorschrift erstreckt sich auf **alle Rechtsgeschäfte**, insbesondere *auch auf einseitige* (RGZ 143, 350, 352; 157, 24 f; BGH NJW-RR 1991, 1441).

> Der Begriff „Selbstkontrahieren" ist insofern zu eng, als er die einseitigen Erklärungen des Vertreters an sich selbst nicht mitumfaßt.

Entsprechende Anwendung findet die Vorschrift auf *geschäftsähnliche Handlungen*, z. B. eine Mahnung.

Das Verbot der gesetzlichen Regelung gilt auch, wenn eine *einseitige Erklärung* nur *entgegengenommen* werden soll.

> Wenn z. B. der Vormund eine dem Mündel gehörende Wohnung wirksam an sich selbst vermietet hat und in seiner Eigenschaft als Mieter an sich in seiner Eigenschaft als Vertreter des vermietenden Mündels einen Kündigungsbrief schreibt, also in seiner Vertretereigenschaft nur beim Empfang mitwirkt, so liegt zwar der Tatbestand des § 181 seinem Wortlaut nach nicht vor (der Empfang ist keine Vornahme eines Rechtsgeschäftes), jedoch wird der Schutzzweck des § 181 eine entsprechende Anwendung gebieten (vgl. auch MünchKomm/SCHRAMM § 181 Rdn. 13).

Als Rechtsgeschäfte werden auch *Abschlüsse und Änderungen von* **Gesellschaftsverträgen und Satzungen** von § 181 erfaßt, z. B. wenn ein Gesellschafter zugleich gesetzlicher Vertreter eines minderjährigen Mitgesellschafters ist (BGH NJW 1961, 724; BGHZ 38, 26, 31; anders jedoch – wenn auch bedenklich – für den Fall der Auflösung BGHZ 52, 316, 318). Eine Ausnahme von § 181 besteht bei der Ausübung von fremden Stimmrechten in der eigenen Hauptversammlung einer AG unter besonderen Voraussetzungen (vgl. § 135 I AktG).

> Auf die Willensbildung *in laufenden Geschäften* einer Gesellschaft oder eines Vereins soll jedoch die Vorschrift in teleologischer Reduktion keine Anwendung finden (vgl. STAUDINGER/DILCHER § 181 Rdn. 12; ERMAN/BROX § 181 Rdn. 13; auch BGHZ 65, 93, 96 ff).

III. Gesetzliche Ausnahmen

Das Gesetz sieht in § 181 zwei Ausnahmen vom Verbot des Selbstkontrahierens vor, da in diesen Fällen die Schutzbedürftigkeit des Vertretenen zurücktritt.

1331 1. Es handelt sich einmal um die **Gestattung** durch den Vertretenen selbst.

> Die Gestattung ist eine *Willenserklärung*. Die Gestattung kann bereits in der Vollmachtserteilung vorgenommen werden. Sie kann sich auch durch schlüssiges Verhalten – allerdings unzweifelhaft – ergeben (vgl. RGZ 68, 172, 177), so z. B. wenn ein Ehegatte den anderen bevollmächtigt, ihn in allen Angelegenheiten zu vertreten, kann darin die Befreiung vom Verbot des Selbstkontrahierens liegen (KG Recht 1929 Nr. 1826).

Die *Befreiung* vom Verbot des Selbstkontrahierens kann sich zudem *unmittelbar aus dem Gesetz* ergeben. Entsprechende Regeln finden sich z. B. in § 125 II 2 HGB, der gegenüber dem § 181 klarstellt, daß ein Gesellschafter bei der Erteilung der Ermächtigung an sich selbst mitwirken darf; gleichlautende Regelungen sehen § 78 IV 1 AktG und § 25 III GenG vor.

2. Darüber hinaus gestattet § 181 das Selbstkontrahieren, wenn das Rechtsgeschäft ausschließlich in der **Erfüllung einer Verbindlichkeit** besteht; dies gilt sowohl für Verpflichtungen des Vertreters gegenüber dem Vertretenen als auch umgekehrt; jedoch darf im letzten Falle dem Anspruch des Vertreters keine Einrede entgegenstehen (MünchKomm/SCHRAMM § 181 Rdn. 49 ff). **1332**

Die Erfüllung einer Verbindlichkeit liegt z. B. vor bei Unterhaltsverpflichtungen bzw. Aufwendungsersatzansprüchen der Eltern gegenüber ihren Kindern (§§ 1601 ff, 1648) sowie beim Ersatzanspruch des Beauftragten gem. § 670.
Zu beachten bleibt, daß hierunter nicht eine solche Verbindlichkeit fällt, die erst durch den Vollzug des Erfüllungsgeschäftes zur Entstehung gelangt, vgl. §§ 313 S. 2, 518 II.

IV. Rechtsfolgen

Ein zulässiges Insichgeschäft ist bei Vorliegen der übrigen Wirksamkeitsvoraussetzung sofort voll gültig (vgl. §§ 164 ff). **1333**

Ein unter Verstoß gegen § 181 vorgenommenes Rechtsgeschäft ist nicht schlechthin nichtig, sondern nach § 177 I **schwebend unwirksam**, so daß es vom Vertretenen noch genehmigt werden kann (RGZ 56, 104, 107 f; 119, 114, 116; BGHZ 65, 123, 125 f).

NEUNTER ABSCHNITT

Zustimmungsbedürftige Rechtsgeschäfte

§ 51

Die Zustimmung

BETTERMANN Verpflichtungsermächtigung und Vertrag zu Lasten Dritter, JZ 1951, 321 ff; BULLINGER Die behördliche Genehmigung privater Rechtsgeschäfte und ihre Versagung, DÖV 1957, 761 ff; DORIS Die rechtsgeschäftliche Ermächtigung bei Vornahme von Verfügungs-, Verpflichtungs- und Erwerbsgeschäften, 1974; HAGEN

Zur Rechtsgrundabhängigkeit der Konvaleszenz, AcP 167 (1967), 481 ff; Janicki Die Erteilung privatrechtsgestaltender behördlicher Genehmigungen nach unanfechtbarer Versagung, NJW 1963, 838 ff; O. A. Köhler Findet die Lehre von der Einziehungsermächtigung im geltenden bürgerlichen Recht eine Grundlage, 1953; Krückmann Die Ermächtigung und der Rechtsbesitz nach dem Bürgerlichen Gesetzbuche, Reichsgerichts-Festschrift III, 1929, 79 ff; ders., Ermächtigung, AcP 137 (1933), 167 ff; H. Lange Die behördliche Genehmigung und ihre zivilrechtlichen Auswirkungen, AcP 152 (1952/53), 241 ff; F. Peters Zur Rechtsfigur der Verpflichtungsermächtigung, AcP 171 (1971), 234 ff; Pfister In welchem Zeitpunkt muß der die Verfügung eines Nichtberechtigten Genehmigende Verfügungsmacht haben? JZ 1969, 623 ff; Raape Zustimmung und Verfügung, AcP 121 (1923), 257 ff; Rüssmann Die Einziehungsermächtigung im bürgerlichen Recht – ein Institut richterlicher Rechtsschöpfung, JuS 1972, 169 ff; Thiele Die Zustimmung in der Lehre vom Rechtsgeschäft, 1966; v. Tuhr Zum Begriff der Verfügung nach BGB, AcP 117 (1919), 193 ff.

I. Begriff und Funktion

1334 Das Rechtsgeschäft stellt grundsätzlich auf den Willen der an seinem Zustandekommen Beteiligten ab. Dieses Prinzip stößt jedoch an seine Grenzen, wenn der Handelnde nur beschränkt zu eigener Willensbildung in der Lage und deshalb der Fürsorge bedürftig ist, oder wenn über den Kreis der am Rechtsgeschäft Beteiligten hinaus in die Rechts- und Interessensphäre Dritter eingegriffen wird. In diesen Fällen macht das Gesetz die Wirksamkeit des Rechtsgeschäfts von der Zustimmung eines Dritten abhängig.

In der neueren Dogmatik wird die erforderliche Zustimmung des Dritten mit dem Begriff der „Zuständigkeit" erklärt (Thiele aaO, §§ 3 ff; Medicus AT Rdn. 998 ff). Die Zuständigkeit bedarf jedoch ihrerseits einer Legitimierung, so daß sie allein zur Begründung des Zustimmungserfordernisses nicht ausreicht.

1. Danach sind zu unterscheiden:

1335 *a) Zustimmung kraft Fürsorge- und Aufsichtsrechts*

Beschränkt geschäftsfähige Personen sollen durch die Zustimmung ihrer gesetzlichen Vertreter – Eltern oder Vormund – vor nachteiligen Rechtsgeschäften geschützt werden (§§ 107 ff, 1411, 1746 I, 1903, 2275 II; §§ 3, 30 EheG). Die Zustimmung ist erforderlich, um eine Willenserklärung für den, der sie vornimmt, wirksam werden zu lassen.

Davon ist die darüber hinaus dem Schutzinteresse dienende Genehmigung des Vormundschaftsgerichts in den Fällen der §§ 1411, 1484, 1643 ff, 1814, 1816, 1819 ff, 1829, 1904 ff zu unterscheiden. Diese Genehmigung hat öffentlich-rechtlichen Charakter; sie unterliegt in verfahrensrechtlicher Hinsicht den Vorschriften des FGG.
Eine Kontrollfunktion hat schließlich die Regelung der §§ 1809 ff, wonach der Vormund der Zustimmung des Gegenvormunds bedarf.

Die Zustimmung   § 51 II 1

b) Zustimmung kraft Rechts- oder Interessenbeteiligung   **1336**

aa) Zum einen ist die Zustimmung zur Vornahme von Rechtsgeschäften nötig, die *ausschließlich den Rechtskreis des Zustimmenden* betreffen.

Dies gilt für die Zustimmung des Vertretenen zum Handeln in seinem Namen.

Die Zustimmung hat hier in den §§ 164, 167, 177 ff eine besondere Ausprägung erfahren.

Auch wenn der Handelnde nicht im Namen des Berechtigten auftritt, fällt hierunter dessen Zustimmung zur Verfügung über sein Recht (§§ 185, 415).

bb) Die Zustimmung ist zum anderen nötig zur Vornahme von Rechtsgeschäften, die den eigenen Rechtskreis des Handelnden beeinflussen, jedoch gleichzeitig *Rechte oder Interessen eines Dritten mitberühren*.   **1337**

Dies ist z. B. der Fall bei der Zustimmung des Drittberechtigten oder des Grundstückseigentümers zu Veränderungen des belasteten Rechts (§§ 876, 880 II S. 2, 880 III, 1245 I, 1255 II) sowie bei der Zustimmung des Nacherben zu bestimmten Verfügungen des Vorerben (§ 2120). Ferner bedarf z. B. ein Ehegatte der Zustimmung des anderen Ehegatten für die Verfügung über sein Vermögen im ganzen (§§ 1365 f) und für die Verfügung über Haushaltsgegenstände (§ 1369), damit die Grundlage der gemeinsamen Lebensführung gesichert bleibt.

2. Von der Zustimmung i.S.d. §§ 182 ff sind verschiedene Fallgruppen zu unterscheiden: **1338**

Das gilt für die Bestätigung gem. §§ 141, 144, da sie sich auf ein eigenes, nicht auf das Rechtsgeschäft eines Dritten bezieht.

Da die Zustimmung gem. §§ 182 ff ausschließlich gesetzliche Zustimmungserfordernisse betrifft, findet die Regelung auf rechtsgeschäftlich begründete Zustimmungsvereinbarungen keine Anwendung. Die Vereinbarung ist als Bedingung aufzufassen; sie folgt den Regeln der §§ 158 ff (vgl. FLUME II § 54, 2, 4).

Auch die „Zustimmung" eines Gesellschafters zur Geschäftsführung gem. § 709, § 115 II HGB oder eines Vereinsmitgliedes gem. § 32 II ist keine Zustimmung i. S. der §§ 182 ff, sondern Mitwirkung an der Geschäftsführung.

Von der Zustimmung zu unterscheiden ist die Befugnis eines Betroffenen, bei Rechtsgeschäften, die einen widerrechtlichen Eingriff in seinen Rechtskreis darstellen, die Ergebnisse eines solchen Rechtsgeschäfts an sich zu ziehen, ohne selbst Vertragspartner zu werden (§ 687 II, § 61 I HGB; vgl. § 97 I UrhG). Andererseits haben Rechtsprechung und Lehre bei Handeln unter fremdem Namen (Identitätstäuschung) dem wahren Namensträger die Möglichkeit eingeräumt, in das Geschäft durch Genehmigung entsprechend §§ 177 ff einzutreten (vgl. oben Rdn. 1223).

II. Die Zustimmungserklärung

1. Die Zustimmung ist eine *empfangsbedürftige Willenserklärung*; sie kann bei Verträgen oder einseitigen empfangsbedürftigen Rechtsgeschäften erforderlich sein.   **1339**

Die Fälle, in denen ein Dritter zu einem nichtempfangsbedürftigen, einseitigen Rechtsgeschäft seine Zustimmung erklärt, z. B. zu einer Dereliktion oder zur Ausstellung eines Inhaberpapieres, fallen zwar nach dem Wortlaut nicht unter die §§ 182 ff, müssen aber in Analogie zu diesen Vorschriften behandelt werden.

Die Zustimmungserklärung kann auch durch schlüssiges Verhalten erteilt werden (BGHZ 109, 171, 179).

Jedoch wird vorausgesetzt, daß der Zustimmende die Zustimmungsbedürftigkeit kannte (BGHZ 2, 150, 153; BGH NJW 1988, 1199 f). Auch wenn er dieses Bewußtsein nicht hatte, muß er aber u. U. sein Verhalten aus dem Gesichtspunkt der Vertrauenshaftung gegen sich gelten lassen (BGH WM 1964, 224 f).

1340 Die Zustimmung kann vor dem Hauptgeschäft als **Einwilligung** (§ 183) oder nachträglich als **Genehmigung** (§ 184 I) erteilt werden.

Für die Zustimmung des Vormundschaftsgerichts und des Gegenvormunds gebraucht das Gesetz (vgl. z. B. § 1829) den Ausdruck Genehmigung, versteht darunter aber auch die Einwilligung.

Die Zustimmung ist als solche aber kein Bestandteil des Hauptrechtsgeschäfts, sondern *Rechtsbedingung* für dessen Wirksamkeit (vgl. oben Rdn. 1121).

Sie gehört zur Gruppe der ergänzenden Rechtsgeschäfte, die zu einem anderen Rechtsgeschäft hinzutreten müssen, um ihm die volle Wirksamkeit zu verleihen; ohne das ergänzende Rechtsgeschäft ist das Hauptgeschäft entweder völlig (§ 107) oder nach gewisser Richtung hin unwirksam (§ 177).

1341 2. Die Zustimmung kann – ebenso wie die Verweigerung – sowohl dem einen als auch dem anderen Beteiligten gegenüber erklärt werden (§ 182 I); Ausnahmen macht das Gesetz z. B. in §§ 108 II, 177 II, 876 S. 3, 1071, 1366 III. Eine gesetzlich nicht vorgesehene Äußerung der Zustimmung, auch an das Gericht oder Grundbuchamt, ist rechtlich wirkungslos (RGZ 64, 149, 153). Bei Weiterleitung an den richtigen Erklärungsgegner wird sie regelmäßig mit Zugang bei diesem wirksam.

1342 3. Die Zustimmung bedarf nicht der für das ergänzungsbedürftige Geschäft vorgeschriebenen **Form** (§ 182 II). Dieser Grundsatz bedarf jedoch der Einschränkung, wo die Form Warnfunktion hat. *In teleologischer Reduktion* des § 182 II müssen die für die Formbedürftigkeit der Vollmacht entwickelten Grundsätze (oben Rdn. 1257 ff) entsprechende Anwendung finden (vgl. LARENZ AT § 24; LANGE/KÖHLER § 45 II 1; MEDICUS AT Rdn. 1017; a. A. MünchKomm/ SCHRAMM § 182 Rdn. 13).

Zu beachten bleibt, daß z. B. die Warnfunktion beim Grundstücksgeschäft des beschränkt Geschäftsfähigen über § 313 hinaus durch das Genehmigungserfordernis der §§ 1643, 1821 I Nr. 4 gewährleistet wird (vgl. FLUME II § 54, 6 b).

In einer Reihe von Fällen hat das Gesetz die Zustimmung unabhängig von dem zustimmungsbedürftigen Rechtsgeschäft für formbedürftig erklärt (z. B.

§§ 1516 f). Bei einseitigen Rechtsgeschäften ergibt sich aus § 182 III mittelbar ein Formzwang durch entsprechende Anwendung des § 111 S. 2, wonach der Erklärungsempfänger das Rechtsgeschäft unverzüglich zurückweisen und dadurch unwirksam machen kann, wenn die Einwilligung nicht in schriftlicher Form vorgelegt wird.

III. Die Einwilligung

1343 Die Einwilligung ist die vor dem Abschluß des Hauptgeschäfts erteilte Zustimmung. Das zustimmungsbedürftige Rechtsgeschäft wird dann mit der Vornahme sofort wirksam.

In einer Reihe von Fällen kann die Zustimmung nur als Einwilligung erteilt werden, so bei den einseitigen Rechtsgeschäften eines Minderjährigen (§ 111 S. 1) oder eines Stellvertreters (§ 180 S. 1). Der Erklärungsempfänger soll nicht der Unsicherheit ausgesetzt werden, die sich aus der Möglichkeit einer rückwirkenden Genehmigung ergibt. Bei Verträgen ist eine derartige Besorgnis ausgeschlossen, weil der Gegner durch den Vertragsschluß die Unsicherheit in Kauf nimmt.

Aus der Regelung der §§ 111 S. 1, 180 S. 1, 1367 wird gefolgert, daß jedes einseitige empfangsbedürftige Rechtsgeschäft nur mit Einwilligung vorgenommen werden kann; beim Fehlen der Einwilligung tritt kein Schwebezustand ein; das Rechtsgeschäft ist von vornherein unwirksam (RGZ 146, 314 ff). Jedoch tritt die neuere Lehre dafür ein, § 180 S. 2 und 3 entsprechend anzuwenden, da in diesen Fällen der Erklärungsempfänger auf sein Gewißheitsinteresse verzichtet (MünchKomm/SCHRAMM § 182 Rdn. 22 m.w.N.).

1344 Die Einwilligung ist grundsätzlich bis zur Vornahme des Rechtsgeschäfts *frei widerruflich*, soweit sich nicht aus dem ihrer Erteilung zugrundeliegenden Rechtsverhältnis ein anderes ergibt (§ 183).

Die Einwilligung des gesetzlichen Vertreters kann z. B. bis zur Vornahme des Rechtsgeschäfts frei widerrufen werden, weil ihm zur Erfüllung seiner Fürsorgepflicht die freie Entschließung zustehen muß.

So kann sich die *Unwiderruflichkeit aus Sinn und Zweck* des der Einwilligung zugrundeliegenden Rechtsverhältnisses ergeben; z. B. im Falle des verlängerten Eigentumsvorbehalts, wenn der Verkäufer ohne Gefährdung seiner schutzwürdigen Interessen dem Käufer die Einwilligung zur Weiterveräußerung entzieht (vgl. BGH NJW 1969, 1171). Der Widerruf kann auch durch *Rechtsgeschäft* ausgeschlossen werden (vgl. STAUDINGER/DILCHER § 183 Rdn. 5). In einigen Fällen hat das *Gesetz* die Unwiderruflichkeit der Einwilligung ausdrücklich ausgesprochen (vgl. §§ 876, 880, 1071, 1183).

1345 Die Einwilligung ist *von dem zugrundeliegenden Rechtsverhältnis* zwischen dem Zustimmenden und dem, der die zustimmungsbedürftige Erklärung abgibt, wie die Vollmacht *unabhängig* (abstrakt). So ist z. B. die einem Beauftragten erteilte Einwilligung, über einen Gegenstand des Auftraggebers im eigenen Namen zu verfügen (§ 185 I), auch dann wirksam, wenn der Auftrag unwirksam ist.

1346 Hinsichtlich des *Erlöschens* ist die Einwilligung dagegen grundsätzlich von *dem Grundverhältnis abhängig*. Die Einwilligung erlischt wie die Vollmacht im Zweifel mit dem Erlöschen des ihr zugrundeliegenden Rechtsverhältnisses, z. B. der wirksamen Kündigung des Dienstvertrages. Doch bleibt zugunsten redlicher Dritter, die das Erlöschen weder kennen noch kennen müssen, wie beim Erlöschen der Vollmacht die Einwilligung bestehen; die §§ 170 ff sind *analog* anzuwenden.

1347 Streitig ist, ob die Einwilligung zu einer Verfügung bereits selbst als Verfügung anzusehen ist. Es überwiegt die Auffassung, daß die Verfügung als Zuordnungsänderung erst durch die Vornahme des zustimmungsbedürftigen Rechtsgeschäfts erfolgt (vgl. MünchKomm/Schramm Vor § 182 Rdn. 29 ff m.w.N.). Ist jedoch die Einwilligung kraft Gesetzes unwiderruflich, so gibt der Einwilligende bereits eine Rechtsposition auf; dies ist als Verfügung anzusehen. So ist z. B. der Konkursverwalter an die vom Gemeinschuldner vor Konkurseröffnung zur Aufhebung einer Grundschuld erteilte Zustimmung, die gem. §§ 1192, 1183 unwiderruflich ist, gebunden (RGZ 52, 411, 416; Flume II § 55).

IV. Die Genehmigung

1348 Liegt eine Einwilligung nicht vor, so tritt ein Schwebezustand ein, der durch Genehmigung oder Verweigerung der Genehmigung beendet wird.

Die Genehmigung als nachträgliche Zustimmungserklärung kann auch konkludent, z. B. durch Leistung oder Klageerhebung erklärt werden (vgl. BGHZ 2, 150, 152). Anders als die Einwilligung ist die Genehmigung *nicht widerruflich*, da die Wirksamkeit des genehmigten Rechtsgeschäfts bereits eingetreten ist.

1349 Die Genehmigung wirkt gem. § 184 I auf den Zeitpunkt der Vornahme des genehmigten Rechtsgeschäfts zurück, soweit nicht ein anderes bestimmt ist. Die *Rückwirkung* gilt sowohl für Verpflichtungs- als auch für Verfügungsgeschäfte.

> Im schuldrechtlichen Bereich ist zu differenzieren: Die Leistungspflicht, etwa vereinbarte Zinsen zu entrichten, entsteht zwar im Zeitpunkt der Vornahme des Rechtsgeschäfts; jedoch tritt der Verjährungsbeginn, der Beginn der Anfechtungsfrist oder ein Verzug nicht rückwirkend ein (RGZ 65, 245, 248; BGH NJW 1979, 102; Flume II § 56; Larenz AT § 24).

Die Rückwirkung könnte zur Folge haben, daß in der Zwischenzeit am Verfügungsgegenstand vom Genehmigungsberechtigten begründete Rechte Dritter wieder entfallen. Dem wirkt § 184 II entgegen, in dem *Verfügungen*, die *vor Genehmigung* von dem *Genehmigenden* getroffen worden sind, für *wirksam* erklärt werden; das gilt auch für Verfügungen, die im Wege der Zwangsvollstreckung oder Arrestvollziehung oder durch den Konkursverwalter erfolgt sind.

> Der vollmachtlose Vertreter V veräußert im Namen des E dessen Sache nach §§ 929, 930 an K. E verpfändet die Sache gem. § 1205 an D. Anschließend genehmigt er gem. § 177 die Veräußerung an K. Das Pfandrecht des D besteht gem. § 184 II fort.

Davon sind die Fälle zu unterscheiden, in denen der *Geschäftsgegner* während des Schwebezustandes über den Gegenstand *verfügt*. **1350**

> V erwirbt als vollmachtloser Vertreter des X in dessen Namen von Z eine Forderung. Bevor X genehmigt, tritt Z die Forderung an D ab. Es erhebt sich die Frage, ob der Erwerb der Forderung durch D nach der Genehmigung Bestand hat.

In diesen Fällen ist umstritten, ob die Regelung des § 184 II anwendbar ist. Es wird argumentiert, daß § 184 II den Schutz zwischenzeitlich erworbener Rechte Dritter sicherstellen wolle, d. h. der Rechtserwerb Dritter durch die Rückwirkung der Genehmigung nicht berührt werde. Die h. M. lehnt zu Recht eine solche ausdehnende Auslegung des § 184 II ab (vgl. RGZ 134, 121, 123; BGHZ 70, 299, 302; der Rechtsprechung folgend die Literatur, vgl. MünchKomm/SCHRAMM § 184 Rdn. 37 m.w.N.).

> Auch bei der h. M. ist im *Sachenrecht* ein Drittschutz erreichbar: Hat E eine Sache an X über dessen vollmachtlosen Vertreter V gem. §§ 929, 930 schwebend unwirksam übereignet und veräußert anschließend E die Sache an D, so kommen im Falle der Genehmigung durch X die Grundsätze der §§ 932 ff zur Anwendung. Zur Frage der Gutgläubigkeit des D wird der Grundgedanke des § 142 II entsprechend anzuwenden sein.

Auch auf die *vormundschaftsgerichtliche Genehmigung* ist § 184 anwendbar (RGZ 76, 364, 366; 142, 59, 62). Doch ist zu beachten, daß der Vormund auch nach erteilter Genehmigung noch freie Hand hat, ob er von dieser Genehmigung Gebrauch machen will (RGZ 132, 257, 261). Wirksam wird die Genehmigung erst mit ihrer Mitteilung durch den Vormund an den Vertragsgegner (§ 1829 I 2). **1351**

> Auf *behördliche Genehmigungen*, von denen die Wirksamkeit eines Rechtsgeschäfts ganz allgemein abhängig gemacht wird (z. B. die Genehmigung nach §§ 19 ff BauGB, § 2 GrdstVG), können die nur für privatrechtliche Zustimmungserklärungen geltenden Vorschriften der §§ 184, 185 keine unmittelbare Anwendung finden. Inwieweit sie auf solche privatrechtsgestaltende Verwaltungsakte anwendbar sind, muß im Einzelfall aus dem Zweck der behördlichen Genehmigung entnommen werden; in jedem Fall geht eine öffentlich-rechtliche Regelung vor.

Die Rückwirkung setzt voraus, daß der Genehmigende noch die *Befugnis* besitzt, den bestehenden Schwebezustand zu beseitigen; das ist nicht der Fall, wenn eine Ausschlußfrist bereits abgelaufen ist (BGHZ 32, 375, 382 f). **1352**

Soweit die *Voraussetzungen des Gutglaubensschutzes* in Betracht kommen, sollte nicht generell auf den Zeitpunkt des Geschäftsabschlusses abgestellt wer-

§ 51 V 2   Vierter Teil. Die Lehre vom Rechtsgeschäft

den (so aber SOERGEL/LEPTIEN § 184 Rdn. 4); vielmehr kann unter Berücksichtigung der Schutzwürdigkeit der Zeitpunkt der Genehmigung maßgebend sein (RGZ 134, 283, 286 f; vgl. RGRK/STEFFEN § 184 Rdn. 7; STAUDINGER/DILCHER § 184 Rdn. 7; MünchKomm/SCHRAMM § 184 Rdn. 18 ff).

> Erwirbt z. B. ein vollmachtloser Stellvertreter für D ein Recht am Grundstück vom nichtberechtigten B, so hindert ein vor Genehmigung seitens D eingetragener Widerspruch des wahren Berechtigten den Erwerb kraft öffentlichen Glaubens (§ 892).

1353 Die Genehmigung ist nicht mehr möglich, wenn das zu genehmigende Geschäft bei Erteilung der Genehmigung nicht mehr besteht. Deshalb wird die Frage wichtig, ob die Vertragschließenden den *Vertrag vor der Genehmigung durch Übereinkunft wieder aufheben* können.

> Die Frage ist grundsätzlich zu bejahen, wenn sie den Vertrag in eigenem Interesse und Namen geschlossen haben und die Genehmigung des Dritten nur deshalb nötig ist, weil in sein Recht eingegriffen werden soll (z. B. bei der Vereinbarung einer Schuldübernahme zwischen Schuldner und Übernehmer gem. § 415). Die Frage ist zu verneinen, wenn der Vertrag ohne Vertretungsmacht im fremden Namen geschlossen ist; hier würde die aufhebende Übereinkunft in die Dispositionsmöglichkeit des Vertretenen eingreifen; sie wäre daher wiederum von dessen Genehmigung abhängig. Nur im Falle, daß der Geschäftsgegner bei Geschäftsabschluß keine Kenntnis vom Mangel der Vertretungsmacht hatte, räumt ihm § 178 ein Widerrufsrecht ein.
>
> Trotz gewisser Ähnlichkeiten ist das Eintrittsrecht des § 61 HGB kein Fall der Genehmigung. Denn das entgegen § 60 I HGB abgeschlossene Geschäft ist für sich wirksam; es eröffnet dem Prinzipal die Möglichkeit der Übernahme und stellt eine Alternative zur Geltendmachung eines Schadensersatzanspruchs dar.

V. Verfügung eines Nichtberechtigten

1354 1. Die Verfügung, d. h. ein Rechtsgeschäft, das unmittelbar darauf gerichtet ist, auf ein bestehendes Recht einzuwirken, setzt voraus, daß der Verfügende die Rechtsmacht hat, die Rechtswirkungen herbeizuführen (vgl. oben Rdn. 393 ff). Diese Verfügungsmacht steht grundsätzlich dem Rechtsinhaber zu. Trifft ein Nichtberechtigter im *eigenen Namen* (nicht im Namen eines anderen, da dann §§ 177 ff eingreifen) eine Verfügung, so kann dennoch die Verfügung wirksam werden, wenn sie mit Zustimmung des Berechtigten erfolgt.

> Die Vorschriften über den Gutglaubensschutz gehen im Interesse des Erwerbers darüber hinaus (vgl. z. B. §§ 892 f, 932 ff; in Erweiterung auf den guten Glauben an die Verfügungsmacht § 366 HGB).

1355 2. Die Zustimmung kann in der Weise erfolgen, daß der Berechtigte in die Verfügung **einwilligt** (§ 185 I).

Einwilligung und Vollmacht sind insofern verwandt, als sie dem Handelnden die Befugnis übertragen, über ein fremdes Recht zu verfügen. Die Einwilligung ist jedoch von der Vollmacht zu unterscheiden, da sie den Verfügenden zum Handeln im eigenen Namen ermächtigt. Hauptanwendungsfall ist die Rechtsübertragung durch einen *mittelbaren Stellvertreter*; hier wird die Durchgangsphase vermieden, da das Recht vom Rechtsinhaber unmittelbar auf den Erwerber übergeht. Entsprechendes gilt beim sog. *verlängerten Eigentumsvorbehalt* für die Eigentumsübertragung durch den Vorbehaltskäufer mit Einwilligung des Verkäufers.

3. Auch ohne Einwilligung kann eine Verfügung unter den Voraussetzungen des § 185 II wirksam werden. Diese Vorschrift regelt die Fälle der sog. **Konvaleszenz**. **1356**

a) Hierunter fällt einmal die **Genehmigung** der zustimmungsbedürftigen Verfügung durch den Berechtigten (§§ 185 II 1 1. Fall, 184 I). Die Regelung ist bedeutsam bei Verfügungen eines Nichtberechtigten, die durch die Gutglaubensvorschriften nicht erfaßt sind, z. B. im Falle des § 935. Legt der Eigentümer einer abhandengekommenen Sache keinen Wert auf die Sachverfolgung gem. § 985, so kann er die Verfügung des Nichtberechtigten genehmigen und den Erlös gem. § 816 I an sich ziehen.

Trotz der Rückwirkung einer solchen Genehmigung soll für die Anwendung des § 816 I die Verfügung des Besitzers die eines Nichtberechtigten bleiben (vgl. BGHZ 56, 131 ff im Anschluß an RGZ 115, 31 ff; anders noch RGZ 105, 84 ff).

So wird in der Klage des Eigentümers auf den Verfügungserlös, den der nichtberechtigte Besitzer der Sache durch Veräußerung erzielt hat, eine Genehmigung der Verfügung gesehen (RGZ 106, 44 ff; BGH NJW 1986, 2104, 2106).

Allerdings wird hier das Verhalten nur insoweit als Genehmigung gewertet werden können, als der Kläger erst bei *Durchsetzung seines Anspruchs* auf den Erlös der Verfügung zustimmen will. Die Klageerhebung kann daher nur insofern als Genehmigung ausgelegt werden, als sie Zug um Zug gegen Herausgabe des Erlöses wirksam werden soll. Zu den prozessualen Schwierigkeiten vgl. MünchKomm/SCHRAMM § 185 Rdn. 52 f m.w.N.; DEUBNER MDR 1958, 197 ff will daher wie RGZ 105, 84 ff § 281 anwenden.

Der Genehmigung der Verfügung eines Nichtberechtigten ist der Fall gleichzustellen, daß der Verfügende selbst die von ihm im Zustand beschränkter Verfügungsmacht getroffene Verfügung nach Erlangung der vollen Verfügungsmacht, z. B. nach Aufhebung einer Beschlagnahme, genehmigt (RGZ 111, 247, 250; vgl. § 108 III).

b) Wirksam wird die Verfügung eines Nichtberechtigten auch dann, wenn der *Verfügende* oder sein unbeschränkt haftender Erbe hinterher den *Gegenstand erwirbt* oder wenn der Verfügende *von dem Berechtigten beerbt wird* und dieser für die Nachlaßverbindlichkeiten *unbeschränkt haftet* (§ 185 II S. 1, 2. u. 3. Fall). Die Verfügung wird aber in diesen Fällen nicht mit rückwirkender Kraft, *sondern nur ex nunc wirksam* (vgl. RGZ 135, 378, 383; BGH WM 1978, 1406 f). Bei widersprechenden Verfügungen wird nur die erste wirksam (§ 185 II S. 2). **1357**

Die Konvaleszenz ist *bei einseitigen Verfügungsgeschäften*, z. B. der Aufrechnung, aus den gleichen Gründen wie die Genehmigung nach §§ 111 und 180 *ausgeschlossen* (RGZ 146, 314, 316).

§ 185 trifft unmittelbar nur die rechtsgeschäftlichen Verfügungen, doch stellt die Rechtsprechung die sog. *Verfügungen durch Zwangsvollstreckung* auch hier gleich; etwa wenn eine dem Schuldner nicht gehörende Sache bei ihm gepfändet und später von ihm z. B. im Erbgang zu Eigentum erworben wird (vgl. RGZ 60, 70, 72 f). Die Voraussetzungen einer wirksamen Pfändung müssen jedoch erfüllt sein, so daß z. B. bei Pfändung einer dem Schuldner nicht zustehenden Forderung § 185 nicht eingreifen kann, da die Pfändung ins Leere geht (BGHZ 56, 339, 351).

§ 185 bezieht sich unmittelbar nur auf Verfügungen eines Nichtberechtigten *im eigenen Namen*. Streitig ist, ob für die Verfügung eines vollmachtlosen Vertreters § 185 II 1, 2. und 3. Fall analog anwendbar ist (ablehnend BayObLG NJW 1956, 1279 f). Hierzu besteht kein Anlaß, soweit die Fälle über § 179 I ihre Regelung finden. Im Falle des § 179 II widerspräche die analoge Anwendung des § 185 II 1, 2. u. 3. Fall der gesetzlichen Wertung, da im Ergebnis die Haftung des Vertreters verschärft würde.

VI. Die Ermächtigung

1358 Im Anschluß an §§ 182 ff ist der Begriff der „Ermächtigung" entwickelt worden. Er geht von der in der Einwilligung begründeten Möglichkeit aus, daß der Rechtsinhaber einem anderen die Macht erteilen kann, im eigenen Namen auf den Rechtskreis des Ermächtigenden durch Rechtsgeschäft einzuwirken.

1. Die sog. **Verfügungsermächtigung** *ist in § 185 I geregelt und bedarf als selbständige Rechtsfigur keiner besonderen Anerkennung.*

1359 *2. Die sog.* **Verpflichtungsermächtigung**, d. h. die Ermächtigung, durch ein im eigenen Namen vorzunehmendes Rechtsgeschäft den Ermächtigenden unmittelbar zu verpflichten, ist grundsätzlich abzulehnen. Es widerspricht dem zum Schutze des Geschäftsgegners in § 164 niedergelegten Offenkundigkeitsprinzip, daß anstatt des im eigenen Namen Handelnden der Ermächtigende durch den Vertragsschluß unmittelbar selbst zur Leistung verpflichtet würde und damit der Geschäftsgegner einen ihm nicht bekannten Schuldner erhielte.

Der gesetzlich anerkannte Ausnahmefall einer Verpflichtungsermächtigung ist die Anweisung gem. § 783. Der Angewiesene wird ermächtigt, zu Lasten des Anweisenden zu leisten. Da zugleich der Anweisungsempfänger ermächtigt wird, die Leistung zu erheben, liegt eine Doppelermächtigung vor.

1360 Es kann im Interesse des Geschäftsgegners liegen, den „Ermächtigenden" *als zusätzlichen Schuldner (kumulativ)* in das Verpflichtungsgeschäft einzubeziehen. Aus diesem Grunde nimmt eine Meinung im Schrifttum eine *Mithaftung des Ermächtigenden* an (vgl. THIELE aaO, S. 203 ff, 211 f; DÖLLE Festschrift Fritz

Schulz II, 1951, 268, 277 ff; K.-P. MARTENS, AcP 177 (1977), 113, 150; SOERGEL/LEPTIEN § 185 Rdn. 40). Die mit der Ermächtigung verbundene Mithaftung soll dadurch begründet sein, daß der Ermächtigende wirtschaftlich die Vorteile des Geschäfts in Anspruch nimmt, ohne dem Geschäftsgegner gegenüber verpflichtet zu sein. Dies durch ein besonderes Rechtsgeschäft in Gestalt eines antizipierten Schuldbeitritts erreichen zu wollen, würde zu einer Fiktion führen. Eine solche ipso iure Mithaftung würde insoweit die indirekte Stellvertretung gegenstandslos machen.

Dem Interesse des Geschäftsgegners kann allerdings dadurch Rechnung getragen werden, daß er sich den Anspruch auf Ersatz der Aufwendungen des Handelnden gegen seinen Geschäftsherrn abtreten läßt oder diesen Anspruch pfändet (vgl. oben Rdn. 1187).

> Entgegen dem in RGZ 80, 395 behandelten Einzelfall, der eine gewisse Neigung zur Rechtsfigur der Verpflichtungsermächtigung erkennen läßt, verhält sich der BGH ablehnend. Insbesondere wird z. B. bei einer Ermächtigung des Vorbehaltskäufers zur Vornahme von Reparaturen am Kaufgegenstand keine Verpflichtung des Vorbehaltsverkäufers gegenüber dem Werkunternehmer anzunehmen sein (vgl. BGHZ 34, 122, 125).

3. Die **Einziehungsermächtigung** soll dem Ermächtigten die Befugnis geben, eine fremde Forderung im eigenen Namen geltend zu machen. Hierauf wird zurückgegriffen, wenn der Gläubiger einer Forderung ein Interesse daran hat, die Einbeziehung einem anderen zu überlassen. **1361**

Diesem Interesse kann auf unterschiedliche Weise entsprochen werden:

– Erteilt der Gläubiger *Inkassovollmacht*, macht er im Wege der direkten Stellvertretung sein Recht selbst geltend.

– Im Wege der Abtretung gibt der Gläubiger seine Gläubigerstellung auf; der Zessionar kann jedoch als Treuhänder fiduziarisch gebunden sein *(Inkassozession)*.

> Ist die Abtretung endgültig gewollt, soll sie aber nicht erkennbar sein und überläßt daher der Zessionar dem *Zedenten* die Einziehung, so spricht man von *„stiller" Zession*. Hier bleibt der Zedent treuhänderisch gebunden.

– Im Gegensatz zur Abtretung gibt bei der *Einziehungsermächtigung* der Gläubiger seine Rechtsposition nicht auf; der Ermächtigte ist nur zur Rechtsausübung, d. h. zur Einziehung, berechtigt.

Die *Unterschiede* der aufgezeigten Möglichkeiten äußern sich vornehmlich *im Verhältnis zu Dritten*: **1362**

Der treuhänderisch verpflichtete *Inkassozessionar* kann z. B. die Forderung, wenn auch treuwidrig, an Dritte wirksam übertragen.

Abtretungen, die der *Einziehungsermächtigte* vornimmt, sind hingegen grundsätzlich unwirksam, zumal ein gutgläubiger Erwerb bei Forderungen grundsätzlich ausscheidet. Allerdings kann der Vorbehaltskäufer berechtigt sein, die vom verlängerten Eigentumsvorbehalt erfaßte Forderung im Falle des echten Factoring an den Factor abzutreten, da der Vorbehaltskäufer bei dieser Gestaltung so steht, als hätte er selbst die Forderung eingezogen (BGHZ 69, 254, 258; 82, 283, 288). Dagegen ist das unechte Factoring als Kreditgeschäft aufzufassen, zu dessen Sicherung die Forderung abgetreten wird, so daß es zur Kollision mit dem verlängerten Eigentumsvorbehalt kommt (BGHZ 82, 50, 56 ff; MARTINEK Moderne Vertragstypen I, 1991, S. 286 ff; vgl. Rdn. 904, 1202).

Bei *Pfändung* einer zum Inkasso zedierten Forderung durch Gläubiger des Zessionars wird dem Zedenten unter Berücksichtigung seiner Treugeberposition immerhin die Intervention gem. § 771 ZPO gewährt (vgl. oben Rdn. 1190), die freilich nur bis zur Beendigung der Zwangsvollstreckung zulässig ist (RGZ 80, 185, 188 f). Bei der Einziehungsermächtigung bedarf es der Interventionsklage nicht, da es mangels Rechtsinhaberschaft an den Voraussetzungen einer wirksamen Pfändung der Forderung fehlt und daher die Pfändung ins Leere geht; gleichwohl ist eine Klage nach § 771 ZPO wegen des Rechtsscheins einer wirksamen Pfändung zulässig (BGH NJW 1977, 384, 385; WM 1981, 649).

Aus dem Sicherungsinteresse des Forderungsinhabers läßt sich ein Bedürfnis für die Anerkennung einer Einziehungsermächtigung herleiten (grundsätzlich ablehnend MEDICUS AT Rdn. 1008 f). Dogmatisch kann die Einziehungsermächtigung gem. § 185 I als ein Fall der Einwilligung zur Verfügung über ein fremdes, dem Einwilligenden gehörendes Recht angesehen werden (BGHZ 4, 153, 164 im Anschluß an die Rechtsprechung des RG).

> Die Gegenmeinung lehnt diese Begründung ab, da die Einziehung einer Forderung keine Verfügung darstelle (vgl. LARENZ SchR I § 34 V c; PALANDT/HEINRICHS § 398 Rdn. 29). Ferner wird eingewandt, daß sich aus einer auf § 185 I gestützten Ermächtigung keine Verpflichtung des Schuldners, an den Ermächtigten zu leisten, herleiten lasse (vgl. ESSER/SCHMIDT SchR I § 37 I 5c; RÜSSMANN Einziehungsermächtigung, S. 169 f).
>
> Durch die Einziehungsermächtigung bleibt das Schuldverhältnis in seinem Kern jedoch unverändert, so daß lediglich der personale Bezug der Leistungsverpflichtung des Schuldners eine Veränderung erfährt. Daß die Leistungsverpflichtung auch gegenüber dem Ermächtigten bestehen kann, ergibt sich daraus, daß der Schuldner im Wege der Abtretung sogar einen völligen Gläubigerwechsel hinnehmen muß (vgl. ENN./NIPPERDEY § 204 I 3 a). Soweit durch die Verpflichtung, an den Ermächtigten zu leisten, die Stellung des Schuldners wie bei einer Abtretung geschmälert werden kann, sind zum Schutze des Schuldners die §§ 404 ff, insbesondere § 409, analog anzuwenden (vgl. MünchKomm/SCHRAMM § 185 Rdn. 39 m.w.N.).

Unabhängig vom Meinungsstreit über die dogmatische Begründung ist die Einziehungsermächtigung als Institution *durch Richterrecht anerkannt* (vgl. STAUDINGER/DILCHER Vor § 164 Rdn. 67 m.w.N.; MünchKomm/SCHRAMM § 185 Rdn. 38 m.w.N.).

Die materiell-rechtliche Einziehungsermächtigung wird *prozessual* zur Befugnis, ein Recht im eigenen Namen gerichtlich geltend zu machen, erweitert (**sog. gewillkürte Prozeßstandschaft**). Die Rechtsprechung hat die Zulässigkeit der Rechtsverfolgung jedoch von einem eigenen rechtlichen Interesse des Ermächtigten, das besonderer Prüfung bedarf, abhängig gemacht; sie begnügt sich nicht mit der materiell-rechtlichen Möglichkeit des § 185 (vgl. BGHZ 4, 153, 165; 19, 69, 71; 25, 250, 259 ff; 38, 281, 283). **1363**

ZEHNTER ABSCHNITT

Die Zeit

§ 52

Auslegung und Berechnung der Zeitbestimmung

BRINZ Über die Zeit im Rechte, 1882; EKRUTT Gesetzliche Regelung der Zeitmessung, NJW 1978, 1844 ff; FUCHS/GAUMANN Fristen im Rechtsleben, 1957; HÖLDER Die Theorie der Zeitrechnung, 1873; JOSEF Die Tagesstunde im Rechtsverkehr, AcP 96 (1905), 200; LAWSON Zeitablauf als Rechtsproblem, AcP 159 (1960/61), 97 ff; ROMEICK Fristbestimmung, 1901; SÄCKER Fristenhemmung und Fristenrestitution im Zivil- und Zivilprozeßrecht, ZZP 80 (1967), 421 ff; ZIEGLTRUM Grundfälle zur Berechnung von Fristen und Terminen gem. §§ 187 ff BGB, JuS 1986, 705 ff, 784 ff.

I. Fristen und Termine

Die Zeit ist einmal Voraussetzung für den Eintritt einer Rechtswirkung; sie regelt **1364** die Entstehung (z. B. Ersitzung durch zehnjährigen Besitz, § 937) oder das Ende (Erlöschen des Urheberrechts 70 Jahre nach dem Tode des Urhebers, § 64 UrhG) eines Rechts. Sie ist zum anderen eine nähere Bestimmung des Leistungsinhalts; sie bestimmt z. B. wann eine Leistung erbracht werden soll (Fälligkeit).

Das BGB enthält im Interesse der Rechtssicherheit in §§ 187–193 Auslegungsvorschriften für Zeitbestimmungen (Fristen und Termine). Unter *Frist* versteht man einen Zeitraum, innerhalb dessen eine Rechtshandlung vorgenommen werden oder ein Ereignis eintreten soll; der Zeitraum braucht nicht immer zusammenhängend zu sein (z. B. Gesamturlaubszeit), vgl. § 191. Beim *Termin* handelt es sich um einen Zeitpunkt, an dem eine Rechtshandlung vorgenommen werden oder eine Rechtswirkung eintreten soll.

Die Grundlage unserer Zeitrechnung ist der Gregorianische Kalender. Die genauere Bestimmung erfolgt nach der sog. mitteleuropäischen Zeit, d. h. der koordinierten Weltzeit (Greenwich) zuzüglich einer Stunde; vgl. § 1 ZeitG vom 25. 7. 1978 (BGBl I, 1110). Das Gesetz enthält zugleich die Ermächtigung zur Einführung der mitteleuropäischen Sommerzeit.

1365 Besondere Bedeutung hat die Zeit für *Fristbestimmungen*. Das Gesetz unterscheidet zwischen **Ausschlußfristen** und **Verjährungsfristen**. Während die Verjährungsfrist das Recht bestehen läßt und lediglich eine Einrede begründet, *geht mit dem Ablauf der Ausschlußfrist das Recht unter*. Dementsprechend ist der Ablauf der *Ausschlußfrist von Amts wegen zu berücksichtigen*. Ausschlußfristen hat das Gesetz z. B. in §§ 121, 124, 503 angeordnet.

Bisweilen räumt das Gesetz den Vertragsparteien das Recht ein, angemessene Ausschlußfristen zu bestimmen (§§ 264 II, 283 I, 326, 355). Auch den Gerichten und Behörden räumt das Gesetz die Befugnis zur Setzung von Ausschlußfristen ein (vgl. z. B. §§ 2151 III, 976 II). Zu den durch Rechtsgeschäft festgesetzten Befristungen vgl. oben § 44.

1366 Die *Auslegungsvorschriften* der §§ 187 ff gelten gem. § 186 für die in Gesetzen, gerichtlichen Anordnungen und Rechtsgeschäften enthaltenen Frist- und Terminbestimmungen. Im letzten Falle unterliegen sie der Änderung durch Parteivereinbarung. Zu beachten bleibt, daß § 359 HGB eine besondere Auslegungsregel enthält. Spezialregelungen enthalten Art. 36, 37, 72, 73, 74 WG und Art. 29, 30, 55–57 ScheckG.

> Die im BGB für Fristen und Termine geltenden Vorschriften werden für andere Rechtsgebiete nur dann herangezogen, wenn sie dort für anwendbar erklärt werden, z. B. § 222 I ZPO, § 57 II VwGO; z. T. wird eine entsprechende Anwendbarkeit angeordnet, soweit das Gesetz keine besondere Regelung enthält, § 31 VwVfG; § 108 AO. Eine Sonderregelung findet sich in §§ 32, 43 StPO.

II. Die Berechnung der Fristen und Termine

1367 1. Für Fristen ist die sog. **Zivilkomputation** maßgebend, die mit dem Tag als kleinster Zeiteinheit arbeitet, während die **Naturalkomputation** a momento ad momentum rechnet, also z. B. eine um 12 Uhr am 1. März beginnende Frist von der Uhrzeit ab rechnet.

Fristen, die kürzer sind als ein Tag, werden aber auch nach BGB a momento ad momentum berechnet werden müssen, wie auch der ZPO (§§ 217, 604) Stundenfristen bekannt sind.

Soweit die Fristen nach vollen Tagen berechnet werden, ist maßgebend, welches der erste Tag der Frist ist. Grundsätzlich wird der Tag des maßgebenden Ereignisses nicht mitgezählt (§ 187 I).

Auslegung und Berechnung der Zeitbestimmung § 52 II 3

1368 Es sind jedoch *Ausnahmen* zu berücksichtigen:
Ist der Beginn eines Tages der für den Anfang einer Frist maßgebende Zeitpunkt, so wird dieser Tag bei Berechnung der Frist mitgerechnet (z. B. Miete eines Wohnraumes ab 1. 3. auf die Dauer eines Jahres). Das gleiche gilt bei der Berechnung des Lebensalters; hier wird der Geburtstag mitgezählt.

Andererseits bedarf es einer Regelung, welches *der letzte Tag* der Frist ist. Bei einer *nach Tagen* bestimmten Frist ergibt sich der letzte Tag durch Zählung; die Frist endet *mit Ablauf des letzten Tages*. Bei einer *nach Wochen, Monaten oder längeren Abschnitten* bestimmten Frist ergibt sich der letzte Tag durch Rechnung a dato ad datum; die Frist endet mit dem gleichbenannten Wochen- oder Monatstag. Sie endet – wo der Tag des auslösenden Anfangsereignisses mitgezählt wird – mit Ablauf des dem entsprechenden Wochen- oder Kalendertage vorhergehenden Tages (§ 188 II).

> Eine am Montagmittag gesetzte einwöchige Frist endet mit Ablauf des nächsten Montags; ein am 2. 1. 1970 Geborener wird mit Ablauf des 1. 1. 1988 volljährig.

Fehlt bei einer nach Monaten berechneten Frist im letzten Monat der entsprechende Tag, so endet die Frist am letzten Tag des Monats (§ 188 III).

Sonstige Auslegungsvorschriften über Fristberechnungen sind in §§ 189–191 enthalten.

> Was unter 8 Tagen zu verstehen ist, hat das BGB nicht angegeben; es ist also Auslegungsfrage, ob wirklich 8 Tage oder eine Woche (so meistens) anzunehmen sind. Bei Handelsgeschäften sind im Zweifel volle 8 Tage gemeint (§ 359 II HGB).

1369 2. Für die Festlegung von *Terminen* wird unter Anfang des Monats der erste, unter Mitte des Monats der 15., unter Ende der letzte Tag des Monats verstanden (§ 192). Für die Woche fehlen Vorschriften; im Zweifel wird unter Anfang der Montag, unter Mitte der Mittwoch, unter Ende bei Arbeitstagen der Freitag zu verstehen sein.

1370 3. Für *Fristen und Termine* gilt die Vorschrift des § 193 über den Einfluß der **Sonn- und Feiertage** sowie der **Sonnabende**. An die Stelle eines solchen Tages tritt der nächstfolgende Werktag, wenn an einem bestimmten Tage oder innerhalb einer Frist eine Willenserklärung (Kündigung, Annahme eines Angebots) abzugeben oder eine Leistung zu bewirken ist, und dieser Tag oder der letzte Tag der Frist ein am Erklärungs- oder Leistungsort staatlich anerkannter allgemeiner Feiertag oder Sonnabend ist.

> § 193 ist nicht beschränkt auf Willenserklärungen, zu deren Abgabe man verpflichtet ist, sondern gilt auch für Erklärungen und Anzeigen, durch die Rechtsnachteile abgewendet werden sollen (RGZ 100, 18, 20 f; BGH LM Nr. 1 zu § 193).
>
> Entsprechende Anwendung muß § 193 auch für Verjährungsfristen finden (RGZ 151, 345, 348). Für Kündigungserklärungen gilt § 193 jedoch nicht, soweit mit der Kündi-

gungsfrist eine Schutzfunktion für den Adressaten bezweckt ist (Mietrecht, Arbeitsrecht); so kann z. B. ein Arbeitgeber bei einer Kündigung am 2. Januar sich nicht darauf berufen, der 1. Januar sei ein Feiertag gewesen (BAGE 22, 304; BGHZ 59, 265 ff).

§ 53
Die Anspruchsverjährung

ARENS Zur Verjährungsunterbrechung durch Klageerhebung, Festschrift K. H. Schwab, 1990, 17 ff; A. BLOMEYER Anspruchsverjährung und dingliche Sicherheiten, JZ 1959, 15 ff; CHRISTMANN Zur Verjährung titulierter Ansprüche, DGVZ 1992, 81 ff; DILCHER Verjährungsrecht, JZ 1983, 825; DÖRNER Die Verjährung, 2. Aufl. 1962; HEINRICHS Reform des Verjährungsrechts?, NJW 1982, 2021 ff; HENCKEL Die Grenzen der Verjährungsunterbrechung, JZ 1962, 335 ff; HOCHE Unstimmigkeiten im Verjährungsrecht, Festschrift H. Lange, 1970, 241 ff; HONSELL Der Verzicht auf die Einrede der Verjährung, VersR 1975, 104 ff; JAHR Die Einrede des bürgerlichen Rechts, JuS 1964, 125 ff, 218 ff, 293 ff; H. LANGE Eigentumsvorbehalt und Herausgabeanspruch des Vorbehaltskäufers, JuS 1971, 511 ff; K. MÜLLER Die Ansprüche des Vorbehaltskäufers aus dem Eigentumsvorbehalt nach Verjährung der Kaufpreisforderung, DB 1970, 1209 ff; NAENDRUP Die Verjährung als Rechtsscheinswirkung, JherJb. 75 (1925), 237 ff; OFFERMANN Die Verjährung, 1967; PETERS Vergleichsverhandlungen nach Verjährung, NJW 1982, 1857 ff; PETERS/ZIMMERMANN Verjährungsfristen, in: Gutachten und Vorschläge zur Überarbeitung des Schuldrechts I, 1981, 77 ff; REGELSBERGER Zur Lehre von der Wirkung der Anspruchsverjährung, JherJb. 41 (1900), 328 ff; ROLL Die Verjährung beim Vorvertrag, BB 1978, 69 f; ROSENBERG Verjährung und gesetzliche Befristung, 1904; SPIRO Die Begrenzung privater Rechte durch Verjährungs-, Verwirkungs- und Fatalfristen, 2 Bde., 1975; UNTERHOLZNER Ausführliche Entwicklung der gesamten Verjährungslehre aus den gemeinen in Deutschland geltenden Rechten, 2. Aufl. 1858; ZIMMERMANN Die Verjährung, JuS 1984, 409 ff.

I. Zweck und Voraussetzungen

1371 1. Die Anspruchsverjährung ist die Entkräftung eines Anspruches infolge seiner fortgesetzten Nichtausübung.

Die Anspruchsverjährung ist eine Unterart der Verjährung im weiteren Sinne, wie sie früher als Begründung, Zerstörung oder Schwächung von Rechten durch Zeitablauf verstanden wurde. Man unterschied die erwerbende (acquisitive) und die erlöschende (extinctive) Verjährung:

Die *acquisitive* Verjährung war der Erwerb eines Rechts infolge fortgesetzter Ausübung. Sie findet sich heute noch im Sachenrecht (§§ 900, 927, 937, 1033) unter dem Gesichtspunkt der Ersitzung, hat aber an Bedeutung gegenüber dem Gemeinen Recht infolge der Vorschriften über den gutgläubigen Erwerb verloren.

Die *extinctive* Verjährung als Verjährung im engeren Sinne ist die Entkräftung oder der Untergang eines Rechts infolge seiner fortgesetzten Nichtausübung. Dem BGB ist gegenüber dem öffentlichen Recht das völlige Erlöschen eines Rechts infolge Verjäh-

Die Anspruchsverjährung § 53 I 3

rung nur noch ausnahmsweise bekannt (vgl. §§ 901, 1028). Die Verjährung führt nach den §§ 194 ff zu einem Leistungsverweigerungsrecht; sie ergreift nicht die Rechte als solche, sondern nur die Ansprüche. Deshalb beschränkt man heute den Begriff der Verjährung auf die Anspruchsentkräftung.

Unter *unvordenklicher Verjährung* versteht man die Ausübung oder Nichtausübung eines Rechts seit „unvordenklicher" Zeit. Sie begründete nach der gemeinrechtlichen Auffassung die widerlegbare Rechtsvermutung der Entstehung oder des Untergangs des Rechts; sie war also im eigentlichen Sinne keine Verjährung. Unvordenklichkeit nahm man an, wenn das lebende Geschlecht keinen anderen Zustand kannte und auch von den Vorfahren keinen anderen erfahren hatte. Das BGB kennt diese Einrichtung nicht mehr; sie besteht allerdings in den vom EGBGB vorbehaltenen Rechtsgebieten weiter, z. B. im Bereich des Wasser-, Wege- und Weiderechts (vgl. BGHZ 16, 234, 238).

Bei der Verjährung führt die Entkräftung nicht zum Untergang des Anspruchs, **1372** sondern gibt dem Verpflichteten *lediglich* die Möglichkeit der **Einrede** (§ 222). Demgegenüber führt der Ablauf einer Ausschluß- oder Präklusivfrist zum Untergang des Rechtes (vgl. oben Rdn. 1365).

2. Die Verjährung dient zunächst dem **Zweck**, die allgemeine *Rechtssicherheit* **1373** und den *Rechtsfrieden* zu gewährleisten. Diese würden betroffen, wenn ein Zustand, der lange unangefochten bestanden hat, nunmehr aufgrund bisher nicht geltend gemachter Ansprüche angegriffen werden könnte. Die Interessen des Berechtigten werden von der Rechtsordnung nicht mehr als schutzwürdig angesehen, wenn sie in dem jeweils gesetzlich vorgesehenen Zeitraum nicht geltend gemacht wurden (BGHZ 59, 72, 74). Dabei schreibt das Gesetz unter Berücksichtigung der Parteiinteressen unterschiedliche Verjährungsfristen vor.

Daneben soll die Verjährung den einzelnen *vor den Beweisschwierigkeiten schützen*, die eine Verteidigung gegen „veraltete" Angriffe mit sich brächte. Häufig haben sich die Beweismöglichkeiten infolge Zeitablaufs verschlechtert oder ursprünglich vorhandene Beweismittel sind untergegangen. Deshalb gestattet das Gesetz dem Verpflichteten, sich nach Verjährungsablauf gegen den Anspruch zur Wehr zu setzen, ohne sich zur Sache verteidigen zu müssen (vgl. Mot. I, 291; BGHZ 17, 199, 206).

Die insbesondere im Handelsverkehr wie auch bei Geschäften des täglichen Lebens vorgeschriebenen kurzen Verjährungsfristen (z. B. §§ 196 I Nr. 1, 477) sollen zudem die Parteien im wirtschaftlichen Interesse zu einer zügigen Abwicklung anhalten (STAUDINGER/DILCHER Vor § 194 Rdn. 4).

Zum Stand der *rechtspolitischen Diskussion* über eine Neuregelung des Verjährungsrechts vgl. grundlegend PETERS/ZIMMERMANN Verjährungsfristen, 77 ff; zur Kritik an der gesetzlichen Regelung siehe auch HEINRICHS Verjährungsrecht; MEDICUS AT Rdn. 104 f; Abschlußbericht der Kommission zur Überarbeitung des Schuldrechts, 1992, 34 ff, 42 ff.

3. **Gegenstand** der Verjährung im engeren Sinne ist **nur der Anspruch**, d. h. das **1374** Recht, von einem anderen ein Tun oder Unterlassen zu verlangen (§ 194 I; zum

Begriff des Anspruchs vgl. oben Rdn. 416 ff). Das BGB hat die sog. Klagenverjährung des Gemeinen Rechts entsprechend der Lehre Windscheids (WINDSCHEID/ KIPP Pandekten I, § 106) durch die Verjährung der Ansprüche ersetzt.

Nur die Ansprüche verjähren und nicht die ihnen zugrundeliegenden Rechte:

So verjährt z. B. der Herausgabeanspruch nach § 985 gegen den Dieb in 30 Jahren, während das diesen zugrundeliegende Eigentumsrecht auch nach Ablauf der Verjährungsfrist bestehen bleibt (vgl. RGZ 138, 296, 298). Der Eigentümer kann auch nach 30 Jahren einen neuen Herausgabeanspruch geltend machen, wenn der Dieb seinerseits bestohlen wurde (anders bei Übertragung durch den Dieb; hier gilt § 221 – vgl. unten Rdn. 1381).

Gleiches gilt für das *Forderungsrecht* im weiteren Sinne; so übt die Verjährung der Ersatzansprüche des Vermieters gem. § 558 keinen Einfluß auf das Mietverhältnis aus. Ebensowenig werden die Rechte berührt, die keine Ansprüche erzeugen, wie etwa die *Gestaltungsrechte*; deren Geltendmachung ist jedoch vielfach an Ausschlußfristen geknüpft.

Streitig ist, ob eine *Einrede verjähren* kann. Da das Gesetz nur eine Anspruchsverjährung kennt, ist die Einrede grundsätzlich unverjährbar. Nur die sog. unselbständigen Einreden, die nichts anderes sind als die Geltendmachung des Anspruchs in Form der Verteidigung, verjähren im allgemeinen mit dem Anspruch (Ausnahmen: §§ 478, 490, 639, 651, 821, 853). Die Einrede des nichterfüllten Vertrages (§ 320) wird dagegen durch die Verjährung des Anspruchs, aufgrund dessen zurückbehalten wird, nicht gehindert (RGZ 149, 321, 327 f; BGHZ 53, 122, 125).

1375 4. Die Verjährungsvorschriften sind grundsätzlich *zwingenden Rechts*, da sie unter anderem dem öffentlichen Interesse an Rechtssicherheit und Rechtsfrieden dienen; die Verjährung kann daher durch Rechtsgeschäft weder ausgeschlossen noch erschwert werden (§ 225 S. 1); vor Eintritt der Verjährung ist daher ein Verzicht auf die Verjährungseinrede nicht möglich.

Ausnahmsweise können *längere Fristen* für Mängelansprüche auf Kauf- oder Werkvertrag (§§ 477 I S. 2, 638 II) festgesetzt werden, z. B. ist eine zweijährige Gewährleistung für eine Uhr möglich, jedoch darf über die Dreißig-Jahresfrist von § 195 nicht hinausgegangen werden. Verlängerungen sind ausnahmsweise auch im Handelsrecht zulässig (§§ 414, 423, 439 HGB).

Erleichterungen, namentlich Abkürzungen der Fristen, sind dagegen *ohne weiteres zulässig* (§ 225 S. 2), weil hierdurch der Zweck der Verjährung gefördert wird (Mot. I, 346).

II. Voraussetzungen der Verjährung im einzelnen

1. Verjährbarkeit des Anspruchs

1376 Grundsätzlich verjähren alle Ansprüche. Ausgenommen ist gem. § 194 II der Anspruch aus einem familienrechtlichen Verhältnis auf Herstellung des dem Verhältnis entsprechenden Zustandes für die Zukunft.

Hierunter fallen z. B. die sich aus dem persönlichen Verhältnis der Ehegatten untereinander ergebenden Ansprüche (§§ 1353, 1356, 1360 ff), Unterhaltsansprüche von geschiedenen Ehegatten (§§ 1569 ff), Unterhaltsansprüche von Verwandten (§§ 1601 ff), ferner nicht vermögensrechtliche Ansprüche, wie z. B. der Anspruch des Personensorgeberechtigten auf Herausgabe des Kindes (§ 1632 f).

Die Unverjährbarkeit gilt allerdings nur insoweit, als die Ansprüche *in die Zukunft* gerichtet sind. So unterliegen z. B. nicht erfüllte Unterhaltsansprüche der Verjährung, sofern für die Vergangenheit Unterhalt gefordert werden kann (vgl. §§ 1585 b, 1613, 1615; in praeteritum non vivitur). Für Ansprüche der Ehegatten während bestehender Ehe ist die Verjährung gem. § 204 S. 1 gehemmt (zur Hemmung vgl. unten Rdn. 1382 ff).

Unverjährbar sind ferner die Ansprüche auf Aufhebung einer Gemeinschaft (§ 758) oder einer Erbengemeinschaft (§ 2042 II).

Ebenfalls von der Verjährung ausgeschlossen sind Ansprüche aus Rechten, die *im Grundbuch eingetragen* sind oder derentwegen ein Widerspruch gegen die Richtigkeit des Grundbuches eingetragen ist (§ 902 – Ausnahmen: §§ 1028, 1090 II). Unverjährbar sind auch Grundbuchberichtigungsansprüche (§ 898).

Schließlich sind die in § 924 aufgeführten *nachbarrechtlichen Ansprüche* unverjährbar, da sie aufgrund der Fortdauer des Zustandes in jedem Augenblick neu entstehen.

2. Verjährungsbeginn

1377 *a)* Der Beginn der Verjährung setzt zunächst die *Entstehung des Anspruchs* voraus (§ 198 S. 1); aufschiebend bedingte und befristete Ansprüche sind noch nicht entstanden.

Die gemeinrechtliche Verletzungstheorie, die zum Beginn der Verjährung eine Verletzung des Rechts verlangte, ist im Prinzip aufgegeben (Ausnahme § 198 S. 2). Mit der Entstehung des Forderungsrechts, nicht erst mit der Verweigerung der Leistung durch den Verpflichteten, beginnt der schuldrechtliche Anspruch zu verjähren. Ebenso beginnt der Herausgabeanspruch des Eigentümers mit dem Augenblick zu verjähren, wo ein anderer als der Eigentümer den Besitz erlangt, z. B. infolge Hinterlegung durch den Eigentümer selbst. Gleiches gilt für andere Ansprüche aus absoluten Rechten; eine Verletzung des Rechts ist nicht erforderlich.

1378 Weiterhin muß der Anspruch *fällig* sein, die Verjährung beginnt also mit dem Zeitpunkt, in welchem die Befriedigung des Anspruchs rechtlich verlangt werden kann (BGHZ 55, 340 f; h. M.).

Das Erfordernis der Fälligkeit folgt aus dem Wesen der Verjährung. Diese ist Anspruchsentkräftung wegen Nichtgeltendmachung; folglich muß die Geltendmachung auch möglich sein (vgl. auch § 202).

In vielen Vorschriften des BGB finden sich *Sonderregelungen* für den Beginn der Verjährung, die jedoch keine Ausnahmen von dem Grundsatz des § 198 S. 1 darstellen, sondern lediglich klarstellende Funktion haben (z. B. §§ 477 I, 638 I 2, 1302, 2287 II).

Die Verjährung setzt beim Anspruchsberechtigten im allgemeinen *keine Kenntnis* vom Bestehen des Anspruchs voraus (BGH NJW 1968, 1381 f); eine Ausnahme gilt für Deliktsansprüche (§ 852).

1379 b) Lediglich in *Ausnahmefällen* wird nicht auf die Entstehung und Fälligkeit des Anspruchs abgestellt:

Eine Abweichung von § 198 S. 1 gilt nach § 201 für die Fälle der *kurzen Verjährung* (§§ 196, 197); hier beginnt die Verjährung erst nach der Fälligkeit mit dem *Jahresschluß*, gleichgültig wann der Anspruch in dem abgelaufenen Jahr entstanden und fällig geworden ist. Entsprechendes gilt gem. § 12 I 2 VVG für Ansprüche aus einem Versicherungsvertrag. Eine Sonderregelung besteht ebenfalls für die Geltendmachung von Entbindungskosten gem. § 1615 k.

Der Anspruch auf eine *Unterlassung beginnt erst mit der Zuwiderhandlung* zu verjähren (§ 198 S. 2).

Schon *vor der Anspruchsentstehung* setzt die Verjährung ein, wenn der Berechtigte den Anspruch beliebig durch eine Willenserklärung schaffen kann, und zwar mit dem Augenblick, von dem ab ihm dies möglich wird. Bereits die Entstehungsmöglichkeit führt hier zum Verjährungsbeginn, weil sonst der Berechtigte die Verjährung beliebig hinauszögern könnte. Das ist anerkannt für die Ansprüche, die von einer Kündigung (§ 199) oder einer Anfechtung (§ 200) des Berechtigten abhängen und für den von der Ausschlagung des Zugewandten abhängigen Pflichtteilsanspruch (§ 2332 III).

3. Ablauf der Verjährungsfrist

1380 a) Die regelmäßige Verjährungsfrist beträgt *dreißig Jahre* (§ 195); das gilt z. B. für den Herausgabeanspruch gem. § 985, die Ansprüche aus §§ 812 ff, die Ansprüche aus culpa in contrahendo. Das BGB kennt jedoch zahlreiche *kürzere Fristen*, die kürzeste beträgt 6 Wochen (§ 490 I).

Im Allgemeinen Teil sind zwei Gruppen von Ansprüchen mit kürzerer Frist zu unterscheiden:

Die eine Gruppe betrifft *Ansprüche des täglichen Verkehrs*, d. h. Forderungen, die im Verkehr sofort oder binnen kurzer Zeit beglichen zu werden pflegen. Hierhin gehören namentlich die Ansprüche der Kaufleute, Fabrikanten, Handwerker wegen gelieferter Waren und Arbeiten usw. (§ 196 I); sie verjähren in zwei Jahren, es sei denn, daß die Leistung für den Gewerbebetrieb des Schuldners erfolgt ist; in diesen Fällen beträgt die Verjährungsfrist vier Jahre (§ 196 II).

Die andere Gruppe bilden *Ansprüche auf Rückstände* von Zinsen, Miet- und Pachtgeldern, Renten, Besoldungen, Pensionen und allen anderen regelmäßig wiederkehrenden Leistungen; hier beträgt die Frist vier Jahre (§ 197). Dadurch soll ein übermäßiges Auflaufen solcher Rückstände vermieden werden.

Vgl. zum Verjährungsbeginn der in den §§ 196, 197 aufgeführten Ansprüche die Sonderregelung des § 201.

Die Anspruchsverjährung § 53 II 3

Außerhalb des Allgemeinen Teils finden sich vereinzelt in Sonderbestimmungen ebenfalls kurze Verjährungsfristen (z. B. in §§ 477, 558 I, 606, 638 I, 852).

Unabhängig von der für den Anspruch geltenden Verjährungsfrist verjährt ein rechtskräftig festgestellter Anspruch erst in 30 Jahren (§ 218).

Ein Wechsel *in der Person des Anspruchsberechtigten* oder *-gegners* hat auf den Lauf der Verjährungsfristen keinen Einfluß; denn der Anspruch bleibt hier derselbe. **1381**

Das gilt nicht nur für schuldrechtliche, sondern auch für dingliche Ansprüche, wenn die vom Anspruch betroffene Sache *durch Rechtsnachfolge* in den Besitz eines Dritten gelangt; diesem kommt die während des Besitzes des Rechtsvorgängers verstrichene Verjährungszeit zugute, obwohl gegen seine Person ein neuer Anspruch durch den Besitzerwerb entstanden ist (§ 221).

b) Der Eintritt der Verjährung kann dadurch *hinausgeschoben* werden, daß zwischenzeitlich eine **Hemmung** eingetreten ist. Die Hemmung hindert die Einrechnung eines bestimmten Zeitraums in die Verjährungsfrist (§ 205), so daß die Verjährung während dieser Zeit *ruht* und nach Wegfall des Hemmungsgrundes *weiterläuft*. **1382**

Dabei ist zu unterscheiden zwischen der *Fortlaufhemmung*, die dem Beginn oder Fortlauf der Frist im Wege steht, und der *Ablaufhemmung*, die das Ende der an sich abgelaufenen Verjährungsfrist hinausschiebt.

aa) Eine *Fortlaufhemmung* kann durch das Entgegenstehen einer *dilatorischen Einrede*, z. B. einer Stundung, begründet werden (§ 202 I). **1383**

Eine *Stundung* in diesem Sinne liegt nur vor, wenn die Fälligkeit einer Forderung nachträglich, d. h. nach Verjährungsbeginn, hinausgeschoben wird (BGH WM 1977, 895, 897). Wird dagegen von vornherein die Fälligkeit auf einen späteren Zeitpunkt festgelegt, so ist für eine Hemmung nach § 202 kein Raum, da § 198 eingreift und die Verjährung erst mit der Fälligkeit beginnen läßt (BGH aaO). In der Stundungsvereinbarung kann ein Anerkenntnis i.S.d. § 208 liegen, das zur Unterbrechung der Verjährung führt (ERMAN/HEFERMEHL § 202 Rdn. 6).

Von der Stundung ist ein auf Zeit abgeschlossenes Stillhalteabkommen *(pactum de non petendo)* zu unterscheiden; hierauf findet § 202 I entsprechende Anwendung (BGH NJW 1973, 316 f; WM 1977, 895, 897).

Peremptorische Einreden hemmen die Verjährung nicht; sie stehen dem Anspruch *ständig* entgegen, so daß dieser ohnehin nicht durchgesetzt werden kann (z. B. die Wandlungseinrede, § 478; die Einreden der ungerechtfertigten Bereicherung, § 821, oder der unerlaubten Handlung, § 853). **1384**

Als *Ausnahme* ist gem. § 202 II *auch bestimmten dilatorischen Einreden* die Hemmungskraft versagt, so der Einrede des Zurückbehaltungsrechts, des nichterfüllten Vertrages, der mangelnden Sicherheitsleistung, der Vorausklage, den Einreden, die dem Bürgen nach § 770 und dem Erben nach §§ 2014, 2015 zustehen.

Im Falle des nichterfüllten Vertrages liegt der Grund hierfür darin, daß der Anspruchsberechtigte selbst in der Lage ist, die Einrede zu beseitigen und sogar hierzu verpflichtet ist. § 320 I (vgl. Mot I, 314). Es soll ihm verwehrt sein, die Vollendung der Verjährung willkürlich hinauszuzögern, indem er die eigene Leistung oder die Sicherheitsleistung oder die Inanspruchnahme des Hauptschuldners unterläßt (vgl. RGRK/JOHANNSEN § 202 Rdn. 19).

1385 Die Verjährung kann ferner durch die Hinderung des Berechtigten an der Rechtsverfolgung durch *Stillstand der Rechtspflege* oder *höhere Gewalt* gehemmt sein; dies gilt jedoch nur, wenn diese Ereignisse in den letzten sechs Monaten der Verjährungsfrist eintreten (§ 203).

Schließlich können gem. § 204 gewisse *persönliche Beziehungen* zwischen den Beteiligten während der Dauer ihres Bestehens die Verjährung hemmen (Ansprüche zwischen Ehegatten, Eltern und minderjährigen Kindern, Vormund und Mündel; zwischen Pfleger und Pflegebefohlenen, § 1915 I; auch zwischen Betreuer und Betreutem dürfte § 204 gelten, seine Nichterwähnung in § 1908 i dürfte auf einem Redaktionsversehen beruhen).

Die Verjährungshemmung hat nur *relative Wirkung*, d. h. sie wirkt nur zwischen den Beteiligten, in deren Verhältnis der Hemmungsgrund vorliegt. Dies kann sich besonders bei Gesamtschuldverhältnissen auswirken, §§ 425 II, 429.

1386 *bb)* Regelungen einer *Ablaufhemmung* enthalten die §§ 206, 207. Zugunsten eines vertreterlosen Geschäftsunfähigen oder Geschäftsbeschränkten sowie eines betreuerlosen Betreuten nach Anordnung eines Einwilligungsvorbehaltes (§ 1903 I 2) endet die Verjährung seiner Ansprüche nicht vor Ablauf von sechs Monaten, nachdem der Mangel der Vertretung behoben oder er selbst voll geschäftsfähig geworden ist (§ 206).

Durch diesen Aufschub des Verjährungseintritts soll dem Minderjährigen ausreichend Zeit gegeben werden, nach Beseitigung des Hindernisses seinen Anspruch gegebenenfalls klageweise geltend zu machen.

Zugunsten der Ansprüche, die zu einem Nachlaß gehören oder sich gegen einen solchen richten, endet die Verjährung nicht vor Ablauf von sechs Monaten seit Annahme der Erbschaft oder Eröffnung des Nachlaßkonkurses oder Eintritt eines Nachlaßvertreters, Pflegers oder Testamentvollstreckers (§ 207).

Einen Sonderfall der Ablaufhemmung regelt § 2031 I bezüglich des Herausgabeanspruchs eines für tot Erklärten.

1387 *c)* Im Gegensatz zur Hemmung der Verjährung bewirkt die **Unterbrechung** (§§ 208 ff), daß der bisher abgelaufenen Frist die Wirkung entzogen wird; hier bleibt nur die Möglichkeit eines *neuen Verjährungsbeginns* nach Wegfall des Unterbrechungsgrundes (§ 217).

Beginnt nach Unterbrechung wieder eine kurze Verjährungsfrist gem. §§ 196, 197, so greift nicht die Sonderregelung des § 201 ein, vielmehr beginnt die neue Verjährungsfrist sofort nach Beendigung der Unterbrechung (RGZ 65, 268 f; 128, 76, 80).

Die Anspruchsverjährung § 53 III 1

aa) Eine Unterbrechung der Verjährung tritt ein bei einem *ausdrücklichen oder* **1388**
stillschweigenden Anerkenntnis des Anspruchs gegenüber dem Berechtigten durch
den Verpflichteten (§ 208).

> Das Anerkenntnis nach § 208 ist kein Rechtsgeschäft; es genügt ein Verhalten, welches
> das Bewußtsein, verpflichtet zu sein, zum Ausdruck bringt (RGZ 73, 131 f; 78, 130,
> 132; 113, 234, 238; BGHZ 58, 103 f). Dies gilt z. B. bei einer Abschlagszahlung, einer
> Zinszahlung oder einem Stundungsgesuch.
> Von dem Anerkenntnis des § 208 ist das in § 222 erwähnte vertragsmäßige Aner-
> kenntnis des Anspruchs, das nach §§ 781, 782 der Schriftform bedarf, zu unterscheiden.
> Es kann in Unkenntnis der Verjährung erfolgen und schließt die Rückforderung des
> Geleisteten – auch nach § 813 – aus. Ein mündliches, nach Vollendung der Verjährung
> erteiltes Schuldanerkenntnis kann grundsätzlich nur als Verzicht auf die Verjährung
> wirksam werden, setzt also Kenntnis der Verjährung voraus. Die Unterbrechungswir-
> kung des § 208 ist selbstverständlich nach Vollendung der Verjährung nicht mehr
> denkbar (RGZ 78, 130 f; BGH NJW-RR 1987, 288, 289).

bb) Eine Unterbrechung der Verjährung kann auch der Berechtigte *durch eigene* **1389**
Rechtshandlungen herbeiführen, insbesondere durch *Klageerhebung* (§ 209 I).
Kein Unterbrechungsgrund ist die bloße Mahnung oder Androhung eines Rechts-
streites.

> Der Klageerhebung gleichgestellt sind gem. § 209 II die Zustellung des Mahnbe-
> scheides im Mahnverfahren, die Einbringung eines Güteantrags bei einer Gütestelle
> i.S.v. § 794 I Nr. 1 ZPO, die Anmeldung im Konkurs, die Aufrechnung im Prozeß, die
> Streitverkündung, die Vornahme einer Vollstreckungshandlung und die Stellung des
> Antrags auf Zwangsvollstreckung, soweit diese den Gerichten oder anderen Behörden
> zugewiesen ist.
> Gem. § 212 I gilt die Unterbrechung durch Klageerhebung als nicht erfolgt, wenn die
> Klage zurückgenommen oder durch ein nicht in der Sache selbst entscheidendes Urteil
> rechtskräftig abgewiesen wird.

III. Wirkung der Verjährung

1. Der Eintritt der Verjährung bewirkt, daß der *Anspruch einredebehaftet* wird. **1390**
Dem Verpflichteten erwächst aus dem Ablauf der Verjährungsfrist eine dauernde
Einrede, d. h. das dauernde Recht, die Leistung zu verweigern (§ 222 I). Mit dem
Hauptanspruch verjähren auch die von ihm abgeleiteten Nebenansprüche, z. B.
Zinsansprüche, auch wenn die für sie geltende besondere Verjährung noch nicht
vollendet ist (§ 224). Zum Begriff der Einrede vgl. oben Rdn. 438 ff.
Die Geltendmachung der Einrede kann *außergerichtlich oder gerichtlich*, späte-
stens bis zur letzten Tatsacheninstanz (BGHZ 1, 234, 239), geltend gemacht
werden.

> Hat der Verpflichtete keine Verjährungseinrede erhoben, so darf der Richter den Eintritt
> der Verjährung nicht von Amts wegen berücksichtigen (zum Umfang der richterlichen
> Aufklärungspflicht gem. § 139 ZPO vgl. oben Rdn. 447). Er muß den Beklagten

verurteilen, wenn dieser die Einrede nicht erhebt, gegebenenfalls durch Versäumnisurteil, wenn dieser nicht erscheint.

Auf die Einrede der vollendeten Verjährung kann auch verzichtet werden. Der Verzicht setzt Kenntnis der eingetretenen Verjährung voraus (RGZ 78, 130, 132; BGH VersR 1960, 1076, 1078).

Erhebt der Verpflichtete die Einrede der Verjährung, so ist ihm gegenüber grundsätzlich eine *Geltendmachung des verjährten Anspruchs* auch im Wege der Aufrechnung oder in Form der Einrede *ausgeschlossen*.

Ausnahmsweise ist der verjährte Anspruch aufrechenbar, wenn sich die Forderungen schon vor der Verjährung aufrechenbar gegenüberstanden (§ 390 S. 2). Ausnahmsweise kann auch trotz eingetretener Verjährung der verjährte Anspruch gegenüber einem Gegenrecht als eine Einrede geltend gemacht werden; so besteht nach § 478 die Möglichkeit, den Wandlungs- oder Minderungsanspruch einredeweise geltend zu machen; vgl. auch §§ 490 III, 639 I, 821, 853).

1391 2. Der Erhebung der Verjährungseinrede kann (insbesondere bei den kurzen Verjährungsfristen) der **Einwand der unzulässigen Rechtsausübung** gem. § 242 entgegenstehen. Das gilt zunächst dort, wo der Schuldner den Gläubiger arglistig von der Geltendmachung des Anspruchs abgehalten hat (z. B. durch Vortäuschen einer Vergleichsbereitschaft; vgl. RGZ 57, 372, 376 f; 64, 220 ff; BGH NJW 1959, 241).

Aber auch in den Fällen, in denen kein dolus vorlag, ist die Erhebung der Einrede unzulässig, wenn gegen den Schuldner damit der Vorwurf des *venire contra factum proprium* zu erheben wäre, so wenn der Schuldner durch sein (auch unabsichtliches) Verhalten den Gläubiger von der Erhebung der Klage abgehalten hat (RGZ 87, 281, 283; 115, 135, 137; 142, 280, 284; ständige Rspr., vgl. BGHZ 9, 1, 5; 71, 86, 96; 93, 64, 66).

> Eine unzulässige Rechtsausübung liegt nach der Rspr. vor, wenn z. B. der Gläubiger schriftlich um Geduld gebeten worden ist (BGHZ 9, 1, 5) oder einverständlich der Ausgang eines Musterprozesses abgewartet werden sollte (BAG DB 1965, 332); auch kann ein vor Vollendung der Verjährung erklärter und deshalb unwirksamer Verzicht nach Verjährungseintritt den Einwand unzulässiger Rechtsausübung gegen die trotzdem erhobene Verjährungseinrede begründen (BGH VersR 1982, 365 f).
>
> Für das Deliktsrecht enthält § 852 II die Sonderregelung, daß Verhandlungen zwischen den Parteien über den Schadensersatz den Verjährungsablauf hemmen, bis eine Partei die Verhandlungen abbricht.

Der begründete Einwand gem. § 242 bewirkt keine Unterbrechung der Verjährung, sondern eine der *Ablaufhemmung* (vgl. hierzu oben Rdn. 1386) vergleichbare Rechtsfolge, d. h. der Ablauf der Verjährungsfrist wird *um einen angemessenen Zeitraum hinausgeschoben*. Diese in der Regel kurz zu bemessende Frist bestimmt sich nach den Anforderungen des redlichen Geschäftsverkehrs und den Umständen des Falles (BGH LM Nr. 2 zu § 222; BGH VersR 1962, 372 f; vgl. auch BGHZ 9, 1, 6).

Die Anspruchsverjährung   § 53 III 4

3. Der verjährte Anspruch **erlischt nicht** und kann weiterhin erfüllt werden; seine **1392**
Erfüllung ist *Leistung auf eine Schuld.*

> Der verjährte Anspruch stellt *keine Naturalobligation* im Sinne einer klaglosen
> Verbindlichkeit dar, da er klagbar und bei Nichtgeltendmachung der Einrede
> durchsetzbar bleibt. Er wird lediglich zu einem *sog. unvollkommenen Anspruch.*
> Das Recht selbst wird grundsätzlich durch die Verjährung der aus ihm entspringen-
> den Ansprüche nicht betroffen. Nur in Ausnahmefällen wird z. B. das dingliche Recht
> selbst infolge der Verjährung der hieraus erwachsenden Ansprüche aufgehoben (§§ 901,
> 1028, 1090).

Daher besteht bei Leistung auf einen verjährten Anspruch **kein Rückforderungs- 1393
anspruch** nach §§ 812, 813 I 1, wie sich aus §§ 813 I 2, 222 II ergibt. Ein
vertragsmäßiges Anerkenntnis oder eine Sicherheitsleistung für den verjährten
Anspruch sind gültig (§ 222 II 2). Die für den Anspruch bestellten *Pfandrechte und
Hypotheken bleiben in Kraft* (§ 223 I); allerdings kann sich der Bürge auf die
zugunsten des Hauptschuldners vollendete Verjährung berufen (§ 768).

Darüber hinaus hindert die Verjährung eines Anspruchs den Berechtigten nicht,
seine Befriedigung aus Rechten zu suchen, die ihm zur Sicherung seines Anspruchs übertragen wurden (§ 223 II). Dies gilt für die *Sicherungsabtretung* und die
Sicherungsübereignung (vgl. BGHZ 34, 191, 195).

> Seinem Wortlaut nach schließt § 223 II nur den Rückübertragungsanspruch des Siche-
> rungsgebers aus, sachlich sollte damit aber das gleiche wie für das Pfandrecht in Absatz I
> ausgesprochen werden, so daß der Gläubiger die Befriedigung aus den Sicherungsrech-
> ten suchen kann (BGHZ 34, 191, 195 unter Bezugnahme auf Mot. I, 345).

Entsprechend seinem Grundgedanken ist § 223 auch auf den *Eigentumsvorbehalt*
anzuwenden, da die Rechtslage hierbei ähnlich ist wie bei einer mit einem
Besitzkonstitut vereinbarten Sicherungsübereignung (BGHZ 70, 96, 98 f im
Anschluß an BGH 34, 191, 195, h. M.).

> Obwohl der Vorbehaltskäufer nach Verjährungseintritt nicht mehr in Verzug gesetzt
> werden kann und deshalb ein Rücktritt nach § 455 ausscheidet, bleibt es dem Vorbe-
> haltsverkäufer unbenommen, die verkaufte Sache herauszuverlangen.

4. Konkurrieren im Hinblick auf die gleiche Leistung mehrere Ansprüche (sog. **1394
Anspruchskonkurrenz**, vgl. oben Rdn. 434 f), so verjährt grundsätzlich jeder
Anspruch nach den für ihn maßgeblichen Vorschriften; z. B. verjährt der deliktische Anspruch nach § 852 und der vertragliche allgemein nach § 195 (RGZ 66, 86,
88; BGHZ 55, 392, 395; für das Verhältnis zwischen deliktischen und Bereiche-
rungsansprüchen BGHZ 56, 317, 319).

Ausnahmen von diesem Grundsatz gelten bei der Konkurrenz mit Ansprüchen,
für die besonders *kurze Verjährungsfristen* eingreifen, wenn diese sonst ihren
Zweck verlören und die gesetzliche Regelung im Ergebnis ausgehöhlt würde

§ 53 III 4 Vierter Teil. Die Lehre vom Rechtsgeschäft

(BGHZ 66, 315, 319). In diesen Fällen findet die *kurze Verjährungsfrist auch auf einen konkurrierenden Anspruch Anwendung*, für den an sich eine längere Verjährungsfrist besteht. Hier setzt sich das rechtspolitische Interesse an der kurzen Verjährung gegenüber den längeren Fristen durch.

> Dies gilt für das Verhältnis der §§ 558, 581 II, 606, 1057 zur Verjährung von Ansprüchen auf anderen rechtlichen Grundlagen, die auf den gleichen Leistungsgegenstand bezogen sind, insbesondere zu § 852 (BGHZ 47, 53, 55; 61, 227, 229).
>
> Umstritten ist das Verhältnis der *kurzen Verjährungsfrist von* § 477 zu der Verjährung der *deliktischen Ansprüche*. Der BGH (BGHZ 66, 315, 319 ff) lehnt zutreffend die Unterstellung der deliktischen Ansprüche unter die kurzen Fristen des § 477 ab, da hier – anders als z. B. bei § 558 I – der Wortlaut enger gefaßt ist und nur die vertraglichen Gewährleistungsansprüche der kurzen Verjährung unterliegen (dagegen OLG Düsseldorf NJW 1975, 453 f).
>
> Nach h. M. sollen auch die kurzen Fristen des § 638 (BGHZ 55, 392, 395 m.w.N.; BGH WM 1977, 763) und der §§ 414 (RGZ 77, 317, 321; BGHZ 9, 301, 304 m.w.N.) und 439 HGB (BGHZ 116, 297, 300 ff) nur für die vertraglichen Ansprüche gelten.
>
> Das Konkurrenzproblem kann auch beim Zusammentreffen von Ausschlußfristen entstehen, z. B. im Verhältnis von culpa in contrahendo zu § 123; hier muß sich die kürzere Ausschlußfrist gegenüber der längeren Verjährungsfrist bei culpa in contrahendo durchsetzen (vgl. oben Rdn. 1093).

1395 Auch *innerhalb vertraglicher bzw. vorvertraglicher Ansprüche* können sich Konkurrenzen ergeben. So schlägt die kurze Verjährungsfrist des § 477 gegenüber den Ansprüchen aus *positiver Vertragsverletzung* und *culpa in contrahendo* durch, soweit es sich um Ersatzansprüche handelt, die aus der mangelhaften Kaufsache herrühren (RGZ 129, 280, 282; 134, 83, 87; BGH NJW 1971, 654 f). Dagegen ist *beim Werkvertrag* § 638 auf Schadensersatzansprüche aus positiver Vertragsverletzung *nicht* anzuwenden, und zwar auch dann nicht, wenn der Schaden im Zusammenhang mit einem Mangel des Werks steht (ständige Rspr.: RGZ 61, 119, 121 f; 64, 41, 43 f; 115, 122, 125; BGHZ 35, 130, 132; 46, 238 f; BGH WM 1985, 663); solche Ansprüche verjähren vielmehr nach § 195 in dreißig Jahren.

> Die eng auszulegende Vorschrift des § 638 gilt nur für den reinen Erfüllungsschaden (§ 635), während für den Schadensersatz wegen positiver Vertragsverletzung diejenigen Nachteile in Betracht kommen, die dem Besteller als *weitere Folge außerhalb des Werkes* selbst erwachsen sind. Auf solche entfernteren Mangelfolgeschäden kann sich die Verjährung des § 638 nicht auswirken. Anders ist die Rechtslage im Kaufrecht bei § 477, dessen Anwendungsbereich weit ausgedehnt wird und alle vertraglichen Ansprüche umfaßt, die aus einem Sachmangel hergeleitet werden (BGH NJW 1971, 654 f).

Insbesondere im Hinblick auf unterschiedliche Verjährungsfristen bei konkurrierenden Ansprüchen hat die Kommission zur Überarbeitung des Schuldrechts Vorschläge zu einer Vereinheitlichung gemacht (vgl. § 200 des Entwurfs sowie Abschlußbericht S. 36 f, 72 ff).

§ 54
Die Verwirkung

Dütz Verwirkung des Rechts auf Anrufung der Gerichte, NJW 1972, 1025 ff; Jauernig Die Einrede der unzulässigen Rechtsausübung, insbes. der Verwirkung in der Rechts- und Schuldnachfolge und gegenüber Dritten, 1953; Karakantas Die Verwirkung, 1938; Klaka Zur Verwirkung im gewerblichen Rechtsschutz, GRUR 1970, 265 ff; H. Krause Schweigen im Rechtsverkehr, 1933, 40 ff, 160 ff; Lehmann Zur Lehre von der Verwirkung, JW 1936, 2193 f; Nabholz Verjährung und Verwirkung als Rechtsuntergangsgründe infolge Zeitablaufs, 1961; Siebenhaar Der Begriff der Verwirkung, JR 1962, 88 ff; Siebert Verwirkung und Unzulässigkeit der Rechtsausübung, 1934; Spiro Die Begrenzung privater Rechte durch Verjährungs-, Verwirkungs- und Fatalfristen, 2 Bde., 1975; Tegtmeyer Der Geltungsbereich des Verwirkungsgedankens, AcP 142 (1936), 203 ff.

I. Im Gegensatz zu der allein auf Zeitablauf abstellenden Verjährung *tritt* bei der Verwirkung das sich aus den Umständen des Einzelfalls ergebende *treuwidrige Verhalten* des Gläubigers *hinzu*. Es handelt sich hierbei um einen Fall der *unzulässigen Rechtsausübung* gem. § 242 (RGZ 155, 148, 151 f; BGHZ 67, 56, 68).

Bei der Verwirkung geht es um ein richterlich zu bewertendes Verhalten; verfehlt wäre es, die Verwirkung als einen „stillschweigenden Verzicht" anzusehen (RGZ 134, 262, 270).

Die Verwirkung erfaßt nicht wie die Verjährung nur Ansprüche, sondern Rechte aller Art. Sie ist inhaltlich Schranke des Rechts. Daher bedarf sie nicht der einredeweisen Geltendmachung, sondern ist als *Einwendung von Amts wegen zu berücksichtigen* (zu prozessualen Fragen, insbesondere der Beweislast, vgl. Baumgärtel/Strieder § 242 Rdn. 9; Staudinger/J. Schmidt § 242 Rdn. 512).

Verwirkung und Verjährung stehen selbständig nebeneinander, so daß die Verwirkung unabhängig vom Ablauf der Verjährungsfristen gegeben sein kann.

Das Bedürfnis nach Anerkennung der Verwirkung ist aus der Betrachtung der Lage des Verpflichteten erwachsen, die durch das Zurückgreifen des Berechtigten auf ein Recht unbillig erschwert wird, weil der Verpflichtete mit dessen Geltendmachung angesichts der Umstände nicht mehr zu rechnen brauchte. Die Verwirkung ergibt sich mithin allgemein aus dem Grundsatz von der Unzulässigkeit des gegensätzlichen Verhaltens *(venire contra factum proprium)*. Danach bleibt ein am Rechtsverkehr Beteiligter an sein eigenes Verhalten in der Weise gebunden, daß er sich später nicht zu diesem in einen gegen Treu und Glauben verstoßenden Widerspruch setzen kann.

Bei der Verwirkung handelt es sich um einen **Fall des Vertrauensschutzes** (zum System vgl. oben Rdn. 586 ff). Voraussetzung für das Eingreifen der Verwirkung ist zunächst, daß ein *Vertrauenstatbestand* vorliegt, weil der *Berechtigte* sein Recht

1396

1397

über einen *längeren Zeitraum nicht* geltend gemacht hat, obwohl ihm dies möglich gewesen wäre (sog. *Zeitmoment*).

Diese Verzögerung allein genügt jedoch nicht (RGZ 159, 99, 105 f). Entscheidend ist vielmehr, daß sie nach den gesamten Umständen und der Eigenart des Rechtsverhältnisses bei dem Verpflichteten den *Eindruck* erwecken durfte und erweckt hat, der Berechtigte *wolle sein Recht nicht mehr ausüben*, und daß das Zurückgreifen auf das Recht infolgedessen eine unbillige Benachteiligung des Verpflichteten zur Folge haben würde, die er bei rechtzeitiger Geltendmachung nicht erlitten hätte (BGHZ 1, 31, 32 f; 25, 47, 52; BGH NJW 1980, 880; BAG NJW 1958, 1988; – sog. *Umstandsmoment*).

So kann z. B. ein vertragliches Rücktrittsrecht wegen Verzuges von Ratenzahlungen verwirkt sein, wenn der Gläubiger später Zahlungen entgegennimmt, die im wesentlichen die Schuld tilgen (vgl. BGH BB 1969, 383).

Im *Warenzeichen- und Wettbewerbsrecht* kann der Verwirkungseinwand durchgreifen, wenn durch eine länger andauernde redliche und ungestörte Benutzung eines Zeichens oder einer Bezeichnung ein Zustand geschaffen ist, der für den Benutzer einen beachtlichen Wert hat, ihm nach Treu und Glauben erhalten bleiben muß und den auch der Verletzte ihm nicht streitig machen kann, wenn er durch sein Verhalten diesen Zustand erst ermöglicht hat (BGHZ 21, 66 ff)

Ein *Kündigungsrecht* kann verwirkt werden, wenn der Berechtigte längere Zeit untätig gewesen ist und sich der Vertragspartner daraufhin auf eine Fortdauer des Beschäftigungsverhältnisses eingestellt hat (vgl. BAG NJW 1978, 723 f). Für den Fall der außerordentlichen Kündigung gilt § 626 II, der insofern einen gesetzlichen Verwirkungstatbestand darstellt (ERMAN/HANAU § 626 Rdn. 86).

1398 Der vom *Berechtigten* verursachte Anschein ist diesem auch dann *zuzurechnen*, wenn ihm ein Verschulden nicht zur Last gelegt werden kann. Im Gegensatz zur subjektiv orientierten Verantwortlichkeit handelt es sich um einen Fall des venire contra factum proprium (RGZ 134, 357 f; h. M.; dagegen JAUERNIG/VOLLKOMMER § 242 IV 3 b).

1399 Auf der anderen Seite bedarf es einer *besonderen Schutzwürdigkeit* beim *Schuldner*. Er muß ohne Verstoß gegen Sorgfaltspflichten auf die Nichtgeltendmachung *vertraut und sich hierauf eingestellt haben*. Dies ist insbesondere der Fall, wenn sich der Schuldner durch Vermögensdispositionen auf die vermeintliche Lage eingerichtet hat, was dazu führt, daß ihn die jetzige Geltendmachung des Rechts härter trifft als es bei einer rechtzeitigen Geltendmachung der Fall gewesen wäre (CANARIS Die Vertrauenshaftung, 1971, 510 ff; MEDICUS AT Rdn. 139; BGH NJW 1980, 880). Ob diese Voraussetzungen vorliegen, ist nach den Gesamtumständen des Einzelfalles zu würdigen.

Da es sich bei der Verwirkung um einen außerordentlichen Rechtsbehelf handelt, sollte er in jedem Falle nur mit Zurückhaltung zugelassen werden (ERMAN/WERNER § 242 Rdn. 85).

Die Verwirkung § 54 III

II. Die *Verwirkung von Ansprüchen* erlangt insbesondere Bedeutung *bei längeren* **1400**
Verjährungsfristen, die noch nicht abgelaufen sind. Hier kann dem Anspruch der
Einwand der Verwirkung entgegenstehen, bevor er verjährt ist (BGH LM Nr. 2 zu
§ 558; BGH BB 1969, 332). Bei kürzer verjährenden Forderungen des täglichen
Lebens und wiederkehrenden Leistungen kann dagegen der Verwirkungstatbestand vor Ablauf der Verjährungsfrist nur bei ganz besonderen Gründen vorliegen
(BGH BB 1969, 332).

> So kann z. B. ein Ersatzanspruch des Mieters verwirkt sein, wenn er zwar innerhalb der
> sechsmonatigen Frist des § 558 geltend gemacht wird, die Verwendungen auf die
> Mietsachen jedoch lange Zeit vorher erfolgten (BGH LM Nr. 2 zu § 558).

III. Die *Rechtsfolgen* der Verwirkung sind streitig. Überwiegend wird angenom- **1401**
men, daß die Verwirkung nicht zum *Erlöschen* des betroffenen Rechts führt (so
aber LARENZ AT § 13 IV b; STAUDINGER/J. SCHMIDT § 242 Rdn. 502), sondern
nur ein *dauerndes Ausübungshindernis* begründet (SOERGEL/KNOPP 10. A., § 242
Rdn. 322; SOERGEL/AUGUSTIN Vor § 194 Rdn. 17; STAUDINGER/DILCHER Vor
§ 194 Rdn. 14; ENN./NIPPERDEY § 228 IV 4). In der praktischen Anwendung
dürften sich keine Unterschiede ergeben.

Stichwortverzeichnis

A
Abkommen, Internationale 62
Ablauf der Verjährung 1380 ff
Ablaufhemmung 1386
Abschlußfreiheit 600 f, 981
Abschlußgehilfe 1231
Abschlußvollmacht 1260
absolute Rechte **356 ff**, 417
   dingliche 356 ff
   personenbezogene 363 ff
abstraktes Rechtsgeschäft 642 ff
abstraktes Zuwendungsgeschäft 642 ff
Abstraktionsprinzip **633 ff**, 918, 955 f
   Auswirkungen 646 ff
   konstruktive Einschränkung 657 f
   Kritik 654 ff
   Vollmacht 1238
Adäquanztheorie 456
AGB s. Allgemeine Geschäftsbedingungen
aggressiver Notstand 561 ff
Aktiengesellschaft 190
aktive Stellvertretung 1209
Akzessorietät 645, 1194
Allgemeine Geschäftsbedingungen 45 f, 1042 ff
   Anwendungsbereich 1052 f
   Auslegung 1049 f
   Begriff 1044
   Einbeziehung 691 f, 1048 f
   Irrtum 805
   im kaufmännischen Verkehr 692, 1053
   Klauselverbote 1046
   Teilnichtigkeit 1051
   Unterlassung und Widerruf 1054
   Verbandsklage 1054
   Vorrang der Individualabrede 1049
Allgemeines Persönlichkeitsrecht 55, **167 ff**, 363
   postmortales 181, 186
   Rechtsnatur 167 ff
   Rechtswidrigkeit 184, 479
   Schutz von Einzelrechten 175 ff
Alter 143 ff

amtsempfangsbedürftige Willenserklärung 617
Analogie 107
Aneignungsrecht 359
Anerkenntnis 1388
Anfechtbarkeit 811 ff, 945 ff
Anfechtung 651 ff, 811 ff, 947 ff
   Anfechtungsberechtigung 949 f
   Anfechtungsgegner 951 f
   von Beschlüssen 219
   Bestätigung 962
   wegen Drohung s. Drohung
   Einschränkungen 959 ff
   Ersatz des Vertrauensschadens 816 ff
   bei fahrlässiger Irreführung (Verhältnis zur cic) 1091 ff
   Frist 814 f, 953
   Geltendmachung 947 ff
   als Gestaltungsrecht 374 ff, 945
   Gläubigeranfechtung 967
   wegen Irrtums 44, 592, **811 ff**
   nichtiger Rechtsgeschäfte 963
   Nichtigkeitsklage 944
   öffentliches Recht 966
   Prozeßhandlungen 965
   Rechtsfolgen 954 ff
   bei Rechtsscheintatbeständen 592, 1278
   bei Stellvertretung 1227 f, 1246 ff, 1278
   wegen Täuschung s. Täuschung
   von Testamenten 819
   Verhältnis zur Auslegung 746, 806 f
   Vertrauensschaden 816 ff
Angebot s. Antrag
Angriff 548 ff
Annahme 1006 ff
   abweichende 1012
   Empfangsbedürftigkeit 1007 ff
   Frist 1000 ff
   verspätete 1011
Anscheinsbeweis 500
Anscheinsvollmacht s. Vollmacht, Anscheinsvollmacht
Anspruch **416 ff**, 1374

Fälligkeit 424
Klagbarkeit 425 ff
Verjährung 1371 ff
im Sinne der ZPO 429
Anspruchsgrundlage 430 ff
Anspruchshäufung 431
Anspruchskonkurrenz **430 ff**, 1394 f
Anspruchsnormen 86
Anspruchsverjährung s. Verjährung
Anstaltsnutzung 314
antizipierte Einigung 1181
antizipiertes Besitzkonstitut 1181
Antrag 994 ff, 1011 f
   Abgrenzung zur invitatio ad offerendum 996, 999
   Bindung an den 998 ff
   Widerruf 999
Anwartschaft 360 f, **1150 ff**, 1193
   dogmatische Einordnung 1150 f
   Einzelzwangsvollstreckung 1158 f
   gutgläubiger Erwerb 1154 ff
   Konkurs 1160
   Pfändung 1159
   Schutz 1158
   Übertragung 1152 ff
   wesensgleiches Minus 1151
Anwartschaftsrecht s. Anwartschaft
Äquivalenzprinzip 981, 1036
Äquivalenzstörung 1108
Arbeitsrecht, Haftung des Arbeitnehmers 498
Arbeitsverhältnis mit beschränkt Geschäftsfähigen 726 f
Arglist 826 ff
arglistige Täuschung s. Täuschung
argumentum a fortiori 108
argumentum a maiore 108
argumentum e contrario 109
Artvollmacht 1241
Aufenthalt, gewöhnlicher 152
Aufklärungspflichten 1081
Auflage 1161
Auflassungsvollmacht 1260
auflösende Bedingung 1132 ff, 1193 f
aufschiebende Bedingung 1132 ff
Auftragsbestätigung 690, 1012
ausdrückliche Erklärung 669
Auslegung 98 ff, 743 ff, 777, 1025 ff, 1210, 1217

von AGB 1049 f
ergänzende 1030 ff
erläuternde 1029
extensive 105
Form 874 f
formgebundene Erklärungen 755 ff
grammatikalische 98
historische 100 ff
restriktive 105
Sinn und Zweck 100 ff
systematische 99
teleologische 100, 102 f
von Testamenten 754
verfassungskonforme 104
Verhältnis zum Wegfall der Geschäftsgrundlage 1099
Verhältnis zur Anfechtung 746, 806 f
Verhältnis zur falsa demonstratio 751
Verkehrsüblichkeit 749
Wortlaut 98
Ausschluß aus dem Verein 248 ff
Ausschlußfrist 814, 953, 1365
Außenvollmacht s. Vollmacht, Außenvollmacht
Außerkrafttreten von Rechtsvorschriften 50 f
automatisierte Willenserklärung 667
autonome Satzung 32

B
Bedingung 976, **1120 ff**
   Abgrenzung zur Auflage 1161
   auflösende 1132 ff, 1193 f
   aufschiebende 1132 ff
   Ausfall 1141, 1143 ff
   Bedingungsfeindlichkeit 1137 f
   Eintritt 1140, 1142 ff
   gemischte 1131
   gewillkürte 1127 ff, 1150
   kasuelle 1130
   keine Rückwirkung 1142
   Potestativbedingung 1127 ff, 1150
   Rechtsbedingung 1121, 1340
   Scheinbedingung 1123
   Schutz des bedingt Berechtigten 1143 ff
   Schwebezustand 1139 ff, 1146 ff
   Suspensivbedingung 1132 ff
   treuwidriges Einwirken 1143 ff

Stichwortverzeichnis

unmögliche 1124
Zufallsbedingung 1130
Zulässigkeit 1136 ff
Zwischenverfügung 1147 ff
Bedingungszusammenhang 657
Befristung 1122, 1162 ff
befristeter Arbeitsvertrag 1165
Schwebezustand 1166
Beginn der Verjährung 1377 ff
Beglaubigung, öffentliche 858, 861 ff
Begriffsjurisprudenz 94
Beschluß **216 ff**, 620
beschränkte Geschäftsfähigkeit 591, 705 ff, 1216
Arbeits- und Dienstverhältnis 726 f
Erfüllung an beschränkt Geschäftsfähige 709 ff
Erwerbsgeschäft 723 ff
lediglich rechtlicher Vorteil 706 ff, 1325
neutrales Geschäft 712
Schenkung an Minderjährige 708, 1323 ff
Stellvertretung 1216
„Taschengeldparagraph" 719 ff
Zustimmung des gesetzlichen Vertreters 713 ff, 1335, 1343 ff
Beseitigungsanspruch 527
Besitz 358
Bestandteil 319 ff
Scheinbestandteil 324 f
unwesentlicher 327
wesentlicher 319 ff
Bestätigung 933, 962, 1338
Bestätigungsschreiben, kaufmännisches s. kaufmännisches Bestätigungsschreiben
Bestimmtheitsgrundsatz 389
Betagung 1163 f
Betreuung 148 ff, 705
Betriebsübergang 1263
Beurkundung, notarielle 858, 863, 865
Beweis, Anscheinsbeweis 500
Beweislast 89 f
Beweislastumkehr 89 f, 499
für Geburt, Leben, Tod 132
Verschulden 499 f
Beweisrecht 89
Bewußtsein der Rechtswidrigkeit 487 f
BGB-Gesellschaft 188 f

Billigkeitsrecht 87
Bindungswille 996, 999 ff
Blanketterklärung, abredewidrige Ausfüllung 804, 854
Blankettmißbrauch 1292
Bote 799 ff, 1170 ff, 1210 f, 1318
Abgrenzung zur Stellvertretung 1170 ff
Empfangsbote 732 f, 799 ff, 1210 f
Erklärungsbote 733, 799 ff, 1211
ohne Botenmacht 1171
unrichtige Übermittlung 799 ff
Bruchteilsgemeinschaft 187
Bürgerliches Gesetzbuch, Entwürfe 12 ff
Bürgschaft, sittenwidrige 900

C
causa 635 ff
culpa in contrahendo 983, **1080 ff**, 1302, 1309
Haftung für Hilfspersonen 1086 f, 1229 ff, 1309
Schadensumfang 1088 ff
Schutzbereich 1084
Stellvertretung 1231, 1234
Verjährung 1093
Verschulden 1086
Vertrag mit Schutzwirkung zugunsten Dritter 1084

D
Datenschutz 174
Dauerschuldverhältnis 627
DDR 75 f
Überleitungsrecht 76
Deckname 165
Deduktion 92 f
defensiver Notstand 561 ff
Deliktsfähigkeit 124, 144, 582
Dereliktion 390, 952
derivativer Rechtserwerb 385, 387 ff
Differenzhaftung 212
dilatorische Einrede s. Einrede, dilatorische
diligentia quam suis 265, 497
dingliche Rechte 357 ff
direkte Stellvertretung s. Stellvertretung, direkte
Dissens 1019 ff
dissimuliertes Geschäft 769 f

583

dolo petit 415
doppelseitiger Irrtum 806 ff
Doppeltatbestand 611 f
Doppelwirkungen, Lehre von den 963
Drittschadensliquidation 542 ff, 1187
Drittwirkung der Grundrechte **117 ff**, 882
   unmittelbare 117, 120
Drohung 832 ff
   Anfechtung 845 ff
   Rechtswidrigkeit 836 ff
   Schadensersatz 850 f
   Zweck-Mittel-Relation 836 ff
Duldungsvollmacht s. Vollmacht, Duldungsvollmacht
Durchgangserwerb 1180 ff
   durch antizipierte Eigentumsübertragung 1181
   durch Selbstkontrahieren 1182
Durchgriffshaftung 191, 245

E
effektiver Jahreszins 1057
EG-Richtlinien 22, 54
Ehre, Schutz der 142, 179
Eigenhaftung
   des Erfüllungsgehilfen 503
   des Verrichtungsgehilfen 510
   des Vertreters 1234, 1317
eigennützige Treuhand 1191 ff
Eigenschaft, verkehrswesentliche 788 ff
Eigenschaftsirrtum 786 ff
   Motivirrtum 786
Eigentümer-Besitzer-Verhältnis 1213, 1230
Eigentumsvorbehalt 1150 f, 1154, 1156, 1202, 1355
   verlängerter 904
eingerichteter und ausgeübter
   Gewerbebetrieb 182
   Rechtswidrigkeit eines Eingriffs 471
einheitliches Geschäft 658
Ein-Mann-Gesellschaft 190, 1326 f
Einrede 86, **438 ff**
   aufschiebende 441
   ausschließende 441
   Beweislast 89
   dilatorische 1383, 441

   Geltendmachung 446 ff
   materiellrechtliche Wirkungen 450
   peremptorische 1384, 441
   persönliche 442
   der Verjährung 1372, 1390 f
   Verjährungshemmung bei bestehender 1383 ff
   Begriff der ZPO 451
einseitiges Rechtsgeschäft 614 ff
Eintragung des Vereins 208 f
Einwand der unzulässigen Rechtsausübung s. venire contra factum proprium
Einwendung 86, 443 ff, 448
   rechtshindernde 444
   rechtsvernichtende 445
Einwendungsausschluß 644
Einwilligung 475 ff, 713 f, 1340, 1343 ff, 1355 f
Einwilligung (Rechtfertigungsgrund) 475 ff, 713
Einwilligungsvorbehalt 150
Einzelnachfolge 388
Einzelvollmacht 1241
Einziehungsermächtigung 1203, 1361 ff
Embryo 128 ff
Empfängerhorizont 745 f
empfangsbedürftige Willenserklärung s. Willenserklärung, empfangsbedürftige
Empfangsbote 732, 1210 f
Empfangsvertreter 732, 1210
Empfangszuständigkeit des Minderjährigen 709
entgeltliches Rechtsgeschäft 624
Entlastungsbeweis 508
Erbbaurecht 326
Erfolgsunrecht 460 ff
Erfüllungsgehilfe 502 ff, 1086
   Eigenhaftung aus cic 1087
   Stellvertretung 1231
Erfüllungsinteresse 816
ergänzende Auslegung 1030 ff
Erklärung 662 ff, 668 ff
   ausdrückliche 669
   konkludente 670 f
   stillschweigende 669 ff
Erklärungsbewußtsein 665, 674 ff
   fehlendes 677, 681 ff, 1013 ff

Stichwortverzeichnis

fehlendes, Haftung 685 f
fehlendes, Schweigen 687 ff
Erklärungsbote 1211
Erklärungsirrtum 774 f
Erklärungstheorie 674 f, 760
Erklärungswille 665, 674 ff
Ermächtigung 396 ff, **1358 ff**
　Einziehungsermächtigung 1203, 1361 ff
　Verpflichtungsermächtigung 1359 f
error in negotio 780
error in objecto 779
error in persona 778
Ersatzvollmacht 1255
erweiterte Geschäftsfähigkeit 723 ff, 726 f
　Arbeits- und Dienstverhältnis 726 f
　Erwerbsgeschäft 723 ff
Erwerb vom Nichtberechtigten s. gutgläubiger Erwerb
Erwerb von Rechten 380 ff
Erwerb, gutgläubiger s. gutgläubiger Erwerb
Erwerbsverbot
　gerichtliches 974
　vereinbartes 976
Erzeugnisse 339
europäisches Gemeinschaftsrecht 34, 53 ff
Evidenztheorie 1300
Exkulpation 508
externe Vollmacht s. Vollmacht, Außenvollmacht

F
Factoring 1362
Fahrlässigkeit 480, 490 ff
　bewußte 491
　diligentia quam suis 265, 497
　erforderliche Sorgfalt 490 ff
　Formen im Arbeitsrecht 498
　grobe 496
　unbewußte 491
faktischer Vertrag 1078 f
Fälligkeit 424
falsa demonstratio 751, 755 f, 770, 806
falsus procurator s. Vertretung ohne Vertretungsmacht
Fehlen der Geschäftsgrundlage s. Geschäftsgrundlage
fehlerhafte Gesellschaft 725, 959, 1079

Beteiligung nicht voll Geschäftsfähiger 725
　Einschränkung der Anfechtung 959
Fehleridentität **651 ff**, 920, 955
Festofferte 988
Fiktion 91, 672
Firma 161, 164, 170
Folgeschaden 532
Forderungen 367 ff, 418
　Forderungsinhaber 369
　Forderungsrecht 367 ff, 418
　Forderungsübergang, gesetzlicher 370, 535
　Forderungsverletzung 454
　Forderungszuständigkeit 371
Form **852 ff**, 1217
　Auslegung 755 ff
　eigenhändiges Testament 860
　gesetzliche 854 ff, 868 ff
　gewillkürte 867, 874 ff
　Nebenabreden 879
　notarielle Beurkundung 858, 863, 865
　öffentliche Beglaubigung 858, 861 ff
　Schriftform 854 ff
　der Vollmacht 1256 ff
　Vorvertrag 878
　der Zustimmung 1342
　Zweck 853
Formfreiheit 852
Formnichtigkeit 868 ff
Formverstoß 868 ff
　Einschränkung der Nichtigkeitsfolge 870 ff
　Heilung 869, 932, 1058
Freirechtslehre 94
Freistellungsanspruch des Arbeitnehmers 498, 510
fremdnützige Treuhand 1190
Fristen 1364 ff
　Auslegungsvorschriften 1366
　Berechnung 1367 ff
Früchte 337 ff

G
Gattungsvollmacht 1241
Gebrauchsvorteile 344
Gefährdungshaftung 514 ff
　Limitierung des Schadensersatzes 521 f

585

Rechtswidrigkeit 516 ff
Risikobeherrschung 520
Gefälligkeitsverhältnis 695
Gegenstand 285 ff
geheimer Vorbehalt 761 f
Geheißerwerb 1184
Geisteskrankheit 147 f
Geldersatz 532
Geldwert 301
Geliebtentestament 908
Gemeingebrauch 312
Gemeinschaftsrecht, europäisches 34
gemischte Bedingung 1131
Genehmigung 714, 1305 ff, 1319 f, 1340, **1348 ff**, 1356
   hoheitliche 977
   Rückwirkung 1349
Generalklausel 84, 120 f, 893, 1045 f
Generalkonsens, beschränkter 722
Generalvollmacht 1241, 1270
Genossenschaft 190
gerichtliches Erwerbsverbot 974
Gerichtsgebrauch 38
Gesamtakt 619
Gesamthandseigentum 188 f
Gesamthandsgemeinschaft 188 f
Gesamtnachfolge 388
Gesamtvertretung 223, 1208, 1227, 1229, 1328
Gesamtvollmacht 1241
Geschäft für den, den es angeht **1183**, 1219
Geschäft, einheitliches s. einheitliches Geschäft
geschäftsähnliche Handlungen 124, 580, 696, 1212, 1331
Geschäftsbedingungen, Allgemeine s. Allgemeine Geschäftsbedingungen
Geschäftseinheit s. einheitliches Geschäft
Geschäftsfähigkeit 124, 144, 582, 591, **699 ff**
   beschränkte s. beschränkte Geschäftsfähigkeit
   Empfang einer Willenserklärung 738
   erweiterte 723 ff
   fehlerhafte Gesellschaft 725
   Geschäftsunfähigkeit 591, **700 ff**
   Haftung aus cic 1085

   kein Gutglaubensschutz 703
   partielle 700
   relative 700
Geschäftsführung ohne Auftrag als Rechtfertigungsgrund 478
Geschäftsgrundlage 415, 783, 807, 982, **1095 ff**
   Auflösung des Vertrages 1117
   Folgen 1115 ff
   Geschäftszweck 1109
   gesetzliche Regelungen 1097
   Gleitklauseln 1098
   Grundsatz der Anpassung 1115
   Lehmannsche Formel 1112
   objektive 1110
   richterliche Gestaltungsbefugnis 1116
   subjektive 1110
   Voraussetzungen 1107 ff
   Vorrang gesetzlicher Regelungen 1100 ff
   Vorrang vertraglicher Regelungen 1098 f
Geschäftsunfähigkeit 591, **700 ff**
Geschäftswille 666, 674 ff, 679 f
Geschäftszweck 1109
Geschlecht 138
Gesellschaft bürgerlichen Rechts 188 f
Gesellschaft mit beschränkter Haftung 190
Gesetz 28 ff
   im formellen Sinne 29
   im materiellen Sinne 29
   Verfassungswidrigkeit 122
   Verkündung 33
Gesetzeskonkurrenz 430 ff
Gesetzeslücke 106 ff
Gesetzgebung, Zuständigkeit 30
gesetzliche Form 854 ff, 868 ff
gesetzliches Verbot 882 ff, 923
Gestaltungsfreiheit 600 f, 981, 1037
Gestaltungsklagerecht 377 f
Gestaltungsrecht **374 ff**, 945
   Anfechtung als 945
   Bedingungsfeindlichkeit 1138
   Einschränkung 376 ff
Gesundheit 146 ff
Gewährleistung
   Abgrenzung zum Eigenschaftsirrtum 791 ff

Abgrenzung zur Anfechtung 791 ff
Verhältnis zur arglistigen
   Täuschung 849
Verhältnis zur cic 1091
Verhältnis zur Geschäftsgrund-
   lage 1102
Verjährung 1394 f
Gewerbebetrieb, eingerichteter und aus-
   geübter s. eingerichteter und ausge-
   übter Gewerbebetrieb
gewillkürte Bedingung 1127 ff, 1150
gewillkürte Form 867, 874 ff
Gewohnheitsrecht 25, 37, 39, 42
gewöhnlicher Aufenthalt 152
Gläubigeranfechtung 764, 904, 967
Gläubigerbenachteiligung 904
Gläubigergefährdung 904
Gleichberechtigungsgesetz 20, 138
Globalzession 904, 1202
   Freigabeklauseln 1202
grobe Fahrlässigkeit 496
Grundgesetz, Einwirkung auf das
   BGB 19 ff, 116 ff, 238
Grundrechte, Drittwirkung 117 ff
Grundstück 302
   Zubehör 328 ff
gute Sitten, Verstoß gegen s. Sitten-
   widrigkeit
Güter- und Interessenabwägung bei
   offenen Tatbeständen 469
Güter- und Interessenabwägung beim
   Notstand 565
gutgläubiger Erwerb 399, 887, 971,
   1149, 1154 ff, 1350, 1352
   von Anwartschaftsrechten 1154 ff
   Nachforschungpflichten 594

H
Haftung
   im Gesellschaftsrecht 189 ff
   der juristischen Person des öffentlichen
      Rechts 233 ff
   des nichtrechtfähigen Vereins 270 ff
   der Vereinsmitglieder 245
   des Vereins 230 ff
   ohne Verschulden 512 ff
   für Zufall 512 f
haftungsausfüllende Kausalität 456, 532
haftungsbegründende Kausalität 456

Haftungsdurchgriff 191, 245
Haftungssystem 454 ff
Haftungsverband 334
Handeln auf eigene Gefahr 541
Handeln unter fremdem Namen **1222 f**,
   1318, 1338
Handeln unter fremdem Namen und
   Form 855
Handelndenhaftung 213
Handelsbrauch 42
Handlung 578 f, 583 ff
Handlungen, geschäftsähnliche s.
   geschäftsähnliche Handlungen
Handlungsfähigkeit 124, 582
   der juristischen Person 197
Handlungsmacht 659 f
   organschaftliche 660
Handlungsunrecht 460 ff
Handlungsvollmacht 1242, 1255,
   1295
Handlungswille 664, 673
Hauptsache 329 ff
Hauptvollmacht 1254
Haustürwiderrufsgesetz 1064 ff
   vorhergehende Bestellung 1067 f
   Widerrufsrecht 1064
Heilung s. Formverstoß, Heilung
Hemmung der Verjährung 1382 ff
Hersteller 1072
höhere Gewalt 520
hypothetische Kausalität 533 f

I
Idealverein 202, 205 ff, s. auch Verein
Identitätsirrtum 778 f
Identitätstäuschung 1223
Identitätstheorie 210 f
immaterieller Schaden 545, 1074
Immobilien 302
indirekte Stellvertretung s. Stellver-
   tretung, indirekte
Individualabrede, Vorrang bei AGB 1049
Inhaltsirrtum 776 ff
   Identitätsirrtum 778 f
Inkassovollmacht 1361
Inkassozession 1190, 1361 f
Innenvollmacht s. Vollmacht, Innenvoll-
   macht
Insichgeschäft s. Selbstkontrahieren

Insolvenzverfahren 1076
Interessenjurisprudenz 95
Interessentheorie 4
Interlokales Privatrecht 74
Internationale Abkommen 62
Internationales Privatrecht 57 ff
   Deliktsrecht 68
   Familienrecht 70
   Form 66
   Geschichte 58 ff
   Lücken 65
   ordre public 73
   Qualifikation 71
   Rechtsverhältnisse der Person 70
   Sachenrecht 69
   Verbraucherverträge 1076
   Vertragsrecht 67
   Verweisung, Rückverweisung, Weiterverweisung 72
interne Vollmacht s. Vollmacht, Innenvollmacht
Intimsphäre, Schutz der 178
invitatio ad offerendum 996, 999
IPR s. Internationales Privatrecht
Irrtum 773 ff
   AGB 805
   Anfechtung s. Anfechtung
   Blanketterklärung 804
   doppelseitiger 806 ff
   Eigenschaftsirrtum 300, **786 ff**
   Erklärungsirrtum 774 f
   error in negotio 780
   error in objecto 779
   error in persona 778
   Identitätsirrtum 778 f
   Inhaltsirrtum 776 ff
   Kalkulationsirrtum 783, 810
   Motivirrtum 786
   nichtgelesene Urkunde 802 f
   Rechtsfolgen 811 ff
   Rechtsfolgenirrtum 782
   unrichtige Botenübermittlung 799 ff
   Verhältnis zur Geschäftsgrundlage 1101
   Verlautbarungsirrtum 781
isolierte Vollmacht 1239
ius aequum/ius strictum 87
ius cogens/ius dispositivum 88

J
juristische Person 187 ff
   Arten 194
   Deliktsfähigkeit 197
   Haftung 191
   Haftungsdurchgriff 191
   Handlungsfähigeit 197
   des öffentlichen Rechts, Haftung 233 ff
   Organe 216 ff
   Rechtsfähigkeit 195 f
   Stiftung s. Stiftung
   Theorien 912 f
   Verein s. Verein

K
Kalkulationsirrtum 783, 810
kaufmännisches Bestätigungsschreiben 688 ff, 1012
kausales Rechtsgeschäft 641 ff
kausales Zuwendungsgeschäft 641 ff
Kausalität 456, 532 ff
   haftungsausfüllende 456, 532
   haftungsbegründende 456
   hypothetische 533 f
Kennen/Kennenmüssen 594, 818, 1229 ff, 1299 ff
Klagbarkeit von Ansprüchen 425 ff
Klauselverbote in AGB 1046
Knebelung 901, 1196, 1202 f
Kodifikationen 9
Kollisionsnormen 57
   allseitige 64
Kollusion 768, 1297, 1301
Kommanditgesellschaft 188 f
Kommissionsgeschäft 1179
Kommorienzvermutung 133
konkludente Erklärung 670 f
konkrete Normenkontrolle 122
Konkursverschleppung 904
Konsens 985, 1019
Kontrahierungszwang 1016 ff
Konvaleszens 1356 f
Konversion 940 ff
Koppelungsgeschäft 899

L
Landesrecht, Verhältnis zum BGB 52
Lebensalter 143 ff

Lebensvermutung 133
lediglich rechtlicher Vorteil 706 ff, 1325
Lehmannsche Formel 1112
Leibesfrucht 128 ff
lex specialis 430, 437, 791 ff
Liquidation des Vereins 259 ff
Lücke im Gesetz 106
Lücken im IPR 65
Lückenausfüllung 1030 ff

M
mehrseitiges Rechtsgeschäft 618 ff
Mentalreservation 761 f
Mietrecht, soziales 1075
Mißbrauch der Vertretungsmacht **1296 ff**, 1318
 Evidenztheorie 1300
 Nachforschungspflichten 1301
Mitgliederversammlung 216 ff
Mitgliedschaft im Verein 237 ff
 Sonderrechte 241
mittelbare Stellvertretung s. Stellvertretung, indirekte
Mitverschulden 522, 536 ff
Mitwirkungspflichten 1081
Mobilien 302
Monopolstellung 1036
Monopolstellung, Ausnutzung 899
Motivirrtum 786

N
Nachforschungspflichten s. Kennen/Kennenmüssen
nachgiebiges Recht 88
nachvertragliche Pflichten 1094
Name 155 ff
 juristische Person 163
 Pseudonym 165
 Schutz 159 ff
nasciturus 128 ff
Naturalkomputation 1367
Naturalobligationen 426
Naturalrestitution 532
Nebenabrede, Form 879
Nebensache 329 ff
negatives Interesse 530
neutrales Geschäft 712
nicht empfangsbedürftige Willenserklärung s. Willenserklärung, nicht empfangsbedürftige
Nichterfüllungsschaden 531
Nichtigkeit 929 ff
 als Anfechtungsfolge 811, 847, **954 ff**
 von Beschlüssen 220
 bei Formverstoß 868 ff
 verbotener Rechtsgeschäfte 882 ff
 Heilung 869, 932
 bei Sittenwidrigkeit 916 ff
 Teilnichtigkeit 934 ff
 Umdeutung 940 ff
 Vernichtbarkeit 944
 Wirkung 929 ff
Nichtigkeitsklage 944
nichtrechtsfähiger Verein 262 ff
 Beendigung 273
 Errichtung 264
 Haftung 270 ff
 Mitgliedschaft 266
 Organe 265
 Parteifähigkeit 268 f
 Struktur 262 f
 Vermögen 267
 Verfassung 265
Nichtvermögensschaden 545, 1074
normativer Schadensbegriff 529
Normenkontrolle 122
notarielle Beurkundung 858, 863, 865
Notgeschäftsführung 1319
Nothilfe 549
Notstand 561 ff
 Ersatzpflicht 566
 Güterabwägung 565
Notwehr 547 ff
 Erforderlichkeit 554
 Güterabwägung 555
 gegen Hoheitsakte 560
 Verhältnismäßigkeit 555
Notwehrexzeß 558
Notwehrprovokation 552
Nutzungen 337 ff
 Früchte 337 ff
 Gebrauchsvorteile 344

O
Obhutspflichten 1081
objektive Geschäftsgrundlage 1110
Obliegenheit 419, 537

Observanz 37
Offene Handelsgesellschaft 188 f
offener Dissens 1020
Offenkundigkeitsprinzip 1177, 1218 ff
öffentliche Beglaubigung 858, 861 ff
öffentliche Sachen 308 ff
öffentliches Recht 1
Offerte 994
Optionsvertrag 989
ordre public im IPR 73
Organe der juristischen Person 216 ff, 1176
Organe, Vertretereigenschaft 222 ff, 1176, 1236, 1329
Organhaftung 230 ff, 511
Organisationsmangel 231, 234
Organisationsverschulden 509
Organisationsvertrag 621, 628
Organtheorie (bei juristischen Personen) 197, 1176
originärer Rechtserwerb 385 f

P
Partei kraft Amtes 1175, 1329
Parteifähigkeit 123
partielle Geschäftsfähigkeit 700
Partnerschaftsgesellschaft 188 f
passive Stellvertretung 1209 f
peremptorische Einrede s. Einrede, peremptorische
Person 123 ff
Person, juristische s. juristische Person
Personengesellschaften 188 f, 959
Personenstandsbücher 132
Persönlichkeitsrecht, allgemeines s. Allgemeines Persönlichkeitsrecht
Persönlichkeitsschutz, postmortaler 181, 186
Pflichten, nachvertragliche 1094
positives Interesse 531
postmortale Vollmacht 1268 ff
postmortaler Persönlichkeitsschutz 181, 186
Potestativbedingung 1127 ff, 1150
Präjudizien 40
prima-facie-Beweis 500
Prioritätsgrundsatz 632, 1202
Privatautonomie 600 ff, 607, 609, 980, 1035 ff, 1237

Privatrecht 1
Produkthaftung 515, 1070 ff
　Herstellerbegriff 1072
Produkthaftungsgesetz 1070 ff
Prokura 1242, 1255, 1295
protestatio facto contraria 694, 759, 1014
Prozeßstandschaft 398
　gewillkürte 1363
Prüfungsrecht, richterliches 122
Pseudonym 165
Punktation 1020
Putativnotstand 567
Putativnotwehr 559
Putativselbsthilfe 574

Q
Qualifikation 71

R
Rahmenvertrag 992
Realakt 124, 580, **697**
Recht an einem Recht 362
Recht der DDR 75 f
Recht, absolutes s. absolutes Recht
　Billigkeit 87
　dingliches 357 ff
　nachgiebiges 88
　öffentliches 1
　relatives s. relatives Recht
　strenges 87
　subjektives s. subjektives Recht
　zwingendes 88
Rechtfertigungsgrund 473 ff, 546 ff
　Einwilligung 475 ff, 713
　Geschäftsführung ohne Auftrag 478
　Notstand 547 ff
　Notwehr 561 ff
　Selbsthilfe 569 ff
Rechtsbedingung 1121, 1340
Rechtserwerb 380 ff
　derivativer 385, 387 ff
　originärer 385 f
Rechtsfähigkeit 123, 126 ff
　Beginn 126
　Ende 127
　der juristischen Person 195 f
Rechtsfolgenirrtum 782
Rechtsfortbildung, richterliche 112 ff

Stichwortverzeichnis

Rechtsfrüchte 341 ff
Rechtsgegenstand 285 ff
Rechtsgemeinschaft 187
Rechtsgeschäft 600 ff, 610 ff
  abstraktes 642 ff
  Arten 614 ff
  einseitiges 614 ff
  Entgeltlichkeit 624
  ergänzendes 1340
  fehlerhaftes 928 ff
  kausales 641 ff
  unter Lebenden 625
  lediglich rechtlich vorteilhaftes 706 ff
  mehrseitiges 618 ff
  neutrales 712
  schwebend unwirksames 714 ff
  Tatbestand 610 ff
  von Todes wegen 625
  zustimmungsbedürftiges (bei beschränkt Geschäftsfähigen) 713 ff
  zustimmungsfreies (bei beschränkt Geschäftsfähigen) 706 ff
rechtsgeschäftliches Veräußerungsverbot 975
Rechtsgrund 635 ff
Rechtshandlung 577 ff
Rechtsmängelgewährleistung s. Gewährleistung
Rechtsmißbrauch 406 ff
Rechtsnachfolge 388 ff
Rechtsquelle 25 ff
Rechtsschein, Vollmacht 1282 ff
Rechtsschutzbedürfnis 428
Rechtssetzungsmonopol 27
Rechtssoziologie 97
Rechtssubjekt 123
Rechtsverhältnis 352 f
Rechtsverlust 403 ff
Rechtsverordnung 31
Rechtswidrigkeit 455, 457 ff
  allgemeines Persönlichkeitsrecht 184
  Ausschluß 473 ff
  Bewußtsein der 487 f, 841
  bei Drohung 836 ff
  eingerichteter und ausgeübter Gewerbebetrieb 184
  Gefährdungshaftung 518
  Indizierung 461, 466, 469
  mittelbare Verletzungshandlung 472

  offene Tatbestände 184, 469 ff
  Rechtswidrigkeitstheorien 460 ff
  Unterlassen 467 f
rechtswirksames Verhalten 583 ff, 681 ff
Reduktion, teleologische 111, 1324
Reisevertrag 1073 f
relative Geschäftsfähigkeit 700
relative Unwirksamkeit 891, 968 ff
relatives Recht 366 ff, 418
relatives Veräußerungsverbot 969 ff
Religion 141
Repräsentationstheorie 1168 f
richterliche Rechtsfortbildung 112 ff
richterliche Vertragsgestaltung 1034, 1116
richterliches Prüfungsrecht 122
Risikobeherrschung 512, 517, 520, 590, 731, 1114
Rückwirkung von Gesetzen 47 f

S

Sacheinheit 294
Sachen 285 ff, 300, 302 ff, 318 ff
  Bestandteil s. Bestandteil
  bewegliche 302
  öffentlich-rechtliche Beschränkungen 317
  öffentliche s. öffentliche Sachen
  teilbare 307
  unbewegliche 302
  verbrauchbare 305 f
  vertretbare 303 f
Sachenrechte 357 ff
Sachfrüchte 339 f, 343
Sachgesamtheit, Sachinbegriff 292 f, 389
Sachmängelgewährleistung s. Gewährleistung
Sachteil 318 ff
Sachwalterhaftung 1234 f
Sammelvermögen 277
Satzung des Vereins 27, 207, 214 f
Satzung, autonome 32
Schaden, immaterieller s. immaterieller Schaden
Schadensabwendungspflicht 539
Schadensersatz 528 ff
  Begrenzung 521
  Ersatz von Drittschäden 542 ff

591

Mitverschulden 536
Naturalrestitution und Geldersatz 632
negatives Interesse 530
Nichtvermögensschaden 545
positives Interesse 531
Vermögensschaden 529 ff
Vorteilsausgleichung 535
Schadensminderungspflicht 539
Schadensschätzung 532
Schädigung, sittenwidrige 411 f
Scheinbedingung 1123
Scheinbestandteil 324 f
Scheingeschäft **763 ff**, 1205
Schenkung der Eltern an ihre Kinder 702, 708, 1323 ff
Scherzerklärung 771 f
Schikaneverbot 409 ff
Schlüsselgewalt 1177
schlüssiges Verhalten 669 ff
Schmerzensgeld 185 f, 545
Schmiergeld 905
Schranken der Rechte 406 ff
   dolo petit s. dolo petit
   unzulässige Rechtsausübung 813, 1302, 1391, 1396
   venire contra factum proprium s. venire contra factum proprium
   Verwirkung s. Verwirkung
Schriftform 854 ff
Schuldrechtsreform 23
Schuldverhältnis 418, 420 ff
Schutzpflichten 1038 ff
Schutzwirkung zugunsten Dritter 544
Schutzwürdigkeit 1286 f, 1299, 1399
Schwangerschaftsabbruch 129
schwebende Unwirksamkeit 714 ff, 977 ff, 1333
Schwebezustand 1139 ff, 1166, 1304, 1348 ff
Schweigen im Rechtsverkehr 671 f
Selbsthilfe 569 ff
Selbsthilfeexzeß 574
Selbstkontrahieren 1182, 1259, 1321 ff, 1329 ff
   Einmann-GmbH 1326 f
   Erfüllung einer Verbindlichkeit 1332
   erweiternde Auslegung 1328

Gestattung 1331 f
   Form 1259
   Interessenkollision 1321 ff
   Rechtsfolgen 1333
   teleologische Reduktion 1324 ff
Sicherheitsleistung 576
Sicherungsübereignung 389, 1191 ff, 1151
   Einzelzwangsvollstreckung 1198, 1200
   Knebelung 1196
   Konkurs 1197, 1199
   Sicherungsabrede 1193
   Übersicherung 1196
   Warenlager 1195
Sicherungszession 1151, 1201 ff
   Einzelzwangsvollstreckung 1202
   Freigabeklauseln 1202
   Globalzession 1202
   Knebelung 1202 f
   Konkurs 1203
   Prioritätsgrundsatz 1202
   Übersicherung 1202 f
simuliertes Geschäft 763 ff
Singularsukzession 388
sittenwidrige Schädigung 411 f, 925
Sittenwidrigkeit 892 ff
   Rechtsfolgen 916 ff
   bei Sicherungsübertragungen 1196, 1202
Sollbeschaffenheit, Lehre von der 785
Sondernachfolge 388
Sondernutzung 313
Sonderverbindung 1083
Sorgfalt, erforderliche 490 ff
Sorgfaltspflichten 1081
soziales Mietrecht 1075
Sozialstaatsprinzip 4, 19, 609
sozialtypisches Verhalten 693 f, 1013 ff
   „faktischer" Vertrag 1078 f
Spezialitätsprinzip 292 ff, 389, 1195
Spezialvollmacht 1241
Staatsangehörigkeit 139
Staatshaftung 233 ff
Stand 140
Standespflichten, Verstoß gegen 907
Standesrechte 140
Stellvertretung 1167 ff
   Abgrenzung zu Organen 1176

Stichwortverzeichnis

Abgrenzung zum Boten 1170 ff
Abgrenzung zum Verwalter 1175
Abgrenzung zur Surrogation 1178
Abgrenzung zur Vertretung in der Erklärung 1174
aktive 1209
Anfechtung 1227 f
Anwendungsbereich 1212 ff
direkte 1207 ff
Eigenhaftung des Vertreters 1234, 1317
Empfangsvertreter 1210
Gesamtvertretung 223, 1208, 1227, 1229, 1328
Geschäftsfähigkeit 1216
gesetzliche Stellvertretung, Weisungen 1233
indirekte 1179 ff
   Drittschadensliquidation 1187
   Durchgangserwerb 1180 ff
   Kommissionsgeschäft 1179
   Strohmann 1204 ff
   Treuhand s. Treuhand
Kennen und Kennenmüssen 1226 ff
mittelbare s. Stellvertretung, indirekte
Offenkundigkeitsprinzip 1177, 1218 ff
passive 1209 f
Schlüsselgewalt 1177
Selbstkontrahieren 1182
Theorien 1168 f
unternehmensbezogenes Geschäft 1220
Untervollmacht 1241, **1251 ff**, 1322, 1328
Vertretung ohne Vertretungsmacht s. Vertretung ohne Vertretungsmacht
Vertretungsmacht s. Vertretungsmacht
Vertretungswille 1221
Vollmacht s. Vollmacht
Voraussetzungen 1215 ff
Weisungen 1232 f
Willensmängel 1226 ff, 1246 ff
Wirkungen 1225
Wissensvertreter 1230
im Zivilprozeß 1214
Stiftung 274 ff
   Ende 284
   Entstehung 279 ff
   fiduziarische 276

Genehmigung 282
öffentlich-rechtliche 275
Stiftungsgeschäft 279 ff
als Unternehmensform 278
Verfassung 283
stillschweigende Erklärung 669 ff
Strohmann 767, 1204 ff
Stundung 1163, 1383
Subjektionstheorie 5
subjektive Geschäftsgrundlage 1110
subjektives Recht 83, 354, 355 ff, 406 ff, **416 ff**, 452 ff
subjektlose Rechte 125
Subjektstheorie 6
Subordinationstheorie 5
Substitutenhaftung 504
Subsumtion 92 ff
Sukzessivvertrag 993
Supensivbedingung 1132 ff
Surrogation 1178
Synallagma 627
System des BGB 77 ff

T
„Taschengeldparagraph" 719 ff
Tatbestandsmäßigkeit 455 ff
Täuschung 820 ff, 1250
   Anfechtung 845 ff, 1250
   Arglist 826 ff
   durch Dritte 830 f
   Schadensersatz 850 f
   Unterlassen als 822 ff
   Verhältnis zur Gewährleistung 849
Teilnichtigkeit 934 ff
Teilnichtigkeit von AGB 1051
teleologische Reduktion 111, 1324
Termine 1364 ff
   Auslegungsvorschriften 1366
   Berechnung 1367 ff
Testament
   Anfechtung 819
   Auslegung 754, 1025
   eigenhändiges 860
Testierfähigkeit 145
Tiere 290
Todeserklärung 134 ff
Todesvermutung 133
Treu und Glauben 413 ff, 870 f, 1013 ff, 1025 ff

593

bei Formnichtigkeit 870 ff
Verwirkung s. Verwirkung
Treuhand **1189 ff**, 1204 ff
   eigennützige 1191 ff, 1362
   fremdnützige 1190
   Treuhandgeschäft 766
   uneigennützige 1190
treuwidrige Berufung auf Verjährung 1391
treuwidriges Einwirken auf Bedingungseintritt 1143 ff
Typenzwang 603 f, 981

U

Übernahmeverschulden 493
Übersicherung 1196, 1202 f
Umdeutung 940 ff
Umgehungsgeschäft 765, 889 f, 1063, 1069, 1076, 1328
Umkehr der Beweislast s. Beweislastumkehr
Umkehrschluß 109
unabwendbares Ereignis 520
uneigennützige Treuhand 1190
Universalsukzession 388
Unterbrechung der Verjährung 1387 ff
Unterlassen 578
Unterlassen, Täuschung durch 822 ff
Unterlassungsanspruch 524 ff
Unternehmen 296 f, 299, 336
unternehmensbezogenes Geschäft 1220
Unternehmensträgerstiftung 278
Untervollmacht s. Stellvertretung, Untervollmacht
unvordenkliche Verjährung 1371
unwesentlicher Bestandteil 327
unwiderrufliche Vollmacht 1273 ff
Unwirksamkeit
   Arten der 928 ff
   relative 891, 968 ff
   schwebende 977 ff, 1304, 1348
Urheberrecht 172 f, 364

V

venire contra factum proprium 415, 759, 1014, 1391, 1396
Verantwortlichkeit **479 ff**, 517 ff
Verantwortlichkeit bei Vertrauensschutz 588 ff
Veräußerungsverbot 395, 891, 969 ff
   rechtsgeschäftliches 975
   relatives 969 ff
   Zwangsvollstreckung 973
Verbandsklage bei AGB 1054
Verbot, gesetzliches s. gesetzliches Verbot
Verbraucher 1041
Verbraucherinsolvenz 1076
Verbraucherkreditgesetz 1056 ff
   Anwendungsbereich 1062
   Einwendungsdurchgriff 1060
   Form 1058
   Umgehungsgeschäft 1063
   verbundenes Geschäft 1060
   Widerrufsrecht 1059
Verbraucherschutz 1038 ff
Verbraucherverträge, IPR 1076
verbundenes Geschäft 1060
   Einwendungsdurchgriff 1060
verdecktes Geschäft 769 f
Verein 198 ff
   Auflösung 257
   Aufnahmezwang 1018
   Ausschluß 248 ff
   Autonomie 215
   Beendigung 258
   Eintragung 208 f
   Ende 257 ff
   Gründung 205
   Haftung des Vereins 230 ff
   Haftung der Vereinsmitglieder 245
   Liquidation 259 ff
   Mitgliederversammlung 216 ff
   Mitgliedschaft 237 ff
      Sonderrechte 241
   nichtrechtsfähiger s. nichtrechtsfähiger Verein
   Organe 216 ff
   Satzung 207, 214 f
   Vereinsregister (negative Publizität) 209
   Vereinsstrafen 255 f
   Verfassung 214
   verfassungsmäßig berufener Vertreter 234
   Vertretung 223 ff
   Vorstand 222 ff
      Innenverhältnis 227
   Vorverein 210 ff
   wirtschaftlicher 202 ff

Stichwortverzeichnis

vereinbartes Erwerbsverbot 976
Vereinbarung, rechtssetzende 36
Vereinigungsfreiheit 191 ff
Vereinsstrafe 255 f
verfassungsmäßig berufener Vertreter 234
Verfassungswidrigkeit von Gesetzen 122
Verfügung 390 ff, 631 f, 643, 888, 918 ff, 1354 ff
   eines Nichtberechtigten 396 ff, 887, **1354 ff**
   Zwischenverfügung bei bedingtem Geschäft 1147 ff
   Zwischenverfügung vor Genehmigung 1350
Verfügungsbefugnis 393 ff
Verfügungsbeschränkung 394, 401
Verfügungsermächtigung 1358
Verfügungsgeschäft 631 f, 643
Verfügungsmacht 393 ff, 632
Verfügungsverbot 395
Verhalten, schlüssiges 669 ff
Verhaltensunrecht 460 ff
Verjährbarkeit 1376
Verjährung 1371 ff
   Ablauf 1380 ff
   Ablaufhemmung 1386
   bei Anspruchskonkurrenz 1394 f
   Beginn 1377 ff
   Einrede 1372, 1390 f
   Erfüllung trotz 1392 f
   Hemmung 1382 ff
   Unterbrechung 1387 ff
      durch Anerkenntnis 1388
      durch Klageerhebung 1389
   unvordenkliche 1371
   unzulässige Berufung auf 1391
   Wirkung 1390 ff
   zwingendes Recht 1375
Verjährungsfrist 1365
Verkehrsschutz 586 ff, 650, 659, 959, 961, 1298 ff
Verkehrssicherungspflicht 468
Verkehrssitte 42 ff, 749, 1008 ff, 1026
Verkehrsüblichkeit 749
verkehrswesentliche Eigenschaft 788 ff
verkörperte Willenserklärung s. Willenserklärung, verkörperte
Verkündung von Gesetzen 33

verlängerter Eigentumsvorbehalt 904
Verlautbarungsirrtum 781
Verlust von Rechten 403 ff
Vermögen 295 ff
Vermögensschaden **529 ff**, 545
Vermutung 90
Vernichtbarkeit 944
Verpflichtungsermächtigung 1359 f
Verpflichtungsgeschäft 626 ff
   abstraktes 644
Verrichtungsgehilfe 506 ff
Verschollenheit 133 ff
Verschulden 455, 480 ff
   gegen sich selbst 537
   Beweislast 499 f
   Fahrlässigkeit s. Fahrlässigkeit
   mitwirkendes 536
   bei Vertragsverhandlungen s. culpa in contrahendo
   Vorsatz s. Vorsatz
verschuldensunabhängige Haftung s. Gefährdungshaftung
Verschuldensfähigkeiten 480 ff
versteckter Dissens 1021
Versteigerung, privatrechtliche 997
Verteidigung 553 ff
Vertrag 618, 980 ff
   Abschluß s. Vertragsschluß
   s. auch Auslegung
   bedingter 990
   einseitig verpflichtender 629
   faktischer 1078 f
   gegenseitiger 627
   mehrseitig verpflichtender 627
   Organisationsvertrag 621, 628
   richterliche Vertragsgestaltung 1034
   mit Schutzwirkung zugunsten Dritter 544, 1084
   unvollkommen zweiseitiger 628
Vertragsauslegung s. Auslegung
Vertragsauslegung, ergänzende 1099
Vertragsbruch, Verleitung zum 905
Vertragsfreiheit **600 ff**, 980 f, 1035 ff
   Abschlußfreiheit s. Abschlußfreiheit
   Gestaltungsfreiheit s. Gestaltungsfreiheit
   Schranken 602 ff
Vertragsgestaltung, richterliche 1034
Vertragsschluß 984 ff

Annahme 1006 ff
Antrag/Angebot 994 ff
Kontrahierungszwang s. Kontrahierungszwang
Vertrauensschaden 530, 597, 816 ff
Vertrauensschutz 415, **586 ff**, 768, 804, 959, 1013 ff, 1278 ff, 1397
   dogmatische Struktur 586 ff
   Rechtsfolgen 597 ff
   Schutzwürdigkeit des Begünstigten 593 ff
   Umfang 597 ff
   Verantwortlichkeit 588 ff
   und Vollmacht 1278 ff, 1283 ff
Vertrauenstatbestand 586 ff
   Einbeziehung von AGB 691
   Willenserklärung 677 f, 683 ff
   Willensmängel 592
Vertreter s. Stellvertretung
Vertreter des Vertreters 1253
Vertretung in der Erklärung 1174
Vertretung ohne Vertretungsmacht 1221, 1253, **1303 ff**, 1349 f, 1357
   einseitige Rechtsgeschäfte 1308
   Genehmigung 1305 ff, 1319 f
   Haftung des „Vertretenen" 1309
   Haftung des „Vertreters" 1249, 1310 ff
   Innenverhältnis 1319 f
   Kennen und Kennenmüssen, Willensmängel 1229 ff
   Weisungen 1233
Vertretung, Vorstand 223 ff
Vertretungsmacht 659, 1224, **1236 ff**
   Beschränkung 226
   gesetzliche 1236, 1295
   Mißbrauch s. Mißbrauch der Vertretungsmacht
   organschaftliche 1236, 1295
   rechtsgeschäftliche s. Vollmacht
   Umfang 1293 ff
Verwahrung, protestatio s. protestatio facto contraria
Verwalter 1175
Verwaltungsgebrauch 315
Verwechslungsgefahr 161
Verwirkung 415, **1396 ff**
Völkerrecht 135
Volljährigkeit 144
Vollmacht 659, 1236 ff

Abschlußvollmacht 1260
Abstraktheit 659 ff, 1238
Anfechtung 1228, 1246 ff
Anscheinsvollmacht 599, 1284 ff
Arten 1241 f
Arten im Handelsrecht 1242
Artvollmacht 1241
Auflassungsvollmacht 1260
Außenvollmacht 1243, 1248, 1279, 1293
Blankettmißbrauch 1292
Duldungsvollmacht 1283, 1285 ff
Einzelvollmacht 1241
Erlöschen 1261 ff, 1278 ff
Ersatzvollmacht 1255
Erteilung 1243 ff
externe s. Vollmacht, Außenvollmacht
Folgen des Erlöschens 1278 ff
Form 1256 ff
Gattungsvollmacht 1241
Generalvollmacht 1241, 1274
Gesamtvertretung 1328
Gesamtvollmacht 1241
Grundgeschäft als Gültigkeitsbedingung 1240
Hauptvollmacht 1254
Inkassovollmacht 1361 f
Innenvollmacht 1243, 1248, 1280, 1293
interne 1243, 1248, 1280, 1293
isolierte 659, 1239
konkludente Erteilung 1245
postmortale 1268 ff
Prokura 1242, 1295
kraft Rechtsschein 1282 ff
   Folgen 1288 ff
Spezialvollmacht 1241
Umfang 1293 ff
Untervertreter 1328
Untervollmacht 1241, 1251 ff, 1322, 1328
unwiderrufliche 1273 ff
Vertrauensschutz bei Erlöschen 1278 ff
Verzicht 1277
Widerruf 1238, 1246, 1272 ff
Willensmängel bei Erteilung 1246 ff
vollmachtloser Vertreter s. Vertreter ohne Vertretungsmacht
Vorbehalt, geheimer 761 f

Stichwortverzeichnis

Vorgesellschaft 211 ff
Vorhand 991
vorhergehende Bestellung 1067 f
Vorkaufsrecht 991
Vorleistungspflicht 627
Vorrang der Individualabrede 1049
Vorsatz 480, 486 ff
    Bewußtsein der Rechtswidrigkeit 487 f
    Irrtum 487 f
Vorstand des Vereins 222 ff
Vorteile 344
Vorteilsausgleichung 535
Vorverein 210 ff
Vorverhandlungen 983
Vorvertrag 986 ff
    Form 878, 987

W

Warenlager, Sicherungsübereignung 389
Wechselreiterei 904
Wegfall der Geschäftsgrundlage s. Geschäftsgrundlage
Wertungsjurisprudenz 96
wesensgleiches Minus (Anwartschaft) 1151
wesentlicher Bestandteil 319 ff
Wettbewerbsverbot 899
Widerrechtlichkeit s. Rechtswidrigkeit
Widerruf der Vollmacht 1238, 1246, 1272 ff
Widerruf der Willenserklärung 737
Widerrufsrecht 1059, 1064
Widmung 309
Wille 662, 664 ff, 673 ff
Willenserklärung 610, 614 ff, 662 ff, 668 ff, 728 ff
    Abgabe 728 ff
    unter Abwesenden 730 ff
    amtsempfangsbedürftige 617
    Antrag s. Antrag
    unter Anwesenden 730, 734 ff
    Auslegung s. Auslegung
    automatisierte 667
    einseitige 1243
    empfangsbedürftige 615, 730 ff, 748 ff, 1243, 1339
    Erklärung 662 ff
    konkludente 670, 682 ff 1013 ff, 1245
    nicht empfangsbedürftige 616, 729, 754 ff
    durch schlüssiges Verhalten 670, 682 ff 1013 ff, 1245
    Schweigen als 671 f, 687 ff
    stillschweigende 670, 682 ff, 1013 ff, 1245
    verkörperte 728 ff
    Widerruf 737
    Wille 662, 664 ff
    Zugang 730 ff
        Erkenntnisfähigkeit des Empfängers 738
        Verhinderung 739
Willensmängel 760 ff
    Drohung s. Drohung
    Irrtum s. Irrtum
    Mentalreservation 761 f
    Scheingeschäft 763 ff, 1205
    Scherzgeschäft 771 f
    bei der Stellvertretung s. Stellvertretung, Willensmängel
    Täuschung s. Täuschung
Willenstheorie 674 f
Willensübereinstimmung 985
Wirksamkeitsvoraussetzungen 613
wirtschaftlicher Verein 202 ff
Wissenschaft als Rechtsquelle 41
Wissensvertreter 1230
Wohnsitz 151 ff
Wohnungseigentum 323
Wucher 910 ff, 917
    wucherähnliche Geschäfte 902

Z

Zeit 1162 ff, 1364 ff
Zivilkomputation 1367
Zubehör 320, **328 ff**
    Haftungsverband bei Grundpfandrechten 334
Zufallsbedingung 1130
Zugang s. Willenserklärung, Zugang
Zurechnung, objektive 517 ff
Zurechnungsfähigkeit 481 ff
Zusendung unbestellter Waren 1009
Zustellung einer Willenserklärung 736

Zustimmung 397, 713 ff, 1334 ff
   Einwilligung s. Einwilligung
   Form 1342
   Genehmigung s. Genehmigung
Zuwendung 634 ff
Zuwendungsgeschäft 634 ff
   abstraktes 642 ff
   kausales 641 ff
Zwangsversteigerung 997
Zweck-Mittel-Relation 836 ff
zwingendes Recht 88
Zwischenverfügung 1147 ff